# GUIA DE MEDICAMENTOS E PRODUTOS TRADICIONAIS FITOTERÁPICOS

Editora Appris Ltda.
1.ª Edição - Copyright© 2020 dos autores
Direitos de Edição Reservados à Editora Appris Ltda.

Nenhuma parte desta obra poderá ser utilizada indevidamente, sem estar de acordo com a Lei nº 9.610/98. Se incorreções forem encontradas, serão de exclusiva responsabilidade de seus organizadores. Foi realizado o Depósito Legal na Fundação Biblioteca Nacional, de acordo com as Leis nos 10.994, de 14/12/2004, e 12.192, de 14/01/2010.

Catalogação na Fonte
Elaborado por: Josefina A. S. Guedes
Bibliotecária CRB 9/870

| | |
|---|---|
| G943g<br>2020 | Guia de medicamentos e produtos tradicionais fitoterápicos / Karina Ferrazzoli Devienne ... et al. - 1. ed. – Curitiba : Appris, 2020.<br>523 p. ; 27 cm. – (Literatura).<br><br>Inclui bibliografias<br>ISBN 978-65-5523-569-2<br><br>1. Plantas medicinais.  2. Ervas – Uso terapêutico.  I. Devienne, Karina Ferrazzoli. II. Título. III. Série.<br><br>CDD – 615.32 |

Livro de acordo com a normalização técnica da ABNT

**Appris**
*editora*

Editora e Livraria Appris Ltda.
Av. Manoel Ribas, 2265 – Mercês
Curitiba/PR – CEP: 80810-002
Tel. (41) 3156 - 4731
www.editoraappris.com.br

Printed in Brazil
Impresso no Brasil

Karina Ferrazzoli Devienne
Simone Rocha de Oliveira
Rachel Arantes Moraes
Beatriz Gonçalves de Andrade
(organizadoras)

# GUIA DE MEDICAMENTOS E PRODUTOS TRADICIONAIS FITOTERÁPICOS

## FICHA TÉCNICA

| | |
|---|---|
| EDITORIAL | Augusto V. de A. Coelho |
| | Marli Caetano |
| | Sara C. de Andrade Coelho |
| COMITÊ EDITORIAL | Andréa Barbosa Gouveia (UFPR) |
| | Jacques de Lima Ferreira (UP) |
| | Marilda Aparecida Behrens (PUCPR) |
| | Ana El Achkar (UNIVERSO/RJ) |
| | Conrado Moreira Mendes (PUC-MG) |
| | Eliete Correia dos Santos (UEPB) |
| | Fabiano Santos (UERJ/IESP) |
| | Francinete Fernandes de Sousa (UEPB) |
| | Francisco Carlos Duarte (PUCPR) |
| | Francisco de Assis (Fiam-Faam, SP, Brasil) |
| | Juliana Reichert Assunção Tonelli (UEL) |
| | Maria Aparecida Barbosa (USP) |
| | Maria Helena Zamora (PUC-Rio) |
| | Maria Margarida de Andrade (Umack) |
| | Roque Ismael da Costa Güllich (UFFS) |
| | Toni Reis (UFPR) |
| | Valdomiro de Oliveira (UFPR) |
| | Valério Brusamolin (IFPR) |
| ASSESSORIA EDITORIAL | Evelin Louise Kolb |
| REVISÃO | André Luiz Cavanha |
| PRODUÇÃO EDITORIAL | Juliane Scoton |
| DIAGRAMAÇÃO | Andrezza Libel |
| CAPA | Amy Maitland |
| COMUNICAÇÃO | Carlos Eduardo Pereira |
| | Débora Nazário |
| | Kananda Ferreira |
| | Karla Pipolo Olegário |
| LIVRARIAS E EVENTOS | Estevão Misael |
| GERÊNCIA DE FINANÇAS | Selma Maria Fernandes do Valle |
| COORDENADORA COMERCIAL | Silvana Vicente |

# SUMÁRIO

SEÇÃO 1
**ESPÉCIES VEGETAIS E FITOTERÁPICOS** .................................................................. 7

SEÇÃO 2
**INDICAÇÕES TERAPÊUTICAS** ............................................................................... 13

SEÇÃO 3
**INFORMAÇÕES FARMACÊUTICAS** ....................................................................... 17

SEÇÃO 4
**INFORMAÇÕES FARMACOLÓGICAS (BULÁRIO)** .................................................. 51
    A. .................................................................................................................... 51
    B. .................................................................................................................... 99
    C .................................................................................................................... 134
    E. ................................................................................................................... 167
    F. .................................................................................................................... 194
    G. ................................................................................................................... 229
    H. ................................................................................................................... 273
    I ...................................................................................................................... 303
    K. ................................................................................................................... 314
    L. .................................................................................................................... 319
    M. ................................................................................................................... 334
    N .................................................................................................................... 354
    O .................................................................................................................... 366
    P. .................................................................................................................... 368
    R. .................................................................................................................... 414
    S. .................................................................................................................... 432
    T. .................................................................................................................... 456
    U .................................................................................................................... 479
    V. ................................................................................................................... 483
    X .................................................................................................................... 511
    Z. .................................................................................................................... 521

# SEÇÃO 1

# ESPÉCIES VEGETAIS E FITOTERÁPICOS

*Actaea racemosa*
- APLAUSE
- CLIFEMIN

*Aesculus hippocastanum*
- CASTANHA DA ÍNDIA HERBARIUM
- CASTANHA DA ÍNDIA ORIENT
- PHYTOVEIN
- PROCTOCAPS
- VARICELL PHYTO
- VARILESS BIONATUS
- VARIVAX
- VENOCEL
- VENOCUR FIT

*Aloe ferox*
- OLINA – ESSÊNCIA DA VIDA

*Alpinia zerumbet*
- ZICLAGUE

*Ananas comosus*
- BROMELIN
- MELXI

*Arnica montana*
- ARNICA GEL

*Atropa belladonna*
- ELIXIR CÓLICO
- THEOGÓRICO SOBRAL

*Bacoppa monnieri*
- COGNITUS

*Borago officinalis*
- GAMALINE V
- GAMAX

*Caryophyllus aromaticus*
- BÁLSAMO BRANCO

*Cassia angustifolia*
- AGIOLAX
- NATULAXE

*Cassia fistula*
- NATURETTI

*Cassia senna*
- LAXETTE

*Centella Asiática*
- CENTELLA HERBARIUM

*Cephaelis ipecacuanha*
- MELAGRIÃO

*Cereus jamacaru*
- FLOR DA NOITE COMPOSTA

*Chamaemelum nobile*
- CAMOMILA COMPOSTA CATARINENSE

*Chicorium intybus*
- FUNCHICÓREA

*Cinchona calisaya*
- ÁGUA INGLESA CATARINENSE
- INGLESA SOBRAL

*Cinnamomum zeylanicum*
- BÁLSAMO BRANCO

*Cordia verbenacea*
- ACHEFLAN

*Crataegus oxyacantha*
- MARACUJÁ CONCENTRIX

*Crataegus rhipidophylla*
- CALMAN

- PASALIX
- SERENUS

*Croton heliotropiifolius*
- CATUAMA

*Curcuma longa*
- MOTORE

*Cynara scolymus*
- ALCACHOFRA HERBARIUM
- ALCACHOFRA MULTILAB
- ALCACHOFRA NATULAB
- ALCACHOFRAX
- ALCAGEST
- FIGATIL

*Dorstenia multiformis*
- FLOR DA NOITE COMPOSTA

*Echinacea purpurea*
- ENAX

*Equisetum arvensis*
- CAVALINHA ORIENT

*Erythrina velutina*
- FLOR DA NOITE COMPOSTA

*Eucalyptus globulus*
- BRONQUIVITA
- EUCAPROL

*Foeniculum vulgare*
- FUNCHICÓREA

*Frangula purshiana*
- EPAREMA

*Garcinia cambogia*
- BELLY

*Gentiana lutea*
- CAMOMILA COMPOSTA CATARINENSE
- OLINA – ESSÊNCIA DA VIDA

*Ginkgo biloba*
- BIOGINKGO
- EQUITAM
- FITOBILOBA
- GINKGO CATARINENSE
- GINKGO HERBARIUM
- GINKGO VITAL
- GINKGOMED
- GINKOBA
- GINKOBONIN
- GINKOTA
- TANAKAN

*Glycine max*
- BUONA
- HIZOFITO
- ISOFLAVINE
- ISOVIT
- PAUSEFEMME
- PIASCLEDINE
- SOYFEMME

*Glycyrrhiza glabra*
- MEGTOSS

*Hamamelis virginiana*
- HAMAMELIS EC
- HAMAMELIS ORIENT

*Harpagophytum procubens*
- ARPADOL
- ARPYNFLAN
- ARTROFLAN
- BIOFLAN
- GARRA DO DIABO
- GARRA EC
- PERMEAR

*Hedera helix*
- ABRIFIT
- ABRILAR
- AREMAZ
- ARLIVRY
- BLUMEL HEDERA
- BRILIV

- BRONDELIX
- FLUIJET
- FLYARE
- HEDERA 1FARMA
- HEDERA CATARINENSE
- HEDERA CIMED
- HEDERAFLUX
- HEDERAX
- HERAFITOSS
- HEVELAIR
- LIBERAFLUX
- PHITOSS
- RESPIRATUS
- RESPLIX
- TORANTE
- TOUX

*Himathantus lancifolius*
- FLOR DA NOITE COMPOSTA

*Humulus lupulus*
- REMILEV

*Hypericum perforatum*
- HIPERICIN
- HIPÉRICO HERBARIUM
- HYPERATIV
- REMOTIV
- TRIATIV

*Jateorhiza palmata*
- TINTURA DE ESPINEHIRA DIVI-NA COMPOSTA

*Matricaria recutita*
- AD-MUC

*Maytenus ilicifolia*
- ESPINHEIRA SANTA
- ESPINHEIRA SANTA HERBARIUM
- ESPINHEIRA SANTA NATULAB
- GASTROSIL
- TINTURA DE ESPINEHIRA DIVI-NA CMPOSTA

*Melilotus officinalis*
- FLENUS
- VECASTEN
- VENOLISE

*Melissa officinalis*
- SONOLIS

*Mikania glomerata*
- APIGUACO
- BIOTOSS EDULITO
- BIOTOSS XAROPE
- GUACO EDULITO HERBARIUM
- GUACOFLUS
- GUACOLIN
- GUACOPLEX
- GUACOTOSS
- LIVTÓS
- MELAGRIÃO
- PEITORAL MARTEL
- XAROPE DE GUACO BELFAR
- XAROPE DE GUACO CIMED
- XAROPE DE GUACO HERBARIUM
- XAROPE DE GUACO NATULAB
- XAROPE GUACO MELPOEJO

*Nasturtium officinale*
- AGRITOSS

*Operculina alata*
- TINTURA DE JALAPA SOBRAL

*Oryza sativa*
- MONALESS

*Panax ginseng*
- BIOSENG
- MOTIVOL

*Papaver somniferum*
- ELIXIR PAREGÓRICO CATARINENSE

*Passiflora incarnata*
- CALMAN

- CALMASYN
- CALMINTHEO
- MARACUGINA PI
- MARACUJÁ CONCENTRIX
- MARACACUJÁ HERBARIUM
- PASALIX
- PASALIX PI
- PASSIENE
- PASSIFLORA KLEIN
- PASSIFLORINE PI
- PAZINE
- RITMONEURAN RTM
- SEAKALM
- SERENUS
- SINTOCALMY

*Paullinia cupana*
- CATUAMA

*Perlagonium sidoides*
- IMUNOFLAN
- KALOBA
- UMCKAN

*Persea americana*
- PIASCLEDINE

*Peumus boldus*
- BOLDINE
- BOLDO BELFAR
- BOLDO KLEIN
- EPAPHYTO
- EPAREMA
- FIGATIL
- FIGATOSAN
- GOTAS PRECIOSAS
- HEPALIVE S.O.
- HEPATILON
- HEPATOPLANTAS

*Pinus pinaster*
- FLEBLIV
- FLEBON

*Piper methysticum*
- KAVA KAVA HERBARIUM

*Plantago ovata*
- AGIOLAX
- FIBIRAX PLANT
- FIBREMS
- NORMATEN FIBER
- PLANTABEN
- PLANTAGO VITAMED
- PLANTALYVE
- PLANTOLAXY

*Polygala senega*
- FITOBRONC
- MELAGRIÃO

*Polypodium leucotomos*
- INTHOS

*Pygeum africanum*
- PROSTEM

*Rhamnus purshiana*
- CÁSCARA SAGRADA HERBARIUM

*Rheum palmatum*
- EPAREMA
- FUNCHICÓREA

*Rhodiola rosea*
- FISIOTON

*Salix alba*
- CALMAN
- GALENOGAL ELIXIR
- MARACUJÁ CONCENTRIX
- PASALIX
- SERENUS

*Senna alexandrina*
- AGIOLAX
- LACASS
- NATURETTI

- SENE HERBARIUM
- SENEFLORA

*Serenoa repens*
- PROSTAT HPB
- PROSTATAL

*Silybum marianum*
- CARDOMARIN
- FORFIG
- LEGALON
- LISON
- SILIBOM
- STEATON

*Solidago microglossa*
- ARNICA DO MATO EC

*Stryphnodendron barbatiman*
- FITOSCAR

*Symphytum officinale*
- FLEXIVE CDM

*Tanacetum parthenium*
- TANACETO EC

*Tribulus terrestris*
- ANDROSTEN

*Trichilia catigua*
- CATUAMA

*Trifolium pratense*
- CLIMATRIX
- PROMENSIL

*Uncaria tomentosa*
- IMUNOMAX GEL
- UNHA DE GATO ORIENT

*Valeriana officinalis*
- ANSIVAL
- CALMINATE
- RECALM
- REMILEV
- SONORIPAN
- SONOTABS
- VALERANCE
- VALERIANE
- VALERIMED
- VALESSONE
- VALSED
- VALYANNE

*Vitex agnus-castus*
- TENAG

*Vitis vinifera*
- ANTISTAX

*Zingiber officinale*
- GENGIMIN

# SEÇÃO 2

## INDICAÇÕES TERAPÊUTICAS[1]

**Analgésico**
- GALENOGAL ELIXIR

**Andrógeno**
- ANDROSTEN

**Ansiolítico**
- ANSIVAL
- CALMAN
- CALMASYN
- CALMINTHEO
- CALMITANE
- FITOCALM
- KAVA KAVA HERBARIUM
- MARACUGINA PI
- MARACUJÁ CONCENTRIX
- MARACUJÁ HERBARIUM
- PASALIX
- PASALIX PI
- PASSIENE
- PASSIFLORA KLEIN
- PASSIFLORINE PI
- PAZINE
- RECALM
- REMILEV
- RITMONEURAN RTM
- SEAKALM
- SERENUS
- SINTOCALMY
- SONOLIS
- SONORIPAN
- SONOTABS
- VALERANCE
- VALERIANE
- VALERIMED
- VALESSONE
- VALSED
- VALYANNE

**Antiagregante plaquetário**
- GINKOBA
- TANAKAN

**Antidepressivo**
- HIPERICIN
- HIPÉRICO HERBARIUM
- HYPERATIV
- REMOTIV
- TRIATIV

**Antiespasmódico**
- ELIXIR CÓLICO
- ELIXIR PAREGÓRICO CATARINENSE
- SONOLIS
- THEOGÓRICO SOBRAL
- ZICLAGUE

**Antiemético e antinauseante**
- GENGIMIN

**Antiflatulento**
- BÁLSAMO BRANCO

**Anti-inflamatório**
- ACHEFLAN
- AD-MUC
- ARNICA DO MATO EC
- ARNICA GEL
- BIOFLAN
- FLEXIVE CDM

[1] De acordo com registro na Anvisa ou informações bulárias.

- GAMALINE V
- GAMAX
- IMUNOMAX GEL

**Anti-inflamatório antirreumático**
- ARPADOL
- ARPYNFLAN
- ARTROFLAN
- GARRA EC
- GARRA DO DIABO HERBARIUM
- MOTORE
- PERMEAR
- UNHA DE GATO ORIENT

**Antilipidêmico**
- MONALESS

**Antiulceroso**
- ESPINHEIRA SANTA
- ESPINHEIRA SANTA HERBARIUM
- ESPINHEIRA SANTA NATULAB
- GASTROSIL

**Antivaricoso de ação sistêmica**
- ANTISTAX
- CASTANHA DA ÍNDIA HERBARIUM
- CASTANHA DA ÍNDIA ORIENT
- FLEBLIV
- FLEBON
- FLENUS
- HAMAMELIS EC
- HAMAMELIS ORIENT
- PHYTOVEIN
- PROCTOCAPS
- VARICELL PHYTO
- VARILESS BIONATUS
- VARIVAX
- VECASTEN
- VENOCEL
- VENOCUR FIT
- VENOLISE

**Astenia**
- CATUAMA

**Cicatrizante**
- FITOSCAR
- INTHOS

**Climatério – Coadjuvante no tratamento**
- APLAUSE
- BUONA
- CLIFEMIN
- CLIMATRIX
- FLOR DA NOITE COMPOSTA
- HIZOFITO
- ISOFLAVINE
- ISOVIT
- PAUSEFEMME
- PROMENSIL
- SOYFEMME

**Cognição, reforçador da memória**
- COGNTUS

**Colagogo, colerético e hepatoprotetor**
- CARDOMARIN
- FIGATIL
- LEGALON
- LISON
- SÍLIBOM
- STEATON

**Colagogo e colerético**
- ALCACHOFRA HERBARIUM
- ALCACHOFRA MULTILAB
- ALCACHOFRA NATULAB
- ALCACHOFRAX
- ALCAGEST
- BOLDINE
- BOLDO BELFAR
- BOLDO KLEIN
- EPALIV
- EPAPHYTO

- EPAREMA
- FIGATOSAN
- GOTAS PRECIOSAS
- HEPALIVE S.O.
- HEPATILON
- HEPATOPLANTAS

### Digestivo
- CAMOMILA COMPOSTA CATARINENSE
- OLINA – ESSÊNCIA DA VIDA

### Dispepsia gástrica
- TINTURA ESPINHEIRA DIVINA COMPOSTA

### Dispepsia gastrintestinal (cólicas e prisão de ventre)
- FUNCHICÓREA

### Diurético
- CAVALINHA ORIENT

### Enxaqueca
- TANACETO EC

### Estimulante do apetite e tônico
- ÁGUA INGLESA CATARINENSE
- INGLESA SOBRAL

### Expectorante
- ABRIFIT
- ABRILAR
- AGRITOSS
- AREMAZ
- ARLIVRY
- BIOTOSS EDULITO
- BLUMEL HEDERA
- BRILIV
- BROMELIN
- BRONDELIX
- BRONQUIVITA
- EUCAPROL
- FLUIJET
- FLYARE
- GUACO EDULITO HERBARIUM
- GUACOFLUS
- GUACOLIN
- GUACOPLEX
- GUACOTOSS
- HEDERA 1FARMA
- HEDERA CATARINENSE
- HEDERA CIMED
- HEDERAFLUX
- HEDERAX
- HERAFITOSS
- HEVELAIR
- LIBERAFLUX
- LIVTÓS
- MEGTOSS
- MELAGRIÃO
- MELXI
- PHITOSS
- RESPIRATUS
- TORANTE
- TOUX
- XAROPE DE GUACO HERBARIUM
- XAROPE DE GUACO NATULAB
- XAROPE GUACO MELPOEJO

### Expectorante e broncodilatador
- APIGUACO
- BIOTOSS XAROPE
- FITOBRONC
- PEITORAL MARTEL
- RESPLIX
- XAROPE DE GUACO BELFAR
- XAROPE DE GUACO CIMED

### Hepatoprotetor e lipotrópico
- FORFIG

### Hiperplasia prostática benigna – Tratamento
- PROSTATAL
- PROSTAT-HPB
- PROSTEM

**Imunomodulador/imunoestimulante e anti-infeccioso**
- ENAX
- IMUNOFLAN
- KALOBA
- UMCKAN

**Insuficiência venosa (membros inferiores)**
- CENTELLA HERBARIUM

**Irregularidades menstruais**
- TENAG

**Laxante**
- AGIOLAX
- CÁSCARA SAGRADA HERBARIUM
- FIBIRAX PLANT
- FIBREMS
- LACASS
- LAXETTE
- NATULAXE
- NATURETTI
- NORMATEN FIBER
- OLINA – ESSÊNCIA DA VIDA
- PLANTABEN
- PLANTAGO VITAMED
- PLANTALYVE
- PLANTOLAXY
- SENEFLORA
- SENE HERBARIUM
- TINTURA DE JALAPA SOBRAL

**Neuropsicoestimulante**
- FISIOTON

**Obesidade**
- BELLY

**Osteoartrite**
- PIASCLEDINE

**Psicoanaléptico**
- BIOSENG
- CATUAMA
- MOTIVOL

**Vasodilatador**
- EQUITAM
- FITOBILOBA
- GINKGO CATARINENSE
- GINKGO HERBARIUM
- GINKGO VITAL GINKOBA
- GINKOBONIN
- GINKOMED

**Vasodilatador cerebral**
- BIOGINKGO BIONATUS
- GINKOTAB
- TANAKAN

# SEÇÃO 3

# INFORMAÇÕES FARMACÊUTICAS[2]

**CT:** CLASSE TERAPÊUTICA
**EV:** ESPÉCIE VEGETAL
**ER:** EMPRESA DETENTORA DO REGISTRO (CNPJ)
**RA:** REGISTRO DO FITOTERÁPICO NA Anvisa
**FA:** FORMA (S) DE APRESENTAÇÃO

**ABRIFIT**
**CT:** FITOTERÁPICOS SIMPLES EXPECTORANTES SIMPLES
**EV:** *Hedera helix* L.
**ER:** GEOLAB INDÚSTRIA FARMACÊUTICA S. A. (03.485.572/0001-04)
**RA:** 154230216
**FA**: 7 MG/ML XPE CT FR VD AMB X 100 ML + COP
7 MG/ML XPE CX 50 FR VD AMB X 100 ML + 50 COP (EMB HOSP)

**ABRILAR**
**CT:** EXPECTORANTES FITOTERÁPICOS SIMPLES
**EV:** *Hedera helix* (HERA)
**ER:** FARMOQUÍMICA S. A. (33.349.473/0001-58)
**RA:** 103900141
**FA**: 7 MG/ML SOL OR CT FR VD AMB X 100 ML + CP MED
7 MG/ML SOL OR CT FR VD AMB X 200 ML + CP MED

**ACHEFLAN**
**CT:** FITOTERÁPICOS SIMPLES ANTI-INFLAMATÓRIOS
**EV:** *Cordia verbenacea* DC.
**ER:** ACHÉ LABORATÓRIOS FARMACÊUTICOS S. A. (60.659.463/0029-92)
**RA:** 105730341
**FA**: 5 MG/G CREM DERM CT BG AL X 10 G
5 MG/G CREM DERM CT BG AL X 20 G
5 MG/G CREM DERM CT BG AL X 30 G
5 MG/G CREM DERM CT BG AL X 60 G
5 MG/G ERA TOP CT TB AL X 14 ML
5 MG/G ERA TOP CT TB AL X 35 ML
5 MG/G ERA TOP CT TB AL X 70 ML
5 MG/G ERA TOP CT TB AL X 75 ML

5 MG/G CREM DERM CT BG PLAS LAM X 10 G
5 MG/G CREM DERM CT BG PLAS LAM X 20 G
5 MG/G CREM DERM CT BG PLAS LAM X 30 G
5 MG/G CREM DERM CT BG PLAS LAM X 60 G
5 MG/G ERA TOP CT TB AL X 300 ML

**AD-MUC**
**CT:** ANTI-INFLAMATÓRIOS FITOTERÁPICOS SIMPLES
**EV:** *Matricaria recutita* L.
**ER:** BIOLAB SANUS FARMACÊUTICA LTDA (49.475.833/0001-06)
**RA:** 109740172
**FA:** 100 MG/G POM BUC CT BG AL X 10 G
100 MG/G POM BUC CT BG AL X 20 G

**AGIOLAX**
**CT:** LAXANTES INCREMENTADORES DO BOLO INTESTINAL
**EV:** *Cassia angustifolia*, Vahl, *Plantago ovata* FORSSK., *Senna alexandrina* MILL.
**ER:** MYLAN LABORATORIOS LTDA (11.643.096/0001-22)
**RA:** 188300049
**FA:** (520 MG/G + 22 MG/G) + 99,45 MG/G GRAN FR PLAS OPC 100 G
(520 MG/G + 22 MG/G) + 99,45 MG/G GRAN FR PLAS OPC 250 G
(520 MG/G + 22 MG/G) + 99,45 MG/G GRAN CT 20 ENV X 5 G
(520 MG/G + 22 MG/G) + 99,45 MG/G GRAN CT 50 ENV X 5 G
(520 MG/G + 22 MG/G) + 99,45 MG/G GRAN CT 30 ENV X 5 G (EMB FRAC)

**AGRITOSS**
**CT:** EXPECTORANTES SIMPLES
**EV:** *Nasturtium officinale*
**ER:** AS ERVAS CURAM INDUSTRIA FARMACEUTICA LTDA (79.634.572/0001-82)
**RA:** 116780016
**FA:** 0,15 ML/ML XPE CT FR VD AMB X 100 ML + CP MED
0,15 ML/ML SOL OR CT FR VD AMB X 100 ML + CP MED

---
[2] Informações constantes no portal da Anvisa.

## ÁGUA INGLESA CATARINENSE
**CT:** FITOTERÁPICO COMPOSTO
**EV:** *Cinchona calisaya* Wedd.
**ER:** LABORATÓRIO CATARINENSE LTDA (84.684.620/0001-87)
**RA:** 100660002
**FA:** 40 MCL/ML SOL OR CT FR PLAS AMB X 500 ML

## ALCACHOFRA HERBARIUM
**CT:** FITOTERÁPICOS SIMPLES COLAGOGOS E COLERÉTICOS
**EV:** *Cynara scolymus* L.
**ER:** HERBARIUM LABORATÓRIO BOTÂNICO S.A (78.950.011/0001-20)
**RA:** 118600042
**FA:** 300 MG CAP GEL DURA CT BL AL PLAS INC X 45
400 MG COM REV CT BL AL PLAS INC X 45

## ALCACHOFRA MULTILAB
**CT:** FITOTERÁPICO SIMPLES
**EV:** *Cynara scolymus* L.
**ER:** MULTILAB INDÚSTRIA E COMÉRCIO DE PRODUTOS FARMACÊUTICOS LTDA (92.265.552/0001-40)
**RA:** 118190119
**FA:** 200 MG COM CT BL AL PLAS TRANS X 30
200 MG COM CT BL AL PLAS TRANS X 60
200 MG COM CT BL AL PLAS TRANS X 120
200 MG COM CT BL AL PLAS TRANS X 240

## ALCACHOFRA NATULAB
**CT:** COLAGOGOS E COLERÉTICOS FITOTERÁPICO SIMPLES
**EV:** *Cynara scolymus* L.
**ER:** NATULAB LABORATÓRIO S.A (02.456.955/0001-83)
**RA:** 138410056
**FA:** 300 MG CAP DURA CT BL AL PLAS PVDC TRANS X 30
300 MG CAP DURA CT BL AL PLAS PVDC TRANS X 45
300 MG CAP DURA CT BL AL PLAS PVDC TRANS X 60
300 MG CAP DURA CX BL AL PLAS PVDC TRANS X 300
300 MG CAP DURA CX BL AL PLAS PVDC TRANS X 450
300 MG CAP DURA CX BL AL PLAS PVDC TRANS X 600
300 MG CAP DURA CX BL AL PLAS PVDC TRANS X 750
300 MG CAP DURA CX BL AL PLAS PVDC TRANS X 900
300 MG CAP DURA CX BL AL PLAS PVDC TRANS X 1050
300 MG CAP DURA CX BL AL PLAS PVDC TRANS X 1200
300 MG CAP DURA CT BL AL PLAS PVDC TRANS X 50
300 MG CAP DURA CT BL AL PLAS PVDC TRANS X 100

## ALCACHOFRAX
**CT:** COLAGOGOS E COLERETICOS
**EV:** *Cynara scolymus* L.
**ER:** LABORATORIO CATARINENSE LTDA (84.684.620/0001-87)
**RA:** 100663378
**FA:** 335 MG COM REV CT FR PLAS PVC OPC X 60
335 MG COM REV CT FR PLAS PVC OPC X 80
335 MG COM REV CT FR PLAS PVC OPC X 100
335 MG COM REV CT FR PLAS PVC TRANS X 60
335 MG COM REV CT FR PLAS PVC TRANS X 80
335 MG COM REV CT FR PLAS PVC TRANS X 100

## ALCAGEST
**CT:** COLAGOGOS E COLERÉTICOS FITOTERÁPICO SIMPLES
**EV:** *Cynara scolymus* L.
**ER:** AIRELA INDÚSTRIA FARMACÊUTICA LTDA. (01.858.973/0001-29)
**RA:** 144930033
**FA:** 350 MG CAP GEL DURA CT BL AL PLAS INC X 45
350 MG CAP GEL DURA CT BL AL PLAS INC X 60
350 MG CAP GEL DURA CT BL AL PLAS INC X 100

## ANDROSTEN
**CT:** FITOTERÁPICO SIMPLES ANDRÓGENOS SIMPLES
**EV:** *Tribulus terrestris* L.
**ER:** HERBARIUM LABORATÓRIO BOTÂNICO S.A (78.950.011/0001-20)
**RA:** 118600070
**FA:** 94 MG COM REV CT BL AL PLAS TRANS X 10
94 MG COM REV CT BL AL PLAS TRANS X 15
94 MG COM REV CT BL AL PLAS TRANS X 30
94 MG COM REV CT BL AL PLAS TRANS X 45
94 MG COM REV CT BL AL PLAS TRANS X 90
280 MG COM REV CT BL AL PLAS INC X 10
280 MG COM REV CT BL AL PLAS INC X 15
280 MG COM REV CT BL AL PLAS INC X 30
280 MG COM REV CT BL AL PLAS INC X 45
280 MG COM REV CT BL AL PLAS INC X 90

## ANSIVAL
**CT:** FITOTERÁPICO SIMPLES ANSIOLÍTICOS SIMPLES
**EV:** *Valeriana officinalis* L.
**ER:** MYRALIS INDÚSTRIA FARMACÊUTICA LTDA (17.440.261/0001-25)
**RA:** 114620013
**FA:** 100 MG COM REV CT BL AL PLAS TRANS X 4

100 MG COM REV CT BL AL PLAS TRANS X 8
100 MG COM REV CT BL AL PLAS TRANS X 30
100 MG COM REV CT STR AL X 4
100 MG COM REV CT STR AL X 8
100 MG COM REV CT STR AL X 30

## ANTISTAX
**CT**: ANTIVARICOSOS DE AÇÃO SISTÊMICA
**EV**: *Vitis vinifera* L.
**ER**: SANOFI-AVENTIS FARMACÊUTICA LTDA (02.685.377/0001-57)
**RA**: 113001177
**FA**: 360 MG COM REV CT BL AL/AL X 12
360 MG COM REV CT BL AL/AL X 18
360 MG COM REV CT BL AL/AL X 30
360 MG COM REV CT BL AL/AL X 60

## APIGUACO
**CT**: FITOTERÁPICO SIMPLES
**EV**: *Mikania glomerata* Spreng.
**ER**: APIS FLORA INDUSTRIAL E COMERCIAL LTDA (49.345.358/0001-45)
**RA**: 121070009
**FA**: 100 MG/ML XPE CT FR PLAS AMB 150 ML + COP 10 ML
100 MG/ML SOL OR CT FR PLAS AMB 150 ML + COP 10 ML

## APLAUSE
**CT**: OUTROS PRODUTOS PARA USO EM GINECOLOGIA E OBSTETRICIA
**EV**: *Actaea racemosa* L.
**ER**: MARJAN INDÚSTRIA E COMÉRCIO LTDA (60.726.692/0001-81)
**RA**: 101550225
**FA**: 20 MG COM REV CT BL AL PLAS INC X 15
20 MG COM REV CT BL AL PLAS INC X 20
20 MG COM REV CT BL AL PLAS INC X 30
20 MG COM REV CT BL AL PLAS INC X 60
20 MG COM REV CT BL AL PLAS INC X 90

## AREMAZ
**CT**: FITOTERAPICO SIMPLES EXPECTORANTES
**EV**: *Hedera helix* (Hera)
**ER**: EMS SIGMA PHARMA LTDA (00.923.140/0001-31)
**RA**: 135690659
**FA**: 7 MG/ML XPE CT FR PLAS AMB X 100 ML + COP
7 MG/ML XPE CT FR PLAS AMB X 200 ML + COP
7 MG/ML XPE CT FR PLAS AMB X 200 ML + COP + SER DOS
7 MG/ML XPE CT FR PLAS AMB X 50 ML + COP + SER DOS

## ARLIVRY
**CT**: EXPECTORANTES SIMPLES FITOTERÁPICO SIMPLES
**EV**: *Hedera helix* L.
**ER**: NATULAB LABORATÓRIO S.A (02.456.955/0001-83)
**RA**: 138410047
**FA**: 7 MG/ML XPE CT FR PLAS AMB X 100 ML + CP MED (SABOR MEL)
7 MG/ML XPE CT FR PLAS AMB X 120 ML + CP MED (SABOR MEL)
7 MG/ML XPE CT FR PLAS AMB X 150 ML + CP MED (SABOR MEL)
7 MG/ML XPE CX 50 FR PLAS AMB X 100 ML + CP MED (SABOR MEL) EMB HOSP
7 MG/ML XPE CX 50 FR PLAS AMB X 120 ML + CP MED (SABOR MEL) EMB HOSP
7 MG/ML XPE CX 50 FR PLAS AMB X 150 ML + CP MED (SABOR MEL) EMB HOSP
7 MG/ML XPE CX 100 FR PLAS AMB X 100 ML + CP MED (SABOR MEL) EMB HOSP
7 MG/ML XPE CX 100 FR PLAS AMB X 120 ML + CP MED (SABOR MEL) EMB HOSP
7 MG/ML XPE CT FR PLAS AMB X 100 ML + CP MED (SABOR CEREJA)
7 MG/ML XPE CT FR PLAS AMB X 120 ML + CP MED (SABOR CEREJA)
7 MG/ML XPE CT FR PLAS AMB X 150 ML + CP MED (SABOR CEREJA)
7 MG/ML XPE CX 50 FR PLAS AMB X 120 ML + CP MED (SABOR CEREJA) EMB HOSP
7 MG/ML XPE CX 50 FR PLAS AMB X 100 ML + CP MED (SABOR CEREJA) EMB HOSP
7 MG/ML XPE CX 50 FR PLAS AMB X 150 ML + CP MED (SABOR CEREJA) EMB HOSP
7 MG/ML XPE CX 100 FR PLAS AMB X 100 ML + CP MED (SABOR CEREJA) EMB HOSP
7 MG/ML XPE CX 100 FR PLAS AMB X 120 ML + CP MED (SABOR CEREJA) EMB HOSP
7 MG/ML XPE CX 100 FR PLAS AMB X 150 ML + CP MED (SABOR CEREJA) EMB HOSP
7 MG/ML XPE CX 100 FR PLAS AMB X 150 ML + CP MED (SABOR MEL) EMB HOSP
65 MG PO EFEV CT 4 SACH X 3 G

65 MG PO EFEV CT 10 SACH X 3 G
65 MG PO EFEV CT 14 SACH X 3 G
65 MG PO EFEV CX 50 SACH X 3 G (EMB HOSP)
65 MG PO EFEV CX 100 SACH X 3 G (EMB HOSP)
65 MG PO EFEV CX 200 SACH X 3 G (EMB HOSP)
65 MG PO EFEV CX 300 SACH X 3 G (EMB HOSP)
65 MG PO EFEV CX 400 SACH X 3 G (EMB HOSP)
65 MG PO EFEV CX 500 SACH X 3 G (EMB HOSP)
65 MG PO EFEV CX 1000 SACH X 3 G (EMB HOSP)
7 MG/ML XPE CT FR PLAS AMB X 100 ML + SER DOS (SABOR CEREJA)
7 MG/ML XPE CT FR PLAS AMB X 120 ML + SER DOS (SABOR CEREJA)
7 MG/ML XPE CT FR PLAS AMB X 150 ML + SER DOS (SABOR CEREJA)
7 MG/ML XPE CT FR PLAS AMB X 100 ML + SER DOS (SABOR MEL)
7 MG/ML XPE CT FR PLAS AMB X 120 ML + SER DOS (SABOR MEL)
7 MG/ML XPE CT FR PLAS AMB X 150 ML + SER DOS (SABOR MEL)

### ARNICA DO MATO EC
**CT**: FITOTERÁPICO SIMPLES
**EV:** *Solidago microglossa* DC.
**ER:** AS ERVAS CURAM INDÚSTRIA FARMACÊUTICA LTDA (79.634.572/0001-82)
**RA:** 116880021
**FA**: 0,2 ML/ML TINT CT FR VC AMB X 100 ML + CP MED

### ARNICA GEL
**CT:** FITOTERÁPICO SIMPLES ANTI-INFLAMATÓRIOS
**EV:** *Arnica montana*
**ER:** HERBARIUM LABORATÓRIO BOTÂNICO S.A (78.950.011/0001-20)
**RA:** 118600093
**FA:** 200 MG/G GEL CT BG AL X 10 G
200 MG/G GEL CT BG AL X 20 G
200 MG/G GEL CT BG AL X 30 G
200 MG/G GEL CT BG AL X 50 G
200 MG/G GEL CT BG AL X 100 G

### ARPADOL
**CT:** ANTI-INFLAMATÓRIOS ANTIRREUMÁTICOS FITOTERÁPICO SIMPLES
**EV:** *Harpagophytum procumbens* DC.
**ER:** APSEN FARMACÊUTICA S. A. (62.462.015/0001-29)
**RA:** 101180606
**FA:** 400 MG COM REV CT BL AL PLAS TRANS X 10
400 MG COM REV CT BL AL PLAS TRANS X 30
400 MG COM REV CT BL AL PLAS TRANS X 45
400 MG COM REV CT BL AL PLAS TRANS X 60
400 MG COM REV CT BL AL PLAS TRANS X 20

### ARPYNFLAN
**CT:** ANTI-INFLAMATORIOS ANTIRREUMÁTICOS
**EV:** *Harpagophytum procumbens* DC. EX MEISSN.
**ER:** NATULAB LABORATÓRIO S.A (02.456.955/0001-83)
**RA:** 138410057
**FA:** 450 MG COM REV CT BL AL PLAS INC X 30
450 MG COM REV CT BL AL PLAS INC X 45
450 MG COM REV CT BL AL PLAS INC X 60
450 MG COM REV CT BL AL PLAS INC X 90
450 MG COM REV CT BL AL PLAS INC X 750 (EMB HOSP)
450 MG COM REV CT BL AL PLAS INC X 1500 (EMB HOSP)
450 MG COM REV CT BL AL PLAS INC X 450 (EMB HOSP)

### ARTROFLAN
**CT:** AGENTES ANTI-INFLAMATÓRIOS/ANTIRREUMÁTICOS EM ASSOCIAÇÃO
**EV:** *Harpagophytum procumbens*
**ER:** COSMED INDUSTRIA DE COSMETICOS E MEDICAMENTOS S. A. (61.082.426/0002-07)
**RA:** 178170870
**FA:** 150 MG COM REV LIB RETARD CT BL AL PLAS INC X 15
150 MG COM REV LIB RETARD CT BL AL PLAS INC X 30
150 MG COM REV LIB RETARD CT BL AL PLAS INC X 45
150 MG COM REV LIB RETARD CT BL AL PLAS INC X 60
150 MG COM REV LIB RETARD CT BL AL PLAS INC X 20
150 MG COM REV LIB RETARD CT BL AL PLAS INC X 40

### BÁLSAMO BRANCO
**CT**: FITOTERÁPICO COMPOSTO
**EV:** *Cinnamomum zeylanicum* Ness. e *Caryophyllus aromaticus*
**ER:** LABORATÓRIO CATARINENSE LTDA (84.684.620/0001-87)
**RA:** 100660005
**FA:** SOL OR CT FR PLAS OPC GOT X 30 ML

### BELLY
**CT:** FITOTERÁPICO SIMPLES
**EV:** *Garcinia cambogia* Roxb.
**ER:** LABORATÓRIO QUÍMICO FARMACÊUTICO TIARAJU LTDA. (94.022.654/0001-60)

**RA:** 138100034
**FA:** 500 MG CAP GEL DURA CT FR PLAS OPC X 50
500 MG CAP GEL DURA CT FR PLAS OPC X 100
500 MG CAP GEL DURA CT FR PLAS OPC X 125
500 MG CAP GEL DURA CT FR PLAS OPC X 250
500 MG CAP GEL DURA CT BL AL PVC X 50
500 MG CAP GEL DURA CT BL AL PVC X 100
500 MG CAP GEL DURA CT BL AL PVC X 125
500 MG CAP GEL DURA CT BL AL PVC X 250
500 MG CAP GEL DURA CT BL AL PVC X 30
500 MG CAP GEL DURA CT BL AL PVC X 45
500 MG CAP GEL DURA CT BL AL PVC X 60
500 MG CAP GEL DURA CT BL AL PVC X 90

**BIOFLAN**
**CT:** FITOTERÁPICOS SIMPLES AGENTES ANTI-INFLAMATÓRIOS
**EV:** *Harpagophytum procumbens* (BURCH.) DC. EX MEISSN.
**ER:** MYRALIS INDÚSTRIA FARMACÊUTICA LTDA (17.440.261/0001-25)
**RA:** 114620016
**FA:** 250 MG COM REV CT BL AL PLAS TRANS X 4
250 MG COM REV CT BL AL PLAS TRANS X 8
250 MG COM REV CT BL AL PLAS TRANS X 20
250 MG COM REV CT BL AL PLAS TRANS X 30

**BIOGINKGO BIONATUS**
**CT:** FITOTERÁPICO SIMPLES VASODILATADORES CEREBRAIS
**EV:** *Ginkgo biloba* L.
**ER:** BIONATUS LABORATÓRIO BOTÂNICO LTDA (68.032.192/0001-51)
**RA:** 120090028
**FA:** 80 MG COM VER CT BL AL PLAS X 15
80 MG COM VER CT BL AL PLAS X 20
80 MG COM VER CT BL AL PLAS X 30
80 MG COM VER CT BL AL PLAS X 40
80 MG COM VER CT BL AL PLAS X 45
80 MG COM VER CT BL AL PLAS X 50
80 MG COM VER CT BL AL PLAS X 60
80 MG COM VER CT BL AL PLAS X 75
80 MG COM VER CT BL AL PLAS X 90
80 MG COM VER DISP 70 BL AL PLAS X 15
120 MG COM VER CT BL AL PLAS X 15
120 MG COM VER CT BL AL PLAS X 20
120 MG COM VER CT BL AL PLAS X 30
120 MG COM VER CT BL AL PLAS X 40
120 MG COM VER CT BL AL PLAS X 45
120 MG COM VER CT BL AL PLAS X 50
120 MG COM VER CT BL AL PLAS X 60
120 MG COM VER CT BL AL PLAS X 75
120 MG COM VER CT BL AL PLAS X 90
120 MG COM VER DISP 70 BL AL PLAS X 15

**BIOSENG**
**CT:** PSICOANALÉPTICOS
**EV:** *Panax ginseng* C. A. MEY.
**ER:** NATULAB LABORATÓRIO S.A (02.456.955/0001-83)
**RA:** 138410040
**FA:** 105,5 MG CAP GEL DURA CT BL AL PLAS INC X 10
105,5 MG CAP GEL DURA CT BL AL PLAS INC X 20
105,5 MG CAP GEL DURA CT BL AL PLAS INC X 30
105,5 MG CAP GEL DURA CX BL AL PLAS INC X 500 (EMB HOSP)
105,5 MG CAP GEL DURA CX BL AL PLAS INC X 1000 (EMB HOSP)
105,5 MG CAP GEL DURA CX BL AL PLAS INC X 2000 (EMB HOSP)

**BIOTOSS EDULITO**
**CT:** EXPECTORANTES
**EV:** *Mikania glomerata* SPRENG.
**ER:** MARIOL INDUSTRIAL LTDA (04.656.253/0001-79)
**RA:** 162410012
**FA:** 60 MG/ML XPE FR PET AMB X 120 ML
60 MG/ML XPE CX 48 FR PET AMB X 120 ML (EMB HOSP)
60 MG/ML XPE CX 96 FR PET AMB X 120 ML (EMB HOSP)
60 MG/ML XPE CT FR PET AMB X 100 ML
60 MG/ML XPE CX 48 FR PET AMB X 100 ML (EMB HOSP)
60 MG/ML XPE CX 96 FR PET AMB X 100 ML (EMB HOSP)

**BIOTOSS XAROPE**
**CT:** FITOTERÁPICO SIMPLES EXPECTORANTES BRONCODILATADORES
**EV:** *Mikania glomerata*
**ER:** MARIOL INDUSTRIAL LTDA (04.656.253/0001-79)
**RA:** 162410011
**FA:** 60 MG/ML XPE CT FR PET AMB X 120 ML + CP MED
60 MG/ML XPE CX 48 FR PET AMB X 120 ML + CP MED (EMB HOSP)
60 MG/ML XPE CX 96 FR PET AMB X 120 ML + CP MED (EMB HOSP)

60 MG/ML XPE CT FR PET AMB X 100 ML + CP MED
60 MG/ML XPE CX 48 FR PET AMB X 100 ML + CP MED (EMB HOSP)
60 MG/ML XPE CX 96 FR PET AMB X 100 ML + CP MED (EMB HOSP)

### BLUMEL HEDERA
**CT:** FITOTERÁPICO SIMPLES EXPECTORANTES SIMPLES
**EV:** *Hedera helix* (HERA)
**ER:** BRAINFARMA INDÚSTRIA QUÍMICA E FARMACÊUTICA S.A (05.161.069/0001-10)
**RA:** 155840409
**FA:** 15 MG/ML XPE CT FR PLAS AMB X 100 ML
15 MG/ML XPE CT FR PLAS AMB X 100 ML + COP

### BOLDINE
**CT:** COLAGOGOS E COLERETICOS
**EV:** *Peumus boldus*
**ER:** INFAN INDUSTRIA QUIMICA FARMACEUTICA NACIONAL S. A. (08.939.548/0001-03)
**RA:** 115570065
**FA:** 100 MG CAP GEL DURA CT BL AL PVC INC X 30

### BOLDO BELFAR
**CT:** FITOTERÁPICO SIMPLES
**EV:** *Peumus boldus*
**ER:** BELFAR LTDA (18.324.343/0001-77)
**RA:** 105710143
**FA:** 0, 1 MG/ML SOL OR CT 12 X FLAC 10 ML
0,1 MG/ML SOL OR CT 60 X FLAC 10 ML
0,1 MG/ML SOL OR CT FR PLAS AMB X 100 ML

### BOLDO KLEIN
**CT:** COLAGOGOS E COLERÉTICOS
**EV:** *Peumus boldus*
**ER:** VIDORA FARMACÊUTICA LTDA (92.762.277/0001-70)
**RA:** 104730036
**FA:** 1,0 ML/ML TINT CT FR PLAS AMB X 120 ML + CP MED

### BRILIV
**CT:** FITOTERAPICO SIMPLES EXPECTORANTES
**EV:** *Hedera helix* L.
**ER:** LABORATÓRIO TEUTO BRASILEIRO S. A. (17.159.229/0001-76)
**RA:** 103700734
**FA:** 7 MG/ML XPE CT FR VD AMB X 120 ML + COP

7 MG/ML XPE CX 25 FR VD AMB X 120 ML + 25 COP
7 MG/ML XPE CX 50 FR VD AMB X 120 ML + 50 COP
7 MG/ML XPE CT FR PLAS AMB X 120 ML + COP
7 MG/ML XPE CX 25 FR PLAS AMB X 120 ML + 25 COP ATIVA
7 MG/ML XPE CX 50 FR PLAS AMB X 120 ML + 50 COP

### BROMELIN
**CT:** FITOTERÁPICO SIMPLES EXPECTORANTES SIMPLES
**EV:** *Ananas comosus* (L.) Merril.
**ER:** INFAN INDÚSTRIA QUÍMICA FARMACÊUTICA NACIONAL S. A. (08.939.548/0001-03)
**RA:** 155570053
**FA:** 0,66 G/ML SUS OR CT FR PET X 100 ML
0,88 G/ML SUS OR CT FR PLAS X 100 ML

### BRONDELIX
**CT:** FITOTERAPICO SIMPLES EXPECTORANTES
**EV:** *Hedera helix* (Hera)
**ER:** EMS S. A. (57.507.378/0003-65)
**RA:** 102351298
**FA:** 7 MG/ML XPE CT FR PLAS AMB X 100 ML + COP
7 MG/ML XPE CT FR PLAS AMB X 200 ML + COP
7 MG/ML XPE CT FR PLAS AMB X 50 ML + COP + SER DOS
7 MG/ML XPE CT FR PLAS AMB X 100 ML + COP + SER DOS
7 MG/ML XPE CT FR PLAS AMB X 200 ML + COP + SER DOS

### BRONQUIVITA
**CT**: FITOTERÁPICO SIMPLES EXPECTORANTES SIMPLES
**EV:** *Eucaliptus globulus* Labill
**ER:** LABORATÓRIO VITALAB LTDA (56.646.953/0001-86)
**RA:** 154000035
**FA:** 0,043 ML/ML XPE CT FR PLAS OPC X 150 ML + COP

### BUONA
**CT**: COADJUVANTE NO TRATAMENTO DO CLIMATÉRIO FITOTERÁPICO SIMPLES
**EV:** *Glycine max* (L.) Merr
**ER:** MOMENTA FARMACÊUTICA LTDA. (14.806.008/0001-54)
**RA:** 194270057
**FA**: 150 MG CAP DURA CT BL AL PLAS INC X 10
150 MG CAP DURA CT BL AL PLAS INC X 30

**CALMAN**
**CT:** FITOTERÁPICO COMPOSTO
**EV:** *Crataegus rhipidophylla* Gand., *Salix alba* L., *Passiflora incarnata*
**ER:** ASPEN PHARMA INDÚSTRIA FARMACÊUTICA LTDA (02.433.631/0001-20)
**RA:** 137640173
**FA:** 100 MG + 30 MG + 100 MG COM REV CT 2 BL AL PLAS TRANS X 10
0,10 ML + 0,07 ML + 50 MG SOL OR CT FR VD AMB X 100 ML + COP

**CALMASYN**
**CT:** ANSIOLÍTICOS SIMPLES
**EV:** *Passiflora incarnata* L.
**ER:** CIFARMA CIENTÍFICA FARMACÊUTICA LTDA (17.562.075/0001-69)
**RA:** 115600201
**FA:** 37,84 MG/ML SOL ORAL CT FR VD AMB X 100 ML + COP
37,84 MG/ML SOL ORAL CT FR PLAS AMB X 100 ML + COP
300 MG COM REV CT BL AL PLAS TRANS X 10
300 MG COM REV CT BL AL PLAS TRANS X 20
300 MG COM REV CT BL AL PLAS TRANS X 30
300 MG COM REV CT BL AL PLAS TRANS X 45
300 MG COM REV CT BL AL PLAS TRANS X 60
300 MG COM REV CT BL AL PLAS TRANS X 90
900 MG COM REV CT BL AL PLAS TRANS X 10
900 MG COM REV CT BL AL PLAS TRANS X 20
900 MG COM REV CT BL AL PLAS TRANS X 30
900 MG COM REV CT BL AL PLAS TRANS X 45
900 MG COM REV CT BL AL PLAS TRANS X 60
900 MG COM REV CT BL AL PLAS TRANS X 90

**CALMINTHEO**
**CT:** ANSIOLÍTICOS SIMPLES
**EV:** *Passiflora incarnata*
**ER:** THEODORO F SOBRAL & CIA LTDA (06.597.801/0001-62)
**RA:** 109630061
**FA:** 0,1 ML/ML XPE CT 1 FR PLAS AMB X 100 ML + COP

**CALMITANE**
**CT:** FITOTERÁPICO SIMPLES ANSIOLÍTICOS SIMPLES
**EV:** *Valeriana officinalis* L.
**ER:** BIONATUS LABORATÓRIO BOTÂNICO LTDA (68.032.192/0001-51)
**RA:** 120090027
**FA:** 40 MG COM REV CT BL AL PLAS TRANS X 20
40 MG COM REV CT BL AL PLAS TRANS X 40
40 MG COM REV CT BL AL PLAS TRANS X 45
40 MG COM REV CT BL AL PLAS TRANS X 60
40 MG COM REV DISP 70 BL AL PLAS TRANS X 16
40 MG COM REV DISP 70 BL AL PLAS TRANS X 8
250 MG COM REV CT BL AL PLAS TRANS X 20
50 MG COM REV CT BL AL PLAS TRANS X 20
50 MG COM REV CT BL AL PLAS TRANS X 40
50 MG COM REV CT BL AL PLAS TRANS X 45
50 MG COM REV CT BL AL PLAS TRANS X 60
250 MG COM REV CT BL AL PLAS TRANS X 40
250 MG COM REV CT BL AL PLAS TRANS X 45
250 MG COM REV CT BL AL PLAS TRANS X 60
250 MG COM REV DISP 70 BL AL PLAS TRANS X 8
50 MG COM REV DISP 70 BL AL PLAS TRANS X 8
50 MG COM REV DISP 70 BL AL PLAS TRANS X 16
80 MG COM REV CT BL AL PLAS TRANS X 20
80 MG COM REV CT BL AL PLAS TRANS X 45
80 MG COM REV CT BL AL PLAS TRANS X 60
80 MG COM REV CT BL AL PLAS TRANS X 40
80 MG COM REV DISP 70 BL AL PLAS TRANS X 8
80 MG COM REV DISP 70 BL AL PLAS TRANS X 16
100 MG COM REV CT BL AL PLAS TRANS X 20
100 MG COM REV CT BL AL PLAS TRANS X 40
100 MG COM REV CT BL AL PLAS TRANS X 45
100 MG COM REV CT BL AL PLAS TRANS X 60
100 MG COM REV DISP 70 BL AL PLAS TRANS X 8
100 MG COM REV DISP 70 BL AL PLAS TRANS X 16
40 MG COM REV CT BL AL PLAS TRANS X 15
40 MG COM REV CT BL AL PLAS TRANS X 30
40 MG COM REV CT BL AL PLAS TRANS X 75
40 MG COM REV DISP 70 BL AL PLAS TRANS X 15
250 MG COM REV CT BL AL PLAS TRANS X 15
250 MG COM REV CT BL AL PLAS TRANS X 30
250 MG COM REV CT BL AL PLAS TRANS X 75
250 MG COM REV DISP 70 BL AL PLAS TRANS X 15
50 MG COM REV CT BL AL PLAS TRANS X 15
50 MG COM REV CT BL AL PLAS TRANS X 30
50 MG COM REV CT BL AL PLAS TRANS X 75
50 MG COM REV DISP 70 BL AL PLAS TRANS X 15
80 MG COM REV CT BL AL PLAS TRANS X 15
80 MG COM REV CT BL AL PLAS TRANS X 30
80 MG COM REV CT BL AL PLAS TRANS X 75
80 MG COM REV DISP BL AL PLAS TRANS X 15
40 MG COM REV DISP BL AL PLAS TRANS X 600
40 MG COM REV DISP BL AL PLAS TRANS X 2100

50 MG COM REV DISP BL AL PLAS TRANS X 600
50 MG COM REV DISP BL AL PLAS TRANS X 2100
80 MG COM REV DISP BL AL PLAS TRANS X 600
80 MG COM REV DISP BL AL PLAS TRANS X 2100
100 MG COM REV DISP BL AL PLAS TRANS X 600
100 MG COM REV DISP BL AL PLAS TRANS X 2100
250 MG COM REV DISP BL AL PLAS TRANS X 600
250 MG COM REV DISP BL AL PLAS TRANS X 2100
100 MG COM REV DISP BL AL PLAS TRANS X 1050

## CAMOMILA COMPOSTA CATARINENSE
**CT:** FITOTERÁPICO COMPOSTOS
**EV:** *Chamaemelum nobile* (L.) All. e *Gentiana lutea*
**ER:** LABORATÓRIO CATARINENSE LTDA (84.684.620/0001-87)
**RA:** 100660003
**FA:** SOL ORAL CT FR PLAS AMB X 150 ML
SOL ORAL CT FR PLAS AMB X 100 ML

## CARDOMARIN
**CT:** COLAGOGOS, COLERETICOS E HEPATOPROTETORES
**EV:** *Silybum marianum* (L.) Gaertn
**ER:** NATULAB LABORATÓRIO S. A. (02.456.955/0001-83)
**RA:** 109630061
**FA:** 18,05 MG/ML SUS OR CT FR PLAS AMB X 100 ML + COP
18,05 MG/ML SUS OR CT FR PLAS AMB X 120 ML + COP
18,05 MG/ML SUS OR CT FR PLAS AMB X 150 ML + COP
18,05 MG/ML SUS OR CX 50 FR PLAS AMB X 100 ML + COP (EMB HOSP)
18,05 MG/ML SUS OR CX 50 FR PLAS AMB X 120 ML + COP (EMB HOSP)
18,05 MG/ML SUS OR CX 50 FR PLAS AMB X 150 ML + COP (EMB HOSP)
254 MG CAP GEL DURA CT BL AL PLAS INC X 20
254 MG CAP GEL DURA CT BL AL PLAS INC X 30
254 MG CAP GEL DURA CT BL AL PLAS INC X 40
254 MG CAP GEL DURA CT BL AL PLAS INC X 60
254 MG CAP GEL DURA CX BL AL PLAS INC X 500 (EMB HOSP)
254 MG CAP GEL DURA CX BL AL PLAS INC X 1000 (EMB HOSP)
127 MG COM REV CT BL AL PLAS INC X 20
127 MG COM REV CT BL AL PLAS INC X 30
127 MG COM REV CT BL AL PLAS INC X 40
127 MG COM REV CT BL AL PLAS INC X 60
127 MG COM REV CX BL AL PLAS INC X 500 (EMB HOSP)
127 MG COM REV CX BL AL PLAS INC X 1000 (EMB HOSP)

## CÁSCARA SAGRADA HERBARIUM
**CT:** LAXANTES
**EV:** *Rhamnus purshiana* DC.
**ER:** HERBARIUM LABORATÓRIO BOTÂNICO LTDA (78.950.011/0001-20)
**RA:** 118600075
**FA:** 75 MG CAP GEL DURA BL AL PLAS TRANS X 15
75 MG CAP GEL DURA BL AL PLAS TRANS X 20
75 MG CAP GEL DURA BL AL PLAS TRANS X 30
75 MG CAP GEL DURA BL AL PLAS TRANS X 45
75 MG CAP GEL DURA BL AL PLAS TRANS X 60

## CASTANHA DA ÍNDIA HERBARIUM
**CT:** ANTIVARICOSOS DE AÇÃO SISTÊMICA FITOTERAPICO SIMPLES
**EV:** *Aesculus hippocastanum* L.
**ER:** HERBARIUM LABORATÓRIO BOTÂNICO LTDA (78.950.011/0001-20)
**RA:** 118600080
**FA:** 100 MG COM REV CT BL AL PLAS INC X 20
100 MG COM REV CT BL AL PLAS INC X 30
100 MG COM REV CT BL AL PLAS INC X 45
100 MG COM REV CT BL AL PLAS INC X 60

## CASTANHA DA ÍNDIA ORIENT
**CT:** ANTIVARICOSOS DE AÇÃO SISTÊMICA
**EV:** *Aesculus hippocastanum* L.
**ER:** ORIENT MIX FITOTERÁPICOS DO BRASIL LTDA (73.657.876/0001-89)
**RA:** 123970039
**FA:** 200 MG CAP GEL DURA FR PLAS OPC X 60
200 MG CAP GEL DURA FR PLAS OPC X 45

## CATUAMA
**CT:** FITOTERÁPICO COMPOSTO MEDICAÇÃO ENERGÉTICA
**EV:** *Trichilia catigua* A. Juss, *Croton heliotropiifolius* Kunth e *Paullinia cupana* H.B. & K.
**ER:** LABORATÓRIO CATARINENSE LTDA (84.684.620/0001-87)
**RA:** 100660015
**FA:** (35 + 35 + 50) MCL/ML SOL OR CT FR PLAS INC X 500 ML
(87,5 + 87,5 + 125) MG CAP GEL DURA CT BL AL PLAS INC X 30

(87,5 + 87,5 + 125) MG CAP GEL DURA CT BL AL PLAS INC X 60

### CAVALINHA ORIENT
**CT**: FITOTERÁPICO SIMPLES DIURÉTICOS
**EV:** *Equisetum arvense*
**ER:** ORIENT MIX FITOTERÁPICOS DO BRASIL LTDA. (73.657.876/0001-89)
**RA:** 123970032
**FA:** 400 MG CAP GEL DURA CT FR PLAS OPC X 60
400 MG CAP GEL DURA CT 3 BL AL PLAS INC X 15

### CENTELLA HERBARIUM
**CT:** OUTROS PRODUTOS COM AÇÃO NO APARELHO CARDIOVASCULAR FITOTERAPICO SIMPLES
**EV:** *Centella asiatica* (L.) URB.
**ER:** HERBARIUM LABORATÓRIO BOTÂNICO LTDA (78.950.011/0001-20)
**RA:** 118600079
**FA:** 66 MG CAP GEL DURA CT BL AL PLAS INC X 30
66 MG CAP GEL DURA CT BL AL PLAS INC X 45
66 MG CAP GEL DURA CT BL AL PLAS INC X 60

### CLIFEMIN
**CT:** FITOTERÁPICO SIMPLES COADJUVANTES NO TRATAMENTO DO CLIMATÉRIO
**EV:** *Cimicifuga racemosa* Nutt.
**ER:** HERBARIUM LABORATÓRIO BOTÂNICO S.A (78.950.011/0001-20)
**RA:** 118600007
**FA:** 160 MG COM REV CT BL AL PLAS PVDC TRANS X 15
160 MG COM REV CT BL AL PLAS PVDC TRANS X 30

### CLIMATRIX
**CT:** COADJUVANTE NO TRATAMENTO DO CLIMATÉRIO
**EV:** *Trifolium pratense* L.
**ER:** MYRALIS INDÚSTRIA FARMACÊUTICA LTDA (17.440.261/0001-25)
**RA:** 114620022
**FA:** 100 MG COM REV CT BL AL PLAS TRANS X 30
100 MG COM REV CT BL AL PLAS TRANS X 60
100 MG COM REV CT BL AL PLAS TRANS X 8

### COGNITUS
**CT:** FITOTERÁPICO SIMPLES OUTROS PRODUTOS QUE ATUAM SOBRE O SISTEMA NERVOSO
**EV:** *Bacopa monnieri* (L.) Wettst.
**ER:** HERBARIUM LABORATÓRIO BOTÂNICO S.A (78.950.011/0001-20)
**RA:** 118600098
**FA:** 225 MG COM REV CT BL AL PVDC INC X 14
225 MG COM REV CT BL AL PVDC INC X 15
225 MG COM REV CT BL AL PVDC INC X 21
225 MG COM REV CT BL AL PVDC INC X 28
225 MG COM REV CT BL AL PVDC INC X 30
225 MG COM REV CT BL AL PVDC INC X 45
225 MG COM REV CT BL AL PVDC INC X 56
225 MG COM REV CT BL AL PVDC INC X 60
225 MG COM REV CT BL AL PVDC INC X 84
225 MG COM REV CT BL AL PVDC INC X 90
225 MG COM REV CT BL AL PVDC INC X 112
225 MG COM REV CT BL AL PVDC INC X 120
225 MG COM REV CT BL AL PVDC INC X 168
225 MG COM REV CT BL AL PVDC INC X 224

### ELIXIR CÓLICO
**CT:** FITOTERÁPICO SIMPLES ANTIESPASMÓDICOS
**EV:** *Atropa belladonna*
**ER:** IFAL INDÚSTRIA E COMÉRCIO DE PRODUTOS FARMAC LTDA (00.376.959/0001-26)
**RA:** 135310032
**FA:** 0,2 ML/ML ELX CT FR PLAS OPC GOT X 30 ML

### ELIXIR PAREGÉGORICO CATARINENSE
**CT:** ANTIESPASMÓDICOS
**EV:** *Papaver somniferum*
**ER:** LABORATORIO CATARINENSE LTDA (84.684.620/0001-87)
**RA:** 100663392
**FA:** 0,05 ML/ML SOL OR CT FR PLAS OPC GOT X 30 ML
0,10 ML COM REV CT BL AL PLAS INC X 15
0,10 ML COM REV CT BL AL PLAS INC X 20
0,10 ML COM REV CT BL AL PLAS INC X 30

### ENAX
**CT:** FITOTERÁPICO SIMPLES IMUNOMODULADORES
**EV:** *Echinacea purpurea* Moench
**L:** ARESE PHARMA LTDA (07.670.111/0001-54)
**RA:** 158190010
**FA:** 200 MG COM VER CT BL AL PLAS TRANS X 30
200 MG COM VER CT BL AL PLAS TRANS X 8

### EPAPHYTO
**CT:** COLAGOGOS E COLERÉTICOS FITOTERÁPICO SIMPLES
**EV:** *Peumus boldus*

**L:** NATULAB LABORATÓRIO S.A (02.456.955/0001-83)
**RA:** 138410055
**FA:** 300 MG CAP GEL DURA CT BL AL PLAS INC X 30
300 MG CAP GEL DURA CT BL AL PLAS INC X 45
300 MG CAP GEL DURA CT BL AL PLAS INC X 60
300 MG CAP GEL DURA CT BL AL PLAS INC X 90
300 MG CAP GEL DURA CT BL AL PLAS INC X 120 (EMB MULT)
300 MG CAP GEL DURA CT BL AL PLAS INC X 180 (EMB MULT)
300 MG CAP GEL DURA CX BL AL PLAS INC X 375 (EMB HOSP)
300 MG CAP GEL DURA CX BL AL PLAS INC X 750 (EMB HOSP)
300 MG CAP GEL DURA CX BL AL PLAS INC X 1500 (EMB HOSP)
14 MG/ML SOL OR CT FR PLAS AMB X 100 ML
14 MG/ML SOL OR CX 50 FR PLAS AMB X 100 ML (EMB HOSP)
14 MG/ML SOL OR CT FR PLAS AMB X 120 ML
14 MG/ML SOL OR CX 50 FR PLAS AMB X 120 ML (EMB HOSP)
14 MG/ML SOL OR CT FR PLAS AMB X 150 ML
14 MG/ML SOL OR CX 50 CR FR PLAS AMB X 150 ML (EMB HOSP)
14 MG/ML SOL OR CT 12 FLAC PLAS TRANS X 10 ML (EMB MULT)
14 MG/ML SOL OR CT 60 FLAC PLAS TRANS X 10 ML (EMB MULT)

## EPAREMA
**CT:** FITOTERÁPICO COMPOSTO COLAGOGOS E COLERÉTICOS
**EV:** *Peumus boldus* Molina, *Frangula purshiana* (D.C.) A. Gray, *Rheum palmatum* L.
**ER:** TAKEDA PHARMA LTDA. (60.397.775/0001-74)
**RA:** 106390030
**FA:** 125 MG DRG CT BL AL PLAS INC X 20
125 MG DRG CT BL AL PLAS INC X 120
125 MG DRG CT BL AL PLAS INC X 300
125 MG DRG CT BL AL PLAS INC X 4
125 MG DRG CT BL AL PLAS INC X 10
125 MG DRG CT BL AL PLAS INC X 30
103 MG/ML SOL OR CT 10 FLAC PLAS OPC X 10 ML
103 MG/ML SOL OR CT 12 FLAC PLAS OPC X 10 ML (EMB MULT)
103 MG/ML SOL OR CT 36 FLAC PLAS OPC X 10 ML (EMB MULT)
103 MG/ML SOL OR CT 60 FLAC PLAS OPC X 10 ML (EMB MULT)
103 MG/ML SOL OR CT 12 FLAC PLAS OPC X 10 ML (EMB MULT) (GUARANÁ)
103 MG/ML SOL OR CT 36 FLAC PLAS OPC X 10 ML (EMB MULT) (GUARANÁ)
103 MG/ML SOL OR CT 60 FLAC PLAS OPC X 10 ML (EMB MULT) (GUARANÁ)
103 MG/ML SOL OR CT 12 FLAC PLAS OPC X 10 ML (EMB MULT) (LARANJA)
103 MG/ML SOL OR CT 36 FLAC PLAS OPC X 10 ML (EMB MULT) (LARANJA)
103 MG/ML SOL OR CT 60 FLAC PLAS OPC X 10 ML (EMB MULT) (LARANJA)
206 MG/ML SOL OR CT FR PLAS OPC X 200 ML
206 MG/ML SOL OR CT FR PLAS OPC X 200 ML (GUARANÁ)
206 MG/ML SOL OR CT FR PLAS OPC X 200 ML (LARANJA)
103 MG/ML SOL OR CT 04 FLAC PLAS OPC X 10 ML
103 MG/ML SOL OR CT 05 FLAC PLAS OPC X 10 ML
103 MG/ML SOL OR CT 06 FLAC PLAS OPC X 10 ML
125 MG DRG CT BL AL PLAS TRANS PVC/PVDC X 4
125 MG DRG CT BL AL PLAS TRANS PVC/PVDC X 10
125 MG DRG CT BL AL PLAS TRANS PVC/PVDC X 20
125 MG DRG CT BL AL PLAS TRANS PVC/PVDC X 30
125 MG DRG CT BL AL PLAS TRANS PVC/PVDC X 120
125 MG DRG CT BL AL PLAS TRANS PVC/PVDC X 300

## EQUITAM
**CT:** VASODILATADORES
**EV:** *Ginkgo biloba* L.
**ER:** MOMENTA FARMACÊUTICA LTDA. (14.806.008/0001-54)
**RA:** 194270072
**FA:** 80 MG COM REV CT BL AL PLAS INC X 20
80 MG COM REV CT BL AL PLAS INC X 30
80 MG COM REV CT BL AL PLAS INC X 60
80 MG COM REV CT BL AL PLAS INC X 90
120 MG COM REV CT BL AL PLAS INC X 10
120 MG COM REV CT BL AL PLAS INC X 20
120 MG COM REV CT BL AL PLAS INC X 30
120 MG COM REV CT BL AL PLAS INC X 60
120 MG COM REV CT BL AL PLAS INC X 90

## ESPINHEIRA SANTA
**CT:** ANTIULCEROSOS FITOTERÁPICO SIMPLES
**EV:** *Maytenus ilicifolia* Mart. Ex. Reiss

**ER:** VIDORA FARMACÊUTICA LTDA (92.762.277/0001-70)
**RA:** 104730031
**FA:** 1,0 ML/ML TINT CT FR PLAS AMB X 120 ML + CP MED

### ESPINHEIRA SANTA HERBARIUM
**CT:** ANTIULCEROSOS FITOTERÁPICO SIMPLES
**EV:** *Maytenus ilicifolia* Mart. Ex. Reiss
**ER:** HERBARIUM LABORATÓRIO BOTÂNICO S.A (78.950.011/0001-20)
**RA:** 118600043
**FA:** 380 MG CAP GEL DURA CT BL AL PLAS INC X 45
380 MG CAP GEL DURA CT BL AL PLAS PVDC TRANS X 45

### ESPINHEIRA SANTA NATULAB
**CT:** ANTIÁCIDOS E ANTIULCEROSOS FITOTERÁPICO SIMPLES
**EV:** *Maytenus ilicifolia* Mart. Ex. Reiss
**ER:** NATULAB LABORATÓRIO S.A (02.456.955/0001-83)
**RA:** 138410053
**FA:** 380 MG CAP GEL DURA CT BL AL PLAS INC X 45
380 MG CAP GEL DURA CT BL AL PLAS INC X 90
380 MG CAP GEL DURA CT BL AL PLAS INC X 450 (EMB HOSP)
380 MG CAP GEL DURA CX BL AL PLAS INC X 750 (EMB HOSP)
380 MG CAP GEL DURA CX BL AL PLAS INC X 1500 (EMB HOSP)
380 MG CAP GEL DURA CT BL AL PLAS INC X 3000 (EMB HOSP)
160 MG/ML SUS OR CT FR PLAS AMB X 100 ML
160 MG/ML SUS OR CT FR PLAS AMB X 120 ML
160 MG/ML SUS OR CT FR PLAS AMB X 150 ML
160 MG/ML SUS OR CX 50 FR PLAS AMB X 100 ML (EMB HOSP)
160 MG/ML SUS OR CX 50 FR PLAS AMB X 120 ML (EMB HOSP)
160 MG/ML SUS OR CX 50 FR PLAS AMB X 150 ML (EMB HOSP)

### EUCAPROL
**CT:** FITOTERÁPICO SIMPLES
**EV:** *Eucaliptus globulus* Labill
**ER:** APIS FLORA INDUSTRIAL E COMERCIAL LTDA (49.345.358/0001-45)
**RA:** 121070010
**FA:** 100 MG/ML XPE CT FR PLAST AMB 150 ML + CP DOS X 10 ML
1 ML/ML ÓLEO CT FR VD AMB X 30 ML + CGT

### FIBIRAX PLANT
**CT:** LAXANTES SUAVIZADORES OU EMOLIENTES
**EV:** *Plantago ovata* PHIL.
**ER:** EMS S. A. (57.507.378/0003-65)
**RA:** 102350994
**FA:** 3,5 G PO EFEV CT 2 ENV X 5 G
3,5 G PO EFEV CT 10 ENV X 5 G
3,5 G PO EFEV CT 20 ENV X 5 G
3,5 G PO EFEV CT 30 ENV X 5 G
3,5 G PO EFEV CT 50 ENV X 5 G (EMB MULT)
3,5 G PO EFEV CT 100 ENV X 5 G (EMB MULT)

### FIBREMS
**CT:** LAXANTES SUAVIZADORES OU EMOLIENTES
**EV:** *Plantago ovata* PHIL.
**ER:** EMS SIGMA PHARMA LTDA (00.923.140/0001-31)
**RA:** 135690572
**FA:** 3,5 G PO EFEV CT 2 ENV X 5 G
3,5 G PO EFEV CT 10 ENV X 5 G
3,5 G PO EFEV CT 20 ENV X 5 G
3,5 G PO EFEV CT 30 ENV X 5 G
3,5 G PO EFEV CT 50 ENV X 5 G (EMB MULT)
3,5 G PO EFEV CT100 ENV X 5 G (EMB MULT)

### FIGATIL
**CT:** FITOTERÁPICO COMPOSTO COLAGOGOS, COLERÉTICOS E HEPATOPROTETORES
**EV:** *Cynara scolymus* L., *Peumus boldus*
**ER:** LABORATÓRIO CATARINENSE LTDA (84.684.620/0001-87)
**RA:** 100660019
**FA:** DRG CT ENV AL PE X 20
SOL OR CT FR PLAS TRANS X 150 ML
SOL OR CT FR PLAS TRANS X 100 ML
SOL OR CT FLAC X 10 ML
SOL OR CT 24 FLAC X 10 ML
DRG CT ENV AL PE X 200
SOL OR CT 48 FLAC X 10 ML

### FIGATOSAN
**CT:** COLAGOGOS E COLERÉTICOS
**EV:** *Peumus boldus*
**ER:** IFAL INDUSTRIA E COMERCIO DE PRODUTOS FARMAC LTDA (00.376.959/0001-26)
**RA:** 135310027

**FA:** 0, 067 ML/ML SOL OR CT FR PLAS AMB X 100 ML
0,067 ML/ML SOL OR CX 12 FLAC X 10 ML
0,067 ML/ML SOL OR CX 24 FLAC X 10 ML
0,067 ML/ML SOL OR CX 60 FLAC X 10 ML

## FISIOTON
**CT:** NEUROPSICOESTIMULANTES FITOTERAPICO SIMPLES
**EV:** *Rhodiola rosea*
**ER:** ACHÉ LABORATÓRIOS FARMACÊUTICOS S.A (60.659.463/0029-92)
**RA:** 105730369
**FA:** 400 MG COM REV CT BL AL X 20
400 MG COM REV CT BL AL X 30
400 MG COM REV CT BL AL X 60
400 MG COM REV CT BL AL PLAS INC X 20
400 MG COM REV CT BL AL PLAS INC X 30
400 MG COM REV CT BL AL PLAS INC X 60
400 MG COM REV CT FR PLAS OPC X 20
400 MG COM REV CT FR PLAS OPC X 30
400 MG COM REV CT FR PLAS OPC X 60

## FITOBILOBA
**CT:** VASODILATADORES
**EV:** *Ginkgo biloba*
**ER:** GEOLAB INDÚSTRIA FARMACÊUTICA S. A. (03.485.572/0001-04)
**RA:** 154230269
**FA:** 80 MG COM REV CT BL AL PLAS TRANS X 20
80 MG COM REV CT BL AL PLAS TRANS X 30
80 MG COM REV CT BL AL PLAS TRANS X 60
80 MG COM REV CT BL AL PLAS TRANS X 500 (EMB HOSP)
120 MG COM REV CT BL AL PLAS TRANS X 20
120 MG COM REV CT BL AL PLAS TRANS X 30
120 MG COM REV CT BL AL PLAS TRANS X 60
120 MG COM REV CT BL AL PLAS TRANS X 500 (EMB HOSP)

## FITOBRONC
**CT:** OUTROS PRODUTOS PARA O APARELHO RESPIRATÓRIO FITOTERÁPICO SIMPLES
**EV:** *Polygala senega* L.
**ER:** IFAL INDÚSTRIA E COMÉRCIO DE PRODUTOS FARMAC LTDA (00.376.959/0001-26)
**RA:** 135310029
**FA:** 0,07 ML/ML SOL OR CT FR PLAS AMB X 150 ML

## FITOSCAR
**CT:** CICATRIZANTE FITOTERÁPICO SIMPLES
**EV:** *Stryphnodendron barbatiman* Mart.
**ER:** APSEN FARMACEUTICA S. A. (62.462.015/0001-29)
**RA:** 101180605
**FA:** 60 MG/G POM DERM CT BG AL X 10 G
60 MG/G POM DERM CT BG AL X 15 G
60 MG/G POM DERM CT BG AL X 20 G
60 MG/G POM DERM CT BG AL X 30 G
60 MG/G POM DERM CT BG AL X 50 G

## FLEBLIV
**CT:** ANTIVARICOSOS DE AÇÃO SISTEMICA
**EV:** *Pinus pinaster*
**ER:** NATULAB LABORATÓRIO S.A (02.456.955/0001-83)
**RA:** 138410058
**FA:** 50 MG COM CT BL AL PLAS INC X 30
50 MG COM CT BL AL PLAS INC X 45
50 MG COM CT BL AL PLAS INC X 60
50 MG COM CX BL AL PLAS INC X 750 (EMB HOSP)
50 MG COM CX BL AL PLAS INC X 1500 (EMB HOSP)

## FLEBON
**CT:** ANTIVARICOSOS DE AÇÃO SISTÊMICA
**EV:** *Pinus pinaster*
**ER:** FARMOQUÍMICA S. A. (33.349.473/0001-58)
**RA:** 103900181
**FA:** 50 MG COM CT BL AL PVC X 6
50 MG COM CT BL AL PVC X 10
50 MG COM CT BL AL PVC X 12
50 MG COM CT BL AL PVC X 15
50 MG COM CT BL AL PVC X 20
50 MG COM CT BL AL PVC X 30
50 MG COM CT BL AL PVC X 60

## FLENUS
**CT:** ANTIVARICOSOS DE AÇÃO SISTÊMICA
**EV:** *Melilotus officinalis* Lam.
**ER:** ARESE PHARMA LTDA (07.670.111/0001-54)
**RA:** 158190001
**FA:** 22,25 MG COM REV CT BL AL PLAS PVDC TRANS X 8
22,25 MG COM REV CT BL AL PLAS PVDC TRANS X 20
22,25 MG COM REV CT BL AL PLAS PVDC TRANS X 30

## FLEXIVE CDM
**CT:** ANTI-INFLAMATÓRIOS
**EV:** *Symphytum officinale*
**ER:** MERCK S. A. (33.069.212/0001-84)
**RA:** 100890358

**FA:** 350 MG/G CREM DERM CT BG AL X 50 G
350 MG/G CREM DERM CT BG AL X 100 G
350 MG/G CREM DERM CT BG AL X 150G
350 MG/G CREM DERM CT BG AL X 20 G
350 MG/G CREM DERM CT BG AL X 25 G
350 MG/G CREM DERM CT BG AL X 30 G
350 MG/G CREM DERM CT BG AL X 40 G
350 MG/G CREM DERM CT BG AL X 60 G
350 MG/G CREM DERM CT BG AL X 80 G

## FLOR DA NOITE COMPOSTA
**CT:** FITOTERÁPICO COMPOSTO COADJUVANTES NO TRATAMENTO DO CLIMATÉRIO
**EV:** *Dorstenia multiformis, Cereus jamacaru, Erythrina velutina, Himatanthus lancifolius*
**ER:** AS ERVAS CURAM INDÚSTRIA FARMACÊUTICA LTDA (79.634.572/0001-82)
**RA:** 116780020
**FA:** (0,1+0,04+0,04+0,02) ML/ML TINT CT FR VD AMB X 100 ML + CP MED
500 MG CAP GEL DURA CT FR PLAS OPC X 50

## FLUIJET
**CT:** EXPECTORANTE SIMPLES
**EV:** *Hedera helix* (Hera)
**ER:** MYRALIS INDÚSTRIA FARMACÊUTICA LTDA (17.440.261/0001-25)
**RA:** 114620002
**FA:** 7,5 MG/ML XPE CT FR VD AMB X 30 ML + COP + SER DOS
7,5 MG/ML XPE CT FR VD AMB X 100 ML + COP + SER DOS
7,5 MG/ML XPE CT FR VD AMB X 200 ML + COP + SER DOS
7,5 MG/ML XPE CT FR PLAS AMB X 30 ML + COP + SER DOS
7,5 MG/ML XPE CT FR PLAS AMB X 100 ML + COP + SER DOS
7,5 MG/ML XPE CT FR PLAS AMB X 200 ML + COP + SER DOS

## FLYARE
**CT:** FITOTERÁPICO SIMPLES EXPECTORANTES SIMPLES
**EV:** *Hedera helix* (HERA)
**ER:** CIFARMA CIENTÍFICA FARMACÊUTICA LTDA (17.562.075/0001-69)
**RA:** 115600177
**FA:** 7 MG/ML XPE CT FR VD AMB X 100 ML + COP
7 MG/ML XPE CT FR PET AMB X 100 ML + COP
7 MG/ML XPE CX 50 FR VD AMB X 100 ML + 50 CP MED (EMB HOSP)
7 MG/ML XPE CX 50 FR PET AMB X 100 ML + 50 CP MED (EMB HOSP)
19,12 MG/G GRAN EFEV CT 4 SACH AL PLAS X 3,4 G
19,12 MG/G GRAN EFEV CT 8 SACH AL PLAS X 3,4 G
19,12 MG/G GRAN EFEV CT 10 SACH AL PLAS X 3,4 G
19,12 MG/G GRAN EFEV CT 14 SACH AL PLAS X 3,4 G
19,12 MG/G GRAN EFEV CT 20 SACH AL PLAS X 3,4 G
19,12 MG/G GRAN EFEV CT 20 SACH AL PLAS X 3,4 G
19,12 MG/G GRAN EFEV CT 100 SACH AL PLAS X 3,4 G
19,12 MG/G GRAN EFEV CT 500 SACH AL PLAS X 3,4 G (EMB HOSP)

## FORFIG
**CT:** FITOTERÁPICO SIMPLES HEPATOPROTETORES E LIPOTRÓPICOS
**EV:** *Silybum marianum* (L.) Gaertn
**ER:** MOMENTA FARMACÊUTICA LTDA. (14.806.008/0001-54)
**RA:** 194270064
**FA:** 100 MG COM REV CT BL AL PLAS TRANS X 4
100 MG COM REV CT BL AL PLAS TRANS X 10
100 MG COM REV CT BL AL PLAS TRANS X 20
100 MG COM REV CT BL AL PLAS TRANS X 30
100 MG COM REV CT BL AL PLAS TRANS X 60
200 MG CAP DURA CT BL AL PLAS TRANS X 4
200 MG CAP DURA CT BL AL PLAS TRANS X 10
200 MG CAP DURA CT BL AL PLAS TRANS X 20
200 MG CAP DURA CT BL AL PLAS TRANS X 30
200 MG CAP DURA CT BL AL PLAS TRANS X 60

## FUNCHICÓREA
**CT:** FITOTERÁPICO COMPOSTO
**EV:** *Rheum officinale* Baill., *Chicorium intybus, Anethum foeniculum* L.
**ER:** LABORATÓRIO MELPOEJO (21.549.522/0001-17)
**RA:** 105340002
**FA:** PÓ OR CT FR PLAS X 3 G

## GALENOGAL ELIXIR
**CT:** FITOTERÁPICO SIMPLES ANALGÉSICOS
**EV:** *Salix alba* L.
**ER:** KLEY HERTZ FARMACÊUTICA S.A (92.695.691/0001-03)

RA: 106890158
FA: SOL OR CT FR VD AMB X 150 ML

**GAMALINE V**
CT: FITOTERÁPICO SIMPLES ANTI-INFLAMATÓRIOS
EV: *Borago officinalis* L.
ER: HERBARIUM LABORATÓRIO BOTÂNICO S.A (78.950.011/0001-20)
RA: 118.600.061
FA: 900 MG CAP MOLE CT BL AL PLAS PVDC TRANS X 15
900 MG CAP MOLE CT BL AL PLAS PVDC TRANS X 30
900 MG CAP MOLE CT BL AL PLAS PVDC TRANS X 10
900 MG CAP MOLE CT BL AL PLAS PVDC TRANS X 20
900 MG CAP MOLE CT BL AL PLAS PVDC TRANS X 45
900 MG CAP MOLE CT BL AL PLAS PVDC TRANS X 60

**GAMAX**
CT: FITOTERÁPICO SIMPLES ANTI-INFLAMATÓRIOS
EV: *Borago officinalis* L.
ER: INFAN INDÚSTRIA QUÍMICA FARMACÊUTICA NACIONAL S. A. (08.939.548/0001-03)
RA: 115.570.057
FA: 980 MG CAP GEL MOLE CT BL AL PLAS INC X 15
980 MG CAP GEL MOLE CT BL AL PLAS INC X 30

**GARRA DO DIABO HERBARIUM**
CT: FITOTERÁPICO SIMPLES ANTI-INFLAMATÓRIOS ANTIRREUMÁTICOS
EV: *Harpagophytum procumbens* Dc.
ER: HERBARIUM LABORATÓRIO BOTÂNICO S.A (78.950.011/0001-20)
RA: 118600035
FA: 200 MG COM REV CT BL AL PLAS INC X 30
200 MG COM REV CT BL AL PLAS INC X 60
200 MG COM REV CT BL AL PLAS INC X 45

**GARRA EC**
CT: FITOTERAPICO SIMPLES ANTI-INFLAMATÓRIOS
EV: *Harpagophytum procumbens* Dc. Ex Meissn.
ER: AS ERVAS CURAM INDUSTRIA FARMACEUTICA LTDA (79.634.572/0001-82)
RA: 116780015
FA: 500 MG CAP GEL DURA CT FR PLAS OPC X 50

**GASTROSIL**
CT: ANTIULCEROSOS
EV: *Maytenus ilicifolia* MART. EX. REISS

ER: APIS FLORA INDUSTRIAL E COMERCIAL LTDA (49.345.358/0001-45)
RA: 121070007
FA: 20 ML / 100 ML EMUL OR CT FR PLAS AMB X 150 ML + COP DOS X 10 ML
380 MG CAP GEL CT 3 BL AL PLAS OPC X 15

**GENGIMIN**
CT: FITOTERAPICO SIMPLES ANTIEMÉTICOS E ANTINAUSEANTES
EV: *Zingiber officinale* Roscoe
ER: FARMOQUÍMICA S. A. (33.349.473/0001-58)
RA: 103900185
FA: 160 MG COM REV CT BL AL PLAS PVDC TRANS X 15
160 MG COM REV CT BL AL PLAS PVDC TRANS X 30
160 MG COM REV CT BL AL PLAS PVDC TRANS X 45 ATIVA
160 MG COM REV CT BL AL PLAS PVDC TRANS X 60

**GINKGO CATARINENSE**
CT: VASODILATADORES FITOTERÁPICO SIMPLES
ER: LABORATÓRIO CATARINENSE LTDA (84.684.620/0001-87)
RA: 100663371
FA: 40 MG COM VER CT C/3 BL AL PLAS INC X 10
80 MG COM VER CT BL AL PLAS INC X 20
40 MG SOL OR CT C/1 FR PLAS OPC GOT X 30 ML
80 MG COM VER CT BL AL PLAS INC X 30

**GINKGO HERBARIUM**
CT: VASODILATADORES FITOTERÁPICO SIMPLES
EV: *Ginkgo biloba* L.
ER: HERBARIUM LABORATÓRIO BOTÂNICO S.A (78.950.011/0001-20)
RA: 118600082
FA: 40 MG CAP GEL DURA CT BL AL PLAS INC X 30
40 MG CAP GEL DURA CT BL AL PLAS INC X 20
40 MG CAP GEL DURA CT BL AL PLAS INC X 45
40 MG CAP GEL DURA CT BL AL PLAS INC X 60
40 MG CAP GEL DURA CT FR PLAS X 120
40 MG CAP GEL DURA CT FR PLAS X 200

**GINKGO VITAL**
CT: FITOTERÁPICO SIMPLES
EV: *Ginkgo biloba* L.
ER: PRATI DONADUZZI & CIA LTDA (73.856.593/0001-66)
RA: 125680236
FA: 40 MG COM REV CT BL AL PLAS TRANS PVDC X 30

40 MG COM REV CT BL AL PLAS TRANS PVDC X 100 (EMB FRAC)
40 MG COM REV CT BL AL PLAS TRANS PVDC X 200 (EMB FRAC)
40 MG COM REV CT BL AL PLAS TRANS PVDC X 300 (EMB HOSP)
40 MG COM REV CT BL AL PLAS TRANS ACLAR X 30
40 MG COM REV CT BL AL PLAS TRANS ACLAR X 100 (EMB FRAC)
40 MG COM REV CT BL AL PLAS TRANS ACLAR X 200 (EMB FRAC)
40 MG COM REV CT BL AL PLAS TRANS ACLAR X 300 (EMB HOSP)
80 MG COM REV CT BL AL PLAS TRANS PVDC X 20
80 MG COM REV CT BL AL PLAS TRANS PVDC X 30
80 MG COM REV CT BL AL PLAS TRANS PVDC X 60
80 MG COM REV CT BL AL PLAS TRANS PVDC X 100 (EMB FRAC)
80 MG COM REV CT BL AL PLAS TRANS PVDC X 200 (EMB FRAC)
80 MG COM REV CT BL AL PLAS TRANS PVDC X 300 (EMB HOSP)
80 MG COM REV CT BL AL PLAS TRANS PVDC X 320 (EMB FRAC)
80 MG COM REV CT BL AL PLAS TRANS ACLAR X 20
80 MG COM REV CT BL AL PLAS TRANS ACLAR X 30
80 MG COM REV CT BL AL PLAS TRANS ACLAR X 60
80 MG COM REV CT BL AL PLAS TRANS ACLAR X 100 (EMB FRAC)
80 MG COM REV CT BL AL PLAS TRANS ACLAR X 200 (EMB FRAC)
80 MG COM REV CT BL AL PLAS TRANS ACLAR X 300 (EMB HOSP)
80 MG COM REV CT BL AL PLAS TRANS ACLAR X 320 (EMB FRAC)
120 MG COM REV CT BL AL PLAS TRANS PVDC X 30
120 MG COM REV CT BL AL PLAS TRANS PVDC X 100 (EMB FRAC)
120 MG COM REV CT BL AL PLAS TRANS PVDC X 200 (EMB FRAC)
120 MG COM REV CT BL AL PLAS TRANS PVDC X 300 (EMB HOSP)
120 MG COM REV CT BL AL PLAS TRANS ACLAR X 30
120 MG COM REV CT BL AL PLAS TRANS ACLAR X 100 (EMB FRAC)
120 MG COM REV CT BL AL PLAS TRANS ACLAR X 200 (EMB FRAC)
120 MG COM REV CT BL AL PLAS TRANS ACLAR X 300 (EMB HOSP)

**GINKOBA**
**CT**: VASODILATADORES E ANTIAGREGANTES PLAQUETÁRIOS FITOTERÁPICO SIMPLES
**EV:** *Ginkgo biloba* L.
**ER:** ZYDUS NIKKHO FARMACÊUTICA LTDA (05.254.971/0001-81)
**RA:** 156510043
**FA:** 40 MG COM REV CT BL AL PLAS X 30
80 MG COM REV CT BL AL PLAS PVC TRANS X 8
120 MG COM REV CT BL AL PLAS PVC TRANS X 30
80 MG COM REV CT BL AL PLAS PVC TRANS X 20
80 MG COM REV CT BL AL PLAS PVC TRANS X 30
80 MG COM REV CT BL AL PLAS PVC TRANS X 60
120 MG COM REV CT BL AL PLAS PVC TRANS X 8
120 MG COM REV CT BL AL PLAS PVC TRANS X 20
120 MG COM REV CT BL AL PLAS PVC TRANS X 60

**GINKOBONIN**
**CT:** FITOTERÁPICO SIMPLES
**EV:** *Ginkgo biloba*
**ER:** UNIÃO QUÍMICA FARMACÊUTICA NACIONAL S. A. (60.665.981/0001-18)
**RA:** 104971405
**FA:** 40 MG COM REV CT BL AL PLAS X 10
40 MG COM REV CT BL AL PLAS X 20
40 MG COM REV CT BL AL PLAS X 30
40 MG COM REV CT BL AL PLAS X 60
80 MG COM REV CT BL AL PLAS X 10
80 MG COM REV CT BL AL PLAS X 20
80 MG COM REV CT BL AL PLAS X 30
80 MG COM REV CT BL AL PLAS X 60
120 MG COM REV CT BL AL PLAS X 10
120 MG COM REV CT BL AL PLAS X 20
120 MG COM REV CT BL AL PLAS X 30
120 MG COM REV CT BL AL PLAS X 60

**GINKOMED**
**CT**: FITOTERÁPICO SIMPLES
**EV:** *Ginkgo biloba* L.
**ER:** CIMED INDÚSTRIA DE MEDICAMENTOS LTDA (02.814.497/0001-07)
**RA:** 143810067
**FA**: 40 MG COM VER CT STRIP AL X 30
80 MG COM VER CT STRIP AL X 30
80 MG COM VER CT STRIP AL X 20

**GINKOTAB**
**CT**: FITOTERÁPICO SIMPLES
**EV**: *Ginkgo biloba* L.
**ER**: BRAINFARMA INDÚSTRIA QUÍMICA E FARMACÊUTICA S.A (05.161.069/0001-10)
**RA**: 155840408
**FA**: 80 MG COM REV CT BL AL PLAS TRANS X 30
80 MG COM REV CT BL AL PLAS TRANS X 20
80 MG COM REV CT BL AL PLAS TRANS X 60
120 MG COM REV CT BL AL PLAS TRANS X 30
120 MG COM REV CT BL AL PLAS TRANS X 20

**GOTAS PRECIOSAS**
**CT**: FITOTERÁPICO SIMPLES COLAGOGOS E COLERÉTICOS
**EV**: *Peumus boldus* Molina
**ER**: KLEY HERTZ FARMACEUTICA S.A (92.695.691/0001-03)
**RA**: 106890062
**FA**: 0,67 ML/ML SOL OR CT FR PLAS OPC GOT X 30 ML

**GUACO EDULITO HERBARIUM**
**CT**: EXPECTORANTES
**EV**: *Mikania glomerata* Spreng.
**ER**: HERBARIUM LABORATÓRIO BOTÂNICO LTDA (78.950.011/0001-20)
**RA**: 118600078
**FA**: 81,50 MG/ML SOL OR CT FR PET AMB X 120 ML
81,50 MG/ML SOL OR CT FR PET AMB X 150 ML
81,50 MG/ML SOL OR CT FR PET AMB X 200 ML

**GUACOFLUS**
**CT**: FITOTERÁPICO SIMPLES EXPECTORANTES
**EV**: *Mikania glomerata* Spreng.
**ER**: TAUENS FARMACÊUTICA LTDA (04.246.660/0001-08)
**RA**: 152750003
**FA**: 0, 1 ML/ML XPE CT FR VD AMB X 150 ML + COP
0,1 ML/ML XPE CX 48 FR VD AMB X 150 ML + COP
0,1 ML/ML XPE CX 48 FR VD AMB X 100 ML + COP
0,1 ML/ML XPE CT FR PET AMB X 120 ML + COP
0,1 ML/ML XPE CX 48 FR PET AMB X 120 ML+ COP
0,1 ML/ML XPE CT FR PET AMB X 100 ML + COP
0,1 ML/ML XPE CX 48 FR PET AMB X 100 ML + COP
0,1 ML/ML XPE CT FR PET AMB X 150 ML + COP
0,1 ML/ML XPE CX 48 FR PET AMB X 150 ML + COP

**GUACOLIN**
**CT**: EXPECTORANTES FITOTERÁPICO SIMPLES
**EV**: *Mikania glomerata* Spreng.
**ER**: KRESS FARMACÊUTICA LTDA (84.712.579/0001-05)
**RA**: 106570016
**FA**: 0,0833 ML/ML XPE CT FR PET 120 ML

**GUACOPLEX**
**CT**: FITOTERÁPICO SIMPLES EXPECTORANTES
**EV**: *Mikania glomerata* Spreng.
**ER**: LABORATÓRIO FARMACÊUTICO VITAMED LTDA (29.346.301/0001-53)
**RA**: 116950034
**FA**: 0,0833 ML/ML XPE CT FR PLAS OPC X 120 ML
0,0833 ML/ML XPE CX 24 FR PLAS OPC X 80 ML
0,0833 ML/ML XPE CX 24 FR PLAS OPC X 80 ML + CP MED
0,0833 ML/ML XPE CX 48 FR PLAS OPC X 80 ML
0,0833 ML/ML XPE CX 48 FR PLAS OPC X 80 ML + CP MED
0,0833 ML/ML XPE CX 50 FR PLAS OPC X 80 ML
0,0833 ML/ML XPE CX 50 FR PLAS OPC X 80 ML +CP MED
0,0833 ML/ML XPE CX 100 FR PLAS OPC X 80 ML
0,0833 ML/ML XPE CX 100 FR PLAS OPC X 80 ML + CP MED
0,0833 ML/ML XPE CX 24 FR PLAS OPC X 100 ML
0,0833 ML/ML XPE CX 24 FR PLAS OPC X 100 ML +CP MED
0,0833 ML/ML XPE CX 48 FR PLAS OPC X 100 ML
0,0833 ML/ML XPE CX 48 FR PLAS OPC X 100 ML + CP MED
0,0833 ML/ML XPE CX 50 FR PLAS OPC X 100 ML
0,0833 ML/ML XPE CX 50 FR PLAS OPC X 100 ML + CP MED
0,0833 ML/ML XPE CX 100 FR PLAS OPC X 100 ML
0,0833 ML/ML XPE CX 100 FR PLAS OPC X 100 ML + CP MED
0,0833 ML/ML XPE CX 24 FR PLAS OPC X 120
0,0833 ML/ML XPE CX 24 FR PLAS OPC X 120 + CP MED
0,0833 ML/ML XPE CX 48 FR PLAS OPC X 120 ML
0,0833 ML/ML XPE CX 48 FR PLAS OPC X 120 ML + CP MED
0,0833 ML/ML XPE CX 50 FR PLAS OPC X 120
0,0833 ML/ML XPE CX 50 FR PLAS OPC X 120 ML + CP MED
0,0833 ML/ML XPE CX 100 FR PLAS OPC X 120 ML
0,0833 ML/ML XPE CX 100 FR PLAS OPC X 120 ML + CP MED
0,0833 ML/ML XPE CX 24 FR PLAS OPC X 150 ML

0,0833 ML/ML XPE CX 24 FR PLAS OPC X 150 ML + CP MED
0,0833 ML/ML XPE CX 48 FR PLAS OPC X 150 ML
0,0833 ML/ML XPE CX 48 FR PLAS OPC X 150 ML + CP MED
0,0833 ML/ML XPE CX 50 FR PLAS OPC X 150 ML
0,0833 ML/ML XPE CX 50 FR PLAS OPC X 150 ML + CP MED
0,0833 ML/ML XPE CX 100 FR PLAS OPC X 150 ML
0,0833 ML/ML XPE CX 100 FR PLAS OPC X 150 ML + CP MED

## GUACOTOSS
**CT:** EXPECTORANTES
**EV:** *Mikania glomerata* Spreng
**ER:** IFAL INDUSTRIA E COMERCIO DE PRODUTOS FARMACÊUTICOS LTDA (00.376.959/0001-26)
**RA:** 135310033
**FA:** 0,05 ML/ML XPE FR PLAS X 100 ML
0,05 ML/ML XPE FR PLAS X 120 ML
0,05 ML/ML XPE FR PLAS X 150 ML
0,05 ML/ML XPE CT FR PLAS X 100 ML
0,05 ML/ML XPE CT FR PLAS X 120 ML
0,05 ML/ML XPE CT FR PLAS X 150 ML
0,05 ML/ML SOL OR FR PLAS AMB X 100 ML
0,05 ML/ML SOL OR FR PLAS AMB X 120 ML
0,05 ML/ML SOL OR FR PLAS AMB X 150 ML
0,05 ML/ML XPE CX 32 FR PLAS X 100 ML
0,05 ML/ML XPE CX 32 FR PLAS X 120 ML
0,05 ML/ML XPE CX 32 FR PLAS X 150 ML
0,05 ML/ML SOL OR CX 32 FR PLAS AMB X 100 ML
0,05 ML/ML SOL OR CX 32 FR PLAS AMB X 120 ML
0,05 ML/ML SOL OR CX 32 FR PLAS AMB X 150 ML

## HAMAMELIS EC
**CT:** ANTIVARICOSOS DE AÇÃO SISTÊMICA
**EV:** *Hamamelis virginiana* L.
**ER:** AS ERVAS CURAM INDUSTRIA FARMACEUTICA LTDA (79.634.572/0001-82)
**RA:** 116780006
**FA:** 1 ML/ML SOL OR CT FR VD AMB X 100 ML + COP

## HAMAMELIS ORIENT
**CT:** FITOTERÁPICO SIMPLES ANTIVARICOSOS DE AÇÃO SISTÊMICA
**EV:** *Hamamelis virginiana* L.
**ER:** ORIENT MIX FITOTERÁPICOS DO BRASIL LTDA. (73.657.876/0001-89)
**RA:** 123970029
**FA:** 40 MG CAP GEL DURA CT BL AL X 45
40 MG CAP GEL DURA CT BL AL X 60

## HEDERA 1FARMA
**CT:** EXPECTORANTES
**EV:** *Hedera helix* (HERA)
**ER:** 1FARMA INDUSTRIA FARMACEUTICA LTDA (48.113.906/0001-49)
**RA:** 104810143
**FA:** 7 MG/ML SOL OR CT FR PLAS PET AMB X 100 ML + 1 COP
7 MG/ML SOL OR CX 50 FR PLAS PET AMB X 100 ML + 50 COP
7 MG/ML SOL OR CX 50 FR PLAS PET AMB X 100 ML + 50 COP (SABOR CEREJA)
7 MG/ML SOL OR CT FR PLAS PET AMB X 100 ML + 1 COP (SABOR CEREJA)

## HEDERA CATARINENSE
**CT:** EXPECTORANTES
**EV:** *Hedera helix* L.
**ER:** LABORATORIO CATARINENSE LTDA (84.684.620/0001-87)
**RA:** 100663395
**FA:** 7 MG/ML XPE CT FR PLAS AMB X 150 ML + COP

## HEDERA CIMED
**CT:** EXPECTORANTES
**EV:** *Hedera helix* (HERA)
**ER:** CIMED INDÚSTRIA DE MEDICAMENTOS LTDA (02.814.497/0001-07)
**RA:** 143810202
**FA:** 7 MG/ML SOL OR CT FR PLAS PET AMB X 100 ML + 1 COP
7 MG/ML SOL OR CX 50 FR PLAS PET AMB X 100 ML + 50 COP (EMB HOSP)
7 MG/ML SOL OR CX 50 FR PLAS PET AMB X 100 ML + 50 COP (SABOR CEREJA)
7 MG/ML SOL OR CT FR PLAS PET AMB X 100 ML + 1 COP (SABOR CEREJA)

## HEDERAFLUX
**CT:** FITOTERÁPICO SIMPLES EXPECTORANTES
**EV:** *Hedera helix* L.
**ER:** KLEY HERTZ FARMACEUTICA S.A (92.695.691/0001-03)
**RA:** 106890195
**FA:** 7 MG/ML XPE CT FR VD AMB X 100 ML + COP

7 MG/ML XPE CT FR VD AMB X 200 ML + COP
7 MG/ML XPE CT FR PLAS AMB X 100 ML + COP
7 MG/ML XPE CT FR PLAS AMB X 200 ML + COP

## HEDERAX
**CT:** EXPECTORANTES
**EV:** *Hedera helix* L.
**ER:** ARESE PHARMA LTDA (07.670.111/0001-54)
**RA:** 158190012
**FA:** 7,50 MG/ML XPE CT FR PLAS PET AMB X 30 ML + COP + SER DOS
7,50 MG/ML XPE CT FR PLAS PET AMB X 100 ML + COP + SER DOS

## HEPALIVE S.O.
**CT:** COLAGOGOS E COLERÉTICOS FITOTERÁPICO SIMPLES
**EV:** *Peumus boldus*
**ER:** HERBARIUM LABORATÓRIO BOTÂNICO LTDA (78.950.011/0001-20)
**RA:** 118600076
**FA:** 0,25 ML/ML SOL OR CT FR PET AMB X 120 ML
0,25 ML/ML SOL OR CT FR PET AMB X 200 ML
0,125 ML/ML SOL OR CT 10 FLAC PLAS AMB X 10 ML
0,125 ML/ML SOL OR CT 12 FLAC PLAS AMB X 10 ML
0,125 ML/ML SOL OR CT 60 FLAC PLAS AMB X 10 ML

## HEPATILON
**CT:** FITOTERÁPICO SIMPLES COLAGOGOS E COLERÉTICOS
**EV:** *Peumus boldus*
**ER:** KLEY HERTZ FARMACEUTICA S.A. (92.695.691/0001-03)
**RA:** 106890155/106890161
**FA:** 0,067 ML/ML SOL CT FR VD AMB X 150 ML
0,067 ML/ML SOL CX 12 FLAC PLAS AMB X 10 ML
0,067 ML/ML SOL CX 24 FLAC PLAS AMB X 10 ML
0,067 ML/ML SOL CX 60 FLAC PLAS AMB X 10 ML
0,067 ML/ML SOL CT FR VD AMB X 150 ML + COP
134 MG CAP DURA CT BL AL PLAS TRANS X 20
134 MG CAP DURA CT BL AL PLAS TRANS X 120 (EMB MULT)
0,067 ML/ML SOL OR CT FR PLAS AMB X 150 ML
0,067 ML/ML SOL OR CT FR PLAS AMB X 150 ML + COP
SOL OR CT FR PLAS OPC GOT X 30 ML

## HEPATOPLANTAS
**CT:** COLAGOGOS E COLERETICOS FITOTERAPICO SIMPLES
**EV:** *Peumus boldus*
**ER:** AS ERVAS CURAM INDUSTRIA FARMACEUTICA LTDA (79.634.572/0001-82)
**RA:** 116780017
**FA:** 0,2 ML/ML TINT CT FR VD AMB X 100 ML + CP MED

## HERAFITOSS
**CT:** EXPECTORANTES FITOTERÁPICO SIMPLES
**EV:** *Hedera helix* L.
**ER:** LABORATÓRIO GLOBO LTDA (17.115.437/0001-73)
**RA:** 105350207
**FA:** 7 MG/ML XPE CT FR VD AMB X 100 ML + COP
7 MG/ML XPE CT FR VD AMB X 100 ML + COP (SABOR MEL)

## HEVELAIR
**CT:** EXPECTORANTES FITOTERÁPICO SIMPLES
**EV:** *Hedera helix* (HERA)
**ER:** BRASTERAPICA INDÚSTRIA FARMACÊUTICA LTDA (46.179.008/0001-68)
**RA:** 100380104
**FA:** 7 MG/ML CT FR VD AMB X 100 ML + CP MED
7 MG/ML CT FR VD AMB X 100 ML + SER DOS
7 MG/ML CT FR PLAS AMB X 100 ML + CP MED
7 MG/ML CT FR PLAS AMB X 100 ML + SER DOS

## HIPERICIN
**CT:** FITOTERÁPICO SIMPLES ANTIDEPRESSIVOS
**EV:** *Hypericum perforatum* L
**ER:** HERBARIUM LABORATÓRIO BOTÂNICO S.A (78.950.011/0001-20)
**RA:** 118600003
**FA:** 300 MG CAP MOLE CT BL AL PLAS PVDC TRANS X 15
300 MG CAP MOLE CT BL AL PLAS PVDC TRANS X 30

## HIPÉRICO HERBARIUM
**CT:** FITOTERÁPICO SIMPLES
**EV:** *Hypericum perforatum* L
**ER:** HERBARIUM LABORATÓRIO BOTÂNICO S.A (78.950.011/0001-20)
**RA:** 118600081
**FA:** 100 MG CAP GEL DURA CT BL AL PVDC INC X 15
100 MG CAP GEL DURA CT BL AL PVDC INC X 30
100 MG CAP GEL DURA CT BL AL PVDC INC X 45
100 MG CAP GEL DURA CT BL AL PVDC INC X 40
100 MG CAP GEL DURA CT BL AL PVDC INC X 60
100 MG CAP GEL DURA CT FR PLAS OPC X 200

**HIZOFITO**
**CT:** FITOTERÁPICO SIMPLES
**EV:** *Glycine max* (L.) Merrl.
**ER:** INFAN INDÚSTRIA QUÍMICA FARMACÊUTICA NACIONAL S. A. (08.939.548/0001-03)
**RA:** 115570061
**FA:** 150 MG CAP GEL DURA CT BL AL PLAS INC X 30

**HYPERATIV**
**CT**: FITOTERÁPICOS SIMPLES ANTIDEPRESSIVOS
**EV:** *Hypericum perforatum*
**ER:** BIONATUS LABORATÓRIO BOTÂNICO LTDA (68.032.192/0001-51)
**RA:** 120090007
**FA**: 300 MG COM VER CT BL AL PLAS PVC TRANS X 20
300 MG COM VER CT BL AL PLAS PVC TRANS X 30
300 MG COM VER CT BL AL PLAS PVC TRANS X 45
300 MG COM VER CT BL AL PLAS PVC TRANS X 60
300 MG COM VER DISP BL AL PLAS PVC TRANS X 1050
300 MG COM VER DISP BL AL PLAS PVC TRANS X 270
300 MG COM VER DISP BL AL PLAS PVC TRANS X 144
300 MG COM VER CT 2 BL AL PLAS INC X 10 08

**IMUNOFLAN**
**CT:** ANTI-INFECCIOSOS E IMUNOMODULADORES FITOTERÁPICO SIMPLES
**EV:** *Pelargonium sidoides* DC.
**ER:** HERBARIUM LABORATÓRIO BOTÂNICO S.A (78.950.011/0001-20)
**RA:** 118600089
**FA**: 307,39 MG/ML XPE CT FR PLAS AMB X 100 ML + COP + SER DOS
307,39 MG/ML XPE CT FR PLAS AMB X 120 ML + COP + SER DOS
307,39 MG/ML XPE CT FR PLAS AMB X 150 ML + COP + SER DOS
307,39 MG/ML SOL OR CT FR PLAS AMB X 120 ML + COP + SER DOS

**IMUNOMAX GEL**
**CT**: FITOTERÁPICO SIMPLES ANTI-INFLAMATÓRIOS
**EV:** *Uncaria tomentosa* Dc.
**ER:** HERBARIUM LABORATÓRIO BOTÂNICO S.A (78.950.011/0001-20)
**RA:** 118600069
**FA**: 50 MG/G GEL CREM CT BG AL X 10 G
50 MG/G GEL CREM CT BG AL X 8 G
50 MG/G GEL CREM CT BG AL X 5 G
50 MG/G GEL CREM CT 2 SACH X 2,5 G
50 MG/G GEL CREM CT 4 SACH X 2,5 G
50 MG/G GEL CREM CT 6 SACH X 2,5 G
50 MG/G GEL CREM CT 10 SACH X 2,5 G
50 MG/G GEL CREM CT 14 SACH X 2,5 G
50 MG/G GEL CREM CT 16 SACH X 2,5 G
50 MG/G GEL CREM CT 20 SACH X 2,5 G
50 MG/G GEL CREM CT 30 SACH X 2,5 G

**INGLESA SOBRAL**
**CT:** ESTIMULANTES DO APETITE
**EV:** *Cinchona calisaya* Wedd.
**ER:** THEODORO F SOBRAL & CIA LTDA (06.597.801/0001-62)
**RA:** 109630060
**FA:** 0,05 ML/ML SOL OR FR PLAS AMB X 430 ML + CP 15 ML

**INTHOS**
**CT:** PROTEÇÃO, APARÊNCIA E CICATRIZAÇÃO DA PELE E MUCOSAS
**EV:** *Polypodium leucotomos*
**ER:** FARMOQUÍMICA S. A. (33.349.473/0001-58)
**RA:** 103900184
**FA:** 250 MG CAP GEL DURA CT FR PLAS TRANS X 10
250 MG CAP GEL DURA CT FR PLAS TRANS X 30
250 MG CAP GEL DURA CT FR PLAS TRANS X 60
250 MG CAP GEL DURA CT BL AL PLAS INC X 10
250 MG CAP GEL DURA CT BL AL PLAS INC X 15
250 MG CAP GEL DURA CT BL AL PLAS INC X 30
250 MG CAP GEL DURA CT BL AL PLAS INC X 60
250 MG CAP GEL DURA CT BL AL PLAS INC X 90
250 MG CAP GEL DURA CT BL AL PLAS INC X 120

**ISOFLAVINE**
**CT:** COADJUVANTE NO TRATAMENTO DO CLIMATÉRIO
**EV:** *Glycine max* (L.) Merrl.
**ER:** HERBARIUM LABORATÓRIO BOTÂNICO LTDA (78.950.011/0001-20)
**RA:** 118600028
**FA:** 150 MG COM REV CT BL AL PLAS INC X 15
150 MG COM REV CT BL AL PLAS INC X 30
75 MG COM REV CT BL AL PLAS INC X 15
75 MG COM REV CT BL AL PLAS INC X 20
75 MG COM REV CT BL AL PLAS INC X 30
75 MG COM REV CT BL AL PLAS INC X 60

**ISOVIT**
**CT:** COADJUVANTE NO TRATAMENTO DO CLIMATÉRIO
**EV:** *Glycine max, Glycine max* (L.) Merrl.
**ER:** LABORATÓRIO FARMACÊUTICO VITAMED LTDA (29.346.301/0001-53)
**RA:** 116950032
**FA:** 75 MG COM REV CT BL AL PLAS INC X 30
75 MG COM REV CT BL AL PLAS INC X 60
100 MG COM REV CT BL AL PLAS INC X 30
100 MG COM REV CT BL AL PLAS INC X 60
150 MG COM REV CT BL AL PLAS INC X 30
150 MG COM REV CT BL AL PLAS INC X 60
150 MG COM REV CT FR PLAS OPC X 30
75 MG COM REV CT FR PLAS OPC X 30
75 MG COM REV CT FR PLAS OPC X 60
75 MG COM REV CT FR PLAS OPC X 90
100 MG COM REV CT FR PLAS OPC X 30
100 MG COM REV CT FR PLAS OPC X 60
100 MG COM REV CT FR PLAS OPC X 90
150 MG COM REV CT FR PLAS OPC X 60
150 MG COM REV CT FR PLAS OPC X 90
150 MG COM REV CT BL PLAS INC X 200
150 MG COM REV CT BL PLAS INC X 500

**KALOBA**
**CT**: OUTROS PRODUTOS PARA O APARELHO RESPIRATÓRIO FITOTERÁPICO SIMPLES
**EV:** *Pelargonium sidoides* Dc.
**ER:** TAKEDA PHARMA LTDA. (60.397.775/0001-74)
**RA:** 106390233
**FA:** 825 MG/ML SOL OR CT FR VD AMB X 10 ML
825 MG/ML SOL OR CT FR VD AMB X 20 ML
825 MG/ML SOL OR CT FR VD AMB X 50 ML
825 MG/ML SOL OR CT FR VD AMB X 100 ML
111,111 MG COM REV CT BL AL PLAS PVC/PVDC TRANS X 6
111,111 MG COM REV CT BL AL PLAS PVC/PVDC TRANS X 12
111,111 MG COM REV CT BL AL PLAS PVC/PVDC TRANS X 18
111,111 MG COM REV CT BL AL PLAS PVC/PVDC TRANS X 21
111,111 MG COM REV CT BL AL PLAS PVC/PVDC TRANS X 24
111,111 MG COM REV CT BL AL PLAS PVC/PVDC TRANS X 30
111,111 MG COM REV CT BL AL PLAS PVC/PVDC TRANS X 42

**KAVA KAVA HERBARIUM**
**CT**: FITOTERÁPICO SIMPLES
**EV:** *Piper methysticum*
**ER:** HERBARIUM LABORATÓRIO BOTÂNICO S.A (78.950.011/0001-20)
**RA:** 118600033
**FA**: 75 MG CAP GEL DURA CT BL AL PLAS INC X 45

**LACASS**
**CT**: FITOTERÁPICO SIMPLES LAXANTES IRRITANTES OU ESTIMULANTES
**EV:** *Senna alexandrina* Mill.
**ER:** ARESE PHARMA LTDA. (07.670.111/0001-54)
**RA:** 158190003
**FA**: 66,66 MG COM REV CT BL AL PLAS PVDC TRANS X 8
66,66 MG COM REV CT BL AL PLAS PVDC TRANS X 30
66,66 MG COM REV CT BL AL PLAS PVDC TRANS X 14
66,66 MG COM REV CT BL AL PLAS PVDC TRANS X 400

**LAXETTE**
**CT:** FITOTERAPICO SIMPLES LAXANTES IRRITANTES OU ESTIMULANTES
**EV:** *Cassia senna* L.
**ER:** BIOLAB SANUS FARMACÊUTICA LTDA (49.475.833/0001-06)
**RA:** 109740130
**FA:** 55,6 MG COM REV CT BL AL PLAS TRANS X 10
55,6 MG COM REV CT BL AL PLAS TRANS X 20
55,6 MG COM REV CT BL AL PLAS TRANS X 30
55,6 MG COM REV CT BL AL PLAS TRANS X 50
55,6 MG COM REV CT BL AL PLAS TRANS X 100

**LEGALON**
**CT**: FITOTERÁPICO SIMPLES COLAGOGOS, COLERÉTICOS E HEPATOPROTETORES
**EV:** *Silybum marianum* (L.) Gaertn
**ER:** MYLAN LABORATORIOS LTDA (11.643.096/0001-22)
**RA:** 188300050
**FA:** 90 MG DRG CT BL AL PLAS INC X 30
180 MG CAP GEL DURA CT BL AL PLAS INC X 20
64 MG/5 ML SUS OR CT FR PLAS AMB X 100 ML
180 MG CAP GEL DURA CT BL AL PLAS INC X 30
90 MG DRG CT BL AL PLAS INC X 45
64 MG/5 ML SUS OR CT FR PLAS AMB X 120 ML

## LIBERAFLUX
**CT:** EXPECTORANTES SIMPLES
**EV:** *Hedera helix* (HERA)
**ER:** Aché Laboratórios Farmacêuticos S.A (60.659.463/0029-92)
**RA:** 105730460
**FA:** 7,5 MG XPE CT FR VD AMB X 30 ML + COP
7,5 MG XPE CT FR VD AMB X 100 ML + COP
7,5 MG XPE CT FR VD AMB X 200 ML + COP
7,5 MG XPE CT FR PLAS AMB X 30 ML + COP
7,5 MG XPE CT FR PLAS AMB X 100 ML + COP
7,5 MG XPE CT FR PLAS AMB X 200 ML + COP

## LISON
**CT**: FITOTERÁPICO SIMPLES COLAGOGO, COLERÉTICO E HEPATOPROTETOR
**EV:** *Silybum marianum* (L.) Gaertn
**ER:** CIFARMA CIENTÍFICA FARMACÊUTICA LTDA (17.562.075/0001-69)
**RA:** 115600176
**FA:** 17,138 MG/ML SUS OR CT 30 FLAC PLAS AMB X 10 ML (EMB MULT)
17,138 MG/ML SUS OR CT 50 FLAC PLAS AMB X 10 ML (EMB MULT)
17,138 MG/ML SUS OR CT 60 FLAC PLAS AMB X 10 ML (EMB MULT)
17,138 MG/ML SUS OR CT 100 FLAC PLAS AMB X 10 ML (EMB MULT)
17,138 MG/ML SUS OR CT FR PLAS AMB X 100 ML
17,138 MG/ML SUS OR CT FR PLAS AMB X 120 ML
17,138 MG/ML SUS OR CT FR PLAS AMB X 150 ML
17,138 MG/ML SUS OR CT FR VD AMB X 100 ML
17,138 MG/ML SUS OR CT FR VD AMB X 120 ML
17,138 MG/ML SUS OR CT FR VD AMB X 150 ML
120 MG COM REV CT BL AL PLAS INC X 10
120 MG COM REV CT BL AL PLAS INC X 20
120 MG COM REV CT BL AL PLAS INC X 30
120 MG COM REV CT BL AL PLAS INC X 45
120 MG COM REV CT BL AL PLAS INC X 60
120 MG COM REV CT BL AL PLAS INC X 100 (EMB MULT)
120 MG COM REV CT BL AL PLAS INC X 200 (EMB MULT)

## LIVTÓS
**CT:** EXPECTORANTES SIMPLES
**EV:** *Mikania glomerata* Spreng.
**ER:** VIDORA FARMACÊUTICA LTDA (92.762.277/0001-70)
**RA:** 104730039
**FA:** 0,08 ML/ML XPE CT FR PLAS AMB X 100 ML + COP

## MARACUGINA PI
**CT**: ANSIOLÍTICOS SIMPLES FITOTERÁPICO SIMPLES
**EV:** *Passiflora incarnata*
**ER:** COSMED INDUSTRIA DE COSMETICOS E MEDICAMENTOS S. A. (61.082.426/0002-07)
**RA:** 178170850
**FA**: 260 MG COM REV CT BL AL PLAS TRANS X 10
260 MG COM REV CT BL AL PLAS TRANS X 20
260 MG COM REV CT BL AL PLAS TRANS X 30
260 MG COM REV CX BL AL PLAS TRANS X 500
260 MG COM REV CX BL AL PLAS TRANS X 1000
90 MG/ML SOL OR CT FR PLAS AMB X 100 ML + COP
90 MG/ML SOL OR CT FR PLAS AMB X 120 ML + COP
90 MG/ML SOL OR CT FR PLAS AMB X 150 ML + COP
90 MG/ML SOL OR CX 50 FR PLAS AMB X 100 ML + 50 COP
90 MG/ML SOL OR CX 50 FR PLAS AMB X 120 ML + 50 COP
90 MG/ML SOL OR CX 50 FR PLAS AMB X 150 ML + 50 COP
90 MG/ML SOL OR CX 100 FR PLAS AMB X 100 ML + 100 COP
90 MG/ML SOL OR CX 100 FR PLAS AMB X 120 ML + 100 COP
90 MG/ML SOL OR CX 100 FR PLAS AMB X 150 ML + 100 COP
90 MG/ML SOR OR CT 60 FLAC PLAS TRANS 10 ML (EMB MULT)
90 MG/ML SOR OR CT 12 FLAC PLAS TRANS 10 ML
90 MG/ML SOR OR CT 24 FLAC PLAS TRANS 10 ML
90 MG/ML SOR OR CX 60 FLAC PLAS TRANS X 10 ML
260 MG COM REV CT BL AL PLAS TRANS X 40

## MARACUGINA PI (*Passiflora incarnata* L.)
**CT**: ANSIOLÍTICOS SIMPLES
**EV:** *Passiflora incarnata*
**ER:** COSMED INDUSTRIA DE COSMETICOS E MEDICAMENTOS S. A. (61.082.426/0002-07)
**RA:** 178170874, 178170878
**FA:** 84 MG/ML SOL OR CT FR VD AMB X 150 ML + COP
84 MG/ML SOL OR CT FR VD AMB X 150 ML + COP
84 MG/ML SOL OR CT FR PLAS AMB X 150 ML + COP (SABOR CHOCOLATE)

84 MG/ML SOL OR CT FR VD AMB X 150 ML + COP (SABOR CHOCOLATE)
420 MG COM REV CT BL AL PLAS TRANS X 10
420 MG COM REV CT BL AL PLAS TRANS X 20
420 MG COM REV CT BL AL PLAS TRANS X 30
420 MG COM REV CT BL AL PLAS TRANS X 45
420 MG COM REV CT BL AL PLAS TRANS X 60
420 MG COM REV CT BL AL PLAS TRANS X 100 (EMB MULT)
840 MG COM REV CT BL AL PLAS TRANS X 10
840 MG COM REV CT BL AL PLAS TRANS X 20
840 MG COM REV CT BL AL PLAS TRANS X 30
840 MG COM REV CT BL AL PLAS TRANS X 40
840 MG COM REV CT BL AL PLAS TRANS X 45
840 MG COM REV CT BL AL PLAS TRANS X 60
840 MG COM REV CT BL AL PLAS TRANS X 100

## MARACUJÁ CONCENTRIX
**CT**: FITOTERÁPICO COMPOSTO ANSIOLÍTICOS SIMPLES
**EV:** *Passiflora incarnata* L., *Crataegus rhipidophylla* Gand., *Salix alba* L.
**ER:** LEGRAND PHARMA INDÚSTRIA FARMACÊUTICA LTDA (05.044.984/0001-26)
**RA:** 167730202
**FA:** 0,1 ML/ML + 0,07 ML/ML + 50 MG/ML SOL OR CT FR VD AMB X 100 ML

## MARACUJÁ HERBARIUM
**CT:** ANSIOLÍTICOS SIMPLES
**EV:** *Passiflora incarnata*
**ER:** HERBARIUM LABORATÓRIO BOTÂNICO LTDA (78.950.011/0001-20)
**RA:** 118600025
**FA:** 320 MG COM REV CT BL AL PVDC INC X 30
320 MG COM REV CT BL AL PVDC INC X 45
320 MG COM REV CT BL AL PVDC INC X 60

## MEGTOSS
**CT**: FITOTERÁPICO SIMPLES EXPECTORANTE
**EV:** *Glycyrrhiza glabra*
**ER:** IFAL INDÚSTRIA E COMERCIO DE PRODUTOS FARMAC LTDA (00.376.959/0001-26)
**RA:** 135310031
**FA**: 75 MG/ML SOL OR CT FR PLAS AMB X 100 ML

## MELAGRIÃO
**CT**: EXPECTORANTES FITOTERÁPICO COMPOSTO
**EV:** *Mikania glomerata* Spreng., *Polygala senega* L., *Cephaelis ipecacuanha* (Brot.) A. Rich.
**ER:** LABORATÓRIO CATARINENSE LTDA (84.684.620/0001-87)
**RA:** 100660055
**FA:** (8,33 + 8,33 + 0,426) MCL XPE CT FR PLAS AMB X 150 ML
(8,33 + 8,33 + 0,426) MCL XPE CT FR PLAS AMB X 100 ML

## MELXI
**CT:** EXPECTORANTES SIMPLES
**EV:** *Ananas comosus* (L.) Merril.
**ER:** ASPEN PHARMA INDÚSTRIA FARMACÊUTICA LTDA (02.433.631/0001-20)
**FA:** 0,66 G/ML SUS OR CT FR PET x 100 ML COM REV CT BL AL PLAS TRANS X 30
20 MG

## MONALESS
**CT:** ANTILIPÊMICO FITOTERÁPICO SIMPLES
**EV:** *Oryza sativa*
**ER:** MARJAN INDÚSTRIA E COMÉRCIO LTDA. (60.726.692/0001-81)
**RA:** 101550238
**FA:** 600 MG CAP GEL MOLE CT BL AL PLAS INC X10
600 MG CAP GEL MOLE CT BL AL PLAS INC X20
600 MG CAP GEL MOLE CT BL AL PLAS INC X30
600 MG CAP GEL MOLE CT BL AL PLAS INC X60
600 MG CAP GEL MOLE CT BL AL PLAS INC X90

## MOTIVOL
**CT:** PSICOANALÉPTICOS FITOTERÁPICO SIMPLES
**EV:** *Panax ginseng*
**ER:** MEDQUÍMICA INDÚSTRIA FARMACÊUTICA LTDA. (17.875.154/0001-20)
**RA:** 109170085
**FA:** 100 MG COM VER CT BL AL PLAS INC X 30
100 MG COM VER CT BL AL PLAS INC X 45
100 MG COM VER CT BL AL PLAS INC X 60
100 MG COM VER CT BL AL PLAS INC X 100

## MOTORE
**CT**: ANTI-INFLAMATÓRIOS ANTIRREUMÁTICOS
**EV:** *Curcuma longa* L.
**ER:** ACHÉ LABORATÓRIOS FARMACÊUTICOS S.A (60.659.463/0029-92)
**RA:** 105730442

**FA:** 250 MG CAP DURA CT FR PLAS OPC X 15
250 MG CAP DURA CT FR PLAS OPC X 28
250 MG CAP DURA CT FR PLAS OPC X 30
250 MG CAP DURA CT FR PLAS OPC X 60
250 MG CAP DURA CT FR PLAS OPC X 120

## NATULAXE
**CT:** LAXANTES IRRITANTES OU ESTIMULANTES FITOTERÁPICO SIMPLES
**EV:** *Cassia angustifólia* Vahl
**ER:** NATULAB LABORATÓRIO S.A (02.456.955/0001-83)
**RA:** 138410042
**FA:** 34 MG CAP DURA CT BL AL PLAS INC X 10
34 MG CAP DURA CT BL AL PLAS INC X 20
34 MG CAP DURA CT BL AL PLAS INC X 30
34 MG CAP DURA CX BL AL PLAS INC X 500 (EMB HOSP)
34 MG CAP DURA CX BL AL PLAS INC X 1000 (EMB HOSP)
34 MG CAP DURA CX BL AL PLAS INC X 2000 (EMB HOSP)

## NATURETTI
**CT:** FITOTERÁPICO COMPOSTO LAXANTES
**EV:** *Senna alexandrina* Mill., *Cassia fistula*
**ER:** SANOFI MEDLEY FARMACÊUTICA LTDA. (10.588.595/0010-92)
**RA:** 183260328
**FA:** GEL CX FR VD TRANS X 130 G
GEL CX FR VD TRANS X 260 G
CAP DURA CT BL AL PLAS TRANS X 32
CAP DURA CT BL AL PLAS TRANS X 24
CAP DURA CT BL AL PLAS TRANS X 16
CAP DURA CT FR VD TRANS X 30
CAP DURA CT FR PLAS OPC X 30
CAP DURA CT BL AL PLAS TRANS X 20
CAP DURA CT BL AL PLAS TRANS X 6
CAP DURA CT BL AL PLAS TRANS X 90
CAP DURA CT BL AL PLAS TRANS X 120
CAP DURA CT BL AL PLAS TRANS X 150
GEL CX FR VD TRANS X 10 G
GEL CX FR VD TRANS X 40 G
GEL CX FR VD TRANS X 80 G

## NORMATEN FIBER
**CT:** LAXANTES INCREMENTADORES DO BOLO INTESTINAL
**EV:** *Plantago ovata* Forssk.
**ER:** MARJAN INDÚSTRIA E COMÉRCIO LTDA (60.726.692/0001-81)
**RA:** 101550244
**FA:** 3,5 G PO EFEV CT 10 ENV X 5 G (SABOR ABACAXI)
3,5 G PO EFEV CT 30 ENV X 5 G (SABOR ABACAXI)
3,5 G PO EFEV CT 10 ENV X 5 G (SABOR MARACUJÁ)
3,5 G PO EFEV CT 30 ENV X 5 G (SABOR MARACUJÁ)
3,5 G PO EFEV CT 15 ENV X 5 G (SABOR ABACAXI) +
3,5 G PO EFEV CT 15 ENV X 5 G (SABOR MARACUJÁ)

## OLINA – ESSÊNCIA DA VIDA
**CT:** FITOTERÁPICO COMPOSTO LAXANTES DIGESTIVOS – ASSOCIAÇÕES MEDICAMENTOSAS
**EV:** *Aloe ferox* Mill., *Gentiana lutea*
**ER:** LABORATÓRIO WESP LTDA (92.690.999/0001-66)
**RA:** 102990002
**FA:** (0,18 ML + 4 MG)/ML SOL OR CT FR VD AMB X 60 ML
(0,18 ML + 4 MG)/ML SOL OR CT FR VD AMB X 100 ML
(0,18 ML + 4 MG)/ML SOL OR CX 48 FLAC PLAS AMB X 15 ML
(0,18 ML + 4 MG)/ML SOL OR CX 24 FLAC PLAS AMB X 15 ML
(0,18 ML + 4 MG)/ML SOL OR CX FLAC PLAS X 15 ML

## PASALIX
**CT:** FITOTERÁPICO COMPOSTO
**EV:** *Crataegus rhipidophylla* Gand., *Salix alba* L., *Passiflora incarnata*
**ER:** MARJAN INDÚSTRIA E COMÉRCIO LTDA (60.726.692/0001-81)
**RA:** 101550098
**FA:** 100 MG + 30 MG + 100 MG COM REV CT BL AL PLAS INC X 20
100 MG + 30 MG + 100 MG COM REV CT BL AL PLAS TRANS X 10
100 MG + 30 MG + 100 MG COM REV CT BL AL PLAS TRANS X 30

## PASALIX PI
**CT:** ANSIOLÍTICOS SIMPLES
**EV:** *Passiflora incarnata*
**ER:** MARJAN INDÚSTRIA E COMÉRCIO LTDA (60.726.692/0001-81)
**RA:** 101550246
**FA:** 500 MG COM REV CT BL AL PLAS INC X 10
500 MG COM REV CT BL AL PLAS INC X 20
500 MG COM REV CT BL AL PLAS INC X 30
100 MG/ML SOL OR CT FR VD AMB X 100 ML

## PASSIENE
**CT**: ANSIOLÍTICOS SIMPLES
**EV**: *Passiflora incarnata*
**ER**: HERBARIUM LABORATÓRIO BOTÂNICO LTDA (78.950.011/0001-20)
**RA**: 118600094
**FA**: 75 MG/ML XPE CT FR PLAS AMB X 120 ML
75 MG/ML XPE CT FR PLAS AMB X 200 ML
190 MG COM REV CT BL AL PLAS INC X 15
190 MG COM REV CT BL AL PLAS INC X 30
190 MG COM REV CT BL AL PLAS INC X 45
190 MG COM REV CT BL AL PLAS INC X 60

## PASSIFLORA KLEIN
**CT**: FITOTERÁPICO SIMPLES ANSIOLÍTICOS SIMPLES
**EV**: *Passiflora incarnata*
**ER**: VIDORA FARMACÊUTICA LTDA (92.762.277/0001-70)
**RA**: 104730035
**FA**: 1 ML/ML TINT CT FR PLAS AMB X 120 ML + CP MED

## PASSIFLORINE PI
**CT**: ANSIOLÍTICOS SIMPLES
**EV**: *Passiflora incarnata* L.
**ER**: MR LABORATÓRIOS FARMACÊUTICOS LTDA (23.668.196/0001-92)
**RA**: 155900005
**FA**: 500 MG COM REV CT BL AL PLAS ACLAR + PVC TRANS X 04
500 MG COM REV CT BL AL PLAS ACLAR + PVC TRANS X 10
500 MG COM REV CT BL AL PLAS ACLAR + PVC TRANS X 20
500 MG COM REV CT BL AL PLAS ACLAR + PVC TRANS X 40

## PAUSEFEMME
**CT**: FITOTERÁPICO SIMPLES
**EV**: *Glycine max*
**ER**: NATULAB LABORATÓRIO S.A (02.456.955/0001-83)
**RA**: 138410070
**FA**: 150 MG COMP REV CT BL AL PLAS TRANS X 30
150 MG COMP REV CT BL AL PLAS TRANS X 60
150 MG COMP REV CT BL AL PLAS TRANS X 90
150 MG COMP REV CT BL AL PLAS TRANS X 500 (EMB HOSP)
150 MG COMP REV CT BL AL PLAS TRANS X 1000 (EMB HOSP)

## PAZINE
**CT**: FITOTERÁPICO SIMPLES ANSIOLÍTICOS
**EV**: *Passiflora incarnata*
**ER**: ARESE PHARMA LTDA (07.670.111/0001-54)
**RA**: 158190004
**FA**: 210 MG COM REV CT BL AL PLAS PVDC TRANS X 8
210 MG COM REV CT BL AL PLAS PVDC TRANS X 20
210 MG COM REV CT BL AL PLAS PVDC TRANS X 30
315 MG COM REV CT BL AL PLAS PVDC TRANS X 8
315 MG COM REV CT BL AL PLAS PVDC TRANS X 20
315 MG COM REV CT BL AL PLAS PVDC TRANS X 30

## PEITORAL MARTEL
**CT**: FITOTERÁPICO SIMPLES EXPECTORANTES BRONCODILATADORES
**EV**: *Mikania glomerata* Spreng.
**ER**: KLEY HERTZ FARMACEUTICA S.A (92.695.691/0001-03)
**RA**: 106890148
**FA**: 0,08 ML/ML XPE CT FR VD AMB X 150 ML
0,08 ML/ML SOL OR CT FR VD AMB X 150 ML + COP

## PERMEAR
**CT**: FITOTERÁPICO SIMPLES ANTI-INFLAMATÓRIOS ANTIREUMÁTICOS
**EV**: *Harpagophytum procumbens* Dc.
**ER**: MARJAN INDÚSTRIA E COMÉRCIO LTDA (60.726.692/0001-81)
**RA**: 101550232
**FA**: 300 MG COM VER LIB RETARD CT BL AL PLAS INC X 10
300 MG COM VER LIB RETARD CT BL AL PLAS INC X 20
300 MG COM VER LIB RETARD CT BL AL PLAS INC X 30

## PHITOSS
**CT**: EXPERCTORANTE
**EV**: *Hedera Helix* L.
**ER**: BRASTERÁPICA INDUSTRIA FARMACÊUTICA LTDA. (46.179.008/0001-68)
**RA**: 100380105
**FA**: 7 MG/ML XPE CT FR PLAS AMB X 100 ML + COP
7 MG/ML XPE CT FR PLAS AMB X 240 ML + COP
7 MG/ML XPE CT FR PLAS AMB X 100 ML + COP + SER DOS
7 MG/ML XPE CX 20 FR PLAS AMB X 100 ML + COP
7 MG/ML XPE CT FR PLAS AMB X 240 ML + COP

**PHYTOVEIN**
**CT:** FITOTERÁPICO SIMPLES ANTIVARICOSOS DE AÇÃO SISTÊMICA
**EV:** *Aesculus hippocastanum* L.
**ER:** LABORATÓRIO CATARINENSE LTDA (84.684.620/0001-87)
**RA:** 100663383
**FA:** 300 MG CAP GEL DURA CT BL AL PLAS INC X 45

**PIASCLEDINE**
**CT:** OUTROS PRODUTOS COM AÇÃO NO SISTEMA MÚSCULO ESQUELÉTICO FITOTERÁPICO COMPOSTO
**EV:** *Persea americana* Mill., *Glycine max* (L.) Merrl.
**ER:** ABBOTT LABORATÓRIOS DO BRASIL LTDA (56.998.701/0001-16)
**RA:** 105530356
**FA:** (100 + 200) MG CAP DURA CT BL AL PLAS PVC 250 PVDC 90 TRANS X 15
 (100 + 200) MG CAP DURA CT BL AL PLAS PVC 250 PVDC 90 TRANS X 30
 (100 + 200) MG CAP DURA CT BL AL PLAS PVC 250 PVDC 90 TRANS X 10
 (100 + 200) MG CAP DURA CT BL AL PLAS PVC 250 PVDC 90 TRANS X 60
 (100 + 200) MG CAP DURA CT BL AL PLAS PVC 250 PVDC 90 TRANS X 90

**PLANTABEN**
**CT:** LAXANTES INCREMENTADORES DO BOLO INTESTINAL
**EV:** *Plantago ovata* Forssk.
**ER:** MYLAN LABORATORIOS LTDA (11.643.096/0001-22)
**RA:** 188300051
**FA:** 3,5 G PÓ EFEV CT 10 ENV X 5 G
3,5 G PÓ EFEV CT 20 ENV X 5 G
3,5 G PÓ EFEV CT 30 ENV X 5 G
3,5 G PÓ EFEV CT 50 ENV X 5 G
3,5 G PÓ EFEV CT 100 ENV X 5 G
3,5 G PO EFEV CT 4 ENV X 5 G (SABOR MORANGO)
3,5 G PO EFEV CT 10 ENV X 5 G (SABOR MORANGO)
3,5 G PO EFEV CT 20 ENV X 5 G (SABOR MORANGO)
3,5 G PO EFEV CT 30 ENV X 5 G (SABOR MORANGO)
3,5 G PO EFEV CT 50 ENV X 5 G (SABOR MORANGO)
3,5 G PO EFEV CT 60 ENV X 5 G (SABOR MORANGO)
3,5 G PO EFEV CT 100 ENV X 5 G (SABOR MORANGO)
3,5 G PÓ EFEV CT 4 ENV X 5G (SABOR LARANJA)
3,5 G PÓ EFEV CT 60 ENV X 5G (SABOR LARANJA)

**PLANTAGO VITAMED**
**CT:** FITOTERÁPICO SIMPLES LAXANTES INCREMENTADORES DO BOLO INTESTINAL
**EV:** *Plantago ovata* Forssk.
**ER:** LABORATÓRIO FARMACÊUTICO VITAMED LTDA (29.346.301/0001-53)
**RA:** 116950038
**FA:** 3,5 G PO EFEV CT 10 ENV AL POLIET X 5 G
3,5 G PO EFEV CT 30 ENV AL POLIET X 5 G
3,5 G PO EFEV CT 50 ENV AL POLIET X 5 G
3,5 G PO EFEV CT FR PLAS OPC X 125 G
3,5 G PO EFEV FR PLAS OPC X 174 G
3,5 G PO EFEV FR PLAS OPC X 180 G
3,5 G PO EFEV FR PLAS OPC X 210 G
3,5 G PO EFEV FR PLAS OPC X 250 G
3,5 G PO EFEV FR PLAS OPC X 283 G
3,5 G PO EFEV CT 20 ENV AL POLIET X 5 G

**PLANTALYVE**
**CT:** LAXANTES INCREMENTADORES DO BOLO INTESTINAL FITOTERÁPICO SIMPLES
**EV:** *Plantago ovata* Forssk
**ER:** GEOLAB INDÚSTRIA FARMACÊUTICA S. A. (03.485.572/0001-04)
**RA:** 154230169
**FA:** 700 MG/G PÓ EFERV CT 10 ENV AL X 5 G – SABOR LARANJA
700 MG/G PÓ EFERV CT 50 ENV AL X 5 G (EMB MULT) – SABOR LARANJA
700 MG/G PÓ EFERV CT 100 ENV AL X 5 G (EMB MULT) – SABOR LARANJA
700 MG/G PÓ EFERV CT 200 ENV AL X 5 G (EMB MULT) – SABOR LARANJA

**PLANTOLAXY**
**CT:** LAXANTES INCREMENTADORES DO BOLO INTESTINAL FITOTERÁPICO SIMPLES
**EV:** *Plantago ovata* Forssk
**ER:** NATULAB LABORATÓRIO S.A (02.456.955/0001-83)
**RA:** 138410059
**FA:** 680 MG/G PO SUS CT 10 ENV AL 5G SABOR LARANJA
680 MG/G PO SUS CT 50 ENV AL 5G SABOR LARANJA EMB MULT
680 MG/G PO SUS CT 100 ENV AL 5G SABOR LARANJA EMB MULT
680 MG/G PO SUS CT 200 ENV AL 5G SABOR LARANJA EMB MULT

680 MG/G PO SUS CT 500 ENV AL 5G SABOR LARANJA EMB HOSP
680 MG/G PO SUS CT 1000 ENV AL 5G SABOR LARANJA EMB HOSP
680 MG/G PO SUS CT 50 ENV AL 5G SABOR LARANJA (EMB HOSP)
680 MG/G PO SUS CT 100 ENV AL 5G SABOR LARANJA (EMB HOSP)

## PROCTOCAPS
**CT:** FITOTERÁPICO SIMPLES ANTIVARICOSOS DE AÇÃO SISTÊMICA
**EV:** *Aesculus hippocastanum* L.
**ER:** KLEY HERTZ FARMACEUTICA S.A (92.695.691/0001-03)
**RA:** 106890001
**FA:** 250 MG CAP DURA CT FR VD AMB X 20

## PROMENSIL
**CT:** COADJUVANTE NO TRATAMENTO DO CLIMATERIO
**EV:** *Trifolium pratense* L.
**ER:** FARMOQUÍMICA S. A. (33.349.473/0001-58)
**RA:** 103900179
**FA:** 100 MG COM REV CT BL AL PLAS INC X 10
100 MG COM REV CT BL AL PLAS INC X 30

## PROSTATAL
**CT:** FITOTERÁPICO SIMPLES OUTROS PRODUTOS COM AÇÃO NO TRATO URINÁRIO
**EV:** *Serenoa repens* (Bartram) J.K. Small
**ER:** HERBARIUM LABORATÓRIO BOTÂNICO S.A (78.950.011/0001-20)
**RA:** 118600097
**FA:** 160 MG CAP GEL MOLE CT BL AL PLAS INC X 15
160 MG CAP GEL MOLE CT BL AL PLAS INC X 30

## PROSTAT-HPB
**CT:** FITOTERÁPICO SIMPLES OUTROS PRODUTOS COM AÇÃO NO TRATO URINÁRIO
**EV:** *Serenoa repens* (Bartram) J.K. Small
**ER:** MARJAN INDÚSTRIA E COMÉRCIO LTDA (60.726.692/0001-81)
**RA:** 101550230
**FA:** 160 MG CAP GEL MOLE CT BL AL PLAS INC X 30
160 MG CAP GEL MOLE CT BL AL PLAS INC X 60
160 MG CAP GEL MOLE CT BL AL PLAS INC X 90
160 MG CAP GEL MOLE CT BL AL PLAS INC X 10
160 MG CAP GEL MOLE CT BL AL PLAS INC X 15
160 MG CAP GEL MOLE CT BL AL PLAS INC X 20

## PROSTEM
**CT:** FITOTERÁPICO SIMPLES OUTROS PRODUTOS COM AÇÃO NO TRATO URINÁRIO
**EV:** *Pygeum africanum*
**ER:** LABORATÓRIOS BALDACCI LTDA (61.150.447/0001-31)
**RA:** 101460036
**FA:** 25 MG CAP GEL MOLE BL AL PLAS INC X 12
25 MG CAP GEL MOLE 2 BL AL PLAS INC X 12
50 MG CAP GEL MOLE BL AL PLAS INC X 12
50 MG CAP GEL MOLE BL AL PLAS INC X 10
50 MG CAP GEL MOLE 2 BL AL PLAS INC X 10
50 MG CAP GEL MOLE 3 BL AL PLAS INC X 10
50 MG CAP GEL MOLE 2 BL AL PLAS INC X 12
50 MG CAP GEL MOLE 3 BL AL PLAS INC X 12
100 MG CAP GEL MOLE BL AL PLAS INC X 10
100 MG CAP GEL MOLE 2 BL AL PLAS INC X 10
100 MG CAP GEL MOLE 3 BL AL PLAS INC X 10
100 MG CAP GEL MOLE CT BL AL PLAS INC X 10
100 MG CAP GEL MOLE CT BL AL PLAS INC X 20
100 MG CAP GEL MOLE CT BL AL PLAS INC X 30

## RECALM
**CT:** ANSIOLITICOS SIMPLES
**EV:** *Valeriana officinalis* L.
**ER:** HERBARIUM LABORATÓRIO BOTÂNICO LTDA (78.950.011/0001-20)
**RA:** 118600032
**FA:** 215 MG CAP MOLE CT BL AL PVDC TRANS X 15
215 MG CAP MOLE CT BL AL PVDC TRANS X 30

## REMILEV
**CT:** FITOTERÁPICOS ASSOCIADOS ANSIOLÍTICOS-ASSOCIAÇÕES MEDICAMENTOSAS
**EV:** *Humulus lupulus* L., *Valeriana officinalis* L.
**ER:** ACHÉ LABORATÓRIOS FARMACÊUTICOS S.A (60.659.463/0029-92)
**RA:** 105730357
**FA:** 250 MG +60MG COM REV CT BL AL PVC/PE/PVDC X 10
250 MG +60MG COM REV CT BL AL PVC/PE/PVDC X 20
250 MG +60MG COM REV CT BL AL PVC/PE/PVDC X 30
250 MG +60MG COM REV CT BL AL PVC/PE/PVDC X 60
250 MG + 60 MG COM REV CT BL AL AL X 10
250 MG + 60 MG COM REV CT BL AL AL X 20

250 MG + 60 MG COM REV CT BL AL AL X 30
250 MG + 60 MG COM REV CT BL AL AL X 60

**REMOTIV**
**CT:** FITOTERÁPICO SIMPLES ANTIDEPRESSIVOS
**EV:** *Hypericum perforatum*
**ER:** ACHÉ LABORATÓRIOS FARMACÊUTICOS S.A (60.659.463/0029-92)
**RA:** 105730353
**FA:** 250 MG COM REV CT BL AL AL X 60
250 MG COM REV CT BL AL AL X 10
250 MG COM REV CT BL AL AL X 20
250 MG COM REV CT BL AL AL X 30

**RESPIRATUS**
**CT**: EXPECTORANTES FITOTERÁPICO SIMPLES
**EV:** *Hedera helix* L.
**ER:** MEDLEY FARMACÊUTICA LTDA (10.588.595/0007-97)
**RA:** 183260020
**FA:** 7MG/ML XPE CT FR VD AMB X 100 ML + CP MED
7 MG/ML XPE CT FR VD AMB X 100 ML + CP MED+ SER
7 MG/ML XPE CT FR VD AMB X 200 ML + CP MED
7 MG/ML XPE CT FR VD AMB X 200 ML + CP MED+ SER

**RESPLIX**
**CT**: FITOTERÁPICO SIMPLES
**EV:** *Hedera helix* L.
**ER:** MEDQUÍMICA INDÚSTRIA FARMACÊUTICA LTDA. (17.875.154/0001-20)
**RA:** 109170107
**FA**: 7 MG/ML XPE CT FR PLAS AMB X 100 ML + CP MED
7 MG/ML XPE CT 40 FR PLAS AMB X 100 ML + 40 CP MED
7 MG/ML XPE CT FR PLAS PET AMB X 200 ML + COP

**RITMONEURAN RTM**
**CT:** ANSIOLÍTICOS SIMPLES FITOTERÁPICO SIMPLES
**EV:** *Passiflora incarnata*
**ER:** KLEY HERTZ FARMACEUTICA S.A (92.695.691/0001-03)
**RA:** 106890163
**FA:** 182,93 MG CAP DURA CT BL AL PLAS PVC TRANS X 20
35 MG/ML SOL OR CT FR VD AMB X 100 ML + CP MED
35 MG/ML SOL OR CT 24 FLAC PLAS OPC X 10 ML (EMB MULTIPLA)
35 MG/ML SOL OR CT 60 FLAC PLAS OPC X 10 ML (EMB MULTIPLA)
182,93 MG CAP DURA CT BL AL PLAS PVC TRANS X 10
182,93 MG CAP DURA CT BL AL PLAS PVC TRANS X 30
182,93 MG CAP DURA CT BL AL PLAS PVC TRANS X 40
182,93 MG CAP DURA CT BL AL PLAS PVC TRANS X 120 (EMB MULTIPLA)
35 MG/ML SOL OR CT 12 FLAC PLAS OPC X 10 ML (EMB MULTIPLA)
35 MG/ML SOL OR CT 48 FLAC PLAS OPC X 10 ML (EMB MULTIPLA)
182,93 MG CAP DURA CT BL AL PLAS PVC/PCTFE TRANS X 20
182,93 MG CAP DURA CT BL AL PLAS PVC/PCTFE TRANS X 10
182,93 MG CAP DURA CT BL AL PLAS PVC/PCTFE TRANS X 30
182,93 MG CAP DURA CT BL AL PLAS PVC/PCTFE TRANS X 40
182,93 MG CAP DURA CT BL AL PLAS PVC/PCTFE TRANS X 120 (EMB MULTIPLA)

**SEAKALM**
**CT:** ANSIOLÍTICOS SIMPLES FITOTERÁPICO SIMPLES
**EV:** *Passiflora incarnata*
**ER:** NATULAB LABORATÓRIO S.A (02.456.955/0001-83)
**RA:** 138410039
**FA:** 260 MG COM VER CT BL AL PLAS TRANS X 10
260 MG COM VER CT BL AL PLAS TRANS X 20
260 MG COM VER CT BL AL PLAS TRANS X 30
260 MG COM VER CT BL AL PLAS TRANS X 40
260 MG COM VER CX BL AL PLAS TRANS X 500 (VER HOSP)
260 MG COM VER CX BL AL PLAS TRANS X 1000 (VER HOSP)
90 MG/ML SOL OR CT FR PLAS AMB X 100 ML+COP
90 MG/ML SOL OR CT FR PLAS AMB X 120 ML+COP
90 MG/ML SOL OR CT FR PLAS AMB X 150 ML+COP
90 MG/ML SOL OR CX 50 FR PLAS AMB X 100 ML + 50 COP (VER HOSP)
90 MG/ML SOL OR CX 50 FR PLAS AMB X 120 ML+ 50 COP (VER HOSP)
90 MG/ML SOL OR CX 50 FR PLAS AMB X 150 ML+ 50 COP (VER HOSP)
90 MG/ML SOL OR CX 100 FR PLAS AMB X 100 ML + 100 COP (VER HOSP)
90 MG/ML SOL OR CX 100 FR PLAS AMB X 120 ML+ 100 COP (VER HOSP)
90 MG/ML SOL OR CX 100 FR PLAS AMB X 150 ML+ 100 COP (VER HOSP)

90 MG/ML SOR OR CT 60 FLAC PLAS TRANS 10 ML (VER MULT)
90 MG/ML SOR OR CT 12 FLAC PLAS TRANS 10 ML
90 MG/ML SOR OR CT 24 FLAC PLAS TRANS 10 ML
90 MG/ML SOR OR CX 60 FLAC PLAS TRANS X 10 ML (VER HOSP)

### SENE HERBARIUM
**CT**: LAXANTES FITOTERÁPICOS SIMPLES
**EV**: *Senna alexandrina* Mill.
**ER**: HERBARIUM LABORATÓRIO BOTÂNICO S.A (78.950.011/0001-20)
**RA**: 118000087
**FA**: 100 MG CAP DURA BL AL PLAS TRANS X 8
100 MG CAP DURA CT BL AL PLAS TRANS X 30
100 MG CAP DURA CT BL AL PLAS TRANS X 45
100 MG CAP DURA CT BL AL PLAS TRANS X 60

### SENEFLORA
**CT**: LAXANTES
**EV**: *Senna alexandrina* Mill.
**ER**: KLEY HERTZ FARMACEUTICA S.A (92.695.691/0001-03)
**RA**: 106890196
**FA**: 100 MG COM REV CT BL AL PLAS TRANS X 20
100 MG COM REV CT BL AL PLAS TRANS X 100 (EMB MULT)

### SERENUS
**CT**: FITOTERÁPICOS ASSOCIADOS
**EV**: *Crataegus rhipidophylla* Gand., *Passiflora incarnata*, *Salix alba* L.
**ER**: BIOLAB SANUS FARMACÊUTICA LTDA (49.475.833/0001-06)
**RA**: 109740168
**FA**: COM REV CT BL AL PLAS TRANS X 20
COM REV CT BL AL PLAS TRANS X 40
COM REV CT BL AL PLAS TRANS X 200
COM REV CT BL AL PLAS TRANS X 10

### SÍLIBOM
**CT**: FITOTERÁPICO SIMPLES COLAGOGOS, COLERÉTICOS E HEPATOPROTETORES
**EV**: *Silybum marianum* (L.) Gaertn
**ER**: BRAINFARMA INDÚSTRIA QUÍMICA E FARMACÊUTICA S.A (05.161.069/0001-10)
**RA**: 155840407
**FA**: 100 MG COM VER CT BL AL PLAS INC X 20
100 MG COM VER CT BL AL PLAS INC X 30
100 MG COM VER CT BL AL PLAS INC X 60

### SINTOCALMY
**CT**: ANSIOLÍTICOS SIMPLES
**EV**: *Passiflora incarnata*
**ER**: ACHÉ LABORATORIOS FARMACEUTICOS S.A (60.659.463/0029-92)
**RA**: 105730368
**FA**: 300 MG COM REV CT BL AL/AL X 10
300 MG COM REV CT BL AL/AL X 20
300 MG COM REV CT BL AL/AL X 30
300 MG COM REV CT BL ACLAR X 10
300 MG COM REV CT BL ACLAR X 20
300 MG COM REV CT BL ACLAR X 30
300 MG COM REV CT BL AL/AL X 40
300 MG COM REV CT BL ACLAR X 40
600 MG COM REV CT BL AL PLAS TRANS X 10
600 MG COM REV CT BL AL PLAS TRANS X 30
300 MG/10 ML SOL OR CT FR PLAS AMB X 25 ML + SER DOS
300 MG/10 ML SOL OR CT FR PLAS AMB X 50 ML + SER DOS
300 MG/10 ML SOL OR CT FR PLAS AMB X 100 ML + SER DOS
300 MG/10 ML SOL OR CT FR PLAS AMB X 150 ML + SER DOS
300 MG/2 ML SOL OR CT FR GOT PLAS OPC X 10 ML
300 MG/2 ML SOL OR CT FR GOT PLAS OPC X 20 ML
300 MG/2 ML SOL OR CT FR GOT PLAS OPC X 30 ML

### SONOLIS
**CT**: ANTIESPASMÓDICOS E ANSIOLÍTICOS SIMPLES FITOTERÁPICOS SIMPLES
**EV**: *Melissa officinalis* L.
**ER**: TAUENS FARMACÊUTICA LTDA (04.246.660/0001-08)
**RA**: 152750005
**FA**: 46 MG/ML SOL OR CT FR PLAS AMB X 120 ML + COP

### SONORIPAN
**CT**: FITOTERÁPICO SIMPLES ANSIOLÍTICOS SIMPLES
**EV**: *Valeriana officinalis* L.
**ER**: MARJAN INDÚSTRIA E COMÉRCIO LTDA (60.726.692/0001-81)
**RA**: 101550221
**FA**: 50 MG COM VER CT BL AL PLAS PVDC TRANS X 10
50 MG COM VER CT BL AL PLAS PVDC TRANS X 20

50 MG COM VER CT BL AL PLAS PVDC TRANS X 30

### SONOTABS
**CT:** ANSIOLÍTICOS
**EV:** *Valeriana officinalis* L.
**ER:** KLEY HERTZ FARMACEUTICA S.A (92.695.691/0001-03)
**RA:** 106890154
**FA:** 100,0 MG COM REV CT FR VD AMB X 20
100,0 MG COM REV CT BL AL PLAS TRANS X 20

### SOYFEMME
**CT:** COADJUVANTE NO TRATAMENTO DO CLIMATÉRIO FITOTERÁPICO SIMPLES
**EV:** *Glycine max* (L.) Merrl.
**ER:** ACHÉ LABORATÓRIOS FARMACÊUTICOS S. A. (60.659.463/0029-92)
**RA:** 105730280
**FA:** 150 MG CAP GEL DURA CT BL AL PLAS INC X 20
150 MG CAP GEL DURA CT BL AL PLAS INC X 30

### STEATON
**CT:** COLAGOGOS, COLERÉTICOS E HEPATOPROTETORES
**EV:** *Silybum marianum* (L.) Gaertn
**ER:** ACHÉ LABORATÓRIOS FARMACÊUTICOS S.A (60.659.463/0029-92)
**RA:** 105730520
**FA:** 100 MG CAP MOLE CT BL AL PLAS TRANS X 30
100 MG CAP MOLE CT BL AL PLAS TRANS X 45
100 MG CAP MOLE CT BL AL PLAS TRANS X 60
100 MG CAP MOLE CT BL AL PLAS TRANS X 75
100 MG CAP MOLE CT BL AL PLAS TRANS X 90
200 MG CAP MOLE CT BL AL PLAS TRANS X 15
200 MG CAP MOLE CT BL AL PLAS TRANS X 20
200 MG CAP MOLE CT BL AL PLAS TRANS X 30
200 MG CAP MOLE CT BL AL PLAS TRANS X 45
200 MG CAP MOLE CT BL AL PLAS TRANS X 60
200 MG CAP MOLE CT BL AL PLAS TRANS X 75
200 MG CAP MOLE CT BL AL PLAS TRANS X 90

### TANACETO EC
**CT:** ANALGESICOS CONTRA ENXAQUECA
**EV:** *Tanacetum parthenium* (L.) SCH.BIP.
**ER:** AS ERVAS CURAM INDUSTRIA FARMACEUTICA LTDA (79.634.572/0001-82)
**RA:** 116780019
**FA:** 500 MG CAP DURA CT FR PLAS PEAD OPC X 50

### TANAKAN
**CT:** FITOTERAPICO SIMPLES ANTIAGREGANTE PLAQUETARIO VASODILATADORES CEREBRAIS
**EV:** *Ginkgo biloba* L.
**ER:** ABBOTT LABORATÓRIOS DO BRASIL LTDA (56.998.701/0001-16)
**RA:** 105530314
**FA:** 40 MG COM REV CT BL AL PLAS INC X 20
40 MG COM REV CT BL AL PLAS INC X 30
80 MG COM REV CT BL AL PLAS INC X 10
80 MG COM REV CT BL AL PLAS INC X 20
80 MG COM REV CT BL AL PLAS INC X 30
120 MG COM REV CT BL AL PLAS INC X 20
120 MG COM REV CT BL AL PLAS INC X 30
120 MG COM REV CT BL AL PLAS INC X 10
120 MG COM REV CT BL AL PLAS PVC/PVDC INC X 10
120 MG COM REV CT BL AL PLAS PVC/PVDC INC X 20
120 MG COM REV CT BL AL PLAS PVC/PVDC INC X 30
80 MG COM REV CT BL AL PLAS PVC/PVDC INC X 10
80 MG COM REV CT BL AL PLAS PVC/PVDC INC X 20
80 MG COM REV CT BL AL PLAS PVC/PVDC INC X 30

### TENAG
**CT:** FITOTERÁPICO SIMPLES OUTROS PRODUTOS PARA USO EM GINECOLOGIA E OBSTETRÍCIA
**EV:** *Vitex agnus-castus* L.
**ER:** MARJAN INDÚSTRIA E COMÉRCIO LTDA (60.726.692/0001-81)
**RA:** 101550222
**FA:** 40 MG COM REV CT BL AL PLAS PVC TRANS X 50
40 MG COM REV CT BL AL PLAS PVC TRANS X 10
40 MG COM REV CT BL AL PLAS PVC TRANS X 60
40 MG COM REV CT BL AL PLAS PVC TRANS X 30
40 MG COM REV CT BL AL PLAS PVC TRANS X 20

### THEOGÓRICO SOBRAL
**CT:** ANTIESPASMÓDICOS E ANTICOLINÉRGICOS GASTRINTESTINAIS
**EV:** *Atropa belladonna*
**ER:** THEODORO F SOBRAL & CIA LTDA (06.597.801/0001-62)
**RA:** 109630059
**FA:** 0,067 ML/ML ELX CT FR PLAS OPC GOT X 30 ML
0,067 ML/ML ELX CT DISPLAY 12 FR PLAS OPC GOT X 30 ML

**TINTURA DE ESPINHEIRA DIVINA COMPOSTA**
**CT:** OUTROS PRODUTOS PARA O APARELHO DIGESTIVO E METABOLISMO
**EV:** *Jateorhiza palmata* Miers, *Maytenus ilicifolia* Mart. Ex. Reiss
**ER:** VIDORA FARMACÊUTICA LTDA (92.762.277/0001-70)
**RA:** 104730038
**FA:** 0,25 ML/ML + 0,50 ML/ML TINT CT FR PLAS AMB X 100 ML

**TINTURA DE JALAPA SOBRAL**
**CT:** LAXANTES FITOTERÁPICO SIMPLES
**EV:** *Operculina alata* (Ham.) Urb
**ER:** THEODORO F SOBRAL & CIA LTDA (06.597.801/0001-62)
**RA:** 109630056
**FA:** TINT FR PLAS AMB X 30 ML
TINT FR PLAS AMB X 100 ML
TINT FR PLAS AMB X 200 ML
TINT FR PLAS AMB X 300 ML
TINT FR PLAS AMB X 500 ML
TINT FR PLAS AMB X 1000 ML

**TORANTE**
**CT:** EXPECTORANTES FITOTERÁPICO SIMPLES
**EV:** *Hedera helix* (HERA)
**ER:** MOMENTA FARMACÊUTICA LTDA (14.806.008/0001-54)
**RA:** 194270059
**FA:** 15 MG/ML XPE CT FR VD AMB X 100 ML + COP
15 MG/ML XPE CT FR VD AMB X 200 ML + COP

**TOUX**
**CT:** EXPECTORANTE FITOTERÁPICO SIMPLES
**EV:** *Hedera helix* L.
**ER:** LABORATÓRIO FARMACÊUTICO ELOFAR LTDA (83.874.628/0001-43)
**RA:** 103850112
**FA:** 7 MG/ML XPE CT FR VD AMB X 120 ML + COP
7 MG/ML XPE CX 25 FR VD AMB X 120 ML + 25 COP (EMB HOSP)
7 MG/ML XPE CX 50 FR VD AMB X 120 ML + 50 COP (EMB HOSP)
7 MG/ML XPE CT FR PLAS AMB X 120 ML + COP
7 MG/ML XPE CX 25 FR PLAS AMB X 120 ML + 25 COP (EMB HOSP)
7 MG/ML XPE CX 50 FR PLAS AMB X 120 ML + 50 COP (EMB HOSP)

**TRIATIV**
**CT:** FITOTERÁPICOS SIMPLES
**EV:** *Hypericum perforatum*
**ER:** MYRALIS INDÚSTRIA FARMACÊUTICA LTDA (17.440.261/0001-25)
**RA:** 114620003
**FA:** 300 MG COM VER CT BL AL PLAS INC X 4
300 MG COM VER CT BL AL PLAS INC X 8
300 MG COM VER CT BL AL PLAS INC X 30
450 MG COM VER CT BL AL PLAS INC X 4
450 MG COM VER CT BL AL PLAS INC X 8
450 MG COM VER CT BL AL PLAS INC X 30

**UMCKAN**
**CT:** FITOTERÁPICO SIMPLES
**EV:** *Pelargonium sidoides* Dc.
**ER:** FARMOQUÍMICA S. A. (33.349.473/0001-58)
**RA:** 103900170
**FA:** 825 MG/ML SOL OR CT FR VD AMB GOT X 20 ML
825 MG/ML SOL OR CT FR VD AMB GOT X 50 ML

**UNHA DE GATO ORIENT**
**CT:** FITOTERÁPICO SIMPLES
**EV:** *Uncaria tomentosa* Dc.
**ER:** ORIENT MIX FITOTERÁPICOS DO BRASIL LTDA. (73.657.876/0001-89)
**RA:** 123970026
**FA:** 400 MG CAP GEL DURA CT 3 BL AL PLAS INC X 15
400 MG CAP GEL DURA CT FR PLAS OPC X 60

**VALERANCE**
**CT:** NÃO INFORMADA
**EV:** *Valeriana officinalis* L.
**ER:** LABORATÓRIO FARMACÊUTICO ELOFAR LTDA (83.874.628/0001-43)
**RA:** 103850113
**FA:** 160 MG COM REV CT BL AL PLAS TRANS X 30
160 MG COM REV CT ENV AL X 30

**VALERIANE**
**CT:** FITOTERÁPICO SIMPLES ANSIOLÍTICOS SIMPLES
**EV:** *Valeriana officinalis* L.
**ER:** ZYDUS NIKKHO FARMACÊUTICA LTDA (05.254.971/0001-81)
**RA:** 156510047
**FA:** 50 MG COM DRG BL AL PLAS INC X 20
50 MG DRG CT BL AL PLAS INC X 30

**VALERIMED**
**CT:** ANSIOLÍTICOS SIMPLES FITOTERÁPICO SIMPLES
**EV:** *Valeriana officinalis* L.
**ER:** CIMED INDÚSTRIA DE MEDICAMENTOS LTDA (02.814.497/0001-07)
**RA:** 143810076
**FA:** 50 MG COM REV CT BL AL PLAS TRANS X 20
50 MG COM REV CT STR AL X 20
50 MG COM REV CT BL AL AL X 20

**VALESSONE**
**CT:** FITOTERÁPICO SIMPLES
**EV:** *Valeriana officinalis* L.
**ER:** NATULAB LABORATÓRIO S.A (02.456.955/0001-83)
**RA:** 138410046
**FA:** 225,75 MG COM BEM CT BL AL PLAS INC X 10
225,75 MG COM BEM CT BL AL PLAS INC X 20
225,75 MG COM BEM CT BL AL PLAS INC X 30
225,75 MG COM BEM CT BL AL PLAS INC X 250 (BEM HOSP)
225,75 MG COM BEM CT BL AL PLAS INC X 500 (BEM HOSP)
225,75 MG COM BEM CT BL AL PLAS INC X 1000 (BEM HOSP)

**VALSED**
**CT:** ANSIOLÍTICOS SIMPLES
**EV:** *Valeriana officinalis* L.
**ER:** CIFARMA CIENTÍFICA FARMACÊUTICA LTDA (17.562.075/0001-69)
**RA:** 115600195
**FA:** 50 MG COM REV CT BL AL PLAS OPC X 20
50 MG COM REV CT BL AL PLAS OPC X 200 (EMB HOSP)
100 MG COM REV CT BL AL PLAS OPC X 20

**VALYANNE**
**CT**: FITOTERÁPICO SIMPLES
**EV:** *Valeriana officinalis* L.
**ER:** GEOLAB INDÚSTRIA FARMACÊUTICA S. A. (03.485.572/0001-04)
**RA:** 154230196
**FA**: 50 MG COM BEM CT STR AL X 10
50 MG COM BEM CT STR AL X 20
50 MG COM BEM CT STR AL X 30
50 MG COM BEM CT STR AL X 60
50 MG COM BEM CX STR AL X 100 (BEM HOSP)
50 MG COM BEM CX STR AL X 500 (BEM HOSP)
215 MG COM BEM CT STR AL X 10
215 MG COM BEM CT STR AL X 20
215 MG COM BEM CT STR AL X 30
215 MG COM BEM CT STR AL X 60
215 MG COM BEM CX STR AL X 100 (BEM HOSP)
215 MG COM BEM CX STR AL X 500 (BEM HOSP)

**VARICELL PHYTO**
**CT:** ANTIVARICOSOS DE AÇÃO SISTÊMICA
**EV:** *Aesculus hippocastanum* L.
**ER:** VIDFARMA INDÚSTRIA DE MEDICAMENTOS LTDA (03.993.167/0001-99)
**RA:** 156200022
**FA:** 500 MG CAP DURA CT BL AL PLAS AMB X 20
500 MG CAP DURA CT BL AL PLAS AMB X 40

**VARILESS BIONATUS**
**CT:** FITOTERÁPICO SIMPLES ANTIVARICOSO DE AÇÃO SISTÊMICA
**EV:** *Aesculus hippocastanum* L.
**ER:** BIONATUS LABORATÓRIO BOTÂNICO LTDA (68.032.192/0001-51)
**RA:** 120090022
**FA:** 280 MG COM REV CT BL AL PLAS INC X 30
280 MG COM REV CT BL AL PLAS INC X 30
280 MG COM REV CT BL AL PLAS INC X 45
280 MG COM REV CT BL AL PLAS INC X 60
170 MG COM REV CT BL AL PLAS INC X 30
170 MG COM REV CT BL AL PLAS INC X 30
170 MG COM REV CT BL AL PLAS INC X 45
170 MG COM REV CT BL AL PLAS INC X 60
170 MG COM REV CT BL AL PLAS INC X 40
170 MG COM REV CT BL AL PLAS INC X 50
170 MG COM REV CT BL AL PLAS INC X 90
170 MG COM REV DISP 18 BL AL PLAS INC X 4
170 MG COM REV DISP 18 BL AL PLAS INC X 15
170 MG COM REV DISP 18 BL AL PLAS INC X 8
170 MG COM REV DISP 70 BL AL PLAS INC X 15

**VARIVAX**
**CT**: FITOTERÁPICO SIMPLES ANTIVARICOSOS DE AÇÃO SISTÊMICA
**EV:** *Aesculus hippocastanum* L.
**ER:** NATULAB LABORATÓRIO S.A (02.456.955/0001-83)
**RA:** 138410043
**FA**: 100 MG COM REV CT BL AL PLAS INC X 10
100 MG COM REV CT BL AL PLAS INC X 20
100 MG COM REV CT BL AL PLAS INC X 30
100 MG COM REV CX BL AL PLAS INC X 500 (EMB HOSP)

100 MG COM REV CX BL AL PLAS INC X 1000 (EMB HOSP)
300 MG COM REV CX BL AL PLAS INC X 10
300 MG COM REV CX BL AL PLAS INC X 20
300 MG COM REV CX BL AL PLAS INC X 30
300 MG COM REV CX BL AL PLAS INC X 500 (EMB HOSP)
300 MG COM REV CX BL AL PLAS INC X 1000 (EMB HOSP)
100 MG COM REV CT BL AL PLAS TRANS X 60
100 MG COM REV CT BL AL PLAS TRANS X 90

**VECASTEN**
**CT:** ANTIVARICOSOS DE AÇÃO SISTÊMICA
**EV:** *Melilotus officinalis* (L.) Pall., *Melilotus officinalis* Lam.
**ER:** MARJAN INDÚSTRIA E COMÉRCIO LTDA (60.726.692/0001-81)
**RA:** 101550228
**FA:** 26,70 MG COM REV CT BL AL PLAS INC X 15
26,70 MG COM REV CT BL AL PLAS INC X 20
26,70 MG COM REV CT BL AL PLAS INC X 30
26,70 MG COM REV CT BL AL PLAS INC X 40
26,70 MG COM REV CT BL AL PLAS INC X 60
26,70 MG COM REV CT BL AL PLAS INC X 90
26,70 MG COM REV CT BL AL AL X 15
26,70 MG COM REV CT BL AL AL X 20
26,70 MG COM REV CT BL AL AL X 30
26,70 MG COM REV CT BL AL AL X 40
26,70 MG COM REV CT BL AL AL X 60
26,70 MG COM REV CT BL AL AL X 90

**VENOCEL**
**CT:** ANTIVARICOSOS DE AÇÃO SISTÊMICA
**EV:** *Aesculus hippocastanum* L.
**ER:** CIFARMA CIENTÍFICA FARMACÊUTICA LTDA (17.562.075/0001-69)
**RA:** 115600179
**FA:** 100 MG CAP DURA CT BL AL PLAS TRANS X 30
100 MG CAP DURA CT BL AL PLAS TRANS X 45
100 MG CAP DURA CT BL AL PLAS TRANS X 60
100 MG CAP DURA CT BL AL PLAS TRANS X 90
100 MG CAP DURA CT BL AL PLAS TRANS X 480 (EMB HOSP)

**VENOCUR FIT**
**CT:** FITOTERÁPICOS SIMPLES ANTIVARICOSOS DE AÇÃO SISTÊMICA
**EV:** *Aesculus hippocastanum* L.
**ER:** ABBOTT LABORATÓRIOS DO BRASIL LTDA (56.998.701/0001-16)
**RA:** 105530357
**FA:** 263,2 MG COM VER LIB RET BL AL PLAS INC X 10
263,2 MG COM VER LIB RET BL AL PLAS INC X 20
263,2 MG COM VER LIB RET BL AL PLAS INC X 30
263,2 MG COM VER LIB RET BL AL PLAS INC X 40
263,2 MG COM VER LIB RET BL AL PLAS INC X 60

**VENOLISE**
**CT:** ANTIVARICOSOS DE AÇÃO SISTÊMICA FITOTERÁPICOS SIMPLES
**EV:** *Melilotus officinalis* (L.) Pall.
**ER:** MYRALIS INDÚSTRIA FARMACÊUTICA LTDA (17.440.261/0001-25)
**RA:** 114620014
**FA:** 26,7 MG COM REV CT BL AL PLAS TRANS X 4
26,7 MG COM REV CT BL AL PLAS TRANS X 8
26,7 MG COM REV CT BL AL PLAS TRANS X 20
26,7 MG COM REV CT BL AL PLAS TRANS X 30
26,7 MG COM REV CT BL AL PLAS OPC X 4
26,7 MG COM REV CT BL AL PLAS OPC X 8
26,7 MG COM REV CT BL AL PLAS OPC X 20
26,7 MG COM REV CT BL AL PLAS OPC X 30
26,7 MG COM REV CT BL AL PLAS TRANS X 60
26,7 MG COM REV CT BL AL PLAS OPC X 60

**XAROPE DE GUACO BELFAR**
**CT:** FITOTERÁPICO SIMPLES
**EV:** *Mikania glomerata* Spreng
**ER:** BELFAR LTDA (18.324.343/0001-77)
**RA:** 105710144
**FA:** 0,0583 ML/ML XPE CT FR PLAS AMB X 100 ML
0,0583 ML/ML XPE CT FR PLAS AMB X 120 ML
0,0583 ML/ML XPE CT FR PLAS AMB X 200 ML
0,0583 ML/ML SOL OR CT FR PLAS AMB X 100 ML
0,0583 ML/ML XPE CT 50 FR PLAS AMB X 100 ML
0,0583 ML/ML XPE CT 50 FR PLAS AMB X 120 ML
0,0583 ML/ML XPE CT 50 FR PLAS AMB X 200 ML
0,0583 ML/ML SOL OR CT 50 FR PLAS AMB X 100 ML

**XAROPE DE GUACO CIMED**
**CT:** EXPECTORANTES BRONCODILATADORES
**EV:** *Mikania glomerata*
**ER:** CIMED INDÚSTRIA DE MEDICAMENTOS LTDA (02.814.497/0001-07)
**RA:** 143810211
**FA:** 117,6 MG/ML SOL OR CT FR PLAS AMB X 120 ML + 1 COP

117,6 MG/ML SOL OR CX X 50 FR PLAS AMB X 120 ML + 50 COP (EMB MULT)

**XAROPE DE GUACO HERBARIUM**
**CT:** EXPECTORANTES FITOTERÁPICO SIMPLES
**EV:** *Mikania glomerata* Spreng
**ER:** HERBARIUM LABORATÓRIO BOTÂNICO S.A (78.950.011/0001-20)
**RA:** 118600039
**FA:** 0,09 G/ML XPE CT FR PLAS AMB X 100 ML
0,09 G/ML XPE CT FR PLAS AMB X 120 ML

**XAROPE DE GUACO NATULAB**
**CT:** FITOTERÁPICO SIMPLES EXPECTORANTES SIMPLES
**EV:** *Mikania glomerata* Spreng
**ER:** NATULAB LABORATÓRIO S.A (02.456.955/0001-83)
**RA:** 138410032
**FA:** 117,6 MG/ML XPE CT FR PLAS AMB X 100 ML
117,6 MG/ML XPE CT FR PLAS AMB X 120 ML
117,6 MG/ML XPE CT FR PLAS AMB X 150 ML
117,6 MG/ML XPE CX 50 FR PLAS AMB X 100 ML (EMB HOSP)
117,6 MG/ML XPE CX 50 FR PLAS AMB X 120 ML (EMB HOSP)
117,6 MG/ML XPE CX 50 FR PLAS AMB X 150 ML (EMB HOSP)
35 MG/ML XPE CT FR PLAS AMB X 100 ML
35 MG/ML XPE CT FR PLAS AMB X 120 ML
35 MG/ML XPE CT FR PLAS AMB X 150 ML
35 MG/ML XPE CX 50 CT FR PLAS AMB X 100 ML (EMB HOSP)
35 MG/ML XPE CX 50 CT FR PLAS AMB X 120 ML (EMB HOSP)
35 MG/ML XPE CX 50 CT FR PLAS AMB X 150 ML (EMB HOSP)

**XAROPE GUACO MELPOEJO**
**CT:** EXPECTORANTES FITOTERÁPICO SIMPLES
**EV:** *Mikania glomerata* Spreng
**ER:** LABORATÓRIO MELPOEJO (21.549.522/0001-17)
**RA:** 105340005
**FA:** 0,1 ML/ML XPE CT FR PET AMB X 60 ML
0,1 ML/ML XPE CT FR PET AMB X 100 ML

**ZICLAGUE**
**CT:** ANTIESPASMÓDICOS
**EV:** *Alpinia zerumbet* (Pers.) B.L. Burtt Et R.M. Smith

**ER:** INFAN INDUSTRIA QUIMICA FARMACEUTICA NACIONAL S. A. (08.939.548/0001-03)
**RA:** 115570069
**FA:** 0,08 ML/ML CT FR AL 30 ML
0,08 ML/ML CT FR AL 60 ML

# SEÇÃO 4

## INFORMAÇÕES FARMACOLÓGICAS (BULÁRIO)

### ABRIFIT
*Hedera helix*

#### IDENTIFICAÇÃO DO MEDICAMENTO
**Nomenclatura botânica oficial:** *Hedera helix* Linné
**Nomenclatura popular:** Hera sempre-verde Família: *Araliaceae*
**Parte da planta utilizada:** folhas

#### FORMA FARMACÊUTICA E APRESENTAÇÃO:
Xarope de 7mg/mL: Embalagem contendo 1 frasco de 100 mL, acompanhado de copo dosador.

#### USO ORAL
#### USO ADULTO E PEDIÁTRICO ACIMA DE 2 ANOS

#### COMPOSIÇÃO
Cada mL do xarope contém:
Extrato seco de *Hedera helix* L. (folhas).....................7mg*
*equivalente a 0,75mg de hederacosídeo C. O extrato seco está padronizado em 10, 71% de hederacosídeo C. Excipientes: ácido cítrico, goma xantana, sorbato de potássio, sorbitol, glicerol, aroma artificial de cereja e água purificada. Cada 1mL de Abrifit contém 550mg de sorbitol, à 70%.

#### 1. INDICAÇÕES
**Abrifit** possui efeito expectorante, sendo indicado para o tratamento de doenças inflamatórias agudas e crônicas das vias respiratórias superiores, como resfriados e bronquites, associadas a hipersecreção de muco e tosse.

#### 2. RESULTADOS DE EFICÁCIA
Os efeitos do *Hedera helix* foram estudos na "Avaliação de *Hedera helix* L. como expectorante em pacientes com tosse produtiva". Esse estudo multicêntrico, aberto e não comparativo, que acompanhou 5850 pacientes, verificou a evolução favorável das características e dos sintomas da tosse produtiva em pacientes tratados com *Hedera helix* L. Quanto à tolerância a *Hedera helix* L., foi considerada excelente ou boa por 95,8% dos pacientes, sendo que a percentagem foi eventos adversos foi de 2,2%. (1)

Através do estudo apresentado pode-se afirmar ainda que os pacientes que receberam tratamento com *Hedera helix* L. tiveram excelentes desfechos clínicos, com evolução favorável não só quando analisado o sintoma tosse, mas também quando analisada a evolução da secreção pulmonar, traduzida pela tríade propedêutica roncos, sibilos e expectoração. Além disso, a tolerabilidade geral ao medicamento foi excelente e a ocorrência de efeitos adversos, mínima. (1)

Com o objetivo de demonstrar a eficácia mucolítica e expectorante e a tolerabilidade do extrato seco de *Hedera helix* L. (esHh) em crianças, foi realizado um estudo randomizado, duplo-cego, aleatório, controlado com placebo, onde 134 crianças, na faixa etária de 6 meses a 14 anos, com infecções das vias aéreas (IVAS) completaram o tratamento. No grupo eshH se observou queda significativa nos sintomas tosse ($p < 0,0001$), febre ($p = 0,0002$), dispneia ($p = 0,015$), broncoespasmo ($p = 0,013$) e secreção esverdeada diária ($p = 0,0001$) de antes para depois do tratamento (Tabela 2.1). Já no grupo placebo se observou queda significativa nos sintomas tosse ($p < 0,0001$), expectoração ($p = 0,023$), febre ($p = 0,005$) e secreção esverdeada diária ($p = 0,0001$) de antes para depois do tratamento (Tabela 1). (2)

Tabela 1 – Análise longitudinal dos sinais e sintomas para o grupo esHh (n = 67)

| Sinais/Sintomas | Antes n | Antes % | Depois n | Depois % | p valor |
|---|---|---|---|---|---|
| Presença de tosse | 67 | 100 | 16 | 23,9 | < 0,0001 |
| Expectoração | 11 | 16,4 | 6 | 9,0 | 0,26 |
| Estado Geral bom | 66 | 98,5 | 66 | 98,5 | 1 |
| Hidratação | 66 | 98,5 | 66 | 98,5 | 1 |
| Febre | 20 | 29,9 | 2 | 3,0 | 0,0002 |
| Dispneia | 10 | 14,9 | 1 | 1,5 | 0,015 |
| Broncobstrução | 8 | 11,9 | 0 | 0 | 0,013 |
| Secreção prurida diária | 32 | 47,8 | 13 | 19,4 | 0,0001 |

Ainda, observou-se associação significativa (p < 0,0001) entre a eficácia e o grupo de tratamento. Isso significa que a proporção de alta eficácia no grupo esHh (62,9%) foi significativamente maior que no grupo placebo (30,5%). Por outro lado, a proporção de baixa eficácia no grupo esHh (16,1%) foi significativamente menor que no grupo placebo (45,8%) (Tabela 2). (2)

Tabela 2 – Eficácia

| Frequência | Grupo esHh | Grupo Placebo | Total |
|---|---|---|---|
| Alta % | 39 / 62,90 | 18 / 30,51 | 57 |
| Moderada % | 13 / 20,97 | 14 / 23,73 | 27 |
| Baixa % | 10 / 16,13 | 27 / 45,76 | 37 |
| Total | 62 | 59 | 121 |

Fazio e colaboradores avaliaram a eficácia e a segurança de um xarope de *Hedera helix* em 9.657 pacientes de bronquite aguda ou bronquite crônica associadas com hipersecreção de muco e tosse produtiva e frequentemente associada a um quadro infeccioso. O objetivo do estudo, prospectivo e multicêntrico, foi determinar a eficácia na supressão ou alívio dos sintomas relacionados à bronquite, bem como o perfil de eventos adversos. Em relação à eficácia do tratamento com o xarope de *Hedera helix* L., descrevem melhora e/ou o desaparecimentos dos sintomas após o tratamento em 95,1% dos pacientes. (3)

## REFERÊNCIAS

1. SANTORO, Mário Junior. Avaliação de *Hedera helix*, como expectorante em pacientes com tosse produtiva – estudo multicêntrico com avaliação de 5850 pacientes. **RBM Rev. Bras. Med**; v. 62, n. 1/2, p. 47-52, jan.fev.2005;

2. KIERTSMAN, Bernardo; ZUQUIM, Sílvio Luiz. O extrato seco *Hedera helix* no tratamento das infecções de vias áreas na infância. **Pediatr. Mod**; v. 44, n. 4, p. 143-149, jul.ago.2008;

3. FAZIO S, POUSO J, DOLINSKYC D, FERNANDEZ A, HERNANDEZ A, CLAVIER G, HECKER M. Tolerance, safety and efficacy of *Hedera helix* extract in inflammatory bronchial diseases under clinical practice conditions: A prospective, open, multicentre postmarketing study in 9657 patients. **Phytomedicine** 2009; 16, p. 16-24.

## 3. CARACTERÍSTICAS FARMACOLÓGICAS

**Abrifit** contém em sua formulação extrato seco de folhas de *Hedera helix* L. sendo utilizado como meio de extração o etanol, ausente no produto final. Os componentes das matérias vegetais (folhas de *Hedera helix* L.) que conferem propriedades terapêuticas a Abrifit são, principalmente, o bisdesmosídeo saponina, do grupo de glicosídeos triterpenos, cujo principal representante em termos qualitativos é a hederasaponina C (hederacosídeo C). O efeito terapêutico de Abrifit nas doenças das vias áreas deve-se ao glicosídeo saponina, presente no extrato seco, que possui dupla ação: mucolítica e broncodilatadora.

Ambas as ações aumentam a expectoração, eliminando as secreções que obstruem as vias aéreas.

O efeito mucolítico do extrato deve-se essencialmente à natureza da saponina dos hederaglicosídeos, embora os efeitos parassimpaticolíticos de certos glicosídeos sejam considerados a base das propriedades broncodilatadoras sobre os brônquios inflamados.

## 4. CONTRAINDICAÇÕES

Pacientes com histórico de hipersensibilidade e alergia a plantas da família Araliaceae ou qualquer outro componente da fórmula não devem fazer uso do produto.

**Este medicamento é contraindicado para uso por pacientes com intolerância à frutose, pois o sorbitol da formulação transforma-se em frutose no organismo.**

## 5. ADVERTÊNCIAS E PRECAUÇÕES

Em caso de hipersensibilidade ao produto, recomenda-se descontinuar o uso e consultar o médico. Este medicamento deve ser administrado com cautela em pacientes com queimação de estômago (ou úlcera gástrica e gastrite). Em casos de mal-estar persistente ou aparecimento de insuficiência respiratória, febre ou expectoração purulenta, o médico deverá ser consultado.

**Este medicamento não deve ser utilizado em crianças menores de 2 anos de idade.**

**Gravidez e Lactação:**

Categoria de risco na gravidez C: Não há dados disponíveis sobre o uso de extratos de *H. helix* em animais e nem em mulheres grávidas ou lactantes.

**Este medicamento não deve ser utilizado por mulheres grávidas ou amamentando, sem orientação médica ou do cirurgião-dentista.**

**Pacientes Idosos (acima de 65 anos de idade):**

Ainda que os estudos não tenham demonstrado alteração nos pacientes idosos, é sempre recomendável um acompanhamento rigoroso a esses pacientes.

**Efeitos na habilidade de dirigir e operar máquinas.**

Apesar de não terem sido realizados estudos específicos sobre os efeitos do produto na capacidade de dirigir e operar máquinas, não foi observado, nos estudos conduzidos por *Hedera helix* L., qualquer alteração que conduza a alguma restrição nos pacientes que tenham atividades relacionadas a dirigir e/ou operar máquinas.

## 6. INTERAÇÕES MEDICAMENTOSAS

Interações podem ocorrer entre medicamentos e plantas medicinais e mesmo entre duas plantas medicinais quando administradas ao mesmo tempo.

Não são conhecidos efeitos adversos quando o paciente usa simultaneamente *Hedera helix* L. com outros medicamentos.

**Interações com alimentos e testes laboratoriais**

Não são conhecidas interações com alimentos e testes laboratoriais.

**Informe ao seu médico ou cirurgião-dentista se você está fazendo uso de algum outro medicamento. Não use medicamento sem o conhecimento do seu médico. Pode ser perigoso para a sua saúde.**

## 7. CUIDADOS DE ARMAZENAMENTO DO MEDICAMENTO

**Abrifit** deve ser mantido em temperatura ambiente (15ºC e 30ºC) e protegido da umidade. Este medicamento tem validade de 24 meses a partir da sua data de fabricação.

**Número de lote e datas de fabricação e validade: vide embalagem.**

**Não use medicamento com o prazo de validade vencido. Guarde-o em sua embalagem original.**

**Caracteírsticas físicas e organolépticas:**

Abrifit apresenta-se na forma de solução límpida com coloração caramelo e odor de cereja.

**Antes de usar, observe o aspecto do medicamento.**

**TODO MEDICAMENTO DEVE SER MANTIDO FORA DO ALCANCE DAS CRIANÇAS.**

## 8. POSOLOGIA E MODO DE USAR

Crianças (de 2 até 4 anos): 2,5mL três vezes ao dia;
Crianças (de 4 até 12 anos): 5mL três vezes ao dia;
Adultos: 7,5mL três vezes ao dia.

A ampla margem terapêutica de **Abrifit** (*Hedera helix* L.) permite modificar as doses recomendadas, segundo critério médico. A duração do tratamento depende da gravidade do quadro clínico. Este medicamento deve ser utilizado por um prazo máximo de 7 a 10 dias ou de acordo com a orientação médica.

## 9. REAÇÕES ADVERSAS

Os eventos adversos de **Abrifit** (*Hedera helix* L.) são apresentados a seguir em ordem de frequência decrescente:

Reação Comum (ocorre entre 1% e 10% dos pacientes que utilizam este medicamento): desordens gastrointestinais
Reação Incomum (ocorre entre 0,1% e 1% dos pacientes que utilizam este medicamento): diarreia (provavelmente devido à presença de sorbitol na formulação), dor abdominal, dor na região do estômago, náuseas e vômitos, alergia na pele e outras reações alérgicas.
Reação Rara (ocorre entre 0,01% e 0,1% dos pacientes que utilizam este medicamento): boca seca e sede, perda de apetite, eructação (arrotar), aftas, ansiedade, tremor, dor de cabeça, tontura, palpitação, sudorese.
**Em caso de eventos adversos, notifique ao Sistema de Notificações em Vigilância Sanitária (Notivisa), disponível em www.anvisa.gov.br/hotsite/notivisa/index.htm, ou para a Vigilância Sanitária Estadual ou Municipal.**

### 10. SUPERDOSE
Caso o paciente apresente sintomas com: náuseas, vômitos e diarreia, que podem ser devido a ingestão de quantidades muito altas (mais que 3 vezes da dose diária recomendada) ou se o paciente ingerir uma dose muito grande deste medicamento acidentalmente, deve procurar um médico ou um centro de intoxicação imediatamente. O apoio médico imediato é fundamental para adultos e crianças, mesmo se os sinais e sintomas de intoxicação não estiverem presentes.
**Em caso de intoxicação ligue para 0800 722 6001, se você precisar de mais orientações.**

### VENDA SOB PRESCRIÇÃO MÉDICA.

### DIZERES LEGAIS
Registro M.S. nº 1.5423.0216
Farm. Resp.: Rafaella C. A. Chimiti – CRF-GO n° 4262
Geolab Indústria Farmacêutica S. A.
CNPJ: 03.485.572/0001-04
VP. 1B QD.08-B MÓDULOS 01 A 08 – DAIA – ANÁPOLIS – GO
www.geolab.com.br
Indústria Brasileira
SAC: 0800 701 6080.

---

# ABRILAR®
*Hedera helix* L.

### IDENTIFICAÇÃO DO MEDICAMENTO
**Nomenclatura botânica oficial:** *Hedera helix* L.
**Nomenclatura popular:** Hera sempre-verde

**Família:** Araliaceae
Parte da planta utilizada: **folhas**

### APRESENTAÇÕES
Xarope – extrato seco de folhas de *Hedera helix* L. 7 mg/mL – Embalagens contendo 100 mL ou 200 mL. Contém um copo-medida

### USO ORAL
### USO ADULTO E PEDIÁTRICO ACIMA DE 2 ANOS

### COMPOSIÇÃO
Cada 1 mL de xarope contém:
extrato seco de folhas de *Hedera helix* L .................. 7 mg*;
excipientes q.s.p .................................................. 1 mL.
(sorbato de potássio, ácido cítrico, sorbitol, goma xantana, aromatizante de cereja e água purificada) equivalente a 0,75 mg/mL ± 20% do marcador Hederacosídeo C. Cada 1 mL de Abrilar® contém 550 mg de sorbitol, à 70%.

### INFORMAÇÕES TÉCNICAS AOS PROFISSIONAIS DE SAÚDE
### INDICAÇÕES
Abrilar® é indicado para o tratamento sintomático de afecções broncopulmonares inflamatórias agudas e crônicas, com aumento de secreções e/ou broncoespasmo associado.

### RESULTADO DE EFICÁCIA
Um estudo[1] multicêntrico, aberto, prospectivo avaliou a tolerância, segurança e eficácia de um xarope contendo extrato seco das folhas de *Hedera helix* padronizado a 5-7.5:1 (relação droga: extrato) para tratar 9657 pacientes, incluindo 5181 crianças, que sofriam de doenças inflamatórias brônquicas agudas ou crônicas. Os pacientes foram instruídos a administrar o xarope por sete dias nas doses recomendadas de acordo com a idade (zero a cinco anos, seis a 12 anos, maiores de 12 anos e adultos). Os resultados indicaram que depois de sete dias, 95% dos pacientes apresentaram melhora ou cura dos sintomas. A tolerância foi considera boa ou muito boa em 96,6% dos casos. O estudo concluiu que o tratamento foi efetivo e bem tolerado em pacientes com bronquite.
Dois estudos[2] observacionais, abertos, multicêntricos, sem grupos controles, avaliaram a eficácia e segurança do extrato seco das folhas de *Hedera helix* em 248 pacientes com idades entre zero e 79 anos, de ambos os sexos, que sofriam de doenças obstrutivas e/ou inflamatórias do trato respiratório. Destes, 120 crianças com idades entre zero e 9 anos foram tratadas com xarope formulado a partir

do extrato seco das folhas de *Hedera helix* por aproximadamente sete dias. 76% dos pacientes receberam a dose recomendada. Os resultados de eficácia indicaram que 90% dos pacientes apresentaram melhora ou cura da tosse e expectoração. A tolerância foi julgada como boa ou muito boa por 98% de todos os pacientes.

[1] Fazio, S. *et al*. Tolerance, safety and efficacy of *Hedera helix* extract in inflammatory bronchial diseases under clinical practice conditions: A prospective, open, multicentre postmarketing study in 9657 patients. Phytomedicine. 16:17-24, 2009.

[2] Hecker, M. Efficacy and tolerance of ivy extract in patients suffering from respiratory tract diseases. NaturaMed.14(2):S.28-33, 1999.

## CARACTERÍSTICAS FARMACOLÓGICAS

Abrilar® possui efeito mucolítico e broncodilatador.

Os componentes das matérias vegetais (folhas de *Hedera helix*) que conferem propriedades terapêuticas ao medicamento Abrilar® são, principalmente, o bisdesmosídeo saponina, do grupo de glicosídeos triterpenos, cujo principal representante em termos qualitativos é a hederasaponina C (hederacosídeo C).

O efeito terapêutico de Abrilar® nas doenças das vias aéreas deve-se ao glicosídeo saponina, presente no extrato seco, que possui dupla ação: mucolítica e broncodilatadora. Ambas as ações aumentam a expectoração, eliminando as secreções que obstruem as vias aéreas.

O efeito mucolítico do extrato deve-se essencialmente à natureza da saponina dos hederaglicosídeos, embora os efeitos parassimpaticolíticos de certos glicosídeos sejam considerados a base das propriedades broncodilatadoras sobre os brônquios inflamados.

Abrilar® contém em sua formulação o extrato seco de folhas de *Hedera helix*, sendo utilizado como meio de extração o etanol a 30%, ausente no produto final.

## CONTRAINDICAÇÕES

Abrilar® é contraindicado para pacientes com hipersensibilidade a qualquer um dos componentes da fórmula.

**Este medicamento não deve ser utilizado em crianças menores de 2 anos de idade.**

## ADVERTÊNCIAS E PRECAUÇÕES

Abrilar® contém em sua fórmula sorbitol, que é metabolizado no organismo em frutose, sendo conveniente avaliar sua indicação a pacientes com intolerância a essa substância.

Em casos de mal estar persistente ou aparecimento de insuficiência respiratória, febre, expectoração purulenta ou com sangue, recomenda-se uma avaliação específica. Ainda que os estudos não tenham demonstrado alterações nos pacientes idosos, é sempre recomendável um acompanhamento médico rigoroso a esses pacientes.

## GRAVIDEZ

Categoria B de risco na gravidez: "Os estudos em animais não demonstraram risco fetal, mas também não há estudos controlados em mulheres grávidas; ou então, os estudos em animais revelaram riscos, mas que não foram confirmados em estudos controlados em mulheres grávidas.

**Este medicamento não deve ser utilizado por mulheres grávidas sem orientação médica ou do cirurgião-dentista.**

## INTERAÇÕES MEDICAMENTOSAS

Não há relatos de interações medicamentosas até o momento.

## CUIDADOS DE ARMAZENAMENTO DO MEDICAMENTO

**Cuidados de conservação**

Abrilar® deve ser conservado em temperatura ambiente (entre 15ºC e 30ºC), protegido da luz e da umidade, em sua embalagem original.

**Após aberto, é válido por três meses.**

**Número de lote e datas de fabricação e validade: vide embalagem.**

**Não use medicamento com o prazo de validade vencido. Guarde-o em sua embalagem original.**

## CARACTERÍSTICAS FÍSICAS

Abrilar xarope é um líquido ligeiramente turvo, de coloração marrom claro.

## CARACTERÍSTICAS ORGANOLÉPTICAS

Possui leve odor e sabor de cereja. Como o xarope contém um extrato de plantas como ingrediente ativo, a coloração pode variar ocasionalmente, como todas as preparações feitas a partir de ingredientes naturais. Isso não afeta a eficácia terapêutica da preparação.

**Antes de usar, observe o aspecto do medicamento.**

**TODO MEDICAMENTO DEVE SER MANTIDO FORA DO ALCANCE DAS CRIANÇAS.**

## POSOLOGIA E MODO DE USAR
### Modo de usar
Utilizar o copo-medida para dosar o volume a ser administrado, seguindo as instruções para cada faixa etária descrita a seguir em Posologia.

### Posologia
Crianças entre 2 anos e 7 anos: ingerir 2,5 mL três vezes ao dia.

Crianças acima de 7 anos: ingerir 5 mL três vezes ao dia.

Adultos: ingerir 7,5 mL três vezes ao dia.

A duração do tratamento depende do tipo e da severidade do quadro clínico. O tratamento deve durar o mínimo de uma semana em casos de inflamações menores do trato respiratório, devendo ser mantido durante dois a três dias após a diminuição dos sintomas, de forma a assegurar a manutenção da eficácia.

A dose máxima ao dia recomendada é de o triplo da prevista em posologia.

## REAÇÕES ADVERSAS
**Abrilar® pode provocar um ligeiro efeito laxante, provavelmente vinculado à presença de sorbitol em sua fórmula.**

Não há evidências de riscos à saúde ou reações adversas após o uso das doses recomendadas, entretanto existe um potencial moderado, em indivíduos predispostos, para sensibilização por contato cutâneo.

**Em caso de eventos adversos, notifique ao Sistema de Notificação em Vigilância Sanitária (Notivisa), disponível em www.anvisa.gov.br/hotsite/notivisa/index.htm, ou para a Vigilância Sanitária Estadual ou Municipal.**

## SUPERDOSE
A ingestão de quantidades claramente superiores (mais que o triplo da dose diária) pode produzir náuseas, vômitos e diarreia.

Em caso de superdose, recomenda-se suspender o uso e aplicar tratamento de suporte.

**Em caso de intoxicação ligue para 0800 722 6001, se você precisar de mais orientações.**

## VENDA SOB PRESCRIÇÃO MÉDICA.

## DIZERES LEGAIS
MS: 1.0390.0141
Farm. Resp.: Dra. Marcia Weiss I. Campos CRF – RJ nº 4499
Fabricado por: Engelhard Arzneimittel GmbH & Co. KG
Herzbergstrabe 3, 61138
Niederdorfelden – Alemanha
Embalado por: FARMOQUÍMICA S. A.
Rua Viúva Cláudio, 300, Jacaré Rio de Janeiro – RJ
CEP: 20970-032
CNPJ: 33.349.473/0003-10
Indústria brasileira
Importado por: FARMOQUÍMICA S. A.
Av. José Silva de Azevedo Neto, 200, Bloco 1, 1º andar, Barra da Tijuca.
Rio de Janeiro – RJ CEP: 22775-056
CNPJ: 33.349.473/0001-58

---

# ACHEFLAN Aerosol
*Cordia verbenacea* DC.

## MEDICAMENTO FITOTERÁPICO

## APRESENTAÇÃO
Aerossol: frasco contendo 75 mL.

## USO DERMATOLÓGICO USO ADULTO

## COMPOSIÇÃO
Cada g de aerossol de Acheflan contém:
*Cordia verbenacea* DC. (óleo essencial ..................... 5,0 mg (equivalente a 0,130 mg de alfa-humuleno) Excipientes: álcool etílico, ciclometicona, óleo de rícino hidrogenado 40, glicerol, copovidona, perfume *green tea*, polissorbato 20.

## INFORMAÇÕES AO PACIENTE
### 1. PARA QUE ESTE MEDICAMENTO É INDICADO?
Acheflan é indicado no tratamento local de processos inflamatórios, tais como tendinites e dores musculares, e em quadros inflamatórios dolorosos associados a traumas de membros, entorses e contusões.

### 2. COMO ESTE MEDICAMENTO FUNCIONA?
Acheflan é um anti-inflamatório de uso local que age no alívio de dores associadas à inflamação dos músculos e tendões.

O desaparecimento completo dos sintomas pode ser notado após 7 dias de tratamento com o uso da posologia indicada.

### 3. QUANDO NÃO DEVO USAR ESTE MEDICAMENTO?
Acheflan é contraindicado caso você tenha alergia a *Cordia verbenacea* DC. ou a qualquer componente da fórmula. É contraindicado também caso apresente feridas na pele,

queimaduras ou lesões com infecção. Evitar associar o Acheflan a outros medicamentos de uso dermatológico. **Este medicamento é contraindicado para menores de 12 anos.**

## 4. O QUE DEVO SABER ANTES DE USAR ESTE MEDICAMENTO?

Você deve evitar o contato do Acheflan com os olhos e outras mucosas. Em caso de acidente, enxágue com água abundante. Em caso de irritação local, suspenda a utilização do produto. Acheflan é para uso externo e não deve ser ingerido. Os riscos de uso pela aplicação em outras áreas que não seja a pele (como, por exemplo, os olhos) são: a não obtenção do efeito desejado e/ou reações desagradáveis.

Não existe experiência clínica sobre o uso de Acheflan em idosos, crianças abaixo de 12 anos, gestantes ou lactantes (mulheres amamentando). **Este medicamento não deve ser utilizado por mulheres grávidas sem orientação médica ou do cirurgião-dentista.**

Não houve relato de interação medicamentosa com a *Cordia verbenacea* DC. e seus componentes nos estudos conduzidos para avaliação do Acheflan. Entretanto sua associação a outros fármacos deverá ser avaliada pelo médico. **Informe ao seu médico ou cirurgião-dentista se você está fazendo uso de algum outro medicamento.**

**Não use medicamento sem o conhecimento do seu médico. Pode ser perigoso para a sua saúde.**

## 5. ONDE, COMO E POR QUANTO TEMPO POSSO GUARDAR ESTE MEDICAMENTO?

Conservar em temperatura ambiente (entre 15 e 30ºC). Proteger da luz.

**Número de lote e datas de fabricação e validade: vide embalagem.**

**Não use medicamento com o prazo de validade vencido. Guarde-o em sua embalagem original.** Acheflan aerossol é uma solução transparente levemente amarelada, livre de impurezas e com odor característico.

**Antes de usar, observe o aspecto do medicamento. Caso ele esteja no prazo de validade e você observe alguma mudança no aspecto, consulte o farmacêutico para saber se poderá utilizá-lo.**

### TODO MEDICAMENTO DEVE SER MANTIDO FORA DO ALCANCE DAS CRIANÇAS.

## 6. COMO DEVO USAR ESTE MEDICAMENTO?

Agite antes de usar. Você deve aplicar Acheflan aerossol sobre a pele íntegra (sem feridas), no local da dor, 3 (três) vezes ao dia, pelo tempo recomendado por seu médico. Os estudos realizados utilizaram o Acheflan por um período até 28 dias.

**Siga a orientação de seu médico, respeitando sempre os horários, as doses e a duração do tratamento.**

**Não interrompa o tratamento sem o conhecimento do seu médico.**

**Agite antes de usar.**

## 7. O QUE DEVO FAZER QUANDO EU ME ESQUECER DE USAR ESTE MEDICAMENTO?

Caso você esqueça de utilizar Acheflan a cada 8 horas, os resultados podem não ocorrer ou demorar um pouco mais para você sentir alívio dos sintomas.

**Em caso de dúvidas, procure orientação do farmacêutico ou de seu médico, ou cirurgião-dentista.**

## 8. QUAIS OS MALES QUE ESTE MEDICAMENTO PODE ME CAUSAR?

Informe seu médico o aparecimento de reações desagradáveis. Até o momento não foram descritas reações indesejáveis associadas ao uso de Acheflan. Raramente pode causar aumento da sensibilidade local, que foi relatado em um paciente que participava de um estudo clínico. Essa reação foi descrita como possível relação com o medicamento.

**Atenção: este produto é um medicamento que possui 5 anos no país e, embora as pesquisas tenham indicado eficácia e segurança aceitáveis, mesmo que indicado e utilizado corretamente, podem ocorrer reações adversas imprevisíveis ou desconhecidas. Nesse caso, informe seu médico.**

## 9. O QUE FAZER SE ALGUÉM USAR UMA QUANTIDADE MAIOR DO QUE A INDICADA DESTE MEDICAMENTO?

Se você usar uma dose muito grande deste medicamento, lave bem o local da aplicação. Em caso de ingestão acidental, procure imediatamente um médico ou um pronto-socorro, informando a quantidade ingerida, horário da ingestão e sintomas. **Em caso de uso de grande quantidade deste medicamento, procure rapidamente socorro médico e leve a embalagem ou bula do medicamento, se possível. Em caso de intoxicação ligue para 0800 722 6001, se você precisar de mais orientações sobre como proceder.**

VENDA SOB PRESCRIÇÃO MÉDICA.

**DIZERES LEGAIS**
MS – 1.0573.0341

Farmacêutica Responsável: Gabriela Mallmann CRF-SP nº 30.138
Registrado por: Aché Laboratórios Farmacêuticos S. A.
Av. Brigadeiro Faria Lima, 201 – 20º andar São Paulo – SP
CNPJ: 60.659.463/0029-92
Indústria Brasileira
Fabricado por: Aché Laboratórios Farmacêuticos S. A. – Guarulhos – SP

---

# ACHEFLAN Creme
*Cordia verbenacea* DC.
Folhas

**MEDICAMENTO FITOTERÁPICO**

**APRESENTAÇÕES**
Creme: bisnagas contendo 30 e 60 g.

**COMPOSIÇÃO**
Cada g de creme de Acheflan contém:
(óleo essencial) ............................................................. 5,0 mg
(equivalente a 0,130 mg de alfa-humuleno). Excipientes: álcool cetoestearílico, cetete, éter dicaprílico, HMTCH esqualeno, carbonato de dicapril, glicerol, metilparabeno, propilparabeno, edetato dissódico di-hidratado e água purificada.

**INFORMAÇÕES AO PACIENTE**
**1. PARA QUE ESTE MEDICAMENTO É INDICADO?**
Acheflan é indicado no tratamento local de processos inflamatórios, tais como tendinites e dores musculares, e em quadros inflamatórios dolorosos associados a traumas de membros, entorses e contusões.

**2. COMO ESTE MEDICAMENTO FUNCIONA?**
Acheflan é um anti-inflamatório de uso local que age no alívio de dores associadas à inflamação dos músculos e tendões.
O desaparecimento completo dos sintomas pode ser notado após 7 dias de tratamento com o uso da posologia indicada.

**3. QUANDO NÃO DEVO USAR ESTE MEDICAMENTO?**
Acheflan é contraindicado caso tenha alergia a *Cordia verbenacea* DC. ou a qualquer componente da fórmula. É contraindicado também caso apresente feridas na pele, queimaduras ou lesões com infecção. Evitar associar o Acheflan a outros medicamentos de uso Dermatológico.

**Este medicamento é contraindicado para menores de 12 anos.**

**4. O QUE DEVO SABER ANTES DE USAR ESTE MEDICAMENTO?**
Você deve evitar o contato do Acheflan com os olhos e outras mucosas. Em caso de acidente, enxágue com água abundante.
Em caso de irritação local, suspenda a utilização do produto. Acheflan é para uso externo e não deve ser ingerido. Os riscos de uso pela aplicação em outras áreas que não seja a pele (como, por exemplo, os olhos) são: a não obtenção do efeito desejado e/ou reações desagradáveis.
Não existe experiência clínica sobre o uso de Acheflan em idosos, crianças abaixo de 12 anos, gestantes ou lactantes (mulheres amamentando).
**Este medicamento não deve ser utilizado por mulheres grávidas sem orientação médica ou do cirurgião-dentista.**
Não houve relato de interação medicamentosa com a *Cordia verbenacea* DC. e seus componentes nos estudos conduzidos para avaliação do Acheflan. Entretanto sua associação a outros fármacos deverá ser avaliada pelo médico.
**Informe ao seu médico ou cirurgião-dentista se você está fazendo uso de algum outro medicamento.**
**Não use medicamento sem o conhecimento do seu médico. Pode ser perigoso para a sua saúde.**

**5. ONDE, COMO E POR QUANTO TEMPO POSSO GUARDAR ESTE MEDICAMENTO?**
Conservar em temperatura ambiente (entre 15 e 30ºC). Proteger da luz e umidade.
**Número de lote e datas de fabricação e validade: Vide embalagem.**
**Não use medicamento com o prazo de validade vencido. Guarde-o em sua embalagem original.**
Acheflan creme é um produto com aspecto pastoso, de cor branca a creme, com odor característico.
**Antes de usar, observe o aspecto do medicamento. Caso ele esteja no prazo de validade e você observe alguma mudança no aspecto, consulte o farmacêutico para saber se poderá utilizá-lo.**

**TODO MEDICAMENTO DEVE SER MANTIDO FORA DO ALCANCE DAS CRIANÇAS.**

**6. COMO DEVO USAR ESTE MEDICAMENTO?**
Aplicar uma fina camada de Acheflan creme sobre a pele íntegra (sem feridas), no local da dor, 3 (três) vezes ao dia,

pelo tempo recomendado por seu médico. Os estudos realizados utilizaram o Acheflan por um período até 28 dias.
**Siga a orientação de seu médico, respeitando sempre os horários, as doses e a duração do tratamento.**
**Não interrompa o tratamento sem o conhecimento do seu médico.**

### 7. O QUE DEVO FAZER QUANDO EU ME ESQUECER DE USAR ESTE MEDICAMENTO?

Caso você se esqueça de utilizar Acheflan a cada 8 horas, os resultados podem não ocorrer ou demorar um pouco mais para você sentir alívio dos sintomas.
**Em caso de dúvidas, procure orientação do farmacêutico ou de seu médico, ou cirurgião-dentista.**

### 8. QUAIS OS MALES QUE ESTE MEDICAMENTO PODE ME CAUSAR?

Informe seu médico o aparecimento de reações desagradáveis. Até o momento não foram descritas reações indesejáveis associadas ao uso de Acheflan. Raramente pode causar aumento da sensibilidade local, que foi relatado em um paciente que participava de um estudo clínico. Essa reação foi descrita como possível relação com o medicamento.
**Atenção: este produto é um medicamento que possui 5 anos no país e, embora as pesquisas tenham indicado eficácia e segurança aceitáveis, mesmo que indicado e utilizado corretamente, podem ocorrer reações adversas imprevisíveis ou desconhecidas. Nesse caso, informe seu médico.**

### 9. O QUE FAZER SE ALGUÉM USAR UMA QUANTIDADE MAIOR DO QUE A INDICADA DESTE MEDICAMENTO?

Se você usar uma dose muito grande deste medicamento, lave bem o local da aplicação. Em caso de ingestão acidental, procure imediatamente um médico ou um pronto-socorro, informando a quantidade ingerida, horário da ingestão e sintomas.
**Em caso de uso de grande quantidade deste medicamento, procure rapidamente socorro médico e leve a embalagem ou bula do medicamento, se possível.**
**Em caso de intoxicação ligue para 0800 722 6001, se você precisar de mais orientações sobre como proceder.**

### VENDA SOB PRESCRIÇÃO MÉDICA.

### DIZERES LEGAIS

MS – 1.0573.0341
Farmacêutica Responsável: Gabriela Mallmann CRF-SP nº 30.138

Registrado por: **Aché Laboratórios Farmacêuticos S. A.**
Av. Brigadeiro Faria Lima, 201 20º andar – São Paulo – SP
CNPJ: 60.659.463/0029-92
Indústria Brasileira
Fabricado por: **Aché Laboratórios Farmacêuticos S. A. – Guarulhos – SP**

---

## AD-MUC

### IDENTIFICAÇÃO DO MEDICAMENTO
### APRESENTAÇÕES

Pomada de 100 mg em embalagem com bisnaga de 10 g.

### USO EXTERNO.
### USO ADULTO E PEDIÁTRICO ACIMA DE 3 ANOS.

### COMPOSIÇÃO Pomada Ad-Muc® 100 mg:

Cada 1 g da pomada contém:
Extrato fluido de *Chamomilla recutita* 100 mg (equivalente a 0, 30 mg de apigenina – 7 glucosídeo) Excipientes: Tintura de mirra, glicerol, álcoois de lanolina, álcool cetoestearílico, petrolato branco, petrolato líquido, goma xantana, metilparabeno, óleo de menta, sacarina sódica e água purificada.

### INFORMAÇÕES AO PACIENTE
### 1. PARA QUE ESTE MEDICAMENTO É INDICADO?

**Ad-Muc®** é indicado para o tratamento das gengivas e da mucosa oral, nos casos de gengivite (inflamação da gengiva), estomatite (inflamação da mucosa oral) e outras inflamações da cavidade bucal. Também é indicado nas irritações bucais originadas de dentaduras mal ajustadas.

### 2. COMO ESTE MEDICAMENTO FUNCIONA?

**Ad-Muc®** contém em sua formulação extrato fluído de Camomila (*Chamomilla recutita*), que possui reconhecidas propriedades anti-inflamatórias.
A Camomila possui diversas substâncias anti-inflamatórias que auxiliam no processo de cicatrização de pequenas feridas na mucosa bucal: o camazuleno exerce efeito anti-inflamatório, enquanto o α-bisabolol, outro componente da camomila, também apresenta ação anti-inflamatória e promove a regeneração tecidual (cicatrização). Os polissacarídeos presentes na camomila possuem atividade imunoestimulante, ou seja, estimulam os mecanismos de defesa do corpo. O efeito antibacteriano foi demonstrado com o uso do óleo essencial da camomila.

### 3. QUANDO NÃO DEVO USAR ESTE MEDICAMENTO?

**Ad-Muc®** não deve ser usado por pacientes com hipersensibilidade aos componentes da fórmula, aos parabenos (metilparabeno, presente na formulação), e às plantas da família Compositae.

**Este medicamento é contraindicado para uso por lactantes e crianças menores de 3 anos de idade.**

**Este medicamento pode ser utilizado durante a gravidez desde que sob prescrição médica ou do cirurgião-dentista.**

### 4. O QUE DEVO SABER ANTES DE USAR ESTE MEDICAMENTO?

**Gravidez** – até o momento, não foram relatados efeitos adversos com o uso de **Ad-Muc®** em mulheres grávidas. Entretanto recomenda-se evitar o uso excessivo durante o período de gestação. Este medicamento pode ser utilizado durante a gravidez, desde que sob prescrição médica ou do cirurgião-dentista.

**Lactação** – **Ad-Muc®** não deve ser utilizado por mães que estejam amamentando.

**Pediatria** – **Ad-Muc®** não deve ser usado por crianças menores de 3 anos de idade.

**Geriatria (idosos)** – não há restrições específicas para o uso de **Ad-Muc®** em pacientes idosos.

Não são conhecidas medicamentosas com o uso de **Ad-Muc®**.

Não são conhecidas interferências em exames laboratoriais com o uso de **Ad-Muc®**.

**Informe ao seu médico ou cirurgião-dentista se você está fazendo uso de algum outro medicamento.**

### 5. ONDE, COMO E POR QUANTO TEMPO POSSO GUARDAR ESTE MEDICAMENTO?

Mantenha **Ad-Muc®** em temperatura ambiente (15 a 30ºC). Prazo de validade: 24 meses a partir da data de fabricação.

**Número de lote e datas de fabricação e validade: vide embalagem.**

**Não use medicamento com o prazo de validade vencido. Guarde-o em sua embalagem original.**

Características do produto: Pomada marrom-amarelada a marrom, com textura cremosa e odor de menta e camomila.

**Antes de usar, observe o aspecto do medicamento. Caso ele esteja no prazo de validade e você observe alguma mudança no aspecto, consulte o farmacêutico para saber se poderá utilizá-lo.**

**TODO MEDICAMENTO DEVE SER MANTIDO FORA DO ALCANCE DAS CRIANÇAS.**

### 6. COMO DEVO USAR ESTE MEDICAMENTO?

Uso tópico. Este medicamento deve ser administrado somente pela via recomendada para evitar riscos desnecessários.

Lavar e secar as mãos antes do manuseio do produto. Aplicar **Ad-Muc®** duas vezes ao dia, por exemplo, pela manhã e à noite, após escovar os dentes ou após as refeições. Depois do desaparecimento dos sintomas, recomenda-se continuar com a aplicação de **Ad-Muc®** uma vez ao dia, até o desaparecimento dos sintomas ou conforme critério médico. Aplicar **Ad-Muc®** na gengiva com a ponta do dedo seco (utilizar o dedo indicador para as regiões externas da gengiva e o dedo polegar para as regiões internas) e massagear as mucosas. A gengiva deve ser massageada em movimentos circulares, dirigidos para a coroa do dente. Em caso de salivação aumentada, deve-se secar a gengiva antes da massagem.

**Siga corretamente o modo de usar. Em caso de dúvidas sobre este medicamento, procure orientação do farmacêutico. Não desaparecendo os sintomas, procure orientação de seu médico ou cirurgião-dentista.**

### 7. O QUE DEVO FAZER QUANDO EU ME ESQUECER DE USAR ESTE MEDICAMENTO?

No caso de esquecimento de dose, passar a pomada ao lembrar, não sobrepondo a dose. Não ultrapassar 2 aplicações diárias.

**Em caso de dúvidas, procure orientação do farmacêutico ou de seu médico, ou cirurgião-dentista.**

### 8. QUAIS OS MALES QUE ESTE MEDICAMENTO PODE ME CAUSAR?

"Reação rara (ocorre entre 0,01% e 0,1% dos pacientes que utilizam este medicamento): reações de hipersensibilidade"

**Informe ao seu médico, cirurgião-dentista ou farmacêutico o aparecimento de reações indesejáveis pelo uso do medicamento. Informe também à empresa através do seu serviço de atendimento.**

### 9. O QUE FAZER SE ALGUÉM USAR UMA QUANTIDADE MAIOR DO QUE A INDICADA DESTE MEDICAMENTO?

Não são conhecidos casos de superdosagem com o uso de **Ad-Muc®**.

Em caso de uso de grande quantidade deste medicamento, procure rapidamente socorro médico e leve a embalagem ou bula do medicamento, se possível. Ligue para 0800 722 6001, se você precisar de mais orientações.

**DIZERES LEGAIS**
Registro MS 1.0974.0172
Farm. Resp.: Dr. Dante Alario Jr. CRF-SP nº 5143
Fabricado e Comercializado por: Avert Laboratórios Ltda.
Rua Domingos Graziano, 104 – Araras – SP CEP: 13600-718
CNPJ: 44.211.936/0001-37
Indústria Brasileira
Registrado por: Biolab Sanus Farmacêutica Ltda.
Av. Paulo Ayres, 280 – Taboão da Serra -SP CEP: 06767-220 – SAC 0800 17 2119
CNPJ: 49.475.833/0001-06
Indústria Brasileira
*Sob licença de Merz Pharmaceuticals GmbH, Frankfurt/Alemanha*

---

# AGIOLAX®

*Plantago ovata* Forssk. (Plantaginaceae), semente e casca da semente (Plantago).
*Senna alexandrina* Mill. (Leguminosae), fruto (Sene).

**APRESENTAÇÕES**
Granulado de 520 mg/g semente de Plantago + 22 mg/g de casca de semente de Plantago + 99,45 mg/g de fruto de Sene. Frasco com 100 g ou 250 g.

**USO ORAL**
**USO ADULTO E INFANTIL ACIMA DE 10 ANOS**

**COMPOSIÇÃO**
Cada g contém:
Semente de Plantago ...................................520 mg
Casca de semente de Plantago ..................... 22 mg
Fruto de Sene .......................................... 68-132 mg
(equivalente a 3 mg de derivados hidroxiantracênicos expressos em senosídeo B)
Excipientes: talco, goma arábica, óxido de ferro, sacarose, petrolato líquido, parafina, essências de alcarávia, de sálvia e de hortelã.
Concentração dos componentes mais indicativos do efeito terapêutico: A semente e a casca da semente de Plantago contêm mucilagem como seu principal constituinte, que proporciona um índice de intumescimento entre 6 e 9. A quantidade de fruto de sene é calculada para que o produto final contenha 0,3% de senosídeos (marcador).
Cada colher de chá (5 g) contém 0,96 g de açúcar.

## 1. INDICAÇÕES
Constipação intestinal.

## 2. RESULTADOS DE EFICÁCIA
Plantago e Sene são dois fitoterápicos com comprovada ação laxativa, embora por distintos mecanismos. A combinação destas duas substâncias permitiu complementar e, consequentemente, melhorar os efeitos sobre o trânsito intestinal retardado e sobre a consistência das fezes, facilitando e regularizando o processo evacuatório. Isso foi confirmado em um estudo que comparou os efeitos da associação (Agiolax) com o de sene isolado e o de plantago isolado em voluntários sadios que tiveram o trânsito intestinal retardado pelo uso de loperamida. O trânsito colônico foi reduzido de 39±4 horas para 17±3 horas com o uso da combinação e do sene (p<0,005), mas não pelo plantago. Agiolax aboliu os efeitos da loperamida de forma significativa em comparação sene e plantago (p<0,005). Os mesmos efeitos foram vistos quando se analisou o trânsito do cólon esquerdo e do direito separadamente. Os três medicamentos do estudo aumentaram significativamente o peso das fezes (p<0,05) [Ewe K, *et al.* Influence PF Senna, fibre, and fibre+Senna on colonic transit in loperamide-induced constipation. Pharmacology 1993;47 (Suppl 1):242-8]. Um estudo duplo-cego cruzado comparou a eficácia de Agiolax com a da lactulose em 77 pacientes idosos institucionalizados que apresentavam constipação crônica. A frequência média de evacuações diárias, a consistência das fezes e a facilidade de evacuação foram significativamente maiores com Agiolax do que com lactulose (p<0,01). Ambos os fármacos foram bem tolerados, mas Agiolax proporcionou um tratamento mais eficaz [Passmore AP, *et al.* A comparison of Agiolax and lactulose in elderly patients with chronic constipation. Pharmacology 1993;47 Suppl1):249-52]. Cem pacientes com idade variando de 40 a 60 anos com constipação associada a patologias diversas (diabetes, obesidade e hiperlipidemia) foram tratados com duas colheres de chá de Agiolax por três meses, tendo-se observado boa resposta clínica em 88% dos casos. O produto foi bem tolerado por 86% dos pacientes [Bossi S, *et al.* Studio clinico su un nuovo preparato di semi di plantago e frutti di Senna. Acta Biomed Ateneo Parmense 1986;57 (5-6):179-86].

## 3. CARACTERÍSTICAS FARMACOLÓGICAS
As fibras e a mucilagem provenientes de *Plantago ovata* restabelecem as condições normais da frequência intestinal. As fibras atuam como um laxante formador de bolo,

reduzindo o tempo de permanência do conteúdo fecal no intestino por meio da estimulação física das paredes do cólon, da retenção de fluidos pelas fibras e do aumento do conteúdo intestinal. Agiolax® aumenta a massa bacteriana fecal. Além do *Plantago ovata*, os senosídeos presentes no fruto de *Senna alexandrina* também atuam sobre a motilidade intestinal. Os senosídeos são convertidos pelas bactérias do intestino grosso em seu metabólito ativo (reinantrona). Os senosídeos aceleram a motilidade intestinal, o que resulta em aumento da frequência das evacuações, reduzindo, portanto, a absorção de fluidos pela parede intestinal. Estimulam ainda a formação de muco e ativam a secreção de cloretos, o que resulta em aumento da secreção de fluidos. Informação pré-clínica: Existem informações toxicológicas disponíveis sobre *Senna alexandrina* (Sene) em pó e sobre os seus constituintes ativos isolados (reína ou senosídeos). A toxicidade aguda em ratos e camundongos após a administração oral de *Senna alexandrina* (Sene), bem como de senosídeos ou reína, foi baixa. Estudos de toxicidade com doses repetidas de senosídeos e de *Senna alexandrina* (Sene) administrados em altas doses indicaram que o rim é o órgão alvo para toxicidade em ratos e camundongos. Não houve evidência de efeito fetotóxico ou teratogênico em ratos ou coelhos após a administração oral de senosídeos. Além disso, não houve alteração no desenvolvimento pós-natal ou na fertilidade em ratos. Aloe-emodina, emodina isolada (antranoides presentes na *Senna alexandrina* (Sene)) e o extrato de *Senna alexandrina* (Sene), apresentaram ação mutagênica *in vitro*, enquanto os senosídeos e a reína não os apresentaram. Os estudos *in vivo* apresentaram resultados negativos. Em estudos de carcinogênese em ratos e camundongos não houve evidência de indução de formação de tumor pela reína. O extrato puro de *Senna alexandrina* (Sene) (aproximadamente 40%) não aumentou a incidência de tumores hepáticos, renais ou gastrintestinais.

### 4. CONTRAINDICAÇÕES

Agiolax® não deve ser usado por pacientes com hipersensibilidade conhecida aos componentes da fórmula.
Agiolax® não deve ser administrado em casos de obstrução e estenose intestinal, atonia, doenças inflamatórias intestinais (doença de Crohn, retocolite ulcerativa), apendicite, dor abdominal de origem desconhecida, desidratação grave com perda de água e eletrólitos e em pacientes portadores de *diabetes mellitus* de difícil controle.
Agiolax® é contraindicado para pacientes portadores de *diabetes mellitus* de difícil ajuste.

**Este medicamento é contraindicado para menores de 10 anos de idade.**

### 5. ADVERTÊNCIAS E PRECAUÇÕES

Agiolax® não deve ser administrado na presença de sintomas abdominais agudos ou persistentes não diagnosticados. Laxantes não devem ser utilizados diariamente por longos períodos. O uso por longo prazo pode causar diarreia com consequente perda de fluidos e eletrólitos (principalmente hipocalemia). O uso abusivo por longos períodos pode também agravar a constipação e causar pigmentação do cólon (*pseudomelanosis coli*), que desaparece após a interrupção do tratamento. A importância clínica desse fato não está completamente esclarecida.

O uso prolongado de laxativos estimulantes pode intensificar a diminuição da motilidade intestinal.

Agiolax® deve ser administrado somente quando mudanças na dieta ou o uso de formadores de bolo não resultarem em efeitos terapêuticos.

Gravidez e lactação: Não há relatos de efeitos prejudiciais ao feto com o uso de Agiolax® durante a gravidez. Entretanto devem-se observar as medidas de precaução habituais quanto ao uso de medicamentos nesse período, especialmente nos três primeiros meses.

Pequenas quantidades de metabólitos ativos do sene são excretadas através do leite materno, mas não se observaram efeitos laxativos em lactentes.

Categoria C de risco de gravidez – **Este medicamento não deve ser utilizado por mulheres grávidas sem orientação médica ou do cirurgião-dentista.**

Diabéticos: Pode haver necessidade de redução da dose de insulina em pacientes diabéticos insulinodependentes. Atenção: este medicamento contém açúcar, portanto deve ser usado com cautela em portadores de diabetes.

### 6. INTERAÇÕES MEDICAMENTOSAS

A hipocalemia resultante do uso abusivo de laxantes por longos períodos potencializa a ação de glicosídeos cardíacos e interfere na ação de medicações antiarrítmicas (quinidina). O uso concomitante de outras drogas indutoras de hipocalemia (ex. diuréticos tiazídicos, corticoides e raiz de alcaçuz) pode aumentar o desequilíbrio eletrolítico.

A absorção de drogas administradas concomitantemente com Agiolax® pode ser prejudicada. Pode ser necessária a redução da dose de insulina em pacientes diabéticos insulinodependentes.

## 7. CUIDADOS DE ARMAZENAMENTO DO MEDICAMENTO

Agiolax® deve ser conservado à temperatura ambiente (15°C a 30°C).

Este medicamento tem validade de 24 meses a partir da data de sua fabricação. O frasco deve ser bem fechado após cada uso.

**Número de lote e datas de fabricação e validade: vide embalagem.**

**Não use medicamento com o prazo de validade vencido. Guarde-o em sua embalagem original.**

Agiolax® é apresentado em grânulos pequenos, marrons, de odor aromático.

**Antes de usar, observe o aspecto do medicamento.**

**TODO MEDICAMENTO DEVE SER MANTIDO FORA DO ALCANCE DAS CRIANÇAS.**

## 8. POSOLOGIA E MODO DE USAR

Agiolax® deve ser ingerido sem mastigar, com bastante líquido (cerca de 250 mL de chá ou água). Deve-se observar um intervalo de meia hora após a administração de outro medicamento.

Posologia: adultos (inclusive idosos) e crianças acima de 10 anos: uma colher de chá (5 g) de Agiolax® após o jantar e/ou antes do desjejum.

Não se recomenda o uso contínuo de laxantes por períodos superiores a 1 a 2 semanas.

A dose correta para cada indivíduo é a menor necessária para se obter o amolecimento das fezes. A dose máxima diária não deve ultrapassar 30 mg de derivados hidroxiantracênicos, o que equivale em média a 10 g de Agiolax® (duas colheres de chá).

**Este medicamento não deve ser mastigado.**

## 9. REAÇÕES ADVERSAS

A frequência dos efeitos indesejáveis baseia-se na seguinte classificação: reação muito comum (>1/10); reação comum (>1/100 e <1/10); reação incomum (>1/1.000 e <1/100); reação rara (>1/10.000 e <1/1.000); reação muito rara (<1/10.000).

Há relatos das seguintes reações adversas: Reações muito raras

Hipersensibilidade ao *Plantago ovata*; queixas gastrintestinais tipo cólicas (requerem redução das doses); obstrução do esôfago.

Reações de frequência desconhecida

Não se conhece a frequência das reações adversas descritas abaixo, seja pela escassa descrição em literatura, seja por se tratar de reações derivadas de situações clínicas específicas. Durante o tratamento pode ocorrer alteração da coloração da urina (urina avermelhada) sem qualquer significado clínico.

No uso abusivo (ou por longo prazo) podem ocorrer distúrbios no balanço hidroeletrolítico.

A ocorrência de diarreia pode causar perda de potássio, que pode induzir transtornos na função cardíaca e fraqueza muscular, principalmente com o uso concomitante de cardiotônicos (digitálicos), diuréticos e hormônios adrenais. O uso por longo prazo pode causar albuminúria e hematúria. Além disso, pode ser observada uma pigmentação da mucosa intestinal (*pseudomelanosis coli*), que em geral desaparece após descontinuação do produto.

**Em casos de eventos adversos, notifique o Sistema de Notificações em Vigilância Sanitária – Notivisa, disponível em** http://www8.anvisa.gov.br/notivisa/frmCadastro.asp, **ou a Vigilância Sanitária Estadual ou Municipal. Informe também a empresa através do seu serviço de atendimento.**

## 10. SUPERDOSE

No caso de ingestão inadvertida de doses muito acima das preconizadas, recomenda-se procurar imediatamente assistência médica. Os sintomas principais de superdosagem são cólicas intensas e diarreia grave com consequente perda de líquidos e eletrólitos, que devem ser repostos. O tratamento deve incluir generosas quantidades de líquidos. Os eletrólitos, especialmente o potássio, devem ser monitorados. Recomenda-se adotar as medidas habituais de controle das funções vitais.

**Em caso de intoxicação ligue para 0800 722 6001 se você precisar de mais orientações.**

### DIZERES LEGAIS

MS – 1.8830.0049

Farm. Resp.: Dra. Marcia Yoshie Hacimoto CRF-RJ: 13.349

Fabricado por: **Madaus Pharm. Private Ltd.** – Goa – Índia

Embalado por: **Takeda Pharma Ltda.** – Jaguariúna – SP – Indústria Brasileira

Importado por: **Mylan Laboratórios Ltda.**

Estrada Dr. Lourival Martins – Beda, 1.118

Donana – Campos dos – Goytacazes – RJ – CEP: 28110-000

CNPJ: 11.643.096/0001-22

# AGRITOSS
*Nasturtium officinale* R. Br.

**Nome popular:** Agrião.
**Família:** Brassicaceae.
**Parte da planta utilizada:** Partes aéreas.

## MEDICAMENTO FITOTERÁPICO

## APRESENTAÇÕES
**Xarope:** Cartucho contendo frasco de vidro âmbar apresentando 100 mL e copo medidor.

## USO ORAL
## USO ADULTO ACIMA DE 12 ANOS

## COMPOSIÇÃO
**Agritoss xarope 100 mL – cada mL do xarope contém:**
0,15 mL de extrato fluido de partes aéreas de *Nasturtium officinale*. 0,85 mL de veículos (excipientes).
Concentração dos princípios ativos:
O extrato fluido está padronizado em 0,72% de feniletil glucosinolato. Cada mL do xarope contém 1,08 mg de feniletil glucosinolato.
**Excipientes:** Benzoato de sódio, ácido cítrico, água purificada e xarope de açúcar invertido.
**Volume:** 100 mL.

## PARA QUE ESTE MEDICAMENTO É INDICADO?
Este medicamento é destinado ao tratamento da tosse com catarro.

## COMO ESTE MEDICAMENTO FUNCIONA?
AGRITOSS possui ação expectorante, efeito atribuído aos componentes presentes em sua formulação conhecidos como glucosinolatos, destacando-se dentre eles o feniletil glucosinolato.

## QUANDO NÃO DEVO USAR ESTE MEDICAMENTO?
Pacientes com hipersensibilidade aos componentes da fórmula devem evitar o uso do produto.
Não deve ser utilizado em gestantes e lactantes.
Contraindicado para pacientes com gastrite, úlceras gastrintestinais, inflamações das vias urinárias, doenças inflamatórias renais e hipotireoidismo.
Não há restrições específicas para o emprego de AGRITOSS em pacientes idosos.
A administração de AGRITOSS é contra indicada para crianças menores de 4 anos, e crianças entre 4 e 12 anos, somente deverão fazer uso do produto sob supervisão médica.
Pacientes diabéticos não devem utilizar o xarope, pois contém açúcar na sua formulação.
**Este medicamento é contraindicado para menores de 12 anos de idade. Este medicamento é contraindicado para gestantes.**
**Atenção diabéticos: contém açúcar.**

## O QUE DEVO SABER ANTES DE USAR ESTE MEDICAMENTO?
Em caso de hipersensibilidade ao produto, recomenda-se descontinuar o uso e procurar orientação médica. Não administrar doses maiores do que as recomendadas.
Em pacientes com cardiopatias ou hipertensão, recomenda-se o uso somente sob prescrição e supervisão médica.
Não há registros de interações medicamentosas nas literaturas consultadas.
**Informe ao seu médico ou cirurgião-dentista se você está fazendo uso de algum outro medicamento.**
**Assim como todos os medicamentos, informe ao seu profissional de saúde todas as plantas medicinais e fitoterápicos que estiver tomando. Interações podem ocorrer entre medicamentos e plantas medicinais e mesmo entre duas plantas medicinais quando administradas ao mesmo tempo.**

## ONDE, COMO E POR QUANTO TEMPO POSSO GUARDAR ESTE MEDICAMENTO?
Conservar o medicamento em sua embalagem original, protegendo da luz, calor e umidade.
Conservar este medicamento em temperatura ambiente (15 a 30ºC).
Este medicamento tem validade de 24 meses a partir da data de sua fabricação.
**Número de lote e datas de fabricação e validade: VIDE EMBALAGEM.**
**Não use medicamento com prazo de validade vencido. Para sua segurança, mantenha o medicamento em sua embalagem original.**
O xarope de Agritoss (*Nasturtium officinale*) é um líquido de coloração caramelo claro, de odor característico e sabor doce.
**Antes de usar, observe o aspecto do medicamento. Caso você observe alguma mudança no aspecto do medicamento que ainda esteja no prazo de validade,**

consulte o médico ou o farmacêutico para saber se poderá utilizá-lo.

Todo medicamento deve ser mantido fora do alcance das crianças.

### COMO DEVO USAR ESTE MEDICAMENTO?

Ingerir 10 mL do xarope, 3 vezes ao dia.

Não deve ser ultrapassado o limite máximo de 36 mL do xarope ao dia.

**Siga corretamente o modo de usar. Em caso de dúvidas sobre este medicamento, procure orientação do farmacêutico. Não desaparecendo os sintomas, procure orientação médica ou de seu cirurgião-dentista.**

### O QUE DEVO FAZER QUANDO EU ME ESQUECER DE USAR ESTE MEDICAMENTO?

Caso haja esquecimento da ingestão de uma dose deste medicamento, retome a posologia prescrita sem a necessidade de suplementação.

**Em casos de dúvidas, procure orientação do farmacêutico ou de seu médico, ou cirurgião-dentista.**

### QUAIS OS MALES QUE ESTE MEDICAMENTO PODE ME CAUSAR?

Reação rara (ocorre entre 0,01% e 0,1% dos pacientes que utilizam este medicamento): desconfortos gastrintestinais.

**Informe seu médico, cirurgião-dentista ou farmacêutico o aparecimento de reações indesejáveis pelo uso do medicamento.**

**Informe a empresa sobre o aparecimento de reações indesejáveis e problemas com este medicamento, entrando em contato através do Sistema de Atendimento ao Consumidor (SAC).**

### O QUE FAZER SE ALGUÉM USAR UMA QUANTIDADE MAIOR DO QUE A INDICADA DESTE MEDICAMENTO?

A ingestão de altas doses pode ocasionar desconfortos gastrintestinais, mas desaparecem com a suspensão do uso do produto.

Em caso de superdosagem, suspender o uso, procurar orientação médica de imediato para que sejam adotadas as medidas habituais de apoio e controle das funções vitais.

**Em caso de uso de grande quantidade deste medicamento, procure rapidamente socorro médico e leve a embalagem ou bula do medicamento, se possível. Em caso de intoxicação ligue para 0800 722 6001, se você precisar de mais orientações sobre como proceder.**

**DIZERES LEGAIS**
MS: 1.1678.0016
Farmacêutico Responsável: Aldo Cândido Dadalt
CRF-PR: 4787
Fabricado por: As Ervas Curam Indústria Farmacêutica Ltda
Rua Eunice Weaver, 231, Campo Comprido
Curitiba – PR – CEP: 81220-080
CNPJ: 79.634.572/0001-82
Indústria Brasileira
SAC 0800 643 3949

---

## ÁGUA INGLESA CATARINENSE

**I- Identificação do produto tradicional fitoterápico:**
Água Inglesa Catarinense.
Quina amarela, *Cinchona calisaya* Wedd.
Parte da planta utilizada: Casca.

**Produto registrado com base no uso tradicional, não sendo recomendado seu uso por período prolongado.**

**II- Informações quanto as apresentações e composição:**
Solução oral.

Cada mL do produto contém 0,04mL de tintura de *Cinchona calisaya* Wedd, equivalente a 400µg de quinina. Excipientes: Tintura de *Baccharis trimera* (Less.) DC, Tintura de *Jateorhiza palmata* (Lam.) Miers, Tintura de *Artemisia absinthium* L, Tintura de *Matricaria recutita* L, Tintura de *Centaurium erythraea* Rafn., Tintura de *Cinnamomum cassia* (L) D. Don, vinho doce, álcool etílico 96% e água purificada. Frasco contendo 500mL.

**VIA ORAL.**
**USO ADULTO ACIMA DE 12 ANOS.**
O teor alcoólico deste medicamento é de 15%.

**III- Informações ao paciente:**
**1. PARA QUE ESTE PRODUTO É INDICADO?**
O produto Água Inglesa Catarinense é utilizado como produto tônico e estimulante do apetite.

**2. COMO ESTE PRODUTO FUNCIONA?**
A Quina Amarela age como tônico e estimulador do apetite. O tempo médio de início da ação do medicamento vai depender das condições de cada organismo.

## 3. QUANDO NÃO DEVO USAR ESTE PRODUTO?

Água Inglesa Catarinense é contraindicado para pessoas com inflamação aguda quando acompanhada de febre ou vermelhidão na face. Também é contraindicado para pessoas com epilepsia, irritação nervosa, irritação vascular ou hemorragia ativa; para pessoas com úlceras estomacais ou intestinais, disenteria amebiana, gastrite, síndrome do intestino irritável, colite ulcerosa, enfermidade de Crohn, Mal de Parkinson, doenças de fígado ou indigestão hiposecretora.

**Este produto é contraindicado para uso por pacientes alérgicos à droga e ou a seus componentes.**

**Este produto é contraindicado para menores de 12 anos. Mulheres grávidas ou amamentando não devem utilizar este produto, já que não há estudos que possam garantir a segurança nessas situações.**

## 4. O QUE DEVO SABER ANTES DE USAR ESTE PRODUTO?

**Interações medicamentosas**

*Água Inglesa Catarinense pode potencializar os derivados cumarínicos ou outros anticoagulantes ou drogas que induzem trombocitopenia.

*Rifampicina e fumo aumentam a liberação de quinina.

*A concentração plasmática do antiarrítmico flecainida pode estar aumentada na presença da quina amarela.

*Arritmias ventriculares podem ocorrer quando combinado com anti-histamínicos astemizol e terfenadine.

*A concentração plasmática do glicosídeo cardíaco, digoxina, pode estar aumentada na presença da quina amarela.

*Cimetidina pode aumentar a concentração plasmática de quina.

**Não há casos relatados que o uso deste produto interfira na capacidade de dirigir veículos e operar máquinas.**

**Caso os sintomas persistam ou piorem, ou apareçam reações indesejadas não descritas**

**na embalagem ou no folheto informativo, interrompa seu uso e procure orientação do profissional de saúde.**

**Se você utiliza medicamentos de uso contínuo, busque orientação de profissional de saúde antes de utilizar este produto.**

**Este produto não deve ser utilizado por período superior ao indicado, ou continuamente, a não ser por orientação de profissional de saúde.**

**Informe ao seu profissional e saúde todas as plantas medicinais e fitoterápicos que estiver tomando.**

**Interações podem ocorrer entre produtos e plantas medicinais e mesmo entre duas plantas medicinais quando administradas ao mesmo tempo.**

**Este produto contém álcool no teor de 15%.**

## 5. ONDE, COMO E POR QUANTO TEMPO POSSO GUARDAR ESTE PRODUTO?

Água Inglesa Catarinense deve ser guardado em sua embalagem original, à temperatura ambiente [15 a 30°C]. O produto Água Inglesa Catarinense apresenta validade de 36 meses.

**Número de lote e datas de fabricação e validade: vide embalagem.**

**Não use produto com prazo de validade vencido.**

**Para sua segurança, guarde o produto na embalagem original.**

**Após a abertura da embalagem, o produto deve ser guardado adequadamente para se manter próprio ao consumo dentro do prazo de validade.**

O produto Água Inglesa Catarinense apresentasse como um líquido móvel e límpido, de coloração amarelo castanho, com odor aromático e característico e sabor amargo alcoólico.

**Antes de usar, observe o aspecto do produto.**

**Caso ele esteja no prazo de validade e você observe alguma mudança no aspecto, consulte o farmacêutico para saber se poderá utilizá-lo.**

**Este produto deve ser mantido fora do alcance das crianças.**

## 6. COMO DEVO USAR ESTE PRODUTO?

A solução oral deve ser ingerida por via oral.

**Os produtos tradicionais fitoterápicos não devem ser administrados pelas vias injetável e oftálmica.**

**Posologia:**

A posologia em mL do produto por peso corpóreo é de 1,3 mL/Kg/dia. Ingerir 2 colheres de sopa (30 ml). Utilizar antes das refeições, 3 vezes ao dia. Siga corretamente o modo de usar. Em caso de dúvidas sobre este produto procure orientação com seu farmacêutico ou profissional de saúde. Não desaparecendo os sintomas procure orientação de seu profissional da saúde.

## 7. O QUE DEVO FAZER QUANDO EU ME ESQUECER DE USAR ESTE PRODUTO?

Caso você esqueça de tomar uma dose do produto Água Inglesa Catarinense, não é necessário tomar a dose esquecida, deve-se apenas tomar a próxima dose, no horário correto.

Em caso de dúvidas, procure orientação de profissional de saúde.

## 8. QUAIS OS MALES QUE ESTE PRODUTO PODE ME CAUSAR?

Reação rara (ocorre entre 0,01% e 0,1% dos pacientes que utilizam o produto): sangramento associado à redução de plaquetas.

**Informe ao seu profissional de saúde o aparecimento de reações indesejáveis pelo uso do produto. Informe também à empresa através do seu Serviço de Atendimento ao Consumidor (SAC).**

**Em caso de eventos adversos, notifique ao Sistema de Notificações em Vigilância Sanitária (Notivisa), disponível em http://www.anvisa.gov.br/hotsite/notivisa/index.htm, ou para a Vigilância Sanitária Estadual ou Municipal.**

## 9. O QUE FAZER SE ALGUEM USAR UMA QUANTIDADE MAIOR DO QUE A INDICADA DESTE PRODUTO?

A quinina, o principal alcaloide da quina, em altas doses é depressor do Sistema Nervoso Central. Administrada por via oral, apresenta epigastralgia (dor na parte superior do abdômen), náuseas e vômitos. Em indivíduos com sensibilidade pode provocar asma, e muito ocasionalmente, danos renais como anúria (ausência da secreção urinária) e uremia (excesso de ureia no sangue).

A quinina, durante o uso prolongado ou em doses elevadas, pode originar uma síndrome conhecida como cinchonismo, caracterizada por fotofobia (sensibilidade anormal à luz, especialmente nos olhos), perda do reflexo da acomodação visual, transtornos visuais, lesão a retina, vertigens, zumbidos, enxaquecas, erupções cutânea, transtornos gastrointestinais e cardiovasculares.

Em caso de intoxicação aguda, predominam estes últimos sintomas.

A quinidina, outro alcaloide presente na quina, ocasionalmente pode originar efeito imunoalérgico que pode desencadear um bloqueio auriculoventricular. Em altas doses gera transtornos cardiovasculares, visuais, gástricos e neurológicos.

Um estudo de toxicidade oral aguda com um extrato da casca de quina, realizado em animais
pela Universidade de Guayaquil, Equador, não mostrou nenhum efeito tóxico. O relatório final
atribui este baixo potencial de toxicidade à alta margem de segurança.

Em caso de uso de grande quantidade deste produto, procure rapidamente socorro médico e leve a embalagem ou folheto informativo, se possível.

Em caso de intoxicação ligue para 0800 722 6001, se você precisar de mais orientações sobre como proceder. Não há casos de superdose relatados.

### DIZERES LEGAIS

M.S. 1.0066.0002.001-5
Farm. Resp.: Ana Carolina S. Krüger CRF-SC Nº 6252
Laboratório Catarinense Ltda.
Rua Dr. João Colin, 1053
89204-001 – Joinville – SC
CNPJ: 84.684.620/0001-87
Indústria Brasileira
SAC 0800-474222

---

# ALCACHOFRA HERBARIUM

*Cynara scolymus* L., Asteraceae.

### MEDICAMENTO FITOTERÁPICO

### PARTE UTILIZADA
Folhas.

### NOMENCLATURA POPULAR
Alcachofra.

### APRESENTAÇÕES
Cápsula dura – Extrato seco das folhas de *Cynara scolymus* 300 mg
Embalagem com 45 cápsulas.

### VIA ORAL
### USO ADULTO

### COMPOSIÇÃO
Cada cápsula contém:
extrato seco de *Cynara scolymus* L. ........................300 mg*
(padronizado em 0,65% de derivados do ácido cafeoilquínico expressos em ácido clorogênico)
*equivalente a 1,95 mg de derivados do ácido cafeoilquínico expressos em ácido clorogênico.

### INFORMAÇÕES AO PACIENTE PARA
### 1. QUE ESTE MEDICAMENTO É INDICADO?
Alcachofra Herbarium é indicada para facilitar a digestão e aliviar o desconforto abdominal gases e náuseas resultantes

de deficiência na produção e eliminação da bile. E atua na diminuição do colesterol presente no sangue.

## 2. COMO ESTE MEDICAMENTO FUNCIONA?

Alcachofra Herbarium possui ação colagoga, ou seja, estimula a secreção da bile pela vesícula biliar para o duodeno. Possui ação colerética, ou seja, estimula a produção de bile pelo fígado. Assim sendo, facilita a digestão de alimentos gordurosos.

## 3. QUANDO NÃO DEVO USAR ESTE MEDICAMENTO?

Hipersensibilidade (alergia) a qualquer um dos componentes da fórmula. Este medicamento é contraindicado para pessoas com hipersensibilidade a extratos de alcachofra (*Cynara scolymus*) ou outras plantas da família Asteraceae.

- Não deve ser utilizado por pacientes com doença obstrutiva das vias biliares. Pacientes que apresentam cálculos biliares devem consultar um médico antes da utilização da alcachofra. • O medicamento deve ser evitado por menores de 12 anos de idade e durante a gravidez devido à falta de estudos disponíveis.
- Este medicamento não é indicado durante a amamentação devido à falta de estudos disponíveis. Os princípios ativos amargos da planta podem passar pelo leite materno.

## 4. O QUE DEVO SABER ANTES DE USAR ESTE MEDICAMENTO?

**Precauções e advertências**

- O uso concomitante deste medicamento com diuréticos em presença de hipertensão ou cardiopatias, deve ser realizado sob estrita supervisão médica, dada a possibilidade de haver descompensação da pressão arterial, ou, se a eliminação de potássio é considerável, uma potencialização de drogas cardiotônicas.
- A ocorrência de hipersensibilidade foi relatada para *C. scolymus*, sendo atribuída à presença de lactonas sesquiterpênicas como a cinaropicrina. Assim sendo, pacientes com história de sensibilidade a outras plantas da família Asteraceae podem desenvolver reação alérgica ao medicamento.
- Não existem estudos disponíveis para recomendar o uso em menores de 12 anos ou durante a gravidez.
**Interações medicamentosas**
- Pode reduzir a eficácia de medicamentos que interferem na coagulação sanguínea, como ácido acetilsalicílico e anticoagulantes cumarínicos (ex. varfarina).
- Assim como todos os medicamentos, informe ao profissional de saúde todas as plantas medicinais, fitoterápicos e outros medicamentos que estiver tomando.

Interações podem ocorrer entre medicamento e plantas medicinais e mesmo entre duas plantas medicinais administradas ao mesmo tempo. **Este medicamento não deve ser utilizado por mulheres grávidas sem orientação médica ou do cirurgião-dentista. Informe seu médico ou cirurgião-dentista se você está fazendo uso de algum outro medicamento.**

## 5. ONDE, COMO E POR QUANTO TEMPO POSSO GUARDAR ESTE MEDICAMENTO?

Cuidados de conservação Alcachofra Herbarium deve ser conservada em temperatura ambiente (entre 15 e 30ºC) em sua embalagem original. Proteger da luz e da umidade.
**Prazo de validade**
24 meses após a data de fabricação impressa no cartucho.
**Número de lote e datas de fabricação e validade: vide embalagem. Não use medicamento com o prazo de validade vencido. Guarde-o em sua embalagem original.**
**Características físicas**
Cápsulas gelatinosas duras incolores, contendo extrato seco de cor castanha em seu interior. Características organolépticas cheiro (odor) característico e praticamente não apresenta sabor.

**Antes de usar, observe o aspecto do medicamento. Caso ele esteja no prazo de validade e você observe alguma mudança no aspecto, consulte o farmacêutico para saber se poderá utilizá-lo. Todo medicamento deve ser mantido fora do alcance das crianças.**

## 6. COMO DEVO USAR ESTE MEDICAMENTO?
**USO ORAL – USO INTERNO**
**Modo de usar**
As cápsulas devem ser ingeridas inteiras e com uma quantidade suficiente de água para que possam ser deglutidas.
**Posologia**
Ingerir duas cápsulas, via oral, três vezes ao dia, de oito em oito horas, ou a critério médico. Utilizar apenas a via oral. O uso deste medicamento por outra via, que não a oral, pode causar perda do efeito esperado ou mesmo promover danos ao seu usuário.
**Siga corretamente o modo de usar. Em caso de dúvidas sobre este medicamento, procure orientação do farmacêutico. Não desaparecendo os sintomas, procure orientação de seu médico ou cirurgião-dentista. Este medicamento não deve ser partido, aberto ou mastigado.**

### 7. O QUE DEVO FAZER QUANDO EU ME ESQUECER DE USAR ESTE MEDICAMENTO?

Caso haja esquecimento da ingestão de uma dose deste medicamento, retomar a posologia prescrita sem a necessidade de suplementação.

**Em caso de dúvidas, procure orientação do farmacêutico ou de seu médico, ou do cirurgião-dentista.**

### 8. QUAIS OS MALES QUE ESTE MEDICAMENTO PODE ME CAUSAR?

Reações adversas. O uso deste medicamento pode acarretar efeito laxativo.

**Informe ao seu médico, cirurgião-dentista ou farmacêutico do aparecimento de reações indesejáveis pelo uso do medicamento. Informe também à empresa através do seu Serviço de Atendimento ao Consumidor.**

### 9. O QUE FAZER SE ALGUÉM USAR UMA QUANTIDADE MAIOR DO QUE A INDICADA DESTE MEDICAMENTO?

Não há relatos de intoxicações por superdosagem na literatura. Em caso de superdosagem, suspender o uso e procurar orientação médica de imediato.

**Em caso de uso de grande quantidade deste medicamento, procure rapidamente socorro médico e leve a embalagem ou bula do medicamento, se possível. Ligue para 0800 722 6001 se você precisar de mais orientações.**

### DIZERES LEGAIS

MS: 1.1860.0042

Farmacêutica resp.: Gislaine B. Gutierrez CRF-PR n° 12423

Substitui 500003999/00

Fabricado e Distribuído por: **HERBARIUM LABORATÓRIO BOTÂNICO S. A.**

Av. Santos Dumont, 1100 – Colombo PR • CEP 83403-500

CNPJ: 78.950.011/0001-20

Indústria Brasileira

---

# ALCACHOFRA MULTILAB

*Cynara scolymus* L.

### MEDICAMENTO FITOTERÁPICO

### IDENTIFICAÇÃO DO MEDICAMENTO

**Nomenclatura botânica oficial:** *Cynara scolymus* L.
**Nome popular:** Alcachofra
**Família:** Asteraceae
**Parte da planta utilizada:** Folhas

### APRESENTAÇÕES

Comprimidos de 200 mg – Embalagens contendo 30, 60, ou 120 comprimidos.

**USO ORAL – USO ADULTO**

### COMPOSIÇÃO:

Cada comprimido contém:

Extrato seco de *Cynara scolymus* L. .........................200 mg
(padronizado em 4,5 mg (2,25%) de derivados de ácido cafeoilquínico expressos em ácido clorogênico)
Excipientes q.s.p..............................................1 comprimido
(celulose microcristalina, croscarmelose sódica, dióxido de silício, talco e estearato de magnésio)

### INFORMAÇÕES TÉCNICAS AOS PROFISSIONAIS DE SAÚDE

### 1. INDICAÇÕES

Como colagogo e colerético em dispepsias associadas a disfunções hepatobiliares. Além de ser utilizado no tratamento da hipercolesterolemia leve a moderada.

### 2. RESULTADOS DE EFICÁCIA

Uma meta-análise de estudos clínicos Fase IV conduzidos em pacientes com dispepsia ou desordens hepáticas ou da vesícula biliar, incluindo estudos com mais de 400 pacientes em tratamentos de 4-6 semanas, demonstrou redução estatisticamente significativa dos sintomas de dor e desconforto abdominal, gases e náuseas. O medicamento foi bem tolerado com baixa taxa de efeitos colaterais (KRAFT, 1977).

### 3. CARACTERÍSTICAS FARMACOLÓGICAS

As folhas de *Cynara scolymus* caracterizam-se por conter em sua composição até 2% de ácidos fenólicos (ácido cafeico, ácido clorogênico e cinarina), aos quais são atribuídas ações coleréticas e colagogas. Contém também de 0-4% de lactonas sesquiterpênicas, de sabor amargo, em sua maior parte cinaropicrina e por volta de 0,5% de flavonoides, principalmente glicosídeos da luteolina (escolimosídeo e cinarosídeo).

Em estudo clínico randomizado, 20 homens com desordens metabólicas foram separados em dois grupos. O grupo teste recebeu 320 mg de um extrato padronizado de *Cynara scolymus* (mínimo 2,5% de derivados de ácido cafeoilquínico expresso em ácido clorogênico). A secreção intraduodenal biliar aumentou 127,3% após 30 minutos,

151,5% após 60 minutos e 945,3% após 90 minutos. O grupo placebo mostrou variações em proporções muito menores. Não foram observados efeitos adversos (KIRCHHOFF *et al.*, 1994).

## 4. CONTRAINDICAÇÕES

Pacientes com histórico de hipersensibilidade e alergia a qualquer um dos componentes da fórmula não devem fazer uso do produto. Este medicamento é contraindicado para pessoas com hipersensibilidade a extratos de alcachofra (*Cynara scolymus*) ou outras plantas da família Asteraceae. Devido ao efeito estimulante do medicamento na vesícula biliar, seu uso está contraindicado quando houver bloqueio dos ductos biliares.

Este medicamento não é indicado durante a amamentação devido à falta de estudos disponíveis. Os princípios ativos amargos da planta podem passar pelo leite materno.

## 5. ADVERTÊNCIAS E PRECAUÇÕES

O uso concomitante deste medicamento com diuréticos em presença de hipertensão ou cardiopatias deve ser realizado sob estrita supervisão médica, dada a possibilidade de haver descompensação da pressão arterial, ou, se a eliminação de potássio é considerável, uma potencialização de drogas cardiotônicas.

A ocorrência de hipersensibilidade foi relatada para *Cynara scolymus*, sendo atribuída à presença de lactonas sesquiterpênicas como a cinaropicrina.

Não existem estudos disponíveis para recomendar o uso em menores de 12 anos ou durante a gravidez.

De acordo com a categoria de risco de fármacos destinados às mulheres grávidas, este medicamento apresenta categoria de risco C: Não foram realizados estudos em animais e nem em mulheres grávidas; ou então, os estudos em animais revelaram risco, mas não existem estudos disponíveis realizados em mulheres grávidas.

**Este medicamento não deve ser utilizado por mulheres grávidas sem orientação médica ou do cirurgião-dentista.**

## 6. INTERAÇÕES MEDICAMENTOSAS

Pode reduzir a eficácia de medicamentos que interferem na coagulação sanguínea, como ácido acetilsalicílico e anticoagulantes cumarínicos (ex. varfarina).

## 7. CUIDADOS DE ARMAZENAMENTO DO MEDICAMENTO

Conservar o medicamento em temperatura ambiente (entre 15 e 30 °C) protegido da luz e umidade. Este medicamento é válido por 24 meses a partir da data de fabricação impressa na embalagem.

**Número de lote e datas de fabricação e validade: vide embalagem.**

**Não use medicamento com o prazo de validade vencido. Guarde-o em sua embalagem original. Aspecto físico e características organolépticas:** Comprimido circular, biconvexo, castanho sarapintado.

**Antes de usar, observe o aspecto do medicamento. Todo medicamento deve ser mantido fora do alcance das crianças.**

## 8. POSOLOGIA E MODO DE USAR
## USO ORAL/USO INTERNO

Ingerir 2 comprimidos, 3 a 4 vezes ao dia, ou a critério médico. Não exceder o limite máximo de 10 comprimidos ao dia.

Utilizar apenas a via oral. O uso deste medicamento por outra via, que não a oral, pode causar a perda do efeito esperado ou mesmo promover danos ao seu usuário.

## 9. REAÇÕES ADVERSAS

Pessoas sensíveis podem apresentar efeito laxativo.

**Em casos de eventos adversos, notifique ao Sistema de Notificação de Eventos Adversos a Medicamentos (Vigimed), disponível em http://portal.anvisa.gov.br/vigimed, ou para a Vigilância Sanitária Estadual ou Municipal.**

## 10. SUPERDOSE

Não há relatos de intoxicações por superdosagem na literatura.

Em caso de superdosagem, suspender o uso e procurar orientação médica de imediato.

**Em caso de intoxicação ligue para 0800 722 6001, se você precisar de mais orientações.**

## REFERÊNCIAS

KIRCHHOFF R, BECKERS C, KIRCHHOFF G. *et al.* Increase in choleresis by means of artichoke extract. *Phytomedicine.* 1994. v. I, p. 107-15.

KRAFT K. Artichoke leaf extract – recent findings reflecting effects on lipid metabolism, liver, and gastrointestinal tracts. *Phytomedicine.* 1997. v. 4, n. 4, p. 369-78.

PDR. *Phisicians Desk Reference for Herbal Medicines.* 2. ed. 2000.

**DIZERES LEGAIS**
MULTILAB Ind. e Com de Prod. Farm. Ltda. RS 401
km 30 – n° 1009 – São Jerônimo – RS CEP 96700-000
CNPJ: 92.265.552/0001-40
Reg. M.S. n° 1.1819.0119
Farm Resp.: Gabriela Heldt Motta CRF-RS 13255
Indústria Brasileira

---

# ALCACHOFRA NATULAB

### MEDICAMENTO FITOTERÁPICO

**Nomenclatura botânica oficial:** *Cynara scolymus* L.
**Nomenclatura popular:** Alcachofra
**Família:** Asteraceae
**Parte da planta utilizada:** Folhas

### FORMA FARMACÊUTICA
Cápsula gelatinosa dura

### APRESENTAÇÕES
**Linha Farma:** Cartucho contendo 2 blisters de alumínio plástico incolor com 15 cápsulas cada.

### USO ORAL USO ADULTO

### CONCENTRAÇÃO
300 mg de extrato seco de *Cynara scolymus* por cápsula gelatinosa dura (equivalente a 6 mg de derivados do ácido cafeoilquínico expressos em ácido clorogênico).

### COMPOSIÇÃO:
Cada cápsula gelatinosa dura contém:
Extrato seco de folhas de *Cynara scolymus*............ 300 mg
Excipientes* q.s.p. .................................................. 1 cápsula
*(amido, dióxido de silício coloidal, estearato de magnésio, maltodextrina)

### CONCENTRAÇÃO DE PRINCÍPIOS ATIVOS
O Extrato seco está padronizado em 2,0% de derivados do ácido cafeoilquínico expressos em ácido clorogênico. Cada cápsula contém 6 mg de derivados do ácido cafeoilquínico expressos em ácido clorogênico.

### INFORMAÇÕES AO PACIENTE
### PARA QUE ESTE MEDICAMENTO É INDICADO?
Para facilitar a digestão e aliviar o desconforto abdominal. Gases e náuseas resultantes de deficiência na produção e eliminação da bile.

### COMO ESTE MEDICAMENTO FUNCIONA?
Possui ação colagoga, ou seja, estimula a secreção da bile pela vesícula biliar para o duodeno. Possui ação colerética, ou seja, estimula a produção da bile pelo fígado. Assim sendo facilita a digestão de alimentos gordurosos.

### QUANDO NÃO DEVO USAR ESTE MEDICAMENTO?
Pacientes com histórico de hipersensibilidade e alergia a qualquer um dos componentes da fórmula não devem fazer uso do produto. Este medicamento é contraindicado para pessoas com hipersensibilidade a extratos de C. *scolymus* ou outras plantas da família Asteraceae.
Não deve ser utilizado por pacientes com doença obstrutivas das vias biliares. Pacientes que apresentam cálculos biliares devem consultar um médico antes da utilização da C *scolymus.*
O medicamento deve ser evitado por menores de 12 anos de idade e durante a gravidez devido à falta de estudos disponíveis.
Este medicamento não é indicado durante a amamentação devido à falta de estudos disponíveis. Os princípios ativos amargos da planta podem passar pelo leite materno.
**Este medicamento é contraindicado para menores de 12 anos.**
**Este medicamento não deve ser utilizado por mulheres grávidas sem orientação médica ou do cirurgião-dentista.**

### O QUE DEVO SABER ANTES DE USAR ESTE MEDICAMENTO?
### ADVERTÊNCIAS E PRECAUÇÕES
O uso concomitante deste medicamento com diuréticos em presença de hipertensão ou cardiopatias deve ser realizado sob estrita supervisão médica, dada a possibilidade de haver descompensação da pressão arterial, ou, se a eliminação de potássio é considerável, uma potencialização de drogas cardiotônicas.
A ocorrência de hipersensibilidade foi relatada para C. *scolymus,* sendo atribuída à presença de lactonas sesquiterpênicas como a cinaropicrina. Assim sendo, pacientes com história de sensibilidade a outras plantas da família Asteraceae podem desenvolver reação alérgica ao medicamento.
**Este medicamento não deve ser utilizado por mulheres grávidas sem orientação médica ou do cirurgião-dentista.**

## INTERAÇÕES
Pode reduzir a eficácia de medicamentos que interferem na coagulação sanguínea, como ácido acetilsalicílico e anticoagulantes cumarínicos (ex.: varfarina)
**Informe ao seu médico ou cirurgião-dentista se você está fazendo uso de algum outro medicamento.**

## ONDE, COMO E POR QUANTO TEMPO POSSO GUARDAR ESTE MEDICAMENTO?
ALCACHOFRA NATULAB deve ser armazenada em locais com temperatura ambiente (temperatura entre 15 e 30ºC), protegida da luz e umidade.

Nessas condições, o medicamento se manterá próprio para consumo, respeitando o prazo de validade de 24 meses, indicado na embalagem.

**Número de lote e datas de fabricação e validade: vide embalagem.**

**Não use medicamento com o prazo de validade vencido. Guarde-o em sua embalagem original.**

ALCACHOFRA NATULAB apresenta-se como uma cápsula gelatinosa dura de cor verde clorofila, contendo pó homogêneo, de coloração marrom claro.

**Antes de usar, observe o aspecto do medicamento. Caso ele esteja no prazo de validade e você observe alguma mudança no aspecto, consulte o farmacêutico para saber se poderá utilizá-lo.**

**Todo medicamento deve ser mantido fora do alcance das crianças.**

## COMO DEVO USAR ESTE MEDICAMENTO?
Uso oral.

Ingerir 1 (uma) cápsula, 2 vezes ao dia (equivalente a 12 mg de derivados do ácido cafeoilquínico expressos em ácido clorogênico).

Este medicamento deve ser utilizado apenas pela via oral.

O uso da ALCACHOFRA NATULAB por outra via, que não a oral, pode resultar na perda do efeito esperado do medicamento ou mesmo provocar danos à saúde.

**Siga corretamente o modo de usar. Em caso de dúvidas sobre este medicamento, procure orientação do farmacêutico. Não desaparecendo os sintomas, procure orientação de seu médico ou cirurgião-dentista.**

**Este medicamento não deve ser partido, aberto ou mastigado.**

## O QUE DEVO FAZER QUANDO EU ME ESQUECER DE USAR ESTE MEDICAMENTO?
Caso haja esquecimento da ingestão de uma dose deste medicamento, retomar a posologia sem a necessidade de suplementação.

**Em caso de dúvidas, procure orientação do farmacêutico ou de seu médico, ou cirurgião-dentista.**

## QUAIS OS MALES QUE ESTE MEDICAMENTO PODE ME CAUSAR?
O uso deste medicamento pode acarretar efeito laxativo.

**Informe ao seu médico, cirurgião-dentista ou farmacêutico o aparecimento de reações indesejáveis pelo uso do medicamento. Informe também à empresa através do seu serviço de atendimento.**

## O QUE FAZER SE ALGUÉM USAR UMA QUANTIDADE MAIOR DO QUE A INDICADA DESTE MEDICAMENTO?
Não há relatos de intoxicações por superdosagem na literatura.

Em caso de superdosagem, suspender o uso e procurar orientação médica de imediato. **Em caso de uso de grande quantidade deste medicamento, procure rapidamente socorro médico e leve a embalagem ou bula do medicamento, se possível. Ligue para 0800 722 6001, se você precisar de mais orientações.**

## DIZERES LEGAIS
MS: 1.3841.0056
Farm. Responsável: Tales Vasconcelos de Cortes CRF/BA nº3745
**NATULAB LABORATÓRIO SA**
Rua H, nº2, Galpão 03 – Urbis II
Santo Antônio de Jesus – Bahia – CEP – 44.574-150
CNPJ: 02.456.955/0001-83
INDÚSTRIA BRASILEIRA
SAC: 0800 7307370

---

# ALCACHOFRAX
*Cynara scolymus* L.

## MEDICAMENTO FITOTERÁPICO

**Nomenclatura botânica oficial:** *Cynara scolymus* L.
**Nome popular:** Alcachofra
**Família:** Asteraceae
**Parte da planta utilizada:** Folhas

**Forma farmacêutica e apresentação:** Comprimido (7mg de derivados de ácido cafeoilquínico expresso em ácido clorogênico) – cartucho com frasco plástico x 100 unidades.

USO ORAL
USO ADULTO
Contém 100 comprimidos.

COMPOSIÇÃO:
Cada comprimido contém 335mg de extrato seco de alcachofra [*Cynara scolymus* L.], equivalente a 2,1% ou 7mg de derivados de ácido cafeoilquínico expressos em ácido clorogênico e excipientes: amido, lactose, carbonato de cálcio, povidona estearato de magnésio, copolímero de metacrilato de butila, metacrilato de dimetilaminoetila e metacrilato de metila.

INFORMAÇÕES AO PACIENTE:
1. PARA QUE ESTE MEDICAMENTO É INDICADO?
Alcachofrax® é indicado para facilitar a digestão e aliviar o desconforto abdominal. Gases e náuseas resultantes de deficiência na produção e eliminação da bile. E atua na diminuição do colesterol presente no sangue.

2. COMO ESTE MEDICAMENTO FUNCIONA?
Possui ação colagoga, ou seja, estimula a secreção da bile pela vesícula biliar para o duodeno. Possui ação colerética, ou seja, estimula a produção de bile pelo fígado. Assim sendo, facilita a digestão de alimentos gordurosos. O efeito ocorre, em média, 4 semanas após o início do tratamento, dependendo da sensibilidade individual.

3. QUANDO NÃO DEVO USAR ESTE MEDICAMENTO?
Pacientes com histórico de hipersensibilidade e alergia a qualquer um dos componentes da fórmula não devem fazer uso do produto. Este medicamento é contraindicado para pessoas com hipersensibilidade a extratos de alcachofra (*Cynara scolymus*) ou outras plantas da família Asteraceae. Não deve ser utilizado por pacientes com doença obstrutiva das vias biliares. Pacientes que apresentam cálculos biliares devem consultar um médico antes da utilização da alcachofra. Este medicamento não é indicado durante a amamentação devido à falta de estudos disponíveis. Os princípios ativos amargos da planta podem passar pelo leite materno. **Este medicamento é contraindicado para uso por mulheres grávidas sem orientação médica ou do cirurgião-dentista [Categoria C].**

4. O QUE DEVO SABER ANTES DE USAR ESTE MEDICAMENTO?
O uso concomitante deste medicamento com diuréticos em presença de hipertensão ou cardiopatias deve ser realizado sob estrita supervisão médica, dada a possibilidade de haver descompensação da pressão arterial, ou, se a eliminação de potássio é considerável, uma potencialização de drogas cardiotônicas. Pode reduzir a eficácia de medicamentos que interferem na coagulação sanguínea, como ácido acetilsalicílico e anticoagulantes cumarínicos (ex. Varfarina). A ocorrência de hipersensibilidade foi relatada para alcachofra, sendo atribuída à presença de lactonas sesquiterpênicas como a cinaropicrina. Assim sendo, pacientes com história de sensibilidade a outras plantas da família Asteraceae podem desenvolver reação alérgica ao medicamento. Não existem estudos disponíveis para recomendar o uso em menores de 12 anos ou durante a gravidez. **Este medicamento não deve ser utilizado por mulheres grávidas sem orientação médica ou do cirurgião-dentista. Informe ao seu médico ou cirurgião-dentista se você está fazendo uso de algum outro medicamento.** Informe ao profissional de saúde todas as plantas medicinais, fitoterápicos e outros medicamentos que estiver tomando. Interações podem ocorrer entre medicamentos e plantas medicinais e mesmo entre duas plantas medicinais administradas ao mesmo tempo.

5. ONDE, COMO E POR QUANTO TEMPO POSSO GUARDAR ESTE MEDICAMENTO?
Alcachofrax® deve ser guardado em sua embalagem original à temperatura ambiente [15 a 30ºC].
O produto Alcachofrax® apresenta validade de 36 meses.
**Número de lote e datas de fabricação e validade: vide embalagem.**
**Não use medicamento com o prazo de validade vencido. Guarde-o em sua embalagem original.**
Após a abertura da embalagem, o produto deve ser guardado adequadamente para se manter próprio ao consumo dentro do prazo de validade.
O produto Alcachofrax® apresenta-se como comprimidos circulares, levemente biconvexos, envernizados e polidos, de coloração castanho esverdeado escuro.
**Antes de usar, observe o aspecto do medicamento. Caso ele esteja no prazo de validade e você observe alguma mudança no aspecto, consulte o farmacêutico para saber se poderá utilizá-lo. Todo medicamento deve ser mantido fora do alcance das crianças.**

**6. COMO DEVO USAR ESTE MEDICAMENTO?**
USO ORAL/USO INTERNO
Utilizar apenas a via oral. O uso deste medicamento por outra via, que não a oral, pode causar a perda do efeito esperado ou mesmo promover danos ao seu usuário. A posologia foi estabelecida em 2 comprimidos, 3 vezes ao dia. A dose máxima deste medicamento deverá ser 6 comprimidos ao dia, dividida em 3 doses.

**Siga corretamente o modo de usar, não desaparecendo os sintomas procure orientação médica. Siga corretamente o modo de usar. Em caso de dúvidas sobre este medicamento, procure orientação do farmacêutico. Não desaparecendo os sintomas, procure orientação de seu médico ou cirurgião-dentista.**

**Este medicamento não deve ser partido, aberto ou mastigado.**

**7. O QUE DEVO FAZER QUANDO EU ME ESQUECER DE USAR ESTE MEDICAMENTO?**
Caso você esqueça de tomar uma dose do produto Alcachofrax®, não é necessário tomar a dose esquecida, deve-se apenas tomar a próxima dose, no horário correto. Nunca tome uma dose dobrada para compensar a dose perdida.

**Em caso de dúvidas, procure orientação do farmacêutico ou de seu médico, ou cirurgião-dentista.**

**8. QUAIS OS MALES QUE ESTEMEDICAMENTO PODE ME CAUSAR?**
O uso deste medicamento pode acarretar efeito laxativo. Informe ao seu médico, cirurgião-dentista ou farmacêutico o aparecimento de reações indesejáveis pelo uso do medicamento.

**Informe também à empresa através do seu Serviço de Atendimento ao Consumidor (SAC).**

**9. O QUE FAZER SE ALGUÉM USAR UMA QUANTIDADE MAIOR DO QUE A INDICADA DESTE MEDICAMENTO?**
Não há relatos de intoxicação por superdosagem na literatura.
Em caso de superdosagem, suspender o uso e procurar orientação médica de imediato.

**Em caso de uso de grande quantidade deste medicamento, procure rapidamente socorro médico e leve a embalagem ou bula do medicamento, se possível. Ligue para 0800 722 6001, se você precisar de mais orientações.**

**DIZERES LEGAIS**
M.S. 1.0066.3378.006-1
Farm. Resp.: Ana Carolina S. Krüger CRF-SC No 6252
Laboratório Catarinense Ltda.
Rua Dr. João Colin, 1053
89204-001 – Joinville – SC
CNPJ: 84.684.620/0001-87
Indústria Brasileira
SAC 0800-474222

---

# ALCAGEST®
Extrato seco de folhas de *Cynara scolymus* – Asteraceae – Alcachofra

**MEDICAMENTO FITOTERÁPICO**

**APRESENTAÇÕES**
**Forma farmacêutica:** Cápsula gelatinosa dura.
**Concentração:** 350 mg de extrato seco de folhas de *Cynara scolymus* por cápsula gelatinosa dura (equivalente a no mínimo 1,75 mg de Cinarina).
**Apresentações:** Cartuchos contendo blister de alumínio plástico incolor com 45, 60 e 100 cápsulas gelatinosas duras.

USO ORAL
USO ADULTO

**COMPOSIÇÃO:**
Cada cápsula gelatinosa dura contém:
Extrato seco de *Cynara scolymus* (folhas .............350 mg *
*Equivalente a no mínimo 1,75 mg de Cinarina.

**INFORMAÇÕES AO PACIENTE**
**PARA QUE ESTE MEDICAMENTO É INDICADO?**
Este medicamento é indicado como colagogo (estimulante do fluxo da bile do ducto biliar para o duodeno) e colerético (estimulante da produção de bile pelo fígado).

**COMO ESTE MEDICAMENTO FUNCIONA?**
A ação da alcachofra consiste na diminuição dos sintomas dos males do fígado. Este medicamento possui ação colagoga, ou seja, estimula a secreção da bile pela vesícula biliar para o duodeno, e colerética, estimulando a produção de bile pelo fígado.

## QUANDO NÃO DEVO USAR ESTE MEDICAMENTO?

A alcachofra não deve ser utilizada em casos de fermentação intestinal, obstrução dos ductos da bile e alergia a Alcachofra ou outras plantas da família Asteraceae.

Este medicamento é contraindicado para mulheres em período de lactação, pois princípios amargos podem passar para o leite materno.

**Este medicamento é contraindicado para menores de 12 anos.**

**Este medicamento não deve ser utilizado por mulheres grávidas sem orientação médica ou do cirurgião-dentista.**

## O QUE DEVO SABER ANTES DE USAR ESTE MEDICAMENTO?
### ADVERTÊNCIAS E PRECAUÇÕES

Em caso de hipersensibilidade (alergia) ao produto, descontinuar o uso e informar ao médico. Em caso de cálculos biliares (pedra na vesícula biliar), use somente após consultar o médico.

A ocorrência de dermatite de contato (inflamação superficial da pele) alérgica foi relatada para *Cynara scolymus*, sendo atribuída à presença de lactonas sesquiterpênicas, como a cinaropicrina. Assim sendo, pacientes com histórias de sensibilidade a outras plantas da família Asteraceae podem desenvolver reação alérgica ao medicamento.

A sensibilidade de pacientes idosos pode ser alterada com a idade. Sendo assim, recomenda-se o uso por pacientes, nessa faixa etária, apenas sob prescrição médica.

**Este medicamento não deve ser utilizado por mulheres grávidas sem orientação médica ou do cirurgião-dentista.**

### INTERAÇÕES

O uso concomitantemente deste medicamento com diuréticos (hidroclorotiazida, espironolactona, furosemina etc.) em pacientes com hipertensão (pressão alta) ou com cardiopatias (qualquer doença que atinja o coração) deve ser realizado sob restrita supervisão médica, devido à possibilidade de ocorrer aumento da ação de drogas cardiotônicas (medicamentos que aumentam a força do coração). Pode reduzir a eficácia de medicamentos que interferem na coagulação do sangue, como ácido acetilsalicílico e anticoagulantes cumarínicos (ex. varfarina).

**Informe ao seu médico ou cirurgião-dentista se você está fazendo uso de algum outro medicamento.**

## ONDE, COMO E POR QUANTO TEMPO POSSO GUARDAR ESTE MEDICAMENTO?

Conservar em temperatura ambiente (temperatura entre 15 e 30 °C). Proteger da luz e umidade. Nessas condições, o medicamento se manterá próprio para consumo, respeitando o prazo de validade de 24 meses, indicado na embalagem. **Número de lote e datas de fabricação e validade: vide embalagem.**

**Não use medicamento com o prazo de validade vencido. Guarde-o em sua embalagem original.**

ALCAGEST® é apresentado em cápsula branca, contendo pó fino, de cor pardo e odor característico. **Antes de usar, observe o aspecto do medicamento. Caso ele esteja no prazo de validade e você observe alguma mudança no aspecto, consulte o farmacêutico para saber se poderá utilizá-lo.**

**Todo medicamento deve ser mantido fora do alcance das crianças.**

## COMO DEVO USAR ESTE MEDICAMENTO?
USO ORAL

Ingerir 2 cápsulas, 3 vezes ao dia (equivalente a 10,5 mg de Cinarina ao dia).

Utilizar apenas a via oral. O uso deste medicamento por outra via, que não a recomendada, pode causar a perda do efeito esperado ou mesmo provocar danos à saúde.

**Siga corretamente o modo de usar. Em caso de dúvidas sobre este medicamento, procure orientação do farmacêutico. Não desaparecendo os sintomas, procure orientação de seu médico ou cirurgião-dentista.**

**Este medicamento não deve ser partido, aberto ou mastigado.**

## O QUE DEVO FAZER QUANDO EU ME ESQUECER DE USAR ESTE MEDICAMENTO?

Caso haja esquecimento da ingestão de uma ou mais doses deste medicamento, a posologia indicada deverá ser retomada, não havendo necessidade de repor as doses esquecidas.

**Em caso de dúvidas, procure orientação do farmacêutico ou de seu médico, ou cirurgião-dentista.**

## QUAIS OS MALES QUE ESTE MEDICAMENTO PODE ME CAUSAR?

Em pessoas sensíveis pode apresentar um leve efeito laxativo, acompanhado de câimbras abdominais, dor no abdômen superior, náusea e azia. A ocorrência de dermatite de contato (inflamação superficial da pele) alérgica também foi relatada.

**Informe ao seu médico, cirurgião-dentista ou farmacêutico o aparecimento de reações indesejáveis pelo uso do medicamento. Informe também à empresa através do seu serviço de atendimento.**

## O QUE FAZER SE ALGUÉM USAR UMA QUANTIDADE MAIOR DO QUE A INDICADA DESTE MEDICAMENTO?

Pode ocorrer aumento da diurese (excreção de urina) e diarreia, embora não haja informações precisas em literatura em casos de ingestão de altas doses. Recomenda-se tratamento dos sintomas pelas medidas habituais de apoio e controle das funções vitais.

**Em caso de uso de grande quantidade deste medicamento, procure rapidamente socorro médico e leve a embalagem ou bula do medicamento, se possível. Ligue para 0800 722 6001, se você precisar de mais orientações.**

## DIZERES LEGAIS

MS: 1.4493.0033
Farm. Responsável: Luiz Henrique Pepe Antunes CRF/SC 8481
MDCPharma Produtos Farmacêuticos LTDA.
Rodovia SC 440, km 01, nº 500 – Bairro Ilhota/Distrito Industrial Pedras Grandes/Santa Catarina – CEP 88.720-000
CNPJ: 01.858.973/0001-29
INDÚSTRIA BRASILEIRA
SAC: (48) 3659-0682; sac@mdcpharma.com.br

---

# ANDROSTEN
*Tribulus terrestris*, Zigophyllaceae

## MEDICAMENTO FITOTERÁPICO

## PARTE UTILIZADA
Partes aéreas.

## NOMENCLATURA POPULAR
Tribulus.

## APRESENTAÇÕES
Comprimidos revestidos – Extrato seco das partes aéreas de *Tribulus terrestris* 94 mg – Embalagem com 15 e 30 comprimidos.

VIA ORAL
USO ADULTO

## COMPOSIÇÃO
**Cada comprimido contém:**
extrato seco de *Tribulus terrestris* ..............................94 mg*
excipientes q.s.p .............................................1 comprimido
(celulose microcristalina, croscarmelose sódica, dióxido de silício, talco, estearato de magnésio, copovidona, hipromelose, polietilenoglicol, polivinilpirrolidona, dióxido de titânio e laca FD & C indigotina)
*equivalente a 37,6 mg de protodioscina.

## INFORMAÇÕES TÉCNICAS AOS PROFISSIONAIS DE SAÚDE

## INDICAÇÕES
Androsten® é indicado como regulador hormonal e para aumento da espermatogênese em pacientes que apresentam alterações das funções sexuais devido a uma baixa concentração do hormônio dehidroepiandrosterona (DHEA) no organismo.

## RESULTADOS DE EFICÁCIA
Um estudo[1] avaliou a utilização do extrato de tribulus padronizado em protodioscina por pacientes diabéticos com disfunção erétil e por pacientes não diabéticos com e sem disfunção erétil. Os pacientes receberam 250 mg do extrato, três vezes ao dia, pelo período de três semanas. Após esse período, foi evidenciada melhora de 60% na função sexual. Além disso, houve um aumento significativo nos níveis séricos de DHEA-S (deidroepiandrosterona-sulfato) nos pacientes com disfunção erétil, tanto os diabéticos como os não diabéticos.

Outro estudo[2] realizado com 51 homens com idade entre 20 e 52 anos e que apresentavam problemas de fertilidade, também avaliou a utilização do extrato de tribulus por três meses. Os seguintes parâmetros do sêmen foram analisados: volume da ejaculação, tempo de liquefação, concentração de espermatozoides, melhora da mobilidade, velocidade característica e morfologia dos espermatozoides. Após o período de utilização, houve normalização dos valores em todos os parâmetros avaliados.

O desempenho do tribulus foi pesquisado em outro estudo[3], realizado em ratos, coelhos e primatas machos. Nos primatas, a elevação de testosterona (52%), diidrotestosterona (31%) e DHEA-S (29%) demonstraram significância estatística. Em coelhos, houve elevação de testosterona e diidrotestosterona, porém só a elevação desta última foi significativa.

Um estudo[4] realizado com ratos do sexo masculino avaliou a utilização de extrato padronizado de tribulus na dose de 70 mg/kg durante um período de 30 dias. Os parâmetros avaliados foram concentração, mobilidade e sobrevivência dos espermatozoides. Houve aumento de 2 milhões de espermatozoides/mL de volume ejaculado, elevação da porcentagem de espermatozoides móveis em 8% e a sobrevivência destes foi prolongada por 30 dias. Outro estudo[5] avaliou a utilização do extrato de tribulus em aves do sexo masculino na dose de 10 mg/kg por um período de 12 semanas. O extrato demonstrou ter um efeito positivo sobre as características quantitativas e qualitativas do esperma das aves, aumentando o volume ejaculado, assim como a mobilidade, concentração e viabilidade dos espermatozoides. Os resultados obtidos foram mantidos pelo período de oito semanas após a pausa na administração do extrato.

### REFERÊNCIAS

1. ADIMOELJA, A.; ADAIKAN, G. Protodioscin from herbal plant *Tribulus terrestris* L. improves the male sexual functions, probably via DHEA. **Int J Impot Res.** v. 9, 1997.

2. NIKOLOVA, V.; STANISLAVOV, R. *Tribulus terrestris* and human reproduction clinical laboratory data. **Dokl Bolg Akad Nauk.** v. 53, n. 12, p. 113-116, 2000.

3. GAUTHAMAN K, GANESAN A. The hormonal effects of *Tribulus terrestris* and its role in the management of male erectile dysfunction – an evaluation using primates, rabbit and rat. **Phytomedicine.** v. 15, n. 1-2, p. 44-54, 2008.

4. ZARKOVA S. Steroid saponins of *Tribulus terrestris* L. having a stimulant effect on the sexual functions. **Revista Portuguesa de Ciências Veterinárias.** v. 79, n. 40, p. 117-26, 1984.

5. GRIGOROVA *et al*. Effect of *Tribulus terrestris* extract on semen quality and serum total cholesterol content in white Plymouth rock-mini cocks. **Biotechnology in Animal Husbandry.** v. 24, n. 3-4, p. 139-146, 2008.

### CARACTERÍSTICAS FARMACOLÓGICAS
**Farmacodinâmica**

Androsten® é constituído pelo extrato seco de tribulus (*Tribulus terrestris*) padronizado em protodioscina.

A protodioscina eleva os níveis de dehidroepiandrosterona (DHEA). A protodioscina age, também, simulando a enzima 5-α-redutase, a qual converte a testosterona na sua forma ativa dehidrotestosterona (DHT). O DHT possui um importante papel na formação das células sanguíneas e no desenvolvimento muscular.

Com relação à espermatogênese, a protodioscina estimula as células germinativas e de Sertoli, aumentando o número de espermatogônias, espermatócitos e espermátides sem alterar o diâmetro dos túbulos seminíferos, resultando no aumento na produção de espermatozoides em pacientes que apresentam alterações das funções sexuais devido a uma baixa concentração do hormônio dehidroepiandrosterona (DHEA) no organismo.

A protodioscina regula o balanço hormonal do organismo sem interferir nos mecanismos fisiológicos de regulação hormonal.

### CONTRAINDICAÇÕES

- Hipersensibilidade a qualquer um dos componentes da fórmula.

**Este medicamento é contraindicado para uso por crianças.**

**Gravidez**

- Categoria B de risco na gravidez: "Os estudos em animais não demonstraram risco fetal, mas também não há estudos controlados em mulheres grávidas; ou então, os estudos em animais revelaram riscos, mas que não foram confirmados em estudos controlados em mulheres grávidas".

**Este medicamento não deve ser utilizado por mulheres grávidas sem orientação médica.**

### ADVERTÊNCIAS E PRECAUÇÕES

- Portadores de hiperplasia benigna de próstata somente devem utilizar este produto após avaliação médica.
- Em caso de hipersensibilidade ao produto, recomenda-se descontinuar o uso.

### INTERAÇÕES MEDICAMENTOSAS

- O uso do produto com outros medicamentos hormonais pode potencializar o seu efeito.

### CUIDADOS DE ARMAZENAMENTO DO MEDICAMENTO
**Cuidados de conservação**

Androsten® deve ser conservado em temperatura ambiente (entre 15ºC e 30ºC) em sua embalagem original. Proteger da luz e da umidade.

**Prazo de validade**
24 meses após a data de fabricação impressa no cartucho.
**Número de lote e datas de fabricação e validade: vide embalagem.**
**Não use medicamento com o prazo de validade vencido. Guarde-o em sua embalagem original.**

**Características físicas**
Comprimidos de cor azul.
**Características organolépticas**
Odor característico e praticamente não apresenta sabor.
**Antes de usar, observe o aspecto do medicamento.**
**Todo medicamento deve ser mantido fora do alcance das crianças.**

**POSOLOGIA E MODO DE USAR**
**Modo de usar**
Os comprimidos devem ser ingeridos inteiros e com uma quantidade suficiente de água para que possam ser deglutidos.
**Posologia**
Administrar um comprimido, via oral, três vezes ao dia, de oito em oito horas.
A dose diária não deve ultrapassar a três comprimidos ao dia.
**Este medicamento não deve ser partido ou mastigado.**

**REAÇÕES ADVERSAS**
Pode ocorrer gastrite e refluxo.
**Em casos de eventos adversos, notifique ao Sistema de Notificações em Vigilância Sanitária – Notivisa, disponível em http://www.anvisa.gob.br/hotsite/notivisa/index/htm, ou para a Vigilância Sanitária Estadual ou Municipal.**

**SUPERDOSE**
Não há relatos de superdosagem relacionados à ingestão de *Tribulus terrestris*.
Recomenda-se tratamento sintomático e controle das funções vitais.
**Em caso de intoxicação ligue para 0800 722 6001, se você precisar de mais orientações.**

**VENDA SOB PRESCRIÇÃO MÉDICA.**

**DIZERES LEGAIS**
MS: 1.1860.0070
Farmacêutica resp.: Gislaine B. Gutierrez CRF-PR nº 12423

Fabricado e Distribuído por: **HERBARIUM LABORATÓRIO BOTÂNICO S. A.**
Av. Santos Dumont, 1100 • CEP 83403-500 • Colombo – PR
CNPJ: 78.950.011/0001-20
**Indústria Brasileira.**

---

# ANSIVAL
*Valeriana officinalis* L.

**FITOTERÁPICO**

**FORMA FARMACÊUTICA E APRESENTAÇÃO**
Comprimidos revestidos de 100mg: caixa contendo 30 comprimidos revestidos.

**USO ADULTO**

**COMPOSIÇÃO**
Comprimidos revestidos de 100mg:
Cada comprimido revestido contém:
Extrato seco de *Valeriana officinalis* L. 0,8% .......... 100mg
(Equivalente à 0,8mg de ácidos valerênicos)
**Excipientes**: celulose + lactose, croscarmelose sódica, dióxido de silício, estearato de magnésio, talco, álcool isopropílico, dióxido de titânio, copolímero básico metacrílico E 100, polietilenoglicol 6000, corante lacca alumínio azul nº.2 e água de osmose.
Nomenclatura botânica e parte da planta utilizada: *Valeriana officinalis* L., raízes rizoma.

**INFORMAÇÕES AO PACIENTE**
ANSIVAL (Extrato seco de *Valeriana officinalis* L.) é um produto fitoterápico cujos princípios ativos são extraídos da *Valeriana officinalis* L.
Sua principal ação se faz através do seu efeito sedativo sobre o sistema nervoso central.
**Cuidados de armazenamento**
O medicamento deve ser conservado ao abrigo da luz, calor e umidade, e em temperatura entre 15 e 30°C.
**Prazo de validade: 24 meses após a data de fabricação.**
**Verifique a data de fabricação no cartucho.**
**Não use medicamentos com o prazo de validade vencido.**
**Gravidez e lactação**
Embora ANSIVAL (Extrato seco de *Valeriana officinalis* L.) seja um produto fitoterápico, não deve ser utilizado durante a gravidez e amamentação, anão ser sob orientação médica. Informe seu médico a ocorrência de gravidez na

vigência do tratamento ou após o seu término. Informe ao médico se estiver amamentando.

**Cuidados de administração**

Siga a orientação de seu médico, respeitando sempre os horários, as doses e a duração do tratamento.

**NÃO INTERROMPER O TRATAMENTO SEM O CONHECIMENTO DE SEU MÉDICO. PODE SER PERIGOSO PARA A SAÚDE.**

## INFORMAÇÕES TÉCNICAS

**Farmacologia**

Os extratos de Valeriana apresentam dois grupos de princípios ativos:

- Sesquiterpenos (ácidos valerênicos e seus derivados) como: valerenal, ácido acetoxivalerênico e ácido hidroxivalerênico.
- Valepotriatos (diidrovaltrato, valtratoeace valtrato).

A ação de cada um dos grupos de princípios ativos da *Valeriana officinalis* L. é descrita abaixo:

**Valepotriatos**: Este grupo de substâncias age sobre o corpo amigdaloide e sobre o hipocampo, tendo uma ação semelhante à dos benzodiazepínicos e timolépticos. Os Valepotriatos apresentam, também, uma ação antiespasmódica por atuarem no influxo de cálcio na musculatura lisa.

**Sesquiterpenos**: O principal representante deste grupo é o Ácido Valerênico que apresenta efeito sobre o sistema nervoso central, muito parecido com os barbitúricos, isto é, são capazes de induzir ao sono. Não apresentam efeitos relaxantes sobrea musculatura lisa, e também, são desprovidos de ações neurolépticas. O Ácido Valerênico inibe a enzima que metaboliza o Ácido Gama-Amido Butírico (GABA), aumentando os níveis deste mediador no sistema nervoso central, ocasionando uma diminuição da atividade do Sistema Nervoso Central e no efeito estabilizante do Sistema Nervoso Autónomo.

**Indicações**

ANSIVAL (Extrato seco de *Valeriana officinalis* L.) é indicado como sedativo, ansiolítico em casos de insônia leve.

**Contraindicações**

Como todo medicamento ANSIVAL (Extrato seco de *Valeriana officinalis* L.) é contraindicado para pacientes que tenham sensibilidade a algum dos componentes da fórmula e no primeiro trimestre da gravidez.

**Precauções e advertências**

Durante a gravidez e lactação, ANSIVAL (Extrato seco de *Valeriana officinalis* L.) deve ser utilizado somente sob estrita orientação médica. Não se recomenda o uso durante o primeiro trimestre da gravidez.

**Interações medicamentosas**

Não foram observadas interações medicamentosas entre ANSIVAL (Extrato seco de *Valeriana officinalis* L.) e outros medicamentos até o momento.

**Reações adversas/colaterais e alterações de exames laboratoriais**

ANSÍVAL (Extrato seco de *Valeriana officinalis* L.) utilizado nas doses recomendadas é bem tolerado. Pacientes mais sensíveis podem apresentar reações semelhantes à da cafeína, como taquicardia e insônia, que desaparecem com a interrupção do tratamento.

Raramente ocorrem reações como queimação retroesternal, dispepsia, diarreia ou reações alérgicas.

**Posologia**

1 comprimido ao dia ou à critério médico.

**Superdosagem**

Até o momento não foram descritos casos de superdosagem.

**Pacientes idosos**

ANSIVAL (Extrato seco de *Valeriana officinalis* L.) apresenta um intervalo bastante seguro entre a dose terapêutica e a dose tóxica, por isso, é bem tolerado nos pacientes idosos.

**VENDA SOB PRESCRIÇÃO MÉDICA**

**DIZERES LEGAIS**

Registro M.S: 1.1861.0004

Responsável Técnico: Dra. Amanda Públio da Silva

CRF: 37.152

Fabricado por: **Ativus Farmacêutica Ltda**.

Rua: Fonte Mécia n° 2050 – CEP: 13270-900 – Caixa Postal 489 – Valinhos-SP

CNPJ: 64.088.172/0001-41

Indústria Brasileira

SAC: 0800 771 20 10

_____

# ANTISTAX®
*Vitis vinifera*

Nome popular: videira Família: vitaceae

Parte da planta utilizada: folhas

## APRESENTAÇÕES

Comprimidos revestidos de 360 mg: embalagens com 30 comprimidos.

**USO ORAL USO ADULTO**

## COMPOSIÇÃO

Cada comprimido revestido contém 360 mg de extrato seco de folhas de *Vitis vinífera*
(Contém 10,26 mg a 26,46 mg de flavonoides totais: como quercetina-3-O-beta-D-glucuronida).
Excipientes: hipromelose, triestearina, dióxido de titânio, talco, óxido férrico vermelho, celulose microcristalina, croscarmelose sódica, crospovidona, fosfato de cálcio dibásico, dióxido de silício, estearato de magnésio.

## 1. INDICAÇÕES

ANTISTAX é indicado para prevenção e tratamento de dores nas pernas, dor varicosa, sintomas de varizes (tais como: inchaço, peso nas pernas, cansaço, sensação de tensão e formigamento), dores nas pernas relacionadas a varizes, dores após escleroterapia venosa.

## 2. RESULTADOS DE EFICÁCIA

Em dois estudos clínicos duplo-cegos, randomizados, controlados com placebo, foram administradas duas doses de ANTISTAX cápsula e comprimido revestido (360 mg/dia e 720 mg/dia, pela manhã) para pacientes portadores de IVC (Insuficiência Venosa Crônica). O objetivo de um destes estudos foi avaliar a eficácia de ANTISTAX quanto à redução do volume dos membros inferiores e em relação aos sintomas da IVC. Após 12 semanas de tratamento, a redução do volume dos membros inferiores observada com as doses de 360 mg/dia e 720 mg/dia foi estatisticamente significante comparada ao basal e em relação ao placebo. Esses resultados foram considerados clinicamente relevantes, confirmando-se a melhora dos sintomas no grupo de pacientes que recebeu ANTISTAX.

A dose pode ser aumentada para 720 mg ao dia. ANTISTAX foi bem tolerado em ambas as doses[1,2].

A eficácia da administração oral do extrato seco de folhas de *Vitis vinífera* na redução do edema foi clinicamente comprovada em estudos clínicos posteriores: duplo-cegos, controlados com placebo[3], e observacionais[4,5] na dosagem recomendada utilizando comprimidos revestidos em pacientes com IVC. A administração de extrato de folhas de *Vitis vinífera* promoveu melhora significativa do fluxo sanguíneo microvascular em pacientes com IVC[3].

1. Kiesewetter H, Koscielny J, Kalus U, Vix JM, Peil H, Petrini O, Toor BSJ van, De Mey C. Efficacy of orally administered extract of red vine leaves AS 195 (folia vitis viniferae) in chronic venous insufficiency (stages I-II). A randomized, double-blind, placebo-controlled trial. Arzneim Forsch/Drug Res 2000;50(2):109-117.

2. Rabe E, Stücker M, Esperester A, et al. Efficacy and tolerability of a red-vine-leaf extract in patients suffering from chronic venous insufficiency-results of a double--blind placebo-controlled study. Eur J Vasc Endovasc Surg. 2011;41(4):540-7.

3. Kalus U, Koscielny J, Grigorov A, Schaefer E, Peil H, Kiesewetter H. Improvement of cutaneous microcirculation and oxygen supply in patients with chronic venous insufficiency by orally administered extract of red vine leaves AS 195: a randomized, double-blind, placebo-controlled, crossover study. Drugs Res Dev 2004;5(2):63-71.

4. Schaefer E, Peil H, Ambrosetti L, Petrini O. Oedema protective properties of the red vine leaf extract AS 195 (folia vitis viniferae) in the treatment of chronic venous insufficiency: a 6-week observational clinical trial. Arzneimittelforschung 2003;53(4):243-246.

5. Monsieur R, van Snick G. Efficacy of the red vine leaf extract AS 195 in chronic venous insufficiency. Schweiz Rundsch Med Prax 2006;95:187-190.

## 3. CARACTERÍSTICAS FARMACOLÓGICAS

**Farmacodinâmica**

O extrato de folhas de *Vitis vinífera* representa uma mistura complexa de classes diferentes de compostos nos quais flavona/flavonóis glucosídeos e glucuronídeos demonstraram atividade anti-inflamatória.

Estudos não clínicos *in vitro* realizados em ratos e coelhos demonstraram que o extrato de folhas de *Vitis vinífera* e seus flavonoides protegem o epitélio vascular estabilizando as membranas e aumentando sua elasticidade (normalização da permeabilidade vascular). A redução no extravasamento de plasma, proteínas ou água para os tecidos intersticiais em torno das veias inibe a formação de edema e reduz os edemas já existentes.

**Farmacocinética**

A administração oral de extrato de folhas de *Vitis vinífera* proporciona exposição sistêmica quantificável aos metabólitos farmacologicamente relevantes de flavonol.

## 4. CONTRAINDICAÇÕES

O uso deste medicamento é contraindicado em pacientes com hipersensibilidade ao extrato de folhas de *Vitis vinífera* ou a qualquer um dos componentes da fórmula.

## 5. ADVERTÊNCIAS E PRECAUÇÕES

Se aparecer, principalmente em uma das pernas, inchaço súbito, vermelhidão na pele, sensação de tensão, calor e dor, o paciente deve ser instruído a procurar orientação médica. Edema persistente em ambas as pernas pode ter outras causas e deve ser investigado por um médico.

No caso de resposta sintomática inadequada ou insatisfatória no período de 6 semanas de tratamento, deve-se consultar um médico.

**Efeitos sobre capacidade de dirigir e operar máquinas**
Não foram realizados estudos sobre o efeito na capacidade de dirigir e operar máquinas.

**Fertilidade, Gravidez e Lactação**
Não se recomenda o uso de ANTISTAX comprimidos revestidos durante a gravidez e a lactação. Não há estudos em mulheres grávidas ou lactantes.

Não há estudos dos efeitos de ANTISTAX sobre a fertilidade.

**ANTISTAX está classificado na categoria B de risco na gravidez.**

**Este medicamento não deve ser utilizado por mulheres grávidas sem orientação médica ou do cirurgião-dentista.**

## 6. INTERAÇÕES MEDICAMENTOSAS
Nenhum estudo de interação medicamentosa foi realizado.

## 7. CUIDADOS DE ARMAZENAMENTO DO MEDICAMENTO
Mantenha em temperatura ambiente (15ºC a 30ºC). Proteger da umidade. O prazo de validade é de 36 meses a partir da data de fabricação.

**Número de lote e datas de fabricação e validade: vide embalagem.**

**Não use medicamento com o prazo de validade vencido. Guarde-o em sua embalagem original.**

Os comprimidos de ANTISTAX são vermelho-amarronzados, de formato alongado, sem sulco de quebra, com odor aromático.

**Antes de usar, observe o aspecto do medicamento. Todo medicamento deve ser mantido fora do alcance das crianças.**

## 8. POSOLOGIA E MODO DE USAR

**Pacientes adultos e idosos**
Os comprimidos revestidos devem ser ingeridos inteiros, com água, antes das refeições.

A dose recomendada é de 1 comprimido revestido/dia (360 mg) pela manhã, podendo ser aumentada para 2 comprimidos revestidos/dia (720 mg).

**Pacientes pediátricos**
O uso de ANTISTAX não é indicado para crianças e adolescentes menores de 18 anos de idade.

**Este medicamento não deve ser partido ou mastigado.**

## 9. REAÇÕES ADVERSAS
– Reações incomuns (>1/1.000 e < 1/100): náusea, desconforto abdominal, sintomas envolvendo o sistema digestivo, erupção pruriginosa generalizada, hipersensibilidade e urticária.

**Em casos de eventos adversos, notifique ao Sistema de Notificações em Vigilância Sanitária – Notivisa, disponível em** www.anvisa.gov.br/hotsite/notivisa/index.htm, **ou para a Vigilância Sanitária Estadual ou Municipal.**

## SUPERDOSE
Caso ocorra superdose, recomenda-se a realização de tratamento sintomático.

Casos isolados de superdose foram relatados. Não há relatos de eventos adversos graves associados ao tratamento de ANTISTAX.

**Em caso de intoxicação ligue para 0800 722 6001, se você precisar de mais orientações.**

## DIZERES LEGAIS
MS 1.0367.0163
Farm. Resp.: Dímitra Apostolopoulou CRF-SP 08828
**Fabricado e Importado por:** Boehringer Ingelheim do Brasil Quím. e Farm. Ltda.
Rod. Régis Bittencourt, km 286 – Itapecerica da Serra – SP
CNPJ: 60.831.658/0021-10
**Indústria Brasileira**
SAC 0800 701 6633
Ou Delpharm Reims Reims, França

---

# APIGUACO MEL XAROPE
*Mikania glomerata*

**Nomenclatura Botânica Oficial:** *Mikania glomerata* (Sprengel)
**Nomenclatura da Família:** Asteraceae (Compositae)
**Parte da Planta Utilizada:** Partes aéreas
**Nomenclatura Popular:** Guaco
**Medicamento fitoterápico registrado com base no uso tradicional. Não é recomendado o uso por período**

prolongado enquanto estudos clínicos amplos sobre sua segurança não forem realizados.

## FORMA FARMACÊUTICA E APRESENTAÇÃO

Xarope com 1,46 mg de cumarina por 10 mL de xarope (1 copo dosador)
Frasco PET âmbar contendo 150 mL de xarope com 1 (um) copo dosador de 10 mL

## USO ORAL
## USO ADULTO E PEDIÁTRICO

## COMPOSIÇÃO APIGUACO® MEL XAROPE

Cada 10,0 mL contém:
Extrato Padronizado de Guaco (*Mikania glomerata*) (*) 1,0 g
Veículo q.s.p. ............................................................. 10,0 mL
(Mel, sorbato de potássio e açúcar líquido invertido)
(*) Padronizado a 1,46 mg/g de cumarina.
Cada copo dosador (10 mL) do xarope contém 1,46 mg de cumarina.

## INFORMAÇÕES AO PACIENTE
### 1. PARA QUE APIGUACO® MEL XAROPE É INDICADO?

Este medicamento é um xarope expectorante que ajuda na eliminação do catarro em tosses persistentes. O medicamento ainda apresenta atividade broncodilatadora, sendo indicado no alívio do espasmo brônquico associado às crises de asma, bronquite crônica e enfisema.

### 2. COMO APIGUACO® MEL XAROPE FUNCIONA?

As indicações terapêuticas do guaco (*Mikania glomerata*) envolvem a propriedade de dilatação dos brônquios (ação broncodilatadora) e a característica de auxiliar na eliminação das secreções respiratórias.

A atividade expectorante deste medicamento ocorre porque o guaco fluidifica o catarro, tornando-o menos viscoso e mais "solto". Dessa forma, o catarro é expelido de maneira mais fácil. Além disso, a planta reduz a produção de secreção brônquica.

O guaco também atua como broncodilatador, relaxando a musculatura dos brônquios de forma a auxiliar na abertura das vias aéreas e tornar mais fácil a entrada e a saída de ar dos pulmões. Isso causa o alívio do "aperto", do "chiado" no peito e da tosse, fazendo com que você respire com mais facilidade.

### 3. QUANDO NÃO DEVO USAR APIGUACO® MEL XAROPE?

Este medicamento é contraindicado para uso por pessoas com hipersensibilidade ou alergia a qualquer um dos componentes da fórmula.

Este medicamento é contraindicado para pessoas com hipersensibilidade a extratos de *Mikania glomerata* ou outras plantas da família *Asteraceae*.

Este medicamento é contraindicado para uso por lactantes.

Este medicamento não deve ser utilizado por mulheres grávidas sem orientação médica ou do cirurgião-dentista.

### 4. O QUE DEVO SABER ANTES DE USAR APIGUACO® MEL XAROPE?

Este medicamento não deve ser usado por pessoas que apresentam hipersensibilidade à *Mikania glomerata* ou aos demais componentes da fórmula, diabéticos (em função do alto teor de açúcar) e nem por lactantes.

Este medicamento não deve ser utilizado por mulheres grávidas sem orientação médica ou do cirurgião-dentista.

Não existem recomendações específicas para o uso de *Mikania glomerata* em pacientes idosos e outros grupos de risco.

**Atenção diabéticos: este medicamento contém AÇÚCAR.**

Não utilizar simultaneamente com anticoagulantes, já que as cumarinas podem potencializar os seus efeitos e antagonizar a vitamina K, nem com *Tabebuia avellanedae*, popularmente conhecida como Ipê-roxo, uma vez que as saponinas presentes na *Mikania glomerata* aumentam a absorção de lapachol, princípio ativo do Ipê-roxo.

**Informe ao seu médico ou cirurgião-dentista se você está fazendo uso de algum outro medicamento.**

### 5. ONDE, COMO E POR QUANTO TEMPO POSSO GUARDAR APIGUACO® MEL XAROPE?

Deixar o produto sempre guardado na sua embalagem original. Guardar em temperatura ambiente (15° a 30°C) e proteger da luz e umidade.

O tempo de validade do produto é de 24 meses, contados a partir da data de fabricação impressa nos cartuchos e rótulo do produto.

**Número de lote e datas de fabricação e validade: vide embalagem.**

Não use medicamento com o prazo de validade vencido. Guarde-o em sua embalagem original.
APIGUACO® MEL
**Antes de usar, observe o aspecto do medicamento. Caso você detecte alguma**
mudança no aspecto do medicamento que ainda esteja dentro do prazo de validade, consulte o médico ou o farmacêutico para saber se poderá utilizá-lo.
Todo medicamento deve ser mantido fora do alcance das crianças.

### 6. COMO DEVO USAR APIGUACO® MEL XAROPE?
**APIGUACO® MEL XAROPE** apresenta coloração amarelo-esverdeado e considerável viscosidade. Pode ser ingerido diretamente com o auxílio do copo dosador de 10 mL (1,46 mg de cumarina/copo dosador de 10 mL) ou de uma colher de sopa, conforme posologia descrita abaixo. Recomendamos agitar o frasco antes de usar.
POSOLOGIA:
**Adultos**: Salvo a critério médico, recomenda-se a ingestão de 10 mL (1 copo dosador), 3 vezes ao dia (equivalente a 1,46 mg de cumarina por dose ou 4,38 mg de cumarina/dia), sendo os intervalos entre as ingestões de 8 horas.
**Uso Pediátrico**: Salvo a critério médico, recomenda-se a ingestão de 0,5 mL/kg/dia, sendo dividido em 3 tomadas ao dia em intervalos de 8 horas, conforme tabela abaixo que indica a quantidade por ingestão e por dia:
O tempo de tratamento é variável, sendo que, nos casos de afecções respiratórias agudas, sugere-se o tratamento por 7 dias, enquanto nos processos crônicos, até duas semanas.

USO ORAL
A recomendação máxima de ingestão diária é de 3 copos dosadores de 10 mL cada ou 3 colheres de sopa ao dia, correspondentes a 4,38 mg de cumarina/dia.
A dose terapêutica, determinada com base na lista de medicamentos fitoterápicos de registro simplificado da Anvisa (IN n. 5, 11/12/2008), é de 0,50 mg a 5,0 mg de cumarina/dia, equivalente à concentração de 8,33 µg a 83,0 µg/kg/dia, considerando-se o peso médio de um adulto em torno de 60,0 kg. Assim, considerando que a concentração de cumarina/mL de xarope é 146 µg, pode-se sugerir a dosagem de 0,5 mL/kg/dia do **APIGUACO® MEL XAROPE**.
**Siga corretamente o modo de usar. Em caso de dúvidas sobre este medicamento, procure orientação do farmacêutico. Não desaparecendo os sintomas, procure orientação de seu médico ou cirurgião-dentista.**

### 7. O QUE DEVO FAZER QUANDO EU ME ESQUECER DE USAR APIGUACO® MEL XAROPE?
No caso de esquecimento, tome o medicamento assim que se lembrar e continue o tratamento a partir daí, sem prejuízos para o mesmo.
**Em caso de dúvidas, procure orientação do farmacêutico ou de seu médico ou cirurgião-dentista.**

### 8. QUAIS OS MALES QUE APIGUACO® MEL XAROPE PODE CAUSAR?
Pessoas hipersensíveis aos derivados do guaco podem apresentar um agravamento da dispneia e da tosse. Pode ocorrer aumento da pressão arterial.
**Informe ao seu médico, cirurgião-dentista ou farmacêutico o aparecimento de reações indesejáveis pelo uso do medicamento. Informe também à empresa, entrando em contato através do Sistema de Atendimento ao Consumidor (SAC).**

### 9. O QUE FAZER SE ALGUÉM USAR UMA GRANDE QUANTIDADE DE APIGUACO® MEL XAROPE DE UMA SÓ VEZ?
O uso prolongado da ingestão de altas doses de extratos de guaco pode ocasionar taquicardia, vômitos e quadros diarreicos, que desaparecem com a descontinuação da terapia.
**Em caso de uso de grande quantidade deste medicamento, procure rapidamente socorro médico e leve a embalagem ou bula do medicamento, se possível. Em caso de intoxicação, ligue para 0800 722 6001 e se você precisar de mais orientações sobre como proceder.**

**DIZERES LEGAIS:**
M.S: 1.2107.0009.001-6
Farmacêutica responsável: Dra. Andresa Ap. Berretta CRF-SP no 26.257
**APIS FLORA INDUSTRIAL E COMERCIAL LTDA**
Rua Triunfo, 945 | Ribeirão Preto – SP
CNPJ: 49.345.358/0001-45
Indústria Brasileira
www.apisflora.com.br
SAC (Serviço de Atendimento ao Consumidor): 0800 94 04 800

_____

# APLAUSE
*Actaea racemosa*

**MEDICAMENTO FITOTERÁPICO**

**Nomenclatura botânica:** *Actaea racemosa* L.
**Nomenclatura popular:** Cimicífuga
**Família:** Ranunculaceae
**Parte da planta utilizada:** Raiz ou rizoma

## APRESENTAÇÃO

Comprimidos revestidos de 20 mg em embalagem com 20 e 30 comprimidos.

## VIA ORAL
## USO ADULTO E PEDIÁTRICO ACIMA DE 12 ANOS

## COMPOSIÇÃO

Cada comprimido revestido contém:
Extrato seco de *Actaea racemosa* L. ........................ 20 mg. (padronizado de 5% a 7% (equivalente de 1 mg a 1,4 mg) de glicosídeos triterpênicos expressos em 23-epi-26-desoxiacteína).
Excipientes: amidoglicolato de sódio, estearato de magnésio, dióxido de silício, lactose monoidratada, celulose microcristalina, copolímero do ácido metacrílico e metacrilato de metila, copolímero de ácido metacrílico e metacrilato de etila, talco, dióxido de titânio, macrogol, citrato de trietila, polissorbato 80, simeticona, óxido de ferro vermelho e corante laca alumínio amarelo nº 6.

## INFORMAÇÕES AO PACIENTE
### 1. PARA QUE ESTE MEDICAMENTO É INDICADO?

Aplause® é indicado para aliviar os sintomas da pré e pós-menopausa, como rubor (vermelhidão da pele), ondas de calor, suor excessivo, palpitações (aumento da frequência ou da força de contração do coração) e alterações depressivas de humor e do sono.

### 2. COMO ESTE MEDICAMENTO FUNCIONA?

Aplause® atua diminuindo os sintomas da pré e pós-menopausa.
O efeito terapêutico geralmente é mais nítido após duas semanas de uso do medicamento, apresentando o efeito máximo dentro de oito semanas.

### 3. QUANDO NÃO DEVO USAR ESTE MEDICAMENTO?

Pacientes com histórico de hipersensibilidade e alergia a qualquer um dos componentes da fórmula não devem fazer uso do produto.
Pessoas alérgicas a salicilatos devem utilizar este medicamento com cuidado, pois produtos à base de cimicífuga contêm pequenas quantidades de ácido salicílico.

**Este medicamento é contraindicado durante a gravidez por promover o fluxo menstrual e ter efeito estimulante uterino.**
De acordo com a categoria de risco de fármacos destinados às mulheres grávidas, este medicamento apresenta categoria de risco B.
**Este medicamento não deve ser utilizado por mulheres grávidas sem orientação médica ou do cirurgião-dentista.**

### 4. O QUE DEVO SABER ANTES DE USAR ESTE MEDICAMENTO?

Há um relato de hepatite necrosante ocorrido após a tomada de um produto à base de cimicífuga por uma semana, portanto este medicamento deve ser administrado com cuidado a pacientes com insuficiência hepática grave. Pessoas alérgicas a salicilatos devem utilizar este medicamento com cuidado, pois produto à base de *Actaea racemosa* contém pequenas quantidades de ácido salicílico. Em caso de hipersensibilidade ao produto, recomenda-se descontinuar o uso e consultar o médico.
Este medicamento pode potencializar o efeito de medicamentos anti-hipertensivos.
Uma vez que extratos de cimicífuga (*Actaea racemosa*) podem intensificar alguns efeitos estrogênicos, este medicamento só deve ser usado junto com suplementos hormonais (estrogênio) sob estrita supervisão médica.
Em caso de distúrbios na intensidade e frequência da menstruação e persistência ou surgimento de novos sintomas, procurar orientação médica, uma vez que podem estar envolvidos distúrbios que precisam ser diagnosticados.
Este medicamento deve ser evitado por menores de 12 anos de idade e durante a lactação devido à falta de estudos disponíveis.
De acordo com a categoria de risco de fármacos destinados às mulheres grávidas, este medicamento apresenta categoria de risco B.
**Este medicamento não deve ser utilizado por mulheres grávidas sem orientação médica ou do cirurgião-dentista.**
**Informe ao seu médico ou cirurgião-dentista se você está fazendo uso de algum outro medicamento.**
**Não use medicamento sem o conhecimento do seu médico. Pode ser perigoso para a sua saúde.**
**Este medicamento contém LACTOSE.**
Informe ao profissional de saúde todas as plantas medicinais, fitoterápicos e outros medicamentos que estiver tomando. Interações podem ocorrer entre medicamentos e

plantas medicinais e mesmo entre duas plantas medicinais administradas ao mesmo tempo.

## 5. ONDE, COMO E POR QUANTO TEMPO POSSO GUARDAR ESTE MEDICAMENTO?

Você deve conservar Aplause® em temperatura ambiente (entre 15°C e 30°C). Proteger da luz e umidade.

Este medicamento tem validade de 24 meses a partir da data de sua fabricação.

**Número de lote e datas de fabricação e validade: vide embalagem.**

**Não use medicamento com prazo de validade vencido. Guarde-o em sua embalagem original.**

Os comprimidos revestidos são circulares, de coloração laranja.

**Antes de usar, observe o aspecto do medicamento. Caso ele esteja no prazo de validade e você observe alguma mudança no aspecto, consulte o farmacêutico para saber se poderá utilizá-lo.**

**Todo medicamento deve ser mantido fora do alcance das crianças.**

## 6. COMO DEVO USAR ESTE MEDICAMENTO?

VIA ORAL.

Ingerir 1 comprimido de 12 em 12 horas (1 comprimido pela manhã e 1

comprimido à noite), ou a critério médico.

Você deve tomar os comprimidos com líquido, por via oral. O efeito terapêutico geralmente é mais nítido após duas semanas de uso do medicamento, apresentando o efeito máximo dentro de oito semanas.

Utilizar apenas a via oral. O uso deste medicamento por outra via, que não a oral, pode causar a perda do efeito esperado ou mesmo promover danos ao usuário.

**Siga a orientação do seu médico, respeitando sempre os horários, as doses e a duração do tratamento.**

**Não interrompa o tratamento sem o conhecimento do seu médico. Este medicamento não pode ser partido ou mastigado.**

## 7. O QUE DEVO FAZER QUANDO EU ME ESQUECER DE USAR ESTE MEDICAMENTO?

Caso haja esquecimento da ingestão de uma dose deste medicamento, retome a posologia prescrita sem a necessidade de suplementação.

**Em caso de dúvidas, procure orientação do farmacêutico, ou de seu médico, ou cirurgião–dentista.**

## 8. QUAIS OS MALES QUE ESTE MEDICAMENTO PODE ME CAUSAR?

Este medicamento pode causar distúrbios gastrintestinais, dor de cabeça, peso nas pernas e tontura.

O paciente que utiliza extrato de cimicífuga deve estar atento ao desenvolvimento de sinais e sintomas sugestivos de deficiência do fígado, tais como cansaço, perda de apetite, amarelamento da pele e dos olhos ou dor severa na parte superior do estômago com náusea e vômito ou urina escurecida. Nesse caso, deve-se procurar imediatamente assistência médica e, até que isso não aconteça, suspender o uso do produto.

Assim como para tratamentos de reposição hormonal, deve-se manter avaliação médica a cada seis meses.

**Informe ao seu médico, cirurgião-dentista ou farmacêutico o aparecimento de reações indesejáveis pelo uso do medicamento. Informe também a empresa através do seu serviço de atendimento.**

## 9. O QUE FAZER SE ALGUÉM USAR UMA QUANTIDADE MAIOR DO QUE A INDICADA DESTE MEDICAMENTO?

Não há relatos de intoxicações por superdosagem na literatura. A ingestão de quantidade superior à recomendada pode causar vertigens (tontura), cefaleia (dor de cabeça), náusea (enjoo), vômito, alterações na visão e hipotensão (pressão baixa).

Em caso de superdosagem, suspender o uso, procurar orientação médica de imediato.

**Em caso de uso de grande quantidade deste medicamento, procure rapidamente socorro médico e leve a embalagem ou a bula do medicamento, se possível. Ligue para 0800 722 6001 se você precisar de mais orientações.**

VENDA SOB PRESCRIÇÃO MÉDICA

**DIZERES LEGAIS**

Reg. M.S. nº: 1.0155.0225

Farmacêutica Responsável: Regina Helena Vieira de Souza Marques CRF-SP nº 6.394

Embalado por: Droxter Indústria, Comércio e Participações Ltda.

Rua Vigário Taques Bittencourt, 258 • Santo Amaro
São Paulo/SP • CEP 04755-060

Registrado por: Marjan Indústria e Comércio Ltda. Rua Gibraltar, 165 • Santo Amaro
São Paulo/SP • CEP 04755-070

CNPJ: 60.726.692/0001-81
Indústria Brasileira
SAC 0800 55 45 45

_____

# AREMAZ
*Hedera helix* L. extrato seco

**Nomenclatura botânica:** *Hedera helix* L.
**Família:** Araliaceae
**Parte utilizada:** folhas
**Nomenclatura popular:** Hedera sempre-verde

## APRESENTAÇÃO
Xarope – Embalagem contendo 100mL ou 200mL, com copo medida

## USO ORAL
## USO ADULTO E PEDIÁTRICO ACIMA DE 2 ANOS DE IDADE

### Composição
Cada 1 mL de xarope contém: extrato seco de folhas de *Hedera helix* L.* ..................................................7 mg
veículo q.s.p. ..................................................1 ml
(benzoato de sódio, goma xantana, ácido cítrico, essência de cereja, sorbitol, água purificada).
*corresponde a 0,82 mg/mL ± 10% do marcador Hederacosídeo C. Cada 1 mL do xarope contém 600 mg de sorbitol 70% (equivalente a 420mg de sorbitol)

## INFORMAÇÕES AO PACIENTE
### 1. PARA QUE ESTE MEDICAMENTO É INDICADO?
**Aremaz** é indicado para o tratamento sintomático de afecções broncopulmonares inflamatórias agudas e crônicas, com aumento de secreções e/ou broncoespasmo associado.

### 2. COMO ESTE MEDICAMENTO FUNCIONA?
**Aremaz** possui efeito mucolítico (diminui a viscosidade das secreções e aumenta a atividade de varredura promovida pelos cílios de epitélio brônquico, facilitando a expectoração) e broncodilatador (com ação relaxante sobre o músculo liso brônquico). Esses efeitos melhoram a respiração.

### 3. QUANDO NÃO DEVO USAR ESTE MEDICAMENTO?
**Aremaz** não deve ser usado em casos de hipersensibilidade a qualquer componente da fórmula. Este medicamento não deve ser utilizado em crianças menores de 2 anos de idade.

### 4. O QUE DEVO SABER ANTES DE USAR ESTE MEDICAMENTO?
**Precauções**
**Aremaz** não deve ser indicado como medicação antiasmática única, embora possa ser coadjuvante nesses casos. **Aremaz** contém em sua fórmula sorbitol, que é metabolizado no organismo em frutose, sendo conveniente avaliar sua indicação a pacientes com intolerância a essa substância. Em caso de mal estar persistente ou aparecimento de insuficiência respiratória, febre, expectoração purulenta ou com sangue, recomenda-se uma avaliação específica. Apesar de não terem sido realizados estudos específicos sobre os efeitos do produto na capacidade de dirigir e usar máquinas, não foi observada nos outros estudos conduzidos com *Hedera helix* L., qualquer alteração que exija restrição das atividades relacionadas a dirigir e/ou usar máquinas.

**Interrupção do tratamento**
Não interrompa o tratamento sem o conhecimento do seu médico.

**Gravidez e lactação**
Embora não existam dados clínicos sobre a exposição de *Hedera helix* L. na gravidez humana, os estudos com animais prenhos não indicam efeitos nocivos diretos ou indiretos em relação à gravidez, desenvolvimento embrionário ou fetal, parto ou desenvolvimento pós-natal. Apesar disto, como ocorre com qualquer outro medicamento, **Aremaz** deve ser administrado com cautela durante a gravidez e lactação.

**Pacientes idosos**
Ainda que os estudos não tenham alterações nos pacientes idosos, é sempre recomendável um acompanhamento médico rigoroso a esses pacientes.

**Reações adversas**
**Aremaz** pode provocar um ligeiro efeito laxante, provavelmente vinculado à presença de sorbitol em sua fórmula. Não há evidências de riscos à saúde ou reações adversas após o uso das doses recomendadas, entretanto existe um potencial moderado, em indivíduos predispostos, para sensibilização por contato cutâneo.

**Informe ao seu médico ou cirurgião-dentista se você está fazendo uso de algum outro medicamento.**

### 5. ONDE, COMO E POR QUANTO TEMPO POSSO GUARDAR ESTE MEDICAMENTO?
Manter à temperatura ambiente (15ºC a 30ºC). Proteger da luz e manter em lugar seco. O medicamento deve ser guardado dentro de sua embalagem original. **Após aberto**

possui validade de 3 meses, se conservado de maneira correta. Número de lote e datas de fabricação e validade: vide embalagem. Não use medicamento com prazo de validade vencido. Guarde-o em sua embalagem original. Características físicas e organolépticas.

Aremaz é um xarope levemente viscoso, na cor marrom, com sabor adocicado e odor de cereja, isento de partículas e material estranho. **Aremaz** contém em sua formulação o extrato seco de folhas de *Hedera helix* L. Os componentes das matérias vegetais (folhas de *Hedera helix* L.) que conferem propriedades terapêuticas ao **Aremaz** são, principalmente, o bisdesmosídeo saponina, do grupo de glicosídeos triterpenos, cujo principal representante em termos qualitativos é a hederasaponina C (hederacosídeo C). O efeito terapêutico de **Aremaz** nas doenças das vias aéreas deve-se ao glicosídeo saponina, presente no extrato seco, que possui dupla ação: mucolítica e broncodilatadora. Ambas as ações aumentam a expectoração, eliminando as secreções que obstruem as vias aéreas. O efeito mucolítico do extrato deve-se essencialmente à natureza da saponina dos hederaglicosídeos, embora os efeitos parassimpaticolíticos de certos glicosídeos sejam considerados a base das propriedades broncodilatadoras sobre os brônquios inflamados.

**Agite antes de usar**

Antes de usar, observe o aspecto do medicamento. Caso ele esteja no prazo de validade e você observe alguma mudança no aspecto, consulte o farmacêutico para saber se poderá utilizá-lo. Todo medicamento deve ser mantido fora do alcance das crianças.

## 6. COMO DEVO USAR ESTE MEDICAMENTO?

**Modo de usar**

Lactentes e crianças até sete anos de idade – 2,5 ml três vezes ao dia.

Crianças de 2 a 7 anos de idade – 2,5 mL três vezes ao dia. Criança a partir de sete anos de idade – 5 mL três vezes ao dia.

Adultos – 7,5 mL três vezes ao dia. A duração do tratamento depende do tipo e da severidade do quadro clínico. O tratamento deve durar o mínimo de uma semana em casos de inflamações menores do trato respiratório, devendo ser mantido durante dois a três dias após a diminuição dos sintomas, de forma a assegurar a manutenção da eficácia.

**Siga a orientação de seu médico, suspeitando sempre os horários, as doses e a duração do tratamento. Não interrompa o tratamento sem o conhecimento do seu médico.**

## 7. O QUE DEVO FAZER QUANDO EU ME ESQUECER DE USAR ESTE MEDICAMENTO?

No caso do esquecimento de uma dose, o medicamento deve ser ingerido em outro horário do mesmo dia, sem prejuízo do tratamento.

**Em caso de dúvidas, procure orientação do farmacêutico ou de seu médico ou cirurgião-dentista.**

## 8. QUAIS OS MALES QUE ESTE MEDICAMENTO PODE ME CAUSAR?

**Aremaz** pode provocar um ligeiro efeito laxante, provavelmente vinculado à presença de sorbitol em sua fórmula. Não há evidências de riscos à saúde ou reações adversas após o uso das doses recomendadas, entretanto existe um potencial moderado, em indivíduos predispostos, para sensibilização por contato cutâneo.

**Informe ao seu médico, cirurgião-dentista ou farmacêutico o aparecimento de reações indesejáveis pelo uso do medicamento. Informe também a empresa através do seu serviço de atendimento.**

## 9. O QUE FAZER SE ALGUÉM USAR UMA QUANTIDADE MAIOR QUE A INDICADA DESTE MEDICAMENTO?

A ingestão de quantidades claramente superiores (mais que o triplo da dose diária) pode produzir náuseas, vômitos e diarreia. Nesses casos procure um médico.

**Em caso de uso de grande quantidade deste medicamento, procure rapidamente socorro médico e leve a embalagem ou bula do medicamento, se possível. Ligue para 0800 722 6001, se você precisar de mais orientações.**

**VENDA SOB PRESCRIÇÃO MÉDICA**

**DIZERES LEGAIS**

MS: 1.3569.0659 Farm. Resp.: Dr. Adriano Pinheiro Coelho CRF-SP nº. 22.883

Registrado por: EMS Sigma Pharma Ltda.

Rod. Jornalista F. A. Proença, km 08 CEP: 13186-901 – Hortolândia – SP

CNPJ: 00.923.140/0001-31

INDÚSTRIA BRASILEIRA

_____

# ARLIVRY

Extrato seco de folhas de *Hedera helix* – Araliaceae – Hera

**MEDICAMENTO FITOTERÁPICO**

## APRESENTAÇÕES
Forma Farmacêutica: Xarope
Concentração: 7 mg de extrato seco de folhas de *Hedera helix* por mL do xarope (correspondente a 0,753 mg de hederacosideo C).
Linha Farma: Cartucho contendo frasco PET âmbar com 100, 120 e 150 mL de xarope.

## USO ORAL
## USO ADULTO E PEDIÁTRICO

## COMPOSIÇÃO:
**Cada mL de xarope sabor mel contém:**
Extrato seco de *Hedera helix* (folhas) ..........................7 mg
Veículo (sorbitol, maltodextrina, goma xantana, sorbato de potássio, ácido cítrico, aroma artificial de mel, água purificada) q.s.p. ........................................................... 1 mL

## CONCENTRAÇÃO DE PRINCÍPIO ATIVO:
O Extrato seco está padronizado em 10,75 % de hederacosídeo C. Cada mL de xarope contém 0,753 mg de hederacosídeo C.

## INFORMAÇÕES AO PACIENTE
## PARA QUÊ ESTE MEDICAMENTO É INDICADO?
ARLIVRY é indicado no tratamento da tosse, particularmente quando esta vier acompanhada de catarro nas vias respiratórias. Indicado ainda para o tratamento dos sintomas de doenças inflamatórias crônicas, como a inflamação dos brônquios.

## COMO ESTE MEDICAMENTO FUNCIONA?
ARLIVRY contém em sua formulação o extrato seco de folhas de Hera (*Hedera helix*). Esse extrato possui as saponinas, como principal constituinte, que são capazes de reduzir a viscosidade do catarro presente nas vias respiratórias em casos de doenças inflamatórias

crônicas pulmonares, facilitando sua expulsão e diminuindo a tosse.
Além disso, proporciona o relaxamento da musculatura lisa brônquica com consequente ação broncodilatadora, melhorando a respiração.

## QUANDO NÃO DEVO USAR ESTE MEDICAMENTO?
A Hedera é contraindicada a pessoas que apresentam alergia conhecida à planta ou aos outros componentes da formulação.
**Não há contraindicação relativa a faixas etárias.**

**Este medicamento não deve ser utilizado por mulheres grávidas sem orientação médica ou do cirurgião-dentista.**

## O QUE DEVO SABER ANTES DE USAR ESTE MEDICAMENTO?
*ADVERTENCIAS E PRECAUÇÕES*
Em caso de alergia ao produto, recomenda-se suspender o seu uso e procurar o médico.
Não utilizar doses maiores do que as recomendadas.
**Este medicamento não deve ser utilizado por mulheres grávidas sem orientação médica ou do cirurgião-dentista.**
*INTERAÇÕES MEDICAMENTOSAS*
Seguido estudos recentes, a administração de *Hedera helix* concomitante à administração de antibióticos, antipiréticos, anti-inflamatórios não esteroidais e antialérgicos pode levar a um aumento de reações adversas.
**Informe ao seu médico ou cirurgião-dentista se você está fazendo uso de algum outro medicamento.**
**Não use medicamento sem o conhecimento do eu médico. Pode ser perigoso para a sua saúde.**

## ONDE, COMO E POR QUANTO TEMPO POSSO GUARDAR ESTEMEDICAMENTO?
Este medicamento deve ser guardado ao abrigo da luz e umidade.
Manter em temperatura ambiente (temperatura entre 15 e 30 °C). Nessas condições, o medicamento se manterá próprio para consumo, respeitando o prazo de validade de 24 meses indicado na embalagem.
**Número de lote e datas de fabricação e validade: vide embalagem.**
**Não use medicamento com o prazo de validade vencido. Guarde-o em sua embalagem original.**
ARLIVRY apresenta-se como um líquido pouco viscoso, de cor castanha com odor característico de mel ou cereja.
**Antes de usar, observe o aspecto do medicamento. Caso ele esteja no prazo de validade e você observe alguma mudança no aspecto, consulte o farmacêutico para saber se poderá utilizá-lo.**
**Todo medicamento deve ser mantido fora do alcance das crianças.**

## COMO DEVO USAR ESTE MEDICAMENTO?
USO ORAL
Adultos: tomar 7,5 mL, 3 vezes ao dia.
Crianças de 4 - 12 anos: tomar 5 mL, 3 vezes ao dia.

Crianças de 1 - 4 anos: tomar 2,5 mL, 3 vezes ao dia.
Crianças de 0 - 1 ano: tomar 2,5 mL, 2 vezes ao dia.
Utilizar apenas a via oral. O uso deste medicamento por outra via, que não a oral, pode causar a perda do efeito esperado ou mesmo provocar danos à saúde.

A duração do tratamento deve ser aquela indicada pelo médico.

**Siga a orientação de seu médico, respeitando sempre os horários, as doses e a duração do tratamento. Não interrompa o tratamento sem o conhecimento do seu médico.**

### O QUE DEVO FAZER QUANDO EU ME ESQUECER DE TOMAR O MEDICAMENTO?

Caso haja esquecimento da ingestão de uma ou mais doses deste medicamento, a posologia indicada deverá ser retomada, não havendo necessidade de repor as doses esquecidas.

**Em caso de dúvidas, procure orientação do farmacêutico ou de seu médico, ou cirurgião-dentista.**

### QUAIS OS MALES QUE ESTE MEDICAMENTO PODE CAUSAR?

Reações incomuns (ocorrem entre 0,1% e 1% dos pacientes que utilizam este medicamento): a administração de produtos contendo Hedera pode causar diarreia, dor epigástrica (estômago) e abdominal, enjoo e vômito e manifestações alérgicas.

Reações raras (ocorrem entre 0,01% e 0,1% dos pacientes que utilizam este medicamento): sensação de boca seca e sede, dor de cabeça, sonolência, palpitação, perda de apetite, sudorese, eructação (arroto) e estomatite.

**Informe ao seu médico, cirurgião-dentista ou farmacêutico o aparecimento de reações indesejáveis pelo uso do medicamento.**

**Informe também à empresa através do seu serviço de atendimento.**

### O QUE FAZER SE ALGUÉM USAR UMA QUANTIDADE MAIOR DO QUE A INDICADA DESTE MEDICAMENTO?

Altas dosagens podem provocar enjoo, vômito, diarreia e excitação.

Nesses casos, o médico deverá ser consultado imediatamente.

**Em caso de uso de grande quantidade deste medicamento, procure rapidamente socorro médico e leve a embalagem ou bula do medicamento, se possível. Ligue para 0800 722 6001, se você precisar de mais orientações.**

**VENDA SOB PRESCRIÇÃO MÉDICA**

### DIZERES LEGAIS
MS: 1.3841.0047
Farm. Responsável: Tales Vasconcelos de Cortes CRF/BA nº 3745
**NATULAB LABORATÓRIO SA**
Rua H. nº 2, Galpão 03 – Urbis II
Santo Antonio de Jesus – Bahia – CEP 44.574-150
CNPJ: 02.456.955/0001-83
INDÚSTRIA BRASILEIRA
SAC: (75) 331 5555

---

# ARNICA DO MATO EC
*Solidago microglossa*

**MEDICAMENTO FITOTERÁPICO REGISTRADO COM BASE NO USO TRADICIONAL.
NÃO É RECOMENDADO O USO POR PERÍODO PROLONGADO ENQUANTO ESTUDOS CLÍNICOS AMPLOS SOBRE SUA SEGURANÇA NÃO FOREM REALIZADOS.**

**Família:** Asteraceae.
**Parte da planta utilizada:** Partes aéreas.

### APRESENTAÇÕES
Cartucho com frasco de vidro âmbar contendo 100 mL e copo medidor.

**USO ORAL/EXTERNO**
**USO ADULTO**

### COMPOSIÇÃO
**Cada mL da tintura contém:**
0,2 mL de extrato hidroalcoólico das partes aéreas de *Solidago microglossa*
0,8 mL de veículo (excipientes).
Equivalente a 1,5 mg de quercetina-3-rhamnosídica.
**Excipientes:** Álcool etílico e água purificada.
**Volume:** 100 mL.
**Teor alcoólico:** 65 %

### PARA QUE ESTE MEDICAMENTO É INDICADO?
Uso oral: Anti-inflamatório.
Uso externo: Contusões, dores musculares e hematomas.

**COMO ESTE MEDICAMENTO FUNCIONA?**
ARNICA DO MATO EC possui atividade anti-inflamatória. Atua inibindo a liberação de importantes mediadores causadores do processo inflamatório.

**QUANDO NÃO DEVO USAR ESTE MEDICAMENTO?**
Pacientes com hipersensibilidade aos componentes da fórmula devem evitar o uso do produto. A forma farmacêutica tintura, por conter álcool em sua composição, não deve ser usada por pacientes que estão deixando de tomar bebidas alcoólicas, por aqueles que apresentam sensibilidade ao álcool e portadores de doenças crônicas (diabetes e comprometimento hepático).
**Este medicamento é contraindicado para menores de 12 anos de idade. Este medicamento é contraindicado para o uso por gestantes.**

**O QUE DEVO SABER ANTES DE USAR ESTE MEDICAMENTO?**
Informe ao seu médico ou cirurgião-dentista se você está fazendo uso de algum outro medicamento.
Assim como todos os medicamentos, informe ao seu profissional de saúde todas as plantas medicinais e fitoterápicos que estiver tomando. Interações podem ocorrer entre medicamentos e plantas medicinais e mesmo entre duas plantas medicinais quando administradas ao mesmo tempo.

**ONDE, COMO E POR QUANTO TEMPO POSSO GUARDAR ESTE MEDICAMENTO?**
**Proteger da luz, calor e umidade.**
**Conservar este medicamento em temperatura ambiente (15 a 30ºC).**
**Este medicamento tem validade de 24 meses a partir da data de sua fabricação.**
**Número de lote e datas de fabricação e validade: vide embalagem. Não use medicamento com prazo de validade vencido.**
**Para sua segurança, mantenha o medicamento em sua embalagem original.**
A tintura de **ARNICA DO MATO EC** é um líquido de coloração marrom e sabor levemente amargo.
**Antes de usar, observe o aspecto do medicamento.**
**Caso você observe alguma mudança no aspecto do medicamento que ainda esteja no prazo de validade, consulte o médico ou o farmacêutico para saber se poderá utilizá-lo.**
**Todo medicamento deve ser mantido fora do alcance das crianças.**

**COMO DEVO USAR ESTE MEDICAMENTO?**
USO ORAL: Ingerir 5 mL da tintura, diluídos em aproximadamente meio copo de água, 3 vezes ao dia, antes das principais refeições.
USO EXTERNO: Aplicar a tintura no local da lesão, com algodão, fazendo uma leve fricção.
**Agite o frasco antes de usar.**
A duração do tratamento com *S. microglossa* deve ser condizente com a duração dos sintomas, devendo ser utilizado, no máximo, durante sete dias.
**Siga corretamente o modo de usar. Em caso de dúvidas sobre este medicamento, procure orientação do farmacêutico. Não desaparecendo os sintomas, procure orientação médica ou de seu cirurgião-dentista.**

**O QUE DEVO FAZER QUANDO EU ME ESQUECER DE USAR ESTE MEDICAMENTO?**
Caso haja esquecimento da ingestão de uma dose deste medicamento, retome a posologia prescrita sem a necessidade de suplementação.
**Em casos de dúvidas, procure orientação do farmacêutico ou de seu médico, ou cirurgião-dentista.**

**QUAIS OS MALES QUE ESTE MEDICAMENTO PODE ME CAUSAR?**
Reação comum (ocorre entre 1% e 10% dos pacientes que utilizam este medicamento): o uso externo pode ocasionar um avermelhamento e irritação em peles sensíveis, por conter álcool.
Reação rara (ocorre entre 0,01% e 0,1% dos pacientes que utilizam este medicamento): o uso interno pode levar ao aumento da atividade cardíaca.
**Informe seu médico, cirurgião-dentista ou farmacêutico o aparecimento de reações indesejáveis pelo uso do medicamento.**
**Informe a empresa sobre o aparecimento de reações indesejáveis e problemas com este medicamento, entrando em contato através do Sistema de Atendimento ao Consumidor (SAC).**

**O QUE FAZER SE ALGUÉM USAR UMA QUANTIDADE MAIOR DO QUE A INDICADA DESTE MEDICAMENTO?**
Em altas doses, pode apresentar efeitos tóxicos, podendo ocasionar vômitos.
Em caso de uso de grande quantidade deste medicamento, procure rapidamente socorro médico e leve a embalagem ou bula do medicamento, se possível.

Em caso de intoxicação ligue para 0800 722 6001, se você precisar de mais orientações sobre como proceder.

**DIZERES LEGAIS**
MS: 1.1678.0021
Farmacêutico Responsável: Aldo Cândido Dadalt CRF-PR: 4787
As Ervas Curam Indústria Farmacêutica Ltda
Rua Eunice Weaver, 231, Campo Comprido Curitiba – PR – CEP: 81220-080
CNPJ: 79.634.572/0001-82
Indústria Brasileira
SAC 0800 643 3949

_____

# ARNICA GEL
*Arnica montana*, Asteraceae.

## MEDICAMENTO FITOTERÁPICO

**PARTE UTILIZADA**
Capítulos florais.

**NOMENCLATURA POPULAR**
Arnica.

**APRESENTAÇÃO**
Gel – Tintura dos capítulos florais de *Arnica montana*. Embalagem com bisnaga contendo 30 ou 50 g.

**VIA TÓPICA USO ADULTO COMPOSIÇÃO**
Cada grama contém:
tintura de *Arnica montana* ........................................200 mg*
excipientes q.s.p. .............................................................. 1 g.
(água purificada, propilenoglicol, carbômer, trolamina, imidazolidinilureia, edetato dissódico, metilparabeno e propilparabeno)
*equivalente a 0,16-0,20 mg de lactonas sesquiterpênicas totais expressas em tiglato de diidrohelenalina.

**INFORMAÇÕES AO PACIENTE**
**PARA QUE ESTE MEDICAMENTO É INDICADO?**
Arnica Gel® é indicado para o tratamento de contusões, hematomas e equimoses (manchas escuras ou azuladas que ocorrem na pele devido a uma infiltração de sangue; na maior parte dos casos, aparecem após um traumatismo, mas podem também aparecer espontaneamente em sujeitos que apresentam fragilidade capilar ou um distúrbio de coagulação).

**COMO ESTE MEDICAMENTO FUNCIONA?**
Arnica Gel® impede o desenvolvimento da inflamação, principalmente através da inibição da produção de prostaglandinas, que são substâncias responsáveis pelo processo inflamatório. Este fitoterápico também apresenta efeito antisséptico e contribui para o alívio da dor.

**QUANDO NÃO DEVO USAR ESTE MEDICAMENTO?**
Hipersensibilidade (alergia) a qualquer um dos componentes da fórmula.
**Este medicamento é contraindicado para uso por crianças. Este medicamento não deve ser utilizado por mulheres grávidas sem orientação médica.**

**O QUE DEVO SABER ANTES DE USAR ESTE MEDICAMENTO?**
Precauções e advertências
Uso externo.
Evitar o contato com mucosas e área dos olhos. Caso isso ocorra, lavar com água em abundância.
Este produto deve ser aplicado na pele íntegra, sem feridas abertas.
O uso prolongado de arnica pode causar eczema.
A ingestão de produtos contendo arnica pode provocar severa inflamação do estômago e intestino, taquicardia, nervosismo, fraqueza muscular, e até mesmo morte.
Em caso de hipersensibilidade ao produto, recomenda-se descontinuar o uso e consultar o médico.
Interações medicamentosas
Não existem relatos de interações medicamentosas para o uso deste fitoterápico em preparações tópicas.
**Informe ao seu médico da ocorrência de gravidez na vigência do tratamento ou após o seu término.**
**Informe ao seu médico se está amamentando.**
**Informe ao seu médico ou cirurgião-dentista se você está fazendo uso de algum outro medicamento.**

**ONDE, COMO E POR QUANTO TEMPO POSSO GUARDAR ESTE MEDICAMENTO?**
Cuidados de conservação
Arnica Gel® deve ser conservado em temperatura ambiente (15 a 30ºC) em sua embalagem original.
Proteger da luz e da umidade.
**Prazo de validade**
24 meses após a data de fabricação impressa no cartucho.
**Número de lote e datas de fabricação e validade: vide embalagem.**

Não use medicamento com o prazo de validade vencido. Guarde-o em sua embalagem original.

### Características físicas
Gel castanho-amarelado.
### Características organolépticas
Cheiro (odor) característico da tintura de arnica.
**Antes de usar, observe o aspecto do medicamento. Caso ele esteja no prazo de validade e você observe alguma mudança no aspecto, consulte o farmacêutico para saber se poderá utilizá-lo.**
**Todo medicamento deve ser mantido fora do alcance das crianças.**

## COMO DEVO USAR ESTE MEDICAMENTO?
### Modo de usar
Massagear suavemente a região afetada, previamente higienizada.
### Posologia
Aplicar, via tópica, várias vezes ao dia.
**Siga corretamente o modo de usar. Em caso de dúvidas sobre este medicamento, procure orientação do farmacêutico. Não desaparecendo os sintomas, procure orientação de seu médico ou cirurgião-dentista.**

## O QUE DEVO FAZER QUANDO EU ME ESQUECER DE USAR ESTE MEDICAMENTO?
Caso haja esquecimento da aplicação deste medicamento, retomar a posologia prescrita sem a necessidade de suplementação.
**Em caso de dúvidas, procure orientação do farmacêutico ou de seu médico ou cirurgião-dentista.**

## QUE MALES ESTE MEDICAMENTO PODE CAUSAR?
### Reações adversas
O uso tópico de produtos contendo arnica, em pacientes com pele bastante sensível, pode provocar inchaço, irritação e inflamação com o aparecimento de bolhas.
A revisão da literatura não revela a frequência das reações adversas.
**Informe ao seu médico, cirurgião-dentista ou farmacêutico do aparecimento de reações indesejáveis pelo uso do medicamento.**
**Informe também à empresa através do seu Serviço de Atendimento ao Consumidor.**

## O QUE FAZER SE ALGUÉM USAR UMA QUANTIDADE MAIOR DO QUE A INDICADA DESTE MEDICAMENTO?
Não há relatos de superdosagem relacionados à aplicação tópica de arnica.
Recomenda-se tratamento sintomático e controle das funções vitais.
**Em caso de uso de grande quantidade deste medicamento, procure rapidamente socorro médico e leve a embalagem ou bula do medicamento, se possível. Ligue para 0800 722 6001 se você precisar de mais orientações.**
**Siga corretamente o modo de usar, não desaparecendo os sintomas procure orientação médica.**

### DIZERES LEGAIS
MS: 1.1860.0093
Farmacêutica resp.: Gislaine B. Gutierrez CRF-PR nº 12423
Fabricado e Distribuído por: **HERBARIUM LABORATÓRIO BOTÂNICO S. A.**
Av. Santos Dumont, 1100 • CEP 83403-500 Colombo – PR
CNPJ: 78.950.011/0001-20
**Indústria Brasileira.**

---

# ARPADOL®
*Harpagophytum procumbens* DC

**Nomenclatura Botânica Oficial:** *Harpagophytum procumbens* DC
**Família:** Pedaliaceae
**Parte da Planta Utilizada:** Raiz
**Nomenclatura Popular:** Garra do Diabo

### APRESENTAÇÕES
Comprimidos revestidos gastrorresistentes de 400 mg. Caixas com 10, 30 e 60 comprimidos.

### USO ORAL USO ADULTO

### COMPOSIÇÃO
**Cada comprimido revestido gastrorresistente contém:**
*Harpagophytum procumbens* DC extrato seco 5% .400 mg
Excipientes q.s.p. ............................................1 comprimido
Excipientes: celulose microcristalina, povidona, croscarmelose sódica, estearato de magnésio, dióxido de silício, hipromelose, macrogol, acetoftalato de polivinila, corante óxido de ferro amarelo e dióxido de titânio.
**Correspondência em marcador:**

400 mg de *Harpagophytum procumbens* DC extrato seco 5% corresponde a 20 mg de harpagosídeo.

**INFORMAÇÕES AO PACIENTE**
**1. PARA QUÊ ESTE MEDICAMENTO É INDICADO?**
Este medicamento é indicado no tratamento de quadros reumatológicos, tais como artrites e artroses, assim como no tratamento de dores lombares, dores musculares e demais dores que acometem os ossos e as articulações.

**2. COMO ESTE MEDICAMENTO FUNCIONA?**
ARPADOL®, cujo princípio ativo é o extrato seco de *Harpagophytum procumbens* DC, é uma planta originária do deserto de Kalaari e estepes da Namíbia, no sudoeste da África, que tem atividade anti-inflamatória, demonstrada em animais e em estudos clínicos; seu maior constituinte químico é o harpagosídeo. Os efeitos anti-inflamatórios parecem ser mais consistentes com o uso crônico do que com o uso agudo.

**3. QUANDO NÃO DEVO USAR ESTE MEDICAMENTO?**
Você não deve utilizar ARPADOL® se apresentar alergia aos componentes da formulação do produto.
O medicamento não deve ser usado por pacientes que apresentam úlceras gástricas ou duodenais, síndrome do intestino irritável e litíase biliar ("pedra" na vesícula).

**4. O QUE DEVO SABER ANTES DE UTILIZAR ESTE MEDICAMENTO?**
Pacientes portadores de doenças cardíacas e que fazem uso de medicamentos para o tratamento da hipertensão arterial (pressão alta) devem ter cuidado com a ingestão de doses excessivas de ARPADOL® pois o *Harpagophytum procumbens* pode afetar a frequência cardíaca e a pressão arterial.
Como o *Harpagophytum procumbens* pode aumentar a produção da bile, pacientes com doenças nas vias biliares devem perguntar ao seu médico se podem fazer uso de ARPADOL®.
Apesar da falta de estudos em seres humanos, estudos em roedores mostraram que *Harpagophytum procumbens* reduz a glicemia de roedores diabéticos. Por essa razão, pacientes diabéticos devem estar atentos a uma possível ação hipoglicemiante.
**Este medicamento não deve ser utilizado por mulheres grávidas sem orientação médica ou do cirurgião-dentista.**
Amamentação

O médico deve avaliar o risco/benefício do uso de ARPADOL® durante a amamentação. Não se sabe se a droga é excretada no leite materno.
**Idosos**
As doses e cuidados para os pacientes idosos são os mesmos recomendados para os adultos, devendo haver o acompanhamento médico.
**Interações medicamentosas**
**Interações medicamentos – exames laboratoriais**
Não há relato de interferência do *Harpagophytum procumbens* DC com os resultados de exames laboratoriais.
**Interações medicamentos – medicamentos**
Possíveis interações com drogas usadas no tratamento de arritmias cardíacas e de hipertensão arterial (pressão alta) não podem ser excluídas. Podem ocorrer também interações com drogas usadas no tratamento do diabetes mellitus, por causa do possível efeito hipoglicemiante do *Harpagophytum procumbens*.
Alguns medicamentos metabolizados pelo fígado podem sofrer interação com o *Harpagophytum procumbens*, tais como omeprazol, lansoprazol, pantoprazol, diazepam, carisoprodol, nelfinavir, diclofenaco, ibuprofeno, meloxicam, piroxicam, celecoxibe, amitriptilina, varfarina, glipizida, losartana, lovastatina, cetoconazol, itraconazol, fexofenadina e triazolam, entre outros.
Devido à citação de que o *Harpagophytum procumbens* DC pode aumentar a acidez do estômago, existe a possibilidade da diminuição da efetividade de medicamentos antiácidos; púrpura foi relatada em um paciente após administração conjunta de varfarina (um medicamento anticoagulante) e *Harpagophytum procumbens* DC. Por essa razão, uma avaliação cuidadosa dessa associação e mesmo ajuste da dose da varfarina se fazem necessários.
**Informe ao seu médico ou cirurgião-dentista se você está fazendo uso de algum outro medicamento.**
**Não use medicamento sem o conhecimento do seu médico. Pode ser perigoso para a sua saúde.**

**5. ONDE, COMO E POR QUANTO TEMPO POSSO GUARDAR ESTE MEDICAMENTO?**
ARPADOL® deve ser armazenado em temperatura ambiente (entre 15ºC e 30ºC), protegido da luz e da umidade.
**Número de lote e datas de fabricação e validade: vide embalagem.**
**Não use medicamento com prazo de validade vencido. Guarde-o em sua**
**embalagem original.**

Os comprimidos revestidos de ARPADOL® são de coloração bege, oblongos em forma de bastão com chanfro.
**Antes de usar, observe o aspecto do medicamento. Caso ele esteja no prazo de validade e você observe alguma mudança no aspecto do medicamento que ainda esteja no prazo de validade, consulte o farmacêutico para saber se poderá utilizá-lo.**
**Todo medicamento deve ser mantido fora do alcance das crianças.**

### 6. COMO DEVO USAR ESTE MEDICAMENTO?

O produto ARPADOL® é apresentado na forma de comprimidos revestidos gastrorresistentes de 400 mg.
Você deve tomar 1 comprimido de ARPADOL®, por via oral, 3 vezes ao dia, ou seja, de 8 em 8 horas, após a ingestão de alimento.
**Este medicamento não deve ser partido ou mastigado. Siga a orientação de seu médico, respeitando sempre os horários, as doses e a duração do tratamento. Não interrompa o tratamento sem o conhecimento do seu médico.**

### 7. O QUE DEVO FAZER QUANDO EU ME ESQUECER DE USAR ESTE MEDICAMENTO?

Caso você esqueça de tomar ARPADOL® no horário estabelecido pelo seu médico, tome-o assim que lembrar. Entretanto, se já estiver perto do horário de tomar a próxima dose, pule a dose esquecida e tome a próxima, continuando normalmente o esquema de doses recomendado pelo seu médico. Nesse caso, não tome o medicamento duas vezes para compensar doses esquecidas.
O esquecimento da dose pode comprometer a eficácia do tratamento.
**Em caso de dúvidas, procure orientação do farmacêutico ou de seu médico, ou cirurgião-dentista.**

### 8. QUAIS OS MALES QUE ESTE MEDICAMENTO PODE CAUSAR?

Nos estudos clínicos realizados com *Harpagophytum procumbens*, eventos adversos pouco importantes ocorreram em aproximadamente 3% dos pacientes, principalmente eventos adversos gastrointestinais (dor e desconforto abdominal, vômito, flatulência, dispepsia), perda do paladar e alergias.
Em um estudo clínico, o evento adverso mais comum foi a diarreia, que ocorreu em 8% dos pacientes e diminui espontaneamente após o 2-3º dia de tratamento. Outros eventos adversos descritos foram dor de cabeça e zumbido.

**Informe ao seu médico, cirurgião-dentista ou farmacêutico o aparecimento de reações indesejáveis pelo uso de medicamento. Informe também à empresa através do seu serviço de atendimento.**

### 9. O QUE FAZER SE ALGUÉM USAR UMA QUANTIDADE MAIOR DO QUE A INDICADA DESTE MEDICAMENTO?

Uma superdose pode causar transtornos hepáticos.
Em caso de ingestão acidental de uma grande quantidade deste medicamento de uma só vez, o médico deverá ser contatado urgentemente ou o paciente deverá ser encaminhado ao pronto atendimento mais próximo para receber socorro médico.
**Em caso de uso de grande quantidade deste medicamento, procure rapidamente socorro médico e leve a embalagem ou bula do medicamento, se possível. Ligue para 0800 722 6001, se você precisar de mais orientações.**

### VENDA SOB PRESCRIÇÃO MÉDICA

### DIZERES LEGAIS

Reg. MS nº 1.0118.0606
Farmacêutico Responsável: Alexandre Tachibana Pinheiro
CRF-SP n° 44.081
Registrado e fabricado por: APSEN FARMACÊUTICA S. A.
Rua La Paz, nº 37/67 – Santo Amaro CEP 04755-020 – São Paulo – SP
CNPJ: 62.462.015/0001-29
Indústria Brasileira
®Marca registrada de Apsen Farmacêutica S. A.

## ARPYNFLAN

### MEDICAMENTO FITOTERÁPICO

**Nomenclatura botânica oficial:** *Harpagophytum procumbens*
**Nomenclatura popular:** Garra do Diabo
**Família:** Pedaliaceae
**Parte da planta utilizada:** raiz

### FORMA FARMACÊUTICA

Comprimido revestido

## APRESENTAÇÕES
**Linha Farma:** Cartucho contendo 2 blisters de alumínio plástico incolor com 15 comprimidos revestidos cada.

**USO ORAL**
**USO ADULTO**

## CONCENTRAÇÃO
450 mg de extrato seco de raiz de *Harpagophytum procumbens* (equivalente a 18 mg de harpagosídeo) por comprimido revestido.

## COMPOSIÇÃO
Cada comprimido revestido contém:
Extrato seco de *Harpagophytum procumbens*......... 450 mg
Excipientes q.s.p. ............................................1 comprimido
(celulose microcristalina, copovidona, croscarmelose sódica, estearato de magnésio, dióxido de silício, copolímero do ácido metacrílico tipo C, talco, dióxido de titânio, corante amarelo crepúsculo laca de alumínio, laurilsulfato de sódio, bicarbonato de sódio, polietilenoglicol 4000 (micronizado e maltodextrina)

## CONCENTRAÇÃO DE PRINCÍPIO ATIVO
O extrato seco de *Harpagophytum procumbens* está padronizado em 4% de harpagosídeo. Cada comprimido contém 18 mg de harpagosídeo.

## INFORMAÇÕES AO PACIENTE

### PARA QUE ESTE MEDICAMENTO É INDICADO?
Este medicamento é indicado para tratamento de quadros reumáticos acompanhados de dor, como artrite, artrose e lombalgia (dor nas costas).

### COMO ESTE MEDICAMENTO FUNCIONA?
O ARPYNFLAN é um medicamento fitoterápico que apresenta em sua composição extrato seco de raiz de *Harpagophytum procumbens*, conhecida popularmente como Garra do Diabo.
Devido ao seu principal componente, denominado harpagosídeo, este produto possui atividade anti-inflamatória e analgésica, sendo indicada como auxiliar no tratamento de doenças inflamatórias reumáticas como artrite e artrose.

### QUANDO DEVO USAR ESTE MEDICAMENTO?
Este medicamento é contraindicado nos casos de úlceras pépticas e duodenais (lesões localizadas no estômago e intestino). Também não deve ser utilizado por pessoas alérgicas à raiz de *Harpagophytum procumbens*.

Não é recomendada a utilização deste medicamento por mulheres grávidas ou que estão amamentando.
**Este medicamento é contraindicado para menores de 12 anos.**
**Este medicamento não deve ser utilizado por mulheres grávidas sem orientação médica ou do cirurgião-dentista.**

### O QUE DEVO SABER ANTES DE USAR ESTE MEDICAMENTO?
ADVERTÊNCIAS E PRECAUÇÕES
Nos casos de hipersensibilidade (alergia) aos componentes da formulação, o uso de ARPYNFLAN deve ser imediatamente descontinuado.
Pacientes com pedras na vesícula biliar devem consultar o médico antes da utilização deste medicamento.
Doses elevadas deste produto podem interferir com drogas antiarrítmicas e com terapia hipotensiva ou hipertensiva. Além disso, com a utilização de altas doses, em pessoas sensíveis, medicamentos contendo o fitoterápico Garra do Diabo podem provocar o aparecimento de transtornos digestivos leves, como diarreia, náuseas e dor de estômago.
Não existem advertências ou contraindicações específicas quanto ao uso deste medicamento por pacientes idosos.
**Este medicamento não deve ser utilizado por mulheres grávidas sem orientação médica ou do cirurgião-dentista.**

### INTERAÇÕES
Nas doses indicadas, não são conhecidas interações medicamentosas. No entanto, não se recomenda a associação deste produto com outros medicamentos sem orientação médica.
**Informe ao seu médico ou cirurgião-dentista se você está fazendo uso de algum outro medicamento.**
**Não use medicamento sem conhecimento do seu médico. Pode ser perigoso para a sua saúde.**

### ONDE, COMO E POR QUANTO TEMPO POSSO GUARDAR ESTE MEDICAMENTO?
ARPYNFLAN deve ser guardado em locais com temperatura ambiente (temperatura entre 15 e 30°C). Proteger da luz e umidade.
Nessas condições, o medicamento se manterá próprio para consumo, respeitando o prazo de validade de 24 meses, indicado na embalagem.
**Número de lote e datas de fabricação e validade: vide embalagem.**

Não use medicamento com o prazo de validade vencido. Guarde-o em sua embalagem original.

**Antes de usar, observe o aspecto do Caso ele esteja no prazo de validade e você observe alguma mudança no aspecto, consulte o farmacêutico para saber se poderá utilizá-lo.**

ARPYNFLAN apresenta-se como comprimido revestido, oblongo e de cor laranja.

**Todo medicamento deve ser mantido fora do alcance das crianças.**

## COMO DEVO USAR ESTE MEDICAMENTO?

Uso oral.

Ingerir 1 (um) comprimido revestido, 3 (três) vezes dia. Recomenda-se tratamento durante um período por 2 a 3 meses.

Este medicamento deve ser utilizado apenas pela via oral. O uso do ARPYNFLAN por outra via, que não a oral, pode resultar na perda do efeito esperado do medicamento ou mesmo provocar danos à saúde.

**Siga a orientação de seu médico, respeitando sempre os horários, as doses e a duração do tratamento. Não interrompa o tratamento sem o conhecimento do seu médico. Este medicamento não deve ser partido, aberto ou mastigado.**

## O QUE DEVO FAZER QUANDO EU ME ESQUECER DE USAR ESTE MEDICAMENTO?

Caso haja esquecimento da ingestão de uma dose deste medicamento, retomar a posologia sem a necessidade de suplementação.

**Em caso de dúvidas, procure orientação do farmacêutico ou de seu médico, ou cirurgião-dentista.**

## QUAIS OS MALES QUE ESTE MEDICAMENTO PODE ME CAUSAR?

O uso de medicamentos contendo o fitoterápico *Harpagophytum procumbens* pode levar ao aparecimento de reações indesejáveis como dor de cabeça frontal, zumbido, anorexia (perda de apetite) e perda de paladar.

Em caso raros, pode ocorrer um efeito laxante no início do tratamento, o qual desaparece espontaneamente após o segundo ou terceiro dia de uso do produto.

**Informe ao seu médico, cirurgião-dentista ou farmacêutico o aparecimento de reações indesejáveis pelo uso do medicamento. Informe também à empresa através do seu serviço de atendimento.**

## O QUE FAZER SE ALGUÉM USAR UMA QUANTIDADE MAIOR DO QUE A INDICADA DESTE MEDICAMENTO?

No caso da utilização de altas doses deste medicamento, seu uso deve ser imediatamente interrompido e um médico deverá ser procurado para administração da terapia sintomática e de suporte adequada.

**Em caso de uso de grande quantidade deste medicamento, procure rapidamente socorro médico e leve a embalagem ou bula do medicamento, se possível. Ligue para 0800 722 6001, se você precisar de mais orientações.**

## VENDA SOB PRESCRIÇÃO MÉDICA

**DIZERES LEGAIS**
MS: 1.3841.0057
Farm. Responsável: Tales de Vasconcelos Cortes CRF/BA nº3745

**NATULAB LABORATÓRIO SA**
Rua H, nº2, Galpão 03 – Urbis II
Santo Antônio de Jesus – Bahia – CEP – 44.574-150
CNPJ: 02.456.955/0001-83
INDÚSTRIA BRASILEIRA
SAC: (75) 3311 5555

---

# ARTROFLAN

(Garra do diabo, *Harpagophytum procumbens* DC. ex Meissn. e *H. eyheri* Decne)

## I – IDENTIFICAÇÃO DO PRODUTO TRADICIONAL FITOTERÁPICO:

## PRODUTO TRADICIONAL FITOTERÁPICO

**Nomenclatura popular:** Garra do diabo.
**Nomenclatura botânica completa:** *Harpagophytum procumbens* DC. ex Meissn. e *H. zeyheri* Decne.
**Parte da planta utilizada: raízes** secundárias.
**Produto registrado com base no uso tradicional, não sendo recomendado seu uso por período prolongado.**

## II – INFORMAÇÕES QUANTO ÀS APRESENTAÇÕES E COMPOSIÇÃO

**Forma farmacêutica:** comprimido revestido de liberação retard.
**Apresentações:** embalagens contendo 10, 20, 40, ou 60 comprimidos revestidos de liberação retard.

**COMPOSIÇÃO**
Cada comprimido revestido de liberação retard contém:
extrato seco de garra do diabo, *Harpagophytum procumbens* (padronizado em 22% de harpagosídeo, equivalente a 33mg de harpagosídeo) ..........................................................150mg
excipientes q.s.p. ................... 1 comprimido revestido de liberação retard.
(celulose microcristalina, amido, polimetacrílicocopoliacrilato de etila, amidoglicolato de sódio, dióxido de silício, talco, óxido férrico vermelho, hipromelose, estearato de magnésio, macrogol, dióxido de titânio, dióxido de silício, bicarbonato de sódio, laurilsulfato de sódio e simeticona).

**VIA DE ADMINISTRAÇÃO: ORAL**
**USO ADULTO**

**III – INFORMAÇÕES AO PACIENTE:**
**1. PARA QUE ESTE PRODUTO É INDICADO?**
Este produto é usado tradicionalmente para alívio de dores articulares moderadas e dor lombar baixa aguda.

**2. COMO ESTE PRODUTO FUNCIONA?**
Este produto atua como anti-inflamatório, antirreumático e analgésico, inibindo a síntese de prostaglandinas, que são formadas na fase irritativa do processo inflamatório.

**3. QUANDO NÃO DEVO USAR ESTE PRODUTO?**
Hipersensibilidade (alergia) a qualquer um dos componentes da fórmula.
Pessoas com úlcera estomacal ou duodenal, devido à estimulação da secreção do suco gástrico.
Pessoas com problemas cardiovasculares.
Pessoas com obstrução das vias biliares ou cálculos biliares, gastrite e cólon irritável.
**Este produto é contraindicado para uso por crianças. Mulheres grávidas ou amamentando não devem utilizar este produto, já que não há estudos que possam garantir a segurança nessas situações.**

**4. O QUE DEVO SABER ANTES DE USAR ESTE PRODUTO?**
**Precauções e advertências**
Em caso de hipersensibilidade ao produto, recomenda-se descontinuar o uso e consultar o médico.
Estudos em animais revelaram que o extrato de *Harpagophytum procumbens* é capaz de reduzir o nível de açúcar sanguíneo. Sendo assim, recomenda-se precaução na administração deste produto por pacientes diabéticos que já façam uso de medicamentos hipoglicemiantes.

O uso concomitante deste produto com medicamentos anticoagulantes deve ser evitado, devido ao risco de aumento de sangramento.
Caso os sintomas persistam ou piorem, ou apareçam reações indesejadas não descritas na embalagem ou no folheto informativo, interrompa seu uso e procure orientação do profissional de saúde.
Se você utiliza medicamentos de uso contínuo, busque orientação de profissional de saúde antes de utilizar este produto.
Este produto não deve ser utilizado por período superior ao indicado, ou continuamente, a não ser por orientação de profissionais de saúde.
Informe ao seu profissional de saúde todas as plantas medicinais e fitoterápicos que estiver tomando. Interações podem ocorrer entre produtos e plantas medicinais e mesmo entre duas plantas medicinais quando administradas ao mesmo tempo.
**Interações medicamentosas**
Pode interagir com: drogas utilizadas para o tratamento de desordens cardíacas (como drogas antiarrítmicas), terapia hipotensiva/hipertensiva, varfarina, estatinas, antiepiléticos, antidepressivos, antidiabéticos e inibidores da bomba de prótons.
**Não há casos relatados que o uso deste produto interfira na capacidade de dirigir veículos e operar máquinas.**

**5. ONDE, COMO E POR QUANTO TEMPO POSSO GUARDAR ESTE PRODUTO?**
Conservar em temperatura ambiente (entre 15 e 30°C). Proteger da luz e umidade. Prazo de validade: 24 meses após a data de fabricação impressa no cartucho.
**Número de lote e datas de fabricação e validade: vide embalagem. Não use produto com prazo de validade vencido.**
**Para sua segurança, guarde o produto na embalagem original.**
Atroflan apresenta-se como comprimido revestido de liberação retard de cor marrom avermelhado. **Características organolépticas**
Cheiro (odor) característico e praticamente não apresenta sabor.
**Antes de usar, observe o aspecto do produto. Caso ele esteja no prazo de validade e você observe alguma mudança no aspecto, consulte o farmacêutico para saber se poderá utilizá-lo.**
**Este produto deve ser mantido fora do alcance das crianças.**

## 6. COMO DEVO USAR ESTE PRODUTO?
## USO ORAL/USO INTERNO
### Modo de usar
Os comprimidos revestidos de liberação retard devem ser ingeridos inteiros e com quantidade suficiente de água para que possam ser deglutidos.

Os produtos tradicionais fitoterápicos não devem ser administrados pelas vias injetável e oftálmica.

### Posologia
Ingerir dois comprimidos revestidos de liberação retard, via oral, uma vez ao dia, por até 4 semanas.

**Este produto não deve ser partido, aberto ou mastigado.**

## 7. O QUE DEVO FAZER QUANDO EU ME ESQUECER DE USAR ESTE PRODUTO?
Caso haja esquecimento da ingestão de uma dose deste medicamento, retomar a posologia prescrita sem a necessidade de suplementação.

**Em caso de dúvidas, procure orientação de profissional de saúde.**

## 8. QUAIS OS MALES QUE ESTE PRODUTO PODE ME CAUSAR?
### Reações adversas
Dores de cabeça, zumbidos, perda de apetite.

Distúrbios gastrointestinais podem ocorrer em pessoas sensíveis (diarreia e flatulência), especialmente com o uso de doses elevadas.

Também há relatos de sintomas de cansaço, enxaqueca, erupções cutâneas e aumento temporário da transpiração. Estudos científicos relatam a incidência destes eventos adversos em aproximadamente 10% da população.

**Informe ao seu profissional de saúde o aparecimento de reações indesejáveis pelo uso do produto. Informe também à empresa através do seu Serviço de Atendimento ao Consumidor (SAC).**

**Em casos de eventos adversos, notifique ao Sistema de Notificações em Vigilância Sanitária (Notivisa), disponível em http://www.anvisa.gov.br/hotsite/notivisa/index.htm, ou para a Vigilância Sanitária Estadual ou Municipal.**

## 9. O QUE FAZER SE ALGUÉM USAR UMA QUANTIDADE MAIOR DO QUE A INDICADA DESTE PRODUTO?
Recomenda-se tratamento sintomático e controle das funções vitais.

**Em caso de uso de grande quantidade deste produto, procure rapidamente socorro médico e leve a embalagem ou folheto informativo, se possível.**

**Em caso de intoxicação ligue para 0800 722 6001, se você precisar de mais orientações sobre como proceder.**

**Não há casos de superdose relatados.**

## DIZERES LEGAIS:
Registro M.S. nº 178170870

Farm. Resp.: Luciana Lopes da Costa CRF-GO nº 2.757.

**Registrado por: Cosmed Indústria de Cosméticos e Medicamentos S. A.**

Avenida Ceci, nº 282, Módulo I – Tamboré – Barueri – SP – CEP 06460-120

C.N.P.J.: 61.082.426/0002-07

Indústria Brasileira

**Fabricado por: Herbarium Laboratório Botânico S. A.**

Av. Santos Dumont, 1100 CEP 83403-500 Colombo – PR.

# B

## BÁLSAMO BRANCO

**Nomenclatura e parte da planta utilizada:**
Canela: *Cinnamomum zeylanicum* Nees – Lauraceae – óleo essencial
Cravo da Índia: *Caryophyllus aromaticus* L., Myrtaceae – óleo essencial
**Medicamento fitoterápico registrado com base no uso tradicional.**
Não é recomendado o uso por período prolongado enquanto estudos clínicos amplos sobre sua segurança não forem realizados.
**Forma farmacêutica e apresentação:** Solução oral – cartucho com frasco plástico opaco x 30mL.

**VIA ORAL**
**USO ADULTO**

Contém 30mL.

### COMPOSIÇÃO:
Cada mL do produto contém 12,70mg de óleo essencial de canela [*Cinnamomum zeylanicum* Nees] equivalente a 7,62mg de cinamaldeído, 5,20mg de óleo essencial de cravo [*Caryophyllus aromaticus* L.], equivalente a 4,42mg de eugenol e excipientes: essência de alfazema, essência de melissa, essência de limão, extrato fluido de funcho, extrato fluido de alcarávia, tintura de urucum, álcool etílico 96% e água purificada.
1mL equivale a 20 gotas. 1 gota equivale a 0,895mg de óleos essenciais.
O teor alcoólico deste medicamento é de 83%.

### INFORMAÇÕES AO PACIENTE:
### 1. PARA QUE ESTE MEDICAMENTO É INDICADO?
O produto Bálsamo Branco é indicado contra gases em casos de problemas digestivos.

### 2. COMO ESTE MEDICAMENTO FUNCIONA?
Os princípios ativos presentes no Bálsamo Branco são de origem vegetal, agindo localmente de maneira eficaz na eliminação dos gases em casos de problemas digestivos.
O efeito do medicamento começa a aparecer, em média, 1 hora após a administração do medicamento.

### 3. QUANDO NÃO DEVO USAR ESTE MEDICAMENTO?
Bálsamo Branco é contraindicado em pacientes com úlcera gastrintestinal e/ou refluxo ácido. Também é contraindicado em pessoas com colite e Síndrome do Intestino Irritável. Bálsamo Branco não deve ser utilizado por pacientes alérgicos à droga ou a seus componentes.
**Este medicamento é contraindicado para uso por mulheres grávidas sem orientação médica ou do cirurgião-dentista [Categoria C].**
**Este medicamento é contraindicado para menores de 12 anos.**
O uso de Bálsamo Branco não é recomendado para gestantes e lactantes por conter óleos essenciais.

### 4. O QUE DEVO SABER ANTES DE USAR ESTE MEDICAMENTO?
Interações medicamentosas
Deve ser tomado com cautela durante o uso de paracetamol devido ao potencial
de hepatotoxicidade do componente eugenol.
Anticoagulantes, agentes antiplaquetários, agentes trombolíticos e heparinas de baixo peso molecular podem ser potencializados devido à inibição plaquetária do produto.
O metabolismo de aminopirina pela atividade da monoaminoxigenase dos microssomos hepáticos pode ser inibido pelo uso do produto.
O produto pode potencializar a atividade da insulina no metabolismo da glucose.
**Informe ao seu médico ou cirurgião-dentista se você está fazendo uso de algum outro medicamento.**

### 5. ONDE, COMO E POR QUANTO TEMPO POSSO GUARDAR ESTE MEDICAMENTO?
Bálsamo Branco deve ser guardado em sua embalagem original, evitando-se local quente [30-40ºC].
O produto Bálsamo Branco apresenta validade de 36 meses.
**Número de lote e datas de fabricação e validade: vide embalagem.**
**Não use medicamento com o prazo de validade vencido. Guarde-o em sua embalagem original.**
Após a abertura da embalagem, o produto deve ser guardado adequadamente para se manter próprio ao consumo dentro do prazo de validade.
O Bálsamo Branco apresenta-se como um líquido móvel, de coloração amarelo canário, com odor característico de cravo e canela e sabor picante e alcoólico.
**Antes de usar, observe o aspecto do medicamento. Caso ele esteja no prazo de validade e você observe**

alguma mudança no aspecto, consulte o farmacêutico para saber se poderá utilizá-lo.
Todo medicamento deve ser mantido fora do alcance das crianças.

## 6. COMO DEVO USAR ESTE MEDICAMENTO?

Este medicamento não deve ser utilizado por via de administração não recomendada. A solução oral deve ser ingerida por via oral. A posologia foi estabelecida em 30 gotas (1,5 ml), diluído em água, 3 vezes ao dia. A posologia em mL do produto por peso corpóreo para uso adulto é de 0,065ml/kg/dia. A dose máxima deste medicamento deverá ser 90 gotas (4,5ml) ao dia, dividido em 3 doses. Siga corretamente o modo de usar. Em caso de dúvidas sobre este medicamento, procure orientação do farmacêutico. Não desaparecendo os sintomas, procure orientação de seu médico ou cirurgião-dentista.

## 7. O QUE DEVO FAZER QUANDO EU ME ESQUECER DE USAR ESTE MEDICAMENTO?

Caso você esqueça de tomar uma dose do produto Bálsamo Branco, não é necessário tomar a dose esquecida, deve-se apenas tomar a próxima dose, no horário correto. Nunca tome uma dose dobrada para compensar a dose perdida. Em caso de dúvidas, procure orientação do farmacêutico ou de seu médico, ou cirurgião-dentista.

## 8. QUAIS OS MALES QUE ESTE MEDICAMENTO PODE ME CAUSAR?

Reação muito rara (ocorre em menos de 0,01% dos pacientes que utilizam o produto): acidose, convulsão generalizada, desordens no tempo de coagulação, dano hepático agudo. Informe ao seu médico, cirurgião-dentista ou farmacêutico o aparecimento de reações indesejáveis pelo uso do medicamento. Informe também à empresa através do seu Serviço de Atendimento ao Consumidor (SAC).

## 9. O QUE FAZER SE ALGUÉM USAR UMA QUANTIDADE MAIOR DO QUE A INDICADA DESTE MEDICAMENTO?

Podem ocorrer vômitos, dor de garganta, convulsão, sedação, dificuldade em respirar, líquido nos pulmões, vômito com sangue, desordens sanguíneas, falência renal e dano ou falência hepática.
Além disso, pode causar taquicardia por meio da excitação do centro vasomotor, aumento do peristaltismo intestinal, respiração e transpiração, seguido de uma fase de sedação com sonolência e depressão. Se ocorrer ingestão acidental do produto em doses excessivas, deve-se procurar orientação médica e deve ser considerado o esvaziamento gástrico ou a administração de carvão ativado logo após o incidente.
Em caso de uso de grande quantidade deste medicamento, procure rapidamente socorro médico e leve a embalagem ou bula do medicamento, se possível. Ligue para 0800 722 6001, se você precisar de mais orientações.
Esta bula foi aprovada pela Anvisa em 09/03/2010.

**DIZERES LEGAIS**
M.S. 1.0066.0005.001-6
Farm. Resp.: Carlos E. de Carvalho CRF-SC Nº 4366
**Laboratório Catarinense Ltda.**
Rua Dr. João Colin, 1053
89204-001 – Joinville -SC
CNPJ: 84.684.620/0001-87
Indústria Brasileira
SAC0800-474222
www.catarinensepharma.com.br
® = marca registrada do Laboratório Catarinense Ltda.

---

# BELLY

## I – IDENTIFICAÇÃO DO MEDICAMENTO

*Garcinia cambogia* Roxb.
**Nomenclatura botânica oficial e parte utilizada:**
*Garcinia cambogia* Roxb., *Guttiferae*, fruto.

## MEDICAMENTO FITOTERÁPICO

## FORMA FARMACÊUTICA E APRESENTAÇÕES:

Cápsula gelatinosa dura:
Cartucho contendo blísteres de alumínio PVC com 30 ou 60 cápsulas.

## USO ORAL.
## USO ADULTO E CRIANÇAS ACIMA DE 12 ANOS.

## COMPOSIÇÃO:

Cada cápsula contém:
Extrato seco de *Garcinia cambogia* Roxb..............500 mg*
*Equivalente a 250 mg (50%) de ácido hidroxicítrico/cápsula.

## II – INFORMAÇÕES AO PACIENTE
## 1. PARA QUE ESTE MEDICAMENTO É INDICADO?

BELLY é indicado como auxiliar no tratamento da obesidade e do excesso de peso.

## 2. COMO ESTE MEDICAMENTO FUNCIONA?
**BELLY** atua regulando o apetite e diminuindo o excesso de peso corporal provocado pela acumulação de gorduras no organismo.

## 3. QUANDO NÃO DEVO USAR ESTE MEDICAMENTO?
**BELLY** não deve ser usado por pacientes com alergia a *Garcinia cambogia*.

Não utilizar na gravidez e na lactação.

Informe seu médico a ocorrência de gravidez durante o tratamento ou após o seu término. Informe seu médico se está amamentando. **"Este medicamento é contraindicado para menores de 12 anos."**

**"Este medicamento não deve ser utilizado por mulheres grávidas sem orientação médica ou do cirurgião-dentista."**

## 4. O QUE DEVO SABER ANTES DE USAR ESTE MEDICAMENTO?
Informar ao médico a ocorrência de gravidez durante o tratamento, ou caso surjam reações indesejáveis com o uso deste produto. Não ultrapassar as doses indicadas.

Não deve ser administrado a crianças com menos de 12 anos, a não ser que indicado por um médico.

Não utilizar doses maiores do que as estabelecidas na posologia. Não há recomendações especiais para o uso em pacientes idosos. Geralmente o uso de fitoterápicos com outras medicações só deverá ser possível com prévia avaliação médica. Em caso de tratamento médico informar ao seu médico o uso de qualquer produto fitoterápico e/ou de suplementos alimentares de qualquer origem. Não existem relatos de interações medicamentosas de BELLY com outros medicamentos. Pessoas diabéticas sob tratamento com medicamentos hipoglicemiantes deverão verificar regularmente as suas taxas de glicose devido a um eventual efeito hipoglicemiante dos extratos de *Garcinia cambogia*. **"Este medicamento não deve ser utilizado por mulheres grávidas sem orientação médica ou do cirurgião-dentista." "Informe ao seu médico ou cirurgião-dentista se você está fazendo uso de algum outro medicamento".**

**"Não use medicamento sem o conhecimento do seu médico. Pode ser perigoso para a sua saúde".**

## 5. ONDE, COMO E POR QUANTO TEMPO POSSO GUARDAR ESTE MEDICAMENTO?
Guardar o medicamento em sua embalagem original, em temperatura ambiente (15 a 30°C), protegido da luz e umidade. Nessas condições, o medicamento se manterá próprio para o consumo, respeitando o prazo de validade de 24 meses.

**"Número de lote e datas de fabricação e validade: vide embalagem."**

**"Não use medicamento com o prazo de validade vencido."**

**"Para sua segurança, mantenha o medicamento na embalagem original."**

**BELLY** é apresentado em cápsulas de gelatina dura contendo extrato seco de coloração bege claro a levemente marrom. As cápsulas possuem odor característico e praticamente não apresentam sabor.

**"Antes de usar, observe o aspecto do medicamento."**

**"Caso você observe alguma mudança no aspecto do medicamento que ainda esteja no prazo de validade, consulte o médico ou o farmacêutico para saber se poderá utilizá-lo."**

**"TODO MEDICAMENTO DEVE SER MANTIDO FORA DO ALCANCE DAS CRIANÇAS."**

## 6. COMO DEVO USAR ESTE MEDICAMENTO?
Uso Oral.

**Adultos:** Tomar 1 (uma) a 2 (duas) cápsula (s), 3 (três) vezes ao dia, 30 (trinta) a 60 (sessenta) minutos antes das refeições, com quantidade suficiente de água ou a critério médico.

**Crianças acima de 12 anos:** tomar 1 (uma), 3 (três) vezes ao dia 30 (trinta) a 60 (sessenta) minutos antes das refeições, com quantidade suficiente de água ou a critério médico.

**"Siga a orientação de seu médico, respeitando sempre os horários, as doses e a duração do tratamento".**

**"Não interrompa o tratamento sem o conhecimento do seu médico".**

**"Este medicamento não pode ser aberto, partido ou mastigado."**

## 7. O QUE DEVO FAZER QUANDO EU ME ESQUECER DE USAR ESTE MEDICAMENTO?
Caso haja esquecimento da ingestão de uma dose deste medicamento, retome a posologia prescrita sem a necessidade de suplementação.

**"Em caso de dúvidas, procure orientação do farmacêutico ou de seu médico, ou cirurgião-dentista."**

## 8. QUAIS OS MALES QUE ESTE MEDICAMENTO PODE CAUSAR?
Não foram relatados efeitos colaterais e reações adversas quando empregado nas posologias indicadas. Podem ocor-

rer distúrbios gástricos leves em pessoas sensíveis. Informe ao seu médico o aparecimento de reações desagradáveis. Houve uma notificação de aplasia medular, infecção de garganta, pneumonia e hemorragia, seguida de óbito com uso de produtos à base da espécie *Garcinia cambogia*. A literatura relata um número crescente de casos de hepatotoxicidade com o uso da espécie, conforme Lobb A, 2009 (Hepatoxicity associated with weight-loss supplements: A case for better post-marketing surveillance. World J Gastroenterol 15: 1786-1787).

"Informe ao seu médico, cirurgião-dentista ou farmacêutico o aparecimento de reações indesejáveis pelo uso do medicamento."

"Informe a empresa sobre o aparecimento de reações indesejáveis e problemas com este medicamento, entrando em contato através do Sistema de Atendimento ao Consumidor (SAC)."

## 9. O QUE FAZER SE ALGUÉM USAR UMA GRANDE QUANTIDADE MAIOR DO QUE A INDICADA DESTE MEDICAMENTO DE UMA SÓ VEZ?

Em casos de superdosagem, recomenda-se suspender o uso e consultar o médico.

"Em caso de uso de grande quantidade deste medicamento, procure rapidamente socorro médico e leve a embalagem ou bula do medicamento, se possível."

"Em caso de intoxicação ligue para 0800 722 6001, se você precisar de mais orientações sobre como proceder."

## III – INFORMAÇÕES TÉCNICAS AOS PROFISSIONAIS DE SAÚDE
## INDICAÇÕES

**BELLY** é indicado como auxiliar no tratamento da obesidade e do excesso de peso, ajudando na perda de peso. Atua como regulador do apetite e da produção de lipídeos.

## CARACTERÍSTICAS FARMACOLÓGICAS

O controle do apetite, a tendência a comer quantidades exageradas de alimentos, a produção de lipídeos e a acumulação de glicose no organismo obedecem a mecanismos complexos intra e extra celulares. A nível intracelular, os carboidratos são metabolizados em acetil coenzima-A, este último produzindo o citrato intracelular. O citrato atravessa a membrana celular e é degradado pela enzima ATP-citrato liase para formar a acetil coenzima A e a malonil coenzima-A extra celulares. A malonil coenzima-A é responsável pela produção de ácidos graxos e de lipídeos (colesterol, triglicerideos...). Diversos ensaios pré-clínicos e clínicos mostraram que o ácido hidroxicítrico tem um comportamento biológico semelhante ao citrato. O ácido hidroxicítrico presente nos frutos e nos extratos padronizados de *Garcinia cambogia*. É um potente inibidor da enzima ATP citrato liase (EC 4.1.3.8). Essa inibição evite a formação extra celular de Acetil coenzima A e de malonil coenzima – A, bloqueando a síntese de ácidos graxos e de lipídeos.

**BELLY** contém extrato seco de *Garcinia cambogia*. padronizado em ácido hidroxicítrico. Estudos com extratos padronizados foram realizados com o objetivo de avaliar as propriedades do ácido hidroxicítrico sobre o metabolismo dos lipídeos e dos açúcares. Esses ensaios foram conduzidos em modelos celulares, animais e humanos. As principais ações farmacológicas destes extratos referem-se à perda de peso, controle do apetite, controle da absorção de glicose, efeitos antiadipogênicos e ação reguladora sobre a produção de leptina e de insulina.

**Segurança de uso:** estudos clínicos de toxicidade foram realizados em animais e humanos para avaliar eventuais efeitos tóxicos durante a administração de extratos de *Garcinia cambogia* e/ou de sais do ácido hidroxicítrico obtidos a partir dos extratos de *Garcinia cambogia*. A administração em humanos de extratos de Garcinia contendo quantidades de ácido hidroxicítrico (1.200 a 3.000 mg/kg/dia de ácido hidroxicítrico) não apresentou nenhuma alteração hematológica, biológica ou hormonal. Alguns efeitos secundários leves (distúrbios gástricos, dores de cabeça) foram observados tanto no grupo controle como no grupo placebo (SONI M.G, 2004; HAYAMIZU K. 2003; ISHII Y., 2003).

**Referências bibliográficas:**

M.G. SONI, G.A. BURDOCK; H.G. PREUSS,S.J. STOHS, S.E. OHIA, D. BAGCHI: Safety assessment of (-) hydroxycitric acid and Super CitriMax, a novel calcium/potassium salt. Food and Chemical Toxicology, 2004, 42, p. 1513-1529.

K. HAYAMIZU, ISHHI, N.SHIGEMATSU, Y.OKUHARA, H.TOMI, M.FURUSE, G.YOSHINO and H.SHIMASAKI: safety of *Garcinia cambogia* Extract in Healthy men: High-doses administration study I. Journal of Oleo Science, 2003, v. 52, n. 9, p. 499-504.

Y. ISHII, I. KANEKO, M. SHEN, K. HAYAMIZU, N. SHIGEMATSU, H.TOMI, G. YOSHINO and H. SHIMASAKI. Safety of *Garcinia cambogia* extract in Healthy volunteers: High-dose administration study II. Journal of Oleo Science, 2003, v. 52, n. 12, p. 663-671.

### 3. CONTRAINDICAÇÕES

**BELLY** é contraindicado para pessoas que apresentem hipersensibilidade a *Garcinia cambogia*. Não utilizar na gravidez e durante a lactação. Pessoas diabéticas deverão controlar regularmente as suas taxas de glicose devido a um eventual efeito hipoglicêmico dos extratos de *Garcinia cambogia*.

**"Este medicamento não deve ser utilizado por mulheres grávidas sem orientação médica ou do cirurgião-dentista." "Este medicamento e contraindicado para menores de 12 anos."**

### 4. ADVERTÊNCIAS E PRECAUÇÕES

Informar ao médico a ocorrência de gravidez durante o tratamento, ou caso surjam reações indesejáveis com o uso deste produto. Não ultrapassar as doses indicadas.

Não deve ser administrado a crianças com menos de 12 anos, a não ser que indicado por um médico.

Não utilizar doses maiores do que as estabelecidas na posologia. Não há recomendações especiais para o uso em pacientes idosos.

**"Este medicamento não deve ser utilizado por mulheres grávidas sem orientação médica ou do cirurgião-dentista."**

### 5. INTERAÇÕES MEDICAMENTOSAS

Geralmente o uso de fitoterápicos com outras medicações só deverá ser possível com prévia avaliação médica. Em caso de tratamento médico informar ao seu médico o uso de qualquer produto fitoterápico e/ou de suplementos alimentares de qualquer origem. Não existem relatos de interações medicamentosas de **BELLY** com outros medicamentos. Pessoas diabéticas sob tratamento com suas taxas de glicose devido a um eventual efeito hipoglicemiante dos extratos de *Garcinia cambogia*.

### 6. CUIDADOS DE ARMAZENAMENTO DO MEDICAMENTO

Armazenar o produto em temperatura ambiente (entre 15° e 30°C), em sua embalagem original, protegido da luz e umidade. Nessas condições, o medicamento se manterá próprio para o consumo, respeitando o prazo de validade de 24 meses.

**"Número de lote e datas de fabricação e validade: vide embalagem."**

**"Não use medicamento com o prazo de validade vencido." "Para sua segurança, mantenha o medicamento na embalagem original."**

**BELLY** é apresentado em cápsulas de gelatina dura contendo extrato seco de coloração bege claro a levemente marrom. As cápsulas possuem odor característico e praticamente não apresentam sabor.

**"Antes de usar, observe o aspecto do medicamento."**

**"TODO MEDICAMENTO DEVE SER MANTIDO FORA DO ALCANCE DAS CRIANÇAS."**

### 7. POSOLOGIA E MODO DE USAR

Uso Oral.

**Adultos:** tomar 1 (uma) a 2 (duas) cápsula (s), 3 (três) vezes ao dia, 30 (trinta) a 60 (sessenta) minutos antes das refeições, com quantidade suficiente de água ou a critério médico.

**Crianças acima de 12 anos:** tomar 1 (uma), 3 (três) vezes ao dia 30 (trinta) a 60 (sessenta) minutos antes das refeições, com quantidade suficiente de água ou a critério médico.

**"Este medicamento não pode ser aberto, partido ou mastigado."**

### 8. REAÇÕES ADVERSAS:

Não foram relatados efeitos colaterais e reações adversas quando empregado nas posologias indicadas. Pessoas sensíveis podem apresentar distúrbios gástricos leves.

Houve uma notificação de aplasia medular, infecção de garganta, pneumonia e hemorragia, seguida de óbito com uso de produtos à base da espécie *Garcinia cambogia*. A literatura relata um número crescente de casos de hepatotoxicidade com o uso da espécie, conforme Lobb A, 2009 (Hepatoxicity associated with weight-loss supplements: A case for better post-marketing surveillance. World J Gastroenterol 15: 1786-1787).

### 9. SUPERDOSE

Recomenda-se suspender o uso e consultar o médico.

**"Em caso de intoxicação ligue para 0800 722 6001, se você precisar de mais orientações sobre como proceder."**

VENDA SOB PRESCRIÇÃO MÉDICA

### DIZERES LEGAIS

M.S. 1.3810. 0034
Farm. Resp.: Fernanda T. Rigon CRF-RS nº 13040
Fabricado e Registrado por Laboratório Químico Farmacêutico Tiaraju Ltda.

Av. Sagrada Família 2924
Santo Ângelo RS CEP 98805-678
CNPJ: 94.022.654/0001-60
Indústria Brasileira
Comercializado por Biolab Sanus Farmacêutica Ltda.
Av. Paulo Ayres 280
Taboão da Serra SP CEP 06767-220
SAC 0800 724 6522
CNPJ:49.475.833/0001-06
Indústria Brasileira

# BIOFLAN
*Harpagophytum procumbens*

## MEDICAMENTO FITOTERÁPICO

### IDENTIFICAÇÃO DO MEDICAMENTO
**Nomenclatura botânica**: *Harpagophytum procumbens* Burch. DC
**Nomenclatura popular:** Garra do diabo
**Família:** Pedaliaccae
**Parte da planta utilizada:** Raiz

### APRESENTAÇÕES
**Comprimidos Revestidos Gastrorresistentes**
Comprimidos Revestidos Gastrorresistentes de 250,00mg – caixas com 8 e 30 comprimidos.

USO ADULTO
USO ORAL

### COMPOSIÇÃO
**Comprimidos Revestidos Gastrorresistentes**
Cada comprimido revestido gastrorresistente contém:
Extrato seco de *Harpagophytum procumbens* 12% ...................................................................... 250,0mg
(equivalente à 30 mg de harpagosideo).
Excipientes: celulose microcristalina, croscarmelose sódica, dióxido de silício, estearato de magnésio, lactose monoidratada, talco, álcool isopropílico, copolímero de ácido metacrílico e metacrilato de etila, copolímero de ácido metacrílico e metacrilato de metila, corante lacca alumínio amarelo n° 6, corante lacca alumínio azul n° 2, corante lacca alumínio vermelho n°40, dióxido de titânio, macrogol, polissorbato 80, simeticona, citrato de trietila e água de osmose reversa.

## INFORMAÇÕES AO PACIENTE
### 1. PARA QUE ESTE MEDICAMENTO É INDICADO?
**Bioflan** (*Harpagophytum procumbens*) atua como anti-inflamatório, sendo indicado como auxiliar no tratamento do reumatismo, tais como artrite (inflamação das articulações), artrose (alteração articular de natureza degenerativa ou cicatricial, com redução ou supressão funcional), bursite (inflamação das bolsas serosas das articulações) e tendinite (inflamação dos tendões).

### 2. COMO ESTE MEDICAMENTO FUNCIONA?
**Bioflan** (*Harpagophytum procumbens*) é padronizado em harpagosídeo. Os iridoides (harpagosídeos) são as substâncias responsáveis pela ação analgésica (diminuição da dor) e anti-inflamatória (combate a inflamação) do medicamento devido a diminuição da produção de prostaglandinas.

### 3. QUANDO NÃO DEVO USAR ESTE MEDICAMENTO?
**Bioflan** (*Harpagophytum procumbens*) não deve ser usado em pacientes com histórico de hipersensibilidade e alergia a qualquer um dos componentes da fórmula. Este medicamento não deve ser utilizado por pacientes com úlcera gástrica e duodenal, devido à estimulação da secreção do suco gástrico, obstrução das vias biliares ou cálculos biliares, cálculos vesiculares, gastrite e cólon irritável. Pacientes com rinite e/ou asma alérgica, bem como pacientes com reações alérgicas a anti-inflamatórios (ácido acetil salicílico, diclofenaco, indometacina, entre outros), não devem fazer uso deste medicamento. Este medicamento não deve ser utilizado por mulheres grávidas ou que estejam amamentando. Informe ao seu médico se ocorrer gravidez ou se iniciar amamentação durante o tratamento. Este medicamento não deve ser utilizado por crianças com menos de 12 anos de idade.
"**Este medicamento é contraindicado para uso por mulheres grávidas e amamentando.**"
"**Este medicamento é contraindicado para menores de doze anos.**"
"**Este medicamento não deve ser utilizado por mulheres grávidas sem**
orientação médica ou do cirurgião-dentista."

### 4. O QUE DEVO SABER ANTES DE USAR ESTE MEDICAMENTO?
Em caso de hipersensibilidade ao produto, recomenda-se descontinuar o uso e consultar o médico. Foi relatado o caso de um paciente que teve uma reação grave (púrpura) com o uso de garra do diabo em combinação com varfa-

rina. Não devem ser ingeridas doses maiores do que as recomendadas.

"Atenção diabéticos, contém lactose."

"Este medicamento não deve ser utilizado por mulheres grávidas sem orientação médica ou do cirurgião-dentista."

"Este medicamento não deve ser usado durante a gravidez e amamentação, exceto sob orientação médica."

"Informe ao seu médico ou cirurgião-dentista se você está fazendo uso de algum outro medicamento."

"Não use medicamento sem o conhecimento do seu médico.

Pode ser perigoso para a sua saúde."

### 5. ONDE, COMO E POR QUANTO TEMPO POSSO GUARDAR ESTE MEDICAMENTO?

Conservar o medicamento em sua embalagem original. Conservar o produto em temperatura ambiente (entre 15 e 30ºC). Proteger da luz e umidade. Nessas condições, o medicamento se manterá próprio para o consumo, respeitando o prazo de validade indicado na embalagem.

**Bioflan** (*Harpagophytum procumbens*) encontra-se na forma de comprimidos revestidos gastrorresistentes de coloração marrom.

"Siga a orientação do seu médico, respeitando sempre os horários, as doses e a duração do tratamento. Não interrompa o tratamento sem o conhecimento do seu médico."

Este medicamento não deve ser partido, aberto ou mastigado."

### 6. COMO DEVO USAR ESTE MEDICAMENTO?

**Bioflan** (*Harpagophytum procumbens*) deve ser utilizado por via oral, com auxílio de quantidade suficiente de líquido, na dose de 1 comprimido, 1 a 2 vezes ao dia, ou a critério médico.

"Siga a orientação do seu médico, respeitando sempre os horários, as doses e a duração do tratamento. Não interrompa o tratamento sem o conhecimento do seu médico."

"Este medicamento não deve ser partido, aberto ou mastigado."

### 7. O QUE DEVO FAZER QUANDO EU ME ESQUECER DE USAR ESTE MEDICAMENTO?

Caso haja esquecimento da ingestão de uma dose deste medicamento, retome a posologia prescrita sem a necessidade de suplementação.

"Em caso de dúvidas, procure orientação do farmacêutico, do seu médico ou cirurgião-dentista".

### 8. QUAIS OS MALES QUE ESTE MEDICAMENTO PODE CAUSAR?

Este medicamento pode causar dores de cabeça, zumbidos, perda de apetite e do paladar. Distúrbios gastrintestinais podem ocorres em pessoas sensíveis, especialmente com o uso de doses elevadas. Em casos raros, pode aparecer um ligeiro efeito laxante ao iniciar o tratamento, o qual pode cessar espontaneamente, além de conjuntivite, rinite e sintomas respiratórios.

"Informe ao seu médico, cirurgião-dentista ou farmacêutico o aparecimento de reações indesejáveis pelo uso do medicamento. Informe também a empresa através do seu serviço de atendimento."

### 9. O QUE FAZER SE ALGUÉM USAR UMA QUANTIDADE MAIOR DO QUE A INDICADA DESTE MEDICAMENTO?

Doses excessivas podem causar lesões hepáticas. Doses excessivas podem interagir com drogas utilizadas para o tratamento de desordens cardíacas. Em caso de superdosagem, recomenda-se suspender o uso e procurar orientação médica, o mais rápido possível, levando a bula do medicamento.

"Em caso de uso de grande quantidade deste medicamento, procure rapidamente socorro médico levando a embalagem ou a bula do medicamento, se possível. Ligue para 0800 722 6001, se você precisar de mais orientações."

### VENDA SOB PRESCRIÇÃO MÉDICA

### DIZERES LEGAIS

Registro M.S: 1.861.0272

Responsável Técnico: Lucinéia Namur – CRF-SP nº 31.274

Registrado por: **Ativus Farmacêutica Ltda**

Rua Emílio Mallet, 317 – Sala 1005 – Tatuapé

CEP 03320-000 – São Paulo/SP

CNPJ: 64.088.172/0001-41

**Indústria Brasileira**

Embalado (emb. Secundária) e Comercializado por: **Myralis Indústria Farmacêutica Ltda**

Rua Rogélia Gallardo Alonso, 650 – Caixa Postal 011

CEP 13860-970 – Aguaí/SP

CNPJ:17.440.261/0001-25

**Indústria Brasileira**

# BIOGINKGO BIONATUS
Ginkgo, extrato seco
*Ginkgo biloba* L.

## MEDICAMENTO FITOTERÁPICO

### APRESENTAÇÃO:
Comprimidos revestidos com 40mg de extrato seco de *Ginkgo biloba*.
Cartucho com 60 comprimidos.
Comprimidos revestidos com 80mg de extrato seco de *Ginkgo biloba*.
Cartucho com 45 ou 60 comprimidos e Display contendo 70 blisteres com 15 comprimidos cada. Comprimidos revestidos com 120mg de extrato seco de *Ginkgo biloba*.
Cartucho com 30 comprimidos.

### VIA DE ADMINISTRAÇÃO: ORAL
### USO ADULTO

### COMPOSIÇÃO:
**Cada comprimido contém:**
**Bioginkgo 40mg**
Extrato seco hidroalcoólico das folhas de *Ginkgo biloba* .................................................................. 40mg
Padronizado em 9,6mg (22-27%) de ginkgoflavonoides (determinados como quercetina, kaempferol e isorhamnetina) e 2,4mg de terpenolactonas (ginkgolídeos A, B, C, J e bilobalídeos).
Excipientes q.s.p. ..........................................1 comprimido.
**Bioginkgo 80mg**
Extrato seco hidroalcoólico das folhas de *Ginkgo biloba* .................................................................. 80mg
Padronizado em 19,2mg (22-27%) de ginkgoflavonoides (determinados como quercetina, kaempferol e isorhamnetina) e 4,8mg de terpenolactonas (ginkgolídeos A, B, C, J e bilobalídeos).
Excipientes q.s.p............................................1 comprimido.
**Bioginkgo 120mg**
Extrato seco hidroalcoólico das folhas de *Ginkgo biloba* .................................................................. 120mg
Padronizado em 28,8mg (22-27%) de ginkgoflavonoides (determinados como quercetina, kaempferol e isorhamnetina) e 7,2mg de terpenolactonas (ginkgolídeos A, B, C, J e bilobalídeos).
Excipientes q.s.p. ..........................................1 comprimido.

**Excipientes:** celulose microcristalina, estearato de magnésio, dióxido de silício coloidal, lactose e opadry.

**Nomenclatura botânica oficial:** *Ginkgo biloba* L.
**Nomenclatura popular:** ginco, ginkgo
**Família:** Ginkgoaceae
**Parte da planta utilizada:** folhas

### INFORMAÇÕES AO PACIENTE:
### PARA QUÊ ESTE MEDICAMENTO É INDICADO?
Desordens e sintomas decorrentes da deficiência do fluxo sanguíneo cerebral como problemas de memória, função cognitiva, tonturas, dor de cabeça, vertigem, zumbidos, estágios iniciais de demências (como Alzheimer e demências mistas), além de distúrbios circulatórios periféricos (claudicação intermitente) e problemas na retina.

### COMO ESTE MEDICAMENTO FUNCIONA?
Aumenta o fluxo sanguíneo, com consequente melhora de oferta de oxigênio para as células, protegendo os tecidos dos danos da falta de oxigênio (hipóxia), além de inibir a agregação plaquetária.

### QUANDO NÃO DEVO USAR ESTE MEDICAMENTO?
Este medicamento não deve ser utilizado em crianças menores de 12 anos. Deve ser usado cuidadosamente em pacientes com distúrbios de coagulação ou em uso de anticoagulantes e antiplaquetários. Este medicamento deve ser suspenso pelo menos três dias antes de procedimentos cirúrgicos.
Pacientes com histórico de hipersensibilidade e alergia a qualquer um dos componentes da fórmula não devem fazer uso do produto.
Este medicamento não deve ser usado durante a gravidez e amamentação, exceto sob orientação médica.
**Informe ao seu médico se ocorrer gravidez ou se iniciar amamentação durante o uso deste medicamento.**

### O QUE DEVO SABER ANTES DE USAR ESTE MEDICAMENTO?
De acordo com a categoria de risco de fármacos destinados às mulheres grávidas, este medicamento apresenta categoria de risco C.
Este medicamento não deve ser utilizado por mulheres grávidas sem orientação médica ou do cirurgião-dentista.
A associação deste medicamento com anticoagulantes, antiplaquetários, anti-inflamatórios não esteroidais (AINES) e/ou agentes trombolíticos pode aumentar o risco de hemorragias.

Este medicamento pode diminuir a efetividade dos anticonvulsivantes e alterar os efeitos da insulina, aumentando a sua depuração.

Pode provocar mudanças no estado mental quando associado à buspirona ou *Hypericum perforatum*.

Potencializa o efeito dos inibidores da monoaminooxidase e aumenta o risco dos efeitos colaterais da nifedipina.

Pode aumentar o risco de aparecimento da síndrome serotoninérgica quando associado aos inibidores da recaptação de serotonina e pode causar hipertensão em uso concomitante com os diuréticos tiazídicos.

A associação deste medicamento com omeprazol acarreta diminuição de nível sérico do omeprazol.

A associação com trazodona pode trazer risco de sedação excessiva. Quando associado com risperidona e/ou fluoxetina há diminuição da disfunção sexual.

A associação com papaverina pode acarretar potencialização de efeitos terapêuticos e adversos.

**Informe ao seu médico ou cirurgião-dentista se você está fazendo uso de algum outro medicamento. Não use medicamento sem o conhecimento do seu médico. Pode ser perigoso para a sua saúde.**

## ONDE, COMO E POR QUANTO TEMPO POSSO GUARDAR ESTE MEDICAMENTO?

Conservar o medicamento em sua embalagem original, em temperatura ambiente (15ºC a 30ºC) protegendo da umidade.

Nessas condições, o medicamento se manterá próprio para o consumo, respeitando o prazo de validade indicado na embalagem.

**Número de lote e datas de fabricação e validade: vide embalagem.**

**Não use medicamento com o prazo de validade vencido. Guarde-o em sua embalagem original.**

BIOGINKGO é constituído de comprimidos revestidos circulares de coloração castanha.

**Antes de usar, observe o aspecto do medicamento. Caso ele esteja no prazo de validade e você observe alguma mudança no aspecto, consulte o farmacêutico para saber se poderá utilizá-lo.**

**Todo medicamento deve ser mantido fora do alcance das crianças.**

## COMO DEVO USAR ESTE MEDICAMENTO?

USO ORAL/USO INTERNO

**Bioginkgo 40mg:** Ingerir 1 comprimido, 3 vezes ao dia.

**Bioginkgo 80mg:** Ingerir 1 comprimido, 2 a 3 vezes ao dia.

**Bioginkgo 120mg:** Ingerir 1 comprimido, 1 a 2 vezes ao dia.

**Siga a orientação de seu médico, respeitando sempre os horários, as doses e a duração do tratamento. Não interrompa o tratamento sem o conhecimento do seu médico.**

**Este medicamento não deve ser partido, aberto ou mastigado.**

## O QUE DEVO FAZER QUANDO EU ME ESQUECER DE USAR ESTE MEDICAMENTO?

Caso haja esquecimento da ingestão de uma dose deste medicamento, retome a posologia prescrita sem a necessidade de suplementação.

**Em caso de dúvidas, procure orientação do farmacêutico ou de seu médico, ou cirurgião-dentista.**

## QUAIS OS MALES QUE ESTE MEDICAMENTO PODE ME CAUSAR?

Podem ocorrer distúrbios gastrintestinais, dor de cabeça e reações alérgicas na pele (vermelhidão, inchaço e coceira). Também foram relatados enjoos, palpitações, hemorragias e queda de pressão arterial.

**Informe ao seu médico, cirurgião-dentista ou farmacêutico o aparecimento de reações indesejáveis pelo uso do medicamento.**

**Informe também à empresa através do seu serviço de atendimento.**

## O QUE FAZER SE ALGUÉM USAR UMA QUANTIDADE MAIOR DO QUE A INDICADA DESTE MEDICAMENTO?

Em caso de superdosagem, suspender o uso e procurar orientação
médica de imediato.

**Em caso de uso de grande quantidade deste medicamento, procure rapidamente socorro médico e leve a embalagem ou bula do medicamento, se possível.**

**Ligue para 0800 722 6001, se você precisar de mais orientações.**

## VENDA SOB PRESCRIÇÃO MÉDICA

## DIZERES LEGAIS

M.S.: 1.2009.0008

Responsável técnica: Dra. Milena C. G. Zanini CRF SP: 24.732

**BIONATUS LABORATÓRIO BOTÂNICO LTDA.**

Av. Domingos Falavina, 1041 – Jardim Mugnaini

São José do Rio Preto – SP CEP: 15045-395

CNPJ: 68.032.192/0001-51
Indústria Brasileira
www.bionatus.com.br – SAC: 0800 171 100

---

# BIOSENG
*Panax ginseng*

### FITOTERÁPICO
Leia com atenção antes de usar o produto.

**FORMA FARMACÊUTICA:** cápsula gelatinosa dura
**VIA DE ADMINISTRAÇÃO:** Oral

### APRESENTAÇÕES:
Linha Farma: Cartucho contendo 1, 2 e 3 blisters de alumínio plástico incolor com 10 cápsulas cada.
Linha Hospitalar: Caixa contendo 50, 100 e 200 blisters de alumínio plástico incolor com 10 cápsulas cada.

### USO ADULTOa COMPOSIÇÃO:
Cada cápsula gelatinosa dura contém:
Extrato seco de *Panax ginseng* (raiz ..................... 105,5 mg
Excipientes (amido, celulose microcristalina PH 200, dióxido de silício e maltodextrina)
q.s.p. ........................................................................ 1 cápsula

### CONCENTRAÇÃO DOS PRINCÍPIOS ATIVOS
O extrato seco está padronizado em 27% de ginsenosídeos totais calculados como Rg1. Cada cápsula contém 28,48 mg de ginsenosídeos totais calculados como Rg1.

### NOMENCLATURA BOTÂNICA OFICIAL COMPLETA
*Panax ginseng* C. A. Meyer, Araliaceae

### PARTE UTILIZADA DA PLANTA
Raiz

### INFORMAÇÕES AO PACIENTE
### COMO ESTE MEDICAMENTO FUNCIONA?
BIOSENG é constituído por extrato seco de Ginseng (*Panax ginseng*). Este extrato tem como constituintes predominantes os ginsenosídeos totais calculados como Rg1. É um fitoterápico que possui propriedades tônicas e restaurativas, restaurando a capacidade física e mental, sendo indicado em casos de fraqueza, exaustão, cansaço e perda da concentração, durante a convalescença.

### PARA QUE ESTE MEDICAMENTO É INDICADO?
Indicado para pessoas que apresentam quadros de fraqueza, exaustão, cansaço e perda da concentração, durante o período de recuperação do funcionamento normal do organismo.

### QUANDO NÃO DEVO USAR ESTE MEDICAMENTO?
**Contraindicação:**
BIOSENG é contraindicado para pacientes que apresentem alergia ao *Panax ginseng* ou aos seus componentes. Também não deve ser consumido durante a gravidez, amamentação, em casos de sangramento, por mulheres com produção excessiva de estrógeno, por pessoas que sofrem de insônia e síndromes febris.

**Advertências e Precauções:**
**Pacientes com histórico de hipersensibilidade e alergia a qualquer um dos componentes da fórmula não devem fazer uso do produto.**
**Este medicamento é contraindicado para pessoas com hipersensibilidade a derivados de *Panax ginseng*. Não devem fazer uso desta medicação pacientes com pressão alta, ou portadores de outras desordens cardíacas, diabéticos ou aqueles predispostos a hipoglicemia, insônia, ou ainda, aqueles que fazem uso de anticoagulantes ou de estimulantes (incluindo o consumo demasiado de cafeína em bebidas) e na ocorrência de doenças agudas, especialmente aquelas que envolvam febre.**
**Devido a sua atividade imunoestimulante, este medicamento está contraindicado a pacientes transplantados ou com doenças autoimunes.**

**Interações medicamentosas:**
Não é aconselhável seu uso concomitante a outros estimulantes, incluindo bebidas que contém cafeína, quando esta é usada em grandes quantidades. O consumo de Ginseng em conjunto com drogas antipsicóticas e tratamentos hormonais e/ou esteroides deve ser evitado.
O ginseng não deve ser utilizado concomitantemente com a rauwolfia, bloqueadores dos canais de cálcio (diltiazem, nifedipina, verapramil), heterosídeos digitálicos, etionamida, griseofulvina, metildopa, fenotiazinas, espirolactona e fenelzina (inibidor da MAO).
Este fitoterápico pode aumentar a ação dos inibidores da MAO (monoaminooxidase). Não utilizar junto a drogas antidepressivas.
Devido ao efeito antiplaquetário do ginseng, evitar seu uso com agentes antiplaquetários ou AINEs (drogas anti-inflamatórias não esteroidais).

**Informe ao seu médico ou cirurgião-dentista se estiver grávida ou iniciar amamentação durante o uso deste medicamento.**

**A segurança e eficácia do Ginseng para crianças não foi estabelecida. Recomendamos a utilização do produto para pacientes em idade adulta.**

**Informe ao médico ou cirurgião-dentista o aparecimento de reações indesejáveis.**

## COMO DEVO UTILIZAR ESTE MEDICAMENTO?

Bioseng é apresentado em cápsulas gelatinosas duras, na cor vermelho escarlate, contendo um pó creme em seu interior. Ingerir 1 (uma) cápsula ao dia, pela manhã. As cápsulas devem ser ingeridas inteiras e com uma quantidade suficiente de água para que possam ser deglutidas.

O período de tratamento não deve ser superior a 3 meses. Recomenda-se tratamentos descontínuos.

Caso haja esquecimento da ingestão de uma dose deste medicamento, retome a posologia prescrita sem a necessidade de suplementação.

**Siga corretamente o modo de usar. Não desaparecendo os sintomas, procure orientação médica ou de seu cirurgião-dentista.**

**Não use o medicamento com o prazo de validade vencido. Antes de usar observe o aspecto do medicamento. Este medicamento não pode ser partido ou mastigado.**

## QUAIS OS MALES QUE ESTE MEDICAMENTO PODE CAUSAR?

O uso de Ginseng pode provocar dor de cabeça e dor nas mamas. Quando utilizado por longos períodos ou em dose acima da recomendada pode provocar insônia.

O uso prolongado do ginseng pode provocar aumento da pressão arterial, inflamação de nervo, normalmente o ciático, causando contrações involuntárias na área afetada. O ginseng possui pequena ação semelhante a do estrógeno, o que pode provocar, eventualmente, mastalgia (dores nas mamas), ginecomastia (crescimento das mamas em homens) e galactorreia (escoamento de leite em mulheres, fora do período de amamentação).

## O QUE FAZER QUANDO ALGUÉM USAR UMA GRANDE QUANTIDADE DESTE MEDICAMENTO DE UMA SÓ VEZ?

Altas dosagens podem causar a Síndrome de Abuso do Ginseng, a qual é caracterizada pelos seguintes sintomas: dificuldade para dormir, diarreia, pressão alta, nervosismo e erupções na pele.

Em casos de ingestão de altas doses, recomenda-se suspender o uso e consultar o seu médico.

## ONDE E COMO DEVO GUARDAR ESTE MEDICAMENTO?

Este medicamento deve ser guardado em temperatura ambiente (15 a 30ºC) e ao abrigo da luz, do calor e da umidade. Nessas condições, o medicamento se manterá próprio para o consumo, respeitando o prazo de validade indicado na embalagem.

## TODO MEDICAMENTO DEVE SER MANTIDO FORA DO ALCANCE DAS CRIANÇAS

## INFORMAÇÕES TÉCNICAS AOS PROFISSIONAIS DE SAÚDE
## CARACTERÍSTICAS FARMACOLÓGICAS

Bioseng é constituído pelo extrato seco de *Panax ginseng*, padronizado em ginsenosídeos totais calculados como Rg1. Os ginsenosídeos são saponosídeos triterpênicos, constituindo os princípios ativos do *Panax ginseng*.

Dois efeitos farmacológicos estão relacionados ao mecanismo de ação deste fitoterápico. Primeiramente, a droga tem um efeito adaptogênico, isto é, produz um aumento da resistência não específica do organismo a agentes de estresse exógenos ou a efeitos nocivos às naturezas físicas, químicas ou biológicas. O segundo efeito é que a droga aumenta a performance física e mental.

Os ginsenosídeos têm demonstrado mecanismos da manutenção da homeostase durante o estresse físico, pelo aumento da capacidade do músculo esquelético em oxidar ácidos graxos livres, preferencialmente à glicose para a produção de energia celular. O Ginseng diminui o ácido lático e estimula outras enzimas respiratórias na cadeia de transporte de elétrons para promover a oxidação aeróbica.

**Resultados de eficácia**

Um estudo clínico duplo-cego, controlado por placebo, avaliou o efeito do extrato padronizado de Ginseng (100 mg, 2 vezes ao dia, durante 12 semanas) na performance psicomotora de 16 indivíduos saudáveis. Inúmeros testes foram realizados para avaliar a performance psicomotora e encontrou-se um efeito favorável na atenção, processamento, função sensorial-motora integrada, e tempo de reação auditiva. Não foram relatados efeitos adversos à suplementação com Ginseng. O estudo concluiu que a droga foi superior ao placebo na melhora de determinadas funções psicomotoras em indivíduos saudáveis. (D'Angelo, 1986)

## INDICAÇÕES
Bioseng restaura a capacidade física e mental, sendo indicado para pacientes que apresentam quadros de fraqueza, exaustão, cansaço e perda de concentração, na convalescença.

## CONTRAINDICAÇÕES
Pessoas com hipersensibilidade ao *Panax ginseng* ou aos componentes da formulação. Nesses casos, recomenda-se descontinuar o uso e consultar o médico.

Também não é recomendado o uso na gravidez, lactação, durante a ocorrência de hemorragia, por mulheres com hiperprodução estrogênica, por pacientes que apresentem insônia e síndromes febris.

Pacientes hipertensos, ou portadores de outras desordens cardíacas, diabéticos ou aqueles predispostos a hipoglicemia, insônia, ou ainda, aqueles que fazem uso de anticoagulantes ou de estimulantes (incluindo o consumo demasiado de cafeína em bebidas) e na ocorrência de doenças agudas, especialmente aquelas que envolvem febre, não devem fazer uso desta medicação.

Devido à sua atividade imunoestimulante, este medicamento está contraindicado a pacientes transplantados ou com doenças autoimunes.

## MODO DE USAR E CUIDADOS DE CONSERVAÇÃO DEPOIS DE ABERTO
**Uso oral**.

Recomenda-se ingerir o medicamento pela manhã.

As cápsulas devem ser ingeridas inteiras, sem mastigar e com água suficiente para que possam ser deglutidas.

Caso haja esquecimento da ingestão de uma dose deste medicamento, retome a posologia prescrita sem a necessidade de suplementação.

Conservar o medicamento em sua embalagem original, a temperatura ambiente (temperatura entre 15 e 30ºC). Proteger da luz, do calor e da umidade.

As cápsulas gelatinosas duras de Bioseng são da cor vermelho escarlate contendo um pó creme em seu interior.

## POSOLOGIA
Ingerir diariamente 1 (uma) cápsula gelatinosa dura, contendo 105,5 mg de extrato seco padronizado. O período de tratamento não deve ser superior a 3 meses. Recomenda-se tratamentos descontínuos.

## ADVERTÊNCIAS
Em caso de hipersensibilidade ao produto, recomenda-se interromper o uso e consultar o médico.

O uso de *Panax ginseng* por indivíduos que apresentam problemas cardíacos, diabetes ou hipertensão deve ser feito sob supervisão médica.

Indivíduos nervosos e tensos devem evitar o uso de *Panax ginseng*. Durante o tratamento, recomenda-se não ingerir bebidas alcoólicas. Não administrar doses maiores do que as recomendadas.

Informe ao seu médico ou cirurgião-dentista se ocorrer gravidez ou iniciar lactação durante o uso deste medicamento.

De acordo com a categoria de risco de fármacos destinados às mulheres grávidas, este produto apresenta categoria de risco C. Este medicamento não deve ser utilizado por mulheres grávidas sem orientação médica ou do cirurgião-dentista.

## USO EM IDOSOS, CRIANÇAS E OUTROS GRUPOS DE RISCO
Uso adulto. Não existem recomendações específicas para o uso de BIOSENG em pacientes idosos e outros grupos de risco.

## INTERAÇÕES MEDICAMENTOSAS
Devido ao efeito estimulante do *Panax ginseng*, a utilização simultânea de Bioseng com outros estimulantes, incluindo bebidas que contém cafeína (quando estas são utilizadas em grandes quantidades), não é recomendada. A administração concomitante de Bioseng com drogas antipsicóticas, tratamentos hormonais e/ou esteroides deve ser evitada. Não deve ser utilizado simultaneamente a rauwolfia, bloqueadores dos canais de cálcio (diltiazem, nifedipina, verapramil), heterosídeos digitálicos, etionamida, griseofulvina, metildopa, fenotiazinas, espirolactona e fenelzina. *Panax ginseng* pode potencializar a ação dos inibidores da MAO. Não associar com drogas antidepressivas. Evitar seu uso com agentes antiplaquetários, como varfarina, ou AINEs (anti-inflamatórios não esteroidais).

## REAÇÕES ADVERSAS A MEDICAMENTOS
Pode provocar cefaleia e mastalgia. Existe a possibilidade de ocorrência de insônia, em casos em que o medicamento for administrado por longos períodos ou em quantidade superior à recomendada.

O uso contínuo de *Panax ginseng* pode provocar hipertensão e inflamação de nervo, frequentemente o ciático, causando espasmos no local afetado.

*Panax ginseng* possui pequena ação estrogênica, o que pode provocar, ocasionalmente, mastalgia, aparição de ginecomastia e galactorreia.

### SUPERDOSE
Altas dosagens podem ocasionar a Síndrome de Abuso do Ginseng, a qual é caracterizada por: insônia, diarreia, hipertensão, nervosismo, erupções cutâneas.
Nesses casos, recomenda-se interromper o uso e procurar orientação médica.

### ARMAZENAGEM
Conservar em temperatura ambiente (temperatura entre 15 e 30ºC). Proteger da luz, do calor e da umidade. Lote, data de fabricação e validade: vide embalagem.

### VENDA SEM RECEITUÁRIO MÉDICO

### DIZERES LEGAIS
MS: 1.3841.0040
Farm. Responsável: Tales de Vasconcelos Cortes CRF/BA nº 3745
**NATULAB LABORATÓRIOS S.A**
Rua H, nº 2, Galpão 03 – Urbis II
Santo Antonio de Jesus – Bahia – CEP 44.574-150
CNPJ: 02.456.955/0001-83
INDÚSTRIA BRASILEIRA
SAC: (75) 3311 5555

---

# BIOTOSS EDULITO
*Mikania glomerata* Sprengel

**Forma Farmacêutica** Xarope
**Via de Administração** Via oral

**Apresentações**
BIOTOSS EDULITO XAROPE 60 mg/mL............ frasco com 120 mL

### USO ADULTO E EM CRIANÇAS MAIORES DE 2 ANOS

**Composição:**
Cada mL de xarope contém:
Extrato fluido de *Mikania glomerata* .......................... 60mg padronizado em 0,036 mg (0,06%) de cumarina
Veículo q.s.p. ................................................................. 1mL
Veículos: sorbitol, água purificada, sacarina sódica, hietelose, metilparabeno, propilparabeno e aroma de hortelã.

**Nomenclatura botânica oficial:** *Mikania glomerata* Sprengel
**Nome popular:** Guaco
**Família:** Compositae
**Parte utilizada:** Folhas

### INFORMAÇÕES AO PACIENTE
### POR QUE ESTE MEDICAMENTO É INDICADO?
Este medicamento é indicado como auxiliar no tratamento de distúrbios do trato respiratório.

### COMO ESTE MEDICAMENTO FUNCIONA?
Possui ação expectorante e broncodilatadora, ou seja, facilita a expectoração de secreções respiratórias causadas por afecções do trato respiratório.
Seu médico é a pessoa mais adequada para lhe dar maiores informações sobre o tratamento, siga sempre suas orientações.
Não devem ser utilizadas doses superiores às recomendadas.

### QUANDO NÃO DEVO USAR ESTE MEDICAMENTO?
Pacientes com histórico de hipersensibilidade e alergia a qualquer um dos componentes da fórmula não devem fazer uso do produto. Este medicamento é contraindicado para pessoas com hipersensibilidade a extratos de *M. glomerata* ou outras plantas da família Compositae.
O medicamento deve ser evitado por crianças menores de 2 anos de idade que ainda não sabem expectorar e durante a gravidez e amamentação devido à falta de estudos disponíveis.
Este medicamento não deve ser utilizado junto com medicamentos anticoagulantes e com produtos que contenham *Tabebuia avellanedae* (Ipê-roxo).
**Informe ao médico ou cirurgião-dentista o aparecimento de reações indesejáveis.**
**Informe ao médico ou cirurgião-dentista se você está fazendo uso de algum outro medicamento.**

### O QUE DEVO SABER ANTES DE USAR ESTE MEDICAMENTO?
**Advertências**
Este medicamento não deve ser utilizado junto com medicamentos anticoagulantes (as cumarinas podem potencializar seus efeitos e antagonizar a vitamina K) e com produtos que contenham *Tabebuia avellanedae* (Ipê-roxo), pois as saponinas presentes na *M. glomerata* podem aumentar a absorção de lapachol.
Este medicamento não deve ser utilizado por mulheres grávidas sem orientação médica ou do cirurgião-dentista.

**Cuidados e advertências para populações especiais: Uso em idosos, crianças e outros grupos de risco:**
Não existem recomendações específicas para o uso de *M. glomerata* em pacientes idosos e outros grupos de risco. **O medicamento deve ser evitado por crianças menores de 2 anos de idade que ainda não sabem expectorar.**

**ESTE MEDICAMENTO NÃO CONTÉM SACAROSE.**
**Interações Medicamentosas**
Este medicamento não deve ser utilizado junto aos medicamentos anticoagulantes (as cumarinas podem potencializar seus efeitos e antagonizar a vitamina K) e com produtos que contenham *Tabebuia avellanedae* (Ipê-roxo), pois as saponinas presentes na *M. glomerata* podem aumentar a absorção de lapachol.
**Informe seu médico ou cirurgião-dentista se você está fazendo uso de algum outro medicamento.**
**Não use este medicamento sem o conhecimento do seu médico. Pode ser prejudicial a sua saúde.**

**ONDE, COMO E POR QUANTO TEMPO POSSO GUARDAR ESTE MEDICAMENTO?**
Conservar o medicamento em sua embalagem original, protegendo da luz, calor e umidade. Nessas condições, o medicamento se manterá próprio para o consumo, respeitando o prazo de validade indicado na embalagem.
**Número de lote e datas de fabricação: Vide Embalagem. Não use medicamento com prazo de validade vencido. Para sua segurança, mantenha o medicamento na embalagem original.**

**TODO MEDICAMENTO DEVE SER MANTIDO FORA DO ALCANCE DAS CRIANÇAS.**
**Aspecto físico e características organolépticas:**
O BIOTOSS EDULITO xarope é constituído de um líquido viscoso de coloração marrom escura. Odor característico do guaco e sabor adocicado. **Antes de usar, observe o aspecto do medicamento.**
**Caso você observe alguma mudança no aspecto do medicamento que ainda esteja no prazo de validade, consulte o médico ou farmacêutico para saber se poderá utilizá-lo.**

**COMO DEVO USAR ESTE MEDICAMENTO? USO ORAL/USO INTERNO**
**Adultos:** Ingerir 10 mL (1 copo dosador), três vezes ao dia.
**Crianças acima de 5 anos:** Ingerir 5mL (1/2 copo dosador), três vezes ao dia.
**Crianças acima de 2 a 5 anos:** Ingerir 5mL (1/2 copo dosador), duas vezes ao dia.
AGITAR O PRODUTO ANTES DE USAR.
**Siga corretamente o modo de usar. Não desaparecendo os sintomas, procure orientação médica ou de seu cirurgião-dentista.**
**Não use o medicamento com o prazo de validade vencido. Antes de usar, observe o aspecto do medicamento. Assim como todos os medicamentos, informe ao seu profissional de saúde todas as plantas medicinais e fitoterápicos que estiver tomando. Interações podem ocorrer entre medicamentos e plantas medicinais e mesmo entre duas plantas medicinais quando administradas ao mesmo tempo.**

**O QUE DEVO FAZER QUANDO EU ME ESQUECER DE USAR ESTE MEDICAMENTO?**
Caso haja esquecimento da ingestão de uma dose deste medicamento, retomar a posologia prescrita sem a necessidade de suplementação. **Em caso de dúvidas procure orientação do farmacêutico, de seu médico ou cirurgião-dentista.**

**QUAIS OS MALES QUE ESTE MEDICAMENTO PODE CAUSAR?**
Os extratos de guaco nas doses recomendadas são bem tolerados. O uso prolongado e a ingestão de altas doses de extrato de guaco podem gerar taquicardia, vômitos e quadros diarreicos.
Informe ao seu médico, cirurgião-dentista ou farmacêutico o aparecimento de reações indesejáveis pelo uso do **medicamento.**
**Informe a empresa sobre o aparecimento de reações indesejáveis e problemas com este medicamento, entrando em contato através do Sistema de Atendimento ao Consumidor (SAC).**

**O QUE FAZER SE ALGUÉM UTILIZAR UMA QUANTIDADE MAIOR DO QUE A INDICADA DESTE MEDICAMENTO DE UMA SÓ VEZ?**
Não há relatos de intoxicação por superdosagem na literatura.
Em caso de superdosagem, suspender o uso e procurar orientação médica de imediato para que sejam adotadas as medidas habituais de apoio e controle das funções vitais.
**Em caso de uso de grande quantidade deste medicamento procure rapidamente socorro médico e leve a embalagem ou bula do medicamento se possível.**

## INFORMAÇÕES TÉCNICAS AOS PROFISSIONAIS DA SAÚDE:
### INDICAÇÕES
Expectorante e broncodilatador.

### CARACTERÍSTICAS FARMACOLÓGICAS
O Guaco (*M. glomerata*) é uma espécie muito utilizada em afecções do trato respiratório. A presença de cumarina componente majoritário contribui para os efeitos broncodilatador e expectorante.

A atividade bronco-pulmonar está respaldada por alguns estudos. Em um destes estudos observou-se a redução da migração celular em pleurisia induzida em ratos tratados com extrato bruto ou suas frações não polares. Outro estudo demonstrou a ação relaxante em anéis de traqueia de cobaia e em brônquios humanos em preparações isoladas. A inibição da secreção de histamina pelos mastócitos contidos em células peritoneais de ratos, no pulmão de cobaia e na bolsa facial de hamsters também foi demonstrada em outro estudo.

### CONTRAINDICAÇÕES
Pacientes com histórico de hipersensibilidade e alergia a qualquer um dos componentes da fórmula não devem fazer uso do produto. Este medicamento é contraindicado para pessoas com hipersensibilidade a extratos de *M. glomerata* ou outras plantas da família Compositae. O medicamento deve ser evitado por crianças menores de 2 anos de idade que ainda não sabem expectorar e durante a gravidez e amamentação devido à falta de estudos disponíveis.

### ADVERTÊNCIAS E PRECAUÇÕES
**Advertências**
Este medicamento não deve ser utilizado junto com medicamentos anticoagulantes (as cumarinas podem potencializar seus efeitos e antagonizar a vitamina K) e com produtos que contenham *Tabebuia avellanedae* (Ipê-roxo), pois as saponinas presentes na *M. glomerata* podem aumentar a absorção de lapachol. Este medicamento não deve ser utilizado por mulheres grávidas sem orientação médica ou do cirurgião-dentista.
**Cuidados e advertências para populações especiais:**
**Uso em idosos, crianças e outros grupos de risco:**
Não existem recomendações específicas para o uso de *M. glomerata* em pacientes idosos e outros grupos de risco.
**O medicamento deve ser evitado por crianças menores de 2 anos de idade que ainda não sabem expectorar.**

### INTERAÇÕES MEDICAMENTOSAS
Este medicamento não deve ser utilizado junto aos medicamentos anticoagulantes (as cumarinas podem potencializar seus efeitos e antagonizar a vitamina K) e com produtos que contenham *Tabebuia avellanedae* (Ipê-roxo), pois as saponinas presentes na *M. glomerata* podem aumentar a absorção de lapachol.

### CUIDADOS DE ARMAZENAMENTO DO MEDICAMENTO
Conservar o produto em temperatura ambiente (entre 15°C e 30°C), em sua embalagem original, ao abrigo da umidade. Nessas condições, o medicamento se manterá próprio para o consumo respeitando o prazo de validade indicado na embalagem original.
**Número de lote e datas de fabricação: Vide Embalagem.**
**Não use medicamento com prazo de validade vencido. Para sua segurança, mantenha o medicamento na embalagem original.**
**Aspecto físico e Características organolépticas:**
O BIOTOSS xarope é constituído de um líquido viscoso de coloração marrom escura. Odor característico do guaco e sabor adocicado.
**Antes de usar, observe o aspecto do medicamento.**

### AGITAR ANTES DE USAR

### POSOLOGIA E MODO DE USAR
**Adultos:** Ingerir 10 mL (1 copo dosador), três vezes ao dia, ou a critério médico.
**Crianças acima de 5 anos:** Ingerir 5mL (1/2 copo dosador), três vezes ao dia, ou a critério médico.
**Crianças acima de 2 a 5 anos:** Ingerir 5mL (1/2 copo dosador), duas vezes ao dia, ou a critério médico.

### REAÇÕES ADVERSAS
Os extratos de guaco nas doses recomendadas são bem tolerados. O uso prolongado e a ingestão de altas doses de extrato de guaco podem gerar taquicardia, vômitos e quadros diarreicos.

### SUPERDOSE
Suspender a medicação imediatamente.
Recomenda-se tratamento de suporte sintomático pelas medidas habituais de apoio e controle das funções vitais. Não há relatos de intoxicações por superdosagem na literatura.

**TODO MEDICAMENTO DEVE SER MANTIDO FORA DO ALCANCE DAS CRIANÇAS.**

**DIZERES LEGAIS:**
Nº Registro M.S.: 1.6241.0012
Farmacêutica Responsável: Gisela Pedroso Silva C.R.F – SP: 21.785
**Registrado, Fabricado e embalado por: MARIOL INDUSTRIAL LTDA**
Avenida Mario de Oliveira, 605 – Distrito Industrial II. Barretos/SP
CNPJ: 04.656.253/0001-79
www.mariol.com.br
Indústria Brasileira
**Comercializado por: BIONATUS LABORATÓRIO BOTÂNICO LTDA.**
Av. Domingos Falavina, 1041 – Jd. Mugnaini
São José do Rio Preto – SP
CNPJ: 68.032.192/0001-51
www.bionatus.com.br
Indústria Brasileira

---

# BIOTOSS XAROPE
*Mikania glomerata* Sprengel

**Forma Farmacêutica** Xarope
**Via de Administração** Via oral

**Apresentações**
BIOTOSS XAROPE 60 mg/mL ........ frasco com 120 mL

**USO ADULTO E PEDIÁTRICO (em crianças maiores de 2 anos)**

**Composição:**
Cada mL de xarope contém:
Extrato fluido de *Mikania glomerata* .......................... 60mg, padronizado em 0,036 mg (0,06%) de cumarina
Veículo q.s.p. .................................................................... 1mL
**Veículo: sacarose, água purificada, ciclamato de sódio, sacarina sódica, propilenoglicol, hietelose, metilparabeno e propilparabeno.**

**Nomenclatura botânica oficial:** *Mikania glomerata* Sprengel
**Nome popular:** Guaco
**Família:** Compositae
**Parte da folha utilizada:** Folhas

## INFORMAÇÕES AO PACIENTE
### POR QUE ESTE MEDICAMENTO É INDICADO?
Este medicamento é indicado como auxiliar no tratamento de distúrbios do trato respiratório, facilitando a eliminação das secreções presentes. Este medicamento dilata os brônquios, fluidifica e facilita a eliminação de secreções.

### COMO ESTE MEDICAMENTO FUNCIONA?
Possui ação expectorante e broncodilatadora, ou seja, facilita a expectoração de secreções respiratórias causadas por afecções do trato respiratório.
Seu médico é a pessoa mais adequada para lhe dar maiores informações sobre o tratamento, siga sempre suas orientações.
Não devem ser utilizadas doses superiores às recomendadas.

### QUANDO NÃO DEVO USAR ESTE MEDICAMENTO?
Quando apresentar distúrbios da coagulação sanguínea como hemofilia, trombocitopenia (diminuição das plaquetas) e dengue, devido a um possível aumento do risco de sangramento.
Quando estiver utilizando medicamentos que interferem na coagulação, como exemplo ácido acetilsalicílico e anti-inflamatórios em geral. Pacientes com histórico de hipersensibilidade e alergia a qualquer um dos componentes da fórmula não devem fazer uso do produto.

### O QUE DEVO SABER ANTES DE USAR ESTE MEDICAMENTO?
**Advertências**
Pacientes com problemas hepáticos podem apresentar sinais e sintomas de intoxicação com o uso prolongado. O guaco não deve ser empregado simultaneamente com anticoagulantes e produtos contendo ipê-roxo (*Tabebuia avellanedae*), ginco (*Ginkgo biloba*), camomila (*Matricaria* spp.). Recomenda-se maior critério na administração de guaco em pacientes com quadros respiratórios crônicos não diagnosticados, devendo-se afastar a hipótese de tuberculose e câncer. O uso deste medicamento deverá ser interrompido 10 dias antes de cirurgias.
**Atenção diabético: este produto contém SACAROSE.**

**Interações Medicamentosas**
Este medicamento não deve ser utilizado junto com medicamentos anticoagulantes (as cumarinas podem potencializar seus efeitos e antagonizar a vitamina K) e com produtos que contenham *Tabebuia avellanedae* (Ipê-roxo), pois as saponinas presentes na *M. glomerata* podem aumentar a absorção de lapachol.

Informe seu médico ou cirurgião-dentista se você está fazendo uso de algum outro medicamento.
**Não use este medicamento sem o conhecimento do seu médico. Pode ser prejudicial a sua saúde.**

## ONDE, COMO E POR QUANTO TEMPO POSSO GUARDAR ESTE MEDICAMENTO?

Conservar o medicamento em temperatura ambiente (15-30ºC), em sua embalagem original, ao abrigo da umidade. Nessas condições, o medicamento se manterá próprio para o consumo, respeitando o prazo de validade indicado na embalagem.
**Número de lote e datas de fabricação: Vide Embalagem.**
**Não use medicamento com prazo de validade vencido.**
**Para sua segurança, mantenha o medicamento na embalagem original.**
**Aspecto físico:**
O BIOTOSS xarope é constituído de um líquido viscoso de coloração marrom escura.
**Características organolépticas:**
Odor característico do guaco e sabor adocicado.
**Antes de usar, observe o aspecto do medicamento.**
**Caso você observe alguma mudança no aspecto do medicamento que ainda esteja no prazo de validade, consulte o médico ou farmacêutico para saber se poderá utilizá-lo.**
**Todo medicamento deve ser mantido fora do alcance das crianças.**

## COMO DEVO USAR ESTE MEDICAMENTO?

**Adultos:** Ingerir 10 mL (1 copo dosador), três vezes ao dia.
**Crianças acima de 5 anos:** Ingerir 5mL (1/2 copo dosador), três vezes ao dia.
**Crianças acima de 2 a 5 anos:** Ingerir 5mL (1/2 copo dosador), duas vezes ao dia.
Caso haja esquecimento da ingestão de uma dose deste medicamento, retomar a posologia prescrita sem necessidade de suplementação.
**Siga a orientação do seu médico respeitando sempre os horários, as doses e a duração do tratamento.**

## O QUE DEVO FAZER QUANDO EU ME ESQUECER DE USAR ESTE MEDICAMENTO?

Caso haja esquecimento da ingestão de uma dose deste medicamento, retomar a posologia prescrita sem a necessidade de suplementação.
**Em caso de dúvidas procure orientação do farmacêutico, de seu médico ou cirurgião-dentista.**

## QUAIS OS MALES QUE ESTE MEDICAMENTO PODE CAUSAR?

Os extratos de guaco nas doses recomendadas são bem tolerados. O uso prolongado e a ingestão de altas doses de extrato de guaco podem gerar taquicardia, vômitos e quadros diarreicos.
**Informe ao seu médico, cirurgião-dentista ou farmacêutico o aparecimento de reações indesejáveis pelo uso do medicamento.**
**Informe a empresa sobre o aparecimento de reações indesejáveis e problemas com este medicamento, entrando em contato através do Sistema de Atendimento ao Consumidor (SAC).**

## O QUE FAZER SE ALGUÉM UTILIZAR UMA QUANTIDADE MAIOR DO QUE A INDICADA DESTE MEDICAMENTO DE UMA SÓ VEZ?

Uso prolongado ou ingestão de altas doses pode gerar taquicardia, vômitos e quadros diarreicos, que desaparecem com a descontinuação da terapia. Em animais foram observados quadros hemorrágicos após 100 dias de uso contínuo de extratos de guaco.
"**Em caso de uso de grande quantidade deste medicamento procure rapidamente socorro médico e leve a embalagem ou bula do medicamento se possível.**

## INFORMAÇÕES TÉCNICAS AOS PROFISSIONAIS DA SAÚDE:
### INDICAÇÕES
Expectorante e broncodilatador.

### CARACTERÍSTICAS FARMACOLÓGICAS
Este medicamento possui atividade broncodilatadora, por meio do relaxamento da musculatura lisa respiratória. Diversos constituintes químicos podem estar envolvidos nesse processo, sendo a cumarina, provavelmente, o principal constituinte responsável por essa ação. Esta compete em nível de receptor muscarínico (M3) com a Acetilcolina, impedindo a abertura dos canais de cálcio que provoca a contração muscular (inibição parassimpática).

### CONTRAINDICAÇÕES
Pacientes com histórico de hipersensibilidade e alergia a qualquer um dos componentes da fórmula não devem fazer uso do produto. Este medicamento é contraindicado para pessoas com hipersensibilidade a extratos de *M. glomerata* ou outras plantas da família Compositae.
O medicamento deve ser evitado por crianças menores de 2 anos de idade que ainda não sabem expectorar e

durante a gravidez e amamentação devido à falta de estudos disponíveis.

## ADVERTÊNCIAS E PRECAUÇÕES
### Advertências
Este medicamento não deve ser utilizado junto com medicamentos anticoagulantes (as cumarinas podem potencializar seus efeitos e antagonizar a vitamina K) e com produtos que contenham *Tabebuia avellanedae* (Ipê-roxo), pois as saponinas presentes na *M. glomerata* podem aumentar a absorção de lapachol. Este medicamento não deve ser utilizado por mulheres grávidas sem orientação médica ou do cirurgião-dentista. De acordo com a categoria de risco fármacos destinados a mulheres grávidas, este medicamento apresenta categoria de risco C.

**Cuidados e advertências para populações especiais: Uso em idosos, crianças e outros grupos de risco**
Não existem recomendações específicas para o uso de *M. glomerata* em pacientes idosos e outros grupos de risco.
**Este medicamento não deve ser utilizado em crianças menores de 2 anos de idade.**
**Agitar antes de usar.**

## INTERAÇÕES MEDICAMENTOSAS
Este medicamento não deve ser utilizado junto aos medicamentos anticoagulantes (as cumarinas podem potencializar seus efeitos e antagonizar a vitamina K) e com produtos que contenham *Tabebuia avellanedae* (Ipê-roxo), pois as saponinas presentes na *M. glomerata* podem aumentar a absorção de lapachol.

## CUIDADOS DE ARMAZENAMENTO DO MEDICAMENTO
Conservar o produto em temperatura ambiente (entre 15°C e 30°C), em sua embalagem original, ao abrigo da umidade. Nessas condições, o medicamento se manterá próprio para o consumo, respeitando o prazo de validade indicado na embalagem.
**Número de lote e datas de fabricação: Vide Embalagem.**
**Não use medicamento com prazo de validade vencido.**
**Para sua segurança, mantenha o medicamento na embalagem original.**
**Aspecto físico:**
O BIOTOSS xarope é constituído de um líquido viscoso de coloração marrom escura.
**Características organolépticas:**
Odor característico do guaco e sabor adocicado.
**Antes de usar, observe o aspecto do medicamento.**

**Todo medicamento deve ser mantido fora do alcance das crianças.**

## POSOLOGIA E MODO DE USAR
**Adultos:** Ingerir 10 mL (1 copo dosador), três vezes ao dia.
**Crianças acima de 5 anos:** Ingerir 5mL (1/2 copo dosador), três vezes ao dia.
**Crianças acima de 2 a 5 anos:** Ingerir 5mL (1/2 copo dosador), duas vezes ao dia.
Caso haja esquecimento da ingestão de uma dose deste medicamento, retomar a posologia prescrita sem a necessidade de suplementação.

## REAÇÕES ADVERSAS
Os extratos de guaco nas doses recomendadas são bem tolerados. O uso prolongado e a ingestão de altas doses de extrato de guaco podem gerar taquicardia, vômitos e quadros diarreicos.

## SUPERDOSE
Suspender a medicação imediatamente.
Recomenda-se tratamento de suporte sintomático pelas medidas habituais de apoio e controle das funções vitais.
Não há relatos de intoxicações por superdosagem na literatura.

## TODO MEDICAMENTO DEVE SER MANTIDO FORA DO ALCANCE DAS CRIANÇAS.

### DIZERES LEGAIS:
Nº Registro M.S.: 1.6241.0011
Farmacêutica Responsável: Gisela Pedroso Silva C.R.F – SP: 21.785
Registrado, Fabricado e embalado por: **MARIOL INDUSTRIAL LTDA**
Avenida Mario de Oliveira, 605 – Distrito Industrial II. Barretos/SP
CNPJ:04.656.253/0001-79
www.mariol.com.br
Indústria Brasileira
**Comercializado por: BIONATUS LABORATÓRIO BOTÂNICO LTDA.**
Av. Domingos Falavina, 1041 – Jd. Mugnaini
São José do Rio Preto – SP
CNPJ: 68.032.192/0001-51
www.bionatus.com.br
Indústria Brasileira

# BLUMEL HEDERA®

**I - IDENTIFICAÇÃO DO MEDICAMENTO:**
Blumel® Hedera
**Extrato seco de folhas de *Hedera Helix L.***
**Nomenclatura botânica:** *Hedera helix* Linné.
**Nome da família botânica:** Araliaceae
**Nomenclatura vulgar:** Hera sempre-verde
**Parte da planta utilizada:** Folhas

## APRESENTAÇÃO
Xarope.
Embalagem contendo 1 frasco com 100mL acompanhado com copo dosador.

## VIA DE ADMINISTRAÇÃO: ORAL
## USO ADULTO E PEDIÁTRICO ACIMA DE 2 ANOS
## COMPOSIÇÃO
Cada mL do xarope contém:
Extrato seco de folhas de *Hedera helix* L. (equivalente a 1,5mg (10%) de hederacosídeo C) .............................. 15mg
veículo q.s.p. ..................................................................... 1mL
(sorbitol, benzoato de sódio, metilparabeno, aroma artificial de cereja e água).
Obs.: cada 2,5mL de xarope contém 1,75mL do substituto do açúcar sorbitol.

## II - INFORMAÇÕES TÉCNICAS AOS PROFISSIONAIS DE SAÚDE
### 1. INDICAÇÕES
Blumel® Hedera xarope é destinado para o tratamento sintomático de afecções broncopulmonares, com aumento das secreções e/ou broncoespasmos associados.
Possui efeito mucolítico, expectorante e broncodilatador; esse efeito facilita a expectoração e melhora a respiração.

### 2. RESULTADOS DE EFICÁCIA
Em um estudo multicêntrico demonstrou-se excelente desfecho clínico, com evolução favorável, não só quando analisado o sintoma tosse, mas também quando analisada a evolução da secreção pulmonar, traduzida pela tríade propedêutica roncos, sibilos e expectoração. Além disso, a tolerabilidade geral ao medicamento foi excelente e a ocorrência de efeitos adversos mínimos[1]. Em pediatria, este fitoterápico demonstrou ter um excelente efeito mucolítico e expectorante, bem como broncodilatador de menor potência e com reduzidos efeitos colaterais; assim como sua eficácia mucolítica e expectorante e a tolerabilidade em crianças com infecção aguda das vias respiratórias superiores[2].

1. Santoro, Mário Junior. Avaliação de *Hedera helix*\* como expectorante em pacientes com tosse produtiva – estudo multicêntrico com avaliação de 5.850 pacientes. **RBM Rev. Bras. Med**; v. 62, n. ½, p. 47-52, jan./fev. 2005.

2. Kiertsman, Bernardo; Zuquim, Sílvio Luiz. O extrato seco de *Hedera helix* no tratamento das infecções de vias aéreas na infância. **Pediatr. Mod**, v. 44, n. 4, p. 143-149, jul./ago. 2008.

### 3. CARACTERÍSTICAS FARMACOLÓGICAS
Blumel® Hedera xarope contém em sua formulação o extrato seco de folhas de *Hedera helix*, utilizado como meio de extração o etanol a 30% (não presente no produto final) como substância ativa. Os componentes das matérias vegetais da droga (folhas de hera) que fornecem o valor terapêutico da droga são, principalmente, o bisdesmosídeo saponinas, do grupo de glicosídeos triterpenos, cujo principal representante em termos qualitativos é a hederasaponina C (hederacosídeo C). O efeito terapêutico de Blumel® Hedera xarope nas doenças das vias aéreas é devido ao glicosídeo saponina, presente no extrato seco, que possui dupla ação: mucolítica e broncodilatadora. Ambas as ações aumentam a expectoração eliminando as secreções que obstruem a via aérea. O efeito mucolítico do extrato deve-se essencialmente à natureza da saponina dos hederaglicosídeos, embora os efeitos parassimpaticolíticos de certos glicosídeos sejam considerados a base das propriedades broncodilatadoras sobre os brônquios inflamados.

### 4. CONTRAINDICAÇÕES
**Este medicamento é contraindicado para uso por pacientes que apresentam intolerância à frutose;** somente o médico, após avaliação do risco/benefício do produto poderá determinar se esse tipo de paciente pode fazer uso do produto. Embora não existam dados clínicos sobre a exposição de Blumel® Hedera xarope na gravidez humana, os estudos com animais prenhas não indicam efeitos nocivos diretos ou indiretos em relação à gravidez, desenvolvimento embrionário ou fetal, parto ou desenvolvimento pós-natal. Apesar disso, como qualquer outro medicamento, Blumel® Hedera xarope deve ser administrado com cautela durante a gravidez e lactação. Em pacientes idosos (acima de 65 anos), ainda que os estudos clínicos não tenham demonstrado alterações significativas,

é sempre recomendável um acompanhamento médico rigoroso a esse grupo de pacientes.

Categoria de risco na gravidez: B.

**Este medicamento não deve ser utilizado por mulheres grávidas sem orientação médica ou do cirurgião-dentista.**

**Este medicamento não deve ser utilizado em crianças menores de 2 anos.**

## 5. ADVERTÊNCIAS E PRECAUÇÕES

Blumel® Hedera xarope contém em sua fórmula, sorbitol, o qual é metabolizado no organismo em frutose, sendo conveniente avaliar sua indicação a pacientes com intolerância a essa substância. Apesar de não terem sido realizados estudos específicos sobre os efeitos do produto na capacidade de dirigir e operar máquinas, não foi observado, nos outros estudos conduzidos com Blumel® Hedera xarope, qualquer alteração que conduza a alguma restrição nos pacientes que tenham atividades relacionadas a dirigir e/ou operar máquinas.

Categoria de risco na gravidez: B.

**Este medicamento não deve ser utilizado por mulheres grávidas sem orientação médica ou do cirurgião-dentista**

## 6. INTERAÇÕES MEDICAMENTOSAS

Não são conhecidos efeitos adversos quando o paciente usa simultaneamente Blumel® Hedera xarope com outros medicamentos. Por esse motivo, este xarope pode ser utilizado juntamente com outros medicamentos. De qualquer maneira informe ao seu médico sobre outros medicamentos que esteja usando.

## 7. CUIDADOS DE ARMAZENAMENTO DO MEDICAMENTO

Conservar em temperatura ambiente (entre 15 e 30ºC). Proteger da luz e umidade. Prazo de validade: 24 meses.

**Número de lote e datas de fabricação e validade: vide embalagem.**

**Não use medicamento com o prazo de validade vencido. Guarde-o em sua embalagem original.**

Blumel® Hedera apresenta-se como líquido de cor caramelo, sem turvação, isento de partículas estranhas visíveis, com odor característico de planta e sabor característico de cereja.

**Antes de usar, observe o aspecto do medicamento.**

**Todo medicamento deve ser mantido fora do alcance das crianças.**

## 8. POSOLOGIA E MODO DE USAR
**Via oral.**

Crianças de 3 a 7 anos: administrar 2,5mL, 2 vezes ao dia, ou critério médico.

Crianças de 7 a 12 anos: administrar 5mL, 2 vezes ao dia, ou critério médico.

Adultos: administrar 7,5mL, 2 vezes ao dia, ou critério médico.

O paciente não deve exceder a dose máxima diária (lactentes e crianças até 7 anos: 7,5mL; crianças acima de 7 anos: 15mL; adultos: 22mL). Este medicamento deve ser utilizado por um prazo máximo de 7 a 10 dias ou de acordo com a orientação médica. A ampla margem terapêutica de Blumel® Hedera xarope permite modificar as doses recomendadas, segundo critério médico.

Agite antes de usar.

## 9. REAÇÕES ADVERSAS

É raro observar-se efeitos secundários; em alguns casos foi registrado um efeito laxante fugaz, provavelmente devido à presença vinculado à presença de sorbitol em sua fórmula.

**Em casos de eventos adversos, notifique ao Sistema de Notificações em Vigilância Sanitária (Notivisa), disponível em http://www.anvisa.gov.br/hotsite/notivisa/index.htm, ou para a Vigilância Sanitária Estadual ou Municipal.**

## 10. SUPERDOSE

Caso o paciente apresente sintomas como: náuseas, vômitos e diarreia, que podem ser devido à ingestão de quantidades muito altas (mais do que 3 vezes a dose diária recomendada) ou se o paciente ingerir uma dose muito grande deste medicamento acidentalmente, deve procurar um médico ou um centro de intoxicação imediatamente. O apoio médico imediato é fundamental para adultos e crianças, mesmo se os sinais e sintomas de intoxicação não estiverem presentes.

**Em caso de intoxicação ligue para 0800 722 6001, se você precisar de mais orientações.**

VENDA SOB PRESCRIÇÃO MÉDICA.

**III - DIZERES LEGAIS:**

Registro M.S. nº 1.5584.0409

Farm. Responsável: Rodrigo Molinari Elias CRF-GO nº 3.234.

**Registrado por: Brainfarma Indústria Química e Farmacêutica S. A.**

VPR 3 – Quadra 2-C – Módulo 01-B – DAIA – Anápolis – GO – CEP 75132-015
C.N.P.J: 05.161.069/0001-10
Indústria Brasileira
**Fabricado por: Brainfarma Indústria Química e Farmacêutica S. A.**
VPR 1 – Quadra 2-A – Módulo 4 – DAIA – Anápolis – GO – CEP 75132-020

---

# BOLDINE®
*Peumus boldus* – **Folhas**

**MEDICAMENTO FITOTERÁPICO**

**APRESENTAÇÃO**
Cápsula gelatinosa dura.
100 mg em embalagem com 30 cápsulas.

**USO ORAL**
**USO ADULTO, ACIMA DE 12 ANOS COMPOSIÇÃO**
Boldine® 100 mg
Cada cápsula gelatinosa dura contém:
Extrato seco a 1% de *Peumus boldus* 100 mg [padronizado em 1 mg (1%) de boldina].
Excipientes: Amido, Dióxido de silício coloidal, Talco micronizado.

**INDICAÇÕES**
**Boldine®** é indicado como colagogo, colerético, para dispepsias funcionais e distúrbios gastrointestinais espásticos.

**RESULTADOS DE EFICÁCIA**
A atividade colerética e antiespasmódica foi demonstrada, tanto por estudos *in vitro*, quanto em órgãos isolados. Estudos pré-clínicos em ratos demonstraram a ação colerética do fitoterápico contendo *Peumus boldus*, medida pelo aumento da secreção de bile pela vesícula biliar. Não há relatos na literatura de metanálise de estudos clínicos randomizados, duplo-cego, placebo-controlado.

**CARACTERÍSTICAS FARMACOLÓGICAS**
As folhas de *Peumus boldus* contêm não menos que 0,2% de alcaloides totais calculados em boldina e, no mínimo, 1,5% de óleo essencial (FARMACOPEIA BRASILEIRA IV, 1996). **Boldine®** atua no tratamento de dispepsia leve. Os preparados contendo *P. boldus* aumentam a secreção biliar e fluidificam a bile, sem alterar a sua composição (SALATI *et al.*, 1984).

Os alcaloides constituintes da espécie vegetal são aparentemente os responsáveis pela atividade colerética (NEWALL *et al.,* 1996). A boldina age como relaxante da musculatura lisa intestinal, de acordo com estudos realizados em órgãos isolados (BRUNETON, 1995).
Além da atividade antiespasmódica, as ações colagoga e colerética são amplamente relatadas pela literatura científica para este fitoterápico.

**CONTRAINDICAÇÕES**
Pacientes com histórico de hipersensibilidade e alergia a qualquer um dos componentes da fórmula não devem fazer uso de **Boldine®**.
**Boldine®** é contraindicado nos casos de obstrução das vias biliares, cálculos biliares, infecções ou câncer no ducto biliar e câncer no pâncreas, por causa dos efeitos colagogo e colerético (HERB CONTRAINDICATIONS & DRUG INTERACTIONS, 2001). Pacientes com quadro de doenças severas no fígado, como hepatite viral, cirrose e hepatite tóxica não deverão fazer uso de **Boldine®** (HERB CONTRAINDICATIONS & DRUG INTERACTIONS, 2001). **Este produto não deve ser usado durante a gravidez, já que contém esparteína. Este alcaloide apresenta atividade oxitócica (PFIRTER; MANDRILE, 1991). Mulheres em período de lactância não deverão fazer uso deste medicamento, por causa da presença de alcaloides e risco de neurotoxicidade (ALONSO, 1998).**

**ADVERTÊNCIAS E PRECAUÇÕES**
Em casos de hipersensibilidade ao **Boldine®**, recomenda-se descontinuar o uso e consultar o médico. Não ingerir doses maiores do que as recomendadas.
Não se recomenda o uso contínuo de **Boldine®**. O uso de *P. boldus* não deve ultrapassar quatro semanas consecutivas. **De acordo com a categoria de risco de fármacos destinados às mulheres grávidas, este medicamento apresenta categoria de risco C. Este medicamento não deve ser utilizado por mulheres grávidas sem orientação médica ou do cirurgião-dentista.**

**INTERAÇÕES MEDICAMENTOSAS**
Não foram encontradas, na literatura, referências a interações medicamentosas com medicamentos à base de *P. boldus*.

**CUIDADOS DE ARMAZENAGEM DO MEDICAMENTO**
Conservar **Boldine®** em temperatura ambiente (entre 15 e 30°C), em sua embalagem original, ao abrigo da luz

e umidade. Este medicamento tem validade de 24 meses, a partir da data de sua fabricação.

**Número de lotes e datas de fabricação e validade: vide embalagem. Não use medicamento com prazo de validade vencido.**

**Para sua segurança, mantenha o medicamento na embalagem original.**

As cápsulas gelatinosas duras de **Boldine**® são de cor verde, contendo pó marrom claro.

**Antes de usar, observe o aspecto do medicamento. Caso você observe alguma mudança no aspecto do medicamento que ainda esteja no prazo de validade, consulte o médico ou o farmacêutico para saber se poderá utilizá-lo.**

**Todo medicamento deve ser mantido fora do alcance das crianças.**

### POSOLOGIA E MODO DE USAR

Ingerir 1 cápsula contendo 100 mg do extrato padronizado de **Boldine**®, duas a três vezes ao dia, ou a critério médico. (A dose diária deve estar entre 2 e 5 mg de boldina).

As cápsulas de **Boldine**® devem ser ingeridas inteiras e sem mastigar, com quantidade suficiente de água para que sejam deglutidas. Caso haja esquecimento da ingestão de uma dose deste medicamento, retome a posologia prescrita sem a necessidade de suplementação.

### REAÇÕES ADVERSAS

Nas doses recomendadas não são conhecidos efeitos adversos ao **Boldine**®.

A revisão da literatura não revela a frequência e intensidade de reações adversas. Porém doses mais elevadas poderão causar irritação renal, vômitos e diarreia.

### SUPERDOSE

Doses superiores às recomendadas poderão provocar transtornos renais, vômitos e diarreia.

Suspender imediatamente a medicação, e, quando necessário, recomenda-se tratamento de suporte sintomático pelas medidas habituais de apoio e controle das funções vitais.

**Em caso de intoxicação, ligue para 0800 722 6001, se você precisar de mais orientações sobre como proceder.**

### DIZERES LEGAIS

MS – 1.1557.0065.001-5 **Boldine**®
Farmacêutica Responsável: Rosa Lúcia Carneiro da Silva
CRF-PE nº 1938
**INFAN – INDÚSTRIA QUÍMICA FARMACÊUTICA NACIONAL S. A.**

CNPJ: 08.939.548/0001-03
Rodovia BR 232, km 136 – Bairro Agamenom Magalhães – Caruaru – PE CEP: 55.034-640
Indústria Brasileira
Boldine ® e Hebron® são marcas sob licença da Hebron Farmacêutica – Pesquisa, Desenvolvimento e Inovação Tecnológica
CNPJ: 05.314.980/0001-10
www.hebron.com.br
Atendimento ao consumidor: 0800-724 2022
sac@hebron.com.br

---

# BOLDO BELFAR
*Peumus boldus*

### MEDICAMENTO FITOTERÁPICO

**Nomenclatura botânica oficial:** *Peumus boldus* Molina
**Nomenclatura popular:** Boldo, Boldo do Chile
**Família:** Monimiaceae
**Parte da planta utilizada:** folhas

### APRESENTAÇÕES

**Solução oral:** embalagem com 12 flaconetes de 10mL
embalagem com 60 flaconetes de 10mL
embalagem com 1 frasco de 100mL
**USO ORAL**
**USO ADULTO**

### COMPOSIÇÃO

**Cada mL da solução oral contém:**
Extrato fluido 0,1% de *Peumus boldus* (Boldo...........0,1ml
(padronizado em 0,1mg de boldina)
Veículo q.s.p. ..................................................................1,0mL
Veículo: sorbitol, metilparabeno, propilparabeno, glicerol, corante caramelo e água purificada.

### INFORMAÇÕES AO PACIENTE
### 1. PARA QUE ESTE MEDICAMENTO É INDICADO?

Este medicamento é indicado para o tratamento de distúrbios digestivos leves, atuando na redução de espasmos intestinais e tratamento de distúrbios hepatobiliares, com ação colagoga e colerética.

### 2. COMO ESTE MEDICAMENTO FUNCIONA?

Atua como estimulante digestivo. Apresenta efeito colagogo, no estímulo à secreção da bile pela vesícula biliar para o duodeno, e colerético, no estímulo à produção de bile pelo fígado, auxiliado a digerir os alimentos gordurosos. Promove diminuição das contrações leves da musculatura intestinal, apresentando atividade antiespasmódica.

### 3. QUANDO NÃO DEVO USAR ESTE MEDICAMENTO?
Pacientes com histórico de hipersensibilidade e alergia a qualquer um dos componentes da fórmula não devem fazer uso do produto.

"Este medicamento é contraindicado para uso por mulheres grávidas, visto que pode causar contrações uterinas e acelerar o parto, e/ou lactantes."

"Este medicamento é contraindicado para uso por pacientes com obstrução das vias biliares, cálculos biliares, quadros de inflamação ou câncer no ducto biliar e com câncer no pâncreas."

"Este medicamento é contraindicado para uso por pacientes com doenças severas no fígado como hepatite viral, cirrose ou hepatite tóxica."

"Este medicamento é contraindicado para uso por crianças menores de seis anos de idade."

### 4. O QUE DEVO SABER ANTES DE USAR ESTE MEDICAMENTO?
Em casos de hipersensibilidade ao produto, recomenda-se descontinuar o uso e consultar o médico. Não ingerir doses maiores do que as recomendadas. Não se recomenda o uso contínuo deste medicamento. O uso de *P. boldus* não deve ultrapassar quatro semanas consecutivas.

De acordo com a categoria de risco de fármacos destinados às mulheres grávidas, este medicamento apresenta categoria de risco C. Este medicamento não deve ser utilizado por mulheres grávidas sem orientação médica ou do cirurgião-dentista.

Não foram encontradas na literatura referências a interações medicamentosas com medicamentos à base de *P. boldus*.

*"Informe ao seu médico ou cirurgião-dentista se você está fazendo uso de algum outro medicamento"*

### 5. ONDE, COMO E POR QUANTO TEMPO POSSO GUARDAR ESTE MEDICAMENTO?
Conservar o medicamento em sua embalagem original, protegendo da luz. Nessas condições, o medicamento se manterá próprio para o consumo, respeitando o prazo de validade indicado na embalagem. O produto é um líquido marrom com odor característico de boldo.

"Número de lote e datas de fabricação e validade: vide embalagem."

"Não use medicamento com o prazo de validade vencido. Guarde-o em sua embalagem original."

"Antes de usar, observe o aspecto do medicamento. Caso ele esteja no prazo de validade e você observe alguma mudança no aspecto, consulte o farmacêutico para saber se poderá utilizá-lo."

"Todo medicamento deve ser mantido fora do alcance das crianças."

### 6. COMO DEVO USAR ESTE MEDICAMENTO?
USO ORAL

Ingerir 10mL ou 1 flaconete, 2 a 4 vezes ao dia.
O líquido pode ser ingerido diretamente ou misturado em um pouco de água.

"Siga corretamente o modo de usar. Em caso de dúvidas sobre este medicamento, procure orientação do farmacêutico. Não desaparecendo os sintomas, procure orientação de seu médico ou cirurgião-dentista."

### 7. O QUÊ DEVO FAZER QUANDO EU ME ESQUECER DE USAR ESTE MEDICAMENTO?
Caso haja esquecimento da ingestão de uma dose deste medicamento, retome a posologia prescrita sem a necessidade de suplementação.

"Em caso de dúvidas, procure orientação do farmacêutico ou de seu médico, ou cirurgião-dentista."

### 8. QUAIS OS MALES QUE ESTE MEDICAMENTO PODE ME CAUSAR?
Nas doses recomendadas não são conhecidos efeitos adversos ao medicamento.

"Informe ao seu médico, cirurgião-dentista ou farmacêutico o aparecimento de reações indesejáveis pelo uso do medicamento. Informe também à empresa através do seu serviço de atendimento."

### 9. O QUE FAZER SE ALGUÉM USAR UMA QUANTIDADE MAIOR DO QUE A INDICADA DESTE MEDICAMENTO?
Doses superiores às recomendações poderão provocar transtornos renais, vômitos e diarreia. Em caso de superdosagem, suspender o uso e procurar orientação médica de imediato.

"Em caso de uso de grande quantidade deste medicamento, procure rapidamente socorro médico e leve a embalagem ou bula do medicamento, se possível. Ligue para 0800 7226001, se você precisar de mais orientações."

"Siga corretamente o modo de usar, não desaparecendo os sintomas, procure orientação médica."
"Esta bula foi atualizada conforme Bula Padrão aprovada pela Anvisa em 12/01/2011."

## 10. REFERÊNCIAS UTILIZADAS

ALONSO J. **Tratado de Fitomedicina** – Bases Clínicas y Farmacológicas. Buenos Aires: ISIS Ediciones, 1998.

BLUMENTHAL. **The Complete German Commission E Monographs:** Therapeutic Guide to Herbal Medicines. 1998.

BRUNETON, J. **Pharmacognosy, Phytochemistry, Medicinal Plants.** Paris: Lavoisier Publishing, 1995.

ESCOP. **The European Scientific Cooperative on Phytotherapy.** 1997.

FARMACOPEIA BRASILEIRA: 4ª EDIÇÃO, 1996.

HERB CONTRAINDICATIONS & DRUG INTERACTIONS, 3. ed., 2001.

HERBAL DRUGS AND PHYTOPHARMACEUTICALS. **A Handbook for Practice on a Scientific Basis.** 3. ed. 2003.

NEWALL, C. A.; ANDERSON, J. D.; PHILLIPSON. **Herbal Medicines:** A Guide for Heath Care Professionals. London: The Pharmaceutical Press, 1996.

PDR. **For Herbal Medicines.** 2. Ed. 2000.

PFIRTER, B. Y.; MANDRILE, E. Farmoplantas: Boldo. **Rev. Bifase,** v. 6, n. 6, 1991.

SALATI, R.; LUGLI, R.; TAMBORINO, E. Valutazione delle proprieta coleretiche di due preparati contenente estratti di boldo e cascara. **Minerva Dietol. Gastroenteroly,** v. 30, n 3, p. 269-272, 1984.

VADEMECUM DE PRESCRIPCIÓN. **Plantas Medicinales.** 3. ed. 1998.

### DIZERES LEGAIS
M.S. 1.0571.0143
Farmacêutico Responsável: Dr. Rander Maia CRF-MG 2546
**SAC: 0800 0310055**
www.belfar.com.br
BELFAR LTDA.
Rua Alair Marques Rodrigues, 516
CEP 31560-220 – Belo Horizonte MG
CNPJ: 18.324.343/0001-77
Indústria Brasileira

## BOLDO KLEIN

### MEDICAMENTO FITOTERÁPICO

**Nomenclatura botânica oficial:** *Peumus boldus* Molina
Nomenclatura popular: Boldo, Boldo do Chile
**Família:** Monimiaceae
**Parte da planta utilizada:** Folhas

### APRESENTAÇÕES
Forma farmacêutica: Tintura (0,1mL/mL)
Frasco plástico âmbar de 120mL copo dosador

### USO ORAL/USO ADULTO

### COMPOSIÇÃO
Cada 1 mL contém:
Tintura de *Peumus boldus*..........................................1,0mL*
*padronizado em 0,20mg (0,02%) de alcaloides totais calculados em boldina.
Veículo (álcool etílico e água purificada)
Graduação alcoólica final: 50%

### INFORMAÇÕES AO PACIENTE:
### 1. PARA QUE ESTE MEDICAMENTO É INDICADO?
Este medicamento é indicado para o tratamento de distúrbios digestivos leves, atuando na redução de espasmos intestinais e tratamento de distúrbios hepatobiliares, com ação colagoga e colerética.

### 2. COMO ESTE MEDICAMENTO FUNCIONA?
Atua como estimulante digestivo. Apresenta efeito colagogo, no estímulo à secreção de bile pela vesícula biliar para o duodeno, e colerético, no estímulo à produção de bile pelo fígado, auxiliando a digerir os alimentos gordurosos. Promove diminuição das contrações leves da musculatura intestinal, apresentando atividade antiespasmódica.

### 3. QUANDO NÃO DEVO USAR ESTE MEDICAMENTO?
Pacientes com histórico de hipersensibilidade e alergia a qualquer um dos componentes da fórmula não devem fazer uso do produto. **Mulheres grávidas não devem usar este medicamento, visto que este poderá provocar contrações uterinas e acelerar o parto. Mulheres em amamentação também não devem fazer uso deste medicamento. Pacientes com obstrução das vias biliares, cálculos biliares, quadro de inflamação ou câncer no ducto biliar e com câncer no pâncreas não deverão fazer**

uso deste medicamento. Este medicamento não deverá ser usado por pacientes com doenças severas no fígado como hepatite viral, cirrose ou hepatite tóxica.

### 4. O QUE DEVO SABER ANTES DE USAR ESTE MEDICAMENTO?
Em casos de hipersensibilidade ao produto, recomenda-se descontinuar o uso e consultar o médico. Não ingerir doses maiores do que as recomendadas.

Não se recomenda o uso contínuo deste medicamento. O uso de *P. boldus* não deve ultrapassar quatro semanas consecutivas. De acordo com a categoria de risco de fármacos destinados às mulheres grávidas, este medicamento apresenta categoria de risco C. **Este medicamento não deve ser utilizado por mulheres grávidas sem orientação médica ou do cirurgião-dentista.**

Não foram encontradas na literatura referências a interações medicamentosas com medicamentos à base de *P. boldus*.

**Este medicamento contém ÁLCOOL.**

**Informe ao seu médico ou cirurgião-dentista se você está fazendo uso de algum outro medicamento.**

### 5. ONDE, COMO E POR QUANTO TEMPO POSSO GUARDAR ESTE MEDICAMENTO?
Conservar em temperatura ambiente (entre 15 e 30ºC). Proteger da luz e da umidade. Nessas condições, o medicamento se manterá próprio para o consumo.

**Número de lote e datas de fabricação e validade: vide embalagem.**

**Não use o medicamento com o prazo de validade vencido. Guarde-o em sua embalagem original.**

O medicamento é apresentado na forma líquida de cor castanha-avermelhada, aspecto límpido, odor característico e sabor picante levemente amargo.

**Antes de usar, observe o aspecto do medicamento. Caso ele esteja no prazo de validade e você observe alguma mudança no aspecto, consulte o farmacêutico para saber se poderá utilizá-lo.**

**Todo medicamento dever ser mantido fora do alcance das crianças.**

### 6. COMO DEVO USAR ESTE MEDICAMENTO?
Ingerir 10mL da tintura, 2 vezes ao dia.
(Corresponde à dose diária de 4mg de boldina).
Utilizar o copo dosador e colocar 10 mL da tintura em até meio copo d'água. Usar por no máximo 4 semanas.

**Siga corretamente o modo de usar. Em caso de dúvidas sobre o medicamento, procure orientação do farmacêutico. Não desaparecendo os sintomas, procure orientação de seu médico ou cirurgião-dentista.**

### 7. O QUE DEVO FAZER QUANDO EU ME ESQUECER DE USAR ESTE MEDICAMENTO?
Caso você esqueça de tomar a dose no horário estabelecido, tome-a assim que lembrar. Entretanto, se já estiver perto do horário de tomar a próxima dose, pule a dose esquecida e tome a próxima dose, continuando normalmente o esquema de doses recomendado pelo seu médico.

**Em caso de dúvidas, procure orientação do farmacêutico ou do seu médico, ou cirurgião-dentista.**

### 8. QUAIS OS MALES QUE ESTE MEDICAMENTO PODE ME CAUSAR?
Nas doses recomendadas não são conhecidos efeitos adversos ao medicamento.

**Informe ao seu médico, cirurgião-dentista ou farmacêutico o aparecimento de reações indesejáveis pelo uso do medicamento. Informe também à empresa através do seu serviço de atendimento.**

### 9. O QUE FAZER SE ALGUÉM USAR UMA QUANTIDADE MAIOR DO QUE A INDICADA DESTE MEDICAMENTO?
Doses superiores às recomendadas poderão provocar transtornos renais, vômitos e diarreia. Em caso de superdosagem, suspender o uso e procurar orientação médica de imediato.

**Em caso de uso de grande quantidade deste medicamento, procure rapidamente socorro médico e leve a embalagem ou bula do medicamento, se possível. Ligue para 0800 722 6001, se você precisar de mais orientações.**

### DIZERES LEGAIS
VIDORA FARMACÊUTICA LTDA.
Rua Alberto Rangel, 823 – Porto Alegre – RS
CNPJ: 92.762.277/0001-70
M.S. nº 1.0473.0036.001-2
Farm. Resp.: Daniel P. Lewgoy CRF-RS nº6583
INDÚSTRIA BRASILEIRA

---

## BRILIV®
*Hedera helix* L.

### MEDICAMENTO FITOTERÁPICO

**Nomenclatura botânica oficial:** *Hedera helix* L.
**Nomenclatura popular:** Hera sempre-verde
**Família:** Araliaceae
**Parte da planta utilizada:** Folhas

## APRESENTAÇÃO
Xarope 7,0mg/mL
Embalagem contendo 1 frasco com 120mL + copo-medida.

## USO ORAL
## USO ADULTO E PEDIÁTRICO ACIMA DE 2 ANOS

## COMPOSIÇÃO
Cada mL do xarope contém:
Extrato seco de folhas de *H. helix* L. (equivalente a 0,75mg/mL ± 20% de hederacosídeo C) ................................ 7,0mg
Veículo q.s.p. ................................................................. 1mL
Excipientes: goma xantana, sorbitol, sorbato de potássio, ácido cítrico, hidróxido de sódio, aroma de tutti-frutti e água purificada.

## INFORMAÇÕES TÉCNICAS AOS PROFISSIONAIS DE SAÚDE
### INDICAÇÕES
Briliv® (*Hedera helix* L.) é indicado para o tratamento sintomático da bronquite e como expectorante nos casos de tosse produtiva.

### RESULTADOS DE EFICÁCIA
Em um estudo aberto e controlado, 50 crianças (2 a 10 anos) diagnosticadas com bronquite aguda (25 pacientes com bronquite obstrutiva e 25 pacientes com bronquite não obstrutiva aguda) foram divididas em dois grupos – um foi tratado com xarope de extrato seco de *Hedera helix* (5 – 7,5: 1, extração com etanol 30% m/m) (n=25) e o outro com acetilcisteína (n=25). O tratamento com *Hedera helix* foi prescrito nas seguintes dosagens: 2-6 anos, 5mL, 3 vezes ao dia; 7-10 anos, 10mL, 3 vezes ao dia. E o tratamento com acetilcisteína: 2-6 anos, 100-200mg, 3 vezes ao dia; 7-10 anos, 300-400mg, 3 vezes ao dia. A duração do tratamento foi entre 7 e 10 dias. Após 5 dias, o melhor resultado foi observado no grupo que recebeu o extrato de *Hedera helix*. Em 10 dias, 15% do grupo que recebeu *Hedera helix* e 28,6% do grupo que recebeu acetilcisteína ainda apresentavam tosse e expectoração. As avaliações de eficácia de *Hedera helix* apresentaram resultados, em 96% dos casos, "muito bom" e "bom", mostrando-se superior aos 79,2% para acetilcisteína. A tolerabilidade do *Hedera helix* foi avaliada por médicos em 40% como "muito boa" e 60% como "boa" (Bolbot *et al*, 2004).

Outro estudo duplo-cego, randomizado, controlado, comparativo, foi realizado com 99 pacientes adultos (idades entre 25-70 anos) com bronquite leve a moderada, aguda ou bronquite obstrutiva crônica, divididos em dois grupos, dos quais um recebeu, de 3 a 5 vezes ao dia, durante 4 semanas, 20 gotas de extrato de folhas de *Hedera helix* (5–7,5: 1, etanol 30% (m/m), 2g de extrato seco/100mL) e o outro recebeu, de 3 a 5 vezes ao dia, um comprimido de ambroxol 30mg. Os resultados obtidos após 4 semanas demonstram uma tendência maior na redução da frequência da tosse, produção de expectoração e dispneia no grupo que recebeu o extrato das folhas de *Hedera helix*, comparado ao grupo que recebeu ambroxol (Meyer-Wegener *et al.*, 1993).

A comparação analítica do extrato seco das folhas de *Hedera helix* (4-6: 1) extraído com solvente etanol 30% (v/v) – usado em xaropes comerciais – com o extrato seco de folhas de *Hedera helix* (5-7,5: 1) extraído com solvente etanol 30% (m/m), não mostrou nenhuma diferença significativa entre a composição química (qualitativa e quantitativamente com base nas principais saponinas triterpênicas e principais compostos fenólicos) das duas preparações (documentação analítica – Arkopharma) (EMA, 2011).

### Referências:
BOLBOT, Y.; PROKHOROV, E.; MOKIA, S.; YURTSEVA, A. Comparing the efficacy and safety of high-concentrate (5-7.5: 1) ivy leaves extract and Acetylcysteine for treatment of children with acute bronchitis. **Drugs of Ukraine,** 2004, v. 11, p. 1-4.

MEYER-WEGENER, J.; LIEBSCHER, K.; HETTICH, M, KASTER HG. Efeu versus Ambroxol bei chronischer Bronchitis. **Zeitschrift für Allgemeinmedizin***,* 1993, v. 69, n. 3, p. 61-66.

COMMITTE ON HERBAL MEDICINAL PRODUCTS (HMPC). Assessment report on *Hedera helix* L., folium. EMA/HMPC/289432/2009, 31 de março de 2011.

### CARACTERÍSTICAS FARMACOLÓGICAS
O efeito secretolítico e o mecanismo de ação do extrato ainda não estão bem estabelecidos na literatura.

## CONTRAINDICAÇÕES

Este medicamento é contraindicado em pacientes com hipersensibilidade à substância ativa ou a plantas da família Araliaceae.

Este medicamento é contraindicado para uso por pacientes que apresentam intolerância à frutose.

Este medicamento não deve ser utilizado por mulheres grávidas ou que possam ficar grávidas durante o tratamento.

Este medicamento não deve ser utilizado em crianças menores de 2 anos de idade.

## ADVERTÊNCIAS E PRECAUÇÕES

Este medicamento é contraindicado para uso por pacientes que apresentam intolerância à frutose.

Este medicamento não deve ser utilizado por mulheres grávidas ou que possam ficar grávidas durante o tratamento.

Este medicamento não deve ser utilizado em crianças menores de 2 anos de idade.

Crianças entre 2 a 4 anos de idade que apresentam tosse persistente ou recorrente devem ser diagnosticadas pelo médico antes do início do tratamento.

Pacientes que apresentarem dispneia, febre ou expectoração purulenta devem procurar um médico ou o farmacêutico.

O uso concomitante de antitussígenos não é recomendado sem prescrição médica. Recomenda-se precaução em pacientes com gastrite ou úlcera gástrica.

Não são conhecidos os efeitos adversos quando o paciente usa concomitantemente *Hedera helix* L. com outros medicamentos e ou substâncias. Por esse motivo, não há advertências sobre o uso deste produto juntamente com outros medicamentos ou substâncias.

Briliv® (*Hedera helix* L.) contém em sua fórmula sorbitol, o qual é transformado no organismo em frutose. Portanto o produto não deve ser utilizado por pacientes que contenham intolerância à frutose, somente o médico, após avaliação do risco em relação aos benefícios do produto poderá determinar se esse tipo de paciente pode fazer uso do produto.

## INTERAÇÕES MEDICAMENTOSAS

Não se conhece as possíveis interações medicamentosas de *Hedera helix* L., com isto, informe ao médico sobre outro medicamento que possa estar utilizando.

## CUIDADOS DE ARMAZENAMENTO DO MEDICAMENTO

CONSERVAR EM TEMPERATURA AMBIENTE (ENTRE 15 A 30°C), PROTEGER DA LUZ E UMIDADE.

Após aberto, válido por 3 meses, se conservado em temperatura ambiente (entre 15 e 30°C), protegido da luz e umidade.

Este medicamento tem prazo de validade de 24 meses a partir da data de sua fabricação.

Número de lote e datas de fabricação e validade: vide embalagem.

Não use medicamento com o prazo de validade vencido. Guarde-o em sua embalagem original.

Características físicas e organolépticas: Briliv® (*Hedera helix* L.) xarope apresenta-se como líquido ligeiramente turvo a turvo, de coloração amarela escura a castanha, com leve odor de tutti-frutti.

Contém um extrato de plantas como ingrediente ativo e, portanto, a coloração pode variar ocasionalmente, como todas as preparações feitas a partir de ingredientes naturais. Consequentemente, isso não afeta a eficácia terapêutica da preparação.

Antes de usar, observe o aspecto do medicamento.

Todo medicamento deve ser mantido fora do alcance das crianças.

## POSOLOGIA E MODO DE USAR USO ORAL

Agite antes de usar

**Crianças de 2 até 5 anos de idade:** 2,5mL (17,5mg de extrato seco), 3 vezes ao dia (7,5mL/dia que equivale a 52,5mg de extrato seco/dia). Não exceder a dose máxima diária de 7,5mL do xarope.

**Crianças de 6 até 12 anos de idade:** 5mL (35mg de extrato seco), 3 vezes ao dia (15mL/dia que equivale a 105mg de extrato seco/dia). Não exceder a dose máxima diária de 15mL do xarope.

**Adolescentes, adultos e idosos:** 5 – 7,5mL (35 – 52,5mg de extrato seco), 3 vezes ao dia (15 – 22,5mL/dia que equivale a 105 – 157,5mg de extrato seco por dia). Não exceder a dose máxima diária de 22,5mL.

Siga a orientação de seu médico, respeitando sempre os horários, as doses e a duração do tratamento. Não interrompa o tratamento sem o conhecimento do seu médico.

## REAÇÕES ADVERSAS

Os eventos adversos de Briliv® (*Hedera helix* L.) são apresentados a seguir:

**Reação comum (>1/100 e <1/10):** reações gastrointestinais (náusea, vômito, diarreia).

**Reação incomum (>1/1.000 e <1/100):** reações alérgicas (urticária, erupção cutânea, rosáceas e dispneia).

**Em casos de eventos adversos, notifique ao Sistema de Notificação de Eventos Adversos a Medicamentos (Vigimed), disponível em http://portal.anvisa.gov.br/vigimed, ou para a Vigilância Sanitária Estadual ou Municipal.**

## SUPERDOSE

Caso haja sintomas de náuseas, vômitos, diarreia e agitação, que pode ser devido à ingestão de quantidades muito altas ou se ingerir uma dose muito grande deste medicamento acidentalmente, deve procurar um médico ou um centro de intoxicação imediatamente. O apoio médico imediato é fundamental para adultos e crianças, mesmo se os sinais e sintomas de intoxicação não estiverem presentes.

**Em caso de intoxicação ligue para 0800 722 6001, se você precisar de mais orientações.**

## VENDA SOB PRESCRIÇÃO MÉDICA

### DIZERES LEGAIS

M.S. nº 1.0370.0734

Farm. Resp.: Andreia Cavalcante Silva CRF-GO nº 2.659

**Fabricado por: LABORATÓRIO FARMACÊUTICO ELOFAR LTDA.**

CNPJ: 83.874.628/0001-43

Rua Tereza Cristina, 67. CEP: 88070-790 Florianópolis – Santa Catarina

Indústria Brasileira

**Registrado por: LABORATÓRIO TEUTO BRASILEIRO S. A.**

CNPJ: 17.159.229/0001-76

VP 7-D Módulo 11 Qd. 13 – DAIA CEP 75132-140 – Anápolis – GO

Indústria Brasileira

---

# BROMELIN

*Ananas comosus* (Bromeliaceae), fruto, abacaxi

### PRODUTO TRADICIONAL FITOTERÁPICO

Produto registrado com base no uso tradicional, não sendo recomendado seu uso por período prolongado.

### APRESENTAÇÃO

Suspensão oral – 0,88g/mL

Embalagem em frasco PET contendo 100mL, acompanhado de copo-medida graduado de 10mL.

### VIA ORAL
### USO ADULTO E PEDIÁTRICO, ACIMA DE 8 ANOS
### COMPOSIÇÃO

Cada 1mL contém:

Extrato aquoso dos frutos de *Ananas comosus* [equivalente a 0,313U/mL (unidade de atividade proteolítica de bromelina por mL)] ..................................................0,88 g

Excipientes: metilparabeno, propilparabeno, mel de abelha, benzoato de sódio, água purificada.

### INFORMAÇÕES AO PACIENTE
### 1. PARA QUE ESTE PRODUTO É INDICADO?

**Bromelin** é destinado ao tratamento coadjuvante dos pacientes com problemas de secreção nas vias aéreas.

### 2. COMO ESTE PRODUTO FUNCIONA?

**Bromelin** contém extrato dos frutos de *Ananas comosus* (abacaxi) que atua fluidificando a secreção produzida nas vias aéreas.

### 3. QUANDO NÃO DEVO USAR ESTE PRODUTO?

Quando o paciente apresentar hipersensibilidade a qualquer um dos componentes da fórmula.

- Nos casos de hipersensibilidade à enzima bromelina.
- No caso de diabéticos.

**Este medicamento é contraindicado para menores de 8 anos de idade.**

**Os estudos em animais não demonstram risco fetal, mas também não há estudos controlados em mulheres grávidas.**

**Este medicamento não deve ser utilizado por mulheres grávidas sem orientação médica ou do cirurgião-dentista. (categoria de risco B).**

**Este medicamento é contraindicado para uso por pacientes diabéticos.**

### 4. O QUE DEVO SABER ANTES DE USAR ESTE PRODUTO?

Crianças com hipersensibilidade ou alergia ao abacaxi ou à bromelina não devem fazer uso deste produto.

Os estudos em animais não demonstram risco fetal, mas também não há estudos controlados em mulheres grávidas.

**Este medicamento não deve ser utilizado por mulheres grávidas sem orientação médica ou do cirurgião-den-**

tista (categoria de risco B). **Atenção diabéticos: este medicamento contém SACAROSE.**

Interações medicamentosas com uso de **Bromelin** não foram observadas e/ou registradas, até o momento.

**Caso os sintomas persistam, piorem ou apareçam reações indesejadas não descritas na embalagem ou no folheto informativo, interrompa seu uso e procure orientação do profissional de saúde.**

**Se você utiliza medicamentos de uso contínuo, busque orientações do profissional de saúde antes de utilizar este produto.**

**Este produto não deve ser utilizado por período superior ao indicado ou continuamente, a não ser por orientação de profissionais de saúde.**

**Informe ao seu profissional de saúde todas as plantas medicinais e fitoterápicos que estiver tomando.**

**Interações podem ocorrer entre produtos e plantas medicinais e mesmo entre duas plantas medicinais quando administradas ao mesmo tempo.**

## 5. ONDE, COMO E POR QUANTO TEMPO POSSO GUARDAR ESTE PRODUTO?

Você deve conservar **Bromelin** em temperatura ambiente, entre 15°C e 30°C, protegido da luz e da umidade.

**Bromelin** tem validade de 24 meses a partir da data de sua fabricação.

**Número de lote e datas de fabricação e validade: vide embalagem.**

**Não use medicamento com prazo de validade vencido.**
**Guarde-o em sua embalagem original.**

**Para sua segurança, mantenha o medicamento em sua embalagem original.**

**Caso o produto esteja no prazo de validade e você observe alguma mudança no aspecto, consulte o farmacêutico para saber se poderá utilizá-lo.**

**Após aberto, válido por 7 dias.**

Líquido de cor amarela, isento de partículas estranhas.
**Antes de usar, observe o aspecto do medicamento.**
**Caso o produto esteja no prazo de validade e você observe alguma mudança no aspecto, consulte o farmacêutico para saber se poderá utilizá-lo.**

**Este produto deve ser mantido fora do alcance das crianças.**

## 6. COMO DEVO USAR ESTE PRODUTO? USO ORAL/ USO INTERNO

**Bromelin** deve ser utilizado da seguinte forma:
Crianças, acima de 8 anos, e adultos:
Ingerir 7,5mL da suspensão oral, 3 vezes ao dia, com intervalo de 8 horas entre as doses, enquanto persistirem os sintomas.

**Siga a orientação de seu médico, respeitando sempre os horários, as doses e a duração do tratamento.**

**Não interrompa o tratamento sem o conhecimento do seu médico.**

Os produtos tradicionais fitoterápicos não devem ser administrados pelas vias injetáveis e oftálmica.

## 7. O QUE DEVO FAZER QUANDO ESQUECER DE USAR ESTE PRODUTO?

Caso haja esquecimento da ingestão de uma dose deste medicamento, retome a posologia prescrita sem a necessidade de suplementação.

Em caso de dúvidas, procure orientação do farmacêutico, de seu médico ou cirurgião-dentista.

## 8. QUAIS OS MALES QUE ESTE PRODUTO PODE CAUSAR?

Não há relatos de reações adversas com este medicamento até o momento.

A frequência de ocorrência dos efeitos indesejáveis não é conhecida.

Informe ao seu médico o aparecimento de reações indesejáveis pelo uso do medicamento.

Informe também a empresa por meio do seu Serviço de Atendimento ao Consumidor (SAC).

Em casos de eventos adversos, notifique o Sistema de Notificações em Vigilância Sanitária – Notivisa, disponível em http://www.anvisa.gov.br/hotsite/ notivisa/index.htm, ou a Vigilância Sanitária Estadual ou Municipal.

## 9. O QUE FAZER SE ALGUÉM USAR UMA QUANTIDADE DESTE PRODUTO MAIOR DO QUE A INDICADA?

Não foram relatados casos de superdosagem, nem de toxicidade pela superdosagem em seres humanos, com o uso do **Bromelin**. Caso isso ocorra, suspenda imediatamente a medicação.

Em caso de uso de grande quantidade deste medicamento, procure rapidamente socorro médico e leve a embalagem ou bula do medicamento, se possível.

Em caso de intoxicação, ligue para 0800 722 6001, se você precisar de mais orientações.

**DIZERES LEGAIS**
M.S.: 1.1557.0053.002-8 – **Bromelin**
**Farm. Resp.:** Marta Melissa Leite Maia **CRF-PE** nº 2842

**INFAN – INDÚSTRIA QUÍMICA FARMACÊUTICA NACIONAL S. A.**
Rodovia BR-232 – km 136 – Bairro Agamenon Magalhães
Caruaru/PE
CEP 55.034-640
CNPJ: 08.939.548/0001-03
Indústria Brasileira
Todas as marcas nesse folheto são propriedade do grupo de empresas Hebron.
**www.hebron.com.br**
sac@hEBRON.com.br
SAC: 0800 724 2022

---

# BRONDELIX
*Hedera helix* L. (Araliaceae)

**Nomenclatura botânica:** *Hedera helix* L.
**Família:** Araliaceae
**Parte utilizada:** folhas
**Nomenclatura popular:** Hedera sempre-verde

### APRESENTAÇÃO
Xarope – Embalagem contendo 100mL ou 200mL, com copo-medida

### USO ORAL
### USO ADULTO E PEDIÁTRICO ACIMA DE 2 ANOS DE IDADE

### Composição
Cada 1 mL de xarope contém:
extrato seco de folhas de *Hedera helix* L* .................. 7 mg
veículo q.s.p. ........................................................ 1 ml
(benzoato de sódio, goma xantana, ácido cítrico, essência de cereja, sorbitol, água purificada).
*corresponde a 0,82 mg/mL ± 10% do marcador Hederacosídeo C. Cada 1 mL do xarope contém 600 mg de sorbitol 70% (equivalente a 420 mg de sorbitol)

### INFORMAÇÕES AO PACIENTE
### 1. PARA QUE ESTE MEDICAMENTO É INDICADO?
**Brondelix** é indicado para o tratamento sintomático de afecções broncopulmonares inflamatórias agudas e crônicas, com aumento de secreções e/ou broncoespasmo associado.

### 2. COMO ESTE MEDICAMENTO FUNCIONA?
**Brondelix** possui efeito mucolítico (diminui a viscosidade das secreções e aumenta a atividade de varredura promovida pelos cílios de epitélio brônquico, facilitando a expectoração) e broncodilatador (com ação relaxante sobre o músculo liso brônquico). Esses efeitos melhoram a respiração.

### 3. QUANDO NÃO DEVO USAR ESTE MEDICAMENTO?
**Brondelix** não deve ser usado em casos de hipersensibilidade a qualquer componente da fórmula.
**Este medicamento não deve ser utilizado em crianças menores de 2 anos de idade.**

### 4. O QUE DEVO SABER ANTES DE USAR ESTE MEDICAMENTO?
**Precauções**
**Brondelix** não deve ser indicado como medicação antiasmática única, embora possa ser coadjuvante nesses casos.
**Brondelix** contém em sua fórmula sorbitol, que é metabolizado no organismo em frutose, sendo conveniente avaliar sua indicação a pacientes com intolerância a essa substância.
Em caso de mal estar persistente ou aparecimento de insuficiência respiratória, febre, expectoração purulenta ou com sangue, recomenda-se uma avaliação específica.
Apesar de não terem sido realizados estudos específicos sobre os efeitos do produto na capacidade de dirigir e usar máquinas, não foi observada nos outros estudos conduzidos com *Hedera helix* L., qualquer alteração que exija restrição das atividades relacionadas a dirigir e/ou usar máquinas.
**Interrupção do tratamento**
Não interrompa o tratamento sem o conhecimento do seu médico.
**Gravidez e lactação**
Embora não existam dados clínicos sobre a exposição de *Hedera helix* L. na gravidez humana, os estudos com animais prenhos não indicam efeitos nocivos diretos ou indiretos em relação à gravidez, desenvolvimento embrionário ou fetal, parto ou desenvolvimento pós-natal. Apesar disto, como ocorre com qualquer outro medicamento, **Brondelix** deve ser administrado com cautela durante a gravidez e lactação.
**Pacientes idosos**
Ainda que os estudos não tenham alterações nos pacientes idosos, é sempre recomendável um acompanhamento médico rigoroso a esses pacientes.
**Reações adversas**
**Brondelix** pode provocar um ligeiro efeito laxante, provavelmente vinculado à presença de sorbitol em sua fórmula.

Não há evidências de riscos à saúde ou reações adversas após o uso das doses recomendadas, entretanto existe um potencial moderado, em indivíduos predispostos, para sensibilização por contato cutâneo.

**Informe ao seu médico ou cirurgião-dentista se você está fazendo uso de algum outro medicamento.**

**Não use medicamento sem o conhecimento do seu médico. Pode ser perigoso para a sua saúde.**

## 5. ONDE, COMO E POR QUANTO TEMPO POSSO GUARDAR ESTE MEDICAMENTO?

Manter à temperatura ambiente (15ºC a 30ºC). Proteger da luz e manter em lugar seco. O medicamento deve ser guardado entro de sua embalagem original.

**Número de lote e datas de fabricação e validade: vide embalagem.**

**Não use medicamento com prazo de validade vencido. Guarde-o em sua embalagem original.**

**Após aberto, válido por 3 meses. Características físicas e organolépticas: Brondelix** é apresentado em:

Xarope, na concentração de 7 mg/mL.

O xarope de **Brondelix** é levemente viscoso, na cor marrom, com sabor adocicado e odor de cereja, isento de partículas e material estranho.

**Brondelix** contém em sua formulação o extrato seco de folhas de *Hedera helix* L. Os componentes das matérias vegetais (folhas de *Hedera helix* L.) que conferem propriedades terapêuticas ao **Brondelix** são, principalmente, o bisdesmosídeo saponina, do grupo de glicosídeos triterpenos, cujo principal representante em termos qualitativos é a hederasaponina C (hederacosídeo C). O efeito terapêutico de **Brondelix** nas doenças das vias aéreas deve-se ao glicosídeo saponina, presente no extrato seco, que possui dupla ação: mucolítica e broncodilatadora. Ambas as ações aumentam a expectoração, eliminando as secreções que obstruem as vias aéreas.

O efeito mucolítico do extrato deve-se essencialmente à natureza da saponina dos hederaglicosídeos, embora os efeitos parassimpaticolíticos de certos glicosídeos sejam considerados a base das propriedades broncodilatadoras sobre os brônquios inflamados.

**Antes de usar, observe o aspecto do medicamento.**

**Caso ele esteja no prazo de validade e você observe alguma mudança no aspecto, consulte o farmacêutico para saber se poderá utilizá-lo.**

**Todo medicamento deve ser mantido fora do alcance das crianças.**

## 6. COMO DEVO USAR ESTE MEDICAMENTO?
**Modo de usar**

**Agite antes de usar**

Crianças de 2 a 7 anos de idade – 2,5 mL três vezes ao dia.

Criança a partir de sete anos de idade – 5 mL três vezes ao dia.

Adultos – 7,5 mL três vezes ao dia.

A duração do tratamento depende do tipo e da severidade do quadro clínico. O tratamento deve durar o mínimo de uma semana em casos de inflamações menores do trato respiratório, devendo ser mantido durante dois a três dias após a diminuição dos sintomas, de forma a assegurar a manutenção da eficácia. **Siga a orientação de seu médico, respeitando sempre os horários, as doses e a duração do tratamento. Não interrompa o tratamento sem o conhecimento do seu médico.**

## 7. O QUE DEVO FAZER QUANDO EU ME ESQUECER DE USAR ESTE MEDICAMENTO?

No caso do esquecimento de uma dose, o medicamento deve ser ingerido em outro horário do mesmo dia, sem prejuízo do tratamento.

**Em caso de dúvidas, procure orientação do farmacêutico ou de seu médico ou cirurgião-dentista.**

## 8. QUAIS OS MALES QUE ESTE MEDICAMENTO PODE ME CAUSAR?

**Brondelix** pode provocar um ligeiro efeito laxante, provavelmente vinculado à presença de sorbitol em sua fórmula. Não há evidências de riscos à saúde ou reações adversas após o uso das doses recomendadas, entretanto existe um potencial moderado, em indivíduos predispostos, para sensibilização por contato cutâneo.

**Informe ao seu médico, cirurgião-dentista ou farmacêutico o aparecimento de reações indesejáveis pelo uso do medicamento. Informe também a empresa através do seu serviço de atendimento.**

## 9. O QUE FAZER SE ALGUÉM USAR UMA QUANTIDADE MAIOR QUE A INDICADA DESTE MEDICAMENTO?

A ingestão de quantidades claramente superiores (mais que o triplo da dose diária) pode produzir náuseas, vômitos e diarreia. Nesses casos procure um médico.

**Em caso de uso de grande quantidade deste medicamento, procure rapidamente socorro médico e leve a embalagem ou bula do medicamento, se possível.**

**Ligue para 0800 722 6001, se você precisar de mais orientações.**

**VENDA SOB PRESCRIÇÃO MÉDICA**

**DIZERES LEGAIS**
MS: 1.0235.1077
Farm. Resp.: Dr. Ronoel Caza de Dio CRF-SP nº. 19.710
**EMS S. A.**
Rod. Jornalista F. A. Proença, km 08 Bairro Chácara Assay
Hortolândia/SP – CEP 13186-901
CNPJ: 57.507.378/0003-65
INDÚSTRIA BRASILEIRA.

---

# BRONQUIVITA®
Tintura de folhas de *Eucalyptus globulus* Labill. – Myrtaceae – Eucalipto

**MEDICAMENTO FITOTERÁPICO**

**APRESENTAÇÕES**
Forma farmacêutica: Xarope
Concentração: 0,043 mL de tintura de *Eucalyptus globulus* Labill por mL de xarope (equivalente a 0,0172 mg de 1,8-cineol)
Apresentação: Cartucho contendo um frasco de plástico opaco com 150 mL e um copo medida.

**USO ORAL**
**USO ADULTO E PEDIÁTRICO ACIMA DE 2 ANOS**

**COMPOSIÇÃO:**
Cada mL do xarope contém:
Tintura de folhas de *Eucalyptus globulus* Labill (equivalente a 0,0172 mg de 1,8-cineol)....................0,043 mL
Excipientes qsp. .............................................. 1 mL
(tintura de agrião, tintura de mastruço, tintura de assa-peixe, essência de eucalipto, mel de abelhas, sacarose, água)

**INFORMAÇÕES TÉCNICAS AOS PROFISSIONAIS DE SAÚDE**
**INDICAÇÕES**
Este medicamento é indicado como expectorante e antitussígeno.

**RESULTADOS DE EFICÁCIA**
Um estudo clínico, aberto, comparativo, randomizado, avaliou a eficácia e a tolerabilidade do uso do xarope BRONQUIVITA® contra outro xarope expectorante. Um estudo realizado com 180 pacientes, com idades entre 2 a 45 anos, com tosse proveniente de sinais e sintomas de gripe ou resfriado em sua fase aguda. No início do estudo, os 91 pacientes do grupo BRONQUIVITA® apresentavam condições clínicas classificadas como Mal e Regular pelo investigador principal do estudo. Após o tratamento, com duração média de 5 dias, o estado geral dos pacientes alcançou pontuação entre Bem e Muito Bem pelo investigador do estudo. O tratamento de pacientes com tosse proveniente de gripes e/ou resfriados resultou em uma melhora acentuada dos pacientes.

**CARACTERÍSTICAS FARMACOLÓGICAS**
O BRONQUIVITA® é composto de tintura de *Eucalyptus globulus* padronizado em óleo essencial, expresso em 1,8 – cineol. O óleo essencial do eucalipto confere ao medicamento uma ação expectorante, auxiliando na eliminação de secreções presentes em estados inflamatórios do trato respiratório.

**CONTRAINDICAÇÕES**
BRONQUIVITA® é contraindicado para pacientes que apresentam hipersensibilidade conhecida aos componentes da formulação ou a outros óleos essenciais.
Pacientes que apresentam inflamação do trato gastrintestinal, das vias biliares ou doenças hepáticas, também não devem utilizar este medicamento.
**Este medicamento é contraindicado para menores de 2 anos.**
De acordo com a categoria de risco de fármacos destinados às mulheres grávidas, este medicamento apresenta categoria de risco C. **Este medicamento não deve ser utilizado por mulheres grávidas sem orientação médica ou do cirurgião-dentista.**
**Atenção: este medicamento contém Açúcar, portanto deve ser usado com cautela em portadores de Diabetes.**

**ADVERTÊNCIAS E PRECAUÇÕES**
Por conter álcool em sua formulação, o uso do BRONQUIVITA® por pacientes que apresentam úlceras gastroduodenais, gastrite, síndrome do intestino irritável ou colite ulcerativa, deverá ser avaliado cuidadosamente.
Não foram realizados estudos com mulheres no período da amamentação, assim, ainda não se sabe se os componentes da formulação são excretados no leite materno. Dessa forma, não se recomenda a utilização deste medicamento por mulheres que estão amamentando.

Não são conhecidos riscos específicos de uso do medicamento BRONQUIVITA® por idosos, uma vez que não foram realizados estudos utilizando este medicamento por esse grupo de pacientes. Logo, o uso deste medicamento por essa população deve ser feito somente com orientação e acompanhamento médico.

De acordo com a categoria de risco de fármacos destinados às mulheres grávidas, este medicamento apresenta categoria de risco C. **Este medicamento não deve ser utilizado por mulheres grávidas sem orientação médica ou do cirurgião-dentista.**

**Atenção: este medicamento contém Açúcar, portanto deve ser usado com cautela em portadores de Diabetes. Este medicamento não deve ser utilizado em crianças menores de 2 anos de idade.**

### INTERAÇÕES MEDICAMENTOSAS

BRONQUIVITA® não deve ser administrado concomitantemente a outros medicamentos. O óleo de eucalipto estimula ação microssomal hepática, resultando no aumento da velocidade do processo de catabolismo, podendo levar a inefetividade de outros medicamentos.

Medicamentos sedativos (exemplo: diazepam), analgésicos (por exemplo: paracetamol e ácido acetilsalicílico) e anestésicos (por exemplo: procaína e lidocaína) não devem ser utilizados concomitantemente ao BRONQUIVITA®.

### CUIDADOS DE ARMAZENAMENTO DO MEDICAMENTO

BRONQUIVITA® deve ser guardado em local protegido da luz e umidade. Evitar calor excessivo (temperatura superior a 40ºC). Depois de aberto, manter o frasco bem fechado. Nessas condições, o medicamento se manterá próprio para consumo, respeitando o prazo de validade de 36 meses, indicado na embalagem.

**Número de lotes e datas de fabricação e validade: vide embalagem.**

**Não use medicamento com prazo de validade vencido. Guarde-o em sua embalagem original.** BRONQUIVITA® é apresentado na forma de líquido viscoso, homogêneo, denso, de coloração castanho claro, e odor característico de eucalipto.

**Antes de usar, observe o aspecto do medicamento. Todo medicamento deve ser mantido fora do alcance de crianças.**

### POSOLOGIA E MODO DE USAR

Uso oral.

Este medicamento deve ser administrado de 3 em 3 horas, nas seguintes doses:

Adultos: 1 e ½ copo medida (15 mL) = 1 colher de sopa (15 mL)

Crianças de 7 a 12 anos: ¾ copo medida (7,5 mL) = ½ colher de sopa (7,5 mL)

Crianças de 3 a 6 anos: ½ copo medida (5 mL) = 1 colher de chá (5 mL)

Crianças de 2 a 3 anos: ¼ do copo medida (2,5 mL) = ½ colher de chá (2,5 mL)

Utilizar apenas a via oral. O uso deste medicamento por outra via, que não a oral, pode causar a inefetividade do medicamento ou mesmo promover danos à saúde.

Caso haja esquecimento da ingestão de uma dose deste medicamento, retomar a posologia sem a necessidade de suplementação.

### REAÇÕES ADVERSAS

Raramente, o uso de BRONQUIVITA® pode provocar náuseas, vômitos e diarreias.

**Em caso de eventos adversos, notifique ao Sistema de Notificações em Vigilância Sanitária – Notiviso, disponível em www.anvisa.gov.br/hotsite/notiviso/index.htm, ou para a Vigilância Sanitária Estadual ou Municipal.**

### SUPERDOSE

Em casos de ingestão de altas doses de BRONQUIVITA®, suspender imediatamente o uso e procurar orientação médica. Recomenda-se o tratamento de suporte sintomático. **Em casos de intoxicação ligue para 0800 722 6001, se você precisar de mais orientações.**

### DIZERES LEGAIS

MS: 1.5400.0035

Farm. Responsável: Tânia R. Isquierdo Lopes Fam – CRF/SP nº 9762

**Laboratório Vitalab Ltda.**

Rua Nove de Novembro, 241/253, Vila Nova Cachoeirinha – São Paulo – CEP 02615-060

CNPJ: 56.646.953/0001-86

INDÚSTRIA BRASILEIRA

SAC: 0800 7726 519

---

## BUONA
*Glycine max* (L.) Merr.

### MEDICAMENTO FITOTERÁPICO

**Nomenclatura botânica oficial**: *Glycine max* (L.) Merr.
**Nome popular:** Soja.
**Família:** Fabaceae
**Parte da planta utilizada:** Sementes

## USO ORAL
**Cápsula Dura**

## USO ADULTO
## FORMAS FARMACÊUTICAS E APRESENTAÇÕES
Embalagens contendo 10 ou 30 cápsulas duras de 150 mg de *Glycine max* (L.) Merr.
**Composição:**
Cada cápsula dura contém:
Extrato seco de *Glycine max* (L.) Merr....................150 mg
(padronizado em 60 mg/cápsula de isoflavonas totais)
Excipientes: dióxido de silício, estearato de magnésio, celulose microcristalina.

## INFORMAÇÕES TÉCNICAS AOS PROFISSIONAIS DE SAÚDE
### 1. INDICAÇÕES
Este medicamento é indicado como coadjuvante no alívio dos sintomas do climatério: sintomas vasomotores, tais como ondas de calor e sudorese. São considerados moduladores seletivos dos receptores de estrógenos, apresentando ações estrogênicas nos vasos sanguíneos.

### 2. RESULTADOS DE EFICÁCIA
Um estudo multicêntrico, randomizado, duplo cego, avaliou 177 mulheres em fase de pós-menopausa, recebendo uma dose diária de extrato de *G. max* padronizado em 50 mg de isoflavonas ou placebo. Os resultados demonstram uma redução estatisticamente significativa na severidade e frequência das ondas de calor, durante as 12 semanas, no grupo que recebeu extrato de soja, quando comparado ao grupo placebo. Não houve alteração significativa na espessura do endométrio, no pH e na mucosa vaginal, nos dois grupos de pacientes, quando comparados com o início do estudo (UPMALIS *et al.*, 2000). Outro estudo randomizado, duplo cego, prospectivo, foi realizado com 79 pacientes na pós-menopausa para avaliar a melhora de fogachos característicos de menopausa com administração de extrato de soja contendo isoflavonas. As pacientes foram divididas, conforme programa de randomização, em dois grupos. O primeiro recebeu 150 mg de extrato de *G. max* contendo 60 mg de isoflavonas, por via oral a cada 12 horas, continuamente por 6 meses. O segundo grupo recebeu duas cápsulas, por via oral de 12 em 12 horas, continuamente, das quais uma continha 0,625 mg de estrogênios conjugados equinos e outra, era de placebo. A partir do estudo verificou-se que as isoflavonas, de maneira similar aos estrogênios, aliviaram os sintomas climatéricos após o segundo mês de tratamento. Os efeitos sobre os sintomas vasomotores foram semelhantes aos dos estrogênios durante os seis meses de tratamento, sem ocorrer alteração no pH e na mucosa vaginal e sem acarretar proliferação endometrial nas pacientes que receberam isoflavonas (KAARI, 2003; KAARI *et al*, 2006).

### 3. CARACTERÍSTICAS FARMACOLÓGICAS
Isoflavonas pertencem à classe de fitoestrógenos presentes em distintas espécies de grãos utilizados na alimentação (soja e lentilha, entre outros). Soja é uma fonte rica de isoflavonas, incluindo a genisteína, daidzeína e gliciteína. Apresentam estrutura similar ao estrógeno fisiológico, 17β-estradiol, com uma estrutura fenólica comum que parece ser o pré-requisito para a interação com receptores estrogênicos (KAARI *et al*, 2006). As moléculas de isoflavonas têm uma fraca atividade estrogênica, assim como algumas atividades antiestrogênica (UPMALIS *et al.*, 2000). São considerados moduladores seletivos dos receptores de estrógenos, apresentando ações estrogênicas nos vasos sanguíneos.

Esses fitoestrógenos têm uma maior afinidade pelo receptor estrogênico β que α, apresentando efeito tecidoseletivo, uma vez que a distribuição destes receptores é variável nos diferentes tecidos. Em consequência, esperam-se ações mais marcadas em tecidos onde predominam receptores β, como nos vasos sanguíneos e ossos (KUIPER *et al.*, 1998; MOLL *et al.*, 2000).

As isoflavonas podem ocorrer tanto como agliconas, bem como sob a forma de glicosídeos conjugados, que sofrem hidrólise quando submetidos à ação de enzimas elaboradas pela microbiota intestinal, aumentando significativamente a quantidade de isoflavonas livres. As isoflavonas são submetidas ao ciclo entero-hepático, de modo que após sua absorção pelo intestino, passam pelo fígado e são excretadas na bile na forma conjugada, o que favorece a manutenção de concentrações plasmáticas adequadas. A meia vida da genisteína é de 8,36 horas e da daidzeína, de 5,79 horas. Esse dado indica a conveniência de administrar duas doses diárias das formulações que contêm esses compostos. A excreção é predominantemente pela via urinária, sendo a excreção fecal bastante inferior (MOLL *et al.*, 2000).

## 4. CONTRAINDICAÇÕES

**Este medicamento é contraindicado para menores de 18 anos.**

Pacientes com histórico de hipersensibilidade e alergia a qualquer um dos componentes da fórmula não devem fazer uso deste medicamento.

## 5. ADVERTÊNCIAS E PRECAUÇÕES

Em caso de hipersensibilidade ao produto, recomenda-se descontinuar o uso e consultar o médico. Pode ocorrer reação alérgica cruzada com o amendoim.

De acordo com a categoria de risco de fármacos destinados às mulheres grávidas, este medicamento apresenta categoria de risco C. Não há estudos disponíveis sobre a teratogenicidade de preparações com alta concentração de isoflavonas, bem como não há evidências científicas disponíveis sobre a segurança de seu uso durante a gestação e lactação, devendo seu emprego ser evitado nessas condições.

**Este medicamento não deve ser utilizado por mulheres grávidas e em amamentação sem orientação médica ou do cirurgião-dentista.**

## 6. INTERAÇÕES MEDICAMENTOSAS

Evitar a associação deste medicamento com contraceptivos e outros medicamentos de ação estrogênica (YIM et al., 2000). A efetividade do tamoxifeno pode ser diminuída por medicamentos à base de soja (JU et al., 2002).

A proteína da soja pode reduzir a absorção de levotiroxina no trato digestivo, portanto não se deve tomar os dois medicamentos ao mesmo tempo. É necessário aguardar 2 horas entre uma e outra tomada (TSOURONIS, 2001). As isoflavonas genisteína e daidzeína podem bloquear a tireoide peroxidase e inibir a síntese de tiroxina. Pode ocorrer hipotireoidismo durante tratamentos prolongados (DIVI et al., 1997).

O uso de medicamentos que alteram a microbiota intestinal, como os antibióticos, pode interferir no metabolismo das isoflavonas. São enzimas produzidas pelos micro-organismos do trato intestinal que hidrolisam as isoflavonas conjugadas para a formação de isoflavonas agliconas ativas (TSOURONIS, 2001).

## 7. CUIDADOS DE ARMAZENAMENTO DO MEDICAMENTO

Conservar em temperatura ambiente (entre 15°C e 30°C). Proteger da umidade. O prazo de validade do medicamento é de 24 meses.

**Número de lote e datas de fabricação e validade: vide embalagem.**

**Não use medicamento com o prazo de validade vencido. Guarde-o em sua embalagem original.**

Características do produto: cápsula gelatinosa dura, sem gravação, cor rosa opaca, contendo granulado bege a marrom.

**Antes de usar, observe o aspecto do medicamento. Todo medicamento deve ser mantido fora do alcance das crianças.**

## 8. POSOLOGIA E MODO DE USAR

Ingerir 1 cápsula de 12 em 12 horas (60 mg de isoflavonas), ou a critério médico.

Cada cápsula de Buona contém 150 mg *de Glycine max* (L.) Merr. equivalente a 60 mg de isoflavonas totais.

Utilizar apenas a via oral. O uso deste medicamento por outra via, que não a oral, pode causar a perda do efeito esperado ou mesmo promover danos ao seu usuário.

**Este medicamento não deve ser partido, aberto ou mastigado.**

## 9. REAÇÕES ADVERSAS

O uso deste medicamento pode provocar distúrbios gastrointestinais leves como constipação, flatulência e náusea (TSOURONIS, 2001). Não foram relatadas reações adversas graves para este medicamento nas doses diárias recomendadas (MOLL et al., 2000; BLOEDON et al., 2002) Em caso de hipersensibilidade ao produto, recomenda-se descontinuar o uso e consultar o médico.

**Em casos de eventos adversos, notifique ao Sistema de Notificação de Eventos Adversos a Medicamentos (Vigimed), disponível em http://portal.anvisa.gov.br/vigimed, ou para a Vigilância Sanitária Estadual ou Municipal.**

## 10. SUPERDOSE

Não há relatos de intoxicações por superdosagem na literatura.

Suspender a medicação e procurar orientação médica de imediato. Recomenda-se tratamento de suporte sintomático pelas medidas habituais de apoio e controle das funções vitais.

**Em caso de intoxicação ligue para 0800 722 6001, se você precisar de mais orientações.**

## DIZERES LEGAIS

M.S.: 1.9427.0057

Farm. Resp.: Dra. Camila Aleixo de Lima Cardoso Ditura
CRF-SP 43.514
Fabricado por: **EUROFARMA LABORATÓRIOS S. A.**
Rod. Pres. Castello Branco, km 35,6 – Itapevi – SP
Registrado por: **MOMENTA FARMACÊUTICA LTDA**
Rua Enéas Luis Carlos Barbanti, 216 – São Paulo – SP
CNPJ: 14.806.008/0001-54
**Indústria Brasileira**
Central de Relacionamento 0800-703-1550
www.momentafarma.com.br  -  central@momenta-farma.com.br

# CALMAN®

*Passiflora incarnata* L. • *Crataegus rhipidophylla* Gand. • *Salix alba* L.

## MEDICAMENTO FITOTERÁPICO

## IDENTIFICAÇÃO DO MEDICAMENTO:

**Nomenclatura botânica:** *Passiflora incarnata* L.
**Família:** Passifloraceae
**Nome Popular:** Maracujá, Passiflora
**Parte da planta utilizada:** Partes aéreas
**Nomenclatura botânica:** *Crataegus rhipidophylla* Gand.
**Família:** Rosaceae
**Nome Popular:** Cratego, Espinheiro alvar
**Parte da planta utilizada:** Partes aéreas
**Nomenclatura botânica:** *Salix alba* L.
**Família:** Salicaceae
**Nome Popular:** Salgueiro branco
**Parte da planta utilizada:** Casca

## APRESENTAÇÃO

Comprimidos revestidos – embalagem contendo 20 comprimidos.

## USO ADULTO E PEDIÁTRICO ACIMA DE 5 ANOS USO ORAL

## COMPOSIÇÃO

**Cada comprimido revestido contém:**

Extrato seco de *Passiflora incarnata* L. 0,2% .........100 mg (equivalente à 0,2 mg de flavonoides totais expressos em vitexina)
Extrato seco de *Crataegus rhipidophylla* Gand 3,0% 30 mg (equivalente à 0,9 mg de flavonoides totais expresso em hiperosídeo)
Extrato seco de *Salix alba* L. 1,5% ..........................100 mg (equivalente à 1,5 mg de salicina)
Excipientes: dióxido de silício, lactose monoidratada, estearato de magnésio, amidoglicolato de sódio, talco, polissorbato 80, macrogol, dióxido de titânio, copolímero de ácido metacrílico e metacrilato de etila, copolímero de ácido metacrílico e metacrilato de metila, corante lacca alumínio amarelo n° 10, simeticona, citrato de trietila, acetona, álcool isopropílico, água de osmose reversa.

**INFORMAÇÕES AO PACIENTE**

**1. PARA QUE ESTE MEDICAMENTO É INDICADO?**

Ansiedade, distúrbios comportamentais do sono na criança, distúrbios neurovegetativos, enurese de origem não orgânica, hipertensões leves, insônia e irritabilidade.

**2. COMO ESTE MEDICAMENTO FUNCIONA?**

Devido à associação presente em **CALMAN®** (*Passiflora incarnata* L., *Crataegus rhipidophylla* Gand., *Salix alba* L.), ele possui um efeito calmante leve, indicado nos quadros de ansiedade leve a moderada e distúrbios do sono.

**3. QUANDO NÃO DEVO USAR ESTE MEDICAMENTO?**

**CALMAN®** (*Passiflora incarnata* L., *Crataegus rhipidophylla* Gand., *Salix alba* L.) está contraindicado em casos de hipersensibilidade a quaisquer componentes da fórmula ou pacientes que apresentam hipersensibilidade ao látex (reação cruzada com *Passiflora incarnata* L.).

Não aconselhamos o uso deste medicamento em pacientes com alergia ao ácido acetilsalicílico apesar de não haver referência na literatura quanto à possibilidade de hipersensibilidade ao *Salix alba* L. nesses pacientes.

Devido à presença do *Salix alba* L., deve-se evitar a prescrição para pacientes com úlceras gastrintestinais, déficits de coagulação, hemorragias ativas e pacientes em tratamento com derivados de ácido acetilsalicílico ou anticoagulantes.

Este medicamento deve ser interrompido pelo menos 2 semanas antes de algum procedimento cirúrgico, pois ele pode aumentar o risco de sangramento e potencializar o efeito sedativo das drogas no pré e per operatório.

**Gravidez e lactação:** não há estudos conclusivos do uso dessas plantas em gestantes ou lactantes, informe seu médico a ocorrência de gravidez na vigência do tratamento ou após o seu término. Informar ao médico se estiver amamentando.

**Cuidados de administração/interrupção do tratamento:** siga a orientação do seu médico, respeitando sempre os horários, as doses e duração do tratamento.

**Este medicamento não deve ser utilizado por crianças menores de 5 anos.**

**Este medicamento não deve ser utilizado por mulheres grávidas sem orientação médica ou do cirurgião-dentista.**

**4. O QUE DEVO SABER ANTES DE USAR ESTE MEDICAMENTO?**

Apesar de ser um produto fitoterápico, **CALMAN®** (*Passiflora incarnata* L., *Crataegus rhipidophylla* Gand., *Salix alba* L.) pode levar a um quadro de sonolência. Pacientes que irão dirigir ou operar máquinas devem ter maior cautela no desenvolvimento de tais atividades.

Este medicamento deve ser interrompido pelo menos 2 semanas antes de algum procedimento cirúrgico, pois ele pode aumentar o risco de sangramento e potencializar o efeito sedativo das drogas no pré e per operatório.

**Gravidez e lactação:** não há estudos conclusivos do uso dessas plantas em gestantes ou lactantes, informe seu médico à ocorrência de gravidez na vigência do tratamento ou após o seu término. Informar ao médico se estiver amamentando.

**Idosos:** para pacientes com idade superior a 65 anos até o momento não há relatos de efeitos prejudiciais, mas atenção para as interações medicamentosas e doenças associadas.

**Interações medicamentosas: o uso** de **CALMAN®** (*Passiflora incarnata* L., *Crataegus rhipidophylla* Gand., *Salix alba* L.) concomitante a outros medicamentos com ação sedativa deve ser feito somente sob supervisão médica, pelo seu risco de potencializar os efeitos sedativos de algumas drogas, como, por exemplo, o fenobarbital, secobarbital, pentobarbital, clonazepam, lorazepam, zolpidem e outros. O uso de *Passiflora incarnata* L. e varfarina ou agentes plaquetários pode, teoricamente, resultar em aumento da potência do anticoagulante. O uso concomitante de *Crataegus rhipidophylla* Gand. e drogas cardiovasculares pode causar complicações cardiovasculares. O uso concomitante de *Salix alba* L. e derivados do ácido acetilsalicílico ou anticoagulantes deve ser evitado por haver a possibilidade de elevar a concentração do ácido acetilsalicílico no sangue superior à recomendada e pelo efeito irritante ao trato gastrintestinal característico do fármaco.

Interações medicamentosas listadas para *Salix alba* L. incluem os fármacos: anticoagulantes orais, metotrexato, metoclopramida, fenitoína, probenecida, espironolactona e valproato.

**Interações com suplementos: o uso** concomitante de *Salix alba* L. e suplemento contendo ferro pode provocar a formação de um complexo entre o ferro e os taninos presentes no extrato da *Salix alba* L., atrapalhando a absorção do mineral.

**Este medicamento contém lactose.**

**Este medicamento não deve ser utilizado por mulheres grávidas sem orientação médica ou do cirurgião-dentista.**

**Informe ao seu médico ou cirurgião-dentista se você está fazendo uso de algum outro medicamento.**

## 5. ONDE, COMO E POR QUANTO TEMPO POSSO GUARDAR ESTE MEDICAMENTO?

Conservar o medicamento em sua embalagem original. Conservar o produto em temperatura ambiente (entre 15 e 30°C). Proteger da luz e umidade. Nessas condições, o medicamento se manterá próprio para o consumo, respeitando o prazo de validade indicado na embalagem. Este medicamento é válido por 36 meses após a data de fabricação.

**CALMAN®** (*Passiflora incarnata* L., *Crataegus rhipidophylla* Gand., *Salix alba* L.) é um comprimido revestido liso, bicôncavo e de coloração amarelo cítrico.

**Número de lote e datas de fabricação e validade: vide embalagem.**

**Não use medicamento com o prazo de validade vencido. Guarde-o em sua embalagem original.**

**Antes de usar, observe o aspecto do medicamento. Caso ele esteja no prazo de validade e você observe alguma mudança no aspecto, consulte o farmacêutico para saber se poderá utilizá-lo.**

**TODO MEDICAMENTO DEVE SER MANTIDO FORA DO ALCANCE DAS CRIANÇAS.**

## 6. COMO DEVO USAR ESTE MEDICAMENTO?

**Crianças acima de 5 anos:** deve ser utilizado, por via oral, 1 comprimido revestido, 1 ou 2 vezes ao dia, ou a critério médico.

**Adultos**

**Ansiedade leve:** deve ser utilizado, por via oral, 1 a 2 comprimidos revestidos, 1 ou 2 vezes ao dia, ou a critério médico.

**Ansiedade moderada:** deve ser utilizado, por via oral, 2 a 4 comprimidos revestidos, 1 ou 2 vezes ao dia, ou a critério médico. Não ultrapassar a posologia acima descrita.

**Este medicamento não deve ser partido, aberto ou mastigado.**

**Siga corretamente o modo de usar. Em caso de dúvidas sobre este medicamento, procure orientação do farmacêutico. Não desaparecendo os sintomas, procure orientação do seu médico ou cirurgião-dentista.**

## 7. O QUE DEVO FAZER QUANDO EU ME ESQUECER DE USAR ESTE MEDICAMENTO?

Se, por acaso você se esquecer de tomar uma dose, tome-a o mais breve possível. Se já estiver quase na hora da próxima dose, pule a dose esquecida e retorne ao esquema regular de doses. Não tome uma dose dupla ou doses extras.

**Em caso de dúvidas, procure orientação do farmacêutico ou do seu médico, ou cirurgião-dentista.**

## 8. QUAIS OS MALES QUE ESTE MEDICAMENTO PODE ME CAUSAR?

As reações adversas mais comumente relacionadas à **CALMAN®** (*Passiflora incarnata* L., *Crataegus rhipidophylla* Gand., *Salix alba* L.) foram desconforto gástrico, sedação, tonturas, náuseas, fadiga, sudoreses, pruridos, epistaxe, palpitações, agitação, ainda que na maioria das vezes ele seja bem tolerado e as reações adversas sejam raras.

**Informe seu médico, cirurgião-dentista ou farmacêutico o aparecimento de reações desagradáveis pelo uso do medicamento. Informe também à empresa através do seu serviço de atendimento.**

## 9. O QUE FAZER SE ALGUÉM USAR UMA QUANTIDADE MAIOR DO QUE A INDICADA DESTE MEDICAMENTO?

Caso ocorra administração acidental de uma superdose de **CALMAN®** (*Passiflora incarnata* L., *Crataegus rhipidophylla* Gand., *Salix alba* L.) proceder à lavagem gástrica e controle das funções vitais e suporte cardiorrespiratório, caso isso seja necessário.

**Em caso de uso de grande quantidade deste medicamento, procure rapidamente socorro médico e leve a embalagem ou a bula do medicamento, se possível. Ligue para 0800 722 6001, se você precisar de mais orientações.**

**SIGA CORRETAMENTE O MODO DE USAR, NÃO DESAPARECENDO OS SINTOMAS PROCURE ORIENTAÇÃO MÉDICA.**

**DIZERES LEGAIS**
MS: 1.3764.0173.001-2
Farm. Resp. Dra. Viviane L. Santiago Ferreira
CRF-ES – 5139
Registrado por: **Aspen Pharma Indústria Farmacêutica Ltda.**
Av. Acesso Rodoviário, Módulo 01, Quadra 09, TIMS – Serra – ES
CNPJ: 02.433.631/0001-20
**Indústria Brasileira**
Fabricado por: Ativus Farmacêutica Ltda. Rua Fonte Mécia, 2050 – Caixa Postal 489 CEP 13273-900 – Valinhos/SP
CNPJ: 64.088.172/0003-03
**Indústria Brasileira**

# CALMASYN
*Passiflora incarnata* L. (DCB: 10879)

## I - IDENTIFICAÇÃO DO PRODUTO TRADICIONAL FITOTERÁPICO
**CALMASYN**
*Passiflora incarnata* L.

**PRODUTO TRADICIONAL FITOTERÁPICO**

**Nomenclatura popular:** Maracujá, Passiflora.
**Nomenclatura botânica completa:** *Passiflora incarnata* L. (DCB: 10879)
**Família:** Passifloraceae
**Parte da planta utilizada:** Partes aéreas

**PRODUTO REGISTRADO COM BASE NO USO TRADICIONAL, NÃO SENDO RECOMENDADO SEU USO POR PERÍODO PROLONGADO.**

## II - INFORMAÇÕES QUANTO ÀS APRESENTAÇÕES E COMPOSIÇÃO
**APRESENTAÇÕES**

Comprimido revestido 300mg: Embalagens com 20 comprimidos revestidos.

Comprimido revestido 900mg: Embalagens com 20 comprimidos revestidos

**USO ORAL**
**USO ADULTO E PEDIÁTRICO ACIMA DE 12 ANOS**

**COMPOSIÇÃO**
**CALMASYN Comprimido revestido 300mg:**
Cada comprimido revestido de **CALMASYN** contém:
Extrato seco de *Passiflora incarnata* L .....................300mg
(padronizado em 11,1mg (3,7%) de flavonoides totais expressos em vitexina)
Excipientes q.s.p. ..........................1 comprimido revestido
(dióxido de silício, estearato de magnésio, celulose microcristalina, copovidona, corante azul brilhante alumínio laca, dióxido de titânio, álcool polivinílico, macrogol, talco e água purificada).

**CALMASYN Comprimido revestido 900mg:**
Cada comprimido revestido de **CALMASYN** contém:
Extrato seco de *Passiflora incarnata* L .......................900mg
(padronizado em 33,3mg (3,7%) de flavonoides totais expressos em vitexina)
Excipientes q.s.p. ..........................1 comprimido revestido
(dióxido de silício, estearato de magnésio, celulose microcristalina, copovidona, corante azul brilhante alumínio laca, dióxido de titânio, álcool polivinílico, macrogol, talco e água purificada).

## III - INFORMAÇÕES AO PACIENTE:
### 1. PARA QUE ESTE PRODUTO É INDICADO?
**CALMASYN** é indicado para o tratamento da ansiedade leve, como estados de irritabilidade, agitação nervosa, tratamento de insônia e desordens da ansiedade.

### 2. COMO ESTE PRODUTO FUNCIONA?
**CALMASYN** atua no Sistema Nervoso Central (SNC), produzindo efeito sedativo e prolongando o período de sono.

### 3. QUANDO NÃO DEVO USAR ESTE PRODUTO?
Pessoas com hipersensibilidade ao extrato de *Passiflora incarnata* L. ou a outros componentes da fórmula não devem usar este produto. Em caso de hipersensibilidade ao produto, recomenda-se descontinuar o uso e consultar o médico. Este produto não deve ser utilizado junto a bebidas alcoólicas, face à potencialização dos seus efeitos. Também não deve ser associado a outros medicamentos com efeito sedativo, hipnótico e anti-histamínico. **Mulheres grávidas ou amamentando não devem utilizar este produto, já que não há estudos que possam garantir a segurança nessas situações.**

### 4. O QUE DEVO SABER ANTES DE USAR ESTE PRODUTO?
Em casos de hipersensibilidade ao produto, recomenda-se descontinuar o uso e consultar o médico. Não ingerir doses maiores do que as recomendadas. Este produto não deverá ser utilizado junto a bebidas alcoólicas, face à potencialização dos seus efeitos. Crianças menores de 12 anos não devem usar este produto sem orientação médica. **Pode ocorrer sonolência durante o tratamento. Nesse caso, o paciente não deverá dirigir veículos ou operar máquinas, já que a habilidade e atenção podem ficar reduzidas. CALMASYN** potencializa os efeitos sedativos do pentobarbital e hexobarbital, aumentando o tempo de sono de pacientes. Há indícios de que as cumarinas presentes na espécie vegetal apresentam ação anticoagulante potencial e possivelmente interagem com varfarina, porém não há estudos conclusivos a respeito. O uso de **CALMASYN** junto a drogas inibidoras da monoamino oxidase (isocarboxazida, fenelzina e tranilcipromina) pode provocar efeito aditivo. Caso os sintomas persistam ou piorem, ou apareçam reações indesejadas não descritas

na embalagem ou no folheto informativo, interrompa seu uso e procure orientação do profissional de saúde. Se você utiliza medicamentos de uso contínuo, busque orientação de profissional de saúde antes de utilizar este produto. Este produto não deve ser utilizado por período superior ao indicado, ou continuamente, a não ser por orientação de profissionais de saúde. Informe ao profissional de saúde todas as plantas medicinais e fitoterápicos que estiver tomando. Interações podem ocorrer entre produtos e plantas medicinais e mesmo entre duas plantas medicinais quando administradas ao mesmo tempo.

### 5. ONDE, COMO E POR QUANTO TEMPO POSSO GUARDAR ESTE PRODUTO?

**CALMASYN** deve ser conservado em temperatura ambiente (entre 15°C e 30°C). Proteger da luz e da umidade. **Número de lote e datas de fabricação e validade: vide embalagem. Não use produto com o prazo de validade vencido. Para sua segurança, guarde-o em sua embalagem original. CALMASYN300mg** se apresenta na forma de comprimido revestido circular de coloração azul. **CALMASYN 900mg** se apresenta na forma de comprimido revestido oblongo de coloração azul. **Antes de usar, observe o aspecto do produto. Caso ele esteja no prazo de validade e você observe alguma mudança no aspecto, consulte o farmacêutico para saber se poderá utilizá-lo. Este produto deve ser mantido fora do alcance das crianças.**

### 6. COMO DEVO USAR ESTE PRODUTO?

USO ORAL/USO INTERNO.

**CALMASYN Comprimido revestido 300mg:** Ingerir 1 comprimido, 3 a 10 vezes ao dia (de 33,3 a 111mg de flavonoides totais expressos em vitexina). **CALMASYN Comprimido revestido 900mg:** Ingerir 1 comprimido, 1 a 3 vezes ao dia (de 33,3mg a 99,9mg de flavonoides totais expressos em vitexina). O uso contínuo de **CALMASYN** não deve ultrapassar 3 meses. Os comprimidos revestidos devem ser ingeridos inteiros e sem mastigar, com quantidade suficiente de água para que sejam deglutidos. Os produtos tradicionais fitoterápicos não devem ser administrados pelas vias injetável e oftálmica.

### 7. O QUE DEVO FAZER QUANDO EU ME ESQUECER DE USAR ESTE PRODUTO?

Caso haja esquecimento da ingestão de uma dose deste produto, retomar a posologia sem a necessidade de suplementação. Utilizar apenas a via oral. **Em caso de dúvidas, procure orientação de profissional de saúde.**

### 8. QUAIS OS MALES QUE ESTE PRODUTO PODE ME CAUSAR?

**A frequência de ocorrência dos efeitos indesejáveis não é conhecida.** Nas doses recomendadas não são conhecidos efeitos adversos ao **CALMASYN**. Raramente podem ocorrer reações adversas como náuseas, vômitos, dor de cabeça e taquicardia. Doses excessivas poderão provocar sedação prolongada e estados de sonolência. **Informe ao seu profissional de saúde o aparecimento de reações indesejáveis pelo uso do produto. Informe também à empresa por meio de sua central de atendimento ao consumidor (CAC).** Em caso de eventos adversos, notifique ao Sistema de Notificações em Vigilância Sanitária Notivisa, disponível em http://www.anvisa.gov.br/hotsite/notivisa/index.htm ou para a Vigilância Sanitária Estadual ou Municipal.

### 9. O QUE FAZER SE ALGUÉM USAR UMA QUANTIDADE MAIOR DO QUEA INDICADA DESTE PRODUTO?

Alguns dos sintomas de superdosagem são sedação, diminuição da atenção e dos reflexos. Em caso de superdosagem, suspender o uso e procurar orientação médica de imediato. **Em caso de uso de grande quantidade deste produto, procure rapidamente socorro médico e leve a embalagem ou folheto informativo, se possível. Em caso de intoxicação ligue para 0800 722 6001, se você precisar de mais orientações sobre como proceder.**

**SIGA CORRETAMENTE O MODO DE USAR, NÃO DESAPARARECENDO OS SINTOMAS, PROCURE ORIENTAÇÃO MÉDICA.**

### IV – DIZERES LEGAIS

Reg. MS.: 1.1560.0201
Farm. Resp.: Dra. Michele Caldeira Landim CRF/GO: 5122
**Fabricado por:** CIFARMA- Científica Farmacêutica Ltda. Av. das Indústrias, nº 3.651 – Bairro Bicas CEP: 33040-130 – Santa Luzia/MG
CNPJ: 17.562.075/0003-20
Indústria Brasileira
**Registrado por:** CIFARMA– Científica Farmacêutica Ltda. Rod. BR 153 km 5,5 – Jardim Guanabara CEP: 74675-090 – Goiânia/GO
CNPJ: 17.562.075/0001-69
Indústria Brasileira

# CALMINTHEO

## PARTE I – IDENTIFICAÇÃO DO MEDICAMENTO
**Espécie vegetal:** *Passiflora incarnata*
**Família:** Passifloraceae
**Parte da planta utilizada:** Partes aéreas
**Nomenclatura popular:** Passiflora, Flor da paixão, Maracujá.

## MEDICAMENTO FITOTERÁPICO
**Medicamento fitoterápico registrado com base no uso tradicional. Não é recomendado o uso por período prolongado enquanto estudos clínicos amplos sobre sua segurança não forem realizados.**
**Apresentação:** Cartucho contendo 1 frasco plástico âmbar com 100 mL (Comercial)
**Forma farmacêutica:** Xarope
**Via de administração:** ORAL

### USO ADULTO E PEDIÁTRICO MAIORES DE 12 ANOS

**Composição:**
Cada 10 mL de Calmintheo contém:
Extrato Fluído de *Passiflora incarnata* ......................1,0 mL
(Padronizado em 10 mg de flavonoides totais expressos em vitexina).
Excipientes q.s.p. .........................................................10 mL
(metilparabeno, ácido cítrico, glicerol, sorbitol a 70%, fosfato dissódico dibássico, sacarose, essência de neroli, álcool etílico, polissorbato 80 e água deionizada)

## PARTE II – INFORMAÇÕES AO PACIENTE
### 1. PARA QUE ESTE MEDICAMENTO É INDICADO?
Este medicamento é destinado ao tratamento de estados de irritabilidade, agitação nervosa, tratamento de insônia e desordens da ansiedade.

### 2. COMO ESTE MEDICAMENTO FUNCIONA?
Atua no sistema nervoso central produzindo efeito sedativo, prolongando o período de sono.

### 3. QUANDO NÃO DEVO USAR ESTE MEDICAMENTO?
Pacientes com histórico de hipersensibilidade e alergia a qualquer um dos componentes da fórmula não devem fazer uso deste produto. Mulheres grávidas, ou em fase de amamentação, não deverão fazer uso deste medicamento sem orientação médica. **Categoria de risco na gravidez: C – não há estudos adequados em mulheres (em experimentos animais ocorreram alguns efeitos adversos para o feto). O benefício potencial do produto pode justificar o risco potencial durante a gravidez.**
Este medicamento não deve ser utilizado junto a bebidas alcoólicas. Também não deve ser associado a outros medicamentos com efeito sedativo, hipnótico e anti-histamínico. **Este medicamento é contraindicado para menores de 12 anos.**

### 4. O QUE DEVO SABER ANTES DE USAR ESTE MEDICAMENTO?
Mulheres grávidas, ou em fase de amamentação, não deverão fazer uso deste medicamento sem orientação médica. **Categoria de risco na gravidez: C – não há estudos adequados em mulheres (em experimentos animais ocorreram alguns efeitos adversos para o feto). O benefício potencial do produto pode justificar o risco potencial durante a gravidez.**
**Atenção diabéticos: este medicamento contém SACAROSE.**
**Este medicamento contém ÁLCOOL.**
Em casos de hipersensibilidade ao produto, recomenda-se descontinuar o uso e consultar o médico. Não ingerir doses maiores do que as recomendadas. Este medicamento não deverá ser utilizado junto a bebidas alcoólicas, face à potencialização dos seus efeitos.
Pode ocorrer sonolência durante o tratamento. Nesse caso o paciente não deverá dirigir veículos ou operar máquinas, já que a habilidade e atenção podem ficar reduzidas.
**Interações medicamentosas:**
Este medicamento potencializa os efeitos sedativos do pentobarbital e hexobarbital, aumentando o tempo de sono de pacientes.
Há indícios de que as cumarinas presentes na espécie vegetal apresentam ação anticoagulante potencial e possivelmente interagem com varfarina, porém não há estudos conclusivos a respeito.
O uso deste medicamento junto a drogas inibidoras da monoamino oxidase (isocarboxazida, fenelzina e tranilcipromina) pode provocar efeito aditivo. **Informe ao seu médico ou cirurgião-dentista se você está fazendo uso de algum outro medicamento.**

### 5. ONDE, COMO E POR QUANTO TEMPO POSSO GUARDAR ESTE MEDICAMENTO?
Conservar o produto em temperatura ambiente (entre 15°C e 30°C), em sua embalagem original, e proteger da luz.

Número de lote, data de fabricação e validade: vide embalagem. Não use medicamento com prazo de validade vencido. Guarde-o em sua embalagem original.

**Aspecto físico e características organolépticas do produto:** Líquido homogêneo pálido, doce e com odor característico de neroli.

**Antes de usar, observe o aspecto do medicamento. Caso ele esteja no prazo de validade e você observe alguma mudança no aspecto, consulte o farmacêutico para saber se poderá utilizá-lo.**

**Todo medicamento deve ser mantido fora do alcance das crianças.**

## 6. COMO DEVO USAR ESTE MEDICAMENTO? USO ORAL/USO INTERNO

Ingerir 10 mL (equivalente a 10 mg de vitexina) ou 30 mL (equivalente a 30 mg de vitexina) do xarope, 2 vezes ao dia. Dose máxima diária: 30 mL do xarope, 2 vezes ao dia (equivalente a 60 mg de vitexina).

O uso contínuo deste medicamento não deve ultrapassar três meses.

**Siga corretamente o modo de usar. Em caso de dúvidas sobre este medicamento, procure orientação do farmacêutico. Não desaparecendo os sintomas, procure orientação de seu médico ou cirurgião-dentista.**

## 7. O QUE DEVO FAZER QUANDO EU ME ESQUECER DE USAR ESTE MEDICAMENTO?

Caso haja esquecimento da ingestão de uma dose deste medicamento, retome a posologia prescrita sem a necessidade de suplementação.

**Em caso de dúvidas, procure orientação do farmacêutico ou de seu médico, ou cirurgião-dentista.**

## 8. QUAIS OS MALES QUE ESTE MEDICAMENTO PODE ME CAUSAR?

Nas doses recomendadas não são conhecidos efeitos adversos ao medicamento.

Reação rara (ocorre entre 0,01% e 0,1% dos pacientes que utilizam este medicamento): reações como náuseas, vômitos, dor de cabeça e taquicardia.

**Informe ao seu médico, cirurgião–dentista ou farmacêutico o aparecimento de reações indesejáveis pelo uso do medicamento. Informe também a empresa através do seu serviço de atendimento.**

## 9. O QUE FAZER SE ALGUÉM USAR UMA QUANTIDADE MAIOR DO QUE A INDICADA DESTE MEDICAMENTO?

Alguns dos sintomas de superdosagem são sedação, diminuição da atenção e dos reflexos. Em caso de superdosagem, suspender o uso, procurar orientação médica de imediato para que sejam adotadas as medidas habituais de apoio e controle das funções vitais.

**Em caso de uso de grande quantidade deste medicamento, procure rapidamente socorro médico e leve a embalagem ou bula do medicamento, se possível. Ligue para 0800 722 6001, se você precisar de mais orientações.**

## PARTE III – INFORMAÇÕES TÉCNICAS AOS PROFISSIONAIS DE SAÚDE

### 1. INDICAÇÕES

Este medicamento é destinado ao tratamento de insônia e desordens da ansiedade.

### 2. RESULTADOS DE EFICÁCIA

Um estudo clínico, randomizado e controlado, avaliou o uso do extrato de *P. incarnata* no tratamento de desordens da ansiedade. Foram obtidos resultados semelhantes entre os grupos tratados com o oxazepam (30 mg/dia) e com o medicamento a base de extrato de *P. incarnata* (45 gotas/dia), durante quatro semanas. O último grupo apresentou melhor desempenho e performance no trabalho (AKHONDZADEH *et al.*, 2001).

### 3. CARACTERÍSTICAS FARMACOLÓGICAS

As partes aéreas de *P. incarnata* contêm não menos que 1,5% de flavonoides totais expressos em vitexina. Acredita-se que os flavonoides presentes na espécie vegetal sejam os principais responsáveis pelas atividades farmacológicas. Esses constituintes, em sinergismo com os alcaloides também presentes no vegetal, promovem ações depressoras inespecíficas do Sistema Nervoso Central (SNC) contribuindo, assim, para a ação sedativa e tranquilizante. Os dados existentes até hoje não permitem uma conclusão definitiva a respeito da identidade das substâncias ativas e mecanismo de ação. Os estudos farmacodinâmicos disponíveis suportam o uso como sedativo e ansiolítico. O sinergismo entre os componentes da espécie vegetal é relatado como um importante fator responsável para a ação farmacológica.

Além do efeito sedativo, este medicamento atua no tratamento de desordens da ansiedade. O flavonoide Chrysin demonstrou possuir alta afinidade, *in vitro*, aos receptores benzodiazepínicos. Administrado em ratos, o flavonoide reduziu a atividade motora dos animais e, em altas doses, prolongou o efeito hipnótico induzido por pentobarbital. Em outro estudo pré-clínico, também foi demonstrado, *in vitro*, a ligação aos receptores GABA A e B. Recentemente, estudos apontaram a molécula de benzoflavona tri-substituída como responsável pelos efeitos sedativo e ansiolítico da espécie vegetal. O mecanismo de ação proposto para essa molécula seria a inibição da enzima aromatase (membro da família do citocromo P-450, responsável pela conversão da testosterona a estrógeno). Esse efeito inibitório restabeleceria os níveis normais de testosterona, que, em baixos níveis, seria o causador de sintomas como ansiedade e insônia. No entanto, contínuos estudos tentam elucidar completamente o mecanismo de ação dessa molécula no SNC.

## 4. CONTRAINDICAÇÕES

Pacientes com histórico de hipersensibilidade e alergia a qualquer um dos componentes da fórmula não devem fazer uso do produto.

Mulheres grávidas, ou em fase de amamentação, não devem fazer uso deste medicamento sem orientação médica, face à presença dos alcaloides indólicos como harmana, harmina e seus derivados, na espécie vegetal. Estudos pré-clínicos relatam a atividade de estimulação uterina para esses alcaloides. **Categoria de risco na gravidez: C – não há estudos adequados em mulheres (em experimentos animais ocorreram alguns efeitos adversos para o feto). O benefício potencial do produto pode justificar o risco potencial durante a gravidez.**

Este medicamento não deverá ser utilizado junto a bebidas alcoólicas. Também não deverá ser usado associado a outros medicamentos com efeito sedativo, hipnótico e anti-histamínico.

**Este medicamento é contraindicado para menores de 12 anos.**

## 5. ADVERTÊNCIAS E PRECAUÇÕES

Em casos de hipersensibilidade ao produto, recomenda-se descontinuar o uso e consultar o médico.

Não ingerir doses maiores do que as recomendadas.

Este medicamento não deverá ser utilizado junto a bebidas alcoólicas, face à potencialização dos seus efeitos.

Pode ocorrer sonolência durante o tratamento. Nesse caso o paciente não deverá dirigir veículos ou operar máquinas, já que a habilidade e atenção podem ficar reduzidas. Este medicamento não é indicado para mulheres grávidas ou em amamentação, sem orientação médica. **Categoria de risco na gravidez: C – não há estudos adequados em mulheres (em experimentos animais ocorreram alguns efeitos adversos para o feto). O benefício potencial do produto pode justificar o risco potencial durante a gravidez. Uso em idosos, crianças e outros grupos de risco:**

Não existem recomendações específicas para o uso deste medicamento em pacientes idosos. Porém deverá ser acompanhado por orientação médica.

**Crianças menores de 12 anos não devem fazer uso deste medicamento. Atenção diabéticos: este medicamento contém sacarose.**

**Este medicamento contém ÁLCOOL.**

## 6. INTERAÇÕES MEDICAMENTOSAS

Este medicamento potencializa os efeitos sedativos do pentobarbital e hexobarbital, aumentando o tempo de sono de pacientes.

Há indícios de que as cumarinas presentes na espécie vegetal apresentam ação anticoagulante potencial e possivelmente interagem com varfarina, porém não há estudos conclusivos a respeito.

O uso deste medicamento junto a drogas inibidoras da monoamino oxidase (isocarboxazida, fenelzina e tranilcipromina) pode provocar efeito aditivo.

## 7. CUIDADOS DE ARMAZENAMENTO DO MEDICAMENTO

Conservar o produto em temperatura ambiente (entre 15°C e 30°C), em sua embalagem original, e proteger da luz.

**Número de lote e datas de fabricação e validade: vide embalagem.**

**Não use medicamento com prazo de validade vencido. Guarde-o em sua embalagem original.**

**Aspecto físico e características organolépticas do produto:** Líquido homogêneo pálido, doce e com odor característico de neroli. **Antes de usar, observe o aspecto do medicamento.**

**Todo medicamento deve ser mantido fora do alcance das crianças.**

## 8. POSOLOGIA E MODO DE USAR

USO ORAL/USO INTERNO

Ingerir 10 mL (equivalente a 10 mg de vitexina) ou 30 mL (equivalente a 30 mg de vitexina) do xarope, 2 vezes ao dia.

Dose máxima diária: 30 mL do xarope, 2 vezes ao dia (equivalente a 60 mg de vitexina). Ou a critério médico (A dose diária deve estar entre 20 e 64 mg de vitexina). O uso contínuo deste medicamento não deve ultrapassar três meses.
**Siga corretamente o modo de usar.**

## 9. REAÇÕES ADVERSAS

Nas doses recomendadas não são conhecidos efeitos adversos ao medicamento. Reação rara (ocorre entre 0,01% e 0,1% dos pacientes que utilizam este medicamento): reações como náuseas, vômitos, dor de cabeça e taquicardia. Doses mais elevadas poderão causar estados de sonolência excessiva.

**Em casos de eventos adversos, notifique ao Sistema de Notificações em Vigilância Sanitária – Notivisa, disponível em http://www.anvisa.gov.br/hotsite/notivisa/index.htm, ou para a Vigilância Sanitária Estadual ou Municipal.**

## 10. SUPERDOSE

Suspender imediatamente a medicação, e, quando necessário, recomenda-se tratamento de suporte sintomático pelas medidas habituais de apoio e controle das funções vitais. Alguns dos sintomas de superdose são sedação, diminuição da atenção e dos reflexos. Em caso de intoxicação ligue para 0800 722 6001, se você precisar de mais orientações.

## PARTE IV – DIZERES LEGAIS

M.S. nº: 1.0963.0061.001-7
Farm. Resp.: Dr. Marcos Antônio M. de Carvalho CRF-PI Nº 342
**Theodoro F. Sobral & Cia. Ltda.**
C.N.P.J: 06.597.801/0001-62
Rua Bento Leão, 25 – Floriano – PI – CEP: 64.800-000
www.laboratoriosobral.com.br
SAC SERVIÇO DE ATENDIMENTO AO CONSUMIDOR
Tel.: 0800 979 5040
garantia@laboratoriosobral.com.br
Siga corretamente o modo de usar, não desaparecendo os sintomas procure orientação médica.
**INDÚSTRIA BRASILEIRA**

---

# CALMITANE

*Valeriana officinalis*
Extrato seco

**MEDICAMENTO FITOTERÁPICO**

**APRESENTAÇÃO:**
Comprimidos revestidos com 40mg de extrato seco de *Valeriana officinalis*
Display com 70 blisteres com 15 comprimidos cada.
Comprimidos revestidos com 100mg de extrato seco de *Valeriana officinalis*
Cartucho com 45 comprimidos.

**VIA DE ADMINISTRAÇÃO: ORAL**
**USO ADULTO**

**COMPOSIÇÃO:**
**Cada comprimido contém:**
Extrato seco de *Valeriana officinalis* ........................... 40mg
Padronizado em 0,32mg (0,8%) de ácidos sesquiterpênicos expressos em ácido valerênico.
Excipientes q.s.p. ............................................ 1 comprimido
Excipientes: celulose microcristalina, polivinilpirrolidona, dióxido de silício coloidal, estearato de magnésio, hidroxipropilmetilcelulose e polietilenoglicol.
Extrato seco de *Valeriana officinalis* ....................... 100mg
Padronizado em 0,8mg (0,8%) de ácidos sesquiterpênicos expressos em ácido valerênico.
Excipientes q.s.p. ............................................ 1 comprimido
Excipientes: celulose microcristalina, polivinilpirrolidona, dióxido de silício coloidal, estearato de magnésio, hidroxipropilmetilcelulose e polietilenoglicol.
**Nomenclatura botânica oficial:** *Valeriana officinalis* L.
**Nomenclatura popular:** Valeriana
**Família:** Valerianaceae
**Parte da planta utilizada:** raiz

**INFORMAÇÕES AO PACIENTE:**
**PARA QUÊ ESTE MEDICAMENTO É INDICADO?**
Usado como sedativo moderado, como agente promotor do sono e no tratamento de distúrbios do sono associados à ansiedade.

**COMO ESTE MEDICAMENTO FUNCIONA?**
Atua no Sistema Nervoso Central (SNC) exercendo um leve efeito calmante além de auxiliar na regularização dos distúrbios do sono.

**QUANDO NÃO DEVO USAR ESTE MEDICAMENTO?**
Pessoas com hipersensibilidade ao extrato de *V. officinalis* e aos outros componentes da fórmula não devem usar este medicamento. Em caso de hipersensibilidade ao produto, recomenda-se descontinuar o uso e consultar o médico.

**Não há dados disponíveis acerca do uso de Valeriana durante a gravidez e a lactação. Este medicamento não deve ser usado nessas condições, exceto sob orientação médica. Informe ao seu médico se ocorrer gravidez ou se iniciar amamentação durante o uso deste medicamento.**

**A *V. officinalis* não deve ser administrada para crianças abaixo de três anos.**

**Não existem contra indicações ou precauções especiais específicas para pacientes idosos.**

O medicamento à base de *V. officinalis* pode potencializar o efeito de outros medicamentos depressores do SNC. Estudos em animais mostraram um efeito aditivo quando utilizado em combinação com barbitúricos, anestésicos ou benzodiazepínicos e outros fármacos depressores do SNC. Recomenda-se evitar o uso deste medicamento juntamente com a ingestão de bebidas alcoólicas pela possível exacerbação dos efeitos sedativos.

Este medicamento pode causar sonolência, não sendo, portanto, recomendável a sua administração antes de dirigir, operar máquinas ou realizar qualquer atividade de risco que necessite atenção.

Utilizar apenas a via oral. O uso deste medicamento por outra via, que não a oral, pode causar a perda do efeito esperado ou mesmo promover danos ao seu usuário.

Não ingerir doses maiores do que as recomendadas.

## O QUE DEVO SABER ANTES DE USAR ESTE MEDICAMENTO?

Em caso de hipersensibilidade ao produto, recomenda-se descontinuar o uso.

Não ingerir doses maiores do que as recomendadas.

De acordo com a categoria de risco de fármacos destinados às mulheres grávidas, este medicamento apresenta categoria de risco C. Este medicamento não deve ser utilizado por mulheres grávidas sem orientação médica ou do cirurgião-dentista.

Não há evidências suficientes de que medicamentos à base de *V. officinalis* afetem a habilidade de operar máquinas ou dirigir, mas como esses dados são insuficientes, deve-se evitar tais atividades durante o tratamento com esses medicamentos.

Este medicamento pode potencializar o efeito de outros depressores do SNC. Estudos em animais mostraram que a *V. officinalis* possui efeito aditivo quando utilizado em combinação com barbitúricos, anestésicos ou benzodiazepínicos e outros fármacos depressores do SNC. O ácido valerênico aumentou o tempo de sono induzido pelo pentobarbital (intraperitoneal (IP) em camundongo), enquanto o extrato aquoso seco alcalino aumentou o tempo de sono com o tiopental (via oral em camundongo) e o extrato etanólico prolongou a anestesia promovida por tiopental (IP em camundongo) devido a sua afinidade aos receptores barbitúricos. Devido à afinidade do extrato de *V. officinalis* e valepotriatos com receptores de GABA e benzodiazepínicos (*in vitro*) e a diminuição nos efeitos causados pela retirada do diazepam por uma dose suficientemente grande de valepotriatos (IP em ratos), extratos de *V. officinalis* contendo valepotriatos podem auxiliar na síndrome de abstinência pela retirada do uso do diazepam. Recomenda-se evitar o uso de *V. officinalis* juntamente com a ingestão de bebidas alcoólicas pela possível exacerbação dos efeitos sedativos. Não foram encontrados dados na literatura consultada sobre interações de preparações de *V. officinalis* com exames laboratoriais e com alimentos.

**Informe ao seu médico ou cirurgião-dentista se você está fazendo uso de algum outro medicamento.**

**Não use medicamento sem o conhecimento do seu médico. Pode ser perigoso para sua saúde.**

## ONDE, COMO E POR QUANTO TEMPO POSSO GUARDAR ESTE MEDICAMENTO?

Conservar o medicamento em sua embalagem original, em temperatura ambiente (15ºC a 30ºC) protegendo da umidade. Nessas condições, o medicamento se manterá próprio para o consumo, respeitando o prazo de validade indicado na embalagem.

**Número de lote e datas de fabricação e validade: vide embalagem.**

**Não use medicamento com o prazo de validade vencido. Guarde-o em sua embalagem original.** CALMITANE é constituído de comprimidos revestidos circulares de coloração castanha.

**Antes de usar, observe o aspecto do medicamento. Caso ele esteja no prazo de validade e você observe alguma mudança no aspecto, consulte o farmacêutico para saber se poderá utilizá-lo.**

**Todo medicamento deve ser mantido fora do alcance das crianças.**

## COMO DEVO USAR ESTE MEDICAMENTO?
## USO ORAL/USO INTERNO

**Calmitane 40mg/100mg:** Ingerir 2 comprimidos, 2 vezes ao dia, ou a critério médico.

Como promotor de sono, a menos que haja orientação médica

contrária, tomar o medicamento de 30 minutos a 2 horas antes de dormir.

**Siga a orientação de seu médico, respeitando sempre os horários, as doses e a duração do tratamento. Não interrompa o tratamento sem o conhecimento do seu médico.**

**Este medicamento não deve ser partido, aberto ou mastigado.**

## O QUE DEVO FAZER QUANDO EU ME ESQUECER DE USAR ESTE MEDICAMENTO?

Caso haja esquecimento da ingestão de uma dose deste medicamento, retome a posologia prescrita sem a necessidade de suplementação.

**Em caso de dúvidas, procure orientação do farmacêutico ou de seu médico, ou cirurgião-dentista.**

## QUAIS OS MALES QUE ESTE MEDICAMENTO PODE ME CAUSAR?

Os efeitos adversos relatados foram raros e leves, incluindo tontura, indisposição gastrintestinal, alergias de contato, dor de cabeça e midríase (dilatação da pupila). Com o uso em longo prazo, os seguintes sintomas podem ocorrer: dor de cabeça, cansaço, insônia, midríase e desordens cardíacas. O uso crônico de altas doses de *V. officinalis* por muitos anos aumentou a possibilidade de ocorrência de síndrome de abstinência com a retirada abrupta do medicamento.

**Informe ao seu médico, cirurgião-dentista ou farmacêutico o aparecimento de reações indesejáveis pelo uso do medicamento.**

**Informe também à empresa através do seu serviço de atendimento.**

## O QUE FAZER SE ALGUÉM USAR UMA QUANTIDADE MAIOR DO QUE A INDICADA DESTE MEDICAMENTO?

Em casos de superdosagem podem ocorrer sintomas adversos leves como fadiga, cãibras abdominais, tensionamento do tórax, tontura, tremores e midríase que desapareceram no período de 24 horas após descontinuação do uso.

Em caso de superdosagem, suspender o uso e procurar orientação médica de imediato.

**Em caso de uso de grande quantidade deste medicamento, procure rapidamente socorro médico e leve a embalagem ou bula do medicamento, se possível. Ligue para 0800 722 6001, se você precisar de mais orientações.**

**VENDA SOB PRESCRIÇÃO MÉDICA**

**DIZERES LEGAIS**

M.S.: 1.2009.0027

Responsável técnica: Dra. Milena C. G. Zanini CRF SP: 24.732

**BIONATUS LABORATÓRIO BOTÂNICO LTDA.**

Av. Domingos Falavina, 1041 – Jardim Mugnaini

São José do Rio Preto – SP CEP: 15045-395

CNPJ: 68.032.192/0001-51

## CAMOMILA COMPOSTA CATARINENSE

*Anthemis nobilis, Gentiana lutea*

- Camomila Romana – 0,0050mL
- Genciana – 0,0050mL

**Nomenclatura e parte da planta utilizada:**

Camomila Romana – *Anthemis nobilis* L. – Asteraceae -inflorescências

Genciana – *Gentiana lutea* L. – Gentianaceae – rizoma e raiz

**MEDICAMENTO FITOTERÁPICO REGISTRADO COM BASE NO USO TRADICIONAL.**

**Não é recomendado o uso por período prolongado enquanto estudos clínicos amplos sobre sua segurança não forem realizados.**

**Forma farmacêutica e apresentação:**

Solução oral – cartucho com frasco plástico transparente âmbar x 150mL.

**VIA ORAL**
**USO ADULTO**

Contém 150mL.

**Composição:**

Cada mL do produto contém 0,0050 mL de extrato fluído de Camomila Romana [*Anthemis nobilis* L.], equivalente a 12 mcg de apigenina [marcador], 0,0050 mL de extrato fluído de Genciana [*Gentiana lutea* L.], equivalente a 130 mcg de genciopicrosídeo [marcador] e excipientes: extrato fluído de quássia, extrato fluído de ruibarbo, extrato fluído de condurango, tintura de centáurea menor, tintura de losna, tintura de aloe, essência de anis, essência de hortelã pimenta, essência de melissa, ópio, ácido benzoico, cânfora, álcool etílico 96% e água purificada. 1 mL equivale a 20 gotas. 1 gota equivale a 7,10mcg de marcadores. O teor alcoólico deste medicamento é de 50%.

## INFORMAÇÕES AO PACIENTE:
## 1. PARA QUE ESTE MEDICAMENTO É INDICADO?
O produto Camomila Composta Catarinense é indicado como digestivo.

## 2. COMO ESTE MEDICAMENTO FUNCIONA?
Camomila Composta Catarinense é um medicamento que contém plantas que atuam em todo o sistema digestivo, facilitando a digestão de um modo geral. A genciana estimula a produção de saliva e suco gástrico e a camomila auxilia na eliminação da sensação de inchaço, estufamento e problemas gastrintestinais de cólicas leves. Além disso, a camomila é uma planta amarga-aromática que estimula o apetite. Por isso, o produto Camomila Composta Catarinense é utilizado para melhorar a digestão, para estimular o apetite e aliviar a sensação de distensão e a flatulência. O tempo médio de início da ação do medicamento é de cerca de 10 a 15 minutos.

## 3. QUANDO NÃO DEVO USAR ESTE MEDICAMENTO?
Este medicamento é contraindicado para uso por pacientes alérgicos à droga ou a seus componentes. Também é contraindicado para pessoas com inflamação estomacal, úlceras estomacais ou duodenais. Também não é recomendado para pessoas com pressão alta e hiperacidez. Camomila Composta Catarinense é bem tolerado e não apresenta efeitos colaterais relevantes nas doses terapêuticas descritas na posologia, inclusive quando administrado para idosos.
**Este medicamento é contraindicado para uso por mulheres grávidas sem orientação médica ou do cirurgião-dentista [Categoria C].**
**Este medicamento é contraindicado para menores de 12 anos.**

## 4. O QUE DEVO SABER ANTES DE USAR ESTE MEDICAMENTO?
**Interações medicamentosas**
Camomila Composta Catarinense, em doses excessivas, pode interferir na terapia anticoagulante devido aos seus constituintes cumarínicos.
**Informe ao seu médico ou cirurgião-dentista se você está fazendo uso de algum outro medicamento.**

## 5. ONDE, COMO E POR QUANTO TEMPO POSSO GUARDAR ESTE MEDICAMENTO?
Camomila Composta Catarinense deve ser guardado em sua embalagem original, à temperatura ambiente [15-30 ºC].

O produto Camomila Composta Catarinense apresenta validade de 36 meses.
**Número de lote e datas de fabricação e validade: vide embalagem.**
**Não use medicamento com o prazo de validade vencido. Guarde-o em sua embalagem original.**
Após a abertura da embalagem, o produto deve ser guardado adequadamente para se manter próprio ao consumo dentro do prazo de validade.
O produto Camomila Composta Catarinense apresenta-se como um líquido móvel e límpido, de coloração amarelo transparente, com odor característico e sabor amargo alcoólico.
**Antes de usar, observe o aspecto do medicamento. Caso ele esteja no prazo de validade e você observe alguma mudança no aspecto, consulte o farmacêutico para saber se poderá utilizá-lo.**
**Todo medicamento deve ser mantido fora do alcance das crianças.**

## 6. COMO DEVO USAR ESTE MEDICAMENTO?
Este medicamento não deve ser utilizado por via de administração não recomendada.
A solução oral deve ser ingerida por via oral.
A posologia foi estabelecida em 1 colher de chá (5ml), diluída em água, depois das refeições.
A posologia em mL do produto por peso corpóreo é de 0,2 mL/kg/dia.
A dose máxima deste medicamento deverá ser 3 colheres de chá (15ml) ao dia, dividida em 3 doses.
**Siga corretamente o modo de usar. Não desaparecendo os sintomas, procure orientação médica ou de seu cirurgião-dentista.**

## 7. O QUE DEVO FAZER QUANDO EU ME ESQUECER DE USAR ESTE MEDICAMENTO?
Caso você esqueça de tomar uma dose de Camomila Composta Catarinense, não é necessário tomar a dose esquecida, deve-se apenas tomar a próxima dose, no horário correto. Nunca tome uma dose dobrada para compensar a dose perdida.
**Em caso de dúvidas, procure orientação do farmacêutico ou de seu médico, ou cirurgião-dentista.**

## 8. QUAIS OS MALES QUE ESTE MEDICAMENTO PODE ME CAUSAR?
Reação rara (ocorre entre 0,01% e 0,1% dos pacientes que utilizam o produto): dor de cabeça e alteração do ciclo menstrual.

Informe a empresa sobre o aparecimento de reações indesejáveis e problemas com este medicamento, entrando em contato através do Sistema de Atendimento ao Consumidor (SAC).

## 9. O QUE FAZER SE ALGUÉM USAR UMA QUANTIDADE MAIOR DO QUE A INDICADA DESTE MEDICAMENTO?

A administração de altas doses pode causar náuseas, vômitos, diarreia e dor de cabeça.

Se ocorrer ingestão acidental do produto em doses excessivas, deve-se procurar orientação médica e deve ser provocado o vômito e utilizado o carvão ativado logo após o acidente.

**Em caso de uso de grande quantidade deste medicamento, procure rapidamente socorro médico e leve a embalagem ou bula do medicamento, se possível. Ligue para 0800 722 6001, se você precisar de mais orientações.**

### DIZERES LEGAIS
M.S. 1.0066.0003.001-1
Farm. Resp.: Carlos E. de Carvalho CRF-SC Nº 4366
**Laboratório Catarinense Ltda.**
Rua Dr. João Colin, 1053
89204-001 – Joinville -SC
CNPJ: 84.684.620/0001-87
Indústria Brasileira
SAC 0800-474222
www.catarinensepharma.com.br

---

# CARDOMARIN

**Nomenclatura botânica oficial:** *Silybum marianum* (L.) Gaertner
**Nomenclatura popular:** Cardo mariano
**Família:** Asteraceae
**Parte da planta utilizada:** frutos

## MEDICAMENTO FITOTERÁPICO

## APRESENTAÇÕES
**Forma farmacêutica:** Cápsula
**Concentração:** 254 mg de extrato de seco de frutos de *Silybum marianum* por cápsula, correspondente a 148,21 mg de similarina expressa em silibinina.
**Apresentações:**
**Linha Hospitalar:** Sem apresentação comercializada.

USO ORAL
USO ADULTO OU PEDIÁTRICO ACIMA DE 12 ANOS

### COMPOSIÇÃO
**Cada cápsula contém:**
Extrato seco de frutos de *Silybum marianum* ........254 mg
Excipientes q.s.p. ....................................................... 1 cápsula
(lactose, celulose microcristalina, estearato de magnésio e dióxido de silício)
**Concentração de princípios ativos:**
O Extrato seco de frutos de *Silybum marianum* está padronizado em 58,35 % de silimarina, expressa em silibinina. Cada cápsula contém 148,21 mg de silimarina, expressa em silibinina.
**Forma farmacêutica:** Comprimido revestido
**Concentração:** 127 mg de extrato de seco de frutos de *Silybum marianum* por comprimido revestido, correspondente a 74,10 mg de silimarina expressa em silibinina.
**Apresentações:**
**Linha Hospitalar:** Sem apresentação comercializada.

USO ORAL
USO ADULTO OU PEDIÁTRICO ACIMA DE 12 ANOS

### COMPOSIÇÃO
**Cada comprimido revestido contém:**
Extrato seco de frutos de *Silybum marianum* ....... 127 mg
Excipientes q.s.p. ........................ 1 comprimido revestido
(lactose, celulose microcristalina, estearato de magnésio, dióxido de silício, polyplasdone e talco)

### CONCENTRAÇÃO DE PRINCÍPIOS ATIVOS
O Extrato seco de frutos de *Silybum marianum* está padronizado em 58,35 % de silimarina, expressa em silibinina. Cada comprimido contém 74,10 mg de silimarina, expressa em silibinina.

### INFORMAÇOES TÉCNICAS AOS PROFISSIONAIS DE SAÚDE INDICAÇÕES
CARDOMARIN é indicado em casos de distúrbios digestivos e problemas hepáticos.

### RESULTADOS DE EFICÁCIA
Um estudo duplo-cego, por controlado por placebo, foi realizado com 106 pacientes com doenças hepáticas, para determinar o efeito da silimarina nas alterações químicas, funcionais e morfológicas do fígado. A doença hepática destes pacientes era leve e subaguda, sendo induzida por abuso de álcool. Os pacientes foram escolhidos baseando-

-se nos níveis séricos elevados de transaminase. Dos 106 pacientes inicialmente selecionados, 97 completaram as 4 semanas de estudo. Os pacientes foram divididos em 2 grupos: grupo controle (recebendo placebo) e grupo tratado, o qual recebeu 420 mg/dia de silimarina derivada de extrato seco de *Silybum marianum*. Com o uso da silimarina houve uma tendência maior a normalização dos níveis séricos de transaminase e melhora das alterações morfológicas do que no grupo controle. Nesse estudo, nenhum efeito adverso foi relatado nos pacientes tratados com silimarina (SALMI, 1982).

## CARACTERÍSTICAS FARMACOLÓGICAS

CARDOMARIN é composto pelo extrato seco de *Silybum marianum* (Cardo Mariano), o qual é padronizado em silimarina expressa em silibinina.

A ação terapêutica da silimarina é baseada em dois mecanismos de ação:

a) altera a estrutura da membrana externa do hepatócito, de modo a prevenir a penetração da toxina hepática no interior das células,

b) estimula a ação da polimerase A nucleolar, o que resulta no aumento da síntese de proteína ribossomal e, portanto, estimula a capacidade de regeneração hepática e a formação de novos hepatócitos.

## CONTRAINDIAÇÕES

CARDOMARIN é contraindicado para pacientes com conhecida hipersensibilidade a qualquer um dos componentes da fórmula e a outras plantas da família Asteraceae, da qual o *Silybum marianum* é pertencente.

**Este medicamento é contraindicado para menores de 12 anos.**

De acordo com a categoria de risco de fármacos destinados às mulheres grávidas, este fitoterápico apresenta categoria de risco C. **Este medicamento não deve ser utilizado por mulheres grávidas sem orientação médica ou de cirurgião-dentista.**

**Atenção: este medicamento contém açúcar (49 mg de lactose/cápsula), portanto deve ser usado com cautela por portadores de diabetes.**

**Atenção: este medicamento contém açúcar (185,9 mg de lactose/comprimido), portanto deve ser usado com cautela por portadores de diabetes.**

## ADVERTÊNCIAS E PRECAUÇÕES

Em caso, de hipersensibilidade ao produto, recomenda-se descontinuar o uso e consultar o médico.

Não administrar doses maiores do que as recomendadas. De acordo com a categoria de risco de fármacos destinados às mulheres grávidas, este fitoterápico apresenta categoria de risco C. **Este medicamento não deve ser utilizado por mulheres grávidas sem orientação médica ou do cirurgião-dentista.**

## INTERAÇÕES MEDICAMENTOSAS

A administração de CARDOMARIN concomitantemente ao tratamento com medicamentos à base de butirofenonas e fenotiazínas provoca redução da peroxidação de lipídios. Desaconselha o uso de CARDOMARIN em conjunto com medicamentos à base de ioimbina ou fentolamina, pois a silimarina, princípio ativo do CARDOMARIN, apresenta efeito antagonista a esses medicamentos.

O tratamento com CARDOMARIN e metronidazol não é recomendado, pois o *Silybum marianum* pode ocasionar a redução da exposição do metronidazol e de seus metabólitos ativos. Quando necessária a utilização concomitante de metronizadol e produtos à base de *Silybum marianum*, a dose de metronidazol deverá ser aumentada.

Devido ao conteúdo de tiramina do *Silybum marianum*, podem ocorrer crises hipertensivas em pacientes em tratamento com antidepressivos inibidores da MAO.

## CUIDADOS DE ARMAZENAMENTO DO MEDICAMENTO

CARDOMARIN deve ser guardado em sua embalagem original. Conservar em temperatura ambiente (temperatura entre em 15 e 30ºC). Proteger da luz e umidade.

Nessas condições, o medicamento se manterá próprio para consumo, respeitando o prazo de validade de 24 meses, indicado na embalagem.

**Número de lote e datas de fabricação e validade: vide embalagem.**

**Não use medicamentos com prazo de validade vencido. Guarde-o em sua embalagem original.**

CARDOMARIN é apresentado na forma de cápsula gelatinosa dura verde clorofila.

**Antes de usar, observe o aspecto do medicamento.**

**Todo medicamento deve ser mantido fora do alcance de crianças.**

CARDOMARIN é apresentado na forma de comprimido oblongo, revestido de cor amarela.

**Antes de usar, observe o aspecto do medicamento.**

**Todo medicamento deve ser mantido fora do alcance de crianças.**

## POSOLOGIA E MODO DE USAR
USO ORAL

Para apresentação cápsula: Administrar duas (2) cápsulas uma (1) vez ao dia.

Para apresentação comprimido: Administrar dois (2) comprimidos duas (2) vezes ao dia.

Este medicamento deve ser utilizado apenas pela via oral. O uso do medicamento por outra via, que não a oral, pode resultar na perda de efeito esperado do medicamento ou mesmo provocar danos à saúde.

Utilizar apenas a via oral. O uso deste medicamento por outra via, que não a recomendada, pode causar a ineficácia do medicamento ou mesmo promover danos à saúde.

Caso haja esquecimento da administração de uma dose deste medicamento, retome a posologia indicada sem a necessidade de suplementação.

**Este medicamento não deve ser partido, aberto ou mastigado.**

## REAÇOES ADVERSAS

Ocasionalmente o uso deste medicamento pode causar um leve efeito laxativo.

Podem ocorrer episódios de sudorese severa, cólicas abdominais, náusea, vomito, diarreia e fraqueza.

**Em casos de eventos adversos, notifique ao Sistema de Notificação de Eventos Adversos a Medicamentos (Vigimed), disponível em http://portal.anvisa.gov.br/vigimed, ou para a Vigilância Sanitária Estadual ou Municipal.**

## SUPERDOSE

Em caso de administração de doses excessivas deste medicamento, recomenda-se descontinuar o uso e consultar o médico.

**Em caso de intoxicação ligue para 0800 722 6001, se você precisar de mais orientações.**

**Venda sob prescrição médica.**

## DIZERES LEGAIS
MS:1.3841.0061
Farmacêutico Responsável: Tales Vasconcelos de Cortes
CRF/BA nº 3745
**NATULAB LABORATÓRIO SA**
Rua H, nº 2, Galpão 03 – Urbis II
Santo Antônio de Jesus – Bahia – CEP 44.574-150
CNPJ: 02.456.955 0001-83
INDÚSTRIA BRASILEIRA
SAC: 0800 7307370

# CARDOMARIN SUSPENSÃO ORAL

## MEDICAMENTO FITOTERÁPICO

**Nomenclatura botânica oficial:** *Silybum marinum* (L.) Gaertner
**Nomenclatura popular:** Cardo mariano
**Família:** Asteraceae
**Parte da planta utilizada:** frutos

## FORMA FARMACÊUTICA
Suspensão oral

## APRESENTAÇÕES
**Linha Hospitalar:** Sem apresentação.

## USO ORAL
## USO ADULTO

## CONCENTRAÇÃO
18,05 mg de extrato de seco de frutos de *Silybum marianum* por mL de suspensão oral, correspondente a 10 mg de similarina expressa em silibinina, em cada mL de suspensão oral.

## COMPOSIÇÃO
**Cada mL da suspensão oral contém**
Extrato seco de *Silybum marianum* ..................... 18,05 mg
Veículo* q.s.p. ................................................................. 1mL
*ácido cítrico, ácido ascórbico, sorbato de potássio, benzoato de sódio, sacarose, celulose microcristalina, goma xantana, povidona, dióxido de silício, sorbitol, sucralose, aroma de manga, maltodextrina e água purificada

## CONCENTRAÇÃO DE PRINCÍPIOS ATIVOS
O extrato seco de *Silybum marianum* está padronizado em 55,4% de silimarina expressa silibinina. Cada mL da suspensão oral contém 10 mg de silimarina expressa em silibinina.

## INFORMAÇOES TÉCNICAS AOS PROFISSIONAIS DE SAÚDE
### INDICAÇÕES
Cardomarin é indicado no tratamento de dispepsia e auxiliar no tratamento de desordens hepáticas.

## RESULTADOS DE EFICÁCIA
Um estudo duplo-cego, por controlado por placebo, foi realizado com 106 pacientes com doenças hepáticas, para

determinar o efeito da silimarina nas alterações químicas, funcionais e morfológicas do fígado. A doença hepática destes pacientes era leve e subaguda, sendo induzida por abuso de álcool. Os pacientes foram escolhidos baseando-se nos níveis séricos elevados de transaminase. Dos 106 pacientes inicialmente selecionados, 97 completaram as 4 semanas de estudo. Os pacientes foram divididos em 2 grupos: grupo controle (recebendo placebo) e grupo tratado, o qual recebeu 420 mg/dia de similarina derivada de extrato seco de *Silybum marianum*. Com o uso da silimarina houve uma tendência maior a normalização dos níveis séricos de transaminase e melhora das alterações morfológicas do que no grupo controle. Nesse estudo, nenhum efeito adverso foi relatado nos pacientes tratados com silimarina (Salmi, 1982).

## CARACTERÍSTICAS FARMACOLÓGICAS

Cardomarin é composto pelo extrato seco de *Silybum marianum* (Cardo Mariano), o qual é padronizado em silimarina expressa em silibinina.

A ação terapêutica da silimarina ou de seus principais isômeros advém principalmente de três mecanismos de ação: alterações estruturais da membrana celular externa dos hepatócitos, propriedades antioxidantes e eliminadoras de radicais livres; estímulo da regeneração de hepatócitos. Os princípios ativos bloqueiam os sítios de ligação das toxinas ou os sistemas de transportes da membrana celular do fígado, de modo que a captação de toxinas é reduzida ou inibida.

## CONTRAINDIAÇÕES

Cardomarin é contraindicado para pacientes com hipertensão arterial sistêmica, além de pacientes com conhecida hipersensibilidade a qualquer um dos componentes da fórmula e a outras plantas da família Asteraceae, da qual o *Silybum marianum* é pertencente.

**Este medicamento é contraindicado para menores de 12 anos.**

De acordo com a categoria de risco de fármacos destinados às mulheres grávidas, este fitoterápico apresenta categoria de risco C. **Este medicamento não deve ser utilizado por mulheres grávidas sem orientação médica ou de cirurgião-dentista.**

**Atenção diabéticos: contém açúcar.**

## ADVERTÊNCIAS E PRECAUÇÕES

Em caso, de hipersensibilidade ao produto, recomenda-se descontinuar o uso e consultar o médico. Não administrar doses maiores do que as recomendadas.

De acordo com a categoria de risco de fármacos destinados às mulheres grávidas, este fitoterápico apresenta categoria de risco C. **Este medicamento não deve ser utilizado por mulheres grávidas sem orientação médica ou do cirurgião-dentista.**

**Atenção diabéticos: este medicamento contém SACAROSE.**

## INTERAÇÕES MEDICAMENTOSAS

A administração de Cardomarin concomitantemente ao tratamento com medicamentos à base de butirofenonas e fenotiazínas provoca redução da peroxidação de lipídios. Desaconselha-se o uso de Cardomarin em conjunto com medicamentos à base de ioimbina ou fentolamina, pois a silimarina apresenta efeito antagonista a esses medicamentos.

O tratamento com Cardomarin e metronidazol não é recomendado, pois o *Silybum marianum* pode ocasionar a redução da exposição do metronidazol e de seus metabólitos ativos. Quando necessária à utilização concomitante de metronizadol e produtos à base de *Silybum marianum*, a dose de metronidazol deverá ser aumentada.

Devido ao conteúdo de tiramina do *Silybum marianum*, podem ocorrer crises hipertensivas em pacientes em tratamento com antidepressivos inibidores da MAO.

## CUIDADOS DE ARMAZENAMENTO DO MEDICAMENTO

Cardomarin deve ser guardado em sua embalagem original. Conservar em temperatura ambiente (temperatura entre em 15 e 30º). Proteger da luz e umidade.

Nessas condições, o medicamento se manterá próprio para consumo, respeitando o prazo de validade de 24 meses, indicado na embalagem.

**Número de lote e datas de fabricação e validade: vide embalagem.**

**Não use medicamentos com prazo de validade vencido. Guarde-o em sua embalagem original.**

Cardomarin é apresentado na forma de suspensão oral amarela e com odor de manga.

**Antes de usar, observe o aspecto do medicamento. Todo medicamento deve ser mantido fora do alcance de crianças.**

## POSOLOGIA E MODO DE USAR

USO ORAL

Agite antes de usar.

Administrar um copo medida (10 mL) 3 vezes ao dia.

Utilizar apenas a via oral. O uso deste medicamento por outra via, que não a recomendada, pode causar inefetividade do medicamento ou mesmo promover danos à saúde. Caso haja esquecimento da administração de uma dose deste medicamento, retome a posologia indicada sem a necessidade de suplementação.

## REAÇÕES ADVERSAS

Ocasionalmente o uso deste medicamento pode causar um leve efeito laxativo.

Podem ocorrer episódios de sudorese severa, cólicas abdominais, náusea, vomito, diarreia e fraqueza.

**Em casos de eventos adversos, notifique ao Sistema de Notificação de Eventos Adversos a Medicamentos (Vigimed), disponível em http://portal.anvisa.gov.br/vigimed, ou para a Vigilância Sanitária Estadual ou Municipal.**

## SUPERDOSE

Em caso de administração de doses excessivas deste medicamento, recomenda-se descontinuar o uso e consultar o médico.

**Em caso de intoxicação ligue para 0800 722 6001, se você precisar de mais orientações.**

**Venda sob prescrição médica**

## DIZERES LEGAIS

MS: 1.3841.0061
Farm. Responsável: Tales Vasconcelos de Cortes – CRF/BA nº3745

**NATULAB LABORATÓRIO SA**
Rua H, nº2, Galpão 03 – Urbis II
Santo Antônio de Jesus – Bahia – CEP – 44.574-150
CNPJ: 02.456.955/0001-83 INDÚSTRIA BRASILEIRA
SAC: 0800 7307370

---

# CÁSCARA SAGRADA HERBARIUM
*Rhamnus purshiana* D.C., Rhamnaceae

## MEDICAMENTO FITOTERÁPICO TRADICIONAL

## FORMA FARMACÊUTICA
Cápsula gelatinosa dura.

## VIA DE ADMINISTRAÇÃO
Oral.

## APRESENTAÇÃO
Embalagem com 3 blísters contendo 15 cápsulas cada.

## USO ADULTO

## COMPOSIÇÃO:
Cada cápsula contém:
Extrato seco de *Rhamnus purshiana* D.C., Rhamnaceae (Cáscara Sagrada) ............................................................. 75mg
Excipientes (Amido de milho e dióxido de silício coloidal) q.s.p. ................................................................. 1 cápsula

## CONCENTRAÇÃO DOS PRINCÍPIOS ATIVOS
O extrato está padronizado em, no mínimo, 16% de cascarosídeo A.
Cada cápsula contém 12mg de cascarosídeo A.

## NOMENCLATURA BOTÂNICA OFICIAL
*Rhamnus purshiana* D.C., Rhamnaceae.

## PARTE UTILIZADA DA PLANTA
Casca.

## INFORMAÇÕES AO PACIENTE
**Como este medicamento funciona?**
CÁSCARA SAGRADA HERBARIUM apresenta um efeito laxante, atua aumentando os movimentos intestinais, o que facilita a eliminação das fezes.
O tempo estimado para o início da ação deste medicamento é de 8 a 10 horas.

**Para que este medicamento é indicado?**
Constipação ocasional (prisão de ventre ocasional).

**Quando não devo usar este medicamento?**
Gestação, lactação, doenças inflamatórias do intestino, obstrução intestinal, apendicite, dor abdominal, náusea, vômito e desidratação severa. Pacientes com cólicas, hemorroidas e nefrite não devem utilizar o produto.
**Este medicamento não deve ser utilizado por mulheres grávidas sem orientação médica ou do cirurgião-dentista.**
**Embora não existam Contraindicações relativas a faixas etárias, recomendamos a utilização do produto para pacientes de idade adulta.**
Em caso de hipersensibilidade ao produto, recomenda-se descontinuar o uso e consultar o médico.
O uso abusivo pode ocasionar desequilíbrio eletrolítico, má absorção de nutrientes, perda de peso, bem como fraqueza, que pode ser mais intensa em pacientes idosos.

O uso contínuo pode resultar no agravamento da prisão de ventre com consequente dependência do laxante e alterações na mucosa retal.

Após longo tempo de uso, foram relatados casos de excesso de gordura nas fezes e perda de proteínas.

Pode ocorrer também aumento na produção de aldosterona (hormônio adrenocortical regulador do metabolismo de sódio e potássio) devido a uma deficiência nos rins.

Em casos raros, o uso prolongado de laxantes pode ocasionar arritmias cardíacas, doenças renais, inchaço e desmineralização óssea.

O uso crônico ou abuso do fitoterápico em questão por um período superior a 9-12 meses pode aumentar o risco de desenvolvimento de câncer de cólon retal.

Não ingerir doses maiores do que as recomendadas.

**Informe ao médico ou cirurgião-dentista o aparecimento de reações indesejáveis.**

A perda de potássio, resultante do uso prolongado da cáscara sagrada, pode potencializar a toxicidade dos digitálicos e as arritmias, quando a cáscara é administrada concomitantemente com drogas antiarrítmicas. A interação da cáscara com diuréticos tiazídicos, esteroides corticoadrenal e raiz de anis podem aumentar a deficiência de potássio. A indometacina pode ter seu efeito diminuído quando administrada concomitantemente com a cáscara.

Certos constituintes da cáscara sagrada são excretados pelo rim, sendo que a urina pode apresentar uma coloração alaranjada, a qual não é clinicamente relevante, porém pode causar resultados falsos positivos em exames de urina. Pode ocasionar ainda alterações bioquímicas nos exames laboratoriais.

**Informe ao seu médico ou cirurgião-dentista se você está fazendo uso de algum outro medicamento.**

### Como devo usar este medicamento?

CÁSCARA SAGRADA HERBARIUM é apresentado em cápsulas gelatinosas duras de cor creme, que possuem odor característico e praticamente não apresentam sabor. Ingerir 2 (duas) cápsulas no meio da tarde ou antes de dormir. As cápsulas devem ser ingeridas inteiras e com uma quantidade suficiente de água para que possam ser deglutidas.

A cáscara sagrada não deve ser usada por períodos maiores do que 1 a 2 semanas sem orientação médica.

**Este medicamento não pode ser partido ou mastigado. Siga corretamente o modo de usar. Não desaparecendo os sintomas, procure orientação médica ou de seu cirurgião-dentista.**

**Não use o medicamento com o prazo de validade vencido. Antes de usar, observe o aspecto do medicamento.**

### Quais os males que este medicamento pode causar?

Cólicas gastrintestinais, requerendo uma diminuição da dose.

### O que fazer se alguém usar uma grande quantidade deste medicamento de uma só vez?

Pode ocorrer dor intestinal e diarreia severa com consequente perda de cálcio e potássio. O tratamento da superdosagem é importante, principalmente para crianças e idosos, devendo ser acompanhado com grandes quantidades de água. Níveis eletrolíticos devem ser monitorados, particularmente o potássio.

Em caso de superdosagem, recomenda-se suspender o uso e procurar orientação médica.

### Onde e como devo guardar este medicamento?

Manter em temperatura ambiente (15 a 30ºC). Proteger da luz, do calor e da umidade. Nessas condições, o medicamento se manterá próprio para consumo, respeitando o prazo de validade indicado na embalagem.

**Todo medicamento deve ser mantido fora do alcance das crianças.**

## INFORMAÇÕES TÉCNICAS AOS PROFISSIONAIS DE SAÚDE

### Características farmacológicas

CÁSCARA SAGRADA HERBARIUM é constituída pelo extrato seco de cáscara sagrada (*Rhamnus purshiana*) padronizado em cascarosídeo A.

Os constituintes da cáscara sagrada são caracterizados pelos derivados antraquinônicos, especialmente os cascarosídeos. As drogas contendo antraquinonas apresentam ação catártica (purgativa), o que faz com que a cáscara sagrada seja utilizada como laxativa há muitos anos.

Após a ingestão do fármaco, os glicosídeos antraquinônicos são degradados no cólon, através das enzimas bacterianas, em antronas (metabólitos laxativos). As antronas atuam sobre a mucosa intestinal, aumentando o movimento peristáltico e facilitando a evacuação.

Constipação ocasional (prisão de ventre ocasional).

### Contraindicações

Gravidez e lactação.

Doenças inflamatórias do intestino (como colite ulcerosa, síndrome do intestino irritável, Doença de Crohn).

Obstrução intestinal. Apendicite.

Pacientes com cólicas, hemorroidas e nefrite.
Desordens abdominais não diagnosticadas (como dor, náuseas e vômitos).
Desidratação severa.

**Posologia e modo de usar**
Ingerir 2 (duas) cápsulas no meio da tarde ou antes de dormir.
As cápsulas devem ser ingeridas inteiras e com uma quantidade suficiente de água para que possam ser deglutidas. A cáscara sagrada não deve ser usada por períodos maiores do que 1 a 2 semanas sem orientação médica.

**Cuidados de conservação depois de aberto**
Manter o medicamento em sua embalagem original, protegendo-o da luz, do calor e da umidade.

**Advertências**
Em caso de hipersensibilidade ao produto, recomenda-se descontinuar o uso e consultar o médico.
O uso abusivo pode ocasionar desequilíbrio eletrolítico (hipocalemia e hipocalcemia), má absorção de nutrientes, perda de peso, bem como fraqueza, que pode ser mais intensa em pacientes idosos.
O uso contínuo pode resultar no agravamento da constipação com consequente dependência do laxante, acarretando paralisia da contratibilidade intestinal e pigmentação melanócita da mucosa (*pseudomelanosis coli*), a qual desaparece após a descontinuação da terapia.
O uso prolongado de laxantes em pacientes com constipação pode causar alterações na mucosa retal.
Após longo tempo de uso, foram relatados casos de esteatorreia e perda de proteínas. Pode ocorrer também aldosteronismo secundário devido a uma deficiência renal tubular.
Em casos raros, o uso prolongado de laxantes pode ocasionar arritmias cardíacas, nefropatias, edema e desmineralização óssea.
O uso crônico ou abuso do fitoterápico em questão por um período superior a 9-12 meses pode aumentar o risco de desenvolvimento de câncer de cólon retal.
Não ingerir doses maiores do que as recomendadas.
De acordo com a categoria de risco de fármacos destinados às mulheres grávidas, este fitoterápico apresenta categoria de risco C. Este medicamento não deve ser utilizado por mulheres grávidas sem orientação médica ou do cirurgião-dentista.

**Uso em idosos, crianças e outros grupos de risco**

Uso adulto. Não existem recomendações específicas para o uso de CÁSCARA SAGRADA HERBARIUM em pacientes idosos e outros grupos de risco.

**Interações medicamentosas**
A perda de potássio, resultante do uso prolongado da cáscara sagrada, pode potencializar a toxicidade dos digitálicos e as arritmias quando administrada concomitantemente com drogas antiarrítmicas. A interação da cáscara sagrada com diuréticos tiazídicos, esteroides corticoadrenal e raiz de anis podem aumentar essa deficiência de potássio.
A indometacina administrada concomitantemente com derivados antracênicos, constituintes da cáscara, apresenta um decréscimo no efeito terapêutico devido a inibição da prostaglandina E2.
Certos constituintes da cáscara sagrada são excretados pelo rim, sendo que a urina pode apresentar uma coloração alaranjada, a qual não é clinicamente relevante, porém pode causar resultados falsos positivos em exames de urina. Pode causar ainda alterações bioquímicas nos exames laboratoriais, como albuminúria, hematúria e acidose metabólica.

**Reações adversas**
O uso da cáscara sagrada pode resultar em espasmos do trato gastrintestinal, requerendo uma diminuição da dose.

**Superdosagem**
Pode ocorrer dor intestinal e diarreia severa com consequente perda de eletrólitos e de fluidos. O tratamento da superdosagem é importante, principalmente para crianças e idosos, devendo ser acompanhado com grandes quantidades de água. Níveis eletrolíticos devem ser monitorados, particularmente o potássio.
Em caso de superdosagem, recomenda-se suspender o uso e procurar orientação médica.

**Armazenagem**
Manter em temperatura ambiente (15 a 30ºC). Proteger da luz, do calor e da umidade.
Lote, data de fabricação e validade: vide embalagem.

**DIZERES LEGAIS**
**HERBARIUM LABORATÓRIO BOTÂNICO LTDA.**
Av. Santos Dumont, 1111 Colombo – PR
CNPJ: 78.950.011/0001-20
Indústria Brasileira.
Farmacêutica resp.: Anny M. Trentini CRF PR-4081
MS: 1.1860.0075
**ATENDIMENTO AO CONSUMIDOR 0800 723 8383**

# CASTANHA DA ÍNDIA HERBARIUM

*Aesculus hippocastanum* L., Hippocastanaceae

## MEDICAMENTO FITOTERÁPICO

### PARTE UTILIZADA
Sementes.

### NOMENCLATURA POPULAR
Castanha-da-Índia.

### APRESENTAÇÕES
Comprimido revestido – Extrato seco das sementes de *Aesculus hippocastanum* ................................................100 mg
Embalagem com 30 e 45 comprimidos.

### VIA ORAL USO ADULTO COMPOSIÇÃO
Cada comprimido revestido contém:
extrato seco de *Aesculus hippocastanum* L. ..........100 mg*
(padronizado em 20% de derivados de glicosídeos triterpênicos expressos em escina anidra).
excipientes q.s.p. ............................................1 comprimido.
(celulose microcristalina, álcool polivinílico, macrogol, talco, dióxido de titânio, estearato de magnésio, dióxido de silício e óxido de ferro amarelo)
*equivalente a 20 mg de glicosídeos triterpênicos calculados como escina anidra por comprimido.

### INFORMAÇÕES AO PACIENTE
### PARA QUE ESTE MEDICAMENTO É INDICADO?
Castanha da Índia Herbarium é indicada para o tratamento de sintomas da insuficiência venosa, como sensação de dor e peso nas pernas, inchaço, cãibras e prurido, e fragilidade capilar.

### COMO ESTE MEDICAMENTO FUNCIONA?
Castanha da Índia Herbarium atua aliviando os sintomas característicos da insuficiência venosa, como a sensação de dor e de peso nas pernas, inchaço, cãibras e prurido. Proporciona aumento da resistência vascular periférica e melhora do retorno do fluxo venoso.

### QUANDO NÃO DEVO USAR ESTE MEDICAMENTO?
Hipersensibilidade (alergia) a qualquer um dos componentes da fórmula.
Este medicamento é contraindicado para pessoas com hipersensibilidade a escina ou a extratos de *A. hippocastanum* e pacientes com insuficiência do fígado ou dos rins.
Há indícios de que a absorção de escina seja maior em crianças, predispondo-as a uma maior toxicidade.
**Este medicamento é contraindicado para uso por crianças.**

### O QUE DEVO SABER ANTES DE USAR ESTE MEDICAMENTO?
**Precauções e advertências**
Foi relatada toxicidade relacionada aos rins e ao fígado com o uso de preparados à base de Castanha-da-Índia (*A. hippocastanum*) em pacientes propensos a este tipo de desordens.
Embora não existam restrições, pacientes idosos só devem utilizar o medicamento após orientação médica.
**Interações Medicamentosas**
A Castanha-da-Índia não deve ser administrada juntamente com anticoagulantes orais, pois pode potencializar seu efeito anticoagulante.
Este medicamento pode interferir com a distribuição de outras drogas.
**Este medicamento não deve ser utilizado por mulheres grávidas sem orientação médica ou do cirurgião-dentista.**
**Informe ao seu médico ou cirurgião-dentista se você está fazendo uso de algum outro medicamento.**
Informe ao profissional de saúde todas as plantas medicinais, fitoterápicos e outros medicamentos que estiver tomando. Interações podem ocorrer entre medicamentos e plantas medicinais e mesmo entre duas plantas medicinais administradas ao mesmo tempo.

### ONDE, COMO E POR QUANTO TEMPO POSSO GUADAR ESTE MEDICAMENTO?
**Cuidados de conservação**
Castanha da Índia Herbarium deve ser conservada em temperatura ambiente (entre 15 e 30ºC) em sua embalagem original.
Proteger da luz e da umidade.
**Prazo de validade**
24 meses após a data de fabricação impressa no cartucho. Número de lote e datas de fabricação e validade: vide embalagem. Não use medicamento com o prazo de validade vencido. Guarde-o em sua embalagem original.
**Características físicas**
Comprimidos de cor amarela pálida.
**Características organolépticas**
Cheiro (odor) característico e praticamente não apresenta sabor.

Antes de usar, observe o aspecto do medicamento. Caso ele esteja no prazo de validade e você observe alguma mudança no aspecto, consulte o farmacêutico para saber se poderá utilizá-lo.

Todo medicamento deve ser mantido fora do alcance das crianças.

## COMO DEVO USAR ESTE MEDICAMENTO?
## USO ORAL/USO INTERNO
### Modo de usar

Os comprimidos devem ser ingeridos inteiros e com uma quantidade suficiente de água para que possam ser deglutidos.

### Posologia

Ingerir um comprimido, via oral, três vezes ao dia, de 8 em 8 horas, ou a critério médico. A dose diária não deve ultrapassar seis comprimidos ao dia.

Utilizar apenas a via oral. O uso deste medicamento por outra via, que não a oral, pode causar a perda do efeito esperado ou mesmo promover danos ao seu usuário.

**Siga corretamente o modo de usar. Em caso de dúvidas sobre este medicamento, procure orientação do farmacêutico. Não desaparecendo os sintomas, procure orientação de seu médico ou cirurgião-dentista.**

Este medicamento não deve ser partido, aberto ou mastigado.

## O QUE DEVO FAZER QUANDO EU ME ESQUECER DE USAR ESTE MEDICAMENTO?

Caso haja esquecimento da ingestão de uma dose deste medicamento, retomar a posologia prescrita sem a necessidade de suplementação. **Em caso de dúvidas, procure orientação do farmacêutico ou de seu médico, ou cirurgião-dentista.**

## QUE MALES ESTE MEDICAMENTO PODE CAUSAR?
### Reações adversas

Após a ingestão do medicamento pode ocorrer, em casos isolados, pruridos, náuseas e desconforto gástrico. Raramente pode ocorrer irritação gástrica e refluxo.

**Informe ao seu médico, cirurgião-dentista ou farmacêutico do aparecimento de reações indesejáveis pelo uso do medicamento. Informe também à empresa através do seu Serviço de Atendimento ao Consumidor.**

## O QUE FAZER SE ALGUÉM USAR UMA QUANTIDADE MAIOR DO QUE A INDICADA DESTE MEDICAMENTO?

Se ingerido em altas doses este medicamento pode causar vômitos, diarreia, fraqueza, contrações musculares, dilatação da pupila, falta de coordenação, desordem da visão e da consciência.

Em caso de superdosagem, suspender a medicação imediatamente. Recomenda-se tratamento de suporte sintomático pelas medidas habituais de apoio e controle das funções vitais.

**Em caso de uso de grande quantidade deste medicamento, procure rapidamente socorro médico e leve a embalagem ou bula do medicamento, se possível. Ligue para 0800 722 6001 se você precisar de mais orientações.**

Siga corretamente o modo de usar, não desaparecendo os sintomas procure orientação médica.

## DIZERES LEGAIS

MS: 1.1860.0080

Farmacêutica resp.: Gislaine B. Gutierrez CRF-PR nº 12423

Fabricado e Distribuído por:

**HERBARIUM LABORATÓRIO BOTÂNICO S. A.**

Av. Santos Dumont, 1100 • CEP 83403-500 Colombo – PR

CNPJ: 78.950.011/0001-20

**Indústria Brasileira.**

---

# CASTANHA DA ÍNDIA ORIENT®
*Aesculus hippocastanum*

## MEDICAMENTO FITOTERÁPICO

Família: Hippocastanaceae.

Parte da planta utilizada: sementes.

## APRESENTAÇÃO

Cápsulas de 200 mg, embalagens com 45 e 60 unidades.

## USO ORAL/USO ADULTO ACIMA DE 12 ANOS
## COMPOSIÇÃO

Cada cápsula contém:

Extrato seco de *A. hippocastanum* ..........................200 mg

(padronizado em 40 mg (20%) de Escina).

**Nomenclatura botânica oficial:** *Aesculus hippocastanum* L.

**Nomenclatura popular:** Castanha da Índia

## INFORMAÇÕES AO PACIENTE
## PARA QUE ESTE MEDICAMENTO É INDICADO?

Para tratamento da insuficiência venosa e da fragilidade capilar.

## COMO ESTE MEDICAMENTO FUNCIONA?

A Castanha da Índia possui ação antiexudativa, que é a passagem de um líquido orgânico através das paredes dos vasos sanguíneos e capilares para os tecidos ou espaços adjacentes, isso ocorre normalmente em um processo inflamatório.

## QUANDO NÃO DEVO USAR ESTE MEDICAMENTO?

Pacientes com histórico de hipersensibilidade e alergia a qualquer um dos componentes da fórmula não devem fazer uso do produto.

**Este medicamento não é indicado durante a gravidez, amamentação devido à falta de estudos disponíveis.**

Pacientes com insuficiência renal, insuficiência hepática; gastrite não especificada e úlcera gástrica aguda ou crônica; defeitos na coagulação.

## O QUE DEVO SABER ANTES DE USAR ESTE MEDICAMENTO?

Devido aos componentes cumarínicos do extrato, pacientes que estejam fazendo tratamentos com anticoagulantes não devem fazer uso deste medicamento.

O tratamento com Castanha da Índia na insuficiência venosa crônica e outras patologias vasculares não dispensa outros tratamentos prescritos pelo médico.

A Castanha da Índia não pode ser associada com anticoagulantes, coagulantes e derivados do ácido acetilsalicílico, pois pode interferir nos efeitos destes medicamentos.

**Este medicamento é contraindicado para crianças menores de doze anos de idade.**

**Informe ao médico ou cirurgião-dentista o aparecimento de reações indesejáveis.**

**Informe ao seu médico ou cirurgião-dentista se você está fazendo uso de algum outro medicamento.**

Como devo usar este medicamento?

## ONDE, COMO E POR QUANTO TEMPO POSSO GUARDAR ESTE MEDICAMENTO?

Conservar o medicamento em sua embalagem original, protegendo da luz, calor e umidade. Manter entre 15º e 30ºC. Nessas condições, o medicamento se manterá próprio para o consumo, respeitando o prazo de validade indicado na embalagem.

**O prazo de validade é de 24 meses após a data de fabricação. Número de lote e datas de fabricação e validade: vide embalagem.**

**Não use medicamento com o prazo de validade vencido. Para sua segurança, mantenha o medicamento na embalagem original.**

A Castanha da Índia Orient é apresentada em cápsulas duras gelatinosas de forma cilíndrica e com o nome Orient Mix estampado no corpo da cápsula.

**Antes de usar, observe o aspecto do medicamento. Caso você observe alguma mudança no aspecto do medicamento que ainda esteja no prazo de validade, consulte o médico ou o farmacêutico para saber se poderá utilizá-lo. Todo medicamento deve ser mantido fora do alcance das crianças.**

## COMO DEVO USAR ESTE MEDICAMENTO?

Ingerir 1 cápsula 3 vezes ao dia.

Intervalos de administração: a cada 8 horas.

Duração de tratamento: à critério médico. Não ultrapassar 2 (dois) meses consecutivos.

Vias de administração: somente por via oral.

Limite máximo diário de administração do medicamento: ingerir no máximo 3 cápsulas por dia.

**Siga corretamente o modo de usar. Não desaparecendo os sintomas, procure orientação médica ou de seu cirurgião-dentista.**

**Não use o medicamento com prazo de validade vencido. Antes de usar observe o aspecto do medicamento. Este medicamento não pode ser partido ou mastigado.**

## QUAIS OS MALES QUE ESTE MEDICAMENTO PODE CAUSAR?

Pode ocorrer desconforto abdominal e náuseas. Podem ocorrer também dores de cabeça e tonteiras em menor frequência. Todos os sintomas desaparecem com a suspensão do uso do medicamento.

## O QUE FAZER SE ALGUÉM USAR UMA QUANTIDADE MAIOR DO QUE A INDICADA DESTE MEDICAMENTO?

Pode ocorrer uma exacerbação das reações adversas, além de choque causado pela perda de líquidos, o extrato de castanha da índia em grandes doses é tóxico para o fígado e rins.

**Em caso de uso de grande quantidade deste medicamento, procure rapidamente socorro médico e leve a embalagem ou bula do medicamento, se possível. Em caso de intoxicação ligue para 0800 722 6001, se você precisar de mais orientações sobre como proceder.**

## DIZERES LEGAIS

Reg. M.S. nº: 1.2397.0039

Responsável Técnico: Guilherme Ji CRF-RJ: 9545

**Orient Mix Fitoterápicos do Brasil Ltda**

Estrada da Pedra Negra, 295 – Jacarepaguá. RJ. CEP.: 22.780-120
CNPJ: 73.657.876/0001-89

---

# CATUAMA

*Trichilia catigua* A. Juss. e Associações

## MEDICAMENTO FITOTERÁPICO

Nomenclatura e parte da planta utilizada:
Catuaba
*Trichilia catigua* A. Juss. – Meliaceae – casca
Guaraná
*Paullinia cupana* H.B.K. – Sapindaceae – semente
Muirapuama
*Ptychopetalum olacoides* Bentham – Olacaceae – raiz
Gengibre
*Zingiber officinale* Roscoe – Zingiberaceae – rizoma

**Forma farmacêutica e apresentação:**
Solução oral – frasco plástico transparente âmbar x 500mL
Cápsulas gelatinosas duras – cartucho com 2 blisters x 15 unidades

## VIA ORAL USO ADULTO

**Composição:**
**Solução oral:**
Cada 25mL contém:
Ext. Fl. de Guaraná............................................. 1,250mL [a]
Ext. Fl. de Catuaba ............................................ 0,875mL [b]
Ext. Fl. de Muirapuama ..................................... 0,875mL [c]
Alcoolatura de Gengibre ................................... 0,200mL [d]
Excipientes: açúcar, metilparabeno, caramelo, vanilina e água purificada.
equivalente a 40mg de cafeína (marcador)
equivalente a 74mcg de beta-sitosterol (marcador)
equivalente a 104mcg de lupeol (marcador)
equivalente a 120mcg de gingerol e gingerdionas (marcadores)

**Cápsulas:**
Cada cápsula de 310mg contém:
Ext. seco de Guaraná .......................................... 125,0mg [a]
Ext. seco de Catuaba ........................................... 87,5mg [b]
Ext. seco de Muirapuama..................................... 87,5mg [c]
Ext. seco de Gengibre.......................................... 10,0mg [d]
Excipientes: dióxido de silício coloidal.
equivalente a 20mg de cafeína (marcador)
equivalente a 37mcg de beta-sitosterol (marcador)
equivalente a 52mcg de lupeol (marcador)
equivalente a 60mcg de gingerol e gingerdionas (marcadores)
Solução oral – Contém 500mL Cápsulas – Contém 30 cápsulas

## INFORMAÇÕES AO PACIENTE:

Ação do medicamento
Catuama® é um medicamento fitoterápico composto por plantas com reconhecidas propriedades estimulantes do sistema nervoso central, cardiotônicas e vasodilatadores. Dos componentes catuaba – *Trichilia catigua* A.Juss., guaraná – *Paullinia cupana* H.B.K. e muirapuama – *Ptychopetalum olacoides* Bentham, obtém-se efeitos estimulantes do sistema nervoso que combatem as estafas físicas e mentais. Do gengibre – *Zingiber officinale* Roscoe, além de propriedades estimulantes, obtém-se também o aumento da contração muscular que favorece a ação cardiotônica do produto. A sinergia dos componentes dessa fórmula foi testada em estudos em animais e humanos, comprovando as atividades estimulante do sistema nervoso central e cardiotônica do produto Catuama®.
O tempo médio de início da ação do medicamento vai depender das condições de cada organismo.

**Indicações do medicamento**
Catuama® é indicado como medicação estimulante no tratamento das estafas mentais e físicas (astenia).

**Riscos do medicamento**
O Catuama® não deve ser usado por pacientes com hipersensibilidade conhecida aos componentes da fórmula. Não se recomenda a administração do Catuama® à noite por seu efeito estimulante que pode causar dificuldades para adormecer.
Não recomendamos o uso de Catuama® durante a gravidez e lactação.

**Interações medicamentosas**
Pacientes usando outros medicamentos contendo xantinas, devem ser avisados que a associação destes medicamentos com Catuama® pode potencializar seu efeito estimulante.
Este medicamento não deve ser utilizado por via de administração não recomendada.
Este medicamento não deve ser utilizado por mulheres grávidas sem orientação médica ou do cirurgião-dentista [Categoria C].
Este medicamento é contraindicado na faixa etária menor de 12 anos.
Informe ao médico ou cirurgião-dentista o aparecimento de reações indesejáveis.

Informe ao seu médico ou cirurgião-dentista se você está fazendo uso de algum outro medicamento.

**Modo de uso**

O Catuama® solução oral apresenta-se como um líquido móvel, translúcido, de cor castanho avermelhado e com odor aromático característico. Seu sabor é doce, agradável, com final levemente amargo.

O Catuama® cápsulas apresenta-se em cápsulas gelatinosas dura de coloração vinho, contendo um pó granulado fino e homogêneo, de cor castanho avermelhado e com odor característico.

A posologia do Catuama® solução oral foi estabelecida em 25mL, 2 vezes ao dia, antes das refeições (dosador incluído). A posologia do Catuama® cápsulas foi estabelecida em 1 a 2 cápsulas, 2 vezes ao dia, antes das refeições.

A solução oral e a cápsula devem ser ingeridas por via oral.

Para a apresentação solução oral:

Atenção diabéticos: contém açúcar.

A eficácia deste medicamento depende da capacidade funcional do paciente.

Siga corretamente o modo de usar. Não desaparecendo os sintomas, procure orientação médica ou de seu cirurgião-dentista.

**Não use o medicamento com o prazo de validade vencido. Antes de usar observe o aspecto do medicamento. Para consulta do prazo de validade: vide cartucho. Este medicamento não pode ser partido ou mastigado.**

**Reações adversas**

Catuama® é bem tolerado e nas doses terapêuticas descritas na posologia, estudos clínicos demonstraram que o Catuama® não causou nenhum efeito tóxico notável.

**Conduta em caso de superdosagem**

A administração de altas doses pode levar a vômito, dor de cabeça, falta de sono e diarreia.

Se ocorrer ingestão acidental do produto em doses excessivas, deve-se procurar orientação médica e deve ser considerado o esvaziamento gástrico logo após o acidente.

**Cuidados de conservação e uso**

Catuama® deve ser guardado em sua embalagem original, à temperatura ambiente [15ºC a 30ºC].

Todo medicamento deve ser mantido fora do alcance das crianças.

## INFORMAÇÕES TÉCNICAS AOS PROFISSIONAIS DA SAÚDE:

Estudos experimentais farmacológicos confirmaram as indicações do produto Catuama®. A análise farmacológica pré-clínica revelou que o produto Catuama®, atuando no sistema nervoso central, aumentou a movimentação espontânea dos animais, bem como a latência do sono barbitúrico, sem interferir na coordenação motora. Nos testes realizados *in vitro*, o produto Catuama® causou um efeito vasodilatador dependente da integridade do endotélio vascular e também da liberação de óxido nítrico. O produto Catuama® tem efeito positivo sobre o inotropismo e o cronotropismo cardíacos. Em outro estudo realizado com o produto Catuama®, os resultados demonstraram que a sua ação vasorelaxante parece ser devida aos princípios ativos presentes principalmente no guaraná e na catuaba. Esses resultados contribuem para explicar os efeitos benéficos do produto Catuama® no tratamento dos distúrbios cardiovasculares (efeito cardiotônico).

**Resultados de eficácia:**

Até o momento não foram encontrados dados de percentagem de cura ou prevenção do produto no uso como medicação estimulante no tratamento das estafas mentais e físicas.

**Indicações**

Catuama® é indicado como medicação estimulante no tratamento das estafas mentais e físicas (astenia).

**Contraindicações**

O Catuama® não deve ser usado por pacientes com hipersensibilidade conhecida aos componentes da fórmula. Não se recomenda a administração do Catuama® à noite por seu efeito estimulante que pode aumentar a latência do sono.

**Não recomendamos o uso de Catuama® durante a gravidez e lactação.**

**Modo de usar e cuidados de conservação depois de aberto**

A solução oral e a cápsula devem ser ingeridas por via oral. Catuama® deve ser guardado em sua embalagem original, à temperatura ambiente [15ºC a 30ºC].

**Posologia**

A posologia do Catuama® solução oral foi estabelecida em 25mL, 2 vezes ao dia, antes das refeições (dosador incluído). A posologia do Catuama® cápsulas foi estabelecida em 1 a 2 cápsulas, 2 vezes ao dia, antes das refeições.

**Advertências**

**Não recomendamos o uso de Catuama® durante a gravidez e lactação.**

**Não se recomenda o uso do Catuama® solução oral por diabéticos devido a presença de açúcar na sua formulação.**

**A eficácia deste medicamento depende da capacidade funcional do paciente.**

**Categoria C:** Este medicamento não deve ser utilizado por mulheres grávidas sem orientação médica ou do cirurgião-dentista.

Este medicamento só deve ser utilizado por via oral.

Este medicamento não poder ser partido ou mastigado.

**Uso em pacientes idosos, crianças e outros grupos de risco**

Catuama® é bem tolerado e não apresenta efeitos colaterais relevantes, inclusive quando administrado para idosos.

Não deve ser utilizado durante a gravidez, lactação e para pacientes com hipersensibilidade à droga ou a seus componentes.

**Interações medicamentosas**

Pacientes usando outros medicamentos contendo xantinas, devem ser avisados que a associação destes medicamentos com Catuama® pode potencializar seu efeito estimulante.

**Reações adversas**

Catuama® é bem tolerado e nas doses terapêuticas descritas na posologia, estudos clínicos demonstraram que o Catuama® não causou nenhum efeito tóxico notável.

**Superdose**

Se ocorrer ingestão acidental do produto em doses excessivas, deve-se procurar orientação médica e deve ser considerado o esvaziamento gástrico logo após o acidente.

**Armazenagem**

Catuama® deve ser guardado em sua embalagem original, à temperatura ambiente [15ºC a 30ºC].

Número do lote, data de fabricação e prazo de validade: vide cartucho.

## DIZERES LEGAIS

M.S. 1.0066.0015.002-9 e M.S. 1.0066.0015.005-9
Farm. Resp.: T. Fujii CRF-SC Nº 947
Laboratório Catarinense S. A.
Rua Dr. João Colin, 1053 89204-001 – Joinville – SC
CNPJ: 84.684.620/0001-87
Indústria Brasileira
SAC 0800-474222
www.labcat.com.br
® = marca registrada do Laboratório Catarinense S. A.

---

# CAVALINHA ORIENT®

*Equisetum arvensis*

## MEDICAMENTO FITOTERÁPICO

Família: Equisetaceae
Parte da planta utilizada: partes aéreas

## APRESENTAÇÕES

Cápsulas de 450 mg, embalagens com 45 e 60 unidades.

## USO ORAL/USO ADULTO ACIMA DE 12 ANOS
## COMPOSIÇÃO

Cada cápsula contém:

Extrato seco de *Equisetum arvensis* .........................400mg
(padronizado em 8 mg (2,0%) de flavonoides expressos em ácido clorogênico).

Excipientes (amido e dióxido de silício) q.s.p. ......450mg

**Nomenclatura botânica oficial:** *Equisetum arvensis* L.

**Nomenclatura popular:** Cavalinha

## INFORMAÇÕES AO PACIENTE
## PARA QUE ESTE MEDICAMENTO É INDICADO?

Como diurético suave e no tratamento das infecções do trato urinário baixo e renal.

## COMO ESTE MEDICAMENTO FUNCIONA?

Exerce uma ação diurética leve, sem modificar o equilíbrio da reabsorção de água a sais. O aumento da diurese promovida pela cavalinha, não altera os parâmetros hematológicos.

## QUANDO NÃO DEVO USAR ESTE MEDICAMENTO?

Pacientes com histórico de hipersensibilidade e alergia a qualquer um dos componentes da fórmula não devem fazer uso do produto. Este medicamento é contraindicado para pessoas com hipersensibilidade a extratos de *E. arvensis* ou outras plantas da família Equisetaceae.

O produto é contraindicado em pacientes com disfunção cardíaca ou renal.

## O QUE DEVO SABER ANTES DE USAR ESTE MEDICAMENTO?

**Atenção:** o uso em gestantes e mulheres em fase de amamentação pode induzir uma ação citotóxica devido a presença de alcaloides, portanto estes pacientes NÃO devem fazer uso do medicamento a não ser sob estrita orientação médica. Os princípios ativos amargos da planta podem passar pelo leite materno. Este medicamento é contraindicado para menores de 12 anos de idade.

Informe ao médico ou cirurgião-dentista o aparecimento de reações indesejáveis.

Informe ao seu médico ou cirurgião-dentista se você está fazendo uso de algum outro medicamento.

### ONDE, COMO E POR QUANTO TEMPO POSSO GUARDAR ESTE MEDICAMENTO?
Conservar o medicamento em sua embalagem original, protegendo da luz, calor e umidade. Manter entre 15º e 30ºC.

Nessas condições, o medicamento se manterá próprio para o consumo, respeitando o prazo de validade indicado na embalagem.

A Cavalinha Orient é apresentada em cápsulas duras gelatinosas de forma cilíndrica e com o nome Orient Mix estampado no corpo da cápsula.

**O prazo de validade é de 24 meses após a data de fabricação. Número de lote e datas de fabricação e validade: vide embalagem.**

**Não use o medicamento com prazo de validade vencido. Caso observe mudança no aspecto do medicamento que ainda esteja no prazo de validade, consulte o médico ou o farmacêutico para saber se poderá utilizá-lo.**

**Todo medicamento deve ser mantido fora do alcance das crianças.**

### COMO DEVO USAR ESTE MEDICAMENTO?
Ingerir 1 cápsula 2 vezes ao dia.

As cápsulas devem ser ingeridas inteiras e sem mastigar com quantidade suficiente de água para que sejam deglutidas.

Intervalos de administração: a cada 12 horas. Duração de tratamento: à critério médico.

Vias de administração: somente por via oral.

Limite máximo diário de administração do medicamento: ingerir no máximo 2 cápsulas por dia.

**Siga corretamente o modo de usar. Não desaparecendo os sintomas, procure orientação médica ou de seu cirurgião-dentista.**

### QUAIS OS MALES QUE ESTE MEDICAMENTO PODE CAUSAR?
Este medicamento é bem tolerado e nas doses indicadas não causa reações adversas.

### O QUE FAZER SE ALGUÉM USAR UMA QUANTIDADE MAIOR DO QUE A INDICADA DESTE MEDICAMENTO?
Pode ocorrer efeito irritativo sobre o sistema urinário e cefaleias.

Em caso de uso de grande quantidade deste medicamento, procure rapidamente socorro médico e leve a embalagem ou bula do medicamento, se possível. **Em caso de intoxicação ligue para 0800 722 6001, se você precisar de mais orientações sobre como proceder.**

### DIZERES LEGAIS
Reg. M.S. nº: 1.2397.0032
Responsável Técnico: Guilherme Ji CRF-RJ: 9545
**Orient Mix Fitoterápicos do Brasil Ltda**
Estrada da Pedra Negra, 295 – Jacarepaguá. RJ. CEP.: 22.780-120
CNPJ: 73.657.876/0001-89

---

# CENTELLA HERBARIUM
*Centella asiatica* (L.) Urb., Apiaceae.

### MEDICAMENTO FITOTERÁPICO

### PARTE UTILIZADA
Partes aéreas.

### NOMENCLATURA POPULAR
Centela, Centela-asiática.

### APRESENTAÇÃO
Cápsula dura – Extrato seco das partes aéreas de *Centella asiatica*
66 mg – Embalagem com 45 cápsulas.

### VIA ORAL USO ADULTO COMPOSIÇÃO
Cada cápsula contém:
extrato seco de *Centella asiática* ..............................66 mg*
excipiente q.s.p. ....................................................... 1 cápsula
(amido)
*equivalente a 21,8 mg de derivados triterpênicos totais expressos em asiaticosídeo.

### INFORMAÇÕES AO PACIENTE
### PARA QUE ESTE MEDICAMENTO É INDICADO?
Centella Herbarium é indicada para o tratamento e profilaxia da insuficiência venosa dos membros inferiores (pernas e pés).

### COMO ESTE MEDICAMENTO FUNCIONA?
Centella Herbarium possui ação venotônica, ou seja, melhora o tônus e a elasticidade da parede dos vasos sanguíneos, normalizando a circulação venosa.

## QUANDO NÃO DEVO USAR ESTE MEDICAMENTO?

Pacientes com gastrite ou úlcera estomacal.

Hipersensibilidade (alergia) a qualquer um dos componentes da fórmula.

Este medicamento é contraindicado para uso por crianças.

**Este medicamento não deve ser utilizado por mulheres grávidas sem orientação médica.**

**Este medicamento é contraindicado para uso por lactantes (mulheres amamentando).**

## O QUE DEVO SABER ANTES DE USAR ESTE MEDICAMENTO?

### Precauções e advertências

Em caso de hipersensibilidade ao produto, recomenda-se descontinuar o uso e consultar o médico.

### Interações medicamentosas

A centela pode interagir com algumas drogas anti-inflamatórias, como a dexametasona e fenilbutazona.

**Informe ao seu médico da ocorrência de gravidez na vigência do tratamento ou após o seu término.**

**Informe ao seu médico se está amamentando.**

**Informe ao seu médico ou cirurgião-dentista se você está fazendo uso de algum outro medicamento.**

## ONDE, COMO E POR QUANTO TEMPO POSSO GUARDAR ESTE MEDICAMENTO?

### Cuidados de conservação

Centella Herbarium deve ser conservada em temperatura ambiente (15 a 30ºC) em sua embalagem original.

Proteger da luz e da umidade.

### Prazo de validade

24 meses após a data de fabricação impressa no cartucho.

**Número de lote e datas de fabricação e validade: vide embalagem.**

**Não use medicamento com o prazo de validade vencido. Para sua segurança, mantenha o medicamento na embalagem original.**

### Características físicas

Cápsulas gelatinosas duras incolores, contendo pó de coloração bege clara em seu interior.

### Características organolépticas

Cheiro (odor) característico e praticamente não apresenta sabor.

**Antes de usar, observe o aspecto do medicamento.**

**Caso ele esteja no prazo de validade e você observe alguma mudança no aspecto, consulte o farmacêutico para saber se poderá utilizá-lo.**

**Todo medicamento deve ser mantido fora do alcance das crianças.**

## COMO DEVO USAR ESTE MEDICAMENTO?

### Modo de usar

As cápsulas devem ser ingeridas inteiras e com uma quantidade suficiente de água para que possam ser deglutidas.

### Posologia

Administrar uma cápsula de 8 em 8 horas.

A dose diária não deve ultrapassar 5 cápsulas ao dia.

A duração do tratamento deve ser no mínimo de 2 meses.

**Siga corretamente o modo de usar. Em caso de dúvidas sobre este medicamento, procure orientação do farmacêutico. Não desaparecendo os sintomas, procure orientação de seu médico ou cirurgião-dentista.**

**Este medicamento não deve ser partido, aberto ou mastigado.**

## O QUE DEVO FAZER QUANDO EU ME ESQUECER DE USAR ESTE MEDICAMENTO?

Caso haja esquecimento da ingestão de uma dose deste medicamento, retomar a posologia prescrita sem a necessidade de suplementação.

**Em caso de dúvidas, procure orientação do farmacêutico ou de seu médico, ou cirurgião-dentista.**

## QUE MALES ESTE MEDICAMENTO PODE CAUSAR?

### Reações adversas

Até o momento não foram relatadas reações adversas para este fitoterápico.

**Informe ao seu médico, cirurgião-dentista ou farmacêutico do aparecimento de reações indesejáveis pelo uso do medicamento. Informe a empresa sobre o aparecimento de reações indesejáveis e problemas com este medicamento, entrando em contato através do Serviço de Atendimento ao Consumidor.**

## O QUE FAZER SE ALGUÉM USAR UMA QUANTIDADE MAIOR DO QUE A INDICADA DESTE MEDICAMENTO?

A ingestão de altas doses pode provocar dor de cabeça, tontura, redução da pressão arterial e estados de sonolência leves a moderados. Pode ainda interferir na terapia de redução da taxa de glicose sanguínea e na terapia de redução dos níveis de colesterol. Recomenda-se tratamento sintomático e controle das funções vitais.

**Em caso de intoxicação ligue para 0800 722 6001, se você precisar de mais orientações sobre como proceder.**

Siga corretamente o modo de usar, não desaparecendo os sintomas procure orientação médica.

**DIZERES LEGAIS**
MS: 1.1860.0079
Farmacêutica resp.: Gislaine B. Gutierrez CRF-PR nº 12423
Fabricado e Distribuído por: **HERBARIUM LABORATÓRIO BOTÂNICO S. A.**
Av. Santos Dumont, 1100 • CEP 83403-500 Colombo – PR
CNPJ: 78.950.011/0001 20
**Indústria Brasileira**.

---

# CLIFEMIN®
*Actaea racemosa* L., Ranunculaceae

**MEDICAMENTO FITOTERÁPICO**

**PARTE UTILIZADA**
Rizomas.

**NOMENCLATURA POPULAR**
Cimicífuga.

**APRESENTAÇÕES**
Comprimidos revestidos – Extrato seco dos rizomas de *Actaea racemosa*
160 mg – Embalagem com 15 ou 30 comprimidos cada.

**VIA ORAL USO ADULTO**

**COMPOSIÇÃO**
Cada comprimido contém:
extrato seco de *Actaea racemosa* L. padronizado em 2,5% de glicosídeos triterpênicos expressos em 23-epi-26-desoxiacteína ................................................................. 160 mg*;
excipientes q.s.p. ........................................... 1 comprimido.
(celulose microcristalina, talco, hipromelose e polietilenoglicol, dióxido de titânio, croscarmelose sódica, estearato de magnésio, dióxido de silício, etilcelulose, D&C amarelo quinoleína, macrogol e FD&C azul brilhante)
*equivalente a 4 mg de glicosídeos triterpênicos expressos em 23-epi-26-desoxiacteína por comprimido.

**INFORMAÇÕES AO PACIENTE**

**PARA QUE ESTE MEDICAMENTO É INDICADO?**
Clifemin® é indicado para aliviar os sintomas da pré e pós-menopausa, como rubor, ondas de calor, suor excessivo, palpitações e alterações depressivas de humor e do sono.

**COMO ESTE MEDICAMENTO FUNCIONA?**
Clifemin® atua amenizando os sintomas da pré e pós-menopausa. O efeito terapêutico geralmente é mais nítido após duas semanas de uso do medicamento, apresentando o efeito máximo dentro de oito semanas.

**QUANDO NÃO DEVO USAR ESTE MEDICAMENTO?**
Pacientes com histórico de hipersensibilidade e alergia a qualquer um dos componentes da fórmula não devem fazer uso do produto.
**Este medicamento é contraindicado durante a gravidez por promover o fluxo menstrual e ter efeito estimulante uterino.**

**O QUE DEVO SABER ANTES DE USAR ESTE MEDICAMENTO?**
Precauções e advertências

- Há um relato de hepatite necrosante ocorrido após a tomada de um produto à base de cimicífuga por uma semana, portanto este medicamento deve ser administrado com cuidado a pacientes com insuficiência hepática grave.

- Pessoas alérgicas a salicilatos devem utilizar este medicamento com cuidado, pois produtos à base de cimicífuga contêm pequenas quantidades de ácido salicílico.

- Em caso de hipersensibilidade ao produto, recomenda-se descontinuar o uso e consultar o médico.

- Em casos de distúrbio na intensidade e frequência da menstruação e persistência ou surgimento de novos sintomas, procurar orientação médica, uma vez que podem estar envolvidos distúrbios que precisam ser diagnosticados.

- Este medicamento deve ser evitado por menores de 12 anos de idade e durante a lactação devido à falta de estudos disponíveis.

**Interações medicamentosas**

- Este medicamento pode potencializar o efeito de medicamentos anti-hipertensivos.

- Uma vez que extratos de cimicífuga (*Actaea racemosa*) podem intensificar alguns efeitos estrogênicos, este medicamento só deve ser usado junto *com* suplementos hormonais (estrogênio) sob estrita supervisão médica.

**Informe ao seu médico ou cirurgião-dentista se você está fazendo uso de algum outro medicamento.**
**Não use medicamento sem o conhecimento do seu médico. Pode ser perigoso para a sua saúde.**
Informe ao profissional de saúde todas as plantas medicinais, fitoterápicos e outros medicamentos que estiver

tomando. Interações podem ocorrer entre medicamentos e plantas medicinais e mesmo entre duas plantas medicinais administradas ao mesmo tempo.

## ONDE, COMO E POR QUANTO TEMPO POSSO GUARDAR ESTE MEDICAMENTO?

**Cuidados de conservação**

Clifemin® deve ser conservado em temperatura ambiente (entre 15 e 30ºC) em sua embalagem original.
Proteger da luz e da umidade.

**Prazo de validade**

24 meses após a data de fabricação impressa no cartucho.

**Número de lote e datas de fabricação e validade: vide embalagem.**

**Não use medicamento com o prazo de validade vencido. Guarde-o em sua embalagem original.**

**Características físicas**

Comprimidos de cor verde clara.

**Características organolépticas**

Cheiro (odor) característico e praticamente não apresenta sabor.

**Antes de usar, observe o aspecto do medicamento. Caso ele esteja no prazo de validade e você observe alguma mudança no aspecto, consulte o farmacêutico para saber se poderá utilizá-lo.**

**Todo medicamento deve ser mantido fora do alcance das crianças.**

## COMO DEVO USAR ESTE MEDICAMENTO?

USO ORAL/USO INTERNO

**Modo de usar**

Os comprimidos devem ser ingeridos inteiros e com uma quantidade suficiente de água para que possam ser deglutidos.

**Posologia**

Ingerir um comprimido, via oral, uma vez ao dia.
A dose diária não deve ultrapassar a um comprimido ao dia.
Assim como para tratamentos de reposição hormonal, a paciente deve procurar seu médico a cada seis meses antes de continuar o tratamento.
Utilizar apenas a via oral. O uso deste medicamento por outra via, que não a oral, pode causar a perda do efeito esperado ou mesmo promover danos ao seu usuário.

**Siga a orientação de seu médico, respeitando sempre os horários, as doses e a duração do tratamento. Não interrompa o tratamento sem o conhecimento do seu médico.**

**Este medicamento não deve ser partido, aberto ou mastigado.**

## O QUE DEVO FAZER QUANDO EU ME ESQUECER DE USAR ESTE MEDICAMENTO?

Caso haja esquecimento da ingestão de uma dose deste medicamento, retomar a posologia prescrita sem a necessidade de suplementação.

**Em caso de dúvidas, procure orientação do farmacêutico ou de seu médico, ou cirurgião-dentista.**

## QUAIS OS MALES QUE ESTE MEDICAMENTO PODE ME CAUSAR?

**Reações adversas**

Este medicamento pode causar distúrbios gastrointestinais, dor de cabeça, peso nas pernas e tontura.

O paciente que utiliza extrato de cimicífuga deve estar atento ao desenvolvimento de sinais e sintomas sugestivos de deficiência do fígado, tais como cansaço, perda de apetite, amarelamento da pele e dos olhos ou dor severa na parte superior do estômago com náusea e vômito ou urina escurecida. Nesse caso, deve-se procurar imediatamente assistência médica e, até que isso não aconteça, suspender o uso do produto.

Assim como para tratamentos de reposição hormonal, deve-se manter avaliação médica a cada seis meses.

**Informe ao seu médico, cirurgião-dentista ou farmacêutico o aparecimento de reações indesejáveis pelo uso do medicamento. Informe também à empresa através do seu serviço de atendimento.**

## O QUE FAZER SE ALGUÉM USAR UMA QUANTIDADE MAIOR DO QUE A INDICADA DESTE MEDICAMENTO?

Não há relatos de intoxicações por superdosagem na literatura. Pode causar vertigens, dor de cabeça, náusea, vômito, desajuste na visão e hipotensão. Em caso de superdosagem, suspender o uso e procurar orientação médica de imediato.

**Em caso de uso de grande quantidade deste medicamento, procure rapidamente socorro médico e leve a embalagem ou bula do medicamento, se possível. Ligue para 0800 722 6001, se você precisar de mais orientações.**

**Venda sob prescrição médica.**

## DIZERES LEGAIS

MS: 1.1860.0007

Farmacêutica resp.: Gislaine B. Gutierrez CRF-PR nº 12423

Fabricado e Distribuído por: **HERBARIUM LABORATÓRIO BOTÂNICO S. A.**
Av. Santos Dumont, 1100 • CEP 83403-500 Colombo – PR
CNPJ: 78.950.011/0001-20
**Indústria Brasileira.**

---

# CLIMATRIX

**I – IDENTIFICAÇÃO DO MEDICAMENTO**
**Climatrix**
*Trifolium pratense* L.
**Nomenclatura botânica oficial:** *Trifolium pratense* L.
**Nomenclatura popular:** *red clover* ou trevo vermelho
**Família**: *Leguminosae* (Fabaceae)
**Parte da planta utilizada:** folhas e flores

**APRESENTAÇÕES**
Comprimidos revestidos de 100 mg – embalagem com 8 ou 30 comprimidos revestidos.

**USO ORAL**
**USO ADULTO**

**COMPOSIÇÃO**
**Comprimidos revestidos**
Cada comprimido revestido contém:
Extrato seco de *Trifolium pratense* L. a 40% ........100 mg*
Excipientes** q.s.p. ........................1 comprimido
*Equivalente a 40 mg de isoflavonas.
**Excipientes: celulose microcristalina, lactose monoidratada, croscarmelose sódica, tocoferol, dióxido de silício, estearato de magnésio, talco, macrogol, dióxido de titânio, copolímero de metacrilato de butila, metacrilato de dimetilaminoetila e metacrilato de metila e vermelho allura 129 laca de alumínio.

**II – INFORMAÇÕES TÉCNICAS AOS PROFISSIONAIS DE SAÚDE**
**1. INDICAÇÕES**
**Climatrix** (*Trifolium pratense* L.) é indicado como suplementação alternativa ou complementar à terapia hormonal da menopausa para diminuição da frequência e intensidade dos fogachos, ou seja, alívio dos sintomas vasomotores relacionados à menopausa.

**2. RESULTADOS DE EFICÁCIA**
Um estudo randomizado e duplo-cego foi realizado em 30 mulheres saudáveis com pós menopausa por mais de um ano, que apresentavam pelo menos cinco fogachos por dia e sem tratamento com TRH. O grupo tratado recebeu *Trifolium pratense* L., contendo 40mg de isoflavonas e o grupo controle recebeu placebo. Ao fim de 16 semanas foi verificado uma queda significativa na incidência de fogachos no grupo que fez uso do *Trifolium pratense* L., quando comparado com o grupo placebo.
Um estudo duplo-cego, randomizado, placebo controlado, foi realizado durante 16 semanas com mulheres com mais de 12 meses de amenorreia. O grupo tratado recebeu *Trifolium pratense* L. contendo 80mg de isoflavonas e o grupo controle recebeu placebo.
Os resultados mostraram que enquanto o número de fogachos no grupo placebo manteve-se próximo do valor basal, ocorreu uma redução de cerca de 44% do número de fogachos no grupo tratado com isoflavonas, em relação ao valor basal 73% das mulheres no grupo tratado com isoflavonas reportaram uma melhora na intensidade dos fogachos, ao passo que somente 18% de redução na intensidade dos fogachos foram observados no grupo placebo.
Jeri, A.R. The use of na isoflavona supplement to relieve hot flushes. Female Patient n 27, 2002, 35 – 7p.
Van de Weijer, P.H.M.; Barentsen, R. Isoflavones form red clover significantly reduce menopausal hot flush symptoms compared with placebo. Maturitas n 42, 2002, 187-93p.

**3. CARACTERÍSTICAS FARMACOLÓGICAS**
*Trifolium pratense* L. é uma planta perene, nativa da Europa.
**Farmacocinética:** as isoflavonas estão presentes no extrato de *Trifolium pratense* L., sob a forma de glicosídeos, os quais são hidrolisados na luz intestinal pelas glucosidases intestinal originando as respectivas moléculas ativas, as agliconas, as quais podem se absorvidas ou metabolizadas no intestino. Por outro lado, após serem absorvidas, a biochanina e a formononetina são demetiladas formando respectivamente genisteína e a daidzeina. As moléculas ativas, genisteína e daidzeina, podem ser conjugadas no fígado a compostos inativos, os quais são eliminados pela via renal, juntamente com moléculas que não foram conjugadas.
**Farmacodinâmica:** as principais isoflavonas que ocorrem no *Trifolium pratense* L. são: genisteína, daidzeina, biochanina A e formononetina. As isoflavonas são polifenóis que por apresentarem estrutura química até certo ponto semelhante aos estrógenos, tem afinidade pelo receptor estrogênio e funcionam como um agonista parcial, ou seja, na ausência ou grande redução plasmática de estrógeno, como ocorre na menopausa, as isoflavonas podem se ligar ao receptor do estrógeno, induzindo os efeitos fisiológicos

destes hormônios, reduzindo assim os sintomas gerados pela menor concentração plasmática de estrógeno, como acontece na menopausa. Por outro lado, quando são administradas em uma situação onde existe uma concentração fisiológica de estrógenos, as isoflavonas podem se ligar ao receptor, podendo funcionar como um antagonista dos estrógenos.

## 4. CONTRAINDICAÇÕES

Pacientes com histórico de hipersensibilidade e alergia a qualquer um dos componentes da fórmula não devem fazer uso do produto. Este medicamento é contraindicado para uso por mulheres grávidas ou que estejam amamentando. Este medicamento é contraindicado por homens idosos ou crianças abaixo de 12 anos.

De acordo com a categoria de risco de fármacos destinados às mulheres grávidas, esse medicamento apresenta categoria de risco C.

**Este medicamento é contraindicado para uso por mulheres grávidas e amamentando. Este medicamento é contraindicado para menores de 12 anos.**

**Este medicamento não deve ser utilizado por mulheres grávidas sem orientação médica ou do cirurgião-dentista.**

**Este medicamento é contraindicado no caso de doenças associadas a hormônios, devido a potenciais efeitos hormonais.**

## 5. ADVERTÊNCIAS E PRECAUÇÕES

**Uso geriátrico:** não existem recomendações específicas para o uso em mulheres desde que observadas as contraindicações e precauções comuns ao produto.

Em caso de manipulação cirúrgica de médio e grande porte interromper o uso 48 horas antes do procedimento. De acordo com a categoria de risco de fármacos destinados às mulheres grávidas, este medicamento apresenta categoria de risco C.

**Este medicamento é contraindicado para uso por mulheres grávidas ou que estejam amamentando.**

**Este medicamento não deve ser utilizado por mulheres grávidas sem orientação médica ou do cirurgião-dentista. Este medicamento é contraindicado para menores de 12 anos.**

**Este medicamento é contraindicado no caso de doenças associadas a hormônios, devido a potenciais efeitos hormonais.**

## 6. INTERAÇÕES MEDICAMENTOSAS

O uso concomitante com tamoxifeno pode causar diminuição da eficácia do tamoxifeno, devido à competição pelos receptores estrogênicos gerada pela similaridade estrutural com as isoflavonas.

O uso concomitante com anticoagulantes, agentes trombolíticos e heparina de baixo peso molecular pode causar um aumento de sangramento.

O uso concomitante com contraceptivos com estrogênio pode causar uma alteração na eficácia contraceptiva, por inibição competitiva da isoflavona.

## 7. CUIDADOS DE ARMAZENAMENTO DO MEDICAMENTO

Conservar o medicamento em sua embalagem original. Conservar o produto em temperatura ambiente (entre 15 e 30°C). Proteger da umidade.

**Climatrix** (*Trifolium pratense* L.) encontra-se na forma de comprimido revestido, bicôncavo de coloração rosa. Este medicamento é válido por 24 meses após a data de fabricação.

**Número de lote e datas de fabricação e validade: vide embalagem.**

**Não use o medicamento com prazo de validade vencido. Guarde-o em sua embalagem original. Antes de usar, observe o aspecto do medicamento.**

**Todo medicamento deve ser mantido fora do alcance das crianças.**

## 8. POSOLOGIA E MODO DE USAR

**Climatrix comprimido revestido 100 mg:** Ingerir 1 comprimido revestido (40 mg de isoflavonas) uma vez ao dia, via oral. Se necessário, a dose pode ser ajustada de acordo com a avaliação médica dos sintomas.

A dose máxima recomendada é de quatro comprimidos de 100 mg (160 mg de isoflavonas).

**Este medicamento não deve ser partido, aberto ou mastigado.**

## 9. REAÇÕES ADVERSAS

Reações raras: alterações gastrointestinais como dor de estômago, náusea e diarreias; leve sangramento gengival ou nasal ou reações de hipersensibilidade, como erupção, urticária e prurido na pele.

**Em casos de eventos adversos, notifique ao Sistema de Notificação de Eventos Adversos a Medicamentos (Vigimed), disponível em http://portal.anvisa.gov.**

br/vigimed, ou para a Vigilância Sanitária Estadual ou Municipal.

### 10. SUPERDOSE
Climatrix (*Trifolium pratense* L.) é um medicamento bem tolerado. Estudos clínicos não reportaram efeitos adversos considerando uma administração de até 160 mg de isoflavonas.

Em caso de superdosagem, devem ser realizados procedimentos gerais de lavagem gástrica, assim como tratamento de suporte.

**Em caso de intoxicação ligue para 0800 722 6001, se você precisar de mais orientações.**

**VENDA SOB PRESCRIÇÃO MÉDICA**

### III – DIZERES LEGAIS
Registro M.S: 1.1462.0022
**Farmacêutica Responsável:** Rita de Cássia Oliveira Mate CRF – SP: 19.594
**Registrado por:** Myralis Indústria Farmacêutica Ltda. Rua Rogélia Gallardo Alonso, 650 – Caixa Postal 011 CEP: 13.860-000 – Aguaí/SP
CNPJ: 17.440.261/0001-25
**Indústria Brasileira**
**Fabricado por:** Myralis Indústria Farmacêutica Ltda. Valinhos-SP
**Indústria Brasileira**

_____

# COGNITUS®
*Bacopa monnieri* (L.), Plantaginaceae.

### MEDICAMENTO FITOTERÁPICO

### PARTE UTILIZADA
Partes aéreas.

### NOMENCLATURA POPULAR
Bacopa, Brahmi.

### APRESENTAÇÕES
Comprimido Revestido – Extrato seco das partes aéreas de *Bacopa monnieri* 225 mg – Embalagem com 60 comprimidos.

### VIA ORAL
### USO ADULTO ACIMA DE 50 ANOS

### COMPOSIÇÃO
Cada comprimido contém:

extrato seco de *Bacopa monnieri*............................. 225 mg*
excipientes q.s.p. .............................1 comprimido
(lactose monoidratada, celulose microcristalina, croscarmelose sódica, dióxido de silício, talco, estearato de magnésio, álcool polivinílico, macrogol, talco, dióxido de titânio, corante azul nº 1 Laca de Alumínio, corante vermelho nº 40 Laca de Alumínio, corante amarelo nº 6 Laca de Alumínio e água purificada).
*equivalente a 67,5 mg de glicosídeos triterpênicos, calculados como bacopasídeo I, bacosídeo A3, bacopasídeo II, jujubogenina isômero de bacopasaponina C e bacopasaponina C.

### INDICAÇÕES
Cognitus® é indicado para o tratamento de distúrbios de memória que fazem parte do processo fisiológico do envelhecimento. O medicamento é indicado para melhora do desempenho cognitivo, como atenção e retenção da memória auditiva e verbal, imediata e tardia, em adultos acima de 50 anos.

### RESULTADOS DE EFICÁCIA
Um estudo[1] randomizado, duplo-cego e placebo-controlado, foi desenvolvido com a finalidade de avaliar a eficácia e tolerabilidade de extrato de *Bacopa monnieri,* em idosos. Participaram deste estudo, 44 voluntários entre 50 a 75 anos, os quais foram divididos em 2 grupos. O primeiro grupo, composto por 23 participantes, recebeu extrato de Bacopa como dose oral única de 450 mg, enquanto o segundo grupo administrou placebo, diariamente por 12 semanas. Os resultados do estudo sugerem que Bacopa melhorou as funções cognitivas como atenção e memória verbal em indivíduos idosos e também foi bem tolerado. Outro estudo[2] randomizado, duplo-cego e placebo-controlado, investigou a efetividade de *Bacopa monnieri* no desempenho da memória em 81 voluntários acima de 55 anos. Os participantes foram randomizados para receber 300 mg de extrato de Bacopa ao dia, ou placebo, durante o período de 12 semanas. Os resultados demonstraram que Bacopa significativamente melhorou o aprendizado verbal bem como a aquisição e retenção de memória em pessoas saudáveis com idade avançada.

Do mesmo modo, outro estudo[3] clínico randomizado, duplo-cego e placebo-controlado, investigou os efeitos do extrato seco padronizado de *Bacopa monnieri* na função cognitiva e afetiva e sua segurança e tolerabilidade, em 48 idosos saudáveis (65 anos ou mais). Os participantes foram divididos em 2 grupos. Metade administrou 300 mg de extrato ao dia, durante um período de 12 semanas, enquanto outros 24 receberam placebo, por 6 semanas. Esse estudo fornece evidências que Bacopa apresenta potencial seguro em melhorar a memória verbal tardia no envelhecimento.

## REFERÊNCIAS

[1] BARBHAIYA, H. C. et al. Efficacy and Tolerability of BacoMind® on Memory Improvement in Elderly Participants – A Double Blind Placebo Controlled Study. *Journal of Pharmacology and Toxicology,* v. 3, n. 6, p. 425-434, 2008.

[2] MORGAN, A.; STEVENS, J. Does Bacopa *monnieri* Improve Memory Performance in Older Persons? Results of a Randomized, Placebo-Controlled, Double-Blind Trial. The Journal of Alternative and Complementary Medicine, v.16, n. 7, p. 753-759, 2010.

[3] CALABRESE, C. et al. Effects of a standardized Bacopa *monnieri* extract on cognitive performance, anxiety, and depression in the elderly: a randomized, Double-blind, placebo-controlled trial. The Journal of Alternative and Complementary Medicine, v.14, n.6, p.707-713, 2008.

## CARACTERÍSTICAS FARMACOLÓGICAS

Cognitus® apresenta atividade nootrópica, isto é, melhora a função cognitiva em adultos acima de 50 anos. Estudos *in vitro* demonstram sua atividade colinérgica na manutenção de níveis elevados de acetilcolina, um neurotransmissor que desempenha papel importante no Sistema Nervoso Central, o qual está envolvido nas funções cognitivas.

## CONTRAINDICAÇÕES

Hipersensibilidade (alergia) a qualquer um dos componentes da fórmula.

### Gravidez

Categoria C de risco na gravidez: "Não foram realizados estudos em animais e nem em mulheres grávidas; ou então, os estudos em animais revelaram risco, mas não existem estudos disponíveis realizados em mulheres grávidas".

**Este medicamento não deve ser utilizado por mulheres grávidas sem orientação médica ou do cirurgião-dentista.**

## ADVERTÊNCIAS E PRECAUÇÕES

A administração de *Bacopa monnieri* pode causar efeitos colaterais gastrointestinais, devido à presença de saponinas na droga. Aconselha-se administrar este medicamento durante as refeições, para neutralizar os efeitos irritantes das saponinas.

Em animais foi observado que o extrato de folhas aumentava os níveis de tiroxina.

Em caso de hipersensibilidade ao produto, recomenda-se descontinuar o uso e consultar o médico.

## INTERAÇÕES MEDICAMENTOSAS

Este medicamento deve ser administrado com cautela a pacientes que fazem uso de inibidores da acetilcolinesterase. O extrato de bacopa reverteu a disfunção cognitiva induzida por fenitoína, em estudo com roedores.

Os efeitos de clorpromazina foram aumentados quando usada concomitantemente ao extrato de bacopa, em estudo realizado com animais. Aumento na atividade das enzimas do citocromo P450 foi observada em estudo com roedores. Ainda em estudos com animais, bacopa demonstrou atividade antagonista não seletiva ao cálcio, o que pode implicar em efeitos aditivos se administrada concomitantemente com medicamentos bloqueadores dos canais de cálcio, como nifedipino.

## CUIDADOS DE ARMAZENAMENTO DO MEDICAMENTO

### Cuidados de conservação

Cognitus® deve ser conservado em temperatura ambiente (entre 15 e 30ºC) em sua embalagem original. Proteger da luz e da umidade.

### Prazo de validade

24 meses após a data de fabricação impressa no cartucho.

**Número de lote e datas de fabricação e validade: vide embalagem.**

**Não use medicamento com o prazo de validade vencido. Guarde-o em sua embalagem original.**

### Características físicas

Comprimidos revestidos de cor azul.

### Características organolépticas

Cheiro (odor) característico e praticamente não apresenta sabor.

**Antes de usar, observe o aspecto do medicamento.**
**Todo medicamento deve ser mantido fora do alcance das crianças.**

## POSOLOGIA E MODO DE USAR

### Modo de usar

Os comprimidos devem ser ingeridos inteiros e com uma quantidade suficiente de água para que possam ser deglutidos.

Recomenda-se ingerir o medicamento durante as refeições.
**Posologia**
Ingerir 2 (dois) comprimidos, via oral, 1 (uma) vez ao dia. O medicamento deve ser administrado por 12 semanas, os efeitos benéficos aparecem durante este período.
**Este medicamento não deve ser partido, aberto ou mastigado.**

### REAÇÕES ADVERSAS
Podem ocorrer distúrbios gastrointestinais leves incluindo náuseas, cólicas abdominais e aumento dos movimentos intestinais. Esses efeitos podem ser consequentes das saponinas presentes na droga que causam irritação gastrointestinal, ou estimulação colinérgica da resposta autônoma e motora no trato gastrointestinal, ou combinação de ambos os fatores. Esses sintomas podem desaparecer espontaneamente.

Eventualmente, a *Bacopa monnieri* pode causar palpitações, boca seca, sede e fadiga muscular. A revisão da literatura não revela a frequência das reações adversas.

**Em casos de eventos adversos, notifique ao Sistema de Notificações em Vigilância Sanitária – Notivisa, disponível em http://www.anvisa.gob.br/hotsite/notivisa/index/htm, ou para a Vigilância Sanitária Estadual ou Municipal.**

### SUPERDOSE
Recomenda-se tratamento sintomático e controle das funções vitais.
**Em caso de intoxicação ligue para 0800 722 6001, se você precisar de mais orientações.**

Venda sob prescrição médica.

### DIZERES LEGAIS
MS: 1.1860.0098
Farmacêutica resp.:
Gislaine B. Gutierrez CRF-PR nº 12423
Registrado e Fabricado por: **HERBARIUM LABORATÓRIO BOTÂNICO LTDA.**
Av. Santos Dumont, 1100 Colombo – PR
CNPJ: 78.950.011/0001-20
**Indústria Brasileira**
Comercializado por: **Sanofi-Aventis Farmacêutica Ltda.**
Rua Conde Domingos Papaiz, 413 Suzano – SP
**ATENDIMENTO AO CONSUMIDOR 0800 723 8383**

# E

## ELIXIR CÓLICO
*Atropa belladona* L. 0,2mL/mL

### MEDICAMENTO FITOTERÁPICO
Extrato fluido hidroalcoólico de *Atropa belladona* L. (equivalente a 0,3mg de alcaloides totais em hioscinamina)
**Nome científico:** *Atropa belladona* L.
**Nome da família botânica:** Solanaceae
**Nomenclatura popular:** Beladona
**Parte da planta utilizada:** Folhas

### APRESENTAÇÕES
Elixir 0,2mL/mL: frasco com 30mL

### USO ORAL. USO ADULTO ACIMA DE 12 ANOS.

### COMPOSIÇÃO:
cada mL contém:
Extrato fluido hidroalcoólico de *Atropa beladona* L. (Beladona.................................................................. 0,2mL*
*padronizado em 0,3mg de alcaloides totais em hiosciamina
Excipientes (água purificada, álcool etílico, corante caramelo, essência, metilparabeno, propilparabeno e sacarina sódica).

### 1. PARA QUÊ ESTE MEDICAMENTO É INDICADO?
Este medicamento é destinado ao tratamento de cólicas e espasmos gastrintestinais.

### 2. COMO ESTE MEDICAMENTO FUNCIONA?
Este medicamento funciona como antiespasmódico e anticolinérgico nas cólicas gastrintestinais reduzindo as contrações e dores das cólicas. O tempo de início da ação do medicamento é de 1 a 2 horas.

### 3. QUANDO NÃO DEVO USAR ESTE MEDICAMENTO?
Devem ser avaliados os riscos/benefícios nos seguintes casos:
Perda de memória, em crianças (os efeitos do sistema nervoso central podem ser aumentados); Débito cardíaco, especialmente cardioarritmias congestiva da deficiência cardíaca, decréscimo da artéria coronária, e esternosemitral (aumento do batimento cardíaco pode ser indesejável); Síndrome de Down – pode ocorrer aumento anormal da pupila e aceleração dos batimentos cardíacos; Esofagite, Doença do refluxo gastroesofágico – decréscimo

da mortalidade gástrica e esofagiana, e relaxamento do esfíncter baixo esofagiano podem promover a retenção por atraso no esvaziamento gástrico e pode aumentar o refluxo gastroesofágico; Febre – pode aumentar através da supressão da atividade das glândulas sudoríparas; Decréscimo obstrutivo do trato gastrintestinal, como em acalasia e estenose piloroduodenal (diminuição na motilidade e no tônus pode ocorrer, resultado na obstrução e retenção gástrica); Glaucoma – efeitos midriáticos podem causar ligeiro aumento de pressão intraocular; a terapia de glaucoma deve ser ajustada; Hemorragia aguda, com instabilidade no status cardiovascular – o aumento cardíaco pode ser indesejável; Disfunção hepática – diminui o metabolismo dos anticolinérgicos; Hérnia congênita de hiato associado com refluxo esofagiano – os anticolinérgicos podem agravar a condição; Hipertensão – pode ser agravada com anticolinérgicos; Hipotireoidismo – caracterizado por taquicardia, que pode ser aumentada. Idosos com atonia intestinal ou pacientes debilitados ou íleo paralítico, os anticolinérgicos podem resultar em obstrução; Problemas pulmonares crônicos, especialmente crianças e recém nascidos, enfermos e pacientes debilitados (podem levar a reduções na secreção bronquial); Miastenia gravis – a condição pode ser aumentada por causa da inibição da ação da acetilcolina; Neuropatia autônoma – a retenção urinária e cicloplegia podem ser agravadas (hipertrofia prostática, não obstrutiva; retenção urinária, ou predisposição a uropatia obstrutiva, tal como obstrução do colo da bexiga à hipertrofia prostática, obstrução pilórica); Deficiência da função renal – decréscimo da excreção pode aumentar os riscos de efeitos colaterais; Sensibilidade à Beladona – paralisia espasmódica em crianças pode ser aumentada; taquicardia pode ser aumentada; toxemia na gravidez – a hipertensão pode ser aumentada; Colite ulcerativa – altas doses suprimem a mortalidade intestina, possivelmente, causando paralisia do íleo. O uso pode precipitar ou agravar complicações sérias; Toxicidade do megacólon; Xerostomia – o uso prolongado pode ajudar a reduzir o limite do fluxo salivar. Deve-se ter cuidado com pacientes acima de 40 anos por causa do perigo de precipitação de glaucoma não diagnosticado; Pacientes motorizados – determinar a pressão intraocular é recomendado a intervalos periódicos, pois essa medicação pode aumentar a pressão intraocular por produzir midríases.

**Este medicamento é contraindicado para menores de 12 anos de idade.**

**O uso deste medicamento é contraindicado nos casos de gravidez e lactação.**

## 4. O QUE DEVO SABER ANTES DE USAR ESTE MEDICAMENTO?

### Advertências e precauções

Quando anticolinérgicos são passados a pacientes, especialmente crianças, onde a temperatura ambiente é alta, há risco do rápido aumento da temperatura corporal por causa da supressão da atividade das glândulas sudoríparas; Crianças e pacientes com Síndrome de Down e crianças com paralisia espasmódica ou perda de memória podem mostrar um aumento na resposta a anticolinérgico, aumentando os riscos dos efeitos colaterais; Pacientes idosos ou debilitados podem responder a dose usual de anticolinérgicos com excitação, agitação, sonolência ou confusão.

### Interações medicamentosas

Devido à diminuição da motilidade gastrintestinal e ao retardo no esvaziamento do suco gástrico, a absorção de outras drogas podem ser diminuídas durante o uso deste medicamento; Alcalinizantes, tais como antiácidos contendo cálcio ou magnésio (ex.: carbonato de cálcio, hidróxido de magnésio): inibidores de anidrase carbônica (ex.: acetazolamida, dorzolamida), citratos, bicarbonato de sódio (potencializaram os efeitos deste medicamento); Antiácidos (ex.: hidróxido de alumínio) e adsorventes (ex.: carvão ativado) – reduzem a absorção deste medicamento (devem ser espaçados entre 2 ou 3 horas após administração deste medicamento); O uso concomitante de outros anticolinérgicos (ex.: atropina, escopolamina) pode potencializar os seus efeitos. Os pacientes devem ser alertados sobre ocorrências de problemas gastrintestinais; Antimiastênico (ex.: fisostigmina) favorecem a redução da motilidade gastrintestinal; Haloperidol – antipsicótico efetivo de haloperidol pode ser diminuída em pacientes esquizofrênicos; Cetoconazol – os anticolinérgicos podem aumentar o pH gastrintestinal, possivelmente diminuindo a absorção gastrintestinal; Metoclopramida – antagoniza os efeitos da motilidade gastrintestinal; Analgésico opiáceos (ex.: morfina) – resulta no aumento dos riscos de constipação severa, que pode levar a paralisia do íleo e ou a retenção urinária; Cloreto de potássio – especialmente preparações oleosas, podem aumentar as lesões gastrintestinais; Interage com antidepressivos tricíclicos (ex.: amitriptilina, imipramina, nortriptilina), amantidina e quinidina com aumento do efeito anticolinérgico.

**Este medicamento pode afetar a capacidade de dirigir veículos e operar máquinas.**

**Este medicamento não deve ser utilizado por mulheres grávidas ou que possam ficar grávidas durante o tratamento.**

**Informe seu médico ou cirurgião-dentista se você está fazendo uso de algum outro medicamento.**

## 5. ONDE, COMO E POR QUANTO TEMPO POSSO GUARDAR ESTE MEDICAMENTO?

Conservar o produto em sua embalagem original, em temperatura ambiente (entre 15 e 30°C). Proteger da luz e umidade.

**Número de lote e datas de fabricação e validade: vide embalagem.**

**Não use medicamento com o prazo de validade vencido. Para sua segurança, mantenha o medicamento na embalagem original.**

**Características físicas e organolépticas do medicamento**

Líquido castanho com odor e sabor característico do extrato.

**Antes de usar, observe o aspecto do medicamento. Caso ele esteja no prazo de validade e você observe alguma mudança no aspecto, consulte o farmacêutico para saber se poderá utilizá-lo. Todo medicamento deve ser mantido fora do alcance das crianças.**

## 6. COMO DEVO USAR ESTE MEDICAMENTO? USO ORAL

As doses abaixo devem ser diluídas em um pouco de água. Tomar de 12 a 20 gotas (0,18mg a 0,3mg de hiosciamina) três a quatro vezes ao dia, 30 minutos a uma hora após as refeições e antes de dormir, a dosagem deve ser ajustada quando necessária e tolerada.

Limite máximo diário de administração do medicamento: 140 gotas, aproximadamente 7mL de Elixir Cólico (2,1mg de hiosciamina).

Dose por Kg de peso corpóreo: aproximadamente 1 gota (0,015 mg de hiosciamina) para cada 3,5Kg de peso corpóreo.

**Siga corretamente o modo de usar. Em caso de dúvidas sobre este medicamento, procure orientação do farmacêutico. Não desaparecendo os sintomas, procure orientação de seu médico ou cirurgião-dentista.**

## 7. O QUE DEVO FAZER QUANDO EU ME ESQUECER DE USAR ESTE MEDICAMENTO?

Caso haja esquecimento da ingestão de uma dose deste medicamento, retome a posologia prescrita sem necessidade de suplementação.

**Em caso de dúvidas, procure orientação do farmacêutico ou de seu médico, ou cirurgião-dentista.**

## 8. QUAIS OS MALES QUE ESTE MEDICAMENTO PODE ME CAUSAR?

Reação muito comum (ocorre em 10% dos pacientes que utilizam este medicamento):

constipação, deficiência renal, secura da boca, nariz garganta ou pele.

Reação comum (ocorre entre 1% e 10% dos pacientes que utilizam este medicamento):

redução no fluxo do leite materno, redução da secreção salivar, dificuldade na acomodação dos olhos (visão obscura), efeitos midriáticos (aumento da sensibilidade dos olhos à luz).

Reação rara (ocorre entre 0,01% e 0,1% dos pacientes que utilizam este medicamento):

reações alérgicas, confusão, aumento da pressão intraocular (dor nos olhos), hipotensão ortostática, sensibilidade a droga aumentada, sonolência, dificuldade de urinar, perda de memória, náusea e vômito.

**Informe ao seu médico ou cirurgião-dentista ou farmacêutico sobre o aparecimento de reações indesejáveis pelo uso do medicamento. Informe a empresa sobre o aparecimento de reações indesejáveis e problemas com este medicamento, entrando em contato através do Serviço de Atendimento ao Consumidor (SAC).**

## 9. O QUE FAZER SE ALGUÉM USAR UMA QUANTIDADE MAIOR DO QUE A INDICADA DESTE MEDICAMENTO?

A superdose é caracterizada por sintomas de excitação do SNC (Sistema Nervoso Central), alucinações e delírio, seguido de exaustão e sono.

A aplicação de panos molhados para diminuir a temperatura (evitar antipiréticos).

Em caso de intoxicação por superdose, verificar se há um quadro clínico de tipo anticolinérgico: secura da boca, taquicardia, náuseas, irritação, delírio, perda da consciência. Nesses casos suspender o medicamento imediatamente. Sintoma: obscura visão continuada ou mudança na visão de perto desorganizada ou inconstante; confusão; vertigem severa; secura na boca; nariz ou garganta severa; batimento cardíaco acelerado; febre; alucinações; conversa confusa e indistinta; anormal excitação, nervosismo, impaciência ou irritabilidade; anormal quentura, secura e rubor da pele.

**Em caso de uso de grande quantidade deste medicamento, procure rapidamente socorro médico e leve a embalagem ou bula do medicamento, se possível. Ligue para 0800 7222 6001, se você precisar de mais orientações.**

**SIGA CORRETAMENTE O MODO DE USAR, NÃO DESAPARECENDO OS SINTOMAS PROCURE ORIENTAÇÃO MÉDICA.**

**DIZERES LEGAIS**
Reg. M.S.: 1.3531.0032
Farm. Resp.: Mariana Suso Salgado CRF RS 1 16951
**IFAL – IND. COM. PROD. FARMACÊUTICOS LTDA**
Av. JOSÉ Loureiro da Silva, 1211 – Camaquã – RS
CNPJ: 00.376.959/0001-26
**INDÚSTRIA BRASILEIRA**
SAC: (51) 3671-5040

---

# ELIXIR PAREGÓRICO CATARINENSE
*Papaver somniferum* L.

**Medicamento Fitoterápico**

**Nomenclatura e parte da planta utilizada:**
Papoula – *Papaver somniferum* L. – Papaveraceae – cápsulas
**Forma farmacêutica e apresentação:**
Solução oral
Cartucho com frasco plástico opaco branco x 30mL

**VIA ORAL USO ADULTO**

**Composição:**
Cada mL contém 0,05mL de tintura de *Papaver somniferum* L. [equivalente a 0,05% ou 0,5mg de morfina (marcador)] e excipientes [ácido benzoico, cânfora, essência de anis, álcool etílico e água de osmose reversa]
Contém 30mL

**INFORMAÇÕES AO PACIENTE:**
**Ação do medicamento**
O ópio (que em grego quer dizer "suco") é um extrato seco obtido da planta *Papaver somniferum* L. (Papaveracea). A tintura canforada de ópio ou Elixir Paregórico é uma preparação farmacêutica descrita nas Farmacopeias. A palavra paregórico é derivada do grego e significa "acalmando" e de fato pode ser utilizada para desordens gastrintestinais como dor abdominal. Estudos confirmam os efeitos analgésicos e antiespasmódicos deste medicamento.
O tempo médio de início de ação do medicamento vai depender das condições de cada organismo.
**Indicações do medicamento**
Elixir Paregórico é indicado como antiespasmódico, contra gases, dores estomacais e dores intestinais.

**Riscos do medicamento**
Elixir Paregórico não deve ser utilizado por pacientes com hipersensibilidade aos componentes da fórmula.
Elixir Paregórico também não deve ser usado em pessoas com diarreia aguda.
O uso de Elixir Paregórico não é recomendado durante a gravidez e lactação.
Interações medicamentosas
As substâncias antidepressivas tais como os inibidores da monoaminoxidase (MAO) e antidepressivos tricíclicos, as anfetaminas e fenotiazina, podem aumentar os efeitos depressores.
Este medicamento não deve ser utilizado por via de administração não recomendada.
Este medicamento não deve ser utilizado por mulheres grávidas sem orientação médica ou do cirurgião-dentista [Categoria C].
**Este medicamento é contraindicado na faixa etária menor de 12 anos.**
**Informe ao médico ou cirurgião-dentista o aparecimento de reações indesejáveis.**
**Informe ao seu médico ou cirurgião-dentista se você está fazendo uso de algum outro medicamento.**
**Não use medicamento sem o conhecimento do seu médico. Pode ser perigoso para a sua saúde.**
**Modo de uso**
Elixir Paregórico apresenta-se como um líquido móvel, de cor castanho transparente e com odor característico de anis e cânfora. Seu sabor é picante e alcoólico e no final tem um sabor de anis.
**Posologia**
Tomar diluído em água – 1mL = 20 gotas ou 1 gota = 0, 05mL.
40 gotas, 3 vezes ao dia. Pode-se aumentar a quantidade de tomadas, desde que não se exceda 160 gotas diárias.
O líquido deve ser ingerido por via oral.
**Siga a orientação do seu médico, respeitando sempre os horários, as doses e a duração do tratamento.**
**Não interrompa o tratamento sem o conhecimento do seu médico.**
**Não use o medicamento com o prazo de validade vencido. Antes de usar observe o aspecto do medicamento.**
Para consulta do prazo de validade: vide cartucho.
**Reações adversas**
Em estudos pré-clínicos realizados com o produto Elixir Paregórico, os efeitos adversos encontrados foram de baixa intensidade e somente observados em doses acima do recomendado na posologia.

Em estudos clínicos, o produto Elixir Paregórico foi bem tolerado e os efeitos adversos relacionados com a utilização do produto na posologia recomendada, consistiram em constipação intestinal, cefaleia, sonolência e flatulência.

**Conduta em caso de superdosagem**

Um estudo pré-clínico realizado com o produto Elixir Paregórico concluiu que, ao contrário do que frequentemente se acredita, o produto não apresentou efeitos tóxicos importantes em animais, mesmo quando administrado em doses 2.000 vezes superiores aquelas usadas clinicamente. A administração de altas doses pode levar a peso na cabeça, secura na boca e na pele, calor, vertigens, náuseas e vômitos, suor excessivo, miose e transtornos emocionais.

Se ocorrer ingestão acidental do produto em doses excessivas, deve-se procurar orientação médica e deve ser considerado o esvaziamento gástrico logo após o acidente.

**Cuidados de conservação e uso**

Elixir Paregórico deve ser guardado em sua embalagem original, à temperatura ambiente [15 a 30°C].

Após a abertura da embalagem, o produto deve ser guardado adequadamente para se manter próprio ao consumo dentro do prazo de validade.

**Todo medicamento deve ser mantido fora do alcance das crianças.**

## INFORMAÇÕES TÉCNICAS AOS PROFISSIONAIS DA SAÚDE:

Características farmacológicas

**Farmacodinâmica:**

As ações terapêuticas do ópio são conhecidas há milhares de anos. O ópio contém, além da morfina, 25 alcaloides, mas somente alguns deles, incluindo morfina, codeína e papaverina, possuem ação farmacológica comprovada e utilidade na clínica.

Mesmo após o isolamento da morfina e dos demais constituintes presentes no ópio, preparações contendo extrato de ópio continuam ainda hoje a serem utilizadas, principalmente a tintura de ópio canforada, mais bem conhecida como elixir paregórico.

Essas preparações são empregadas principalmente nos distúrbios gastrointestinais e possuem vantagens em relação à morfina isolada. Além da morfina, o Elixir Paregórico contém a papaverina que possui ação antiespasmódica.

As ações farmacológicas produzidas pelo produto Elixir Paregórico, destacando-se seus efeitos analgésicos e a redução do trânsito gastrintestinal, certamente decorrem de uma ação sinérgica de seus principais constituintes, principalmente dos alcaloides papaverina, morfina e codeína.

A papaverina, devido às suas ações antiespasmódicas através da inibição de canais de cálcio, é um dos principais constituintes responsáveis pelas ações do produto Elixir Paregórico. Esses resultados foram observados "in vivo" e confirmam que grande parte dos efeitos inibitórios sobre o trânsito gastrintestinal causado pelo produto Elixir Paregórico, decorre da presença do alcaloide papaverina. Finalmente, os efeitos antinociceptivos e antiespasmódicos do produto Elixir Paregórico não parecem decorrer da ativação dos receptores opioides sensíveis a naloxona.

**Farmacocinética:**

Ainda não foram encontrados dados conclusivos com relação a farmacocinética do Elixir Paregórico.

**Resultados de eficácia**

Até o momento não foram encontrados dados de porcentagem de cura ou prevenção do produto no uso como antiespasmódico, contra gases, dores estomacais e dores intestinais.

**Indicações**

Elixir Paregórico é indicado como antiespasmódico, contra gases, dores estomacais e dores intestinais.

**Contraindicações**

Elixir Paregórico não deve ser utilizado por pacientes com hipersensibilidade aos componentes da fórmula.

Elixir Paregórico também não deve ser usado em pessoas com diarreia aguda ou em crianças menores de 12 anos. O uso de Elixir Paregórico não é recomendado durante a gravidez e lactação.

**Modo de usar e cuidados de conservação depois de aberto**

O líquido deve ser ingerido por via oral.

Após a abertura da embalagem, o produto deve ser guardado adequadamente para se manter próprio ao consumo dentro do prazo de validade.

Elixir Paregórico deve ser guardado em sua embalagem original, à temperatura ambiente [15 a 30°C].

**Posologia**

Tomar diluído em água – 1mL = 20 gotas ou 1 gota = 0,05mL. 40 gotas, 3 vezes ao dia. Pode-se aumentar a quantidade de tomadas, desde que não se exceda 160 gotas diárias.

**Advertências**

O uso de Elixir Paregórico não é recomendado durante a gravidez e lactação.

Também não deve ser utilizado por pacientes com hipersensibilidade à droga ou a seus componentes.

Categoria C: Este medicamento não deve ser utilizado por mulheres grávidas sem orientação médica ou do cirurgião-dentista.

Este medicamento só deve ser utilizado por via oral.

**Uso em pacientes idosos, crianças e outros grupos de risco**

Elixir Paregórico é bem tolerado por pacientes idosos e nas doses terapêuticas descritas na posologia, ainda não são conhecidas a intensidade e frequência das reações adversas ou efeitos colaterais relevantes.

Elixir Paregórico não deve ser usado em pessoas com diarreia aguda ou em crianças menores de 12 anos.

Também não deve ser utilizado durante a gravidez, lactação e para pacientes com hipersensibilidade à droga ou a seus componentes.

Interações medicamentosas

As substâncias antidepressivas tais como os inibidores da monoaminoxidase (MAO) e antidepressivos tricíclicos, as anfetaminas e fenotiazina, podem aumentar os efeitos depressores.

**Reações adversas**

Em estudo pré-clínico realizado com o produto Elixir Paregórico, os efeitos adversos encontrados foram de baixa intensidade e somente observados em doses acima do recomendado na posologia.

Em estudos clínicos, o produto Elixir Paregórico foi bem tolerado e os efeitos adversos relacionados com a utilização do produto na posologia recomendada, consistiram em constipação intestinal, cefaleia, sonolência e flatulência.

**Superdose**

Se ocorrer ingestão acidental do produto em doses excessivas, deve ser considerado o esvaziamento gástrico logo após o acidente.

**Armazenagem**

Elixir Paregórico deve ser guardado em sua embalagem original, à temperatura ambiente [15 a 30°C].

**VENDA SOB PRESCRIÇÃO MÉDICA**

**DIZERES LEGAIS**

M.S. 1.0066.3392.001-5
Farm. Resp.: T. Fujii CRF-SC Nº 947
Laboratório Catarinense S. A.
Rua Dr. João Colin, 1053 89204-001 – Joinville – SC
CNPJ: 84.684.620/0001-87
Indústria Brasileira
SAC 0800-474222
www.labcat.com.br
® = marca registrada do Laboratório Catarinense S.A

---

# ENAX
*Echinacea purpurea*

**MEDICAMENTO FITOTERÁPICO**

Nomenclatura Botânica Oficial: *Echinacea purpurea* (L.) Moench
Família: *Asteraceae*
Parte da planta utilizada: Partes aéreas floridas
Nome Popular: Equinácea.

**APRESENTAÇÕES**

Cápsula Gelatinosa Dura de 200mg: caixa com 8 e 30 cápsulas gelatinosas duras. Comprimido Revestido de 200 mg: caixa com 8 e 30 comprimidos revestidos.
Xarope: frasco com 30 e 100 mL.

**USO ORAL**
**USO ADULTO**

**COMPOSIÇÃO**

- Cápsulas Gelatinosas Duras de 200mg:

Cada cápsula contém:
Extrato seco de *Echinacea purpurea*.................... 200,00mg
(Padronizado em 6,0mg (3%) de fenóis totais, expressos em ácido chicórico)
Excipientes: celulose + lactose, polivinilpirrolidona, álcool isopropílico, lactose, dióxido de silício, estearato de magnésio e croscarmelose sódica.

- Comprimidos revestidos de 200mg:

Cada comprimido contém:
Extrato seco de *Echinacea purpurea* ................... 200,00mg
(Padronizado em 6,0mg (3%) de fenóis totais, expressos em ácido chicórico)
Excipientes: dióxido de silício, celulose microcristalina, croscarmelose sódica, estearato de magnésio, copolímero ácido metacrílico E100, talco, dióxido de titânio, corante lacca alumínio azul nº 2, polietilenoglicol 6000, água de osmose, álcool isopropílico.

- Xarope:

Cada mL de xarope contém:
Extrato seco de *Echinacea purpurea* ...................... 40,00mg
(Padronizado em 1,2mg (3%) de fenóis totais, expressos em ácido chicórico)

Excipientes: glicerol, metilparabeno, aroma de caramelo, aroma de framboesa, água de osmose.

## INDICAÇÕES
Este medicamento é usado como preventivo e coadjuvante na terapia de resfriados e infecções do trato respiratório e urinário.

## RESULTADOS DE EFICÁCIA
Um estudo clínico realizado com 120 pacientes com infecção aguda do trato respiratório registrou a redução da duração da doença e melhora significativa dos sintomas entre os pacientes tratados com suco estabilizado de *E. purpurea* do que entre aqueles que foram tratados com placebo (HOHEISEL et al., 1997).

Em outro estudo realizado com 59 pacientes com infecção aguda do trato respiratório demonstrou-se redução das queixas relativas a um índice de 12 sintomas em 64% dos pacientes tratados com *E. purpurea* e 29% entre aqueles que foram tratados com placebo (BRINKEBORN et al., 1999).

## CARACTERÍSTICAS FARMACOLÓGICAS
O extrato de *E. purpurea* atua como imunomodulador por vários mecanismos, confirmados por numerosos estudos científicos: ativação da fagocitose, estímulo dos fibroblastos e aumento da mobilidade dos leucócitos. Foram também relatados inibição da atividade da hialuronidase, estimulação da córtex adrenal onde são produzidos os glicocorticoides (como a corticosterona e a hidrocortisona), estimulação da produção de properdina (proteínas sérica que neutraliza bactérias e vírus) e estimulação da produção de interferon.

A atividade imunomoduladora do extrato aquoso e alcoólico de *E. purpurea* parece depender de um efeito conjunto de vários componentes, como alcamidas, polissacarídeos e derivados do ácido cafeico, principalmente ácido chicórico.

## CONTRAINDICAÇÕES
Devido à possível ativação de agressões autoimunes e outras respostas imunes hiper-reativas, o medicamento não deve ser administrado em pacientes com esclerose múltipla, asma, colagenose, Síndrome da Imunodeficiência Adquirida (AIDS), pacientes fazendo uso de medicamentos imunossupressores, tuberculose e outras desordens autoimunes.

Pacientes com histórico de hipersensibilidade e alergia a plantas da família Asteraceae ou a qualquer um dos componentes da fórmula não devem fazer uso do produto.

De acordo com a categoria de risco de fármacos destinados às mulheres grávidas, este medicamento apresenta categoria de risco C.

**Este medicamento é contraindicado para menores de 12 anos.**

**Este medicamento não deve ser utilizado por mulheres grávidas sem orientação médica ou do cirurgião-dentista.**

## ADVERTÊNCIAS E PRECAUÇÕES
Não há estudos disponíveis sobre o uso deste medicamento em mulheres e lactantes.

## INTERAÇÕES MEDICAMENTOSAS
Não são conhecidas interações medicamentosas de extratos de *E. purpurea* com outros medicamentos.

## CUIDADOS DE ARMAZENAMENTO DO MEDICAMENTO
O medicamento deve ser conservado protegido da luz, do calor, da umidade, em temperatura ambiente entre 15 e 30º C. O prazo de validade deste medicamento é de 24 meses a partir da data de fabricação.

**Número de lote e datas de fabricação e validade: vide embalagem.**

**Não use medicamento com prazo de validade vencido. Guarde-o em embalagem original.**

A cápsula gelatinosa dura é de coloração azul escuro e odor característico. O comprimido é de coloração azul e odor característico.

O líquido é de coloração pardo escuro de odor característico e sabor doce.

**Antes de usar, observe o aspecto do medicamento.**

**Todo medicamento deve ser mantido fora do alcance das crianças.**

## POSOLOGIA E MODO DE USAR
Cápsula gelatinosa dura:

Ingerir 1 (uma) a 3 (três) cápsulas ao dia, ou a critério médico.

Comprimido revestido:

Ingerir 1 (um) a 3 (três) comprimidos ao dia, ou a critério médico.

Xarope:

Ingerir 5 mL, 2 (duas) a 3 (três) vezes ao dia, ou a critério médico.

O medicamento tem sua eficácia máxima quando tomado desde o surgimento dos primeiros sintomas da infecção.

As formas farmacêuticas comprimidos e cápsulas, não devem ser partidos, abertos ou mastigados.

## REAÇÕES ADVERSAS
Este medicamento pode causar febre passageira e distúrbios gastrintestinais, como náusea, vômito e gosto desagradável na boca após a tomada.

Reação rara (> 1/10.000 e < 1/1.000): reações alérgicas diversas, como coceira, e agravar crises asmáticas.

**Em casos de eventos adversos, notifique ao Sistema de Notificações em Vigilância Sanitária Notivisa, disponível em www.anvisa.gov.br/hotsite/notivisa/index.htm, ou para a Vigilância Sanitária Estadual ou Municipal.**

## SUPERDOSE
Suspender a medicação imediatamente. Recomenda-se tratamento de suporte sintomático pelas medidas habituais de apoio e controle das funções vitais.

**Em caso de intoxicação ligue para 0800 722 6001, se você precisar de mais orientações.**

## VENDA SOB PRESCRIÇÃO MÉDICA.

## DIZERES LEGAIS
M.S. nº 1.1861.0116
Farm. Resp.: Dra. Amanda Público da Silva CRF-SP nº 37.152
ATIVUS FARMACÊUTICA LTDA.
Rua: Fonte Mécia nº 2.050 – CEP 13270-000 Caixa Postal 489 – Valinhos/SP
CNPJ: 64.088.172/0001-41
Indústria Brasileira
SAC 0800 551767

---

# EPAPHYTO

## MEDICAMENTO FITOTERÁPICO

**Nomenclatura botânica oficial:** *Peumus boldus* Molina
**Nomenclatura popular:** Boldo, Boldo do Chile
**Família**: Monimiaceae
**Parte da planta utilizada:** folhas

## FORMA FARMACÊUTICA
Cápsula gelatinosa dura

## APRESENTAÇÕES
**Linha Hospitalar:** Sem apresentação comercializada.

USO ORAL
USO ADULTO E PEDIÁTRICO ACIMA DE 6 ANOS

## COMPOSIÇÃO
Cada cápsula gelatinosa dura contém:
Extrato seco de *Peumus boldus* (folhas)....................300 mg
Excipientes q.s.p*...................................... 1 cápsula
* (amido, dióxido de silício coloidal, estearato de magnésio, maltodextrina).

## CONCENTRAÇÃO DE PRINCÍPIO ATIVO
O Extrato seco está padronizado em 0,5% de alcaloides totais expressos em boldina. Portanto cada cápsula contém 1,5 mg de alcaloides totais expressos em boldina.

## INFORMAÇÕES TÉCNICAS AOS PROFISSIONAIS DE SAÚDE
### INDICAÇÕES
Este medicamento é indicado como colagogo e colerético, para dispepsias funcionais e distúrbios gastrointestinais espásticos.

## RESULTADOS DE EFICÁCIA
A atividade colerética e antiespasmódica foi demonstrada tanto por estudos *in vitro* quanto em órgãos isolados. Estudos pré-clínicos em ratos demonstraram a ação colerética do fitoterápico contendo *Peumus boldus*, medida pelo aumento da secreção de bile pela vesícula biliar.
Não há relatos na literatura de metanálise de estudos clínicos randomizados, duplo cego, placebo controlado.

## CARACTERÍSTICAS FARMACOLÓGICAS
As folhas de *Peumus boldus* contêm não menos que 0,2% de alcaloides totais calculados em boldina e, no mínimo, 1,5% de óleo essencial.
Este medicamento atua no tratamento de dispepsia leve. Os preparados contendo *P. boldus* aumentam a secreção biliar e fluidificam a bile sem alterar a composição da mesma. Os alcaloides constituintes da espécie vegetal são aparentemente os responsáveis pela atividade colerética.
A boldina age como relaxante da musculatura lisa intestinal, de acordo com estudos realizados em órgãos isolados.
Além da atividade antiespasmódica, as ações colagoga e colerética são amplamente relatadas pela literatura científica para este fitoterápico.

## CONTRAINDICAÇÕES
Pacientes com histórico de hipersensibilidade e alergia a qualquer um dos componentes da fórmula não devem fazer uso do produto.

Este medicamento é contraindicado nos casos de obstrução das vias biliares, cálculos biliares, infecções ou câncer no ducto biliar e câncer no pâncreas, face aos efeitos colagogo e colerético.

Pacientes com quadro de doenças severas no fígado, como hepatite viral, cirrose e hepatite tóxica não deverão fazer uso deste medicamento.

Este produto não deve ser usado durante a gravidez, já que contém esparteína. Este alcaloide apresenta atividade oxitócica.

Mulheres em período de lactância não deverão fazer uso deste medicamento, face à presença de alcaloides e risco de neurotoxicidade.

**Este medicamento é contraindicado para uso por crianças menores de 6 anos de idade.**

De acordo com a categoria de risco de fármacos destinados às mulheres grávidas, este medicamento apresenta categoria de risco C. **Este medicamento não deve ser utilizado por mulheres grávidas sem orientação médica ou do cirurgião-dentista.**

### ADVERTÊNCIAS E PRECAUÇÕES

Em casos de hipersensibilidade ao produto, recomenda-se descontinuar o uso e consultar o médico.

Não ingerir doses maiores do que as recomendadas.

Não se recomenda o uso contínuo deste medicamento. O uso de *P. boldus* não deve ultrapassar quatro semanas consecutivas.

De acordo com a categoria de risco de fármacos destinados às mulheres grávidas, este medicamento apresenta categoria de risco C. **Este medicamento não deve ser utilizado por mulheres grávidas sem orientação médica ou do cirurgião-dentista.**

### INTERAÇÕES MEDICAMENTOSAS

Não foram encontradas na literatura referências a interações medicamentosas com medicamentos à base de *P. boldus*.

### CUIDADOS DE ARMAZENAMENTO DO MEDICAMENTO

EPAPHYTO deve ser armazenado em local com temperatura ambiente (temperatura entre 15 a 30ºC). Proteger da luz e da umidade.

Nessas condições, o medicamento se manterá próprio para o consumo, respeitando o prazo de validade de 24 meses, indicado na embalagem.

**Número de lote e datas de fabricação e validade: vide embalagem.**

**Não use medicamento com prazo de validade vencido. Guarde-o em sua embalagem original.**

EPAPHYTO apresenta-se como uma cápsula gelatinosa dura de cor verde clorofila, contendo pó homogêneo, de coloração marrom e esverdeado.

**Antes de usar, observe o aspecto do medicamento. Caso ele esteja no prazo de validade e você observe alguma mudança no aspecto, consulte o farmacêutico para saber se poderá utilizá-lo.**

**Todo medicamento deve ser mantido fora do alcance das crianças.**

### POSOLOGIA E MODO DE USAR

Uso oral.

Ingerir 1 (uma) cápsula, 3 vezes ao dia (equivalente a 4,5 mg de alcaloides totais expressos em boldina).

A posologia máxima recomendada é de 3 cápsulas ao dia.

Não se recomenda o uso contínuo desde medicamento. O uso de *P. boldus* não deve ultrapassar quatro semanas consecutivas.

Este medicamento deve ser utilizado apenas pela via oral. O uso do EPAPHYTO por outra via, que não a oral, pode resultar na perda do efeito esperado do medicamento ou mesmo provocar danos à saúde.

**Este medicamento não deve ser partido, aberto ou mastigado.**

### REAÇÕES ADVERSAS

Nas doses recomendadas não são conhecidos efeitos adversos ao medicamento.

A revisão da literatura não revela a frequência e intensidade das mesmas. Porém doses mais elevadas poderão causar irritação renal, vômitos e diarreia.

**Em casos de eventos adversos, notifique ao Sistema de Notificação de Eventos Adversos a Medicamentos (Vigimed), disponível em http://portal.anvisa.gov.br/vigimed, ou para a Vigilância Sanitária Estadual ou Municipal.**

### SUPERDOSE

Doses superiores às recomendadas poderão provocar transtornos renais, vômitos e diarreia.

Em caso de superdosagem, suspender o uso e procurar orientação médica de imediato. **Em caso de intoxicação ligue para 0800 722 6001, se você precisar de mais orientações.**

**DIZERES LEGAIS**
MS: 1.3841.0055
Farm. Responsável: Tales Vasconcelos de Cortes CRF/BA nº3745
**NATULAB LABORATÓRIO SA**
Rua H, nº2, Galpão 03 – Urbis II
Santo Antônio de Jesus – Bahia – CEP – 44.574-150
CNPJ: 02.456.955/0001-83
INDÚSTRIA BRASILEIRA
SAC: 0800 7307370

---

# EPAPHYTO SOLUÇÃO ORAL

## MEDICAMENTO FITOTERÁPICO

**Nomenclatura botânica oficial:** *Peumus boldus* Molina
**Nomenclatura popular:** Boldo, Boldo do Chile
**Família**: Monimiaceae
**Parte da planta utilizada:** folhas

## FORMA FARMACÊUTICA
Solução oral

## APRESENTAÇÕES
**Linha Hospitalar:** Sem apresentação comercializada.

## SOLUÇÃO ORAL USO ORAL
## USO ADULTO E PEDIÁTRICO ACIMA DE 6 ANOS

## COMPOSIÇÃO
Cada mL da solução oral contém:
Extrato seco de *Peumus boldus* (folhas) ..................... 14 mg
Excipiente* ......................................................................... 1 mL
* (glicerol, metilparabeno, propilparabeno, sacarina sódica, polissorbato 80, álcool etílico, aroma de laranja e aroma de menta, maltodextrina e água purificada)

## CONCENTRAÇÃO DE PRINCÍPIO ATIVO
O Extrato seco está padronizado em 0,5 mg de alcaloides totais expressos em boldina. cumarina. Portanto cada mL da solução oral contém 0,07 mg de alcaloides totais expressos em boldina.

## INFORMAÇÕES TÉCNICAS AOS PROFISSIONAIS DE SAÚDE
### 1. INDICAÇÕES
Este medicamento é indicado como colagogo, colerético, para dispesias funcionais e distúrbios gastrointestinais espásticos.

### 2. RESULTADOS DE EFICÁCIA
A atividade colerética e antiespasmódica foi demonstrada tanto por estudos *in vitro* quanto em órgãos isolados. Estudos pré-clínicos em ratos demonstraram a ação colerética do fitoterápico contendo *Peumus boldus*, medida pelo aumento da secreção de bile pela vesícula biliar.
Não há relatos na literatura de metanálise de estudos clínicos randomizados, duplo cego, placebo controlado.

### 3. CARACTERÍSTICAS FARMACOLÓGICAS
As folhas de *Peumus boldus* contêm não menos que 0,2% de alcaloides totais calculados em boldina e, no mínimo, 1,5% de óleo essencial (FARMACOPEIA BRASILEIRA IV, 1996). Este medicamento atua no tratamento de dispepsia leve. Os preparados contendo *P. boldus* aumentam a secreção biliar e fluidificam a bile sem alterar a composição da mesma (SALATI. *et al.*, 1984).
Os alcaloides constituintes da espécie vegetal são aparentemente os responsáveis pela atividade colerética (NEWALL *et al.*, 1996).
A boldina age como relaxante da musculatura lisa intestinal, de acordo com estudos realizados em órgãos isolados (BRUNETON, 1995).
Além da atividade antiespasmódica, as ações colagoga e colerética são amplamente relatadas pela literatura científica para este fitoterápico.

### 4. CONTRAINDICAÇÕES
Pacientes com histórico de hipersensibilidade e alergia a qualquer um dos componentes da fórmula não devem fazer uso do produto.
Este medicamento é contra indicado nos casos de obstrução das vias biliares, cálculos biliares, infecções ou câncer no ducto biliar e câncer no pâncreas, face aos efeitos colagogo e colerético (HERB CONRAINDICATIONS & DRUG INTERACTIONS, 2001).
Pacientes com quadro de doenças severas no fígado, como hepatite viral, cirrose e hepatite tóxica não deverão fazer uso deste medicamento (HERB CONRAINDICATIONS & DRUG INTERACTIONS, 2001).
Este produto não deve ser usado durante a gravidez, já que contém esparteína. Este alcaloide apresenta atividade oxitócica (PFIRTER e MANDRILE, 1991).
Mulheres em período de lactância não deverão fazer uso deste medicamento, face à presença de alcaloides e risco de neurotoxicidade (ALONSO, 1998).
Crianças menores de seis anos também não deverão fazer uso deste medicamento (ALONSO, 1998).

## 5. ADVERTÊNCIAS E PRECAUÇÕES

Em casos de hipersensibilidade ao produto, recomenda-se descontinuar o uso e consultar o médico.

Não ingerir doses maiores do que as recomendadas.

Não se recomenda o uso contínuo deste medicamento. O uso de *P. boldus* não deve ultrapassar quatro semanas consecutivas.

De acordo com a categoria de risco de fármacos destinados às mulheres grávidas, este medicamento apresenta categoria de risco C. Este medicamento não deve ser utilizado por mulheres grávidas sem orientação médica ou do cirurgião-dentista.

## 6. INTERAÇÕES MEDICAMENTOSAS

Não foram encontradas na literatura referências a interações medicamentosas com medicamentos à base de *P. boldus*.

## 7. CUIDADOS DE ARMAZENAMENTO DO MEDICAMENTO

Conservar em temperatura ambiente (15 a 30ºC). Proteger da luz, do calor e da umidade. Manter o frasco bem fechado. Nessas condições, o medicamento se manterá próprio para o consumo, respeitando o prazo de validade indicado na embalagem.

**Número de lote e datas de fabricação e validade: vide embalagem.**

**Não use medicamento com o prazo de validade vencido. Guarde-o em sua embalagem original.**

**Todo medicamento deve ser mantido fora do alcance das crianças.**

## 8. POSOLOGIA E MODO DE USAR

Adultos e Crianças acima de 6 anos: Ingerir 10 mL da solução oral, 4 (quatro) vezes ao dia.

O uso de *P. boldus* não deve ultrapassar quatro semanas consecutivas.

## 9. REAÇÕES ADVERSAS

Nas doses recomendadas não são conhecidos efeitos adversos ao medicamento.

A revisão da literatura não revela a frequência e intensidade das mesmas. Porém doses mais elevadas poderão causar irritação renal, vômitos e diarreia.

Em casos de eventos adversos, notifique ao Sistema de Notificações em Vigilância Sanitária – Notivisa, disponível em www.anvisa.gov.br/hotsite/notivisa/index.htm, ou para a Vigilância Sanitária Estadual ou Municipal.

## 10. SUPERDOSE

Doses superiores às recomendadas poderão provocar transtornos renais, vômitos e diarreia.

Em caso de superdosagem, suspender o uso e procurar orientação médica de imediato.

**Em caso de intoxicação ligue para 0800 722 6001, se você precisar de mais orientações.**

### DIZERES LEGAIS

MS: 1.3841.0055

Farm. Responsável: Tales de Vasconcelos Cortes CRF/BA nº3745

**NATULAB LABORATÓRIO SA**

Rua H, nº2, Galpão 03 – Urbis II

Santo Antônio de Jesus – Bahia – CEP – 44.574-150

CNPJ: 02.456.955/0001-83

INDÚSTRIA BRASILEIRA

SAC: 0800 7307370

---

# EPAREMA®

Boldo, *Peumus boldus* Molina (Monimiaceae), folha.

Cáscara Sagrada, *Frangula purshiana* (DC.) A. Gray (Rhamnaceae), casca.

Ruibarbo, *Rheum palmatum* L. (Polygonaceae), raiz.

**PRODUTO REGISTRADO COM BASE NO USO TRADICIONAL, NÃO SENDO RECOMENDADO SEU USO POR PERÍODO PROLONGADO.**

### APRESENTAÇÕES

Drágea 125 mg. Embalagens com 20 e 120 unidades.

**USO ORAL**
**USO ADULTO E PEDIÁTRICO ACIMA DE 10 ANOS**

### COMPOSIÇÃO

Cada drágea contém 125 mg de extrato mole composto de boldo, cáscara sagrada e ruibarbo, calculado para conter 0,08 mg de boldina, 11,3 mg de cascarosídeo e 0,030 mg de reína.

Excipientes: dióxido de silício, povidona, estearato de magnésio, gelatina, lactose monoidratada, talco, celulose microcristalina, sacarose, corante amarelo tartrazina, cera de carnaúba, carbonato de cálcio, dióxido de titânio, goma laca, goma arábica e óleo de rícino.

Cada drágea contém 0,11 g de açúcar na forma de sacarose.

## 1. PARA QUE ESTE PRODUTO É INDICADO?
EPAREMA® auxilia no alívio à má digestão e auxilia nos distúrbios do fígado, das vias biliares e nos casos de prisão de ventre leve.

## 2. COMO ESTE PRODUTO FUNCIONA?
EPAREMA® estimula a produção e a eliminação da bile, substância que facilita a digestão de gorduras e funciona como um laxante suave, que não induz ao hábito.

## 3. QUANDO NÃO DEVO USAR ESTE PRODUTO?
EPAREMA® não deve ser usado nos casos de doenças graves nos rins, fígado e coração. Seu uso também é contraindicado em casos de: constipação crônica, abdômen agudo, dor abdominal de causa desconhecida, obstrução intestinal, processos ulcerosos do trato digestivo, doenças intestinais inflamatórias agudas (ex: colites, doença de Chron), esofagite por refluxo, transtornos hidroeletrolíticos, íleo paralítico, cólon irritável, diverticulite, doença diverticular e apendicite. Pacientes com alergia aos componentes da fórmula, não devem utilizar o medicamento.
**Este produto não deve ser usado durante a gravidez; Mulheres em período de lactância não deverão fazer uso deste medicamento, face à presença de alcaloides e risco de neurotoxicidade.**
**Este produto é contraindicado para menores de 10 anos.**

## 4. O QUE DEVO SABER ANTES DE UTILIZAR ESTE PRODUTO?
**Uso com outras substâncias:** até o momento não há relatos de interação medicamentosa com o produto. Não existem restrições quanto à ingestão com alimentos ou bebidas.
**Não há casos relatados que o uso deste produto interfira na capacidade de dirigir veículos e operar máquinas. Atenção diabéticos: contém açúcar.**
**Este produto contém o corante amarelo de TARTRAZINA, que pode causar reações de natureza alérgica, entre as quais asma brônquica, especialmente em pessoas alérgicas ao ácido acetilsalicílico.**
Não ingerir doses maiores do que as recomendadas. Não se recomenda o uso contínuo deste medicamento.
O uso prolongado ou abuso podem levar a distúrbio eletrolítico (principalmente deficiência de potássio), potencialização do efeito de cardiotônicos devido a possível perda de potássio, albuminúria (presença de albumina na urina), hematúria (presença de sangue na urina), problemas nos rins, edema e deterioração óssea acelerada.

Pode promover a redução da absorção oral de drogas devido a uma redução do tempo de trânsito intestinal e agravar a perda de potássio causada por diuréticos.
O uso de cáscara sagrada apresenta sinergismo com Aloe e outros laxantes alopáticos.
Pode alterar a absorção de outros medicamentos devido a seus compostos antracênicos ou de fibras.
**Caso os sintomas persistam ou piorem, ou apareçam reações indesejadas não descritas na embalagem ou no folheto informativo, interrompa seu uso e procure orientação do profissional de saúde.**
**Se você utiliza medicamentos de uso contínuo, busque orientação de profissional de saúde antes de utilizar este produto.**
**Este produto não deve ser utilizado por período superior ao indicado, ou continuamente, a não ser por orientação de profissionais de saúde.**
**Informe ao seu profissional de saúde todas as plantas medicinais e fitoterápicos que estiver tomando. Interações podem ocorrer entre produtos e plantas medicinais e mesmo entre duas plantas medicinais quando administradas ao mesmo tempo.**

## 5. ONDE, COMO E POR QUANTO TEMPO POSSO GUARDAR ESTE PRODUTO?
O produto deve ser conservado à temperatura ambiente (15°C a 30°C).
**Número de lote e datas de fabricação e validade: vide embalagem. Não use produto com prazo de validade vencido.**
**Para sua segurança, guarde o produto na embalagem original.**
EPAREMA® é apresentado como drágea redonda, biconvexa, de cor amarelo-canário.
**Antes de usar, observe o aspecto do produto. Caso ele esteja no prazo de validade e você observe alguma mudança no aspecto, consulte o farmacêutico para saber se poderá utilizá-lo.**
**Este produto deve ser mantido fora do alcance das crianças.**

## 6. COMO DEVO USAR ESTE PRODUTO?
EPAREMA® destina-se a uso exclusivo pela via oral e pode ser tomado antes, durante ou após as refeições. **Posologia: Adultos:** uma drágea, duas vezes ao dia. Em casos de constipação poderão ser tomadas mais uma ou duas drágeas ao deitar-se.

**Crianças acima de 10 anos:** uma drágea, uma ou duas vezes ao dia.

Não se recomenda tratamento com EPAREMA® por período prolongado. Se o tratamento com EPAREMA® ultrapassar duas semanas, recomenda-se consultar um médico.

Não ingerir doses maiores que as recomendadas.

**Os produtos tradicionais fitoterápicos não devem ser administrados pelas vias injetável e oftálmica. Este produto não deve ser partido, aberto ou mastigado.**

### 7. O QUE DEVO FAZER QUANDO EU ME ESQUECER DE USAR ESTE PRODUTO?

Caso você tenha esquecido de tomar uma dose, tome o produto assim que possível. Se estiver muito perto do horário da próxima dose, aguarde e tome somente uma única dose. Não tome duas doses ao mesmo tempo ou uma dose extra para compensar a dose perdida.

**Em caso de dúvidas, procure orientação de profissional da saúde.**

### 8. QUAIS OS MALES QUE ESTE PRODUTO PODE ME CAUSAR?

Foram observadas e/ou descritas em literatura as seguintes reações adversas queixas de espasmos intestinais devido a ação laxativa do produto, distorção ou diminuição do senso de paladar, irritação na garganta, dor abdominal, diarreia, indigestão, náuseas, vômitos e mal-estar.

A deficiência de potássio pode levar a problemas cardíacos e fraqueza muscular. Em raros casos, alterações eletrolíticas podem levar à hiperaldosteronismo secundário, arritmia cardíaca, osteoporose e inibição da movimentação intestinal.

**A frequência de ocorrência dos efeitos indesejáveis não é conhecida.**

**Informe ao seu profissional de saúde o aparecimento de reações indesejáveis pelo uso do produto. Informe também à empresa através do seu Serviço de Atendimento ao Consumidor (SAC).**

**Em casos de eventos adversos, notifique ao Sistema de Notificações em Vigilância Sanitária – Notivisa, disponível em www.anvisa.gov.br/hotsite/notivisa/index.htm, ou para a Vigilância Sanitária Estadual ou Municipal.**

### 9. O QUE FAZER SE ALGUÉM USAR UMA QUANTIDADE MAIOR DO QUE A INDICADA DESTE PRODUTO?

Não há casos de superdose relatados.

Dados de literatura indicam que doses mais elevadas (acima de 0,3g da essência de boldo) poderão causar alteração renal, vômitos e diarreia.

**Em caso de uso de grande quantidade deste produto, procure rapidamente socorro médico e leve a embalagem ou folheto informativo, se possível.**

**Em caso de intoxicação ligue para 0800 722 6001, se você precisar de mais orientações sobre como proceder.**

### DIZERES LEGAIS

MS – 1.0639.0030
Farm. Resp: Carla A. Inpossinato CRF-SP nº 38.535
**Takeda Pharma Ltda.**
Rodovia SP 340 S/N km 133, 5 – Jaguariúna – SP
CNPJ: 60.397.775/0008-40
Indústria Brasileira

---

## EPAREMA® SOLUÇÃO ORAL

Boldo, *Peumus boldus* Molina (Monimiaceae), folha. Cáscara Sagrada, *Frangula purshiana* (DC.) A. Gray (Rhamnaceae), casca. Ruibarbo, *Rheum palmatum* L. (Polygonaceae), raiz.

**Produto registrado com base no uso tradicional, não sendo recomendado seu uso por período prolongado.**

### APRESENTAÇÕES

Solução oral de 206 mg/mL sabor hortelã. Frasco de 200 mL.

Solução oral de 103 mg/mL sabor hortelã. Embalagens com 4, 12 e 60 flaconetes de 10 mL. Solução oral de 103 mg/mL sabores laranja e guaraná. Embalagens com 36 flaconetes de 10 mL.

### USO ORAL
### USO ADULTO

### COMPOSIÇÃO

Cada 5mL da solução oral em frasco, sabor tradicional **hortelã**, contém 1030 mg de extrato fluido composto de boldo, cáscara sagrada e ruibarbo, calculado para conter 0,08 mg de boldina, 11,3 mg de cascarosídeo e 0,03 mg de reína.

Excipientes: sorbitol, ácido benzoico, propilenoglicol, ácido ascórbico, sacarose, ácido cítrico, citrato de sódio di-hidratado, metabissulfito de sódio, essência de mentoliptus, caramelo tipo C, álcool etílico e água purificada. Cada mL da solução contém 0,08 g de açúcar.

**EPAREMA® solução oral 206mg/mL sabor tradicional hortelã contém álcool no teor de 17,3%.**

Cada flaconete, sabor tradicional **hortelã**, contém 1030 mg de extrato fluido composto de boldo, cáscara sagrada e ruibarbo, calculado para conter 0,08 mg de boldina, 11,3 mg de cascarosídeo e 0, 03 mg de reína. Excipientes: sorbitol, ácido benzoico, propilenoglicol, ácido ascórbico, sacarose, ácido cítrico, citrato de sódio di-hidratado, metabissulfito de sódio, essência de mentoliptus, caramelo tipo C, álcool etílico e água purificada. Cada mL da solução oral em flaconete contém 0,08 g de açúcar.

**EPAREMA® flaconete 103mg/mL sabor tradicional hortelã contém álcool no teor de 14,3%.**

Cada flaconete, sabor **guaraná**, contém 1030 mg de extrato fluido composto de boldo, cáscara sagrada e ruibarbo, calculado para conter 0,08 mg de boldina, 11,3 mg de cascarosídeo e 0,03 mg de reína.

Excipientes: sorbitol, ácido benzoico, ácido sórbico, propilenoglicol, ácido ascórbico, sacarose, neo-hesperidina, ácido cítrico, citrato de sódio di-hidratado, metabissulfito de sódio, essência de mentoliptus, caramelo tipo C, aroma de guaraná, aroma de baunilha, álcool etílico e água purificada. Cada mL da solução oral em flaconete contém 0,08 g de açúcar.

**EPAREMA® flaconete 103mg/mL sabor guaraná contém álcool no teor de 17,5%.**

Cada flaconete, sabor **laranja**, contém 1030 mg de extrato fluido composto de boldo, cáscara sagrada e ruibarbo, calculado para conter 0,08 mg de boldina, 11,3 mg de cascarosídeo e 0,03 mg de reína.

Excipientes: sorbitol, ácido benzoico, ácido sórbico, propilenoglicol, ácido ascórbico, sacarose, ácido cítrico, citrato de sódio di-hidratado, metabissulfito de sódio, caramelo tipo C, aroma de tangerina, aroma de baunilha, neo-hesperidina, álcool etílico e água purificada. Cada mL da solução oral em flaconete contém 0,08 g de açúcar.

**EPAREMA® flaconete 103mg/mL sabor laranja contém álcool no teor de 15,8%.**

## 1. PARA QUE ESTE PRODUTO É INDICADO?

EPAREMA® auxilia no alívio a má digestão e nos distúrbios do fígado, das vias biliares e nos casos de prisão de ventre leve.

## 2. COMO ESTE PRODUTO FUNCIONA?

EPAREMA® estimula a produção e a eliminação da bile, substância que facilita a digestão de gorduras e funciona como um laxante suave, que não induz ao hábito.

## 3. QUANDO NÃO DEVO USAR ESTE PRODUTO?

EPAREMA® não deve ser usado nos casos de doença grave nos rins, fígado e coração. Seu uso também é contraindicado em casos de: constipação crônica, abdômen agudo, dor abdominal de causa desconhecida, obstrução intestinal, processos ulcerosos do trato digestivo, doenças intestinais inflamatórias agudas (ex: colites, doença de Chron), esofagite por refluxo, transtornos hidroeletrolíticos, íleo paralítico, cólon irritável, diverticulite, doença diverticular e apendicite. Pacientes com alergia aos componentes da fórmula, não devem utilizar o medicamento.

**Este produto não deve ser usado durante a gravidez; Mulheres em período de lactância não deverão fazer uso deste medicamento, face à presença de alcaloides e risco de neurotoxicidade.**

**Este produto é contraindicado para uso pediátrico.**

## 4. O QUE DEVO SABER ANTES DE UTILIZAR ESTE PRODUTO?

Devido à presença de extratos vegetais, EPAREMA® pode sofrer alterações de sabor ao longo do tempo, sem comprometimento do seu efeito terapêutico.

**Uso com outras substâncias: até** o momento, não há relatos de casos de interação medicamentosa com o produto. Não existem restrições quanto à ingestão com alimentos ou bebidas.

**Não há casos relatados que o uso deste produto interfira na capacidade de dirigir veículos e operar máquinas. Atenção diabéticos: contém açúcar.**

**Este produto contém metabissulfito de sódio. Embora esse excipiente seja largamente utilizado tanto em medicamentos quanto em alimentos, há evidências de que possa causar reações alérgicas graves, principalmente em pacientes asmáticos, mas também em pacientes sem histórico de alergias.**

Não ingerir doses maiores do que as recomendadas. Não se recomenda o uso contínuo deste medicamento.

O uso prolongado ou abuso podem levar a distúrbio eletrolítico (principalmente deficiência de potássio), potencialização do efeito de cardiotônicos devido a possível perda de potássio, albuminúria (presença de albumina na urina), hematúria (presença de sangue na urina), problemas nos rins, edema e deterioração óssea acelerada.

Pode promover a redução da absorção oral de drogas devido a uma redução do tempo de trânsito intestinal e agravar a perda de potássio causada por diuréticos.

O uso de cáscara sagrada apresenta sinergismo com Aloe e outros laxantes alopáticos.

Pode alterar a absorção de outros medicamentos devido seus compostos antracênicos ou de fibras.

**Caso os sintomas persistam ou piorem, ou apareçam reações indesejadas não descritas na embalagem ou no folheto informativo, interrompa seu uso e procure orientação do profissional de saúde.**

**Se você utiliza medicamentos de uso contínuo, busque orientação de profissional de saúde antes de utilizar este produto.**

**Este produto não deve ser utilizado por período superior ao indicado, ou continuamente, a não ser por orientação de profissionais de saúde.**

"**Informe ao seu profissional de saúde todas as plantas medicinais e fitoterápicos que estiver tomando. Interações podem ocorrer entre produtos e plantas medicinais e mesmo entre duas plantas medicinais quando administradas ao mesmo tempo.**

EPAREMA® solução oral 206 mg/mL sabor tradicional hortelã contém álcool no teor de 17,3%. EPAREMA® flaconete 103 mg/mL sabor tradicional hortelã contém álcool no teor de 14,3%.

EPAREMA® flaconete 103 mg/mL sabor guaraná contém álcool no teor de 17,5%. EPAREMA® flaconete 103 mg/mL sabor laranja contém álcool no teor de 15,8%.

## 5. ONDE, COMO E POR QUANTO TEMPO POSSO GUARDAR ESTE PRODUTO?

O produto deve ser conservado à temperatura ambiente (15°C a 30°C).

**Número de lote e datas de fabricação e validade: vide embalagem. Não use produto com prazo de validade vencido.**

**Para sua segurança, guarde o produto na embalagem original.**

EPAREMA® sabor hortelã é apresentado como líquido levemente turvo, marrom, com odor e sabor característico mentolado (hortelã).

EPAREMA® sabor laranja é apresentado como líquido levemente turvo, marrom, com odor e sabor característico de laranja.

EPAREMA® sabor guaraná é apresentado como líquido levemente turvo, marrom, com odor e sabor característico de guaraná.

**Antes de usar, observe o aspecto do produto. Caso ele esteja no prazo de validade e você observe alguma mudança no aspecto, consulte o farmacêutico para saber se poderá utilizá-lo.**

**Este produto deve ser mantido fora do alcance das crianças.**

## 6. COMO DEVO USAR ESTE PRODUTO?

EPAREMA® destina-se a uso exclusivo pela via oral e pode ser tomado antes, durante ou após as refeições. Posologia: EPAREMA® 206 mg/mL (frasco): uma colher de chá (5 ml), pura ou diluída em pequeno volume de água, duas vezes ao dia.

Em casos de constipação, poderão ser tomadas mais uma ou duas colheres das de chá ao deitar.

EPAREMA® 103 mg/mL (flaconete): um flaconete, duas vezes ao dia. Em casos de constipação, poderão ser tomados mais um ou dois flaconetes ao deitar.

A duração do tratamento varia de acordo com a gravidade do caso.

Não se recomenda tratamento prolongado com EPAREMA®. Se o tratamento com EPAREMA® ultrapassar duas semanas, recomenda-se consultar um médico.

**Os produtos tradicionais fitoterápicos não devem ser administrados pelas vias injetável e oftálmica.**

## 7. O QUE DEVO FAZER QUANDO EU ME ESQUECER DE USAR ESTE PRODUTO?

Caso você tenha esquecido de tomar uma dose, tome o produto assim que possível. Se estiver muito perto do horário da próxima dose, aguarde e tome somente uma única dose. Não tome duas doses ao mesmo tempo ou uma dose extra para compensar a dose perdida.

**Em caso de dúvidas, procure orientação de profissional da saúde.**

## 8. QUAIS OS MALES QUE ESTE PRODUTO PODE ME CAUSAR?

Foram observadas e/ou descritas em literatura as seguintes reações adversas queixas de espasmos intestinais devido a ação laxativa do produto, distorção ou diminuição do senso de paladar, irritação na garganta, dor abdominal, diarreia, indigestão, náuseas, vômitos e mal-estar.

A deficiência de potássio pode levar a problemas cardíacos e fraqueza muscular. Em raros casos, alterações eletrolíticas podem levar à hiperaldosteronismo secundário, arritmia cardíaca, osteoporose e inibição da movimentação intestinal.)

A frequência de ocorrência dos efeitos indesejáveis não é conhecida.

Informe ao seu profissional de saúde o aparecimento de reações indesejáveis pelo uso do produto. Informe também à empresa através do seu Serviço de Atendimento ao Consumidor (SAC).

Em casos de eventos adversos, notifique ao Sistema de Notificações em Vigilância Sanitária – Notivisa, disponível em www.anvisa.gov.br/hotsite/notivisa/index.htm, ou para a Vigilância Sanitária Estadual ou Municipal.

## 9. O QUE FAZER SE ALGUÉM USAR UMA QUANTIDADE MAIOR DO QUE A INDICADA DESTE PRODUTO?

Não há casos de superdose relatados.

Dados de literatura indicam que doses mais elevadas (acima de 0,3g da essência de boldo) poderão causar alteração renal, vômitos e diarreia.

**Em caso de uso de grande quantidade deste produto, procure rapidamente socorro médico e leve a embalagem ou folheto informativo, se possível.**

**Em caso de intoxicação ligue para 0800 722 6001, se você precisar de mais orientações sobre como proceder.**

## DIZERES LEGAIS

MS – 1.0639.0030

Farm. Resp: Carla A. Inpossinato CRF-SP nº 38.535

**Takeda Pharma Ltda.**

Rodovia SP 340 S/N km 133, 5 – Jaguariúna – SP

CNPJ: 60.397.775/0008-40

Indústria Brasileira

---

# EQUITAM®

*Ginkgo biloba* L.

## MEDICAMENTO FITOTERÁPICO

**Nomenclatura botânica oficial**: *Ginkgo biloba* L.
**Nomenclatura popular:** Ginkgo
**Família:** Ginkgoaceae
**Parte da planta utilizada**: Folhas

USO ORAL
**Comprimido Revestido USO ADULTO**

## FORMAS FARMACÊUTICAS E APRESENTAÇÕES

Embalagens com 20 e 30 comprimidos revestidos contendo 80 mg de extrato seco de *Ginkgo biloba* L. Embalagens contendo 10 e 30 comprimidos revestidos contendo 120 mg de extrato seco de *Ginkgo biloba* L.

### Composição:

Cada comprimido revestido 80 mg contém:

Extrato seco de *Ginkgo biloba* L. ................................. 80 mg (padronizado em 19,2 mg ou 24% de ginkgoflavonoides (22% a 27%) expressos em quercetina, kaempferol e isorhamnetina e 4,8 mg ou 6% de terpenolactonas (5% a 7%) expressos em ginkgolídeos A, B, C, J e bilobalídeos).

Cada comprimido revestido 120 mg contém:

Extrato seco de *Ginkgo biloba* L. ............................... 120 mg (padronizado em 28,8 mg ou 24,5% de ginkgoflavonoides (22% a 27%) expressos em quercetina, kaempferol e isorhamnetina e 7,2 mg ou 6% de terpenolactonas (5% a 7%) expressos em ginkgolídeos A, B, C, J e bilobalídeos).

Excipientes: celulose microcristalina, dióxido de silício, carbômer, talco, estearato de magnésio, copolímero de metacrilato de butila, metacrilato de dimetilaminoetila e metacrilato de metila, dióxido de titânio, macrogol e óxido de ferro amarelo.

## INFORMAÇÕES TÉCNICAS AOS PROFISSIONAIS DE SAÚDE

### 1. INDICAÇÕES

Este medicamento é indicado para distúrbios das funções do Sistema Nervoso Central (SNC): vertigens e zumbidos (tinidos) resultantes de distúrbios circulatórios, distúrbios circulatórios periféricos (claudicação intermitente) e insuficiência vascular cerebral (MILLS & BONES, 2000; 2005).

### 2. RESULTADOS DE EFICÁCIA

De 35 estudos realizados com *G. biloba*, incluindo 3.541 participantes, 33 encontraram efeitos positivos para o uso nas indicações: doença de Alzheimer, demência, zumbido, doença vascular periférica (claudicação intermitente), asma e depressão (BLUMENTHAL, 2003). Outros dois encontraram resultados negativos, um em demência (VAN DONGEN, 2000) e outro em zumbidos (DREW & DAVIES, 2001). Dezoito estudos envolvendo um total de 1.672 participantes embasaram a utilização de *G. biloba* no tratamento de demência decorrente de insuficiência cardiovascular ou Alzheimer. Destes dezoito estudos, cinco eram randomizados (R), duplo-cegos (DC), controlados por placebo (CP) e multicêntricos (MC), envolvendo 663 participantes; 11 eram R, DC e CP com um total de 898 participantes; e dois eram estudos R, DC, CP, cruzados, envolvendo um total de 111 participantes, focando o tratamento de *G. biloba* para claudicação intermitente com resultados positivos (BLUMENTHAL, 2003).

Uma recente meta-análise avaliou 33 trabalhos sobre a eficácia e a tolerabilidade de *G. biloba* no comprometimento cognitivo e na demência. Foram incluídos ensaios duplo-cegos, controlados e randomizados realizados até junho de 2002. Em geral, não foram observadas diferenças estatisticamente significativas entre o *G. biloba* e o placebo no que diz respeito aos efeitos adversos. Quanto à eficácia, conclui-se que existem benefícios associados ao uso de *G. biloba* em doses inferiores a 200 mg/dia por 12 semanas (p <0,0001) ou em doses superiores a 200 mg/dia por 24 semanas (p=0,02). Parâmetros cognitivos, de atividades da vida diária e humor também apontam a superioridade do *G. biloba* em relação ao placebo nas duas faixas de dosagem (BIRKS, 2002).

## 3. CARACTERÍSTICAS FARMACOLÓGICAS

O extrato de *G. biloba* é constituído principalmente por ginkgoflavonoides (derivados da quercetina, kaempferol e isorhamnetina) e terpenolactonas (ginkgolídeos e bilobalídeos). Após a administração oral, os ginkgolídeos A, B e bilobalídeos possuem uma alta biodisponibilidade (98% a 100%; 79% a 93%; e 70%, respectivamente) (BLUMENTHAL, 2003). As suas meias-vidas de eliminação duram respectivamente 4,5 h; 10,6 h e 3,2 h. Esses compostos são excretados inalterados na urina em 70% de ginkgolídeo A, 50% de ginkgolídeo B e 30% de bilobalídeos (MILLS & BONES, 2000).

*G. biloba* promove o incremento do suprimento sanguíneo cerebral por meio da vasodilatação e redução da viscosidade sanguínea, além de reduzir a densidade dos radicais livres de oxigênio nos tecidos nervosos. Os ginkgolídeos, especialmente o ginkgolídeo B, inibem o Fator de Ativação Plaquetária (PAF), potencializando os parâmetros hemodinâmicos, como o aumento do fluxo sanguíneo, por meio da diminuição da viscosidade sanguínea e da agregação eritrocitária (GARCIA, 1998; MICROMEDEX, 2007).

*G. biloba* reduz a progressão da demência, provavelmente por reduzir a infiltração de neutrófilos e a peroxidação lipídica (OTAMIRI & TAGESSON, 1989), aumentando o fluxo sanguíneo (KOLTRINGER *et al.*, 1989), antagonizando o PAF (WADA *et al.*, 1988) e modificando o metabolismo neuronal (DE FEUDIS, 1991).

A fração de flavonoides é responsável pelo aumento da inibição da recaptação de serotonina (AHLEMEYER & KRIEGELSTEIN, 1998), facilita a transmissão colinérgica e alfa-adrenérgica e estimula a recaptação de colina no hipocampo (BLUMENTHAL, 1987). A ação neuroprotetora está relacionada com a inibição da síntese do óxido nítrico (CALAPAI, 2000).

## 4. CONTRAINDICAÇÕES

**Este medicamento é contraindicado para menores de 12 anos.**

Pacientes com coagulopatias ou em uso de anticoagulantes e antiplaquetários devem ser cuidadosamente monitorados. O uso do medicamento deve ser suspenso pelo menos três dias antes de procedimentos cirúrgicos (GARCIA, 1998; MILLS & BONES, 2005).

Pacientes com histórico de hipersensibilidade e alergia a qualquer um dos componentes da fórmula não devem fazer uso do produto.

## 5. ADVERTÊNCIAS E PRECAUÇÕES

De acordo com a categoria de risco de fármacos destinados às mulheres grávidas, este medicamento apresenta categoria de risco C.

**Este medicamento não deve ser utilizado por mulheres grávidas e em amamentação sem orientação médica ou do cirurgião-dentista.**

## 6. INTERAÇÕES MEDICAMENTOSAS

A associação deste medicamento com anticoagulantes, antiplaquetários, anti-inflamatórios não esteroidais (AINES) e/ou agentes trombolíticos pode aumentar o risco de hemorragias (MICROMEDEX® 2.0, 2014).

Este medicamento pode diminuir a efetividade dos anticonvulsivantes e pode alterar os efeitos da insulina, aumentando a sua depuração (MICROMEDEX® 2.0, 2014).

Pode provocar mudanças no estado mental quando associado à buspirona ou ao *Hypericum perforatum* (MICROMEDEX® 2.0, 2014).

Pode potencializar o efeito dos inibidores da monoaminaoxidase e pode aumentar o risco dos efeitos colaterais da nifedipina (MICROMEDEX® 2.0, 2014).

Pode aumentar o risco de aparecimento da síndrome serotoninérgica quando associado aos inibidores da recaptação de serotonina e pode causar hipertensão em uso concomitante com os diuréticos tiazídicos (MICROMEDEX® 2.0, 2014).

A associação deste medicamento com omeprazol pode acarretar diminuição de nível sérico do omeprazol (YIN *et al.*, 2004). A associação com trazodona pode trazer risco de sedação excessiva (GALLUZZI *et al.*, 2000).

O uso concomitante de *G. biloba* pode aumentar os riscos de eventos adversos causados pela risperidona, como, por exemplo, priapismo (LIN *et al.*, 2007).

A associação com papaverina pode acarretar potencialização de efeitos terapêuticos e adversos (SIKORA *et al.*, 1989).

## 7. CUIDADOS DE ARMAZENAMENTO DO MEDICAMENTO

Este medicamento deve ser conservado em temperatura ambiente (entre 15°C e 30°C). Proteger da umidade. O prazo de validade é de 24 meses a partir da data de fabricação impressa na embalagem do produto.

**Número de lote e datas de fabricação e validade: vide embalagem.**

**Não use medicamento com o prazo de validade vencido. Guarde-o em sua embalagem original.**

**Características físicas e organolépticas**

Este produto apresenta-se como comprimido revestido circular, biconvexo de cor bege.

**Antes de usar, observe o aspecto do medicamento.**

**Todo medicamento deve ser mantido fora do alcance das crianças.**

## 8. POSOLOGIA E MODO DE USAR

Equitam® 80 mg: Ingerir 01 (um) comprimido de 8 (oito) em 8 (oito) horas ou 12 (doze) em 12 (doze) horas, ou a critério médico. Equitam® 120 mg: Ingerir 01 (um) comprimido de 12 (doze) em 12 (doze) horas, ou a critério médico (HOFFMAN, 2003; EBADI, 2006).

Os comprimidos revestidos devem ser ingeridos inteiros, sem mastigar, com um pouco de líquido. A ingestão de Equitam® deve ser feita pela manhã, no meio do dia e à noite (nos casos em que a posologia é de 8 (oito) em 8 (oito) horas), ou pela manhã e à noite (nos casos em que a posologia é de 12 (doze) em 12 (doze) horas). Equitam® pode ser administrado junto às refeições.

**Este medicamento não deve ser partido, aberto ou mastigado.**

## 9. REAÇÕES ADVERSAS

Podem ocorrer distúrbios gastrointestinais, cefaleias e reações alérgicas cutâneas (hiperemia, edema e prurido) (GARCIA, 1998). Também foram relatados enjoos, palpitações, hemorragias e hipotensão (BLUMENTHAL, 1987). Casos de hemorragia subaracnoide, hematoma subdural, hemorragia intracerebral, hematoma subfrênico, hemorragia vítrea e sangramento pós-operatório foram relatados em pacientes que faziam uso de

*G. biloba* isoladamente (MICROMEDEX, 2007; HAUSER *et al.*, 2002; BENJAMIN *et al.*, 2001; FESSENDEN *et al.*, 2001; VALE, 1998; ROWIN & LEWIS, 1776).

**Em casos de eventos adversos, notifique ao Sistema de Notificação de Eventos Adversos a Medicamentos (Vigimed), disponível em http://portal.anvisa.gov.br/vigimed, ou para a Vigilância Sanitária Estadual ou Municipal.**

## 10. SUPERDOSE

Em caso de superdosagem, suspender o uso e procurar orientação médica de imediato.

**Em caso de intoxicação ligue para 0800 722 6001, se você precisar de mais orientações.**

**VENDA SOB PRESCRIÇÃO MÉDICA.**

### DIZERES LEGAIS

M.S.: 1.9427.0072

Farm. Resp.: Dra. Camila Aleixo de Lima Cardoso Ditura CRF-SP 43.514

Fabricado por: **EUROFARMA LABORATÓRIOS S. A.**

Rod. Pres. Castelo Branco, km 35,6 – Itapevi – SP

Registrado por: **MOMENTA FARMACÊUTICA LTDA**

Rua Enéas Luis Carlos Barbanti, 216 – São Paulo – SP

CNPJ: 14.806.008/0001-54

Indústria Brasileira

Central de Relacionamento 0800-703-1550

www.momentafarma.com.br - central@momenta-farma.com.br

---

# ESPINHEIRA SANTA

## MEDICAMENTO FITOTERÁPICO

**Nomenclatura botânica oficial**: *Maytenus ilicifolia* Mart. *ex* Reissek

**Nome popular:** Espinheira santa, cancerosa, cancorosa-de-sete-espinhos, cancrosa, espinheira gravidez, visto que pode diminuir a secreção de

divina, espinho-de-Deus, maiteno, erva-cancrosa, erva-santa.

**Família:** Celastraceae

**Parte da planta utilizada:** Folhas.

## APRESENTAÇÕES
Forma farmacêutica: Líquida (Extrato Fluido 1,0 mL/mL).
Frasco plástico âmbar de 120 mL com copo dosador.

## USO ORAL/USO ADULTO

## COMPOSIÇÃO
Cada 1 mL contém:
Extrato fluido de *Maytenus ilicifolia* ........................1,0mL*
*padronizado em 3,4 mg (0,34%) de taninos totais.
Veículo (álcool e água purificada).
Graduação alcoólica final: 50%

## INFORMAÇÕES AO PACIENTE:

### 1. PARA QUE ESTE MEDICAMENTO É INDICADO?
Indicado para má digestão e como coadjuvante no tratamento de úlcera do estômago e duodeno.

### 2. COMO ESTE MEDICAMENTO FUNCIONA?
Atua como regulador das funções estomacais e promove a proteção da mucosa gástrica.

### 3. QUANDO NÃO DEVO USAR ESTE MEDICAMENTO?
Pacientes com histórico de hipersensibilidade e alergia a qualquer um dos componentes da fórmula não devem fazer uso do produto.
Este medicamento é contraindicado para pessoas com hipersensibilidade a extratos de *M. ilicifolia* ou outras plantas da família Celastraceae.
O medicamento deve ser evitado por menores de 12 anos de idade, devido à falta de estudos disponíveis.
**Contraindicado durante a amamentação e a gravidez, visto que pode diminuir a secreção de leite e pode provocar contrações uterinas.**

### 4. O QUE DEVO SABER ANTES DE USAR ESTE MEDICAMENTO?
De acordo com a categoria de risco de fármacos destinados às mulheres grávidas, este medicamento apresenta categoria de risco C. **Este medicamento não deve ser utilizado por mulheres grávidas sem orientação médica ou do cirurgião-dentista.**
A administração concomitante de *M. ilicifolia* com bebidas alcoólicas e outros medicamentos não é recomendada, pois não existem estudos disponíveis sobre as interações medicamentosas deste fitoterápico.
**Este medicamento contém ÁLCOOL.**
**Informe ao seu médico ou cirurgião-dentista se você está fazendo uso de algum outro medicamento.**

### 5. ONDE, COMO E POR QUANTO TEMPO POSSO GUARDAR ESTE MEDICAMENTO?
Conservar em temperatura ambiente (entre 15 e 30ºC). Proteger da luz e da umidade. Nessas condições, o medicamento se manterá próprio para o consumo.
**Número de lote e datas de fabricação e validade: vide embalagem.**
**Não use o medicamento com o prazo de validade vencido. Guarde-o em sua embalagem original.**
O medicamento é apresentado na forma líquida cor castanho-amarelado, aspecto límpido, odor característicos e sabor amargo e levemente picante.
**Antes de usar, observe o aspecto do medicamento. Caso ele esteja no prazo de validade e você observe alguma mudança no aspecto, consulte o farmacêutico para saber se poderá utilizá-lo.**
**Todo medicamento deve ser mantido fora do alcance das crianças.**

### 6. COMO DEVO USAR ESTE MEDICAMENTO?
Ingerir 7,5 mL do extrato fluido, 3 vezes ao dia. (Corresponde a dose diária de 76,5 mg de taninos totais).
Utilizar o copo dosador e colocar 7,5 mL do extrato fluido em até meio copo d'água. Tomar 3 vezes ao dia.
**Siga corretamente o modo de usar. Em caso de dúvidas sobre este medicamento, procure orientação do farmacêutico. Não desaparecendo os sintomas, procure orientação de seu médico ou cirurgião-dentista.**

### 7. O QUE DEVO FAZER QUANDO EU ME ESQUECER DE USAR ESTE MEDICAMENTO?
Caso você esqueça de tomar a dose no horário estabelecido, tome-a assim que lembrar. Entretanto, se já estiver perto do horário de tomar a próxima dose, pule a dose esquecida e tome a próxima dose, continuando normalmente o esquema de doses recomendado pelo seu médico.
**Em caso de dúvidas, procure orientação do farmacêutica ou de seu médico, ou cirurgião-dentista.**

### 8. QUAIS OS MALES QUE ESTE MEDICAMENTO PODE ME CAUSAR?
Não foram relatadas, até o momento, reações adversas graves ou que coloque em risco a saúde dos pacientes.
**Informe ao seu médico, cirurgião-dentista ou farmacêutico o aparecimento de reações indesejáveis pelo uso do medicamento. Informe também à empresa através do seu serviço de atendimento.**

## 9. O QUE FAZER SE ALGUÉM USAR UMA QUANTIDADE MAIOR DO QUE A INDICADA DESTE MEDICAMENTO?

Plantas ricas em taninos, como a *M. ilicifolia,* quando usadas em doses excessivas, podem causar irritação da mucosa gástrica e intestinal, gerando vômitos, cólicas intestinais e diarreia. Em caso de superdosagem, suspender o uso e procurar orientação médica de imediato.

**Em caso de uso de grande quantidade deste medicamento, procure rapidamente socorro médico e leve a embalagem ou bula do medicamento, se possível. Ligue para 0800 722 6001, se você precisar de mais orientações.**

## DIZERES LEGAIS

VIDORA FARMACÊUTICA LTDA.
Rua Alberto Rangel, 823 – Porto Alegre – RS
CNPJ: 92.762.277/0001-70
M.S. n° 1.0473.0031.001-5
Farm. Resp.: Daniel P. Lewgoy CRF-RS n° 6583
**INDÚSTRIA BRASILEIRA**

---

# ESPINHEIRA SANTA HERBARIUM

*Maytenus ilicifolia,* Celastraceae

### MEDICAMENTO FITOTERÁPICO

### PARTE UTILIZADA
Folhas.

### NOMENCLATURA POPULAR
Espinheira santa, cancerosa, cancorosa-de-sete-espinhos, cancrosa, espinheira-divina, espinho-de-Deus, maiteno, erva-cancrosa, erva-santa.

### APRESENTAÇÕES
Cápsula dura – Extrato seco das folhas de *Maytenus ilicifolia* 380 mg – Embalagem com 45 cápsulas.

### VIA ORAL USO ADULTO COMPOSIÇÃO
Cada cápsula contém:
extrato seco de *Maytenus ilicifolia* ........................ 380 mg*;
excipiente q.s.p. ........................................... 1 cápsula.
(amido)
*equivalente a 13,3 mg de taninos totais.

## INFORMAÇÕES AO PACIENTE
### PARA QUE ESTE MEDICAMENTO É INDICADO?
Espinheira Santa Herbarium é indicada para o tratamento da má digestão e como coadjuvante no tratamento de úlcera do estômago e duodeno.

### COMO ESTE MEDICAMENTO FUNCIONA?
Espinheira Santa Herbarium atua como regulador das funções estomacais e promove a proteção da mucosa gástrica.

### QUANDO NÃO DEVO USAR ESTE MEDICAMENTO?
O medicamento deve ser evitado por menores de 12 anos de idade, devido à falta de estudos disponíveis.
Lactação e gravidez, visto que pode diminuir a secreção de leite e pode provocar contrações uterinas.
Hipersensibilidade (alergia) a qualquer um dos componentes da fórmula ou a outras plantas da família Celastraceae.

### O QUE DEVO SABER ANTES DE USAR ESTE MEDICAMENTO?
**Precauções e advertências**
De acordo com a categoria de risco de fármacos destinados às mulheres grávidas, este medicamento apresenta categoria de risco C. Este medicamento não deve ser utilizado por mulheres grávidas sem orientação médica ou do cirurgião-dentista.
**Interações medicamentosas**
A administração concomitante de *M. ilicifolia* com bebidas alcoólicas e outros medicamentos não é recomendada, pois não existem estudos disponíveis sobre as interações medicamentosas deste fitoterápico.
**Informe seu médico ou cirurgião-dentista se você está fazendo uso de algum outro medicamento.**

### ONDE, COMO E POR QUANTO TEMPO POSSO GUARDAR ESTE MEDICAMENTO?
**Cuidados de conservação**
Espinheira Santa Herbarium deve ser conservada em temperatura ambiente (entre 15 e 30ºC) em sua embalagem original. Proteger da luz e da umidade.
**Prazo de validade**
24 meses após a data de fabricação impressa no cartucho.
**Número de lote e datas de fabricação e validade: vide embalagem.**
Não use medicamento com o prazo de validade vencido. Guarde-o em sua embalagem original.
**Características físicas**
Cápsulas gelatinosas duras de cor creme.
**Características organolépticas**

Cheiro (odor) característico e praticamente não apresenta sabor.

**Antes de usar, observe o aspecto do medicamento. Caso ele esteja no prazo de validade e você observe alguma mudança no aspecto, consulte o farmacêutico para saber se poderá utilizá-lo.**

**Todo medicamento deve ser mantido fora do alcance das crianças.**

## COMO DEVO USAR ESTE MEDICAMENTO?
**Modo de usar**
As cápsulas devem ser ingeridas inteiras e com uma quantidade suficiente de água para que possam ser deglutidas.
**Posologia**
Ingerir duas cápsulas, via oral, três vezes ao dia, de oito em oito horas.
**Siga corretamente o modo de usar. Em caso de dúvidas sobre este medicamento, procure orientação do farmacêutico. Não desaparecendo os sintomas, procure orientação de seu médico ou cirurgião-dentista.**
**Este medicamento não deve ser partido, aberto ou mastigado.**

## O QUE DEVO FAZER QUANDO EU ME ESQUECER DE USAR ESTE MEDICAMENTO?
Caso haja esquecimento da ingestão de uma dose deste medicamento, retomar a posologia prescrita sem a necessidade de suplementação.
**Em caso de dúvidas, procure orientação do farmacêutico ou de seu médico, ou do cirurgião-dentista.**

## QUE MALES ESTE MEDICAMENTO PODE CAUSAR?
**Reações adversas**
Até o momento não foram relatadas reações adversas graves ou que coloquem em risco a saúde dos pacientes. Raramente, podem ocorrer casos de hipersensibilidade. Nesse caso, suspender o uso e procurar orientação médica.
**Informe seu médico, cirurgião-dentista ou farmacêutico do aparecimento de reações indesejáveis pelo uso do medicamento.**
**Informe também à empresa através do seu Serviço de Atendimento ao Consumidor.**

## O QUE FAZER SE ALGUÉM USAR UMA QUANTIDADE MAIOR DO QUE A INDICADA DESTE MEDICAMENTO?
Plantas ricas em taninos, como a *M. ilicifolia*, quando usadas em doses excessivas, podem causar irritação da mucosa gástrica e intestinal, gerando vômitos, cólicas intestinais e diarreia.
Em caso de superdosagem, suspender o uso e procurar orientação médica de imediato.
**Em caso de uso de grande quantidade deste medicamento, procure rapidamente socorro médico e leve a embalagem ou bula do medicamento, se possível. Ligue para 0800 722 6001 se você precisar de mais orientações.**
**Siga corretamente o modo de usar, não desaparecendo os sintomas procure orientação médica.**

## DIZERES LEGAIS
MS: 1.1860.0043
Farmacêutica resp.: Gislaine B. Gutierrez CRF-PR n° 12423.
**Fabricado e Distribuído por: HERBARIUM LABORATÓRIO BOTÂNICO S. A.**
Av. Santos Dumont, 1100 • CEP 83403-500 Colombo – PR
CNPJ: 78.950.011/0001-20
**Indústria Brasileira**

---

# ESPINHEIRA SANTA NATULAB

## MEDICAMENTO FITOTERÁPICO

**Nomenclatura botânica oficial:** *Maytenus ilicifolia* Mart. ex Reissek
**Nomenclatura popular:** Espinheira santa, cancerosa, cancorosa-de-sete-espinhos, cancrosa, espinheira divina, espinho-de-Deus, maiteno, erva-cancrosa, erva-santa.
**Família**: Celastraceae
**Parte da planta utilizada:** Folhas

## FORMA FARMACÊUTICA
Cápsula gelatinosa dura

## APRESENTAÇÃO
**Linha Hospitalar:** Caixa contendo 50 blisters com 15 cápsulas cada.

## USO ORAL/USO ADULTO

## CONCENTRAÇÃO
380 mg de extrato seco de *Maytenus ilicifolia* por cápsula gelatinosa dura (equivalente a 7,6 mg de taninos, totais expressos em pirogalol)

## COMPOSIÇÃO:
Cada cápsula gelatinosa dura contém:
Extrato seco de folhas de *Maytenus ilicifolia* .........380 mg
Excipientes q.s.p. ...................................................... 1 cápsula
(amido, dióxido de silício coloidal, estearato de magnésio).

## CONCENTRAÇÃO DE PRINCÍPIOS ATIVOS
O Extrato seco está padronizado em 2,0% de taninos totais, expressos em pirogalol. Cada cápsula contém 7,6 mg de taninos totais, expressos em pirogalol.

## INFORMAÇÕES PARA O PROFISSIONAL DE SAÚDE
## INDICAÇÕES
Dispepsia e como coadjuvante no tratamento de gastrite e úlcera gastroduodenal.

## RESULTADOS DE EFICÁCIA
Os estudos farmacológicos e clínicos apresentaram resultados concordantes com o uso tradicional, no tratamento de queixas dispépticas e suportam sua eficácia e segurança terapêutica como coadjuvante no tratamento de úlcera péptica e dispepsias.

Cinco diferentes amostras de *Maytenus sp*, três delas a *M. ilicifolia*, revelaram potente efeito antiúlcera gástrica, quando utilizadas, por via intraperitonial, sob a forma de liofilizados, obtidos a partir de abafados, em ratos submetidos aos processos de indução de úlcera por indometacina ou por estresse de imobilização em baixa temperatura. O efeito protetor é dose-dependente, persiste, no mínimo, até 16 meses após a coleta da planta e é equiparável aos efeitos da cimetidina e ranitidina. Além da atividade antiúlcera, o liofilizado da espinheira-santa, à semelhança da cimetidina, aumentou grandemente o volume e o pH do conteúdo gástrico (CARLINI & BRAZ, 1988).

## CARACTERÍSTICAS FARMACOLÓGICAS
Este medicamento é constituído pelo extrato seco das folhas de *Maytenus ilicifolia* padronizado em taninos totais. Essa planta possui como principais constituintes químicos terpenos, taninos, ácidos fenólicos e flavonoides.

As ações da *M. ilicifolia* na úlcera péptica e gastrite envolvem mais de um mecanismo de ação e diferentes substâncias do fitocomplexo. Vários compostos participam do efeito protetor da mucosa gástrica, que resulta da redução da secreção basal de ácido clorídrico, bem como da secreção induzida por histamina (MACAUBAS, *et al.*, 1988). Sugestões de que a bomba de próton seja inibida pelo extrato não foram conclusivas.

## CONTRAINDICAÇÕES
Pacientes com histórico de hipersensibilidade e alergia a qualquer um dos componentes da fórmula não devem fazer uso do produto.

Este medicamento é contraindicado para pessoas com hipersensibilidade a extratos de *M. ilicifolia* ou outras plantas da família Celastraceae.

Não existem estudos disponíveis para recomendar o uso em menores de 12 anos.

O produto é contraindicado durante a lactação e a gravidez, pois diminui a produção de leite e pode provocar contrações uterinas.

**Este medicamento é contraindicado para menores de 12 anos.**

De acordo com a categoria de risco de fármacos destinados às mulheres grávidas, este medicamento apresenta categoria de risco C. **Este medicamento não deve ser utilizado por mulheres grávidas sem orientação médica ou do cirurgião-dentista.**

## ADVERTÊNCIAS E PRECAUÇÕES
De acordo com a categoria de risco de fármacos destinados às mulheres grávidas, este medicamento apresenta categoria de risco C. **Este medicamento não deve ser utilizado por mulheres grávidas sem orientação médica ou do cirurgião-dentista.**

## INTERAÇÕES MEDICAMENTOSAS
A administração concomitante de *M. ilicifolia* com bebidas alcoólicas e outros medicamentos não é recomendada, pois não existem estudos disponíveis sobre as interações medicamentosas deste fitoterápico.

## CUIDADOS DE ARMAZENAMENTO DO MEDICAMENTO
ESPINHEIRA SANTA NATULAB deve ser armazenado em locais com temperatura ambiente (temperatura entre 15 e 30ºC). Proteger da luz e umidade.

Nessas condições, o medicamento se manterá próprio para consumo, respeitando o prazo de validade de 24 meses, indicado na embalagem.

**Número de lotes e datas de fabricação e validade: vide embalagem.**

**Não use medicamento com prazo de validade vencido. Guarde-o em sua embalagem original.**

ESPINHEIRA SANTA NATULAB apresenta-se como uma cápsula gelatinosa dura, contendo pó fino, de coloração castanha e odor característico.

Antes de usar, observe o aspecto do medicamento. Todo medicamento deve ser mantido fora do alcance de crianças.

## POSOLOGIA E MODO DE USAR
Uso oral.

Ingerir 3 (três) cápsulas, 3 vezes ao dia (equivalente a 68,4 mg de taninos totais, expressos em pirogalol).

Utilizar apenas a via oral. O uso deste medicamento por outra via, que não a recomendada, pode causar a inefetividade do medicamento ou mesmo promover danos à saúde. Caso haja esquecimento da ingestão de uma dose deste medicamento, retomar a posologia sem a necessidade de suplementação.

**Este medicamento não deve ser partido, aberto ou mastigado.**

## REAÇÕES ADVERSAS
Não foram relatadas, até o momento, reações adversas graves ou que coloquem em risco a saúde dos pacientes. Raramente, podem ocorrer casos de hipersensibilidade. Nesse caso, suspender o uso e procurar orientação médica. **Em casos de eventos adversos, notifique ao Sistema de Notificação de Eventos Adversos a Medicamentos (Vigimed), disponível em http://portal.anvisa.gov.br/vigimed, ou para a Vigilância Sanitária Estadual ou Municipal.**

## SUPERDOSE
Plantas ricas em taninos, como a *M. ilicifolia*, em doses excessivas, podem causar irritação da mucosa gástrica e intestinal, gerando vômitos, cólicas intestinais e diarreia. Em caso de superdosagem, suspender o uso e procurar orientação médica de imediato.

**Em casos de intoxicação ligue para 0800 722 6001, se você precisar de mais orientações.**

## DIZERES LEGAIS
MS: 1.3841.0053
Farm. Responsável: Tales Vasconcelos de Cortes CRF/BA nº3745
**NATULAB LABORATÓRIO SA**
Rua H, nº2, Galpão 03 – Urbis II – Santo Antônio de Jesus – Bahia – CEP – 44.574-150
CNPJ: 02.456.955/0001-83
INDÚSTRIA BRASILEIRA
SAC: 0800 7307370

---

# EUCAPROL ÓLEO ESSENCIAL
*Eucalyptus globulus* Labill

## I – IDENTIFICAÇÃO DO MEDICAMENTO
**Eucaprol® Óleo Essencial de *Eucalyptus globulus***
**Nome científico:** *Eucalyptus globulus* Labill.
**Nome da Família:** Myrtaceae
**Parte Usada:** Óleo (extraído das folhas)
**Nome Popular:** Eucalipto
**Medicamento fitoterápico registrado com base no uso tradicional.**
**Não é recomendado o uso por período prolongado enquanto estudos clínicos amplos sobre sua segurança não forem realizados.**

## APRESENTAÇÃO
**Forma Farmacêutica:** Óleo
Frasco de vidro âmbar de 30,0 mL com conta-gotas

**USO EXTERNO E INALAÇÃO**
**USO ADULTO E PEDIÁTRICO ACIMA DE 12 ANOS**

## COMPOSIÇÃO
**EUCAPROL® ÓLEO ESSENCIAL DE EUCALYPTUS GLOBULUS**
Cada 1,0 mL (33 gotas) contém:
Óleo essencial de *Eucalyptus globulus* Labill...........1,0 mL
Equivalente a, no mínimo, 0,70 g/g de 1,8-cineol.

## II – INFORMAÇÕES AO PACIENTE
**1. PARA QUE ESTE MEDICAMENTO É INDICADO?**
**EUCAPROL® ÓLEO ESSENCIAL** é um medicamento indicado para inalação, com atividade antisséptica, expectorante e fluidificante do catarro nas vias aéreas superiores. E é também indicado para uso externo, na forma de massagem tópica, para o alívio de dores reumáticas.

**2. COMO ESTE MEDICAMENTO FUNCIONA?**
**O EUCAPROL® ÓLEO ESSENCIAL** apresenta, como constituinte ativo, o eucaliptol (1,8-cineol) que exerce atividade fluidificante, expectorante e antisséptica das vias aéreas superiores.
A atividade expectorante deste medicamento ocorre porque o eucaliptol fluidifica o catarro, tornando-o menos viscoso e mais "solto". Dessa forma, o catarro é expelido de maneira mais fácil, além de reduzir a produção de secreção brônquica.

Além disso, quando aplicado topicamente, conforme explicação detalhada na forma de uso deste medicamento (item 6 da bula), o eucaliptol apresenta ação rubefaciente, aliviando a sensação de desconforto decorrente das dores reumáticas.

### 3. QUANDO NÃO DEVO USAR ESTE MEDICAMENTO?

O produto é contraindicado para pessoas com hipersensibilidade aos componentes da fórmula.

**Este medicamento é contraindicado para gestantes, lactantes e crianças menores de 12 anos.**

É contraindicado o uso deste medicamento em pacientes com doenças inflamatórias gastrointestinais e hepáticas graves.

**Este medicamento é contraindicado para uso por pessoas com hipersensibilidade ou alergia a qualquer um dos componentes da fórmula (óleo de eucalipto). Informe ao médico ou cirurgião-dentista o aparecimento de reações indesejáveis. Informe ao médico ou cirurgião-dentista se você está fazendo uso de algum outro medicamento.**

### 4. O QUE DEVO SABER ANTES DE USAR ESTE MEDICAMENTO?

O óleo de eucalipto é tóxico e deve ser diluído previamente antes do uso interno ou externo. Muito frequentemente, quando aplicado sem diluições sobre a pele, o óleo de eucalipto pode provocar reações alérgicas locais, como urticárias, eczemas e dermatites de contato. Preparações de eucalipto não devem ser aplicadas na face nem no nariz de bebês ou crianças. O óleo essencial de eucalipto não deve ser administrado internamente em gestantes ou crianças. Em crianças asmáticas, inalações de eucalipto podem provocar broncoespasmos, mesmo em doses normais. O cineol, presente no óleo essencial de eucalipto, pode gerar algum grau de fototoxicidade.

**O produto é contraindicado para pessoas com hipersensibilidade ao óleo essencial de *Eucalyptus globulus*, gestantes, lactantes e crianças menores de 12 anos.**

**O óleo de eucalipto não pode ser ingerido. Para evitar ingestão acidental, guardar longe do alcance das crianças.**

Não existem contraindicações ou precauções específicas para pacientes idosos.

É contraindicado o uso deste medicamento em pacientes com doenças inflamatórias gastrointestinais e hepáticas graves.

**Informe ao seu médico ou cirurgião-dentista se ocorrer gravidez ou iniciar amamentação durante o uso deste medicamento.**

**Este medicamento é contraindicado para menores de 12 anos de idade.**

**Informe ao seu médico ou cirurgião-dentista se você está fazendo uso de algum outro medicamento.**

### 5. ONDE, COMO E POR QUANTO TEMPO POSSO GUARDAR ESTE MEDICAMENTO?

Deixar o produto sempre guardado na sua embalagem original. Guardar em temperatura ambiente (15° a 30°C) e proteger da luz e umidade.

O tempo de validade do produto é de 24 meses, contado a partir da data de fabricação impressa no cartucho e no rótulo do produto.

**Número de lote e datas de fabricação e validade: vide embalagem**

Não use medicamento com o prazo de validade vencido. Guarde-o em sua embalagem original.

EUCAPROL® ÓLEO ESSENCIAL DE EUCALYPTUS GLOBULUS apresenta coloração amarelo pálido e refrescância. **Antes de usar, observe o aspecto do medicamento. Caso você observe alguma mudança no aspecto do medicamento que ainda esteja dentro do prazo de validade, consulte o médico ou o farmacêutico para saber se poderá utilizá-lo.**

**Todo medicamento deve ser mantido fora do alcance das crianças.**

### 6. COMO DEVO USAR ESTE MEDICAMENTO?

EUCAPROL® ÓLEO ESSENCIAL DE EUCALYPTUS GLOBULUS apresenta coloração amarelo pálido, de sabor picante e canforáceo. Este medicamento pode ser usado em inalações, vaporização de ambientes ou massageado na pele para dores reumáticas (uso tópico externo).

### POSOLOGIA:

Para inalação, recomenda-se a diluição de 12 gotas de EUCAPROL® ÓLEO ESSENCIAL DE EUCALYPTUS GLOBULUS em 150,0 mL de água fervendo, inalar seus vapores, repetindo esse processo 3 vezes ao dia. Para o uso em vaporizador, recomenda-se colocar 30 gotas de EUCAPROL® ÓLEO ESSENCIAL DE EUCALYPTUS GLOBULUS no recipiente do vaporizador, deixando-o vaporizar por toda a noite. Ainda pode ser utilizado externamente, por adultos ou crianças acima de 12 anos, para alívio das dores reumáticas, diluindo-se o óleo na proporção de 6% (1,8 mL=58 gotas de óleo) em 30 mL de óleo vegetal ou mineral, e aplicando-se na região afetada com o auxílio de algodão ou gaze e massageando a região para se obter a ação rubefaciente.

**Siga corretamente o modo de usar. Em caso de dúvidas sobre este medicamento, procure orientação do farmacêutico. Não desaparecendo os sintomas, procure orientação de seu médico ou cirurgião-dentista.**

**Não use o medicamento com o prazo de validade vencido. Antes de usar, observe o aspecto do medicamento.**

## 7. O QUE DEVO FAZER QUANDO EU ME ESQUECER DE USAR ESTE MEDICAMENTO?

No caso de esquecimento, utilize o medicamento assim que se lembrar e continue o tratamento a partir daí, sem prejuízos.

**Em caso de dúvidas, procure orientação do farmacêutico ou de seu médico ou cirurgião-dentista.**

## 8. QUAIS OS MALES QUE ESTE MEDICAMENTO PODE CAUSAR?

Quando usado externamente, diluído conforme indicação, o óleo de eucalipto é não tóxico ou irritante. Podem ocorrer casos raros (1 em 10.000) de alergia ou irritação. Em crianças asmáticas, inalações de eucalipto podem provocar broncoespasmos, mesmo em doses normais. O cineol, presente no óleo essencial de eucalipto, pode gerar algum grau de fototoxicidade.

O óleo de eucalipto não deve ser friccionado diretamente no rosto ou na região do nariz de crianças.

**"Informe ao seu médico, cirurgião-dentista ou farmacêutico o aparecimento de reações indesejáveis pelo uso do medicamento. Informe também à empresa, entrando em contato através do Sistema de Atendimento ao Consumidor (SAC)"**

## 9. O QUE FAZER SE ALGUÉM USAR UMA GRANDE QUANTIDADE DESTE MEDICAMENTO DE UMA SÓ VEZ?

Em caso de ingestão acidental, procure ajuda profissional ou contate imediatamente um centro de tratamento de intoxicações. A ingestão acidental de óleo de *Eucalyptus* pode resultar em danos graves e irreparáveis.

**Em caso de uso de grande quantidade deste medicamento, procure rapidamente socorro médico e leve a embalagem ou bula do medicamento, se possível. Em caso de intoxicação ligue para 0800 722 6001, se você precisar de mais orientações sobre como proceder.**

## III – DIZERES LEGAIS:

**M.S: 1.2107.0010.002-1**

**Farmacêutica responsável:** Dra. Andresa Ap. Berretta CRF-SP nº 26.257

**APIS FLORA INDUSTRIAL E COMERCIAL LTDA**
Rua Triunfo, 945 | Ribeirão Preto – SP
CNPJ: 49.345.358/0001-45
Indústria Brasileira
www.apisflora.com.br
SAC (Serviço de Atendimento ao Consumidor): 0800 94 04 800

---

# EUCAPROL XAROPE
*Eucalyptus globulus*

## I – IDENTIFICAÇÃO DO MEDICAMENTO

Eucaprol® Xarope
**Nome Científico:** *Eucalyptus globulus* Labill
**Nome da Família:** Myrtaceae
**Parte Usada:** Folhas desidratadas
**Nome Popular:** Eucalipto

**Medicamento fitoterápico registrado com base no uso tradicional. Não é recomendado o uso por período prolongado enquanto estudos clínicos amplos sobre sua segurança não forem realizados.**

### APRESENTAÇÃO:

Forma farmacêutica: Xarope com 6,0 mg de eucaliptol (1,8-cineol) por 10 mL de xarope (1 copo dosador)
Frasco PET âmbar contendo 150 mL de xarope com 1 (um) copo dosador de 10 mL

**USO ORAL**
**USO ADULTO E PEDIÁTRICO ACIMA DE 2 ANOS**

### COMPOSIÇÃO EUCAPROL® XAROPE

Cada 10,0 mL contém:
Extrato Padronizado de Eucalipto (*Eucalyptus globulus*) (*) ..................................................................... 1,0 g
Veículo q.s.p. ......................................................... 10,0 mL
(Mel, óleo essencial de menta, sorbato de potássio e açúcar líquido invertido)
(*) Padronizado a 6,0 mg/g de 1,8-cineol.
Cada copo dosador (10 mL) do xarope contém 6,0 mg de eucaliptol (1,8-cineol).

## II – INFORMAÇÕES AO PACIENTE
## 1. PARA QUE ESTE MEDICAMENTO É INDICADO?
Este medicamento é indicado como expectorante, antisséptico e antibacteriano das vias aéreas superiores.

## 2. COMO ESTE MEDICAMENTO FUNCIONA?
O EUCAPROL® XAROPE apresenta como constituinte ativo o eucaliptol (1,8-cineol) que exerce atividade expectorante e antisséptica das vias aéreas superiores.

A atividade expectorante deste medicamento ocorre porque o eucaliptol fluidifica o catarro, tornando-o menos viscoso e mais "solto". Dessa forma, catarro é expelido de maneira mais fácil, além de reduzir a produção de secreção brônquica.

## 3. QUANDO NÃO DEVO USAR ESTE MEDICAMENTO?
O produto é contraindicado para pessoas com hipersensibilidade ao *Eucalyptus globulus*. Gestantes e lactantes devem realizar o tratamento sob orientação médica.

Não existem contraindicações ou precauções específicas para pacientes idosos. É contraindicado o uso deste medicamento em pacientes com doenças inflamatórias gastrointestinais e hepáticas graves e em pacientes diabéticos.

**Este medicamento é contraindicado para uso por pessoas com hipersensibilidade ou alergia a qualquer um dos componentes da fórmula. Este medicamento é contraindicado para uso por crianças menores de 2 anos de idade.**

**Não deve ser utilizado durante a gravidez e a amamentação, exceto sob orientação médica. Informe ao seu médico ou cirurgião-dentista se ocorrer gravidez ou iniciar amamentação durante o uso deste medicamento.**

**Informe ao médico ou cirurgião-dentista o aparecimento de reações indesejáveis. Informe ao médico ou cirurgião-dentista se você está fazendo uso de algum outro medicamento.**

**Atenção diabéticos: este medicamento contém AÇÚCAR.**

## 4. O QUE DEVO SABER ANTES DE USAR ESTE MEDICAMENTO?
O produto é contraindicado para pessoas com hipersensibilidade ao *Eucalyptus globulus*. Gestantes, lactantes e crianças com idade inferior a 2 anos devem realizar o tratamento sob orientação médica.

Não existem contraindicações ou precauções específicas para pacientes idosos. É contraindicado o uso deste medicamento em pacientes com doenças inflamatórias gastrointestinais e hepáticas graves e em pacientes diabéticos.

**Não deve ser utilizado durante a gravidez e a amamentação, exceto sob orientação médica. Informe ao seu médico ou cirurgião-dentista se ocorrer gravidez ou iniciar amamentação durante o uso deste medicamento.**

**Este medicamento é contraindicado para menores de 2 anos de idade. Atenção diabéticos: este medicamento contém AÇÚCAR.**

**Informe ao seu médico ou cirurgião-dentista se você está fazendo uso de algum outro medicamento.**

## 5. ONDE, COMO E POR QUANTO TEMPO POSSO GUARDAR ESTE MEDICAMENTO?
Deixar o produto sempre guardado na sua embalagem original. Guardar em temperatura ambiente (15° a 30°C) e proteger da luz e umidade.

O tempo de validade do produto é de 24 meses, contados a partir da data de fabricação impressa no cartucho e no rótulo do produto.

**Número de lote e datas de fabricação e validade: vide embalagem.**

**Não use medicamento com o prazo de validade vencido. Guarde-o em sua embalagem original.**
EUCAPROL® XAROPE apresenta coloração amarelada, considerável viscosidade, sabor adocicado e refrescância.

**Antes de usar, observe o aspecto do medicamento. Caso você observe alguma mudança no aspecto do medicamento que ainda esteja dentro do prazo de validade, consulte o médico ou o farmacêutico para saber se poderá utilizá-lo.**

**Todo medicamento deve ser mantido fora do alcance das crianças.**

## 6. COMO DEVO USAR ESTE MEDICAMENTO?
EUCAPROL® XAROPE apresenta coloração amarelada, considerável viscosidade, sabor adocicado e refrescância. Pode ser ingerido diretamente com o auxílio do copo dosador de 10 mL (6,0 mg de 1,8-cineol/copo dosador de 10 mL) ou uma colher, conforme posologia descrita abaixo.

**Recomendamos agitar o frasco antes de usar.**
**POSOLOGIA:**

**Adultos:** Salvo critério médico, recomenda-se a ingestão de 10 mL (1 copo dosador), 3 a 4 vezes ao dia (equivalente a 6,0 mg de 1,8-cineol por dose, 18,0 ou 24,0 mg de cineol/dia), sendo os intervalos entre as ingestões de 6 ou 8 horas. Ou seja, no caso da ingestão de 3 copos dosadores, recomenda-se a periodicidade da administração de 8 em 8 horas. No caso da administração de 4 copos dosadores, os intervalos entre cada ingestão devem ser de 6 horas. **Uso Pediátrico:** Salvo a critério médico, para crianças até 12 anos recomenda-se a ingestão de 0,5 mL/kg/dia, sendo dividido em 3 ou 4 tomadas ao dia em intervalos de 6 a 8 horas, conforme tabela abaixo que indica a quantidade por dia:

| Peso Criança | Dosagem/dia |
| --- | --- |
| 9,0 kg | 4,5 mL/dia |
| 10,0 kg | 5,0 mL/dia |
| 11,0 kg | 5,5 mL/dia |
| 12,0 kg | 6,0 mL/dia |
| 13,0 kg | 6,5 mL/dia |
| 14,0 kg | 7,0 mL/dia |
| 15,0 kg | 7,5 mL/dia |
| 16,0 kg | 8,0 mL/dia |
| 17,0 kg | 8,5 mL/dia |
| 18,0 kg | 9,0 mL/dia |
| 19,0 kg | 9,5 mL/dia |
| 20,0 kg | 10,0 mL/dia |
| 21,0 kg | 10, mL/dia |
| 22,0 kg | 11,0 mL/dia |

| Peso Criança | Dosagem/dia |
| --- | --- |
| 23,0 kg | 11,5 mL/dia |
| 24,0 kg | 12,0 mL/dia |
| 25,0 kg | 12,5 mL/dia |
| 26,0 kg | 13,0 mL/dia |
| 27,0 kg | 13,5 mL/dia |
| 28,0 kg | 14,0 mL/dia |
| 29,0 kg | 14,5 mL/dia |
| 30,0 kg | 15,0 mL/dia |
| 31,0 kg | 15,5 mL/dia |
| 32,0 kg | 16,0 mL/dia |
| 33,0 kg | 16,5 mL/dia |
| 34,0 kg | 17,0 mL/dia |
| 35,0 kg | 17,5 mL/dia |
| 36,0 kg | 18,0 mL/dia |

O tempo de tratamento é variável, sendo que nos casos de afecções respiratórias agudas, sugere-se o tratamento por 7 dias, enquanto nos processos crônicos, por até duas semanas.

### USO ORAL

A recomendação máxima de ingestão diária é de 7 copos dosadores (10 mL) ou 7 colheres de sopa ao dia, correspondente a 42,0 mg de 1,8-cineol/dia.

A dose terapêutica, determinada com base na lista de medicamentos fitoterápicos de registro simplificado da Anvisa (IN n. 5, 11/12/2008), é de 14 mg a 42,5 mg de 1,8-cineol/dia, equivalente à concentração de 0,23 mg a 0,71 mg/kg/dia, considerando-se o peso médio de um adulto em torno de 60,0 kg. Assim, considerando que a concentração de 1,8-cineol/mL de xarope é 0,60 mg, pode-se sugerir a dosagem de 0,5 mL/kg/dia do **EUCAPROL® XAROPE**, compatibilizando com a dose de 3 copos dosadores para adultos. **Siga corretamente o modo de usar. Em caso de dúvidas sobre este medicamento, procure orientação do farmacêutico. Não desaparecendo os sintomas, procure orientação de seu médico ou cirurgião-dentista.**

No caso de esquecimento o paciente deve utilizar a medicação no momento em que se lembrar e prosseguir normalmente o tratamento.

**ATENÇÃO: Este medicamento não é um genérico, portanto não é um substituto de um outro medicamento que tenha o (s) mesmo (s) fármaco (s).**

### 7. O QUE DEVO FAZER QUANDO EU ME ESQUECER DE USAR ESTE MEDICAMENTO?

No caso de esquecimento, tome o medicamento assim que se lembrar e continue o tratamento sem prejuízos para o mesmo.

**Em caso de dúvidas, procure orientação do farmacêutico ou de seu médico, ou cirurgião-dentista.**

### 8. QUAIS OS MALES QUE ESTE MEDICAMENTO PODE CAUSAR?

Pessoas hipersensíveis aos componentes da fórmula podem apresentar reações adversas. Nas doses recomendadas, o extrato das folhas de *Eucalyptus globulus* apresenta, em geral, boa tolerância. Podem ocorrer casos raros (1 em 10.000) de náusea, vômito e diarreia.

**Informe ao seu médico, cirurgião-dentista ou farmacêutico o aparecimento de reações indesejáveis pelo uso do medicamento. Informe também à empresa, entrando em contato através do Sistema de Atendimento ao Consumidor (SAC).**

## 9. O QUE FAZER SE ALGUÉM USAR UMA GRANDE QUANTIDADE DESTE MEDICAMENTO DE UMA SÓ VEZ?

Em caso de ingestão acidental, procure ajuda profissional ou contate imediatamente um centro de tratamento de intoxicações.

**Em caso de uso de grande quantidade deste medicamento, procure rapidamente socorro médico e leve a embalagem ou bula do medicamento se possível. Em caso de intoxicação ligue para 0800 722 6001, se você precisar de mais orientações sobre como proceder.**

**III – DIZERES LEGAIS:**
M.S: 1.2107.0010.001-1
**Farmacêutica responsável:** Dra. Andresa Ap. Berretta CRF-SP nº 26.257
**APIS FLORA INDUSTRIAL E COMERCIAL LTDA**
Rua Triunfo, 945 | Ribeirão Preto – SP
CNPJ: 49.345.358/0001-45
**Indústria Brasileira**
www.apisflora.com.br
SAC (Serviço de Atendimento ao Consumidor): 0800 94 04 800

# F

# FIBIRAX PLANT

### I) Identificação do medicamento
*Plantago ovata* 3,5g lspaghula husk
**Concentração do princípio ativo**
Contém 3,5g de casca da semente de *Plantago ovata* (Ispaghula husk).
**Nomenclatura botânica e parte utilizada da planta**
*Plantago ovata* Forsk (plantaginaceae), casca (epiderme e camadas adjacentes) da semente.

### MEDICAMENTO FITOTERÁPICO REGISTRADO COM BASE NO USO TRADICIONAL

### APRESENTAÇÕES:
Pó efervescente. Embalagens com 10 e 30 envelopes de 5g. Uso oral após dissolução em água.

### USO ADULTO E EM CRIANÇAS ACIMA DE 6 ANOS

**Composição**
Cada envelope (5g) contém:
Casca da semente do *Plantago ovata* (Ispaghula husk)3,5g
sacarina sódica ............................................................. 0,030 g
excipiente efervescente q.s.p. ........................................... 5 g
excipiente: bicarbonato de sódio, ácido tartárico, essência de laranja, amarelo crepúsculo.

### II) INFORMAÇÕES AO PACIENTE
**1 – PARA QUE ESTE MEDICAMENTO É INDICADO?**
**Fibirax Plant** é indicado tanto na diarreia como na constipação intestinal. Adicionalmente, retém gorduras e açúcares na sua estrutura, auxiliando a redução da glicemia e dos níveis séricos do colesterol. Pode ser utilizado para complementar a ingestão diária de fibras.

**2 – COMO ESTE MEDICAMENTO FUNCIONA?**
**Fibirax Plant** é composto por fibras vegetais que possuem grande capacidade de reter líquido, aumentando o volume e diminuindo a consistência das fezes (facilitando a evacuação), sendo indicado tanto na diarreia como na constipação intestinal. Adicionalmente, retém gorduras e açúcares na sua estrutura, auxiliando a redução da glicemia e dos níveis séricos do colesterol.

Também pode ser utilizado para complementar a ingestão diária de fibras. Como **Fibirax Plant** não contém estimulantes da motilidade ou irritantes da mucosa intestinal, pode ser utilizado por pessoas que são alérgicas a essas substâncias ou em casos em que não há contraindicação específica.

### 3 – QUANDO NÃO DEVO USAR ESTE MEDICAMENTO?

**Fibirax Plant** não deve ser utilizado por pessoas com obstrução intestinal ou hipersensibilidade a *Plantago ovata*.

### 4 – O QUE DEVO SABER ANTES DE USAR ESTE MEDICAMENTO?

**Precauções**

Não administrar **Fibirax Plant** quando houver dor abdominal, náuseas ou vômitos.

Informe ao seu médico sobre qualquer medicamento que esteja usando, antes do início ou durante o tratamento.

**Interrupção do tratamento**

Não interrompa o tratamento sem o conhecimento do seu médico.

**Gravidez e lactação** Informe ao seu médico a ocorrência de gravidez na vigência do tratamento ou após o seu término. Informe ao médico se estiver amamentando.

**Pacientes idosos**

Não há restrições ou recomendações especiais com relação ao uso do produto por pacientes idosos.

**Reações adversas**

Informe ao seu médico o aparecimento de reações desagradáveis tais como: gases, sensação de plenitude, dor abdominal ou diarreia.

**Informe ao seu médico ou cirurgião-dentista se você está fazendo uso de algum outro medicamento.**

### 5 – ONDE, COMO E POR QUANTO TEMPO POSSO GUARDAR ESTE MEDICAMENTO?

Manter à temperatura ambiente (15°C a 30°C). Proteger da luz e manter em lugar seco. O medicamento deve ser guardado dentro de sua embalagem original.

**Número de lote e datas de fabricação e validade: vide embalagem.**

**Não use medicamento com o prazo de validade vencido. Para sua segurança, mantenha o medicamento em sua embalagem original.**

**Características físicas e organolépticas:**

**Fibirax Plant** é um pó fino, uniforme, na cor marrom clara, com sabor e odor de laranja.

**Antes de usar, observe o aspecto do medicamento.**

**Caso você observe alguma mudança no aspecto do medicamento que ainda esteja no prazo de validade, consulte o médico ou farmacêutico para saber se poderá utilizá-lo.**

### 6 – TODO MEDICAMENTO DEVE SER MANTIDO FORA DO ALCANCE DAS CRIANÇAS. COMO DEVO USAR ESTE MEDICAMENTO?

**Posologia**

Adultos

1 envelope dissolvido em água, 1 a 3 vezes por dia.

Crianças entre 6 a 12 anos

Meio envelope dissolvido em água, 1 a 3 vezes por dia.

Crianças acima de 12 anos

1 envelope dissolvido em água, 1 a 3 vezes por dia.

**Modo de usar**

Esvaziar o conteúdo do envelope em um copo completar o copo com 150 mL de água fria, mexer vigorosamente até que a mistura fique uniforme. Após finalizar a efervescência tomar imediatamente.

A medicação deverá ser ingerida durante ou após as refeições. Durante o tratamento, recomenda-se a ingestão de 1 a 2 litros de água por dia.

Recomenda-se ingerir um copo de água adicional, após a ingestão de **Fibirax Plant.**

**Siga corretamente o modo de usar. Em caso de dúvidas sobre este medicamento, procure orientação do farmacêutico. Não desaparecendo os sintomas, procure orientação de seu médico ou cirurgião-dentista.**

### 7 – O QUE DEVO FAZER QUANDO EU ME ESQUECER DE USAR ESTE MEDICAMENTO?

No caso do esquecimento de uma dose, o medicamento deve ser ingerido em outro horário do mesmo dia, sem prejuízo do tratamento. **Em caso de dúvidas, procure orientação do farmacêutico ou de seu médico, ou cirurgião-dentista.**

### 8 – QUAIS OS MALES QUE ESTE MEDICAMENTO PODE ME CAUSAR?

As reações adversas deste medicamento são em geral leves e transitórias. No início do tratamento e dependendo da dose podem ocorrer alguns distúrbios, como flatulência e sensação de plenitude, que desaparecem em poucos dias sem necessidade de interromper a administração. Em certos casos, pode ocorrer dor abdominal ou diarreia. Excepcionalmente, pode aparecer algum caso de obstrução intestinal ou esofágica e reações alérgicas.

Informe ao seu médico, cirurgião-dentista ou farmacêutico o aparecimento de reações indesejáveis pelo uso do medicamento.

## 9 – O QUE FAZER SE ALGUÉM USAR UMA QUANTIDADE MAIOR QUE A INDICADA DESTE MEDICAMENTO?

Não foram descritos casos de intoxicação por superdose em virtude de os princípios ativos dessa formulação não serem absorvidos. No entanto, em caso de ingestão excessiva, deve-se proceder o tratamento sintomático. Deve-se ressaltar a importância de uma hidratação adequada, especialmente se o medicamento for ingerido sem prévia dissolução em água.

Em caso de uso de grande quantidade deste medicamento, procure rapidamente socorro médico e leve a embalagem ou bula do medicamento, se possível. Ligue para 0800 722 6001, se você precisar de mais orientações.

### III) DIZERES LEGAIS
Reg. MS. nº 1.0235.0994
Farm. Resp.: Dr. Ronoel Caza de Dio CRF-SP nº 19.710
Registrado e fabricado por: **EMS S. A.**
Rod. Jornalista F. A. Proença, km 08
Bairro Chácara Assay – Hortolândia/SP – CEP 13186-901
CNPJ: 57.507.378/0003-65
INDÚSTRIA BRASILEIRA
Comercializado por: **NOVA QUÍMICA FARMACÊUTICA S. A.**
Barueri – SP

---

# FIBREMS
*Plantago ovata* (Ispaghula husk)

## I) IDENTIFICAÇÃO DO MEDICAMENTO
**Concentração do princípio ativo**
Contém 3,5g de casca da semente de *Plantago ovata* (Ispaghula husk).
**Nomenclatura botânica e parte utilizada da planta**
*Plantago ovata* Forsk (Plantaginaceae), casca (epiderme e camadas adjacentes) da semente.

**MEDICAMENTO FITOTERÁPICO REGISTRADO COM BASE NO USO TRADICIONAL**

**APRESENTAÇÕES:**
Pó efervescente. Embalagens com 2, 10, 20, 30, 50 e 100 envelopes de 5g. Uso oral após dissolução em água.

**USO ADULTO E EM CRIANÇAS ACIMA DE 6 ANOS**

**Composição**
Cada envelope (5g) contém:
casca da semente de *Plantago ovata* (Ispaghula husk) 3,5 g
sacarina sódica ................................................................. 0,030 g
excipiente efervescente q.s.p .......................................... 5 g
excipiente: bicarbonato de sódio, ácido tartárico, essência de laranja, corante amarelo crepúsculo 6.

## II) INFORMAÇÕES AO PACIENTE
### 1. PARA QUE ESTE MEDICAMENTO É INDICADO?
**FIBREMS** é indicado tanto na diarreia como na constipação intestinal. Adicionalmente, retém gorduras e açúcares na sua estrutura, auxiliando a redução da glicemia e dos níveis séricos do colesterol.
Pode ser utilizado para complementar a ingestão diária de fibras.

### 2. COMO ESTE MEDICAMENTO FUNCIONA?
**FIBREMS** é composto por fibras vegetais que possuem grande capacidade de reter líquido, aumentando o volume e diminuindo a consistência das fezes (facilitando a evacuação), sendo indicado tanto na diarreia como na constipação intestinal. Adicionalmente, retém gorduras e açúcares na sua estrutura, auxiliando a redução da glicemia e dos níveis séricos do colesterol.
Também pode ser utilizado para complementar a ingestão diária de fibras.
Como **FIBREMS** não contém estimulantes da motilidade ou irritantes da mucosa intestinal, pode ser utilizado por pessoas que são alérgicas a essas substâncias ou em casos em que não há contraindicação específica.

### 3. QUANDO NÃO DEVO USAR ESTE MEDICAMENTO?
**FIBREMS** não deve ser utilizado por pessoas com obstrução intestinal ou hipersensibilidade a *Plantago ovata*.

### 4. O QUE DEVO SABER ANTES DE USAR ESTE MEDICAMENTO?
**Precauções**
Não administrar **FIBREMS** quando houver dor abdominal, náuseas ou vômitos.
Informe ao seu médico sobre qualquer medicamento que esteja usando, antes do início ou durante o tratamento.

**Interrupção do tratamento**
Não interrompa o tratamento sem o conhecimento do seu médico.

**Gravidez e lactação**
Informe ao seu médico a ocorrência de gravidez na vigência do tratamento ou após o seu término. Informe ao médico se estiver amamentando.

**Pacientes idosos**
Não há restrições ou recomendações especiais com relação ao uso do produto por pacientes idosos.

**Reações adversas**
Informe ao seu médico o aparecimento de reações desagradáveis tais como: gases, sensação de plenitude, dor abdominal ou diarreia.

**Informe ao seu médico ou cirurgião-dentista se você está fazendo uso de algum outro medicamento.**

## 5. ONDE, COMO E POR QUANTO TEMPO POSSO GUARDAR ESTE MEDICAMENTO?

Manter à temperatura ambiente (15ºC a 30ºC). Proteger da luz e manter em lugar seco. O medicamento deve ser guardado dentro de sua embalagem original.

**Número de lote e datas de fabricação e validade: vide embalagem.**

**Não use medicamento com prazo de validade vencido. Para sua segurança, mantenha o medicamento em sua embalagem original.**

**Características físicas e organolépticas:**
FIBREMS é um pó fino, uniforme, na cor marrom clara, com sabor e odor de laranja.

**Antes de usar, observe o aspecto do medicamento.**

**Caso você observe alguma mudança no aspecto do medicamento que ainda esteja no prazo de validade, consulte o médico ou farmacêutico, para saber se poderá utilizá-lo.**

**TODO MEDICAMENTO DEVE SER MANTIDO FORA DO ALCANCE DAS CRIANÇAS.**

## 6. COMO DEVO USAR ESTE MEDICAMENTO?

**Posologia**
Adultos
1 envelope dissolvido em água, 1 a 3 vezes por dia.
Crianças entre 6 a 12 anos
Meio envelope dissolvido em água, 1 a 3 vezes por dia.
Crianças acima de 12 anos
1 envelope dissolvido em água, 1 a 3 vezes por dia.

**Modo de usar**
1. Esvaziar o conteúdo do envelope em um copo
2. Completar o copo com 150 mL de água fria
3. Mexer vigorosamente até que a mistura fique uniforme
4. Após finalizar a efervescência tomar imediatamente

A medicação deverá ser ingerida durante ou após as refeições.

Durante o tratamento, recomenda-se a ingestão de 1 a 2 litros de água por dia.

Recomenda-se ingerir um copo de água adicional, após a ingestão de **FIBREMS**.

**Siga corretamente o modo de usar. Em caso de dúvidas sobre este medicamento, procure orientação do farmacêutico. Não desaparecendo os sintomas, procure orientação de seu médico ou cirurgião-dentista.**

## 7. O QUE DEVO FAZER QUANDO EU ME ESQUECER DE USAR ESTE MEDICAMENTO?

No caso do esquecimento de uma dose, o medicamento deve ser ingerido em outro horário do mesmo dia, sem prejuízo do tratamento.

**Em caso de dúvidas, procure orientação do farmacêutico ou de seu médico, ou cirurgião-dentista.**

## 8. QUAIS OS MALES QUE ESTE MEDICAMENTO PODE ME CAUSAR?

As reações adversas deste medicamento são em geral leves e transitórias. No início do tratamento e dependendo da dose podem ocorrer alguns distúrbios, como flatulência e sensação de plenitude, que desaparecem em poucos dias sem necessidade de interromper a administração. Em certos casos, pode ocorrer dor abdominal ou diarreia. Excepcionalmente, pode aparecer algum caso de obstrução intestinal ou esofágica e reações alérgicas.

**Informe ao seu médico, cirurgião-dentista ou farmacêutico o aparecimento de reações indesejáveis pelo uso do medicamento.**

## 9. O QUE FAZER SE ALGUÉM USAR UMA QUANTIDADE MAIOR QUE A INDICADA DESTE MEDICAMENTO?

Não foram descritos casos de intoxicação por superdose em virtude de os princípios ativos desta formulação não serem absorvidos. No entanto, em caso de ingestão excessiva, deve-se proceder o tratamento sintomático.

Deve-se ressaltar a importância de uma hidratação adequada, especialmente se o medicamento for ingerido sem prévia dissolução em água.

**Em caso de uso de grande quantidade deste medicamento, procure rapidamente socorro médico e leve a embalagem ou bula do medicamento, se possível. Ligue para 0800 722 6001, se você precisar de mais orientações.**

### III) DIZERES LEGAIS
Reg. MS: 1.3569.0572
Farm. Resp.: Dr. Adriano Pinheiro Coelho CRF-SP nº 22.883
Registrado por: **EMS SIGMA PHARMA LTDA.** Rod. Jornalista F. A. Proença, km 08 Hortolândia/SP – CEP 13186-901
CNPJ: 00.923.140/0001-31 INDÚSTRIA BRASILEIRA
Fabricado e comercializado por: **EMS S. A.** Hortolândia/SP

---

# FIGATIL

**Nomenclatura e parte da planta utilizada:**
Alcachofra – *Cynara scolymus* – Compositae – folha
Boldo – *Peumus boldus* – Monimiaceae – folha

**MEDICAMENTO FITOTERÁPICO REGISTRADO COM BASE NO USO TRADICIONAL.**
**Não é recomendado o uso por período prolongado enquanto estudos clínicos amplos sobre sua segurança não forem realizados.**

**Forma farmacêutica e apresentação:**
Solução oral concentrada – Cartucho com frasco plástico transparente âmbar x 150mL
Solução oral – Cartucho com 48 flaconetes plásticos transparentes âmbar x 10mL

### VIA ORAL USO ADULTO
Solução oral concentrada – Contém 150mL. Solução oral – Contém 48 x 10mL.

### COMPOSIÇÃO:
**Solução oral concentrada:**
Cada colher de chá (5ml) contém:
Ext. fl. de alcachofra ..........................................0,8335mL [a]
Ext. fl. de boldo .................................................0,8335mL [b]
Excipientes: sacarose, metilparabeno, óleo de laranja, sacarina sódica, hidróxido de sódio 50% e água purificada.
equivalente a 0,21% ou 1,75mg de derivados cafeoilquínicos em ácido clorogênico (marcador)
equivalente a 0,03% ou 0,25mg de alcaloides totais em boldina (marcador)

**Solução oral:**
Cada flaconete (10mL) contém:
Ext. fl. de alcachofra ..........................................0,8335mL [a]
Ext. fl. de boldo .................................................0,8335mL [b]
Excipientes: sacarose, propilenoglicol, metilparabeno, óleo de laranja, sacarina sódica, hidróxido de sódio 50% e água purificada.
equivalente a 0,21% ou 1,75mg de derivados cafeoilquínicos em ácido clorogênico (marcador)
equivalente a 0,03% ou 0,25mg de alcaloides totais em boldina (marcador)
1mL equivale a 20 gotas. 1 gota contém 0,02mg de princípios ativos.

### INFORMAÇÕES AO PACIENTE:
**1. PARA QUE ESTE MEDICAMENTO É INDICADO?**
O produto Figatil® é indicado como colerético e colagogo, e para o tratamento sintomático dos distúrbios gastrointestinais espásticos.

**2. COMO ESTE MEDICAMENTO FUNCIONA ?**
Figatil® é um medicamento fitoterápico composto por plantas com reconhecidas propriedades digestivas. O boldo e a alcachofra apresentam propriedades coleréticas e colagogas que ajudam na digestão.
O tempo médio de início da ação do medicamento é de cerca de 15 a 30 minutos.

**3. QUANDO NÃO DEVO USAR ESTE MEDICAMENTO?**
Figatil® não deve ser usado por pacientes com hipersensibilidade conhecida aos componentes da fórmula.
O Figatil® não deve ser usado por mulheres grávidas, visto que este poderá provocar contrações uterinas e acelerar o parto. Também não deve ser usado durante a amamentação devido à falta de estudos disponíveis. Os princípios ativos amargos podem passar pelo leite materno.
Figatil® é contraindicado nos seguintes casos:
obstrução do ducto biliar;
colangite (inflamação das vias biliares);
câncer no ducto biliar, câncer de fígado ou câncer pancreático;

doenças hepáticas severas como hepatite virótica, hepatite tóxica ou cirrose;

cálculos biliares;

icterícia proveniente de anemia hemolítica e outras causadas por hiperbilirrubinemia não conjugadas;

inflamação séptica da vesícula biliar.

**O medicamento deve ser evitado por crianças menores de 12 anos.**

**Este medicamento é contraindicado para uso por diabéticos.**

**Este medicamento é contraindicado para uso por mulheres grávidas sem orientação médica ou do cirurgião-dentista [Categoria C].**

## 4. O QUE DEVO SABER ANTES DE USAR ESTE MEDICAMENTO?

**Atenção diabéticos: este medicamento contém SACAROSE.**

**Interações medicamentosas**

Pacientes usando warfarina, devem ser avisados que existe uma possível Interação com Figatil®.

**Informe ao seu médico ou cirurgião-dentista se você está fazendo uso de algum outro medicamento.**

## 5. ONDE, COMO E POR QUANTO TEMPO POSSO GUARDAR ESTE MEDICAMENTO?

Figatil® solução oral concentrada e solução oral devem ser guardados em sua embalagem original, à temperatura ambiente [15ºC a 30ºC].

O produto Figatil® solução oral e solução oral concentrada apresentam validade de 24 meses.

**Número de lote e datas de fabricação e validade: vide embalagem.**

**Não use medicamento com o prazo de validade vencido. Guarde-o em sua embalagem original.**

Após a abertura da embalagem, o produto deve ser guardado adequadamente para se manter próprio ao consumo dentro do prazo de validade.

O produto Figatil® solução oral concentrada apresenta-se como um líquido móvel, de cor castanho avermelhado e com odor de laranja e boldo. Seu sabor é amargo, levemente adocicado e picante.

O produto Figatil® solução oral apresenta-se como um líquido móvel, de cor castanho avermelhado e com odor de laranja e boldo. Seu sabor é amargo, levemente adocicado e picante.

**Antes de usar, observe o aspecto do medicamento. Caso ele esteja no prazo de validade e você observe alguma mudança no aspecto, consulte o farmacêutico para saber se poderá utilizá-lo.**

**Todo medicamento deve ser mantido fora do alcance das crianças.**

## 6. COMO DEVO USAR ESTE MEDICAMENTO?

Este medicamento não deve ser utilizado por via de administração não recomendada.

A solução oral e a solução oral concentrada devem ser ingeridas por via oral.

A posologia do Figatil® solução oral concentrada (diluir em água) foi estabelecida como 1 colher de chá (5ml), 1 a 6 vezes ao dia.

A posologia em mL do produto por peso corpóreo é de 0,4ml/kg/dia.

A dose máxima deste medicamento deverá ser 6 colheres de chá (30mL) ao dia, dividida em 6 doses.

A posologia do Figatil® solução oral foi estabelecida como 1 flaconete (10mL), 1 a 6 vezes ao dia.

A posologia em mL do produto por peso corpóreo é de 0,8ml/kg/dia.

A dose máxima deste medicamento deverá ser 6 flaconetes (60mL) ao dia, dividida em 6 doses.

Assim como todos os medicamentos, informe ao seu profissional da saúde todas as plantas medicinais e fitoterápicos que estiver tomando. Interações podem ocorrer entre medicamentos e plantas medicinais e mesmo entre duas plantas medicinais quando administradas ao mesmo tempo.

**Siga corretamente o modo de usar. Em caso de dúvidas sobre este medicamento, procure orientação do farmacêutico. Não desaparecendo os sintomas, procure orientação de seu médico ou cirurgião-dentista.**

## 7. O QUE DEVO FAZER QUANDO EU ME ESQUECER DE USAR ESTE MEDICAMENTO?

Caso você esqueça de tomar uma dose do produto Figatil®, não é necessário tomar a dose esquecida, deve-se apenas tomar a próxima dose, no horário correto.

Nunca tome uma dose dobrada para compensar a dose perdida.

**Em caso de dúvidas, procure orientação do farmacêutico ou de seu médico, ou cirurgião-dentista.**

## 8. QUAIS OS MALES QUE ESTE MEDICAMENTO PODE ME CAUSAR?

Reação rara (ocorre entre 0,01% e 0,1% dos pacientes que utilizam o medicamento): Figatil® é bem tolerado nas doses terapêuticas descritas na posologia, podendo causar em raros casos distúrbios gastrointestinais ou reações alérgicas em pessoas sensíveis.

**Informe ao seu médico, cirurgião-dentista ou farmacêutico o aparecimento de reações indesejáveis pelo uso do medicamento. Informe também à empresa através do seu Serviço de Atendimento ao Consumidor (SAC).**

## 9. O QUE FAZER SE ALGUÉM USAR UMA QUANTIDADE MAIOR DO QUEA INDICADA DESTE MEDICAMENTO?

A administração de altas doses pode levar a transtornos nos rins, vômitos, diarreia e espasmos.

Se ocorrer ingestão acidental do produto em doses excessivas, deve-se procurar orientação médica e deve ser considerado o esvaziamento gástrico logo após o incidente.

**Em caso de uso de grande quantidade deste medicamento, procure rapidamente socorro médico e leve a embalagem ou bula do medicamento, se possível. Ligue para 0800 722 6001, se você precisar de mais orientações.**

### DIZERES LEGAIS

Solução Oral Concentrada M.S. 1.0066.0019.004-2
Solução Oral M.S. 1.0066.0019.009-3
Farm. Resp.: Carlos E. de Carvalho CRF-SC Nº 4366
**Laboratório Catarinense Ltda.**
Rua Dr. João Colin, 1053 89204-001 – Joinville – SC
CNPJ: 84.684.620/0001-87
Indústria Brasileira
**SAC 0800-474222**
www.catarinensepharma.com.br
® = marca registrada do Laboratório Catarinense Ltda.

---

# FIGATOSAN

**Nomenclatura popular:** Boldo, Boldo do Chile
**Nomenclatura botânica oficial:** *Peumus boldus* Molina
**Família:** Monimiaceae
**Parte da planta utilizada:** Folhas

**PRODUTO REGISTRADO COM BASE NO USO TRADICIONAL, NÃO SENDO RECOMENDADO SEU USO POR PERÍODO PROLONGADO.**

## INFORMAÇÕES QUANTO ÀS APRESENTAÇÕES E COMPOSIÇÃO:

Cartucho com frasco contendo 100mL de solução oral com 0,67mL/10mL de extrato fluido 0,1% de *Peumus boldus* M. Display com 12, 24 e 60 flaconetes de 10mL de solução oral com 0,67mL/10mL de extrato fluido 0,1% de *Peumus boldus* M.

### USO ORAL
### USO ADULTO E PEDIÁTRICO ACIMA DE 6 ANOS.

Cada mL de solução contém:
Extrato fluido de *Peumus boldus* M. .....................0,067mL
(padronizado em 0,067mg de alcaloides totais expressos em boldina). Equivalente a 0,67mg de alcaloides totais expressos em boldina/10 mL
Excipientes: água purificada, álcool etílico, glicerina, metilparabeno e propilparabeno.
Teor alcóolico de 1,0%.

### INFORMAÇÕES AO PACIENTE:
### 1. PARA QUE ESTE PRODUTO É INDICADO?

Este produto é indicado para o tratamento de distúrbios digestivos leves, atuando na redução de espasmos gastrointestinais (cólicas).

### 2. COMO ESTE PRODUTO FUNCIONA?

Atua como estimulante digestivo. Apresenta efeito colagogo, no estímulo à secreção da bile pela vesícula biliar para o duodeno, e colerético, no estímulo à produção de bile pelo fígado, auxiliando a digerir os alimentos gordurosos. Promove diminuição das contrações leves da musculatura intestinal, apresentando atividade antiespasmódica.

### 3. QUANDO NÃO DEVO USAR ESTE PRODUTO?

Pacientes com histórico de hipersensibilidade e alergia a qualquer um dos componentes da fórmula não devem fazer uso do produto.

Pacientes com obstrução das vias biliares, cálculos biliares, quadros de inflamação ou câncer no ducto biliar e com câncer no pâncreas não deverão fazer uso deste produto. Este produto não deverá ser usado por pacientes com doenças severas no fígado como hepatite viral, cirrose ou hepatite tóxica.

**Este produto é contraindicado para menores de 6 anos de idade.**

**Este produto não deve ser usado durante a gravidez, já que contém esparteína. Este alcaloide apresenta atividade oxitócica (estimula a contração uterina, podendo acelerar o parto).**

**Mulheres em período de lactância (amamentação) não deverão fazer uso deste produto, face à presença de alcaloides e risco de neurotoxicidade.**

## 4. O QUE DEVO SABER ANTES DE USAR ESTE PRODUTO?

Em casos de hipersensibilidade ao produto, recomenda-se descontinuar o uso e consultar o médico.

Não ingerir doses maiores do que as recomendadas.

Não se recomenda o uso contínuo deste produto. O uso de boldo não deve ultrapassar quatro semanas consecutivas.

Não foram encontradas na literatura referências a interações medicamentosas com produtos à base de boldo.

**Não há casos relatados que o uso deste produto interfira na capacidade de dirigir veículos e operar máquinas. Não há casos relatados que o uso deste produto interaja com outros produtos, como plantas, medicamentos e alimentos.**

Caso os sintomas persistam ou piorem, ou apareçam reações indesejadas não descritas na embalagem ou no folheto informativo, interrompa seu uso e procure orientação do profissional de saúde.

Se você utiliza medicamentos de uso contínuo, busque orientação de profissional de saúde antes de utilizar este produto.

Este produto não deve ser utilizado por período superior ao indicado, ou continuamente, a não ser por orientação de profissionais de saúde.

Informe ao seu profissional de saúde todas as plantas medicinais e fitoterápicos que estiver tomando. Interações podem ocorrer entre produtos e plantas medicinais e mesmo entre duas plantas medicinais quando administradas ao mesmo tempo.

Este produto contém álcool no teor de 1%.

## 5. ONDE, COMO E POR QUANTO TEMPO POSSO GUARDAR ESTE PRODUTO?

Conservar o produto em temperatura ambiente (entre 15 e 30°C). Proteger da luz. Este produto possui 36 meses de validade a partir da data de fabricação.

**Número de lote e datas de fabricação e validade: vide embalagem. Não use produto com prazo de validade vencido.**

**Para sua segurança, guarde o produto na embalagem original.**

Conservar em temperatura ambiente (15 a 30ºC). Proteger da luz, do calor e da umidade.

Manter o frasco bem fechado. Nessas condições, o medicamento se manterá próprio para o consumo, respeitando o prazo de validade indicado na embalagem.

Características físicas e organolépticas do produto: líquido límpido, castanho de sabor e odor característicos de boldo.

**Antes de usar, observe o aspecto do produto. Caso ele esteja no prazo de validade e você observe alguma mudança no aspecto, consulte o farmacêutico para saber se poderá utilizá-lo.**

**Este produto deve ser mantido fora do alcance das crianças.**

## 6. COMO DEVO USAR ESTE PRODUTO?

USO ORAL/USO INTERNO

Ingerir 10mL (um flaconete ou uma colher de sobremesa), quatro vezes ao dia. O uso deste produto não deve ultrapassar quatro semanas consecutivas.

Limite máximo diário: 74,6mL (equivalente a 5mg de alcaloides totais expressos em boldina).

Os produtos tradicionais fitoterápicos não devem ser administrados pelas vias injetável e oftálmica.

## 7. O QUE DEVO FAZER QUANDO EU ME ESQUECER DE USAR ESTE PRODUTO?

Caso esqueça-se de administrar uma dose, administre-a assim que possível. No entanto, se estiver próximo do horário da dose seguinte, espere por esse horário, respeitando sempre o intervalo determinado pela posologia. Nunca devem ser administradas duas doses ao mesmo tempo.

**Em caso de dúvidas, procure orientação de profissional de saúde.**

## 8. QUAIS OS MALES QUE ESTE PRODUTO PODE ME CAUSAR?

Nas doses recomendadas não são conhecidos efeitos adversos ao produto.

Informe ao seu profissional de saúde o aparecimento de reações indesejáveis pelo uso do produto. Informe também à empresa através do seu Serviço de Atendimento ao Consumidor (SAC).

Em casos de eventos adversos, notifique ao Sistema de Notificações em Vigilância Sanitária – Notivisa, disponível em **www.anvisa.gov.br/hotsite/notivisa**, ou para a Vigilância Sanitária Estadual ou Municipal.

## 9. O QUE FAZER SE ALGUÉM USAR UMA QUANTIDADE MAIOR DO QUE A INDICADA DESTE PRODUTO?

Doses superiores às recomendadas poderão provocar transtornos renais, vômitos e diarreia.

Em caso de superdosagem, suspender o uso e procurar orientação médica de imediato.

**Em caso de uso de grande quantidade deste produto, procure rapidamente socorro médico e leve a embalagem ou folheto informativo, se possível.**

**Em caso de intoxicação ligue para 0800 722 6001, se você precisar de mais orientações sobre como proceder.**

### DIZERES LEGAIS

Reg. M.S.: 1.3531.0027

Farm. Resp.: Mariana Suso Salgado CRF RS 1 16951

**IFAL – IND. COM. PROD. FARMACÊUTICOS LTDA**

Av. JOSÉ Loureiro da Silva, 1211 – Camaquã – RS

CNPJ: 00.376.959/0001-26

SAC: (51) 3671-5040

**INDÚSTRIA BRASILEIRA**

---

# FISIOTON
Extrato FB 300 Raízes

### APRESENTAÇÕES
Comprimidos revestidos em frascos de 20, 30 e 60.

### USO ORAL
### USO ADULTO

### COMPOSIÇÃO
Cada comprimido revestido de Fisioton contém:

Extrato seco de *Rhodiola rosea* L. ...........................400 mg (o extrato seco está padronizado em 2,0 – 4,0% de rosavina).

Excipientes: celulose microcristalina, corante amarelo lake blend LB 282, corante vermelho FDC nº 3 laca de alumínio, crospovidona, dióxido de silício, dióxido de titânio, estearato de magnésio, lactose e opadry II (composto por álcool polivinílico, macrogol e talco).

### INFORMAÇÕES AO PACIENTE
### 1. PARA QUE ESTE MEDICAMENTO É INDICADO?

Fisioton é indicado nas situações onde exista uma demanda física e/ou mental excessiva, resultando em sintomas de fadiga, cansaço, diminuição no rendimento do trabalho, redução da agilidade mental e de reflexos e também diminuição no rendimento e da capacidade de desempenhar exercícios físicos.

Esses sintomas que apresentam variadas causas podem resultar em prejuízo na qualidade de vida do indivíduo, interferindo no seu bom desempenho físico e mental e diminuindo o rendimento nas suas atividades. A utilização de Fisioton auxilia na atenuação destes sintomas e no restabelecimento das condições físicas e mentais do indivíduo.

### 2. COMO ESTE MEDICAMENTO FUNCIONA?

Fisioton é um medicamento de origem vegetal derivado do extrato da planta denominada *Rhodiola rosea L.*, obtido através de um rigoroso método de cultivo e extração, garantindo sua qualidade e a ausência de substâncias tóxicas na sua composição.

A *Rhodiola rosea L.* é tradicionalmente utilizada em vários países europeus com o objetivo de reduzir a fadiga e contribuir para aumentar a capacidade de trabalho físico e mental, proporcionando um melhor equilíbrio do organismo para se adequar às situações que acarretam maior desgaste tais como, exercícios físicos intensos, sobrecarga de trabalho, atividade mental excessiva e trabalho em períodos noturnos, adequando o nível de resposta do organismo a esses fatores.

### 3. QUANDO NÃO DEVO USAR ESTE MEDICAMENTO?

Fisioton não deve ser utilizado em crianças e por pacientes com história conhecida de alergia aos seus componentes. Pacientes portadores de doenças cardíacas ou que estejam em uso de medicações para tratamento de distúrbios psiquiátricos ou cardiovasculares não devem utilizar este medicamento sem a devida orientação e acompanhamento médico.

**Este medicamento é contraindicado para menores de 12 anos de idade.**

### 4. O QUE DEVO SABER ANTES DE USAR ESTE MEDICAMENTO?

Fisioton é um medicamento seguro e bem tolerado, normalmente não causando efeitos colaterais significativos. No entanto, em raras ocasiões, em função da sensibilidade individual, podem ocorrer queixas de agitação, dificuldade para dormir e irritabilidade.

Caso ocorram sintomas como palpitações, dor de cabeça, tremores ou alterações de comportamento, recomenda-se consultar o médico antes do prosseguimento do tratamento. Nos pacientes com funções prejudicadas dos rins ou fígado, não se recomenda a utilização deste medicamento, salvo se houver orientação médica em contrário. Não há estudos demonstrando os resultados da utilização concomitante de Fisioton com outros medicamentos que atuam sobre o Sistema Nervoso Central, como, por exemplo, tranquilizantes, antidepressivos, anticonvulsivantes, antiepilépticos e medicações que causam ou facilitam o sono. Nos casos em que exista tal necessidade, deve-se seguir rigorosamente a orientação médica quanto às doses e horários de tomadas dessas medicações.

Em pacientes que estejam fazendo uso de medicação para tratamento de doenças do coração, recomenda-se o rigoroso seguimento das orientações médicas. Não exceda as doses recomendadas. Se os sintomas não apresentarem melhora, consulte o médico para adequada orientação.

**Este medicamento não deve ser utilizado por mulheres grávidas sem orientação médica ou do cirurgião-dentista.**

Caso seja necessário utilizar Fisioton em associação com outros medicamentos que atuem sobre o Sistema Nervoso Central ou sobre o coração, recomenda-se o rigoroso seguimento das orientações médicas quanto às dosagens e intervalos entre as tomadas das medicações.

Recomenda-se especial atenção caso esteja sendo utilizado o grupo de medicamentos destinados ao tratamento de doenças psiquiátricas como o Transtorno Bipolar, depressão, esquizofrenia e outros estados psicóticos tais como: amitriptilina, clomipramina, imipramina, nortriptilina, fluoxetina, sertralina, paroxetina, venlafaxina, citalopram, carbonato de lítio, ácido valproico, divalproato de sódio, carbamazepina, risperidona, olanzapina, haloperidol, inibidores da monoaminoxidase (exemplos: tranilcipromina, moclobemida, selegilina), entre outros, devendo-se nesse caso, consultar o médico antes de iniciar o tratamento com Fisioton.

Não é recomendado o uso concomitante de Fisioton em caso de utilização de tratamento anticoagulante.

Em pacientes sob tratamento com medicamentos para hipertensão, controle de arritmias cardíacas ou doenças vasculares recomenda-se avaliação médica antes de iniciar o uso de Fisioton.

Não existem estudos clínicos demonstrando a utilização concomitante de Fisioton com bebidas alcoólicas e os efeitos da associação entre as mesmas, devendo-se evitar a ingestão de bebidas alcoólicas durante a utilização deste medicamento.

**Informe ao seu médico ou cirurgião-dentista se você está fazendo uso de algum outro medicamento.**

**Não use medicamento sem o conhecimento do seu médico. Pode ser perigoso para a sua saúde.**

### 5. ONDE, COMO E POR QUANTO TEMPO POSSO GUARDAR ESTE MEDICAMENTO?

Conservar em temperatura ambiente (entre 15 e 30°C). Proteger da luz e umidade.

**Número de lote e datas de fabricação e validade: vide embalagem.**

**Não use medicamento com o prazo de validade vencido. Guarde-o em sua embalagem original.**

Fisioton é um comprimido de coloração laranja e de formato redondo com odor e sabor característicos.

**Antes de usar, observe o aspecto do medicamento. Caso ele esteja no prazo de validade e você observe alguma mudança no aspecto, consulte o farmacêutico para saber se poderá utilizá-lo.**

**TODO MEDICAMENTO DEVE SER MANTIDO FORA DO ALCANCE DAS CRIANÇAS.**

### 6. COMO DEVO USAR ESTE MEDICAMENTO?

Não há estudos que demonstrem as consequências da utilização de Fisioton por outra via que não através da administração oral.

Este medicamento não deve, em nenhuma hipótese, ser utilizado por outra via que não seja através da administração oral.

Os riscos de uso por via de administração não recomendada são a não obtenção do efeito desejado e a ocorrência de reações desagradáveis.

Fisioton deve ser ingerido por via oral, junto com um pouco de água. A dose habitual para adultos e maiores de 12 anos é de 1 comprimido ao dia, tomado de preferência durante a manhã.

O tempo de tratamento dependerá da gravidade dos sintomas e da evolução da doença, não havendo restrições para o uso prolongado desta medicação.

Caso não haja efeito adequado, as doses não deverão ser aumentadas além das doses preconizadas, sendo, nesse caso, recomendada a orientação médica.

Os comprimidos podem ser tomados em qualquer horário do dia ou da noite e devem ser deglutidos com um pouco de água.

A dose máxima diária não deverá ultrapassar 1 comprimido.

**Siga a orientação de seu médico, respeitando sempre os horários, as doses e a duração do tratamento.**

Não interrompa o tratamento sem o conhecimento do seu médico. Este medicamento não deve ser partido ou mastigado.

## 7. O QUE DEVO FAZER QUANDO EU ME ESQUECER DE USAR ESTE MEDICAMENTO?
Retomar o tratamento de acordo com prescrição médica. **Em caso de dúvidas, procure orientação do farmacêutico ou de seu médico, ou cirurgião-dentista.**

## 8. QUAIS OS MALES QUE ESTE MEDICAMENTO PODE ME CAUSAR?
A utilização de Fisioton mostra ser bem tolerada pela grande maioria dos pacientes, não provocando efeitos prejudiciais. Raramente podem ocorrer reações adversas como irritabilidade, agitação, dor de cabeça, taquicardia (aumento do número de batimentos cardíacos por minuto) e dificuldade para dormir.
**Informe ao seu médico, cirurgião-dentista ou farmacêutico o aparecimento de reações indesejáveis pelo uso do medicamento. Informe também à empresa através do seu serviço de atendimento.**

## 9. O QUE FAZER SE ALGUÉM USAR UMA QUANTIDADE MAIOR DO QUE A INDICADA DESTE MEDICAMENTO?
Alguns dos sintomas de superdosagem por essa medicação podem incluir a taquicardia, agitação psíquica e insônia. Nesse caso, procure imediatamente seu médico ou dirija-se a um pronto-socorro, informando a quantidade ingerida, o horário de ingestão e os sintomas.
**Em caso de uso de grande quantidade deste medicamento, procure rapidamente socorro médico e leve a embalagem ou bula do medicamento, se possível. Em caso de intoxicação ligue para 0800 722 6001, se você precisar de mais orientações sobre como proceder.**

### VENDA SOB PRESCRIÇÃO MÉDICA

### DIZERES LEGAIS
MS – 1.0573.0369
Farmacêutica Responsável: Gabriela Mallmann CRF-SP nº 30.138
Registrado por: **Aché Laboratórios Farmacêuticos S. A.**
Av. Brigadeiro Faria Lima, 201 – 20º andar São Paulo – SP
CNPJ: 60.659.463/0029-92
Indústria Brasileira
Fabricado por: **Aché Laboratórios Farmacêuticos S. A.**
Guarulhos – SP

# FITOBILOBA
*Ginkgo biloba* L.

## MEDICAMENTO FITOTERÁPICO
**Nomenclatura botânica oficial**: *Ginkgo biloba* L.
**Nomenclatura popular:** Ginkgo
**Família:** Ginkgoaceae
**Parte da planta utilizada**: Folhas

## FORMA FARMACÊUTICA E APRESENTAÇÃO:
Comprimido revestido de 80mg: Embalagem contendo 30 ou 60 comprimidos. Comprimido revestido de 120mg: Embalagem contendo 30 comprimidos.

### USO ORAL USO ADULTO

### COMPOSIÇÃO
Cada comprimido revestido de 80mg contém:
Extrato seco de *Ginkgo biloba*.................................... 80mg
(padronizado em 19,2mg (22-27%) de ginkgoflavonoides (determinados como quercetina, kaempferol e isorhamnetina) e 4,8mg (5-7%) de terpenolactonas (ginkgolídeos A, B, C, J e bilobalídeos).
Excipientes: celulose microcristalina, dióxido de silício, croscarmelose sódica, crospovidona, lactose monoidratada, povidona, estearato de magnésio, álcool etílico, corante amarelo óxido de ferro, dióxido de titânio, hipromelose, magrocol e água purificada.

Cada comprimido revestido de 120mg contém:
Extrato seco de *Ginkgo biloba*.................................... 120mg
(padronizado em 28,8mg (22-27%) de ginkgoflavonoides (determinados como quercetina, kaempferol e isorhamnetina) e 7,2mg (5-7%) de terpenolactonas (ginkgolídeos A, B, C, J e bilobalídeos).
Excipientes: celulose microcristalina, dióxido de silício, croscarmelose sódica, crospovidona, lactose monoidratada, povidona, estearato de magnésio, álcool etílico, corante amarelo óxido de ferro, dióxido de titânio, hipromelose, magrocol e água purificada.

### 1. INDICAÇÕES
Este medicamento é indicado para distúrbios das funções do Sistema Nervoso Central (SNC): vertigens e zumbidos (tinidos) resultantes de distúrbios circulatórios, distúrbios circulatórios periféricos (claudicação intermitente) e insuficiência vascular cerebral.

## 2. RESULTADOS DE EFICÁCIA

De 35 estudos realizados com *G. biloba*, incluindo 3.541 participantes, 33 encontraram efeitos positivos para o uso nas indicações: doença de Alzheimer, demência, zumbido, doença vascular periférica (claudicação intermitente), asma e depressão (BLUMENTHAL, 2003). Outros dois encontraram resultados negativos, um em demência (VAN DONGEN, 2000) e outro em zumbidos (DREW & DAVIES, 2001). Dezoito estudos envolvendo um total de 1.672 participantes embasaram a utilização de *G. biloba* no tratamento de demência decorrente de insuficiência cardiovascular ou Alzheimer. Destes dezoito estudos, cinco eram randomizados (R), duplo-cegos (DC), controlados por placebo (CP) e multicêntricos (MC), envolvendo 663 participantes; 11 eram R, DC e CP com um total de 898 participantes; e dois eram estudos R, DC, CP, cruzados, envolvendo um total de 111 participantes, focando o tratamento de *G. biloba* para claudicação intermitente com resultados positivos (BLUMENTHAL, 2003).

Uma recente meta-análise avaliou 33 trabalhos sobre a eficácia e a tolerabilidade de *G. biloba* no comprometimento cognitivo e na demência. Foram incluídos ensaios duplo-cegos, controlados e randomizados realizados até junho de 2002. Em geral, não foram observadas diferenças estatisticamente significativas entre o *G. biloba* e o placebo no que diz respeito aos efeitos adversos. Quanto à eficácia, conclui-se que existem benefícios associados ao uso de *G. biloba* em doses inferiores a 200 mg/dia por 12 semanas (p <0,0001) ou em doses superiores a 200 mg/dia por 24 semanas (p=0,02). Parâmetros cognitivos, de atividades da vida diária e humor também apontam a superioridade do *G. biloba* em relação ao placebo nas duas faixas de dosagem (BIRKS, 2002).

## 3. CARACTERÍSTICAS FARMACOLÓGICAS

O extrato de *G. biloba* é constituído principalmente por ginkgoflavonoides (derivados da quercetina, kaempferol e isorhamnetina) e terpenolactonas (ginkgolídeos e bilobalídeos). Após a administração oral, os ginkgolídeos A, B e bilobalídeos possuem uma alta biodisponibilidade (98% a 100%; 79% a 93%; e 70%, respectivamente. As suas meias-vidas de eliminação duram respectivamente 4,5 h; 10,6 h e 3,2 h. Esses compostos são excretados inalterados na urina em 70% de ginkgolídeo A, 50% de ginkgolídeo B e 30% de bilobalídeos.

*G. biloba* promove o incremento do suprimento sanguíneo cerebral por meio da vasodilatação e redução da viscosidade sanguínea, além de reduzir a densidade dos radicais livres de oxigênio nos tecidos nervosos. Os ginkgolídeos, especialmente o ginkgolídeo B, inibem o Fator de Ativação Plaquetária (PAF), potencializando os parâmetros hemodinâmicos, como o aumento do fluxo sanguíneo, por meio da diminuição da viscosidade sanguínea e da agregação eritrocitária.

*G. biloba* reduz a progressão da demência, provavelmente por reduzir a infiltração de neutrófilos e a peroxidação lipídica, aumentando o fluxo sanguíneo, antagonizando o PAF e modificando o metabolismo neuronal.

A fração de flavonoides é responsável pelo aumento da inibição da recaptação de serotonina, facilita a transmissão colinérgica e alfa-adrenérgica e estimula a recaptação de colina no hipocampo. A ação neuroprotetora está relacionada com a inibição da síntese do óxido nítrico.

## 4. CONTRAINDICAÇÕES

**Este medicamento é contraindicado para menores de 12 anos.**

Pacientes com coagulopatias ou em uso de anticoagulantes e antiplaquetários devem ser cuidadosamente monitorados. O uso do medicamento deve ser suspenso pelo menos três dias antes de procedimentos cirúrgicos.

Pacientes com histórico de hipersensibilidade e alergia a qualquer um dos componentes da fórmula não devem fazer uso do produto.

## 5. ADVERTÊNCIAS E PRECAUÇÕES

De acordo com a categoria de risco de fármacos destinados às mulheres grávidas, este medicamento apresenta categoria de risco C.

**Este medicamento não deve ser utilizado por mulheres grávidas e em amamentação sem orientação médica ou do cirurgião-dentista.**

## 6. INTERAÇÕES MEDICAMENTOSAS

A associação deste medicamento com anticoagulantes, antiplaquetários, anti-inflamatórios não esteroidais (AINES) e/ou agentes trombolíticos pode aumentar o risco de hemorragias.

Este medicamento pode diminuir a efetividade dos anticonvulsivantes e pode alterar os efeitos da insulina, aumentando a sua depuração.

Pode provocar mudanças no estado mental quando associado à buspirona ou ao *Hypericum perforatum*.

Pode potencializar o efeito dos inibidores da monoaminaoxidase e pode aumentar o risco dos efeitos colaterais da nifedipina.

Pode aumentar o risco de aparecimento da síndrome serotoninérgica quando associado aos inibidores da recaptação de serotonina e pode causar hipertensão em uso concomitante com os diuréticos tiazídicos.

A associação deste medicamento com omeprazol pode acarretar diminuição de nível sérico do omeprazol. A associação com trazodona pode trazer risco de sedação excessiva.

O uso concomitante de *G. biloba* pode aumentar os riscos de eventos adversos causados pela risperidona, como, por exemplo, priapismo.

A associação com papaverina pode acarretar potencialização de efeitos terapêuticos e adversos.

## 7. CUIDADOS DE ARMAZENAMENTO DO MEDICAMENTO

**Fitobiloba** deve ser mantido em temperatura ambiente (15°C a 30°C). Protegido da umidade.

**Número de lote e datas de fabricação e validade: vide embalagem.**

**Não use medicamento com o prazo de validade vencido. Guarde-o em sua embalagem original. Característica física e organolépticas:**

**Fitobiloba** apresenta-se como comprimido revestido circular semiabaulado liso e coloração amarela.

**Antes de usar, observe o aspecto do medicamento.**

**TODO MEDICAMENTO DEVE SER MANTIDO FORA DO ALCANCE DAS CRIANÇAS.**

## 8. POSOLOGIA E MODO DE USAR

Comprimido revestido de 80mg: Ingerir 1 comprimido, 2 a 3 vezes ao dia, ou a critério médico. Comprimido revestido de 120mg: Ingerir 1 comprimido 2 vezes ao dia, ou a critério médico.

Utilizar apenas a via oral. O uso deste medicamento por outra via, que não a oral, pode causar a perda do efeito esperado ou mesmo promover danos ao seu usuário.

**Este medicamento não deve ser partido, aberto ou mastigado.**

## 9. REAÇÕES ADVERSAS

Podem ocorrer distúrbios gastrointestinais, cefaleias e reações alérgicas cutâneas (hiperemia, edema e prurido). Também foram relatados enjoos, palpitações, hemorragias e hipotensão. Casos de hemorragia subaracnoide, hematoma subdural, hemorragia intracerebral, hematoma subfrênico, hemorragia vítrea e sangramento pós-operatório foram relatados em pacientes que faziam uso de *G. biloba* isoladamente.

**Em casos de eventos adversos, notifique ao Sistema de Notificações em Vigilância Sanitária – Notivisa, disponível em www.anvisa.gov.br/hotsite/notivisa/index.htm, ou para a Vigilância Sanitária Estadual ou Municipal.**

## 10. SUPERDOSE

Em caso de superdosagem, suspender o uso e procurar orientação médica de imediato.

**Em caso de intoxicação ligue para 0800 722 6001, se você precisar de mais orientações. USO SOB PRESCRIÇÃO MÉDICA**

**DIZERES LEGAIS**
**Registro M.S. nº 1.5423.0269**
**Farm. Resp.: Ronan Juliano Pires Faleiro – CRF-GO n° 3772**
**Geolab Indústria Farmacêutica S. A.**
CNPJ: 03.485.572/0001-04
VP. 1B QD.08-B MÓDULOS 01 A 08 – DAIA – ANÁPOLIS – GO
www.geolab.com.br
Indústria Brasileira
SAC: 0800 701 6080

---

# FITOBRONC
*Polygala senega* 0,07mL/mL

**MEDICAMENTO FITOTERÁPICO**

**Nome científico:** *Polygala senega* L.
**Nome da família botânica:** Polygalaceae
**Nomenclatura popular:** Polígala
**Parte da planta utilizada:** Raízes

**APRESENTAÇÕES**
Xarope 0,07mL/mL: cartucho contendo frasco pet. Âmbar com 150mL.

**USO ORAL. USO ADULTO ACIMA DE 02 ANOS.**

**COMPOSIÇÃO:**
cada mL contém:
Extrato fluido de *Polygala senega* ..........................0,07mL*
*equivalente a 0,7mg de saponinas triterpênicas

Excipientes (água deionizada, álcool etílico, corante caramelo, essência, metilparabeno, propilparabeno e sacarose).

## INFORMAÇÕES AO PACIENTE
### 1. PARA QUÊ ESTE MEDICAMENTO É INDICADO?
Este medicamento é indicado para o tratamento da bronquite crônica e faringite.

### 2. COMO ESTE MEDICAMENTO FUNCIONA?
Este medicamento possui propriedades expectorantes e broncodilatadoras, facilitando a eliminação das secreções brônquicas em caso de obstrução das vias aéreas superiores.

### 3. QUANDO NÃO DEVO USAR ESTE MEDICAMENTO?
O uso deste medicamento é contraindicado para pacientes com hipersensibilidade aos componentes da fórmula e pessoas com gastrite.

**Este medicamento é contraindicado para menores de 02 anos de idade.**

**Este medicamento não deve ser utilizado por mulheres grávidas sem orientação médica ou do cirurgião-dentista.**

### 4. O QUE DEVO SABER ANTES DE USAR ESTE MEDICAMENTO?
De acordo com a categoria de risco de fármacos destinados às mulheres grávidas, este fitoterápico apresenta categoria de risco C: não foram realizados estudos em animais e nem em mulheres grávidas.

**Este medicamento não deve ser utilizado por mulheres grávidas sem orientação médica ou do cirurgião-dentista.**

**Este medicamento não deve ser usado durante a amamentação, exceto sob orientação médica ou do cirurgião-dentista.**

**Este medicamento é contraindicado para menores de 02 anos de idade. Atenção diabéticos: contém açúcar.**

**Informe seu médico ou cirurgião-dentista se você está fazendo uso de algum outro medicamento.**

### 5. ONDE, COMO E POR QUANTO TEMPO POSSO GUARDAR ESTE MEDICAMENTO?
Conservar o produto em sua embalagem original, em temperatura ambiente (entre 15 e 30°C). Proteger da luz e umidade.

**Número de lote e datas de fabricação e validade: vide embalagem.**

**Não use medicamento com o prazo de validade vencido. Guarde-o em sua embalagem original.**

**Características físicas e organolépticas do medicamento:** líquido viscoso de coloração caramelo com odor e sabor característico de eucalipto e mentol.

**Antes de usar, observe o aspecto do medicamento. Caso ele esteja no prazo de validade e você observe alguma mudança no aspecto, consulte o farmacêutico para saber se poderá utilizá-lo. Todo medicamento deve ser mantido fora do alcance das crianças.**

### 6. COMO DEVO USAR ESTE MEDICAMENTO?
USO ORAL

Crianças de 02 a 12 anos: tomar 10mL (1 colher de sobremesa), três vezes ao dia.

Adultos e crianças acima de 12 anos: tomar 15mL (1 colher de sopa), três vezes ao dia.

**Siga corretamente o modo de usar. Em caso de dúvidas sobre este medicamento, procure orientação do farmacêutico. Não desaparecendo os sintomas, procure orientação de seu médico ou cirurgião-dentista.**

### 7. O QUE DEVO FAZER QUANDO EU ME ESQUECER DE USAR ESTE MEDICAMENTO?
Caso haja esquecimento da ingestão de uma dose, seguir o tratamento conforme as dosagens recomendadas

**Em caso de dúvidas, procure orientação do farmacêutico ou de seu médico, ou cirurgião-dentista.**

### 8. QUAIS OS MALES QUE ESTE MEDICAMENTO PODE ME CAUSAR?
Até o momento não são conhecidos relatos de situações e/ou condições recomendando qualquer tipo de cuidado especial quanto à administração do produto. A ingestão de altas doses produzem efeito emetizante (provoca vômito) e diarreia, além de distúrbios gastrintestinais.

**Informe ao seu médico ou cirurgião-dentista ou farmacêutico sobre o aparecimento de reações indesejáveis pelo uso do medicamento. Informe a empresa entrando em contato através do Serviço de Atendimento ao Consumidor (SAC).**

### 9. O QUE FAZER SE ALGUÉM USAR UMA QUANTIDADE MAIOR DO QUE A INDICADA DESTE MEDICAMENTO?
A ingestão de altas doses produzem efeito emetizante (provoca vômito) e diarreia além de distúrbios gastrintestinais. Procurar auxílio médico para que sejam adotadas as medidas habituais de apoio e controle das funções vitais

**Em caso de uso de grande quantidade deste medicamento, procure rapidamente socorro médico e leve**

a embalagem ou bula do medicamento, se possível. Ligue para 0800 7222 6001, se você precisar de mais orientações.

**SIGA CORRETAMENTE O MODO DE USAR, NÃO DESAPARECENDO OS SINTOMAS PROCURE ORIENTAÇÃO MÉDICA.**

**DIZERES LEGAIS**
Reg. M.S.: 1.3531.0029.001-4
Farm. Resp.: Mariana Suso Salgado CRF - RS 116951
**IFAL – IND. COM. PROD. FARMACÊUTICOS LTDA**
Av. JOSÉ Loureiro da Silva, 1211 – Camaquã – RS
CNPJ: 00.376.959/0001-26
**INDÚSTRIA BRASILEIRA**
SAC: (51) 3671-5040

---

# FITOSCAR®
*Stryphnodendron adstringens* (Mart.) Coville

**Nomenclatura Botânica Oficial:** *Stryphnodendron adstringens* (Mart.) Coville
**Família:** Fabaceae
**Parte da Planta Utilizada:** Casca
**Nomenclatura Popular:** Barbatimão, casca-de-virgindade.

## APRESENTAÇÃO
Pomada 60 mg/g. Caixa com uma bisnaga contendo 20g e caixa com uma bisnaga contendo 50g.

## USO TÓPICO USO ADULTO

## COMPOSIÇÃO
**Cada g da pomada contém:**
Extrato seco de *Stryphnodendron adstringens* (Mart.) Coville a 50% .................................................................. 60 mg
Excipientes qsp. ............................................................... 1 g
Excipientes: macrogol, propilenoglicol, metilparabeno e propilparabeno.
**Correspondência em marcador:**
60 mg do extrato seco de *Stryphnodendron adstringens* (Mart.) Coville correspondem a 30 mg de fenóis totais e 27 mg de taninos totais.

## INFORMAÇÕES AO PACIENTE
### 1. PARA QUÊ ESTE MEDICAMENTO É INDICADO?
FITOSCAR® é indicado como agente cicatrizante em vários tipos de lesões de pele.

### 2. COMO ESTE MEDICAMENTO FUNCIONA?
FITOSCAR® é composto pelo extrato seco de *Stryphnodendron adstringens* (Mart.) Coville (barbatimão), que possui efeitos cicatrizantes.

FITOSCAR® promove a cicatrização pela formação de uma película protetora na região da lesão (formação de crosta espessa, seca e irregular). Os extratos de barbatimão, aplicados diretamente ou na forma de pomadas, diminuem o processo inflamatório e o inchaço do ferimento, estimulam a formação da pele, além de exercerem ação antisséptica e antimicrobiana.

O início da ação de FITOSCAR® ocorre imediatamente após sua aplicação e pode-se observar melhora de dois a três dias após a primeira aplicação. A resposta ao tratamento, no entanto, depende de outros fatores, como o tamanho e tipo da lesão e das defesas do organismo do paciente. Caso você não observe melhora, informe ao seu médico.

### 3. QUANDO NÃO DEVO USAR ESTE MEDICAMENTO?
Você não deve utilizar FITOSCAR® se apresentar alergia a qualquer um dos componentes da fórmula.

O medicamento FITOSCAR® não deve ser utilizado em lesões que apresentem comprometimento de ossos ou estruturas de suporte (como tendões, por exemplo.) Ele também não deve ser usado se existir a suspeita de osteomielite (infecção no osso), de artrite com infecção ou de infecção na pele ao redor da ferida.

Não se deve utilizar FITOSCAR® em feridas que tenham indicação de desbridamento (remoção do tecido "morto" da ferida por um profissional de saúde) e em pacientes com septicemia (infecção generalizada), febre sem foco infeccioso evidente, aumento da frequência cardíaca, deterioração do estado mental, endocardite bacteriana em atividade (infecção que ocorre nas válvulas cardíacas ou tecidos do coração) e com estado geral muito comprometido (por exemplo, pela presença de desnutrição importante e pressão baixa).

### 4. O QUE DEVO SABER ANTES DE UTILIZAR ESTE MEDICAMENTO?
As doses e cuidados nos pacientes idosos são os mesmos recomendados para os adultos. Este produto não foi desenvolvido para uso nos olhos.

**Este medicamento não deve ser utilizado por mulheres grávidas sem orientação médica ou do cirurgião-dentista.**

**O uso deste medicamento durante a amamentação não é recomendado, exceto sob supervisão médica.**

**Interação com exames laboratoriais**
Não há relato de interferência do extrato seco de *Stryphnodendron adstringens* (Mart.) Coville em exames laboratoriais.
**Interação medicamento-medicamento**
Não há relatos de interações com outros medicamentos.
**Interação com alimentos**
Não há relatos de interações com alimentos.
**Informe ao seu médico ou cirurgião-dentista se você está fazendo uso de algum outro medicamento.**
**Não use medicamento sem o conhecimento do seu médico. Pode ser perigoso para a sua saúde.**

## 5. ONDE, COMO E POR QUANTO TEMPO POSSO GUARDAR ESTE MEDICAMENTO?

FITOSCAR® deve ser armazenado em temperatura ambiente (entre 15ºC e 30ºC), protegido da luz e da umidade.
**Número de lote e datas de fabricação e validade: vide embalagem.**
**Não use medicamento com prazo de validade vencido.**
**Guarde-o em sua embalagem original.**
A pomada de FITOSCAR® possui coloração marrom escura, consistente e com odor característico.
**Antes de usar, observe o aspecto do medicamento.**
**Caso ele esteja no prazo de validade e você observe alguma mudança no aspecto do medicamento, consulte o farmacêutico para saber se poderá utilizá-lo.**
**Todo medicamento deve ser mantido fora do alcance das crianças.**

## 6. COMO DEVO USAR ESTE MEDICAMENTO?

O produto FITOSCAR® é de uso tópico.
**Orientações**

- Antes de iniciar o curativo, lavar bem as mãos com água corrente e sabão.
- Remover o curativo em uso com muito cuidado umedecendo, previamente, com solução estéril.
- Proceder ao deslocamento do curativo por uma das bordas do mesmo para facilitar a sua retirada
- Evitar sangramentos.
- Após a remoção do curativo, limpar cuidadosamente a lesão usando seu procedimento de rotina.
- Remover sujidades, corpos estranhos ou resíduos de tratamentos anteriores.
- Preparar o leito da ferida.
- Observar as condições da área cruenta e dos tecidos envolvidos na lesão e da pele perilesional.
- Aplicar a pomada de Fitoscar® em quantidade suficiente para cobrir toda a área cruenta.
- Não aplicar na pele íntegra perilesional.
- Cobrir preferencialmente com curativo ou gaze antiaderente. Se achar necessário pode ser utilizada gaze estéril sobre o curativo antiaderente.
- Fixar com material adesivo hipoalergênico.
- Se a pele perilesional estiver muito sensível não afastar a possibilidade do enfaixamento em detrimento à fixação com adesivos.
- Proteger durante o banho para não haver contaminação externa da ferida e do curativo.

Aplique a pomada sobre a ferida de 2 a 3 vezes ao dia, em quantidade suficiente para cobrir toda a área lesada.
**Siga a orientação de seu médico, respeitando sempre os horários, as doses e a duração do tratamento. Não interrompa o tratamento sem o conhecimento do seu médico.**

## 7. O QUE DEVO FAZER QUANDO EU ME ESQUECER DE USAR ESTE MEDICAMENTO?

Você pode utilizar o medicamento assim que lembrar. Não exceda a quantidade recomendada para cada dia.
**Em caso de dúvidas, procure orientação do farmacêutico ou de seu médico, ou cirurgião-dentista.**

## 8. QUAIS OS MALES QUE ESTE MEDICAMENTO PODE CAUSAR?

Não foram relatadas reações adversas com o uso do produto nos estudos clínicos. As reações adversas que se seguem, de frequência desconhecida, forâm relatadas no período pós-comercialização: dor, reação, queimadura, formação de líquido claro, vermelhidão, coceira e sangramento no local da aplicação; escurecimento da pele, rachaduras na pele, piora do quadro clínico, formação de pus na ferida e inchaço das pernas, infecção do trato urinário, infecção, pneumonia.

Existem relatos de ardência no local da ferida em tratamento após a imediata colocação de Fitoscar®. Essa queixa deve ser de caráter passageiro e não impeditivo para a continuidade do tratamento. Porém se os sintomas persistirem, ou se de maneira progressiva causarem intolerância, é sugerido a suspensão imediata do tratamento tópico em questão, devendo ser informado imediatamente ao médico assistente.

Também é notada a mudança temporária na coloração (escurecimento) observada principalmente no leito da ferida em tratamento. Isso é decorrente da impregnação dos tecidos pelos materiais presentes na composição do Fitoscar®, os quais lhe dão inclusive uma peculiar coloração escura.

Não expor a região em tratamento com Fitoscar® à luz solar para se evitar a fotossensibilização da pele local.

**Informe ao seu médico, cirurgião-dentista ou farmacêutico o aparecimento de reações indesejáveis pelo uso do medicamento. Informe também a empresa através do seu serviço de atendimento.**

## 10. O QUE FAZER SE ALGUÉM USAR UMA QUANTIDADE MAIOR DO QUE A INDICADA DESTE MEDICAMENTO?

O Fitoscar® deve ser usado exclusivamente em feridas e não em pele íntegra. Em caso de uso inadvertido, ingestão ou superdose, procurar orientação médica.

**Em caso de uso de grande quantidade deste medicamento, procure rapidamente socorro médico e leve a embalagem ou bula do medicamento, se possível. Ligue para 0800 722 6001, se você precisar de mais orientações.**

### VENDA SOB PRESCRIÇÃO MÉDICA

### DIZERES LEGAIS

Reg. MS nº 1.0118.0605
Farmacêutico Responsável: Alexandre Tachibana Pinheiro
CRF SP nº 44081
Registrado e Fabricado por: APSEN FARMACÊUTICA S. A.
Rua La Paz, nº 37/67 – Santo Amaro CEP 04755-020 – São Paulo – SP
CNPJ: 62.462.015/0001-29
Indústria Brasileira
Centro de Atendimento ao Cliente 0800 16 5678 LIGAÇÃO GRATUITA
infomed@apsen.com.br
www.apsen.com.br
® Marca registrada de Apsen Farmacêutica S. A.

---

# FLEBLIV

### MEDICAMENTO FITOTERÁPICO
**Nomenclatura botânica oficial:** *Pinus pinaster*
**Nomenclatura popular:** Pinho marítimo
**Família:** Pinaceae
**Parte da planta utilizada:** casca

### FORMA FARMACÊUTICA
Comprimido

### APRESENTAÇÃO
**Linha Farma:** Cartucho contendo 2 blisters de alumínio plástico incolor com 15 comprimidos cada.

### USO ORAL USO ADULTO

### CONCENTRAÇÃO
50 mg de extrato seco da casca de *Pinus pinaster* (equivalente a 35 mg de procianidinas) por comprimido.

### COMPOSIÇÃO:
Cada comprimido contém:
Extrato seco de *Pinus pinaster*.....................50 mg*
Excipientes**q.s.p .........................1 comprimido
*Corresponde a 35 mg de procianidinas.
** (celulose microcristalina, amido, croscarmelose sódica, amidoglicolato, lauril sulfato de sódio, dióxido de silício e estearato de magnésio).

### INFORMAÇÕES AO PACIENTE
### PARA QUE ESTE MEDICAMENTO É INDICADO?
FLEBLIV é indicado no tratamento de sinais e sintomas causados por problemas circulatórios venosos (insuficiência venosa crônica), como inchaço nos membros superiores, câimbras e sensação de peso nas pernas. Também é indicado na prevenção da síndrome da classe econômica ou síndrome do viajante, quando o passageiro é predisposto à trombose devido à imobilidade a que se vê forçado, durante viagens de longa duração.

### COMO ESTE MEDICAMENTO FUNCIONA?
FLEBLIV é um medicamento fitoterápico que apresenta, em sua composição, o extrato seco da casca de *Pinus pinaster*, conhecido popularmente como Pinho Marítimo. Nesse extrato, encontram-se presentes substâncias com ação antioxidante, que auxiliam na proteção do organismo contra os radicais livres.

### QUANDO NÃO DEVO USAR ESTE MEDICAMENTO?
Em pacientes com hipersensibilidade a qualquer um dos componentes da fórmula.
**Este medicamento é contraindicado para menores de 12 anos.**

**Este medicamento não deve ser utilizado por mulheres grávidas sem orientação médica ou do cirurgião-dentista.**

## O QUE DEVO SABER ANTES DE USAR ESTE MEDICAMENTO?
### ADVERTÊNCIAS E PRECAUÇÕES
Nos casos de hipersensibilidade (alergia) aos componentes da formulação, o uso de FLEBLIV deve ser imediatamente descontinuado.

Não há evidências cientificas de segurança no uso de *Pinus pinaster* durante o período da amamentação.

Não existem advertências ou contraindicações específicas quanto ao uso deste medicamento por pacientes idosos.

O extrato de *Pinus pinaster* está classificado na categoria de risco B.

**Este medicamento não deve ser utilizado por mulheres grávidas sem orientação médica ou do cirurgião-dentista.**

### INTERAÇÕES
Não foram observados efeitos colaterais no caso de ingestão concomitante de FLEBLIV com outros medicamentos.

**Informe ao seu médico ou cirurgião-dentista se você está fazendo uso de algum outro medicamento.**

**Não use medicamento sem conhecimento do seu médico. Pode ser perigoso para a sua saúde.**

### ONDE, COMO E POR QUANTO TEMPO POSSO GUARDAR ESTE MEDICAMENTO?
FLEBLIV deve ser guardado em locais com temperatura ambiente (temperatura entre 15 e 30ºC). Proteger da luz e umidade.

Nessas condições, o medicamento se manterá próprio para consumo, respeitando o prazo de validade de 24 meses, indicado na embalagem.

**Número de lote e datas de fabricação e validade: vide embalagem.**

**Não use medicamento com o prazo de validade vencido. Guarde-o em sua embalagem original.**

FLEBLIV apresenta-se como comprimido cilindro marrom.

**Antes de usar, observe o aspecto do medicamento. Caso ele esteja no prazo de validade e você observe alguma mudança no aspecto, consulte o farmacêutico para saber se poderá utilizá-lo.**

**Todo medicamento deve ser mantido fora do alcance das crianças.**

## COMO DEVO USAR ESTE MEDICAMENTO?
Uso oral.

Tratamento de sinais e sintomas causados por problemas circulatórios venosos (insuficiência venosa crônica), como inchaço nos membros superiores, câimbras e sensação de peso nas pernas: tomar um comprimido, 3 vezes ao dia, durante 30 a 60 dias.

Síndrome da classe econômica ou síndrome do viajante: tomar quatro comprimidos três horas antes de embarcar, quatro comprimidos seis horas depois da primeira tomada do medicamento e dois comprimidos no dia seguinte.

Se necessário, a dose pode ser ajustada de acordo com a avaliação médica dos sintomas clínicos.

Este medicamento deve ser utilizado apenas pela via oral. O uso do FLEBLIV por outra via, que não a oral, pode resultar na perda do efeito esperado do medicamento ou mesmo provocar danos à saúde.

**Siga a orientação de seu médico, respeitando sempre os horários, as doses e a duração do tratamento. Não interrompa o tratamento sem o conhecimento do seu médico.**

**Este medicamento não deve ser partido, aberto ou mastigado.**

## O QUE DEVO FAZER QUANDO EU ME ESQUECER DE USAR ESTE MEDICAMENTO?
Caso haja esquecimento da ingestão de uma dose deste medicamento, retomar a posologias sem a necessidade de suplementação.

**Em caso de dúvidas, procure orientação do farmacêutico ou de seu médico, ou cirurgião-dentista.**

## QUAIS OS MALES QUE ESTE MEDICAMENTO PODE ME CAUSAR?
Os efeitos colaterais relacionados ao FLEBLIV são poucos e de intensidade leve, sendo os principais, aqueles relacionados ao trato gastrointestinal. Estes podem ser evitados quando o produto for administrado durante ou após as refeições.

Tontura, dor de cabeça e enjoo são as reações desagradáveis relacionadas ao tratamento que ocupam o segundo lugar em relação à frequência em que ocorrem.

Em mulheres com tensão pré-menstrual ou dismenorreia (cólica menstrual), os efeitos adversos mais comuns encontrados foram acne, diarreia e sangramento disfuncional.

**Informe ao seu médico, cirurgião-dentista ou farmacêutico o aparecimento de reações indesejáveis pelo**

uso do medicamento. Informe também à empresa através do seu serviço de atendimento.

## O QUE FAZER SE ALGUÉM USAR UMA QUANTIDADE MAIOR DO QUE A INDICADA DESTE MEDICAMENTO?

No caso da utilização de altas doses deste medicamento, seu uso deve ser imediatamente interrompido e um médico deverá ser procurado para administração da terapia sintomática e de suporte adequada.

**Em caso de uso de grande quantidade deste medicamento, procure rapidamente socorro médico e leve a embalagem ou bula do medicamento, se possível. Ligue para 0800 722 6001, se você precisar de mais orientações.**

**VENDA SOB PRESCRIÇÃO MÉDICA**

**DIZERES LEGAIS**
MS: 1.3841.0058
Farm. Responsável: Tales Vasconcelos de Cortes CRF/BA nº 3745
**NATULAB LABORATÓRIO SA**
Rua H, nº2, Galpão 03 – Urbis II
Santo Antônio de Jesus – Bahia – CEP – 44.574-150
CNPJ: 02.456.955/0001-83
INDÚSTRIA BRASILEIRA
SAC: (75) 3311 5555

---

# FLEBON®
*Pinus pinaster* Aiton (Pycnogenol®) Extrato seco – 50 mg

**Nomenclatura botânica oficial:** *Pinus pinaster* Aiton
**Nomenclatura popular:** Pycnogenol e pinho marítimo
**Gênero:** *Pinus*
**Subespécie:** Atlântica del Villar
**Família:** *Pinaceae*
**Parte utilizada:** cascas

## APRESENTAÇÕES
Comprimidos – embalagem contendo blíster com 12 ou 30 comprimidos.

**VIA ORAL**
**USO ADULTO ACIMA DE 18 ANOS.**

## COMPOSIÇÃO
Cada comprimido contém:
extrato seco de *Pinus pinaster* Aiton ...................... 50 mg*;
excipientes q.s.p ............................................. 1 comprimido.
(amido de milho, celulose microcristalina, dióxido de silício, estearato de magnésio, croscarmelose sódica, laurilsulfato de sódio, amidoglicolato de sódio).
* correspondente a 35 mg de procianidinas (marcador) por comprimido.

## INFORMAÇÕES TÉCNICAS AOS PROFISSIONAIS DE SAÚDE
### 1. INDICAÇÕES
Flebon® é um medicamento indicado no tratamento da fragilidade vascular e do edema dos membros inferiores, na prevenção das complicações causadas pela insuficiência venosa e na prevenção da síndrome do viajante (a imobilidade a que se vê forçado o passageiro e que o predispõe à trombose).

### 2. RESULTADOS DE EFICÁCIA
Um estudo[1] avaliou o uso extrato seco de *Pinus pinaster* Aiton (Pycnogenol®) na profilaxia da trombose venosa profunda (TVP) e superficial (TVS) em indivíduos com risco moderado a alto durante voos prolongados. Cento e noventa e oito pessoas completaram o estudo. Todos os pacientes realizaram ultrassonografia noventa minutos antes do voo e duas horas após o desembarque. Os pacientes do grupo tratamento receberam duas cápsulas de Pycnogenol® de 100 mg entre duas a três horas antes do voo, duas cápsulas após seis horas e uma cápsula no dia seguinte. O grupo controle recebeu placebo nos mesmos intervalos. A duração média dos voos foi de oito horas e quinze minutos. No grupo controle houve cinco eventos trombóticos (uma TVP e quatro TVS), enquanto no grupo tratamento não ocorreu trombose, apenas um paciente apresentou flebite superficial. A análise da população ITT (*intention to treat*) detectou treze falhas no grupo controle (oito perdas de acompanhamento e cinco eventos trombóticos) em 105 pessoas (12,4%) versus cinco falhas (4,7%, todas por perda de acompanhamento, sem eventos trombóticos) no grupo tratamento (p<0.025). Nenhum efeito adverso foi observado. Esse estudo indica que o tratamento com Pycnogenol® foi efetivo na redução do número de eventos trombóticos (TVP e TVS) em pessoas com risco moderado a alto, durante voos prolongados.
Um estudo[2] clínico prospectivo, controlado com 21 pacientes avaliou a eficácia do Pycnogenol® oral em pacientes com insuficiência venosa crônica severa, microangiopatia, hipertensão venosa severa e história de úlcera venosa. Os

critérios de inclusão foram refluxo venoso em veia poplítea foi demonstrado por duplex colorido e aumento da pressão venosa. Pacientes com outras doenças cardiovasculares, diabéticos, desordens articulares ou ósseas, ou qualquer outra doença sistêmica necessitando tratamento medicamentoso, pacientes com trombose recente ou com história de trombose nos últimos 24 meses foram excluídos. Os pacientes receberam Pycnogenol® 50 mg três vezes ao dia (150 mg/dia) por oito semanas. Nenhum tratamento foi utilizado nos 18 pacientes do grupo controle. Todos os pacientes foram submetidos à avaliação médica do edema, dopplerfluxometria, fluxo cutâneo na posição supina e pletismografia na inclusão, em duas, quatro e oito semanas de tratamento. Em quatro semanas houve uma redução significativa (p<0.05) do fluxo cutâneo, indicando melhora da microangiopatia, decréscimo da filtração capilar, melhora dos sintomas e redução do edema nos pacientes em uso do Pycnogenol®. O medicamento mostrou boa tolerabilidade e nenhum evento adverso foi observado. Esse estudo confirma a eficácia rápida do Pycnogenol® em pacientes com insuficiência venosa crônica e microangiopatia venosa. O tratamento também pode ser útil na prevenção de ulcerações.

Um estudo[3] selecionou 53 indivíduos com hipertensão arterial essencial controlada, realizando dieta e restrição de sal por pelo menos seis meses e apresentando edema após tratamento com antagonistas de canal de cálcio ou inibidores da enzima conversora de angiotensina. Os indivíduos foram divididos em grupos de tratamento comparáveis na idade, sexo e outras variáveis. O tratamento com anti-hipertensivos foi mantido durante o estudo sem alterações na dose ou fármaco por pelo menos quatro meses e sem associação com nenhum outro tipo de tratamento. O período de uso de Pycnogenol® foi de seis semanas na dose de 50 mg três vezes ao dia versus dose equivalente de placebo. Ocorreu uma redução significativa (p<0.05) na permeabilidade capilar nos pacientes em uso de Pycnogenol® controlando o edema.

Belcaro G. *et al*. Prevention of Venous Thrombosis and Thrombophlebitis in Long-Houl Flights with Pycnogenol®. Clin Appl Thrombosis/Hemostasis.10 (4): 373-377, 2004.

Cesarone, M R *et al*. Rapid relief of signs/symptons in chronic venous microangiopathy with Pycnogenol®: a prospective, controlled study. Angiology 57 (5): 569-576, 2006.

Belcaro, G *et al*. Control of edema in hypertensive subjects treated with calcium antagonist nifedipine) or angiotensin-converting enzyme inhibitors with pycnogenol. Clinical and Applied Thrombosis/Hemostasis. 2006; 12 (4):440-444.

## 3. CARACTERÍSTICAS FARMACOLÓGICAS

Flebon® é composto por extrato vegetal de cascas de *Pinus pinaster* Aiton (pinho marítimo). Contém aproximadamente quarenta constituintes, dentre os quais estão as procianidinas e suas moléculas precursoras: catequinas, epicatequina e taxifolina, que são flavonoides. O extrato contém ainda ácidos fenólicos (ácido gálico, ácido protocatéico, ácido vanílico, ácido caféico, ácido ferrúlico, ácido *p*-hidroxibenzoico e ácido *p*-cumárico).

O maior constituinte ativo são as procianidinas. Observações clínicas e estudos *in vitro* comprovaram que essas substâncias possuem alto poder antioxidante. O resultado dessa propriedade é a proteção do organismo contra os radicais livres. Flebon® neutraliza a ação dos radicais livres do óxido nítrico (NO) e apresenta ação antioxidante contra a placa ateromatosa, através da supressão da oxidação do LDL nos vasos. Aumenta a resistência vascular selando a parede dos vasos danificados. Aumenta a resistência capilar facilitando a microcirculação. Reduz a permeabilidade vascular prevenindo o edema da insuficiência crônica. Reduz a agregação plaquetária prevenindo a formação de trombose.

*Farmacocinética*

A administração oral do Pycnogenol® leva a rápida absorção de ácidos fenólicos e taxifolina e absorção mais lenta de procianidinas, consequentemente, os constituintes ativos estão disponíveis por um longo período de tempo. O pico de excreção urinária de valeroctonas (metabólitos detectados após ingestão de frações de procianidinas) ocorre entre 8 e 12 horas, e a excreção total é encontrada após 28-34 horas.

## 4. CONTRAINDICAÇÕES

Hipersensibilidade a qualquer um dos componentes da fórmula.

## 5. ADVERTÊNCIAS E PRECAUÇÕES

Não há cuidados especiais quando administrado corretamente.

**Uso em idosos, crianças e outros grupos de risco Idosos**

Não há, até o momento, contraindicações para o uso em idosos.

**Crianças**

Não há dados científicos sobre o uso do extrato de *Pinus pinaster* Aiton no tratamento da insuficiência vascular em crianças. Este medicamento não é indicado para uso pediátrico.

**Gravidez e lactação**

O extrato de *Pinus pinaster* Aiton está classificado na categoria de risco B.

Os estudos em animais não demonstraram risco fetal, mas também não há estudos controlados em mulheres grávidas; ou então, os estudos em animais revelaram riscos, mas que não foram confirmados em estudos controlados com mulheres grávidas.

Não há evidência científica de segurança no uso do extrato de *Pinus pinaster* Aiton na lactação.

**Este medicamento não deve ser utilizado por mulheres grávidas sem orientação médica.**

**Dados pré-clínicos de segurança**

**Toxidade aguda**

Na administração via oral, a DL50 é 1g/kg em ratos e 4,8g/kg em cães, num período de 24h. As referidas doses são 600 vezes maiores do que a dose diária recomendada para o ser humano.

**Toxidade crônica**

A administração oral em ratos, em doses de 2,5-7, mg/kg durante três meses, e em cães, em doses de 60-500 mg/kg durante seis meses, não mostraram efeitos tóxicos. Doses de 5-50 mg/kg em porquinhos da Índia também mostraram-se seguras.

**Mutagenicidade**

Não foi observado qualquer evento de mutagênese em experiências com bactérias, tampouco sinal de mutação e de alteração de cromossomos em filhotes de camundongos ou em estudos de mutação *in vivo* (teste em micronúcleo de roedores).

**Reprodutibilidade**

O extrato de *Pinus pinaster* Aiton não interferiu na fertilidade ou na capacidade geral de reprodução dos camundongos, dos ratos e dos coelhos. Doses diárias dez vezes superiores à prescrita não revelaram efeito embriotóxico e teratogênico.

## 6. INTERAÇÕES MEDICAMENTOSAS

Não há evidência científica de eventos adversos e alteração de eficácia terapêutica em caso de ingestão simultânea de Flebon® com outros medicamentos.

## 7. CUIDADOS DE ARMAZENAMENTO DO MEDICAMENTO

**Cuidados de conservação**

Flebon® deve ser conservado em temperatura ambiente (entre 15°C e 30°C) em sua embalagem original, protegido da luz e da umidade.

**Prazo de validade**

24 meses após a data de fabricação impressa no cartucho.

**Número de lote e datas de fabricação e validade: vide embalagem.**

**Não use medicamento com prazo de validade vencido.**

**Para sua segurança, mantenha o medicamento na embalagem original.**

**Características físicas**

Comprimidos circulares de cor amarronzada e pontos claros.

**Características organolépticas**

Comprimido com odor e gosto característicos.

**Antes de usar, observe o aspecto do medicamento.**

**Todo medicamento deve ser mantido fora do alcance das crianças.**

## 8. POSOLOGIA E MODO DE USAR

**Modo de usar**

Flebon® deve ser ingerido com o auxílio de uma pequena quantidade de água, durante ou após as refeições.

**Posologia**

Problemas circulatórios venosos, fragilidade dos vasos e inchaço (edema): tomar um comprimido de 50 mg três vezes ao dia, via oral, por 30 dias, podendo ser usado por até 60 dias.

Síndrome do viajante: tomar quatro comprimidos três horas antes de embarcar, quatro comprimidos seis horas depois da primeira tomada do medicamento e dois comprimidos no dia seguinte.

Se necessário, a dose pode ser ajustada de acordo com a avaliação médica dos sintomas clínicos. Dose máxima diária é de oito comprimidos (400 mg/dia).

## 9. REAÇÕES ADVERSAS

Até o momento só foi relatada a seguinte reação adversa: Reação rara (ocorre entre 0,01% e 0,1% dos pacientes que utilizam este medicamento): desconforto gastrointestinal leve e transitório, podendo ser evitado administrando Flebon® após as refeições.

**Atenção: este produto é um medicamento novo e, embora as pesquisas tenham indicado eficácia e segurança aceitáveis, mesmo que indicado e utilizado corretamente, podem ocorrer eventos adversos imprevisíveis ou desconhecidos. Nesse caso, notifique os eventos adversos pelo Sistema de Notificação em Vigilância Sanitária (Notivisa), disponível no www.anvisa.gov.br/hotsite/notivisa/index.htm, ou para a Vigilância Sanitária Estadual ou Municipal.**

## 10. SUPERDOSE
Não foram relatados sintomas de superdose até o momento. Numa ingestão acidental de doses muito acima das preconizadas, recomenda-se a remoção da massa de Flebon® do estômago.

**Em caso de intoxicação ligue para 0800 722 6001, se você precisar de mais orientações sobre como proceder.**

**VENDA SOB PRESCRIÇÃO MÉDICA**

**DIZERES LEGAIS**
MS: 1.0390.0181
Farm. Resp.: Dra. Marcia Weiss I. Campos CRF-RJ Nº 4499
Registrado por: **FARMOQUÍMICA S. A.**
Av. José Silva de Azevedo Neto, 200, Bloco 1, 1º andar, salas 101 a 104 e 106 a 108
Rio de Janeiro – RJ CEP: 22775-056
CNPJ: 33.349.473/0001-58
Fabricado por: **FARMOQUÍMICA S. A.**
Rua Viúva Cláudio, 300 Rio de Janeiro – RJ CEP: 20970-032
CNPJ: 33.349.473/0003 -10
Indústria brasileira

---

# FLENUS
*Melilotus officinalis*

## MEDICAMENTO FITOTERÁPICO

Nomenclatura Botânica Oficial: *Melilotus officinalis* L.
Família: Leguminosae
Parte da planta utilizada: Partes aéreas. Nome Popular: Meliloto

### APRESENTAÇÃO
Comprimidos revestidos: caixa contendo 20 e 30 comprimidos revestidos.

**USO ORAL**
**USO ADULTO**

### COMPOSIÇÃO:
Cada comprimido revestido contém:
Extrato seco de *Melilotus officinalis* à 18% ........ 22,25 mg
(equivalente à 4 mg de cumarina)
Excipientes: dióxido de silício, celulose microcristalina + lactose, croscarmelose sódica, estearato de magnésio, copolímero básico metacrílico, talco, dióxido de titânio, corante laca alumínio vermelho nº 40, corante laca alumínio azul nº 2, macrogol, álcool isopropílico, água de osmose.

## 1. PARA QUÊ ESTE MEDICAMENTO É INDICADO?
Este medicamento é destinado ao tratamento de patologias (doenças) venosas tais como varizes e hemorroidas e na melhora dos sintomas causados por essas patologias.

## 2. COMO ESTE MEDICAMENTO FUNCIONA?
Este medicamento diminui o inchaço causado por problemas venosos e linfáticos, por melhorar a circulação periférica e reduzir a inflamação.

## 3. QUANDO NÃO DEVO USAR ESTE MEDICAMENTO?
Este medicamento está contraindicado em pacientes com hipersensibilidade (alergia) a quaisquer componentes da fórmula.
Pacientes com úlceras gástricas ou duodenais (no intestino) e pacientes em tratamento com anticoagulantes (medicamentos usados para prevenir a formação de trombos sanguíneos) ou hemostáticos não devem utilizar este medicamento. Pacientes com insuficiência hepática ou com elevação das enzimas hepáticas (enzimas do fígado) deve evitar o uso deste medicamento. Deve-se observar hepatotoxicidade (toxicidade do fígado) e monitorar as enzimas hepáticas.
Não utilizar em grávidas e lactantes sem avaliação médica do risco/benefício.
**Este medicamento é contraindicado para menores de 12 anos.**
**Este medicamento não deve ser utilizado por mulheres grávidas sem orientação médica ou do cirurgião-dentista.**

## 4. O QUE DEVO SABER ANTES DE USAR ESTE MEDICAMENTO?
A administração em doses mais altas pode levar à dores de cabeça e ao dano hepático transitório em pacientes susceptíveis. É recomendado o monitoramento das enzimas hepáticas. Usualmente, a elevação dessas enzimas desaparece com a interrupção do medicamento.
Seu uso não deverá ser contínuo, podendo ser utilizado a longo prazo, se prescrito dentro da variação terapêutica recomendada em relação à cumarina. Este medicamento não dever ser usado com ácido acetilsalicílico e anticoagulantes como a warfarina.
**Atenção: este medicamento contém corantes que podem, eventualmente, causar reações alérgicas.**
**Este medicamento contém LACTOSE.**

Este medicamento não deve ser utilizado por mulheres grávidas sem orientação médica ou do cirurgião-dentista.

**Informe ao seu médico ou cirurgião-dentista se você está fazendo uso de algum outro medicamento.**

**Não use medicamento sem conhecimento do seu médico. Pode ser perigoso para a sua saúde.**

## 5. ONDE, COMO E POR QUANTO TEMPO POSSO GUARDAR ESTE MEDICAMENTO?

Conservar o medicamento em sua embalagem original, protegendo da luz e umidade, em temperatura ambiente entre 15 e 30ºC. Nessas condições, o medicamento se manterá próprio para o consumo, respeitando o prazo de validade indicado na embalagem.

**Número de lote e datas de fabricação e validade: vide embalagem.**

**Não use medicamento com prazo de validade vencido.** Guarde-o em sua embalagem original.

O medicamento é um comprimido redondo biconvexo de coloração roxa e odor característico.

**Antes de usar, observe o aspecto do medicamento. Caso ele esteja no prazo de validade e você observe alguma mudança no aspecto, consulte o farmacêutico para saber se poderá utilizá-lo.**

**TODO MEDICAMENTO DEVE SER MANTIDO FORA DO ALCANCE DAS CRIANÇAS.**

## 6. COMO DEVO USAR ESTE MEDICAMENTO?

Tomar, com um pouco de água, 1 (um) comprimido uma vez ao dia, ou a critério médico.

**Siga a orientação de seu médico, respeitando sempre os horários, as doses e a duração do tratamento. Não interrompa o tratamento sem o conhecimento do seu médico.**

**Este medicamento não deve ser partido, aberto ou mastigado.**

## 7. O QUE DEVO FAZER QUANDO EU ME ESQUECER DE USAR ESTE MEDICAMENTO?

Caso haja esquecimento da ingestão de uma dose deste medicamento, retome a dosagem prescrita sem a necessidade de suplementação.

**Em caso de dúvidas, procure orientação do farmacêutico ou de seu médico, ou cirurgião-dentista.**

## 8. QUAIS OS MALES QUE ESTE MEDICAMENTO PODE ME CAUSAR?

Há poucos relatos de quadros de reações adversas com o uso deste medicamento tais como: queimação epigástrica (estômago), dor de cabeça, diarreia, náusea, reações alérgicas na pele.

**Informe ao seu médico, cirurgião-dentista ou farmacêutico o aparecimento de reações indesejáveis pelo uso do medicamento. Informe também à empresa através do seu serviço de atendimento.**

## 9. O QUE FAZER SE ALGUÉM USAR UMA QUANTIDADE MAIOR DO QUE A INDICADA DESTE MEDICAMENTO?

Em caso de superdosagem, recomenda-se suspender o uso e procurar orientação médica de imediato para que sejam adotadas medidas habituais de apoio e controle das funções vitais.

**Em caso de uso de grande quantidade deste medicamento, procure rapidamente socorro médico e leve a embalagem ou bula do medicamento, se possível. Ligue para 0800 722 6001, se você precisar de mais orientações.**

**VENDA SOB PRESCRIÇÃO MÉDICA**

### DIZERES LEGAIS
M.S. nº 1.1861.0266
Farm. Resp.: Dra. Lucineia Nascimento N. de S. Machado • CRF-SP nº 31.274
Registrado por: Ativus Farmacêutica Ltda Rua Emílio Mallet, 317 • Sala 1005 • Tatuapé
CEP: 03320-000 • São Paulo-SP
CNPJ: 64.088.172/0001-41
Fabricado por: Ativus Farmacêutica Ltda
Rua Fonte Mécia, 2.050 • Caixa Postal 489 • CEP: 13273-900 • Valinhos-SP
CNPJ: 64.088.172/0003-03
Indústria Brasileira
Comercializado por: Arese Pharma Distr. de Med. Ltda-ME.
Rua José Leal Fontoura, 332 • Sala 1 • Centro • CEP: 83414-190 • Colombo-PR
CNPJ: 14.812.380/0001-73
SAC: 0800 770 79 70

---

# FLEXIVE® CDM

*Symphytum officinale* L.
Extrato hidroalcoólico 350 mg/g

**Nomenclatura botânica:** *Symphytum officinale* L. (Boraginaceae).
**Nomenclatura vulgar:** Confrei.
**Parte utilizada:** raiz.

## APRESENTAÇÕES
Creme dermatológico. Embalagens contendo 25 e 50 g.

## USO TÓPICO
## USO ADULTO ACIMA DE 12 ANOS

## COMPOSIÇÃO
Cada grama contém:
Extrato hidroalcoólico de raiz de *Symphytum officinale* L.*..................................................................350 mg.
* Contém 0,2 – 0,5% de alantoína.
Excipientes: Fenonip, álcool cetoestearílico, monoestearato de glicerila, laurilsulfato de sódio, óleo de amendoim refinado, óleo de lavanda, óleo de pinheiro, óleo de perfume, água purificada.

## INFORMAÇÕES TÉCNICAS AOS PROFISSIONAIS DE SAÚDE
### 1. INDICAÇÕES
Creme anti-inflamatório indicado para o alívio de mialgias, artralgias, dores pós-traumáticas e também nas entorses, tendinites e lombalgias.

### 2. RESULTADOS DE EFICÁCIA
Estudo prospectivo, aberto e multicêntrico analisou, em 492 pacientes, as propriedades anti-inflamatória e analgésica de preparados tópicos à base de Confrei no tratamento de contusões, estiramentos e entorses, bem como em dores musculares e das juntas. Durante período de observação de duas semanas, os pacientes receberam em média uma a três aplicações diárias de extrato de Confrei. A dor em repouso e em movimento, bem como sob pressão, melhorou numa média de 45-47% em todo o grupo observado. No período da manhã, a rigidez articular foi reduzida de inicialmente vinte minutos para três minutos. No decorrer do tratamento com Confrei, agentes antirreumáticos não esteroidais e outros medicamentos específicos utilizados concomitantemente puderam ter sua dose reduzida ou o seu uso completamente interrompido em mais de dois terços dos pacientes. Tanto a eficácia quanto a tolerância foram consideradas predominantemente como excelentes ou boas.
Referência bibliográfica: Koll, R, Klingenburg, S.; Therapeutische Eigenschaften und Verträglichkeit topischer Beinwellzubereitungen: Ergebnisse einer Beobachtungsstudie an Patienten (Therapeutic properties and tolerance of topical comfrey preparations: Results of an observational study among patients). Fortschritte der Medizin, 120, 1, 2002, pp. 1 – 9.

### 3. CARACTERÍSTICAS FARMACOLÓGICAS
O extrato de raiz de *Symphytum officinale* possui efeito anti-inflamatório, analgésico e redutor de edema, bem como de promover regeneração e granulação tissular. A alantoína, os mucopolissacarídeos e os taninos são os componentes responsáveis pela eficácia do produto.
**Dados de segurança pré-clínica**
Alcaloides pirrolizidínicos e seus N-óxidos podem ser encontrados em várias espécies de plantas, sendo difundidos em grandes quantidades nas Asteracea e Boraginacea, à qual pertence o *Symphytum officinale*. Alguns animais domésticos ingerem essas plantas na ração e acabam sendo encontradas em alguns alimentos (ex: leite, mel). Os alcaloides pirrolizidínicos intermedina, sinfitina e sinviridina podem ser detectados no *Symphytum officinale*, geralmente na forma de N-óxidos. Em estudos de toxidade aguda foi induzida lesão no fígado de ratos usando extrato de folhas secas. Em estudos a longo prazo com ratos foram observadas ações tumorigênica e carcinogênica. O alcaloide principal sinfitina parece ser responsável por esse efeito, pelo que também se provou ser mutagênico.
Por meio de um procedimento especial, 99% dos alcaloides pirrolizidínicos contidos na Symphytum officinale foram removidos (especificação: <0.35 ppm no produto original). Assim, as quantidades de alcaloides pirrolizidínicos contidas nas doses usuais do produto estão abaixo da quantidade toxicologicamente tolerada de 100 mcg/valor declarado para produtos medicinais tópicos. Com essas baixas concentrações, não é esperado que a utilização do medicamento represente riscos de toxicidade associados aos alcaloides pirrolizidínicos.

### 4. CONTRAINDICAÇÕES
Este produto é contraindicado em casos de hipersensibilidade ao Confrei, parabenos ou a qualquer outro ingrediente da fórmula. Flexive® CDM não deve ser aplicado nos olhos, membranas mucosas ou feridas abertas. A aplicação deve ser feita apenas na pele intacta.

### 5. ADVERTÊNCIAS E PRECAUÇÕES
Como o excipiente fenonip contém parabenos em sua formulação, podem ocorrer reações alérgicas, inclusive

reações retardadas. Devido ao seu conteúdo em álcool, o uso frequente pode causar irritação, inflamação ou ressecamento da pele. Flexive® CDM deve ser utilizado no período máximo de 4-6 semanas/ano. Não há informações suficientes sobre o uso deste produto em crianças; Flexive® CDM não deve ser utilizado por menores de 12 anos.

**Gravidez e lactação**

Não existem dados sobre a utilização de Flexive® CDM em mulheres grávidas ou amamentando. O creme só deverá ser usado durante a gravidez ou lactação por indicação médica. Categoria de risco B. Os estudos em animais não demonstraram risco fetal, mas também não há estudos controlados em mulheres grávidas.

**Este medicamento não deve ser utilizado por mulheres grávidas sem orientação médica ou do cirurgião-dentista.**

**Efeitos sobre a capacidade de dirigir e operar máquinas.**

Os efeitos de Flexive® CDM sobre a capacidade de dirigir veículos e operar máquinas são nulos ou desprezíveis.

## 6. INTERAÇÕES MEDICAMENTOSAS

Até o momento nenhuma interação é conhecida.

## 7. CUIDADOS DE ARMAZENAMENTO DO MEDICAMENTO

Conservar em temperatura ambiente (entre 15°C e 30°C).

**Número de lote e datas de fabricação e validade: vide embalagem.**

**Não use medicamento com o prazo de validade vencido. Guarde-o em sua embalagem original.**

Flexive® CDM é um creme de cor bege claro, com odor suave, característico.

**Antes de usar, observe o aspecto do medicamento.**

**Todo medicamento deve ser mantido fora do alcance das crianças.**

## 8. POSOLOGIA E MODO DE USAR

Uso tópico. Caso não haja indicação em contrário, e dependendo da área corporal a ser tratada e da gravidade dos sintomas, aplicar uma quantidade de creme de 2-6 cm de comprimento, duas a quatro vezes ao dia.

Aplicar Flexive® CDM nas áreas do corpo a serem tratadas, massageando até absorção completa. Caso não haja indicação em contrário, e dependendo da área corporal a ser tratada e da gravidade dos sintomas, aplicar uma quantidade de creme de 2-6 cm de comprimento, duas a quatro vezes ao dia. Para queixas mais graves, pode ser utilizado um curativo com o produto. Para isso, aplicar 10 a 20 g de Flexive® CDM uma vez por dia, cobrindo-se com um curativo apropriado. A aplicação pode ser mantida até que os sintomas regridam ou segundo critério médico.

**Uso pediátrico**

Não foram realizados estudos adequados ao uso de Flexive® CDM em crianças; o produto não deve ser usado em menores de 12 anos de idade.

**Pacientes com insuficiência hepática ou renal**

Como Flexive® CDM não foi avaliado nessas populações, não se recomenda a sua administração.

**Pacientes idosos**

Não existem advertências ou recomendações especiais sobre o uso do produto em pacientes idosos.

## 9. REAÇÕES ADVERSAS

Reações raras (> 1/10.000 e < 1.000): em raros casos, a aplicação de Flexive® CDM pode gerar reações de hipersensibilidade. Essas reações geralmente se iniciam no local da aplicação com ocorrência de vermelhidão, formação de nódulos e vesículas, bem como de prurido. Reações cutâneas localizadas (ex: dermatite de contato) podem ocorrer em casos raros, devido ao óleo de amendoim.

Em casos de eventos adversos, notifique ao Sistema de Notificações em Vigilância Sanitária – Notivisa, disponível em www.anvisa.gov.br/notivisa ou para a Vigilância Sanitária Estadual ou Municipal.

## 10. SUPERDOSE

Este produto é indicado apenas para aplicação externa. Caso grandes quantidades de creme sejam ingeridas, todo o restante de creme deve ser removido das cavidades oral e nasofaríngea. Um esvaziamento gástrico (indução de vômito, lavagem gástrica) deve ser considerado.

**Em caso de intoxicação ligue para 0800 722 6001, se você precisar de mais orientações sobre como proceder.**

### DIZERES LEGAIS

M.S. 1.0089.0358

Farmacêutico Responsável: Geraldo César Monteiro de Castro CRF-RJ nº 14021

Importado por: MERCK S. A.

CNPJ: 33.069.212/0001-84

Estrada dos Bandeirantes, 1099

Rio de Janeiro – RJ – CEP 22710-571

Indústria Brasileira

Fabricado e embalado: Merck KGaA & Co., Spittal/Drau – Áustria

# FLOR DA NOITE COMPOSTA®

*Cereus jamacaru, Dorstenia multiformis, Erythrina velutina, Himatanthus lancifolius.*

**MEDICAMENTO FITOTERÁPICO REGISTRADO COM BASE NO USO TRADICIONAL, NÃO SENDO RECOMENDADO SEU USO POR PERÍODO PROLONGADO.**

## APRESENTAÇÕES
Cartucho com frasco plástico branco opaco contendo 50 cápsulas de 500 mg.

## USO ORAL USO ADULTO

## COMPOSIÇÃO
**Cada cápsula gelatinosa dura contém:**
500 mg de extrato seco composto de casca e lenho de *Cereus jamacaru*, rizoma de *Dorstenia multiformis*, casca de *Erythrina velutina* e casca de *Himatanthus lancifolius*. Equivalente a 250 mcg de alcamidas expressas em tiramina, 500 mcg de psoraleno e metoxi-psoraleno, 30 mcg de flavonas expressas como hesperetina e 5 mcg de ácido gálico.
**Excipiente:** Amido. **Quantidade:** 50 cápsulas.

## 1. PARA QUE ESTE MEDICAMENTO É INDICADO?
FLOR DA NOITE COMPOSTA® é indicado para o alívio dos sintomas da menopausa.

## 2. COMO ESTE MEDICAMENTO FUNCIONA?
O produto **FLOR DA NOITE COMPOSTA®** contém em sua composição: Cactus (*Cereus jamacaru*), Mulungu (*Erythrina velutina*), Carapiá (*Dorstenia multiformis*) e Agoniada (*Himatanthus lancifolius*), que combinados atuam no alívio dos sintomas da menopausa, não possuindo atividade de reposição hormonal relacionada ao seu uso.

## 3. QUANDO NÃO DEVO USAR ESTE MEDICAMENTO?
Pacientes com hipersensibilidade aos componentes da fórmula devem evitar o uso do produto.
**Este medicamento é contraindicado para menores de 12 anos de idade. Este medicamento é contraindicado para o uso por gestantes.**

## 4. O QUE DEVO SABER ANTES DE USAR ESTE MEDICAMENTO?
O uso de FLOR DA NOITE COMPOSTA é indicado para o alívio dos sintomas da menopausa, como calorões (fogachos), insônia e ansiedade. A paciente deve usar o medicamento apenas nos períodos em que os sintomas estiverem exacerbados. Seu uso deve ser interrompido após a melhora desses sintomas transitórios. Desse modo, o medicamento será administrado episodicamente ou no máximo pelo período de uma semana, após o qual deve haver um período de intervalo.

Não administrar doses maiores do que as recomendadas. Este medicamento pode ocasionar sonolência em indivíduos sensíveis.

Flor da Noite Composta pode potencializar os efeitos de medicamentos anticoagulantes. Isso ocorre devido à presença de *Dorstenia multiformis* em sua composição.

Este medicamento pode provocar reações fotossensibilizantes em indivíduos sensíveis, devido a presença de *Dorstenia multiformis*. Exposições prolongadas à luz solar e raios ultravioleta (UVA e UVB) devem ser evitadas. Quando necessário, utilizar fatores de proteção elevados com FPS superior à 15.

**Não use este medicamento sem o conhecimento do seu médico. Pode ser perigoso para a sua saúde.**
**Informe ao seu médico ou cirurgião-dentista se você está fazendo uso de algum outro medicamento.**
**Assim como todos os medicamentos, informe ao seu profissional de saúde todas as plantas medicinais e fitoterápicos que estiver tomando. Interações podem ocorrer entre medicamentos e plantas medicinais e mesmo entre duas plantas medicinais quando administradas ao mesmo tempo.**

## 5. ONDE, COMO E POR QUANTO TEMPO POSSO GUARDAR ESTE MEDICAMENTO?
Proteger da luz, calor e umidade. Conservar este medicamento em temperatura ambiente (15 a 30ºC). Este medicamento tem validade de 24 meses a partir da data de sua fabricação.

**Número de lote e datas de fabricação e validade: vide embalagem. Não use medicamento com prazo de validade vencido.**
**Para sua segurança, mantenha o medicamento em sua embalagem original.**
As cápsulas de **FLOR DA NOITE COMPOSTA®** são de gelatina dura, transparentes, contendo pó de coloração bege claro em seu interior.

**Antes de usar, observe o aspecto do medicamento. Caso você observe alguma mudança no aspecto do medicamento que ainda esteja no prazo de validade,**

consulte o médico ou o farmacêutico para saber se poderá utilizá-lo.

Todo medicamento deve ser mantido fora do alcance das crianças.

### 6. COMO DEVO USAR ESTE MEDICAMENTO?

Ingerir 1 cápsula, 3 vezes ao dia.

As cápsulas devem ser ingeridas inteiras e sem mastigar com quantidade suficiente de água para que sejam deglutidas.

Utilizar por no máximo uma semana, respeitando-se um intervalo mínimo de uma semana entre cada tratamento.

**Siga a orientação de seu médico, respeitando sempre os horários, as doses e a duração do tratamento. Não interrompa o tratamento sem o conhecimento do seu médico.**

**Este medicamento não deve ser partido, aberto ou mastigado.**

### 7. O QUE DEVO FAZER QUANDO EU ME ESQUECER DE USAR ESTE MEDICAMENTO?

Caso haja esquecimento da ingestão de uma dose deste medicamento, retome a posologia prescrita sem a necessidade de suplementação.

**Em casos de dúvidas, procure orientação do farmacêutico ou de seu médico, ou cirurgião-dentista.**

### 8. QUAIS OS MALES QUE ESTE MEDICAMENTO PODE ME CAUSAR?

Reação comum (ocorre entre 1% e 10% dos pacientes que utilizam FLOR DA NOITE COMPOSTA®): Pode causar sonolência.

**Informe seu médico, cirurgião-dentista ou farmacêutico o aparecimento de reações indesejáveis pelo uso do medicamento.**

**Informe a empresa sobre o aparecimento de reações indesejáveis e problemas com este medicamento, entrando em contato através do Sistema de Atendimento ao Consumidor (SAC).**

### 9. O QUE FAZER SE ALGUÉM USAR UMA QUANTIDADE MAIOR DO QUE A INDICADA DESTE MEDICAMENTO?

Em altas doses, podem ocorrer náuseas, vômitos, cefaleias, taquicardia e diminuição do tempo de reação frente a estímulos externos.

**Em caso de uso de grande quantidade deste medicamento, procure rapidamente socorro médico e leve a embalagem ou bula do medicamento, se possível.**

Em caso de intoxicação ligue para 0800 722 6001, se você precisar de mais orientações sobre como proceder.

### VENDA SOB PRESCRIÇÃO MÉDICA

### DIZERES LEGAIS

MS: 1.1678.0020

Farmacêutico Responsável: Aldo Cândido Dadalt CRF-PR: 4787

As Ervas Curam Indústria Farmacêutica Ltda

Rua Eunice Weaver, 231, Campo Comprido Curitiba – PR – CEP: 81220-080

CNPJ: 79.634.572/0001-82

Indústria Brasileira

SAC 0800 643 3949

---

# FLUIJET
*Hedera helix*

FORMA FARMACÊUTICA E APRESENTAÇÃO

Xarope. Embalagem contendo 30 e 100 mL.

### USO ADULTO E PEDIÁTRICO

### COMPOSIÇÃO

Cada 1 mL contém:

Extrato seco de folhas de *Hedera helix* L. ............... 7,5 mg

(equivalente a 0,75 mg/mL de hederacosídeo C)

**Excipientes:** sacarose, sorbitol, metilparabeno, aroma de cereja, aroma de hortelã e água.

Nomenclatura botânica: *Hedera helix* Linné (Araliaceae)

Nomenclatura vulgar: Hera sempre-verde

Parte utilizada: Folhas

### INFORMAÇÕES AO PACIENTE

**Ação do medicamento:** FLUIJET (*Hedera helix*) possui efeito mucolítico e expectorante (diminui a viscosidade das secreções e aumenta a atividade de varredura promovida pelos cílios do epitélio brônquico, facilitando a expectoração) e broncodilatador (com ação relaxante sobre o músculo liso brônquico), esse efeito facilita a expectoração e melhora a respiração.

**Indicação:** FLUIJET (*Hedera helix*) é indicado para o tratamento sintomático de doenças broncopulmonares, com aumento de secreções e/ou broncoespasmos associados.

**Gravidez e Lactação:** informe seu médico a ocorrência de gravidez durante o tratamento ou após o seu término. Informar ao médico se está amamentando.

**Contraindicações e precauções:** o produto não deve ser utilizado por pacientes que contenham intolerância à frutose, somente o médico, após avaliação do risco em relação aos benefícios do produto poderá determinar se esse tipo de paciente pode fazer uso do produto.

Embora não existam dados clínicos sobre a exposição de FLUIJET (*Hedera helix*) na gravidez humana, os estudos com animais prenhas não indicam efeitos nocivos diretos ou indiretos em relação à gravidez, desenvolvimento embrionário ou fetal, parto ou desenvolvimento pós-natal. Apesar disso, como qualquer outro medicamento, FLUIJET (*Hedera helix*) deve ser administrado com cautela durante a gravidez e lactação. Informe seu médico sobre qualquer medicamento que esteja usando, antes do início ou durante o tratamento.

**Ingestão concomitante com outras substâncias:** não são conhecidas alterações no efeito do medicamento quando ingerido concomitantemente com outras substâncias. Por esse motivo esse xarope pode ser ingerido com outras substâncias.

ATENÇÃO DIABÉTICOS: CONTÉM AÇÚCAR
NÃO HÁ CONTRAINDICAÇÃO RELATIVA A FAIXAS ETÁRIAS
INFORME AO SEU MÉDICO OU CIRURGIÃO-DENTISTA O APARECIMENTO DE REAÇÕES INDESEJÁVEIS INFORME AO SEU MÉDICO OU CIRURGIÃO-DENTISTA SE VOCÊ ESTÁ FAZENDO USO DE ALGUM OUTRO MEDICAMENTO
NÃO USE MEDICAMENTO SEM O CONHECIMENTO DE SEU MÉDICO. PODE SER PERIGOSO PARA SUA SAÚDE

### Modo de Uso

Lactentes e crianças até 7 anos de idade: 2,5 mL, 3 vezes ao dia.
Crianças acima de 7 anos de idade: 5 mL, 3 vezes ao dia.
Adultos: 7,5 mL, 3 vezes ao dia.

SIGA A ORIENTAÇÃO DE SEU MÉDICO, RESPEITANDO SEMPRE OS HORÁRIOS, AS DOSES, E A DURAÇÃO DO TRATAMENTO NÃO INTERROMPA O TRATAMENTO SEM O CONHECIMENTO DO SEU MÉDICO
NÃO USE O MEDICAMENTO COM O PRAZO DE VALIDADE VENCIDO. ANTES DE USAR OBSERVE O ASPECTO DO MEDICAMENTO

**Interrupção do Tratamento:** não interromper o tratamento sem o conhecimento do seu médico.

**Efeitos sobre a capacidade de dirigir e usar máquinas:** apesar de não terem sido realizados os estudos específicos sobre os efeitos do produto na capacidade de dirigir e usar máquinas, não foi observado, nos outros estudos conduzidos com FLUIJET (*Hedera helix*), qualquer alteração que conduza a alguma restrição nos pacientes que tenham atividades relacionadas a dirigir e/ou usar máquinas.

**Reações adversas:** informe seu médico o aparecimento de reações desagradáveis.

ATENÇÃO: ESTE É UM MEDICAMENTO NOVO E, EMBORA AS PESQUISAS TENHAM INDICADO EFICÁCIA E SEGURANÇA ACEITÁVEIS PARA COMERCIALIZAÇÃO, EFEITOS INDESEJÁVEIS E NÃO CONHECIDOS PODEM OCORRER. NESSE CASO, INFORME SEU MÉDICO.

**Conduta em caso de superdose:** O médico deverá ser informado caso haja sintomas de náuseas, vômito e diarreia, que pode ser devido à ingestão de quantidades muito altas (mais do que três vezes a dose diária recomendada), para que se possa ser tomado as medidas cabíveis.

**Cuidados de armazenamento:** conservar em temperatura ambiente (entre 15º e 30ºC). Proteger da luz e umidade.

**Prazo de validade:** 24 meses a partir da data de fabricação impressa na embalagem externa do produto. Não utilize o medicamento se o prazo de validade estiver vencido. Pode ser prejudicial à sua saúde.

TODO MEDICAMENTO DEVE SER MANTIDO FORA DO ALCANCE DAS CRIANÇAS

### INFORMAÇÕES TÉCNICAS
### CARACTERÍSTICAS

FLUIJET (*Hedera helix*) contém em sua formulação o extrato seco de folhas de *Hedera helix* L., utilizado como meio de extração o etanol a 30% (não presente no produto final) como substância ativa. Os componentes das matérias vegetais da droga (folhas de hera) que fornecem o valor terapêutico da droga são, principalmente, o bisdesmosídeo saponinas do grupo de glicosídeos triterpenos, cujo principal representante em termos qualitativos é a hederasaponina C (hederacosídeo C). O efeito terapêutico de FLUIJET (*Hedera helix*) nas doenças das vias aéreas é devido ao glicosídeo saponina, presente no extrato seco, que possui dupla ação: mucolítica e broncodilatadora. Ambas as ações aumentam a expectoração eliminando as secreções que obstruem a via aérea. O efeito mucolítico do extrato deve-se essencialmente à natureza da saponina dos hederaglicosídeos, embora os efeitos parassimpatolíticos de certos glicosídeos sejam considerados a base das propriedades broncodilatadoras sobre os brônquios inflamados.

### RESULTADOS DE EFICÁCIA
Estudos clínicos comprovam a eficácia terapêutica com significativa melhora na tosse excessiva e broncoespasmo em 95,1% dos casos de afecções das vias aéreas.

Houve melhora ou desaparecimento da tosse e expectoração em 93% dos pacientes considerados. 91% dos pacientes tratados relataram melhora na dispneia e dor no peito.

Fazio, S, *et al.* Tolerance, Safety and efficacy of *Hedera helix* extract in inflammatory bronchial diseases under clinical prectice conditions: A prospective, open, multi centre postmarketing study in 9657 patients. Phytomedicine 2006.05.003.

### INDICAÇÕES
FLUIJET (*Hedera helix*) é indicado para o tratamento sintomático de afecções broncopulmonares, com aumento das secreções e/ou broncoespasmos associados.

Possui efeito mucolítico e expectorante (diminui a viscosidade das secreções e aumenta a atividade de varredura promovida pelos cílios do epitélio brônquico, facilitando a expectoração) e broncodilatador (com ação relaxante sobre o músculo liso brônquico); esse efeito facilita a expectoração e melhora a respiração.

### CONTRAINDICAÇÕES
Devido à origem natural dos princípios ativos de FLUIJET (*Hedera helix*) não foi registrada qualquer contraindicação em sua utilização.

### POSOLOGIA E MODO DE USAR
Lactentes e crianças até 7 anos de idade: 2,5 mL, 3 vezes ao dia.

Crianças acima de 7 anos de idade: 5 mL, 3 vezes ao dia.

Adultos: 7,5 mL, 3 vezes ao dia.

### PRECAUÇÕES E ADVERTÊNCIAS
FLUIJET (*Hedera helix*) contém em sua fórmula sorbitol, o qual é metabolizado no organismo em frutose, sendo conveniente avaliar sua indicação a pacientes com intolerância a essa substância.

"ATENÇÃO DIABÉTICOS: CONTÉM AÇÚCAR" PACIENTES IDOSOS (ACIMA DE 65 ANOS DE IDADE)

Ainda que os estudos não tenham demonstrado alterações nos pacientes idosos, é sempre recomendável um acompanhamento rigoroso do médico a esses pacientes.

### INTERAÇÕES MEDICAMENTOSAS
Não são conhecidos efeitos adversos quando o paciente usa simultaneamente FLUIJET (*Hedera helix*) com outros medicamentos. Por esse motivo, este xarope pode ser utilizado juntamente com outros medicamentos. De qualquer maneira informe o seu médico sobre outros medicamentos que esteja usando.

### REAÇÕES ADVERSAS/COLATERAIS E ALTERAÇÕES DE EXAMES LABORATORIAIS
É raro observar-se efeitos secundários, em alguns casos foi registrado um ligeiro efeito laxante, provavelmente vinculado à presença de sorbitol em sua fórmula.

**ATENÇÃO: ESTE É UM MEDICAMENTO NOVO E, EMBORA AS PESQUISAS TENHAM INDICADO EFICÁCIA E SEGURANÇA ACEITÁVEIS PARA COMERCIALIZAÇÃO, EFEITOS INDESEJÁVEIS E NÃO CONHECIDOS PODEM OCORRER. NESSE CASO, INFORME SEU MÉDICO.**

### CONDUTA NA SUPERDOSAGEM
O médico deverá ser informado caso haja sintomas de náuseas, vômito e diarreia, que pode ser devido à ingestão de quantidades muito altas (mais do que três vezes a dose diária recomendada), para que se possa ser tomado as medidas cabíveis.

### OBSERVAÇÕES
FLUIJET (*Hedera helix*) xarope contém um extrato de plantas como ingrediente ativo e, portanto, a coloração pode variar ocasionalmente, como todas as preparações feitas a partir de ingredientes naturais.

Consequentemente, isso não afeta a eficácia terapêutica da preparação.

A ampla margem terapêutica de FLUIJET (*Hedera helix*) permite modificar as doses recomendadas, segundo critério médico.

A duração do tratamento depende da gravidade do quadro clínico. Porém o tratamento deve durar no mínimo uma semana, mesmo em caso de processos menos graves do trato respiratório.

**CUIDADOS DE ARMAZENAMENTO:** conservar em temperatura ambiente (entre 15º e 30ºC). Proteger da luz e umidade.

**PRAZO DE VALIDADE:** 24 meses a partir da data de fabricação impressa na embalagem externa do produto. Não utilize o medicamento se o prazo de validade estiver vencido. Pode ser prejudicial à sua saúde.

**VENDA SOB PRESCRIÇÃO MÉDICA**

**N° DO LOTE, DATA DE FABRICAÇÃO E PRAZO DEVALIDADE:VIDE CARTUCHO**

**DIZERES LEGAIS**
M.S.n° 1.1861.0259 • Farm. Resp.: Dra. Amanda Público da Silva CRF-SP n° 37.152
Fabricado por: **Ativus Farmacêutica Ltda.**
Rua Fonte Mécia 2050 – Cx. Postal 489 – CEP 13273-900 – Valinhos – SP
CNPJ: 64.088.172/0001-41 – Indústria Brasileira
Distribuído por: **Myralis Pharma Ltda.**
Rua Rogélia Gallardo Alonso 650 – Cx. Postal 011 – CEP 13860-000 – Aguaí – SP
CNPJ: 04.532.527/0001-18 – Indústria Brasileira
SAC 0800 7712010

_____

# FLYARE
*Hedera helix* L.

**MEDICAMENTO FITOTERÁPICO**

**IDENTIFICAÇÃO DO MEDICAMENTO**
**Nome comercial:** FLYARE
**Nomenclatura botânica:** *Hedera helix* L. *(Araliaceae)* **(DCB 10722)**
**Nomenclatura vulgar:** Hera sempre-verde
**Parte utilizada:** folhas

**APRESENTAÇÕES**
Xarope – 7mg/mL de extrato seco de folhas de *Hedera helix* L. (Equivalente a 0,75mg/mL de hederacosídeo C) - Embalagem contendo 1 frasco de 100 mL, com copo-medida.

**USO ORAL ADULTO E PEDIÁTRICO**

**COMPOSIÇÃO**
Cada 1mL de xarope contém:
Extrato seco de folhas de *Hedera helix* L. ................. 7 mg*
Excipientes q.s.p. ........................................................... 1 mL
(sorbato de potássio, ácido cítrico, ciclamato de sódio, sorbitol, goma xantana, aroma artificial de mel e água purificada).
*Equivalente a 0,75 mg do marcador Hederacosídio C.

**II) INFORMAÇÕES AO PACIENTE**
**1. PARA QUÊ ESTE MEDICAMENTO É INDICADO?**
**FLYARE** é indicado para o tratamento dos sintomas de doenças inflamatórias do trato respiratório como tosse com catarro e bronquite (inflamação dos brônquios).

**2. COMO ESTE MEDICAMENTO FUNCIONA?**
**FLYARE** contém em sua formulação o extrato seco de folhas de Hera (*Hedera helix* L.). Esse extrato possui as saponinas, como principal constituinte, que são capazes de reduzir a viscosidade do catarro presente nas vias respiratórias em casos de doenças inflamatórias crônicas pulmonares, facilitando sua expulsão e diminuindo a tosse. Além disso, proporciona o relaxamento da musculatura lisa brônquica com consequente ação broncodilatadora, melhorando a respiração.

**3. QUANDO NÃO DEVO USAR ESTE MEDICAMENTO?**
**FLYARE** é contraindicado em pacientes com alergia à *Hedera helix* L. ou a qualquer outro componente da formulação.
**Este medicamento é contraindicado para menores de 2 anos.**
**Este medicamento não deve ser utilizado por mulheres grávidas sem orientação médica ou do cirurgião-dentista.**

**4. O QUE DEVO SABER ANTES DE USAR ESTE MEDICAMENTO?**
Em caso de alergia ao produto, recomenda-se suspender o seu uso e procurar o médico.
Não utilizar doses maiores do que as recomendadas.
**Este medicamento não deve ser utilizado por mulheres grávidas sem orientação médica ou do cirurgião-dentista.**
Não são conhecidos efeitos adversos quando o paciente usa concomitantemente **FLYARE** com outros medicamentos e ou substâncias. Por esse motivo, não há advertências sobre o uso deste produto juntamente com outros medicamentos. Mesmo assim, seu médico deverá ser informado sobre os medicamentos que estiver utilizando.
**Informe ao seu médico ou cirurgião-dentista se você está fazendo uso de algum outro medicamento.**

Não use medicamento sem o conhecimento do seu médico. Pode ser perigoso para a sua saúde.

## 5. ONDE, COMO E POR QUANTO TEMPO POSSO GUARDAR ESTE MEDICAMENTO?

Manter em temperatura ambiente (temperatura entre 15°C e 30°C), protegido da luz e umidade, devidamente tampado após o uso. Nessas condições, o medicamento se manterá próprio para consumo, respeitando o prazo de validade de 24 meses indicado na embalagem.

Após aberto válido por 3 meses.

**Número de lote e datas de fabricação e validade: vide embalagem.**

**Não use medicamento com o prazo de validade vencido. Guarde-o em sua embalagem original.**

FLYARE apresenta-se como uma solução ligeiramente turva, de coloração marrom claro, com odor característico.

**Antes de usar, observe o aspecto do medicamento. Caso ele esteja no prazo de validade e você observe alguma mudança no aspecto, consulte o farmacêutico para saber se poderá utilizá-lo.**

**Todo medicamento deve ser mantido fora do alcance das crianças.**

## 6. COMO DEVO USAR ESTE MEDICAMENTO?
### USO ORAL

Adultos: tomar 7,5 mL, 3 vezes ao dia.

Crianças de 4 – 12 anos: tomar 5 mL, 3 vezes ao dia.

Crianças de 2 – 4 anos: tomar 2,5 mL, 3 vezes ao dia.

Utilizar apenas a via oral. O uso deste medicamento por outra via, que não a oral, pode causar a perda do efeito esperado ou mesmo provocar danos à saúde.

A duração do tratamento deve ser aquela indicada pelo médico.

**Siga a orientação de seu médico, respeitando sempre os horários, as doses e a duração do tratamento. Não interrompa o tratamento sem o conhecimento do seu médico.**

## 7. O QUE DEVO FAZER QUANDO EU ME ESQUECER DE USAR ESTE MEDICAMENTO?

Caso haja esquecimento da ingestão de uma ou mais doses deste medicamento, a posologia indicada deverá ser retomada, não havendo necessidade de repor as doses esquecidas. **Em caso de dúvidas, procure orientação do farmacêutico ou de seu médico, ou cirurgião-dentista.**

## 8. QUAIS OS MALES QUE ESTE MEDICAMENTO PODE ME CAUSAR?

Podem ocorrer sintomas de enjoo, vômitos e diarreia. A presença de sorbitol em sua composição pode ocasionar um leve efeito laxativo.

**Informe ao seu médico, cirurgião-dentista ou farmacêutico o aparecimento de reações indesejáveis pelo uso do medicamento. Informe também à empresa através do seu serviço de atendimento.**

## 9. O QUE FAZER SE ALGUÉM USAR UMA QUANTIDADE MAIOR DO QUE A INDICADA DESTE MEDICAMENTO?

Altas dosagens podem provocar enjoo, vômitos, diarreia, excitação, transtornos nervosos e aborto. Nesses casos, o médico deverá ser consultado imediatamente.

**Em caso de uso de grande quantidade deste medicamento, procure rapidamente socorro médico e leve a embalagem ou bula do medicamento, se possível. Ligue para 0800 722 6001, se você precisar de mais orientações.**

**VENDA SOB PRESCRIÇÃO MÉDICA**

**III) DIZERES LEGAIS**

MS 1.1560.0177

**Farm. Resp.: Dra. Michele Caldeira Landim CRF/GO: 5122**

CIFARMA – Científica Farmacêutica Ltda.

Rod. BR 153 km 5,5 – Jardim Guanabara CEP: 74675-090 – Goiânia/GO

**CNPJ: 17.562.075/0001-69**

**Indústria Brasileira**

---

# FORFIG®
*Silybum marianum* L. Gaerth.

## USO ORAL
**Comprimido revestido e Cápsula gelatinosa dura**
USO ADULTO

## FORMAS FARMACÊUTICAS E APRESENTAÇÕES

Embalagem com 30 comprimidos revestidos contendo 100 mg de extrato seco de Silybum marianum. Embalagens com 20 ou 60 cápsulas gelatinosas duras contendo 200 mg de extrato seco de *Silybum marianum*.

**Composição:**

**Cada comprimido revestido contém:**

Extrato de *Silybum marianum*\* .................................100 mg

Excipientes\*\* q.sp. ...........................................1 comprimido

\* Cada 100 mg de extrato de *Silybum marianum* equivalem a 70 mg de silimarina.

\*\*Excipientes: celulose microcristalina, copolividona, dióxido de silício, estearato de magnésio, croscarmelose sódica, talco, álcool polivinílico, macrogol, amarelo crepúsculo laca de alumínio, amarelo de quinolina laca de alumínio e dióxido de titânio.

**Cada cápsula gelatinosa dura contém:**

Extrato seco de *Silybum marianum*. ......................200 mg\*

Excipientes q.s.p. .................................................. 1 capsula\*\*

\*Cada 200 mg de extrato de *Silybum marinaum* equivalem a 140 mg silimarina.

\*\*Excipientes: lactose monoidratada, carbonato de cálcio, celulose microcristalina, povidona, estearato de magnésio e dióxido de silício.

**Concentração dos princípios ativos**

Cada comprimido revestido contém 70 mg de silimarina, calculados como silibinina. Cada cápsula gelatinosa dura contém 140 mg de silimarina, calculados como silibina.

**Nomenclatura botânica e parte utilizada da planta**

*Silybum marianum L. Gaerth.* (extrato), fruto.

**INFORMAÇÕES TÉCNICAS AOS PROFISSIONAIS DE SAÚDE**

**1. INDICAÇÕES**

Auxiliar no tratamento das doenças do fígado.

**2. RESULTADOS DE EFICÁCIA**

Em um estudo de seis meses, duplo-cego, de 36 pacientes, com doença hepática alcoólica crônica, o grupo que recebeu silimarina mostrou normalização das bilirrubinas séricas, níveis de TGO e TGP séricos e também mostraram melhora na histologia. Esses efeitos não ocorreram no grupo do placebo. Em outro estudo, 106 doentes com doença hepática aguda e subaguda leve, caracterizada por níveis séricos elevados das transaminases, foram randomizados para receber silimarina ou placebo.

Dos 97 pacientes que completaram o estudo de quatro semanas, houve uma redução estatisticamente significativa dos níveis de transaminases no grupo silimarina. Além disso, resultado de um outro estudo, com menos de 20 pacientes portadores de doença hepática crônica ativa randomizados para placebo ou silimarina, mostrou que o grupo silimarina tinha transaminases séricas significativamente menores, bem como níveis de bilirrubinas e GGT séricos, que o grupo placebo. Este estudo utilizou um complexo de silimarina com fosfatidilcolina.

Francin e Rainon e, D.O., Ph.D., M.S. Milk Thistle *American Family Physician 2005 (72): 7 1285-88*

**3. CARACTERÍSTICAS FARMACOLÓGICAS**

A silimarina, componente ativo do Forfig® (silimarina), age como estabilizador das membranas dos hepatócitos, resguardando sua integridade e, assim, a função fisiológica do fígado; protege, experimentalmente, a célula hepática da influência nociva de substâncias tóxicas endógenas e/ou exógenas.

Dessa maneira, Forfig® (silimarina) atua de forma benéfica como coadjuvante no tratamento das doenças hepáticas crônicas inflamatórias, cirrose hepática e lesões hepatotóxicas, promovendo rápida melhora dos sintomas clínicos, como cefaleia, astenia, anorexia, distúrbios digestivos, sensação de peso epigástrico etc.

Em animais, a silimarina demonstrou acelerar a regeneração do parênquima hepático, aparentemente aumentando a síntese de RNA no fígado.

**Propriedades Farmacodinâmicas**

A eficácia antitóxica de silimarina foi demonstrada em experimentos animais em vários modelos de danos no fígado, por exemplo, com venenos da Amanita phalloides, faloidina e amanitina, com lantanídeos, tetracloreto de carbono, galactosamina, tioacetamina e vírus hepatotóxico FV3.

Os efeitos terapêuticos da silimarina são atribuídos aos vários mecanismos de ação:

Devido ao poder de remover "radicais livres", a silimarina possui atividade antioxidante. O processo fisiopatológico de peroxidação lipídica, que é responsável pela destruição de membranas celulares, é interrompido ou prevenido. Além disso, em células do fígado, que já apresentam danos, a silimarina estimula a síntese proteica e normaliza o metabolismo fosfolipídico. O resultado final é que a membrana celular é estabilizada reduzindo e prevenindo a liberação de enzimas presentes no citoplasma da célula hepática (por ex. transaminases).

A silimarina restringe a entrada de certas substâncias hepatotóxicas na célula (veneno do cogumelo Amanita phalloides).

A elevação da síntese proteica pela silimarina devido à estimulação da RNA polimerase I, uma enzima localizada no núcleo. Isso acarreta um aumento na formação de RNA ribossômico com o aumento de síntese de proteínas estruturais e funcionais (enzimas). O resultado é um aumento da capacidade reparadora e regenerativa do fígado.

**Propriedades Farmacocinéticas**

O principal constituinte da silimarina é a silibinina. Investigações clínicas mostram que depois de absorvida no trato digestivo, esta é excretada principalmente na bile (> 80% da quantidade absorvida).

Como metabólitos, glicuronídeos e sulfatos foram encontrados na bile. Acredita-se que a silibina é reabsorvida após ser desconjugada e então, penetra na circulação enterohepática, como demonstrado em experimentos animais. Como se espera que a eliminação seja predominantemente biliar (sítio de ação: fígado) os níveis sanguíneos são baixos e a eliminação renal é pequena. A meia vida de absorção é 2,2 h e a meia-vida de eliminação é de 6,3 h.

Quando silimarina é administrado em doses terapêuticas (140 mg de silimarina, 3 vezes ao dia) os níveis de silibinina encontrados na bile humana são os mesmos após doses repetidas e após dose única. Esses resultados mostram que a silibina não se acumula no organismo.

Após administração repetida da silimarina em doses de 140 mg, 3 vezes ao dia, a eliminação biliar alcança o estado de equilíbrio.

## DADOS DE SEGURANÇA PRÉ – CLÍNICOS

A silimarina é caracterizada por sua excepcional baixa toxicidade podendo, portanto, ser seguramente administrada em doses terapêuticas por longos períodos.

**Toxicidade aguda**

Administrada oralmente em ratos e camundongos, a silimarina demonstrou ser praticamente atóxica, e a DL50 pode ser estabelecida como
>2000 mg/kg.

**Toxicidade crônica**

Em ensaios a longo prazo de até 12 meses, ratos e cachorros receberam silimarina oralmente em doses máximas de 2500 ou 1200 mg/kg respectivamente. Não foi demonstrada nenhuma evidência de efeitos tóxicos, nem nos resultados laboratoriais, nem em achados de autópsia.

**Toxicidade na reprodução**

Estudos de fertilidade em ratos e coelhos, em conjunto com estudos de toxicidade pré-natal, perinatal e pós-natal não revelaram nenhum efeito adverso em nenhum dos estágios de reprodução (dose máxima testada: 2500 mg/kg). Em particular, a silimarina não demonstrou nenhuma evidência de potencial teratogênico.

**Mutagenicidade**

Investigações *in vitro* e in vivo com a silimarina apresentaram resultados negativos.

**Carcinogenicidade**

Ainda não foram realizados estudos apropriados *in vivo* em roedores.

## 4. CONTRAINDICAÇÕES

O uso deste medicamento é contraindicado em caso de hipersensibilidade conhecida à silimarina e/ou demais componentes da formulação.

## 5. ADVERTÊNCIAS E PRECAUÇÕES

A administração do preparado não exige precauções especiais.

Não há experimentos disponíveis com Forfig® (silimarina) em humanos durante a gravidez e lactação. Portanto Forfig® (silimarina) somente deve ser utilizado nesses casos sob orientação médica.

## 6. INTERAÇÕES MEDICAMENTOSAS

Alguns estudos clínicos mostraram possível interação medicamentosa com metronidazol, ainda mal definida. Recomenda-se não utilizar Forfig® (silimarina) e metronidazol simultaneamente.

## 7. CUIDADOS DE ARMAZENAMENTO DO MEDICAMENTO

Comprimido Revestido e Cápsula Gelatinosa Dura: Conservar em temperatura ambiente (entre 15°C e 30°C). Proteger da umidade.

**Número de lote e datas de fabricação e validade: vide embalagem. Não use medicamento com o prazo de validade vencido.**

**Forfig® comprimido**

Características do medicamento: comprimido revestido, oblongo, biconvexo de cor amarelo alaranjado, com vinco em uma das faces.

**Forfig® cápsula gelatinosa dura**

Característica do medicamento: cápsula de gelatina de cor laranja, contendo pó de cor amarela, isento de partículas estranhas.

**Para sua segurança, mantenha o medicamento na embalagem original. Antes de usar, observe o aspecto do medicamento.**

**Todo medicamento deve ser mantido fora do alcance das crianças.**

## 8. POSOLOGIA E MODO DE USAR
**Posologia:**
Conforme a gravidade dos sintomas recomenda-se:
Forfig® (silimarina) 100 mg (comprimido revestido):
O tratamento deve ser iniciado com 2 comprimidos revestidos, 3 vezes ao dia. Para a dose de manutenção deve ser administrado 1 comprimido revestido, 3 vezes ao dia.
**Este medicamento não deve ser partido, aberto ou mastigado.**

Forfig® (silimarina) 200 mg (cápsula gelatinosa dura):
Exceto haja outra orientação, o tratamento deve ser iniciado com 1 cápsula gelatinosa dura, 3 vezes ao dia. Para a dose de manutenção: 1 cápsula gelatinosa dura, 2 vezes ao dia.
**Este medicamento não deve ser partido, aberto ou mastigado.**

## 9. REAÇÕES ADVERSAS
**Frequente**
(≥ 1/100)
**Pouco frequente**
(≥ 1/1.000 e < 1/100)
**Raro (<1/1.000)**
Náusea, vômito, dor abdominal, diarreia, cefaleia.
**Muito rara (< 1/10.000)**
Desmaio, urticária, sudorese, fraqueza.
**Atenção: este produto é um medicamento novo e, embora as pesquisas tenham indicado eficácia e segurança aceitáveis, mesmo que indicado e utilizado corretamente, podem ocorrer eventos imprevisíveis ou desconhecidos.**
**Em casos de eventos adversos, notifique ao Sistema de Notificação de Eventos Adversos a Medicamentos (Vigimed), disponível em** http://portal.anvisa.gov.br/vigimed, ou para a Vigilância Sanitária Estadual ou Municipal.

## 10. SUPERDOSE
Na eventualidade da ingestão acidental de doses muito acima das preconizadas, recomenda-se adotar as medidas habituais de controle das funções vitais.
Não foram relatados, até o momento, sintomas relacionados à superdose. Na eventualidade da ingestão acidental de doses muito acima das preconizadas, procure imediatamente assistência médica. Não tome nenhuma medida sem antes consultar um médico. Informe ao médico o medicamento o qual fez uso, a dosagem (quantidade) e os sintomas presentes.

Em caso de intoxicação ligue para 0800 722 6001, se você precisar de mais orientações.

**VENDA SOB PRESCRIÇÃO MÉDICA.**

### DIZERES LEGAIS
M.S.: 1.9427.0064
**Farm. Resp.:** Dra. Camila Aleixo de Lima Cardoso Ditura – CRF-SP 43.514
**Fabricado por:** EUROFARMA LABORATÓRIOS S. A.
Rod. Pres. Castelo Branco, km 35,6 – Itapevi – SP
**Registrado por:** MOMENTA FARMACÊUTICA LTDA
Rua Enéas Luis Carlos Barbanti, 216 – São Paulo – SP
CNPJ: 14.806.008/0001-54 – Indústria Brasileira
**Central de Relacionamento**
0800-703-1550
www.momentafarma.com.br - central@momenta-farma.com.br

---

# FUNCHICÓREA

### PRODUTO TRADICIONAL FITOTERÁPICO
**Nomenclatura popular:** ruibarbo
**Nomenclatura botânica oficial:** *Rheum palmatum* L.
**Família:** Polygonaceae
**Parte da planta utilizada:** raiz.

**Produto registrado com base no uso tradicional, não sendo recomendado seu uso por período prolongado.**
**Forma farmacêutica:** pó

### APRESENTAÇÃO:
Frasco plástico de polietileno, cor branco-leitoso, com tampa dosadora, contendo 3 g do produto.

**USO ORAL**
**USO PEDIÁTRICO**

### COMPOSIÇÃO:
Cada 730 mg de pó contém (medida de 1 tampa dosadora):
Raiz padronizada de *Rheum palmatum* L. ......... 95,15 mg
(padronizada em 0,11 mg de derivados hidroxiantracênicos totais calculados em reina)
Excipientes*q.s.p. ......................................................730 mg
(*extrato mole de *Cichorium intyb*us L, aroma natural de funcho, sacarina sódica e carbonato de magnésio)

## INFORMAÇÕES AO PACIENTE

### 1. PARA QUE ESTE PRODUTO É INDICADO?

Este produto é usado tradicionalmente contra dispepsias gastrointestinais (cólicas e prisão de ventre).

### 2. COMO ESTE PRODUTO FUNCIONA?

Este produto atua estimulando a motilidade do cólon, aumentando e acelerando os movimentos peristálticos que proporcionam ação laxante.

### 3. QUANDO NÃO DEVO USAR ESTE PRODUTO?

Crianças com hipersensibilidade a qualquer um dos componentes da fórmula não devem fazer uso do produto.

Este produto é contraindicado para crianças com hipersensibilidade e alergia ao Ruibarbo ou outras plantas da família Polygonaceae.

### 4. O QUE DEVO SABER ANTES DE USAR ESTE PRODUTO?

**Advertências e precauções:**

Em caso de hipersensibilidade ao produto, recomenda-se descontinuar o uso e consultar o médico.

**Não há casos relatados que o uso deste produto interaja com outros produtos, como plantas, produtos e alimentos.**

Caso os sintomas persistam ou piorem, ou apareçam reações indesejadas não descritas na embalagem ou no folheto informativo, interrompa seu uso e procure orientação do profissional de saúde.

Se você utiliza produtos de uso contínuo, busque orientação de profissional de saúde antes de utilizar este produto. Este produto não deve ser utilizado por período superior ao indicado, ou continuamente, a não ser por orientação de profissionais de saúde.

Informe ao seu profissional de saúde todas as plantas medicinais e fitoterápicos que estiver tomando.

Interações podem ocorrer entre produtos e plantas medicinais e mesmo entre duas plantas medicinais quando administradas ao mesmo tempo.

### 5. ONDE, COMO E POR QUANTO TEMPO POSSO GUARDAR ESTE PRODUTO?

O produto FUNCHICÓREA deve ser armazenado em sua embalagem original, ao abrigo da luz e em temperatura ambiente (temperatura entre 15 e 30 ºC), protegido do calor e da umidade.

Manter o frasco bem fechado e na posição vertical.

**Número de lote e datas de fabricação e validade: vide embalagem. Não use produto com prazo de validade vencido.**

**Guarde-o em sua embalagem original. Após aberto, válido por 6 meses.**

O produto FUNCHICÓREA é apresentado na forma de pó fino, cor salmão claro e sabor levemente adocicado. Quando dissolvido em água, apresenta-se em forma de suspensão, com uma coloração que pode variar do salmão claro ao salmão mais intenso.

**Antes de usar, observe o aspecto do produto. Caso ele esteja no prazo de validade e você observe alguma mudança no aspecto, consulte o farmacêutico para saber se poderá utilizá-lo. Este produto deve ser mantido fora do alcance das crianças.**

### 6. COMO DEVO USAR ESTE PRODUTO?

USO ORAL/USO INTERNO

Utilizar a própria tampa que acompanha o frasco para medir a quantidade do pó a ser administrado. O pó não deverá ultrapassar as bordas da tampa. Preparar somente no momento do uso. Misturar o pó medido na tampa dosadora em 20 mL de água filtrada e fervida. Administrar à criança logo após sua mistura.

Crianças com idade até 2 meses: medida de 1 tampa dosadora (36,5 mg/mL), 3 vezes ao dia, respeitando o intervalo mínimo de 4 horas entre as administrações.

De 2 meses a 4 meses: medida de 1 tampa dosadora (36,5 mg/mL), 4 vezes ao dia, respeitando o intervalo mínimo de 4 horas entre as administrações.

De 4 meses a 6 meses: medida de 1 tampa dosadora (36,5 mg/mL), 5 vezes ao dia, respeitando o intervalo mínimo de 4 horas entre as administrações.

Limite máximo diário de administração deste produto (1 tampa dosadora contém 730 mg do produto): Crianças com idade até 2 meses: 2.190 mg/dia (3 medidas da tampa dosadora).

De 2 meses a 4 meses: 2.920 mg/dia (4 medidas da tampa dosadora).

De 4 meses a 6 meses: 3.650 mg/dia (5 medidas da tampa dosadora).

Os produtos tradicionais fitoterápicos não devem ser administrados pelas vias injetável e oftálmica.

**Siga corretamente o modo de usar.**

**Em caso de dúvidas sobre este produto, procure orientação com seu farmacêutico ou profissional de saúde.**

**Não desaparecendo os sintomas, procure orientação de seu profissional de saúde.**

**7. O QUE DEVO FAZER QUANDO EU ME ESQUECER DE USAR ESTE PRODUTO?**

O produto não é de uso contínuo não havendo a necessidade de suplementação da dose.

**Em caso de dúvidas, procure orientação de seu profissional de saúde.**

**8. QUAIS OS MALES QUE ESTE PRODUTO PODE ME CAUSAR?**

Nas doses terapêuticas descritas na posologia não foram observados efeitos adversos.

**Informe ao seu profissional de saúde o aparecimento de reações indesejáveis pelo uso do produto. Informe também à empresa através do seu serviço de atendimento ao consumidor.**

**Em casos de eventos adversos, notifique ao Sistema de Notificações em Vigilância Sanitária – Notivisa, disponível em** http://portal.anvisa.gov.br/notivisa, **ou para a Vigilância Sanitária Estadual ou Municipal.**

**9. O QUE FAZER SE ALGUÉM USAR UMA QUANTIDADE MAIOR DO QUE A INDICADA DESTE PRODUTO?**

A ingestão de altas doses do produto FUNCHICÓREA pode ocasionar efeito laxativo com perda eletrolítica. Nessa situação, suspender o uso do produto e procurar imediatamente orientação médica.

**Em caso de uso de grande quantidade deste produto, procure rapidamente socorro médico e leve a embalagem ou folheto informativo, se possível.**

**Em caso de intoxicação ligue para 0800 722 6001, se você precisar de mais orientações sobre como proceder.**

**DIZERES LEGAIS**

Reg. Anvisa/MS nº: 1.0534.0002.001-8
Farm. Resp.: Carmem da Rocha Zancanella CRF – MG: nº 7475
Laboratório Melpoejo Ltda.
Rua Inácio Gama, 723/737, Bairro de Lourdes
CEP: 36070-420 – Juiz de Fora – MG
CNPJ: 21.549.522/0001-17
Indústria Brasileira
Serviço de Atendimento ao Consumidor: (032) 3235-1505
sac@melpoejo.com.br; www.melpoejo.com.br

# G

## GALENOGAL ELIXIR®
*Salix alba* Linné

### MEDICAMENTO FITOTERÁPICO

**Nome científico:** *Salix alba* Linné
**Nome da família botânica:** Salicaceae
**Nomenclatura popular:** salgueiro branco
**Parte da planta utilizada:** cascas

### APRESENTAÇÃO

Solução oral 600 mg/15 mL: cartucho contendo frasco de vidro com 150 mL

### USO ORAL USO ADULTO

### COMPOSIÇÃO

Cada 15 mL (equivalente a 1 colher de sopa) contém:
Extrato seco 5 a 6% de *Salix alba*. ......................600,00 mg
(padronizado em 30 (5%) a 36 mg (6%) de salicina).
Veículo q.s.p. ..................................................................15 mL
Veículo: metilparabeno, propilparabeno, corante marrom caramelo 150a, álcool etílico (8%), propilenoglicol, sacarose e água purificada.

### INFORMAÇÕES TÉCNICAS AOS PROFISSIONAIS DE SAÚDE

**1. INDICAÇÕES**

Galenogal Elixir® é um medicamento fitoterápico que contém como princípio ativo o extrato seco de *Salix alba* Linné pertencente à família Salicaceae que é indicado como antitérmico, anti-inflamatório e analgésico

**2. RESULTADOS DE EFICÁCIA**

Um estudo realizado por 4 semanas com 210 pacientes com dores lombares crônicas, receberam 120 mg de salicilina por dia ou placebo 2 vezes ao dia. Na última semana do tratamento, 21% dos pacientes estavam sem dor. (Setty, A.R; Sigal, LH. *Herbal medications commonly used in the practice of rheumatology: Mechanisms of action, efficacy, and side effects.* Seminars in Arthritis and Rheumatism. Pág. 773-783 (2005)).

**3. CARACTERÍSTICAS FARMACOLÓGICAS:**

O glicosídeo de *salicilina (salicósido)* e seus éteres, ao chegar a nível intestinal, são absorvidos transformando-se em *saligenina*, para posteriormente serem metabolizados e transportados ao fígado, onde se transformam por oxidação em ácido salicílico. As ações farmacológicas estudadas até o momento, estão centralizadas no ácido acetilsalicílico, podendo-as resumir em três itens básicos: ação antitérmica, ação analgésica/anti-inflamatória e ação antiagregação plaquetária.

A atividade antitérmica está baseada na capacidade que tem de inibir a enzima ciclooxigenase que intervém na formação de prostaglandinas, as quais atuam nos centros moduladores da temperatura no hipotálamo. Dessa maneira, a inibição exercida sobre a ciclooxigenase e o correspondente decréscimo na produção de prostaglandinas PGE2 a partir do ácido araquidônico também, tem relação com a diminuição da dor e da inflamação. Após a administração oral, os salicilatos são absorvidos rapidamente pelo trato gastrointestinal.

## 4. CONTRAINDICAÇÕES

Galenogal Elixir® é contraindicado nos casos de úlceras do estômago ou do intestino, tendências a sangramentos (problemas de coagulação sanguínea), gota, crise de asma induzida por salicilatos e derivados. Não deve ser ingerido em caso de alergia ao salgueiro, salicilatos e derivados (como o ácido acetilsalicílico), ou a qualquer outro componente da fórmula do produto.

Este medicamento é contraindicado para uso por pacientes grávidas no último trimestre da gravidez, no pós-operatório, pacientes portadores de diabetes melito e em caso de suspeita de dengue. Crianças ou adolescentes não devem usar este medicamento se estiverem com catapora ou sintomas gripais antes que um médico seja consultado sobre a Síndrome de Reye, uma doença rara, mas grave, associada ao uso de derivados de salicilatos. Em caso de doença febril, o aparecimento de vômito prolongado pode ser sinal de Síndrome de Reye, uma doença que pode ser fatal, exigindo assistência médica imediata.

**Este medicamento é contraindicado para menores de 12 anos.**

**Este medicamento não deve ser utilizado por mulheres grávidas sem orientação médica ou do cirurgião-dentista. Este medicamento é contraindicado para uso por portadores de Diabetes melito.**

**Este medicamento é contraindicado em caso de suspeita de dengue.**

## 5. ADVERTÊNCIAS E PRECAUÇÕES

Deve ser observado quando usado em pacientes com úlceras pépticas e outras condições médicas em que o ácido acetilsalicílico está contraindicado, como hipersensibilidade e disfunções renais graves.

**Uso em idosos:** a sensibilidade de pacientes idosos pode estar alterada. Recomenda-se o uso sob prescrição médica.

**Este medicamento não deve ser utilizado por mulheres grávidas sem orientação médica ou do cirurgião-dentista. Este medicamento contém ÁLCOOL no teor de 8,0%.**

**ATENÇÃO DIABÉTICOS: contém açúcar e álcool.**

## 6. INTERAÇÕES MEDICAMENTOSAS

Salicilatos podem interferir em tratamentos com anticoagulantes (por exemplo: cumarina e heparina) e estrogênios. Outras drogas que podem interferir com estes produtos são: metotrexato, metoclopramida, fenitoína, probenecida e valproato. Seus efeitos deletérios sobre a mucosa gástrica são incrementados com o uso simultâneo de barbitúricos (por exemplo: fenobarbital e pentobarbital) e outros sedantes.

## 7. CUIDADOS DE ARMAZENAMENTO DO MEDICAMENTO

Conservar o produto em sua embalagem original, em temperatura ambiente (15-30°C). Proteger da luz e umidade. Prazo de validade: 24 meses a partir da data de fabricação.

**Número de lote e datas de fabricação e validade: vide embalagem.**

**Não use medicamento com o prazo de validade vencido. Guarde-o em sua embalagem original.**

Características físicas e organolépticas do produto: líquido límpido a levemente turvo, cor caramelo, com odor característico do extrato.

**Antes de usar, observe o aspecto do medicamento. Todo medicamento deve ser mantido fora do alcance das crianças.**

## 8. POSOLOGIA E MODO DE USAR USO ORAL

Ingerir 15 mL (1 colher de sopa), três vezes ao dia.
Limite máximo diário: 45 mL (3 colheres de sopa), correspondente a 90 a 108 mg de salicina.

## 9. REAÇÕES ADVERSAS

Galenogal Elixir® pode provocar os seguintes efeitos indesejáveis:

Reações comuns (ocorre entre 1% e 10% dos pacientes que utilizam este medicamento)*:* dor de estômago e sangramento gastrintestinal leve (micro-hemorragias).

Reações incomuns (ocorre entre 0,1% e 1% dos pacientes que utilizam este medicamento): náuseas, vômitos e diarreia. Reações raras (ocorre entre 0,01% e 0,1% dos pacientes que utilizam este medicamento): podem ocorrer sangramentos e úlceras do estômago. Em pessoas hipersensíveis aos salicilatos, podem ocorrer reações alérgicas como rinite, asma, broncoespasmos e urticárias.

**Em casos de eventos adversos, notifique ao Sistema de Notificações em Vigilância Sanitária – Notivisa, disponível em http://www.anvisa.gov.br/hotsite/notivisa/index.htm, ou para a Vigilância Sanitária Estadual ou Municipal.**

### 10. SUPERDOSE:
Em caso de superdose acidental, consultar o médico imediatamente. Uma dose elevada de preparações contendo *Salix alba* causa os seguintes sintomas: vômito, dor estomacal, espasmos e irritação gástrica. Como não existe tratamento específico, recomenda-se proceder como para derivados salicilados, como por exemplo: lavagem gástrica, administração de carvão ativado e controle do equilíbrio ácido-base.

**Em caso de intoxicação ligue para 0800 722 6001, se você precisar de mais orientações.**

### DIZERES LEGAIS
Reg. M.S.: 1.0689.0158.001-1
Farmacêutica Responsável: Márcia Cruz Valiati
CRF-RS: 5945
**KLEY HERTZ FARMACÊUTICA S.A**
Rua Comendador Azevedo, 224 – Porto Alegre, RS
CNPJ: 92.695.691/0001-03
Indústria Brasileira **www.kleyhertz.com.br**
SAC: 0800 7049001

_____

# GAMALINE·V
*Borago officinalis,* Boraginaceae.

### MEDICAMENTO FITOTERÁPICO

### PARTE UTILIZADA
Sementes
### NOMENCLATURA POPULAR
Borragem

### APRESENTAÇÕES
Cápsula mole – Óleo das sementes de *Borago officinalis* 900 mg – Embalagem com 15 ou 30 cápsulas moles.

### VIA ORAL USO ADULTO COMPOSIÇÃO
Cada cápsula contém:
óleo de *Borago officinalis* ..........................................900 mg*
veículos q.s.p. ........................................................ 1 cápsula.
(óleo de gérmen de trigo e acetato de dl-α-tocoferol)
*equivalente a 180 mg de ácido gamalinolênico.

### INFORMAÇÕES AO PACIENTE
### PARA QUE ESTE MEDICAMENTO É INDICADO?
Gamaline•V® é indicado como auxiliar no tratamento dos sintomas da Síndrome da Tensão Pré-Menstrual e seus sintomas associados, como por exemplo, Mastalgia Cíclica (dor mamária). Auxiliar no tratamento de Eczema Atópico e de Artrite Reumatoide.

### COMO ESTE MEDICAMENTO FUNCIONA?
Gamaline•V® contém em sua composição o óleo de borragem (*Borago officinalis*), sendo um dos seus principais componentes o ácido gamalinolênico (GLA), um ácido graxo essencial necessário para o bom funcionamento orgânico. O ácido gamalinolênico desempenha um papel importante na síntese de prostaglandinas, as quais apresentam propriedades anti-inflamatórias e imunorreguladoras. As prostaglandinas são formadas pela conversão de ácido linoleico para ácido gamalinolênico, via ácido araquidônico, sendo que uma diminuição nessa conversão foi observada em várias situações clínicas, entre elas na Síndrome da Tensão Pré-Menstrual, Eczema Atópico e Artrite Reumatoide.
Acredita-se que o ácido gamalinolênico atua regulando os sintomas da Síndrome da Tensão Pré-Menstrual.
Em casos de Eczema Atópico, o ácido gamalinolênico aumentou a produção de colágeno (fibroblastos e elastina) assegurando uma melhor textura e elasticidade da pele e, em casos de Artrite Reumatoide, comporta-se como um agente anti-inflamatório.
Como o ácido gamalinolênico não pode ser produzido pelo organismo humano, Gamaline•V® é uma opção simples e prática para obtenção deste componente.

### QUANDO NÃO DEVO USAR ESTE MEDICAMENTO?
Hipersensibilidade (alergia) a qualquer um dos componentes da fórmula.
**Este medicamento é contraindicado para uso por crianças. Este medicamento não deve ser utilizado por mulheres grávidas sem orientação médica.**

## O QUE DEVO SABER ANTES DE USAR ESTE MEDICAMENTO?

### Precauções e advertências

Pacientes epiléticos, especialmente aqueles com esquizofrenia, devem utilizar medicamentos contendo óleo de borragem somente com orientação médica.

Em caso de hipersensibilidade ao produto, recomenda-se descontinuar o uso e consultar o médico.

### Interações medicamentosas

Pacientes que estejam utilizando medicamentos com fenotiazina devem consultar o médico antes de utilizar medicamentos contendo óleo de borragem.

**Informe seu médico da ocorrência de gravidez na vigência do tratamento ou após seu término.**

**Informe seu médico se está amamentando.**

**Informe seu médico ou cirurgião-dentista se você está fazendo uso de algum outro medicamento. Não use medicamento sem o conhecimento de seu médico. Pode ser perigoso para sua saúde.**

## ONDE, COMO E POR QUANTO TEMPO POSSO GUARDAR ESTE MEDICAMENTO?

### Cuidados de conservação

Gamaline•V® deve ser conservado em temperatura ambiente (entre 15º e 30ºC) em sua embalagem original. Proteger da luz e da umidade.

### Prazo de validade

24 meses após a data de fabricação impressa no cartucho.

**Número de lote e datas de fabricação e validade: vide embalagem. Não use medicamento com o prazo de validade vencido. Guarde-o em sua embalagem original.**

### Características físicas

Cápsulas gelatinosas moles incolores contendo óleo amarelo claro em seu interior.

### Características organolépticas

Cheiro (odor) característico e praticamente não apresenta sabor.

**Antes de usar, observe o aspecto do medicamento. Caso ele esteja no prazo de validade e você observe alguma mudança no aspecto, consulte o farmacêutico para saber se poderá utilizá-lo.**

**Todo medicamento deve ser mantido fora do alcance das crianças.**

## COMO DEVO USAR ESTE MEDICAMENTO?

### Modo de usar

As cápsulas devem ser ingeridas inteiras e com uma quantidade suficiente de água para que possam ser deglutidas.

### Posologia

Ingerir uma cápsula ao dia, via oral.

**Siga a orientação de seu médico, respeitando sempre os horários, as doses e a duração do tratamento.**

**Não interrompa o tratamento sem o conhecimento do seu médico.**

**Este medicamento não deve ser partido, aberto ou mastigado.**

## O QUE DEVO FAZER QUANDO EU ME ESQUECER DE USAR ESTE MEDICAMENTO?

Caso haja esquecimento da ingestão de uma dose deste medicamento, retomar a posologia prescrita sem a necessidade de suplementação.

**Em caso de dúvidas, procure orientação do farmacêutico ou de seu médico, ou cirurgião-dentista.**

## QUE MALES ESTE MEDICAMENTO PODE CAUSAR?

### Reações adversas

Reação muito rara (ocorre em menos de 0,01% dos pacientes que utilizaram este medicamento): diarreia, náusea e desconforto abdominal.

**Informe seu médico, cirurgião-dentista ou farmacêutico do aparecimento de reações indesejáveis pelo uso do medicamento. Informe também à empresa através do seu Serviço de Atendimento ao Consumidor.**

## O QUE FAZER SE ALGUÉM USAR UMA QUANTIDADE MAIOR DO QUE A INDICADA DESTE MEDICAMENTO?

Doses excessivas podem causar diarreia, arroto e inchaço abdominal.

Recomenda-se tratamento sintomático e controle das funções vitais.

**Em caso de uso de grande quantidade deste medicamento, procure rapidamente socorro médico e leve a embalagem ou a bula do medicamento, se possível. Ligue para 0800 722 6001, se você precisar de mais orientações.**

**Venda sob prescrição médica.**

### DIZERES LEGAIS

MS: 1.1860.0061

Farmacêutica resp.: Gislaine B. Gutierrez CRF-PR nº 12423

Fabricado e Distribuído por: **HERBARIUM LABORATÓRIO BOTÂNICO S. A.**

Av. Santos Dumont, 1100 • CEP 83403-500 Colombo – PR

CNPJ: 78.950.011/0001-20

Indústria Brasileira.

# GAMAX
*Borago officinalis* (Boraginaceae), sementes, boragem

**MEDICAMENTO FITOTERÁPICO**

### APRESENTAÇÃO
Cápsula gelatinosa mole – 230 mg de ácido gamalinolênico, 163 mg de ácido oleico, 368 mg de ácido linoleico, 219 mg de outros ácidos poli-insaturados/cápsula. Embalagem com 15 cápsulas. Embalagem com 30 cápsulas.

**USO ORAL**
**USO ADULTO COMPOSIÇÃO**

Cada cápsula gelatinosa mole contém:
óleo de *Borago officinalis* (equivalente a 230 mg de ácido gamalinolênico, 163 mg de ácido oleico, 368 mg de ácido linoleico, 219 mg de outros ácidos poli-insaturados) .......................................................... 980,0 mg.
Excipiente: Vitamina E.

### INFORMAÇÕES AO PACIENTE
### 1. PARA QUE ESTE MEDICAMENTO É INDICADO?
**Gamax** é destinado ao tratamento dos casos de carências de ácidos graxos essenciais, em especial o ácido gamalinolênico; nas dores da mama e nas alterações funcionais benignas da mama; na síndrome da Tensão Pré-Menstrual (TPM) e nos casos de eczema atópico.

### 2. COMO ESTE MEDICAMENTO FUNCIONA?
**Gamax** funciona mantendo a integridade das membranas das células.

### 3. QUANDO NÃO DEVO USAR ESTE MEDICAMENTO?
Você não deve tomar **Gamax** se tiver hipersensibilidade (alergia) a qualquer um dos componentes da fórmula.
**Este medicamento é contraindicado para menores de 12 anos.**
**Não deve ser utilizado por mulheres grávidas sem orientação médica ou do cirurgião-dentista (categoria de risco B).**

### 4. O QUE DEVO SABER ANTES DE USAR ESTE MEDICAMENTO?
Caso você seja portadora de epilepsia, esquizofrenia ou está em uso de fenotiazínicos, deve restringir o uso do óleo de boragem.

**Não deve ser utilizado por mulheres grávidas sem orientação médica ou do cirurgião-dentista (categoria de risco B).**
**Informe ao seu médico ou cirurgião-dentista se você está fazendo uso de algum outro medicamento.**
**Não use medicamento sem o conhecimento do seu médico. Pode ser perigoso para a sua saúde.**

### 5. ONDE, COMO E POR QUANTO TEMPO POSSO GUARDAR ESTE MEDICAMENTO?
Você deve conservar **Gamax** em temperatura ambiente, entre 15°C e 30°C, protegido da luz
e da umidade. **Gamax** tem validade de 24 meses a partir da data de sua fabricação.

**Número de lote e datas de fabricação e validade: vide embalagem.**
**Não use medicamento com prazo de validade vencido. Guarde-o em sua embalagem original.**
As cápsulas gelatinosas moles de **Gamax** são de formato oblongo, contendo líquido oleoso límpido de coloração amarelada.

**Antes de usar, observe o aspecto do medicamento. Caso você observe alguma mudança no aspecto do medicamento que ainda esteja no prazo de validade, consulte o médico ou o farmacêutico para saber se poderá utilizá-lo.**
**Todo medicamento deve ser mantido fora do alcance das crianças.**

### 6. COMO DEVO USAR ESTE MEDICAMENTO?
**USO ORAL/USO INTERNO**
Você deve ingerir as cápsulas gelatinosas moles com líquido, por via oral.
Tomar 1 cápsula uma vez ao dia, durante os 15 dias antes da menstruação, na indicação para a TPM; nas demais indicações, tomar 1 cápsula ao dia ou a critério médico.
**Siga a orientação de seu médico, respeitando sempre os horários, as doses e a duração**
do tratamento. Não interrompa o tratamento **sem o conhecimento do seu médico.**
**Este medicamento não pode ser partido, aberto ou mastigado.**

### 7. O QUE DEVO FAZER QUANDO EU ME ESQUECER DE USAR ESTE MEDICAMENTO?
Caso haja esquecimento de tomar uma dose de **Gamax**, retome a posologia prescrita sem a necessidade de suplementação.

Em caso de dúvidas, procure orientação do farmacêutico, de seu médico ou cirurgião-dentista.

## 8. QUAIS OS MALES QUE ESTE MEDICAMENTO PODE ME CAUSAR?

**GAMAX** pode causar alergia em pacientes sensíveis a qualquer um dos componentes da fórmula.

**Informe ao seu médico, cirurgião-dentista ou farmacêutico o aparecimento de reações indesejáveis pelo uso do medicamento. Informe também a empresa através do seu serviço de atendimento.**

## 9. O QUE FAZER SE ALGUÉM USAR UMA QUANTIDADE MAIOR DO QUE A INDICADA DESTE MEDICAMENTO?

Se você tomar uma dose muito grande de **Gamax** acidentalmente, deve procurar um médico ou um centro de intoxicação imediatamente. O apoio imediato é fundamental, mesmo se os sinais
e sintomas não estiverem presentes.

**Em caso de uso de grande quantidade deste medicamento, procure rapidamente socorro médico e leve a embalagem ou bula do medicamento, se possível. Ligue para 0800 722 6001, se você precisar de mais orientações.**

## VENDA SOB PRESCRIÇÃO MÉDICA

## DIZERES LEGAIS

M.S. 1.1557.0057.001-1 – **Gamax 15 cápsulas**
M.S. 1.1557.0057.002-1 – **Gamax 30 cápsulas**
**Farm. Resp.:** Marta Melissa Leite Maia **CRF/PE** nº 2842
**INFAN – INDÚSTRIA QUÍMICA FARMACÊUTICA NACIONAL S. A.**
Rodovia BR-232 – km 136 – Bairro Agamenon Magalhães – Caruaru/PE - CEP 55.034-640
CNPJ: 08.939.548/0001-03
Indústria Brasileira
Todas as marcas nesta bula são propriedade do grupo de empresas Hebron.
www.hebron.com.br sac@hebron.com.br
SAC: 0800 724 2022

---

# GARRA DO DIABO HERBARIUM

*Harpagophytum procumbens*, Pedaliaceae.

## MEDICAMENTO FITOTERÁPICO

## PARTE UTILIZADA
Raiz.

## NOMENCLATURA POPULAR
Garra do diabo.

## APRESENTAÇÃO
Comprimido revestido – Extrato seco da raiz de *Harpagophytum procumbens* 200 mg – Embalagem com 3 blísteres contendo 15 comprimidos cada.

## VIA ORAL USO ADULTO

## COMPOSIÇÃO
Cada comprimido revestido contém:
extrato seco de *Harpagophytum procumbens*....... 200 mg*;
excipientes q.s.p. ...........................................1 comprimido.
(celulose microcristalina, talco, polivinil acetato ftalato, ácido esteárico, trietilcitrato, estearato de magnésio, croscarmelose sódica, dióxido de silício, hipromelose e polietilenoglicol)
*equivalente a 10 mg de iridoides totais calculados como harpagosídeos.

## INFORMAÇÕES AO PACIENTE
## PARA QUE ESTE MEDICAMENTO É INDICADO?
Garra do Diabo Herbarium é indicada para o tratamento de doenças reumáticas e desordens degenerativas do sistema locomotor, como artrite e artrose, e tratamento de dor lombar baixa.

## COMO ESTE MEDICAMENTO FUNCIONA?
Garra do Diabo Herbarium funciona como anti-inflamatório, antirreumático e analgésico, inibindo a síntese de prostaglandinas, as quais são formadas na fase irritativa do processo inflamatório.

## QUANDO NÃO DEVO USAR ESTE MEDICAMENTO?
Pacientes com úlcera estomacal ou duodenal, devido à estimulação da secreção do suco gástrico.
Obstrução das vias biliares ou cálculos biliares.
Gastrite.
Cólon irritável.
Hipersensibilidade (alergia) a qualquer um dos componentes da fórmula.
**Este medicamento é contraindicado para uso por crianças. Este medicamento não deve ser utilizado por mulheres grávidas sem orientação médica.**
**Este medicamento é contraindicado para uso por lactantes (mulheres amamentando).**

## O QUE DEVO SABER ANTES DE USAR ESTE MEDICAMENTO?
### Precauções e advertências
Em caso de hipersensibilidade ao produto, recomenda-se descontinuar o uso e consultar o médico.
### Interações medicamentosas
Pode interagir com drogas utilizadas para o tratamento de desordens cardíacas, como drogas antiarrítmicas e com terapia hipotensiva/hipertensiva.

Foi relatado o caso de um paciente que desenvolveu púrpura com o uso de garra do diabo em combinação com varfarina.

**Informe seu médico da ocorrência de gravidez na vigência do tratamento ou após seu término.**

**Informe seu médico se está amamentando.**

**Informe seu médico ou cirurgião-dentista se você está fazendo uso de algum outro medicamento.**

**Não use medicamento sem o conhecimento de seu médico. Pode ser perigoso para sua saúde.**

## ONDE, COMO E POR QUANTO TEMPO POSSO GUARDAR ESTE MEDICAMENTO?
### Cuidados de conservação
Garra do Diabo Herbarium deve ser conservado em temperatura ambiente (15 a 30ºC) em sua embalagem original. Proteger da luz e da umidade.
### Prazo de validade
24 meses após a data de fabricação impressa no cartucho.

**Número de lote e datas de fabricação e validade: vide embalagem.**

**Não use medicamento com o prazo de validade vencido. Guarde-o em sua embalagem original.**

### Características físicas
Comprimidos de cor bege.
### Características organolépticas
Cheiro (odor) característico e praticamente não apresenta sabor.

**Antes de usar, observe o aspecto do medicamento. Caso ele esteja no prazo de validade e você observe alguma mudança no aspecto, consulte o farmacêutico para saber se poderá utilizá-lo.**

**Todo o medicamento deve ser mantido fora do alcance das crianças.**

## COMO DEVO USAR ESTE MEDICAMENTO?
### Modo de usar
Os comprimidos devem ser ingeridos inteiros e com quantidade suficiente de água para que possam ser deglutidos.

### Posologia
Ingerir um comprimido, via oral, duas a três vezes ao dia. Pacientes idosos devem ingerir a metade da dose ou ¾ da dose recomendada para adultos.

Tratamentos prolongados devem ter acompanhamento médico.

**Siga a orientação de seu médico, respeitando sempre os horários, as doses e a duração do tratamento.**

**Não interrompa o tratamento sem o conhecimento do seu médico.**

**Este medicamento não deve ser partido ou mastigado.**

## O QUE DEVO FAZER QUANDO EU ME ESQUECER DE USAR ESTE MEDICAMENTO?
Caso haja esquecimento da ingestão de uma dose deste medicamento, retomar a posologia prescrita sem a necessidade de suplementação.

**Em caso de dúvidas, procure orientação do farmacêutico ou de seu médico, ou cirurgião-dentista.**

## QUE MALES ESTE MEDICAMENTO PODE CAUSAR?
### Reações adversas
Dores de cabeça, zumbidos, perda de apetite e do paladar. Distúrbios gastrointestinais podem ocorrer em pessoas sensíveis, especialmente com o uso de doses elevadas.

Em casos raros, pode aparecer um ligeiro efeito laxante ao iniciar o tratamento, o qual pode cessar espontaneamente. A revisão da literatura não revela a frequência das reações adversas.

**Informe seu médico, cirurgião-dentista ou farmacêutico do aparecimento de reações indesejáveis pelo uso do medicamento. Informe também à empresa através do seu Serviço de Atendimento ao Consumidor.**

## O QUE FAZER SE ALGUÉM USAR UMA QUANTIDADE MAIOR DO QUE A INDICADA DESTE MEDICAMENTO?
Doses elevadas podem provocar lesões hepáticas.

Recomenda-se tratamento sintomático e controle das funções vitais.

**Em caso de uso de grande quantidade deste medicamento, procure rapidamente socorro médico e leve a embalagem ou bula do medicamento, se possível. Ligue para 0800 722 6001 se você precisar de mais orientações.**

**Venda sob prescrição médica.**

**DIZERES LEGAIS**
MS: 1.1860.0035
Farmacêutica resp.: Gislaine B. Gutierrez CRF-PR nº 12423
Fabricado e Distribuído por: **HERBARIUM LABORATÓRIO BOTÂNICO S. A.**
Av. Santos Dumont, 1100 • CEP 83403-500 Colombo – PR • CNPJ: 78.950.011/0001-20
**Indústria Brasileira.**

---

# GARRA EC

*Harpagophytum procumbens* DC

**Nome popular:** Garra do diabo, planta agarrada, aranha madeira.
**Família:** Pedaliaceae.
**Parte da planta utilizada:** raiz.

## MEDICAMENTO FITOTERÁPICO

## APRESENTAÇÕES
Cartucho contendo frasco plástico branco opaco apresentando 50 cápsulas de 500 mg.

## USO ORAL
## USO ADULTO ACIMA DE 12 ANOS

## COMPOSIÇÃO
**Garra EC 500 mg – cada cápsula gelatinosa dura contém:** 500 mg de extrato seco da raiz de *Harpagophytum procumbens*.
**Concentração dos princípios ativos:**
O extrato seco está padronizado em 1,6% de harpagosídeo. Cada cápsula contém 8 mg de harpagosídeo.
**Excipiente:** Amido.
**Quantidade:** 50 cápsulas.

## 1. PARA QUE ESTE MEDICAMENTO É INDICADO?
Este medicamento é indicado como analgésico e anti-inflamatório, destinado ao tratamento de enfermidades reumáticas (grupo de doenças que afeta articulações, músculos e esqueleto, caracterizado por dor e restrição do movimento).

## 2. COMO ESTE MEDICAMENTO FUNCIONA?
GARRA EC possui ação anti-inflamatória e analgésica, efeito atribuído aos componentes presentes em sua formulação conhecidos como glucosídeos iridoides, destacando-se dentre eles o harpagosídeo.

## 3. QUANDO NÃO DEVO USAR ESTE MEDICAMENTO?
Pacientes com hipersensibilidade aos componentes da fórmula devem evitar o uso do produto. Não deve ser utilizado em gestantes (devido a provável atividade ocitotóxica), pacientes com úlcera gástrica e duodenal, cólon irritável e obstrução das vias biliares.
**Este medicamento é contraindicado para menores de 12 anos de idade. Este medicamento é contraindicado para gestantes.**

## 4. O QUE DEVO SABER ANTES DE USAR ESTE MEDICAMENTO?
Em caso de hipersensibilidade ao produto, recomenda-se descontinuar o uso e procurar orientação médica. Não administrar doses maiores do que a recomendada.
**Informe ao seu médico ou cirurgião-dentista se você está fazendo uso de algum outro medicamento. Não use medicamento sem o conhecimento do seu médico. Pode ser perigoso para a sua saúde.**

## 5. ONDE, COMO E POR QUANTO TEMPO POSSO GUARDAR ESTE MEDICAMENTO?
Conservar o medicamento em sua embalagem original, protegendo da luz, calor e umidade. Conservar este medicamento em temperatura ambiente (15 a 30ºC).
Este medicamento tem validade de 24 meses a partir da data de sua fabricação.
**Número de lote e datas de fabricação e validade: VIDE EMBALAGEM. Não use medicamento com prazo de validade vencido.
Para sua segurança, mantenha o medicamento em sua embalagem original.**
As cápsulas de GARRA EC (*Harpagophytum procumbens*) são de gelatina dura, transparentes, contendo pó de coloração bege em seu interior.
**Antes de usar, observe o aspecto do medicamento.
Caso você observe alguma mudança no aspecto do medicamento que ainda esteja no prazo de validade, consulte o médico ou o farmacêutico para saber se poderá utilizá-lo.
Todo medicamento deve ser mantido fora do alcance das crianças.**

## 6. COMO DEVO USAR ESTE MEDICAMENTO?
Ingerir 1 a 2 cápsulas, 3 (três) vezes ao dia.
Não deve ser ultrapassado o limite máximo de 9 cápsulas ao dia.

Em pacientes idosos deve-se administrar a metade da dose sugerida para adultos. Recomenda-se descontinuar o tratamento a cada dois meses, por 1 a 2 semanas.

As cápsulas devem ser ingeridas inteiras e sem mastigar com quantidade suficiente de água para que sejam deglutidas.

**Siga a orientação de seu médico, respeitando sempre os horários, as doses e a duração do tratamento.**

**Não interrompa o tratamento sem o conhecimento de seu médico. Este medicamento não deve ser partido, aberto ou mastigado.**

### 7. O QUE DEVO FAZER QUANDO EU ME ESQUECER DE USAR ESTE MEDICAMENTO?

Caso haja esquecimento da ingestão de uma dose deste medicamento, retome a posologia prescrita sem a necessidade de suplementação.

**Em casos de dúvidas, procure orientação do farmacêutico ou de seu médico, ou cirurgião-dentista.**

### 8. QUAIS OS MALES QUE ESTE MEDICAMENTO PODE ME CAUSAR?

Reação incomum (ocorre em 0,1% e 1% dos pacientes que utilizam este medicamento): Podem ocorrer leves e ocasionais desconfortos gastrintestinais (como diarreias e náuseas) em indivíduos sensíveis.

Reação rara (ocorre entre 0,01% e 0,1% dos pacientes que utilizam este medicamento): reações alérgicas.

**Informe seu médico, cirurgião-dentista ou farmacêutico o aparecimento de reações indesejáveis pelo uso do medicamento.**

**Informe a empresa sobre o aparecimento de reações indesejáveis e problemas com este medicamento, entrando em contato através do Sistema de Atendimento ao Consumidor (SAC).**

### 9. O QUE FAZER SE ALGUÉM USAR UMA QUANTIDADE MAIOR DO QUE A INDICADA DESTE MEDICAMENTO?

Não foram relatados efeitos tóxicos com administração de altas dosagens.

Em caso de superdosagem, suspender o uso, procurar orientação médica de imediato para que sejam adotadas as medidas habituais de apoio e controle das funções vitais.

**Em caso de uso de grande quantidade deste medicamento, procure rapidamente socorro médico e leve a embalagem ou bula do medicamento, se possível.**

**Em caso de intoxicação ligue para 0800 722 6001, se você precisar de mais orientações sobre como proceder.**

N° de lote, data de fabricação e data de validade: VIDE EMBALAGEM

### VENDA SOB PRESCRIÇÃO MÉDICA

### DIZERES LEGAIS
MS: 1.1678.0015

Farmacêutico Responsável: Aldo Cândido Dadalt CRF-PR: 4787

Fabricado por: As Ervas Curam Indústria Farmacêutica Ltda
Rua Eunice Weaver, 231, Campo Comprido
Curitiba – PR – CEP: 81220-080
CNPJ: 79.634.572/0001-82
Indústria Brasileira
SAC 0800 643 3949

---

# GASTROSIL

### MEDICAMENTO FITOTERÁPICO

**Forma Farmacêutica: Emulsão oral Cápsulas Gelatinosas**
**Via de Administração: oral**

**Apresentação:**
Frasco PET âmbar contendo 150,0 mL com copo dosador de 10,0 ml
Cartucho contendo 45 cápsulas distribuídas em 3 blisters
USO ADULTO

**Composição:**
**Gastrosil® Emulsão oral**
Cada 100,0 mL contém:
Extrato Fluido de *Maytenus ilicifolia*................ 20,0 mL (*)
Veículo q.s.p. ............................................................ 100,0 mL
(Goma xantana, xilitol, aroma de menta, sorbato de potássio e água purificada)
*Padronizado em 1,5% de taninos totais
Cada 1 mL do produto contém 3,0 mg de taninos totais.
Volume Líquido: 150 mL
**Gastrosil® Cápsulas**
Cada cápsula contém:
Extrato Seco de *Maytenus ilicifolia*............... 380,0 mg (**)
Excipiente (amido) q.s.p. ....................................... 1 cápsula
(**) Padronizado em 13,3 mg (3,5%) de taninos totais.
Quantidade: **45 cápsulas**

**Nomenclatura Botânica Oficial**: *Maytenus ilicifolia* (Mart.) ex Reissek

**Nome Popular**: Espinheira-Santa, cancerosa, concorosa-de-sete-espinhos, cancrosa, espinheira-divina, espinho-de-Deus, maiteno, erva-cancrosa, erva-santa.

**Família**: Celastraceae

**Parte da Planta Utilizada**: folhas

## INFORMAÇÕES AO PACIENTE
## COMO GASTROSIL® FUNCIONA?

Atua como regulador das funções estomacais e promove a proteção da mucosa gástrica.

## POR QUE GASTROSIL® É INDICADO?

Indicado para dispepsias inespecíficas, como: digestão lenta, azia, distensão abdominal e dor gástrica e como coadjuvante no tratamento de úlcera de estômago e duodeno.

## QUANDO NÃO DEVO USAR GASTROSIL®?

Pacientes com histórico de hipersensibilidade e alergia a qualquer um dos componentes da fórmula não devem fazer uso do produto.

Este medicamento é contraindicado para pessoas com hipersensibilidade a extratos de *Maytenus ilicifolia* ou outras plantas da família Celastraceae.

O medicamento deve ser evitado por menores de 12 anos de idade, devido à falta de estudos disponíveis.

Contraindicado durante amamentação e gravidez, visto que pode diminuir a secreção de leite e provocar contrações uterinas.

Informe ao médico ou cirurgião-dentista o aparecimento de reações indesejáveis.

Informe ao seu médico ou cirurgião-dentista se você está fazendo uso de algum outro medicamento.

## COMO DEVO USAR GASTROSIL®? USO ORAL/USO INTERNO

**Gastrosil® Emulsão Oral**

Ingerir 10,0 mL (1 copo dosador) diretamente ou diluído em um pouco de água, 3 vezes ao dia (equivalente a 30 mg de taninos por dose ou 90 mg de taninos/dia).

**GASTROSIL® emulsão oral** apresenta aspecto leitoso de coloração caramelo. Pode ser ingerido diretamente ou pode ser diluído na água com o auxílio do copo dosador de 10,0 m L. Recomendamos agitar o frasco antes de usar.

**Gastrosil® Cápsulas**

Ingerir 2 cápsulas, 3 vezes ao dia (equivalente a 13,3 mg de taninos por cápsula ou 79,8 mg de taninos/dia).

As cápsulas de **GASTROSIL®** apresentam coloração bege claro e deverão ser ingeridas com o auxílio de água.

ESTE MEDICAMENTO NÃO PODE SER PARTIDO OU MASTIGADO.

Caso haja esquecimento da ingestão de uma dose deste medicamento, retome a posologia prescrita sem a necessidade de suplementação.

Siga corretamente o modo de usar, não desaparecendo os sintomas, procure orientação médica.

Não use medicamento com o prazo de validade vencido. Antes de usar observe o aspecto do medicamento.

Assim como todos os medicamentos, informe ao seu profissional de saúde todas as plantas medicinais e fitoterápicos que estiver tomando. Interações podem ocorrer entre medicamentos e plantas medicinais e mesmo entre duas plantas medicinais quando administradas ao mesmo tempo.

## QUAIS OS MALES QUE GASTROSIL® PODE CAUSAR?

Não foram relatadas, até o momento, reações adversas graves ou que coloque em risco a saúde dos pacientes.

## O QUE FAZER SE ALGUÉM USAR UMA GRANDE QUANTIDADE DE GASTROSIL® DE UMA SÓ VEZ?

Plantas ricas em taninos, como a *Maytenus ilicifolia*, quando usadas em doses excessivas, podem causar irritação da mucosa gástrica e intestinal, gerando vômitos, cólicas intestinais e diarreia.

Em caso de superdosagem, suspender o uso, procurar orientação médica de imediato para que sejam adotadas medidas habituais de apoio e controle das funções vitais.

## ONDE DEVO GUARDAR GASTROSIL®?

Conservar o medicamento em sua embalagem original, protegendo da luz, calor e umidade (temperatura entre 15 e 30°C). Nessas condições, o medicamento se manterá próprio para o consumo, respeitando o prazo de validade indicado na embalagem.

Todo medicamento deve ser mantido fora do alcance das crianças.

## INFORMAÇÕES TÉCNICAS AOS PROFISSIONAIS DA SAÚDE

**Características Farmacológicas:**

Este medicamento é constituído pelo extrato seco das folhas de *Maytenus ilicifolia* padronizado em taninos totais. Essa planta possui como principais constituintes químicos, terpernos, taninos, ácidos fenólicos e flavonoides.

As ações da *Maytenus ilicifolia* na úlcera péptica e gastrite envolvem mais de um mecanismo de ação e diferentes substâncias do fitocomplexo. Vários compostos participam do efeito protetor da mucosa gástrica, que resulta da redução da secreção basal de ácido clorídrico, bem como da secreção induzida por histamina. Sugestões de que a bomba de prótons seja inibida pelo extrato não foram conclusivas.

**Resultados de Eficácia:**

Os estudos farmacológicos e clínicos apresentaram resultados concordantes com o uso tradicional, no tratamento de queixas dispépticas e suportam sua eficácia e segurança terapêutica como coadjuvante no tratamento de úlcera péptica e dispepsias.

Cinco diferentes amostras de *Maytenus* spp, três delas a *Maytenus ilicifolia*, revelaram potente efeito antiúlcera gástrica, quando utilizadas, por via intraperitoneal, sob a forma de liofilizados, obtidos a partir de abafados, em ratos submetidos aos processos de indução de úlcera por indometacina ou por estresse de imobilização em baixa temperatura. O efeito protetor é dose-dependente, persiste no mínimo, até 16 meses após a coleta da planta e é equiparável aos efeitos da cimetidina e ranitidina. Além da atividade antiúlcera, o liofilizado da espinheira-santa, à semelhança da cimetidina, aumentou grandemente o volume e o pH do conteúdo gástrico (CARLINI & BRAZ, 1988).

**Indicações**

Indicado para dispepsias inespecíficas, como: digestão lenta, azia, distensão abdominal e dor gástrica e como coadjuvante no tratamento de úlcera de estômago e duodeno.

**Contraindicações**

Pacientes com histórico de hipersensibilidade e alergia a qualquer um dos componentes da fórmula não devem fazer uso do produto.

Este medicamento é contraindicado para pessoas com hipersensibilidade a extratos de *Maytenus ilicifolia* ou outras plantas da família Celastraceae.

O medicamento deve ser evitado por menores de 12 anos de idade, devido à falta de estudos disponíveis.

Contraindicado durante amamentação e gravidez, visto que pode diminuir a secreção de leite e provocar contrações uterinas.

**Modo de Usar e Cuidados de Conservação depois de Aberto**

**Gastrosil® Emulsão oral** é um medicamento de uso oral. Deve ser ingerido diretamente ou diluído em água. Recomenda-se agitar o frasco antes de usar.

**Gastrosil® Cápsulas** é um medicamento de uso oral. Deve ser ingerido com o auxílio de água.

Caso haja esquecimento da ingestão de uma dose deste medicamento, retome a posologia prescrita sem a necessidade de suplementação.

Conservar o produto em temperatura ambiente (entre 15° a 30°C), em sua embalagem original, ao abrigo da luz e da umidade.

**GASTROSIL® emulsão oral** apresenta aspecto leitoso de coloração caramelo.

As cápsulas de GASTROSIL® apresentam coloração bege claro e deverão ser ingeridas com o auxílio de água.

**Posologia**

GASTROSIL® EMULSÃO ORAL

Ingerir 10,0 mL (1 copo dosador) de Gastrosil® diretamente ou diluído em um pouco de água, 3 vezes ao dia (equivalente a 30 mg de taninos/dose ou 90 mg de taninos/dia).

Cada 1,0 mL do produto contém 3,0 mg de taninos, logo cada dose (10,0 mL) contém 30 mg de taninos.

GASTROSIL® CÁPSULAS

Ingerir 2 cápsulas de Gastrosil®, 3 vezes ao dia com a ajuda de água (equivalente a 13,3 mg de taninos/dose ou 79,8 mg de taninos/dia)[08].

Cada cápsula contém 13,3 mg de taninos.

**Advertências**

De acordo com a categoria de risco de fármacos destinados às mulheres grávidas, este medicamento apresenta categoria de risco C. Este medicamento não deve ser utilizado por mulheres grávidas sem orientação médica ou do cirurgião-dentista.

**Uso em idosos, crianças e outros grupos de risco**

Não existem recomendações específicas para o uso de *Maytenus ilicifolia* em pacientes idosos e outros grupos de risco.

**Interações Medicamentosas**

A administração concomitante de *Maytenus ilicifolia* com bebidas alcoólicas e outros medicamentos não é recomendada, pois não existem estudos disponíveis sobre as interações medicamentosas deste fitoterápico.

**Reações Adversas ao Medicamento**

Não foram relatadas, até o momento, reações adversas graves ou que coloquem em risco a saúde dos pacientes. Raramente, podem ocorrer casos de hipersensibilidade. Nesse caso, suspender o uso e procurar orientação médica.

**Superdose**

Plantas ricas em taninos, como a *Maytenus ilicifolia*, quando usadas em doses excessivas, podem causar irritação da mucosa gástrica e intestinal, gerando vômitos, cólicas intestinais e diarreia.

Suspender a medicação imediatamente. Recomenda-se tratamento de suporte sintomático pelas medidas habituais de apoio e controle das funções vitais.

**Armazenagem**

Temperatura ambiente (15° a 30°C), ao abrigo da luz e umidade. Nessas condições, o medicamento se manterá próprio para o consumo, respeitando o prazo de validade indicado na embalagem.

**Conservar o medicamento** em sua embalagem original. Todo medicamento deve ser mantido **fora do alcance das crianças.**

**DIZERES LEGAIS:**

GASTROSIL® EMULSÃO ORAL REGISTRO MS. 1.2107.0007.001-5

GASTROSIL® CÁPSULAS REGISTRO MS. 1.2107.0007.002-3

Farmacêutica Responsável: Dra. ANDRESA APARECIDA BERRETTA CRF-SP N° 26.257

APIS FLORA – Indl e Coml. LTDA.

CNPJ: 49.345.358/0001-45

Rua Triunfo, 945 – Ribeirão Preto – SP

SAC **0800 94 04 800**

---

# GENGIMIN®
*Zingiber officinale* Roscoe

**MEDICAMENTO FITOTERÁPICO**
**NOMENCLATURA BOTÂNICA OFICIAL:** *Zingiber officinale* Roscoe
**NOMENCLATURA POPULAR:** Gengibre
**FAMÍLIA:** Zingiberaceae
**PARTE DA PLANTA UTILIZADA:** Rizoma

**APRESENTAÇÕES:**

Comprimidos revestidos – embalagem contendo 15, 30, 45 ou 60 comprimidos.

**VIA ORAL**
**USO ADULTO E PEDIÁTRICO ACIMA DE 6 ANOS**

**COMPOSIÇÃO:**

Cada comprimido revestido contém:
Extrato seco de *Zingiber officinale* Roscoe ....... 160 mg (*)
excipientes q.s.p. ...........................................1 comprimido

Excipientes: celulose microcristalina, croscarmelose sódica, dióxido de silício, talco, estearato de magnésio, copovidona, álcool polivinílico, macrogol, corantes amarelo crepúsculo, amarelo quinoleína, azul indigotina e dióxido de titânio.
(*) Equivalente a 8 mg de gingeróis.

**INFORMAÇÕES TÉCNICAS AOS PROFISSIONAIS DE SAÚDE:**

**1. INDICAÇÕES**

Gengimin® é indicado para profilaxia de cinetose (náusea/enjoo causados por movimento) e náuseas pós-cirúrgicos.

**2. RESULTADOS DE EFICÁCIA**

Em um estudo[1] com 1741 turistas voluntários embarcados, 203 fizeram uso de *Zingiber off* (250mg) 2 horas antes da partida; os demais voluntários foram submetidos a outros tratamentos. Dentre os que fizeram uso de *Zingiber off*, 78,3% relataram nenhum enjoo relacionado aos movimentos do mar. O *Zingiber off* foi tão efetivo quanto cinarizina, ciclizina, dimenidrinato, meclizina e hioscina. Em um estudo randomizado[2], duplo-cego, com 120 mulheres submetidas à cirurgia ginecológica por laparoscopia, o *Zingiber off* (1g administrado oralmente) reduziu significativamente a náusea pós-operatória (p = 0.006) comparado ao placebo. Três grupos (n = 40) receberam, previamente à cirurgia, metoclopramida (10mg), *Zingiber off* (1g) ou placebo (1g). A incidência de náusea foi similar nos grupos da metoclopramida (27%) e do *Zingiber off* (21%) e menor do que no grupo placebo (41%). Antieméticos pós-operatórios foram necessários em maior parte para o grupo placebo (38%) do que para os grupos da metoclopramida (32%) ou do *Zingiber off* (15%), sendo a diferença entre o grupo placebo e o grupo do *Zingiber off* estatisticamente significativa (p = 0.02).

Crianças entre 6 e 13 anos que sofriam de cinetose administraram[3] *Zingiber off* (n = 12) na dose de 500mg a cada 4 horas (dose média diária de 1,25g) ou metoclopramida (n = 12) na dose de 0,5-1mg/kg peso corpóreo, divididos em 3 doses diárias (dose média diária de 25,17mg), em um estudo duplo-cego comparativo. O *Zingiber off* foi significativamente melhor na prevenção do vômito (p<0.05) do que a metoclopramida.

**Referências**

[1]SCHMID, R., T. SCHICK, R. STEFFEN, A. TSCHOPP, T. Wilk. Comparison of Seven Commonly Used Agents for Prophylaxis of Seasickness. *J Travel Med*, v. 1, n. 4, p. 203-206,.

[2] PHILLIPS, S., R. RUGGIER, S.E. HUTCHINSON. *Zingiber officinale* (ginger)—an anti-emetic for day case surgery. *Anaesthesia*, v. 48, n. 8, p. 715-717, 1993.

[3] CAREDDU P. *Treatment of periodic acetonemic vomiting: comparison of drugs*. Unpublished Pharmaton Report, 1986.

## 3. CARACTERÍSTICAS FARMACOLÓGICAS
**Farmacodinâmica**
Gengimin® é constituído pelo extrato seco de *Zingiber off* (*Zingiber officinale*), padronizado em gingeróis.
A raiz de *Zingiber officinale* contém oleorresina (4 – 7,5%), constituída de princípios pungentes não voláteis (fenóis como gingeróis e seus produtos de desidratação, os shagóis), substâncias não pungentes (gorduras e graxas), óleos voláteis (1 – 3,3%), dos quais destacam-se o β-bisaboleno, zingibereno, geranial e neral, carboidratos (40-60%), proteínas (9-10%), lipídios (6-10%) vitaminas (B3 e A) e minerais. Anteriormente, afirmava-se que o efeito do *Zingiber off* ocorria localmente, através da motilidade gastrointestinal, porém pesquisas mais recentes rebatem essa afirmação.
Embora a ação antiemética do *Zingiber off* não esteja completamente esclarecida, a mesma é atribuída aos gingeróis, shagóis e zingibereno, com suposta ação antagonista à serotonina e supressora da vasopressina, reduzindo a atividade taquigástrica e sendo fracamente colinérgico. Os gingeróis são responsáveis primários pela ação antiemética, enquanto os shagóis e galactona parecem atuar nos receptores da serotonina, notadamente no íleo. Essa afirmação sugere que a ação antiemética do *Zingiber off* possa ser mediada centralmente, via receptores $5-HT_3$.

**Farmacocinética**
A depuração plasmática do 6-gingerol ocorreu rapidamente, após a administração intravenosa em ratos, com tempo de meia-vida de 7,23 minutos e depuração corpórea total de 16,8ml/min/kg. A ligação com proteínas séricas foi de 92,4%.
A rota metabólica do 6-gingerol foi investigada em ratos após administração oral. Seu principal metabólito, (S)-[6]-gingerol-4'-O-β-glucoronídeo foi encontrado na bile e seis outros metabólitos minoritários foram encontrados na urina. Sugere-se que tanto a flora intestinal, quanto as enzimas hepáticas desempenham importante função metabólica do 6-gingerol.

## 4. CONTRAINDICAÇÕES
Hipersensibilidade a qualquer um dos componentes da fórmula.
Este medicamento é contraindicado para pessoas com cálculos biliares, irritação gástrica e hipertensão arterial.
**Este medicamento é contraindicado para menores de 6 anos.**
**Categoria A de risco na gravidez: Não há evidência de risco em mulheres. Estudos bem controlados não revelam problemas no primeiro trimestre de gravidez e não há evidências de problemas nos segundo e terceiro trimestres.**

## 5. ADVERTÊNCIAS E PRECAUÇÕES
Para pacientes portadores de desordens da coagulação sanguínea, com histórico de hemorragias/discrasias, plaquetopenia ou qualquer outro distúrbio de coagulação reconhecido ou suspeito, cabe ao médico a avaliação da relação risco-benefício da prescrição de *Zingiber off*, em função de sua reconhecida propriedade anticoagulante.
Pacientes diabéticos devem consultar o médico antes de utilizar o *Zingiber off*, devido ao seu possível efeito hipoglicemiante.
Este medicamento não deve ser utilizado por mulheres grávidas sem orientação médica. Informe imediatamente seu médico em caso de suspeita de gravidez.
O médico deve considerar o histórico de abortamento de repetição para avaliação do uso de *Zingiber off* nesse grupo de mulheres.
Em caso de hipersensibilidade ao produto, recomenda-se descontinuar o uso e consultar o médico.

## 6. INTERAÇÕES MEDICAMENTOSAS
Existe a possibilidade de diminuição dos níveis de glicose sanguínea e, portanto, o *Zingiber off* poderá interferir na ação de hipoglicemiantes orais ou da insulina.
O *Zingiber off* pode afetar o tempo de sangramento e parâmetros imunológicos por sua habilidade de inibir a tromboxano sintetase e por agir como um agonista da prostaciclina. Entretanto um estudo randomizado duplo-cego dos efeitos de *Zingiber off* (2 g por dia, via oral, por 14 dias) na função plaquetária não mostrou diferenças nos tempos de sangramento em pacientes recebendo *Zingiber off* ou placebo. Altas doses de *Zingiber off* podem aumentar os efeitos de hipotrombinemia da terapia anticoagulante, mas a significância clínica é controversa.
Embora a interação do *Zingiber off* com a varfarina ou outros anticoagulantes não esteja cientificamente comprovada, a administração simultânea dessas medicações ou outras que possam causar o mesmo efeito deve ser realizada sob orientação médica.

O *Zingiber off* pode aumentar a absorção de sulfaguanidina. Há evidências de que o *Zingiber off* possa aumentar a biodisponibilidade de outras drogas, seja por aumento do índice de absorção por meio do trato gastrointestinal ou por proteger a droga do metabolismo/oxidação de primeira passagem no fígado, após a absorção. Com isso, o *Zingiber off* pode aumentar a atividade de outras medicações.

## 7. CUIDADOS DE ARMAZENAMENTO DO MEDICAMENTO

**Cuidados de conservação**

Gengimin® deve ser conservado em temperatura ambiente (entre 15° e 30°C) em sua embalagem original. Proteger da luz e da umidade.

**Número de lote e datas de fabricação e validade: vide embalagem.**

**Não use medicamento com o prazo de validade vencido. Guarde-o em sua embalagem original.**

**Características físicas e organolépticas**

Comprimidos amarelo claro, com pontos de amarelo escuro a marrom. Cheiro (odor) e sabor característicos de *Zingiber off*.

**Antes de usar, observe o aspecto do medicamento.**

**Todo medicamento deve ser mantido fora do alcance das crianças.**

## 8. POSOLOGIA E MODO DE USAR

**Modo de usar**

Os comprimidos devem ser ingeridos inteiros e com uma quantidade suficiente de água para que possam ser deglutidos.

**Posologia**

Gengimin deve ser administrado somente por via oral. Crianças acima de 6 anos: ingerir 1 comprimido ao dia, ou seja, 1 comprimido a cada 24 horas. Adultos: ingerir 2 a 3 comprimidos ao dia, ou seja, 1 comprimido a cada 8 ou 12 horas.

Para a prevenção da cinetose, administrar de uma só vez a dosagem diária indicada, 30 minutos antes da viagem.

**Este medicamento não deve ser partido, aberto ou mastigado.**

## 9. REAÇÕES ADVERSAS

Podem ocorrer distúrbios gastrointestinais leves incluindo eructação e pressão estomacal e cefaleia. Eventualmente, o *Zingiber off* pode causar azia, dermatite de contato, hipotensão e, em dosagens muito elevadas, sintomas dispépticos.

**Em casos de eventos adversos, notifique ao Sistema de Notificações em Vigilância Sanitária – Notivisa, disponível em http://www.anvisa.gov.br/hotsite/notivisa/index.htm, ou para a Vigilância Sanitária Estadual ou Municipal.**

## 10. SUPERDOSE

Teoricamente, os efeitos da superdosagem podem estar relacionados a problemas no sistema nervoso central ou a arritmias cardíacas.

Recomenda-se tratamento sintomático e controle das funções vitais.

**Em caso de intoxicação ligue para 0800 722 6001, se você precisar de mais orientações.**

**Siga corretamente o modo de usar, não desaparecendo os sintomas procure orientação médica.**

**DIZERES LEGAIS**

MS: 1.0390.01850

Farm. Resp.: Dra. Marcia Weiss I. Campos CRF-RJ nº 4499

Registrado por: **FARMOQUÍMICA S. A.**

Av. José Silva de Azevedo Neto, 200, Bloco 1, 1º andar, Barra da Tijuca

Rio de Janeiro – RJ CEP: 22775-056

CNPJ: 33.349.473/0001-58

Fabricado por: **FARMOQUÍMICA S. A.**

Rua Viúva Cláudio, 300, Jacaré, Rio de Janeiro – RJ

CEP: 20970-032

CNPJ: 33.349.473/0003-10

**Indústria brasileira**

---

# GINKGO CATARINENSE
*Ginkgo biloba*

### MEDICAMENTO FITOTERÁPICO

**Formas farmacêuticas e apresentação:** Comprimidos revestidos – cartucho com 3 blisters x 10 unidades

### VIA ORAL USO ADULTO

**Composição:**

Cada comprimido contém:

Extrato seco padronizado de *Ginkgo biloba* (50:1).....80 mg [padronizado em 19,2mg ou 24% de ginkgoflavonoides, determinados como quercetina, kaempferol e isorhamnetina, e 4,8mg ou 6% de terpenolactonas (ginkgolídeos A, B, C, J e bilobalídeos)].

Excipientes: celulose microcristalina, lactose monoidratada, crospovidona, copolímero álcali metacrilato, dióxido de silício, estearato de magnésio, talco, dióxido de titânio, óxido férrico e polietilenoglicol.

**Comprimidos revestidos – Contém 30 comprimidos revestidos**

**Nomenclatura botânica oficial:** *Ginkgo biloba* L.
**Nomenclatura popular:** ginco, ginkgo
**Família:** Ginkgoaceae
**Parte da planta utilizada:** folhas

### INFORMAÇÕES AO PACIENTE:
**Como este medicamento funciona?**
Aumenta o fluxo sanguíneo, com consequente melhora de oferta de oxigênio para as células, protegendo os tecidos dos danos da falta de oxigênio (hipóxia), além de inibir a agregação plaquetária.

Seu médico é a pessoa mais adequada para lhe dar maiores informações sobre o tratamento, siga sempre suas orientações. Não devem ser utilizadas doses superiores às recomendadas.

**Por que este medicamento foi indicado?** Desordens e sintomas decorrentes da deficiência do fluxo sanguíneo cerebral como problemas de memória, função cognitiva, tonturas, dor de cabeça, vertigem, zumbidos, estágios iniciais de demências (como Alzheimer e demências mistas), além de distúrbios circulatórios periféricos (claudicação intermitente) e problemas de retina.

**Quando não devo usar este medicamento?** Este medicamento não deve ser utilizado para crianças menores de 12 anos. Deve ser utilizado cuidadosamente em pacientes com distúrbios de coagulação ou em uso de anticoagulantes e antiplaquetários. Este medicamento deve ser suspenso pelo menos três dias antes de procedimentos cirúrgicos. Pacientes com histórico de hipersensibilidade e alergia a qualquer um dos componentes da fórmula não devem fazer uso do produto. Este medicamento não deve ser utilizado durante a gravidez e amamentação, exceto sob orientação médica. Informe ao seu médico se ocorrer gravidez ou se iniciar amamentação durante o uso deste medicamento. Informe ao seu médico ou cirurgião-dentista o aparecimento de reações indesejáveis. Informe ao seu médico ou cirurgião-dentista se você está fazendo uso de algum outro medicamento. Não use medicamento sem o conhecimento de seu médico, pode ser perigoso para a sua saúde.

**Como devo usar este medicamento?**
**USO ORAL/USO INTERNO**
Ingerir 1 comprimido revestido, 2 vezes ao dia. O Ginkgo Catarinense apresenta-se em comprimidos circulares, levemente biconvexos, de coloração castanho amarelado e com odor característico. Os comprimidos devem ser ingeridos inteiros e sem mastigar e com quantidade suficiente de água para que sejam deglutidas. Caso haja esquecimento da ingestão de uma dose deste medicamento, retome a posologia prescrita sem a necessidade de suplementação. Siga a orientação do seu médico, respeitando sempre os horários, as doses e a duração do tratamento. Não interrompa o tratamento sem o conhecimento do seu médico. Não use o medicamento com o prazo de validade vencido. Antes de usar, observe o aspecto do medicamento. Este medicamento não pode ser partido ou mastigado. Assim como todos os medicamentos, informe ao seu profissional da saúde todas as plantas medicinais e fitoterápicos que estiver tomando. Interações podem ocorrer entre medicamentos e plantas medicinais e mesmo entre duas plantas medicinais quando administradas ao mesmo tempo.

**Quais os males que este medicamento pode causar?**
Podem ocorrer distúrbios gastrintestinais, dor de cabeça e reações alérgicas na pele (vermelhidão, inchaço e coceira). Também foram relatados enjoos, palpitações, hemorragias e queda de pressão arterial.

**O que fazer se usar uma grande quantidade deste medicamento de uma só vez?**
Em caso de superdosagem, suspender o uso, procurar orientação médica de imediato para sejam adotadas as medidas habituais de apoio e controle das funções vitais.

**Onde e como devo guardar este medicamento?**
Ginkgo Catarinense deve ser guardado em sua embalagem original, conservando-o em temperatura ambiente [15ºC e 30ºC] e protegendo da luz e umidade. Nessas condições, o medicamento se manterá próprio para o consumo, respeitando o prazo de validade indicado na embalagem. Todo medicamento deve ser mantido fora do alcance das crianças.

### INFORMAÇÕES TÉCNICAS AOS PROFISSIONAIS DA SAÚDE:
**Características Farmacológicas:**
O extrato de *Ginkgo biloba* é constituído principalmente por ginkgoflavonoides (derivados da quercetina, kaempferol e isorhamnetina) e terpenolactonas (ginkgolídeos e bilobalídeos). Após a administração oral, os ginkgolídeos A, B e bilobalídeos possuem uma alta biodisponibilidade

(98-100%, 79-93%, 70%, respectivamente). As suas meias-vidas de eliminação duram respectivamente 4,5h; 10, 6h e 3,2h. Esses compostos são excretados inalterados na urina em 70% de ginkgolídeo A, 50% ginkgolídeo B e 30% bilabalídeos.

O *Ginkgo biloba* promove o incremento do suprimento sanguíneo cerebral através da vasodilatação e redução da viscosidade sanguínea, além de reduzir a densidade dos radicais livres de oxigênio nos tecidos nervosos. Os ginkgolídeos, especialmente o ginkgolídeo B, inibem o Fator de Ativação Plaquetária (PAF), potencializando os parâmetros hemodinâmicos como o aumento do fluxo sanguíneo, por meio da diminuição da viscosidade sanguínea e da agregação eritrocitária.

O *Ginkgo biloba* reduz a progressão da demência, provavelmente por reduzir a infiltração de neutrófilos e a peroxidação lipídica, aumentando o fluxo sanguíneo, antagonizando o PAF e modificando o metabolismo neuronal. A fração de flavonoides é responsável pelo aumento da inibição da recaptação de serotonina, facilita a transmissão colinérgica e alfa-adrenérgica e estimula a recaptação de colina no hipocampo. A ação neuroprotetora está relacionada com a inibição da síntese do óxido nítrico.

**Resultados de eficácia:**

De 35 estudos realizados com o *Ginkgo biloba*, incluindo 3541 participantes, 33 encontraram efeitos positivos para o uso nas indicações: doença de Alzheimer, demência, zumbido, doença vascular periférica (claudicação intermitente), asma e depressão. Outros dois encontraram resultados negativos, um em demência e outro em zumbidos.

Dezoito estudos envolvendo um total de 1.672 participantes embasaram a utilização de *Ginkgo biloba* no tratamento de demência decorrente de insuficiência cardiovascular ou Alzheimer. Desses dezoito estudos, cinco eram randomizados (R), duplo-cegos (DC), controlados por placebo (CP) e multicêntricos (MC), envolvendo 663 participantes; 11 eram R, DC e CP com um total de 898 participantes, e dois eram estudos R, DC, CP, cruzados, envolvendo um total de 111 participantes, focando o tratamento de *Ginkgo biloba* para claudicação intermitente com resultados positivos.

Uma recente meta-análise avaliou 33 trabalhos sobre a eficácia e tolerabilidade de *Ginkgo biloba* no comprometimento cognitivo e na demência. Foram incluídos ensaios duplo-cegos, controlados e randomizados realizados até junho de 2002. Em geral não foram observadas diferenças estatisticamente significativas entre *Ginkgo biloba* e o placebo no que diz respeito aos efeitos adversos. Quanto à eficácia, conclui-se que existem benefícios associados ao uso de *Ginkgo biloba* em doses inferiores a 200mg/dia por 12 semanas (p<0,0001), ou em doses superiores a 200mg/dia por 24 semanas (p=0,02). Parâmetros cognitivos, de atividades da vida diária e humor também apontam superioridade do *Ginkgo biloba* em relação ao placebo nas duas faixas de dosagem.

**Indicações**

Distúrbios das funções do Sistema Nervoso Central:
Insuficiência cerebrovascular e suas manifestações funcionais: tonturas, zumbidos (tinitus) resultantes de distúrbios circulatórios; cefaleias, fadiga, déficit de memória, dificuldade de concentração e atenção; tratamento sintomático dos distúrbios do desempenho cerebral causados por síndromes demenciais.

Distúrbio vascular periférico:
Insuficiência vascular periférica e suas manifestações: Claudicação intermitente, cãibras noturnas e edemas idiopáticos ortostáticos.

Distúrbios neurosensoriais:
Distúrbios do equilíbrio e suas manifestações:
Vertigens, tonturas, zumbido (tinido); degeneração e isquemia retiniana (oclusão venosa da retina, degeneração macular senil, insuficiência cérebro retiniana e retinopatia diabética).

**Contraindicações**

Pacientes com coagulopatias ou em uso de anticoagulantes e antiplaquetários devem ser cuidadosamente monitorados. O uso do medicamento deve ser suspenso pelo menos três dias antes de procedimentos cirúrgicos.

Pacientes com histórico de hipersensibilidade e alergia a qualquer um dos componentes da fórmula não devem fazer uso do produto.

**Modo de usar e cuidados de conservação depois de aberto**

Uso oral, exclusivamente para adultos.

Os comprimidos revestidos devem ser ingeridos inteiros e sem mastigar com quantidade suficiente de água para que sejam deglutidas.

Caso haja esquecimento da ingestão de uma dose deste medicamento, retome a posologia prescrita sem a necessidade de suplementação.

Ginkgo Catarinense deve ser guardado em sua embalagem original, conservando-o em temperatura ambiente [15ºC e 30ºC] e protegendo da luz e umidade.

O Ginkgo Catarinense apresenta-se em comprimidos circulares, levemente biconvexos, de coloração castanho amarelado e com odor característico.

**Posologia**

Ingerir 1 comprimido revestido, contendo 80mg de extrato seco padronizado, 2 vezes ao dia, ou a critério médico.

**Advertências**

De acordo com a categoria de risco de fármacos destinados às mulheres grávidas, este medicamento apresenta categoria de risco C. Este medicamento não deve ser utilizado por mulheres grávidas sem orientação médica ou do cirurgião-dentista.

**Uso em pacientes idosos, crianças e outros grupos de risco**

Este medicamento não deve ser utilizado em crianças menores de 12 anos.

Não existem Contraindicações ou precauções específicas para pacientes idosos.

**Interações medicamentosas**

A associação deste medicamento com anticoagulantes, antiplaquetários, anti-inflamatórios não esteroidais (AINES) e/ou agentes trombolíticos pode aumentar o risco de hemorragias.

Este medicamento pode diminuir a efetividade dos anticonvulsivantes e alterar os efeitos da insulina, aumentando a sua depuração.

Pode provocar mudanças no estado mental quando associado à buspirona ou *Hypericum perforatum*.

Potencializa os efeitos dos inibidores da monoaminooxidase e aumenta o risco de efeitos colaterais da nifepidina.

Pode aumentar o risco de aparecimento da síndrome serotoninérgica quando associado aos inibidores da recaptação de serotonina e pode causar hipertensão em uso concomitante com os diuréticos tiazídicos.

A associação deste medicamento com omeprazol acarreta diminuição de nível sérico do omeprazol.

A associação com trazodona pode trazer risco de sedação excessiva.

Quando associado com risperidona e/ou fluoxetina há diminuição da disfunção sexual.

A associação com papaverina pode acarretar potencialização de efeitos terapêuticos e adversos.

**Reações adversas do medicamento**

Podem ocorrer distúrbios gastrointestinais, cefaleias e reações alérgicas cutâneas (hiperemia, edema e prurido). Também foram relatados enjoos, palpitações, hemorragias e hipotensão. Casos de hemorragia subaracnoide, hematoma subdural, hemorragia intracerebral, hematoma subfrênico, hemorragia vítrea e sangramento pós-operatório foram relatados em pacientes que faziam uso de *Ginkgo biloba* isoladamente.

**Superdose**

Suspender a medicação imediatamente. Recomenda-se tratamento de suporte sintomático pelas medidas habituais de apoio e controle das funções vitais.

**Armazenagem**

Ginkgo Catarinense deve ser guardado em sua embalagem original, conservando-o em temperatura ambiente [15ºC e 30ºC] e protegendo da luz e umidade.

Nessas condições, o medicamento se manterá próprio para consumo, respeitando o prazo de validade indicado na embalagem.

Conservar o medicamento em sua embalagem original. Todo medicamento deve ser mantido fora do alcance das crianças.

**VENDA SOB PRESCRIÇÃO MÉDICA**

Número do lote, data de fabricação e prazo de validade: vide cartucho.

**DIZERES LEGAIS**

M.S. 1.0066.3371.004-5

Farm. Resp.: T. Fujii – CRF-SC Nº 947

**Laboratório Catarinense S. A.**

Rua Dr. João Colin, 1053

89204-001 – Joinville – SC

CNPJ: 84.684.620/0001-87

Indústria Brasileira

SAC 0800-474222

www.labcat.com.br

® = marca registrada do Laboratório Catarinense S. A.

_____

# GINKGO HERBARIUM

*Ginkgo biloba,* L., Ginkgoaceae.

**PARTE UTILIZADA**

Folhas.

**NOMENCLATURA POPULAR**

Ginkgo.

**APRESENTAÇÕES**

Cápsula dura – Extrato seco das folhas de *Ginkgo biloba* 40 mg – Embalagem com 60 cápsulas duras.

**VIA ORAL**

**USO ADULTO E PEDIÁTRICO ACIMA DE 12 ANOS**

**COMPOSIÇÃO**

Cada cápsula contém:

extrato seco de *Ginkgo biloba* L. (padronizado em 24% de ginkgoflavonoides (22 a 27%) expressos em quercetina, kaempferol e isorhamnetina e terpenolactonas (5 a 7%) expressos em ginkgolídeos A, B e C e bilobalídeo) ....................... 40 mg*
excipiente q.s.p. ....................................................... 1 cápsula.
(amido)

*equivalente a 9,6 mg de ginkgoflavonoides e 2,4 mg de terpenolactonas por cápsula.

## INFORMAÇÕES AO PACIENTE
## PARA QUE ESTE MEDICAMENTO É INDICADO?

Ginkgo Herbarium é indicado para vertigens e zumbidos (tinidos) resultantes de distúrbios circulatórios, distúrbios circulatórios periféricos (câimbras) e insuficiência vascular cerebral.

## COMO ESTE MEDICAMENTO FUNCIONA?

Ginkgo Herbarium aumenta o fluxo sanguíneo, com consequente melhora na oferta de oxigênio para as células, protegendo os tecidos dos danos da falta de oxigênio (hipóxia), além de inibir a agregação plaquetária.

## QUANDO NÃO DEVO USAR ESTE MEDICAMENTO?

Deve ser usado cuidadosamente em pacientes com distúrbios de coagulação ou em uso de anticoagulantes ou antiplaquetários.

O uso deste medicamento deve ser suspenso pelo menos três dias antes de procedimentos cirúrgicos.

Hipersensibilidade (alergia) a qualquer um dos componentes da fórmula.

**Este medicamento é contraindicado para menores de 12 anos.**

## O QUE DEVO SABER ANTES DE USAR ESTE MEDICAMENTO?

### Precauções e advertências

Informe ao seu médico se ocorrer gravidez ou se iniciar amamentação durante o uso deste medicamento.

**Este medicamento não deve ser utilizado por mulheres grávidas e em amamentação sem orientação médica ou do cirurgião-dentista.**

### Interações medicamentosas

A associação deste medicamento com anticoagulantes, antiplaquetários, anti-inflamatórios não esteroidais (AINES) e/ou agentes trombolíticos pode aumentar o risco de hemorragias.

Este medicamento pode diminuir a efetividade dos anticonvulsivantes e alterar os efeitos da insulina, aumentando a sua depuração.

Pode provocar mudanças no estado mental quando associado à buspirona ou *Hypericum perforatum*.

Pode potencializar o efeito dos inibidores da monoaminoxidase e pode aumentar o risco dos efeitos colaterais da nifedipina.

Pode aumentar o risco de aparecimento da síndrome serotoninérgica quando associado aos inibidores da recaptação de serotonina e pode causar aumento da pressão arterial em uso concomitante com os diuréticos tiazídicos.

A associação deste medicamento com omeprazol acarreta diminuição de nível sérico do omeprazol.

A associação com trazodona pode trazer risco de sedação excessiva.

O uso concomitante de ginkgo pode aumentar os riscos de eventos adversos causados pela risperidona, como, por exemplo, priapismo.

A associação com papaverina pode acarretar potencialização de efeitos terapêuticos e adversos.

**Informe ao seu médico ou cirurgião-dentista se você está fazendo uso de algum outro medicamento.**

**Não use medicamento sem o conhecimento do seu médico. Pode ser perigoso para a sua saúde.**

Informe ao profissional de saúde todas as plantas medicinais, fitoterápicos e outros medicamentos que estiver tomando. Interações podem ocorrer entre medicamentos e plantas medicinais e mesmo entre duas plantas medicinais administradas ao mesmo tempo.

## ONDE, COMO E POR QUANTO TEMPO POSSO GUARDAR ESTE MEDICAMENTO?

### Cuidados de conservação

Ginkgo Herbarium deve ser conservado em temperatura ambiente (entre 15 e 30°C) em sua embalagem original. Proteger da luz e da umidade.

### Prazo de validade

24 meses após a data de fabricação impressa no cartucho.

**Número de lote e datas de fabricação e validade: vide embalagem. Não use medicamento com o prazo de validade vencido. Guarde-o em sua embalagem original.**

### Características físicas

Cápsulas gelatinosas duras incolores, contendo extrato seco de coloração bege clara.

### Características organolépticas

Cheiro (odor) característico e praticamente não apresenta sabor.

**Antes de usar, observe o aspecto do medicamento. Caso ele esteja no prazo de validade e você observe**

alguma mudança no aspecto, consulte o farmacêutico para saber se poderá utilizá-lo.

Todo medicamento deve ser mantido fora do alcance das crianças.

## COMO DEVO USAR ESTE MEDICAMENTO?
USO ORAL/USO INTERNO

**Modo de usar**

As cápsulas devem ser ingeridas inteiras e com uma quantidade suficiente de água para que possam ser deglutidas.

**Posologia**

Ingerir uma cápsula, via oral, quatro vezes ao dia, de seis em seis horas, ou a critério médico. A dose diária não deve ultrapassar cinco cápsulas ao dia. A duração da administração deve ser estabelecida de acordo com a severidade dos sintomas. A continuidade do tratamento por mais de três meses deverá ser avaliada pelo médico.

Utilizar apenas por via oral. O uso deste medicamento por outra via, que não a oral, pode causar perda do efeito esperado ou mesmo promover danos ao seu usuário.

**Siga a orientação de seu médico, respeitando sempre os horários, as doses e a duração do tratamento. Não interrompa o tratamento sem o conhecimento do seu médico.**

**Este medicamento não deve ser partido, aberto ou mastigado.**

## O QUE DEVO FAZER QUANDO EU ME ESQUECER DE USAR ESTE MEDICAMENTO?

Caso haja esquecimento da ingestão de uma dose deste medicamento, retomar a posologia prescrita sem a necessidade de suplementação.

**Em caso de dúvidas, procure orientação do farmacêutico ou de seu médico, ou cirurgião-dentista.**

## QUE MALES ESTE MEDICAMENTO PODE CAUSAR?

**Reações adversas**

Podem ocorrer distúrbios gastrointestinais, dor de cabeça e reações alérgicas na pele (vermelhidão, inchaço e coceira). Também foram relatados enjoos, palpitações, hemorragias e queda de pressão arterial.

**Informe ao seu médico, cirurgião-dentista ou farmacêutico o aparecimento de reações indesejáveis pelo uso do medicamento. Informe também à empresa através do seu Serviço de Atendimento ao Consumidor.**

## O QUE FAZER SE ALGUÉM USAR UMA QUANTIDADE MAIOR DO QUE A INDICADA DESTE MEDICAMENTO?

Em caso de superdosagem, suspender o uso e procurar orientação médica de imediato.

**Em caso de uso de grande quantidade deste medicamento, procure rapidamente socorro médico e leve a embalagem ou bula do medicamento, se possível. Ligue para 0800 722 6001 se você precisar de mais orientações.**

**Venda sob prescrição médica.**

## DIZERES LEGAIS

MS: 1.1860.0082

Farmacêutica resp.: Gislaine B. Gutierrez CRF-PR nº 12423

Fabricado e Distribuído por: **HERBARIUM LABORATÓRIO BOTÂNICO S. A.**

Av. Santos Dumont, 1100 • Colombo – PR • CEP 83403-500

CNPJ: 78.950.011/0001-20

**Indústria Brasileira**

---

# GINKGO VITAL
*Ginkgo biloba*
Extrato seco

## MEDICAMENTO FITOTERÁPICO

## APRESENTAÇÕES

Comprimido revestido de 40 mg em embalagem com 30, 100, 200 ou 300 comprimidos revestidos.

Comprimido revestido de 80 mg em embalagem com 20, 30, 60, 100, 200, 300 ou 320 comprimidos revestidos.

Comprimido revestido de 120 mg em embalagem com 30, 100, 200 ou 300 comprimidos revestidos.

## USO ORAL – USO ADULTO COMPOSIÇÃO

Cada comprimido revestido de 40 mg contém:

Extrato seco de *Ginkgo biloba* ...................................... 40 mg
(padronizado em 9,6 mg (24%) de ginkgoflavonoides (determinados como quercetina, kaempferol e isorhamnetina) e 2,4 mg (6%) de terpenolactonas (ginkgolídeos A, B, C, J e bilobalídeos).

excipiente q.s.p. ............................ 1 comprimido revestido
Excipientes: dióxido de silício, amido, lactose, celulose microcristalina, croscarmelose sódica, laurilsulfato de sódio, estearato de magnésio, hipromelose, macrogol, talco, dióxido de titânio, óxido férrico.

Cada comprimido revestido de 80 mg contém:
Extrato seco de *Ginkgo biloba* ........................................ 80 mg
(padronizado em 19,2 mg (24%) de ginkgoflavonoides (determinados como quercetina, kaempferol e isorhamnetina) e 4,8 mg (6%) de terpenolactonas (ginkgolídeos A, B, C, J e bilobalídeos).
excipiente q.s.p. ........................... 1 comprimido revestido
Excipientes: dióxido de silício, amido, lactose, celulose microcristalina, croscarmelose sódica, laurilsulfato de sódio, estearato de magnésio, hipromelose, macrogol, talco, dióxido de titânio, óxido férrico

Cada comprimido revestido de 120 mg contém:
Extrato seco de *Ginkgo biloba*. ................................. 120 mg
(padronizado em 28,8 mg (24%) de ginkgoflavonoides (determinados como quercetina, kaempferol e isorhamnetina) e 7,2 mg (6%) de terpenolactonas (ginkgolídeos A, B, C, J e bilobalídeos).
excipiente q.s.p. ........................... 1 comprimido revestido
Excipientes: dióxido de silício, amido, lactose, celulose microcristalina, croscarmelose sódica, laurilsulfato de sódio, estearato de magnésio, hipromelose, macrogol, talco, dióxido de titânio, óxido férrico

**Nomenclatura botânica oficial:** *Ginkgo biloba*.
**Nomenclatura popular:** ginco, ginkgo.
**Família:** Ginkgoaceae.
**Parte da planta utilizada:** folhas.

## 1. PARA QUE ESTE MEDICAMENTO É INDICADO?
Desordens e sintomas decorrentes da deficiência do fluxo sanguíneo cerebral como problemas de memória, função cognitiva, tonturas, dor de cabeça, vertigem, zumbidos, estágios iniciais de demências (como Alzheimer e demências mistas), além de distúrbios circulatórios periféricos (claudicação intermitente) e problemas na retina.

## 2. COMO ESTE MEDICAMENTO FUNCIONA?
Aumenta o fluxo sanguíneo, com consequente melhora de oferta de oxigênio para as células, protegendo os tecidos dos danos da falta de oxigênio (hipóxia), além de inibir a agregação plaquetária. Seu médico é a pessoa mais adequada para lhe dar maiores informações sobre o tratamento, siga sempre suas orientações. Não devem ser utilizadas doses superiores às recomendadas.

## 3. QUANDO NÃO DEVO USAR ESTE MEDICAMENTO?
Pacientes com histórico de hipersensibilidade e alergia a qualquer um dos componentes da fórmula não devem fazer uso do produto.
Este medicamento não deve ser utilizado em crianças menores de 12 anos de idade.
Este medicamento não deve ser usado durante a gravidez e amamentação, exceto sob orientação médica. Informe ao seu médico se ocorrer gravidez ou se iniciar a amamentação durante o uso deste medicamento.

## 4. O QUE DEVO SABER ANTES DE USAR ESTE MEDICAMENTO?
Deve ser usado cuidadosamente em pacientes com distúrbios de coagulação ou em uso de anticoagulantes e antiplaquetários. Este medicamento deve ser suspenso pelo menos três dias antes de procedimentos cirúrgicos. De acordo com a categoria de risco de fármacos destinados às mulheres grávidas, este medicamento apresenta categoria de risco C.
A associação deste medicamento com anticoagulantes, antiplaquetários, anti-inflamatórios não–esteroidais (AINEs) e/ou agentes trombolíticos pode aumentar o risco de hemorragias. Este medicamento pode diminuir a efetividade dos anticonvulsivantes e alterar os efeitos da insulina, aumentando a sua depuração. Pode provocar mudanças no estado mental quando associado à buspirona ou *Hypericum perforatum*. Potencializa o efeito dos inibidores da monoaminoxidase e aumenta o risco dos efeitos colaterais da nifedipina. Pode aumentar o risco de aparecimento da síndrome serotoninérgica quando associado aos inibidores da recaptação da serotonina e pode causar hipertensão em uso concomitante com os diuréticos tiazídicos. A associação deste medicamento com omeprazol acarreta diminuição de nível sérico do omeprazol. A associação com trazodona pode trazer risco de sedação excessiva. Quando associado com risperidona e/ou fluoxetina há diminuição da disfunção sexual. A associação com papaverina pode acarretar potencialização de efeitos terapêuticos e adversos.
**Não use medicamento sem o conhecimento do seu médico. Pode ser perigoso para a sua saúde.**
**Gravidez e Amamentação**
**Este medicamento não deve ser utilizado por mulheres grávidas sem orientação médica. Informe ao seu médico ou cirurgião-dentista se você está fazendo uso de algum outro medicamento.**

## 5. ONDE, COMO E POR QUANTO TEMPO POSSO GUARDAR ESTE MEDICAMENTO?

Você deve manter este medicamento em temperatura ambiente (entre 15 e 30°C), em local seco, fresco e ao abrigo da luz. Nessas condições, o prazo de validade é de 24 meses a contar da data de fabricação.

**Número de lote e datas de fabricação e validade: vide embalagem.**

**Não use medicamento com prazo de validade vencido.**
**Guarde-o em sua embalagem original.**

O comprimido revestido é circular e de coloração amarelo escuro.

**Antes de usar, observe o aspecto do medicamento.**

**Caso você observe alguma mudança no aspecto do medicamento que ainda esteja no prazo de validade, consulte o médico ou o farmacêutico para saber se poderá utilizá-lo.**

**Todo medicamento deve ser mantido fora do alcance das crianças.**

## 6. COMO DEVO USAR ESTE MEDICAMENTO?

Comprimido de 40 mg: ingerir 1 comprimido revestido, 3 vezes ao dia, ou a critério médico. Comprimido de 80 mg: ingerir 1 comprimido revestido, 2 vezes ao dia, ou a critério médico. Comprimido de 120 mg: ingerir 1 comprimido revestido, 1 vez ao dia, ou a critério médico.

**Limite máximo diário de administração:** 64,8 mg de ginkgoflavonoides e 16,8 mg de terpenolactonas, ou seja, 6 comprimidos de 40 mg; ou 3 comprimidos de 80 mg; ou 2 comprimidos de 120 mg. Os comprimidos devem ser ingeridos inteiros e sem mastigar com quantidade suficiente de água para que sejam deglutidos.

**Siga a orientação de seu médico respeitando sempre os horários, as doses e a duração do trata- mento.**
**Não interrompa o tratamento sem o conhecimento do seu médico.**
**Este medicamento não deve ser partido ou mastigado.**

## 7. O QUE DEVO FAZER QUANDO EU ME ESQUECER DE USAR ESTE MEDICAMENTO?

Caso haja esquecimento da ingestão de uma dose deste medicamento, retome a posologia prescrita sem a necessidade de suplementação.

**Em caso de dúvidas, procure orientação do farmacêutico ou de seu médico, ou cirurgião-dentista.**

## 8. QUAIS OS MALES QUE ESTE MEDICAMENTO PODE ME CAUSAR?

Podem ocorrer distúrbios gastrintestinais, dor de cabeça e reações alérgicas na pele (vermelhidão, inchaço e coceira). Também foram relatados enjoos, palpitações, hemorragias e queda de pressão arterial. **Informe ao seu médico, cirurgião-dentista ou farmacêutico o aparecimento de reações indesejáveis pelo uso do medicamento. Informe também à empresa através do seu serviço de atendimento.**

## 9. O QUE FAZER SE ALGUÉM USAR UMA QUANTIDADE MAIOR DO QUE A INDICADA DESTE MEDICAMENTO?

Em caso de superdosagem, suspender o uso, procurar orientação médica de imediato para que sejam adotadas as medidas habituais de apoio e controle das funções vitais. **Em caso de uso de grande quantidade deste medicamento, procure rapidamente socorro médico e leve a embalagem ou bula do medicamento, se possível. Ligue para 0800 722 6001, se você precisar de mais orientações.**

## INFORMAÇÕES TÉCNICAS AOS PROFISSIONAIS DE SAÚDE

### 1. INDICAÇÕES

**Distúrbios das funções do Sistema Nervoso Central**

Insuficiência cerebrovascular e suas manifestações funcionais: tonturas, zumbidos (tinidos) resultantes de distúrbios circulatórios; cefaleias, fadiga, déficit de memória, dificuldade de concentração e atenção; tratamento sintomático dos distúrbios do desempenho cerebral causados por síndromes demenciais.

**Distúrbio vascular periférico**

Insuficiência vascular periférica e suas manifestações: claudicação intermitente, cãibras noturnas e edemas idiopáticos ortostáticos.

**Distúrbios neurosensoriais**

Distúrbios do equilíbrio e suas manifestações: vertigens, tonturas, zumbido (tinido); degeneração e isquemia retiniana (oclusão venosa da retina, degeneração macular senil, insuficiência cérebro retiniana e retinopatia diabética).

### 2. RESULTADOS DE EFICÁCIA

De 35 estudos realizados com o *Ginkgo biloba*, incluindo 3541 participantes, 33 encontraram efeitos positivos para o uso nas indicações: doença de Alzheimer, demência, zumbido, doença vascular periférica (claudicação intermitente), asma e depressão (BLUMENTHAL, 2003). Outros dois encontraram resultados negativos, um em demência (VAN DONGEN, 2000) e outro em zumbidos (DREW & DAVIES, 2001).

Dezoito estudos envolvendo um total de 1672 participantes embasaram a utilização de *Ginkgo biloba* no tratamento de demência decorrente de insuficiência cardiovascular ou Alzheimer. Desses dezoito estudos, cinco eram randomizados (R), duplo-cegos (DC), controlados por placebo (CP) e multicêntricos (MC), envolvendo 663 participantes; 11 eram R, DC e CP com um total de 898 participantes; e dois eram estudos R, DC, CP, cruzados, envolvendo um total de 111 participantes, focando o tratamento de *Ginkgo biloba* para claudicação intermitente com resultados positivos (BLUMENTHAL, 2003).

Uma recente meta-análise avaliou 33 trabalhos sobre a eficácia e a tolerabilidade de *Ginkgo biloba* no comprometimento cognitivo e na demência. Foram incluídos ensaios duplo-cegos, controlados e randomizados realizados até junho de 2002. Em geral, não foram observadas diferenças estatisticamente significativas entre o *Ginkgo biloba* e o placebo no que diz respeito aos efeitos adversos. Quanto à eficácia, conclui-se que existem benefícios associados ao uso de *Ginkgo biloba* em doses inferiores a 200 mg/dia por 12 semanas ($p<0,0001$), ou em doses superiores a 200 mg/dia por 24 semanas ($p=0,02$). Parâmetros cognitivos, de atividades da vida diária e humor também apontam superioridade do *Ginkgo biloba* em relação ao placebo nas duas faixas de dosagem (BIRKS, 2002).

## 3. CARACTERÍSTICAS FARMACOLÓGICAS

O extrato de *Ginkgo biloba* é constituído principalmente por ginkgoflavonoides (derivados da quercetina, kaempferol e isorhamnetina) e terpenolactonas (ginkgolídeos e bilobalídeos). Após a administração oral, os ginkgolídeos A, B e bilobalídeos possuem uma alta biodisponibilidade (98-100%; 79-93%; 70%, respectivamente). As suas meias-vidas de eliminação duram respectivamente 4,5h; 10, 6h e 3,2h. Esses compostos são excretados inalterados na urina em 70% de ginkgolídeo A, 50% ginkgolídeo B e 30% bilobalídeos.

O *Ginkgo biloba* promove o incremento do suprimento sanguíneo cerebral por meio da vasodilatação e redução da viscosidade sanguínea, além de reduzir a densidade dos radicais livres de oxigênio nos tecidos nervosos. Os ginkgolídeos, especialmente o ginkgolídeo B, inibem o Fator de Ativação Plaquetária (PAF), potencializando os parâmetros hemodinâmicos como o aumento do fluxo sanguíneo, através da diminuição da viscosidade sanguínea e da agregação eritrocitária.

*Ginkgo biloba* reduz a progressão da demência, provavelmente por reduzir a infiltração de neutrófilos e a peroxidação lipídica, aumentando o fluxo sanguíneo antagonizando o PAF e modificando o metabolismo neuronal.

A fração de flavonoides é responsável pelo aumento da inibição da recaptação de serotonina, facilita a transmissão colinérgica e alfa-adrenérgica e estimula a recaptação de colina no hipocampo. A ação neuroprotetora está relacionada com a inibição da síntese do óxido nítrico.

## 4. CONTRAINDICAÇÕES

Pacientes com coagulopatias ou em uso de anticoagulantes e antiplaquetários devem ser cuidadosamente monitorados. O uso do medicamento deve ser suspenso pelo menos três dias antes de procedimentos cirúrgicos.

Pacientes com histórico de hipersensibilidade e alergia a qualquer um dos componentes da fórmula não devem fazer uso do produto.

**Este medicamento não deve ser utilizado em crianças menores de 12 anos de idade.**

## 5. ADVERTÊNCIAS E PRECAUÇÕES

### Gravidez e Lactação

O Ginkgo Vital está classificado na categoria C de risco na gravidez.

**Este medicamento não deve ser utilizado por mulheres grávidas sem orientação médica ou do cirurgião-dentista.**

## 6. INTERAÇÕES MEDICAMENTOSAS

A associação deste medicamento com anticoagulantes, antiplaquetários, anti-inflamatórios não esteroidais (AINEs) e/ou agentes trombolíticos pode aumentar o risco de hemorragias. Este medicamento pode diminuir a efetividade dos anticonvulsivantes e alterar os efeitos da insulina, aumentando a sua depuração. Pode provocar mudanças no estado mental quando associado à buspirona ou *Hypericum perforatum*. Potencializa o efeito dos inibidores da monoaminaoxidase e aumenta o risco dos efeitos colaterais da nifedipina. Pode aumentar o risco de aparecimento da síndrome serotoninérgica quando associado aos inibidores da recaptação de serotonina e pode causar hipertensão em uso concomitante com os diuréticos tiazídicos. A associação deste medicamento com omeprazol acarreta diminuição de nível sérico do omeprazol.

A associação com trazodona pode trazer risco de sedação excessiva. Quando associado com risperidona e/ou fluoxetina há diminuição da disfunção sexual.

A associação com papaverina pode acarretar potencialização de efeitos terapêuticos e adversos.

## 7. CUIDADOS DE ARMAZENAMENTO DO MEDICAMENTO

Este medicamento deve ser mantido em temperatura ambiente (entre 15 e 30 °C), em local seco, fresco e ao abrigo da luz. Nessas condições, o prazo de validade é de 24 meses a contar da data de fabricação.

**Número de lote e datas de fabricação e validade: vide embalagem.**

**Não use medicamento com prazo de validade vencido. Guarde-o em sua embalagem original.**

O comprimido revestido é circular e de coloração amarelo escuro.

**Antes de usar, observe o aspecto do medicamento.**

**Caso você observe alguma mudança no aspecto do medicamento que ainda esteja no prazo de validade, consulte o médico ou o farmacêutico para saber se poderá utilizá-lo.**

**Todo medicamento deve ser mantido fora do alcance das crianças.**

## 8. POSOLOGIA E MODO DE USAR

**40 mg:** ingerir 1 comprimido revestido 3 vezes ao dia, ou a critério médico.

**80 mg:** ingerir 1 comprimido revestido 2 vezes ao dia, ou a critério médico.

**120 mg:** ingerir 1 comprimido revestido 1 vez ao dia, ou a critério médico.

**Limite máximo diário de administração:** 64,8 mg de ginkgoflavonoides e 16,8 mg de terpenolactonas ao dia, ou seja, 6 comprimidos de 40 mg; ou 3 comprimidos de 80 mg; ou 2 comprimidos de 120 mg. Os comprimidos devem ser ingeridos inteiros e sem mastigar com quantidade suficiente de água para que sejam deglutidos.

**Este medicamento não deve ser partido ou mastigado.**

## 9. REAÇÕES ADVERSAS

Podem ocorrer distúrbios gastrintestinais, cefaleias e reações alérgicas cutâneas (hiperemia, edema e prurido). Também foram relatados enjoos, palpitações, hemorragias e hipotensão.

Casos de hemorragia subaracnoide, hematoma subdural, hemorragia intracerebral, hematoma subfrênico, hemorragia vítrea e sangramento pós-operatório foram relatados em pacientes que faziam uso deste medicamento isoladamente.

**Em casos de eventos adversos, notifique ao Sistema de Notificações em Vigilância Sanitária (Notivisa), disponível em www.anvisa.gov.br/hotsite/notivisa/index.htm, ou para a Vigilância Sanitária Estadual ou Municipal.**

## 10. SUPERDOSE

Suspender a medicação imediatamente. Recomenda-se tratamento de suporte sintomático pelas medidas habituais de apoio e controle das funções vitais.

**Em caso de intoxicação ligue para 0800 722 6001, se você precisar de mais orientações.**

Essa bula foi atualizada conforme Bula Padrão aprovada pela Anvisa em 12/01/2011.

**VENDA SOB PRESCRIÇÃO MÉDICA**

**DIZERES LEGAIS**
Reg. no M.S. 1.2568.0236
**Farmacêutico Responsável: Dr. Luiz Donaduzzi**
**CRF-PR 5842**
**PRATI, DONADUZZI & CIA LTDA**
**Rua Mitsugoro Tanaka, 145**
**Centro Industrial Nilton Arruda, Toledo-PR**
CNPJ: 73.856.593/0001-66
**INDUSTRIA BRASILEIRA**

---

# GINKOBA®
*Ginkgo biloba* L. extrato

**Medicamento Fitoterápico**

**Nomenclatura botânica oficial:** *Ginkgo biloba* L.
**Nomenclatura popular:** ginco, ginkgo
**Família:** *Ginkgoaceae*
**Parte da planta utilizada:** folhas

**FORMA FARMACÊUTICA E APRESENTAÇÃO**
Comprimido revestido.

**GINKOBA® 40 MG** – Embalagem contendo 30 comprimidos revestidos.
**GINKOBA® 80 MG** – Embalagens contendo 30 comprimidos revestidos.

**GINKOBA® 120 MG** – Embalagens contendo 30 comprimidos revestidos.

**VIA ORAL USO ADULTO**

**COMPOSIÇÃO**
Cada comprimido revestido de 40 mg contém:
extrato seco de *Ginkgo biloba* L. ........................... 40 mg (*)
excipiente q.s.p. ............................................. 1 comprimido
(*) Padronizado com 9,6 mg (22 a 27 %) de glicosídeos ginkgoflavonoides (determinados como quercetina, kaempferol e isorhamnetina) e 2,4 mg (5 a 7%) de terpenolactonas (ginkgolídeos A, B, C e J e bilobalídeos).

Cada comprimido revestido de 80 mg contém:
extrato seco de *Ginkgo biloba* L. ......................... 80 mg (**)
excipiente q.s.p. ............................................. 1 comprimido
(**) Padronizado com 19,2 mg (22 a 27 %) de glicosídeos ginkgoflavonoides (determinados como quercetina, kaempferol e isorhamnetina) e 4,8 mg (5 a 7%) de terpenolactonas (ginkgolídeos A, B, C e J e bilobalídeos).

Cada comprimido revestido de 120 mg contém:
extrato seco de *Ginkgo biloba* L. ..................... 120 mg (***)
excipiente q.s.p. ............................................. 1 comprimido
(***) Padronizado com 28,8 mg (22 a 27 %) de glicosídeos ginkgoflavonoides (determinados como quercetina, kaempferol e isorhamnetina) e 7,2 mg (5 a 7%) de terpenolactonas (ginkgolídeos A, B, C e J e bilobalídeos).
excipientes: amido de milho pré-gelatinizado, estearato de magnésio, dióxido de silício coloidal, croscarmelose sódica, celulose microcristalina, metilparabeno, polietilenoglicol, eudragit E, etilcelulose, silicato de magnésio hidratado, dióxido de titânio e corante sicovit 10.

## 1. PARA QUE ESTE MEDICAMENTO É INDICADO?
Desordens e sintomas decorrentes da deficiência do fluxo sanguíneo cerebral, como problemas de memória, função cognitiva, tonturas, dor de cabeça, vertigem, zumbidos, estágios iniciais de demências (como Alzheimer e demências mistas), além de distúrbios circulatórios periféricos (claudicação intermitente) e problemas na retina (MILLS & BONES, 2000; 2005).

## 2. COMO ESTE MEDICAMENTO FUNCIONA?
Aumenta o fluxo sanguíneo, com consequente melhora de oferta de oxigênio para as células, protegendo os tecidos dos danos da falta de oxigênio (hipóxia), além de inibir a agregação plaquetária (GARCIA, 1998; HOFFMAN, 2003).

## 3. QUANDO NÃO DEVO USAR ESTE MEDICAMENTO?
Este medicamento não deve ser utilizado em crianças menores de 12 anos. Deve ser usado cuidadosamente em pacientes com distúrbios de coagulação ou em uso de anticoagulantes e antiplaquetários. Este medicamento deve ser suspenso, pelo menos, três dias antes de procedimentos cirúrgicos (GARCIA, 1998; MILLS & BONES, 2005). Pacientes com histórico de hipersensibilidade e alergia a qualquer um dos componentes da fórmula não devem fazer uso do produto.

Este medicamento não deve ser usado durante a gravidez e amamentação, exceto sob orientação médica. Informe ao seu médico se ocorrer gravidez ou se iniciar amamentação durante o uso deste medicamento.

## 4. O QUE DEVO SABER ANTES DE USAR ESTE MEDICAMENTO?
De acordo com a categoria de risco de fármacos destinados às mulheres grávidas, este medicamento apresenta categoria de risco C.

**"Este medicamento não deve ser utilizado por mulheres grávidas sem orientação médica ou do cirurgião-dentista."**

A associação deste medicamento com anticoagulantes, antiplaquetários, anti-inflamatórios não esteroidais (AINES) e/ou agentes trombolíticos pode aumentar o risco de hemorragias.

Este medicamento pode diminuir a efetividade dos anticonvulsivantes e alterar os efeitos da insulina, aumentando a sua depuração.

Pode provocar mudanças no estado mental, quando associado à buspirona ou *Hypericum perforatum*. Potencializa o efeito dos inibidores da monoaminaoxidase e aumenta o risco dos efeitos colaterais da nifedipina.

Pode aumentar o risco de aparecimento da síndrome serotoninérgica, quando associado aos inibidores da recaptação de serotonina, e pode causar hipertensão, em uso concomitante com os diuréticos tiazídicos. A associação deste medicamento com omeprazol acarreta diminuição do nível sérico do omeprazol (YIN *et al*, 2004).

A associação com trazodona pode trazer risco de sedação excessiva (GALLUZZI *et al*, 2000 a).

Quando associado com risperidona e/ou fluoxetina, há diminuição da disfunção sexual (LIN *et al*, 2007). A associação com papaverina pode acarretar potencialização de efeitos terapêuticos e adversos (SIKORA *et al*, 1989).

**"Informe ao seu médico ou cirurgião-dentista se você está fazendo uso de algum outro medicamento."**

"Não use medicamento sem o conhecimento do seu médico. Pode ser perigoso para a sua saúde."

## 5. ONDE, COMO E POR QUANTO TEMPO POSSO GUARDAR ESTE MEDICAMENTO?

**GINKOBA®** deve ser guardado na sua embalagem original, em temperatura ambiente (entre 15 e 30ºC). Nessas condições, este medicamento possui prazo de validade de 24 (vinte e quatro) meses, a partir da data de fabricação.

"**Número de lote e datas de fabricação e validade: vide embalagem.**"

"**Não use medicamento com prazo de validade vencido.**"

"**Para sua segurança, mantenha o medicamento na embalagem original.**"

**Características físicas e organolépticas GINKOBA®** apresenta-se sob a forma de comprimido circular revestido de coloração amarelo palha.

"**Antes de usar, observe o aspecto do medicamento. Caso ele esteja no prazo de validade e você observe alguma mudança no aspecto, consulte o farmacêutico para saber se poderá utilizá-lo.**"

"**Todo medicamento deve ser mantido fora do alcance das crianças.**"

## 6. COMO DEVO USAR ESTE MEDICAMENTO?

Os comprimidos devem ser ingeridos inteiros e sem mastigar, com quantidade suficiente de água para que sejam deglutidos.

As doses diárias devem estar entre 26,4 e 64,8 mg de ginkgoflavonoides e 6 e 16,8 mg de terpenolactonas (HOFFMAN, 2003; EBADI, 2006).

**Posologia:**

**GINKOBA®** 40 mg – 1 comprimido, três a quatro vezes ao dia, antes das principais refeições, a critério médico.

**GINKOBA®** 80 mg – 1 comprimido, duas a três vezes ao dia, antes das principais refeições, a critério médico.

**GINKOBA®** 120 mg – 1 comprimido, duas vezes ao dia, antes das principais refeições.

"**Siga a orientação de seu médico, respeitando sempre os horários, as doses e a duração do tratamento.**"

"**Não interrompa o tratamento sem o conhecimento do seu médico.**"

"**Este medicamento não deve ser partido, aberto ou mastigado.**"

## 7. O QUE DEVO FAZER QUANDO EU ME ESQUECER DE USAR ESTE MEDICAMENTO?

Caso você esqueça de tomar **Ginkoba®** no horário receitado pelo seu médico, tome-o assim que se lembrar. Porém, se já estiver próximo ao horário de tomar a dose seguinte, pule a dose esquecida e tome a próxima, continuando normalmente o esquema de doses receitado pelo seu médico. Nesse caso, não tome o medicamento duas vezes para compensar a dose esquecida. O esquecimento da dose pode, entretanto, comprometer a eficácia do tratamento.

"**Em caso de dúvidas, procure orientação do farmacêutico ou de seu médico, ou cirurgião-dentista.**"

## 8. QUAIS OS MALES QUE ESTE MEDICAMENTO PODE ME CAUSAR?

Podem ocorrer distúrbios gastrintestinais, dor de cabeça e reações alérgicas na pele (vermelhidão, inchaço e coceira) (GARCIA, 1998). Também foram relatados enjoos, palpitações, hemorragias e queda de pressão arterial (BLUMENTHAL, 2003).

"**Informe ao seu médico, cirurgião-dentista ou farmacêutico o aparecimento de reações indesejáveis pelo uso do medicamento. Informe também à empresa através do seu serviço de atendimento.**"

## 9. O QUE FAZER SE ALGUÉM USAR UMA QUANTIDADE MAIOR DO QUE A INDICADA DESTE MEDICAMENTO?

Em caso de superdosagem, suspender o uso e procurar orientação médica de imediato.

"**Em caso de uso de grande quantidade deste medicamento, procure rapidamente socorro médico e leve a embalagem ou bula do medicamento, se possível. Ligue para 0800 722 6001, se você precisar de mais orientações.**"

## REFERÊNCIAS UTILIZADAS:

BLUMENTHAL, M. The ABC clinical guide to herbs, 2003.

GALLUZZI S, ZANETTI O, TRABUCCHI, *et al*. Coma in a patient with Alzheimer/s disease taking low-dose trazodone and ginkgo biloba. *J Neurosurg Psychiatry*, v. 68, n. 5, p. 679-680, 2000.

GARCIA, AA. et al. *Fitoterapia*. Vademecum de Prescripción. Platas Medicinales. 3. ed. Barcelena; 1998.

HOFFMAN, D. *Medical Herbalism* – The science and practice of herbal medicine. 2003.

LIN YY, CHU SJ, & TSAI SH: Association between priapsm and concurrent use of risperidone and *Ginkgo biloba*. Mayo Clin Proc 2007; v. 82, n. 10, p.1289-1290.

MILLS, S; BONES, K. *Principles and practice of phytotherapy* – modern herbal medicine, 2000.

MILLS, S; BONES, K. *The essencial guide to herbal safety*, 2005.

SIKORA R. SOHN M, DEUTZ F-J, *et al*: *Ginkgo biloba* extract in the therapy of erectile dysfunction.

J Urol; 141:188[a].

YIN OQP. TOMLINSON B, WAYE MMY, *et al*: Pharmacogenetics and herd-drug interactions: experience with *Ginkgo biloba* and omeprazole. Pharmacogenetics 2004; v. 14, n. 12, p. 841-850.

**VENDA SOB PRESCRIÇÃO MÉDICA**

**DIZERES LEGAIS**
Reg. MS nº 1.5651.0043
Farm. Responsável: Dra. Ana Luisa Coimbra de Almeida – CRF/RJ nº 13227
Registrado por: **ZYDUS NIKKHO FARMACÊUTICA LTDA.**
C.N.P.J. 05.254.971/0001-81
Estr. Governador Chagas Freitas, 340 Ilha do Governador/RJ
**INDÚSTRIA BRASILEIRA**
Fabricado por: **ZYDUS NIKKHO FARMACÊUTICA LTDA.**
C.N.P.J. 05.254.971/0008-58
Rua Jaime Perdigão, 431/445 Ilha do Governador/RJ
Serviço de Atendimento ao Consumidor: 0800 2829911
**INDÚSTRIA BRASILEIRA**

---

# GINKOBONIN®
Extrato seco de *Ginkgo Biloba* L.
Comprimido revestido

## MEDICAMENTO FITOTERÁPICO

## IDENTIFICAÇÃO DO MEDICAMENTO
**Nomenclatura botânica oficial:** *Ginkgo biloba* L.
**Nomenclatura popular:** Ginkgo
**Família:** Ginkgoaceae
**Parte da planta utilizada:** Folhas

## APRESENTAÇÕES
Comprimido revestido 40 mg: embalagem contendo 10, 20, 30 ou 60 comprimidos revestidos.
Comprimido revestido 80 mg: embalagem contendo 10, 20, 30 ou 60 comprimidos revestidos.
Comprimido revestido 120 mg: embalagem contendo 10, 20, 30 ou 60 comprimidos revestidos.

**USO ORAL**
**USO ADULTO**

## COMPOSIÇÃO
Cada comprimido revestido de 40 mg contém:
extrato seco de *Ginkgo biloba* L. ................ 40 mg
(Padronizado em 8,8 mg – 10,8 mg de ginkgoflavonoides (22% – 27%) expressos em quercetina, kaempferol e isorhamnetina e 2,0 mg – 2,8 mg de terpenolactonas (5% – 7%) expressos em ginkgolídeos A, B, C e bilobalídeo).
Excipientes: celulose microcristalina, lactose, estearato de magnésio, dióxido de silício, amido, hipromelose, macrogol, dióxido de titânio e óxido de ferro amarelo.

Cada comprimido revestido de 80 mg contém:
extrato seco de *Ginkgo biloba* L. ................ 80 mg
(Padronizado em 17,6 mg – 21,6 mg de ginkgoflavonoides (22% – 27%) expressos em quercetina, kaempferol e isorhamnetina e 4,0 mg – 5,6 mg de terpenolactonas (5% – 7%) expressos em ginkgolídeos A, B, C e bilobalídeo).
Excipientes: celulose microcristalina, lactose, estearato de magnésio, dióxido de silício, amido, hipromelose, macrogol, dióxido de titânio, óxido de ferro amarelo.

Cada comprimido revestido de 120 mg contém:
extrato seco de *Ginkgo biloba* L. ............. 120 mg
(Padronizado em 26,4 mg – 32,4 mg de ginkgoflavonoides (22% – 27%) expressos em quercetina, kaempferol e isorhamnetina e 6,0 mg – 8,4 mg de terpenolactonas (5% – 7%) expressos em ginkgolídeos A, B, C e bilobalídeo).
Excipientes: celulose microcristalina, lactose, estearato de magnésio, dióxido de silício, amido, hipromelose, macrogol, dióxido de titânio, óxido de ferro amarelo.

## INFORMAÇÕES TÉCNICAS AOS PROFISSIONAIS DE SAÚDE
### 1. INDICAÇÕES
Este medicamento é indicado para distúrbios das funções do Sistema Nervoso Central (SNC): vertigens e zumbidos (tinidos) resultantes de distúrbios circulatórios, distúrbios

circulatórios periféricos (claudicação intermitente) e insuficiência vascular cerebral.

## 2. RESULTADOS DE EFICÁCIA

De 35 estudos realizados com *G. biloba*, incluindo 3.541 participantes, 33 encontraram efeitos positivos para o uso nas indicações: doença de Alzheimer, demência, zumbido, doença vascular periférica (claudicação intermitente), asma e depressão (BLUMENTHAL, 2003). Outros dois encontraram resultados negativos, um em demência (VAN DONGEN, 2000) e outro em zumbidos (DREW & DAVIES, 2001). Dezoito estudos envolvendo um total de 1.672 participantes embasaram a utilização de *G. biloba* no tratamento de demência decorrente de insuficiência cardiovascular ou Alzheimer. Desses dezoito estudos, cinco eram randomizados (R), duplo-cegos (DC), controlados por placebo (CP) e multicêntricos (MC), envolvendo 663 participantes; 11 eram R, DC e CP com um total de 898 participantes; e dois eram estudos R, DC, CP, cruzados, envolvendo um total de 111 participantes, focando o tratamento de *G. biloba* para claudicação intermitente com resultados positivos (BLUMENTHAL, 2003).

Uma recente meta-análise avaliou 33 trabalhos sobre a eficácia e a tolerabilidade de *G. biloba* no comprometimento cognitivo e na demência. Foram incluídos ensaios duplo-cegos, controlados e randomizados realizados até junho de 2002. Em geral, não foram observadas diferenças estatisticamente significativas entre o *G. biloba* e o placebo no que diz respeito aos efeitos adversos. Quanto à eficácia, conclui-se que existem benefícios associados ao uso de *G. biloba* em doses inferiores a 200 mg/dia por 12 semanas (p <0,0001) ou em doses superiores a 200 mg/dia por 24 semanas (p=0,02). Parâmetros cognitivos, de atividades da vida diária e humor também apontam a superioridade do *G. biloba* em relação ao placebo nas duas faixas de dosagem (BIRKS, 2002).

### Referências bibliográficas

1. BLUMENTHAL, M. *The ABC clinical guide to herbs.* 2003.

2. DREW, S; DAVIES, E. Effectiveness of *Ginkgo biloba* in treating tinnitus: double-blind, placebo controlled trial. *BMJ*. 2001 Jan 13; 322 (7278):73.

3. VAN DONGEN, M. The efficacy of ginkgo for elderly people with dementia and age-associated memory impairment: new results of randomized clinical trial. *J Am Geriatr Soc* 2000; v. 48, n. 10, p. 1183-94.

## 3. CARACTERÍSTICAS FARMACOLÓGICAS

O extrato de *G. biloba* é constituído principalmente por ginkgoflavonoides (derivados da quercetina, kaempferol e isorhamnetina) e terpenolactonas (ginkgolídeos e bilobalídeos). Após a administração oral, os ginkgolídeos A, B e bilobalídeos possuem uma alta biodisponibilidade (98% a 100%; 79% a 93%; e 70%, respectivamente). As suas meias-vidas de eliminação duram respectivamente 4,5 h; 10,6 h e 3,2 h. Esses compostos são excretados inalterados na urina em 70% de ginkgolídeo A, 50% de ginkgolídeo B e 30% de bilobalídeos.

*G. biloba* promove o incremento do suprimento sanguíneo cerebral por meio da vasodilatação e redução da viscosidade sanguínea, além de reduzir a densidade dos radicais livres de oxigênio nos tecidos nervosos. Os ginkgolídeos, especialmente o ginkgolídeo B, inibem o Fator de Ativação Plaquetária (PAF), potencializando os parâmetros hemodinâmicos, como o aumento do fluxo sanguíneo, por meio da diminuição da viscosidade sanguínea e da agregação eritrocitária.

*G. biloba* reduz a progressão da demência, provavelmente por reduzir a infiltração de neutrófilos e a peroxidação lipídica, aumentando o fluxo sanguíneo, antagonizando o PAF e modificando o metabolismo neuronal.

A fração de flavonoides é responsável pelo aumento da inibição da recaptação de serotonina, facilita a transmissão colinérgica e alfa-adrenérgica e estimula a recaptação de colina no hipocampo. A ação neuroprotetora está relacionada com a inibição da síntese do óxido nítrico.

## 4. CONTRAINDICAÇÕES

Pacientes com coagulopatias ou em uso de anticoagulantes e antiplaquetários devem ser cuidadosamente monitorados. O uso do medicamento deve ser suspenso pelo menos três dias antes de procedimentos cirúrgicos.

Pacientes com histórico de hipersensibilidade e alergia a qualquer um dos componentes da fórmula não devem fazer uso do produto.

**Este medicamento é contraindicado para menores de 12 anos.**

## 5. ADVERTÊNCIAS E PRECAUÇÕES

De acordo com a categoria de risco de fármacos destinados às mulheres grávidas, este medicamento apresenta categoria de risco C.

**Este medicamento não deve ser utilizado por mulheres grávidas e em amamentação sem orientação médica ou do cirurgião-dentista.**

## 6. INTERAÇÕES MEDICAMENTOSAS

A associação deste medicamento com anticoagulantes, antiplaquetários, anti-inflamatórios não esteroidais (AINES) e/ou agentes trombolíticos pode aumentar o risco de hemorragias.

Este medicamento pode diminuir a efetividade dos anticonvulsivantes e pode alterar os efeitos da insulina, aumentando a sua depuração. Pode provocar mudanças no estado mental quando associado à buspirona ou ao *Hypericum perforatum*.

Pode potencializar o efeito dos inibidores da monoaminaoxidase e pode aumentar o risco dos efeitos colaterais da nifedipina.

Pode aumentar o risco de aparecimento da síndrome serotoninérgica quando associado aos inibidores da recaptação de serotonina e pode causar hipertensão em uso concomitante com os diuréticos tiazídicos.

A associação deste medicamento com omeprazol pode acarretar diminuição de nível sérico do omeprazol. A associação com trazodona pode trazer risco de sedação excessiva.

O uso concomitante de *G. biloba* pode aumentar os riscos de eventos adversos causados pela risperidona, como, por exemplo, priapismo. A associação com papaverina pode acarretar potencialização de efeitos terapêuticos e adversos.

## 7. CUIDADOS DE ARMAZENAMENTO DO MEDICAMENTO

Mantenha o produto em sua embalagem original e conservar em temperatura ambiente (entre 15° e 30°C); proteger da luz e da umidade. O prazo de validade é de 24 meses a partir da data de fabricação (vide cartucho).

**Número de lote e datas de fabricação e validade: vide embalagem.**

**Não use medicamento com prazo de validade vencido. Guarde-o em sua embalagem original.**

**Aspecto físico (comprimido revestido 40 mg):** comprimido revestido amarelo circular, contendo núcleo amarelo-amarronzado, isento de partículas estranhas.

**Aspecto físico (comprimido revestido 80 mg):** comprimido revestido amarelo circular, contendo núcleo amarelo-amarronzado, isento de partículas estranhas.

**Aspecto físico (comprimido revestido 120 mg):** comprimido revestido amarelo circular, contendo núcleo amarelo-amarronzado, isento de partículas estranhas.

**Antes de usar, observe o aspecto do medicamento.**

**Todo medicamento deve ser mantido fora do alcance das crianças.**

## 8. POSOLOGIA E MODO DE USAR

Comprimidos de 40 mg: ingerir 1 comprimido revestido, de 8 em 8 horas, ou a critério médico. Comprimidos de 80 mg: ingerir 1 comprimido revestido de 8 em 8 horas, ou a critério médico. Comprimidos de 120 mg: ingerir 1 comprimido revestido de 12 em 12 horas, ou a critério médico. A duração do tratamento deve estar de acordo com a recomendação médica.

Utilizar apenas a via oral. O uso deste medicamento por outra via, que não a oral, pode causar a perda do efeito esperado ou mesmo promover danos ao seu usuário.

**Este medicamento não deve ser partido, aberto ou mastigado.**

## 9. REAÇÕES ADVERSAS

Podem ocorrer distúrbios gastrointestinais, cefaleias e reações alérgicas cutâneas (hiperemia, edema e prurido). Também foram relatados enjoos, palpitações, hemorragias e hipotensão. Casos de hemorragia subaracnoide, hematoma subdural, hemorragia intracerebral, hematoma subfrênico, hemorragia vítrea e sangramento pós-operatório foram relatados em pacientes que faziam uso de *G. biloba* isoladamente.

**Em casos de eventos adversos, notifique o Sistema de Notificações em Vigilância Sanitária – Notivisa, disponível em www.anvisa.gov.br/hotsite/notivisa/index.htm, ou a Vigilância Sanitária Estadual ou Municipal.**

## 10. SUPERDOSE

**Em caso de superdosagem, suspender o uso e procurar orientação médica de imediato.**

**Em caso de intoxicação ligue para 0800 722 6001, se você precisar de mais orientações.**

VENDA SOB PRESCRIÇÃO MÉDICA

**DIZERES LEGAIS**

Registro MS – 1.0497.1405

**UNIÃO QUÍMICA FARMACÊUTICA NACIONAL S. A.**

Rua Cel. Luiz Tenório de Brito, 90 Embu-Guaçu – SP – CEP: 06900-000

CNPJ: 60.665.981/0001-18

Indústria Brasileira

Farm. Resp.: Florentino de Jesus Krencas CRF-SP nº 49.136

Fabricado na unidade fabril: Trecho 1, Conj. 11, Lote 06/12

Polo de Desenvolvimento

JK Brasília – DF – CEP: 72.549-555

CNPJ: 60.665.981/0007-03

Indústria Brasileira

SAC 0800 11 1559.

_____

# GINKOMED

### IDENTIFICAÇÃO DO MEDICAMENTO
Extrato seco padronizado da folha de *Ginkgo biloba* L.

### MEDICAMENTO FITOTERÁPICO

**Nomenclatura botânica oficial:** *Ginkgo biloba* L.
**Nomenclatura popular:** Ginkgo
**Família:** Ginkgoaceae
**Parte da planta utilizada:** Folhas

### FORMA FARMACÊUTICA E APRESENTAÇÃO:
Comprimido revestido de 80 mg: embalagem contendo 30 comprimidos.

### USO ORAL
### USO ADULTO E PEDIÁTRICO ACIMA DE 12 ANOS

### COMPOSIÇÃO:
**Cada comprimido revestido contém:**
Extrato seco de *Ginkgo biloba* L. ............................... 80 mg
Padronizado em 19,2 mg de ginkgoflavonoides (22 a 27%) expressos em quercetina, kaempferol e isorhamnentina e 4,8 mg (5 a 7%) de terpenolactonas expressos em ginkgolídeos, A, B, C e bilobalídeo.
Excipientes*q.s.p. ........................ 1 comprimido revestido
*croscarmelose sódica, estearato de magnésio, celulose microcristalina, dióxido de silício, povidona, dióxido de titânio, óxido ferroso, etilcelulose + triacetina e hipromelose + macrogol.

### INFORMAÇÕES AO PACIENTE
### 1. PARA QUE ESTE MEDICAMENTO É INDICADO?
Este medicamento é indicado para vertigens e zumbidos (tinidos) resultantes de distúrbios circulatórios, distúrbios circulatórios periféricos (câimbras) e insuficiência vascular cerebral (MILLS & BONES, 2000; 2005).

### 2. COMO ESTE MEDICAMENTO FUNCIONA?
Este medicamento aumenta o fluxo sanguíneo, com consequente melhora de oferta de oxigênio para as células, protegendo os tecidos dos danos da falta de oxigênio (hipóxia), além de inibir a agregação plaquetária (GARCIA, 1998; HOFFMAN, 2003).

### 3. QUANDO NÃO DEVO USAR ESTE MEDICAMENTO?
**Este medicamento é contraindicado para menores de 12 anos.**
Deve ser usado cuidadosamente em pacientes com distúrbios de coagulação ou em uso de anticoagulantes e antiplaquetários. Este medicamento deve ser suspenso pelo menos três dias antes de procedimentos cirúrgicos (GARCIA, 1998; MILLS & BONES, 2005). Pacientes com histórico de hipersensibilidade e alergia a qualquer um dos componentes da fórmula não devem fazer uso do produto.

### 4. O QUE DEVO SABER ANTES DE USAR ESTE MEDICAMENTO?
**Este medicamento não deve ser utilizado por mulheres grávidas e em amamentação sem orientação médica ou do cirurgião-dentista.**
Informe ao seu médico se ocorrer gravidez ou se iniciar amamentação durante o uso deste medicamento. A associação deste medicamento com anticoagulantes, antiplaquetários, anti-inflamatórios não esteroidais (AINES) e/ou agentes trombolíticos pode aumentar o risco de hemorragias (MICROMEDEX ® 2.0, 2014).
Este medicamento pode diminuir a efetividade dos anticonvulsivantes e pode alterar os efeitos da insulina, aumentando a sua depuração (MICROMEDEX® 2.0, 2014).
Pode provocar mudanças no estado mental quando associado à buspirona ou ao *Hypericum perforatum* (MICROMEDEX® 2.0, 2014).
Pode potencializar o efeito dos inibidores da monoaminaoxidase e pode aumentar o risco dos efeitos colaterais da nifedipina (MICROMEDEX® 2.0, 2014).
Pode aumentar o risco de aparecimento da síndrome serotoninérgica quando associado aos inibidores da recaptação de serotonina e pode causar hipertensão em uso concomitante com os diuréticos tiazídicos (MICROMEDEX® 2.0, 2014). A associação deste medicamento com omeprazol acarreta diminuição do nível sérico do omeprazol (YIN *et al.*, 2004). A associação com trazodona pode trazer risco de sedação excessiva (GALLUZZI *et al.*, 2000).
O uso concomitante de *ginkgo* pode aumentar os riscos de eventos adversos causados pela risperidona, como, por exemplo, priapismo (LIN *et al.*, 2007).
A associação com papaverina pode acarretar potencialização de efeitos terapêuticos e adversos (SIKORA *et al.*, 1989).
**Informe ao seu médico ou cirurgião-dentista se você está fazendo uso de algum outro medicamento. Não use medicamento sem o conhecimento do seu médico. Pode ser perigoso para a sua saúde.**

Informe ao profissional de saúde todas as plantas medicinais, fitoterápicos e outros medicamentos que estiver tomando. Interações podem ocorrer entre medicamentos e plantas medicinais e mesmo entre duas plantas medicinais administradas ao mesmo tempo.

## 5. ONDE, COMO E POR QUANTO TEMPO POSSO GUARDAR ESTE MEDICAMENTO?

Conservar em temperatura ambiente (entre 15 e 30°C). Proteger da luz e umidade.

**Número de lote e datas de fabricação e validade: vide embalagem.**

**Não use medicamento com o prazo de validade vencido. Guarde-o em sua embalagem original. Aspectos Físicos:** Comprimido amarelo mostarda, circular, bicôncavo.

**Antes de usar, observe o aspecto do medicamento. Caso ele esteja no prazo de validade e você observe alguma mudança no aspecto, consulte o farmacêutico para saber se poderá utilizá-lo.**

**TODO MEDICAMENTO DEVE SER MANTIDO FORA DO ALCANCE DAS CRIANÇAS.**

## 6. COMO DEVO USAR ESTE MEDICAMENTO? USO ORAL/USO INTERNO

**Ginkomed 80 mg:** 1 comprimido, 2 vezes ao dia (38,4 mg de ginkgoflavonoides e 9,6 mg de terpenolactonas), antes das principais refeições, ou a critério médico.

Os comprimidos devem ser ingeridos inteiros e sem mastigar, com quantidade suficiente de água para que sejam deglutidos.

Utilizar apenas a via oral. O uso deste medicamento por outra via, que não a oral, pode causar perda do efeito esperado ou mesmo promover danos ao seu usuário.

**Siga a orientação de seu médico, respeitando sempre os horários, as doses e a duração do tratamento. Não interrompa o tratamento sem o conhecimento do seu médico.**

**Este medicamento não deve ser partido, aberto ou mastigado.**

## 7. O QUE DEVO FAZER QUANDO EU ME ESQUECER DE USAR ESTE MEDICAMENTO?

Caso esqueça-se de tomar uma dose deste medicamento, retome a posologia prescrita sem a necessidade de suplementação.

**Em caso de dúvidas, procure orientação do farmacêutico ou de seu médico, ou cirurgião-dentista.**

## 8. QUAIS OS MALES QUE ESTE MEDICAMENTO PODE ME CAUSAR?

Podem ocorrer distúrbios gastrintestinais, dor de cabeça e reações alérgicas na pele (vermelhidão, inchaço e coceira) (GARCIA, 1998). Também foram relatados enjoos, palpitações, hemorragias e queda de pressão arterial. (BLUMENTHAL, 2003).

**Informe ao seu médico, cirurgião-dentista ou farmacêutico o aparecimento de reações indesejáveis pelo uso do medicamento. Informe também à empresa através do seu serviço de atendimento.**

## 9. O QUE FAZER SE ALGUÉM USAR UMA QUANTIDADE MAIOR DO QUE A INDICADA DESTE MEDICAMENTO?

Em caso de superdosagem, suspender o uso e procurar orientação médica de imediato.

**Em caso de uso de grande quantidade deste medicamento, procure rapidamente socorro médico e leve a embalagem ou bula do medicamento, se possível. Ligue para 0800 722 6001, se você precisar de mais orientações.**

VENDA SOB PRESCRIÇÃO MÉDICA

**DIZERES LEGAIS**
Reg. MS.: 1.4381.0067
Farm. Resp.: Charles Ricardo Mafra CRF-MG 10.883
Fabricado por: **CIMED IND. DE MEDICAMENTOS LTDA.**
Av. Cel. Armando Rubens Storino, 2750 CEP: 37550-000 – Pouso Alegre/MG
CNPJ: 02.814.497/0002-98
Registrado por: **CIMED IND. DE MEDICAMENTOS LTDA.**
Rua: Engenheiro Prudente, 121 – CEP: 01550-000 São Paulo/SP
CNPJ: 02.814.497/0001-07
Indústria Brasileira
SAC (Serviço de Atendimento ao Consumidor) 0800 704 46 47 **www.grupocimed.com.br**

## REFERÊNCIAS BIBLIOGRÁFICAS

AHLEMEYER, B; KRIEGELSTEIN, J. Neuroprotective effects of *Ginkgo biloba* extract. American Chemical Society; 1998, p. 210-20.

BENJAMIN, J; MUIR, T; BRIGGS K et al. A case of cerebral haemorrhage-can *Ginkgo biloba* be implicated? Postgrad Med J 2001; v. 77, n. 904, p. 112-3.

BIRKS, J; GRIMLEY, EJ; VAN DONGEN, M. *Ginkgo biloba* for cognitive impairment and dementia [Cochrane Review]. Oxford. In: The Cochrane Library, Issue 4, 2002.

BLUMENTHAL M, BUSSE WR, GOLDBERG A, et al. (eds.). *The complete German Commission E Monographs* – Therapeutic guide to herbal medicines. Austin, American Botanical Council; Boston: Integrative Medicine Communication; 1987.

BLUMENTHAL, M. *The ABC clinical guide to herbs*. 2003

CALAPAI, G; CRUPI, A, FIRENZUOLI, F. Neuroprotective effects of *Ginkgo biloba* extract in brain ischemia are mediated by inhibition of nitric oxide synthesis. Life Sciences. 2000; 67:2673-83.

DE FEUDIS, FG. *Ginkgo biloba* extract (EGb 761): Pharmacological activities and clinical applications. Editions Scientifiques Elsevier, Paris, France, 1991: 68-73.

DREW, S; DAVIES, E. Effectiveness of *Ginkgo biloba* in treating tinnitus: double-blind, placebo controlled trial. BMJ. 2001 Jan 13; 322 (7278):73.

EBADI, M. Pharmacodynamic basis of Herbal Medicine. 2a ed. CRC Press. 2006. 699p. 46

FESSENDEN, JM; WITTENBORN, W; CLARKE, L. *Ginkgo biloba*: A case report of herbal medicine and bleeding postoperatively from a laparoscopic cholescystectomy. Am Surg. 2001; v. 67, n. 1, p. 33-5.

GALLUZZI S, ZANETTI O, TRABUCCHI M, *et al*: Coma in a patient with Alzheimer's disease taking low-dose trazodone and Ginkgo biloba. J Neurol Neurosurg Psychiatry 2000; v. 68, n. 5, p. 679-680.

GARCIA, AA. *et al*. Fitoterapia. Vademecum de Prescripción. Plantas Medicinales. 3. ed. Barcelona; 1998.

HAUSER, D; GAYOWSKI, T; SINGH, N. Bleeding complications precipitated by unrecognized *Ginkgo biloba* use after liver transplantation. Transpl Int. 2002; v. 15, n. 7, p. 377-9.

HOFFMAN, D. Medical Herbalism – The science and practice of herbal medicine. 2003.

KOLTRINGER, P; EBER, O; LIND, P. Mikrozirkulation und viskoelastizitaet des vollblutes unter *Ginkgo biloba* extract. Eine plazebokonntrollierte, randomisierte Douppelblind-Studie. Perfusion. 1989; 1:28-30.

LIN YY, CHU SJ, & TSAI SH: Association between priapism and concurrent use of risperidone and *Ginkgo biloba*. Mayo Clin Proc 2007; v. 82, n. 10, p. 1289-1290.

MICROMEDEX, Disponível em: http://www.library.ucsf.edu/db/ucaccessonly.htmL. Acesso em 20 set. 2007.

MILLS, S; BONES, K. Principles and practice of phytotherapy – modern herbal medicine, 2000.

MILLS, S; BONES, K. *The essencial guide to herbal safety*, 2005.

OTAMIRI, T; TAGESSON, C. *Ginkgo biloba* extract prevents mucosa damage associated with small intestinal ischaemia. Scand J Gastroenterol. 1989; v. 24, n. 6, p. 666-70.

ROWIN, J; LEWIS, SL. Spontaneous bilateral subdural hematomas associated with chronic *Ginkgo biloba* ingestion (letter). Neurology. 1996; v. 46, n. 6, p. 1775-6.

SIKORA R, SOHN M, DEUTZ F-J, *et al*: *Ginkgo biloba* extract in the therapy of erectile dysfunction. J Urol 1989; 141:188.

VALE, S. Subarachnoid haemorrhage associated with *Ginkgo biloba*. Lancet. 1998; 352 (9121):36.

VAN DONGEN, M. The efficacy of ginkgo for elderly people with dementia and age-associated memory impairment: new results of randomized clinical trial. J Am Geriatr Soc 2000; v. 48, n. 10, p. 1183-94.

WADA, K; ISHIGAKI, K; UEDA, K. Studies on the constitution of edible and medicinal plants. *Chem Pharm Bull* 1988; v. 36, n. 5, p. 1779-82.

YIN OQP, TOMLINSON B, WAYE MMY, *et al*. Pharmacogenetics and herb-drug interactions: experience with *Ginkgo biloba* and omeprazole. *Pharmacogenetics* 2004; v. 14, n. 12, p. 841-850.

---

# GINKOTAB®
(*Ginkgo biloba* L.)

### MEDICAMENTO FITOTERÁPICO

### I - IDENTIFICAÇÃO DO MEDICAMENTO:
**Ginkotab®**

**Nomenclatura botânica oficial**: *Ginkgo biloba* L.
**Nomenclatura popular:** Ginkgo
**Família:** Ginkgoaceae
**Parte da planta utilizada**: Folhas

## APRESENTAÇÕES
Comprimido revestido.
Embalagens contendo 30 comprimidos revestidos de 80mg ou 120mg.

## VIA DE ADMINISTRAÇÃO: ORAL USO ADULTO
## COMPOSIÇÕES:
Cada comprimido revestido de 80mg contém:
Extrato seco de *Ginkgo biloba* L. ..............................80,0mg
[padronizado em 19,2mg (24%) de ginkgoflavonoides (expressos em quercetina, kaempferol e isorhamnetina) e 4,8mg (6%) de terpenolactonas (expressos em ginkgolídeos A, B, C e bilobalídeo)].
Equivalente a 24,0mg de ginkgoflavonoides e terpenolactonas/comprimido revestido.
excipientes q.s.p. .........................1 comprimido revestido (amido, fosfato de cálcio dibásico, celulose microcristalina, estearato de magnésio, lactose monoidratada, corante vermelho nº 40 alumínio laca, óxido de ferro amarelo 10 e 172, hipromelose, macrogol, hiprolose, corante azul nº 2 alumínio laca, dióxido de titânio).

Cada comprimido revestido de 120mg contém:
Extrato seco de *Ginkgo biloba* L. ........................... 120,0mg
[padronizado em 28,8mg (24%) de ginkgoflavonoides (expressos em quercetina, kaempferol e isorhamnetina) e 7,2mg (6%) de terpenolactonas (expressos em ginkgolídeos A, B, C e bilobalídeo)].
Equivalente a 36,0mg de ginkgoflavonoides e terpenolactonas/comprimido revestido.
excipientes q.s.p. .........................1 comprimido revestido (amido, fosfato de cálcio dibásico, celulose microcristalina, estearato de magnésio, crospovidona, lactose monoidratada, corante vermelho nº 40 alumínio laca, óxido de ferro amarelo 10 e 172, hipromelose, macrogol, hiprolose, corante azul nº 2 alumínio laca, dióxido de titânio).

## II - INFORMAÇÕES TÉCNICAS AOS PROFISSIONAIS DE SAÚDE:
### 1. INDICAÇÕES
Este medicamento é indicado para distúrbios das funções do Sistema Nervoso Central (SNC): vertigens e zumbidos (tinidos) resultantes de distúrbios circulatórios, distúrbios circulatórios periféricos (claudicação intermitente) e insuficiência vascular cerebral.

### 2. RESULTADOS DE EFICÁCIA
De 35 estudos realizados com *G. biloba*, incluindo 3.541 participantes, 33 encontraram efeitos positivos para o uso nas indicações: doença de Alzheimer, demência, zumbido, doença vascular periférica (claudicação intermitente), asma e depressão (BLUMENTHAL, 2003). Outros dois encontraram resultados negativos, um em demência (VAN DONGEN, 2000) e outro em zumbidos (DREW & DAVIES, 2001). Dezoito estudos envolvendo um total de 1.672 participantes embasaram a utilização de
*G. biloba* no tratamento de demência decorrente de insuficiência cardiovascular ou Alzheimer. Desses dezoito estudos, cinco eram randomizados (R), duplo-cegos (DC), controlados por placebo (CP) e multicêntricos (MC), envolvendo 663 participantes; 11 eram R, DC e CP com um total de 898 participantes; e dois eram estudos R, DC, CP, cruzados, envolvendo um total de 111 participantes, focando o tratamento de *G. biloba* para claudicação intermitente com resultados positivos (BLUMENTHAL, 2003). Uma recente meta-análise avaliou 33 trabalhos sobre a eficácia e a tolerabilidade de *G. biloba* no comprometimento cognitivo e na demência. Foram incluídos ensaios duplo cegos, controlados e randomizados realizados até junho de 2002. Em geral, não foram observadas diferenças estatisticamente significativas entre o *G. biloba* e o placebo no que diz respeito aos efeitos adversos. Quanto à eficácia, conclui-se que existem benefícios associados ao uso de *G. biloba* em doses inferiores a 200mg/dia por 12 semanas ($p < 0,0001$) ou em doses superiores a 200mg/dia por 24 semanas ($p=0,02$).
Parâmetros cognitivos, de atividades da vida diária e humor também apontam a superioridade do *G. biloba* em relação ao placebo nas duas faixas de dosagem (BIRKS, 2002).

**Referências:**
BIRKS, J; GRIMLEY, EJ; VAN DONGEN, M. *Ginkgo biloba* for cognitive impairment and dementia [Cochrane Review]. Oxford. In: *The Cochrane Library*, Issue 4, 2002.

BLUMENTHAL, M. *The ABC clinical guide to herbs.* 2003.

DREW, S; DAVIES, E. Effectiveness of *Ginkgo biloba* in treating tinnitus: doubleblind, placebo controlled trial. *BMJ.* 2001 Jan 13; 322 (7278):73.

VAN DONGEN, M. The efficacy of ginkgo for elderly people with dementia and ageassociated memory impairment: new results of randomized clinical trial. *J Am Geriatr Soc* 2000; v. 48, n. 10, p.1183-94.

## 3. CARACTERÍSTICAS FARMACOLÓGICAS

O extrato de *G. biloba* é constituído principalmente por ginkgoflavonoides (derivados da quercetina, kaempferol e isorhamnetina) e terpenolactonas (ginkgolídeos e bilobalídeos). Após a administração oral, os ginkgolídeos A, B e bilobalídeos possuem uma alta biodisponibilidade (98% a 100%; 79% a 93%; e 70%, respectivamente). As suas meias-vidas de eliminação duram respectivamente 4,5h; 10,6h e 3,2h. Esses compostos são excretados inalterados na urina em 70% de ginkgolídeo A, 50% de ginkgolídeo B e 30% de bilobalídeos.

*G. biloba* promove o incremento do suprimento sanguíneo cerebral por meio da vasodilatação e redução da viscosidade sanguínea, além de reduzir a densidade dos radicais livres de oxigênio nos tecidos nervosos. Os ginkgolídeos, especialmente o ginkgolídeo B, inibem o Fator de Ativação Plaquetária (PAF), potencializando os parâmetros hemodinâmicos, como o aumento do fluxo sanguíneo, por meio da diminuição da viscosidade sanguínea e da agregação eritrocitária.

*G. biloba* reduz a progressão da demência, provavelmente por reduzir a infiltração de neutrófilos e a peroxidação lipídica, aumentando o fluxo sanguíneo, antagonizando o PAF e modificando o metabolismo neuronal.

A fração de flavonoides é responsável pelo aumento da inibição da recaptação de serotonina, facilita a transmissão colinérgica e alfa-adrenérgica e estimula a recaptação de colina no hipocampo. A ação neuroprotetora está relacionada com a inibição da síntese do óxido nítrico.

### CONTRAINDICAÇÕES

**Este medicamento é contraindicado para menores de 12 anos.**

Pacientes com coagulopatias ou em uso de anticoagulantes e antiplaquetários devem ser cuidadosamente monitorados. O uso do medicamento deve ser suspenso pelo menos três dias antes de procedimentos cirúrgicos.

Pacientes com histórico de hipersensibilidade e alergia a qualquer um dos componentes da fórmula não devem fazer uso do produto.

## 4. ADVERTÊNCIAS E PRECAUÇÕES

De acordo com a categoria de risco de fármacos destinados às mulheres grávidas, este medicamento apresenta categoria de risco C.

**Este medicamento não deve ser utilizado por mulheres grávidas e em amamentação sem orientação médica ou do cirurgião-dentista.**

## 5. INTERAÇÕES MEDICAMENTOSAS

A associação deste medicamento com anticoagulantes, antiplaquetários, anti-inflamatórios não esteroidais (AINES) e/ou agentes trombolíticos pode aumentar o risco de hemorragias.

Este medicamento pode diminuir a efetividade dos anticonvulsivantes e pode alterar os efeitos da insulina, aumentando a sua depuração.

Pode provocar mudanças no estado mental quando associado à buspirona ou ao *Hypericum perforatum*. Pode potencializar o efeito dos inibidores da monoaminaoxidase e pode aumentar o risco dos efeitos colaterais da nifedipina. Pode aumentar o risco de aparecimento da síndrome serotoninérgica quando associado aos inibidores da recaptação de serotonina e pode causar hipertensão em uso concomitante com os diuréticos tiazídicos.

A associação deste medicamento com omeprazol pode acarretar diminuição de nível sérico do omeprazol. A associação com trazodona pode trazer risco de sedação excessiva.

O uso concomitante de *G. biloba* pode aumentar os riscos de eventos adversos causados pela risperidona, como, por exemplo, priapismo.

A associação com papaverina pode acarretar potencialização de efeitos terapêuticos e adversos.

## 6. CUIDADOS DE ARMAZENAMENTO DO MEDICAMENTO

Conservar em temperatura ambiente (entre 15 e 30°C). Proteger da luz e umidade. Prazo de validade: 24 meses.

**Número de lote e datas de fabricação e validade: vide embalagem.**

**Não use medicamento com o prazo de validade vencido. Guarde-o em sua embalagem original.** Ginkotab® 80mg apresenta-se como comprimido revestido redondo, biconvexo, com ambos os lados lisos, de cor bege e odor característico.

Ginkotab® 120mg apresenta-se como comprimido revestido redondo, biconvexo, com ambos os lados lisos, de cor ocre e odor característico.

**Antes de usar, observe o aspecto do medicamento.**

**Todo medicamento deve ser mantido fora do alcance das crianças.**

## 7. POSOLOGIA E MODO DE USAR
USO ORAL
### Ginkotab 80mg
Ingerir 1 comprimido revestido, de 8 em 8 horas, ou a critério médico.

Cada comprimido revestido contém 80mg de extrato seco de *Ginkgo biloba* L. [ (padronizado em 19,2mg (24%) de ginkgoflavonoides (expressos em quercetina, kaempferol e isorhamnetina) e 4,8mg (6%) de terpenolactonas (expressos em ginkgolídeos A, B, C e bilobalídeos)].

### Ginkotab 120mg
Ingerir 1 comprimido revestido, de 12 em 12 horas, ou a critério médico.

Cada comprimido revestido contém 120mg de extrato seco de *Ginkgo biloba* L. [ (padronizado em 28,8mg (24%) de ginkgoflavonoides (expressos em quercetina, kaempferol e isorhamnetina) e 7,2mg (6%) de terpenolactonas (expressos em ginkgolídeos A, B, C e bilobalídeos)].

Utilizar apenas a via oral. O uso deste medicamento por outra via, que não a oral, pode causar a perda do efeito esperado ou mesmo promover danos ao seu usuário.

O limite máximo diário de administração é de 57,6mg de ginkgoflavonoides e 14,4mg de terpenolactonas, o que equivale a 3 comprimidos revestidos de Ginkotab 80mg ou 2 comprimidos revestidos de Ginkotab 120mg.

**Este medicamento não deve ser partido, aberto ou mastigado.**

## 8. REAÇÕES ADVERSAS
Podem ocorrer distúrbios gastrointestinais, cefaleias e reações alérgicas cutâneas (hiperemia, edema e prurido) (GARCIA, 1998). Também foram relatados enjoos, palpitações, hemorragias e hipotensão (BLUMENTHAL, 1987). Casos de hemorragia subaracnoide, hematoma subdural, hemorragia intracerebral, hematoma subfrênico, hemorragia vítrea e sangramento pós-operatório foram relatados em pacientes que faziam uso de *G. biloba* isoladamente.

**Em casos de eventos adversos, notifique ao sistema de Notificação em Vigilância Sanitária Notivisa, disponível em www.anvisa.gov.br/hotsite/notivisa/index.htm ou para a Vigilância Sanitária Estadual ou Municipal.**

## 9. SUPERDOSE
Em caso de superdosagem, suspender o uso e procurar orientação médica de imediato.

**Em caso de intoxicação ligue para 0800 722 6001, se você precisar de mais orientações.**

## III – DIZERES LEGAIS:
Registro M.S. nº 1.5584.0408
Farm. Responsável: Rodrigo Molinari Elias CRF-GO nº 3.234

**VENDA SOB PRESCRIÇÃO MÉDICA.**

## DIZERES LEGAIS
**Registrado por: Brainfarma Indústria Química e Farmacêutica S. A.**
VPR 3 – Quadra 2-C – Módulo 01-B – DAIA – Anápolis – GO – CEP 75132-015 C.N.P.J.: 05.161.069/0001-10 – Indústria Brasileira

**Fabricado por: Brainfarma Indústria Química e Farmacêutica S. A.**
VPR 1 – Quadra 2-A – Módulo 4 – DAIA – Anápolis – GO – CEP 75132-020

---

# GOTAS PRECIOSAS
*Peumus boldus* 0, 67mL

## FORMA FARMACÊUTICA E APRESENTAÇÃO
Solução oral: cartucho contendo frasco plástico gotejador com 30 mL de produto.

## PRODUTO FITOTERÁPICO

Nome científico: *Peumus boldus* (Mols.) Lyons.
Nome da família botânica: Monimiaceae.
Nome popular: Boldo.
Parte usada: folhas.

USO ORAL
USO ADULTO COMPOSIÇÃO
Cada 1 mL (38 gotas) contém:
Extrato fluido de *Peumus boldus*............................0,67 mL*
(*) equivalente a 0,67 mg de boldina.
Veículo q.s.p. ......................................................... 1 mL
Veículo: metilparabeno, propilparabeno, extrato fluido de casca de *Citrus aurantium*, tintura de menta, álcool etílico e água deionizada.

## INFORMAÇÕES AO PACIENTE
## COMO ESTE MEDICAMENTO FUNCIONA?
Gotas Preciosas Hertz é um medicamento fitoterápico que contém como princípio ativo o extrato fluido de *Peumus boldus* (Mols.) Lyons pertencente à família Monimiaceae que é considerado digestivo.

## PARA QUE ESTE MEDICAMENTO É INDICADO?
Gotas Preciosas Hertz é indicado como auxiliar digestivo. O extrato de boldo é um ativo de origem natural indicado como colerético (estimulante da produção de bile), colagogo (aumenta a secreção da bile para o intestino), bem como no tratamento sintomático de distúrbios gastrintestinais espásticos (espástica se diz da contração prolongada muscular com aumento do tônus no local).

## QUANDO NÃO DEVO USAR ESTE MEDICAMENTO?
Gotas Preciosas Hertz está contraindicado nos casos de obstrução biliar e/ou doenças hepáticas severas. Não deve ser ingerido em caso de alergia ao Boldo ou a qualquer outro componente da fórmula do produto. Pacientes mais sensíveis podem apresentar aumento da sensibilidade à luz (fotossensibilidade devido ao extrato de *Citrus aurantium*) ou aos raios ultravioletas. Informar ao médico sobre qualquer medicamento que esteja tomando, antes do início ou durante o tratamento. Em casos de cálculos biliares, deve ser usado somente depois de consultar um médico.
**ESTE MEDICAMENTO NÃO DEVE SER UTILIZADO POR MULHERES GRÁVIDAS SEM ORIENTAÇÃO MÉDICA OU DO CIRURGIÃO-DENTISTA.**
**ESTE MEDICAMENTO É CONTRAINDICADO NA FAIXA ETÁRIA DE 0-12 ANOS.**
**INFORME AO MÉDICO OU CIRURGIÃO-DENTISTA O APARECIMENTO DE REAÇÕES INDESEJÁVEIS.**
**INFORME AO SEU MÉDICO OU CIRURGIÃO-DENTISTA SE VOCÊ ESTÁ FAZENDO USO DE ALGUM OUTRO MEDICAMENTO.**
**NÃO USE MEDICAMENTO SEM O CONHECIMENTO DO SEU MÉDICO.**
**PODE SER PERIGOSO PARA A SUA SAÚDE.**

## COMO DEVO USAR ESTE MEDICAMENTO?
Ingerir 50 a 60 gotas (1,3 – 1,6 mL) três vezes ao dia. O período de tratamento não deve ser maior que quatro semanas. Não se recomenda o uso contínuo deste medicamento.
**SIGA CORRETAMENTE O MODO DE USAR. NÃO DESAPARECENDO OS SINTOMAS PROCURE ORIENTAÇÃO MÉDICA.**
**NÃO USE O MEDICAMENTO COM PRAZO DE VALIDADE VENCIDO. ANTES DE USAR, OBSERVE O ASPECTO DO MEDICAMENTO E SE A EMBALAGEM NÃO ESTÁ VIOLADA.**

## QUAIS OS MALES QUE ESTE MEDICAMENTO PODE CAUSAR?
Apesar de não existirem relatos de efeitos secundários frequentes, informe a seu médico o aparecimento de reações desagradáveis, tais como hipersensibilidade aos componentes da fórmula. Pessoas mais sensíveis podem apresentar aumento da sensibilidade à luz (fotossensibilidade devido ao extrato de *Citrus aurantium*) ou aos raios ultravioletas.

## O QUE FAZER SE ALGUÉM USAR UMA GRANDE QUANTIDADE DESTE MEDICAMENTO DE UMA SÓ VEZ?
Em caso de superdose acidental, consultar o médico imediatamente. Uma dose elevada de Boldo causa os seguintes sintomas: vômito, espasmos e irritação renal.

## ONDE E COMO DEVO GUARDAR ESTE MEDICAMENTO?
Este medicamento deve ser guardado na sua embalagem original, em temperatura ambiente (entre 15 e 30ºC) e protegido da luz e umidade.

**TODO MEDICAMENTO DEVE SER MANTIDO FORA DO ALCANCE DAS CRIANÇAS.**

## INFORMAÇÕES TÉCNICAS AOS PROFISSIONAIS DA SAÚDE.
### CARACTERÍSTICAS FARMACOLÓGICAS
Farmacodinâmica: Gotas Preciosas Hertz é constituído pelo extrato fluido de folhas de boldo (*Peumus boldus*) padronizado em boldina. O boldo possui uma ação colerética e colagoga. A folha de boldo é estomáquica e digestiva, sendo útil em casos de dispepsias. As preparações de boldo ativam a secreção salivar e gástrica. O boldo aumenta a secreção biliar e fluidifica a bile. A boldina, alcaloide mais estudado do *Peumus boldus*, vem demonstrando melhorar o metabolismo de lipídeos devido a sua ação sob a bile, e há indícios de que exerça ação sinérgica com os glucosídeos flavônicos e óleo essencial encontrados na planta[5, 6, 7]. Em ensaios in vivo, a administração intraperitoneal ou oral de um extrato de boldo, assim como a infusão da planta apresentaram significante atividade colerética em ratos. A maioria das ações promovidas pelo uso do extrato de boldo pode ser reproduzida pela administração do marcador boldina isolado. Boldina em concentração de 5-20 mg/kg em ratos apresentou-se efetiva na promoção do aumento da produção de bile[1]. Outro estudo, utilizando a boldina pura via parenteral em ratas, demonstrou um aumento de 43 a 140% na secreção biliar, empregando-se doses de 5 e 40 mg/kg, respectivamente[2]. A mistura das aglíconas dos glicosídeos de *Peumus boldus* apresenta ati-

vidade espasmolítica sobre o intestino delgado de rato[3]. Um estudo realizado em voluntários humanos com 2,5 g diários de extrato de boldo frente ao placebo por 4 (quatro) dias, determinou uma prolongação do trânsito orocecal relacionado, provavelmente, com o relaxamento do músculo liso intestinal[4].

Farmacocinética: Boldina foi encontrada na urina de ratos após administração oral de extrato hidroetanólico das folhas na dosagem de 400 e 800 mg/kg. A absorção de boldina foi rápida após administração oral em ratos de 25, 50 ou 75 mg/kg, em que a concentração máxima foi alcançada entre 15 a 30 minutos. A boldina foi preferencialmente concentrada no fígado. As concentrações plasmáticas decaíram rapidamente apresentando uma meia-vida média de aproximadamente 31 minutos. A eliminação parece seguir uma cinética de primeira ordem[6].

1) ESCOP: Monographs on the medicinal uses of plant drugs. Exert, U.K.: European Scientific Cooperative on Phytochemistry, 1996. 2) Bohm K.: Choleretic action of some medicinal plants. Arzneimittel Forschung. 9: 376-8, 1959. 3) Krug H. and Borkowski B.: New flavonal glycoside of the leaves of *Peumus boldus*. Pharmazie, 20 (11): 692-8, 1965. 4) Gotteland M.; Espinoza J.; Cassels Band Speisky H.: Effect of a dry boldo extract on orocecal intestinal transit in healthy volunteers. Rev. Med. Chil., 123 (8): 955-60, 1995. 5) Alonso, Jorge. Tratado de Fitofármacos y Nutracéuticos. 1ª Ed. Argentina, Rosario: Corpus Libros, 2004. 6) ESCOP Monographs: The Scientific Foundation for Herbal Medicinal Products. 2nd Ed. 2003. 7) Blumental, M. *et al*. The Complete German Commission E Monographs. Therapeutic Guide To Herbal Medicines. Austin, Texas: American Botanical Counsil, 1998.

## INDICAÇÕES

Gotas Preciosas Hertz é indicado como colagogo, colerético e no tratamento sintomático de distúrbios gastrintestinais espásticos.

## CONTA-INDICAÇÕES

Gotas Preciosas Hertz é contraindicado para pacientes que apresentam obstrução biliar e/ou doenças hepáticas severas e para pacientes alérgicos a algum dos componentes da fórmula. Em caso de cálculo biliar, usar apenas após recomendação médica. Não deve ser utilizado na gravidez e na lactação, a não ser sob orientação médica.

## MODO DE USAR E CUIDADOS DE CONSERVAÇÃO DEPOIS DE ABERTO

Uso interno. Após aberto, manter o medicamento em sua embalagem original. Deve ser conservado em temperatura ambiente (entre 15 e 30ºC) e ao abrigo da luz e umidade. Por se tratar de um produto natural, pode haver leve alteração de cor ou formação de leve depósito.

## POSOLOGIA

Ingerir 50 a 60 gotas (1,3 – 1,6 mL) três vezes ao dia.

## ADVERTÊNCIAS

Informar ao médico sobre qualquer medicamento que esteja tomando, antes do início ou durante o tratamento. **NÃO DEVE SER UTILIZADO DURANTE A GRAVIDEZ E AMAMENTAÇÃO, EXCETO SOB ORIENTAÇÃO MÉDICA. INFORME AO SEU MÉDICO SE OCORRER GRAVIDEZ OU SE ESTIVER AMAMENTANDO DURANTE O USO DESTE MEDICAMENTO. USO EM IDOSOS, CRIANÇAS E OUTROS GRUPOS DE RISCO**

A sensibilidade de pacientes idosos pode estar alterada. Recomenda-se o uso sob prescrição médica.

## INTERAÇÕES MEDICAMENTOSAS

Apesar de não existirem relatos interações medicamentosas, informe seu médico se você está fazendo uso de algum outro medicamento.

## REAÇÕES ADVERSAS A MEDICAMENTOS

Embora não existam relatos reações adversas a medicamentos, em caso de aparecimento de reações indesejáveis, o médico deverá ser informado. Pacientes mais sensíveis podem apresentar aumento da sensibilidade à luz (fotossensibilidade devido ao extrato de *Citrus aurantium*) ou aos raios ultravioletas.

## SUPERDOSE

Em caso de superdose acidental, consultar o médico imediatamente. Uma dose elevada de preparações contendo Boldo causa os seguintes sintomas: vômito, espasmos e irritação renal.

## ARMAZENAGEM

Conservar em embalagem original e em temperatura ambiente (entre 15 e 30ºC). Proteger da luz e umidade.
**SIGA CORRETAMENTE O MODO DE USAR. NÃO DESAPARECENDO OS SINTOMAS, PROCURE ORIENTAÇÃO MÉDICA.**

**DIZERES LEGAIS**
SAC 0800 704 900
WWW.KLEYHERTZ.COM.BR
KLEY HERTZ S.A – Indústria e Comércio
Rua Comendador Azevedo, 224 – Porto Alegre – RS
Farmacêutica Responsável: Paula Carniel Antonio
CRF-RS 4228
Reg. M.S.: 1.0689.0062.001-2
C.N.P.J nº 92.695.691/0001-03
Indústria Brasileira

---

# GUACO EDULITO HERBARIUM
*Mikania glomerata,* Spreng., Asteraceae

**MEDICAMENTO FITOTERÁPICO**

**PARTE UTILIZADA**
Folhas.

**NOMENCLATURA POPULAR**
Guaco.

**APRESENTAÇÃO**
Solução oral (isento de açúcar)
Extrato concentrado das folhas de *Mikania glomerata* 81,5 mg/mL
Frasco com 120 mL. Acompanha copo dosador.

**VIA ORAL**
**USO ADULTO E PEDIÁTRICO ACIMA DE 2 ANOS**

**COMPOSIÇÃO**
Cada mL contém:
extrato concentrado de *Mikania glomerata* ....... 81,5 mg*;
veículos q.s.p. .................................................. 1 mL
(água deionizada, sorbitol 70%, propilenoglicol, carboximetilcelulose sódica, sacarina, aroma de eucalipto, metilparabeno, edetato dissódico e propilparabeno)
*equivalente a 0,3 mg de cumarinas. A solução oral contém 0,9% de álcool.

**INFORMAÇÕES AO PACIENTE**
**PARA QUE ESTE MEDICAMENTO É INDICADO?**
GUACO EDULITO HERBARIUM é indicado como auxiliar no tratamento de afecções do trato respiratório, como tosses persistentes, tosses com expectoração e rouquidão.

**COMO ESTE MEDICAMENTO FUNCIONA?**
GUACO EDULITO HERBARIUM tem como principal componente a cumarina, à qual é atribuído o efeito de dilatação dos brônquios e de auxiliar na eliminação das secreções respiratórias, através da tosse.

**QUANDO NÃO DEVO USAR ESTE MEDICAMENTO?**
Hipersensibilidade (alergia) a qualquer um dos componentes da fórmula.
**Este medicamento não deve ser utilizado em crianças menores de 2 anos de idade.**
**Este medicamento não deve ser utilizado por mulheres grávidas sem orientação médica.**

**O QUE DEVO SABER ANTES DE USAR ESTE MEDICAMENTO?**
**Precauções e advertências**
Pacientes com problemas hepáticos podem apresentar toxicidade com o uso prolongado.
Recomenda-se maior critério na administração de guaco em pacientes com quadros respiratórios crônicos não diagnosticados, devendo-se afastar a hipótese de tuberculose e câncer.
Em caso de hipersensibilidade ao produto, recomenda-se descontinuar o uso e consultar o médico.
**Interações medicamentosas**
O guaco não deve ser empregado simultaneamente a anticoagulantes e produtos contendo *Tabebuia avellanedae* (ipê-roxo).
**Informe seu médico da ocorrência de gravidez na vigência do tratamento ou após seu término.**
**Informe seu médico se está amamentando.**
**Informe seu médico ou cirurgião-dentista se você está fazendo uso de algum outro medicamento.**

**ONDE, COMO E POR QUANTO TEMPO POSSO GUARDAR ESTE MEDICAMENTO?**
**Cuidados de conservação**
GUACO EDULITO HERBARIUM deve ser conservado em temperatura ambiente (entre 15ºC e 30ºC) em sua embalagem original. Proteger da luz e da umidade.
**Prazo de validade**
24 meses após a data de fabricação impressa no cartucho.
**Número de lote e datas de fabricação e validade: vide embalagem. Não use medicamento com o prazo de validade vencido. Guarde-o em sua embalagem original.**
**Características físicas**
Líquido de cor esverdeada.

**Características organolépticas**
Cheiro (odor) característico e sabor adocicado, lembrando o sabor do guaco e aroma de eucalipto.

**Antes de usar, observe o aspecto do medicamento. Caso ele esteja no prazo de validade e você observe alguma mudança no aspecto, consulte o farmacêutico para saber se poderá utilizá-lo. Todo medicamento deve ser mantido fora do alcance das crianças.**

## COMO DEVO USAR ESTE MEDICAMENTO?
**Modo de usar**
Agitar o produto antes de usar.
**Posologia**
**Adultos:** ingerir 5 mL (equivalente a ½ copo dosador), via oral, três vezes ao dia, de 8 em 8 horas.
**Crianças acima de 5 anos:** ingerir 2,5 mL (equivalente a ¼ do copo dosador), via oral, três vezes ao dia, de 8 em 8 horas.
**Crianças de 2 a 5 anos:** ingerir 2,5 mL (equivalente a ¼ do copo dosador), via oral, duas vezes ao dia, de 12 em 12 horas.
Em casos de afecções respiratórias agudas, recomenda-se o uso por 7 dias e, em casos crônicos, por 2 semanas.
A dose diária não deve ultrapassar a 16 mL ao dia.
**Siga corretamente o modo de usar. Em caso de dúvidas sobre este medicamento, procure orientação do farmacêutico. Não desaparecendo os sintomas, procure orientação de seu médico ou cirurgião-dentista.**

## O QUE DEVO FAZER QUANDO EU ME ESQUECER DE USAR ESTE MEDICAMENTO?
Caso haja esquecimento da ingestão de uma dose deste medicamento, retome a posologia prescrita sem a necessidade de suplementação.
**Em caso de dúvidas, procure orientação do farmacêutico ou de seu médico, ou cirurgião-dentista.**

## QUE MALES ESTE MEDICAMENTO PODE CAUSAR?
Este medicamento pode causar aumento da pressão arterial. Em raros casos, pessoas hipersensíveis aos componentes do guaco podem apresentar um agravamento na dificuldade para respirar e tossir.
**Informe seu médico, cirurgião-dentista ou farmacêutico do aparecimento de reações indesejáveis pelo uso do medicamento. Informe também à empresa através do seu Serviço de Atendimento ao Consumidor.**

## O QUE FAZER SE ALGUÉM USAR UMA QUANTIDADE MAIOR DO QUE A INDICADA DESTE MEDICAMENTO?
O uso prolongado da ingestão de altas doses de extratos de guaco pode ocasionar aumento da frequência dos batimentos cardíacos, vômitos e quadros diarreicos, que desaparecem com a descontinuação da terapia.
**Em caso de uso de grande quantidade deste medicamento, procure rapidamente socorro médico e leve a embalagem ou bula do medicamento, se possível. Ligue para 0800 722 6001 se você precisar de mais orientações.**
**Siga corretamente o modo de usar, não desaparecendo os sintomas procure orientação médica.**

## DIZERES LEGAIS
MS: 1.1860.0078
Farmacêutica resp.: Gislaine B. Gutierrez CRF-PR nº 12423.
Fabricado e Distribuído por: **HERBARIUM LABORATÓRIO BOTÂNICO S. A.**
Av. Santos Dumont, 1100 • CEP 83403-500 Colombo – PR
CNPJ: 78.950.011/0001-20
**Indústria Brasileira.**

---

# GUACOFLUS
*Mikania glomerata* S.

0,1 mL/mL
(80 µg/mL de cumarina)

## MEDICAMENTO FITOTERÁPICO

**PARTE UTILIZADA:** Folhas
**NOMENCLATURA POPULAR:** Guaco

**APRESENTAÇÃO:**
Xarope – Tintura das folhas de *Mikania glomerata* Sprengel – 0,1 mL/mL – Frasco com 100, 120 ou 150 mL – Contém 1 (um) copo dosador.

## USO ORAL
## USO ADULTO E PEDIÁTRICO ACIMA DE 2 ANOS DE IDADE

## COMPOSIÇÃO
Cada 1 mL do Xarope contém:
Tintura de *Mikania glomerata* S. ...........................0,1 mL.

Excipientes (Sacarose, metilparabeno, e água purificada q.s.p)

Cada mL do XAROPE GUACOFLUS contém 80 mcg de cumarina.

## INFORMAÇÕES AO PACIENTE
## PARA QUÊ ESTE MEDICAMENTO É INDICADO?

O GUACOFLUS é um medicamento fitoterápico indicado como expectorante e broncodilatador para o tratamento da tosse.

## COMO ESTE MEDICAMENTO FUNCIONA?

O XAROPE GUACOFLUS é elaborado com extrato de *Mikania glomerata* (Guaco). Sua substância ativa é a cumarina que possui ação broncodilatadora e expectorante o que justifica o seu uso em afecções do trato respiratório.

## QUANDO NÃO DEVO USAR ESTE MEDICAMENTO?

O GUACOFLUS está contraindicado para pacientes com hipersensibilidade à cumarina. Este medicamento é contraindicado para pacientes com distúrbios da coagulação. É contraindicado para pacientes com doença hepática pois esses pacientes podem apresentar toxicidade com o uso prolongado deste medicamento. Não exceder a dose diária recomendada. Em caso de hipersensibilidade ao produto, deve-se descontinuar o uso do medicamento. Em pacientes com afecções respiratórias crônicas sem diagnóstico preciso, recomenda-se maior critério na administração do GUACOFLUS.

De acordo com a categoria de risco de fármacos destinados às mulheres grávidas, este fitoterápico apresenta categoria de risco C.

Este medicamento é contraindicado para menores de 2 (dois) anos de idade. Este medicamento é contraindicado para uso por pacientes diabéticos.

Informe ao médico ou cirurgião-dentista o aparecimento de reações indesejáveis.

Não deve ser utilizado durante a gravidez e a amamentação, exceto sob orientação médica. Informe ao seu médico ou cirurgião-dentista se ocorrer gravidez ou iniciar a amamentação durante o uso deste medicamento.

## O QUE DEVO SABER ANTES DE USAR ESTE MEDICAMENTO?
## INTERAÇÕES MEDICAMENTOSAS

Até o momento não foram constatadas interações medicamentosas com o GUACOFLUS. No entanto devido à presença de cumarina no GUACOFLUS, não deve ser utilizado concomitantemente com anticoagulantes, pois as cumarinas podem potencializar seus efeitos e antagonizar o da vitamina k.

**"Atenção diabéticos: este medicamento contém SACAROSE."**

**Este medicamento não deve ser utilizado por mulheres gravidas sem orientação médica.**

**De acordo com a categoria de risco de fármacos destinados às mulheres grávidas, este fitoterápico apresenta categoria de risco C.**

**Este medicamento não deve ser utilizado por crianças menores de 2 anos de idade.**

**Informe ao seu médico ou cirurgião-dentista se você está fazendo o uso de algum outro medicamento.**

## ONDE, COMO E POR QUANTO TEMPO POSSO GUARDAR ESTE MEDICAMENTO?

Como todo medicamento o GUACOFLUS deve ser guardado em sua embalagem original e conservado em local fresco (temperatura 15 a 30°C) ao abrigo da luz e umidade. Armazenando nessas condições, o medicamento se manterá próprio para consumo durante o seu prazo de validade.

O prazo de validade do GUACOFLUS é de 24 meses após a data de sua fabricação.

**Número do lote e datas de fabricação e validade: vide embalagem. Não use medicamento com prazo de validade vencido.**

**Para sua segurança, mantenha o medicamento na embalagem original.**

O GUACOFLUS é um medicamento líquido, límpido, com sabor adocicado, odor aromático e de cor castanho.

O GUACOFLUS é um medicamento fitoterápico elaborado a partir da tintura de *Mikania glomerata* Sprengel e devido à sua complexidade química pode haver precipitação dos princípios ativos durante o armazenamento. No entanto, esse fato não interfere na atividade esperada do medicamento.

Recomenda-se agitar o medicamento antes de usar.

**Antes de usar, observe o aspecto do medicamento.**

**Caso você observe alguma mudança no aspecto do medicamento que ainda esteja no prazo de validade, consulte o médico ou o farmacêutico para saber se poderá utilizá-lo.**

**Todo medicamento deve ser mantido fora do alcance das crianças.**

## COMO DEVO USAR ESTE MEDICAMENTO?

Usar o medicamento somente por via oral.

## POSOLOGIA

Adultos: 5 a 15 mL de 3 a 4 vezes ao dia.

Crianças acima de 2 anos: 5 mL, 3 vezes ao dia ou a critério médico.

Siga corretamente o modo de usar. Em caso de dúvidas sobre este medicamento, procure orientações do farmacêutico. Não desaparecendo os sintomas procure orientação de seu médico ou cirurgião-dentista.

## O QUE FAZER QUANDO EU ME ESQUECER DE USAR ESTE MEDICAMENTO?

Quando houver esquecimento da ingestão de uma dose, não é necessário suprir a dose esquecida. Tomar uma dose normal no próximo horário.

## QUAIS OS MALES QUE ESTE MEDICAMENTO PODE CAUSAR?

Nas doses terapêuticas descritas na posologia não foram observadas reações adversas.

**Informe ao seu médico, cirurgião-dentista ou farmacêutico o aparecimento de reações indesejáveis pelo uso do medicamento.**

**Informe a empresa o aparecimento de reações indesejáveis e problemas este medicamento, entrando em contato através do Sistema de Atendimento ao Consumidor (SAC).**

## O QUE FAZER SE ALGUÉM USAR UMA QUANTIDADE MAIOR DO QUE A INDICADA DESTE MEDICAMENTO?

São sintomas de superdose do medicamento: vômito, diarreia e aumento do tempo de coagulação. Em caso de superdose, promover o esvaziamento gástrico induzindo o vômito e procurar imediatamente socorro médico.

**Em caso de uso de uma grande quantidade deste medicamento procure socorro médico e leve a embalagem ou a bula do medicamento, se possível.**

**Em caso de intoxicação ligue para 0800 722 6001, se você precisar de mais informações sobre como proceder.**

"Venda sem prescrição médica."

## DIZERES LEGAIS

Registro no MS: 1.5275.0003/001-3, MS: 1.5275.0003/002-1,
MS: 1.5275.0003/003-1, MS: 1.5275.0003/004-8
Farmacêutica responsável: Farm. Deise Elisa Cenci Peters
CRF/SC 3075
TAUENS Farmacêutica Ltda.

Av. Exp. José Pedro Coelho, 2413 Tubarão – SC CEP 88704-530
CNPJ: 04.246.660/0001-08
Indústria Brasileira
Atendimento ao consumidor: Fone: 48 3632 7567
e-mail: sac@tauens.com.br
**www.tauens.com.br**

---

# GUACOLIN

Grupo de produtos
**Medicamentos isentos de prescrição**

### Componentes

Cada 5 mL de Guacolin® contém 0,4165 mL de extrato de fluido Guaco (*Mikania glomerata*); 5 mL de excipientes q.s.p. Cada mL de xarope Guacolin® contém 0,05 mg de cumarina. Excipientes: mel, aroma de mel, sacarose, benzoato de sódio, corante caramelo e água purificada.

## INFORMAÇÕES AO CONSUMIDOR

**1. Indicações:**

Guacolin® é indicado como expectorante e broncodilatador.

**2. Características Farmacológicas:**

Composição química: A *Mikania glomerata* (guaco) apresenta os seguintes constituintes químicos: cumarina, ácido caurenoico, ácido cinamiol grandiflórico e estigmasterol. Estudos fitoquímicos demonstram traços de saponinas, taninos e a presença de polifenóis. Alcaloides pirrolizínios, descritos na literatura como hepatotóxicos, não foram identificados em *Mikania glomerata*. O uso da *Mikania glomerata* para o tratamento de afecções respiratórias já é conhecido há muito tempo pela medicina popular. Estudos preliminares de avaliação farmacológica do Guaco indicam que sua atividade broncodilatadora é devido ao efeito da cumarina sobre a musculatura lisa, o que justifica o seu uso em afecções do trato respiratório. Estudos indicam que a *Mikania glomerata* apresenta ainda efeitos espasmolítico e anti-inflamatório. A atividade antialérgica de *Mikania glomerata* foi evidenciada através da redução do processo inflamatório imunológico, na pleurisia induzida por ovoalbumina em ratos. Estudos demonstram que *Mikania glomerata* foi capaz de promover relaxamento de traqueia isolada de cobaia contraída com histamina e acetilcolina. Além disto, evidenciou-se o efeito relaxante induzido por *Mikania glomerata* em brônquio isolado de humano contraído com potássio. Estudos toxicológicos:

Estudos de toxicidade aguda demonstraram que *Mikania glomerata* possui baixa toxicidade, observada apenas em altas doses (40 mL/kg, via oral) do extrato fluído administrado a ratos. Em altas doses, causa vômito e diarreia que desaparecem ao descontinuar a terapia. Dentre os constituintes químicos de *Mikania glomerata* apontados pelo seu efeito broncodilatador encontra-se a cumarina. Estudos realizados indicam que a cumarina apresentou DL50 de 680 mg/kg em ratos e 202 mg/kg em cobaias quando administradas por via oral. No Guacolin® a concentração de cumarina não ultrapassa 0, 055 mg/mL. Tendo em vista que serão utilizados no máximo 15 mL por dose, a concentração máxima de cumarina será de 0, 83 mg/dose. Pelo fato de não existirem estudos sobre a teratogenicidade de *Mikania glomerata* não se recomenda o uso deste medicamento em mulheres grávidas.

### 3. Contraindicações:
Guacolin® é contraindicado para pacientes que apresentem reações de hipersensibilidade a cumarina ou a qualquer um dos componentes da formulação. Este medicamento não deve ser utilizado em crianças menores de 2 anos de idade. Este medicamento não deve ser utilizado por mulheres grávidas sem orientação médica ou do cirurgião-dentista.

### 4. Advertências e Precauções:
Este medicamento não deve ser utilizado por mulheres grávidas sem orientação médica ou do cirurgião-dentista. Atenção diabéticos: este medicamento contém açúcar. Este medicamento não deve ser utilizado em crianças menores de 2 anos de idade e pacientes com doença de fígado ou distúrbios de coagulação.

### 5. Interações Medicamentosas:
Até o presente momento não foram constatadas interações medicamentosas com o Guacolin®. No entanto, por ter em sua composição cumarina, este medicamento pode exacerbar o efeito dos anticoagulantes.

### 6. Cuidados de Armazenamento do Medicamento:
Conservar o medicamento em temperatura ambiente (15-30ºC). Manter o frasco bem fechado após o uso. Nessas condições, o medicamento se manterá próprio para o consumo, respeitando o prazo de validade indicado na embalagem. Número de lote e datas de fabricação e validade: vide embalagem. Não use medicamento com prazo de validade vencido. Guarde-o em sua embalagem original. Guacolin® é apresentado na forma líquida, xarope de cor caramelo, com odor e sabor característicos. Antes de usar observe o aspecto do medicamento. Todo medicamento deve ser mantido fora do alcance de crianças.

### 7. Posologia e Modo de usar:
Uso oral.
Crianças de 3 a 6 anos: ingerir 5 mL de 8 em 8 horas.
Crianças de 7 a 12 anos: ingerir 7,5 mL de 8 em 8 horas.
Adultos: ingerir 15 mL de 8 em 8 horas.
Agitar o produto antes de usar.

### 8. Reações Adversas:
Ainda não são conhecidas a intensidade e frequência das reações adversas, porém deve-se seguir a posologia indicada e observar as precauções.

### 9. Superdose:
Em altas doses, pode provocar vômito, diarreia e aumento do tempo de coagulação. Na eventualidade da ingestão acidental ou administração de doses muito acima das preconizadas, recomenda-se adotar as medidas de controle das funções vitais. Em caso de intoxicação ligue para 0800 722 6001, se você precisar de mais orientações.
Uso adulto e pediátrico.
Uso oral.
Finalidade de uso:
Guacolin® é indicado como expectorante (auxilia na eliminação das secreções respiratórias) e broncodilatador (dilatação dos brônquios).
GUACOLIN® É UM MEDICAMENTO SEU USO PODE TRAZER RISCOS. PROCURE O MÉDICO E O FARMACÊUTICO. LEIA A BULA.
SE PERSISTIREM OS SINTOMAS, O MÉDICO DEVERÁ SER CONSULTADO

### Apresentação
Frasco com 120 mL.
Número de Registro MS Anvisa 1.0657.0016.001-9.

---

## GUACOPLEX
*Mikania glomerata*

### MEDICAMENTO FITOTERÁPICO

**Forma farmacêutica**: xarope
**Via de administração**: oral.
**Apresentação**: Frasco com 120 mL.

### USO ORAL

**USO ADULTO E PEDIÁTRICO ACIMA DE 2 ANOS.**

**COMPOSIÇÃO**
Cada mL contém:
Extrato fluido de *Mikania glomerata* ...............0,0833 ml*
Veículo qsp. ................................................................1,00 ml
Veículo: glicose líquida, benzoato de sódio, metilparabeno, mel e água.
*Cada mL do xarope contém 70 mcg de cumarina

**Nomenclatura botânica oficial**: *Mikania glomerata* Sprengl.
**Nome popular**: Guaco
**Família**: Compositae
**Parte da planta utilizada:** folhas

**INFORMAÇÕES TÉCNICAS AOS PROFISSIONAIS DE SAÚDE**
**1. INDICAÇÕES**
Auxiliar no tratamento de afecções do trato respiratório, como expectorante e broncodilatador.

**2. CARACTERÍSTICAS FARMACOLÓGICAS**
A *Mikania glomerata* tem como ação terapêutica: tem efeito broncodilatador e expectorante. Sabe-se que receptores da acetilcolina estão presentes no sistema respiratório e sua estimulação, pela acetilcolina, produz broncoconstrição e aumento da secreção. Assim, o bloqueio desses receptores pelo princípio ativo do guaco provoca a diminuição da secreção brônquica e relaxamento da musculatura lisa respiratório, fazendo do guaco um auxiliar no tratamento de tosses persistentes, tosses com expectoração e rouquidão.

**3. CONTRAINDICAÇÕES**
O uso do produto é contraindicado nos casos de hipersensibilidade aos componentes da fórmula.

**ESTE MEDICAMENTO É CONTRAINDICADO POR PORTADORES DE HEMOFILIA. ESTE MEDICAMENTO É CONTRAINDICADO PARA MENORES DE 2 ANOS.**
**NÃO DEVE SER UTILIZADO DURANTE A GRAVIDEZ E AMAMENTAÇÃO, EXCETO SOB ORIENTAÇÃO MÉDICA. INFORME AO SEU MÉDICO OU CIRURGIÃO-DENTISTA SE OCORRER GRAVIDEZ OU INICIAR AMAMENTAÇÃO DURANTE O USO DESTE MEDICAMENTO.**

**ATENÇÃO: ESTE MEDICAMENTO POSSUI AÇÚCAR, PORTANTO DEVE SER USADO COM CAUTELA EM PORTADORES DE DIABETES.**

**4. ADVERTÊNCIAS E PRECAUÇÕES**
Pacientes com problemas hepáticos podem apresentar toxicidade com o uso prolongado. Recomenda-se maior critério na administração de xarope de guaco em pacientes com quadros respiratórios crônicos não diagnosticados, devendo-se afastar a hipótese de tuberculose e câncer. O uso concomitante de diuréticos nos casos de hipertensão ou cardiopatias só deve ser feito sob orientação médica, dada a possibilidade do surgimento de uma descompensação na pressão arterial do paciente ou de uma potencialização do efeito dos cardiotônicos.

**ATENÇÃO: ESTE MEDICAMENTO POSSUI AÇÚCAR, PORTANTO DEVE SER USADO COM CAUTELA EM PORTADORES DE DIABETES.**
**NÃO DEVE SER UTILIZADO DURANTE A GRAVIDEZ E AMAMENTAÇÃO, EXCETO SOB ORIENTAÇÃO MÉDICA. INFORME AO SEU MÉDICO OU CIRURGIÃO-DENTISTA SE OCORRER GRAVIDEZ OU INICIAR AMAMENTAÇÃO DURANTE O USO DESTE MEDICAMENTO.**

Não existem advertências ou recomendações especiais sobre o uso deste produto em pacientes idosos. Utilizar as mesmas advertências preconizadas para adultos.

**6. INTERAÇÕES MEDICAMENTOSAS**
O guaco não deve ser empregado simultaneamente com anticoagulantes, pois as cumarinas podem potencializar seus efeitos e antagonizar o da vitamina K. As saponinas presentes na *Mikania glomerata* aumentam a absorção do lapachol, princípio ativo presente na *Tabeluia avellanedae* (Ipê-roxo). Recomenda-se maior critério na administração de xarope de guaco em pacientes com quadros respiratórios crônicos não diagnosticados, devendo-se afastar a hipótese de tuberculose e câncer.

**6. CUIDADOS DE ARMAZENAMENTO DO MEDICAMENTO**
Conservar em embalagem original e em temperatura ambiente (entre 15 e 30°C). Proteger da luz.
**Número de lote e datas de fabricação e validade: vide embalagem.**
**Não use medicamento com o prazo de validade vencido. Guarde-o em sua embalagem original.**

GUACOPLEX é um líquido límpido, na cor caramelo escuro, odor e sabor característico de mel.
**Antes de usar, observe o aspecto do medicamento. Todo medicamento deve ser mantido fora do alcance das crianças.**

## 7. POSOLOGIA E MODO DE USAR
Administrar por via oral de 6 em 6 horas. Adultos: 1 copo medida (15 ml)
Crianças entre 7 e 12 anos: 1/2 copo medida (7,5 ml)
Crianças entre 2 e 6 anos: 1/3 copo medida (5 ml)

## 8. REAÇÕES ADVERSAS
Reação comum (ocorre entre 1% e 10% dos pacientes que utilizam este medicamento): náuseas, vômito, dores de cabeça e aumento da pressão arterial.
Reação rara (ocorre entre 0,01% e 0,1% dos pacientes que utilizam este medicamento): Pacientes com problemas hepáticos podem apresentar toxicidade com o uso prolongado do fitoterápico.

## 9. SUPERDOSE
O uso prolongado da ingestão de altas doses de extratos de guaco pode ocasionar taquicardia, vômitos e quadros diarreicos, que desapareçem com a descontinuação da terapia. Foram observados quadros hemorrágicos, em animais, pelo emprego contínuo de guaco por 100 dias. Caso de ingestão acidental do produto em doses acima das preconizadas na posologia, recomenda-se adotar medidas de controle das funções vitais.
**Em caso de intoxicação ligue para 0800 722 6001, se você precisar de mais orientações.**

### DIZERES LEGAIS
Reg. MS: 1.1695.0034
Responsável Técnico: Glauco Fernandes Miranda CRF RS 5252
**LABORATÓRIO FARMACÊUTICO VITAMED LTDA**
Rua Flávio Francisco Bellini 459 – Caxias do Sul – RS – CEP 95098 170
CNPJ: 29.346.301/0001-53
INDÚSTRIA BRASILEIRA
SAC (54) 4009 3210
sac@vitamed.com.br www.vitamed.com.br

_____

# GUACOTOSS
*Mikania glomerata* S. (guaco) 0,05mL/mL.

## MEDICAMENTO FITOTERÁPICO

**Nome científico:** *Mikania glomerata* Sprengl.
**Nome da família botânica:** Asteraceae
**Nomenclatura popular:** guaco
**Parte da planta utilizada:** folhas

### APRESENTAÇÕES
Xarope 0,05mL/mL: frasco plástico com 100mL.
Xarope 0,05mL/mL: frasco plástico com 120mL.
Xarope 0,05mL/mL: frasco plástico com 150mL.

USO ORAL.
USO ADULTO E PEDIÁTRICO ACIMA DE 02 ANOS DE IDADE.

### COMPOSIÇÃO
Cada mL contém (1 mL corresponde a 33 gotas e cada gota corresponde a 0,04g):
Extrato fluido de *Mikania glomerata* Sprengl. (guaco ................................................0,05mL*
*padronizado em 0,03mg de cumarina
Excipientes q.s.p. .........................................1,0mL
(Excipientes: água purificada, álcool etílico, corante caramelo, essência, metilparabeno, propilparabeno, sacarose).

### INFORMAÇÕES AO PACIENTE
#### 1. PARA QUE ESTE MEDICAMENTO É INDICADO?
Este medicamento é indicado para o tratamento de doenças do trato respiratório, com ação broncodilatadora e expectorante, ajudando na eliminação das secreções presentes, facilitando sua expulsão pelo reflexo da tosse.

#### 2. COMO ESTE MEDICAMENTO FUNCIONA?
Este medicamento possui propriedades expectorantes e broncodilatadoras, facilitando a eliminação das secreções brônquicas em caso de obstrução das vias aéreas superiores. Vários estudos farmacológicos demonstraram tais atividades e confirmaram o uso tradicional dessa planta.

#### 3. QUANDO NÃO DEVO USAR ESTE MEDICAMENTO?
O uso deste medicamento é contraindicado para pacientes com hipersensibilidade aos componentes da fórmula. Este medicamento não deve ser utilizado por pacientes com distúrbios de coagulação sanguínea ou doenças crônicas do fígado.
**Este medicamento é contraindicado para menores de 02 anos de idade.**

Este medicamento não deve ser utilizado por mulheres grávidas sem orientação médica ou do cirurgião-dentista.

## 4. O QUE DEVO SABER ANTES DE USAR ESTE MEDICAMENTO?

O uso do GUACOTOSS deve ser evitado por pacientes com distúrbios de coagulação sanguínea, em mulheres com menstruações abundantes e em patologias crônicas do fígado. Não é recomendado utilizar este medicamento de uma maneira contínua por um período superior a 7 dias. Este medicamento não deve ser utilizado simultaneamente com anticoagulantes (varfarina, por exemplo), pois as cumarinas podem potencializar seus efeitos e antagonizar a vitamina K. As saponinas presentes nos extratos podem aumentar a absorção de lapachol, princípio ativo de *Tabebuia avellanedae*.

De acordo com a categoria de risco de fármacos destinados às mulheres grávidas, este fitoterápico apresenta categoria de risco C: não foram realizados estudos em animais e nem em mulheres grávidas.

**Este medicamento não deve ser utilizado por mulheres grávidas sem orientação médica ou do cirurgião-dentista.**

**Este medicamento não deve ser usado durante a amamentação, exceto sob orientação médica ou do cirurgião-dentista.**

**Este medicamento é contraindicado para menores de 02 anos de idade. Atenção diabéticos: contém açúcar.**
**Informe ao seu médico ou cirurgião-dentista se você está fazendo uso de algum outro medicamento.**

## 5. ONDE, COMO E POR QUANTO TEMPO POSSO GUARDAR ESTE MEDICAMENTO?

Conservar o produto em sua embalagem original, em temperatura ambiente (entre 15 e 30°C). Proteger da luz.
**Número de lote e datas de fabricação e validade: vide embalagem.**
**Não use medicamento com o prazo de validade vencido. Guarde-o em sua embalagem original.**

Características físicas e organolépticas do medicamento: líquido viscoso, cor caramelo, odor e sabor característicos de guaco, eucalipto e mentol.

**Antes de usar, observe o aspecto do medicamento. Caso ele esteja no prazo de validade e você observe alguma mudança no aspecto, consulte o farmacêutico para saber se poderá utilizá-lo.**

**Todo medicamento deve ser mantido fora do alcance das crianças.**

## 6. COMO DEVO USAR ESTE MEDICAMENTO?
USO ORAL

Crianças acima de 02 anos: tomar 10mL (1 colher de sobremesa), três vezes ao dia.

Adultos e crianças acima de 12 anos: tomar 15 mL (1 colher de sopa), três vezes ao dia.

Duração do tratamento: 7 dias

Limite máximo diário: 142 mL do produto

Caso os sintomas não desapareçam após 7 dias de tratamento, procure seu médico.

**Siga corretamente o modo de usar. Em caso de dúvidas sobre este medicamento, procure orientação do farmacêutico. Não desaparecendo os sintomas, procure orientação de seu médico ou cirurgião-dentista.**

## 7. O QUE DEVO FAZER QUANDO EU ME ESQUECER DE USAR ESTE MEDICAMENTO?

Caso haja esquecimento de alguma dose, seguir o tratamento conforme as dosagens recomendadas.

**Em caso de dúvidas, procure orientação do farmacêutico ou de seu médico, ou cirurgião-dentista.**

## 8. QUAIS OS MALES QUE ESTE MEDICAMENTO PODE ME CAUSAR?

O uso prolongado ou a ingestão de altas doses deste medicamento podem gerar taquicardia, vômitos, diarreia e acidentes hemorrágicos.

**Informe ao seu médico, cirurgião-dentista ou farmacêutico o aparecimento de reações indesejáveis pelo uso do medicamento. Informe também à empresa através do seu serviço de atendimento.**

## 9. O QUE FAZER SE ALGUÉM USAR UMA QUANTIDADE MAIOR DO QUE A INDICADA DESTE MEDICAMENTO?

O uso prolongado ou ingestão de altas doses pode gerar taquicardia, vômitos e quadros diarreicos, que desaparecem com a descontinuação da terapia. Em animais foram observados quadros hemorrágicos após 100 dias de uso contínuo de extratos de guaco.

Procurar auxílio médico para que sejam adotadas as medidas habituais de apoio e controle das funções vitais.

**Em caso de uso de grande quantidade deste medicamento, procure rapidamente socorro médico e leve a embalagem ou bula do medicamento, se possível.**

Ligue para 0800 722 6001, se você precisar de mais orientações.

"SIGA CORRETAMENTE O MODO DE USAR, NÃO DESAPARECENDO OS SINTOMAS PROCURE ORIENTAÇÃO MÉDICA."

**DIZERES LEGAIS**
Reg. M.S.: 1.3531.0033
Farm. Resp.: Mariana Suso Salgado CRF RS 1 16951
**IFAL – IND. COM. PROD. FARMACÊUTICOS LTDA.**
Av. José Loureiro da Silva, 1211 – Camaquã – RS
**CNPJ: 00.376.959/0001-26**
SAC: (51) 3671-5040
**INDÚSTRIA BRASILEIRA**

# H

## HAMAMELIS EC
*Hamamelis virginiana*

**Nome popular:** Hamamelis.
**Família:** Hamamelidaceae.
**Parte da planta utilizada:** Folhas.

**MEDICAMENTO FITOTERÁPICO**

**APRESENTAÇÕES**
Cartucho contendo frasco de vidro âmbar apresentando 100 mL e copo medidor.

**USO ORAL**
**USO ADULTO ACIMA DE 12 ANOS**

**COMPOSIÇÃO**
Hamamelis EC 100 mL – cada mL da tintura contém:
1 mL de tintura das folhas de *Hamamelis virginiana*.
Concentração dos princípios ativos:
A tintura está padronizada em 1,5 % de taninos totais.
Cada mL da tintura contém 15 mg de taninos totais.
Excipientes: Álcool etílico e água purificada.
Volume: 100 mL.

**1. PARA QUE ESTE MEDICAMENTO É INDICADO?**
Este medicamento é destinado ao tratamento de hemorroidas.

**2. COMO ESTE MEDICAMENTO FUNCIONA?**
Pela presença dos componentes ativos da planta, ela tem propriedade adstringente, vasoconstritora e anti-inflamatória.

**3. QUANDO NÃO DEVO USAR ESTE MEDICAMENTO?**
Pacientes com hipersensibilidade aos componentes da fórmula devem evitar o uso do produto.
A forma farmacêutica tintura, por conter álcool em sua composição, não deve ser usada por pacientes que estão deixando de tomar bebidas alcoólicas, por aqueles que apresentam sensibilidade ao álcool e portadores de doenças crônicas (diabetes e comprometimento hepático).
Não deve ser utilizado em caso de lesões da mucosa do trato digestivo (úlcera gástrica e duodenal, gastrite, colites etc.).
Embora não haja evidência de riscos na literatura consultada, o uso não é recomendado para gestantes.

Este medicamento é contraindicado para menores de 12 anos de idade.
Este medicamento é contraindicado para gestantes.

### 4. O QUE DEVO SABER ANTES DE USAR ESTE MEDICAMENTO?

Devido ao poder irritante dos taninos na mucosa gástrica, não é recomendado o tratamento por tempo prolongado.
O uso do medicamento pode interferir na absorção de ferro em pacientes que fazem uso de antianêmicos orais.
**Informe ao seu médico ou cirurgião-dentista se você está fazendo uso de algum outro medicamento.**

### 5. ONDE, COMO E POR QUANTO TEMPO POSSO GUARDAR ESTE MEDICAMENTO?

Conservar o medicamento em sua embalagem original, protegendo da luz, calor e umidade.
Conservar este medicamento em temperatura ambiente (15 a 30°C).
Este medicamento tem validade de 24 meses a partir da data de sua fabricação.
Número de lote e datas de fabricação e validade: VIDE EMBALAGEM.
Não use medicamento com prazo de validade vencido.
Para sua segurança, mantenha o medicamento em sua embalagem original.
A tintura de HAMAMELIS EC (*Hamamelis virginiana*) é um líquido de coloração caramelo claro e sabor adstringente.
**Antes de usar, observe o aspecto do medicamento.**
**Caso você observe alguma mudança no aspecto do medicamento que ainda esteja no prazo de validade, consulte o médico ou o farmacêutico para saber se poderá utilizá-lo.**
**Todo medicamento deve ser mantido fora do alcance das crianças.**

### 6. COMO DEVO USAR ESTE MEDICAMENTO?

Ingerir 10 mL da tintura diluídos em água, 2 vezes ao dia.
Agite o frasco antes de usar.
Não deve ser ultrapassado o limite máximo de 20 mL da tintura ao dia.
Duração do tratamento: enquanto persistirem os sintomas, sendo que, a cada 90 dias de tratamento é necessário um mês de intervalo ou a critério médico.
**Siga corretamente o modo de usar. Em caso de dúvidas sobre este medicamento, procure orientação do farmacêutico. Não desaparecendo os sintomas, procure orientação médica ou de seu cirurgião-dentista.**

### 7. O QUE DEVO FAZER QUANDO EU ME ESQUECER DE USAR ESTE MEDICAMENTO?

Caso haja esquecimento da ingestão de uma dose deste medicamento, retome a posologia prescrita sem a necessidade de suplementação.
**Em casos de dúvidas, procure orientação do farmacêutico ou de seu médico, ou cirurgião-dentista.**

### 8. QUAIS OS MALES QUE ESTE MEDICAMENTO PODE ME CAUSAR?

Não são conhecidas reações adversas nas doses terapêuticas.
**Informe seu médico, cirurgião-dentista ou farmacêutico o aparecimento de reações indesejáveis pelo uso do medicamento.**
**Informe a empresa sobre o aparecimento de reações indesejáveis e problemas com este medicamento, entrando em contato através do Sistema de Atendimento ao Consumidor (SAC).**

### 9. O QUE FAZER SE ALGUÉM USAR UMA QUANTIDADE MAIOR DO QUE A INDICADA DESTE MEDICAMENTO?

Alguns sintomas de superdosagem são salivação abundante e irritação da mucosa gástrica.
Em caso de superdosagem, suspender o uso, procurar orientação médica de imediato para que sejam adotadas as medidas habituais de apoio e controle das funções vitais.
**Em caso de uso de grande quantidade deste medicamento, procure rapidamente socorro médico e leve a embalagem ou bula do medicamento, se possível.**
**Em caso de intoxicação ligue para 0800 722 6001, se você precisar de mais orientações sobre como proceder.**

### DIZERES LEGAIS

MS: 1.1678.0006
Farmacêutico Responsável: Aldo Cândido Dadalt
CRF-PR: 4787
Fabricado por: As Ervas Curam Indústria Farmacêutica Ltda
Rua Eunice Weaver, 231, Campo Comprido
Curitiba – PR – CEP: 81220-080
CNPJ: 79.634.572/0001-82
Indústria Brasileira
SAC 0800 643 3949

# HAMAMELIS ORIENT®

## MEDICAMENTO FITOTERÁPICO
**Nomenclatura botânica oficial:** *Hamamelis virginiana* L.
**Nomenclatura popular:** Hamamelis
**Família:** Hamameliaceae
**Parte da Planta utilizada:** folhas

## APRESENTAÇÕES
Cápsulas de 400mg, embalagens com 45 e 60 unidades.

## USO ORAL/USO ADULTO ACIMA DE 12 ANOS
## COMPOSIÇÃO
Cada cápsula contém:

Extrato seco de *Hamamelis virginiana* ..................... 40mg
(padronizado em 2,0 mg (5%) de taninos totais expressos em pirogalol).
Excipiente (amido de milho) q.s.p. ...................... 400mg

## INFORMAÇÕES AO PACIENTE:
### PARA QUE ESTE MEDICAMENTO É INDICADO?
Este medicamento é destinado ao tratamento de hemorroidas.

### COMO ESTE MEDICAMENTO FUNCIONA?
A Hamamelis provoca a contração dos vasos sanguíneos. Também age tonificando e protegendo veias e artérias. Regulariza a circulação, favorecendo o retorno sanguíneo, restabelecendo o equilíbrio entre a circulação arterial e venosa.

Seu médico é a pessoa mais adequada para lhe dar maiores informações sobre o tratamento, siga sempre suas orientações. Não devem ser utilizadas doses superiores às recomendadas.

### QUANDO NÃO DEVO USAR ESTE MEDICAMENTO?
Pacientes com histórico de hipersensibilidade e alergia a qualquer um dos componentes da fórmula não devem fazer uso deste produto.

Pacientes com úlcera gástrica e duodenal não devem fazer uso deste produto.

**Este medicamento é contraindicado para menores de 12 anos.**

**Este medicamento não deve ser usado durante a gravidez e amamentação, exceto sob orientação médica.**

**Informe ao seu médico se ocorrer gravidez ou se iniciar amamentação durante o uso deste medicamento.**

### O QUE DEVO SABER ANTES DE USAR ESTE MEDICAMENTO?
Este medicamento pode irritar a mucosa digestiva devido ao alto teor de taninos por isso, recomenda-se que haja interrupções periódicas no tratamento.

Este medicamento pode interferir na absorção de ferro em pacientes que estão em tratamento com antianêmicos orais.

**Informe ao médico ou cirurgião-dentista o aparecimento de reações indesejáveis.**

**Informe ao seu médico ou cirurgião-dentista se você está fazendo uso de algum outro medicamento.**

### ONDE, COMO E POR QUANTO TEMPO POSSO GUARDAR ESTE MEDICAMENTO?
Conservar o medicamento em sua embalagem original, protegendo da luz, calor e umidade. Manter entre 15º e 30ºC. Nessas condições, o medicamento se manterá próprio para o consumo, respeitando o prazo de validade indicado na embalagem.

A Hamamelis Orient é apresentada em cápsulas duras gelatinosas de forma cilíndrica e com o nome Orient Mix estampado no corpo da cápsula.

**O prazo de validade é de 24 meses após a data de fabricação. Número de lote e datas de fabricação e validade: vide embalagem.**

**Não use o medicamento com prazo de validade vencido. Caso observe mudança no aspecto do medicamento que ainda esteja no prazo de validade, consulte o médico ou o farmacêutico para saber se poderá utilizá-lo.**

**Todo medicamento deve ser mantido fora do alcance das crianças.**

### COMO DEVO USAR ESTE MEDICAMENTO?
Ingerir 1 cápsula, 3 vezes ao dia.

As cápsulas devem ser ingeridas inteiras e sem mastigar com quantidade suficiente de água para que sejam deglutidas.

Intervalos de administração: a cada 8 horas. Duração de tratamento: à critério médico. Vias de administração: somente por via oral.

Limite máximo diário de administração do medicamento: ingerir no máximo 3 cápsulas por dia.

**Siga corretamente o modo de usar. Em caso de dúvidas sobre este medicamento, procure orientação do farmacêutico. Não desaparecendo os sintomas, procure orientação de seu médico ou cirurgião-dentista.**

## O QUE DEVO FAZER QUANDO EU ME ESQUECER DE USAR ESTE MEDICAMENTO?

Caso haja esquecimento da ingestão de uma dose deste medicamento, retome a posologia prescrita sem a necessidade de suplementação.

**Em caso de dúvidas, procure orientação do farmacêutico ou de seu médico, ou cirurgião-dentista.**

## QUAIS OS MALES QUE ESTE MEDICAMENTO PODE ME CAUSAR?

Reação rara (ocorre entre 0,01% e 0,1% dos pacientes que utilizam este medicamento): Irritação da mucosa digestiva

**Informe ao seu médico, cirurgião-dentista ou farmacêutico o aparecimento de reações indesejáveis pelo uso do medicamento. Informe também à empresa através do seu serviço de atendimento.**

## O QUE FAZER SE ALGUÉM USAR UMA QUANTIDADE MAIOR DO QUE A INDICADA DESTE MEDICAMENTO?

O paciente pode apresentar os sintomas de insônia, nervosismo, taquicardia e ansiedade.

**Em caso de uso de grande quantidade deste medicamento, procure rapidamente socorro médico e leve a embalagem ou bula do medicamento, se possível.**
**Em caso de intoxicação ligue para 0800 722 6001, se você precisar de mais orientações sobre como proceder.**

## DIZERES LEGAIS

Reg. M.S. nº: 1.2397.0029.
Responsável Técnico: Guilherme Ji CRF-RJ: 9545
Estrada da Pedra Negra, 295 – Jacarepaguá. RJ. CEP.: 22.780-120
**Orient Mix Fitoterápicos do Brasil Ltda**
CNPJ: 73.657.876/0001-89
Indústria Brasileira.

---

# HEDERA 1FARMA®

Extrato hidroetanólico seco das folhas de *Hedera helix* L.

## MEDICAMENTO FITOTERÁPICO

**Família:** Araliaceae
**Parte da planta utilizada:** Folhas
**Nomenclatura Popular:** Hera sempre-verde

## APRESENTAÇÃO:

Solução oral 7 mg/mL – cartucho contendo frasco de 100 mL acompanhado de copo dosador

## USO ORAL
## USO ADULTO E PEDIÁTRICO ACIMA DE 2 ANOS

## COMPOSIÇÃO:

Cada mL contém extrato hidroetanólico seco das folhas de *Hedera helix* ................................................. 7,0 mg (equivalente a 0,84 mg (12%) +/- 15% de hederacosídeo C) e veículos* q.s.p. ........................................................ 1 mL.
*sorbato de potássio, ácido cítrico, goma xantana, sorbitol e água purificada.

## INFORMAÇÕES TÉCNICAS AO PROFISSIONAL DE SAÚDE

### 1. INDICAÇÕES

HEDERA 1FARMA® é destinado para o tratamento sintomático de afecções broncopulmonares, com aumento das secreções e/ou broncoespasmos associados. Possui efeito mucolítico, expectorante e broncodilatador; esse efeito facilita a expectoração e melhora a respiração.

### 2. RESULTADOS DE EFICÁCIA

Em um estudo multicêntrico demonstrou-se desfecho clínico, com evolução favorável, não só quando analisado o sintoma da tosse, mas também quando analisada a evolução da secreção pulmonar, traduzida pela tríade propedêutica roncos, sibilos e expectoração. Além disso, houve uma tolerabilidade geral ao medicamento e a ocorrência de efeitos adversos mínimos. Em pediatria, este fitoterápico demonstrou-se efeito mucolítico e expectorante, bem como broncodilatador de menor potência e com reduzidos efeitos colaterais; assim como sua eficácia mucolítica e expectorante e a tolerabilidade em crianças com infecção aguda das vias respiratórias superiores. [1, 2;3;4]

[1]*Orientação WHO GOLD. Iniciativa global para doenças crônicas, Doença pulmonar obstrutiva (2006),*

[2]*Orientação BTS: recomendações para o tratamento da tosse em Relatório de avaliação sobre Hedera helix L., folium EMA/HMPC/289432/2009, página 44/89 Adultos (Morice et al., 2006),*

[3]*DEGAM directriz 11 Husten (tosse) (2008),*

[4]*Leitlinie der Deutschen Atemwegsliga (Vogelmeier et al., 2007).*

### 3. CARACTERÍSTICAS FARMACOLÓGICAS

HEDERA 1FARMA® contém em sua formulação o extrato hidroetanólico seco de folhas de *Hedera helix*, utilizado como meio de extração o etanol a 30% (não presente no produto final) como substância ativa. Os componentes das matérias vegetais da droga (folhas de hera) que fornecem o valor terapêutico da droga são, principalmente, as saponinas bidesmosídicas, do grupo de glicosídeos triterpenos, cujo principal representante em termos qualitativos é a hederasaponina C (hederacosídeo C). Ambas as ações aumentam a expectoração eliminando as secreções que obstruem a via aérea. O efeito mucolítico do extrato deve-se essencialmente à natureza da saponina dos hederaglicosídeos, embora os efeitos parassimpaticolíticos de certos glicosídeos sejam considerados a base das propriedades broncodilatadoras sobre os brônquios inflamados.

## 4. CONTRAINDICAÇÕES

Este medicamento não deve ser administrado por pacientes que apresentem hipersensibilidade à espécie vegetal *Hedera*, a qualquer outra planta da família Araliaceae ou a qualquer componente da formulação.

**Este medicamento é contraindicado para uso por pacientes que apresentam intolerância à frutose;** somente o médico, após avaliação do risco/benefício do produto poderá determinar se esse tipo de paciente pode fazer uso do produto. Embora não existam dados clínicos sobre a exposição de HEDERA 1FARMA® na gravidez humana, os estudos com animais prenhas não indicam efeitos nocivos diretos ou indiretos em relação à gravidez, desenvolvimento embrionário ou fetal, parto ou desenvolvimento pós-natal. Apesar disso, HEDERA 1FARMA® não deve ser administrado durante a gravidez e lactação, pois a segurança nesses períodos não foi estabelecida. Em pacientes idosos (acima de 65 anos de idade), ainda que os estudos clínicos não tenham demonstrado alterações significativas, é sempre recomendável um acompanhamento médico rigoroso a esse grupo de pacientes.

**Categoria de risco na gravidez: B.**

**Este medicamento não deve ser utilizado por mulheres grávidas sem orientação médica ou do cirurgião-dentista. Este medicamento não deve ser utilizado em crianças menores de 2 anos de idade.**

## 5. ADVERTÊNCIAS E PRECAUÇÕES

HEDERA 1FARMA® contém em sua fórmula, sorbitol, o qual é metabolizado no organismo em frutose, sendo conveniente avaliar sua indicação para pacientes com intolerância a essa substância. Apesar de não terem sido realizados estudos específicos sobre os efeitos do produto na capacidade de dirigir e operar máquinas, não foi observado, nos outros estudos conduzidos com *Hedera helix* L., qualquer alteração que conduza a alguma restrição nos pacientes que tenham atividades relacionadas a dirigir e/ou operar máquinas.

Tosses persistentes ou recorrentes, em crianças entre 2-4 anos de idade, requerem diagnóstico médico antes do tratamento. Casos em que ocorrem dispneia, febre ou expectoração purulenta, um médico ou um farmacêutico deverá ser consultado.

O uso concomitante com antitussígenos como a codeína ou dextrometorfano não é recomendado sem orientação médica. Recomenda-se precaução em pacientes com gastrite ou úlcera gástrica.

Nos pacientes idosos (acima de 65 anos de idade), ainda que os estudos clínicos não tenham demonstrado alterações nos pacientes, é sempre recomendável um acompanhamento rigoroso do médico.

Não demonstraram potenciais mutagênicos as saponinas extraídas da folha de *Hedera helix* L.

**Categoria de risco na gravidez: B.**

**Este medicamento não deve ser utilizado por mulheres grávidas sem orientação médica ou do cirurgião-dentista. Este medicamento não deve ser utilizado em crianças menores de 2 anos de idade.**

## 6. INTERAÇÕES MEDICAMENTOSAS

Não são conhecidos efeitos adversos quando o paciente usa simultaneamente HEDERA 1FARMA® com outros medicamentos. Por esse motivo, essa solução oral pode ser utilizada juntamente com outros medicamentos. De qualquer maneira informe o seu médico sobre outros medicamentos que esteja usando.

## 7. CUIDADOS DE ARMAZENAMENTO DO MEDICAMENTO

HEDERA 1FARMA® deve ser mantido em temperatura ambiente (entre 15 e 30º C). Proteger da luz e umidade. Prazo de validade: 24 meses a partir da data de fabricação.

**Número de lote e datas de fabricação e validade: vide embalagem.**

**Não use medicamento com o prazo de validade vencido. Guarde-o em sua embalagem original.**

**Características físicas e organolépticas**

HEDERA 1FARMA® se apresenta na forma de solução oral marrom à esverdeada, com odor característico.

HEDERA 1FARMA® possui extrato seco de planta como ingrediente ativo, portanto poderá ocorrer leve turvação e alteração de cor ocasional no produto, como qualquer preparação feita a partir de produtos vegetais. Essas alterações não afetam a eficácia do produto. **Agite antes de usar. Antes de usar, observe o aspecto do medicamento.**

**TODO MEDICAMENTO DEVE SER MANTIDO FORA DO ALCANCE DAS CRIANÇAS.**

**8. POSOLOGIA E MODO DE USAR**
Via Oral.

- Crianças de 2 até 5 anos de idade: 2,5 mL, a cada 12 horas.
- Crianças de 6 até 12 anos de idade: 5 mL, a cada 12 horas.
- Adultos, adolescentes e idosos: 5 mL, a cada 8 horas.

O paciente não deve exceder a dose máxima diária (crianças de 2 até 5 anos: 5 mL; crianças de 6 até 12 anos: 10 mL e adultos, adolescentes e idosos: 15 mL). Este medicamento deve ser utilizado por um prazo máximo de 7 dias ou se os sintomas persistirem, um médico ou farmacêutico deverá ser consultado.

O uso em crianças menores de 2 anos é contraindicado, devido ao risco de agravamento dos sintomas respiratórios. Não interrompa o tratamento sem conhecimento do seu médico.

**9. REAÇÕES ADVERSAS**
É raro observar-se efeitos secundários; em alguns casos foi registrado um efeito laxante fugaz, provavelmente devido à presença de sorbitol em sua fórmula.

Alguns efeitos foram relatados com mais frequência: reações gastrointestinais (náuseas, vômitos, diarreia), outros com pouca frequência: reações alérgicas (urticária, erupção cutânea, rosáceas couperoses, dispneia).

Se ocorrer reações adversas não mencionadas acima, um médico ou um farmacêutico deve ser consultado.

**Em caso de eventos adversos, notifique ao Sistema de Notificações em Vigilância Sanitária – Notivisa www.anvisa.gov.br/hotsite/notivisa/index.htm, ou para a Vigilância Sanitária Estadual ou Municipal.**

**10. SUPERDOSE**
Caso o paciente apresente sintomas como: náuseas, vômitos e diarreia, que podem ser devido à ingestão de quantidades muito altas (mais do que a dose diária recomendada) ou se o paciente ingerir uma dose muito grande deste medicamento acidentalmente, deve procurar um médico ou um centro de intoxicação imediatamente. O apoio médico imediato é fundamental para adultos e crianças, mesmo se os sinais e sintomas de intoxicação não estiverem presentes.

**Em caso de intoxicação ligue para 0800 722 6001, se você precisar de mais orientações.**

**VENDA SOB PRESCRIÇÃO MÉDICA**

**II- DIZERES LEGAIS**
MS – 1.0481.0143
Farm. Resp.: Larissa Pereira Cobra Sodré Picheli CRF – MG: 16.100
Fabricado por: **CIMED INDÚSTRIA DE MEDICAMENTOS LTDA**
Av. Coronel Armando Rubens Storino, 2750 CEP: 37558-608 – Pouso Alegre – MG
CNPJ: 02.814.497/0002-98
Registrado por: **1FARMA INDÚSTRIA FARMACÊUTICA LTDA.**
Rua Engenheiro Prudente, 119 CEP: 01550-000 – São Paulo – SP
CNPJ: 48.113.906/0001-49

---

# HEDERA CATARINENSE

**Nomenclatura popular:** Hera sempre-verde
**Nomenclatura botânica completa:** *Hedera helix* L.
**Família:** Araliaceae
**Parte da planta utilizada:** folhas

**MEDICAMENTO FITOTERÁPICO**

**Apresentação:** cartucho com frasco plástico contendo 150 mL do produto e copo dosador
**Forma Farmacêutica:** Xarope
**Composição:** cada mL de xarope contém 7 mg de extrato hidroetanólico seco (4-8:1) de folhas de *Hedera helix* L., equivalente a 0,84 mg de Hederacosídeo C [marcador] e excipientes: sorbitol, sorbato de potássio, goma xantana, sucralose, ácido cítrico, citrato de sódio di-hidratado, aroma de banana e água purificada.
**Quantidade:** 150 mL

**VIA ORAL**
**USO ADULTO E PEDIÁTRICO ACIMA DE 2 ANOS**

**INFORMAÇÕES AO PACIENTE**
**1. PARA QUE ESTE MEDICAMENTO É INDICADO?**
Hedera Catarinense é indicado como expectorante e mucofluidificante nos casos de tosse produtiva e tosse com catarro.

## 2. COMO ESTE MEDICAMENTO FUNCIONA?

Hedera Catarinense possui efeito mucolítico e expectorante (diminui a viscosidade das secreções e aumenta a atividade de varredura promovida pelos cílios do epitélio brônquico, facilitando a expectoração).

## 3. QUANDO NÃO DEVO USAR ESTE MEDICAMENTO?

Pacientes com histórico de hipersensibilidade (alergia) a qualquer um dos componentes da fórmula não devem fazer uso do produto.

Este medicamento é contraindicado para pacientes com hipersensibilidade (alergia) a plantas da família Araliaceae. Hedera Catarinense contém em sua fórmula sorbitol, o qual é transformado em frutose no organismo. Portanto o produto não deve ser utilizado por pacientes que possuam intolerância à frutose.

**Mulheres grávidas ou amamentando não devem utilizar este produto, já que não há estudos que possam garantir a segurança nessas situações.**

Este medicamento não deve ser utilizado por menores de 2 anos de idade.

## 4. O QUE DEVO SABER ANTES DE USAR ESTE MEDICAMENTO?

**Não use medicamento sem o conhecimento de seu médico, pode ser perigoso para sua saúde.**

**Este medicamento não deve ser utilizado por mulheres grávidas sem orientação médica ou cirurgião-dentista.**

**Informe ao seu médico ou cirurgião-dentista se você está fazendo o uso de algum outro medicamento.**

**Precauções e advertências:**

Informe seu médico da ocorrência de gravidez na vigência do tratamento ou após seu término.

Informe seu médico se está amamentando.

Informe ao seu médico sobre qualquer medicamento que esteja usando, antes do início ou durante o tratamento.

Você deve consultar seu médico caso tenha mal estar persistente ou aparecimento de insuficiência respiratória, febre, expectoração purulenta ou com sangue.

Ainda que estudos não tenham demonstrado alterações nos pacientes idosos, é sempre recomendável um acompanhamento médico rigoroso a esses pacientes.

O uso concomitante com opiáceos antitussígenos como codeína ou dextrometorfano não é recomendado sem aconselhamento médico.

Recomenda-se cautela para a administração em pacientes com gastrite ou úlcera gástrica.

**Interações medicamentosas:**

Não há relatos de interações medicamentosas até o momento.

## 5. ONDE, COMO E POR QUANTO TEMPO POSSO GUARDAR ESTE MEDICAMENTO?

Hedera Catarinense deve ser guardado em sua embalagem original, à temperatura ambiente (15-30°C), protegido da luz e umidade.

**Número de lote e datas de fabricação e validade: vide embalagem.**

**Não use medicamento com o prazo de validade vencido. Guarde-o em embalagem original.**

Após aberto, válido por 3 meses.

O produto apresenta-se como um líquido viscoso, levemente turvo, com odor de banana e sabor doce, característico de banana.

**Antes de usar, observe o aspecto do medicamento. Caso ele esteja no prazo de validade e você observe alguma mudança no aspecto, consulte o farmacêutico para saber se poderá utilizá-lo.**

**Todo medicamento deve ser mantido fora do alcance das crianças.**

## 6. COMO DEVO USAR ESTE MEDICAMENTO?

Utilizar apenas a via oral. O uso deste medicamento por outra via, que não a oral, pode causar a perda do efeito esperado ou mesmo promover danos ao seu usuário.

Utilizar o copo de medida para dosar o volume a ser administrado, seguindo as instruções para cada faixa etária descrita a seguir:

Posologia

Crianças entre 2 e 5 anos:

- Ingerir 2,5mL (equivalentes 17,5 mg de extrato e correspondentes a 2,1 mg de Hederacosídeo C [marcador]), duas vezes ao dia.

Crianças entre 6 e 11 anos:

- Ingerir 2,5mL (equivalentes 17,5 mg de extrato e correspondentes a 2,1 mg de Hederacosídeo C [marcador]), três vezes ao dia.

Adultos (acima de 12 anos):

- Ingerir 5,0mL (equivalentes 35 mg de extrato e correspondentes a 4,2 mg de Hederacosídeo C [marcador]), três vezes ao dia.

A duração do tratamento foi estabelecida em 7 dias consecutivos.

USO ORAL/USO INTERNO

**Siga a orientação de seu médico, respeitando sempre os horários, as doses e a duração do tratamento. Não interrompa o tratamento sem o conhecimento do seu médico.**

### 7. O QUE DEVO FAZER QUANDO EU ME ESQUECER DE USAR ESTE MEDICAMENTO?

Caso você esqueça de tomar uma dose do medicamento não tome uma dose extra para repor a que foi esquecida, apenas siga com o tratamento, tomando normalmente a próxima dose.

### 8. QUAIS OS MALES QUE ESTE MEDICAMENTO PODE ME CAUSAR?

Hedera Catarinense pode provocar um ligeiro efeito laxante, provavelmente vinculado à presença de sorbitol em sua fórmula.

Podem ocorrer reações gastrointestinais (náuseas, vômitos e diarreias) e alérgicas (urticaria, erupções cutâneas e dificuldade de respiração).

Não há riscos à saúde ou reações adversas após o uso das doses recomendadas, entretanto existe um potencial moderado, em indivíduos predispostos, para sensibilização por contato cutâneo.

**Informe ao seu profissional de saúde o aparecimento de reações indesejáveis pelo uso do produto. Informe também à empresa por meio do seu Serviço de Atendimento ao Consumidor (SAC).**

**Em caso de eventos adversos, notifique ao Sistema de Notificações em Vigilância Sanitária Notivisa, disponível em http://www.anvisa.gov.br/hotsite/notivisa/index.htm, ou para a Vigilância Sanitária Estadual ou Municipal.**

### 9. O QUE FAZER SE ALGUÉM USAR UMA QUANTIDADE MAIOR DE QUE A INDICADA DESTE MEDICAMENTO?

A ingestão de quantidades superiores à dose diária máxima recomendada pode produzir náuseas, vômitos, diarreias e agitação.

Em caso de superdosagem, recomenda-se suspender o uso e procurar orientação médica.

**Em caso de uso de grande quantidade deste medicamento, procure rapidamente socorro médico e leve a embalagem ou bula do medicamento, se possível. Ligue para 0800 722 6001, se você precisar de mais orientações.**

**DIZERES LEGAIS**
MS. 1.0066.3395.002-1
Farm. Resp.: Ana Carolina S. Kruger CRF-SC: 6252
**Laboratório Catarinense Ltda.**
Rua Dr. João Colin, 1053
89204-001 – Joinville – SC
CNPJ: 84.684.620/0001-87
Indústria Brasileira
SAC 0800-474222

_____

# HEDERA CIMED®

Extrato hidroetanólico seco das folhas de *Hedera Helix* L.

**MEDICAMENTO FITOTERÁPICO**

**Família:** *Araliaceae*
**Parte da planta utilizada:** Folhas
**Nomenclatura Popular:** Hera sempre-verde

### APRESENTAÇÃO:

HEDERA CIMED®: Solução oral 7 mg/mL – cartucho contendo frasco de 100 mL acompanhado de copo dosador.
HEDERA CIMED® SABOR CEREJA: Solução oral 7 mg/mL – cartucho contendo frasco de 100 mL acompanhado de copo dosador.

**USO ORAL**
**USO ADULTO E PEDIÁTRICO ACIMA DE 2 ANOS**

### COMPOSIÇÃO:

Cada mL contém extrato hidroetanólico seco das folhas de *Hedera helix* ................................................7,0mg
(equivalente a 0,84 mg (1%) +/- 15% de hederacosídeo C) e veículos* q.s.p. ......................................................... 1 mL
*sorbato de potássio, ácido cítrico, goma xantana, sorbitol, aroma de cereja líquido e água purificada.

### I- INFORMAÇÕES TÉCNICAS AO PROFISSIONAL DE SAÚDE
### 1- INDICAÇÕES

HEDERA CIMED® é destinado para o tratamento sintomático de afecções broncopulmonares, com aumento das secreções e/ou broncoespasmos associados. Possui efeito mucolítico, expectorante e broncodilatador; esse efeito facilita a expectoração e melhora a respiração.

## 2- RESULTADOS DE EFICÁCIA

Em um estudo multicêntrico demonstrou-se desfecho clínico, com evolução favorável, não só quando analisado o sintoma da tosse, mas também quando analisada a evolução da secreção pulmonar, traduzida pela tríade propedêutica roncos, sibilos e expectoração. Além disso, houve uma tolerabilidade geral ao medicamento e a ocorrência de efeitos adversos mínimos. Em pediatria, este fitoterápico demonstrou-se efeito mucolítico e expectorante, bem como broncodilatador de menor potência e com reduzidos efeitos colaterais; assim como sua eficácia mucolítica e expectorante e a tolerabilidade em crianças com infecção aguda das vias respiratórias superiores. [1, 2;3;4]

[1] Orientação WHO GOLD. Iniciativa global para doenças crônicas, Doença pulmonar obstrutiva (2006),

[2] Orientação BTS: recomendações para o tratamento da tosse em Relatório de avaliação sobre Hedera helix L., folium EMA/HMPC/289432/2009, página 44/89 Adultos (Morice et al., 2006),

[3] DEGAM directriz 11 Husten (tosse) (2008),

[4] Leitlinie der Deutschen Atemwegsliga (Vogelmeier et al., 2007).

## 3- CARACTERÍSTICAS FARMACOLÓGICAS

HEDERA CIMED® contém em sua formulação o extrato hidroetanólico seco de folhas de *Hedera helix*, utilizado como meio de extração o etanol a 30% (não presente no produto final) como substância ativa. Os componentes das matérias vegetais da droga (folhas de hera) que fornecem o valor terapêutico da droga são, principalmente, as saponinas bidesmosídicas, do grupo de glicosídeos triterpenos, cujo principal representante em termos qualitativos é a hederasaponina C (hederacosídeo C). Ambas as ações aumentam a expectoração eliminando as secreções que obstruem a via aérea. O efeito mucolítico do extrato deve-se essencialmente à natureza da saponina dos hederaglicosídeos, embora os efeitos parassimpaticolíticos de certos glicosídeos sejam considerados a base das propriedades broncodilatadoras sobre os brônquios inflamados.

## 4- CONTRAINDICAÇÕES

Este medicamento não deve ser administrado por pacientes que apresentem hipersensibilidade à espécie vegetal *Hedera*, a qualquer outra planta da família *Araliaceae* ou a qualquer componente da formulação.

**Este medicamento é contraindicado para uso por pacientes que apresentam intolerância à frutose;** somente o médico, após avaliação do risco/benefício do produto poderá determinar se esse tipo de paciente pode fazer uso do produto. Embora não existam dados clínicos sobre a exposição de HEDERA CIMED® na gravidez humana, os estudos com animais prenhas não indicam efeitos nocivos diretos ou indiretos em relação à gravidez, desenvolvimento embrionário ou fetal, parto ou desenvolvimento pós-natal. Apesar disso, HEDERA CIMED® não deve ser administrado durante a gravidez e lactação, pois a segurança nesses períodos não foi estabelecida. Em pacientes idosos (acima de 65 anos de idade), ainda que os estudos clínicos não tenham demonstrado alterações significativas, é sempre recomendável um acompanhamento médico rigoroso a esse grupo de pacientes.

**Categoria de risco na gravidez: B.**

**Este medicamento não deve ser utilizado por mulheres grávidas sem orientação médica ou do cirurgião-dentista.**

**Este medicamento não deve ser utilizado em crianças menores de 2 anos de idade.**

## 5- ADVERTÊNCIAS E PRECAUÇÕES

HEDERA CIMED® contém em sua fórmula, sorbitol, o qual é metabolizado no organismo em frutose, sendo conveniente avaliar sua indicação para pacientes com intolerância a essa substância. Apesar de não terem sido realizados estudos específicos sobre os efeitos do produto na capacidade de dirigir e operar máquinas, não foi observado, nos outros estudos conduzidos com *Hedera Helix* L., qualquer alteração que conduza a alguma restrição nos pacientes que tenham atividades relacionadas a dirigir e/ou operar máquinas.

Tosses persistentes ou recorrentes, em crianças entre 2-4 anos de idade, requerem diagnóstico médico antes do tratamento.

Casos em que ocorrem dispneia, febre ou expectoração purulenta, um médico ou um farmacêutico deverá ser consultado. O uso concomitante com antitussígenos como a codeína ou dextrometorfano não é recomendado sem orientação médica.

Recomenda-se precaução em pacientes com gastrite ou úlcera gástrica.

Nos pacientes idosos (acima de 65 anos de idade), ainda que os estudos clínicos não tenham demonstrado alterações nos pacientes, é sempre recomendável um acompanhamento rigoroso do médico.

Não demonstraram potenciais mutagênicos as saponinas extraídas da folha de *Hedera helix* L.

**Categoria de risco na gravidez: B.**
**Este medicamento não deve ser utilizado por mulheres grávidas sem orientação médica ou do cirurgião-dentista.**
**Este medicamento não deve ser utilizado em crianças menores de 2 anos de idade.**

## 6- INTERAÇÕES MEDICAMENTOSAS
Não são conhecidos efeitos adversos quando o paciente usa simultaneamente HEDERA CIMED® com outros medicamentos. Por esse motivo, essa solução oral pode ser utilizada juntamente com outros medicamentos. De qualquer maneira informe o seu médico sobre outros medicamentos que esteja usando.

## 7- CUIDADOS DE ARMAZENAMENTO DO MEDICAMENTO
HEDERA CIMED® deve ser mantido em temperatura ambiente (entre 15 e 30º C). Proteger da luz e umidade.
Prazo de validade: 24 meses a partir da data de fabricação.
**Após aberto, válido por 12 meses.**
**Número de lote e datas de fabricação e validade: vide embalagem.**
**Não use medicamento com o prazo de validade vencido. Guarde-o em sua embalagem original.**
**Características físicas e organolépticas**
HEDERA CIMED® se apresenta na forma de solução oral marrom à esverdeada, com odor característico.
HEDERA CIMED® SABOR CEREJA se apresenta na forma de solução oral marrom à esverdeada, com odor característico de cereja.
HEDERA CIMED® possui extrato seco de planta como ingrediente ativo, portanto poderá ocorrer leve turvação e alteração de cor ocasional no produto, como qualquer preparação feita a partir de produtos vegetais. Essas alterações não afetam a eficácia do produto.
**Agite antes de usar.**
**Antes de usar, observe o aspecto do medicamento.**

**TODO MEDICAMENTO DEVE SER MANTIDO FORA DO ALCANCE DAS CRIANÇAS.**

## POSOLOGIA E MODO DE USAR
Via Oral.
Crianças de 2 até 5 anos de idade: 2,5 mL, a cada 12 horas.
Crianças de 6 até 12 anos de idade: 5 mL, a cada 12 horas.
Adultos, adolescentes e idosos: 5 mL, a cada 8 horas.
O paciente não deve exceder a dose máxima diária (crianças de 2 até 5 anos: 5 mL; crianças de 6 até 12 anos: 10 mL e adultos, adolescentes e idosos: 15 mL). Este medicamento deve ser utilizado por um prazo máximo de 7 dias ou se os sintomas persistirem, um médico ou farmacêutico deverá ser consultado.
O uso em crianças menores de 2 anos é contraindicado, devido ao risco de agravamento dos sintomas respiratórios.
Não interrompa o tratamento sem conhecimento do seu médico.

## 8- REAÇÕES ADVERSAS
É raro observar-se efeitos secundários; em alguns casos foi registrado um efeito laxante fugaz, provavelmente devido à presença de sorbitol em sua fórmula.
Alguns efeitos foram relatados com mais frequência: reações gastrointestinais (náuseas, vômitos, diarreia), outros com pouca frequência: reações alérgicas (urticária, erupção cutânea, rosáceas couperoses, dispneia).
Se ocorrer reações adversas não mencionadas acima, um médico ou um farmacêutico deve ser consultado.
**Em casos de eventos adversos, notifique ao Sistema de Notificação de Eventos Adversos a Medicamentos (Vigimed), disponível em http://portal.anvisa.gov.br/vigimed, ou para a Vigilância Sanitária Estadual ou Municipal.**

## 9- SUPERDOSE
Caso o paciente apresente sintomas como: náuseas, vômitos e diarreia, que podem ser devido à ingestão de quantidades muito altas (mais do que a dose diária recomendada) ou se o paciente ingerir uma dose muito grande deste medicamento acidentalmente, deve procurar um médico ou um centro de intoxicação imediatamente. O apoio médico imediato é fundamental para adultos e crianças, mesmo se os sinais e sintomas de intoxicação não estiverem presentes.
**Em caso de intoxicação ligue para 0800 722 6001, se você precisar de mais orientações.**

VENDA SOB PRESCRIÇÃO MÉDICA

## II- DIZERES LEGAIS
MS – 1.4381.0202
Farm. Resp.: Charles Ricardo Mafra CRF-MG 10.883
Fabricado por: **CIMED INDÚSTRIA DE MEDICAMENTOS LTDA**
Av. Coronel Armando Rubens Storino, 2750 CEP: 37558-608 – Pouso Alegre – MG
CNPJ: 02.814.497/0002-98
Registrado por: **CIMED INDÚSTRIA DE MEDICAMENTOS LTDA**

Rua Engenheiro Prudente, 121 CEP: 01550-000 – São Paulo – SP
CNPJ: 02.814.497-0001-07
Indústria Brasileira

---

# HEDERAFLUX
*Hedera helix* Linné

### MEDICAMENTO FITOTERÁPICO

**Nomenclatura botânica oficial:** *Hedera helix*
**Nomenclatura popular:** hera sempre-verde
**Família:** *Araliaceae*
**Parte utilizada:** folhas

### APRESENTAÇÃO
Cartucho com frasco de vidro âmbar com 100 mL ou 200 mL de xarope com 7mg de extrato seco de folhas de *Hedera helix*. Acompanha copo-medida.

### USO ORAL
### USO ADULTO E PEDIÁTRICO ACIMA DE 2 ANOS

### COMPOSIÇÃO
Cada 1 mL de xarope contém:
Extrato seco de folhas de *Hedera helix* ....................... 7mg
(correspondente a 0,826 mg ± 10% do marcador Hederacosideo C)
Veículo q.s.p. ................................................. 1 mL
Veículo: água purificada, sorbato de potássio, ácido cítrico, sorbitol, goma xantana e aroma artificial de cereja.
Cada 1 mL de Hederaflux contém 550 mg de sorbitol 70%.

### INFORMAÇÕES AO PACIENTE
### 1. PARA QUE ESTE MEDICAMENTO É INDICADO?
Este medicamento é destinado ao alívio sintomático de doenças inflamatórias agudas ou crônicas das vias aéreas superiores, associadas a hipersecreção de muco e tosse produtiva.

### 2. COMO ESTE MEDICAMENTO FUNCIONA?
Este medicamento atua como expectorante, promovendo a eliminação do muco e aliviando os sintomas da tosse e da congestão.

### 3. QUANDO NÃO DEVO USAR ESTE MEDICAMENTO
Pacientes com histórico de hipersensibilidade e alergia a plantas da família Araliaceae ou qualquer outro componente da fórmula não devem fazer uso do produto.

**Este medicamento é contraindicado para uso por pacientes com intolerância à frutose, pois o sorbitol da formulação transforma-se em frutose no organismo.**

### 4. O QUE DEVO SABER ANTES DE USAR ESTE MEDICAMENTO?
**Hederaflux** contém em sua fórmula sorbitol, que é metabolizado no organismo em frutose, sendo conveniente avaliar sua indicação a pacientes com intolerância a essa substância. Ainda que os estudos não tenham demonstrado alterações nos pacientes idosos, é sempre recomendável um acompanhamento médico rigoroso a esses pacientes. Apesar de não terem sido realizados estudos específicos sobre os efeitos do produto na capacidade de dirigir e usar máquinas, não foi observada, nos estudos conduzidos com xarope de *Hedera helix*, qualquer alteração que exija restrição das atividades relacionadas a dirigir e/ou usar máquinas.
Hederaflux não contém açúcar (sacarose), o sorbitol é mais bem tolerado por diabéticos por ser absorvido mais lentamente pelo trato gastrintestinal que a sacarose, no entanto é metabolizado em frutose e glicose pelo fígado. Este medicamento deve ser administrado com cautela em pacientes com queimação de estômago (ou úlcera gástrica e gastrite).
**Hederaflux** não contém corantes e álcool. Categoria de risco na gravidez: C.
**Este medicamento não deve ser utilizado por mulheres grávidas ou amamentando, sem orientação médica ou do cirurgião-dentista. Informe seu médico ou cirurgião-dentista se você está fazendo uso de algum outro medicamento.**
**Não use medicamento sem o conhecimento do seu médico. Pode ser perigoso para sua saúde.**
**Este medicamento não deve ser utilizado em crianças menores de 2 anos de idade.**

Assim como todos os medicamentos, informe ao seu profissional de saúde todas as plantas medicinais e fitoterápicos que estiver tomando. Interações podem ocorrer entre medicamentos e plantas medicinais e mesmo entre duas plantas medicinais quando administradas ao mesmo tempo. Em caso de hipersensibilidade ao produto, recomenda-se descontinuar o uso e consultar o médico.

### 5. ONDE, COMO E POR QUANTO TEMPO POSSO GUARDAR ESTE MEDICAMENTO?
Conservar o produto em sua embalagem original e em temperatura ambiente (entre 15 e 30°C). Proteger da luz e umidade.

Número de lote e datas de fabricação e validade: vide embalagem.

Após aberto, válido por 12 meses.

Não use medicamento com o prazo de validade vencido. Guarde-o em sua embalagem original.

Características físicas e organolépticas: Hederaflux é um líquido ligeiramente turvo, de coloração marrom claro com leve odor e sabor de cereja, podendo apresentar partículas do extrato seco que desaparecem com a agitação. Contém um extrato de plantas como ingrediente ativo e, portanto, a coloração pode variar ocasionalmente, como todas as preparações feitas a partir de ingredientes naturais. Isso não afeta a eficácia terapêutica da preparação.

Antes de usar observe o aspecto do medicamento. Caso ele esteja no prazo de validade e você observe alguma mudança no aspecto, consulte o farmacêutico para saber se poderá utilizá-lo.

Todo medicamento deve ser mantido fora do alcance das crianças.

### 6. COMO DEVO USAR ESTE MEDICAMENTO?
USO ADULTO.
**AGITE ANTES DE USAR.**

Crianças de 2 a 7 anos de idade: 2,5mL duas vezes ao dia.
Crianças acima de 7 anos de idade: 5mL três vezes ao dia.
Adultos e crianças acima de 12 anos de idade: 7,5mL três vezes ao dia.

A duração do tratamento depende do tipo e da severidade do quadro clínico. O tratamento deve durar o mínimo de uma semana em casos de inflamações menores do trato respiratório, devendo ser mantido durante dois a três dias após a diminuição dos sintomas, de forma a assegurar a manutenção da eficácia.

Siga a orientação de seu médico, respeitando sempre os horários, as doses e a duração do tratamento. Não interrompa o tratamento sem o conhecimento de seu médico.

### 7. QUE DEVO FAZER QUANDO EU ME ESQUECER DE USAR ESTE MEDICAMENTO?

Você pode tomar a dose deste medicamento assim que se lembrar. Tome a dose seguinte com o intervalo de 8 horas, e não exceda a dose recomendada para cada dia.

Em caso de dúvidas, procure orientação do farmacêutico ou de seu médico, ou cirurgião-dentista.

### 8. QUAIS OS MALES QUE ESTE MEDICAMENTO PODE ME CAUSAR?

**Hederaflux** pode provocar um ligeiro efeito laxante, provavelmente vinculado à presença de sorbitol em sua fórmula. Reação comum: náusea, vômito e diarreia. Reação incomum: reações alérgicas como prurido, eritema, erupções cutâneas, vermelhidão na face (rubor na face, couperose) e dificuldade de respirar (dispneia).

Informe seu médico, cirurgião-dentista ou farmacêutico o aparecimento de reações indesejáveis pelo uso do medicamento. Informe também à empresa através do seu serviço de atendimento.

### 9. O QUE FAZER SE ALGUÉM USAR UMA QUANTIDADE MAIOR DO QUE A INDICADA DESTE MEDICAMENTO?

A ingestão de quantidades claramente superiores (mais do que 3 vezes a dose diária recomendada) pode produzir náuseas, vômitos e diarreia. Nesses casos procure um médico ou um centro de intoxicação imediatamente. O apoio médico imediato é fundamental para adultos e crianças, mesmo se os sinais e sintomas de intoxicação não estiverem presentes. Doses elevadas podem provocar excitação.

Em caso de uso de grande quantidade deste medicamento, procure rapidamente socorro médico e leve a embalagem ou bula do medicamento, se possível. Ligue para 0800 722 6001, se você precisar de mais orientações.

**VENDA SOB PRESCRIÇÃO MÉDICA.**

### DIZERES LEGAIS
Reg. M.S.: 1.0689.0195
Farmacêutica Responsável: Márcia Cruz Valiati
CRF-RS: 5945
**KLEY HERTZ FARMACÊUTICA S. A.**
Rua Comendador Azevedo, 224 Porto Alegre, RS
CNPJ: 92.695.691/0001-03
Indústria Brasileira www.kleyhertz.com.br
SAC: 0800 7049001

---

## HEDERAX
*Hedera helix*

**MEDICAMENTO FITOTERAPICO**
**Nomenclatura Botânica Oficial:** *Hedera helix* L.
**Família:** Araliaceae

**Parte da planta utilizada:** Folhas
**Nomenclatura Popular:** hera sempre verde

## APRESENTAÇÕES
Xarope 7,50mg/mL: caixa com frasco de 100 mL acompanhado de dosadores (copo dosador e seringa dosadora).

## USO ORAL
USO ADULTO E PEDIÁTRICO

## COMPOSIÇÃO
Cada mL de xarope contém:
Extrato seco de *Hedera helix* à 10% ........................ 7,50 mg
(equivalente à 0,75mg/mL de Hederacosídeo C)
Excipientes: goma xantana, sorbitol, glicerina, metilparabeno, aroma de cereja, água de osmose.

### 1. PARA QUÊ ESTE MEDICAMENTO É INDICADO?
Este medicamento é destinado ao tratamento sintomático de doenças broncopulmonares, com aumento de secreções e/ou broncoespasmos associados (encolhimento da musculatura lisa dos brônquios diminuindo a passagem do ar pelas vias aéreas).

### 2. COMO ESTE MEDICAMENTO FUNCIONA?
Hederax possibilita o alívio dos sintomas respiratórios nas doenças das vias aéreas, devido a ação mucolítica e expectorante (fluidifica e remove a secreção mucosa estagnada nos brônquios), e broncodilatadora (relaxa os brônquios, abrindo as vias aéreas facilitando a respiração).

### 3. QUANDO NÃO DEVO USAR ESTE MEDICAMENTO?
Como qualquer outro medicamento, este deve ser administrado com cautela durante a gravidez e lactação. Você não deve utilizar este medicamento se for alérgico à qualquer um dos componentes da fórmula. Você também não deve utilizar este medicamento se apresentar intolerância à frutose; somente o médico, após avaliação do risco em relação aos benefícios do produto poderá determinar se você pode fazer uso do produto.
Este medicamento não deve ser utilizado em crianças menores de 2 anos de idade.

### 4. O QUE DEVO SABER ANTES DE USAR ESTE MEDICAMENTO?
Ainda que os estudos clínicos não tenham demonstrado alterações nos pacientes idosos, é sempre recomendável um acompanhamento rigoroso do médico a esses pacientes. O produto contém em sua fórmula sorbitol, que é transformado no organismo em frutose, sendo conveniente avaliar sua indicação a pacientes com intolerância a essa substância.
Não há relatos de interações medicamentosas entre o princípio ativo e outros medicamentos. Não são conhecidas alterações no efeito do medicamento quando ingerido concomitantemente com outras substâncias.
Este medicamento não deve ser utilizado por mulheres grávidas sem orientação médica ou do cirurgião-dentista.
**Este medicamento não deve ser utilizado em crianças menores de 2 anos de idade.**
**Não use medicamento sem o conhecimento do seu médico. Pode ser perigoso para a sua saúde.**

### 5. ONDE, COMO E POR QUANTO TEMPO POSSO GUARDAR ESTE MEDICAMENTO?
O medicamento deve ser conservado em sua embalagem original mesmo depois de aberto e protegido da luz e umidade, em temperatura ambiente (entre 15 e 30 ºC).
O medicamento é um xarope com coloração escura e sabor cereja.
Número de lote e datas de fabricação e validade: vide embalagem.
**Não use medicamento com prazo de validade vencido. Guarde-o em sua embalagem original.**
**Antes de usar, observe o aspecto do medicamento. Caso ele esteja no prazo de validade e você observe alguma mudança no aspecto, consulte o farmacêutico para saber se poderá utilizá-lo.**
**Todo medicamento deve ser mantido fora do alcance das crianças.**

### 6. COMO DEVO USAR ESTE MEDICAMENTO?
Este medicamento deve ser administrado exclusivamente por via oral na dose recomendada pelo seu médico.
Agitar o frasco antes de usar.
Crianças entre 2 e 7 anos de idade: 2,5mL, 3 vezes ao dia.
Crianças acima de 7 anos de idade: 5mL, 3 vezes ao dia.
Adultos: 7,5mL, 3 vezes ao dia.
Em casos de dificuldades de deglutição ou de utilização do copo medida, utilize a seringa dosadora da seguinte forma: Destampe o frasco, acople o batoque, tampe e agite o frasco. Em seguida, destampe o frasco e encaixe o bico da seringa no orifício do batoque, vire o frasco de cabeça para baixo e puxe o êmbolo até a quantidade a ser administrada.
A duração do tratamento depende da gravidade do quadro clínico, porém o tratamento deve durar no mínimo uma semana, mesmo em casos de processos menos graves do trato respiratório.

Siga a orientação de seu médico, respeitando sempre os horários, as doses e a duração do tratamento. Não interrompa o tratamento sem o conhecimento do seu médico.

## 7. O QUE DEVO FAZER QUANDO EU ME ESQUECER DE USAR ESTE MEDICAMENTO?

Caso haja esquecimento da ingestão de uma dose deste medicamento, retome a posologia prescrita sem a necessidade de suplementação.

Em caso de dúvidas, procure orientação do farmacêutico ou de seu médico, ou cirurgião-dentista.

## 8. QUAIS OS MALES QUE ESTE MEDICAMENTO PODE ME CAUSAR?

Raramente em alguns casos este medicamento pode causar um ligeiro efeito laxante (diarreia), provavelmente devido à presença de sorbitol na fórmula. Este medicamento pode causar irritação na pele.

Informe ao seu médico, cirurgião-dentista ou farmacêutico o aparecimento de reações indesejáveis pelo uso do medicamento. Informe também à empresa através do seu serviço de atendimento.

## 9. O QUE FAZER SE ALGUÉM USAR UMA QUANTIDADE MAIOR DO QUE A INDICADA DESTE MEDICAMENTO?

Os sintomas que caracterizam a superdosagem são: náuseas, vômito e diarreia. Caso uma grande quantidade deste medicamento seja ingerida de uma só vez (mais do que três vezes a dose diária recomendada), informe seu médico para ser tomada as medidas cabíveis.

Em caso de uso de grande quantidade deste medicamento, procure rapidamente socorro médico e leve a embalagem ou bula do medicamento, se possível. Ligue para 0800 722 6001, se você precisar de mais orientações.

## VENDA SOB PRESCRIÇÃO MÉDICA

## DIZERES LEGAIS

M.S. nº 1.1861.0265
Farm. Resp.: Dra. Lucineia Nascimento N. de S. Machado
CRF-SP nº 31.274
**Registrado por:** Ativus Farmacêutica Ltda Rua Emílio Mallet, 317 • Sala 1005 • Tatuapé
CEP: 03320-000 • São Paulo-SP
CNPJ: 64.088.172/0001-41
**Fabricado por:** Ativus Farmacêutica Ltda
Rua Fonte Mécia, 2.050 • Caixa Postal 489 • CEP: 13273-900 • Valinhos-SP

CNPJ: 64.088.172/0003-03 • Indústria Brasileira
**Comercializado por:** Arese Pharma Distr. de Med. Ltda-ME.
Rua José Leal Fontoura, 332 • Sala 1 • Centro • CEP: 83414-190 • Colombo-PR
CNPJ: 14.812.380/0001-73
SAC: 0800 770 79 70

---

## HEPALIVE S.O.®

*Peumus boldus,* Monimiaceae

## PARTE UTILIZADA
Folhas.

## NOMENCLATURA POPULAR
Boldo, Boldo do Chile.

## APRESENTAÇÕES
Solução oral – Extrato fluido das folhas de *Peumus boldus* 0,25 mL – Frasco plástico com 120 mL.

## VIA ORAL
## USO ADULTO E PEDIÁTRICO ACIMA DE 6 ANOS
## COMPOSIÇÃO

Cada mL contém:
extrato fluido de *Peumus boldus* ...........................0,25 mL*
veículo q.s.p. ................................................................ 1 mL.
(glicerina vegetal, sorbitol 70%, álcool neutro, água deionizada, sorbato de potássio, aroma de eucalipto, ácido cítrico e sacarina sódica)
*equivalente a 0,25 mg de boldina.
A graduação alcoólica do produto está estabelecida em 25%.

## INFORMAÇÕES AO PACIENTE
## PARA QUE ESTE MEDICAMENTO É INDICADO?
Hepalive S.O.® é indicado para o tratamento de distúrbios digestivos leves, atuando na redução de espasmos intestinais e tratamento de distúrbios hepatobiliares, com ação colagoga e colerética.

## COMO ESTE MEDICAMENTO FUNCIONA?
Hepalive S.O.® atua como estimulante digestivo. Apresenta efeito colagogo, no estímulo à secreção da bile pela vesícula biliar para o duodeno, e colerético, no estímulo à produção de bile pelo fígado, auxiliando a digerir os alimentos gordurosos.

Promove diminuição das contrações leves da musculatura intestinal, apresentando atividade antiespasmódica.

**Prazo de validade**
24 meses após a data de fabricação impressa no cartucho.
**Número de lote e datas de fabricação e validade: vide embalagem.**
**Não use medicamento com o prazo de validade vencido. Guarde-o em sua embalagem original.**
**Características físicas**
Líquido de cor castanha.
**Características organolépticas**
Cheiro (odor) característico com notas de menta, sabor adocicado, lembrando o sabor do boldo e aroma de eucalipto.
**Antes de usar, observe o aspecto do medicamento. Caso ele esteja no prazo de validade e você observe alguma mudança no aspecto, consulte o farmacêutico para saber se poderá utilizá-lo.**
**Todo medicamento deve ser mantido fora do alcance das crianças.**

## COMO DEVO USAR ESTE MEDICAMENTO?
**Modo de usar**
Agitar o produto antes de usar.
**Posologia**
Ingerir, via oral, 5 mL (1/2 copo dosador) diluído em água, duas vezes ao dia, de 12 em 12 horas.
A dose diária não deve ultrapassar 20 mL ou 2 copos dosadores.
**Siga corretamente o modo de usar. Em caso de dúvidas sobre este medicamento, procure orientação do farmacêutico. Não desaparecendo os sintomas, procure orientação de seu médico ou cirurgião-dentista.**

## O QUE DEVO FAZER QUANDO EU ME ESQUECER DE USAR ESTE MEDICAMENTO?
Caso haja esquecimento da ingestão de uma dose deste medicamento, retomar a posologia prescrita sem a necessidade de suplementação.
**Em caso de dúvidas, procure orientação do farmacêutico ou de seu médico, ou cirurgião-dentista.**

## QUE MALES ESTE MEDICAMENTO PODE CAUSAR?
**Reações adversas**
Nas doses recomendadas não são conhecidos efeitos adversos ao medicamento.
**Informe seu médico, cirurgião-dentista ou farmacêutico do aparecimento de reações indesejáveis pelo uso do medicamento.**
Informe também à empresa através do seu Serviço de Atendimento ao Consumidor.

## O QUE FAZER SE ALGUÉM USAR FMA QUANTIDADE MAIOR DO QUE A INDICADA DESTE MEDICAMENTO?
Doses superiores às recomendadas poderão provocar transtornos renais, vômitos e diarreia.
Em caso de superdosagem, suspender o uso e procurar orientação médica de imediato.
**Em caso de uso de grande quantidade deste medicamento, procure rapidamente socorro médico e leve a embalagem ou bula do medicamento, se possível. Ligue para 0800 722 6001 se você precisar de mais orientações.**
**Siga corretamente o modo de usar, não desaparecendo os sintomas procure orientação médica.**

## DIZERES LEGAIS
MS: 1.1860.0076
Farmacêutica resp.: Dra. Anny Trentini CRF-PR nº 4081.
HERBARIFM LABORATÓRIO BOTÂNICO LTDA.
Av. Santos Dumont, 1111 • Colombo – PR
CNPJ: 78.950.011/0001-20
**Indústria Brasileira**

_____

# HEPATILON®
*Peumus boldo* M (boldo)

## FORMA FARMACÊUTICA E APRESENTAÇÃO
Solução oral: cartucho contendo frasco de vidro com 150 mL e cartuchos contendo 12, 24 e 60 flaconetes de 10 mL.

## PRODUTO FITOTERÁPICO

**Nome científico:** *Peumus boldus* (Mols.) Lyons.
**Nome da família botânica:** Monimiaceae.
**Nome popular:** boldo.
**Parte usada:** folhas.

## USO ORAL USO ADULTO

## COMPOSIÇÃO
Cada 10 mL contém:
Extrato fluido de boldo 0,1% ............................0,67 mL (*)
(*) correspondente a 0,67 mg de boldina.
Veículo q.s.p. .................................................................10 mL

Veículo: metilparabeno, propilparabeno, extrato fluido de laranjas amargas, tintura de menta, corante caramelo, álcool etílico, glicerol e água deionizada.

## INFORMAÇÕES AO PACIENTE
## COMO ESTE MEDICAMENTO FUNCIONA?

Hepatilon® é um medicamento que atua sobre o funcionamento do sistema hepatobiliar aumentando e facilitando a secreção biliar (colerético) e a sua eliminação (colagogo). Ele também é empregado para o tratamento sintomático de distúrbios gastrointestinais (antiespasmódico intestinal). Vários estudos farmacológicos em animais e humanos demonstraram tais atividades e confirmaram o uso tradicional da planta.

## POR QUE ESTE MEDICAMENTO FOI INDICADO?

Hepatilon® é indicado como auxiliar digestivo, em flatulência, no tratamento do mal-estar associado a excessos alimentares e/ou má digestão. Este medicamento é indicado para tratar distúrbios gastrointestinais tais como espasmos e contrações nas partes inferiores do abdômen.

## QUANDO NÃO DEVO USAR ESTE MEDICAMENTO?

Hepatilon® está contraindicado nos casos de obstrução dos ductos biliares e doenças hepáticas severas. Não deve ser ingerido em caso de alergia ao Boldo ou a qualquer outro componente da fórmula do produto. Informar ao médico sobre qualquer medicamento que esteja tomando, antes do início ou durante o tratamento. Em caso de cálculos biliares, consultar o seu médico antes de usar. Não deve ser utilizado durante a gravidez e lactação. A duração máxima ininterrupta de tratamento com este medicamento não deve ser superior a 4 semanas.

**ESTE MEDICAMENTO NÃO DEVE SER UTILIZADO POR MULHERES GRÁVIDAS SEM ORIENTAÇÃO MÉDICA OU DO CIRURGIÃO-DENTISTA.**
**ESTE MEDICAMENTO É CONTRAINDICADO NA FAIXA ETÁRIA DE 0-12 ANOS.**
**INFORME AO MÉDICO OU CIRURGIÃO-DENTISTA O APARECIMENTO DE REAÇÕES INDESEJÁVEIS.**
**INFORME AO SEU MÉDICO OU CIRURGIÃO-DENTISTA SE VOCÊ ESTÁ FAZENDO USO DE ALGUM OUTRO MEDICAMENTO.**

## COMO DEVO USAR ESTE MEDICAMENTO?

Tomar 10 mL ou 1 flaconete, 4 vezes ao dia.
**SIGA CORRETAMENTE O MODO DE USAR. NÃO DESAPARECENDO OS SINTOMAS PROCURE ORIENTAÇÃO MÉDICA.**

**NÃO USE O MEDICAMENTO COM PRAZO DE VALIDADE VENCIDO.**
**ANTES DE USAR OBSERVE SE A EMBALAGEM ESTÁ VIOLADA E O ASPECTO DO MEDICAMENTO.**

## QUAIS OS MALES QUE ESTE MEDICAMENTO PODE CAUSAR?

Apesar de não existirem relatos de efeitos secundários frequentes, informe a seu médico o aparecimento de reações desagradáveis, tais como hipersensibilidade aos componentes da fórmula.

## O QUE FAZER SE ALGUÉM USAR UMA GRANDE QUANTIDADE DESTE MEDICAMENTO DE UMA SÓ VEZ?

Em caso de superdose acidental, consultar o médico imediatamente.
Uma dose elevada de Boldo causa os seguintes sintomas: vômito, espasmos e irritação renal.

## ONDE E COMO DEVO GUARDAR ESTE MEDICAMENTO?

Este medicamento deve ser guardado dentro da embalagem original e conservado em temperatura ambiente (entre 15 e 30ºC) e protegido da luz e umidade.

**TODO MEDICAMENTO DEVE SER MANTIDO FORA DO ALCANCE DAS CRIANÇAS.**

## INFORMAÇÕES TÉCNICAS AOS PROFISSIONAIS DA SAÚDE
## CARACTERÍSTICAS FARMACOLÓGICAS

A planta *Peumus boldus* (Mol.) Lyons (Monimiaceae) – boldo do Chile – e seus extratos é uma planta inscrita em várias farmacopeias (Brasileira, Europeia, Comissão E Alemã e ESCOP). O uso dessa planta e/ou de seus extratos é considerado seguro e eficaz pela Agência Nacional de Vigilância Sanitária. O marcador químico e terapêutico recomendado pela Anvisa é a boldina (Anvisa-RE 89/2004). A sua composição química caracteriza-se principalmente pela presença de substâncias alcaloídicas com núcleo aporfínico (boldina, isoboldina principalmente) em teores variáveis (0,1 a 0,3% de alcaloides totais) dos quais a boldina é o alcaloide principal.

As atividades farmacológicas de *Peumus boldus* Mol (Lyons) foram documentadas em várias obras farmacopéicas e literatura científica.

A solução hidroetanólica do extrato de boldo (correspondente a 0,5 – 1 mg/mL de extrato etanólico seco) e a boldina em concentração de 33 mcg/mL exercem hepatoproteção significativa contra hepatotoxicidade induzida por terc-butilidroperóxido em ensaios in vitro. A boldina apresentou 50% de inibição da peroxidação microssomal em fígado de ratos em concentração de 0,015 mM. Em ensaios in vivo a administração intraperitoneal ou via oral de um extrato de boldo ou a infusão da planta apresentaram significante atividade colerética em ratos. A maioria das ações promovidas pelo uso do extrato de boldo, pode ser reproduzida pela administração do marcador boldina isolado. Boldina em concentração de 5-20 mg/kg em ratos apresentou-se efetiva na promoção do aumento da produção de bile. Hepatoproteção significativa também foi evidenciada em camundongos pela administração de um extrato contendo 0, 06 – 0,115% de boldina em doses de 500 mg/kg e com boldina em dose de 10 mg/kg (Fonte: ESCOP: Monographs on the medicinal uses of plant drugs. Exert, U.K.: European Scientific Cooperative on Phytochemistry, 1996).

### INDICAÇÕES
HEPATILON® é indicado como colagogo, colerético e no tratamento sintomático de distúrbios gastrointestinais espásticos.

### CONTRAINDICAÇÕES
HEPATILON® é contraindicado em pacientes que apresentem obstrução biliar e doenças hepáticas severas, em pacientes alérgicos a algum dos componentes da fórmula. Em caso de cálculo biliar, usar apenas após recomendação médica. Não deve ser utilizado na gravidez e na lactação a não ser sob orientação médica.

### MODO DE USAR E CUIDADOS DE CONSERVAÇÃO DEPOIS DE ABERTO
Uso interno. Após aberto, manter o medicamento em sua embalagem original. Deve ser conservado em temperatura ambiente (entre 15 e 30ºC) e ao abrigo da luz e umidade.

### POSOLOGIA
Ingerir 10 mL ou 1 flaconete, 4 vezes ao dia.

### ADVERTÊNCIAS
Informar ao médico sobre qualquer medicamento que esteja tomando, antes do início ou durante o tratamento. Não é recomendado utilizar este medicamento de uma maneira contínua por um período maior de que 4 semanas. **NÃO DEVE SER UTILIZADO DURANTE A GRAVIDEZ E AMAMENTAÇÃO, EXCETO SOB ORIENTAÇÃO MÉDICA. INFORME AO SEU MÉDICO SE OCORRER GRAVIDEZ OU SE ESTIVER AMAMENTANDO DURANTE O USO DESTE MEDICAMENTO. USO EM IDOSOS, CRIANÇAS E OUTROS GRUPOS DE RISCO**
A sensibilidade de pacientes idosos pode estar alterada. Recomenda-se o uso sob prescrição médica.

### INTERAÇÕES MEDICAMENTOSAS
Apesar de não existirem relatos de interações medicamentosas, informe seu médico se você está fazendo uso de algum outro medicamento.

### REAÇÕES ADVERSAS A MEDICAMENTOS
Embora não existam relatos de reações adversas a este medicamento, em caso de aparecimento de reações indesejáveis, o médico deverá ser consultado.

### SUPERDOSE
Em caso de superdose acidental, consultar o médico imediatamente.
Uma dose elevada de preparações contendo Boldo causa os seguintes sintomas: vômito, espasmos e irritação renal.

### ARMAZENAGEM
Conservar em embalagem original e em temperatura ambiente (entre 15 e 30ºC). Proteger da luz e umidade.

### DIZERES LEGAIS
KLEY HERTZ S.A – Indústria e Comércio
R. Comendador Azevedo, 224 – Porto Alegre – RS
Farmacêutica Responsável: Paula Carniel Antonio
CRF-RS 4228
Reg. no M.S. nº: 1.0689.0155
C.N.P.J. nº 92.695.691/0001-03
Indústria Brasileira

_____

## HEPATOPLANTAS TINTURA
*Peumus boldus*

**Nomenclatura popular:** Boldo, Boldo do Chile.
**Família:** Monimiaceae.
**Parte da planta utilizada:** Folhas.

### MEDICAMENTO FITOTERÁPICO

### APRESENTAÇÕES
Cartucho contendo frasco de vidro âmbar apresentando 100 mL e copo medidor.

USO ORAL
USO ADULTO ACIMA DE 12 ANOS

## COMPOSIÇÃO

Hepatoplantas 100 mL – cada mL da tintura contém: 0,2 mL de extrato fluido das folhas de *Peumus boldus*. 1 mL de veículo (excipientes).

Concentração dos princípios ativos:

O extrato fluido está padronizado em 0,075% de boldina e derivados. Cada mL da tintura contém 0,15 mg de boldina e derivados, equivalente a 0,285 mg de alcaloides totais.

Excipientes: Álcool etílico e água purificada.

Volume: 100 mL.

## 1. PARA QUE ESTE MEDICAMENTO É INDICADO?

Este medicamento é destinado ao tratamento de distúrbios digestivos leves, atuando na redução de espasmos intestinais e tratamento de distúrbios hepatobiliares, com ação colagoga e colerética.

## 2. COMO ESTE MEDICAMENTO FUNCIONA?

Atua como estimulante digestivo. Apresenta efeito colagogo, no estímulo à secreção da bile pela vesícula biliar para o duodeno, e colerético, no estímulo à produção de bile pelo fígado, auxiliando a digerir os alimentos gordurosos. Promove diminuição das contrações leves da musculatura intestinal, apresentando a atividade antiespasmódica.

## 3. QUANDO NÃO DEVO USAR ESTE MEDICAMENTO?

Pacientes com histórico de hipersensibilidade e alergia a qualquer um dos componentes da fórmula não devem fazer uso do produto.

Pacientes com quadros de doenças severas no fígado, como hepatite viral, cirrose e hepatite tóxica não deverão fazer uso deste medicamento.

Pacientes com obstrução das vias biliares, cálculos biliares, quadros de inflamação ou câncer no ducto biliar e com câncer no pâncreas não deverão fazer uso deste medicamento. Mulheres grávidas não devem usar este medicamento, visto que este poderá provocar contrações uterinas e acelerar o parto. Mulheres em amamentação não deverão fazer uso deste medicamento, face à presença de alcaloides e risco de neurotoxicidade.

Crianças menores de seis anos também não deverão fazer uso deste medicamento. Informe ao médico ou cirurgião-dentista o aparecimento de reações indesejáveis.

Este medicamento é contraindicado para menores de 12 anos de idade. Este medicamento é contraindicado para gestantes.

## 4. O QUE DEVO SABER ANTES DE USAR ESTE MEDICAMENTO?

Em caso de hipersensibilidade ao produto, recomenda-se descontinuar o uso e consultar o médico. Não ingerir doses maiores do que as recomendadas.

Não se recomenda o uso contínuo deste medicamento. O uso de *P. boldus* não deve ultrapassar quatro semanas consecutivas.

De acordo com a categoria de risco de fármacos destinados às mulheres grávidas, este medicamento apresenta categoria de risco C. Este medicamento não deve ser utilizado por mulheres grávidas sem orientação médica ou do cirurgião-dentista.

Não existem recomendações específicas para o uso deste medicamento em pacientes idosos. Não foram encontradas nas literaturas de referência as interações medicamentosas com medicamentos à base de *P. boldus*.

Informe ao seu médico ou cirurgião-dentista se você está fazendo uso de algum outro medicamento.

Assim como todos os medicamentos, informe ao seu profissional de saúde todas as plantas medicinais e fitoterápicos que estiver tomando. Interações podem ocorrer entre medicamentos e plantas medicinais e mesmo entre duas plantas medicinais quando administradas ao mesmo tempo.

## 5. ONDE, COMO E POR QUANTO TEMPO POSSO GUARDAR ESTE MEDICAMENTO?

Conservar o medicamento em sua embalagem original, protegendo da luz, calor e umidade. Conservar este medicamento em temperatura ambiente (15 a 30ºC).

Este medicamento tem validade de 24 meses a partir da data de sua fabricação.

Número de lote e datas de fabricação e validades: **VIDE EMBALAGEM**. Não use medicamento com prazo de validade vencido.

Para sua segurança, mantenha o medicamento em sua embalagem original.

A tintura de HEPATOPLANTAS (*Peumus boldus*) é um líquido de coloração marrom, sabor amargo e odor característico.

Antes de usar, observe o aspecto do medicamento.

Caso você observe alguma mudança no aspecto do medicamento que ainda esteja no prazo de validade, consulte o médico ou o farmacêutico para saber se poderá utilizá-lo. Todo medicamento deve ser mantido fora do alcance das crianças.

## 6. COMO DEVO USAR ESTE MEDICAMENTO?

Ingerir 5 a 10 mL da tintura diluídos em água, 3 (três) vezes ao dia ou a critério médico.

Agite o frasco antes de usar.

Não deve ser ultrapassado o limite máximo de 30 mL da tintura ao dia.

Não se recomenda o uso contínuo deste medicamento. O uso de *Peumus boldus* não deve ultrapassar 4 (quatro) semanas consecutivas.

Siga corretamente o modo de usar. Em caso de dúvidas sobre este medicamento, procure orientação do farmacêutico. Não desaparecendo os sintomas, procure orientação médica ou de seu cirurgião-dentista.

## 7. O QUE DEVO FAZER QUANDO EU ME ESQUECER DE USAR ESTE MEDICAMENTO?

Caso haja esquecimento da ingestão de uma dose deste medicamento, retome a posologia prescrita sem a necessidade de suplementação.

Em casos de dúvidas, procure orientação do farmacêutico ou de seu médico, ou cirurgião-dentista.

## 8. QUAIS OS MALES QUE ESTE MEDICAMENTO PODE ME CAUSAR?

Nas doses recomendadas não são conhecidos efeitos adversos ao medicamento.

Informe seu médico, cirurgião-dentista ou farmacêutico o aparecimento de reações indesejáveis pelo uso do medicamento.

Informe a empresa sobre o aparecimento de reações indesejáveis e problemas com este medicamento, entrando em contato através do Sistema de Atendimento ao Consumidor (SAC).

## 9. O QUE FAZER SE ALGUÉM USAR UMA QUANTIDADE MAIOR DO QUE A INDICADA DESTE MEDICAMENTO?

Doses superiores às recomendadas poderão provocar transtornos renais, vômitos e diarreia. Em caso de superdosagem, suspender o uso, procurar orientação médica de imediato para que sejam adotadas as medidas habituais de apoio e controle das funções vitais.

Em caso de uso de grande quantidade deste medicamento, procure rapidamente socorro médico e leve a embalagem ou bula do medicamento, se possível.

Em caso de intoxicação ligue para 0800 722 6001, se você precisar de mais orientações sobre como proceder.

## DIZERES LEGAIS

MS: 1.1678.0017
Farmacêutico Responsável: Aldo Cândido Dadalt
CRF-PR: 4787
Fabricado por: As Ervas Curam Indústria Farmacêutica Ltda
Rua Eunice Weaver, 231, Campo Comprido
Curitiba – PR – CEP: 81220-080
CNPJ: 79.634.572/0001-82
Indústria Brasileira
SAC 0800 643 3949

---

# HERAFITOSS
*Hedera helix* L.

**Nomenclatura botânica oficial:** *Hedera helix L.*
**Nomenclatura popular:** Hera sempre – verde
**Família:** *Araliaceae*
**Parte da planta utilizada:** folhas

## APRESENTAÇÕES

Xarope 7 mg/mL de extrato seco de folhas de *Hedera helix L.* nos sabores cereja e mel. Embalagem contendo 01 frasco com 100 mL + copo dosador.

## USO ORAL
## USO ADULTO E PEDIÁTRICO ACIMA DE 2 ANOS

## COMPOSIÇÃO

Cada 1 mL de **HERAFITOSS** xarope 7 mg/mL sabor cereja contém:
Extrato seco de folhas de *Hedera helix* L. 12% ....... 7 mg*
Excipientes (goma xantana, sorbitol, ácido cítrico, sorbato de potássio, aroma de cereja e água purificada) q.s.p.1mL
*equivale a 0,84 mg/mL de hederacosídeo C
Cada 1 mL de **HERAFITOSS** xarope 7 mg/mL sabor mel contém:
Extrato seco de folhas de *Hedera helix L.* 12% ....... 7 mg*
Excipientes (goma xantana, sorbitol, ácido cítrico, sorbato de potássio, aroma de mel e água purificada) q.s.p. 1 mL
*equivale a 0,84 mg/mL de hederacosídeo C

## INFORMAÇÕES TÉCNICAS AOS PROFISSIONAIS DE SAÚDE
### 1. INDICAÇÕES

**HERAFITOSS** xarope é indicado como expectorante em caso de tosse produtiva (tosse com catarro).

## 2. RESULTADOS DE EFICÁCIA

De acordo com o publicado no Assessment report on *Hedera helix L.*, folium, da European Medicines Agency (EMA), os dados do extrato seco (DER 4-8:1; solvente de extração etanol 30%) de *Hedera helix L.*, insumo ativo do **HERAFITOSS**, satisfazem os requisitos para Medicamento Fitoterápico, com eficácia reconhecida para a indicação "expectorante em caso de tosse produtiva".

Referência: Assessment report on *Hedera helix L.*, folium. European Medicines Agency (EMA). EMA/HMPC/586887/2014.

## 3. CARACTERÍSTICAS FARMACOLÓGICAS

O mecanismo de ação deste medicamento é desconhecido e não possui dados de farmacocinética disponíveis. Os dados sobre genotoxicidade, carcinogenicidade e testes de toxicidade reprodutiva para preparações de folhas de *Hedera helix* L. não estão disponíveis.

## 4. CONTRAINDICAÇÕES

Pacientes que tenham hipersensibilidade a qualquer componente da formulação ou a plantas da família *Araliaceae* não devem utilizar este medicamento.

**Este medicamento não deve ser utilizado em crianças menores de 2 anos de idade devido ao risco de agravamento de sintomas respiratórios.**

## 5. ADVERTÊNCIAS E PRECAUÇÕES

Quando houver ocorrência de dispneia (falta de ar), febre ou secreção purulenta, um médico ou farmacêutico deverá ser consultado.

Não é recomendado o uso concomitante deste medicamento com antitussígenos opioides, como codeína ou dextrometorfano, sem indicação médica.

Recomenda-se cautela no uso por pacientes com gastrite ou úlcera gástrica

Para crianças, entre 2 a 4 anos, com tosse persistente ou recorrente é necessário o diagnóstico médico antes de iniciar o tratamento com *Hedera helix L.*

Deve-se avaliar o uso deste medicamento em casos de pacientes com intolerância a frutose, porque em sua fórmula tem o sorbitol que é metabolizado no organismo em frutose.

Não foram realizados estudos sobre os efeitos na habilidade de dirigir ou operar máquinas.

**Este medicamento não deve ser utilizado por mulheres grávidas e em amamentação sem orientação médica ou do cirurgião-dentista.**

**Informe ao seu médico ou cirurgião-dentista se você está fazendo uso de algum outro medicamento.**

## 6. INTERAÇÕES MEDICAMENTOSAS

Não há relato de interação do insumo ativo com outros medicamentos, ou relato de outras formas de interação.

## 7. CUIDADOS DE ARMAZENAMENTO DO MEDICAMENTO

**HERAFITOSS** xarope deve ser conservado em local com temperatura ambiente (15-30ºC). Proteger da luz e umidade.

**Número de lote e datas da fabricação e validade: vide embalagem. Não use o medicamento com prazo de validade vencido.**

**Para a sua segurança, mantenha o medicamento na embalagem original. Prazo de validade:** 24 meses a partir da data de fabricação.

**Após aberto, válido por 20 dias**

**Características físicas e organolépticas:**

**HERAFITOSS** xarope sabor cereja é líquido amarelo-amarronzado, levemente turvo, com odor de cereja e isento de precipitados e/ou partículas estranhas.

**HERAFITOSS** xarope sabor mel é líquido amarelo-amarronzado, levemente turvo, com odor de mel e isento de precipitados e/ou partículas estranhas.

**Antes de usar, observe o aspecto do medicamento.**

**Todo medicamento deve ser mantido fora do alcance das crianças.**

## 8. POSOLOGIA E MODO DE USAR USO ORAL:

- **Crianças entre 2 anos e 5 anos:** ingerir 2,5 mL (1/4 do copo dosador), duas vezes ao dia, a cada 12 horas, equivalente a 4,2 mg de hederacosídeo C por dia. A dose diária não deve ultrapassar 5,0 mL.

- **Crianças entre 6 anos e 11 anos:** ingerir 5,0 mL (1/2 do copo dosador), duas vezes ao dia, a cada 12 horas, equivalente a 8,4 mg de hederacosídeo C. A dose diária não deve ultrapassar 10,0 mL.

- **Adultos (a partir de 12 anos):** ingerir 7,5 mL (3/4 do copo dosador), duas vezes ao dia, a cada 12 horas, equivalente a 12,6 mg de hederacosídeo C por dia. A dose diária não deve ultrapassar 15,0 mL.

Utilizar apenas a via oral. O uso deste medicamento por outra via, que não a oral, pode causar a perda do efeito esperado ou mesmo promover danos ao seu usuário.

Se os sintomas persistirem por mais de 1 (uma) semana durante o uso deste fitoterápico, um médico ou farmacêutico deverá ser consultado.

## 9. REAÇÕES ADVERSAS

Reações gastrointestinais (náusea, vômito e diarreia) foram relatadas. A frequência não é conhecida.

Reações alérgicas (urticária, erupções cutâneas e dispneia – falta de ar) foram relatadas. A frequência não é conhecida. Pode ocorrer diarreia osmótica, devido à presença de sorbitol na fórmula, pois esse excipiente é pouco absorvido no intestino delgado sendo fermentado no cólon.

**Em casos de eventos adversos, notifique ao Sistema de Notificação de Eventos Adversos a Medicamentos (Vigimed), disponível em http://portal.anvisa.gov.br/vigimed, ou para a Vigilância Sanitária Estadual ou Municipal.**

## 10. SUPERDOSE

O uso em excesso deste medicamento pode provocar náuseas, vômito, diarreia e agitação. Em caso de superdosagem, suspender o uso e procurar orientação médica de imediato. Foi relatado o caso de uma criança de 4 anos que desenvolveu agressividade e diarreia após ingestão acidental de extrato de *Hedera helix L.*, correspondente a 1,8 g da droga vegetal.

**Em caso de intoxicação ligue para 0800 722 6001, se você precisar de mais orientações.**

**SIGA CORRETAMENTE O MODO DE USAR, NÃO DESAPARECENDO OS SINTOMAS PROCURE ORIENTAÇÃO MÉDICA.**

### DIZERES LEGAIS

MS 1.0535.0207

**Farmacêutica Responsável:** Dra. Kênia Cristina da Silva CRF-MG Nº 30.731

**LABORATÓRIO GLOBO LTDA**

Rodovia MG 424, km 8,8 São José da Lapa – MG Cep: 33.350-000

www.laboratorioglobo.com.br

CNPJ: 17.115.437/0001-73

Indústria Brasileira

SIG – 0800 031 21 25

Serviço de Informações Globo sig@laboratorioglobo.com.br

---

# HEVELAIR

### MEDICAMENTO FITOTERÁPICO

### APRESENTAÇÕES

Xarope de 7 mg/mL do extrato seco de *Hedera helix* L. Frasco de 100 mL com copo-medida.

### USO ORAL
### USO ADULTO E PEDIÁTRICO ACIMA DE 2 ANOS

### COMPOSIÇÃO

Cada mL do xarope contém 7 mg do extrato seco de *Hedera helix* L., calculado para conter 0,777 mg de hederacosídeo C.

Excipientes: sorbato de potássio, ácido cítrico, solução de sorbitol 70%, goma xantana, aroma de framboesa e água deionizada.

Nomenclatura botânica oficial: *Hedera helix* Linné

Família: Araliaceae

Parte utilizada da planta: folhas

### 1. PARA QUE ESTE MEDICAMENTO É INDICADO?

**Hevelair\*** é indicado como expectorante e mucofluidificante nos casos de tosse seca ou produtiva, tosse irritativa e tosse com catarro.

### 2. COMO ESTE MEDICAMENTO FUNCIONA?

**Hevelair\*** possui efeito mucolítico (diminui a viscosidade das secreções e facilitando a expectoração) e leve ação broncodilatadora (ação relaxante sobre o músculo liso brônquico), efeitos que facilitam a expectoração e melhoram a respiração.

### 3. QUANDO NÃO DEVO USAR ESTE MEDICAMENTO?

Para segurança do paciente, o uso de **Hevelair\*** não é recomendado:

- em casos de alergia conhecida ao extrato seco de *Hedera helix* L.;
- em casos de alergia conhecida aos demais componentes da fórmula;
- para pacientes com rara intolerância hereditária à frutose.

**Este medicamento não deve ser utilizado por mulheres grávidas sem orientação médica ou do cirurgião-dentista.** O médico deve ser informado sobre a ocorrência de gravidez ou início de amamentação durante o uso deste medicamento.

## 4. O QUE DEVO SABER ANTES DE UTILIZAR ESTE MEDICAMENTO?

**Hevelair\*** contém em sua fórmula sorbitol, que é convertido no organismo em frutose, sendo conveniente avaliar sua indicação em casos de intolerância a essa substância. Somente o médico poderá determinar o uso ou não após a avaliação do risco/benefício.

Gravidez e amamentação: Informe ao seu médico ou cirurgião-dentista se ocorrer gravidez ou iniciar amamentação durante o uso deste medicamento.

**Este medicamento não deve ser utilizado por mulheres grávidas sem orientação médica ou do cirurgião-dentista.**

Pacientes idosos: Não há restrições específicas para o uso em pacientes idosos. **Hevelair\*** não contém açúcar, podendo ser utilizado por pacientes diabéticos. **Hevelair\*** não contém corantes e álcool.

**Informe ao seu médico ou cirurgião-dentista se você está fazendo uso de algum outro medicamento. Não use medicamento sem o conhecimento do seu médico. Pode ser perigoso para sua saúde.**

**Este medicamento não deve ser utilizado em crianças menores de 2 anos de idade.**

## 5. ONDE, COMO E POR QUANTO TEMPO POSSO GUARDAR ESTE MEDICAMENTO?

O produto deve ser conservado à temperatura ambiente (15°C à 30°C), protegido de luz e umidade. Após aberto, o frasco deverá ser conservado nas mesmas condições do frasco fechado.

**Número de lote e datas de fabricação e validade: vide embalagem.**

**Não use medicamento com o prazo de validade vencido. Guarde-o em sua embalagem original.**

**Hevelair\*** é um líquido xaroposo de coloração caramelo, com leve odor e sabor de framboesa, podendo apresentar partículas de extrato seco que desaparecem com a agitação do frasco.

**Hevelair\***contém um extrato de plantas como ingrediente ativo e, portanto, a coloração do xarope pode variar ocasionalmente sem que haja alteração na eficácia do produto.

**Antes de usar, observe o aspecto do medicamento. Caso ele esteja no prazo de validade e você observe alguma mudança no aspecto, consulte o farmacêutico para saber se poderá utilizá-lo.**

**Todo medicamento deve ser mantido fora do alcance das crianças.**

## 6. COMO DEVO USAR ESTE MEDICAMENTO?

Via oral.

**Sempre agite o frasco do xarope antes de usar.**

A posologia recomendada é a seguinte:

Adultos: 7,5 mL (3/4 do copo medida) três vezes ao dia.

Crianças de 4 a 12 anos: 5,0 mL (1/2 do copo medida) três vezes ao dia.

Crianças de 2 a 4 anos: 2,5 mL (1/4 do copo medida) três vezes ao dia.

A duração do tratamento depende da gravidade do quadro clínico apresentado, porém o tratamento deve ter período de duração mínima de uma semana, mesmo nos casos menos graves do trato respiratório.

**Siga a orientação do seu médico, respeitando sempre os horários, as doses e a duração do tratamento. Não interrompa o tratamento sem o conhecimento do seu médico.**

## 7. O QUE DEVO FAZER QUANDO EU ME ESQUECER DE USAR ESTE MEDICAMENTO?

Caso você tenha se esquecido de tomar uma dose, tome o medicamento assim que possível. Se estiver muito perto do horário da próxima dose, aguarde e tome somente uma única dose. Não tome duas doses ao mesmo tempo ou uma dose extra para compensar a dose perdida.

**Em caso de dúvidas, procure orientação do farmacêutico ou de seu médico, ou cirurgião-dentista.**

## 8. QUAIS OS MALES QUE ESTE MEDICAMENTO PODE CAUSAR?

**Hevelair\*** é geralmente bem tolerado. Raramente podem ocorrer reações adversas leves e transitórias como desconforto abdominal, diarreia ou náusea.

**Informe ao seu médico, cirurgião-dentista ou farmacêutico o aparecimento de reações indesejáveis pelo uso do medicamento. Informe também a empresa através do seu serviço de atendimento.**

## 9. O QUE FAZER SE ALGUÉM USAR UMA QUANTIDADE MAIOR DO QUE A INDICADA DESTE MEDICAMENTO?

Podem aparecer sintomas de náuseas, vômitos e diarreia. Informar o médico para tratamento sintomático.

**Em caso de uso de grande quantidade deste medicamento, procure rapidamente socorro médico e leve a embalagem ou bula do medicamento, se possível.**

**Ligue para 0800 722 6001 se você precisar de mais orientações**.

**VENDA SOB PRESCRIÇÃO MÉDICA.**

### DIZERES LEGAIS
MS – 1.0639. 0263
Farmacêutico responsável: Carla A. Inpossinato CRF-SP nº 38.535
**Takeda Pharma Ltda.** Rodovia SP 340 S/N, km 133,5 Jaguariúna – SP
CNPJ: 60.397.775/0008-40
Indústria Brasileira

_____

# HIPERICIN®
*Hypericum perforatum* L., Hypericaceae

### MEDICAMENTO FITOTERÁPICO

### PARTE UTILIZADA
Partes aéreas.
### NOMENCLATURA POPULAR
Hipérico.

### APRESENTAÇÕES
Cápsula mole – Extrato seco das partes aéreas de *Hypericum perforatum*
300 mg – Embalagem com 30 cápsulas cada.

### VIA ORAL
### USO ADULTO E PEDIÁTRICO ACIMA DE 6 ANOS
### COMPOSIÇÃO

Cada cápsula contém:
extrato seco de *Hypericum perforatum* L. padronizado em 0,3% de hipericinas totais expressas em hipericina .................................................................. 300 mg*;
veículos q.s.p. ......................................... 1 cápsula.
(óleo de soja e lecitina de soja)
*equivalente a 0, 9 mg de hipericinas totais expressas em hipericina por cápsula.

### INFORMAÇÕES AO PACIENTE
### PARA QUE ESTE MEDICAMENTO É INDICADO?
Hipericin® é indicado para o tratamento de estados depressivos leves a moderados.

### COMO ESTE MEDICAMENTO FUNCIONA?
Espera-se um alívio dos sintomas da depressão leve a moderada e dos sintomas associados como ansiedade, tensão e dor muscular generalizada. Após duas a quatro semanas de tratamento observa-se melhora nos sintomas e nos sinais depressivos.

### QUANDO NÃO DEVO USAR ESTE MEDICAMENTO?
- Pacientes com histórico de hipersensibilidade e alergia a qualquer um dos componentes da fórmula não devem fazer uso do produto.
- Não usar em episódios de depressão grave.
- Não tomar o medicamento durante o tratamento com anticoagulantes (ex. varfarina).
- Pode diminuir os efeitos de contraceptivos orais e de medicamentos para o tratamento da asma (à base de teofilina) ou de medicamentos à base de digoxina.
- Este medicamento não deve ser usado em associação com outros antidepressivos e até duas semanas após o término do tratamento com inibidores da monoaminoxidase (IMAO).
- Existe interação de medicamentos à base de Hipérico (*Hypericum perforatum* L.) com ciclosporina, anticoagulantes cumarínicos, anticoncepcionais orais, teofilina, digoxina, indinavir e possivelmente outros inibidores de protease e transcriptase reversa, prejudicando os efeitos destes. Isso ocorre devido à capacidade do Hipérico de aumentar a eliminação de outras drogas.
- Não é recomendado utilizar este medicamento com clorpromazina ou tetraciclina.
- O extrato de Hipérico não demonstrou interação com o álcool em estudos farmacológicos, porém sabe-se que o álcool pode piorar o quadro depressivo.

Este medicamento é contraindicado para crianças abaixo de seis anos.

### O QUE DEVO SABER ANTES DE USAR ESTE MEDICAMENTO?
**Precauções e advertências**
- Deve-se evitar a exposição ao sol ou aos raios ultravioletas quando do uso deste medicamento, principalmente sem proteção, devido ao efeito fotossensibilizante de Hipérico.
- Não há restrições para o uso de Hipérico por pessoas que operam veículos e máquinas.
- A administração do produto deve ser cuidadosa em pacientes utilizando medicações de uso contínuo.

- Em caso de hipersensibilidade ao produto, recomenda-se descontinuar o uso e consultar o médico.
- Interações medicamentosas
- A utilização de Hipérico concomitante a antidepressivos inibidores da recaptação de serotonina e inibidores da MAO poderá causar síndrome serotoninérgica.

Este medicamento não deve ser usado durante a gravidez e amamentação, exceto sob orientação médica. Informe ao seu médico se ocorrer gravidez ou se iniciar amamentação durante o uso deste medicamento.

**Informe ao seu médico ou cirurgião-dentista se você está fazendo uso de algum outro medicamento.**

**Informe ao profissional de saúde todas as plantas medicinais, fitoterápicos e outros medicamentos que estiver tomando. Interações podem ocorrer entre medicamentos e plantas medicinais e mesmo entre duas plantas medicinais administradas ao mesmo tempo.**

**Não use medicamento sem o conhecimento do seu médico. Pode ser perigoso para a sua saúde.**

## ONDE, COMO E POR QUANTO TEMPO POSSO GUARDAR ESTE MEDICAMENTO?

**Cuidados de conservação**

Hipericin® deve ser conservado em temperatura ambiente (entre 15 e 30ºC) em sua embalagem original.

Proteger da luz e da umidade.

**Prazo de validade**

24 meses após a data de fabricação impressa no cartucho. Número de lote e datas de fabricação e validade: vide embalagem. Não use medicamento com o prazo de validade vencido. Guarde-o em sua embalagem original.

**Características físicas**

Cápsulas gelatinosas moles, de cor verde escura.

**Características organolépticas**

Cheiro (odor) característico e praticamente não apresenta sabor.

Antes de usar, observe o aspecto do medicamento. Caso ele esteja no prazo de validade e você observe alguma mudança no aspecto, consulte o farmacêutico para saber se poderá utilizá-lo.

**Todo medicamento deve ser mantido fora do alcance das crianças.**

## COMO DEVO USAR ESTE MEDICAMENTO?
USO ORAL/USO INTERNO

Utilizar apenas a via oral. O uso deste medicamento por outra via, que não a oral, pode causar a perda do efeito esperado ou mesmo promover danos ao seu usuário.

**Modo de usar**

As cápsulas devem ser ingeridas inteiras e com uma quantidade suficiente de água para que possam ser deglutidas.

*Posologia*

Ingerir uma cápsula, via oral, três vezes ao dia, de oito em oito horas, ou a critério médico.

A dose diária não deve ultrapassar a três cápsulas ao dia. A dose para crianças de 6 a 12 anos é de uma cápsula ao dia. A duração de tratamento deve ser definida pelo médico.

Siga a orientação de seu médico, respeitando sempre os horários, as doses e a duração do tratamento. Não interrompa o tratamento sem o conhecimento do seu médico.

**Este medicamento não deve ser partido, aberto ou mastigado.**

## O QUE DEVO FAZER QUANDO EU ME ESQUECER DE USAR ESTE MEDICAMENTO?

Caso haja esquecimento da ingestão de uma dose deste medicamento, retomar a posologia prescrita sem a necessidade de suplementação.

Em caso de dúvidas, procure orientação do farmacêutico ou de seu médico, ou cirurgião-dentista.

## QUAIS OS MALES QUE ESTE MEDICAMENTO PODE ME CAUSAR?

**Reações adversas**

A administração dos extratos do Hipérico é geralmente bem tolerada nas doses recomendadas. Pacientes sensíveis podem apresentar irritações gastrointestinais, reações alérgicas, fadiga, agitação e aumento da sensibilidade da pele à luz solar ou aos raios ultravioletas.

Informe ao seu médico, cirurgião-dentista ou farmacêutico o aparecimento de reações indesejáveis pelo uso do medicamento. Informe também à empresa através do seu serviço de atendimento.

## O QUE FAZER SE ALGUÉM USAR UMA QUANTIDADE MAIOR DO QUE A INDICADA DESTE MEDICAMENTO?

Em doses maciças, foram relatadas desordens do ritmo cardíaco, da visão, depressão, estados de confusão, alucinação e psicose.

Em caso de superdosagem, suspender o uso e procurar orientação médica de imediato.

Em caso de uso de grande quantidade deste medicamento, procure rapidamente socorro médico e leve a embalagem ou bula do medicamento, se possível. Ligue para 0800 722 6001, se você precisar de mais orientações.

**Venda sob prescrição médica.**

**DIZERES LEGAIS**
MS: 1.1860.0003
Farmacêutica resp.: Gislaine B. Gutierrez CRF-PR nº 12423
Fabricado e Distribuído por: **HERBARIUM LABORATÓRIO BOTÂNICO S. A.**
Av. Santos Dumont, 1100 • CEP 83403-500 Colombo – PR
CNPJ: 78.950.011/0001-20
**Indústria Brasileira**.

_____

# HIPÉRICO HERBARIUM
*Hypericum perforatum* L., Hypericaceae

**MEDICAMENTO FITOTERÁPICO**

**PARTE UTILIZADA**
Partes aéreas.

**NOMENCLATURA POPULAR**
Hipérico.

**APRESENTAÇÕES**
Cápsula dura – Extrato seco das partes aéreas de *Hypericum perforatum*
100 mg – Embalagem com 45 cápsulas cada.

**VIA ORAL**
**USO ADULTO E PEDIÁTRICO ACIMA DE 6 ANOS**
**COMPOSIÇÃO**

Cada cápsula contém:
extrato seco de *Hypericum perforatum* L.
padronizado em 0,30% de hipericinas totais expressas em hipericina ................................................................. 100 mg*;
excipiente q.s.p. ....................................................... 1 cápsula.
(amido)
*equivalente a 0,30 mg de hipericinas totais expressas em hipericina por cápsula.

**INFORMAÇÕES AO PACIENTE**
**PARA QUE ESTE MEDICAMENTO É INDICADO?**
Hipérico Herbarium é indicado para o tratamento de estados depressivos leves a moderados.

**COMO ESTE MEDICAMENTO FUNCIONA?**
Espera-se um alívio dos sintomas da depressão leve a moderada e dos sintomas associados como ansiedade, tensão e dor muscular generalizada. Após duas a quatro semanas de tratamento observa-se melhora nos sintomas e nos sinais depressivos.

**QUANDO NÃO DEVO USAR ESTE MEDICAMENTO?**
- Pacientes com histórico de hipersensibilidade e alergia a qualquer um dos componentes da fórmula não devem fazer uso do produto.
- Não usar em episódios de depressão grave.
- Não tomar o medicamento durante o tratamento com anticoagulantes (ex. varfarina).
- Pode diminuir os efeitos de contraceptivos orais e de medicamentos para o tratamento da asma (à base de teofilina) ou de medicamentos à base de digoxina.
- Este medicamento não deve ser usado em associação com outros antidepressivos e até duas semanas após o término do tratamento com inibidores da monoaminooxidase (IMAO).
- Existe interação de medicamentos à base de Hipérico (*Hypericum perforatum* L.) com ciclosporina, anticoagulantes cumarínicos, anticoncepcionais orais, teofilina, digoxina, indinavir e possivelmente outros inibidores de protease e transcriptase reversa, prejudicando os efeitos destes. Isso ocorre devido à capacidade do Hipérico de aumentar a eliminação de outras drogas.
- Não é recomendado utilizar este medicamento com clorpromazina ou tetraciclina.
- O extrato de Hipérico não demonstrou interação com o álcool em estudos farmacológicos, porém sabe-se que o álcool pode piorar o quadro depressivo.

**Este medicamento é contraindicado para crianças abaixo de seis anos.**

**O QUE DEVO SABER ANTES DE USAR ESTE MEDICAMENTO?**
**Precauções e advertências**

- Deve-se evitar a exposição ao sol ou aos raios ultravioletas quando do uso deste medicamento, principalmente sem proteção, devido ao efeito fotossensibilizante de Hipérico.
- Não há restrições para o uso de Hipérico por pessoas que operam veículos e máquinas.
- A administração do produto deve ser cuidadosa em pacientes utilizando medicações de uso contínuo.

- Em caso de hipersensibilidade ao produto, recomenda-se descontinuar o uso e consultar o médico.

**Interações medicamentosas**
- A utilização de Hipérico concomitante a antidepressivos inibidores da recaptação de serotonina e inibidores da MAO poderá causar síndrome serotoninérgica.

**Este medicamento não deve ser usado durante a gravidez e amamentação, exceto sob orientação médica. Informe ao seu médico se ocorrer gravidez ou se iniciar amamentação durante o uso deste medicamento. Informe ao seu médico ou cirurgião-dentista se você está fazendo uso de algum outro medicamento. Informe ao profissional de saúde todas as plantas medicinais, fitoterápicos e outros medicamentos que estiver tomando. Interações podem ocorrer entre medicamentos e plantas medicinais e mesmo entre duas plantas medicinais administradas ao mesmo tempo.**

**Não use medicamento sem o conhecimento do seu médico. Pode ser perigoso para a sua saúde.**

## ONDE, COMO E POR QUANTO TEMPO POSSO GUARDAR ESTE MEDICAMENTO?

**Cuidados de conservação**

Hipérico Herbarium deve ser conservado em temperatura ambiente (entre 15 e 30ºC) em sua embalagem original. Proteger da luz e da umidade.

**Prazo de validade**

24 meses após a data de fabricação impressa no cartucho.

**Número de lote e datas de fabricação e validade: vide embalagem. Não use medicamento com o prazo de validade vencido. Guarde-o em sua embalagem original.**

**Características físicas**

Cápsulas gelatinosas duras de cor creme.

**Características organolépticas**

Cheiro (odor) característico e praticamente não apresenta sabor.

**Antes de usar, observe o aspecto do medicamento. Caso ele esteja no prazo de validade e você observe alguma mudança no aspecto, consulte o farmacêutico para saber se poderá utilizá-lo.**

**Todo medicamento deve ser mantido fora do alcance das crianças.**

## COMO DEVO USAR ESTE MEDICAMENTO?
USO ORAL/USO INTERNO

Utilizar apenas a via oral. O uso deste medicamento por outra via, que não a oral, pode causar a perda do efeito esperado ou mesmo promover danos ao seu usuário.

**Modo de usar**

As cápsulas devem ser ingeridas inteiras e com uma quantidade suficiente de água para que possam ser deglutidas.

**Posologia**

Ingerir uma cápsula, via oral, quatro vezes ao dia, de seis em seis horas, ou a critério médico.

A dose diária não deve ultrapassar a sete cápsulas ao dia. A dose para crianças de 6 a 12 anos é de uma cápsula, via oral, duas vezes ao dia, de doze em doze horas.

A duração de tratamento deve ser definida pelo médico.

**Siga a orientação de seu médico, respeitando sempre os horários, as doses e a duração do tratamento. Não interrompa o tratamento sem o conhecimento do seu médico.**

**Este medicamento não deve ser partido, aberto ou mastigado.**

## O QUE DEVO FAZER QUANDO EU ME ESQUECER DE USAR ESTE MEDICAMENTO?

Caso haja esquecimento da ingestão de uma dose deste medicamento, retomar a posologia prescrita sem a necessidade de suplementação.

**Em caso de dúvidas, procure orientação do farmacêutico ou de seu médico, ou cirurgião-dentista.**

## QUAIS OS MALES QUE ESTE MEDICAMENTO PODE ME CAUSAR?

**Reações adversas**

A administração dos extratos do Hipérico é geralmente bem tolerada nas doses recomendadas. Pacientes sensíveis podem apresentar irritações gastrointestinais, reações alérgicas, fadiga, agitação e aumento da sensibilidade da pele à luz solar ou aos raios ultravioletas.

**Informe ao seu médico, cirurgião-dentista ou farmacêutico o aparecimento de reações indesejáveis pelo uso do medicamento. Informe também à empresa através do seu serviço de atendimento.**

## O QUE FAZER SE ALGUÉM USAR UMA QUANTIDADE MAIOR DO QUE A INDICADA DESTE MEDICAMENTO?

Em doses maciças, foram relatadas desordens do ritmo cardíaco, da visão, depressão, estados de confusão, alucinação e psicose.

Em caso de superdosagem, suspender o uso e procurar orientação médica de imediato.
**Em caso de uso de grande quantidade deste medicamento, procure rapidamente socorro médico e leve a embalagem ou bula do medicamento, se possível. Ligue para 0800 722 6001, se você precisar de mais orientações.**

**VENDA SOB PRESCRIÇÃO MÉDICA.**

### DIZERES LEGAIS
MS: 1.1860.0081
Farmacêutica resp.: Gislaine B. Gutierrez CRF-PR nº 12423
Fabricado e Distribuído por: **HERBARIUM LABORATÓRIO BOTÂNICO S. A.**
Av. Santos Dumont, 1100 • Colombo – PR • CEP 83403-500
CNPJ: 78.950.011/0001-20
**Indústria Brasileira**

---

# HIZOFITO
*Glycine max* (Fabaceae), grãos, soja

### MEDICAMENTO FITOTERÁPICO

### APRESENTAÇÃO
Cápsula gelatinosa dura – 150mg/cápsula Embalagem em blister, contendo 30 cápsulas

### VIA ORAL USO ADULTO COMPOSIÇÃO
Cada cápsula gelatinosa dura contém:
Extrato seco de *Glycine max* padronizado em 40% de isoflavonas (equivalente a 60mg de isoflavonas totais) 150,0mg
Excipientes: Celulose microcristalina, Dióxido de silício coloidal, Talco, Estearato de magnésio.

### INFORMAÇÕES TÉCNICAS AOS PROFISSIONAIS DE SAÚDE INDICAÇÕES
Este medicamento é destinado para alívio dos sintomas relacionados à Síndrome do Climatério, com melhora da incidência e severidade dos fogachos, aumentando o bem-estar e a qualidade de vida das mulheres na fase do climatério.

### RESULTADOS DE EFICÁCIA
Existem evidências médicas sugerindo que o consumo diário do extrato de soja pode ajudar na redução da frequência dos fogachos em mulheres menopausadas nas 24 horas do dia e no alívio da sintomatologia. Foi desenvolvido estudo duplo-cego, randomizado, multicêntrico, paralelo durante 16 semanas em 60 mulheres. As mulheres que ingeriram o extrato de soja tiveram uma redução de 38% de fogachos na 4ª semana do estudo, chegando a 51% na 8ª semana. No final da 16ª semana tiveram redução de 61% versus 21% de redução daquelas usando placebo. "Respondedoras" (consideradas as que tiveram redução de no mínimo 50% ao final do estudo) foram 65,8% versus 34% no grupo placebo ($p<0.005$).

### CARACTERÍSTICAS FARMACOLÓGICAS
As isoflavonas correspondem a um conjunto de substâncias naturais retiradas da soja. São compostos difenólicos formados de três agliconas isoméricas: genisteína, daidzeína e gliciteína. Por possuírem uma estrutura molecular semelhante a do estradiol, as isoflavonas se comportam como estrogênios fracos, minimizando assim seus efeitos colaterais.

**Farmacocinética** – Após ingesta os fitoestrógenos sofrem desconjugação pelas enzimas beta-glicosidades produzidas pela microbiota intestinal que promovem a hidrólise das glicosil-isoflavonas (genistina e daidzina) transformando-as nas isoflavonas (formas aglicosas) biologicamente ativas genisteína e daidzeína. A estrutura dessas isoflavonas é glicosídeo, genisteína e daidzeína são eficientemente absorvidos, levando em média 5.2 horas após a ingesta para a genisteína livre e 6.6 horas para daidzeína livre alcançarem seus picos plasmáticos. Apenas os humanos sintetizam o enaniômetro S-equol que possui alta afinidade pelo receptor de estrógeno beta. No fígado, esses compostos se conjugam com o ácido glicurônico, e em menor proporção com o ácido sulfúrico, na corrente sanguínea circulam em altas concentrações, exercendo seus efeitos nos respectivos sítios de atuação. No plasma, as frações livres e as sulfato são biologicamente ativas, enquanto que a fração glucuronídica é inativa. No sangue e na urina esses fitoestrógenos são encontrados principalmente na forma de conjugados.

### CONTRAINDICAÇÕES
**Este medicamento é contraindicado para menores de 18 anos. Este medicamento é contraindicado para uso por homens.**
Os estudos em animais não demonstram risco fetal, mas também não há estudos controlados em mulheres grávidas. **Este medicamento não deve ser usado por mulheres grávidas sem orientação médica ou do cirurgião-dentista (categoria de risco C).**

Hipersensibilidade ao extrato de soja e aos componentes da fórmula.

## ADVERTÊNCIAS E PRECAUÇÕES
Pacientes com hipersensibilidade a um dos componentes da fórmula devem evitar o uso do produto.

**Este medicamento não deve ser usado por mulheres grávidas sem orientação médica ou do cirurgião-dentista (categoria de risco C).**

## INTERAÇÕES MEDICAMENTOSAS
As isoflavonas apresentam uma atividade antiestrogênica fraca por inibição competitiva, portanto, apesar de não encontrar citações de incompatibilidade com este produto, é necessária precaução ao associar o produto com contraceptivos e hormônios femininos.

Devido às similaridades estruturais entre tamoxifeno e as isoflavonas, é possível haver competição pelos receptores estrogênicos, embora seu significado clínico seja desconhecido. A eficácia da isoflavona de soja pode diminuir se houver uso concomitante de antagonistas H2 ou inibidores da bomba de prótons. Antibióticos também podem interferir com a absorção e metabolismo das isoflavonas reduzindo sua eficácia até 6 semanas após sua administração.

## CUIDADOS DE ARMAZENAGEM DO MEDICAMENTO
Hizofito® deve ser guardado à temperatura entre 15 e 30 ºC, ao abrigo da luz e umidade. Nessas condições, o prazo de validade do medicamento é de 24 meses, a partir da data de fabricação.

**Número de lote e datas de fabricação e validade: vide embalagem. Não use medicamento com prazo de validade vencido. Guarde-o em sua embalagem original.**

Cápsula gelatinosa dura de coloração parte azul claro e parte azul escuro.

**Antes de usar, observe o aspecto do medicamento. Todo medicamento deve ser mantido fora do alcance das crianças.**

## POSOLOGIA E MODO DE USAR
As cápsulas dever ser ingeridas inteiras e sem mastigar com quantidade suficiente de água para que sejam deglutidas.

- Ingerir 1 a 2 cápsulas 3 vezes ao dia, conforme orientação médica.

**Via oral**
**Uso adulto para maiores de 18 anos**

Cápsula gelatinosa dura de coloração parte azul claro e parte azul escuro.

**Este medicamento não deve ser partido, aberto ou mastigado.**

## REAÇÕES ADVERSAS
Infertilidade e desordens do crescimento foram relatadas em cobaias. Esses efeitos têm sido atribuídos aos constituintes estrogênicos das isoflavonas, particularmente à formononetina. Poderá ocorrer alteração da coloração da urina. Informe ao seu médico o aparecimento de reações desagradáveis.

Interferências em exames laboratoriais: não há relatos na literatura médica.

**Em casos de eventos adversos, notifique ao Sistema de Notificações em Vigilância Sanitária – Notivisa, disponível em http://www.anvisa.gov.br/hotsite/notivisa/index.htm, ou para a Vigilância Sanitária Estadual ou Municipal.**

## SUPERDOSE
**Suspender a medicação de imediato.**

**Em caso de intoxicação ligue para 0800 722 6001, se você precisar de mais orientações.**

Venda sob prescrição médica

## DIZERES LEGAIS
MS 1.1557.0061.001-3 **Hizofito®**
**Responsável Técnica:** Rosa Lúcia Carneiro da Silva CRF-PE 1938
**INFAN – INDÚSTRIA QUÍMICA FARMACÊUTICA NACIONAL S. A.**
Rodovia BR 232, km 136 – Bairro Agamenom Magalhães – Caruaru – PE CEP: 55.034-640
C.N.P.J.: 08.939.548/0001-03
Indústria Brasileira
www.hebron.com.br
Atendimento ao consumidor: 0800-724 2022
sac@hebron.com.br
Hizofito® e Hebron® são marcas sob licença da Hebron Farmacêutica – Pesquisa, Desenvolvimento e Inovação Tecnológica
C.N.P.J.: 05.314.980/0001-10

# HYPERATIV
*Hypericum perforatum* L. Extrato seco

## MEDICAMENTO FITOTERÁPICO
**Nomenclatura botânica oficial**: *Hypericum perforatum* L.
**Família:** Hypericaceae
**Parte da planta utilizada**: partes aéreas
**Nomenclatura popular:** Hipérico

## APRESENTAÇÕES:
Comprimidos revestidos com 300mg de extrato seco de *Hypericum perforatum* L.
Cartucho com 45 comprimidos.

## VIA ORAL USO ADULTO

## COMPOSIÇÃO:
**Cada comprimido de Hyperativ 300mg contém:**
Extrato seco de *Hypericum perforatum* L. ...............300mg (padronizado em 0,3mg/g (0,3%) de hipericinas totais expressas em hipericina).
Equivalente a 0,9mg de hipericinas totais expressas em hipericina/comprimido.
Excipientes q.s.p. .........................1 comprimido revestido
Excipientes: celulose microcristalina, estearato de magnésio, dióxido de silício, lactose, hipromelose e macrogol.

## INFORMAÇÕES TÉCNICAS AOS PROFISSIONAIS DE SAÚDE:
### INDICAÇÕES
Indicado no tratamento dos estados depressivos leves a moderados.

## RESULTADOS DE EFICÁCIA
Uma metanálise de 23 estudos randomizados, duplo cegos, constituído de 1757 pacientes com depressão de leve a moderada foi conduzida para determinar a efetividade do *H. perforatum*.
Concluiu-se que o *H. perforatum* foi significativamente superior ao placebo com poucos efeitos adversos (19,9%) em relação aos antidepressivos padrões (52,8%). (LINDE, 1996).

## CARACTERÍSTICAS FARMACOLÓGICAS
O extrato de *Hypericum perforatum* é obtido a partir das partes aéreas no período da floração e padronizado em 0,3% de hipericinas totais expressas em hipericina. Contém também amentoflavona, xantonas, hiperforina, óleos essenciais e flavonoides como a rutina e hiperosídeo. Farmacocinética: A meia vida de eliminação da hipericina oscilou entre 24,8 e 26,5 horas, segundo estudo em 12 voluntários sadios que se submeteram a uma dose de 300 mg de extrato seco de *H. perforatum*.
O complexo de substâncias ativas do produto é liberado e atinge um nível eficaz no organismo com a administração de 600 a 900 mg do extrato padronizado em 0,3% de hipericinas ao dia, sendo que o equilíbrio hemotecidual ocorrerá após quatro dias da administração.
Mecanismo de ação:
Embora inibição da MAO e COMT tenha sido identificada em ensaios *in vitro* com frações de extratos, hipericina e flavonas, os estudos concluem que o efeito antidepressivo do *H. perforatum* não pode ser explicado por inibição da MAO. Outros possíveis mecanismos de ação incluem a habilidade do extrato de modular a produção de citocinas, a expressão de receptores serotoninérgicos e o eixo hipotálamo-pituitário-adrenal.

## CONTRAINDICAÇÕES
Pacientes com histórico de hipersensibilidade e alergia a qualquer um dos componentes da fórmula não devem fazer uso do produto.
Não usar em episódios de depressão grave.
Não tomar o medicamento durante o tratamento com anticoagulantes (ex. varfarina).
Pode diminuir os efeitos de contraceptivos orais e de medicamentos para o tratamento da asma (a base de teofilina) ou de medicamentos à base de digoxina.
Este medicamento não deve ser usado em associação com outros antidepressivos e até duas semanas após o término do tratamento com Inibidores da Monoamina Oxidase (IMAO).
Existe interação de medicamentos à base de Hipérico (*Hypericum perforatum* L.) com ciclosporina, anticoagulantes cumarínicos, anticoncepcionais orais, teofilina, digoxina, indinavir e possivelmente outros inibidores de protease e transcriptase reversa, prejudicando os efeitos destes. Isso ocorre devido à capacidade do Hipérico de aumentar a eliminação de outras drogas.
Não é recomendado utilizar este medicamento com clorpromazina ou tetraciclina.
O extrato de Hipérico não demonstrou interação com o álcool em estudos farmacológicos, porém sabe-se que o álcool pode piorar o quadro depressivo.

Não existem dados disponíveis sobre o uso de *H. perforatum* na gravidez e na lactação, porém sabe-se que o extrato pode inibir a secreção de prolactina, portanto não se recomenda seu uso em mulheres grávidas e amamentando.

De acordo com a categoria de risco de fármacos destinados às mulheres grávidas, este medicamento apresenta categoria de risco C, ou seja, não foram realizados estudos em animais e nem em mulheres grávidas; ou então, os estudos em animais revelaram risco, mas não existem estudos disponíveis realizados em mulheres grávidas.

**Este medicamento é contraindicado para crianças abaixo de seis anos.**

## ADVERTÊNCIAS E PRECAUÇÕES

Deve-se evitar a exposição ao sol ou aos raios ultravioletas quando do uso deste medicamento, principalmente sem proteção, devido ao efeito fotossensibilizante de *H. perforatum*.

Não há restrições para o uso de *H. perforatum* por pessoas que operam veículos e máquinas.

A administração do produto deve ser cuidadosa em pacientes utilizando medicações de uso contínuo.

Em casos de hipersensibilidade ao produto, recomenda-se descontinuar o uso e consultar um médico.

De acordo com a categoria de risco de fármacos destinados às mulheres grávidas, este medicamento apresenta categoria de risco C, ou seja, não foram realizados estudos em animais e nem em mulheres grávidas; ou então, os estudos em animais revelaram risco, mas não existem estudos disponíveis realizados em mulheres grávidas.

**Este medicamento não deve ser utilizado por mulheres grávidas sem orientação médica ou do cirurgião-dentista.**

## INTERAÇÕES MEDICAMENTOSAS

Existe interação de *H. perforatum* com ciclosporina, anticoagulantes cumarínicos, anticoncepcionais orais, teofilina, digoxina, indinavir e possivelmente outros inibidores de protease e transcriptase reversa, prejudicando os efeitos destes. Isso ocorre devido à indução pelo *H. perforatum* da via metabólica envolvendo o citocromo P450.

A utilização de *H. perforatum* concomitante a antidepressivos inibidores da recaptação de serotonina e inibidores da MAO poderá causar síndrome serotoninérgica. Não é recomendado utilizar *H. perforatum* com drogas fotossensibilizantes como clorpromazina ou tetraciclina.

O extrato de *H. perforatum* não demonstrou interação com o álcool em estudos farmacológicos, porém sabe-se que o álcool pode piorar o quadro depressivo.

## CUIDADOS DE ARMAZENAMENTO DO MEDICAMENTO

Conservar o medicamento em sua embalagem original, em temperatura ambiente (15ºC a 30ºC) protegendo da umidade.

Nessas condições, o medicamento se manterá próprio para o consumo, respeitando o prazo de validade indicado na embalagem.

**Número de lote e datas de fabricação e validade: vide embalagem. Não use medicamento com o prazo de validade vencido. Guarde-o em sua embalagem original.**

HYPERATIV é constituído de comprimidos revestidos oblongos de coloração cinza escura.

**Antes de usar, observe o aspecto do medicamento.**
**Todo medicamento deve ser mantido fora do alcance das crianças.**

## POSOLOGIA E MODO DE USAR

USO ORAL/USO INTERNO

Utilizar apenas a via oral. O uso deste medicamento por outra via, que não a oral, pode causar a perda do efeito esperado ou mesmo promover danos ao seu usuário.

Ingerir 1 comprimido de 8 em 8 horas, ou a critério médico. Não ingerir mais que 3 comprimidos ao dia.

A duração de tratamento deve ser definida pelo médico.

**Este medicamento não deve ser partido, aberto ou mastigado.**

## REAÇÕES ADVERSAS

O uso de medicamentos à base de extratos de *H. perforatum* pode causar reações fotossensibilizantes. Em casos raros, podem aparecer irritações gastrintestinais, reações alérgicas, fadiga e agitação.

Os extratos de *H. perforatum* são geralmente bem tolerados com uma incidência de reações adversas em torno de 0,2% dos casos avaliados em estudos clínicos.

As reações adversas gastrintestinais podem ser minimizadas ao administrar o medicamento após as refeições.

Em casos de eventos adversos, notifique só Sistema de Notificações em Vigilância Sanitária – Notivisa, disponível em www.anvisa.gov.br/hotsite/notivisa, ou para a Vigilância Sanitária Estadual ou Municipal.

## SUPERDOSE

Até o presente momento, não foram discutidos os efeitos do *H. perforatum* quando administrado em altas doses. Em animais, foi observado aumento da fotossensibilidade. Se ocorrer superdosagem em seres humanos, deve-se proteger a pele dos raios solares ou ultravioleta por duas semanas. Porém, caso ocorra ingestão de doses excessivas, deve-se provocar o esvaziamento gástrico logo após o acidente. Em doses maciças, foram relatadas desordens do ritmo cardíaco, da visão, depressão, estados de confusão, alucinação e psicose.

Em caso de superdosagem, suspender o uso e procurar orientação médica de imediato.

**Em caso de intoxicação ligue para 0800 722 6001, se você precisar de mais orientações.**

## VENDA SOB PRESCRIÇÃO MÉDICA

## DIZERES LEGAIS

M.S.: 1.2009.0007
Responsável técnica: Dra. Juliana Borges CRF SP: 25.266
**BIONATUS LABORATÓRIO BOTÂNICO LTDA.**
Av. Domingos Falavina, 1041 – Jardim Mugnaini, São José do Rio Preto-S.P.
CEP: 15.045-395
CNPJ: 68.032.192/0001-51
INDÚSTRIA BRASILEIRA
SAC: 0800 171 100
www.bionatus.com.br

# I

# IMUNOFLAN®
*Pelargonium sidoides,* Geraniaceae

## MEDICAMENTO FITOTERÁPICO

## PARTE UTILIZADA
Raiz.

## NOMENCLATURA POPULAR
Gerânio rosado.

## APRESENTAÇÃO
Xarope – Tintura da raiz de *Pelargonium sidoides* 307,39 mg – Frasco com 120 mL. Acompanha copo dosador.

## VIA ORAL
## USO ADULTO E PEDIÁTRICO COMPOSIÇÃO:
Cada mL contém:
tintura de *Pelargonium sidoides* ........................307,39 mg*;
veículos q.s.p. ............................................................. 1 mL.
(xarope de sacarose, água deionizada, aroma de laranja e sorbato de potássio)
*equivalente a 6 µg de umckalina. O xarope contém 0,3% de álcool.

## INFORMAÇÕES AO PACIENTE
## POR QUE ESTE MEDICAMENTO É INDICADO?
Imunoflan® é indicado para o tratamento de infecções agudas e crônicas do trato respiratório e ouvido, infecções de nariz e garganta como rinofaringites, amigdalites, sinusites e bronquites.

## COMO ESTE MEDICAMENTO FUNCIONA?
Imunoflan® possui atividade antimicrobiana e de modulação do sistema de defesa.

## QUANDO NÃO DEVO USAR ESTE MEDICAMENTO?

- Pacientes com tendência a sangramentos, doenças renais e hepáticas.
- Pacientes com diabetes.
- Hipersensibilidade (alergia) a qualquer um dos componentes da fórmula.

**Não há contraindicação relativa a faixas etárias.
Este medicamento não deve ser utilizado por mulheres grávidas sem orientação médica.**

Este medicamento é contraindicado para uso por lactantes (mulheres amamentando).

## O QUE DEVO SABER ANTES DE USAR ESTE MEDICAMENTO?

**Precauções e advertências**

- **Atenção diabéticos:** Este medicamento contém açúcar.
- Em caso de hipersensibilidade ao produto, recomenda-se descontinuar o uso e consultar o médico.

**Interações medicamentosas**

- Não utilizar com anticoagulantes, anti-inflamatórios não esteroidais (como o ácido acetilsalicílico) e medicamentos inibidores da agregação plaquetária.

**Informe seu médico da ocorrência de gravidez na vigência do tratamento ou após o seu término.**
**Informe seu médico se está amamentando.**
**Informe seu médico ou cirurgião-dentista se você está fazendo uso de algum outro medicamento.**
**Não use medicamento sem o conhecimento de seu médico. Pode ser perigoso para a sua saúde.**

## ONDE, COMO E POR QUANTO TEMPO POSSO GUARDAR ESTE MEDICAMENTO?

**Cuidados de conservação**
Imunoflan® deve ser conservado em temperatura ambiente (entre 15ºC e 30ºC) em sua embalagem original. Manter o frasco bem fechado.
Proteger da luz e da umidade.

**Prazo de validade**
24 meses após a data de fabricação impressa no cartucho.
**Número de lote e datas de fabricação e validade: vide embalagem. Não use medicamento com o prazo de validade vencido.**
**Para sua segurança, mantenha o medicamento na embalagem original.**

**Características físicas**
Forma líquida de cor castanha avermelhada.

**Características organolépticas**
Cheiro (odor) aromático com notas de laranja e sabor adocicado com notas de laranja.
**Antes de usar, observe o aspecto do medicamento.**
**Caso ele esteja no prazo de validade e você observe alguma mudança no aspecto, consulte o farmacêutico para saber se poderá utilizá-lo.**
**Todo medicamento deve ser mantido fora do alcance das crianças.**

## COMO DEVO USAR ESTE MEDICAMENTO?

**Modo de usar**
Agitar o produto antes de usar.

**Posologia**
Adultos e crianças maiores de 12 anos: ingerir 7,5 mL, o equivalente a ¾ do copo dosador, via oral, 2 vezes ao dia, de 12 em 12 horas.
Crianças entre 6 e 12 anos: ingerir 5 mL, o equivalente a ½ copo dosador, via oral, 2 vezes ao dia, de 12 em 12 horas.
Crianças entre 2 e 6 anos: ingerir 2,5 mL, o equivalente a ¼ do copo dosador, via oral, 2 vezes ao dia, de 12 em 12 horas.
Crianças menores de 2 anos: ingerir 2,5 mL, o equivalente a ¼ do copo dosador, via oral, 1 vez ao dia.
**Siga a orientação de seu médico, respeitando sempre os horários, as doses e a duração do tratamento.**
**Não interrompa o tratamento sem o conhecimento do seu médico.**

## O QUE DEVO FAZER QUANDO EU ME ESQUECER DE USAR ESTE MEDICAMENTO?

Caso haja esquecimento da ingestão de uma dose deste medicamento, retomar a posologia prescrita sem a necessidade de suplementação.
**Em caso de dúvidas, procure orientação do farmacêutico ou de seu médico, ou cirurgião-dentista.**

## QUE MALES ESTE MEDICAMENTO PODE CAUSAR?

**Reações adversas**
Raramente pode ocorrer manchas vermelhas na pele, falta de ar, espasmos intestinais, falta de apetite, vômitos e inquietude.
**Informe seu médico, cirurgião-dentista ou farmacêutico do aparecimento de reações indesejáveis pelo uso do medicamento.**
**Informe a empresa sobre o aparecimento de reações indesejáveis e problemas com este medicamento, entrando em contato através do Sistema de Atendimento ao Consumidor (SAC).**
**Atenção: este produto é um medicamento novo e, embora as pesquisas tenham indicado eficácia e segurança aceitáveis, mesmo que indicado e utilizado corretamente, podem ocorrer reações adversas imprevisíveis ou desconhecidas. Nesse caso, informe seu médico.**

## O QUE FAZER SE ALGUÉM USAR UMA QUANTIDADE MAIOR DO QUE A INDICADA DESTE MEDICAMENTO?

Não há relatos de superdosagem relacionada à ingestão de *Pelargonium sidoides*.

Recomenda-se tratamento sintomático e controle das funções vitais.

**Em caso de intoxicação ligue para 0800 722 6001, se você precisar de mais orientações sobre como proceder.**

**Venda sob prescrição médica.**

### DIZERES LEGAIS

MS: 1.1860.0089

Farmacêutica resp.: Gislaine B. Gutierrez CRF-PR n° 12423

Fabricado e Distribuído por: **HERBARIUM LABORATÓRIO BOTÂNICO S. A.**

Av. Santos Dumont, 1100 • CEP 83403-500 Colombo – PR

CNPJ: 78.950.011/0001-20

**Indústria Brasileira.**

---

# IMUNOMAX® GEL
*Uncaria tomentosa*, Rubiaceae

### MEDICAMENTO FITOTERÁPICO

### PARTE UTILIZADA
Cascas.

### NOMENCLATURA POPULAR
Unha de gato.

### APRESENTAÇÃO
Gel-creme – Extrato das cascas de *Uncaria tomentosa* 50 mg/g.
Embalagem com bisnaga contendo 10 g.

### VIA TÓPICA USO ADULTO COMPOSIÇÃO
Cada grama contém:
extrato de *Uncaria tomentosa* ...................................50 mg*;
excipientes q.s.p. ............................................................ 1 g.
(água purificada; fosfato de trilauromacrogol-4, ésteres de sorbitol derivados do óleo de colza, copolímero do ácido sulfônico acriloilmetiltaurato e vinilpirrolidona neutralizado, ácido cítrico, palmitato de isopropila; glicerina vegetal; óleo de rosa mosqueta, metilparabeno; propilparabeno; edetato de sódio e tetradibutil pentaeritritil hidroxicinamato)
*equivalente a 0,037 mg de alcaloides oxindólicos calculados como mitrafilina.

## INFORMAÇÕES AO PACIENTE

### PARA QUE ESTE MEDICAMENTO É INDICADO?
Imunomax® é indicado para o tratamento de herpes simples.

### COMO ESTE MEDICAMENTO FUNCIONA?
Imunomax® possui atividade anti-inflamatória e analgésica, melhorando o aspecto da região afetada, reduzindo a coceira e a dor.

### QUANDO NÃO DEVO USAR ESTE MEDICAMENTO?
Hipersensibilidade (alergia) a qualquer um dos componentes da fórmula.
Este medicamento é contraindicado para uso por crianças.
Este medicamento não deve ser utilizado por mulheres grávidas sem orientação médica.

### O QUE DEVO SABER ANTES DE USAR ESTE MEDICAMENTO?
**Precauções e advertências**
Uso externo.
Evitar o contato com a área dos olhos. Caso isso ocorra, lavar com água em abundância.
Em caso de hipersensibilidade ao produto, recomenda-se descontinuar o uso e consultar o médico.
**Interações medicamentosas**
Não existem relatos de interações medicamentosas para o uso deste fitoterápico em preparações tópicas.
Informe seu médico da ocorrência de gravidez na vigência do tratamento ou após o seu término.
Informe seu médico se está amamentando.
Informe seu médico ou cirurgião-dentista se você está fazendo uso de algum outro medicamento.

### ONDE, COMO E POR QUANTO TEMPO POSSO GUARDAR ESTE MEDICAMENTO?
Cuidados de conservação
Imunomax® deve ser conservado em temperatura ambiente (entre 15 e 30ºC) em sua embalagem original.
Proteger da luz e da umidade.
Prazo de validade
24 meses após a data de fabricação impressa no cartucho.
Número de lote e datas de fabricação e validade: vide embalagem. Não use medicamento com o prazo de validade vencido. Guarde-o em sua embalagem original.
**Características físicas**
Gel-creme de cor salmão, incolor após aplicação.
Características organolépticas
Cheiro (odor) característico.

Antes de usar, observe o aspecto do medicamento. Caso ele esteja no prazo de validade e você observe alguma mudança no aspecto, consulte o farmacêutico para saber se poderá utilizá-lo.

Todo medicamento deve ser mantido fora do alcance das crianças.

## COMO DEVO USAR ESTE MEDICAMENTO?
**Modo de usar**
Aplicar o produto massageando suavemente a região afetada, previamente higienizada.
**Posologia**
Aplicar três vezes ao dia, por via tópica, de oito em oito horas. A quantidade necessária depende da extensão da área afetada.

Siga corretamente o modo de usar. Em caso de dúvidas sobre este medicamento, procure orientação do farmacêutico.

Não desaparecendo os sintomas, procure orientação de seu médico ou cirurgião-dentista.

## O QUE DEVO FAZER QUANDO EU ME ESQUECER DE USAR ESTE MEDICAMENTO?
Caso haja esquecimento da aplicação de uma dose deste medicamento, retomar a posologia prescrita sem a necessidade de suplementação.

Em caso de dúvidas, procure orientação do farmacêutico ou de seu médico, ou cirurgião-dentista.

## QUE MALES ESTE MEDICAMENTO PODE CAUSAR?
Reações adversas
Até o momento não foram relatadas reações adversas para o uso tópico deste fitoterápico.

Informe seu médico, cirurgião-dentista ou farmacêutico do aparecimento de reações indesejáveis pelo uso do medicamento.

Informe também à empresa através do seu Serviço de Atendimento ao Consumidor.

## O QUE FAZER SE ALGUÉM USAR UMA QUANTIDADE MAIOR DO QUE A INDICADA DESTE MEDICAMENTO?
Não há relatos de superdosagem relacionados ao uso tópico de *Uncaria tomentosa*.

Recomenda-se tratamento sintomático e controle das funções vitais.

Em caso de uso de grande quantidade deste medicamento, procure rapidamente socorro médico e leve a embalagem ou bula do medicamento, se possível. Ligue para 0800 722 6001 se você precisar de mais orientações.

## DIZERES LEGAIS
MS: 1.1860.0069
Farmacêutica resp.: Gislaine B. Gutierrez CRF-PR nº 12423.
Fabricado e Distribuído por: **HERBARIUM LABORATÓRIO BOTÂNICO S. A.**
Av. Santos Dumont, 1100 • CEP 83403-500 Colombo – PR
CNPJ: 78.950.011/0001-20
**Indústria Brasileira.**

---

# INGLESA SOBRAL

### PARTE I – IDENTIFICAÇÃO DO MEDICAMENTO
**Formas farmacêuticas:** Solução oral

USO DULTO USO ORAL

### MEDICAMENTO FITOTERÁPICO

### APRESENTAÇÃO:
O produto é apresentado em frasco plástico âmbar contendo 430 mL + copo dosador de 15 mL.
Espécie vegetal: *Cinchona calisaya*
Parte da planta utilizada: Casca Nomenclatura popular: Quina Família: Rubiaceae

### COMPOSIÇÃO:
Cada 30 mL da solução oral contém:
Extrato de *Cinchona calisaya* a 1% de alcaloides totais (equivalente a 15 mg de alcaloides totais expressos em quinina e cinchonina)..................................................1,5 mL
Excipientes: metilparabeno, álcool etílico, vinho branco e água purificada q.s.p. ................................................... 30 ml

### PARTE II – INFORMAÇÃO TÉCNICAS AOS PROFISSIONAIS DE SAÚDE
**1. INDICAÇÕES**
Este medicamento é indicado como estimulante do apetite.

**2. RESULTADOS DE EFICÁCIA**
De acordo com as referências bibliográficas abaixo:
Por estimulação sensitiva de sabor e odor dos princípios amargos da casca de Cinchona, em que inclui os alcaloides e outros quinovinos (2), causa incremento do reflexo na secreção da saliva e suco gástrico, e consequente estimulação do apetite (British Herbal Compendium).

Em dose antipalúdicas apresenta a nível cardiovascular um efeito estimulante contrátil do músculo cardíaco, de menor intensidade que o produzido pela quinidina. Entre outras ações, incrementa o ritmo cardíaco, aumenta o apetite através do estímulo das glândulas salivares e gástricas, apresenta um efeito curarizante fraco sobre o músculo estriado uma vez que é um agente miorrelaxante (aumento da fase refratária do músculo esquelético atuando diretamente sobre a fibra muscular), é ocitóxica durante o trabalho de parto e também antitérmica, ao provocar a inibição sobre o centro termorregulador bulbar (ALONSO, J.R. Tratado de Fitomedicina-Bases Clínicas e Farmacológicas).

## 3. CARACTERÍSTICAS FARMACOLÓGICAS

É um tônico, aperitivo, digestivo, adstringente, a quinidina é um tônico potencializador da ação digestiva.

Por estimulação do senso de sabor e de odor, os princípios amargos da casca de Cinchona causam um aumento do reflexo na secreção da saliva e do suco gástrico, e consequentemente, estimula o apetite. A quinina é facilmente absorvida pelo intestino delgado quando administrada por via oral, inclusive em casos de diarreia. A concentração plasmática máxima é alcançada após 1 a 3 horas da administração oral, sendo transportadas 70% pelas proteínas plasmáticas. A quinina atravessa a barreira placentária e chega ao feto. O metabolismo principal ocorre no fígado e em torno de 5% é excretada pela via renal.

## 4. CONTRAINDICAÇÕES

Este medicamento é contraindicado para uso por crianças e pacientes hipersensíveis a alcaloides da Cinchona, tais como, quinina ou quinidina.

Este medicamento é contraindicado para menores de 12 anos.

Este medicamento é contraindicado na gravidez e lactação, devido a ação citotóxica; nos casos de anemias extremas, devido ao risco de aparição de hemorragias; aos pacientes com gastrites e úlceras gastroduodenais; aos pacientes com labirintite e neurite ótica.

Devem ser avaliados os riscos/benefícios nos seguintes casos:

Não deve ser usado por pacientes que esteja usando anticoagulantes e cardiotônicos.

Risco de gravidez categoria X: Este medicamento não deve ser utilizado por mulheres grávidas ou que possam ficar grávidas durante o tratamento. Os riscos durante a gravidez suplantam os potenciais benefícios. Não usar em hipótese alguma.

Atenção diabéticos: este medicamento contém SACAROSE.

## 5. ADVERTÊNCIAS E PRECAUÇÕES

Advertências:

Este medicamento não deve ser utilizado durante a lactação. Este medicamento não deve ser utilizado por mulheres grávidas. Risco de gravidez categoria X: Este medicamento não deve ser utilizado por mulheres grávidas ou que possam ficar grávidas durante o tratamento. Estudos revelam anormalidades no feto ou evidências de risco para o feto. Os riscos durante a gravidez suplantam os potenciais benefícios. Não usar em hipótese alguma.

Este medicamento é contraindicado para menores de 12 anos. Uso em idosos, crianças e outros grupos de risco – não deve ser administrado em crianças e a pacientes com hipersensibilidade a qualquer componente da fórmula.

Este medicamento contém SACAROSE. Este medicamento contém ÁLCOOL.

## 6. INTERAÇÕES MEDICAMENTOSAS

Potencializa os efeitos dos anticoagulantes se tomado simultaneamente com este produto. Potencializa os efeitos dos digitálicos (digoxina). A quinidina pode provocar hemorragias por hipotrombinemia em pacientes em tratamento com warfarina. Os antiácidos diminuem a absorção gastrointestinal da quinina.

## 7. CUIDADOS DE ARMAZENAMENTO DO MEDICAMENTO

Conservar o produto a temperatura ambiente (temperatura entre 15ºC e 30ºC) e proteger da luz. Este medicamento possui validade de 24 meses a partir da data de sua fabricação.

Número de lote e datas de fabricação e validade: vide embalagem.

Não use medicamento com o prazo de validade vencido. Guarde-o em sua embalagem original. Antes de usar, observe o aspecto do medicamento.

Características ficas e organolépticas do produto: Líquido homogêneo, límpido de cor amarelo castanho e com odor característico.

Todo medicamento deve ser mantido fora do alcance das crianças.

## 8. POSOLOGIA E MODO DE USAR USO ORAL/USO INTERNO

Dose usual:

Tomar 4 copos medida de 15 mL meia hora antes do almoço. (equivalente a 30 mg de alcaloides totais expressos em quinina e cinchonina)

Dose máxima diária: 8 copos medidas de 15 mL ao dia. (equivalente a 60 mg de alcaloides totais expressos em quinina e cinchonina).

## 9. REAÇÕES ADVERSAS

Reação incomum (>0,1% e < 1%): náuseas e vômitos. Em indivíduos hipersensíveis pode provocar asma. Reações de hipersensibilidade, tais como alergia cutânea ou febre pode ocorrer.

Reação rara (>0,01% e < 0,1%): aumento da tendência a hemorragia, devido à redução no número de plaquetas do sangue (trombocitopenia). Em altas doses gera transtornos cardiovasculares, visuais, gástricos e neurológicos A quinidina ocasionalmente pode originar efeitos imunoalérgicos que podem desencadear um bloqueio auriculoventricular. Reação muito rara (< 0,01%): danos renais como anúria e uremia. Pode ocorrer trombocitopenia. Em casos de eventos adversos, notifique ao Sistema de Notificação em Vigilância Sanitária (Notivisa), disponível em http://www.anvisa.gov.br/hotsite/notivisa/index.htm, ou para a Vigilância Sanitária Estadual ou Municipal.

## 10. SUPERDOSE

Em altas doses gera transtornos cardiovasculares, visuais, gástricos e neurológicos. Altas doses podem ainda provocar náuseas, vômitos, dores abdominais, alterações da audição, enxaquecas e erupções cutâneas.

Tratamento – A terapia sintomática para intoxicação aguda inclui lavagem gástrica, em casos de desordens do coração, atropina para bradicardia e fenitoína se taquicardia. Diurese forçada e hemodiálise não são adequadas como medidas terapêuticas.

Em caso de intoxicação ligue para 0800 722 6001, se você precisar de mais orientações sobre como proceder.

**VENDA SOB PRESCRIÇÃO MÉDICA**

## PARTE III – DIZERES LEGAIS

Reg. M.S. nº: 1.0963.0060/002-1
Farm. Resp.: Dr. Francisco Lennon de C. e Sousa CRF-PI Nº 760
Theodoro F. Sobral & Cia. Ltda.
LABORATORIO INDUSTRIAL FARMACÊUTICO SOBRAL
C.N.P.J. 06.597.801/0001-62
Rua Bento Leão, 25 – Floriano – PI – CEP: 64.800-062
www.laboratoriosobral.com.br sac@laboratoriosobral.com.br
SAC: 08009795040

# INTHOS®
*Polypodium leucotomos*

**MEDICAMENTO FITOTERÁPICO**

**NOMENCLATURA BOTÂNICA OFICIAL:** *Polypodium leucotomos*
**NOMENCLATURA POPULAR:** Polypodium
**FAMÍLIA:** Polypodiaceae
**PARTE DA PLANTA UTILIZADA:** Partes aéreas

**APRESENTAÇÕES:**

Cápsula gelatinosa dura – embalagem contendo 10 ou 60 cápsulas.

**VIA ORAL USO ADULTO**
**COMPOSIÇÃO:**
Cada cápsula gelatinosa dura contém:
extrato seco de *Polypodium leucotomos* .............. 250 mg (*)
excipiente q.s.p. ....................................................... 1 cápsula
Excipiente: amido
(*) Equivalente a 1,65 mg de conteúdo de fenóis.

**INFORMAÇÕES AO PACIENTE:**
**1. PARA QUE ESTE MEDICAMENTO É INDICADO?**
Inthos® é indicado para profilaxia da erupção polimorfa à luz (irritação da pele agravada pelo sol).

**2. COMO ESTE MEDICAMENTO FUNCIONA?**
Inthos®. é composto pelo extrato de *Polypodium leucotomos*, da família Polypodiaceae, proveniente de uma planta tropical cultivada na América Central e do Sul.
Estudos mostram que o extrato de *Polypodium leucotomos* exerce atividade anti-inflamatória (combate inflamações).

**3. QUANDO NÃO DEVO USAR ESTE MEDICAMENTO?**

- Hipersensibilidade (alergia intensa) a qualquer um dos componentes da fórmula.

**Este medicamento é contraindicado para uso por crianças.**

**4. O QUE DEVO SABER ANTES DE USAR ESTE MEDICAMENTO?**
**Precauções e advertências**

- Em caso de hipersensibilidade ao produto, recomenda-se descontinuar o uso e consultar o médico.

Este medicamento não deve ser utilizado por mulheres grávidas sem orientação médica ou do cirurgião-dentista.

**Interações medicamentosas**

- Não existem relatos de interações medicamentosas com o uso do produto.

**Informe ao seu médico da ocorrência de gravidez na vigência do tratamento ou após o seu término. Informe ao seu médico se está amamentando.**

**Informe ao seu médico ou cirurgião-dentista se você está fazendo uso de algum outro medicamento. Não use medicamento sem o conhecimento de seu médico. Pode ser perigoso para a sua saúde.**

## 5. ONDE, COMO E POR QUANTO TEMPO POSSO GUARDAR ESTE MEDICAMENTO?

**Cuidados de conservação**

Inthos® deve ser conservado em temperatura ambiente (entre 15ºC e 30ºC) em sua embalagem original. Proteger da luz e da umidade.

**Número de lote e datas de fabricação e validade: vide embalagem.**

**Não use medicamento com o prazo de validade vencido. Guarde-o em sua embalagem original.**

**Características físicas e organolépticas**

Cápsulas gelatinosas duras de cor alaranjada. Cheiro (odor) característico e praticamente não apresenta sabor.

**Antes de usar, observe o aspecto do medicamento. Caso ele esteja no prazo de validade e você observe alguma mudança no aspecto, consulte o farmacêutico para saber se poderá utilizá-lo.**

**Todo medicamento deve ser mantido fora do alcance das crianças.**

## 6. COMO DEVO USAR ESTE MEDICAMENTO?

**Modo de usar**

As cápsulas devem ser ingeridas inteiras e com uma quantidade suficiente de água para que possam ser deglutidas.

**Posologia**

Ingerir 3 (três) a 5 (cinco) cápsulas ao dia, a critério médico.

**Siga a orientação de seu médico, respeitando sempre os horários, as doses e a duração do tratamento. Não interrompa o tratamento sem o conhecimento do seu médico.**

**Este medicamento não deve ser partido, aberto ou mastigado.**

## 7. O QUE DEVO FAZER QUANDO EU ME ESQUECER DE USAR ESTE MEDICAMENTO?

Caso haja esquecimento da ingestão de uma dose deste medicamento, retomar a posologia prescrita sem a necessidade de suplementação.

**Em caso de dúvidas, procure orientação do farmacêutico ou de seu médico, ou cirurgião-dentista.**

## 8. QUAIS OS MALES QUE ESTE MEDICAMENTO PODE ME CAUSAR?

**Reações adversas**

Ocasionalmente podem ocorrer desconfortos gástricos leves e reação alérgica, como por exemplo, prurido (comichão).

**Atenção: este produto é um medicamento novo e, embora as pesquisas tenham indicado eficácia e segurança aceitáveis, mesmo que indicado e utilizado corretamente, podem ocorrer eventos adversos imprevisíveis ou desconhecidos. Nesse caso, informe seu médico ou cirurgião-dentista.**

**Informe também à empresa através do seu Serviço de Atendimento ao Consumidor.**

## 9. O QUE FAZER SE ALGUÉM USAR UMA QUANTIDADE MAIOR DO QUE A INDICADA DESTE MEDICAMENTO?

Não há relatos de superdosagem relacionados à ingestão de *Polypodium leucotomos*. Recomenda-se tratamento sintomático e controle das funções vitais.

**Em caso de uso de grande quantidade deste medicamento, procure rapidamente socorro médico e leve a embalagem ou bula do medicamento, se possível. Ligue para 0800 722 6001 se você precisar de mais orientações.**

VENDA SOB PRESCRIÇÃO MÉDICA

**DIZERES LEGAIS**

MS: 1.0390.0184

Farm. Resp: Dra. Marcia Weiss I. Campos CRF-RJ nº 4499

Fabricado por: **HERBARIUM LABORATÓRIO BOTÂNICO LTDA.**

Av. Santos Dumont, 1111 Colombo – PR

CNPJ: 78.950.011/0001-20

Registrado por: **FARMOQUÍMICA S. A.**

Av. José Silva de Azevedo Neto, 200, bloco 1, 1º andar, salas 101 a 104 e 106 a 108.

Rio de janeiro – RJ

CNPJ: 33.349.473/0001-58
**INDÚSTRIA BRASILEIRA**

---

# ISOFLAVINE
*Glycine max* (L.) Merril, Fabaceae

**MEDICAMENTO FITOTERÁPICO**

**PARTE UTILIZADA**
Grãos.

**NOMENCLATURA POPULAR**
Soja.

## APRESENTAÇÕES

- **Isoflavine® 75 mg:** Comprimidos revestidos – Extrato hidroalcoólico seco dos grãos de *Glycine max* 75 mg – Embalagens com 1 ou 2 blísters contendo 15 comprimidos revestidos cada.

- **Isoflavine® 150 mg:** Comprimidos revestidos – Extrato hidroalcoólico seco dos grãos de *Glycine max* 150 mg – Embalagens com 1 ou 2 blísters contendo 15 comprimidos revestidos cada.

**VIA ORAL/USO ADULTO**

## COMPOSIÇÃO

- **Isoflavine® 75 mg:** Cada comprimido revestido contém:

extrato hidroalcoólico seco de *Glycine max* ..........75 mg*
excipientes q.s.p. ............................................1 comprimido
(celulose microcristalina; hipromelose, polietilenoglicol; estearato de magnésio; dióxido de silício coloidal e croscarmelose sódica)
*equivalente a 30 mg (40%) de isoflavonas de soja.

- **Isoflavine® 150 mg:** Cada comprimido revestido contém:

extrato hidroalcoólico seco de *Glycine max* ...... 150 mg*
excipientes q.s.p. ............................................1 comprimido
(celulose microcristalina; talco; hipromelose, polietilenoglicol; croscarmelose sódica; estearato de magnésio e dióxido de silício coloidal)
*equivalente a 60 mg (40%) de isoflavonas de soja.

## INFORMAÇÕES AO PACIENTE
### PARA QUE ESTE MEDICAMENTO É INDICADO?
Isoflavine® é destinado à redução da frequência e da intensidade da sensação de calor no corpo e no rosto, também chamada de fogacho, e crises de suor noturno, comumente presentes em mulheres na menopausa. Esses sintomas são decorrentes da diminuição dos hormônios reprodutivos femininos nesse período.

### COMO ESTE MEDICAMENTO FUNCIONA?
Isoflavine® tem ações semelhantes aos hormônios reprodutivos femininos nos vasos sanguíneos. Efeitos benéficos começam a ser observados a partir das primeiras duas semanas de tratamento.

### QUANDO NÃO DEVO USAR ESTE MEDICAMENTO?

- O extrato de soja pode conter algumas proteínas alergênicas. Pacientes alérgicas ao amendoim não devem usar este medicamento.

- Pacientes com histórico de hipersensibilidade ou alergia a qualquer um dos componentes da fórmula não devem fazer uso deste medicamento.

**Este medicamento é contraindicado para menores de 12 anos.**

### O QUE DEVO SABER ANTES DE USAR ESTE MEDICAMENTO?
**Precauções e advertências**

- Assim como todos os medicamentos, informe ao seu profissional de saúde todas as plantas medicinais e fitoterápicos que estiver tomando. Interações podem ocorrer entre os medicamentos e plantas medicinais e mesmo entre duas plantas medicinais quando administradas ao mesmo tempo.

- Em caso de hipersensibilidade ao produto, recomenda-se descontinuar o uso e consultar o médico.

**Interações medicamentosas**

- Deve-se evitar o uso deste medicamento com outros medicamentos que possuem ação semelhante aos hormônios femininos (estrogênio).

- A proteína da soja pode reduzir a absorção de levotiroxina no trato digestivo, portanto não se devem ingerir os dois medicamentos ao mesmo tempo, devendo-se aguardar 2 horas entre uma e outra tomada.

- As isoflavonas genisteína e daidzeína podem bloquear a tireoide-peroxidase e inibir a síntese da tiroxina. Pode ocorrer hipotireoidismo durante tratamentos prolongados.

- A efetividade do tamoxifeno pode ser diminuída por medicamentos à base de soja.

- O uso de medicações que alterem a flora intestinal, como os antibióticos, podem interferir sobre o metabolismo das isoflavonas. São enzimas produzidas pelos microrganismos do trato intestinal que hidrolisam as isoflavonas conjugadas para a formação de isoflavonas agliconas ativas.

Informe seu médico ou cirurgião-dentista se você está fazendo uso de algum outro medicamento.
Este medicamento não deve ser utilizado por mulheres grávidas ou que estejam amamentando, sem orientação médica. Informe seu médico se ocorrer gravidez ou se iniciar amamentação durante o tratamento. Não use medicamento sem o conhecimento do seu médico. Pode ser perigoso para a sua saúde.

## ONDE, COMO E POR QUANTO TEMPO POSSO GUARDAR ESTE MEDICAMENTO?
**Cuidados de conservação**
Isoflavine® deve ser conservado em temperatura ambiente (entre 15 e 30ºC) em sua embalagem original.
Proteger da luz e da umidade.
**Prazo de validade**
24 meses após a data de fabricação impressa no cartucho.
**Número de lote e datas de fabricação e validade: vide embalagem.** Não use medicamento com o prazo de validade vencido. Guarde-o em sua embalagem original.
**Características físicas**
Comprimidos de cor bege clara.
**Características organolépticas**
Sem cheiro (odor) característico e praticamente não apresenta sabor.
**Antes de usar, observe o aspecto do medicamento.** Caso ele esteja no prazo de validade e você observe alguma mudança no aspecto, consulte o médico ou o farmacêutico para saber se poderá utilizá-lo. Todo medicamento deve ser mantido fora do alcance das crianças.

## COMO DEVO USAR ESTE MEDICAMENTO?
## USO ORAL
**Modo de usar**
Os comprimidos devem ser ingeridos inteiros e com uma quantidade suficiente de água para que possam ser deglutidos.
**Posologia**
**Isoflavine® 75 mg:** Ingerir dois comprimidos ao dia, via oral, divididos em duas doses, obedecendo o intervalo de 12 horas entre as doses.
**Isoflavine® 150 mg:** Ingerir dois comprimidos ao dia, via oral, divididos em duas doses, obedecendo o intervalo de 12 horas entre as doses.

Siga a orientação de seu médico, respeitando sempre os horários, as doses e a duração do tratamento.
Não interrompa o tratamento sem o conhecimento do seu médico. Este medicamento não deve ser partido, aberto ou mastigado.

## O QUE DEVO FAZER QUANDO EU ME ESQUECER DE USAR ESTE MEDICAMENTO?
Caso haja esquecimento da ingestão de uma dose deste medicamento, retomar a posologia prescrita sem a necessidade de suplementação.
Em caso de dúvidas, procure orientação do farmacêutico ou de seu médico, ou cirurgião-dentista.

## QUE MALES ESTE MEDICAMENTO PODE CAUSAR?
**Reações adversas**
O uso deste medicamento pode provocar distúrbios gastrointestinais leves como constipação, flatulência e náusea. Em caso de hipersensibilidade ao produto, recomenda-se descontinuar o uso e consultar o médico.
Informe seu médico, cirurgião-dentista ou farmacêutico do aparecimento de reações indesejáveis pelo uso do medicamento.
Informe também à empresa através do seu Serviço de Atendimento ao Consumidor.

## O QUE FAZER SE ALGUÉM USAR UMA QUANTIDADE MAIOR DO QUE A INDICADA DESTE MEDICAMENTO?
Na literatura não há relatos de intoxicações por superdosagem relacionados à ingestão de extratos de *Glycine max* padronizados em isoflavonas. Em caso de superdosagem, suspender a medicação imediatamente. Recomenda-se o tratamento de suporte sintomático pelas medidas habituais de apoio e controle das funções vitais.
Em caso de uso de grande quantidade deste medicamento, procure rapidamente socorro médico e leve a embalagem ou bula do medicamento, se possível.
Em caso de intoxicação ligue para 0800 722 6001, se você precisar de mais orientações sobre como proceder.

Venda sob prescrição médica.

**DIZERES LEGAIS**
MS: 1.1860.0028
Farmacêutica resp.: Dra. Anny M. Trentini CRF-PR nº 4081.
**HERBARIUM LABORATÓRIO BOTÂNICO LTDA.**
Av. Santos Dumont, 1111 • Colombo – PR

CNPJ: 78.950.011/0001-20
**Indústria Brasileira.**

---

# ISOVIT
*Glycine max* (L.) Merr.

**MEDICAMENTO FITOTERÁPICO**

**Nomenclatura botânica oficial:** *Glycine max* (L.) Merr.
**Nome Popular:** Soja
**Família:** Fabaceae
**Parte da planta utilizada:** Sementes.

**APRESENTAÇÕES**
Isovit 75mg.
Comprimidos revestidos contendo 75mg de extrato seco de *Glycine max* (L.) Merr. 40%. Embalagem contendo frascos de 60 comprimidos.
Isovit 150mg.
Comprimidos revestidos contendo 150mg de extrato seco de *Glycine max* (L.) Merr. 40%. Embalagem contendo blíster com 60 e 500 comprimidos.

**USO ORAL USO ADULTO**

**COMPOSIÇÃO**
Cada comprimido revestido de 75mg contém:
Extrato seco de semente de *Glycine max* (L.) Merr.....75 mg
Padronizado em 30mg (40%) de isoflavonas.
Equivalente a 30mg de isoflavonas/comprimido revestido.
Excipientes: qsp. ...............................1 comprimido
(excipientes: lactose, amido, fosfato bicálcico, aerosil, estearato de magnésio, derivado do ácido metacrílico, PEG 6000, corante amarelo nº 5 laca, dióxido de titânio).

Cada comprimido revestido de 150mg contém:
Extrato seco de semente de *Glycine max* (L.) Merr......150 mg
Padronizado em 60mg (40%) de isoflavonas.
Excipientes: qsp. ...............................1 comprimido
(excipientes: lactose, amido, fosfato bicálcico, aerosil, estearato de magnésio, derivado do ácido metacrílico, PEG 6000, corante amarelo nº 6 laca, corante vermelho n° 3 laca, dióxido de titânio, talco).

**INFORMAÇÕES PARA O PACIENTE:**
**1. PARA QUÊ ESTE MEDICAMENTO É INDICADO?**
Este medicamento é indicado como coadjuvante no alívio dos sintomas do climatério (menopausa): redução da frequência e da intensidade da sensação de calor no corpo e no rosto (fogachos) e crises de suor noturno.

**2. COMO ESTE MEDICAMENTO FUNCIONA?**
Este medicamento tem ações semelhantes aos hormônios reprodutivos femininos nos vasos sanguíneos. Efeitos benéficos começam a ser observados a partir das primeiras duas semanas de tratamento.

**3. QUANDO NÃO DEVO USAR ESTE MEDICAMENTO?**
**Este medicamento é contraindicado para menores de 12 anos.**
O extrato de soja pode conter algumas proteínas alergênicas. Pacientes alérgicas ao amendoim não devem tomar este medicamento.
Pacientes com histórico de hipersensibilidade ou alergia a qualquer um dos componentes da fórmula não devem fazer uso deste medicamento.

**4. O QUE DEVO SABER ANTES DE USAR ESTE MEDICAMENTO?**
Em caso de hipersensibilidade ao produto, recomenda-se descontinuar o uso e consultar o médico.
O uso de medicamentos que alteram a flora intestinal, como os antibióticos pode interferir no metabolismo das isoflavonas. São enzimas produzidas pelos micro-organismos do trato intestinal que hidrolisam as isoflavonas conjugadas para a formação de isoflavonas aglicona ativas. A proteína da soja pode reduzir a absorção de levotiroxina no trato digestivo, portanto não se devem tomar os dois medicamentos ao mesmo tempo, deve-se aguardar 2 horas entre uma e outra tomada.
As isoflavonas genisteína e daidzeína podem bloquear a tireoide peroxidase e inibir a síntese de tiroxina. Pode ocorrer hipotireoidismo durante tratamentos prolongados. Deve-se evitar o uso deste medicamento com outros medicamentos que possuem ação semelhante aos hormônios femininos (estrogênio).
A efetividade do tamoxifeno pode ser diminuída por medicamentos à base de soja.
**Este medicamento não deve ser utilizado por mulheres grávidas e em amamentação sem orientação médica ou do cirurgião-dentista.**
Informe ao seu médico se ocorrer gravidez ou se iniciar amamentação durante o uso deste medicamento.
**Informe ao seu médico ou cirurgião-dentista se você está fazendo uso de algum outro medicamento.** Informe ao profissional de saúde todas as plantas medicinais, fito-

terápicos e outros medicamentos que estiver tomando. Interações podem ocorrer entre medicamentos e plantas medicinais e mesmo entre duas plantas medicinais quando administradas ao mesmo tempo.

**Atenção: Os comprimidos revestidos de 75mg contém o corante amarelo de TARTRAZINA que pode causar reações de natureza alérgica, entre as quais asma brônquica, especialmente em pessoas alérgicas ao ácido acetilsalicílico.**

**Não use medicamento sem o conhecimento do seu médico. Pode ser perigoso para a sua saúde.**

### 5. ONDE, COMO E POR QUANTO TEMPO POSSO GUARDAR ESTE MEDICAMENTO?

Conservar o medicamento em temperatura ambiente (entre 15° e 30° C) em sua embalagem original, protegendo da luz, calor e umidade. Nessas condições, o medicamento se manterá próprio para o consumo, respeitando o prazo de validade indicado na embalagem. Este medicamento é valido por 36 meses a partir de sua data de fabricação.

**Número de lote, datas de fabricação e validade: vide embalagem.**

**Não use medicamento com o prazo de validade vencido. Guarde-o em sua embalagem original.**

Características físicas e organolépticas:
Isovit 75 mg: Comprimido revestido na cor amarela. Núcleo na cor bege e odor característico. Isovit 150mg: Comprimido revestido na cor rosa claro. Núcleo na cor bege e odor característico.

**Antes de usar, observe o aspecto do medicamento. Caso ele esteja no prazo de validade e você observe alguma mudança no aspecto, consulte o médico ou o farmacêutico para saber se poderá utilizá-lo.**

**Todo medicamento deve ser mantido fora do alcance das crianças.**

### 6. COMO DEVO USAR ESTE MEDICAMENTO?
USO ORAL/USO INTERNO

**Isovit 75mg:** Ingerir 1 comprimido de Isovit 75mg (30mg de isoflavonas) a cada 12 horas, ou a critério médico. Ingerir o comprimido por via oral com o auxílio de um pouco de água.

A dose diária deve estar entre 50 e 120mg de isoflavonas (2 a 4 comprimidos). Não exceder o limite máximo diário.
**Isovit 150mg:** Ingerir 1 comprimido de Isovit 150mg (60mg de isoflavonas) a cada 12 horas, ou a critério médico. Ingerir o comprimido por via oral com o auxílio de um pouco de água.

A dose diária deve estar entre 50 e 120mg de isoflavonas (1 a 2 comprimidos). Não exceder o limite máximo diário. Utilizar apenas a via oral. O uso deste medicamento por outra via, que não a oral, pode causar a perda do efeito esperado ou mesmo promover danos ao seu usuário.

**Siga orientação de seu médico, respeitando sempre os horários, as doses e a duração do tratamento. Não interrompa o tratamento sem o conhecimento do seu médico.**

**Este medicamento não deve ser partido aberto ou mastigado.**

### 7. O QUE FAZER QUANDO EU ME ESQUECER DE USAR ESTE MEDICAMENTO?

Caso haja esquecimento da ingestão de uma dose deste medicamento, retomar a posologia sem a necessidade de suplementação.

**Em caso de dúvidas, procure orientação do farmacêutico ou de seu médico, ou cirurgião-dentista.**

### 8. QUAIS OS MALES QUE ESTE MEDICAMENTO PODE ME CAUSAR?

O uso deste medicamento pode provocar distúrbios gastrointestinais leves como constipação, flatulência e náusea. Em caso de hipersensibilidade ao produto, recomenda-se descontinuar o uso e consultar o médico.

**Informe ao seu médico, cirurgião-dentista ou farmacêutico o aparecimento de reações indesejáveis pelo uso do medicamento. Informe também à empresa através do seu serviço de atendimento.**

### 9. O QUE FAZER SE ALGUÉM USAR UMA QUANTIDADE MAIOR DO QUE A INDICADA DESTE MEDICAMENTO?

Na literatura não há relatos de intoxicações por superdosagem relacionados à ingestão de extratos de soja padronizados em isoflavonas.

Em caso de superdosagem, suspender a medicação imediatamente. Recomenda-se tratamento de suporte sintomático pelas medidas habituais de apoio e controle das funções vitais.

**Em caso de uso de grande quantidade deste medicamento, procure rapidamente socorro médico e leve a embalagem ou bula do medicamento, se possível. Ligue para 0800 722 6001, se você precisar de mais orientações.**

**Venda sob prescrição médica.**

**DIZERES LEGAIS:**
Reg. M.S.: 1.1695.0032
Farm. Resp.: Glauco Fernandes Miranda CRF/RS 5252
LABORATÓRIO FARMACÊUTICO VITAMED LTDA.
Rua Flávio Francisco Bellini, 459 – Santos Dumont – 95098-170
Caxias do Sul – RS
CNPJ: 29.346.301/0001-53
INDÚSTRIA BRASILEIRA
SAC: (54) 4009-3210 sac@vitamed.com.br

# K

## KALOBA®
*Pelargonium sidoides* DC. (Extrato EPs® 7630)

### MEDICAMENTO FITOTERÁPICO

### APRESENTAÇÕES
Comprimido revestido de 111,111 mg extrato padronizado. Embalagem com 6 ou 21 unidades.

### USO ORAL
### USO ADULTO E PEDIÁTRICO ACIMA DE 12 ANOS

### COMPOSIÇÃO
Cada comprimido revestido contém 111,111 mg do extrato seco das raízes de *Pelargonium sidoides* DC. (1:8-10), EPs®7630, calculado para conter de 4,5 mg de fenóis totais, expressos em epicatequina*. Excipientes: maltodextrina, dióxido de silício, lactose monoidratada, celulose microcristalina, croscarmelose sódica, estearato de magnésio, hipromelose, macrogol, óxido férrico amarelo, óxido férrico vermelho, dióxido de titânio, talco, simeticona.
Nomenclatura botânica oficial: *Pelargonium sidoides* D.C.
Família: Geraniaceae
Parte utilizada da planta: raiz
"*equivalente a quantidade de 20 mg de resíduo seco do extrato líquido das raízes de *Pelargonium sidoides* DC., (EPs 7630)".

### 1. PARA QUE ESTE MEDICAMENTO É INDICADO?
Este medicamento é indicado para tratamento dos sintomas (tosse com catarro, tosse seca, coriza, obstrução nasal, dor de cabeça, dor de garganta, dificuldade para engolir, mal estar e indisposição) de infecções agudas do sistema respiratório, tais como resfriado, sinusite, infecção da garganta e bronquite não alérgica, principalmente aquelas causadas por vírus.

### 2. COMO ESTE MEDICAMENTO FUNCIONA?
Kaloba® contém o extrato padronizado EPs® 7630 das raízes de *Pelargonium sidoides* D.C. Essa planta, originária da África do Sul, vem sendo utilizada na medicina popular desde o ano de 1665, sendo que sua eficácia clínica no tratamento das infecções respiratórias foi demonstrada por estudos clínicos a partir da década de 1970.

A melhora dos sintomas das infecções respiratórias ocorre graças aos efeitos de Kaloba® sobre o sistema imunológico. Kaloba® auxilia as defesas naturais do organismo no combate às infecções causadas por micro-organismos. Estudos clínicos também comprovaram que Kaloba® exerce atividade auxiliar sobre a eliminação do catarro que normalmente acompanha a tosse presente nas infecções respiratórias.

A maioria dos estudos clínicos realizados com Kaloba® revelou melhora dos sintomas das infecções respiratórias entre o primeiro e quarto dia de tratamento. A melhora completa dos sintomas é geralmente observada até o sétimo dia de tratamento. Dessa maneira, Kaloba® reduz a duração da doença e a intensidade dos sintomas.

### 3. QUANDO NÃO DEVO USAR ESTE MEDICAMENTO?

Para segurança do paciente, o uso de Kaloba® não é recomendado:

- em casos de alergia aos componentes da fórmula;
- em casos de doenças graves do fígado.

**Este medicamento é contraindicado para menores de 12 anos.**

### 4. O QUE DEVO SABER ANTES DE UTILIZAR ESTE MEDICAMENTO?

Consulte novamente seu médico se os sintomas não melhorarem dentro de uma semana, se o quadro febril permanecer por muitos dias, se tiver alteração no fígado de origem desconhecida ou se ocorrer expectoração com sangue.

Casos de hepatotoxicidade (toxicidade no fígado) e hepatite (inflamação no fígado) foram relatados relacionados à administração do medicamento. No caso de aparecerem sinais de hepatotoxicidade, a administração do medicamento deve ser interrompida imediatamente e um médico deve ser consultado.

Gravidez e amamentação: **Este medicamento não deve ser utilizado por mulheres grávidas sem orientação médica ou do cirurgião-dentista.** O uso de Kaloba® não é recomendado a mulheres durante a amamentação.

Pacientes idosos: Não há restrições específicas para o uso em pacientes idosos.

Uso com outras substâncias: Devido à possível influência de Kaloba® nos parâmetros de coagulação, não pode ser excluído que Kaloba® intensifique o efeito dos medicamentos inibidores de coagulação (por exemplo, a varfarina e a heparina), inclusive dos derivados da cumarina, quando usados concomitantemente.

**Informe ao seu médico ou cirurgião-dentista se você está fazendo uso de algum outro medicamento. Não use medicamento sem o conhecimento do seu médico. Pode ser perigoso para a sua saúde.**

Capacidade de dirigir veículos e operar máquinas: Não é conhecida qualquer influência negativa entre o uso do medicamento Kaloba® e a capacidade de dirigir ou usar máquinas.

Kaloba® contém lactose monoidratada. Se você foi informado pelo seu médico que apresenta intolerância a alguns tipos de açúcar, contate seu médico antes de tomar este medicamento.

### 5. ONDE, COMO E POR QUANTO TEMPO POSSO GUARDAR ESTE MEDICAMENTO?

O produto deve ser conservado à temperatura ambiente (15°C a 30°C).

**Número de lote e datas de fabricação e validade: vide embalagem.**

**Não use medicamento com o prazo de validade vencido. Guarde-o em sua embalagem original.**

Os comprimidos revestidos de Kaloba® são redondos, de coloração marrom avermelhada.

**Antes de usar, observe o aspecto do medicamento. Caso ele esteja no prazo de validade e você observe alguma mudança no aspecto, consulte o farmacêutico para saber se poderá utilizá-lo.**

**Todo medicamento deve ser mantido fora do alcance das crianças.**

### 6. COMO DEVO USAR ESTE MEDICAMENTO?

Salvo critério médico diferente, a posologia recomendada é a seguinte:

Adultos e crianças maiores de 12 anos: 1 comprimido, três vezes ao dia.

Para crianças de 1 a 12 anos aconselha-se o uso de Kaloba® solução oral, devido à adequação da dose para essa faixa etária.

Kaloba® não deve ser mastigado e deve ser tomado com algum líquido, preferivelmente com um copo de água. Não tomar os comprimidos enquanto estiver deitado.

Kaloba® é um comprimido revestido para uso oral.

**Siga a orientação de seu médico, respeitando sempre os horários, as doses e a duração do tratamento. Não interrompa o tratamento sem o conhecimento do seu médico.**

**Este medicamento não deve ser partido, aberto ou mastigado.**

## 7. O QUE DEVO FAZER QUANDO EU ME ESQUECER DE USAR ESTE MEDICAMENTO?

Caso tenha esquecido de tomar uma dose, não tome a dose dobrada, mas continue o tratamento como indicado. **Em caso de dúvidas, procure orientação do farmacêutico ou de seu médico ou cirurgião-dentista.**

## 8. QUAIS OS MALES QUE ESTE MEDICAMENTO PODE CAUSAR?

Reação incomum (ocorre em 0,1% a 1% dos pacientes que utilizam este medicamento): distúrbios gastrintestinais (dor de estômago, náuseas, diarreia).

Reação rara (ocorre em 0,01% a 0,1% dos pacientes que utilizam este medicamento): sangramento discreto da gengiva ou do nariz e reações de hipersensibilidade (erupção cutânea, prurido).

Reação muito rara (ocorre em menos de 0,01% dos pacientes que utilizam este medicamento): elevação das enzimas hepáticas. A relação causal entre essa reação e o uso do produto não foi demonstrada.

Alterações no fígado de origem desconhecida: a relação causal entre esse achado e o uso do produto não foi demonstrada. A frequência dessa reação não é conhecida. **Informe ao seu médico, cirurgião-dentista ou farmacêutico o aparecimento de reações indesejáveis pelo uso do medicamento. Informe também a empresa por meio do seu serviço de atendimento.**

Atenção: este produto é um medicamento que possui nova forma farmacêutica no país e, embora as pesquisas tenham indicado eficácia e segurança aceitáveis, mesmo que indicado e utilizado corretamente, podem ocorrer reações adversas imprevisíveis ou desconhecidas. Nesse caso, informe seu médico. Informe também à empresa através do seu serviço de atendimento.

## 9. O QUE FAZER SE ALGUÉM USAR UMA QUANTIDADE MAIOR DO QUE A INDICADA DESTE MEDICAMENTO?

Kaloba® é um medicamento fitoterápico muito bem tolerado. Até o momento não se relataram sintomas de superdosagem. Na eventualidade da ingestão acidental de doses muito acima das preconizadas, recomenda-se adotar as medidas habituais de controle das funções vitais. **Em caso de uso de grande quantidade deste medicamento, procure rapidamente socorro médico e leve a embalagem ou bula do medicamento, se possível. Ligue para 0800 722 6001 se você precisar de mais orientações.**

## VENDA SOB PRESCRIÇÃO MÉDICA

### DIZERES LEGAIS

MS – 1.0639.0233

Farmacêutico Responsável: Carla A. Inpossinato CRF-SP nº 38.535

Importado e embalado por: **Takeda Pharma Ltda.** Rodovia SP 340 S/N, km 133,5 Jaguariúna -SP

CNPJ: 60.397.775/0008-40

Indústria Brasileira

Fabricado por: **Dr. Willmar Schwabe GmbH & Co. KG** – Karlsruhe – Alemanha

---

# KAVA KAVA HERBARIUM

*Piper methysticum* G. Forst, Piperaceae.

## MEDICAMENTO FITOTERÁPICO

**PARTE UTILIZADA** – Rizoma.
**NOMENCLATURA POPULAR** – Kava-Kava.

### APRESENTAÇÃO

Cápsula dura – Extrato seco do rizoma de *Piper methysticum* 75 mg – Embalagem com 45 cápsulas.

### VIA ORAL – USO ADULTO COMPOSIÇÃO

Cada cápsula contém:

extrato seco dos rizomas de *Piper methysticum* G. Forst, padronizado em 30% de kavalactonas................... 75 mg*;
excipiente q.s.p. ....................................... 1 cápsula. (amido)
*equivalente a 22,5 mg de kavalactonas por cápsula.

### INFORMAÇÕES AO PACIENTE
### PARA QUE ESTE MEDICAMENTO É INDICADO?

Kava Kava Herbarium é destinada ao tratamento sintomático de estágios leves a moderados de ansiedade e insônia em curto prazo (1 a 8 semanas de tratamento).

### COMO ESTE MEDICAMENTO FUNCIONA?

Kava Kava Herbarium possui substâncias chamadas kavalactonas que alteram alguns mecanismos cerebrais auxiliando no alívio da ansiedade e insônia. O início de ação deste medicamento se dá uma hora após sua administração. Os efeitos do produto são notados após um período breve, sendo intensificados durante as semanas subsequentes. Não desaparecendo os sintomas, busque auxílio médico.

## QUANDO NÃO DEVO USAR ESTE MEDICAMENTO?

- Kava Kava Herbarium não deve ser utilizada por pacientes que façam a ingestão contínua de álcool, portadores de doença de Parkinson e psicose e/ou com história de efeitos extrapiramidais induzidos por fármacos.

- Medicamentos à base de Kava-kava são contraindicados para pacientes com doenças no fígado (hepatite, cirrose, icterícia e outros) e/ou que utilizam medicamentos hepatotóxicos, tais como acetaminofeno, inibidores da HMGCoA redutase, isoniazida, metotrexato, entre outros. O uso concomitante de medicamentos obtidos de Kava-kava com medicamentos potencialmente danosos ao fígado pode aumentar os níveis hepáticos das enzimas transaminases com possíveis danos hepáticos. Naqueles pacientes que fizeram uso dessa associação, as funções hepáticas devem ser cuidadosamente monitoradas.

- Pacientes com histórico de hipersensibilidade e alergia a qualquer um dos componentes da fórmula não devem fazer uso do produto.

**Este medicamento é contraindicado para menores de 12 anos.**

**Este medicamento é contraindicado para uso por lactantes (mulheres amamentando).**

## O QUE DEVO SABER ANTES DE USAR ESTE MEDICAMENTO?

### Precauções e advertências

- Não ingerir doses maiores do que as recomendadas.

- Durante o tratamento, o paciente não deve dirigir veículos ou operar máquinas, pois sua habilidade e atenção podem estar prejudicadas. Pessoas que exercem atividades como manipular equipamentos pesados ou dirigir veículos devem ter cautela ao usarem medicamentos obtidos de Kava-kava, pois pode causar sonolência e tremores. Uma coloração levemente amarelada da pele, dos cabelos e unhas, que é reversível, tem sido associada ao uso prolongado de produtos obtidos de Kava-kava. Nesse caso, a administração deve ser descontinuada.

- O uso de medicamentos à base de Kava-kava pode estar relacionado a problemas hepáticos, assim, solicite ao seu médico que faça acompanhamento.

- Pacientes com depressão somente devem utilizar este medicamento quando associado a tratamento antidepressivo.

- Pacientes com asma e psoríase só devem usar este medicamento sob estrito acompanhamento médico.

- Em caso de hipersensibilidade ao produto, recomenda-se descontinuar o uso.

### Interações medicamentosas

- Extratos de Kava-kava não devem ser ingeridos juntamente a bebidas alcoólicas.

- Este medicamento não deve ser usado junto a calmantes, sedativos, anticonvulsivantes e antidepressivos, pois pode provocar o aumento de sua ação.

- Deve-se evitar o uso concomitante de medicamentos à base de Kava-kava com medicamentos para o Sistema Nervoso Central (SNC), ansiolíticos e hipnóticos, como benzodiazepínicos e barbitúricos. No caso da administração concomitante, deve-se monitorar efeitos adversos, tais como sonolência, diminuição dos reflexos e outros efeitos característicos de depressão do SNC. É recomendado o uso de medicamentos à base de Kava-kava somente após dois a três dias da última dose de alprazolam.

- O uso concomitante dos antipsicóticos fenotiazinas (clorpromazina, flufenazina e tioridazina) com Kava-kava pode potencializar seus efeitos, podendo causar reações adversas importantes, tais como distúrbios motores extrapiramidais e endócrinos (ginecomastia, lactação e mastalgia) e hipotensão.

- Deve-se evitar o uso concomitante deste medicamento com antidepressivos inibidores da monoaminoxidase (MAO), pois podem ocorrer efeitos adversos pela inibição excessiva dessa enzima, tais como irritabilidade, hiperatividade, ansiedade, hipotensão, colapso vascular, insônia, agitação, tontura, fadiga, sonolência, alucinação, tremor, transpiração, taquicardia, desordens motoras e cefaleia grave.

- Medicamentos à base de Kava-kava podem interferir na ação de fármacos que atuam no sistema dopaminérgico – como bromocriptina, pergolida, pramipexol, levodopa e amantadina – e não devem ser administrados concomitantemente por poder reduzir a eficácia deles. A velocidade e o grau de severidade dessa interação medicamentosa dependem da posologia e do tempo de duração do tratamento.

- Não deve ser usado junto a antitrombóticos por haver risco de danos hepáticos.

- Há relato de interação potencial com agentes redutores do colesterol e triglicerídeos; anestésicos gerais; opioides; outros analgésicos e antipiréticos como os analgésicos anilida e ácidos alicíclicos e derivados; agentes anticolinérgicos, agentes orais redutores de açúcar; hormônios esteroides anabolizantes; relaxantes musculares de ação central como oxazol e thiazina; e relaxantes musculares de ação direta como dantrolene.

- Este medicamento pode interagir com outros obtidos de plantas medicinais como Hipérico (*Hypericum perforatum*) e Valeriana (*Valeriana officinalis*).

- Não são encontradas na literatura informações sobre interação da Kava-kava com alimentos. Como os constituintes ativos da planta são lipossolúveis, a ingestão do medicamento junto a alimentos gordurosos pode auxiliar na sua absorção.
- Interações com exames laboratoriais: a administração de medicamentos à base de Kava-kava pode causar redução dos níveis das proteínas plasmáticas, ureia, bilirrubina e plaquetopenia. Pode também ocorrer elevação das enzimas hepáticas aspartato e aminotransferase, γ-glutamiltransferase, desidrogenase lática com aumento concomitante da bilirrubina conjugada.

**Este medicamento não deve ser utilizado por mulheres grávidas sem orientação médica ou do cirurgião-dentista.**

Informe ao seu médico ou cirurgião-dentista se você está fazendo uso de algum outro medicamento.

Informe ao profissional de saúde todas as plantas medicinais, fitoterápicos e outros medicamentos que estiver tomando. Interações podem ocorrer entre medicamentos e plantas medicinais e mesmo entre duas plantas medicinais administradas ao mesmo tempo.

Não use medicamento sem o conhecimento do seu médico. Pode ser perigoso para a sua saúde.

## ONDE, COMO E POR QUANTO TEMPO POSSO GUARDAR ESTE MEDICAMENTO?

Cuidados de conservação

Kava Kava Herbarium deve ser conservada em temperatura ambiente (entre 15°C e 30°C) em sua embalagem original. Proteger da luz e da umidade.

### Prazo de validade

24 meses após a data de fabricação impressa no cartucho.

**Número de lote e datas de fabricação e validade: vide embalagem.**

**Não use medicamento com o prazo de validade vencido. Guarde-o em sua embalagem original.**

### Características físicas

Cápsulas gelatinosas duras de cor creme.

### Características organolépticas

Cheiro (odor) característico e praticamente não apresenta sabor.

**Antes de usar, observe o aspecto do medicamento. Caso ele esteja no prazo de validade e você observe alguma mudança no aspecto, consulte o farmacêutico para saber se poderá utilizá-lo.**

**Todo medicamento deve ser mantido fora do alcance das crianças.**

## COMO DEVO USAR ESTE MEDICAMENTO? USO ORAL/USO INTERNO

### Modo de usar

As cápsulas devem ser ingeridas inteiras e com uma quantidade suficiente de água para que possam ser deglutidas. Utilizar apenas a via oral. O uso deste medicamento por outra via, que não a oral, pode causar a perda do efeito esperado ou mesmo promover danos ao seu usuário.

### Posologia

Ingerir uma cápsula, quatro vezes ao dia, obedecendo ao intervalo de seis horas entre as doses. Deve ser administrado após as refeições. A dose diária não deve ultrapassar 9 cápsulas ao dia. Utilizar por, no máximo, dois meses.

**Siga a orientação de seu médico, respeitando sempre os horários, as doses e a duração do tratamento. Não interrompa o tratamento sem o conhecimento do seu médico. Este medicamento não deve ser partido, aberto ou mastigado.**

## O QUE DEVO FAZER QUANDO EU ME ESQUECER DE USAR ESTE MEDICAMENTO?

Caso haja esquecimento da ingestão de uma dose deste medicamento, retomar a posologia sem a necessidade de suplementação.

**Em caso de dúvidas, procure orientação do farmacêutico ou de seu médico, ou cirurgião-dentista.**

## QUAIS OS MALES QUE ESTE MEDICAMENTO PODE ME CAUSAR?

### Reações adversas

Em poucos casos foram relatados mal-estar gastrointestinal e alergia na pele (vermelhidão, inchaço e coceira), agitação, vertigem, sonolência, tremor, cãibras, problemas respiratórios (falta de ar), cefaleia (dor de cabeça) e cansaço nos ensaios clínicos realizados. Em todos os casos, os sintomas desaparecem com a interrupção do tratamento.

Outros efeitos adversos, tais como coloração amarelada reversível da pele, unhas e pelos, coloração escura na urina ou descoloração das fezes podem ser indicativos de lesão no fígado. Nesses casos, e em casos de alterações nos olhos ou na visão, com aparecimento simultâneo de falta de ar e tontura, interrompa o tratamento e consulte imediatamente seu médico.

Em casos isolados, a ocorrência de lesões de fígado tem sido descrita durante o tratamento com preparação do extrato de Kava-kava.

Informe ao seu médico, cirurgião-dentista ou farmacêutico o aparecimento de reações indesejáveis pelo uso do medicamento.

Informe também à empresa através do seu serviço de atendimento.

## O QUE FAZER SE ALGUÉM USAR UMA QUANTIDADE MAIOR DO QUE A INDICADA DESTE MEDICAMENTO?

Uma superdosagem pode ocasionar desordens do movimento como falta de coordenação, desequilíbrio, acompanhada de distúrbios da atenção, cansaço, sonolência, perda do apetite, diarreia, coloração amarelada da pele e anexos. **Em caso de superdosagem, suspender a medicação imediatamente. Recomenda-se tratamento de suporte sintomático pelas medidas habituais de apoio e controle das funções vitais.**

**Em caso de uso de grande quantidade deste medicamento, procure rapidamente socorro médico e leve a embalagem ou bula do medicamento, se possível. Ligue para 0800 722 6001 se você precisar de mais orientações.**

**Venda sob prescrição médica.**

### DIZERES LEGAIS
MS: 1.1860.0033
Farmacêutica resp.: Gislaine B. Gutierrez CRF-PR nº 12423.
**Fabricado e Distribuído por:** HERBARIUM LABORATÓRIO BOTÂNICO S. A.
Av. Santos Dumont, 1100 • CEP 83403-500 Colombo – PR
CNPJ: 78.950.011/0001-20
Indústria Brasileira.

# L

## LACASS
*Senna alexandrina*

### MEDICAMENTO FITOERÁPICO

**Nomenclatura Botânica Oficial:** *Senna alexandrina* Mill; *Cassia angustifólia* Vahl; *Cassia senna* L.
**Nome Popular:** Sene, sena
**Família:** Fabaceae
**Parte da planta utilizada:** Frutos e folhas/folíolos

### APRESENTAÇÕES
Comprimidos revestidos: caixa contendo 14 comprimidos revestidos

### USO ORAL
### USO ADULTO E PEDIÁTRICO ACIMA DE 12 ANOS
### COMPOSIÇÃO

Cada comprimido revestido contém:
Extrato seco de *Senna alexandrina* ...................... 66,66 mg
(Extrato seco a 45% equivalente à 30 mg de derivados hidroxiantracênicos calculados em senosídeos B)
Excipientes: dióxido de silício, celulose microcristalina, croscarmelose sódica, estearato de magnésio, copolímero básico metacrílico, talco, dióxido de titânio, corante vermelho 40 laca de alumínio, macrogol, álcool isopropílico, água de osmose.

### 1. PARA QUÊ ESTE MEDICAMENTO É INDICADO?
Este medicamento é destinado ao tratamento de prisão de ventre ocasional.

### 2. COMO ESTE MEDICAMENTO FUNCIONA?
Este medicamento possui ação laxativa e atua estimulando as contrações no intestino grosso, resultando em um trânsito acelerado do bolo fecal. Com isso, há uma diminuição na absorção de líquidos pelo intestino grosso, o que mantém o conteúdo intestinal com grande volume e pressão. O tempo estimado para o início da ação deste medicamento é de 8 a 12 horas após a administração.

### 3. QUANDO NÃO DEVO USAR ESTE MEDICAMENTO?
Pacientes com histórico de hipersensibilidade e alergia a qualquer um dos componentes da fórmula não devem fazer uso do produto.

Não deve ser utilizado em casos de constipação crônica, distúrbios intestinais, tais como obstrução e estenose intestinal, atonia, doenças inflamatórias intestinais (doença de Crohn, colite ulcerativa, colopatias inflamatórias) e dores abdominais, desidratação severa, hemorroidas, apendicite, hipocalemia, estados inflamatórios uterinos, período menstrual, cistite, insuficiência hepática, renal ou cardíaca. Assim como para outros laxantes, a Senna é contraindicada para pacientes com náuseas, vômito ou quando algum sintoma agudo ou crônico não diagnosticado estiver presente.

**Este medicamento é contraindicado para menores de 12 anos.**

**Este medicamento não deve ser utilizado por mulheres grávidas sem orientação médica ou do cirurgião-dentista.**

**Este medicamento é contraindicado para uso por lactantes (mulheres amamentando).**

## 4. O QUE DEVO SABER ANTES DE USAR ESTE MEDICAMENTO?

Em caso de hipersensibilidade ao produto, recomenda-se descontinuar o uso e consultar o médico.

O nível sérico de estrógeno é reduzido quando administrado concomitantemente com Senna, devido ao efeito de trânsito intestinal sobre a absorção de estrogênios. Isso deve ser lembrado por mulheres que fazem uso de contraceptivos orais.

Em pacientes idosos, o uso contínuo de laxantes pode ocasionar exacerbação da fraqueza e hipotensão ortostática. Sangramento retal ou insuficiência de movimentos intestinais, decorrentes do uso prolongado, podem indicar condições graves.

As antraquinonas podem alterar a cor da urina, que pode apresentar-se amarela ou marrom avermelhada, o que desaparece com a suspensão do uso do produto. Essa alteração de coloração na urina pode influenciar em testes de diagnósticos; pode ocorrer um resultado falso positivo para urobilinogênio e para dosagem de estrógeno pelo método de Kober.

**Atenção: este medicamento contém corante que pode, eventualmente, causar reações alérgicas.**

**Informe ao seu médico ou cirurgião-dentista se você está fazendo uso de algum outro medicamento.**

## 5. ONDE, COMO E POR QUANTO TEMPO POSSO GUARDAR ESTE MEDICAMENTO?

Conservar o medicamento em sua embalagem original, protegendo da luz, umidade e em temperatura ambiente entre 15 e 30º C. Nessas condições, o medicamento se manterá próprio para o consumo, respeitando o prazo de validade indicado na embalagem.

**Número de lote e datas de fabricação e validade: vide embalagem.**

**Não use medicamento com prazo de validade vencido. Guarde-o em sua embalagem original.**

O medicamento é um comprimido redondo de coloração rosa e odor característico.

**Antes de usar, observe o aspecto do medicamento. Caso você observe alguma mudança no aspecto do medicamento que ainda esteja no prazo de validade, consulte o médico ou o farmacêutico para saber se poderá utilizá-lo.**

**Todo medicamento deve ser mantido fora do alcance das crianças.**

## 6. COMO DEVO USAR ESTE MEDICAMENTO?
### USO ORAL/USO INTERNO

Ingerir 1 (um) comprimido revestido ao dia, de preferência à noite, ao deitar. A utilização de laxantes não deve ultrapassar o período de 1 semana.

Pacientes idosos devem, inicialmente, administrar a metade da dose prescrita. Para tratamento de constipação crônica ou habitual, recomenda-se recorrer a laxantes mecânicos e realizar modificações na dieta e nos hábitos. O uso deste medicamento por mais de 2 semanas requer supervisão médica.

Os comprimidos devem ser ingeridos inteiros e com uma quantidade suficiente de água para que possam ser deglutidos.

**Siga corretamente o modo de usar. Em caso de dúvidas sobre este medicamento, procure orientação do farmacêutico. Não desaparecendo os sintomas, procure orientação de seu médico ou cirurgião-dentista.**

**Este medicamento não deve ser partido ou mastigado.**

## 7. O QUE DEVO FAZER QUANDO EU ME ESQUECER DE USAR ESTE MEDICAMENTO?

Caso haja esquecimento da ingestão de uma dose deste medicamento, retomar a posologia sem a necessidade de suplementação.

**Em caso de dúvidas, procure orientação do farmacêutico ou de seu médico, ou cirurgião-dentista.**

## 8. QUAIS OS MALES QUE ESTE MEDICAMENTO PODE ME CAUSAR?

O uso da Senna pode ocasionar desconforto no trato gastrointestinal, com presença de espasmos e cólicas abdominais. Esse caso requer uma diminuição da dose.

As antraquinonas podem alterar a cor da urina, que pode apresentar-se amarela ou marrom avermelhada, o que desaparece com a suspensão do uso do produto.

A pseudomelanosis coli, uma condição que é caracterizada pelo acúmulo de macrófagos pigmentados no interior da submucosa intestinal, pode ocorrer após o uso prolongado. Essa condição é inofensiva e também desaparece com a descontinuação do uso da droga.

O uso crônico ou superdosagem pode resultar em diarreia, com distúrbios eletrolíticos, principalmente hipocalemia, acidose ou alcalose metabólica, albuminúria e hematúria. A deficiência de potássio pode conduzir a disfunção cardíaca e neuromuscular, lentidão, inibição da motilidade intestinal e má absorção, além de dependência, com possível necessidade de aumento da dose, podendo resultar no agravamento da constipação.

O uso prolongado também está associado à redução na concentração de globulinas séricas, perda de peso e desenvolvimento de caquexia.

Em pacientes idosos, o uso contínuo de laxantes pode ocasionar exacerbação da fraqueza e hipotensão ortostática.

O uso a longo prazo pode resultar ainda em tetania, hiperaldosterismo, excreção de aspartilglicosamina e nefrite. Além disso, podem ocorrer alterações anatômicas do cólon e danos aos nervos do tecido entérico.

O uso prolongado e abusivo da Senna tem sido associado com deformidade dos dedos, que foi reversível após a descontinuação do uso droga.

Em casos raros, pode levar a nefropatias, edema e deterioração acelerada dos ossos.

Um caso de hepatite foi relatado após o abuso crônico deste fitoterápico.

**Informe ao seu médico, cirurgião-dentista ou farmacêutico o aparecimento de reações indesejáveis pelo uso do medicamento. Informe também à empresa através do seu serviço de atendimento.**

## 9. O QUE FAZER SE ALGUÉM USAR UMA QUANTIDADE MAIOR DO QUE A INDICADA DESTE MEDICAMENTO?

Os principais sintomas da superdosagem são dores abdominais, espasmos, náusea, cólicas e diarreias severas, com consequente perda excessiva de fluídos e eletrólitos.

Em caso de superdosagem, suspender a medicação imediatamente. Recomenda-se tratamento de suporte sintomático pelas medidas habituais de apoio e controle das funções vitais.

Deve-se manter tratamento de suporte, com a ingestão de grandes quantidades de líquidos. Os eletrólitos, especialmente o potássio, devem ser monitorados, particularmente em idosos e jovens.

**Em caso de uso de grande quantidade deste medicamento, procure rapidamente socorro médico e leve a embalagem ou bula do medicamento, se possível. Ligue para 0800 722 6001, se você precisar de mais orientações sobre como proceder.**

### DIZERES LEGAIS

M.S. nº 1.1861.0262
Farm. Resp.: Dra. Lucineia Nascimento N. de S. Machado CRF-SP nº 31.274
Registrado por: Ativus Farmacêutica Ltda Rua Emílio Mallet, 317 • Sala 1005 • Tatuapé
CEP: 03320-000 • São Paulo-SP
CNPJ: 64.088.172/0001-41
Fabricado por: Ativus Farmacêutica Ltda
Rua Fonte Mécia, 2.050 • Caixa Postal 489 • CEP: 13273-900 • Valinhos-SP
CNPJ: 64.088.172/0003-03 • Indústria Brasileira
Comercializado por: Arese Pharma Distr. de Med. Ltda-ME.
Rua José Leal Fontoura, 332 • Sala 1 • Centro • CEP: 83414-190 • Colombo-PR
CNPJ: 14.812.380/0001-73
SAC: 0800 770 79 70

---

# LAXETTE®
*Cassia senna* L.

## MEDICAMENTO FITOTERÁPICO

**Nomenclatura botânica oficial:** *Senna alexandrina* Mill.; *Cassia angustifolia* Vahl; *Cassia senna* L.
**Nomenclatura popular:** Sene, sena.
**Família:** Fabaceae.
**Parte da planta utilizada:** Frutos e folhas/folíolos.

## APRESENTAÇÕES

Comprimido revestido 55,6 mg. Caixa com 10 comprimidos revestidos.

**USO ORAL.**
**USO ADULTO ACIMA DE 12 ANOS.**

**Composição:**
Comprimido revestido de 55,6 mg
Cada comprimido revestido de 55,6 mg contém:
Extrato hidroalcoólico das folhas de *Cassia senna* L. .................................................................... 55,6 mg
(equivalente a 25 mg de derivados hidroxiantracênicos calculados em senosídios B).
Excipientes: croscarmelose sódica, celulose microcristalina, lactose, dióxido de silício, estearato de magnésio e Acryl eze yellow

**INFORMAÇÕES AO PACIENTE**
**1. PARA QUE ESTE MEDICAMENTO É INDICADO?**
Este medicamento é destinado ao tratamento de prisão de ventre ocasional.

**2. COMO ESTE MEDICAMENTO FUNCIONA?**
Laxette® possui uma ação laxativa e atua estimulando as contrações no intestino grosso, resultando em um trânsito acelerado do bolo fecal. Com isso, há uma diminuição na absorção de líquidos pelo intestino grosso, o que mantém o conteúdo intestinal com grande volume e pressão. (BLUMENTHAL *et al.*, 1998; PHYSICIANS DESK REFERENCE, 2004; EUROPEAN SCIENTIFIC COOPERATIVE ON PHYTOTHERAPY, 1997; WORLD HEALTH ORGANIZATION, 2002; NEWALL, ANDERSON, PHILLIPSON, 1996).
O tempo estimado para o início da ação deste medicamento é de 8 a 12 horas (ESCOP, 1997; WHO, 1999).

**3. QUANDO NÃO DEVO USAR ESTE MEDICAMENTO?**
Pacientes com histórico de hipersensibilidade e alergia a qualquer um dos componentes da fórmula não devem fazer uso do produto.
Não deve ser utilizado em casos de constipação crônica (WHO, 1999), distúrbios intestinais, tais como obstrução e estenose intestinal, atonia, doenças inflamatórias intestinais (doença de Crohn, colite ulcerativa, colopatias inflamatórias) e dores abdominais (WHO, 1999; NEWALL, ANDERSON, PHILLIPSON, 1996; BLUMENTHAL *et al.*, 1998), desidratação severa (ESCOP, 1997; WHO, 1999), hemorroidas, apendicite, hipocalemia, estados inflamatórios uterinos, período menstrual, cistite, insuficiência hepática, renal ou cardíaca (MASSON, 1998; ALONSO, 1999). Assim como para outros laxantes, a Senna é contraindicada para pacientes com náuseas, vômito ou quando algum sintoma agudo ou crônico não diagnosticado estiver presente (WHO, 1999).
**Este medicamento é contraindicado para menores de 12 anos. (BLUMENTHAL *et al.*, 1998). Este medicamento não deve ser utilizado por mulheres grávidas sem orientação médica ou do cirurgião-dentista.**
**Este medicamento é contraindicado para uso por lactantes (mulheres amamentando),** (ALONSO, 1999; ESCOP, 1997; PDR, 2004; WHO, 1999; MASSON, 1998).

**4. O QUE DEVO SABER ANTES DE USAR ESTE MEDICAMENTO?**
Em caso de hipersensibilidade ao produto, recomenda-se descontinuar o uso e consultar o médico. O nível sérico de estrógeno é reduzido quando administrado concomitantemente com Senna, devido ao efeito do trânsito intestinal sobre a absorção de estrogênios (PDR, 2004). Isso deve ser lembrado por mulheres que fazem uso de contraceptivos orais. Em pacientes idosos, o uso contínuo de laxantes pode ocasionar exacerbação da fraqueza e hipotensão ortostática (WHO, 1999).
Sangramento retal ou insuficiência de movimentos intestinais, decorrentes do uso prolongado, podem indicar condições graves (WHO, 1999). As antraquinonas podem alterar a cor da urina, que pode apresentar-se amarela ou marrom avermelhada, o que desaparece com a suspensão do uso do produto (ALONSO, 1999; WHO, 1999). Essa alteração de coloração na urina pode influenciar em testes de diagnósticos (WHO, 1999; ALONSO, 1999; BLUMENTHAL *et al.*, 1998); pode ocorrer um resultado falso positivo para urobilinogênio e para dosagem de estrógeno pelo método de Kober (WHO, 1999).
**Informe ao seu médico ou cirurgião-dentista se você está fazendo uso de algum outro medicamento.**

**5. ONDE, COMO E POR QUANTO TEMPO POSSO GUARDAR ESTE MEDICAMENTO?**
Mantenha Laxette® em temperatura ambiente (15 a 30ºC), protegido da luz e da umidade. Prazo de validade: 24 meses a partir da data de fabricação.
**Número de lote e datas de fabricação e validade: vide embalagem.**
**Não use medicamento com o prazo de validade vencido. Guarde-o em sua embalagem original.**
**Características:**
55,6 mg comprimido revestido amarelo claro e núcleo marrom com pontos brancos, no formato circular biconvexo e liso.

**Antes de usar, observe o aspecto do medicamento. Caso ele esteja no prazo de validade e você observe alguma mudança no aspecto, consulte o farmacêutico para saber se poderá utilizá-lo.**

**TODO MEDICAMENTO DEVE SER MANTIDO FORA DO ALCANCE DAS CRIANÇAS.**

**6. COMO DEVO USAR ESTE MEDICAMENTO?**
**USO ORAL.**

Comprimido de 55,6mg

Adultos acima de 12 anos: ingerir de 1 comprimido à noite, ao deitar-se. (A dose diária deve estar entre 15 a 30 mg de glicosídeos hidroxiantracênicos, calculados como senosídeos B).

A utilização de laxantes não deve ultrapassar o período de 1 semana (ESCOP, 1997; WHO, 1999; PDR, 2004; MASSON, 1998; ALONSO, 1999; BLUMENTHAL et al., 1998). Pacientes idosos devem, inicialmente, administrar a metade da dose prescrita (PHYSICIANS DESK REFERENCE, 2004).

Para tratamento de constipação crônica ou habitual, recomenda-se recorrer a laxantes mecânicos e realizar modificações na dieta e nos hábitos (MASSON, 1998). O uso deste medicamento por mais de 2 semanas requer supervisão médica. (WHO, 1999; ESCOP, 1997)

Os comprimidos devem ser ingeridos inteiros e com uma quantidade suficiente de água para que possam ser deglutidos.

**Siga corretamente o modo de usar. Em caso de dúvidas sobre este medicamento, procure orientação do farmacêutico. Não desaparecendo os sintomas, procure orientação de seu médico ou cirurgião-dentista.**

**Este medicamento não deve ser partido, aberto ou mastigado.**

**7. O QUE DEVO FAZER QUANDO EU ME ESQUECER DE USAR ESTE MEDICAMENTO?**

Caso haja esquecimento da ingestão de uma dose deste medicamento, retomar a posologia sem a necessidade de suplementação.

**Em caso de dúvidas, procure orientação do farmacêutico ou de seu médico, ou cirurgião-dentista.**

**8. QUAIS OS MALES QUE ESTE MEDICAMENTO PODE ME CAUSAR?**

O uso da Senna pode ocasionar desconforto no trato gastrintestinal, com presença de espasmos e cólicas abdominais (ALONSO, 1999; NEWALL, ANDERSON, PHILLIPSON, 1996; PDR, 2004; WHO, 1999; BLUMENTHAL et al., 1998; MASSON, 1998). Esse caso requer uma diminuição da dose (BLUMENTHAL et al., 1998).

As antraquinonas podem alterar a cor da urina, que pode apresentar-se amarela ou marrom avermelhada, o que desaparece com a suspensão do uso do produto (ALONSO, 1999; WHO, 1999). A pseudomelanosis coli, uma condição que é caracterizada pelo acúmulo de macrófagos pigmentados no interior da submucosa intestinal, pode ocorrer após o uso prolongado (MASCOLO, 1998; PDR, 2004; ESCOP, 1997). Essa condição é inofensiva e também desaparece com a descontinuação do uso da droga (ALONSO, 1999; WHO, 1999; ESCOP, 1997; BLUMENTHAL et al., 1998).

O uso crônico ou superdosagem pode resultar em diarreia, com distúrbios eletrolíticos, principalmente hipocalemia, acidose ou alcalose metabólica, albuminúria e hematúria. A deficiência de potássio pode conduzir a disfunção cardíaca e neuromuscular (PDR, 2004; WHO, 1999; BLUMENTHAL et al., 1998; ESCOP, 1997), lentidão, inibição da motilidade intestinal e má absorção (PDR, 2004; ESCOP, 1997), além de dependência, com possível necessidade de aumento da dose (WHO, 1999; ESCOP, 1997), podendo resultar no agravamento da constipação (ESCOP, 1997; ALONSO, 1999).

O uso prolongado também está associado à redução na concentração de globulinas séricas (PDR, 2004; ALONSO, 1999; NEWALL, ANDERSON, PHILLIPSON, 1996), perda de peso (PDR, 2004; WHO, 1999; ESCOP, 1997) e desenvolvimento de caquexia (NEWALL, ANDERSON, PHILLIPSON, 1996).

Em pacientes idosos, o uso contínuo de laxantes pode ocasionar exacerbação da fraqueza e hipotensão ortostática (WHO, 1999).

O uso a longo prazo pode resultar ainda em tetania, hiperaldosterismo, excreção de aspartilglicosamina (PDR, 2004) e nefrite (ALONSO, 1997). Além disso, podem ocorrer alterações anatômicas do cólon (PDR, 2004; MASSON, 1998) e danos aos nervos do tecido entérico (ALONSO, 1999; BRITISH HERBAL COMPENDIUM, 1996).

O uso prolongado e abusivo da Senna tem sido associado com deformidade dos dedos (NEWALL, ANDERSON, PHILLIPSON, 1996), que foi reversível após a descontinuação do uso droga (PDR, 2004).

Em casos raros, pode levar a nefropatias, edema e deterioração acelerada dos ossos (PDR, 2004). Um caso de hepatite foi relatado após o abuso crônico deste fitoterápico. (WHO, 1999).

Informe ao seu médico, cirurgião-dentista ou farmacêutico o aparecimento de reações indesejáveis pelo uso do medicamento. Informe também à empresa através do seu serviço de atendimento.

## 9. O QUE FAZER SE ALGUÉM USAR UMA QUANTIDADE MAIOR DO QUE A INDICADA DESTE MEDICAMENTO?

Os principais sintomas da superdosagem são dores abdominais (ESCOP, 1997; BLUMENTHAL et al., 1998), espasmos, náusea, cólicas e diarreias severas, com consequente perda excessiva de fluidos e eletrólitos (ESCOP, 1997).

Em caso de superdosagem, suspender a medicação imediatamente. Recomenda-se tratamento de suporte sintomático pelas medidas habituais de apoio e controle das funções vitais.

Deve-se manter tratamento de suporte, com a ingestão de grandes quantidades de líquidos. Os eletrólitos, especialmente o potássio, devem ser monitorados, particularmente em idosos e jovens (BLUMENTHAL et al., 1998; ESCOP, 1997).

Em caso de uso de grande quantidade deste medicamento, procure rapidamente socorro médico e leve a embalagem ou bula do medicamento, se possível. Ligue para 0800 722 6001, se você precisar de mais orientações sobre como proceder.

Siga corretamente o modo de usar, não desaparecendo os sintomas procure orientação médica.

### DIZERES LEGAIS
Registro MS 1.0974.0130
Farm. Resp.: Dr. Dante Alario Jr. CRF-SP nº 5143
**Registrado e fabricado por: BIOLAB SANUS Farmacêutica Ltda.**
Av. Paulo Ayres, 280 – Taboão da Serra – SP CEP 06767-220
CNPJ: 49.475.833/0001-06
**Indústria Brasileira.**

---

# LEGALON®
*Silybum marianum.* (L.) Gaertn (Compositae), fruto (silimarina)

## APRESENTAÇÕES
Cápsula gelatinosa contendo 180 mg de extrato seco de *Silybum marianum* (L.) Gaertn. Embalagem com 20 unidades.

Drágea contendo 90 mg de extrato seco de *Silybum marianum* (L.) Gaertn. Embalagem com 30 unidades.

Suspensão contendo 64 mg/5 mL de extrato seco de *Silybum marianum* (L.) Gaertn. Frasco de 100 mL.

## USO ORAL USO ADULTO

## COMPOSIÇÃO
Cada cápsula contém 180 mg de extrato seco de *Silybum marianum* (L.) Gaertn, equivalentes a 140 mg de silimarina.
Excipientes: dióxido de silício, amido, estearato de magnésio, lactose monoidratada e talco. Cada drágea contém 90 mg de extrato seco de *Silybum marianum* (L.) Gaertn, equivalentes a 70 mg de silimarina.
Excipientes: dióxido de silício, amido, povidona, estearato de magnésio, lactose monoidratada, sacarose, amarelo crepúsculo, gelatina, talco, cera de carnaúba, carbonato de cálcio, dióxido de titânio e goma arábica.
Cada drágea contém 0,11 g de açúcar na forma de sacarose.
Cada 5 mL da suspensão contém 64 mg de extrato seco de *Silybum marianum* (L.) Gaertn, equivalentes a 50 mg de silimarina.
Excipientes: ácido cítrico, sorbitol, ácido ascórbico, benzoato de sódio, celulose microcristalina, carboximetilcelulose, sorbato de potássio, silicato de alumínio e magnésio e água purificada.
O extrato de *Silybum marianum* (L.) Gaertn é padronizado para conter entre 75,0 e 80,9% de silimarina, que é uma mistura dos compostos flavonoides silibinina, isosilibinina, silidianina e silicristina.

## 1. INDICAÇÕES
Legalon® é um hepatoprotetor indicado para o tratamento dos distúrbios digestivos que ocorrem nas hepatopatias e das lesões tóxicas do fígado, e como tratamento de suporte na doença inflamatória crônica do fígado e na cirrose hepática.

## 2. RESULTADOS DE EFICÁCIA
De acordo as monografias de plantas medicinais da Organização Mundial da Saúde e da Comissão E, o extrato de *Silybum marianum* (L.) Gaertn (silimarina) está aprovado para o tratamento de vários distúrbios hepáticos, entre os quais cirrose hepática, hepatite alcoólica, hepatite secundária à exposição a substâncias tóxicas e hepatites virais agudas e crônicas[1-4].
Estudos clínicos, apresentados a seguir, confirmam a eficácia da silimarina nessas afecções.

**Hepatite alcoólica** – A eficácia da silimarina no tratamento da cirrose hepática induzida pelo álcool foi avaliada em seis estudos clínicos controlados por placebo[5-9]. A maior parte dos pacientes avaliados recebeu uma dose compreendida entre 280 mg e 420 mg do extrato de silimarina. Um estudo duplo-cego examinou 66 pacientes, a maioria com doença hepática tóxica induzida pelo álcool. Nos 31 pacientes que receberam 420 mg/dia de Legalon® observou-se uma influência significativa sobre os níveis séricos das transaminases (ASL e ALT) em comparação com os 35 pacientes que receberam placebo, com os níveis retornando à normalidade mais rapidamente no grupo da silimarina[5]. Em outro estudo com 36 pacientes com o mesmo tipo de distúrbio hepático verificou-se após seis meses de tratamento uma significativa redução dos parâmetros hepáticos patológicos (transaminases, gama-GT e bilirrubina) nos pacientes tratados com silimarina (Legalon®) em comparação com placebo[6]. Em um estudo randomizado comparado com placebo determinou-se o efeito de 420 mg/dia de silimarina no tratamento de 170 pacientes com cirrose não alcoólica e induzida pelo álcool, por um período médio de 41 meses. A taxa de sobrevida após 4 anos foi de 58±9% no grupo da silimarina e de 30±0% no grupo de placebo (p=0,036). Não se relataram eventos adversos com o tratamento[7]. Os efeitos da silimarina sobre as alterações químicas, funcionais e morfológicas do fígado foram examinadas em um estudo duplo-cego e controlado em 106 pacientes com doença hepática apresentando níveis de transaminases elevados. Um total de 97 pacientes terminou as quatro semanas de tratamento com 420 mg/dia de silimarina (47 casos) ou placebo (50 casos). O grupo tratado com silimarina apresentou uma diminuição maior, estatisticamente significativa, das transaminases e da bilirrubina sérica total do que o grupo controle[8].

**Hepatites virais** – Quatro estudos controlados avaliaram a eficácia da silimarina no tratamento das hepatites virais: três em infecções agudas e um em infecção crônica[10-13]. Em um estudo duplo cego e controlado por placebo realizado em 57 pacientes com hepatite viral aguda (A ou B), os pacientes foram randomizados para receber 420 mg de silimarina ao dia ou placebo ao longo de 3 semanas. No grupo que recebeu Legalon®, 40% apresentou normalização das bilirrubinas totais e 82% das transaminases hepáticas (ASL e ALT), enquanto no grupo placebo esses valores foram reduzidos em 11% e 52%, respectivamente. Uma análise estatística revelou uma diferença entre os valores de AST e bilirrubina a favor da silimarina5. Outro estudo duplo-cego e controlado por placebo avaliou o uso da silimarina no tratamento da hepatite crônica (com ou sem cirrose), ao longo de 12 meses. Observou-se que os pacientes tratados com o extrato de silimarina (420 mg/dia) apresentaram melhora na arquitetura hepática avaliada por biópsias[13].

**Hepatite induzida por compostos orgânicos** – Em um estudo controlado 30 pacientes com antecedentes de exposição ocupacional a vapores de tolueno, e/ou xyleno benzol, ao longo de 5 a 20 anos, receberam 420 mg do extrato de silimarina por 30 dias. Observou-se melhora significativa da função hepática (avaliada pelos níveis de ASL e ALT) acompanhada da elevação das plaquetas no grupo que usou Legalon® em comparação com os pacientes que serviram de controle (n=19)[14].

**Hepatite induzida por drogas** – A prevenção de hepatite induzida por uso crônico de drogas psicotrópicas (butirofenonas e fenotiazinas) foi avaliada em 60 pacientes incluídos em um estudo duplo-cego controlado por placebo.
Os pacientes tratados com silimarina ao longo de 90 dias apresentaram melhora importante da função hepática em comparação com os aos pacientes do grupo placebo[15].

**Referências bibliográficas:**

1. WHO Monographs on Selected Medicinal Plants. Fructus silybi mariae. [Online]. 2004. vol. 2 [acesso em 05 de outubro de 2009]. Disponível em: URL: http://apps.who.int/medicinedocs/en/d/Js4927e/29.html#Js4927e.29.

2. Milk Thistle fruit. In: Blumenthal M (editor). The complete German Commission E monographs: Therapeutic guide to herbal medicines. Austin: American Botanical Council; 1998. p. 169-0;350;563-5.

3. Silymarin. In: MEDITEXT® Medical Managements. [Online]. Disponível em: Greenwood Village: Thomson Healthcare; atualizado periodicamente. [acesso em 13 abril 2011].

4. Milk Thistle. In. AltMedDex® Evaluations. [Online]. Disponível em: Greenwood Village: Thomson Healthcare; atualizado periodicamente. [acesso em 13 abril 2011].

5. FINTELMANN V, et al. The therapeutic activity of Legalon® in toxic hepatic disorders demonstrated in a double-blind trial. Therapiewoche 1980;30:5589-94.

6. FEHER J, et al. Hepatoprotective activity of silymarin therapy in patients with chronic alcoholic disease. Orv Heil 1989;130: 2723 -2727.

7. Ferenci P, *et al*. Randomized controlled trial of silymarin treatment in patients with cirrhosis of the liver. J Hepatol 1989; 9 (1):105-13.

8. Salmi HA, Sarna S. Effect of silymarin on chemical, functional, and morphological alterations of the liver. A doubleblind controlled study. Scand L Gastroenterol 1982; 17 (4):517-21.

9. Trinchet JC *et al*. Traitement de l'hépatite alcoolique par la silymarine. Une étude comparative en double insu chez 116 malades. Gastroenterologie clinique et biologie, 1989, 13:120-124.

10. Magliulo E *et al*. (Results of a double-blind study on the effect of silymarin in the treatment of acute viral hepatitis, carried out at two medical centers. Med Kin 1978;73 (28-29):1060-5.

11. Cavalieri S. Kontrollierte klinische Prüfung von Legalon. Gazzette Medica Italiana, 1974, 133:628.

12. Plomteux G *et al*. Hepatoprotector action of silymarin in human acute viral hepatitis. International Research Communications Systems, 1977, 5:259-261.

13. Kiesewetter E *et al*. Ergebnisse zweier Doppelblindstudien zur Wirksamkeit von Silymarin bei chronischer Hepatitis. Leber, Magen, Darm, 1977, 7:318-323.

14. Szilárd S *et al*. Protective effect of Legalon® in workers exposed to organic solvents. Acta Medica Hungarica, 1988, 45:249-256.

15. Palasciano G *et al*. The effect of silymarin on plasma levels of malondialdehyde in patients receiving long-term treatment with psychotrophic drugs. Current Therapeutic Research, 1994, 55:537-545.

## 3. CARACTERÍSTICAS FARMACOLÓGICAS

A silimarina, componente ativo do Legalon®, age como estabilizador das membranas dos hepatócitos, resguardando sua integridade e, assim, a função fisiológica do fígado; protege, experimentalmente, a célula hepática da influência nociva de substâncias tóxicas endógenas e/ou exógenas.

Dessa maneira, Legalon® promove a partir de quatro semanas de tratamento a melhora gradual e progressiva dos sintomas clínicos associados aos casos de hepatite, cirrose hepática ou lesões hepatotóxicas, tais como dispepsia, astenia, anorexia, náuseas e desconforto abdominal.

Em animais, a silimarina demonstrou acelerar a regeneração do parênquima hepático, aparentemente aumentando a síntese de RNA no fígado.

Propriedades farmacodinâmicas

A eficácia antitóxica da silimarina foi demonstrada em experimentos animais em vários modelos de danos ao fígado, por exemplo com os venenos da *Amanita phalloides*, faloidina e amanitina, com lantanídeos, tetracloreto de carbono, galactosamina, tioacetamina e vírus hepatotóxico FV3. Os efeitos terapêuticos da silimarina são atribuídos aos vários mecanismos de ação:

Devido ao poder de remover radicais, a silimarina exerce atividade antioxidante. O processo fisiopatológico de peroxidação lipídica, responsável pela destruição de membranas celulares, é interrompido ou prevenido.

Além disso, em células do fígado que já apresentam danos, a silimarina estimula a síntese proteica e normaliza o metabolismo fosfolipídico. O resultado final é a estabilização da membrana celular, reduzindo-se e prevenindo-se a liberação de enzimas presentes no citoplasma da célula hepática (por ex. transaminases).

A silimarina restringe a entrada de certas substâncias hepatotóxicas na célula (veneno do cogumelo *Amanita phalloides*).

A elevação da síntese proteica pela silimarina é devida à estimulação da RNA polimerase I, uma enzima localizada no núcleo. Isso acarreta um aumento da formação de RNA ribossômico com aumento de síntese de proteínas estruturais e funcionais (enzimas). O resultado é um aumento da capacidade reparadora e regenerativa do fígado.

Propriedades farmacocinéticas

O principal constituinte da silimarina é a silibinina. Investigações clínicas mostram que esta, depois de absorvida no trato digestivo, é excretada principalmente na bile (> 80% da quantidade absorvida).

Como metabólitos encontraram-se na bile glicuronídeos e sulfatos. Acredita-se que a silibinina seja reabsorvida após ser desconjugada e que então penetre na circulação entero-hepática, como se demonstrou em experimentos animais. Como se espera que a eliminação seja predominantemente biliar (sítio de ação: fígado) os níveis sanguíneos são baixos e a eliminação renal é pequena. A meia-vida de absorção é de 2,2 h e a meia-vida de eliminação é de 6,3 h.

Quando Legalon® é administrado em doses terapêuticas (140 mg silimarina, três vezes ao dia), os níveis de silibinina encontrados na bile humana são os mesmos após doses repetidas e após dose única. Esses resultados mostram que a silibinina não se acumula no organismo.

Após administração repetida de silimarina em doses de 140 mg três vezes ao dia, a eliminação biliar alcança o estado de equilíbrio.

Dados de segurança pré-clínicos

A silimarina é caracterizada por sua toxicidade excepcionalmente baixa, podendo, portanto, ser administrada com segurança em doses terapêuticas por longos períodos.

Toxicidade aguda

Administrada oralmente a ratos e camundongos, a silimarina demonstrou ser praticamente atóxica, e a DL50 pode ser estabelecida como > 2.000 mg/kg.

Toxicidade crônica

Em ensaios prolongados de até 12 meses, ratos e cães receberam silimarina oralmente em doses máximas de 2.500 ou 1.200 mg/kg, respectivamente. Não se registrou nenhuma evidência de efeitos tóxicos, nem nos resultados laboratoriais, nem em achados de autópsia.

Toxicidade na reprodução

Estudos de fertilidade em ratos e coelhos, em conjunto com estudos de toxicidade pré-natal, perinatal e pós-natal, não revelaram nenhum efeito adverso em nenhum dos estágios de reprodução (dose máxima testada: 2.500 mg/kg). Em particular, a silimarina não demonstrou nenhuma evidência de potencial teratogênico.

Mutagenicidade

Investigações *in vitro* e *in vivo* com a silimarina apresentaram resultados negativos.

Carcinogenicidade

Ainda não foram realizados estudos apropriados in vivo em roedores.

## 4. CONTRAINDICAÇÕES

Legalon® não deve ser usado nos casos de hipersensibilidade aos componentes da fórmula.

## 5. ADVERTÊNCIAS E PRECAUÇÕES

Legalon® não substitui a necessidade de evitar as causas dos distúrbios do fígado (p. ex. álcool). Na ocorrência de icterícia recomenda-se consultar imediatamente um médico.

Gravidez e lactação: Categoria D de risco na gravidez – Este medicamento não deve ser utilizado por mulheres grávidas sem orientação médica. Informe imediatamente o seu médico em caso de suspeita de gravidez. Também não deve ser utilizado durante a amamentação, exceto sob orientação médica.

Pacientes pediátricos: não há dados suficientes do uso deste medicamento em crianças. Portanto não deve ser utilizado por crianças menores de 12 anos.

Pacientes idosos: Não há restrições ou recomendações especiais com relação ao uso deste produto por pacientes idosos.

Dirigir e operar máquinas: Este medicamento não tem efeito conhecido sobre a capacidade de dirigir ou operar máquinas.

**Legalon® cápsula: Este produto contém o corante amarelo de TARTRAZINA (componente da cápsula) que pode causar reações de natureza alérgica, entre as quais asma brônquica, especialmente em pessoas alérgicas ao ácido acetilsalicílico.**

**Legalon® drágea: Atenção: este medicamento contém açúcar, portanto deve ser usado com cautela em portadores de diabetes.**

## 6. INTERAÇÕES MEDICAMENTOSAS

Até o momento não foram relatados casos de interação medicamentosa com o uso do produto. Não existem restrições quanto à ingestão com alimentos ou bebidas.

## 7. CUIDADOS DE ARMAZENAMENTO DO MEDICAMENTO

O produto deve ser conservado à temperatura ambiente (15°C a 30°C).

Legalon® cápsulas e drágeas têm validade de 36 meses a partir da data de sua fabricação. Legalon® suspensão tem validade de 24 meses a partir da data de sua fabricação.

**Número de lote e datas de fabricação e validade: vide embalagem.**

**Não use medicamento com o prazo de validade vencido. Guarde-o em sua embalagem original.**

Legalon® cápsulas é apresentado como cápsulas gelatinosas duras, de corpo e tampa verde transparente, contendo pó bege amarelado.

Legalon® drágeas é apresentado como drágeas redondas, biconvexas, de superfície lisa, laranja, sem manchas.

Legalon® suspensão é apresentado como suspensão tixotrópica, levemente amarelada, de odor característico, sabor amargo e isenta de contaminação visível.

**Antes de usar, observe o aspecto do medicamento. Todo medicamento deve ser mantido fora do alcance das crianças.**

## 8. POSOLOGIA E MODO DE USAR

Legalon® cápsulas e drágeas destinam-se a uso exclusivo pela via oral.

As cápsulas e drágeas devem ser deglutidas por inteiro, com um pouco de líquido.

Posologia:
Conforme a gravidade dos sintomas, recomenda-se:
Legalon® cápsulas: A menos que haja outra orientação, iniciar o tratamento com uma cápsula três vezes ao dia. Como dose de manutenção: uma cápsula duas vezes ao dia.
**Este medicamento não deve ser partido, aberto ou mastigado.**
Legalon® drágeas: O tratamento deve ser iniciado com duas drágeas, três vezes ao dia. Como dose de manutenção deve-se administrar uma drágea três vezes ao dia.
Nos casos mais graves e a critério médico essas doses podem ser aumentadas.
Legalon® suspensão destina-se a uso exclusivo pela via oral. **AGITE ANTES DE USAR.**
Posologia: Conforme a gravidade dos sintomas, recomenda-se:
Adolescentes: 7,5 mL (1 1/2 colher de chá), três vezes ao dia.
Adultos: 10 mL (2 colheres de chá), três vezes ao dia.
Nos casos mais graves e a critério médico essas doses podem ser aumentadas.

## 9. REAÇÕES ADVERSAS

Foram descritas as seguintes reações adversas:

- Reações raras (> 1/1.000 e < 1/100): distúrbios gastrintestinais, como por exemplo leve efeito laxativo/diarreia.
- Reações muito raras (>1/10.000 e < 1/1.000): reações de hipersensibilidade, como erupção cutânea e dispneia.

**Em casos de eventos adversos, notifique o Sistema de Notificações em Vigilância Sanitária – Notivisa, disponível em http://www8.anvisa.gov.br/notivisa/frmCadastro.asp ou a Vigilância Sanitária Estadual ou Municipal. Informe também a empresa através do seu serviço de atendimento.**

## 10. SUPERDOSE

Até o momento não se relataram sintomas relacionados a superdose. Na eventualidade da ingestão acidental de doses muito acima das preconizadas, recomenda-se procurar imediatamente assistência médica. Não existe um antídoto específico: recomenda-se adotar as medidas habituais de controle das funções vitais.
**Em caso de intoxicação ligue para 0800 722 6001 se você precisar de mais orientações.**

## DIZERES LEGAIS
MS – 1.8830.0050
Farm. Resp.: Dra. Marcia Yoshie Hacimoto CRF-RJ: 13.349
Comercializado sob licença de Rottapharm Ltda.

Fabricado por: Takeda Pharma Ltda. Jaguariúna – SP Indústria Brasileira
Registrado por: Mylan Laboratórios Ltda.
Estrada Dr. Lourival Martins Beda, 1.118 Donana – Campos dos Goytacazes – RJ CEP: 28110-000
CNPJ: 11.643.096/0001-22

---

# LIBERAFLUX
*Hedera helix*

### MEDICAMENTO FITOTERÁPICO

Nomenclatura botânica: *Hedera helix* Linné
Família: Araliaceae
Nome Popular: Hera sempre-verde
Parte da planta utilizada: Folhas

### APRESENTAÇÕES
Xarope 7,5 mg/mL – caixa com frasco de 30 e 100 mL + copo dosador

### USO ORAL
### USO ADULTO E PEDIÁTRICO ACIMA DE 2 ANOS
### COMPOSIÇÃO
Cada mL de xarope contém:
Extrato seco de *Hedera helix* à 10% .......................... 7,5 mg
(equivalente à 0,75 mg/mL de hederacosídeo C)
Excipientes: sacarose, sorbitol, metilparabeno, aroma de cereja, aroma de hortelã e água de osmose.

### INFORMAÇÕES AO PACIENTE
### 1. PARA QUE ESTE MEDICAMENTO É INDICADO?
Liberaflux (*Hedera helix*) é indicado para o tratamento sintomático de doenças broncopulmonares, com aumento de secreções e/ou broncoespasmos associados.

### 2. COMO ESTE MEDICAMENTO FUNCIONA?
Liberaflux (*Hedera helix*) possui efeito mucolítico e expectorante (diminui a viscosidade das secreções e aumenta a atividade de varredura promovida pelos cílios do epitélio brônquico, facilitando a expectoração) e broncodilatador (com ação relaxante sobre o músculo liso brônquico), este efeito facilita a expectoração e melhora a respiração.

### 3. QUANDO NÃO DEVO USAR ESTE MEDICAMENTO?
Liberaflux (*Hedera helix*) contém em sua fórmula sorbitol, o qual é transformado no organismo em frutose. Portanto o produto não deve ser utilizado por pacientes que contenham

intolerância à frutose, somente o médico, após avaliação do risco em relação aos benefícios do produto poderá determinar se esse tipo de paciente pode fazer uso do produto. Este medicamento não deve ser utilizado durante a gravidez ou amamentação. Informe seu médico sobre qualquer medicamento que esteja utilizando, antes do início ou durante o tratamento.

**Este medicamento não deve ser utilizado em crianças menores de 2 anos de idade.**

## 4. O QUE DEVO SABER ANTES DE USAR ESTE MEDICAMENTO?

Apesar de não terem sido realizados os estudos específicos sobre os efeitos do produto na capacidade de dirigir e usar máquinas, não foi observado, nos outros estudos conduzidos com *Hedera helix*, qualquer alteração que conduza a alguma restrição nos pacientes que tenham atividades relacionadas a dirigir e/ou usar máquinas.

Não existem dados clínicos sobre a exposição de Liberaflux (*Hedera helix*) na gravidez humana.

**Este medicamento não deve ser utilizado por mulheres grávidas ou que possam ficar grávidas durante o tratamento.**

Não são conhecidas alterações no efeito do medicamento quando ingerido concomitantemente com outras substâncias. Por esse motivo este xarope pode ser ingerido com outras substâncias, como por exemplo, antibióticos. Liberaflux (*Hedera helix*) contém um extrato de plantas como ingrediente ativo e, portanto, a coloração pode variar ocasionalmente, como todas as preparações feitas a partir de ingredientes naturais. Consequentemente, isso não afeta a eficácia terapêutica da preparação.

Informe seu médico a ocorrência de gravidez durante o tratamento ou após o seu término. Informar ao médico se está amamentando.

**Informe ao seu médico ou cirurgião-dentista se você está fazendo uso de algum outro medicamento.**

**Não use medicamento sem o conhecimento do seu médico. Pode ser perigoso para a sua saúde.**

Atenção diabéticos: contém açúcar (sacarose).

## 5. ONDE, COMO E POR QUANTO TEMPO POSSO GUARDAR ESTE MEDICAMENTO?

Conservar o medicamento em sua embalagem original, protegendo da luz e umidade, em temperatura ambiente (entre 15 e 30°C). Nessas condições, o medicamento se manterá próprio para o consumo, respeitando o prazo de validade indicado na embalagem.

Liberaflux (*Hedera helix*) 7,5 mg/mL encontra-se na forma de líquido viscoso pardo claro, odor de cereja e hortelã com sabor de cereja.

**Número de lote e datas de fabricação e validade: vide embalagem.**

**Não use medicamento com o prazo de validade vencido. Guarde-o em sua embalagem original.**

**Antes de usar, observe o aspecto do medicamento. Caso ele esteja no prazo de validade e você observe alguma mudança no aspecto, consulte o farmacêutico para saber se poderá utilizá-lo.**

**TODO MEDICAMENTO DEVE SER MANTIDO FORA DO ALCANCE DAS CRIANÇAS.**

## 6. COMO DEVO USAR ESTE MEDICAMENTO?

Liberaflux (*Hedera helix*) deve ser administrado por via oral na dose de:

**Crianças acima de 2 anos e até 7 anos de idade**: 2,5 mL, 3 vezes ao dia (de 8 em 8 horas).

**Crianças acima de 7 anos de idade**: 5 mL, 3 vezes ao dia (de 8 em 8 horas).

**Adolescentes acima de 12 anos e adultos**: 7,5 mL, 3 vezes ao dia (de 8 em 8 horas). A ampla margem terapêutica de Liberaflux (*Hedera helix*) permite modificar as doses recomendadas, segundo critério médico.

A duração do tratamento depende da gravidade do quadro clínico. Porém o tratamento deve durar no mínimo uma semana, mesmo em caso de processos menos graves do trato respiratório. Não interromper o tratamento sem o conhecimento do seu médico.

Assim como todos os medicamentos, informe ao seu profissional de saúde todas as plantas medicinais e fitoterápicos que estiver tomando. Interações podem ocorrer entre medicamentos e plantas medicinais e mesmo entre duas plantas medicinais quando administradas ao mesmo tempo.

**Siga a orientação de seu médico, respeitando sempre os horários, as doses e a duração do tratamento.**

**Não interrompa o tratamento sem o conhecimento do seu médico.**

## 7. O QUE DEVO FAZER QUANDO EU ME ESQUECER DE USAR ESTE MEDICAMENTO?

Se você se esqueceu de tomar o xarope no horário correto, pode tomá-lo assim que se lembrar. A próxima tomada deverá ser 8 horas após essa administração.

**Em caso de dúvidas, procure orientação do farmacêutico ou do seu médico, ou cirurgião-dentista.**

**8. QUAIS OS MALES QUE ESTE MEDICAMENTO PODE ME CAUSAR?**

Até o momento não foram relatados efeitos secundários com o uso de Liberaflux (*Hedera helix*).

**Informe ao seu médico, cirurgião-dentista ou farmacêutico o aparecimento de reações indesejáveis pelo uso do medicamento. Informe também a empresa através do seu serviço de atendimento.**

**9. O QUE FAZER SE ALGUÉM USAR UMA QUANTIDADE MAIOR DO QUE A INDICADA DESTE MEDICAMENTO?**

O médico deverá ser informado caso haja sintomas de náuseas, vômito e diarreia, que pode ser devido à ingestão de quantidades muito altas (mais do que três vezes a dose diária recomendada), para que se possam ser tomadas as medidas cabíveis.

**Em caso de uso de grande quantidade deste medicamento, procure rapidamente socorro médico leve a embalagem ou a bula do medicamento, se possível. Ligue para 0800 722 6001, se você precisar de mais orientações.**

**VENDA SOB PRESCRIÇÃO MÉDICA**

**DIZERES LEGAIS**

MS – 1.0573.0460
Farmacêutica Responsável: Gabriela Mallmann CRF-SP nº 30.138
Registrado por: Aché Laboratórios Farmacêuticos S. A.
Av. Brigadeiro Faria Lima, 201 – 20º andar
São Paulo – SP
CNPJ: 60.659.463/0029-92
Indústria Brasileira
Fabricado por: Ativus Farmacêutica Ltda. Valinhos – SP
Embalado (embalagem secundária) por: Myralis Indústria Farmacêutica Ltda. Aguaí – SP.

_____

# LISON®
*Silybum marianum* – DCB: 10755

**I – IDENTIFICAÇÃO DO MEDICAMENTO**
LISON®

**MEDICAMENTO FITOTERÁPICO**

**Nomenclatura botânica oficial:** *Silybum marianum* (L.) Gaertn.
**Nomenclatura popular:** Milk thistle, Cardo mariano
**Família:** Asteraceae
**Parte da planta utilizada:** Fruto
Leia com atenção antes de usar o produto

**APRESENTAÇÕES**

Comprimido revestido – 120 mg Embalagens com 10, 30 ou 60 comprimidos.

**USO ORAL**
**USO ADULTO**

**COMPOSIÇÃO**

Cada comprimido revestido de LISON® contém:
Extrato seco do fruto de *Silybum marianum* (L.) Gaertn..................................................................120mg
(Equivalente a 70mg de silimarina) Excipientes q.s.p. ..................................................................1 comprimido
(amido, dióxido de silício, estearato de magnésio, lactose monoidratada, laurilsulfato de sódio, povidona, croscarmelose sódica, corante óxido de ferro marrom, dióxido de titânio, hipromelose, macrogol, álcool etílico e água purificada).

**II – INFORMAÇÕES AO PACIENTE**
**1. PARA QUE ESTE MEDICAMENTO É INDICADO?**

LISON® é indicado em casos de distúrbios digestivos, problemas de fígado e vesícula biliar.

**2. COMO ESTE MEDICAMENTO FUNCIONA?**

LISON® é composto pelo fitoterápico *Silybum marianum* (L.) Gaertn., cujo principal constituinte é a silimarina. A ação terapêutica da silimarina ocorre através de duas maneiras: além de atuar como protetor das células do fígado, estabilizando suas membranas e interrompendo a recirculação de toxinas entre o intestino-fígado, ela também estimula a síntese de proteínas e, é capaz de regenerar células hepáticas danificadas.

**3. QUANDO NÃO DEVO USAR ESTE MEDICAMENTO?**

Este medicamento é contraindicado a pessoas que apresentam alergia aos componentes da formulação ou às plantas da família Asteraceae, a qual pertence o *Silybum marianum* (L.) Gaertn.

**Este medicamento não deve ser utilizado por mulheres grávidas sem orientação médica ou do cirurgião-dentista.**

## 4. O QUE DEVO SABER ANTES DE USAR ESTE MEDICAMENTO?

Em caso de alergia ao produto, recomenda-se suspender o seu uso e procurar o médico. Não ingerir doses maiores do que as recomendadas. Não existem recomendações específicas para o uso de LISON® em pacientes idosos. Medicamentos descritos no tópico "Interações Medicamentosas" não devem ser administrados em conjunto com produtos contendo *Silybum marianum* (L.) Gaertn. Devido ao seu conteúdo de tiramina, *Silybum marianum* (L.) Gaertn. pode desencadear crises de aumento da pressão arterial em pessoas que estejam realizando tratamento com antidepressivos IMAO (inibidores da monoaminoxidase). **Este medicamento não deve ser utilizado por mulheres grávidas sem orientação médica ou do cirurgião-dentista.**

### Interações medicamentosas

Não devem ser utilizados, ao mesmo tempo, medicamentos contendo *Silybum marianum* (L.) Gaertn. e produtos à base de ioimbina e fentolamina, já que a silimarina, principal componente do *Silybum marianum* (L.) Gaertn. apresenta efeito contrário a esses medicamentos. O uso em conjunto de produtos contendo *Silybum marianum* (L.) Gaertn. com butirofenonas ou fenotiazinas provoca diminuição da peroxidação de lipídios. Devido à presença de tiramina na composição do *Silybum marianum* (L.) Gaertn., este produto não deve ser ingerido em conjunto com antidepressivos inibidores da MAO (monoaminoxidase). **Informe ao seu médico ou cirurgião-dentista se você está fazendo uso de algum outro medicamento.**

## 5. ONDE, COMO E POR QUANTO TEMPO POSSO GUARDAR ESTE MEDICAMENTO?

Este medicamento deve ser mantido em temperatura ambiente (entre 15°C e 30°C), protegido da luz e umidade. Nessas condições, o medicamento se manterá próprio para consumo, respeitando o prazo de validade indicado na embalagem. Número de lote e datas de fabricação e validade: vide embalagem. Não use medicamento com o prazo de validade vencido. Guarde-o em sua embalagem original. LISON® é um comprimido revestido circular, biconvexo, liso, de coloração marrom.

**Antes de usar, observe o aspecto do medicamento. Caso ele esteja no prazo de validade e você observe alguma mudança no aspecto, consulte o farmacêutico para saber se poderá utilizá-lo. Todo medicamento deve ser mantido fora do alcance das crianças.**

## 6. COMO DEVO USAR ESTE MEDICAMENTO?

O tratamento deve ser iniciado com 2 comprimidos, 3 vezes ao dia. Para a dose de manutenção deve ser administrado 1 comprimido, 3 vezes ao dia.

Este medicamento não deve ser partido ou mastigado. Siga corretamente o modo de usar. Em caso de dúvidas sobre este medicamento, procure orientação do farmacêutico. Não desaparecendo os sintomas, procure orientação de seu médico ou cirurgião-dentista.

## 7. O QUE DEVO FAZER QUANDO EU ME ESQUECER DE USAR ESTE MEDICAMENTO?

**Em caso de dúvidas, procure orientação do farmacêutico ou de seu médico, ou cirurgião-dentista**

## 8. QUAIS OS MALES QUE ESTE MEDICAMENTO PODE ME CAUSAR?

Ocasionalmente, o uso de *Silybum marianum* (L.) Gaertn. pode provocar um leve efeito laxativo. **Informe ao seu médico, cirurgião-dentista ou farmacêutico o aparecimento de reações indesejáveis pelo uso do medicamento. Informe também à empresa através do seu serviço de atendimento.**

## 9. O QUE FAZER SE ALGUÉM USAR UMA QUANTIDADE MAIOR DO QUE A INDICADA DESTE MEDICAMENTO?

Orienta-se suspender o uso e procurar orientação médica, caso sejam ingeridas doses altas.

**Em caso de uso de grande quantidade deste medicamento, procure rapidamente socorro médico e leve a embalagem ou bula do medicamento, se possível. Ligue para 0800 722 6001, se você precisar de mais orientações.**

**SIGA CORRETAMENTE O MODO DE USAR, NÃO DESAPARECENDO OS SINTOMAS, PROCURE ORIENTAÇÃO MÉDICA.**

### III – DIZERES LEGAIS

Reg. MS.: 1.1560.0176
Farm. Resp.: Dra. Michele Caldeira Landim CRF/GO: 5122
**Fabricado por: CIFARMA – Científica Farmacêutica Ltda.**
Av. das Indústrias, 3651 – Bicas CEP: 33040-130 – Santa Luzia/MG
CNPJ: 17.562.075/0003-20
Indústria Brasileira

**Registrado por:** CIFARMA – Científica Farmacêutica Ltda.
Rod. BR 153 km 5,5
Jardim Guanabara CEP: 74675-090 – Goiânia/GO
CNPJ: 17.562.075/0001-69
Indústria Brasileira

---

# LIVTÓS

Nomenclatura botânica oficial: *Mikania glomerata*
Nomenclatura popular: Guaco
Família: *Asteraceae*
Parte usada: folhas

### APRESENTAÇÃO:
Forma farmacêutica: Xarope (0,08 mL/mL)
Frasco plástico âmbar de 100 mL com copo dosador

### USO ORAL
### USO ADULTO E PEDIÁTRICO ACIMA DE 2 ANOS DE IDADE

### COMPOSIÇÃO
Cada 1 mL do xarope contém:
Extrato fluido de *Mikania glomerata* ...................0,08 mL*
Excipientes: (água deionizada, sacarose e metilparabeno) q.s.p. ............................................................... 1,0 mL
*Corresponde a 0,0576 mg/mL (0,00576%) de cumarina.

### INFORMAÇÕES AO PACIENTE
### 1. PARA QUE ESTE MEDICAMENTO É INDICADO?
Este medicamento é destinado ao tratamento de doenças do trato respiratório. Atua como broncodilatador e expectorante, auxiliando na expulsão das secreções presentes nas vias aéreas.

### 2. COMO ESTE MEDICAMENTO FUNCIONA?
Este medicamento tem como componente principal a cumarina, à qual é atribuído o efeito de dilatação dos brônquios e de auxiliar na eliminação das secreções brônquicas em caso de obstrução das vias aéreas.

### 3. QUANDO NÃO DEVO USAR ESTE MEDICAMENTO?
Este medicamento é contraindicado para pacientes com histórico de hipersensibilidade e alergia a qualquer um dos componentes da fórmula. Este medicamento não deve ser utilizado por pacientes com distúrbios de coagulação sanguínea ou doenças crônicas do fígado.

**Este medicamento é contraindicado para menores de 2 anos.**
**Este medicamento não deve ser utilizado por mulheres grávidas sem orientação médica ou do cirurgião-dentista.**

### 4. O QUE DEVO SABER ANTES DE USAR ESTE MEDICAMENTO?
O uso deste medicamento não é recomendado para pacientes que tenham distúrbios de coagulação sanguínea ou doenças crônicas do fígado. Este medicamento não deve ser utilizado simultaneamente com anticoagulantes (por exemplo, varfarina), pois pode potencializar o efeito dos anticoagulantes.

Não é recomendado o uso deste medicamento por período maior do que 7 (sete) dias.

**Atenção diabéticos: Este medicamento contém AÇÚCAR.**

**Informe ao seu médico ou cirurgião-dentista se você está fazendo uso de algum outro medicamento.**

### 5. ONDE, COMO E POR QUANTO TEMPO POSSO GUARDAR ESTE MEDICAMENTO?
Conservar em temperatura ambiente (entre 15 e 30°C). Proteger da luz e umidade. Nessas condições, o medicamento se manterá próprio para o consumo.

**Número de lote e datas de fabricação e validade: vide embalagem. Não use o medicamento com prazo de validade vencido. Guarde-o em sua embalagem original. Depois de aberto, este medicamento pode ser utilizado em 10 dias,**

O medicamento tem aspecto límpido e xaroposo, sabor doce e característico a guaco, odor característico e cor amarelada.

**Antes de usar, observe o aspecto do medicamento. Caso ele esteja no prazo de validade e você observe alguma mudança no aspecto, consulte o farmacêutico para saber se poderá utilizá-lo.**

**Todo medicamento deve ser mantido fora do alcance das crianças.**

### 6. COMO DEVO USAR ESTE MEDICAMENTO?
Este medicamento deve ser administrado pela via oral, utilizando copo dosador, conforme faixa etária.

Crianças de 2 a 5 anos de idade: Tomar ½ (meio) copo dosador, o equivalente a 5 mL, 2 vezes ao dia.

Crianças de 5 a 11 anos de idade: Tomar ½ (meio) copo dosador, o equivalente a 5 mL, 3 vezes ao dia.

Crianças a partir de 12 anos de idade e adultos: Tomar 1 (um) copo dosador, o equivalente a 10 mL, 3 vezes ao dia. Caso os sintomas não desapareçam em 7 (sete) dias, procure seu médico.

As orientações e recomendações previstas na bula estão relacionadas à via de administração indicada (via oral). O uso por outras vias pode envolver risco e devem estar sob a responsabilidade do prescritor. Pacientes idosos ou debilitados podem requerer doses inferiores as dos outros adultos. Nesses casos, o médico deverá ser consultado.

**Siga corretamente o modo de usar. Em caso de dúvidas sobre este medicamento, procure orientação do farmacêutico. Não desaparecendo os sintomas, procure orientação de seu médico ou cirurgião-dentista.**

### 7. O QUE DEVO FAZER QUANDO EU ME ESQUECER DE USAR ESTE MEDICAMENTO?

Caso você esqueça de tomar a dose no horário estabelecido, tome-a assim que lembrar. Entretanto, se já estiver perto do horário de tomar a próxima dose, pule a dose esquecida e tome a próxima dose, continuando normalmente o esquema de doses recomendado pelo seu médico.

**Em caso de dúvidas, procure orientação do farmacêutico ou de seu médico, ou cirurgião-dentista.**

### 8. QUAIS OS MALES QUE ESTE MEDICAMENTO PODE ME CAUSAR?

Nas doses recomendadas, no período de tratamento recomendado, este medicamento é bem tolerado, não usualmente apresentando reações indesejadas.

**Informe ao seu médico, cirurgião-dentista ou farmacêutico o aparecimento de reações indesejáveis pelo uso do medicamento. Informe também à empresa através do seu serviço de atendimento.**

### 9. O QUE FAZER SE ALGUÉM USAR UMA QUANTIDADE MAIOR DE QUE A INDICADA DESTE MEDICAMENTO?

A ingestão de altas doses de extratos de guaco pode ocasionar aumento da frequência dos batimentos cardíacos, vômitos e quadros diarreicos, que desaparecem com a descontinuação da terapia.

Nesses casos, suspender o uso e procurar orientação médica de imediato para que sejam adotadas as medidas habituais de apoio e controle das funções vitais.

**Em caso de uso de grande quantidade deste medicamento, procure rapidamente socorro médico e leve a embalagem ou bula do medicamento, se possível.**

**Ligue para 0800 722 6001, se você precisar de mais orientações.**

### DIZERES LEGAIS
VIDORA FARMACÊUTICA LTDA.
Rua Alberto Rangel, 823 – Porto Alegre – RS
CNPJ: 92.762.277/0001-70
M.S. n 1.0473.0039.001-9
Farm. Resp.: Daniel P. Lewgoy CRF-RS n 6583
INDÚSTRIA BRASILEIRA

# M

## MARACUGINA® PI
Maracujá, Passiflora – *Passiflora incarnata* L.

### PRODUTO TRADICIONAL FITOTERÁPICO

MARACUGINA® PI
**Nomenclatura popular:** Maracujá, Passiflora.
**Nomenclatura botânica completa:** *Passiflora incarnata* L.
**Família:** Passifloraceae.
**Parte da planta utilizada:** Partes aéreas.
Produto registrado com base no uso tradicional, não sendo recomendado seu uso por período prolongado.

### INFORMAÇÕES QUANTO ÀS APRESENTAÇÕES E COMPOSIÇÃO

Forma farmacêutica: comprimido revestido. Cada comprimido revestido contém 260mg de extrato seco de *Passiflora incarnata* L. que correspondem a 9,1mg de flavonoides totais calculados como vitexina.

Apresentações: cartucho contendo 2 blísters de alumínio plástico incolor com 10 comprimidos revestidos cada.

### VIA DE ADMINISTRAÇÃO: ORAL USO ADULTO COMPOSIÇÃO

Cada comprimido revestido contém:
Extrato seco de *Passiflora incarnata* L. ....................260mg
(padronizado em 3,5% de flavonoides totais calculado como vitexina).
Equivalente a 9,1mg de flavonoides totais calculado como vitexina/comprimido revestido.
Excipiente* q.s.p. .........................1 comprimido revestido
(*croscarmelose sódica, celulose microcristalina, dióxido de silício, lactose, povidona, acetato de vinila, estearato de magnésio, hipromelose, etilcelulose, trietilcitrato, dióxido de titânio, azul brilhante laca de alumínio, amarelo crepúsculo laca de alumínio, água purificada, álcool etílico).

### INFORMAÇÕES AO PACIENTE:
### 1. PARA QUE ESTE PRODUTO É INDICADO?
Este produto é indicado para o tratamento da ansiedade leve, como estados de irritabilidade, agitação nervosa, tratamento de insônia e desordens da ansiedade.

### 2. COMO ESTE PRODUTO FUNCIONA?
Atua no sistema nervoso central, produzindo efeito sedativo e prolongando o período de sono.

### 3. QUANDO NÃO DEVO USAR ESTE PRODUTO?
Pacientes com histórico de hipersensibilidade e alergia a qualquer um dos componentes da fórmula não devem fazer uso deste produto.

Este produto não deve ser utilizado junto a bebidas alcoólicas. Também não deve ser associado a outros medicamentos com efeito sedativo, hipnótico e anti-histamínico.

**Mulheres grávidas ou amamentando não devem utilizar este produto, já que não há estudos que possam garantir a segurança nessas situações.**

**Este produto é contraindicado para uso por pacientes com histórico de hipersensibilidade e alergia a qualquer um dos componentes da fórmula.**

**Este produto é contraindicado para menores de 12 anos.**

### 4. O QUE DEVO SABER ANTES DE USAR ESTE PRODUTO?

Em casos de hipersensibilidade ao produto, recomenda-se descontinuar o uso e consultar o médico.

Não ingerir doses maiores do que as recomendadas.

Este produto não deverá ser utilizado junto a bebidas alcoólicas, face à potencialização dos seus efeitos.

Crianças menores de 12 anos não devem usar este produto sem orientação médica.

**Pode ocorrer sonolência durante o tratamento. Nesse caso o paciente não deverá dirigir veículos ou operar máquinas, já que a habilidade e atenção podem ficar reduzidas.** Este produto potencializa os efeitos sedativos do pentobarbital e hexobarbital, aumentando o tempo de sono de pacientes.

Há indícios de que as cumarinas presentes na espécie vegetal apresentam ação anticoagulante potencial e possivelmente interagem com varfarina, porém não há estudos conclusivos a respeito.

O uso deste produto junto a drogas inibidoras da monoaminooxidase (isocarboxazida, fenelzina e tranilcipromina) pode provocar efeito aditivo. Caso os sintomas persistam ou piorem, ou apareçam reações indesejadas não descritas na embalagem ou no folheto informativo, interrompa seu uso e procure orientação do profissional de saúde.

Se você utiliza medicamentos de uso contínuo, busque orientação de profissional de saúde antes de utilizar este produto.

Este produto não deve ser utilizado por período superior ao indicado, ou continuamente, a não ser por orientação de profissionais de saúde.

Informe ao seu profissional de saúde todas as plantas medicinais e fitoterápicos que estiver tomando. Interações podem ocorrer entre produtos e plantas medicinais e mesmo entre duas plantas medicinais quando administradas ao mesmo tempo.

Atenção: este produto contém os corantes azul brilhante laca de alumínio e amarelo crepúsculo laca de alumínio que podem, eventualmente, causar reações alérgicas.

### 5. ONDE, COMO E POR QUANTO TEMPO POSSO GUARDAR ESTE PRODUTO?

Conservar o produto em sua embalagem original, protegendo da luz e umidade. Manter em temperatura ambiente (entre 15 e 30°C). Nessas condições, o produto se manterá próprio para o consumo, respeitando o prazo de validade de 24 meses a partir da data de fabricação.

**Número de lote e datas de fabricação e validade: vide embalagem.**

**Não use produto com o prazo de validade vencido.**

**Para sua segurança, guarde o produto na embalagem original.**

**Antes de usar, observe o aspecto do produto. Caso ele esteja no prazo de validade e você observe alguma mudança no aspecto, consulte o farmacêutico para saber se poderá utilizá-lo.**

**Este produto deve ser mantido fora do alcance das crianças.**

Maracugina® PI apresenta-se como comprimido revestido, formato circular e na cor amarelo-limão.

### 6. COMO DEVO USAR ESTE PRODUTO?
### USO ORAL/USO INTERNO

Ingerir 2 comprimidos revestidos, 2 vezes ao dia (a dose diária é de 36,4 mg de flavonoides totais calculados como vitexina).

O uso contínuo deste produto não deve ultrapassar três meses.

Os produtos tradicionais fitoterápicos não devem ser administrados pelas vias injetável e oftálmica.

**Este produto não deve ser partido, aberto ou mastigado.**

### 7. O QUE DEVO FAZER QUANDO EU ME ESQUECER DE USAR ESTE PRODUTO?

Caso haja esquecimento da ingestão de uma dose deste produto, retome a posologia prescrita sem a necessidade de suplementação.

**Em caso de dúvidas, procure orientação de profissional de saúde.**

### 8. QUAIS OS MALES QUE ESTE PRODUTO PODE ME CAUSAR?

A frequência de ocorrência dos efeitos indesejáveis não é conhecida.

Nas doses recomendadas não são conhecidos efeitos adversos ao produto.

Raramente podem ocorrer reações adversas como náuseas, vômitos, dor de cabeça e taquicardia.

Doses excessivas poderão provocar sedação prolongada e estados de sonolência.

Informe ao seu profissional de saúde o aparecimento de reações indesejáveis pelo uso do produto. Informe também à empresa através do seu Serviço de Atendimento ao Consumidor (SAC).

**Em casos de eventos adversos, notifique ao Sistema de Notificações em Vigilância Sanitária – Notivisa, disponível em www.anvisa.gov.br/hotsite/notivisa/index.htm ou para a Vigilância Sanitária Estadual ou Municipal.**

### 9. O QUE FAZER SE ALGUÉM USAR UMA QUANTIDADE MAIOR DO QUE A INDICADA DESTE PRODUTO?

Alguns dos sintomas de superdosagem são: sedação, diminuição da atenção e dos reflexos. Em caso de superdosagem, suspender o uso e procurar orientação médica de imediato.

**Em caso de uso de grande quantidade deste produto, procure rapidamente socorro médico e leve a embalagem ou folheto informativo, se possível.**

**Em caso de intoxicação ligue 0800 722 6001, se você precisar de mais orientações sobre como proceder.**

### DIZERES LEGAIS

Reg. M.S. nº 1.7817.0850

Farm. Resp.: Luciana Lopes da Costa CRF-GO nº 2.757

Siga corretamente o modo de usar, não desaparecendo os sintomas procure orientação médica.

**Registrado por:** Cosmed Indústria de Cosméticos e Medicamentos S. A.

Avenida Ceci, nº 282, Módulo I – Tamboré Barueri – SP – CEP 06460-120
C.N.P.J.: 61.082.426/0002-07
Indústria Brasileira
**Fabricado por: Natulab Laboratório S. A.**
Rua H, nº 2, Galpão III – Urbis II, Santo Antônio de Jesus – BA
CEP 44.574-150

_____

# MARACUGINA® PI SOLUÇÃO
Maracujá, Passiflora – *Passiflora incarnata* L.

**PRODUTO TRADICIONAL FITOTERÁPICO**

MARACUGINA® PI
**Nomenclatura popular:** Maracujá, Passiflora.
**Nomenclatura botânica completa:** *Passiflora incarnata* L.
**Família:** Passifloraceae.
**Parte da planta utilizada:** partes aéreas.
Produto registrado com base no uso tradicional, não sendo recomendado seu uso por período prolongado.

**INFORMAÇÕES QUANTO ÀS APRESENTAÇÕES E COMPOSIÇÃO**
**Forma farmacêutica:** solução.
Cada mL da solução contém 90mg do extrato seco de *Passiflora incarnata* L. que correspondem a 2,7mg de flavonoides totais calculados como vitexina.
Apresentações: Frasco contendo 100mL acompanhado com copo dosador.

**VIA DE ADMINISTRAÇÃO: ORAL USO ADULTO COMPOSIÇÃO**
Cada mL da solução contém:
Extrato seco de *Passiflora incarnata* L. ...................... 90mg
(padronizado em 3% de flavonoides totais calculados como vitexina). Equivalente a 2,7mg de flavonoides totais calculados como vitexina/mL.
veículo* q.s.p. ................................................................ 1mL
*(polissorbato 80, álcool etílico, sorbato de potássio, glicerol, sacarina sódica, aroma de maracujá, dextrina e água purificada).
Cada mL da solução contém 0,35% de álcool etílico.

**INFORMAÇÕES AO PACIENTE:**
**1. PARA QUE ESTE PRODUTO É INDICADO?**
Este produto é indicado para o tratamento da ansiedade leve, como estados de irritabilidade, agitação nervosa, tratamento de insônia e desordens da ansiedade.

**2. COMO ESTE PRODUTO FUNCIONA?**
Atua no sistema nervoso central, produzindo efeito sedativo e prolongando o período de sono.

**3. QUANDO NÃO DEVO USAR ESTE PRODUTO?**
Pacientes com histórico de hipersensibilidade e alergia a qualquer um dos componentes da fórmula não devem fazer uso deste produto. Este produto não deve ser utilizado junto a bebidas alcoólicas. Também não deve ser associado a outros medicamentos com efeito sedativo, hipnótico e anti-histamínico.
**Mulheres grávidas ou amamentando não devem utilizar este produto, já que não há estudos que possam garantir a segurança nessas situações.**
**Este produto é contraindicado para uso por pacientes com histórico de hipersensibilidade e alergia a qualquer um dos componentes da fórmula.**
**Este produto é contraindicado para menores de 12 anos.**

**4. O QUE DEVO SABER ANTES DE USAR ESTE PRODUTO?**
Em casos de hipersensibilidade ao produto, recomenda-se descontinuar o uso e consultar o médico.
Não ingerir doses maiores do que as recomendadas.
Este produto não deverá ser utilizado junto a bebidas alcoólicas, face à potencialização dos seus efeitos.
Crianças menores de 12 anos não devem usar este produto sem orientação médica.
**Pode ocorrer sonolência durante o tratamento. Nesse caso, o paciente não deverá dirigir veículos ou operar máquinas, já que a habilidade e atenção podem ficar reduzidas.** Este produto potencializa os efeitos sedativos do pentobarbital e hexobarbital, aumentando o tempo de sono de pacientes.
Há indícios de que as cumarinas presentes na espécie vegetal apresentam ação anticoagulante potencial e possivelmente interagem com varfarina, porém não há estudos conclusivos a respeito.
O uso deste produto junto a drogas inibidoras da monoamino oxidase (isocarboxazida, fenelzina e tranilcipromina) pode provocar efeito aditivo.
Caso os sintomas persistam ou piorem, ou apareçam reações indesejadas não descritas na embalagem ou no folheto

informativo, interrompa seu uso e procure orientação do profissional de saúde.

Se você utiliza medicamentos de uso contínuo, busque orientação de profissional de saúde antes de utilizar este produto.

Este produto não deve ser utilizado por período superior ao indicado, ou continuamente, a não ser por orientação de profissionais de saúde.

Informe ao seu profissional de saúde todas as plantas medicinais e fitoterápicos que estiver tomando. Interações podem ocorrer entre produtos e plantas medicinais e mesmo entre duas plantas medicinais quando administradas ao mesmo tempo.

**Este produto contém álcool no teor de 0,35%.**

### 5. ONDE, COMO E POR QUANTO TEMPO POSSO GUARDAR ESTE PRODUTO?

Conservar o produto em sua embalagem original, protegendo da luz e umidade. Manter em temperatura ambiente (entre 15 e 30°C). Nessas condições, o produto se manterá próprio para o consumo, respeitando o prazo de validade de 24 meses a partir da data de fabricação.

**Número de lote e datas de fabricação e validade: vide embalagem.**

**Não use produto com o prazo de validade vencido.**

**Para sua segurança, guarde o produto na embalagem original.**

Antes de usar, observe o aspecto do produto. Caso ele esteja no prazo de validade e você observe alguma mudança no aspecto, consulte o farmacêutico para saber se poderá utilizá-lo.

**Este produto deve ser mantido fora do alcance das crianças.**

Maracugina® PI apresenta-se como líquido viscoso, castanho escuro, odor maracujá.

### 6. COMO DEVO USAR ESTE PRODUTO?
### USO ORAL/USO INTERNO

Solução – Frasco plástico âmbar de 100mL acompanhado de copo dosador

Ingerir 5mL da solução, 4 vezes ao dia. Equivalente a 54mg de flavonoides totais calculados como vitexina.

O uso contínuo deste produto não deve ultrapassar três meses.

Os produtos tradicionais fitoterápicos não devem ser administrados pelas vias injetável e oftálmica.

### 7. O QUE DEVO FAZER QUANDO EU ME ESQUECER DE USAR ESTE PRODUTO?

Caso haja esquecimento da ingestão de uma dose deste produto, retome a posologia prescrita sem a necessidade de suplementação. **Em caso de dúvidas, procure orientação de profissional de saúde.**

### 8. QUAIS OS MALES QUE ESTE PRODUTO PODE ME CAUSAR?

A frequência de ocorrência dos efeitos indesejáveis não é conhecida.

Nas doses recomendadas não são conhecidos efeitos adversos ao produto.

Raramente podem ocorrer reações adversas como náuseas, vômitos, dor de cabeça e taquicardia.

Doses excessivas poderão provocar sedação prolongada e estados de sonolência.

Informe ao seu profissional de saúde o aparecimento de reações indesejáveis pelo uso do produto. Informe também à empresa através do seu Serviço de Atendimento ao Consumidor (SAC).

**Em casos de eventos adversos, notifique ao Sistema de Notificações em Vigilância Sanitária – Notivisa, disponível em www.anvisa.gov.br/hotsite/notivisa/index.htm ou para a Vigilância Sanitária Estadual ou Municipal.**

### 9. O QUE FAZER SE ALGUÉM USAR UMA QUANTIDADE MAIOR DO QUE A INDICADA DESTE PRODUTO? Alguns dos sintomas de superdosagem são: sedação, diminuição da atenção e dos reflexos.

Em caso de superdosagem, suspender o uso e procurar orientação médica de imediato.

**Em caso de uso de grande quantidade deste produto, procure rapidamente socorro médico e leve a embalagem ou folheto informativo, se possível.**

**Em caso de intoxicação ligue 0800 722 6001, se você precisar de mais orientações sobre como proceder.**

### DIZERES LEGAIS

Reg. M.S. nº 1.7817.0850

Farm. Resp.: Luciana Lopes da Costa CRF-GO nº 2.757

**Registrado por:** Cosmed Indústria de Cosméticos e Medicamentos S. A.

Avenida Ceci, nº 282, Módulo I – Tamboré Barueri – SP – CEP 06460-120

C.N.P.J.: 61.082.426/0002-07

Indústria Brasileira

**Fabricado por: Natulab Laboratório S. A.**
Rua H, nº 2, Galpão III – Urbis II, Santo Antônio de Jesus – BA
CEP 44.574-150

---

# MARACUJÁ CONCENTRIX®
*Passiflora incarnata* L. + *Crataegus oxyacantha* L.+ *Salix alba* L.

| IDENTIFICAÇÃO DO MEDICAMENTO |||
|---|---|---|
| Maracujá Concentrix® |||
| Nomenclatura botânica e parte da planta utilizada: |||
| **Matéria-prima vegetal:** *Passiflora incarnata* L | *Crataegus oxyacantha* L. | *Salix alba* L |
| **Família:** Passifloráceae | Rosáceae | Salicilaceae |
| **Parte usada:** Partes aéreas | Partes aéreas | Casca |
| **Nome popular:** Maracujá | Espinheiro | Salgueiro |

## APRESENTAÇÃO
Solução oral.
Caixa contendo 1 frasco com 100 ml

## USO ORAL
## USO ADULTO E PEDIÁTRICO

## COMPOSIÇÃO
Cada 5 mL da solução oral contém:
extrato fluido de *Passiflora incarnata* L. ................... 0,5 ml
(contendo 0,36-0,44% de flavonoides)
alcoolato de *Crataegus oxyacantha* L. ...................... 0,35 ml
(contendo 0,007% de flavonoides)
extrato mole de *Salix alba* L. .................................... 250 mg
(contendo 1,4% de salicina)
veículo* q.s.p. ............................................................. 5 ml
\* sorbitol, glicerol, álcool etílico, corante amarelo, metilparabeno, propilparabeno, sacarina sódica, água purificada.
Graduação alcoólica do produto final: mínimo 12,24 % e máximo 16,00 %.

## INFORMAÇÕES AO PACIENTE
### 1. PARA QUE ESTE MEDICAMENTO É INDICADO?
**Maracujá Concentrix®** é destinado ao tratamento de ansiedade e insônia.

### 2. COMO ESTE MEDICAMENTO FUNCIONA?
A ação de **Maracujá Concentrix®** deve-se a combinação de três fitoterápicos já tradicionalmente conhecidos: *Passiflora incarnata* L. (Maracujá), *Crataegus oxyacantha* L. (Espinheiro) e *Salix alba* L. (Salgueiro), o que lhe confere ação sedativa e reguladora do sistema nervoso.

### 3. QUANDO NÃO DEVO USAR ESTE MEDICAMENTO?
**Maracujá Concentrix®** é contraindicado a pacientes com alergia aos componentes de sua fórmula.
Informe seu médico sobre qualquer medicamento que esteja usando, antes do início, ou durante o tratamento. Durante o tratamento o paciente não deve dirigir veículos ou operar máquinas, pois sua habilidade e atenção podem estar prejudicadas.
**Gravidez e lactação**: Não deve ser usado durante a gravidez e lactação sem supervisão médica. Pois não há dados disponíveis que assegurem o uso nessa situação.
Informe seu médico a ocorrência de gravidez na vigência do tratamento ou após o seu término. Informar ao médico se está amamentando.
**Este medicamento não deve ser utilizado por mulheres grávidas sem orientação médica ou do cirurgião-dentista.**

### 4. O QUE DEVO SABER ANTES DE USAR ESTE MEDICAMENTO?
Hipersensibilidade ao látex (reação cruzada com *Passiflora incarnata* L.).
Não há referência na literatura consultada quanto à hipersensibilidade a *Salix alba* L. em pacientes com alergia ao ácido acetilsalicílico.
**Pacientes idosos**: Não consta na literatura relatos sobre advertências ou recomendações do uso adequado por pacientes idosos.
**Gravidez e lactação**: Informe seu médico a ocorrência de gravidez na vigência do tratamento ou após o seu término. Informar ao médico se está amamentando.
**Este medicamento não deve ser utilizado por mulheres grávidas sem orientação médica ou do cirurgião-dentista. Interações medicamento-medicamento**: Poderá haver interação medicamentosa com drogas cardiovasculares devido à ação da *Crataegus oxyacantha* L., que é incompatível com o uso de digitálicos. Devido a presença do *Salix alba* L., deve-se evitar a prescrição para pacientes em tratamento com derivados de ácido acetilsalicílico ou anticoagulantes.
Doses excessivas de *Passiflora incarnata* L. podem potencializar os efeitos dos inibidores da MAO. O uso de outros medicamentos com ação sedativa deve ser submetido à orientação médica.

**Interações medicamento-substância química**: Deve-se evitar o uso de bebidas alcoólicas durante o tratamento com **Maracujá Concentrix®**.

Durante o tratamento o paciente não deve dirigir veículos ou operar máquinas, pois sua habilidade e atenção podem estar prejudicadas.

**Informe ao seu médico ou cirurgião-dentista se você está fazendo uso de algum outro medicamento. Não use medicamento sem o conhecimento do seu médico. Pode ser perigoso para sua saúde.**

### 5. ONDE, COMO E POR QUANTO TEMPO POSSO GUARDAR ESTE MEDICAMENTO?

Manter à temperatura ambiente (15°C a 30°C). Proteger da luz e manter em lugar seco.

**Número de lote e datas de fabricação e validade: vide embalagem.**

**Não use medicamento com o prazo de validade vencido. Guarde-o em sua embalagem original.** Maracujá Concentrix® é uma solução límpida, na cor caramelo, com sabor e odor característico.

**Antes de usar, observe o aspecto do medicamento. Caso ele esteja no prazo de validade e você observe alguma mudança no aspecto, consulte o farmacêutico para saber se poderá utilizá-lo.**

**Todo medicamento deve ser mantido fora do alcance das crianças.**

### 6. COMO DEVO USAR ESTE MEDICAMENTO?

**Lactentes**: ½ colher (2,5 ml), 1 ou 2 vezes ao dia;
**Crianças de 2 a 5 anos**: 1 colher (5 ml), 1 ou 2 vezes ao dia;
**Crianças maiores de 5 anos**: 2 colheres (10 ml), 1 ou 2 vezes ao dia;
**Adultos**: 3 a 4 colheres (15 a 20 ml), 1 ou 2 vezes ao dia.

Siga a orientação de seu médico, respeitando sempre os horários, as doses e a duração do tratamento. Não interrompa o tratamento sem o conhecimento do seu médico.

### 7. O QUE DEVO FAZER QUANDO EU ME ESQUECER DE USAR ESTE MEDICAMENTO?

**Em caso de dúvidas, procure orientação do farmacêutico ou de seu médico, ou cirurgião-dentista.**

### 8. QUAIS OS MALES QUE ESTE MEDICAMENTO PODE ME CAUSAR?

**Informe ao seu médico, cirurgião-dentista ou farmacêutico o aparecimento de reações indesejáveis pelo uso do medicamento. Informe também à empresa através do Sistema de Atendimento.**

### 9. O QUE FAZER SE ALGUÉM USAR UMA QUANTIDADE MAIOR DO QUE A INDICADA DESTE MEDICAMENTO?

Nos casos de ingestão acidental, suspender o uso do medicamento, e proceder com lavagem gástrica e administração de eméticos.

**Em caso de uso de grande quantidade deste medicamento, procure rapidamente socorro médico e leve a embalagem ou bula do medicamento, se possível. Ligue para 08007226001, se você precisar mais orientações.**

### DIZERES LEGAIS

Reg. MS nº: 1.0583.0124
Farm. Resp.: Dra. Maria Geisa P. de Lima e Silva CRF – SP nº 8.082
**Registrado por:** GERMED FARMACÊUTICA LTDA
Rod. Jornalista F. A. Proença, km 08 Bairro Chácara Assay
Hortolândia – SP/CEP: 13186-901
CNPJ: 45.992.062/0001-65
Indústria Brasileira
**Fabricado por:** EMS S. A.
Hortolândia – SP
**Comercializado por:** LEGRAND PHARMA INDÚSTRIA FARMACÊUTICA LTDA
Hortolândia – SP

---

## MARACUJÁ HERBARIUM
*Passiflora incarnata* L., Passifloraceae

### MEDICAMENTO FITOTERÁPICO

### PARTE UTILIZADA
Partes aéreas.

### NOMENCLATURA POPULAR
Passiflora, flor da paixão, maracujá.

### APRESENTAÇÕES

Comprimidos revestidos – Extrato seco das partes aéreas de *Passiflora incarnata* 320 mg – Embalagem com 30 e 45 comprimidos.

### VIA ORAL USO ADULTO COMPOSIÇÃO

Cada comprimido contém:
extrato seco de *Passiflora incarnata* ..................... 320 mg*;
excipientes q.s.p. ........................................... 1 comprimido.

(celulose microcristalina, talco, álcool polivinílico, estearato de magnésio, croscarmelose sódica, óxido de ferro amarelo, dióxido de silício, dióxido de titânio)

*equivalente a 8 mg de flavonoides totais calculados como vitexina.

## INFORMAÇÕES AO PACIENTE
## PARA QUE ESTE MEDICAMENTO É INDICADO?

Maracujá Herbarium é indicado para tratar estados de irritabilidade, agitação nervosa, insônia e desordens da ansiedade.

## COMO ESTE MEDICAMENTO FUNCIONA?

Maracujá Herbarium atua no sistema nervoso central produzindo efeito sedativo, prolongando o período de sono. Seu médico é a pessoa mais adequada para lhe dar maiores informações sobre o tratamento, siga sempre suas orientações. Não devem ser utilizadas doses superiores às recomendadas.

## QUANDO NÃO DEVO USAR ESTE MEDICAMENTO?

- Hipersensibilidade e alergia a qualquer um dos componentes da fórmula.
- Mulheres grávidas, ou em fase de amamentação, não deverão fazer uso deste medicamento sem orientação médica.
- Este medicamento não deve ser utilizado junto a bebidas alcoólicas. Também não deve ser associado a outros medicamentos com efeito sedativo, hipnótico e anti-histamínico.
- Crianças menores de 12 anos não devem usar este medicamento sem orientação médica.

## O QUE DEVO SABER ANTES DE USAR ESTE MEDICAMENTO?

### Precauções e advertências

- Em casos de hipersensibilidade ao produto, recomenda-se descontinuar o uso e consultar o médico.
- Não ingerir doses maiores do que as recomendadas.
- Este medicamento não deverá ser utilizado junto a bebidas alcoólicas, face à potencialização dos seus efeitos.
- Pode ocorrer sonolência durante o tratamento. Nesse caso o paciente não deverá dirigir veículos ou operar máquinas, já que a habilidade e atenção podem ficar reduzidas.
- De acordo com a categoria de risco de fármacos destinados às mulheres grávidas, este medicamento apresenta categoria de risco C. Este medicamento não deve ser utilizado por mulheres grávidas sem orientação médica ou do cirurgião-dentista.

### Interações medicamentosas

- Este medicamento potencializa os efeitos sedativos do pentobarbital e hexobarbital, aumentando o tempo de sono de pacientes.
- Há indícios de que as cumarinas presentes na espécie vegetal apresentam ação anticoagulante potencial e possivelmente interagem com varfarina, porém não há estudos conclusivos a respeito.
- O uso deste medicamento junto a drogas inibidoras da monoaminoxidase (isocarboxazida, fenelzina e tranilcipromina) pode provocar efeito aditivo.

**Informe seu médico ou cirurgião-dentista se você está fazendo uso de algum outro medicamento.**

## ONDE, COMO E POR QUANTO TEMPO POSSO GUARDAR ESTE MEDICAMENTO?

### Cuidados de conservação

Maracujá Herbarium deve ser conservado em temperatura ambiente (15 a 30ºC), em sua embalagem original.

Proteger da luz e da umidade.

Prazo de validade

24 meses após a data de fabricação impressa no cartucho.

**Número de lote e datas de fabricação e validade: vide embalagem.**

**Não use medicamento com o prazo de validade vencido. Guarde-o em sua embalagem original.**

### Características físicas

Comprimidos de cor amarelo queimado.

### Características organolépticas

Cheiro (odor) característico e praticamente não apresenta sabor.

**Antes de usar, observe o aspecto do medicamento. Caso ele esteja no prazo de validade e você observe alguma mudança no aspecto, consulte o farmacêutico para saber se poderá utilizá-lo.**

**Todo medicamento deve ser mantido fora do alcance das crianças.**

## COMO DEVO USAR ESTE MEDICAMENTO?

### Modo de usar

Os comprimidos devem ser ingeridos inteiros e com uma quantidade suficiente de água para que possam ser deglutidos.

### Posologia

Ingerir dois comprimidos, via oral, três vezes ao dia, de oito em oito horas.

O uso contínuo deste medicamento não deve ultrapassar três meses.

**Siga corretamente o modo de usar. Em caso de dúvidas sobre este medicamento, procure orientação do farmacêutico. Não desaparecendo os sintomas, procure orientação de seu médico ou cirurgião-dentista.**

**Este medicamento não deve ser partido, aberto ou mastigado.**

### O QUE DEVO FAZER QUANDO EU ME ESQUECER DE USAR ESTE MEDICAMENTO?

Caso haja esquecimento da ingestão de uma dose deste medicamento, retomar a posologia prescrita sem a necessidade de suplementação.

**Em caso de dúvidas, procure orientação do farmacêutico ou de seu médico, ou cirurgião-dentista.**

### QUAIS OS MALES QUE ESTE MEDICAMENTO PODE ME CAUSAR?

**Reações adversas**

Nas doses recomendadas não são conhecidos efeitos adversos ao medicamento. Raramente podem ocorrer reações adversas como náuseas, vômitos, dor de cabeça e taquicardia.

Doses excessivas poderão provocar sedação prolongada e estados de sonolência.

**Informe ao seu médico, cirurgião-dentista ou farmacêutico do aparecimento de reações indesejáveis pelo uso do medicamento.**

**Informe também à empresa através do seu Serviço de Atendimento.**

### O QUE FAZER SE ALGUÉM USAR UMA QUANTIDADE MAIOR DO QUE A INDICADA DESTE MEDICAMENTO?

Alguns dos sintomas de superdosagem são sedação, diminuição da atenção e dos reflexos.

Em caso de superdosagem, suspender o uso e procurar orientação médica de imediato.

**Em caso de uso de grande quantidade deste medicamento, procure rapidamente socorro médico e leve a embalagem ou bula do medicamento, se possível. Ligue para 0800 722 6001 se você precisar de mais orientações.**

**Siga corretamente o modo de usar, não desaparecendo os sintomas procure orientação médica.**

### DIZERES LEGAIS

MS: 1.1860.0025

Farmacêutica resp.: Gislaine B. Gutierrez CRF-PR nº 12423

**Fabricado e Distribuído por:**
HERBARIUM LABORATÓRIO BOTÂNICO S. A.
Av. Santos Dumont, 1100 • CEP 83403-500 Colombo – PR
CNPJ: 78.950.011/0001-20
Indústria Brasileira.

---

# MEGTOSS

Alcaçuz – *Glycyrrhiza glabra* L. 75mg/mL

### PRODUTO TRADICIONAL FITOTERÁPICO

**Nome científico:** *Glycyrrhiza glabra* L.
**Nome da família botânica:** Fabaceae
**Nomenclatura popular:** Alcaçuz
**Parte da planta utilizada:** Raízes

Produto registrado com base no uso tradicional, não sendo recomendado seu uso por período prolongado.

### APRESENTAÇÕES

Xarope. Cartucho com frasco plástico âmbar contendo 100 mL de xarope.

### COMPOSIÇÃO

Cada mL contém:
Extrato aquoso de *Glycyrrhiza glabra* L. ................. 75mg*
*equivalente a 2,25mg de ácido glicirrizínico.
Excipientes q.s.p. ............................................................ 1,0mL
(Excipientes: água deionizada, álcool etílico, corante caramelo, essência de mel, metilparabeno, propilparabeno e sacarose). Teor alcoólico de 0,80%

USO ORAL.
USO ADULTO.

### INFORMAÇÕES AO PACIENTE

**1. PARA QUÊ ESTE PRODUTO É INDICADO?**
Este medicamento atua como expectorante.

**2. COMO ESTE PRODUTO FUNCIONA?**
O MEGTOSS é utilizado como expectorante, acelera a secreção do muco, facilitando a eliminação de catarros.

**3. QUANDO NÃO DEVO USAR ESTE PRODUTO?**
Pacientes que apresentam hipertensão arterial, desordens cardíacas, renais ou hepáticas e diabetes não devem utilizar o produto. Não deve ser utilizado na lactação, em casos de glaucoma, hipertonia e hipocalemia.

Mulheres grávidas ou amamentando não devem utilizar este produto, já que não há estudos que possam garantir a segurança nessas situações.

Este produto é contraindicado para uso por pacientes com histórico de hipersensibilidade e alergia a qualquer um dos componentes da fórmula.

## 4. O QUE DEVO SABER ANTES DE USAR ESTE PRODUTO?

As reações adversas não têm sido associadas com o alcaçuz quando usado na dosagem e período de tratamento recomendado. Pode interferir com terapias hipoglicemiantes. A sua administração é incompatível com tratamentos anti-hipertensivos e corticoides, uma vez que a glicirrizina, o princípio ativo do alcaçuz, promove hipertensão e edema pela retenção de sódio. O uso concomitante do alcaçuz e corticosteroides promove potencialização dos efeitos, devido à prolongada meia-vida do cortisol. O alcaçuz potencializa a toxicidade dos glicosídeos cardíacos, como os digitálicos, devido à redução de potássio no sangue. Não deve ser utilizado também com drogas antiarrítmicas como a procainamida e quinidina. O seu uso juntamente com laxantes contendo cascara sagrada e óleo mineral aumenta a perda de potássio. Não deve ser utilizado simultaneamente com diuréticos tiazidas, diuréticos de alça ou em conjunto com espironolactona ou amilorida, poupadores de potássio, devido ao aumento da perda de potássio. Os efeitos dos inibidores da monoaminooxidase podem ser exacerbados quando utilizados com o alcaçuz.

**Atenção diabéticos: contém açúcar.**

Não utilize este produto por vias de administração que não a recomendada.

**Não há casos relatados que o uso deste produto interfira na capacidade de dirigir veículos e operar máquinas.**

Caso os sintomas persistam ou piorem, ou apareçam reações indesejadas não descritas na embalagem ou neste folheto informativo, interrompa seu uso e procure orientação de um profissional de saúde.

Se você utiliza medicamentos de uso contínuo, busque orientação de profissional de saúde antes de utilizar este produto.

Este produto não deve ser utilizado por período superior ao indicado, ou continuamente a não ser que por orientação de profissionais da saúde.

Informe ao seu profissional de saúde todas as plantas medicinais e fitoterápicos que estiver tomando. Interações podem ocorrer entre produtos e plantas medicinais e mesmo entre duas plantas medicinais quando administradas ao mesmo tempo.

Este produto contém álcool no teor de 0,80%.

## 5. ONDE, COMO E POR QUANTO TEMPO POSSO GUARDAR ESTE PRODUTO?

Conservar o produto em sua embalagem original, em temperatura ambiente (de 15 a 30°C). Proteger da luz e umidade.

Nessas condições, o produto se manterá próprio para o consumo, respeitando o prazo de validade de 36 meses a partir da data de fabricação.

**Número de lote e datas de fabricação e validade: vide embalagem. Não use com prazo de validade vencido. Para sua segurança guarde-o em sua embalagem original.**

Características físicas e organolépticas do produto: líquido límpido, cor caramelo, odor e sabor característico de mel e alcaçuz.

**Antes de usar, observe o aspecto do produto. Caso ele esteja no prazo de validade e você observe alguma mudança no aspecto, consulte o farmacêutico para saber se poderá utilizá-lo.**

**Este produto deve ser mantido fora do alcance das crianças.**

## 6. COMO DEVO USAR ESTE PRODUTO?

Os produtos tradicionais fitoterápicos não devem ser administrados pelas vias injetável e oftálmica.

**USO ORAL**

Adultos: ingerir uma colher de sopa (15mL), quatro vezes ao dia.

## 7. O QUE DEVO FAZER QUANDO EU ME ESQUECER DE USAR ESTE PRODUTO?

Caso se esqueça de administrar uma dose, administre-a assim que possível. No entanto, se estiver próximo do horário da dose seguinte, espere por este horário, respeitando sempre o intervalo determinado pela posologia. Nunca devem ser administradas duas doses ao mesmo tempo.

**Em caso de dúvidas, procure orientação de profissional de saúde.**

## 8. QUAIS OS MALES QUE ESTE PRODUTO PODE ME CAUSAR?

O uso prolongado ou ingestão de altas doses pode provocar desequilíbrio eletrolítico acompanhado por hipertensão arterial e edema, os quais desaparecem após a descontinuação do uso.

A frequência de ocorrência de efeitos indesejáveis não é conhecida.

Informe ao seu profissional de saúde o aparecimento de reações indesejáveis pelo uso do produto. Informe também à empresa através do seu Serviço de Atendimento ao Consumidor (SAC).

Em caso de eventos adversos, notifique o Sistema de Notificações em vigilância Sanitária – Notivisa, disponível em www.anvisa.gov.br/hotsite/notivisa, ou para a Vigilância Sanitária Estadual ou Municipal.

### 9. O QUE FAZER SE ALGUÉM USAR UMA QUANTIDADE MAIOR QUE A INDICADA DESTE PRODUTO?

A ingestão excessiva e prolongada do alcaçuz, mais de 4 semanas, resulta em sintomas como retenção de água, hipocalemia, hipertensão, distúrbios do ritmo cardíaco e encefalopatia hipertensiva.

Em caso de superdosagem procurar auxílio médico para que sejam tomadas as medidas habituais de apoio e controle das funções vitais.

Em caso de uso de grande quantidade deste produto, procure rapidamente socorro médico e leve a embalagem ou folheto informativo, se possível.

Em caso de intoxicação ligue para 0800 722 6001, se você precisa de mais orientações sobre como proceder.

"SIGA CORRETAMENTE O MODO DE USAR, NÃO DESAPARECENDO OS SINTOMAS PROCURE ORIENTAÇÃO MÉDICA."

### DIZERES LEGAIS

Reg. M.S.: 1.3531.0031.001-5
Farm. Resp.: Mariana Suso Salgado CRF RS 1 16951
IFAL – IND. COM. PROD. FARMACÊUTICOS LTDA
Av. José Loureiro da Silva, 1211 – Camaquã – RS
CNPJ: 00.376.959/0001-26
SAC: (51) 3671-5040
**INDÚSTRIA BRASILEIRA**

---

# MELAGRIÃO®
*Mikania glomerata* e Associações

### MEDICAMENTO FITOTERÁPICO

### Nomenclatura e parte da planta utilizada:
Acônito
*Aconitum napellus* L. – Ranunculaceae – raiz Agrião
*Nasturtium officinale* R. Brown – Cruciferae – planta inteira
Bálsamo de Tolú
*Myroxylon balsamum* (L.) Harms – Leguminosae – resina Guaco
*Mikania glomerata* Spreng. – Compositae – folha Ipecacuanha
*Cephaelis ipecacuanha* (Brot.) A. Rich. – Rubiaceae – raiz Polígala
*Polygala senega* L. – Polygalaceae – raiz

### Forma farmacêutica e apresentação:
Xarope – cartucho com frasco plástico âmbar x 150mL

**VIA ORAL**
**USO PEDIÁTRICO E ADULTO**

### Composição:
Cada mL do produto contém:
Alcoolatura de Agrião .................................0,04666 mL [a]
Ext. Fl. de Guaco........................................... 0,00830 mL [b]
Ext. Fl. de Polígala .......................................0,00830 mL [c]
Soluto Conc. de Bálsamo de Tolú ............. 0,00800 mL [d]
Ext. Fl. de Ipecacuanha ...............................0,00042 mL [e]
Ext. Fl. de Acônito ....................................... 0,00008 mL [g]
Excipientes: açúcar, mel, benzoato de sódio, metil-parabeno e água purificada.

### Concentração dos princípios ativos:
[a] equivalente a 14mcg de fenilpropanoides em ácido clorogênico (marcador)
[b] equivalente a 25mcg de cumarina (marcador)
[c] equivalente a 83mcg de saponinas em derivados do ácido oleanólico (marcador)
[d] equivalente a 32mcg de ácido cinâmico (marcador)
[e] equivalente a 4,2mcg de alcaloides em emetina (marcador)
[g] equivalente a 0,4mcg de alcaloides em aconitina (marcador)

### INFORMAÇÕES AO PACIENTE:
### Ação do medicamento
Melagrião® Xarope é um produto fitoterápico que associa a atividade expectorante da Polígala, do Guaco e da Ipeca com a atividade antitussígena do Acônito e também do Guaco. Possui ainda em sua composição o Agrião e o Bálsamo de Tolú que são modificadores das secreções, auxiliando na eliminação do catarro.

O tempo médio de início da ação do medicamento vai depender das condições de cada organismo.

**Indicações do medicamento**
Antitussígeno e expectorante, no tratamento das bronquites alérgicas e estados gripais com comprometimento das vias respiratórias, com tosse, tosse seca ou tosse produtiva.

**Riscos do medicamento**
O Melagrião® Xarope não deve ser usado por pacientes com hipersensibilidade conhecida aos componentes da fórmula. Não se recomenda o uso do Melagrião® Xarope em casos de úlceras gástricas e intestinais e na doença renal inflamatória.

Não recomendamos o uso de Melagrião® Xarope durante a gravidez e lactação, e também não por diabéticos devido a presença de açúcar na sua formulação.

**Interações medicamentosas**
Até o momento não são conhecidas interações medicamentosas do Melagrião® Xarope com outros medicamentos ou substâncias.

Este medicamento não deve ser utilizado por via de administração não recomendada.

Este medicamento não deve ser utilizado por mulheres grávidas sem orientação médica ou do cirurgião-dentista [Categoria C].

**Este medicamento não deve ser utilizado em crianças menores de 2 anos de idade.**

**Informe ao médico ou cirurgião-dentista o aparecimento de reações indesejáveis.**

**Informe ao seu médico ou cirurgião-dentista se você está fazendo uso de algum outro medicamento.**

**Modo de uso**
O Melagrião® Xarope apresenta-se como um líquido xaroposo, levemente turvo, de coloração amarela, levemente acastanhada e com odor melífero. Seu sabor é doce, melífero.

A posologia foi estabelecida da seguinte maneira:
Adultos: 1 colher das de sopa (15ml) de 3 em 3 horas.
Crianças de 7 a 12 anos: 1/2 colher das de sopa (7,5ml) de 3 em 3 horas.
Crianças de 3 a 6 anos: 1 colher das de chá (5ml) de 3 em 3 horas.
Crianças de 2 a 3 anos: 1/2 colher das de chá (2,5ml) de 3 em 3 horas.
O xarope deve ser ingerido por via oral.

**Atenção diabéticos: contém açúcar.**

**Siga corretamente o modo de usar. Não desaparecendo os sintomas, procure orientação médica ou de seu cirurgião-dentista.**

**Não use o medicamento com o prazo de validade vencido. Antes de usar observe o aspecto do medicamento.**

Para consulta do prazo de validade: vide cartucho.

**Reações adversas**
Estudos clínicos na dose usual não mostraram efeitos colaterais.

**Conduta em caso de superdosagem**
A administração de altas doses pode levar a distúrbios gástricos, vômitos ou diarreia.

Se ocorrer ingestão acidental do produto em doses excessivas, deve-se procurar orientação médica e deve ser considerado o esvaziamento gástrico logo após o acidente.

**Cuidados de conservação e uso**
Melagrião® Xarope deve ser guardado em sua embalagem original, à temperatura ambiente [15ºC a 30ºC].

**Todo medicamento deve ser mantido fora do alcance das crianças.**

## INFORMAÇÕES TÉCNICAS AOS PROFISSIONAIS DA SAÚDE:

Melagrião® Xarope é um fitoterápico eficaz com ações seletivas nas vias respiratórias. Os componentes fitoterápicos presentes no Melagrião® Xarope propiciam ações antitussígenas e anti-inflamatórias.

O Melagrião® Xarope atua nas terminações emético sensitivas da mucosa gástrica aumentando a fluidificação da secreção brônquica, responsável pela expectoração e descongestionamento das vias respiratórias. O mel presente na formulação é um coadjuvante, pois tem reconhecidas propriedades demulcentes, agindo como emoliente das vias respiratórias afetadas pela bronquite e suas manifestações.

**Resultados de eficácia:**
Até o momento não foram encontrados dados de percentagem de cura ou prevenção do produto no uso como antitussígeno e expectorante.

**Indicações**
Antitussígeno e expectorante, no tratamento das bronquites alérgicas e estados gripais com comprometimento das vias respiratórias, com tosse, tosse seca ou tosse produtiva.

**Contraindicações**
O Melagrião® Xarope não deve ser usado por pacientes com hipersensibilidade conhecida aos componentes da fórmula. Não se recomenda o uso do Melagrião® Xarope em casos de úlceras gástricas e intestinais e na doença renal inflamatória.

Modo de usar e cuidados de conservação depois de aberto
O xarope deve ser ingerido por via oral.
Melagrião® Xarope deve ser guardado em sua embalagem original, à temperatura ambiente [15ºC a 30ºC], evitando-se local quente.

### Posologia

A posologia foi estabelecida da seguinte maneira:
Adultos:1 colher das de sopa (15ml) de 3 em 3 horas.
Crianças de 7 a 12 anos: 1/2 colher das de sopa (7,5ml) de 3 em 3 horas.
Crianças de 3 a 6 anos: 1 colher das de chá (5ml) de 3 em 3 horas.
Crianças de 2 a 3 anos: 1/2 colher das de chá (2,5ml) de 3 em 3 horas.

### Advertências

Não recomendamos o uso do Melagrião® Xarope durante a gravidez e a lactação, e também não por diabéticos devido a presença de açúcar na sua formulação.

Categoria C: Este medicamento não deve ser utilizado por mulheres grávidas sem orientação médica ou do cirurgião-dentista.

Este medicamento só deve ser utilizado por via oral.

Uso em pacientes idosos, crianças e outros grupos de risco Melagrião® Xarope é bem tolerado por pacientes idosos e nas doses terapêuticas descritas na posologia, ainda não são conhecidas a intensidade e frequência das reações adversas ou efeitos colaterais relevantes.

Não deve ser utilizado durante a gravidez, lactação e para pacientes com hipersensibilidade à droga ou a seus componentes, e também não por diabéticos devido a presença de açúcar na sua formulação.

### Interações medicamentosas

Até o momento não são conhecidas interações medicamentosas do Melagrião® Xarope com outros medicamentos ou substâncias.

### Reações adversas

Estudos clínicos na dose usual não mostraram efeitos colaterais.

Superdose

Se ocorrer ingestão acidental do produto em doses excessivas, deve-se procurar orientação médica e deve ser considerado o esvaziamento gástrico logo após o acidente.

### Armazenagem

Melagrião® Xarope deve ser guardado em sua embalagem original, à temperatura ambiente [15ºC a 30ºC].

Número do lote, data de fabricação e prazo de validade: vide cartucho.

### DIZERES LEGAIS

M.S. 1.0066.0055.001-4
Farm. Resp.: T. Fujii CRF-SC Nº 947
Laboratório Catarinense S. A.
Rua Dr. João Colin, 1053 89204-001 – Joinville – SC
CNPJ: 84.684.620/0001-87
**Indústria Brasileira**
SAC 0800-474222
www.labcat.com.br
® = **marca registrada do Laboratório Catarinense S. A.**

---

# MELXI®
*Ananas comosus* L.

## MEDICAMENTO FITOTERÁPICO

### I – IDENTIFICAÇÃO DO MEDICAMENTO
NOMENCLATURA BOTÂNICA OFICIAL: *Ananas comosus* L.

### MEDICAMENTO FITOTERÁPICO

**Nome popular:** Abacaxi.
**Família:** Bromeliaceae.
**Parte da planta utilizada:** Fruto.
**Padronização/marcador:** Bromelina – contém o equivalente a 0,235 U/mL (Unidades de atividade proteolítica/mL) de bromelina.
**Derivado de droga vegetal:** Extrato.

### APRESENTAÇÃO

Suspensão oral: 0,66 g/mL de extrato de *Ananas comosus* acondicionado em embalagem frasco PET contendo 100mL, acompanhado de copo medida.

### USO ORAL
USO ADULTO E PEDIÁTRICO ACIMA DE 1 ANO.

### COMPOSIÇÃO

Suspensão oral: cada 1mL contém:
Extrato de *Ananas comosus*\* ........................ 0,66 g
Veículo q.s.p. .............................................. 1mL
(Metilparabeno, Propilparabeno, Mel de abelhas, Benzoato de sódio, Álcool etílico, Água de osmose reversa).
\*Equivalente a 0,235 U/mL (Unidades de atividade proteolítica/mL) de bromelina.

### II - INFORMAÇÕES AO PACIENTE:
### 1. PARA QUE ESTE MEDICAMENTO É INDICADO?

Melxi® atua na fluidificação de muco/catarro, agindo como expectorante nas vias aéreas superiores.

## 2. COMO ESTE MEDICAMENTO FUNCIONA?

Este medicamento contém extrato dos frutos de *Ananas comosus* (abacaxi) que atua na traqueia e nos brônquios contra o muco (catarro) fluidificando a secreção produzida.

## 3. QUANDO NÃO DEVO USAR ESTE MEDICAMENTO?

Quando apresentar hipersensibilidade a qualquer um dos componentes da fórmula e/ou quando apresentar hipersensibilidade à enzima bromelina.

Este medicamento é contraindicado para uso por pacientes diabéticos.

**NÃO USE MEDICAMENTO SEM O CONHECIMENTO DO SEU MÉDICO.**

**PODE SER PERIGOSO PARA A SUA SAÚDE.**

Este medicamento é contraindicado para crianças menores de 1ano de vida.

Este medicamento não deve ser utilizado por mulheres grávidas sem orientação médica ou do cirurgião-dentista.

Crianças com hipersensibilidade ou alergia ao abacaxi ou à bromelina não devem fazer uso deste produto.

**Atenção diabéticos: contém açúcar.**

## 4. O QUE DEVO SABER ANTES DE USAR ESTE MEDICAMENTO?

Medicamento registrado com base no uso tradicional, não sendo recomendado seu uso por um período de tempo prolongado.

**Atenção diabéticos: contém açúcar.**

**Gravidez e lactação:** Este medicamento não deve ser utilizado por mulheres grávidas sem orientação médica ou do cirurgião-dentista. Risco na gravidez B.

**Crianças:** recomendamos o uso a partir de 1 ano de vida.

**Idosos:** Pacientes idosos não precisam de cuidados especiais para usar o Melxi nas dosagens indicadas.

**INTERAÇÕES MEDICAMENTOSAS**

Este medicamento pode modificar a permeabilidade de órgãos e tecidos para diferentes drogas, incluindo antibióticos. Melxi® pode aumentar a absorção de antibióticos. Assim, o uso de Melxi™ juntamente com outros medicamentos deve ser orientado pelo médico.

Informe ao seu médico ou cirurgião-dentista se você está fazendo uso de algum outro medicamento.

Exames laboratoriais: Não há relatos de alterações em exames laboratoriais causados por Melxi".

**NÃO USE MEDICAMENTO SEM O CONHECIMENTO DO SEU MÉDICO. PODE SER PERIGOSO PARA A SUA SAÚDE**

## 5. ONDE, COMO E POR QUANTO TEMPO POSSO GUARDAR ESTE MEDICAMENTO?

O medicamento deve ser conservado na embalagem original mesmo depois de aberto, protegido da luz e umidade e em temperatura ambiente (entre 15e 30°C). Número do lote, datas de fabricação e validade: vide embalagem. Ao adquirir o medicamento, confira sempre o prazo de validade impresso na embalagem do produto.

**PRAZO DE VALIDADE: 24 MESES APÓS A DATA DA FABRICAÇÃO.**

Após aberto, válido por 8 dias.

Xarope cor de caramelo, com odor e sabor de mel, com leve toque de abacaxi. Por ser um produto fitoterápico pode estar sujeito à alteração de cor, e, por conter mel pode sofrer cristalização. Ao adquirir o medicamento, confira sempre o prazo de validade impresso na embalagem do produto. Nunca tome medicamento com prazo de validade vencido. Antes de usar, observe o aspecto do medicamento. Caso ele esteja no prazo de validade e você observe alguma mudança no aspecto, consulte o farmacêutico para saber se poderá utilizá-lo.

Informe seu médico, cirurgião-dentista ou farmacêutico o aparecimento de reações indesejáveis pelo uso do medicamento. Informe também à empresa através do seu serviço de atendimento.

**TODO MEDICAMENTO DEVE SER MANTIDO FORA DO ALCANCE DAS CRIANÇAS.**

## 6. COMO DEVO USAR ESTE MEDICAMENTO?

Agite antes de usar

Melxi Suspensão Oral deve ser utilizado por via oral da seguinte forma:

Crianças de 1 ano: 2,5mL, 3 vezes ao dia.

Crianças acima de 1 ano a 8 anos: 5,0mL (1/2 copo medida), 3 vezes ao dia.

Crianças acima de 8 anos e adultos: 10mL (copo medida cheio), 3 vezes ao dia.

## 7. O QUE DEVO FAZER QUANDO EU ME ESQUECER DE USAR ESTE MEDICAMENTO?

Se, por acaso esquecer-se de tomar uma dose, tome-a o mais breve possível. Se já estiver quase na hora da próxima dose, pule a dose esquecida e retome ao esquema regular de doses.

Em caso de dúvidas, procure orientação do farmacêutico ou do seu médico, ou cirurgião-dentista.

**8. QUAIS OS MALES QUE ESTE MEDICAMENTO PODE CAUSAR?**
Não há relatos de reações adversas com este medicamento até o momento.

**9. O QUE FAZER SE ALGUÉM USAR UMA QUANTIDADE MAIOR DO QUE A INDICADA DESTE MEDICAMENTO?**
Suspenda a medicação de imediato. Entre em contato com seu médico ou procure um pronto-socorro informando a quantidade ingerida, horário de uso e sintomas apresentados.
Em caso de uso de grande quantidade deste medicamento, procure rapidamente socorro médico e leve a embalagem ou a bula do medicamento, se possível.
Ligue para 0800 722 6001, se você precisar demais orientações.

**III - DIZERES LEGAIS**
Siga a orientação do seu médico, respeitando sempre os horários, as doses e a duração do tratamento.
Não interrompa o tratamento sem o conhecimento do seu médico.

**VENDA SOB PRESCRIÇÃO MÉDICA.**

MS.: 1.3764.0121
Farm. Resp.: Dra. Juliana Aguirre M. Pinto CRF-ES 3198.
**Fabricado por:** INFAN- Indústria Química Farmacêutica Nacional S. A.
Rodovia BR232, km 136. Bairro Agamenon Magalhães- Caruaru-PE.
CNPJ: 08.939.548/0001-03
Indústria Brasileira
**Registrado por:** Aspen Pharma Indústria Farmacêutica Ltda.
Avenida Acesso Rodoviário, Módulo 01, Quadra 09, TIMS Serra – ES
CNPJ: 02.433.631/0001-20
**Indústria Brasileira**

---

# MONALESS®
*Oryza sativa* fermentado por *Monascus purpureus*

### MEDICAMENTO FITOTERÁPICO

**Nomenclatura botânica:** *Monascus purpureus*
**Nome popular:** red yeast rice
**Família:** Monascaceae
**Nomenclatura botânica:** *Oryza sativa*
**Nome popular:** arroz
**Família:** Poaceae
**Parte da planta utilizada:** grãos

### APRESENTAÇÕES
Cápsulas gelatinosas moles de 600 mg em embalagens com 10, 30 e 60 cápsulas.

### VIA ORAL USO ADULTO

### COMPOSIÇÃO
Cada cápsula contém:
Extrato seco de *Oryza sativa* fermentado por *Monascus purpureus* padronizado em 0,4% a 0,6% de monacolin K. ...................................................................................600 mg
Excipientes: óleo de soja, lecitina de soja, cera branca, óleo vegetal hidrogenado, simeticona, gelatina, glicerol, corante vermelho amaranto FD&C nº2, corante azul brilhante FD&C nº1 e suspensão de dióxido de titânio 1:2.

### INFORMAÇÕES AO PACIENTE
**1. PARA QUE ESTE MEDICAMENTO É INDICADO?**
Monaless® é destinado para auxiliar no tratamento de pacientes com aumento moderado dos níveis de colesterol total (200-240 mg/dL). Deve ser usado em associação a uma dieta restrita em gorduras saturadas e colesterol.

**2. COMO ESTE MEDICAMENTO FUNCIONA?**
Monaless® reduz a produção de colesterol total, LDL-colesterol e triglicérides, diminuindo sua concentração no sangue.

**3. QUANDO NÃO DEVO USAR ESTE MEDICAMENTO?**
Você não deve tomar Monaless® em casos graves de doenças do fígado e dos rins e em casos de hipersensibilidade (alergia) aos componentes da fórmula. Este medicamento não deve ser utilizado por mulheres em idade fértil que não estejam utilizando medidas contraceptivas eficazes.
**Este medicamento é contraindicado para menores de 18 anos.**
**Este medicamento não deve ser utilizado por mulheres grávidas sem orientação médica ou do cirurgião-dentista.**

## 4. O QUE DEVO SABER ANTES DE USAR ESTE MEDICAMENTO?

Assim como todos os medicamentos, informe ao seu médico todas as plantas medicinais e fitoterápicos que estiver tomando. Interações podem ocorrer entre medicamentos e plantas medicinais e mesmo entre duas plantas medicinais quando administradas ao mesmo tempo.

Monaless® deve ser utilizado com cuidado, seguindo as recomendações do médico, em pacientes que consomem grandes quantidades de álcool e/ou apresentam histórico de doença do fígado.

Em casos de hipersensibilidade (alergia) ao produto, recomenda-se não tomar Monaless® e procurar um médico. Você deve realizar uma dieta redutora de colesterol antes de iniciar o tratamento, que deverá ser mantida durante o tratamento.

A terapia deverá ser descontinuada se ocorrerem aumentos acentuados dos níveis de CPK ou se houver suspeita ou diagnóstico de miopatia (qualquer condição anormal ou doença dos tecidos musculares).

Não há restrições específicas para o uso do extrato de *Oryza sativa* em idosos e grupos especiais, desde que observadas as contraindicações e advertências comuns ao medicamento.

**Este medicamento é contraindicado para menores de 18 anos.**

**Este medicamento não deve ser utilizado por mulheres grávidas sem orientação médica ou do cirurgião-dentista.**

Você deve evitar a coadministração de genfibrozil, antifúngicos azois, fibratos, estatinas, derivados da cumarina, ácido nicotínico, eritromicina, claritromicina, nefazodona e inibidores de protease, além do consumo de "grapefruit" e álcool. *Monascus purpureus* pode reduzir os níveis de coenzima Q10.

O uso concomitante de *Hypericum perforatum* e *M. purpureus* pode reduzir os níveis de monacolin k.

O uso concomitante com ciclosporina pode levar à miopatia. Teoricamente, o uso concomitante de drogas que inibam o citocromo P450 pode levar ao aumento dos níveis de monacolin K constantes no extrato de *M. purpureus*, e aumentar a incidência de efeitos adversos. Algumas dessas drogas são: claritromicina, eritromicina, itraconazol, cetoconazol, cimetidina, inibidores de protease etc. O uso de *Monascus purpureus* associado a drogas potencialmente hepatotóxicas pode aumentar o risco de dano hepático. O uso concomitante de *Monascus purpureus* e outras estatinas pode aumentar o risco de eventos adversos, assim como o uso concomitante com niacina em altas doses pode elevar o risco de miopatia. O uso concomitante de *Monascus purpureus* e varfarina pode levar a sangramentos.

A ingestão de álcool durante o tratamento com *M. purpureus* pode levar a lesão do fígado.

**Informe ao seu médico ou cirurgião-dentista se você está fazendo uso de algum outro medicamento.**

**Não use medicamento sem o conhecimento do seu médico. Pode ser perigoso para a sua saúde.**

## 5. ONDE, COMO E POR QUANTO TEMPO POSSO GUARDAR ESTE MEDICAMENTO?

Você deve conservar Monaless® em temperatura ambiente (entre 15°C e 30°C). Proteger da luz e umidade.

Este medicamento tem validade de 24 meses a partir da data de sua fabricação.

**Número de lote e datas de fabricação e validade: vide embalagem.**

**Não use medicamento com prazo de validade vencido. Guarde-o em sua embalagem original.**

As cápsulas gelatinosas moles de Monaless® são oblongas de coloração violeta.

**Antes de usar, observe o aspecto do medicamento.**

**Caso ele esteja no prazo de validade e você observe alguma mudança no aspecto, consulte o farmacêutico para saber se poderá utilizá-lo. Todo medicamento deve ser mantido fora do alcance das crianças.**

## 6. COMO DEVO USAR ESTE MEDICAMENTO?

Você deve tomar as cápsulas por via oral, preferencialmente às refeições.

Posologia: 1 a 2 cápsulas 2 vezes ao dia às refeições, ou a critério médico. Essa é a dose recomendada especificamente para adultos com dislipidemia leve a moderada.

Utilizar apenas a via oral. O uso deste medicamento por outra via, que não a oral, pode causar a perda do efeito esperado ou mesmo promover danos ao seu usuário.

**Siga a orientação de seu médico, respeitando sempre os horários, as doses e a duração do tratamento. Não interrompa o tratamento sem o conhecimento do seu médico. Este medicamento não deve ser partido, aberto ou mastigado.**

## 7. O QUE DEVO FAZER QUANDO EU ME ESQUECER DE USAR ESTE MEDICAMENTO?

Você pode tomar a dose deste medicamento assim que se lembrar. E não exceda a dose recomendada para cada dia.

**Em caso de dúvidas, procure orientação do farmacêutico ou de seu médico, ou cirurgião–dentista.**

## 8. QUAIS OS MALES QUE ESTE MEDICAMENTO PODE ME CAUSAR?

Reação alérgica ao produto pode ocorrer em pessoas com hipersensibilidade (alergia) a algum componente da formulação. Nesse caso, recomenda-se descontinuar o uso e consultar o médico.

Usualmente este medicamento é bem tolerado, com efeitos adversos leves. Você deve parar de tomar Monaless® se ocorrer dor muscular, acompanhadas ou não de febre ou mal-estar, e também se ocorrerem alterações do fígado nos exames de laboratório.

As reações adversas abaixo foram classificadas por ordem de frequência, usando a seguinte convenção:

- Muito comum (maior que 10%);
- Comum (entre 1% e 10%);
- Incomum (entre 0,1% e 1%);
- Rara (entre 0,01% e 0,1%);
- Muito rara (menor que 0,01%).

Distúrbios Cutâneos
Comuns: erupções cutâneas (manchas na pele).
Distúrbios Gastrintestinais Comuns: azia, flatulência (presença de quantidade excessiva de gás no intestino) e desconforto abdominal.
Distúrbios Musculoesqueléticos
Rara: mialgia (dor muscular).
Distúrbios do Sistema Nervoso
Incomum: vertigem (sensação de movimento irregular ou giratório). Rara: cefaleia (dores de cabeça).

Se ocorrerem sensações ou sintomas desagradáveis, especialmente dor muscular, acompanhadas ou não de febre ou mal-estar, o médico deve ser avisado imediatamente. Nos primeiros sinais de reação de hipersensibilidade (erupção cutânea), o medicamento não deve ser tomado novamente.

**Informe ao seu médico, cirurgião-dentista ou farmacêutico o aparecimento de reações indesejáveis pelo uso do medicamento.**

**Informe também a empresa através do seu serviço de atendimento.**

## 9. O QUE FAZER SE ALGUÉM USAR UMA QUANTIDADE MAIOR DO QUE A INDICADA DESTE MEDICAMENTO?

Não foram relatados sintomas de superdose até o momento. Caso ocorrer ingestão acidental de doses muito acima das recomendadas, você deve procurar um médico ou um centro de intoxicação imediatamente.

**Em caso de uso de grande quantidade deste medicamento, procure rapidamente socorro médico e leve a embalagem ou bula do medicamento, se possível. Ligue para 0800 722 6001, se você precisar de mais orientações.**

### DIZERES LEGAIS

Reg. M.S. nº: 1.0155.0238
Farmacêutica Responsável: Regina Helena Vieira de Souza Marques CRF/SP nº 6.394
**Fabricado por:** Catalent Brasil Ltda.
Av. Jerome Case, 1277 • Zona Industrial • Sorocaba/SP • CEP: 18087-220
**Registrado por:** Marjan Indústria e Comércio Ltda
Rua Gibraltar, 165 • Santo Amaro • São Paulo/SP • CEP: 04755-070
CNPJ: 60.726.692/0001-81
Indústria Brasileira SAC 0800 55 45 45

### VENDA SOB PRESCRIÇÃO MÉDICA

_____

# MOTIVOL®

### MEDICAMENTO FITOTERÁPICO

*Panax ginseng* extrato seco 100mg
Parte da planta utilizada: raiz
Forma farmacêutica e apresentações:
MOTIVOL® comprimidos revestidos 100 mg: embalagem contendo 30 comprimidos.
MOTIVOL® comprimidos revestidos 100 mg: embalagem contendo 60 comprimidos.
MOTIVOL® comprimidos revestidos 100 mg: embalagem contendo 100 comprimidos.

### VIA ORAL
### USO ADULTO ACIMA DE 12 ANOS

Composição:
Cada comprimido revestido contém:
Extrato seco de *Panax ginseng* à 28,5% de ginsenosídeos..................................................................100 mg*
* (equivalente à 28,5 mg de ginsenosídeos)
Excipientes: amido, celulose microcristalina, croscarmelose sódica, dióxido de silício, estearato de magnésio, lactose, talco, polimetacrilicocopoliacrilato de etila, ácido esteárico, corante óxido de ferro amarelo, dióxido de titânio, lauril sulfato de sódio.

## INFORMAÇÕES AO PACIENTE

### 1. PARA QUÊ ESTE MEDICAMENTO É INDICADO?

MOTIVOL® (extrato seco de *Panax ginseng*) é indicado nos estados de fadiga (cansaço) física e mental, pois atua como adaptógeno (exerce ação inespecífica, normalizadora das funções do organismo, ou seja, equilibra as funções do organismo).

### 2. COMO ESTE MEDICAMENTO FUNCIONA?

MOTIVOL® (extrato seco de *Panax ginseng*) é formulado com o extrato seco de *Panax ginseng*, uma planta originária da Ásia (China, Indochina, Coreia, Vietnã e Japão). A parte da planta utilizada é a raiz, onde, dentre vários constituintes, estão os chamados ginsenosídeos, sendo o principal, o ginsenosídeo Rg1. Essas substâncias atuam no Sistema Nervoso Central (cérebro), reduzindo os estados de fadiga física e mental, normalizando as funções do organismo.

### 3. QUANDO NÃO DEVO USAR ESTE MEDICAMENTO?

Este medicamento é contraindicado para uso por pacientes com antecedentes de alergia a quaisquer constituintes da fórmula, mulheres grávidas e amamentando. É contraindicado também para pacientes que apresentem quadros de hipertensão (pressão alta), taquicardia (batimento acelerado do coração), insônia (dificuldade para dormir) e esquizofrenia.

**Não deve ser utilizado durante a gravidez e a amamentação, exceto sob orientação médica. Informe ao seu médico ou cirurgião-dentista se ocorrer gravidez ou iniciar amamentação durante o uso deste medicamento.**

### 4. O QUE DEVO SABER ANTES DE USAR ESTE MEDICAMENTO?

Pacientes com diabetes devem fazer uso de MOTIVOL® (extrato seco de *Panax ginseng*) somente sob acompanhamento médico. Pacientes que fazem uso de medicamentos inibidores da monoaminoxidase devem consultar o médico antes de iniciar o tratamento com *Panax ginseng*. A administração em mulheres que estejam sob terapia estrogênica (reposição hormonal) deve ser cautelosa.

**Interações Medicamento-Medicamento**

*Panax ginseng* contém pequenas quantidades de estrona, estradiol e esterol o que pode provocar ginecomastia (aumento das mamas em homens) e galactorreia (produção de leite pelas glândulas mamárias em pessoas que não estão amamentando), assim não deve ser tomado com drogas que produzem o mesmo efeito, como bloqueadores de canais de cálcio (como a nifedipina), griseofulvina e metildopa devido à ação sobre o aparelho cardiovascular (coração, veias e artérias), tampouco com drogas antidepressivas (fenelzina, por exemplo). Pode haver potencialização da ação (aumento do efeito) de medicamentos inibidores da monoaminoxidase, como fenelzina, quando administrada concomitantemente com MOTIVOL® (extrato seco de *Panax ginseng*).

MOTIVOL® (extrato seco de *Panax ginseng*) pode interagir com medicamentos antidiabéticos, como a insulina, devido ao efeito hipoglicêmico (baixa de açúcar no sangue) do extrato.

Não recomenda-se o uso de MOTIVOL® (extrato seco de *Panax ginseng*) concomitantemente a substâncias estimulantes, como a cafeína (contida em algumas bebidas) e anfetaminas, pois pode ocorrer estimulação excessiva. O consumo de bebidas alcoólicas também não é recomendado. Não deve ser administrado com antitrombóticos (ácido acetilsalicílico, anticoagulantes e antiplaquetários). Parece reduzir a atividade anticoagulante da varfarina.

**Interações Medicamento-Exame laboratorial**

Não existem relatos de alterações em exames laboratoriais com o uso de MOTIVOL® (extrato seco de *Panax ginseng*). **Informe ao seu médico ou cirurgião-dentista se você está fazendo uso de algum outro medicamento.**

### 5. ONDE, COMO E POR QUANTO TEMPO POSSO GUARDAR ESTE MEDICAMENTO?

MOTIVOL® (extrato seco de *Panax ginseng*) deve ser mantido em sua embalagem original e conservado em temperatura ambiente (temperatura entre 15°C e 30°C). Proteger da luz e umidade. O prazo de validade do MOTIVOL® (extrato seco de *Panax ginseng*) é de 24 meses a partir da data de fabricação.

**Número de lote e datas de fabricação e validade: vide embalagem. Não use medicamento com o prazo de validade vencido. Para sua segurança, mantenha o medicamento na embalagem original.** MOTIVOL® é um comprimido revestido biconvexo, de cor amarelada, sem sulco. Antes de usar, observe o aspecto do medicamento.

**Caso você observe alguma mudança no aspecto do medicamento que ainda esteja no prazo de validade, consulte o médico ou o farmacêutico para saber se poderá utilizá-lo.**

**Todo medicamento deve ser mantido fora do alcance das crianças.**

## 6. COMO DEVO USAR ESTE MEDICAMENTO?

Recomenda-se 1 comprimido revestido de MOTIVOL® 100mg (extrato seco de *Panax ginseng*) por via oral ao dia. Os comprimidos são revestidos por uma fina camada que facilita a deglutição e devem ser ingeridos inteiros com um pouco de líquido.

A administração de MOTIVOL® (extrato seco de *Panax ginseng*) não deve ser feita por períodos muitos longos (acima de 3 meses) sem uma pausa.

USO ADULTO ACIMA DE 12 ANOS

**Recomendações para pacientes idosos**: até o momento não existem relatos de reações adversas ou correção de dose em pacientes acima de 65 anos, porém devido à sua ação cardiovascular, seu uso deve ser feito com cautela.

A dose diária de MOTIVOL® (extrato seco de *Panax ginseng*) não deve ultrapassar 1 comprimido ao dia.

**Siga corretamente o modo de usar. Em caso de dúvidas sobre este medicamento, procure orientação do farmacêutico. Não desaparecendo os sintomas, procure orientação de seu médico ou cirurgião-dentista.**

**Este medicamento não deve ser partido ou mastigado.**

## 7. O QUE DEVO FAZER QUANDO EU ME ESQUECER DE USAR ESTE MEDICAMENTO?

Se você esquecer de tomar uma dose, deve tomá-la assim que se lembrar, porém não tome duas doses ao mesmo tempo ou muito próximas uma da outra. Depois, continue com seu tratamento no próximo dia na dose e horário habituais.

**Em caso de dúvidas, procure orientação do farmacêutico ou de seu médico ou cirurgião-dentista.**

## 8. QUAIS OS MALES QUE ESTE MEDICAMENTO PODE ME CAUSAR?

MOTIVOL® (extrato seco de *Panax ginseng*) é bem tolerado

**Reações comuns (ocorre entre 1% e 10% dos pacientes que utilizam este medicamento):** transtornos gastrintestinais (náuseas e diarreias) leves e transitórios, insônia (dificuldade para dormir) e taquicardia leve (batimento acelerado do coração).

**Reações incomuns (ocorre entre 0,1% e 1% dos pacientes que utilizam este medicamento):** ginecomastia (aumento das mamas em homens), epistaxe (sangramento do nariz), cefaleia (dor de cabeça) e vômitos. Em mulheres: efeitos estrogênicos (efeito do estrógeno, um hormônio feminino), com casos de mastalgias (dor nos seios), menorragia (menstruação mais longa e intensa que o normal) e galactorreia (produção de leite pelas glândulas mamárias em pessoas que não estão amamentando).

**Reações raras (ocorre entre 0,01% e 0,1% dos pacientes que utilizam este medicamento):** hipertensão (pressão alta), nervosismo, euforia, erupções cutâneas (lesões na pele) e diarreia matinal (pela manhã). Esses sintomas parecem estar relacionados à interação de MOTIVOL® (extrato seco de *Panax ginseng*) com a produção de glicocorticoides (um tipo de hormônio produzido pelo corpo) no organismo.

**Informe ao seu médico, cirurgião-dentista ou farmacêutico o aparecimento de reações indesejáveis pelo uso do medicamento.**

**Informe a empresa sobre o aparecimento de reações indesejáveis e problemas com este medicamento, entrando em contato através do Sistema de Atendimento ao Consumidor (SAC).**

## 9. O QUE FAZER SE ALGUÉM USAR UMA QUANTIDADE MAIOR DO QUE A INDICADA DESTE MEDICAMENTO?

Se você ingerir uma grande quantidade deste medicamento de uma só vez, procure imediatamente socorro médico. Podem ocorrer problemas como: elevação da pressão arterial (pressão alta), midríase (dilatação da pupila), insônia (dificuldade para dormir) e edemas (inchaço). Foram relatadas arterites cerebrais (inflamação dos vasos sanguíneos do cérebro) com cefaleia intensa (dor de cabeça forte), náusea e vômito. Caso ocorra administração acidental, procure socorro médico imediatamente.

**Em caso de uso de grande quantidade deste medicamento, procure rapidamente socorro médico e leve a embalagem ou bula do medicamento, se possível.**

**Em caso de intoxicação, ligue para 0800 722 6001, se você precisar de mais orientações sobre como proceder**

**DIZERES LEGAIS**

**VENDA SEM PRESCRIÇÃO MÉDICA**

Reg. MS n°1.0917.0085
Farm. Resp.: Dr. Jadir Vieira Junior CRF-MG 10.681
Central de Atendimento: 0800 0324087
Site: www.medquimica.com
**Fabricado por: MEDQUÍMICA INDÚSTRIA FARMACÊUTICA S. A.**
Rua Fernando Lamarca, 255 Distrito Industrial – CEP 36.092- 030
Juiz de Fora – MG
CNPJ: 17.875.154/0003-91
Indústria Brasileira

**Registrado por:** MEDQUÍMICA INDÚSTRIA FARMACÊUTICA S. A.
Rua Otacílio Esteves da Silva, 40 Granjas Betânia – CEP 36.047- 400
Juiz de Fora – MG
CNPJ: 17.875.154/0001-20
**Indústria Brasileira**

---

# MOTORE
*Curcuma longa*
Extrato seco

## APRESENTAÇÕES
Cápsulas 250 mg: embalagens com 15, 60 e 120 cápsulas.

## USO ORAL USO ADULTO
## COMPOSIÇÃO
Cada cápsula de Motore contém:
Extrato seco de *Curcuma longa* .................................250 mg
(equivalente a 50 mg de curcuminoides)
Excipientes: polissacarídeos de soja, fosfato de cálcio dibásico, hiprolose, croscarmelose sódica, povidona, dióxido de silício, talco e estearato de magnésio.

## INFORMAÇÕES AO PACIENTE
### 1. PARA QUE ESTE MEDICAMENTO É INDICADO?
Motore é um medicamento fitoterápico destinado ao tratamento da osteoartrite e artrite reumatoide, e tem ação anti-inflamatória e antioxidante.

### 2. COMO ESTE MEDICAMENTO FUNCIONA?
Motore tem como princípio ativo a curcumina, agente corante amarelo característico da raiz do açafrão-da-terra (**Curcuma longa**). O extrato seco especializado de Curcuma longa contém um conjunto de substâncias denominadas curcuminoides, incluindo a curcumina. Estudos demonstraram que os curcuminoides inibem a atividade de moléculas responsáveis pela mediação da dor e da inflamação. Dessa forma, a partir da inibição destes alvos moleculares, o extrato seco especializado de Curcuma longa é capaz de controlar o processo inflamatório.

### 3. QUANDO NÃO DEVO USAR ESTE MEDICAMENTO?
Motore é contraindicado caso o paciente tenha alergia a curcumina, açafrão (*Curcuma longa*) ou a
qualquer outro componente da fórmula. É contraindicado para uso em pacientes que estejam fazendo uso de medicações que alterem suas características de coagulação como antiagregantes plaquetários, anticoagulantes, heparina de baixo peso molecular e agentes trombolíticos, pois, pode haver aumento no risco de casos de sangramento. É também contraindicado para pacientes com riscos de obstrução de vias biliares ou que tenham cálculos biliares, pacientes com úlceras estomacais e hiperacidez do estômago.
**Este medicamento é contraindicado para uso em crianças.**

### 4. O QUE DEVO SABER ANTES DE USAR ESTE MEDICAMENTO?
O uso da curcumina por via oral mostrou ser bem tolerada pela maioria dos pacientes. Em casos esporádicos foram relatados episódios de menor gravidade como desconforto gastrintestinal. Não há relatos de overdose ou efeito tóxico grave.

Em caso de ocorrência de reação de hipersensibilidade, a medicação deve ser imediatamente descontinuada e os sintomas avaliados pelo médico.

Motore deve ser tomado apenas por via oral. Os riscos do uso por via de administração não recomendada são a não obtenção do efeito desejado e a ocorrência de reações adversas indesejadas. Não há dados de segurança relativo ao uso da curcumina em portadores de insuficiência hepática e/ou renal, não sendo recomendável o uso da medicação em pacientes nessas condições. As doses de tratamento recomendadas não devem ser excedidas.

**Mulheres que desejam engravidar e gestantes**: apesar de não haver estudos conclusivos em humanos que mostrem efeito negativo na fertilidade humana, alguns estudos realizados em animais sinalizaram efeito negativo na implantação de embriões após uso injetável de altas doses de extrato etanol da cúrcuma. Dessa maneira, sugere-se evitar o uso da curcumina em pacientes com intenção de engravidar ou em gestantes. Mulheres em fase de lactação também devem evitar o uso dessa medicação.

Categoria de risco na gravidez C: **este medicamento não deve ser utilizado por mulheres grávidas sem orientação médica ou do cirurgião-dentista.**
**Informe ao seu médico ou cirurgião-dentista se você está fazendo uso de algum outro medicamento.**
**Não use medicamento sem o conhecimento do seu médico. Pode ser perigoso para a sua saúde.**

### 5. ONDE, COMO E POR QUANTO TEMPO POSSO GUARDAR ESTE MEDICAMENTO?
Motore é uma cápsula incolor contendo pó de coloração amarela.

Conservar em temperatura ambiente (entre 15 e 30ºC). Proteger da luz e umidade.

**Número de lote e datas de fabricação e validade: vide embalagem.**

**Não use medicamento com o prazo de validade vencido. Guarde-o em sua embalagem original.**

**Antes de usar, observe o aspecto do medicamento. Caso ele esteja no prazo de validade e você observe alguma mudança no aspecto, consulte o farmacêutico para saber se poderá utilizá-lo.**

**TODO MEDICAMENTO DEVE SER MANTIDO FORA DO ALCANCE DAS CRIANÇAS.**

## 6. COMO DEVO USAR ESTE MEDICAMENTO?

Motore deve ser ingerido por via oral, com um pouco de água. A dose habitual para adultos é de 2 cápsulas a cada 12 (doze) horas, ou seja, duas tomadas diárias, totalizando 500 mg de medicação a cada tomada.

O tempo de tratamento dependerá da gravidade dos sintomas e da evolução da doença, não havendo restrições específicas para o uso prolongado deste medicamento. O tempo de uso ficará a critério do profissional de saúde. Caso não ocorra a obtenção do efeito desejado as doses da medicação não devem ser aumentadas além da dose preconizada, sendo nesse caso, recomendada orientação médica. Este medicamento é indicado para uso em adultos.

**Siga a orientação de seu médico, respeitando sempre os horários, as doses e a duração do tratamento.**

**Não interrompa o tratamento sem o conhecimento do seu médico. Este medicamento não deve ser partido, aberto ou mastigado.**

## 7. O QUE DEVO FAZER QUANDO EU ME ESQUECER DE USAR ESTE MEDICAMENTO?

O esquecimento de uma ou mais doses dessa medicação não trará efeitos graves para o paciente, porém dificultará a obtenção dos resultados desejados no controle da dor e do processo inflamatório relacionado a osteoartrite. No caso de esquecimento de uma ou mais doses deve-se proceder tomando a próxima dose da medicação no horário planejado e continuar sua tomada a cada 12 horas.

**Em caso de dúvidas, procure orientação do farmacêutico ou de seu médico, ou cirurgião-dentista.**

## 8. QUAIS OS MALES QUE ESTE MEDICAMENTO PODE ME CAUSAR?

A curcumina é muito bem tolerada em seu uso por via oral pela grande maioria dos pacientes, sendo raros os relatos de efeitos prejudiciais. Raramente podem ocorrer queixas como desconforto gástrico leve e movimentos intestinais mais frequentes.

Em literatura médica, é descrito a ocorrência de dermatites e alterações do paladar.

Durante a experiência pós-comercialização com o Motore, foram observadas as seguintes reações adversas:

Incidência rara (>1/10.000 e <1/1.000): refluxo gastroesofágico, diarreia, dor abdominal, distensão abdominal, dor de cabeça, vermelhidão, mal-estar e tonturas, desordens do paladar e reações de hipersensibilidade.

Incidência muito rara (<1/10.000): dores nas extremidades, inchaço nas extremidades, erupção da mucosa bucal, cansaço, gastrite e mau hálito.

**Atenção: este produto é um medicamento que possui 5 anos no país e, embora as pesquisas tenham indicado eficácia e segurança aceitáveis, mesmo que indicado e utilizado corretamente, podem ocorrer reações adversas imprevisíveis ou desconhecidas. Nesse caso, informe seu médico.**

## 9. O QUE FAZER SE ALGUÉM USAR UMA QUANTIDADE MAIOR DO QUE A INDICADA DESTE MEDICAMENTO?

Efeitos tóxicos graves não foram descritos mesmo em doses excessivas de curcumina, porém pode haver efeitos relacionados a desconforto gastrintestinal e aumento dos movimentos intestinais com possíveis cólicas e alteração do padrão de evacuação. Em caso de ingestão acidental excessiva procure imediatamente um médico ou pronto-socorro, informando a quantidade ingerida, horário da ingestão e sintomas.

**Em caso de uso de grande quantidade deste medicamento, procure rapidamente socorro médico e leve a embalagem ou bula do medicamento, se possível.**

**Ligue para 0800 722 6001, se você precisar de mais orientações.**

### DIZERES LEGAIS

MS – 1.0573.0442

Farmacêutica Responsável: Gabriela Mallmann CRF-SP nº 30.138

**Registrado por:** Aché Laboratórios Farmacêuticos S. A. Av. Brigadeiro Faria Lima, 201 – 20º andar São Paulo – SP CNPJ: 60.659.463/0029-92

Indústria Brasileira

**Fabricado por:** Aché Laboratórios Farmacêuticos S. A. Guarulhos – SP

**VENDA SOB PRESCRIÇÃO MÉDICA**

# N

## NATULAXE

Extrato seco de folhas de *Cassia angustifólia* – Leguminosae – Sene

### MEDICAMENTO FITOTERÁPICO

**Nomenclatura botânica oficial:** *Cassia angustifolia*
**Família:** Leguminosa-Fabaceae
**Parte da planta utilizada:** Folhas

### FORMA FARMACÊUTICA
Cápsula gelatinosa dura.

### APRESENTAÇÕES
Linha Farma: Cartucho contendo 1, 2 e 3 blisters de alumínio plástico incolor com 10 cápsulas cada.

### USO ORAL
### USO ADULTO E PEDIÁTRICO ACIMA DE 10 ANOS

### CONCENTRAÇÃO
34 mg de extrato seco de folhas de *Cassia angustifolia*/cápsula gelatinosa dura (correspondente a 11,9 mg de glicosídeos hidroxiantracênicos, calculados como senosídeo B/cápsula gelatinosa dura).

### COMPOSIÇÃO
Cada cápsula gelatinosa dura contém:
Extrato seco de *Cassia angustifolia* (folhas) ............. 34 mg
Excipiente (celulose microcristalina PH-200, amido, estearato de magnésio, dióxido de silício coloidal e maltodextrina) q.s.p. ................................................................ 1 cápsula

### CONCENTRAÇÃO DE PRINCÍPIOS ATIVOS
O Extrato seco está padronizado em 35% de glicosídeos hidroxiantracênicos, calculados como senosídeo B. Cada cápsula contém 11,9 mg de glicosídeos hidroxiantracênicos, calculados como senosídeo B.

### INFORMAÇÕES AO PACIENTE
### 1. PARA QUE ESTE MEDICAMENTO É INDICADO?
NATULAXE é um medicamento destinado ao tratamento de prisão de ventre ocasional e nos casos em que a defecação fácil com fezes moles é desejável, como em situações de alteração dolorosa da mucosa anal e após operação do reto

e/ou do ânus. Indicado ainda na preparação de pacientes para exames laboratoriais no trato gastrintestinal.

**2. COMO ESTE MEDICAMENTO FUNCIONA?**

NATULAXE é composto pela planta medicinal Sene, que possui efeito laxativo. Atua estimulando o movimento do intestino, o que resulta em maior volume de líquidos na massa fecal. Também influencia na secreção de sais e água no intestino, eliminando uma maior quantidade de fluidos. A defecação ocorre por volta de 8-12 horas depois da ingestão do medicamento.

**3. QUANDO NÃO DEVO USAR ESTE MEDICAMENTO?**

NATULAXE não deve ser utilizado em pacientes que apresentam alergia ao Sene ou aos outros componentes da formulação.

Sene é contraindicado a pessoas que apresentam obstrução e estenose (estreitamento) intestinal, apendicite, dor no abdômen de origem desconhecida, atonia (perda da contração mínima dos músculos do intestino), cistite (inflamação da bexiga), hemorroida, estado de desidratação severa com perda de água e sais minerais e doenças inflamatórias no intestino, como colite ulcerativa (inflamação com úlceras do cólon) e Doença de Crohn (doença crônica inflamatória do intestino). Não deve ser tomado por pacientes que apresentam insuficiência do fígado, dos rins ou do coração. Pessoas que apresentam dor abdominal aguda, náusea (enjoo), vômito ou constipação intestinal crônica também não devem fazer uso de produtos contendo Sene.

**Este medicamento é contraindicado para menores de 10 anos.**

**Este medicamento não deve ser utilizado por mulheres grávidas sem orientação médica ou do cirurgião-dentista.**

**4. O QUE DEVO SABER ANTES DE USAR ESTE MEDICAMENTO?**

**Advertências e Precauções**

Em caso de alergia ao produto, recomenda-se suspender o seu uso e procurar o médico. Não utilizar doses maiores do que as recomendadas.

Laxativos contendo Sene devem ser tomados por períodos curtos, no máximo 2 (duas) semanas. A utilização de laxantes por um período superior a 1 (uma) a 2 (duas) semanas deverá ser realizada somente sob orientação e supervisão médica.

O uso prolongado pode causar dependência, lentidão ou inibição da motilidade (movimento) intestinal.

Se houver necessidade diária de uso de laxantes, a causa da constipação deve ser investigada pelo médico.

A antraquinona, substância originada da metabolização do Sene, pode causar uma alteração na cor da urina, que irá variar dependendo do seu grau de acidez, deixando-a mais amarelada ou marrom avermelhada. Essa alteração de cor não apresenta nenhum risco à saúde.

Não há restrições específicas para o uso de Sene em pacientes idosos, mas recomenda-se a administração inicial da metade da dose recomendada.

Sene não deve ser utilizado durante a gravidez e a amamentação, a não ser sob orientação do médico. O uso deste medicamento deve ser evitado por mulheres que estão amamentando, pois através do leite o bebê pode receber componentes do Sene que podem ocasionar diarreia.

**Este medicamento não deve ser utilizado por mulheres grávidas sem orientação médica ou do cirurgião-dentista.**

**Interações medicamentosas**

Laxativos como Sene podem reduzir o tempo do trânsito gastrintestinal e absorção de outros medicamentos utilizados ao mesmo tempo.

Sene pode reduzir o efeito de estrógenos (hormônios ligados às funções sexuais femininas). Medicamentos contendo Nifedipina e Indometacina, quando utilizados juntamente ao Sene, podem provocar redução do seu efeito laxativo. A perda de potássio, ocasionada pelo uso por período prolongado de medicamentos contendo Sene, pode potencializar a ação de glicosídeos digitálicos e os efeitos de medicamentos para tratamento da arritmia cardíaca. A deficiência de potássio também pode aumentar com a administração simultânea de Sene com diuréticos da classe dos tiazídicos, adrenocorticosteroides ou raiz de alcaçuz, o que pode agravar o desequilíbrio eletrolítico (desequilíbrio de sais minerais).

A antraquinona, substância originada da metabolização do Sene, pode causar uma alteração na cor da urina, que irá variar dependendo do seu grau de acidez, deixando-a mais amarelada ou marrom avermelhada. Essa alteração de cor não apresenta nenhum risco à saúde. Essa alteração na urina pode alterar ou dificultar a interpretação dos resultados de exames de laboratório, como a procura do urobilinogênio (substância que resulta do metabolismo da bilirrubina, que é um pigmento formado a partir da degradação de células vermelhas do sangue) e dosagem de estrógeno por métodos específicos.

**Informe ao seu médico ou cirurgião-dentista se você está fazendo uso de algum outro medicamento.**

## 5. ONDE, COMO E POR QUANTO TEMPO POSSO GUARDAR ESTE MEDICAMENTO?

Conservar em temperatura ambiente (temperatura entre 15 e 30°C). Proteger da luz e umidade. Nessas condições, o medicamento se manterá próprio para consumo, respeitando o prazo de validade de 24 meses, indicado na embalagem.

**Número de lote e datas de fabricação e validade: vide embalagem.**

**Não use medicamento com o prazo de validade vencido. Guarde-o em sua embalagem original.**

NATULAXE é apresentado na forma de cápsula gelatinosa dura, na cor verde clorofila, contendo pó homogêneo marrom-esverdeado em seu interior.

**Antes de usar, observe o aspecto do medicamento. Caso ele esteja no prazo de validade e você observe alguma mudança no aspecto, consulte o farmacêutico para saber se poderá utilizá-lo.**

**Todo medicamento deve ser mantido fora do alcance das crianças.**

## 6. COMO DEVO USAR ESTE MEDICAMENTO?

Ingerir 2 (duas) cápsulas de NATULAXE ao dia, de preferência antes de dormir. As cápsulas devem ser ingeridas inteiras e com uma quantidade suficiente de água para que possam ser deglutidas.

Para pacientes idosos orienta-se utilizar, inicialmente, a metade da dose recomendada. Laxativos contendo Sene devem ser tomados por períodos curtos, no máximo 2 (duas) semanas. A utilização de laxantes por um período superior a 1 (uma) ou 2 (duas) semanas deverá ser realizada somente sob orientação médica.

Utilizar apenas por via oral. O uso deste medicamento por outra via, que não a oral, pode causar a perda do efeito esperado ou mesmo provocar danos à saúde.

**Siga corretamente o modo de usar. Em caso de dúvidas sobre este medicamento, procure orientação do farmacêutico. Não desaparecendo os sintomas, procure orientação de seu médico ou cirurgião-dentista.**

**Este medicamento não pode ser partido, aberto ou mastigado.**

## 7. O QUE DEVO FAZER QUANDO EU ME ESQUECER DE USAR ESTE MEDICAMENTO?

Caso haja esquecimento da ingestão de uma ou mais doses deste medicamento, a dose recomendada deverá ser retomada no horário habitual, não havendo necessidade de repor as doses esquecidas.

**Em caso de dúvidas, procure orientação do farmacêutico ou de seu médico, ou cirurgião-dentista.**

## 8. QUAIS OS MALES QUE ESTE MEDICAMENTO PODE ME CAUSAR?

O uso prolongado de medicamento contendo Sene pode causar dependência, lentidão ou inibição da motilidade intestinal.

Os efeitos indesejáveis que podem ser causados pelo uso de Sene, particularmente em pacientes com irritação no intestino, são: espasmos (contrações involuntárias) e cólica abdominal. Nesses casos, se faz necessária uma diminuição da dosagem.

Pode provocar vômito em pessoas mais sensíveis ou que ingerem doses elevadas de produtos à base de Sene.

**Informe ao seu médico, cirurgião-dentista ou farmacêutico o aparecimento de reações indesejáveis pelo uso do medicamento. Informe também à empresa através do seu serviço de atendimento.**

## 9. O QUE FAZER SE ALGUÉM USAR UMA QUANTIDADE MAIOR DO QUE A INDICADA DESTE MEDICAMENTO?

O uso de altas doses de medicamentos contendo Sene provoca cólicas fortes e o aparecimento de sintomas como vômitos, náuseas (enjoos) e diarreia.

Os principais sintomas decorrentes de doses elevadas ou do uso prolongado de medicamentos contendo Sene são distúrbios no equilíbrio de água e sais, especialmente de potássio, podendo ocorrer hipocalemia (diminuição da concentração de potássio no sangue). A diminuição da quantidade de potássio pode provocar disfunção cardíaca (problemas na atividade do coração) e neuromuscular (problemas na atividade das terminações nervosas dos músculos).

Também pode ocorrer, com o uso prolongado ou de altas doses de medicamentos contendo Sene, hiperaldosterismo (aumento da concentração sanguínea de aldosterona), albuminúria (presença de albumina na urina), hematúria (presença de sangue na urina), inibição do trânsito intestinal e fraqueza muscular. Também é consequência do uso de altas doses de Sene ou do uso por longos períodos, a perda da função intestinal, além da pigmentação reversível do tecido interno do intestino, a qual se denomina melanosis coli.

O abuso de Sene, que pode ser caracterizado tanto pelo uso de altas doses como por longos períodos, pode causar dependência com possível necessidade de aumento da dose para exercer seu efeito. Em casos raros, o abuso pode levar a alteração do ritmo do coração, doença nos rins, inchaço e deterioração acelerada dos ossos. O uso abusivo de produtos contendo Sene tem sido associado com o desenvolvimento de caquexia (estado de desnutrição profunda) e hipoglobulinemia sanguínea (redução na concentração de globulina no sangue).

Nos casos de ingestão de altas doses, é recomendado suspender o uso e fazer reposição de água e sais. Também se recomenda procurar orientação médica.

**Em caso de uso de grande quantidade deste medicamento, procure rapidamente socorro médico e leve a embalagem ou bula do medicamento, se possível. Ligue para 0800 722 6001, se você precisar de mais orientações.**

### DIZERES LEGAIS
MS: 1.3841.0042
Farm. Responsável: Tales Vasconcelos de Cortes
CRF/BA nº3745
NATULAB LABORATÓRIO SA
Rua H, nº2, Galpão 03 – Urbis II
Santo Antônio de Jesus – Bahia – CEP 44.574-150
CNPJ: 02.456.955/0001-83
INDÚSTRIA BRASILEIRA
SAC: 0800 7307370

**VENDA SEM RECEITUÁRIO MÉDICO**

---

# NATURETTI®

### MEDICAMENTO FITOTERÁPICO

*Senna alexandrina* Mill.
*Cassia fistula* L.
Espécie vegetal e parte da planta utilizada
**Espécie vegetal:** *Senna alexandrina* Mill. (sene), *Cassia fistula* L. (cássia).
**Partes utilizadas:** folhas (sene); fruto (cássia).
**Família:** Fabaceae

### APRESENTAÇÃO
Cápsulas 28,9 mg + 19,5 mg: embalagem com 16.
USO ORAL. USO ADULTO E PEDIÁTRICO ACIMA DE 12 ANOS.

### COMPOSIÇÃO
Cada cápsula* de NATURETTI contém:
*Senna alexandrina* Mill, extrato ácido (sene) .......28,9 mg
*Cassia fistula* L., extrato seco (cássia) ................... 19,5 mg

Excipientes: *Tamarindus indica* L., *Coriandrum sativum* L., *Glycyrrhiza glabra* L. e celulose microcristalina.
*Contém 13,2 mg de senosídeos.

### 1. INDICAÇÕES
NATURETTI é um medicamento é destinado ao tratamento de curta duração de constipação ocasional.

### 2. RESULTADOS DE EFICÁCIA
Em estudo clínico randomizado, duplo-cego, 96 voluntários adultos portadores de constipação intestinal funcional crônica conforme Critérios de Roma III foram tratados por 30 dias – 48 indivíduos receberam *Senna alexandrina* Mill + *Cassia fistula* L. (28,9 mg + 19,5 mg/dia) na forma de geleia, enquanto 48 receberam placebo. A proporção de voluntários que apresentou melhora global da constipação foi de 65,1% no grupo ativo e de 22,0% grupo placebo (p<0,0001). Entre os eventos adversos relatados (cefaleia, meteorismo, e dor abdominal), nenhum foi reportado como grave nos dois grupos, e sem diferença estatisticamente significante entre os mesmos. A associação do grupo ativo apresentou um comportamento seguro e eficaz para tratamento da constipação intestinal funcional crônica (CI Filho *et al*, 2014).

Em estudo clínico randomizado, duplo-cego, comparativo e controlado por placebo, 96 indivíduos adultos com constipação intestinal funcional crônica, conforme Critérios de Roma III, foram tratados por 30 dias – 48 voluntários (95,8% mulheres) receberam 1 cápsula/dia de *Senna alexandrina* Mill + *Cassia fistula* L. (28,9 mg + 19,5 mg), enquanto 48 (95,8% mulheres) receberam placebo. A Frequência Média de Evacuações do grupo ativo foi estatisticamente superior à do grupo placebo (p<0,0001), e a proporção de pacientes que apresentou Melhora Global da Constipação foi superior no grupo ativo.

A tolerabilidade entre os dois grupos foi similar e os eventos adversos mais relatados no grupo ativo na fase de tratamento foram meteorismo, dor abdominal, cefaleia e cólicas intestinais, enquanto no grupo placebo foram relatados meteorismo e cefaleia. Nenhum evento adverso sério foi relatado nos dois grupos. Demonstrou-se que o grupo que recebeu as cápsulas do grupo ativo obteve um tratamento seguro e eficaz da constipação intestinal funcional crônica (CI Filho *et al*, 2014).

### Referências Bibliográficas:
CI FILHO, LK JUNG, IO MALLMANN, FF SOSA. Avaliação comparativa de eficácia clínica e tolerabilidade para

a combinação de *Cassia fistula* e *Senna alexandrina* Miller em pacientes com constipação intestinal funcional crônica. Rev Soc Bras Clin Med. 2014 jan-mar;12 (1):15-21.

CI FILHO, LK JUNG, IO MALLMANN, FF SOSA, AR ROCHA, PTB BUENO. Avaliação da eficácia terapêutica e tolerabilidade da *Cassia fistula* e *Senna alexandrina* Miller em uma amostra de voluntários com constipação intestinal funcional crônica: estudo clínico randomizado com placebo. RBM Ago 2014 14 V 71 N8 págs: 262-267.

## 3. CARACTERÍSTICAS FARMACOLÓGICAS

Devido à sua especificidade, os derivados hidroxiantracênicos são pouco absorvidos no trato gastrintestinal superior. Os senosídeos (compostos hidrossolúveis inativos) são degradados por enzimas bacterianas em reinantronas, metabólito ativo que exerce seu efeito laxativo no cólon. O mecanismo de ação deve-se a dois fatores:
(1)Efeito na motilidade do intestino grosso pelo estímulo das contrações peristálticas e inibição das contrações locais, resultando em uma aceleração do trânsito no cólon, e assim, reduzindo a absorção de líquidos através do lúmen;
(2)Influência na absorção e secreção de fluidos e eletrólitos pelo cólon.

NATURETTI combina a ação de princípios ativos vegetais que provocam estímulos no tubo digestivo, auxiliando na regulação da função intestinal como laxativo, de maneira suave e gradual.

O efeito laxativo da Senna é constatado pela inibição da absorção de água e eletrólitos do intestino grosso, o que aumenta o volume e a pressão do conteúdo intestinal. Isso estimula a motilidade do cólon, resultando em contrações propulsivas. Após o restabelecimento normal da função intestinal, suas doses podem ser reduzidas ou seu uso suprimido.

O tempo de ação deste medicamento é de 8 a 12 horas, devido ao tempo requerido para o transporte ao cólon e para a metabolização do fitoterápico em compostos ativos. Devido ao trânsito acelerado e ao curto tempo de contato do fitoterápico no cólon, há uma redução na absorção de líquidos e eletrólitos através do intestino grosso, com aumento do volume e da pressão do conteúdo intestinal. Isso irá estimular a motilidade do cólon, resultando em contrações propulsivas. Além disso, existe um estímulo da secreção de cloreto ativo, o que aumenta o conteúdo de água e eletrólitos no intestino.

Em doses terapêuticas, os senosídeos não interferem nos horários usuais de defecação e amaciam as fezes significativamente.

A disponibilidade sistêmica das reinantronas (metabólitos ativos) é muito baixa. Em contato com o oxigênio, as reinantronas são oxidadas em rein e senidinas, que podem ser encontradas no sangue, principalmente nas formas de glucoronídios e sulfatos. Após a administração oral de senosídeos, 3 a 6% dos metabólitos são excretados na urina, uma parte é excretada na bile, e a maioria dos senosídeos (cerca de 90%) é excretada nas fezes como polímeros (poliquinonas), juntamente com 2 a 6% de senosídeos não metabolizados, senidinas, reinantronas e reina.

Os senosídeos não demonstraram toxicidade quando testados em doses acima de 500 mg/kg em cães, por 4 semanas, e em doses acima de 100 mg/kg em ratos, por 6 meses. Não houve evidência de efeitos embrioletais, teratogênicos ou fetotóxicos em ratos ou coelhos após tratamento oral com senosídeos.

Estudos in vivo com extrato padronizado de frutos de sene não revelaram mutagenicidade.

Os metabólitos ativos passam em pequena quantidade para o leite materno. Experimentos com animais demonstraram que a taxa de passagem de reina através da placenta é baixa.

**Farmacodinâmica**

A porção de açúcar dos senosídeos é removida por bactérias presentes no intestino grosso, liberando a fração ativa de antrona. Isso estimula o peristaltismo através dos plexos nervosos submucoso e mioentérico. Os derivados de 1,8-di-hidroxi-antraceno possuem um efeito laxativo. Os glicosídeos β-O-ligados (senosídeos) não são absorvidos no intestino superior; eles são convertidos por bactérias do intestino grosso no metabólito ativo (reinantrona).

Farmacocinética

Absorção

A ação dos senosídeos é específica no cólon e não depende da absorção sistêmica.

Os β-O-ligados glicosídeos (senosídeos) não são absorvidos no intestino delgado nem metabolizados por enzimas digestivas humanas. Eles são convertidos pelas bactérias do intestino grosso em metabolito ativo (reinantrona). Agliclonas são absorvidas no intestino delgado. Experiências em animais com reinantrona radio marcada administrada diretamente no ceco demonstraram absorção <10%.

Distribuição, metabolismo e eliminação

Em contato com o oxigênio, a reinantrona é oxidada em reína e senidinas, que podem ser encontradas no sangue, principalmente na forma de glicuronídeos e sulfatos. Após a administração oral de senosídeos, 3 a 6% dos metabólitos são excretados na urina; alguns são excretados na bile.

A maioria dos senosídeos (cerca de 90%) é excretada nas fezes como polímeros (poliquinonas) juntamente com 2 a 6% de senosídeos inalterados, senidinas, reinantrona e reína. Estudos farmacocinéticos em humanos com vagens em pó de senna (20 mg sennosides), administrados por via oral durante 7 dias, encontraram uma concentração máxima de 100 ng reína/mL no sangue. Um acúmulo de reína não foi observado. Metabolitos ativos, como reína, por exemplo, passam em pequenas quantidades para o leite materno. Experimentos em animais demonstraram que a passagem placentária de reína é baixa.

## 4. CONTRAINDICAÇÕES

Pacientes com histórico de hipersensibilidade e alergia a qualquer um dos componentes da fórmula não devem fazer uso do produto.

Não deve ser utilizado em casos de constipação crônica, distúrbios intestinais, tais como obstrução e estenose intestinal, atonia, doenças inflamatórias intestinais (doença de Crohn, colite ulcerativa, colopatias inflamatórias) e dores abdominais de origem desconhecida, desidratação severa com depleção de água e eletrólitos, hemorroidas, apendicite, hipocalemia, estados inflamatórios uterinos, períodos de menstruação, cistite, insuficiência hepática, renal ou cardíaca.

Assim como para outros laxantes, a *S. alexandrina* é contraindicada para pacientes com náuseas, vômito ou quando algum sintoma agudo ou crônico não diagnosticado estiver presente. Não deve ser usado ao mesmo tempo com outros agentes laxantes.

**Este medicamento é contraindicado para menores de 12 anos.**

**Este medicamento é contraindicado para uso por grávidas e lactantes.**

## 5. ADVERTÊNCIAS E PRECAUÇÕES

Em caso de hipersensibilidade ao produto, recomenda-se descontinuar o uso e consultar o médico. Em pacientes idosos, o uso contínuo de laxantes pode ocasionar exacerbação da fraqueza.

Nos últimos anos, os efeitos mutagênicos de glicosídeos antraquinônicos têm sido comprovados em testes *in vitro*, porém os estudos in vivo não confirmam isso para *S. alexandrina* – 1998 John Wiley & Sons, Ltda.

Sangramento retal ou insuficiência de movimentos intestinais, decorrentes do uso prolongado, podem indicar condições graves.

Metabólitos ativos, por exemplo, reinantronas, passam para o leite materno em pequenas quantidades. Experiências com animais demonstraram que a passagem de reinantronas através da placenta é baixa.

Este produto só deve ser utilizado se um efeito terapêutico não puder ser obtido por uma mudança de dieta ou pela administração de agentes formadores de bolo (ou de volume). Se os sintomas, incluindo dor abdominal, persistirem ou piorarem durante a utilização do medicamento, deve-se consultar um médico ou farmacêutico.

Se laxantes são necessários diariamente, a causa da constipação deve ser investigada e um médico deve ser consultado. O uso a longo prazo de laxantes, incluindo laxantes estimulantes, deve ser evitado.

Os pacientes em terapia com glicosídeos cardíacos, medicamentos antiarrítmicos, medicamentos que induzam prolongamento do intervalo QT, diuréticos, adrenocorticosteroides ou raiz de alcaçuz, devem consultar um médico antes de utilizar NATURETTI concomitantemente (ver "INTERAÇÕES MEDICAMENTOSAS").

Como todos os laxantes, este produto não deve ser utilizado por pacientes que sofrem de impactação fecal e queixas gastrointestinais não diagnosticadas, agudas ou persistentes, por ex. dor abdominal, náusea e vômito, a menos que seja aconselhado por um médico, porque esses sintomas podem ser sinais de bloqueio intestinal potencial ou existente (íleo paralítico).

O uso prolongado e excessivo pode levar a desequilíbrio hidroeletrolítico e hipocalemia. Pacientes com distúrbios renais devem estar cientes do possível desequilíbrio eletrolítico e hipocalemia. A perda intestinal de fluidos pode promover desidratação. Os sintomas podem incluir sede e oligúria.

Casos de lesão hepática, incluindo insuficiência hepática aguda, foram relatados especialmente se utilizados em altas doses ou durante o uso prolongado (ver "REAÇÕES ADVERSAS").

Os laxantes não ajudam na perda de peso a longo prazo. Ao administrar este produto a adultos incontinentes, as fraldas devem ser trocadas com mais frequência para evitar o contato prolongado da pele com as fezes.

**Gravidez e Lactação**

Categoria de risco de gravidez: C

Não existem dados disponíveis sobre o uso de NATURETTI em mulheres grávidas. Dados experimentais sugeriram um potencial risco genotóxico de várias antraquinonas, por exemplo, emodina e aloe-emodina; efeitos em humanos não são claros.

**Lactação:** Após a administração de antranoides, metabólitos ativos, como a reína, foram excretados no leite materno em pequenas quantidades.

Este medicamento não deve ser utilizado por mulheres grávidas sem orientação médica ou do cirurgião-dentista.

**Fertilidade**

Não há dados sobre efeitos do produto na fertilidade.

**Efeitos na capacidade de dirigir veículos e operar máquinas**

Não foram conduzidos estudos sobre os efeitos na capacidade de dirigir ou operar máquinas.

## 6. INTERAÇÕES MEDICAMENTOSAS

O tempo diminuído de trânsito intestinal, em virtude da utilização de *S. alexandrina*, pode reduzir a absorção de drogas administradas oralmente, como por exemplo, os estrógenos. Isso deve ser lembrado para mulheres que fazem uso de anticoncepcionais hormonais.

A hipocalemia, decorrente da utilização prolongada de *S. alexandrina*, pode potencializar os efeitos dos glicosídeos cardiotônicos (digitálicos, *Strophantus* spp.) e pode potencializar as arritmias ou os efeitos antiarrítmicos, quando do uso concomitante de drogas antiarrítmicas como quinidina (que induzem a reversão para o ritmo sinusal) e com medicamentos que induzam prolongamento do intervalo QT.

O uso simultâneo de *S. alexandrina* com outras drogas ou ervas que induzem à hipocalemia, como diuréticos tiazídicos, adrenocorticosteroides ou raiz de alcaçuz, pode exacerbar o desequilíbrio eletrolítico, resultando em disfunções cardíacas e neuromusculares. Pode haver interação da *S. alexandrina* com a nifedipina e indometacina e outros anti-inflamatórios não hormonais.

As antraquinonas podem alterar a cor da urina, que pode apresentar-se amarela ou marrom avermelhada, o que desaparece com a suspensão do uso do produto. Essa alteração de coloração na urina pode influenciar em testes de diagnósticos; pode ocorrer um resultado falso positivo para urobilinogênio e para dosagem de estrógeno pelo método de Kober.

## 7. CUIDADOS DE ARMAZENAMENTO DO MEDICAMENTO

NATURETTI deve ser mantido em sua embalagem original, em temperatura ambiente (entre 15 e 30ºC). Proteger da luz.

**Prazo de validade**: 24 meses a partir da data de fabricação.

**Número de lote e datas de fabricação e validade: vide embalagem.**

**Não use medicamento com o prazo de validade vencido. Guarde-o em sua embalagem original.**

Características do medicamento: Cápsula transparente contendo pó de cor creme esverdeado apresentando pontos escuros.

**Antes de usar, observe o aspecto do medicamento.**

Caso ele esteja no prazo de validade e você observe alguma mudança no aspecto, consulte o farmacêutico para saber se poderá utilizá-lo.

**Todo medicamento deve ser mantido fora do alcance das crianças.**

## 8. POSOLOGIA E MODO DE USAR
## USO ORAL/USO INTERNO

NATURETTI cápsulas deve ser utilizado por via oral.

**Adultos e crianças acima de 12 anos**: 1 cápsula ao dia. Em algumas pessoas pode ser necessário o uso de 2 cápsulas por dia.

**A dose máxima diária não deve ser excedida.**

A utilização de NATURETTI não deve ultrapassar o período de 1 semana. Normalmente, é suficiente tomar este medicamento de duas a três vezes por semana. Se não houver melhora da constipação após esse período de sua utilização, o médico deve ser consultado.

Pacientes idosos devem, inicialmente, administrar a metade da dose prescrita.

Para tratamento de constipação crônica ou habitual, recomenda-se recorrer a laxantes mecânicos e realizar modificações na dieta e nos hábitos. O uso deste medicamento por mais de 1 semana requer supervisão médica

As cápsulas devem ser ingeridas inteiras e com uma quantidade suficiente de água para que possam ser deglutidas. Utilizar apenas a via oral. O uso deste medicamento por outra via, que não a oral, pode causar a perda do efeito esperado ou mesmo promover danos ao seu usuário.

Não há estudos dos efeitos de NATURETTI administrado por vias não recomendadas. Portanto, por segurança e para garantir a eficácia deste medicamento, a administração deve ser somente por via oral, conforme recomendado pelo médico.

**Este medicamento não deve ser partido, aberto ou mastigado.**

## 9. REAÇÕES ADVERSAS

Reação muito comum (≥ 1/10).

Reação comum (≥ 1/100 e < 1/10).

Reação incomum (≥1/1.000 e < 1/100).

Reação rara (≥ 1/10.000 e < 1/1.000).

Reação muito rara (< 1/10.000).

Reação desconhecida (não pode ser estimada a partir dos dados disponíveis).

Tabela de Eventos adversos

| Classe de sistemas de órgãos | Frequência | Eventos adversos |
|---|---|---|
| **Distúrbios do Sistema Imunológico** | Desconhecida | Hipersensibilidade, urticária, asma, Hipogamaglobulinemia |
| **Distúrbios do Metabolismo e Nutrição** | Desconhecida | Hipocalemia*, caquexia |
| **Distúrbios Gastrointestinais** | Desconhecida | Dor abdominal, espasmo abdominal, Diarreia**, pigmentação da mucosa gastrointestinal*** |
| **Distúrbios hepatobiliares** | Desconhecida | Lesão hepática, incluindo insuficiência hepática aguda |
| **Distúrbios da Pele e tecido subcutâneo** | Desconhecida | Prurido, exantema local ou generalizado |
| **Distúrbios musculoesqueléticos e do tecido conjuntivo** | Desconhecida | Baqueteamento dos dedos, osteoartropatia hipertrófica e tetania |
| **Distúrbios renais e urinários** | Desconhecida | Cromatúria**** |

\* Uso prolongado de laxantes resultando em diarreia e subsequentemente hipocalemia.

\*\* Em particular, em pacientes com cólon irritável. Os sintomas também podem ocorrer geralmente como consequência da dosagem excessiva individual. Em tais casos, a redução da dose é necessária.

\*\*\* O uso crônico pode causar pigmentação da mucosa intestinal (pseudomelanose coli), que geralmente normaliza quando o paciente para de tomar a medicação.

\*\*\*\* Durante o tratamento pode ocorrer descoloração amarela ou marrom avermelhada (dependente do pH) da urina por metabólitos, o que não é clinicamente significativo.

O uso crônico pode resultar em distúrbios hidroeletrolíticos levando à albuminúria e hematúria. A frequência é desconhecida (não pode ser estimada com os dados disponíveis). Em pacientes idosos, o uso contínuo de laxantes pode ocasionar exacerbação da fraqueza e hipotensão ortostática.

O uso prolongado e abusivo da *S. alexandrina* tem sido associado com deformidade dos dedos, que foi reversível após a descontinuação do uso droga.

Em casos raros, pode levar a nefropatias, edema e deterioração acelerada dos ossos. Um caso de hepatite foi relatado após o abuso crônico deste fitoterápico.

**Em casos de eventos adversos, notifique ao Sistema de Notificação de Eventos Adversos a Medicamentos (Vigimed), disponível em http://portal.anvisa.gov.br/vigimed, ou para a Vigilância Sanitária Estadual ou Municipal.**

## 10. SUPERDOSE
**Sinais e Sintomas**

Os principais sintomas da superdosagem são dores abdominais, espasmos, náusea, cólicas e diarreias severas, com consequente perda excessiva de fluidos e eletrólitos, que devem ser repostos.

Em caso de superdosagem, suspender a medicação imediatamente. Recomenda-se tratamento de suporte sintomático pelas medidas habituais de apoio e controle das funções vitais. A depleção de potássio pode levar a distúrbios cardíacos e astenia muscular, particularmente quando glicosídeos cardíacos, diuréticos, adrenocorticosteroides ou raiz de alcaçuz estão sendo utilizados ao mesmo tempo.

**Tratamento**

Deve-se manter tratamento de suporte, com a ingestão de grandes quantidades de líquidos. Os eletrólitos, especialmente o potássio, devem ser monitorados, particularmente em idosos e jovens. A ingestão crônica de superdose de medicamentos contendo antranoides podem causar hepatite tóxica.

**Em caso de intoxicação ligue para 0800 722 6001, se você precisar de mais orientações sobre como proceder.**

**DIZERES LEGAIS**

Siga corretamente o modo de usar, não desaparecendo os sintomas, procure orientação médica.

MS 1.8326.0328

Farm. Resp.: Mauricio R. Marante CRF-SP nº; 28.847

**Sanofi Medley Farmacêutica Ltda.**

Rua Conde Domingos Papaiz, 413 – Suzano– SP

CNPJ: 10.588.595/0010-92

**Indústria Brasileira**

® Marca Registrada

# NORMATEN FIBER
*Plantago ovata*

## MEDICAMENTO FITOTERÁPICO

**Nomenclatura botânica oficial:** *Plantago ovata* Forsk.
**Nomenclatura popular:** Fibras de Psyllium husk
**Família:** Plantaginaceae
**Parte da planta utilizada:** Casca (epiderme e camadas adjacentes) da semente

## FORMA FARMACÊUTICA E APRESENTAÇÕES:
Pó efervescente para administração por via oral após dissolução em água. Embalagens com 10 envelopes de 5 g.

## VIA ORAL
## USO ADULTO E PEDIÁTRICO ACIMA DE 6 ANOS

## COMPOSIÇÃO
Cada envelope Sabor Abacaxi contém:
Casca da semente de *Plantago ovata* (Psyllium husk) ..... 3,7g
(equivalente à 3,5 g de *Plantago ovata* à 95%)
Excipientes efervescentes q.s.p. ........................ 1 envelope
Excipientes efervescentes: sacarina sódica, aspartamo, bicarbonato de sódio, ácido tartárico, aroma abacaxi e corante amarelo de quinolina.

## INFORMAÇÕES TÉCNICAS AOS PROFISSIONAIS DE SAÚDE
### 1. INDICAÇÕES
Este medicamento destina-se para:

- Constipação intestinal;
- Diarreia;
- Patologias que alternam episódios de diarreia e constipação (intestino irritado, diverticulose);
- Doenças proctológicas que causam dor e desconforto durante a evacuação (hemorroida, fissura e abscesso anal);
- Transtornos gerais da evacuação. Ao reduzir o esforço para evacuação pode reduzir a incidência de agravos das hemorroidas;
- Auxiliar a evacuação no pós-operatório de hemorroidectomia e de quaisquer outros procedimentos cirúrgicos da região anorretal. Empregado rotineiramente após cirurgias de hemorroidectomia reduz a taxa de reinternação por intercorrências previsíveis;
- Promover uma pequena redução do colesterol (cerca de 5%).

### 2. RESULTADOS DE EFICÁCIA
Normaten Fiber pertence à classe dos laxantes incrementadores do bolo intestinal, enquanto modulador intestinal pode ser empregado no tratamento de constipação leve, diarreia funcional e em patologias que cursam com uma ou ambas as condições (síndrome do intestino irritável) (ESCOP, 2003; WICHTL, 2004). É indicado para casos de constipação intestinal crônica ou ocasional, associados ou não à modificação da dieta habitual, viagens, hemorroidas, transtornos emocionais (ESCOP, 2003; WICHTL, 2004). Na Síndrome do Intestino Irritável, o consumo adequado de fibras vegetais auxilia no processo de regularização do hábito evacuatório (ESCOP, 2003; WICHTL, 2004).

No pós-operatório de doenças anorretais e nas patologias específicas como hemorroidas, fissuras, abscesso anal, o consumo de Normaten Fiber promove melhora na consistência das fezes e diminuição do esforço às evacuações (WICHTL, 2004; VANACLOCHA, 2003).

O uso de fibras associado à adequação dietética proporciona alívio da dor, do desconforto intestinal e do número de reinternações pós-operatórias (ESCOP, 2003; WICHTL, 2004).

A nível preventivo, a ingestão adequada de fibras alimentares possibilita redução da incidência e agravação das doenças anorretais (hemorroida, fissura e abscesso anal). Proporciona alívio da dor e desconforto durante a evacuação em pacientes com doenças anorretais (ESCOP, 2003; WICHTL, 2004).

Normaten Fiber juntamente com uma dieta equilibrada promove pequena redução do colesterol (cerca de 5%). Essa ação se deve à redução da reabsorção intestinal do colesterol contido na dieta alimentar, somada à maior excreção fecal de sais biliares ricos em colesterol. Ensaios clínicos demonstram que o uso de cascas da semente do *Plantago ovata* promove uma pequena redução do colesterol total, de cerca de 5%.

Normaten Fiber não contém irritantes da mucosa intestinal, atuando como estimulante dos mecanismos fisiológicos, sem causar dependência ou acomodação.

### 3. CARACTERÍSTICAS FARMACOLÓGICAS
**Características químicas e farmacológicas:**

A casca da semente de *Plantago ovata* contém 85% de ácido arabinoxilanos, pequena porcentagem de ramnose e ácido galacturônico. A atividade terapêutica é decorrente da fibra dietética, altamente solúvel, que constitui seu princípio ativo. O mecanismo de ação da fibra ocorre por aumento do volume e grau de hidratação das fezes, contribuindo para a normalização do hábito intestinal.

**Farmacocinética:**

A fibra vegetal do *Plantago ovata* não sofre absorção a nível intestinal. Sendo assim, não é possível determinar as constantes farmacocinéticas que definem os níveis de absorção e metabolização do Normaten Fiber.

Dessa maneira, não é possível detectar sua presença no sangue, fluidos corporais, placenta e leite materno. No intestino, a fibra está exposta à ação fermentativa das bactérias colônicas. A degradação da fibra por essas bactérias resulta na produção de gases e ácidos graxos de cadeia curta, podendo ocorrer uma pequena absorção desses ácidos.

**Farmacodinâmica:**

A atividade terapêutica de Normaten Fiber é decorrente da fibra vegetal, altamente solúvel. A grande quantidade de mucilagem presente na casca da semente de *Plantago ovata* promove retenção de água e aumento do volume e redução da consistência do bolo fecal. A soma desses fatores favorece a produção de movimentos peristálticos, que facilitam a eliminação fisiológica das fezes sem causar irritação intestinal (ESCOP, 2003; WICHTL, 2004).

Nos casos de diarreia a mucilagem presente no Normaten Fiber absorve e retém água do trato gastrointestinal permitindo ajustar a consistência das fezes, normalizando a função intestinal e aliviando os sintomas diarreicos (ESCOP, 2003; WICHTL, 2004).

Alguns tipos de fibras, incluindo a presente na casca da semente de *Plantago ovata*, juntamente com uma dieta equilibrada, oferecem discreta redução do colesterol. Esse efeito deve-se ao fato de o Normaten Fiber reduzir a reabsorção intestinal e aumentar a excreção fecal de ácidos biliares ricos em colesterol (ESCOP, 2003; WICHTL, 2004).

## 4. CONTRAINDICAÇÕES

Normaten Fiber não deve ser administrado em casos de obstrução intestinal, dores abdominais de origem desconhecida, náuseas, vômitos, hipersensibilidade ao *Plantago ovata* ou algum componente da formulação. Não administrar juntamente com antidiarreicos e produtos inibidores da motilidade intestinal (difenoxilato, loperamida, opiáceos etc.) devido ao risco de obstrução intestinal.

Não use este medicamento em caso de doenças intestinais graves.

Este produto não deve ser administrado em pacientes diabéticos com dificuldades no ajuste de insulina.

**Este medicamento é contraindicado para menores de 6 anos.**

**Gravidez e lactação:**

Informe ao seu médico a ocorrência de gravidez durante ou após o tratamento. Apesar de não haver contraindicação formal para uso em gestantes, este medicamento não deve ser utilizado sem a orientação médica.

Informe ao médico se estiver amamentando. Os efeitos do uso de Normaten Fiber no período da lactação não estão completamente elucidados. Como fibras solúveis atuam diretamente no intestino e não são absorvidas a nível intestinal, supõe-se que não atinjam a barreira placentária e o leite materno.

Normaten Fiber é uma formulação de ação local devido ao seu conteúdo em fibras, não sendo digerível e nem absorvível. No entanto, a fibra solúvel presente na formulação adsorve substâncias orgânicas, inorgânicas e minerais. Assim, para evitar risco de eliminação excessiva dessas substâncias durante a gestação, não se recomenda ultrapassar as doses prescritas.

**De acordo com a categoria de risco de fármacos destinados às mulheres grávidas, este medicamento apresenta categoria de risco B.**

**Este medicamento não deve ser utilizado por mulheres grávidas sem orientação médica ou do cirurgião-dentista.**

## 5. ADVERTÊNCIAS E PRECAUÇÕES

Normaten Fiber não deve ser administrado em casos de obstrução intestinal, dores abdominais de origem desconhecida, náuseas, vômitos ou hipersensibilidade ao *Plantago ovata* ou algum componente da formulação.

Cada envelope de Normaten Fiber contém aproximadamente 219,88 mg de sódio, portanto deve ser administrado com cautela a pacientes em dietas hipossódicas.

A inalação acidental do pó de Psyllium pode provocar reações alérgicas como rinite, conjuntivite, urticária e asma em pacientes hipersensíveis.

Durante o tratamento, recomenda-se a ingestão de 1 a 2 litros de água por dia.

Normaten Fiber não deve ser utilizado sem diluição em líquidos. Deve-se ressaltar a importância de uma hidratação adequada durante o tratamento, especialmente se o medicamento foi inadequadamente ingerido sem prévia dissolução em água.

A medicação deverá ser ingerida durante ou após as refeições. Seguir a orientação médica, respeitando sempre os horários, modo de uso, doses e a duração do tratamento.

Recomenda-se suspender o medicamento em casos de manifestações alérgicas, obstrução intestinal, diarreia persistente, náuseas, vômitos, comprometimento do estado nutricional e fortes dores abdominais que surgiram após o início da terapia. Informe ao médico imediatamente.

Fibras vegetais solúveis não promovem efeito laxativo imediato e sim uma regularização do trânsito intestinal. Informe ao seu médico a ocorrência de gravidez durante ou após o tratamento. Apesar de não haver contraindicação formal para uso em gestantes, este medicamento não deve ser utilizado sem a orientação médica.

Informe ao médico se estiver amamentando. Os efeitos do uso de Normaten Fiber no período da lactação não estão completamente elucidados. Como fibras solúveis atuam diretamente no intestino e não são absorvidas a nível intestinal, supõe-se que não atinjam a barreira placentária e o leite materno.

Normaten Fiber é uma formulação de ação local devido ao seu conteúdo em fibras, não sendo digerível e nem absorvível. No entanto, a fibra solúvel presente na formulação adsorve substâncias orgânicas, inorgânicas e minerais. Assim para evitar risco de eliminação excessiva dessas substâncias durante a gestação, não se recomenda ultrapassar as doses prescritas.

Este produto não deve ser administrado em pacientes diabéticos com dificuldades no ajuste de insulina.

**De acordo com a categoria de risco de fármacos destinados às mulheres grávidas, este medicamento apresenta categoria de risco B.**

**Este medicamento não deve ser utilizado por mulheres grávidas sem orientação médica ou do cirurgião-dentista.**

**Atenção fenilcetonúricos: contém fenilalanina.**

## 6. INTERAÇÕES MEDICAMENTOSAS

**Interações medicamento-medicamento:**

A administração conjunta a pacientes em tratamento com digitálicos, derivados de cumarinas, carbamazepina e sais de lítio não é recomendada, pois a fibra poderá dificultar a absorção desses medicamentos. Nos casos em que a associação é necessária, esses fármacos devem ser administrados no mínimo 2 horas antes da ingestão de Normaten Fiber para evitar alteração de absorção e, consequentemente, do efeito terapêutico.

Normaten Fiber não deve ser associado com antidiarreicos e produtos inibidores da motilidade intestinal pelo risco de causar obstrução intestinal.

A administração de cascas de sementes de *Plantago ovata* pode aumentar a farmacocinética de medicamentos antiparkinsonianos (levodopa, carbidopa).

**Interações medicamento-alimento:**

Normaten Fiber pode reduzir a absorção intestinal de cálcio, zinco, cobre, ferro, magnésio e vitamina B12.

**Interações medicamento-doença:**

Em caso de pacientes diabéticos, o uso de Normaten Fiber concomitantemente com medicamentos antidiabéticos, pode aumentar o risco de quadros hipoglicemiantes. Normaten Fiber retarda a absorção de glicose, portanto poderá ser necessário ajustar ou reduzir a dose de medicamentos hipoglicemiantes.

## 7. CUIDADOS DE ARMAZENAMENTO DO MEDICAMENTO

Conservar em temperatura ambiente (temperatura entre 15° e 30°C), dentro de sua embalagem original, e protegida da umidade.

O prazo de validade é de 24 meses e está indicado na embalagem externa do produto.

**Número de lote e datas de fabricação e validade: vide embalagem.**

**Não use medicamento com o prazo de validade vencido. Guarde-o em sua embalagem original.**

**Características físicas e organolépticas:**

Pó efervescente de leve coloração amarela e com sabor característico de abacaxi.

Após diluição em água, caso não seja administrado imediatamente, o produto tende a enrijecer devido à alta concentração de mucilagem nas cascas de semente de *Plantago ovata*.

Antes de usar, observe o aspecto do medicamento.

Todo medicamento deve ser mantido fora do alcance das crianças.

## 8. POSOLOGIA E MODO DE USAR

**Adultos e crianças acima de 12 anos:**

1 (um) envelope dissolvido em aproximadamente 150 mL de água fria, 1 a 3 vezes por dia.

**Crianças entre 6 a 12 anos:**

Meio envelope dissolvido em aproximadamente 80 mL de água fria, 1 a 3 vezes por dia.

**Pacientes idosos:**

Normaten Fiber pode ser prescrito para idosos em condições médicas favoráveis, capazes de ingerir e deglutir. A posologia é idêntica à recomendada para pacientes adultos.

**Recomendações para a administração do produto**
Esvaziar o conteúdo de um envelope em um copo em seguida completar com cerca de 80 ou 150 mL de água fria, dependendo da idade do paciente.

Mexer vigorosamente, com o uso de uma colher, até que a mistura fique uniforme e sem formação de grânulos. Depois de finalizada a leve efervescência, tomar imediatamente. Caso não seja administrado imediatamente, o produto tende a enrijecer.

É recomendado ingerir um copo de água adicional, após a administração do Normaten Fiber. Durante o tratamento, recomenda-se a ingestão de 1 a 2 litros de água por dia. Normaten Fiber não deve ser utilizado sem diluição em líquidos. Deve-se ressaltar a importância de uma hidratação adequada durante o tratamento, especialmente se o medicamento foi inadequadamente ingerido sem prévia dissolução em água.

A medicação deverá ser ingerida durante ou após as refeições.

**Modo de usar:**

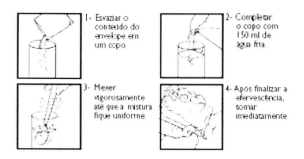

Recomenda-se ingerir um copo de água adicional, após a ingestão de Normaten Fiber.

Não exceder a quantia de 15 g (3 envelopes) de Normaten Fiber ao dia sem orientação médica.

Antes da utilização, verificar se há antecedentes alérgicos, especialmente aos componentes da formulação.

**Uso exclusivo por Via Oral**

## 9. REAÇÕES ADVERSAS

Reações adversas referentes ao uso de Normaten Fiber são geralmente incomuns, pouco intensas e reversíveis: meteorismo, desconforto abdominal suportável, fezes amolecidas, discreta plenitude gástrica. Relatos de parada de eliminação das fezes, vômitos, diarreia e cólicas fortes devem ser avaliados com cautela. No período adaptativo, que inclui as duas primeiras semanas de uso do Normaten Fiber, podem surgir alterações leves e reversíveis do hábito intestinal, com aumento dos gases intestinais e discreta sensação de plenitude gástrica.

**Em casos de eventos adversos, notifique ao Sistema de Notificações em Vigilância Sanitária – Notivisa, disponível em http://www.anvisa.gov.br/notivisa/frmlogin.asp, ou para a Vigilância Sanitária Estadual ou Municipal.**

## 10. SUPERDOSE

Não foram descritos casos de intoxicação por superdose em virtude do princípio ativo desta formulação não ser absorvido no intestino. No entanto, em caso de ingestão excessiva, podem ocorrer sintomas referentes à ação local do fármaco: inapetência, náuseas, vômitos, plenitude gástrica, dores epigástricas, obstrução intestinal, diarreia com possibilidade de desidratação e redução da absorção de alguns nutrientes.

**Em caso de intoxicação ligue para 0800 722 6001, se você precisar de mais orientações.**

## DIZERES LEGAIS

Registro M.S.: 1.0155.0244

Responsável técnico: Regina Helena Vieira de Souza Marques CRF/SP – 6.394

**Embalado por:** Mappel Indústria de Embalagens Ltda.
Rua Miro Vetorazzo, 1619 – São Bernardo do Campo/SP – CEP: 09820-135
CNPJ: 01.233.103/0001-64
Industria Brasileira

**Registrado por:** Marjan Indústria e Comércio Ltda.
Rua Gibraltar, 165/195 – São Paulo/SP – CEP: 04755-070
CNPJ: 60.726.692\0001-81
Indústria Brasileira
Atendimento ao Consumidor: 0800-554545
www.marjan.com.br

## VENDA SEM PRESCRIÇÃO MÉDICA

## OLINA ESSÊNCIA DE VIDA®

Extrato mole de *Gentiana lutea* (rizoma e raiz); Extrato fluido de *Aloe ferox* (suco dessecado das folhas).

**Forma Farmacêutica:**
SOLUÇÃO ORAL
Extrato mole de *Gentiana lutea* (4,0mg/mL); Extrato fluido de *Aloe ferox* (0,18mL/mL).

**Apresentações:**
Frasco de vidro âmbar de 100 mL;
Frasco de vidro âmbar de 60 mL;
Flaconete de 15 mL

**USO ORAL USO ADULTO**

**Composição: .**
Cada mL do produto contém:
Extrato mole de *Gentiana lutea*, rizoma e raiz (20,7 – 25,30 mg/g de gentiopicrosídeo) ........................................4,00 mg
Extrato fluido de *Aloe ferox*, suco dessecado das folhas (9,00 – 11,00 mg/mL de Aloína) ............................ 0,18 mL
Veículo q.s.p. ............................................................... 1,00 mL
Composição do veículo: *Angelica archangelica*, *Alpinia officinarum*, *Rheum palmatum*, *Commiphora myrrha*, *Cinnamomum zeylanicum*, glicerol, sorbitol, citrato de sódio, metilparabeno, álcool etílico, corante, sacarose e água purificada.
Olina contém: 89,00 µg/mL de gentiopicrosídeo, 1,80 mg/mL de aloína.

**INFORMAÇÕES TÉCNICAS AOS PROFISSIONAIS DE SAÚDE:**
**1. INDICAÇÕES:**
OLINA Essência de Vida® é um auxiliar digestivo destinado ao tratamento dos sintomas da má digestão (CID K30) e constipação intestinal ocasional de origem inespecífica (CID K59.0), indicado em casos de má digestão causada por excessos alimentares. Por ser um laxante suave, é indicado em casos de constipação intestinal ocasional de origem inespecífica (prisão de ventre).

**2. RESULTADOS DE EFICÁCIA:**
Na conclusão do Estudo Farmacológico Clínico, conduzido com 28 voluntários de ambos os sexos, todos os voluntários (100%) relataram melhora das funções digestivas, sendo que 7 (24,5% dos voluntários) reportaram efeito laxante, constatado através do aumento da frequência e facilitação das evacuações, com uma dose de 15 mL. A dieta dos voluntários não teve qualquer restrição durante o estudo. Ao final do estudo constatou-se que OLINA Essência de Vida®, nas doses recomendadas é eficaz no tratamento dos distúrbios digestivos de ordem dispéptica, bem como pode ser indicada nos casos de constipação intestinal ocasional de origem inespecífica. A dose testada no estudo clínico foi de 15 mL em adultos (DEUD JOSÉ, J.J., Estudo Farmacológico OLINA Essência de Vida®).

**3. CARACTERÍSTICAS FARMACOLÓGICAS:**
OLINA é composta pela associação dos extratos vegetais de *Aloe ferox* (aloe) e *Gentiana lutea* (genciana). Em estudos de Farmacologia pré-clínica OLINA, nas doses indicadas, estimula as secreções gástricas, apresenta um aumento do volume do suco gástrico, do conteúdo de muco proteínas e carboidratos, assim como a atividade proteolítica, facilitando a ação digestiva. Nos ensaios de farmacologia clínica evidenciou-se o aumento das secreções gástricas facilitando a digestão. Constatou-se também um efeito laxante, sem ocorrência de cólicas, nas doses indicadas.

**4. CONTRAINDICAÇÕES:**
Não deve ser usado por mães que estão amamentando, pois algumas substâncias passam através do leite.
**Este medicamento é contraindicado para uso por pacientes em recuperação alcoólica por conter álcool em sua formulação.**
**Este medicamento é contraindicado para uso por pacientes com hipersensibilidade aos componentes da fórmula.**
**Este medicamento é contraindicado para menores de 12 anos de idade.**
OLINA Essência de Vida® está classificada na categoria de risco B de acordo com o GUIA PARA FRASES DE ALERTA ASSOCIADAS A CATEGORIAS DE RISCO DE FÁRMACOS DESTINADOS ÀS MULHERES GRÁVIDAS. Os estudos em animais não demonstraram risco fetal, porém não há estudos controlados em mulheres grávidas. **Este medicamento não deve ser utilizado por mulheres grávidas sem orientação médica ou do cirurgião-dentista.**
Este medicamento é contraindicado nos casos de constipação crônica, abdômen agudo, dor abdominal, doenças inflamatórias intestinais agudas (colites, Doença de Chron),

obstrução intestinal, apendicite, dor abdominal de origem desconhecida e desordens renais.

## 5. ADVERTÊNCIAS E PRECAUÇÕES:
Não deve ser usado por mães que estão amamentando, pois algumas substâncias passam através do leite. A urina pode tornar-se colorida pelo uso de OLINA devido à presença de substâncias coloridas no Aloe e no Ruibarbo.

Os laxantes estimulantes não devem ser tomados por mais de 1 – 2 semanas sem orientação médica. O uso de laxantes por tempo maior do que o recomendado pode causar lentidão intestinal. O uso prolongado leva a perda de eletrólitos, em particular íons potássio, podendo ocorrer hipocalemia, hiperaldosteronismo, albuminúria, hematúria, inibição da motilidade intestinal e fraqueza muscular. O uso prolongado leva a inflamação crônica da mucosa, com acúmulo de pigmentos melânicos em leucócitos e apoptose de células do cólon. As lesões pigmentadas de pseudomelanose coli desaparecem com a interrupção do tratamento.

**Este medicamento é contraindicado para menores de 12 anos de idade.**

OLINA Essência de Vida® está classificada na categoria de risco B de acordo com o GUIA PARA FRASES DE ALERTA ASSOCIADAS A CATEGORIAS DE RISCO DE FÁRMACOS DESTINADOS ÀS MULHERES GRÁVIDAS. Os estudos em animais não demonstraram risco fetal, porém não há estudos controlados em mulheres grávidas. **Este medicamento não deve ser utilizado por mulheres grávidas sem orientação médica ou do cirurgião-dentista. Este medicamento contém SACAROSE**

**Este medicamento contém ÁLCOOL no teor de 37ºGL.**

Em caso de superdose poderá ocorrer à diminuição da capacidade de dirigir veículos e de operar máquinas. Uso em idosos: Não existe nenhuma recomendação especial para o uso do produto em pacientes idosos.

## 6. INTERAÇÕES MEDICAMENTOSAS:
Considerar a quantidade de álcool ingerida, pois cada dose de 15 mL do produto contém cerca de 5,6 mL de álcool etílico, fazendo com que, dependendo da dose ingerida, ocorra a interação desta substância com outros medicamentos ou alterações em exames laboratoriais.

Não há relatos de interações com alimentos.

A perda de potássio, resultante do uso prolongado, pode potencializar a toxicidade dos digitálicos e as arritmias, quando administrado concomitantemente com drogas antiarrítmicas. A interação com diuréticos tiazídicos, esteroides corticoadrenais e raiz de alcaçuz pode aumentar a depleção de potássio. Laxativos estimulantes podem reduzir o trânsito intestinal e a absorção de outros medicamentos administrados ao mesmo tempo.

## 7. CUIDADOS DE ARMAZENAMENTO DO MEDICAMENTO:
Frascos de vidro âmbar de 60 e 100 mL: Conservar em local seco, 15 a 30ºC, ao abrigo da luz. Observada a forma correta de armazenagem, a validade é de 36 meses a partir da data de fabricação.

Flaconete 15mL: Conservar em local seco, 15 a 30ºC, ao abrigo da luz.

Observada a forma correta de armazenagem, a validade é de 24 meses a partir da data de fabricação.

**Número de lote e datas de fabricação e validade: vide embalagem.**

**Não use o medicamento com prazo de validade vencido. Para sua segurança mantenha o medicamento em sua embalagem original.**

OLINA é um líquido de cor escura, sabor amargo, odor acre e característico de álcool etílico. Em função de presença de extratos vegetais, OLINA pode sofrer pequenas variações em seu sabor, sem comprometimento de seu efeito terapêutico.

**Antes de usar observe o aspecto do medicamento.**
**Todo medicamento deve ser mantido fora do alcance das crianças.**

## 8. POSOLOGIA E MODO DE USAR:
**Frascos âmbar de 60 e 100 mL:** Como digestivo, tomar uma colher de sopa (15 mL) de OLINA uma vez ao dia, via oral, pura ou diluída em um pequeno volume de água (cerca de 50 ml). Em casos de constipação intestinal ocasional de origem inespecífica (prisão de ventre), tomar uma colher de sopa (15 mL), via oral antes de dormir.

**Flaconete 15 mL**: Como digestivo, tomar um flaconete de OLINA uma vez ao dia, via oral, pura ou diluída em um pequeno volume de água (cerca de 50 mL). Em casos de constipação intestinal ocasional de origem não específica (prisão de ventre), tomar um flaconete de 15 mL, via oral antes de dormir.

O limite máximo de uso diário é de 15 mL do produto.

## 9. REAÇÕES ADVERSAS
Ainda não foram relatadas reações adversas referentes ao uso de OLINA, não sendo conhecidas, portanto, a intensidade e a frequência destas.

Em relação as suas substâncias ativas são conhecidas algumas reações adversas, relatadas a seguir:

Reação comum (ocorre entre 1 a 10% dos pacientes que utilizam este medicamento): cólicas gastrointestinais.

Reação rara (ocorre entre 0,01% a 0,1% dos pacientes que utilizam este medicamento): diminuição da motilidade intestinal (associando ao uso prolongado) e arritmias cardíacas.

**Em casos de eventos adversos, notifique ao Sistema de Notificações em Vigilância Sanitária – Notivisa, disponível em http://www.anvisa.gov.br/hotsite/notivisa/index.htm, ou para a Vigilância Sanitária Estadual ou Municipal."**

## 10. SUPERDOSE:

Poderá ser observado um efeito mais acentuado do Aloe, podendo ocasionar cólicas e diarreia. Considerar a quantidade de álcool ingerida, pois cada dose de 15 mL do produto contém cerca de 5,6 mL de álcool etílico, fazendo com que, dependendo da dose ingerida, o paciente apresente sintomas de intoxicação por etanol (embriaguez). Nesses casos é recomendado não operar máquinas ou dirigir veículos automotores.

Em caso de ingestão de quantidade maior do que a indicada recomendam-se reidratação oral e repouso.

**Em caso de intoxicação ligue para 0800 722 6001, se precisar de mais orientações sobre como proceder.**

### DIZERES LEGAIS
Reg. MS n° 1.0299.0002
Farm. Responsável: Vinicius A. Predebon CRF-RS n° 6975
**LABORATÓRIO WESP LTDA.**
Rua Conde de Porto Alegre, 320, Bairro Floresta, Porto Alegre, RS, CEP 90220-210.
CNPJ: 92.690.999/0001-66
**INDÚSTRIA BRASILEIRA**
SAC: (51) 3012 6053

# P

## PASALIX®
*Passiflora incarnata* L., *Crataegus oxyacantha* L., *Salix alba* L.

### MEDICAMENTO FITOTERÁPICO

Parte da planta utilizada: partes aéreas (*Passiflora incarnata* L. e *Crataegus oxyacantha* L.) e cascas (*Salix alba* L.).

### APRESENTAÇÃO
Comprimidos revestidos em embalagem com 20 comprimidos

### USO ORAL
### USO ADULTO ACIMA DE 12 ANOS

### COMPOSIÇÃO
Cada comprimido revestido contém:
Extrato seco de *Passiflora incarnata* L. ...................100mg
Extrato seco de *Crataegus oxyacantha* L. .................30mg
Extrato seco de *Salix alba* L. .....................................100mg
Excipientes: lactose, celulose microcristalina, amidoglicolato de sódio, talco, estearato de magnésio, corante la. amarelo, dióxido de titânio, dióxido de silício, copolímero ácido metacrílico, polietilenoglicol, polissorbato, simeticone e trietilcitrato.

### INFORMAÇÕES TÉCNICAS AOS PROFISSIONAIS DE SAÚDE
#### 1. INDICAÇÕES
Pasalix é destinado para o tratamento da ansiedade e da insônia, distúrbios neurovegetativos, enurese de origem não orgânica e irritabilidade.

#### 2. RESULTADOS DE EFICÁCIA
A eficácia e ação dos componentes de associações são avaliadas através de estudos específicos para cada componente, sejam eles *in vivo* ou *in vitro*.

Medicações fitoterápicas têm sido utilizadas mundialmente como opção terapêutica para o tratamento da ansiedade, mostrando-se seguras e eficazes.

Os alcaloides presentes na *Passiflora incarnata* L. são beta-carbolinas (derivados da serotonina e do triptofano) normalmente presentes no organismo. São inibidores da enzima monoaminoxidase (MAO), e apresentam ação agonista com os receptores GABA e benzodiazepínicos (Ghedira 2007).

O flavonoide crisina tem sido considerado importante para a ação depressora no sistema nervoso central (Kamaldeep 2004).

Estudos pré-clínicos têm demonstrado redução da atividade motora, aumento do tempo do sono, elevação do limiar nociceptivo e produção de ação ansiolítica em camundongos, reduzindo a atividade geral em rato. (Kamaldeep 2004; Kamaldeep 2001; Ghedira 2007; Kamaldeep 2001). Em camundongos, a *Passiflora incarnata* L. foi capaz de reverter a dependência à morfina (Kamaldeep 2002). *Crataegus Oxyacantha* tem ação sedativa no sistema nervoso central (Della 1981; Loggia 1983), ação cardiotônica e hipotensora leves (Alonso 2007).

*Salix alba* apresenta ação analgésica, antipirética e anti-inflamatória por bloqueio da produção de prostaglandinas (Chrubasik 2000; Schimd 2001; Krivoy 2001; Wagner 2003; Fiebich 2003; Fiebich 2004).

## 3. CARACTERÍSTICAS FARMACOLÓGICAS

Pasalix é constituído por extratos de três plantas medicinais tradicionalmente usadas de forma isolada:

*Passiflora incarnata*

Princípios ativos: *Passiflora incarnata* L é uma planta herbácea, cujos constituintes do extrato são:

- flavonoides: apigenina, luteolina, quercetina, crisina, kaempferol, isovitexina, orientina, dentre outros;
- alcaloides: harmana, harmol, harmina, harmalol e harmalina;
- miscelânea: glicosídeos cianogênicos, oxicumarina, maltol e etilmaltol, óleo essencial, ginecardine e 21 aminoácidos.

**Ações no SNC:** Atua eficazmente na insônia e na hiperexcitabilidade nervosa induzindo ao sono próximo do fisiológico. O despertar após o uso da *P. incarnata* L. é rápido e completo.

**Ações no Sistema Nervoso Parassimpático:** tem uma ação anticolinérgica, bloqueando os efeitos da pilocarpina sobre a musculatura lisa intestinal. Essa ação atropínica pode aumentar a capacidade vesical e retardar o reflexo de micção. Além disso, esse bloqueio muscarínico pode ser útil na proteção da broncoconstrição de origem colinérgica.

*Crataegus oxyacantha*

**Princípios ativos:** *Crataegus Oxyacantha* L. é um arbusto nativo da Europa, cujos constituintes são (Rigelsky 2002): flavonoides (hiperoside, quercetin, quercitrin, hiperine); aminas biogênicas; derivados terpênicos; histamina; tanino; vitamina C.

**Ações no sistema nervoso simpático:** ação simpatolítica que, dependendo da dose administrada, pode produzir um efeito comparável a uma simpatectomia. Tem ação vasodilatadora direta, pois esse efeito se manifesta mesmo quando o vago está bloqueado. A ação simpatolítica pode influenciar a motilidade intestinal produzindo um aumento do número de evacuações, favorecendo algumas vezes o aparecimento de fezes líquidas.

**Efeitos Cardiovasculares:** tem ação cronotrópica e dromotrópica negativa nas fibras musculares cardíacas. Tem, portanto, uma ação bradicardizante e coronário-dilatadora, podendo melhorar o rendimento cardíaco.

**Efeito no Fluxo Plasmático Renal:** produz uma diminuição do fluxo plasmático renal, o que pode acarretar uma baixa taxa de filtração glomerular, reduzindo o volume urinário final, favorecendo a retenção líquida poucas horas após sua administração.

**Efeitos no SNC:** tem ação sedativa sobre o SNC, o que auxilia o controle da hipertensão associada a componentes emocionais importantes.

*Salix alba*

**Princípios ativos:** *Salix alba* L., também conhecido como salgueiro branco, **apresenta como constituintes:** flavonoides; taninos e salicilatos. A salicina e a saligenina possuem identidade química incontestável com o ácido salicílico.

**Ações periféricas:** tem ação analgésica, antipirética e anti-inflamatória.

**Ações no SNC:** permite um controle da hiperexcitabilidade nervosa.

**Ações antiespasmódicas:** é útil no tratamento das cólicas, principalmente daquelas que se originam por uma liberação de prostaglandinas, como ocorre nas dismenorreias.

## 4. CONTRAINDICAÇÕES

Este medicamento é contraindicado a pacientes que apresentam hipersensibilidade ao látex (reação cruzada com *Passiflora incarnata*) ou a qualquer outro componente da formulação.

Não aconselhamos o uso deste medicamento em pacientes com alergia ao ácido acetilsalicílico apesar de não haver referência na literatura quanto à possibilidade de hipersensibilidade ao *Salix alba* nesses pacientes.

Devido à presença do *Salix alba*, deve-se evitar a prescrição para pacientes com úlceras gastrintestinais, déficits de coagulação, hemorragias ativas e pacientes em tratamento com derivados de ácido acetilsalicílico ou anticoagulantes.

**Este medicamento é contraindicado para menores de 12 anos.**

*Passiflora incarnata* não deve ser usada durante a gravidez, pois possui substâncias em seu extrato que causam aumento da contração uterina.

A segurança do *Salix alba* durante a gravidez e lactação não foi estabelecida. Um dos componentes do extrato de *Salix alba*, o salicilato é excretado no leite materno e tem sido relatado como causa de erupções cutâneas maculares em bebês amamentados.

Verificou-se, em modelo animais, que o *Crataegus oxyacantha* também pode causar contrações uterinas. Não há informação disponível sobre o seu uso em humanos durante a gravidez.

Estudos *in vivo* e *in vitro* mostraram redução do tônus e motilidade uterinos durante o trabalho de parto, motivo pelo qual não é aconselhável o uso de *Crataegus oxyacantha* durante a gestação.

De acordo com a categoria de risco de fármacos destinados às mulheres grávidas, este medicamento apresenta categoria de risco C.

**Este medicamento não deve ser utilizado por mulheres grávidas sem orientação médica ou do cirurgião-dentista.**

## 5. ADVERTÊNCIAS E PRECAUÇÕES

Em caso de hipersensibilidade ao produto, recomenda-se descontinuar o uso. Não ingerir doses maiores do que as recomendadas.

A habilidade para dirigir veículos ou operar máquinas pode estar prejudicada.

Não há restrições específicas para o uso de Pasalix em idosos e grupos especiais, desde que observadas as contraindicações e advertências comuns ao medicamento.

**Este medicamento é contraindicado para menores de 12 anos.**

Não existem dados disponíveis com a associação dos 3 princípios ativos nas grávidas e lactantes. Porém um componente de Pasalix, *Salix alba*, possui identidade química com o ácido acetilsalicílico que é contraindicado na gravidez e amamentação. Redução do tônus e motilidade uterinos *in vivo* e *in vitro* têm sido documentados com extrato de *Crataegus oxyacantha*, não devendo ser utilizado na gravidez e lactação. Os alcaloides contidos na Passiflora estimulam a atividade uterina em estudos animais. Em vista disso, seu uso em excesso durante a gravidez e a lactação deverá ser evitado.

Devido à presença do *Salix alba*, deve-se evitar a prescrição para pacientes com úlceras gastrointestinais, déficits de coagulação, hemorragias ativas ou pacientes em tratamento com derivados do ácido acetilsalicílico ou anticoagulantes. Os estudos em animais com a administração de *Crataegus oxyacantha* não demonstrou efeitos mutagênico ou teratogênico.

De acordo com a categoria de risco de fármacos destinados às mulheres grávidas, este medicamento apresenta categoria de risco C.

**Este medicamento não deve ser utilizado por mulheres grávidas sem orientação médica ou do cirurgião-dentista.**

**Este medicamento contém LACTOSE.**

## 6. INTERAÇÕES MEDICAMENTOSAS

**Interação Pasalix – Medicamento**

O uso concomitante de *Passiflora incarnata* e benzodiazepínicos ou barbitúricos pode resultar em aumento da depressão do SNC. O uso concomitante de *Passiflora incarnata* e varfarina ou agentes plaquetários pode, teoricamente, resultar em aumento da potência do anticoagulante.

O uso concomitante de *Crataegus oxyacantha* e drogas cardiovasculares pode causar complicações cardiovasculares.

O uso concomitante de *Salix alba* e derivados do ácido acetilsalicílico ou anticoagulantes devem ser evitados por haver a possibilidade de elevar a concentração do ácido acetilsalicílico no sangue superior à recomendada e pelo efeito irritante ao trato gastrintestinal característico do fármaco.

**Interações medicamentosas listadas para *Salix alba* incluem os fármacos:** anticoagulantes orais, metotrexato, metoclopramida, fenitoína, probenecida, espironolactona e valproato.

Doses excessivas de *Passiflora incarnata* podem potencializar os efeitos dos inibidores da MAO.

**Interação Pasalix – Suplementos**

O uso concomitante de *Salix alba* e suplemento contendo ferro pode provocar a formação de um complexo entre o ferro e os taninos presentes no extrato da *Salix alba*, atrapalhando a absorção do mineral.

## 7. CUIDADOS DE ARMAZENAMENTO DO MEDICAMENTO

Conservar o medicamento em temperatura ambiente (entre 15°C e 30°C). Proteger da luz e umidade. Este medicamento tem validade de 36 meses a partir da data de sua fabricação.

**Número de lote e datas de fabricação e validade: vide embalagem.**
**Não use medicamento com prazo de validade vencido. Para sua segurança, mantenha o medicamento na embalagem original.**
Os comprimidos revestidos de Pasalix são redondos, de coloração laranja.
**Antes de usar, observe o aspecto do medicamento.**
**Todo medicamento deve ser mantido fora do alcance das crianças.**

### 8. POSOLOGIA E MODO DE USAR

Uso Oral. Os comprimidos revestidos devem ser ingeridos inteiros e sem mastigar com quantidade suficiente de água para que sejam deglutidos.
**Posologia:** 1 a 2 comprimidos revestidos, 1 ou 2 vezes ao dia.
Utilizar apenas a via oral. O uso deste medicamento por outra via, que não a oral, pode causar a perda do efeito esperado ou mesmo promover danos ao seu usuário.
**Este medicamento não deve ser partido, aberto ou mastigado.**

### 9. REAÇÕES ADVERSAS

As reações adversas abaixo foram classificadas por ordem de frequência, usando a seguinte convenção:

- Muito comum (maior que 10%);
- Comum (entre 1% e 10%);
- Incomum. (entre 0,1% e 1%);
- Rara (entre 0,01% e 0,1%);
- Muito rara (menor que 0,01%).

**Distúrbios Cardiovasculares e Respiratórios**
Comuns: palpitações.
Incomuns: taquicardia e dispneia.
**Distúrbios Gastrintestinais**
Comuns: dor de estômago e náuseas. Incomuns: gastroenterite e flatulência.
**Distúrbios Inespecíficos**
Comuns: sudorese e prurido.
**Distúrbios do Sistema Nervoso**
Comuns: sedação, tontura e vertigem.
Muito rara: alteração do nível de consciência.
Há um relato de um caso de reação de hipersensibilidade resultando em urticária e vasculite cutânea atribuída ao uso de comprimidos à base de extrato de *Passiflora incarnata*.

Há relatos de bradicardia e alterações do eletrocardiograma, incluindo QT prolongado e episódios não sustentados de taquicardia ventricular.
Em casos de eventos adversos, notifique ao Sistema de Notificações em Vigilância Sanitária – Notivisa, disponível em www.anvisa.gov.br/hotsite/notivisa/index.htm, ou para Vigilância Sanitária Estadual ou Municipal.

### 10. SUPERDOSE

Os sintomas de toxicidade aguda observados em animais que receberam *Crataegus oxyacantha* foram bradicardia e depressão respiratória, podendo levar à parada cardíaca com paralisia respiratória. Altas doses de *Passiflora incarnata* causam redução da atividade motora, diminuição da frequência respiratória e cardíaca e arritmias cardíacas. Além disso, excessivas doses de *Passiflora incarnata* podem levar à sedação e potencializar os efeitos de inibidores da MAO.
Os sinais de toxicidade associados com *Salix alba* podem ser irritação gástrica e renal, sangramento nas fezes, zumbido, náuseas e vômitos.
**Em caso de intoxicação ligue para 0800 722 6001, se você precisar de mais orientações sobre como proceder.**

**DIZERES LEGAIS**
Reg. M.S. nº: 1.0155.0098
Farmacêutica Responsável: Regina Helena Vieira de Souza Marques CRF/SP nº 6394
Registrado e Fabricado por: Marjan Indústria e Comércio Ltda.
Rua Gibraltar, 165 • Santo Amaro – São Paulo/SP • CEP: 04755-070
CNPJ: 60.726.692/0001-81
**Indústria Brasileira**
SAC 0800 55 45 45

_____

# PASALIX® PI
*Passiflora incarnata*

### MEDICAMENTO FITOTERÁPICO

**Nomenclatura botânica oficial:** *Passiflora incarnata* L.
**Nomenclatura popular:** Passiflora, Flor da paixão, Maracujá.
**Família:** Passifloraceae
**Parte da planta utilizada:** Partes aéreas

## APRESENTAÇÃO
Comprimidos revestidos contendo 500 mg de extrato seco de *Passiflora incarnata* L. (padronizado para conter 22,50 mg (4,5%) a 27,50 mg (5,5%) de flavonoides totais expressos em vitexina) em embalagens com 10 e 20 comprimidos.

## VIA ORAL
## USO ADULTO E PEDIÁTRICO ACIMA DE 12 ANOS

## COMPOSIÇÃO
Cada comprimido revestido contém:
Extrato seco de *Passiflora incarnata* padronizado para conter 22,50 mg (4,5%) a 27,50 mg (5,5%) de flavonoides totais expressos em vitexina.......................................500mg
Excipientes: lactose monoidratada, amarelo crepúsculo, laca de alumínio, dióxido de titânio, estearato de magnésio, celulose microcristalina, dióxido de silício (coloidal), amarelo de quinolina, laca de alumínio, croscarmelose sódica, macrogol e talco.

## INFORMAÇÕES AO PACIENTE
## 1. PARA QUE ESTE MEDICAMENTO É INDICADO?
Pasalix® PI é indicado para o tratamento de estados de irritabilidade, agitação nervosa, insônia e desordens da ansiedade.

## 2. COMO ESTE MEDICAMENTO FUNCIONA?
Atua no sistema nervoso central produzindo efeito sedativo, prolongando o período de sono.
Seu médico é a pessoa mais adequada para lhe dar maiores informações sobre o tratamento, siga sempre suas orientações. Não devem ser utilizadas doses superiores às recomendadas.

## 3. QUANDO NÃO DEVO USAR ESTE MEDICAMENTO?
Pacientes com histórico de hipersensibilidade e alergia a qualquer um dos componentes da fórmula não devem fazer uso deste produto.
Mulheres grávidas, ou em fase de amamentação, não deverão fazer uso deste medicamento sem orientação médica.
De acordo com a categoria de risco de fármacos destinados às mulheres grávidas, este medicamento apresenta categoria de risco C.
**Este medicamento não deve ser utilizado por mulheres grávidas sem orientação médica ou do cirurgião-dentista.**
Este medicamento não deve ser utilizado junto a bebidas alcoólicas. Também não deve ser associado a outros medicamentos com efeito sedativo, hipnótico e anti-histamínico.

**Este medicamento é contraindicado para menores de 12 anos.**

## 4. O QUE DEVO SABER ANTES DE USAR ESTE MEDICAMENTO?
Em casos de hipersensibilidade ao produto, recomenda-se descontinuar o uso e consultar o médico.
Não ingerir doses maiores do que as recomendadas. Este medicamento não deverá ser utilizado junto a bebidas alcoólicas, face à potencialização dos seus efeitos.
Pode ocorrer sonolência durante o tratamento. Nesse caso, o paciente não deverá dirigir veículos ou operar máquinas, já que a habilidade e atenção podem ficar reduzidas.
**Durante o tratamento, o paciente não deve dirigir veículos ou operar máquinas, pois sua habilidade e atenção podem estar prejudicados.**
De acordo com a categoria de risco de fármacos destinados às mulheres grávidas, este medicamento apresenta categoria de risco C.
**Este medicamento não deve ser utilizado por mulheres grávidas sem orientação médica ou do cirurgião-dentista.**
Este medicamento potencializa os efeitos sedativos do pentobarbital e hexobarbital, aumentando o tempo de sono de pacientes.
Há indícios de que as cumarinas presentes na espécie vegetal apresentam ação anticoagulante potencial e possivelmente interagem com varfarina, porém não há estudos conclusivos a respeito.
O uso deste medicamento junto a drogas inibidoras da monoamino oxidase (isocarboxazida, fenelzina e tranilcipromina) pode provocar efeito aditivo.
**Este medicamento contém LACTOSE.**
**Informe ao seu médico ou cirurgião-dentista se você está fazendo uso de algum outro medicamento.**

## 5. ONDE, COMO E POR QUANTO TEMPO POSSO GUARDAR ESTE MEDICAMENTO?
Conservar Pasalix® PI em sua embalagem original, protegendo da luz, calor e umidade, em temperatura ambiente (entre 15°C e 30°C). Este medicamento tem validade de 24 meses a partir da data de sua fabricação.
**Número de lote e datas de fabricação e validade: vide embalagem.**
Não use medicamento com prazo de validade vencido.
**Guarde-o em sua embalagem original.**
Os comprimidos revestidos de Pasalix® PI são oblongos, de coloração alaranjada e superfície lisa.

Antes de usar, observe o aspecto do medicamento. Caso ele esteja no prazo de validade e você observe alguma mudança no aspecto, consulte o farmacêutico para saber se poderá utilizá-lo.

Todo medicamento deve ser mantido fora do alcance das crianças.

### 6. COMO DEVO USAR ESTE MEDICAMENTO?

Ingerir 1 a 2 comprimidos revestidos, uma vez ao dia, via oral.

Os comprimidos revestidos devem ser ingeridos inteiros sem mastigar com quantidade suficiente de água para que sejam deglutidas.

Siga corretamente o modo de usar. Em caso de dúvidas sobre este medicamento, procure orientação do farmacêutico. Não desaparecendo os sintomas, procure orientação de seu médico ou cirurgião-dentista.

Este medicamento não deve ser partido, aberto ou mastigado.

### 7. O QUE DEVO FAZER QUANDO EU ME ESQUECER DE USAR ESTE MEDICAMENTO?

Caso haja esquecimento da ingestão de uma dose deste medicamento, retome a posologia prescrita sem a necessidade de suplementação.

Em caso de dúvidas, procure orientação do farmacêutico ou de seu médico, ou cirurgião-dentista.

### 8. QUAIS OS MALES QUE ESTE MEDICAMENTO PODE ME CAUSAR?

Nas doses recomendadas não são conhecidos efeitos adversos ao medicamento. Raramente podem ocorrer reações adversas como náuseas, vômitos, dor de cabeça e taquicardia (aumento da frequência cardíaca).

Doses excessivas poderão provocar sedação prolongada e estados de sonolência.

Informe ao seu médico, cirurgião-dentista ou farmacêutico o aparecimento de reações indesejáveis pelo uso do medicamento. Informe também à empresa através do seu serviço de atendimento.

### 9. O QUE FAZER SE ALGUÉM USAR UMA QUANTIDADE MAIOR DO QUEAINDICADA DESTE MEDICAMENTO?

Alguns dos sintomas de superdosagem são sedação, diminuição da atenção e dos reflexos.

Em caso de superdosagem, suspender o uso, procurar orientação médica de imediato.

Em caso de uso de grande quantidade deste medicamento, procure rapidamente socorro médico e leve a embalagem ou a bula do medicamento, se possível. Ligue para 0800 722 6001, se você precisar de mais orientações.

### DIZERES LEGAIS

Reg. M.S. nº: 1.0155.0246
Farmacêutica Responsável: Regina Helena Vieira de Souza Marques CRF-SP nº 6.394
Marjan Indústria e Comércio Ltda.
Rua Gibraltar, 165 – Santo Amaro – São Paulo/SP
CEP: 04755-070
CNPJ: 60.726.692/0001-81
Indústria Brasileira
SAC 0800 55 45 45

---

## PASSIENE®
*Passiflora incarnata*, Passifloraceae.

### MEDICAMENTO FITOTERÁPICO

### PARTE UTILIZADA
Partes aéreas.

### NOMENCLATURA POPULAR
Passiflora, flor da paixão, maracujá.

### APRESENTAÇÃO
Xarope – Extrato seco das partes aéreas de *Passiflora incarnata* 75 mg – Embalagem com 120 mL.
Acompanha um copo dosador.

### VIA ORAL USO ADULTO COMPOSIÇÃO
Cada mL contém:
extrato seco de *Passiflora incarnata* ...................... 75 mg*;
veículos q.s.p. ............................................................... 1 mL.
(água deionizada, xarope de sacarose, aroma, sorbato de potássio, metilparabeno e propilparabeno)
* equivalente a 1,9 mg de flavonoides totais calculados como vitexina.

### INFORMAÇÕES AO PACIENTE
### PARA QUE ESTE MEDICAMENTO É INDICADO?
Passiene® é indicado para o tratamento da irritabilidade, agitação nervosa, insônia e desordens da ansiedade.

### COMO ESTE MEDICAMENTO FUNCIONA?
Passiene® atua no Sistema Nervoso Central produzindo efeito sedativo, prolongando o período de sono.

Seu médico é a pessoa mais adequada para lhe dar maiores informações sobre o tratamento, siga sempre suas orientações. Não devem ser utilizadas doses superiores às recomendadas.

## QUANDO NÃO DEVO USAR ESTE MEDICAMENTO?

- Hipersensibilidade e alergia a qualquer um dos componentes da fórmula.
- Mulheres grávidas, ou em fase de amamentação, não deverão fazer uso deste medicamento sem orientação médica.
- Este medicamento não deve ser utilizado junto a bebidas alcoólicas. Também não deve ser associado a outros medicamentos com efeito sedativo, hipnótico e anti-histamínico.
- Crianças menores de 12 anos não devem usar este medicamento sem orientação médica.

## O QUE DEVO SABER ANTES DE USAR ESTE MEDICAMENTO?

Precauções e advertências

- Em caso de hipersensibilidade ao produto, recomenda-se descontinuar o uso e consultar o médico.
- Não ingerir doses maiores do que as recomendadas.
- Este medicamento não deverá ser utilizado junto a bebidas alcoólicas, face à potencialização dos seus efeitos.
- Pode ocorrer sonolência durante o tratamento. Nesse caso, o paciente não deverá dirigir veículos ou operar máquinas, já que a habilidade e atenção podem ficar reduzidas.
- De acordo com a categoria de risco de fármacos destinados às mulheres grávidas, este medicamento apresenta categoria de risco C. Este medicamento não deve ser utilizado por mulheres grávidas sem orientação médica ou do cirurgião-dentista.
- Interações medicamentosas
- Este medicamento potencializa os efeitos sedativos do pentobarbital e hexobarbital, aumentando o tempo de sono de pacientes.
- Há indícios de que as cumarinas presentes na espécie vegetal apresentam ação anticoagulante potencial e possivelmente interagem com varfarina, porém não há estudos conclusivos a respeito.
- O uso deste medicamento junto a drogas inibidoras da monoaminoxidase (isocarboxazida, fenelzina e tranilcipromina) pode provocar efeito aditivo.

Atenção diabéticos: contém açúcar.

Informe seu médico ou cirurgião-dentista se você está fazendo uso de algum outro medicamento.

## ONDE, COMO E POR QUANTO TEMPO POSSO GUARDAR ESTE MEDICAMENTO?

Cuidados de conservação

Passiene® deve ser conservado em temperatura ambiente (15 a 30ºC), em sua embalagem original.

Proteger da luz e da umidade.

**Prazo de validade**

24 meses após a data de fabricação impressa no cartucho. Número de lote e datas de fabricação e validade: vide embalagem.

Não use medicamento com o prazo de validade vencido. Guarde-o em sua embalagem original.

**Características físicas**

Líquido de cor marrom.

**Características organolépticas**

Cheiro (odor) característico e sabor de maracujá, levemente amargo.

Antes de usar, observe o aspecto do medicamento. Caso ele esteja no prazo de validade e você observe alguma mudança no aspecto, consulte o farmacêutico para saber se poderá utilizá-lo. Todo medicamento deve ser mantido fora do alcance das crianças.

## COMO DEVO USAR ESTE MEDICAMENTO?

**Modo de usar**

Agitar o produto antes de usar.

**Posologia**

Ingerir 5 mL, via oral, quatro vezes ao dia. A dose diária não deve ultrapassar 33 mL.

O uso contínuo deste medicamento não deve ultrapassar três meses.

Siga corretamente o modo de usar. Em caso de dúvidas sobre este medicamento, procure orientação do farmacêutico. Não desaparecendo os sintomas, procure orientação de seu médico ou cirurgião-dentista.

## O QUE DEVO FAZER QUANDO EU ME ESQUECER DE USAR ESTE MEDICAMENTO?

Caso haja esquecimento da ingestão de uma dose deste medicamento, retomar a posologia prescrita sem a necessidade de suplementação.

Em caso de dúvidas, procure orientação do farmacêutico ou de seu médico, ou cirurgião-dentista.

## QUE MALES ESTE MEDICAMENTO PODE CAUSAR?
**Reações adversas**

Nas doses recomendadas não são conhecidos efeitos adversos ao medicamento. Raramente podem ocorrer reações adversas como náuseas, vômitos, dor de cabeça e taquicardia.

Doses excessivas poderão provocar sedação prolongada e estados de sonolência.

Informe seu médico, cirurgião-dentista ou farmacêutico do aparecimento de reações indesejáveis pelo uso do medicamento. Informe também à empresa através do seu Serviço de Atendimento ao Consumidor.

## O QUE FAZER SE ALGUÉM USAR UMA QUANTIDADE MAIOR DO QUE A INDICADA DESTE MEDICAMENTO?

Alguns dos sintomas de superdosagem são sedação, diminuição da atenção e dos reflexos.

Em caso de superdosagem, suspender o uso e procurar orientação médica de imediato.

Em caso de uso de grande quantidade deste medicamento, procure rapidamente socorro médico e leve a embalagem ou bula do medicamento, se possível. Ligue para 0800 722 6001 se você precisar de mais orientações.

Siga corretamente o modo de usar, não desaparecendo os sintomas procure orientação médica.

## DIZERES LEGAIS

MS: 1.1860.0094

Farmacêutica resp.: Dra. Anny M. Trentini CRF-PR nº 4081.

**Fabricado e Distribuído por:**
HERBARIUM LABORATÓRIO BOTÂNICO LTDA.
Av. Santos Dumont, 1100 • Colombo – PR
CNPJ: 78.950.011/0001-20
**Indústria Brasileira.**

---

# PASSIFLORA KLEIN

**Nomenclatura botânica oficial:** *Passiflora incarnata* L.
**Nomenclatura popular:** Passiflora, Flor da paixão, Maracujá
**Família:** Passifloraceae
**Parte da planta utilizada:** partes aéreas

## APRESENTAÇÕES:

Forma farmacêutica: Líquida (Tintura 1 mL/mL)
Frasco plástico âmbar de 120mL com copo dosador

USO ORAL
USO ADULTO

## COMPOSIÇÃO

Cada 1 mL contém:
Extrato fluido de *Passiflora incarnata* ........................ 1 mL*
*padronizado em 2 mg (0,2%) de flavonoides totais expressos em vitexina.
Veículo: (álcool etílico e água purificada).
Graduação alcoólica final: 25%

## INFORMAÇÕES AO PACIENTE

### 1. PARA QUE ESTE MEDICAMENTO É INDICADO?

Este medicamento é indicado para tratar estados de irritabilidade, agitação nervosa, tratamento de insônia e desordens da ansiedade.

### 2. COMO ESTE MEDICAMENTO FUNCIONA?

Atua no sistema nervoso central produzindo efeito sedativo, prolongando o período de sono.

Seu médico é a pessoa mais adequada para lhe dar maiores informações sobre o tratamento, siga sempre suas orientações. Não devem ser utilizadas doses superiores às recomendadas.

### 3. QUANDO NÃO DEVO USAR ESTE MEDICAMENTO?

Pacientes com histórico de hipersensibilidade e alergia a qualquer um dos componentes da fórmula não devem fazer uso deste produto.

Mulheres grávidas, ou em fase de amamentação, não deverão fazer uso deste medicamento sem orientação médica. **Este medicamento não deve ser utilizado junto a bebidas alcoólicas.** Também não deve ser associado a outros medicamentos com efeito sedativo, hipnótico e anti-histamínico.

**Crianças menores de 12 anos não devem usar este medicamento sem orientação médica.**

### 4. O QUE DEVO SABER ANTES DE USAR ESTE MEDICAMENTO?

Em casos de hipersensibilidade ao produto, recomenda-se descontinuar o uso e consultar o médico.

Não ingerir doses maiores do que as recomendadas.

Este medicamento não deverá ser utilizado junto a bebidas alcoólicas, face à potencialização dos seus efeitos.

Pode ocorrer sonolência durante o tratamento. Nesse caso, o paciente não deverá dirigir veículos ou operar máquinas, já que a habilidade e atenção podem ficar reduzidas. De acordo com a categoria de risco de fármacos destinados às mulheres grávidas, este medicamento apresenta categoria de risco C. **Este medicamento não deve ser utilizado por mulheres grávidas sem orientação médica ou do cirurgião-dentista.** Este medicamento potencializa os efeitos sedativos do pentobarbital e hexobarbital, aumentando o tempo de sono de pacientes.

Há indícios de que as cumarinas presentes na espécie vegetal apresentam ação anticoagulante potencial e possivelmente interagem com varfarina, porém não há estudos conclusivos a respeito. O uso deste medicamento junto a drogas inibidoras da monoamino oxidase (isocarboxazida, fenelzina e tranilcipromina) pode provocar efeito aditivo. **Este medicamento contém ÁLCOOL.**
**Informe ao seu médico ou cirurgião-dentista se você está fazendo uso de algum outro medicamento.**

## 5. ONDE, COMO E POR QUANTO TEMPO POSSO GUARDAR ESTE MEDICAMENTO?

Conservar em temperatura ambiente (entre 15 e 30C). Proteger da luz e umidade. Nessas condições, o medicamento se manterá próprio para o consumo. **Número de lote e datas de fabricação e validade: vide embalagem. Não use medicamento com o prazo de validade vencido. Guarde-o em embalagem original.**

O medicamento é apresentado na forma líquida, de cor castanho-esverdeado, aspecto límpido, odor característico, e sabor amargo e picante. **Antes de usar, observe o aspecto do medicamento. Caso ele esteja no prazo de validade e você observe alguma mudança no aspecto, consulte o farmacêutico para saber se poderá utilizá-lo. Todo medicamento deve ser mantido fora do alcance das crianças.**

## 6. COMO DEVO USAR ESTE MEDICAMENTO?

Ingerir 10 mL da tintura, 3 vezes ao dia. (Corresponde à dose diária de 60 mg de vitexina).

Utilizar o copo de medida e colocar 10 mL da tintura em até meio copo d'água. Uso oral. **Siga corretamente o modo de usar. Em caso de dúvidas sobre este medicamento, procure orientação do farmacêutico. Não desaparecendo os sintomas, procure orientação de seu médico ou cirurgião-dentista."**

## 7. O QUE DEVO FAZER QUANDO EU ME ESQUECER DE USAR ESTE MEDICAMENTO?

Caso você esqueça de tomar a dose no horário estabelecido, tome-a assim que lembrar. Entretanto, se já estiver perto do horário de tomar a próxima dose, pule a dose esquecida e tome a próxima dose, continuando normalmente o esquema de doses recomendado pelo seu médico.
**Em caso de dúvidas, procure orientação do farmacêutico ou de seu médico, ou cirurgião-dentista.**

## 8. QUAIS OS MALES QUE ESTE MEDICAMENTO PODE ME CAUSAR?

Nas doses recomendadas não são conhecidos efeitos adversos ao medicamento. Raramente podem ocorrer reações adversas como náuseas, vômitos, dor de cabeça e taquicardia.

Doses excessivas poderão provocar sedação prolongada e estados de sonolência.

**Informe ao seu médico, cirurgião-dentista ou farmacêutico o aparecimento de reações indesejáveis pelo uso do medicamento. Informe também à empresa através do seu serviço de atendimento.**

## 9. O QUE FAZER SE ALGUÉM USAR UMA QUANTIDADE MAIOR DE QUE A INDICADA DESTE MEDICAMENTO?

Alguns dos sintomas de superdosagem são sedação, diminuição da atenção e dos reflexos. Em caso de superdosagem, suspender o uso e procurar orientação médica de imediato. **Em caso de uso de grande quantidade deste medicamento, procure rapidamente socorro médico e leve a embalagem ou bula do medicamento, se possível. Ligue para 0800 722 6001, se você precisar de mais orientações.**

### DIZERES LEGAIS
VIDORA FARMACÊUTICA LTDA.
Rua Alberto Rangel, 823 – Porto Alegre – RS
CNPJ: 92.762.277/0001-70
N de lote, data de fabricação e validade: vide cartucho
M.S. n 1.0473.0035.001-7
Farm. Resp.: Daniel P. Lewgoy CRF- RS n 6583
INDÚSTRIA BRASILEIRA

---

## PASSIFLORINE® PI
Passiflora – *Passiflora incarnata* L.

### PRODUTO TRADICIONAL FITOTERÁPICO
**Nomenclatura popular:** Maracujá, Passiflora.
**Nomenclatura botânica completa:** *Passiflora incarnata* L.
**Família:** Passifloraceae
**Parte da planta utilizada:** Partes aéreas

**PRODUTO REGISTRADO COM BASE NO USO TRADICIONAL, NÃO SENDO RECOMENDADO SEU USO POR PERÍODO PROLONGADO.**

### APRESENTAÇÕES
Comprimidos revestidos contendo 500 mg de extrato seco de *Passiflora incarnata* L. que correspondem a 25 mg de flavonoides totais expressos em vitexina em embalagens com 4, 10, 20 e 40 comprimidos.

### VIA ORAL
### USO ADULTO E PEDIÁTRICO ACIMA DE 12 ANOS
### COMPOSIÇÃO
Cada comprimido revestido contém:
Extrato seco de *Passiflora incarnata* L. ...................500 mg
(padronizado em 5% de flavonoides totais expressos em vitexina). Equivalente a 25 mg de flavonoides totais expressos em vitexina/comprimido revestido.
Excipiente*.q.s.p. ...........................................1 comprimido
(*amidoglicolato de sódio, celulose microcristalina, lactose monohidratada, dióxido de silício, estearato de magnésio, talco, benzoato de sódio, hipromelose, hiprolose, dióxido de titânio, talco, FD&C azul 2, laca de alumínio e D&C vermelho, água purificada, álcool etílico).

### INFORMAÇÕES AO PACIENTE
### 1. PARA QUE ESTE PRODUTO É INDICADO?
Passiflorine® PI é indicado para o tratamento da ansiedade leve, como estados de irritabilidade, agitação nervosa, tratamento de insônia e desordens da ansiedade.

### 2. COMO ESTE PRODUTO FUNCIONA?
Passiflorine® PI atua no sistema nervoso central, produzindo efeito sedativo e prolongando o período de sono.

### 3. QUANDO NÃO DEVO USAR ESTE PRODUTO?
Pacientes com histórico de hipersensibilidade e alergia a qualquer um dos componentes da fórmula não devem fazer uso deste produto. Passiflorine® PI não deve ser utilizado junto a bebidas alcoólicas. Também não deve ser associado a outros medicamentos com efeito sedativo, hipnótico e anti-histamínico.
**Mulheres grávidas ou amamentando não devem utilizar este produto, já que não há estudos que possam garantir a segurança nessas situações.**

### 4. O QUE DEVO SABER ANTES DE USAR ESTE PRODUTO?
Em casos de hipersensibilidade ao produto, recomenda-se descontinuar o uso e consultar o médico. Não ingerir doses maiores do que as recomendadas.
Passiflorine® PI não deverá ser utilizado junto a bebidas alcoólicas, face à potencialização dos seus efeitos. Crianças menores de 12 anos não devem usar este produto sem orientação médica.
**Pode ocorrer sonolência durante o tratamento. Nesse caso, o paciente não deverá dirigir veículos ou operar máquinas, já que a habilidade e atenção podem ficar reduzidas.**
Passiflorine® **PI potencializa os efeitos sedativos do pentobarbital e hexobarbital, aumentando o tempo de sono de pacientes**. Há indícios de que as cumarinas presentes na espécie vegetal apresentam ação anticoagulante potencial e possivelmente interagem com varfarina, porém não há estudos conclusivos a respeito.
O uso deste produto junto a drogas inibidoras da monoamino oxidase (isocarboxazida, fenelzina e tranilcipromina) pode provocar efeito aditivo.
Caso os sintomas persistam ou piorem, ou apareçam reações indesejadas não descritas na embalagem ou no folheto informativo, interrompa seu uso e procure orientação do profissional de saúde.
Se você utiliza medicamentos de uso contínuo, busque orientação de profissional de saúde antes de utilizar este produto. Este produto não deve ser utilizado por período superior ao indicado, ou continuamente, a não ser por orientação de profissionais de saúde.
Informe ao seu profissional de saúde todas as plantas medicinais e fitoterápicos que estiver tomando. Interações podem ocorrer entre produtos e plantas medicinais e mesmo entre duas plantas medicinais quando administradas ao mesmo tempo.
**Atenção: este medicamento contém corantes que podem, eventualmente, causar reações alérgicas.**

### 5. ONDE, COMO E POR QUANTO TEMPO POSSO GUARDAR ESTE PRODUTO?
Conservar o produto em sua embalagem original, protegido da luz e umidade. Manter em temperatura ambiente (temperatura entre 15 ºC e 30 ºC). Nessas condições, o produto se manterá próprio para o consumo, respeitando o prazo de validade de 24 meses a partir da data de fabricação.

**Número de lote e datas de fabricação e validade:** vide embalagem. Não use produto com prazo de validade vencido.

**Para sua segurança, guarde o produto na embalagem original.**

**Características Físicas:**

Passiflorine® PI comprimidos revestidos são comprimidos circulares, biconvexos, com superfície lisa, de coloração rosa e odor característico.

**Antes de usar, observe o aspecto do produto. Caso ele esteja no prazo de validade e você observe alguma mudança no aspecto, consulte o farmacêutico para saber se poderá utilizá-lo.**

**Este produto deve ser mantido fora do alcance das crianças.**

### 6. COMO DEVO USAR ESTE PRODUTO? USO ORAL/USO INTERNO

Ingerir 1 comprimido revestido, 3 vezes ao dia (a dose diária é de 75 mg de flavonoides totais expressos em vitexina). O uso contínuo deste produto não deve ultrapassar três meses. Os produtos tradicionais fitoterápicos não devem ser administrados pelas vias injetável e oftálmica.

Os comprimidos revestidos devem ser ingeridos inteiros e sem mastigar com quantidade suficiente de água para que sejam deglutidos.

**Este produto não deve ser partido, aberto ou mastigado.**

### 7. O QUE DEVO FAZER QUANDO EU ME ESQUECER DE USAR ESTE PRODUTO?

Caso haja esquecimento da ingestão de uma dose do Passiflorine® PI retome a posologia prescrita sem a necessidade de suplementação.

**Em caso de dúvidas, procure orientação de profissional de saúde.**

### 8. QUAIS OS MALES QUE ESTE PRODUTO PODE ME CAUSAR?

**A frequência de ocorrência dos efeitos indesejáveis não é conhecida.**

Nas doses recomendadas não são conhecidos efeitos adversos ao produto. Raramente podem ocorrer reações adversas como náuseas, vômitos, dor de cabeça e taquicardia. Doses excessivas poderão provocar sedação prolongada e estados de sonolência. Informe ao seu profissional de saúde o aparecimento de reações indesejáveis pelo uso do produto. Informe também à empresa através do seu Serviço de Atendimento ao Consumidor (SAC).

Em casos de eventos adversos, notifique ao Sistema de Notificações em Vigilância Sanitária – Vigimed, disponível em www.portal.anvisa.gov.br/vigimed, ou para a Vigilância Sanitária Estadual ou Municipal. (http://www.saude.rj.gov.br/vigilancia-sanitaria/seguranca-do-paciente/farmacovigilancia).

### 9. O QUE FAZER SE ALGUÉM USAR UMA QUANTIDADE MAIOR DO QUE A INDICADA DESTE PRODUTO?

Alguns dos sintomas de superdosagem são sedação, diminuição da atenção e dos reflexos. Em caso de superdosagem, suspender o uso e procurar orientação médica de imediato. Em caso de uso de grande quantidade deste produto, procure rapidamente socorro médico e leve a embalagem ou folheto informativo, se possível.

**Em caso de intoxicação ligue para 0800 722 6001, se você precisar de mais orientações sobre como proceder.**

### DIZERES LEGAIS

MS: 1.5590.0005

Farmacêutico Responsável: José Luiz Abrahão Filho CRF/RJ nº 2844

**Registrado por:** MR Laboratórios Farmacêuticos Ltda Rua Eliseu Visconti, 5 – Santa Teresa Rio de Janeiro/RJ – CEP: 20.251-305

CNPJ: 23.668.196/0001-92

**INDÚSTRIA BRASILEIRA**

SAC: 0800 021 0809

---

# PAUSEFEMME ®

### MEDICAMENTO FITOTERÁPICO

**Nomenclatura botânica oficial:** *Glycine max* (L.) Merr
**Nomenclatura popular:** Soja
**Família:** Fabaceae
**Parte da planta utilizada:** Sementes

### APRESENTAÇÕES

Forma farmacêutica: Comprimidos revestidos

- Concentração do (s) princípio (s) ativo (s), por unidade farmacotécnica: 150 mg do extrato seco das sementes de *Glycine max* (L.) Merr. por comprimido revestido, correspondente a 60 mg de isoflavonas.

- Apresentações:

Caixa contendo 50 blisters com 10 comprimidos revestidos em cada blister – 500 comprimidos revestidos.

Caixa contendo 100 blisters com 10 comprimidos revestidos em cada blister – 1000 comprimidos revestidos.

**USO ORAL USO ADULTO**

**COMPOSIÇÃO**

Cada comprimido revestido contém:
Extrato seco de *Glycine max* (L.) Merr....................150 mg
(padronizado em 40% de isoflavonas)
Equivalente a 60 mg de isoflavonas/comprimido revestido.
Excipientes* ..................................1 comprimido revestido
* (celulose microcristalina, dióxido de silício coloidal, dióxido de titânio, corante vermelho, estearato de magnésio, crospovidona, hipromelose, macrogol, água purificada e álcool etílico).

**INFORMAÇÕES TÉCNICAS AOS PROFISSIONAIS DE SAÚDE**

**1. INDICACAÇÕES**

Pausefemme® é indicado como coadjuvante no alívio dos sintomas do climatério: sintomas vasomotores, tais como ondas de calor e sudorese. São considerados moduladores seletivos dos receptores de estrógenos, apresentando ações estrogênicas nos vasos sanguíneos.

**2. RESULTADOS DE EFICÁCIA**

Um estudo multicêntrico, randomizado, duplo cego, avaliou 177 mulheres em fase de pós-menopausa, recebendo uma dose diária de extrato de *G. max* padronizado em 50 mg de isoflavonas ou placebo. Os resultados demonstram uma redução estatisticamente significativa na severidade e frequência das ondas de calor, durante as 12 semanas, no grupo que recebeu extrato de soja, quando comparado ao grupo placebo. Não houve alteração significativa na espessura do endométrio, no pH e na mucosa vaginal, nos dois grupos de pacientes, quando comparados com o início do estudo (UPMALIS *et al.*, 2000). Outro estudo randomizado, duplo cego, prospectivo, foi realizado com 79 pacientes na pós-menopausa para avaliar a melhora de fogachos característicos de menopausa com administração de extrato de soja contendo isoflavonas. As pacientes foram divididas, conforme programa de randomização, em dois grupos. O primeiro recebeu 150 mg de extrato de *G. max* contendo 60 mg de isoflavonas, por via oral a cada 12 horas, continuamente por 6 meses. O segundo grupo recebeu duas cápsulas, por via oral de 12 em 12 horas, continuamente, das quais uma continha 0,625 mg de estrogênios conjugados equinos e outra, era de placebo. A partir do estudo verificou-se que as isoflavonas, de maneira similar aos estrogênios, aliviaram os sintomas climatéricos após o segundo mês de tratamento. Os efeitos sobre os sintomas vasomotores foram semelhantes aos dos estrogênios durante os seis meses de tratamento, sem ocorrer alteração no pH e na mucosa vaginal e sem acarretar proliferação endometrial nas pacientes que receberam isoflavonas (KAARI, 2003; KAARI *et al*, 2006).

**3. CARACTERÍSTICAS FARMACOLÓGICAS**

**Este medicamento é contraindicado para menores de 12 anos.**

Isoflavonas pertencem à classe de fitoestrógenos presentes em distintas espécies de grãos utilizados na alimentação (soja e lentilha, entre outros). Soja é uma fonte rica de isoflavonas, incluindo a genisteína, daidzeína e gliciteína. Apresentam estrutura similar ao estrógeno fisiológico, 17β-estradiol, com uma estrutura fenólica comum que parece ser o pré-requisito para a interação com receptores estrogênicos. As moléculas de isoflavonas têm uma fraca atividade estrogênica, assim como algumas atividades antiestrogênica. São considerados moduladores seletivos dos receptores de estrógenos, apresentando ações estrogênicas nos vasos sanguíneos.

Esses fitoestrógenos têm uma maior afinidade pelo receptor estrogênico β que α, apresentando efeito tecido-seletivo, uma vez que a distribuição desses receptores é variável nos diferentes tecidos. Em consequência, esperam-se ações mais marcadas em tecidos onde predominam receptores β, como nos vasos sanguíneos e ossos.

As isoflavonas podem ocorrer tanto como agliconas, bem como sob a forma de glicosídeos conjugados, que sofrem hidrólise quando submetidos à ação de enzimas elaboradas pela microbiota intestinal, aumentando significativamente a quantidade de isoflavonas livres. As isoflavonas são submetidas ao ciclo entero-hepático, de modo que após sua absorção pelo intestino, passam pelo fígado e são excretadas na bile na forma conjugada, o que favorece a manutenção de concentrações plasmáticas adequadas. A meia vida da genisteína é de 8,36 horas e da daidzeína, de 5,79 horas. Esse dado indica a conveniência de administrar duas doses diárias das formulações que contêm esses compostos. A excreção é predominantemente pela via urinária, sendo a excreção fecal bastante inferior.

## 4. CONTRAINDICAÇÕES

**Este medicamento é contraindicado para menores de 12 anos.**

Pacientes com histórico de hipersensibilidade e alergia a qualquer um dos componentes da fórmula não devem fazer uso deste medicamento.

Pacientes alérgicos ao amendoim não devem tomar este medicamento.

## 5. ADVERTÊNCIAS E PRECAUÇÕES

Em caso de hipersensibilidade ao produto, recomenda-se descontinuar o uso e consultar o médico.

Pode ocorrer reação alérgica cruzada com o amendoim. De acordo com a categoria de risco de fármacos destinados às mulheres grávidas, este medicamento apresenta categoria de risco C. Não há estudos disponíveis sobre a teratogenicidade de preparações com alta concentração de isoflavonas, bem como não há evidências científicas disponíveis sobre a segurança de seu uso durante a gestação e lactação, devendo seu emprego ser evitado nessas condições.

**Este medicamento não deve ser utilizado por mulheres grávidas e em amamentação sem orientação médica ou do cirurgião-dentista.**

**Este medicamento contém o corante vermelho n° 40 laca alumínio que pode, eventualmente, causar reações alérgicas.**

## 6. INTERAÇÕES MEDICAMENTOSAS

Evitar a associação deste medicamento com contraceptivos e outros medicamentos de ação estrogênica.

A efetividade do tamoxifeno pode ser diminuída por medicamentos à base de soja.

A proteína da soja pode reduzir a absorção de levotiroxina no trato digestivo, portanto não se deve tomar os dois medicamentos ao mesmo tempo. É necessário aguardar 2 horas entre uma e outra tomada. As isoflavonas genisteína e daidzeína podem bloquear a tireoide peroxidase e inibir a síntese de tiroxina. Pode ocorrer hipotireoidismo durante tratamentos prolongados.

O uso de medicamentos que alteram a microbiota intestinal, como os antibióticos, pode interferir no metabolismo das isoflavonas. São enzimas produzidas pelos micro-organismos do trato intestinal que hidrolisam as isoflavonas conjugadas para a formação de isoflavonas agliconas ativas.

## 7. CUIDADOS DE ARMAZENAMENTO DO MEDICAMENTO

Pausefemme® deve ser guardado em sua embalagem original. Conservar em temperatura ambiente (temperatura entre 15 e 30°C). Proteger da luz e da umidade.

Nessas condições, o medicamento se manterá próprio para consumo respeitando o prazo de validade de 24 meses, indicado na embalagem.

**Número de lote e datas de fabricação e validade: vide embalagem.**

**Não use medicamento com o prazo de validade vencido. Guarde-o em sua embalagem original.**

**Aspecto dos comprimidos: Comprimido circular liso, com revestimento cor de rosa.**

**Antes de usar, observe o aspecto do medicamento.**

**Todo medicamento deve ser mantido fora do alcance das crianças.**

## 8. POSOLOGIA E MODO DE USAR

Ingerir 1 comprimido revestido por dia. A dose pode ser aumentada, a critério médico, para dois comprimidos revestidos ao dia, divididos em duas doses. Ingerir com um pouco de água.

Utilizar apenas a via oral. O uso deste medicamento por outra via, que não a oral, pode causar a perda do efeito esperado ou mesmo promover danos ao seu usuário.

A dose diária máxima corresponde a 2 comprimidos revestidos ao dia.

**Este medicamento não deve ser partido, aberto ou mastigado.**

## 9. REAÇÕES ADVERSAS

O uso deste medicamento pode provocar distúrbios gastrointestinais leves como constipação, flatulência e náusea. Não foram relatadas reações adversas graves para este medicamento nas doses diárias recomendadas. Em caso de hipersensibilidade ao produto, recomenda-se descontinuar o uso e consultar o médico.

**Em casos de eventos adversos, notifique ao Sistema de Notificação de Eventos Adversos a Medicamentos (Vigimed), disponível em http://portal.anvisa.gov.br/vigimed, ou para a Vigilância Sanitária Estadual ou Municipal.**

## DIZERES LEGAIS

MS:1.3841.0070
Farmacêutico Responsável: Tales de Vasconcelos Cortes CRF/BA n° 3745

**NATULAB LABORATÓRIO SA**
Rua H, nº 2, Galpão 03 – Urbis II
Santo Antônio de Jesus – Bahia – CEP 44.574-150
CNPJ: 02.456.955 0001-83
**INDÚSTRIA BRASILEIRA**
SAC: 08007307370

---

# PAZINE
*Passiflora incarnata*

### MEDICAMENTO FITOTERÁPICO

**Nomenclatura botânica oficial:** *Passiflora incarnata* L.
**Nomenclatura popular:** Passiflora, Flor da paixão, Maracujá.
**Família: Passifloraceae**
**Parte da planta utilizada:** Partes aéreas

### APRESENTAÇÕES
**Forma farmacêutica:** comprimido revestido
**Concentração:** 315 mg de extrato seco de *Passiflora incarnata* por comprimido revestido (correspondente a 31,5 mg de flavonoides totais expressos em vitexina).
Apresentação: Cartuchos com 30 comprimidos revestidos.

### USO ORAL USO ADULTO

### COMPOSIÇÃO
Cada comprimido revestido contém:
Extrato seco de *Passiflora incarnata*.......................... 315 mg
(Padronizado em 31,5 mg (10%) de flavonoides totais expressos em vitexina).
Excipientes: lactose monoidratada, croscarmelose sódica, dióxido de silício, estearato de magnésio, talco, polissorbato 80, dióxido de titânio, corante laca alumínio amarelo nº 6, corante laca alumínio amarelo nº 10, copolímero de ácido metacrílico e metacrilato de metila, copolímero de ácido metacrílico e metacrilato de etila, macrogol, simeticona, citrato de trietila, álcool isopropílico, água de osmose.

### INFORMAÇÕES AO PACIENTE
### 1. PARA QUE ESTE MEDICAMENTO É INDICADO?
Este medicamento é indicado para tratar estados de irritabilidade, agitação nervosa, tratamento de insônia e desordens da ansiedade.

### 2. COMO ESTE MEDICAMENTO FUNCIONA?
Atua no sistema nervoso central produzindo efeito sedativo, prolongando o período de sono.
Seu médico é a pessoa mais adequada para lhe dar maiores informações sobre o tratamento, siga sempre suas orientações. Não devem ser utilizadas doses superiores às recomendadas.

### 3. QUANDO NÃO DEVO USAR ESTE MEDICAMENTO?
Pacientes com histórico de hipersensibilidade e alergia a qualquer um dos componentes da fórmula não devem fazer uso deste produto. Mulheres grávidas, ou em fase de amamentação, não deverão fazer uso deste medicamento sem orientação médica.
Este medicamento não deve ser utilizado junto a bebidas alcoólicas. Também não deve ser associado a outros medicamentos com efeito sedativo, hipnótico e anti-histamínico. Crianças menores de 12 anos não devem usar este medicamento sem orientação médica.
**Este medicamento é contraindicado para menores de 12 anos.**
**Este medicamento não deve ser utilizado por mulheres grávidas sem orientação médica ou cirurgião-dentista.**

### 4. O QUE DEVO SABER ANTES DE USAR ESTE MEDICAMENTO?
### ADVERTÊNCIAS E PRECAUÇÕES
Em casos de hipersensibilidade ao produto, recomenda-se descontinuar o uso e consultar o médico.
Não ingerir doses maiores do que as recomendadas.
Este medicamento não deverá ser utilizado junto a bebidas alcoólicas, face à potencialização dos seus efeitos.
Pode ocorrer sonolência durante o tratamento. Nesse caso, o paciente não deverá dirigir veículos ou operar máquinas, já que a habilidade e atenção podem ficar reduzidas.
De acordo com a categoria de risco de fármacos destinados às mulheres grávidas, este medicamento apresenta categoria de risco C.
**Atenção: este medicamento contém os corantes laca alumínio amarelo nº 6 e laca alumínio amarelo nº 10 que podem, eventualmente, causar reações alérgicas.**
**Este medicamento contém LACTOSE.**
**Este medicamento não deve ser utilizado por mulheres grávidas sem orientação médica ou do cirurgião-dentista.**

## INTERAÇÕES MEDICAMENTOSAS

Este medicamento potencializa os efeitos sedativos do pentobarbital e hexobarbital, aumentando o tempo de sono de pacientes.

Há indícios de que as cumarinas presentes na espécie vegetal apresentam ação anticoagulante potencial e possivelmente interagem com varfarina, porém não há estudos conclusivos a respeito.

O uso deste medicamento junto a drogas inibidoras da monoamino oxidase (isocarboxazida, fenelzina e tranilcipromina) pode provocar efeito aditivo.

**Informe ao seu médico ou cirurgião-dentista se você está fazendo uso de algum outro medicamento.**

## 5. ONDE, COMO E POR QUANTO TEMPO POSSO GUARDAR ESTE MEDICAMENTO?

Conservar em temperatura ambiente (entre 15 e 30°C). Proteger da luz e umidade.

**Número de lote e datas de fabricação e validade: vide embalagem.**

**Não use medicamento com o prazo de validade vencido. Guarde-o em sua embalagem original.**

O comprimido revestido é de coloração amarela e de formato redondo com odor e sabor característicos.

**Antes de usar, observe o aspecto do medicamento. Caso ele esteja no prazo de validade e você observe alguma mudança no aspecto, consulte o farmacêutico para saber se poderá utilizá-lo.**

## TODO MEDICAMENTO DEVE SER MANTIDO FORA DO ALCANCE DAS CRIANÇAS.

## 6. COMO DEVO USAR ESTE MEDICAMENTO?
### USO ORAL

Ingerir 1 comprimido revestido, 2 vezes ao dia.

Os comprimidos revestidos devem ser ingeridos inteiros e sem mastigar com quantidade suficiente de água para que sejam deglutidos.

O uso contínuo deste medicamento não deve ultrapassar três meses. Limite máximo diário de 2 comprimidos revestidos.

**Siga corretamente o modo de usar. Em caso de dúvidas sobre este medicamento, procure orientação do farmacêutico. Não desaparecendo os sintomas, procure orientação de seu médico ou cirurgião-dentista.**

**Este medicamento não deve ser partido ou mastigado.**

## 7. O QUE DEVO FAZER QUANDO EU ME ESQUECER DE USAR ESTE MEDICAMENTO?

Caso haja esquecimento da ingestão de uma dose deste medicamento, retome a posologia prescrita sem a necessidade de suplementação.

**Em caso de dúvidas, procure orientação do farmacêutico ou de seu médico, ou cirurgião-dentista.**

## 8. QUAIS OS MALES QUE ESTE MEDICAMENTO PODE ME CAUSAR?

Nas doses recomendadas não são conhecidos efeitos adversos ao medicamento. Raramente podem ocorrer reações adversas como náuseas, vômitos, dor de cabeça e taquicardia.

Doses excessivas poderão provocar sedação prolongada e estados de sonolência.

**Informe ao seu médico, cirurgião-dentista ou farmacêutico o aparecimento de reações indesejáveis pelo uso do medicamento. Informe também à empresa através do seu serviço de atendimento.**

## 9. O QUE FAZER SE ALGUÉM USAR UMA QUANTIDADE MAIOR DO QUE A INDICADA DESTE MEDICAMENTO?

Alguns dos sintomas de superdosagem são sedação, diminuição da atenção e dos reflexos.

Em caso de superdosagem, suspender o uso e procurar orientação médica de imediato.

**Em caso de uso de grande quantidade deste medicamento, procure rapidamente socorro médico e leve a embalagem ou bula do medicamento, se possível. Ligue para 0800 722 6001, se você precisar de mais orientações.**

## DIZERES LEGAIS

M.S. nº 1.5819.0004

Dra. Priscila Paulino Silva CRF-SP nº 66.841

**Registrado por: Arese Pharma Ltda**

Rua Marginal à Rodovia Dom Pedro I, 1081 • Caixa Postal: 4117 CEP:13273-902 • Valinhos-SP CNPJ:07.670.111/0001-54

Indústria Brasileira

**Fabricado por: Ativus Farmacêutica Ltda**

Rua Fonte Mécia, 2.050 • Caixa Postal 489 • CEP: 13273-900 • Valinhos-SP

CNPJ: 64.088.172/0003-03

**Indústria Brasileira**

Siga corretamente o modo de usar, não desaparecendo os sintomas procure orientação médica.

# PEITORAL MARTEL®
*Mikania glomerata* Sprengl

**MEDICAMENTO FITOTERÁPICO**
**Nome científico:** *Mikania glomerata* Sprengl
**Nome da família botânica:** Asteraceae Nomenclatura popular: guaco
**Parte da planta utilizada:** folhas

## APRESENTAÇÕES
Xarope 0,08 mL/mL: cartucho contendo frasco plástico âmbar ou frasco de vidro âmbar com 150 mL.

USO ORAL USO ADULTO E PEDIÁTRICO ACIMA DE 2 ANOS

## COMPOSIÇÃO
Cada mL contém:
Extrato fluido de folhas de *Mikania glomerata* Sprengl. (guaco) .................................................................... 0,08 mL
(padronizado em 0,0352 mg (0,044%) de cumarina)
Veículo q.s.p. .................................................................... 1 mL
(Veículo: sacarose, mel, benzoato de sódio, metilparabeno, água purificada)

## INFORMAÇÕES TÉCNICAS AOS PROFISSIONAIS DE SAÚDE

### 1. INDICAÇÕES
Este medicamento é indicado para o tratamento de doenças do trato respiratório, ajudando a combater a tosse e na eliminação das secreções presentes, facilitando sua expulsão pelo reflexo da tosse.

### 2. RESULTADOS DE EFICÁCIA
Os ensaios clínicos realizados e publicados pelo Programa de Pesquisas de Plantas Medicinais da Central de Medicamentos – CEME (1983 – 1987) comprovam cientificamente as ações broncodilatadoras e antitussígenas do infuso padrão da Mikania glomerata.[1] Foi demonstrada a segurança do chá nas doses testadas: 5-15 g em 200 mL de água. Estudo pré-clínico concluiu que o extrato aquoso é capaz de produzir um efeito dilatador da traqueia de cobaia e do brônquio humano.[1]

Em estudo sobre a atividade broncodilatadora da Mikania glomerata foi possível determinar que o extrato etanólico, quando comparado com placebo, induz redução na tensão basal e na contração provocada por histamina, no músculo liso de cobaias. Em traqueia de cobaias, durante contrações contínuas provocadas pela histamina (n = 7), potássio (n = 6) e acetilcolina (n = 6), a adição de extrato alcoólico induz relaxamento progressivo concentração-dependente com IC50 (concentração necessária para produzir uma inibição de 50%; quanto menor o valor, maior a potência inibitória) de 0,34 mg/mL, 1,41 mg/mL e 0,72 mg/mL, respectivamente. Em brônquio humano contraído com histamina, a adição de extrato alcoólico induziu relaxamento progressivo concentração-dependente, com IC50 de 0,34 mg/mL. Essa ação inibitória sobre a musculatura lisa parece ser independente de qualquer ação sobre os receptores β- adrenérgicos, muscarínicos ou histamínicos, ativação dos canais de potássio, liberação de prostanoides ou óxido nítrico. Portanto leva-se em consideração que essa ação esteja envolvida com um possível bloqueio dos canais de cálcio.[2]

Outro estudo avaliou a atividade da histamina sobre a traqueia isolada de cobaias após tratamento com extrato de *Mikania glomerata*. O IC50 do extrato de guaco foi de 146,00 μg/mL e o efeito foi do tipo não competitivo, confirmando observações de estudos anteriores.[3]

**Referências bibliográficas**

1 Ministério da saúde: Secretaria de Ciência, Tecnologia e Insumos Estratégicos; A Fitoterapia no SUS e o Programa de Pesquisas de Plantas Medicinais da Central de Medicamentos; 1ª edição; 2006. Departamento de Assistência Farmacêutica e Insumos Estratégicos.

2 MOURA, R. SOARES; COSTA, S. S.; JANSEN, J. M.; SILVA, C. A.; LOPES, C. S.; BERNARDO-FILHO, M.; Silva, V. N. da; CRIDDLE, D. N.; PORTELA, B. N.; RUBENICH, L. M. S.; ARAÚJO, R. G.; CARVALHO, L. C. R. M. Bronchodilator activity os *Mikania glomerata* Sprengel on human bronchi and guinea-pig trachea. *Journal of Pharmacy and Pharmacology*. 2002.

3 LEITE, Maria das Graças R.; SOUZA, Cleide L. de; SILVA, Marcos Antônio da; MOREIRA, Luiza Klyne A.; MATOS, Francisco José de A.; VIANA, Glauce S. B. Estudo farmacológico comparativo de *Mikania glomerata* Spreng (guaco), *Justicia pectoralis* Jacq (anador) e *Torresea cearensis* Fr. All (cumarú). Revista Brasileira de Farmacologia. 1993.

### 3. CARACTERÍSTICAS FARMACOLÓGICAS
As folhas de Guaco contêm um óleo essencial (0,6%) rico em diterpenos do tipo Kaurane e triterpenos do tipo Lupeol, cumarina e derivados da cumarina (0,4%) e o stigmas-

terol. Outras espécies contêm quantidades variáveis de óleo essencial, diterpenos com um núcleo ent-labdano, sesquiterpenolactonas, germacranolides e guaianolides. Este medicamento possui atividade broncodilatadora, por meio do relaxamento da musculatura lisa respiratória. Diversos constituintes químicos podem estar envolvidos nesse processo (fitocomplexo), no entanto, é atribuída à cumarina a maior responsabilidade por essa ação. A acetilcolina (Ach) é o neurotransmissor da via parassimpática que, no sistema respiratório é responsável pelo tônus da musculatura lisa e pela liberação de secreção mucosa no trato brônquico. O mecanismo provável é de que a cumarina do guaco compete a nível de receptor muscarínico (M3) com a Acetilcolina – Ach, impedindo a abertura dos canais de cálcio que provoca a contração muscular (inibição parassimpática).

## 4. CONTRAINDICAÇÕES

O uso deste medicamento é contraindicado para pacientes com hipersensibilidade aos componentes da fórmula. Este medicamento não deve ser utilizado por pacientes com distúrbios de coagulação sanguínea ou doenças crônicas do fígado.

**Este medicamento é contraindicado para menores de 2 anos.**

**Este medicamento não deve ser utilizado por mulheres grávidas sem orientação médica ou do cirurgião-dentista.**

## 5. ADVERTÊNCIAS E PRECAUÇÕES

O uso do Peitoral Martel® deve ser evitado por pacientes com distúrbios de coagulação sanguínea, em mulheres com menstruações abundantes e em patologias crônicas do fígado. Não é recomendado utilizar este medicamento de uma maneira contínua por um período superior a 7 dias.

**Este medicamento não deve ser utilizado por mulheres grávidas sem orientação médica ou do cirurgião-dentista.**

**Atenção diabéticos: contém açúcar.**

## 6. INTERAÇÕES MEDICAMENTOSAS

Este medicamento não deve ser utilizado simultaneamente com anticoagulantes (varfarina, por exemplo), pois as cumarinas podem potencializar seus efeitos e antagonizar a vitamina K. As saponinas presentes nos extratos podem aumentar a absorção de lapachol, princípio ativo de *Tabebuia avellanedae*.

## 7. CUIDADOS DE ARMAZENAMENTO DO MEDICAMENTO

Conservar o produto em sua embalagem original, em temperatura ambiente (15-30°C). Proteger da luz e umidade. Prazo de validade: 24 meses a partir da data de fabricação.

**Número de lote e datas de fabricação e validade: vide embalagem.**

**Não use medicamento com o prazo de validade vencido. Guarde-o em sua embalagem original.**

Características físicas e organolépticas do medicamento: solução límpida, cor caramelo, odor característico de mel.

**Antes de usar, observe o aspecto do medicamento. Todo medicamento deve ser mantido fora do alcance das crianças.**

## 8. POSOLOGIA E MODO DE USAR USO ORAL

**Adultos e crianças acima de 12 anos**: tomar 15 mL (1 colher de sopa), três vezes ao dia.

**Crianças de 6 a 12 anos**: tomar 5 mL (1 colher de chá), três vezes ao dia.

**Crianças menores de 6 anos**: conforme orientação médica.

Duração do tratamento: 7 dias
Limite máximo diário: 142 mL do produto

## 9. REAÇÕES ADVERSAS

O uso prolongado ou a ingestão de altas doses deste medicamento podem gerar taquicardia, vômitos, diarreia e acidentes hemorrágicos.

**Em casos de eventos adversos, notifique ao Sistema de Notificações em Vigilância Sanitária – Notivisa, disponível em: http://www.anvisa.gov.br/hotsite/notivisa/index.htm, ou para a Vigilância Sanitária Estadual ou Municipal.**

## 10. SUPERDOSE:

O uso prolongado ou ingestão de altas doses pode gerar taquicardia, vômitos e quadros diarreicos, que desaparecem com a descontinuação da terapia. Em animais foram observados quadros hemorrágicos após 100 dias de uso contínuo de extratos de guaco.

Procurar auxílio médico para que sejam adotadas as medidas habituais de apoio e controle das funções vitais.

**Em caso de intoxicação ligue para 0800 722 6001, se você precisar de mais orientações.**

## DIZERES LEGAIS

Reg. M.S.: 1.0689.0148

Farmacêutica Responsável: Márcia Cruz Valiati
CRF-RS: 5945
**KLEY HERTZ FARMACÊUTICA S. A.**
Rua Comendador Azevedo, 224 Porto Alegre, RS
CNPJ: 92.695.691/0001-03
Indústria Brasileira
www.kleyhertz.com.br
SAC: 0800 7049001

---

# PERMEAR
*Harpagophytum procumbens*

### MEDICAMENTO FITOTERÁPICO

**Nomenclatura botânica:** *Harpagophytum procumbens* D.C.
**Família:** Pedaliaceae
**Nomenclatura popular:** Garra do diabo
**Parte da planta utilizada: Raízes**

### APRESENTAÇÃO
Comprimidos revestidos gastrorresistentes de 300 mg em embalagens com 10, 20 e 30 comprimidos.

### VIA ORAL USO ADULTO

### COMPOSIÇÃO
**Cada comprimido revestido gastrorresistente contém:**
Extrato seco de *Harpagophytum procumbens*\* (padronizado em 22% de harpagosídeo) ..........................300 mg
\*equivalente a 66 mg de teor médio de harpagosídeo por comprimido.
Excipientes: croscarmelosesódica, estearatodemagnésio, dióxido de silício, povidona, lactose monoidratada, celulose microcristalina, corante óxido de ferro amarelo, corante óxido de ferro vermelho, dióxido de titânio, etilcelulose, triacetina, ácido oleico, monoglicerídeos acetilados, macrogol, polimetacrílicocopoliacrilato de etila, talco e citrato de trietila.

### INFORMAÇÕES AO PACIENTE
### 1. PARA QUE ESTE MEDICAMENTO É INDICADO?
Permear é indicado para o alívio de dores articulares moderadas e dor lombar baixa aguda.

### 2. COMO ESTE MEDICAMENTO FUNCIONA?
Permear é composto por extrato de *Harpagophytum procumbens*.
Os comprimidos possuem revestimento para proteção contra o suco gástrico, visto que alguns estudos demonstraram degradação dos ingredientes ativos após passagem pelo estômago.
O *Harpagophytum procumbens* é utilizado há muito tempo para inúmeras condições clínicas, principalmente como anti-inflamatório e analgésico, antirreumático, para o tratamento de dores articulares moderadas e dor lombar baixa aguda. O principal constituinte químico contido no extrato de *Harpagophytum procumbens*, e o principal responsável pelos efeitos terapêuticos, é o harpagosídeo. Em diversos estudos realizados, esse constituinte mostrou atividade inibitória em processos inflamatórios.
No entanto, alguns estudos sugerem que o extrato total de *Harpagophytum procumbens* possui maior atividade que o extrato com harpagosídeo isolado, pois os vários constituintes presentes no extrato podem agir juntamente ao harpagosídeo para exercer as atividades terapêuticas.

### 3. QUANDO NÃO DEVO USAR ESTE MEDICAMENTO?
O uso do Permear não é recomendado em casos de úlceras no estômago e intestino, cálculos e obstrução das vias biliares, gravidez e lactação e se tiver hipersensibilidade a algum componente da fórmula. Usar somente sob supervisão médica.
Informe seu médico sobre qualquer medicamento que esteja usando, antes do início ou durante o tratamento. **Este medicamento é contraindicado para uso por crianças.**
**Gravidez e Lactação**
Informe seu médico a ocorrência de gravidez durante o tratamento ou após o seu término. Informe ao seu médico se estiver amamentando.
**Este medicamento não deve ser utilizado por mulheres grávidas sem orientação médica ou do cirurgião-dentista.**
**Pacientes Idosos**
Não existem restrições ou cuidados especiais quanto ao uso do produto por pacientes idosos.

### 4. O QUE DEVO SABER ANTES DE UTILIZAR ESTE MEDICAMENTO?
Doses excessivas de *Harpagophytum procumbens* podem interferir no tratamento de doenças cardíacas e em terapias hipo e hipertensivas. A possibilidade de interação com drogas antiarrítmicas não pode ser excluída devido ao efeito antiarrítmico de *Harpagophytum procumbens*. Informe ao seu médico sobre o aparecimento de reações indesejáveis. Informe ao seu médico se você está fazendo uso de algum outro medicamento.

Informe ao seu médico a ocorrência de gravidez durante o tratamento ou após o seu término e se estiver amamentando.
**Este medicamento não deve ser utilizado por mulheres grávidas sem orientação médica ou do cirurgião-dentista. Informe ao seu médico ou cirurgião-dentista se você está fazendo uso de algum outro medicamento.**
**Não use medicamento sem o conhecimento do seu médico. Pode ser perigoso para a saúde.**

### 5. ONDE, COMO E POR QUANTO TEMPO POSSO GUARDAR ESTE MEDICAMENTO?

Este medicamento deve ser armazenado em temperatura ambiente (entre 15 e 30°C), protegido da luz e umidade. Este medicamento tem validade de 24 meses a partir da data de sua fabricação.
**Número de lote e datas de fabricação e validade: vide embalagem.**
**Não use medicamentos com o prazo de validade vencido. Guarde-o em sua embalagem original.**
Os comprimidos revestidos de Permear são oblongos de coloração marrom avermelhada e superfície lisa.
**Antes de usar, observe o aspecto do medicamento. Caso ele esteja no prazo de validade e você observe alguma mudança no aspecto, consulte o farmacêutico para saber se poderá utilizá-lo.**
**Todo medicamento deve ser mantido fora do alcance das crianças.**

### 6. COMO DEVO USAR ESTE MEDICAMENTO?

Permear deve ser ingerido após as refeições, via oral, com o auxílio de quantidade suficiente de líquido. Adultos: Ingerir 1 comprimido, 1 vez ao dia.
Este medicamento deve ser administrado somente pela via recomendada. Não há estudos sobre seus efeitos se for administrado por vias não recomendadas. Portanto, por segurança e para eficácia deste medicamento, a administração deve ser feita apenas por via oral.
**Siga a orientação de seu médico, respeitando sempre os horários, as doses e a duração do tratamento.**
**Não interrompa o tratamento sem o conhecimento do seu médico.**
**Este medicamento não deve ser partido, aberto ou mastigado.**

### 7. O QUE DEVO FAZER QUANDO EU ME ESQUECER DE USAR ESTE MEDICAMENTO?

Você pode tomar a dose deste medicamento assim que se lembrar. E não exceda a dose recomendada para cada dia.

**Em caso de dúvidas, procure orientação do farmacêutico, de seu médico ou cirurgião-dentista.**

### 8. QUAIS OS MALES QUE ESTE MEDICAMENTO PODE ME CAUSAR?

Podem ocorrer distúrbios gastrointestinais leves em pessoas sensíveis aos componentes da fórmula, principalmente com doses mais elevadas.
Pode causar leve efeito laxante no início do tratamento que regride espontaneamente.
Não são esperados efeitos adversos associados preferencialmente aos AINH (anti-inflamatórios não hormonais) e glicocorticoides, mesmo durante tratamento a longo prazo.
**Informe ao seu médico, cirurgião-dentista ou farmacêutico o aparecimento de reações indesejáveis pelo uso do medicamento. Informe também a empresa através do seu serviço de atendimento.**

### 9. O QUE FAZER SE ALGUÉM USAR UMA QUANTIDADE MAIOR DO QUE A INDICADA DESTE MEDICAMENTO?

Não há relatos de reações por superdosagem, não sendo conhecido o padrão das reações.
**Em caso de uso de grande quantidade deste medicamento, procure rapidamente socorro médico e leve a embalagem ou bula do medicamento, se possível. Ligue para 0800 722 6001, se você precisar de mais orientações.**

### DIZERES LEGAIS

Reg. M.S. nº: 1.0155.0232
Farmacêutica Responsável: Regina Helena Vieira de Souza Marques CRF-SP 6.394
Marjan Indústria e Comércio Ltda. Rua Gibraltar, 165 • Santo Amaro São Paulo/SP • CEP 04755-070
CNPJ: 60.726.692/0001-81
Indústria Brasileira
SAC 0800 55 45 45

### VENDA SOB PRESCRIÇÃO MÉDICA

---

## PHITOSS
*Hedera helix* L.

**Família:** Araliaceae
**Parte utilizada da planta:** Folhas
**Nomenclatura popular:** Hera sempre-verde

## APRESENTAÇÕES
Xarope – 7 mg/mL – Embalagem com 100 mL + 1 copo medida

## USO ORAL
"USO ADULTO e PEDIÁTRICO".

## COMPOSIÇÃO
Cada 1mL contém: Extrato seco de folhas de *Hedera helix* L. ............................................................. 7mg
(hederacosídeo C – 0,777mg/mL ± 10%).
Excipientes: sorbato de potássio, ácido cítrico, solução de sorbitol 70%, goma xantana, aroma de framboesa e água deionizada.

## INFORMAÇÕES TÉCNICAS AOS PROFISSIONAIS DE SAÚDE

### 1. INDICAÇÕES
Este medicamento é destinado à terapêutica sintomática de afecções broncopulmonares, com aumento de secreções associadas ou não com broncoespasmos.

### 2. RESULTADOS DE EFICÁCIA
Estudos clínicos avaliados mostram que os pacientes (adultos e crianças) que receberam tratamento com o extrato seco de *Hedera helix* L., tiveram excelentes desfechos clínicos, com evolução favorável nos sintomas da dispneia e broncobstrução e diminuição na frequência e intensidade da tosse e expectoração. A avaliação das mudanças nos parâmetros dos sintomas como: tosse e expectoração mostram que o extrato seco de *Hedera helix* L. é um fitoterápico com efeito mucolítico, expectorante, broncodilatador suave com baixo efeito colateral.
Kiertsman, Bernardo; Zuquim, Silvio Luiz. O extrato seco de *Hedera helix* no tratamento das infecções de vias aéreas na infância. Pediatria Moderna.
Fazio, S, *et al*. Tolerance, Safety and efficacy of *Hedera helix* extract in inflammatory bronchial diseases under clinical practice condition: A prospective, open multicentre postmarketing study in 9657 patients. Phytomedicine.

### 3. CARACTERÍSTICAS FARMACOLÓGICAS
PHITOSS é um medicamento que possui em sua formulação, extrato seco de folhas de *Hedera helix* L. substância ativa extraída com álcool etílico à 30%, (não presente no produto final). Os componentes das folhas de hera que fornecem o valor terapêutico na droga, são principalmente, o bisdesmosídeo saponina, do grupo de glicosídeos triterpênos, cujo principal representante qualitativo é a hederosaponina C (hederacosídeo C). O efeito terapêutico do produto nas doenças das vias aéreas é devido ao glicosídeo saponina, presente no extrato seco, que possui dupla ação: mucolítica e broncodilatadora. Ambas as ações aumentam a expectoração eliminando as secreções que obstruem as vias aéreas. O efeito mucolítico do extrato se deve à natureza da saponina dos hederacosídeos, embora os efeitos parassimpaticolíticos de certos glicosídeos sejam considerados a base das propriedades broncodilatadoras sobre os brônquios inflamados.

### 4. CONTRAINDICAÇÕES
PHITOSS não deve ser usado em pessoas com hipersensibilidade conhecida ao extrato seco de *Hedera helix* L. ou aos outros componentes da fórmula. O uso do medicamento deve ser avaliado pelo médico em casos de condições hereditárias raras que podem ser incompatíveis com a frutose. Este medicamento não deve ser utilizado por mulheres grávidas sem orientação médica ou do cirurgião-dentista.

### 5. ADVERTÊNCIAS E PRECAUÇÕES
Pacientes com intolerância hereditária rara à frutose devem ser avaliados antes da indicação do produto, pois PHITOSS contém em sua formulação solução de sorbitol 70% (1mL do produto contém 500mg de solução de sorbitol 70%), o qual é metabolizado no organismo em frutose.
Este medicamento não deve ser utilizado por mulheres grávidas sem orientação médica ou do cirurgião-dentista.

### 6. INTERAÇÕES MEDICAMENTOSAS
Desconhecem-se interações prejudiciais com outras medicações, portanto PHITOSS pode ser utilizado juntamente com outros medicamentos.

### 7. CUIDADOS DE ARMAZENAMENTO DO MEDICAMENTO
PHITOSS deve ser conservado em temperatura ambiente (entre 15ºC e 30ºC), protegido da luz e umidade. Após aberto, o frasco deverá ser conservado nas mesmas condições do frasco fechado.
Prazo de validade: 24 meses a partir da data de fabricação.
PHITOSS é um líquido xaroposo de coloração caramelo com leve odor e sabor de framboesa podendo apresentar partículas de extrato seco que desaparecem com a agitação. PHITOSS possui um extrato seco de plantas como ingrediente ativo, portanto poderá ocorrer uma leve turvação ocasional no xarope, e sua coloração poderá variar ocasionalmente, como qualquer preparação feita à partir

de produtos vegetais. Essa alteração de cor não afeta a eficácia do produto.

"**Número de lote e datas de fabricação e validade: vide embalagem.**"

"Não use medicamento com o prazo de validade vencido. Guarde-o em sua embalagem original."

"Antes de usar, observe o aspecto do medicamento."

"Todo medicamento deve ser mantido fora do alcance das crianças"

## 8. POSOLOGIA E MODO DE USAR
**AGITE ANTES DE USAR**

Uso Oral

Adultos: (22,5mL) divididos em 3 doses de 7,5mL (3/4 do copo medida) ao dia.

Crianças de 4 a 12 anos: (15,0mL) divididos em 3 doses de 5,0mL (1/2 do copo medida) ao dia. Crianças de 1 a 4 anos: (7,5mL) divididos em 3 doses de 2,5mL (1/4 do copo medida) ao dia. Crianças de 0 a 1 ano: (5mL) divididos em 2 doses de 2,5mL (1/4 do copo medida) ao dia.

A duração do tratamento depende da gravidade do quadro clínico apresentado, porém o tratamento deve ter período de duração mínima de uma semana, mesmo em casos de processos menos graves do trato respiratório.

Ainda que os estudos não tenham demonstrado alterações nos pacientes idosos, é sempre recomendável um acompanhamento rigoroso do médico a esses pacientes.

## 9. REAÇÕES ADVERSAS

Não se conhecem efeitos adversos para o produto, que é geralmente bem tolerado. Devido à solução de sorbitol, pode-se registrar um ligeiro efeito laxante. "Atenção: este produto é um medicamento novo e, embora as pesquisas tenham indicado eficácia e segurança aceitáveis, mesmo que indicado e utilizado corretamente, podem ocorrer eventos adversos imprevisíveis ou desconhecidos. Nesse caso, notifique os eventos adversos pelo Sistema de Notificações em Vigilância Sanitária – Notiviza, disponível em www.anvisa.gov.br, ou para a Vigilância Sanitária Estadual ou Municipal."

## 10. SUPERDOSE

Podem aparecer sintomas de náuseas, vômitos, diarreia que podem ser ocasionadas pela ingestão elevada do produto (mais que 3 vezes a dose diária recomendada).

"Em caso de intoxicação ligue para 0800 722 6001, se você precisar de mais orientações."

**DIZERES LEGAIS**
MS. 1.0038.0093

Responsável Técnico: Mara Bittencourt – CRF-SP nº 27.510

**Registrado por: Brasterápica Indústria Farmacêutica Ltda** Rua São Delfino, 94 São Paulo/SP

C.N.P.J. nº 46.179.008/0001-68

"Indústria Brasileira"

Serviço de Atendimento ao Consumidor (SAC)

Ligação Gratuita: 0800-177887/E-mail: sac@brasterapica.com.br

**Fabricado por: Brasterápica Indústria Farmacêutica Ltda**

Rua Olegário Cunha Lobo, 25 Atibaia Jardim – Atibaia/SP www.brasterapica.com.br

"**Venda sob prescrição médica**"

---

# PHYTOVEIN®
*Aesculus hippocastanum* L.

**Nomenclatura e parte da planta utilizada:**

Castanha-da-índia

*Aesculus hippocastanum* L. – Hippocastanaceae – sementes

## MEDICAMENTO FITOTERÁPICO

Forma farmacêutica e apresentação: Cápsula dura – cartucho com 3 blisters x 15 cápsulas.

## VIA ORAL USO ADULTO

Contém 45 cápsulas.

## COMPOSIÇÃO:

Cada cápsula contém 300mg de extrato seco padronizado das sementes de *Aesculus hippocastanum* L., equivalente à 6,5% ou 19,5mg de escina [marcador] e excipientes: dióxido de silício e talco.

## INFORMAÇÕES AO PACIENTE:
### 1. PARA QUE ESTE MEDICAMENTO É INDICADO?

Phytovein® é indicado para o tratamento de sintomas da insuficiência venosa, como sensação de dor e peso nas pernas, inchaço, câimbras e prurido e na fragilidade capilar.

### 2. COMO ESTE MEDICAMENTO FUNCIONA?

Phytovein® atua aliviando os sintomas característicos da insuficiência venosa, como a sensação de dor e peso nas pernas, inchaço, câimbras e prurido. Proporciona aumento da resistência vascular periférica e melhora do retorno do fluxo venoso.

### 3. QUANDO NÃO DEVE USAR ESTE MEDICAMENTO?
Pacientes com histórico d e hipersensibilidade e alergia a qualquer um dos componentes da fórmula não devem fazer uso do produto.

Este medicamento é contraindicado para pessoas com hipersensibilidade a escina ou a extratos de *A. hippocastanum* e pacientes com insuficiência do fígado ou dos rins.

**Este medicamento é contraindicado para uso por crianças.**

### 4. O QUE DEVO SABER ANTES DE USAR ESTE MEDICAMENTO?
Toxicidade relacionada aos rins e ao fígado foi relatada com o uso de preparados a base de *A. hippocastanum* em pacientes propensos a esse tipo de desordem. Este medicamento não deve ser administrado a crianças. Há indícios de que a absorção de escina seja maior em crianças, predispondo-as a uma maior toxicidade.

Embora não existam restrições, pacientes idosos só devem utilizar o medicamento após orientação médica.

Este medicamento não deve ser administrado juntamente com anticoagulantes orais, pois pode potencializar seu efeito anticoagulante.

Este medicamento pode interferir com a distribuição de outras drogas.

**Este medicamento não deve ser utilizado por mulheres grávidas sem orientação médica ou do cirurgião-dentista.**

**Informe ao seu médico ou cirurgião-dentista se você está fazendo uso de algum outro medicamento.**

### 5. ONDE, COMO E POR QUANTO TEMPO POSSO GUARDAR ESTE MEDICAMENTO?
Phytovein® deve ser guardado em sua embalagem original, evitando-se o calor excessivo [manter entre 15 e 30 ºC]. O produto Phytovein® apresenta validade de 24 meses.

**Número de lote e datas de fabricação e validade: vide embalagem.**

**Não use medicamento com o prazo de validade vencido. Guarde-o em sua embalagem original.**

Após a abertura da embalagem, o produto deve ser guardado adequadamente para se manter próprio ao consumo dentro do prazo de validade.

Phytovein® apresenta-se em cápsulas gelatinosas duras, de coloração vinho, contendo um pó fino, homogêneo e solto, de cor castanho claro e com odor característico.

**Antes de usar, observe o aspecto do medicamento. Caso ele esteja no prazo de validade e você observe alguma mudança no aspecto, consulte o farmacêutico para saber se poderá utilizá-lo.**

**Todo medicamento deve ser mantido fora do alcance das crianças.**

### 6. COMO DEVO USAR ESTE MEDICAMENTO?
USO ORAL/USO INTERNO

Ingerir 1 a 2 cápsulas, 3 vezes ao dia, antes das refeições. A dose máxima deste medicamento deverá ser 6 cápsulas ao dia, dividida em 3 doses.

**Siga corretamente o modo de usar. Em caso de dúvidas sobre este medicamento, procure orientação do farmacêutico. Não desaparecendo os sintomas, procure orientação de seu médico ou cirurgião-dentista.**

**Este medicamento não deve ser partido, aberto ou mastigado.**

### 7. O QUE DEVO FAZER QUANDO EU ME ESQUECER DE USAR ESTE MEDICAMENTO?
Caso haja esquecimento da ingestão de uma dose deste medicamento, retomar a posologia sem a necessidade de suplementação.

**Em caso de dúvidas, procure orientação do farmacêutico ou de seu médico, ou cirurgião-dentista.**

### 8. QUAIS OS MALES QUE ESTE MEDICAMENTO PODEME CAUSAR?
Após a ingestão do medicamento pode ocorrer, em casos isolados, pruridos, náuseas e desconforto gástrico. Raramente pode ocorrer irritação gástrica e refluxo.

**Informe ao seu médico, cirurgião-dentista ou farmacêutico o aparecimento de reações indesejáveis pelo uso do medicamento. Informe também à empresa através do seu Serviço de Atendimento ao Consumidor (SAC).**

### 9. O QUE FAZER SE ALGUÉM USAR UMA QUANTIDADE MAIOR DO QUE A INDICADA DESTE MEDICAMENTO?
Se ingerido em altas doses este medicamento pode causar vômitos, diarreia, fraqueza, contrações musculares, dilatação da pupila, falta de coordenação, desordem da visão e da consciência.

Em caso de superdosagem, suspender a medicação imediatamente. Recomenda-se tratamento de suporte sintomático pelas medidas habituais de apoio e controle das funções vitais.

**Em caso de uso de grande quantidade deste medicamento, procure rapidamente socorro médico e leve a embalagem ou bula do medicamento, se possível. Ligue para 0800 722 6001, se você precisar de mais orientações**

**DIZERES LEGAIS**
M.S. 1.0066.3383.002-4
Farm. Resp.: Carlos E. de Carvalho CRF-SC Nº 4366
Laboratório Catarinense Ltda.
Rua Dr. João Colin, 1053 89204-001 – Joinville – SC
CNPJ: 84.684.620/0001-87
Indústria Brasileira
SAC 0800-474222
www.catarinensepharma.com.br

---

# PIASCLEDINE®
(*Persea americana* Mill. + *Glycine max* (L.) Merr.)

## I) MEDICAMNTO FITOTERÁPICO

**Nomenclatura botânica oficial:** *Persea Americana* Miller
**Nomenclatura popular:** abacate
**Família:** Lauraceae
**Parte da planta utilizada:** fruto
**Nomenclatura botânica oficial:** *Glycine Max* (L.) Merr.
**Nomenclatura popular:** semente de soja
**Família:** Leguminosae (Fabaceae)
**Parte da planta utilizada:** semente

## APRESENTAÇÕES:
**PIASCLEDINE®300** cápsula gelatinosa dura (100 mg + 200 mg): embalagem com 10 ou 30 cápsulas.

## VIA ORAL USO ADULTO
## COMPOSIÇÃO
Cada cápsula de **PIASCLEDINE®300** contém:
Óleo insaponificável do fruto abacate de *Persea americana* Mill. (padronizado em 61,7% de alquilfuranos) ..100 mg
Óleo insaponificável da semente de *Glycine max* (L.) Merr. (soja) (padronizado em 36,5% de tocoferóis) ...... 200 mg
Excipientes: butil-hidroxitolueno, dióxido de silício, gelatina, polissorbato 80 e água. Componentes da cápsula: polissorbato, gelatina, eritrosina, óxido férrico e dióxido de titânio.

## II) INFORMAÇÕES TÉCNICAS AOS PROFISSIONAIS DE SAÚDE
### 1. INDICAÇÕES
PIASCLEDINE®300 (*Persea americana* Mill. + *Glycine max* (L.) Merr.) é indicado para o tratamento sintomático de ação lenta para quadros dolorosos de osteoartrite.

### 2. RESULTADOS DE EFICÁCIA
A eficácia de PIASCLEDINE®300 no tratamento da osteoartrite, avaliada pelo alívio da dor (escala visual analógica da dor), redução da incapacidade funcional (Índice Funcional de Lequesne) e diminuição do consumo de analgésicos e anti-inflamatórios foi demonstrada em 3 estudos multicêntricos, randomizados, duplo cego, placebo controlados1-3. Dos estudos citados anteriormente o estudo de Maheu, E et al[1] avaliou um total de 164 pacientes com OA dolorosa, foram randomizado para receber PIASCLEDINE®300 mg (n=85) como uma cápsula por dia ou placebo (n=79) por seis meses, o estudo teve a duração de 8 meses, dos quais 6 meses os pacientes receberam tratamento seguidos de 2 meses de acompanhamento pós-tratamento. Um número significativamente maior de pacientes tratados com PIASCLEDINE®300 apresentou melhora clinica relevante na incapacidade e na dor, conforme medida da taxa de sucesso definida como melhora ≥30% no Índice Funcional de Lequesne e redução ≥50% na pontuação de dor pela EVA (Escala Visual Analógica de Dor), em comparação ao início do tratamento, relevante notar que os benefícios do uso de PIASCLEDINE®300 persistiram por pelo menos 2 meses após interrupção do tratamento[1]. O estudo de Appelboom, T et al [2], teve por objetivo comparar a eficácia de duas doses de PIASCLEDINE®300 no tratamento sintomático da osteoartrite realizado com 3 grupos paralelos de pacientes avaliados. Um total de 260 pacientes foram randomizados para receber PIASCLEDINE®300 (1 cápsula/dia) (n=86), PIASCLEDINE®300 (2 cápsulas/dia) (n=86) ou placebo (n=88) uma vez ao dia durante 3 meses.

Como principal ponto, este estudo demonstrou que o uso de AINE (anti-inflamatórios não esteroidais)/analgésico (expresso em mg equivalentes de diclofenaco) foi significativamente menor nos grupos PIASCLEDINE®300 em relação ao grupo placebo de D30 em diante (p<0,01). No grupo PIASCLEDINE®300 (1 cápsula/dia), as ingestões diminuíram de 143 ± 48 mg equivalentes de diclofenaco (mg dicl eq) em D0 para 45 ± 52 mg dicl eq em D90 vs. 136 ± 55 mg dicl eq em D0 para 81 ± 63 em D90 no grupo placebo e não apresentou diferença significativa entre os grupos de PIASCLEDINE®300. Durante o terceiro mês de tratamento, o consumo concomitante de AINEs havia diminuído em pelo menos 50% em 71% dos pacientes de ambos os grupos de PIASCLEDINE®300, em comparação com 36% dos pacientes no grupo placebo (p<0,01).

Além disso, a partir do segundo mês, houve uma redução significativa da dor, medida por meio da escala EVA, em ambos os grupos de PIASCLEDINE®300, quando comparado ao grupo placebo; ainda, ambos os grupos de PIASCLEDINE®300 mostraram melhores resultados que o placebo no que diz respeito às mudanças no Índice Funcional de Lequesne.

No estudo de Blotman, F et al.[3], um total de 164 pacientes foram randomizados para receber PIASCLEDINE®300 mg/dia (n=81) ou placebo (n=83) uma vez ao dia durante 3 meses (D0-D90). Todos os pacientes usaram um dos sete AINEs orais autorizados durante a primeira metade do estudo (D0-D45), e foram autorizados a continuar seu uso, se necessário, durante a segunda metade (D45-D90). No D75, apenas 35% dos pacientes que receberam PIASCLEDINE®300 retomaram a ingestão de AINE versus 64,5% no grupo placebo (p<0,001). No D90, apenas 43% dos pacientes que receberam PIASCLEDINE®300 retomaram a ingestão de AINE versus 70% no grupo placebo (p<0,001). A dose média cumulativa de AINEs entre D45 e D90 foi significativamente menor no grupo PIASCLEDINE®300 em comparação com o grupo placebo (372 ± 742 mg vs. 814 ± 1.026 mg, p<0,01). O número de dias de uso de AINE foi significativamente menor entre D0 e D90 no grupo PIASCLEDINE®300 do que no grupo placebo (6,3 dias ± 10,7 vs. 11,0 dias ± 10,2; p<0,01). O estudo também mostrou demonstrou melhora da funcionalidade pelo Índice Funcional de Lequesne para pacientes que utilizaram PIASCLEDINE®300 em comparação com aqueles que tomaram placebo (-2,3 ± 2,6 vs. -1,0 ± 2,6, p<0,01).

No Brasil, um estudo multicêntrico aberto que envolveu 231 pacientes também demonstrou a eficácia de PIASCLEDINE®300 no controle sintomático da osteoartrite[4]. Dados de metanálise realizada com estudos de PIASCLEDINE®300 confirmam sua eficácia no tratamento sintomático da osteoartrite[4].

**Referências bibliográficas:**
MAHEU, E.; MAZIÉRES, B.; VALAT, J.P.; *ET AL*. Symptomatic efficacy of avocado/soybean unsaponifiables in the treatment of osteoarthritis of the knee and hip. A prospective, randomized, double blind, placebo controlled, multicenter clinical trial with a six-month treatment period and a two month follow up demonstrating a persistent effect. Arthritis Rheumatism 1998; v. 41, n. 1, p. 81-91.

1-APPELBOOM, T.; SCHUERMANS, J.; VERBRUGGEN, G.; *ET AL*. Symptoms modifying effect of avocado/soybean unsaponifiables (ASU) in knee osteoarthritis – A double blind, prospective, placebo controlled study. Scand J Rheumatol 2001; 30:242-247.

2-BLOTMAN, F.; MAHEU, E.; WULWIK, A.; *ET AL*. Efficacy and safety of avocado/soybean unsaponifiables in the treatment of symptomatic osteoarthritis of the knee and hip – A prospective, multicenter, three-month, randomized, double blind, placebo-controlled trial. Rev Rheum Engl Ed 1997 Dec; v. 64, n. 12, p. 825-834.

3-CHAHADE, W.H.; SÂMARA, A.M.; SILVA, N.A.; *ET AL*. Eficácia sintomática dos insaponificáveis de abacate e soja (IAS) no tratamento da osteoartrose (OA) de quadril e joelho. Rev. Bras. Med 2004; v. 61, n. 11, p. 711-718.

4-CHRISTENSEN, R.; BARTELS, E.M.; ASTRUP, A.; *ET AL*. Symptomatic efficacy of avocado- soybean unsaponifiables (ASU) in osteoarthritis patients: a meta-analysis of randomized controlled trials. Osteoarthritis Cartilage 2008 Apr;v. 16, n. 4, p. 399-408.

## 3. CARACTERÍSTICAS FARMACOLÓGICAS

PIASCLEDINE®300 é um composto de óleos insaponificáveis de abacate (*Persea americana* Mill.) e de soja (*Glycine max* (L.) Merr.), extraídos do fruto e das sementes dessas plantas, respectivamente, através de processamento dessas partes. Essa mistura consiste ainda em constituintes não glicéricos, como triterpenos e álcoois alifáticos, carotenoides, fitosterois e tocoferois.

Esses insaponificáveis comprovaram ser eficientes no tratamento de osteoartrites dolorosas. PIASCLEDINE®300 pertence ao grupo das Drogas Sintomáticas de Ação Lenta para o Tratamento das Osteoartrites (Symptomatic Slow-Acting Drugs for Treatment of Osteoarthritis – SYSADOA).

O tratamento de osteoartrites busca diminuir o processo de destruição articular e, particularmente, da degradação da cartilagem. O efeito benéfico de PIASCLEDINE®300 sobre a cartilagem, demonstrado em estudos *in vitro* e in vivo, deve-se à sua ação condroprotetora e condroestimulante. *In vitro*, PIASCLEDINE®300 inibe a degradação dos proteoglicanos, componente básico estrutural da cartilagem, no tratamento agudo. O estímulo da síntese e da secreção de proteoglicanos pelos condrócitos osteoartríticos foi observado em tratamentos de longo prazo.

PIASCLEDINE®300 conduz a um aumento da síntese de colágeno pelos sinoviócitos e pelos condrócitos articulares, respectivamente. Ao mesmo tempo, PIASCLEDINE®300 diminui a atividade da colagenase, enzima degradativa da cartilagem. Além disso, o produto interfere no efeito deletério da interleucina-1 nos condrócitos. A interleucina-1 exerce um importante papel na destruição da cartilagem articular. A atividade colagenolítica dessa citoquina é reduzida pelo PIASCLEDINE®300 e, portanto, ao impedir o efeito da interleucina-1, PIASCLEDINE®300 permite a restauração da produção normal de colágeno e da malha de tecido conjuntivo. O tratamento deve ter a duração de 3 a 6 meses e o seu efeito persiste por até 2 meses após o tratamento.

**Propriedades farmacodinâmicas**

PIASCLEDINE®300 pertence à classe de medicamentos SYSADOA, que são notavelmente caracterizadas pela sua ação lenta. Por essa razão, pode ser necessário prescrever, no início do tratamento, PIASCLEDINE®300 combinado com um anti-inflamatório não esteroidal e/ou analgésicos, os quais devem ser reduzidos sob orientação médica, conforme a eficácia de PIASCLEDINE®300 for aumentando o modo de ação dos óleos insaponificáveis de abacate e soja, tem sido pesquisado por meio de estudos de osteoartrite *in vitro* e in vivo os quais sugerem as seguintes principais propriedades farmacológicas:

- aumento da produção de colágeno através de condrócitos articulares e redução da produção de interleucina-11 pelos condrócitos,
- aumento da expressão de PAI-1 (fração inibidora do ativador plasmático relacionado a lesões da cartilagem em osteoartrite),
- aumento da expressão de fator transformador de crescimento β (TGF β) em condrócitos bovinos, mais tarde conhecidos por terem propriedades anabólicas de cartilagem.

Todos esses efeitos representam um potencial efeito benéfico de PIASCLEDINE®300 no reparo e proteção dos componentes da matriz extracelular da cartilagem

**Estudos pré-clínicos de segurança**

As propriedades toxicológicas gerais de PIASCLEDINE®300 foram estudadas em várias espécies de animais, incluindo roedores, coelhos e cachorros, em agudo, subagudo e condições de dosagem crônica. Estudos de toxicidade aguda e subaguda demonstraram uma toxicidade muito baixa de PIASCLEDINE®300 enquanto a DL50 não pode ser calculada, devido à ausência de letalidade em doses acima de 1.000 vezes a dose terapêutica humana expressas em mg/kg (dose máxima testada em ratos 8000 mg/kg, não provocou letalidade).

Em estudos de toxicidade crônica (6 meses) em ratos e cães, a tolerância geral de PIASCLEDINE®300 foi satisfatória; no entanto, o fígado e a tireoide deveriam ser considerados órgãos alvo. Anormalidades histopatológicas foram mostrados nos grupos de doses médias e altas, mais pronunciados nos cães do que nos ratos. Em ambas as espécies, a baixa dose de PIASCLEDINE®300 (30 – 50 mg/kg, dependendo da espécie) foi associada com mínima toxicidade.

PIASCLEDINE®300 não é um indutor de metabolismo hepático em ratos.

A dosagem considerada como não relacionada a efeitos adversos foi de 50 mg/kg. Estudos pré-clínicos mostraram que PIASCLEDINE®300 pode interferir com o processo de implantação e/ou com a sobrevivência muito precoce dos embriões na dose de 750 mg/Kg em ratos, conforme evidenciado pela redução do número de fêmeas grávidas e um ligeiro aumento na perda de pré-implementação. Não foram verificados efeitos na fertilidade de ratos machos. Estudos de toxicidade mostraram leves modificações esqueléticas em ratos e coelhos para altas doses, 750 mg/kg e 500 mg/kg, respectivamente. Estudos conduzidos com PIASCLEDINE®300 não mostraram efeito mutagênico.

## 4. CONTRAINDICAÇÕES

Este medicamento é contraindicado a pacientes com histórico de hipersensibilidade a qualquer um dos componentes da fórmula presentes no item COMPOSIÇÃO e com alergia a amendoim.

## 5. ADVERTÊNCIAS E PRECAUÇÕES

Gravidez e amamentação: não existem estudos disponíveis sobre o uso de PIASCLEDINE®300 em mulheres grávidas. Portanto não se recomenda a sua utilização durante a gravidez e amamentação.

**Gravidez:** categoria C

Este medicamento não deve ser utilizado por mulheres grávidas sem orientação médica ou do cirurgião-dentista.

**Uso em crianças: não se recomenda o uso em crianças, pois não há estudos nessa população.**

Uso em pacientes idosos: manter os mesmos cuidados recomendados para pacientes adultos.

**Efeitos na capacidade de dirigir ou operar máquinas**

Não é esperado que PIASCLEDINE®300 afete a capacidade de dirigir ou operar máquinas.

## 6. INTERAÇÕES MEDICAMENTOSAS
Não há dados sobre a interação do produto com outras drogas.

## 7. CUIDADOS DE ARMAZENAMENTO DO MEDICAMENTO
Conservar PIASCLEDINE®300 em temperatura ambiente (15ºC-30ºC). Proteger da umidade.

**Prazo de validade:**
Se armazenado nas condições recomendadas, o medicamento se manterá próprio para consumo pelo prazo de 36 meses, a partir da data de fabricação impressa na embalagem.

**Número de lote e datas de fabricação e validade: vide embalagem.**
**Não use medicamento com prazo de validade vencido. Guarde-o em sua embalagem original.**
**Características físicas e organolépticas:**
A cápsula de PIASCLEDINE®300 possui tampa laranja e corpo cinza e as inscrições "300" e "P" distribuídas aleatoriamente no corpo e tampa da cápsula. Podem ocorrer pequenas variações na tonalidade da coloração devido ao deslocamento do conteúdo no interior da cápsula.
**Antes de usar, observe o aspecto do medicamento.**
**TODO MEDICAMENTO DEVE SER MANTIDO FORA DO ALCANCE DAS CRIANÇAS.**

## 8. POSOLOGIA E MODO DE USAR
**Posologia:**
1 cápsula de PIASCLEDINE®300 ao dia, durante a refeição. O tratamento deve perdurar por 3 a 6 meses, ou a critério médico, nos casos de osteoartrites.
**Modo de usar:**
A cápsula deve ser ingerida inteira, com um copo cheio de água.
**Este medicamento não deve ser partido, aberto ou mastigado.**

## 9. REAÇÕES ADVERSAS
Experiência pós-comercialização – Reações comuns (> 1/100 pacientes < 1/10):
- Desordens gastrointestinais: náuseas, dor abdominal e diarreia.

**Reações muito raras (< 1/10.000 pacientes – 0,01%):**
- **Desordens gastrointestinais:** regurgitação com odor lipídico (que pode ser evitada com a ingestão da cápsula durante a refeição);
- **Desordens hepatobiliares:** aumento das transaminases, da fosfatase alcalina, da bilirrubina e da gama glutamiltranspeptidase, hepatite, dano hepatocelular, icterícia e colestase;

Desordens do sistema imune: reações de hipersensibilidade como prurido, erupção cutânea, eritema e urticária

Em casos de eventos adversos, notifique à empresa e ao Sistema de Notificação de Eventos Adversos a Medicamentos (Vigimed), disponível em **http://portal.anvisa.gov.br/vigimed**, ou para a Vigilância Sanitária Estadual ou Municipal.

## 10. SUPERDOSE
Não há dados disponíveis sobre a administração de superdose do produto. Nesses casos, podem ocorrer náuseas e o paciente deve ser monitorado quanto às reações gastrintestinais.

Em caso de intoxicação ligue para 0800 722 6001, se você precisar de mais orientações.

## III) DIZERES LEGAIS
MS: 1.0553.0356
Farm. Resp.: Graziela Fiorini Soares CRF/RJ: 7475
**Registrado e importado por: Abbott Laboratórios do Brasil Ltda.** Rua Michigan, 735
São Paulo – SP
CNPJ: 56.998.701/0001-16
**Fabricado por:** Laboratoires **EXPANSCIENCE** Epernon – França
**Embalado por:** Abbott Laboratórios do Brasil Ltda. Rio de Janeiro – RJ
INDÚSTRIA BRASILEIRA
Abbott Center
Central de Relacionamento com o Cliente 0800 703 1050
www.abbottbrasil.com.br

**VENDA SOB PRESCRIÇÃO MÉDICA.**

---

# PLANTABEN®
*Plantago ovata* Forssk 3,5g

**FITOTERÁPICO**
**Nomenclatura botânica oficial:** *Plantago ovata* Forssk.

**Família:** Plantaginaceae.
**Parte utilizada da planta:** casca da semente.

## APRESENTAÇÕES

Pó efervescente contendo 3,5 g de casca da semente de *Plantago ovata* Forssk (*Ispaghula husk*) por envelope. Embalagens com 10 e 30 envelopes de 5 g.

## USO ORAL
## USO ADULTO E PEDIÁTRICO ACIMA DE 6 ANOS

## COMPOSIÇÃO

Cada envelope (5 g) contém 3,5 g da casca da semente de *Plantago ovata* Forssk (Ispaghula husk). Excipientes: sacarina sódica, bicarbonato de sódio, ácido tartárico, essência de laranja, corante laranja Pal Super (E110).
Cada envelope (5 g) contém 0,03 g de sacarina sódica.
Plantaben® não contém açúcar.

## 1. INDICAÇÕES

Este medicamento é destinado ao tratamento de:
Doenças que evoluem com alternância de episódios de diarreia e constipação intestinal (intestino irritável, diverticulose) Constipação intestinal crônica habitual ou decorrente da permanência no leito após operações cirúrgicas, por alterações de dieta, viagens ou tratamentos prolongados com laxantes potentes.

Diarreias de origem funcional e como adjuvante em casos de doença de Crohn.

Como terapêutica complementar ou adjuvante em:
Processos proctológicos como hemorroidas, fissuras anais ou abscesso anal. Regulação da evacuação em pacientes portadores de ânus artificial (colostomia).

## 2. RESULTADOS DE EFICÁCIA

As aplicações terapêuticas aprovadas de Plantaben® são baseadas não só na história de seu uso, mas também em estudos farmacológicos e clínicos bem conduzidos e com metodologia adequada. Dettmar e Sykes relatam os resultados de um estudo multicêntrico com 394 pacientes que apresentavam constipação simples, comparando *Plantago* (Ispaghula husk) com lactulose e outros laxantes. Verificaram que mais de 60% dos casos já apresentavam passagem de fezes dentro das primeiras 24 horas e mais de 80% dentro de 36 horas. *Plantago* produziu uma porcentagem maior de fezes normais, bem formadas e menos duras do que os demais laxantes, assim como incidência menor de fezes líquidas, diarreia e dor abdominal, em associação com baixa incidência de eventos adversos.

McRorie e cols. concluíram que o *Plantago* é superior ao docusato no tratamento da constipação crônica em todos os parâmetros analisados [maior conteúdo de água nas fezes – P=0,007; maior peso total de fezes – P=0,005; maior frequência de movimentos intestinais – P=0,02]. Voderholzer também confirmou em 149 pacientes que fizeram uso de 15 a 30 g/dia da medicação por seis semanas que o *Plantago* melhora a constipação crônica.

Na constipação crônica da síndrome do intestino irritável, Tomas-Ridoci e cols. observaram, em estudo duplo-cego comparado com placebo, um aumento significativo da frequência de evacuações (de 2,5±1 para 8±2,2 por semana; P<0,001), diminuição na consistência das fezes, aumento do peso fecal e diminuição do tempo de trânsito intestinal. Resultados similares foram obtidos por Hotz e Plein em um estudo comparativo com germe de trigo, com menor incidência de eventos adversos, principalmente distensão abdominal.

A frequência de defecação, a forma fecal, o empuxo inicial e final e a urgência de defecação foram registrados por Davies e cols. em 69 voluntários sadios em um estudo de três fases com *Plantago*, tendo-se verificado melhora significativa de todos os parâmetros (P<0,001), assim como ficou evidente um efeito residual benéfico após a interrupção da terapia. Em crianças com diarreia aguda, uma solução de cloreto de sódio (3,5 g/l) contendo 50 g/l de *Plantago* permitiu uma reidratação mais rápida (4,88±2,11horas; n=117) do que a solução preconizada pela OMS (5,28±1,99 horas; n=121), com percentagem de sucesso de 88% no grupo que recebeu *Plantago* e de 85,9% no grupo OMS. O débito fecal durante a reidratação foi de 4,69 g/kg.h no grupo tratado com *Plantago* e de 8,45 g/kg.h no grupo que recebeu a solução da OMS (P=0,00053). Smalley e cols. utilizaram *Plantago* por duas semanas em associação com dieta não restritiva no tratamento da diarreia crônica, obtendo resultados clínicos muito significativos.

Na manutenção de remissão da colite ulcerativa por 12 meses, avaliada em um estudo randomizado com 102 pacientes, Fernandez-Banares e cols. concluíram que o *Plantago* (10 g duas vezes ao dia) é tão eficaz quanto a mesalasina (500 mg três vezes ao dia). Verificou-se também um aumento significativo de níveis de butirato fecal (P=0,018) após a administração do *Plantago*.

Na hipercolesterolemia, Anderson e cols. (2000), definiram em uma metanálise de oito estudos controlados os efeitos hipolipidêmicos e a segurança do uso de *Plantago* (Psyllium husk) quando usado como adjunto de uma dieta hipolipídica em 384 homens e mulheres com hipercolesterolemia.

Foram analisados 384 pacientes tratados com 10,2 g de *Plantago* por dia em comparação com 272 outros que receberam um placebo de celulose. Constatou-se que os pacientes tratados com *Plantago* apresentaram uma redução de 4% no colesterol total (P<0,0001), 7% no LDL- colesterol (P), 0001) e na taxa de apoliproteína B para apoliproteína A-1 em 6% (P<0,05) em relação ao placebo, não se tendo relatado efeitos sobre o HDL-colesterol ou a concentração de triglicerídios. Em outro estudo, os mesmos autores relataram uma redução de 8,9% do colesterol total, de 13% do LDL-colesterol, de 11% da glicemia total e de 19,2% da glicemia pós-prandial após 8 semanas de tratamento com 10,2 g de *Plantago* em 34 homens com diabetes tipo 2 (Anderson e cols., 1999). Bell e cols. também relataram uma redução de 5% do colesterol total e de 8% do LDL-colesterol em um estudo controlado com 75 pacientes submetidos a dieta hipocalórica associada com 10,2 g de *Plantago*/dia por 8 semanas. Cícero e cols. estudaram durante 6 meses o efeito de Psyllium e dieta suplementada com goma guar em 141 pacientes hipertensos com sobrepeso e verificaram efeito redutor significativo (p<0,01) sobre o IMC (-7,2% e -6,5%, respectivamente), as taxas de glicemia (-27,9% e −11,1%, respectivamente), insulina (-20,4% e – 10,8%, respectivamente), o índice de homeostase (-39,2% e –16,7%, respectivamente) e LDL-colesterol (-7,9% e – 8,5%, respectivamente) em comparação com pacientes que receberam dieta padrão. Apenas os pacientes tratados com Psyllium apresentaram redução significativa da pressão arterial sistólica (-3,9%) e diastólica (-2,6%).

Moesgaard e cols. relataram em um estudo duplo-cego redução de dor e sangramento de hemorroidas em pacientes tratados com 7 g de *Plantago*, três vezes ao dia, em comparação com placebo. Resultados altamente significativos também foram relatados por Perez-Miranda e cols. sobre sangramento hemorroidário em 50 pacientes de um estudo randomizado, com redução do número de episódios de sangramento (P<0,001) e da intensidade da congestão hemorroidária após quinze dias de tratamento.

Referências Bibliográficas: WHO monographs on selected medicinal plants. Vol. 1. Semen Plantaginis. 1999, pp201-12; ESCOP monographs on the medicinal uses of plant drugs. Fasc. 1. Plantaginis Ovatae testa. 1997; Commission E Monographs. Herbal Medicine. Psyllium seed. 2000, pp314-21; British Herbal Compendium. Vol. 1. Ispaghula husk. 1992, pp 136-8; PDR for Herbal Medicines. 2nd Ed. Psyllium. 2000, pp 612-6; POINSINDEX: Laxatives-Bulk Forming; Dettmar PW, Sykes J. Curr Med Res Opin 1988;14 (4):227-33; McRorie JW *et al*. Aliment Pharmacol Ther 1998;12 (5):491-7; Tomas-Ridocci M *et al*. Rev Esp Enferm Giag 1992;82 (1):17-22; Hotz J, Plein K. Med Klin (Munique) 1994;89 (12):645-51; Davies GJ, Dettmar PW, Hoare RC. J R Soc Health. 1998;118 (5):267-71; Arias MM *et al*. Acta Paediatr. 1997;86 (10):1047-51; Smalley JR *et al*. J Pediatr Gatroenterol Nutr 1982;1 (3):361-3; Fernandez- Banares *et al*. Am J Gastroenterol 1999;94 (2):427-33; Anderson JW *et al*. Am J Clin Nutr 2000;71:472-9; Anderson JW *et al*. Am J Clin Nutr 1999;70:466-73; Bell LP *et al*. JAMA 1989;261:3419-23; Cícero AF *et al*. Clin Exp Hipertens 2007; 29 (6):383-94. Moesgaard F *et al*. Dis Colon Rectum 1982;25 (5):454-6; Perez-Miranda *et al*. Hepatogastroenterology 1996;43 (12):1504-7.

## 3. CARACTERÍSTICAS FARMACOLÓGICAS

Propriedades farmacodinâmicas

O princípio ativo de Plantaben® encontra-se na casca da semente de *Plantago ovata* Forssk. O principal componente dessa casca é uma mucilagem que contém uma hemicelulose composta por 85% de ácidos arabinoxilanos, com pequena proporção de ramnose e de ácido galacturônico. A atividade terapêutica é decorrente da fibra dietética, altamente solúvel, que constitui seu princípio ativo: cada 100 g de produto administrado ao paciente contém 49 g de fibras solúveis. O mecanismo de ação da fibra ocorre por aumento do volume e do grau de hidratação das fezes, contribuindo para a normalização do hábito intestinal. Adicionalmente, o aumento da massa fecal ativa a motilidade intestinal, sem efeitos irritativos.

Alguns tipos de fibras, incluindo a casca da semente de *Plantago ovata* Forssk, possuem efeitos hipocolesterolêmicos, principalmente devido à diminuição da absorção intestinal de colesterol e ao aumento da excreção de colesterol e de ácidos biliares, reduzindo assim os níveis séricos de colesterol. Em diversos estudos observou-se uma redução dos níveis de colesterol total e de LDL-colesterol do plasma, não sendo observada uma diferença significativa nos níveis de HDL-colesterol.

Além disso, o consumo de fibras pode ser benéfico para diabéticos, pois as fibras adsorvem os açúcares simples, diminuindo a sua absorção pelo intestino e a velocidade com que esses carboidratos passam do estômago para o duodeno e, consequentemente, prevenindo aumentos rápidos da glicemia. O aumento da quantidade de fibras na dieta do diabético pode permitir a redução de suas necessidades de insulina.

Plantaben® apresenta diferentes mecanismos de ação, podendo ser indicado para diferentes quadros patológicos.

É uma boa alternativa como tratamento coadjuvante da doença inflamatória intestinal (doença de Crohn, colite ulcerosa) em períodos de remissão, pois melhora a sintomatologia e diminui as recidivas. Além disso, Plantaben® é eficaz em doenças cuja etiologia se encontra principalmente na falta de fibras na alimentação, como é o caso da doença diverticular do cólon.

Como Plantaben® não contém estimulantes da motilidade ou irritantes da mucosa intestinal, pode ser utilizado por pessoas alérgicas a essas substâncias ou em casos em que não haja contraindicação específica.

Propriedades farmacocinéticas

Não é possível determinar as constantes farmacocinéticas que definem absorção ou metabolização, pois Plantaben® é uma formulação de ação eminentemente local. Assim, não é possível detectar níveis no sangue e em fluidos corporais. Não existe passagem através da barreira placentária por se tratar de formulação não digerível nem absorvível, em razão do seu conteúdo em fibras.

No intestino grosso, a fibra está exposta à ação fermentativa das bactérias colônicas. Assim, os carboidratos fermentam, produzindo gases e ácidos graxos de cadeia curta (ácido acético, butírico e propiônico). Esses ácidos podem desencadear diferentes efeitos sobre a fisiologia, a secreção, a absorção e a motilidade do cólon e ser metabolizados.

Como todas as fibras com alto poder de captação de água, a fibra de Plantaben® é facilmente fermentada, embora seja difícil prever qual a quantidade de ácidos graxos de cadeia curta que produzirá.

### 4. CONTRAINDICAÇÕES

Este medicamento é contraindicado para uso

- por pacientes com obstrução intestinal ou com distúrbio da evacuação provocado por ressecamento e endurecimento (impactação) das fezes;
- por pacientes com estenose do trato gastrointestinal;
- por pacientes com diabetes mellitus com dificuldade de ajuste da insulina;
- por pacientes com insuficiência pancreática exócrina, que devem evitar o uso deste medicamento;
- nos casos de hipersensibilidade (alergia) conhecida ao *Plantago ovata* Forssk e/ou aos componentes da fórmula;
- quando houver dor abdominal, náuseas ou vômitos, dificuldade de engolir ou um estreitamento (estenose) do esôfago.

Não utilizar junto com medicamentos antidiarreicos e produtos inibidores da motilidade intestinal (difenoxilato, loperamida, opiáceos etc.) pelo risco de obstrução intestinal. **Este medicamento é contraindicado para crianças menores de seis anos.**

### 5. ADVERTÊNCIAS E PRECAUÇÕES

Plantaben® só deve ser usado após sua dissolução em água, e ingerido durante ou após as refeições. Quando ingerido meia hora antes das refeições, pode diminuir o apetite, pois promove sensação de satisfação alimentar (saciedade), auxiliando nas dietas de emagrecimento.

Plantaben® não contém açúcar.

É importante uma hidratação adequada, especialmente se o medicamento for ingerido sem prévia dissolução em água. Cada envelope de Plantaben® contém 178,26 mg de sódio, portanto deve ser administrado com cautela a pacientes em dietas hipossódicas.

Se a diarreia durar mais de 3 dias, deve-se consultar um médico.

Gravidez e lactação: Plantaben® é uma formulação de ação local somente. Em razão do seu conteúdo de fibras, não sofre digestão nem absorção intestinal. No entanto, a fibra solúvel de Plantaben® adsorve algumas substâncias orgânicas, inorgânicas e minerais. Assim, para evitar o risco de eliminação excessiva dessas substâncias durante a gestação, não se recomenda ultrapassar as doses prescritas. Categoria B de risco na gravidez – **Este medicamento não deve ser utilizado por mulheres grávidas sem orientação médica ou do cirurgião-dentista.**

Pacientes idosos: Não há restrições ou recomendações especiais com relação ao uso do produto por pacientes idosos.

Pacientes pediátricos: O produto não é recomendado para crianças menores de seis anos.

### 6. INTERAÇÕES MEDICAMENTOSAS

É recomendável que a administração de outras medicações seja feita uma hora antes ou uma hora após a administração de Plantaben®. A administração conjunta a pacientes em tratamento com medicamentos cardiotônicos do grupo dos glicosídeos cardíacos (digitálicos: digoxina e derivados), e sais de lítio não é recomendada. Porém, em caso de necessidade de utilizar esses fármacos durante o tratamento, eles devem ser administrados no mínimo duas horas antes da ingestão de Plantaben®, já que a fibra poderá dificultar a absorção desses medicamentos.

Não utilizar junto com medicamentos antidiarreicos e produtos inibidores da motilidade intestinal (difenoxilato, loperamida, opiáceos etc.) pelo risco de obstrução intestinal. *Plantago ovata* Forssk pode retardar a absorção de minerais (cálcio, ferro e zinco), vitaminas (B12) ou medicamentos, particularmente os derivados de cumarina. Carboidratos também podem ter sua absorção retardada, o que pode levar a uma redução da insulina em pacientes diabéticos. Como o produto é de ação local, não sendo digerível ou absorvível, não existe relato de interferência em exames laboratoriais.

## 7. CUIDADOS DE ARMAZENAMENTO DO MEDICAMENTO

Conservar o produto à temperatura ambiente (15°C a 30°C) e proteger da umidade. Este medicamento tem validade de 24 meses a partir da data de sua fabricação.

**Número de lote e datas de fabricação e validade: vide embalagem.**

**Não use medicamento com o prazo de validade vencido. Guarde-o em sua embalagem original.**

Plantaben® é um pó efervescente de cor alaranjada, com odor e sabor de laranja, para administração exclusivamente pela via oral, após dissolução em água.

**Antes de usar, observe o aspecto do medicamento.**
**Todo medicamento deve ser mantido fora do alcance das crianças.**

## 8. POSOLOGIA E MODO DE USAR

Salvo critério médico diferente, a posologia recomendada é a seguinte: Adultos

Um envelope dissolvido em água, uma a três vezes por dia. Crianças entre 6 e 12 anos

Meio envelope dissolvido em água, uma a três vezes por dia. Crianças acima de 12 anos

Um envelope dissolvido em água, uma a três vezes por dia. Modo de usar:

Recomenda-se ingerir um copo de água adicional após a ingestão de Plantaben® para evitar o risco potencial de obstrução esofagiana, principalmente em pacientes idosos com distúrbios de motilidade gastrintestinal.

A medicação deverá ser ingerida durante ou após as refeições.

Durante o tratamento, a ingestão de água deverá se ajustar à quantidade recomendada de um a dois litros diários.

## 9. REAÇÕES ADVERSAS

As reações adversas deste medicamento são em geral leves e transitórias. No início do tratamento e dependendo da dose podem ocorrer alguns distúrbios, como flatulência e sensação de plenitude, que desaparecem em poucos dias sem necessidade de interromper a administração.

As reações adversas mais frequentes com o uso de Plantaben® são:

- Reações raras (> 1/10.000 e < 1/1.000): flatulência (excesso de gases intestinais), sensação de plenitude abdominal (distensão), dor abdominal, diarreia.
- Reações muito raras (<1/10.000): obstrução do esôfago ou do intestino, reações alérgicas.

**Em casos de eventos adversos, notifique o Sistema de Notificações em Vigilância Sanitária – Notivisa, disponível em http://www.anvisa.gov.br/notivisa/frmCadastro.asp, ou a Vigilância Sanitária Estadual ou Municipal. Informe também a empresa através do seu serviço de atendimento.**

## 10. SUPERDOSE

Não foram descritos casos de intoxicação por superdose em virtude de os princípios ativos dessa formulação não serem absorvidos. No entanto, em caso de ingestão excessiva, deve-se proceder a tratamento sintomático.

Deve-se ressaltar a importância de uma hidratação adequada, especialmente se o medicamento for ingerido sem prévia dissolução em água.

**Em caso de intoxicação ligue para 0800 722 6001 se você precisar de mais orientações.**

### DIZERES LEGAIS
MS: 1.8830.0051
Farm. Resp.: Dra. Marcia Yoshie Hacimoto CRF-RJ: 13.349
**Fabricado por: Rottapharm Ltda.** Dublin – Irlanda.
**Importado por: Mylan Laboratórios Ltda.**
Estrada Dr. Lourival Martins Beda, 1.118.
Donana – Campos dos Goytacazes – RJ – CEP: 28110-000
CNPJ: 11.643.096/0001-22

# PLANTAGO VITAMED

*Plantago ovata* Forsk.

**Família:** Plantaginaceae
**Parte da planta utilizada:** casca da semente de *Plantago ovata* Forsk.

## APRESENTAÇÕES
Pó efervescente para preparação extemporânea.
Embalagem contendo 10 Sachês com 5 g cada*
*Cada sachê contém 3,5 g de *Plantago ovata*

## USO ORAL
## USO ADULTO E CRIANÇAS ACIMA DE 6 ANOS

## COMPOSIÇÃO
Cada 5 g contém:
*Plantago ovata* ................................................................. 3,5 g
Excipientes qsp. ............................................... 5 g
(excipientes: sorbitol, ácido cítrico, bicarbonato de sódio, acessulfame de potássio, aroma de laranja e corante amarelo n° 06)

## INFORMAÇÕES AO PACIENTE:
## 1. PARA QUÊ ESTE MEDICAMENTO É INDICADO?
Este medicamento está indicado para tratamentos de doenças que alternam entre diarreias ou constipação intestinal (síndrome do cólon irritável, diverticulose). Utilizado também para regular a evacuação em pacientes com ânus artificial (colostomia). Constipação crônica ou habitual decorrente da longa permanência em leitos após cirurgias, alterações da dieta, viagens ou tratamentos prolongados com laxantes potentes. Hemorroidas. Por ser sem açúcar, pode ser consumido por pacientes diabéticos. Este produto contém sorbitol, que é mais bem tolerado por diabéticos, por ser absorvido mais lentamente pelo trato gastrintestinal, mas no fígado é transformado em frutose e glicose.

## 2. COMO ESTE MEDICAMENTO FUNCIONA?
O medicamento é composto por fibras capazes de reter líquido, aumentando o volume e diminuindo a consistência das fezes. Tem propriedade formadora de bolo, o que auxilia na evacuação. Essas características da fibra são úteis na constipação e na diarreia.

## 3. QUANDO NÃO DEVO USAR ESTE MEDICAMENTO?
Contraindicações: Obstrução do trato gastrointestinal e impactação fecal. Diabetes não controlada. Hipersensibilidade a qualquer um dos componentes da fórmula. Crianças: Contraindicado para crianças menores de 6 anos, salvo sob indicação médica.

## 4. O QUE DEVO SABER ANTES DE USAR ESTE MEDICAMENTO?
Pacientes em dietas com restrição de sódio devem considerar que cada dose de 5 g de Plantago Vitamed contém 0,0957 g de sódio.
Não administrar quando houver dor abdominal, náuseas ou vômitos.
Este produto contém sorbitol, que é melhor tolerado por diabéticos, por ser absorvido mais lentamente pelo trato gastrintestinal, mas no fígado é transformado em frutose e glicose.
Pode ser necessária a redução das doses de insulina em diabéticos insulinodependentes. Deve ser tomado com volume adequado de água e no mínimo meia hora após a tomada de outros medicamentos para prevenir o retardo da absorção desses. Sem a quantidade adequada de água pode levar ao intumescimento na garganta ou esôfago e consequente asfixia. Obstrução intestinal pode ocorrer se o adequado fornecimento de água não for mantido.
Gravidez: Categoria B: Esse medicamento não deve ser utilizado por mulheres grávidas sem orientação médica ou do cirurgião-dentista. Informe ao médico a ocorrência da gravidez na vigência do tratamento ou após seu término. Informar ao seu médico se está amamentando.
Interações medicamentosas: Evitar a administração concomitante com digitálicos, sais de lítio, derivados da cumarina, vitaminas (B12) e minerais (como cálcio, ferro ou zinco). Deve-se respeitar o intervalo de 30 minutos a 1 hora para administrar esses medicamentos. Antidiabéticos e carbamazepina. Para esses dois medicamentos, deve ser feito um acompanhamento médico para verificar os níveis de açúcar e carbamazepina no sangue. A absorção intestinal de outros medicamentos tomados simultaneamente pode ser retardada. Quando administrado ao mesmo tempo, reduz a absorção de carbamazepina. Pode ser necessária a redução das doses de insulina em diabéticos insulinodependentes. Retarda a absorção intestinal de açúcares e reduz a glicemia pós-prandial.
Informe ao médico ou cirurgião-dentista se você está fazendo uso de algum outro medicamento.

## 5. ONDE, COMO E POR QUANTO TEMPO POSSO GUARDAR ESTE MEDICAMENTO?
Deve ser mantido em temperatura ambiente (entre 15° e 30°C). Proteger da luz e umidade. Manter o produto na embalagem original.

Número de lote e datas de fabricação e validade: vide embalagem.
Não use medicamento com o prazo de validade vencido. Guarde-o em sua embalagem original.
Após aberto, válido por até 6 meses.
Plantago Vitamed apresenta-se sob a forma de pó efervescente de cor castanho-alaranjada e aroma e sabor de laranja.
Antes de usar, observe o aspecto do medicamento. Caso ele esteja no prazo de validade e você observe alguma mudança no aspecto, consulte o médico ou o farmacêutico para saber se poderá utilizá-lo. Todo medicamento deve ser mantido fora do alcance das crianças.

### 6. COMO DEVO USAR ESTE MEDICAMENTO?

- Adultos ou crianças acima de 12 anos: 1 sachê de 1 a 3 vezes ao dia.
- Crianças de 6 a 12 anos: meia dose de adulto, de 1 a 3 vezes ao dia.

Adicionar o conteúdo do sachê em um copo. Completar o copo com água ou sua bebida favorita. Agitar vigorosamente até que a mistura fique uniforme e beber logo em seguida. Recomenda-se a ingestão de um copo de água adicional após a ingestão de Plantago Vitamed.
Risco de uso por via de administração não recomendada: Não há estudos dos efeitos de Plantago Vitamed administrado por vias não recomendadas. Portanto, por segurança e para a eficácia deste medicamento, a administração deve ser somente por via oral.
Siga corretamente o modo de usar. Em caso de dúvidas sobre este medicamento, procure orientação do farmacêutico. Não desaparecendo os sintomas, procure orientação do seu médico ou cirurgião-dentista.

### 7. O QUE DEVO FAZER QUANDO EU ME ESQUECER DE USAR ESTE MEDICAMENTO?

Caso o paciente esqueça de tomar uma dose, tomar assim que possível, no entanto, se estiver próximo do horário da dose seguinte, deve-se esperar por esse horário, respeitando sempre o intervalo determinado pela posologia. Nunca devem ser administradas duas doses ao mesmo tempo. Em caso de dúvidas, procure orientação do farmacêutico ou de seu médico, ou cirurgião-dentista.

### 8. QUAIS OS MALES QUE ESTE MEDICAMENTO PODE ME CAUSAR?

As reações adversas que podem ocorrer com o uso de Plantago Vitamed são:

Reação incomum: flatulência, dor abdominal e diarreia.
Reação rara: reações alérgicas.
Informe ao seu médico, cirurgião-dentista ou farmacêutico o aparecimento de reações indesejáveis pelo uso do medicamento. Informe também à empresa por meio do seu serviço de atendimento.

### 9. O QUE FAZER SE ALGUÉM USAR UMA QUANTIDADE MAIOR DO QUE A INDICADA DESTE MEDICAMENTO?

Não foram descritos casos de intoxicação por superdose, pelo fato do princípio ativo deste produto não ser absorvido. Entretanto, em caso de ingestão excessiva, desconforto abdominal e flatulência, ou mesmo obstrução intestinal podem ocorrer. Deve-se suspender o uso, manter administração adequada de líquidos e procurar orientação médica para proceder ao tratamento de suporte.
Em caso de uso de grande quantidade deste medicamento, procure rapidamente socorro médico e leve a embalagem ou bula do medicamento, se possível. Ligue para 0800 722 6001, se você precisar de mais orientações.

**DIZERES LEGAIS**
M.S.: 1.1695.0038
Farm. Resp.: Glauco Fernandes Miranda CRF/RS 5252
**Laboratório Farmacêutico Vitamed Ltda**
Rua Flávio Francisco Bellini, 459
Caxias do Sul-RS 95098-170
CNPJ: 29.346.301/0001-53
INDÚSTRIA BRASILEIRA
SAC: (54) 4009-3210
sac@vitamed.com.br www.vitamed.com.br

---

# PLANTALYVE

*Plantago ovata* Forssk – Plantaginaceae – casca da semente – Plantago

### MEDICAMENTO FITOTERÁPICO

### APRESENTAÇÕES

Pó efervescente de 3,5g: Embalagem contendo 10 ou 50* envelopes de 5g.
* Embalagem Múltipla.

### USO ORAL USO ADULTO

### COMPOSIÇÃO

Cada envelope (5 g) de pó efervescente contém:

Pó de casca da semente de *Plantago ovata testa* ........... 3,5g
Excipientes: sacarina sódica, bicarbonato de sódio, ácido tartárico, essência de laranja pó, corante amarelo crepúsculo e dióxido de silício.

## 1. INDICAÇÕES
**Plantalyve** atua como coadjuvante nos casos de obstipação intestinal.

## 2. RESULTADOS DE EFICÁCIA
Em um estudo aberto, multicêntrico de eficácia em comparação geral, foram avaliados a velocidade de ação e de aceitabilidade de casca da semente de *Plantago ovata*, lactulose e outros laxantes no tratamento de pacientes com constipação simples. Um total de 394 pacientes foram recrutados para o estudo, dos quais 224 (56,9%) foram submetidos ao tratamento com casca da semente de *Plantago ovata* e 170 (43,1%) submetidos a outros laxantes por 4 semanas. 13 pacientes desistiram antes do início do tratamento, portanto participaram do estudo 381. Depois de quatro semanas de tratamento, *Plantago ovata* demostrou ser superior e mais eficaz em relação aos estímulos peristálticos quando comparado a outros laxativos. O registro dos pacientes mostra que o primeiro movimento intestinal mostrou-se um pouco diferente entre os outros tratamentos, mais de 60% dos pacientes em cada grupo de tratamento teve movimento intestinal em menos de 24 horas e mais de 80% em menos de 36 horas. *Plantago ovata* produziu uma maior percentagem de fezes bem formadas e menor quantidade de fezes rígidas que os outros laxativos. Incidência de diarreia, sujidade e dores abdominais foram menores no grupo que recebeu *Plantago ovata*. Conclui-se que *Plantago ovata* k é efetivo no tratamento de constipação simples e foi associado a melhor formação das fezes e teve menor incidência de efeitos adversos quando comparado a outros laxativos (DETTMAR, 1998). Outro autor obteve resultado positivo do *Plantago ovata* como regulador intestinal (THOMPSON, 1980).

Noventa e oito pacientes submetidos a correção cirúrgica de hemorroidas, pela técnica de Milligan-Morgan, foram randomizados para tratamento pós-operatório com *Plantago ovata* ou óleo glicerinado, por 20 dias. Os pacientes tratados com *Plantago ovata* apresentaram menor intensidade e duração da dor e do tenesmo e puderam receber alta hospitalar mais rápido que o grupo controle (Kecmanovic, 2006). Outro autor obteve boa resposta de *Plantago ovata* no tratamento conservador de patologias anorretais e no pós-operatório de procedimentos na região (HO YH, 2000).

Em outro estudo randomizado e duplo-cego, foram avaliados 275 pacientes com síndrome do intestino irritável, os quais foram tratados por 12 semanas com 10g de *Plantago ovata*, 10g de farelo de trigo ou 10g de placebo. O objetivo primário foi o alívio dos sintomas após 1, 2 e 3 meses de tratamento; os objetivos secundários foram respostas aos escores de gravidade dos sintomas, da dor abdominal e de qualidade de vida. O grupo tratado com *Plantago ovata* apresentou resposta superior ao placebo nos 3 meses de tratamento, de modo significativo; o grupo tratado com farelo de trigo só apresentou tendência de resposta superior ao placebo, não significativa, no terceiro mês. A segurança do tratamento com farelo de trigo foi inferior aos demais e responsável pela maior parte dos abandonos do tratamento. Os autores concluíram que o *Plantago ovata* oferece benefícios a esses pacientes (BIJKERK, 2009).

**Referências bibliográficas**

1) BIJKERK, CJ *et al*. Soluble or insoluble fibre in irritable bowel syndrome in primary care? *Randomized placebo controlled trial*. BMJ 339: b3154-61, 2009.

2) DETTMAR PW, SYKES j. A multi-centre, general practice comparison of ispaghula husk with lactulose and other laxatives in the treatment of simple constipation. *Current medical research and opinion*, v. 14, n. 4, p. 227-233, 1998.

3) HO YH *et al*. Micronized purified flavonic fraction compared favorably with ruber ligation and fiber alone in the management of bleeding hemorrhoids: randomized controlled trial. Dis Colon Rectum v. 43, n. 1, p. 66-9, 2000.

4) KECMANOVIC, DM *et al*. Bulk agent *Plantago ovata* after Milligan-Morgan hemorrhoidectomy with Ligasure. Phytother Res 20: 655-58, 2006.

5) THOMPSON, WG. *Laxatives*: Clinical Pharmacology and Rational Use. Drugs 19: 49-58, 1980.

## 3. CARACTERÍSTICAS FARMACOLÓGICAS
**Plantalyve** é constituído pelo pó da casca da semente de *Plantago ovata*, o qual tem como constituinte predominante a mucilagem. A principal ação farmacológica de *Plantago ovata* pode ser atribuída a esses componentes mucilaginosos. A droga é rica em mucinas, as quais possuem a propriedade de aumentar de volume e exercer seu efeito laxativo ou antidiarreico, através do ajuste da consistência do material fecal. Ao ser misturada com água, a eficácia terapêutica da droga ocorre devido ao aumento de volume e lubrificação promovido pelo componente mucilaginoso. Quando usado

nos casos de diarreia, *Plantago ovata* absorve água para aumentar a viscosidade do conteúdo intestinal e atrasar o esvaziamento gástrico, o que diminui a frequência de defecação. Quando usado como laxativo, *Plantago ovata* diminui o tempo de passagem do conteúdo intestinal, aumentando o conteúdo de água nas fezes e, consequentemente, o seu volume, facilitando a evacuação.

## 4. CONTRAINDICAÇÕES

Pessoas com conhecida hipersensibilidade ao *Plantago ovata* ou aos outros componentes da formulação não devem utilizar este medicamento.

Não deve ser administrado a pacientes que apresentam: Estenose do trato gastrintestinal, impactação fecal, sintomas não diagnosticados de desconforto abdominais, mudança súbita nos hábitos intestinais que persiste por mais de 2 semanas, sangramento retal, ausência de evacuação após uso de laxativo, megacólon, doenças esofágicas ou cardíacas. Pacientes que apresentam obstrução intestinal ou situações que possam levar à obstrução intestinal (íleo), como espasmos intestinais, também não devem utilizar medicamentos contendo *Plantago ovata*.

**Este medicamento é contraindicado para uso por pacientes com diabetes e que apresentam dificuldade em ajustar a dose de insulina.**

De acordo com a categoria de risco de fármacos destinados às mulheres grávidas, este fitoterápico apresenta categoria de risco A.

**Este medicamento pode ser utilizado durante a gravidez desde que sob prescrição médica ou do cirurgião-dentista.**

## 5. ADVERTÊNCIAS E PRECAUÇÕES

Em caso de hipersensibilidade ao produto, recomenda-se descontinuar o uso e consultar o médico. Não administrar doses maiores do que as recomendadas.

*Plantago ovata* deve ser ingerido com grande quantidade de líquido, a fim de evitar obstrução esofágica ou intestinal, ou ainda impactação fecal.

Este medicamento deve ser ingerido de 30 minutos a uma hora antes da administração de outras medicações.

Pacientes com insuficiência pancreática exócrina devem evitar o uso de *Plantago ovata*, devido a sua ação inibitória da enzima lipase do pâncreas.

Caso ocorra sangramento ou dores abdominais 48h após o tratamento, o uso de *Plantago ovata* deverá ser interrompido e um médico deverá ser consultado. Se a diarreia persistir por mais de 3 a 4 dias, também se deve consultar o médico.

Nos casos de diarreia, se faz necessária a ingestão de água e eletrólitos.

De acordo com a categoria de risco de fármacos destinados às mulheres grávidas, este fitoterápico apresenta categoria de risco A.

**Este medicamento pode ser utilizado durante a gravidez desde que sob prescrição médica ou do cirurgião-dentista.**

## 6. INTERAÇÕES MEDICAMENTOSAS

Pode haver retardo na absorção intestinal de medicamentos quando administrados simultaneamente a *Plantago ovata*. Essa planta interfere na absorção de minerais (cálcio, magnésio, cobre, zinco, entre outros), vitamina B12, glicosídeos cardíacos e derivados cumarínicos.

A administração concomitante de *Plantago ovata* com sais de lítio reduz a concentração plasmática desses sais e pode inibir a absorção dos mesmos pelo trato gastrintestinal. Também diminui a taxa e a extensão da absorção de carbamazepina, induzindo a níveis subclínicos deste fármaco. Portanto a administração de medicamentos contendo sais de lítio e/ou carbamazepina com *Plantago ovata* deve ocorrer em horários o mais distante possível. Deve ser realizado monitoramento dos níveis plasmáticos dessas drogas nos pacientes que associam as mesmas com *Plantago ovata*.

No caso de diabéticos insulinodependentes, pode ser necessário um ajuste da dosagem de insulina (redução da dose) quando esses pacientes fazem uso de *Plantago ovata*.

## 7. CUIDADOS DE ARMAZENAMENTO DO MEDICAMENTO

**Plantalyve** deve ser guardado dentro da embalagem original. Conservá-lo em temperatura ambiente (temperatura entre 15 a 30 ºC), protegendo-o da luz e umidade.

Nessas condições, o medicamento se manterá próprio para consumo, respeitando o prazo de validade de 24 meses, indicado na embalagem.

**Número de lote e datas de fabricação e validade: vide embalagem.**

**Não use medicamento com o prazo de validade vencido. Guarde-o em sua embalagem original.** Plantalyve apresenta-se na forma de pó efervescente marrom, odor de laranja e isento de partículas estranhas.

**Antes de usar, observe o aspecto do medicamento.**

**TODO MEDICAMENTO DEVE SER MANTIDO FORA DO ALCANCE DAS CRIANÇAS.**

## 8. POSOLOGIA E MODO DE USAR
### Uso oral
Utilizar apenas a via oral. O uso deste medicamento por outra via pode causar a inefetividade do medicamento ou mesmo promover danos à saúde.

**Adultos:** Dissolver o conteúdo de 1 envelope (5 g) em 100 a 150mL de líquido e tomar de 1 a 3 vezes ao dia.

Um copo de líquido adicional é recomendado após a ingestão da droga, fornecendo um melhor efeito do medicamento. Administrar preferencialmente durante a refeição, não devendo ser tomado imediatamente antes de dormir. O uso contínuo por 2 a 3 dias é necessário para o máximo benefício laxativo.

O limite diário máximo de ingestão deste medicamento é de 6 envelopes para adultos.

Caso haja esquecimento da administração de uma dose deste medicamento, retome a posologia indicada sem a necessidade de suplementação.

## 9. REAÇÕES ADVERSAS
O aumento repentino de fibras na dieta pode causar flatulência, distensão abdominal, inchaço, obstrução intestinal. Se ingerido sem ou com pouco líquido, pode causar obstrução esofágica. Caso ocorra dor no peito, vômito ou dificuldade em deglutir e respirar depois da ingestão de *Plantago ovata*, procurar imediatamente um médico. Em casos raros, podem aparecer reações de hipersensibilidade, como rinite, asma, urticária e reações anafiláticas. **Em casos de eventos adversos, notifique ao Sistema de Notificações em Vigilância Sanitária – Notivisa, disponível em www.anvisa.gov.br/hotsite/notivisa/index.htm ou para a Vigilância Sanitária Estadual ou Municipal.**

## 10. SUPERDOSE
Em casos de superdosagem, o paciente pode apresentar desconforto abdominal, flatulência ou obstrução intestinal. Ao ingerir dose muito alta do medicamento, recomenda-se descontinuar o uso e consultar o médico.

**Em caso de intoxicação ligue para 0800 722 6001, se você precisar de mais orientações.**

**Siga corretamente o modo de usar, não desaparecendo os sintomas procure orientação médica.**

## VENDA SEM PRESCRIÇÃO MÉDICA

## DIZERES LEGAIS
Registro MS n°1.5423.0169

Farm. Resp.: Ronan Juliano Pires Faleiro CRF-GO n° 3772

**Geolab Indústria Farmacêutica S. A.**
CNPJ: 03.485.572/0001-04
VP. 1B QD.08-B MÓDULOS 01 A 08 – DAIA – ANÁPOLIS –GO
**www.geolab.com.br**
Indústria Brasileira
AC: 0800-701 6080

---

# PLANTOLAXY

### MEDICAMENTO FITOTERÁPICO
**Nomenclatura botânica oficial:** *Plantago ovata* Forsk
**Nomenclatura popular:** Psyllium husk
**Família:** Plantaginaceae
**Parte da planta utilizada:** casca das sementes

### FORMA FARMACÊUTICA
Pó para suspensão oral

### APRESENTAÇÕES
Linha Hospitalar: Sem apresentação comercializada.

### USO ORAL
### USO ADULTO E PEDIÁTRICO ACIMA DE 6 ANOS

### CONCENTRAÇÃO
3,4 g de pó de *Plantago ovata* em cada envelope.

### COMPOSIÇÃO
Cada envelope (5 g) de pó para suspensão oral sabor laranja contém:
Pó de casca da semente de *Plantago ovata* .................. 3,4 g
Excipientes*.q.s.p ...................................................... 5 g
* (ácido cítrico, sucralose, aroma de laranja, corante amarelo crepúsculo FD&C n° 06, benzoato de sódio e maltodextrina).

### INFORMAÇÕES TÉCNICAS AOS PROFISSIONAIS DE SAÚDE
#### 1. INDICAÇÕES
**PLANTOLAX**Y é utilizado para restaurar a manter a regularidade do intestino, promovendo o ajuste da consciência das fezes, sendo indicado para os seguintes casos: Constipação intestinal e diarreia.

Condições nas quais a defecação com fezes moles é desejável, como fissura anal ou hemorroidas, após cirurgia anal ou durante a gravidez.

## 2. RESULTADOS DE EFICÁCIA

Em um estudo de planejamento duplo-cego, aleatorizado e placebo-controlado, Tomás-Ridocci *et al.* (1992) investigam o efeito do *Plantago ovata* (20 g/dia) em vinte pacientes com constipação crônica, dez dos quais apresentam síndrome do intestino irritável. Para a verificação da eficácia, o estudo considerou os dados preenchidos pelo paciente em um diário clínico e as determinações da massa fecal e do tempo de trânsito colônico – estas realizadas ao início e final dos trinta dias do período de tratamento. Em relação aos dados do diário clínico, os pacientes que receberam *P. ovata* reconhecem o tratamento como "bom" notando a melhora evidente dos sintomas de constipação, ao passo que no grupo placebo apenas um indivíduo indicou essa classificação ao tratamento, quatro consideraram-no "regular" e outros cinco, "ruim". Apenas no grupo que recebeu o *P. ovata* houve o aumento da frequência semanal de evacuação de 2,5 ± 1 para 8 ± 2,2 juntamente com a redução da consistência das fezes. A maior eficácia do *P. ovata* também foi demonstrada em relação aos parâmetros objetivos. Os autores demonstraram que a massa fecal e o tempo de transito colônico não foram alterados significativamente no grupo placebo, ao passo em que foram notados o aumento da massa fecal e redução do tempo no grupo de tratamento (de 124 ± 71 g/d para 194 ± 65 g/d e de 48 ± 15 h para 34 ± 18h, respectivamente). Não foram observados efeitos adversos.

McRorie *et al.* (1998) conduziram um estudo de planejamento multicêntrico, aleatorizado, duplo-cego e paralelo com 170 pacientes, para a comparação dos efeitos da ingestão do *P. ovata* (10,2 g diários; n= 88) e de docusato de sódio (200 mg diários de docusato de sódio; n-82) sobre a constipação crônica, situação onde o amolecimento fecal, i.e., o aumento do conteúdo de águas nas fezes, é desejado. O estudo teve duração de um mês, divido em duas semanas para aquisição de dados de linha de base e duas semanas de tratamento. Apesar de ambos os grupos apresentam resultados de frequência de evacuação semelhante durante a primeira semana, esta aumentou no grupo tratado com *P. ovata* na semana seguinte (3,5 evacuações/semana) *vs* 2,9 evacuações/semana). O *P. ovata* em comparação ao docusato de sódio, também se mostrou mais eficaz em relação à massa fecal (359,9 g/semana vs. 271,9 g/semana), à massa também se mostrou mais eficaz em relação à massa fecal de água (84 g/evacuação vs. 71,4 g/evacuação) e ao conteúdo fecal de água (2,33% vs. 0,01%). À partir da segunda semana a superioridade de sua administração também foi demonstrada nos parâmetros objetivos e analisados, onde promoveu alterações que alcançaram significância estatística para a plenitude da evacuação (p=0,041) e a tendência à melhora dos parâmetros consistência fecal, esforço e dor durante e evacuação e constipação (p>0,05). Houve um evento adverso durante o estudo, o qual foi considerado não ter relação com o medicamento, indicado a segurança da terapia com *P. ovata*.

## 3. CARACTERÍSTICAS FARMACOLÓGICAS

PLANTOLAXY é constituído pelo pó da casca da semente de *Plantago ovata*, o qual tem como constituinte predominante a mucilagem. A principal ação farmacológica *Plantago ovata* pode ser atribuída a esses componentes mucilaginosos.

A droga é rica em mucinas, as quais possuem a propriedade de aumentar de volume e exercer seu efeito laxativo ou antidiarreico, através do ajuste da consistência do material fecal. Ao ser misturada com água, a eficácia terapêutica da droga ocorre devido ao aumento de volume de lubrificação, promovidos pelo componente mucilaginoso. Quando usado nos casos de diarreia, *Plantago ovata* observe água para aumentar a viscosidade do conteúdo intestinal e atrasar o esvaziamento gástrico, o que diminui a frequência de detecção. Quando usado como laxativo, *Plantago ovata* diminui o tempo de passagem do conteúdo intestinal, aumentando o conteúdo de água nas fezes e, consequentemente, o seu volume, facilitando a evacuação.

## 4. CONTAINDICAÇÕES

Pessoas com conhecida hipersensibilidade ao *Plantago ovata* e aos outros componentes da formulação não devem utilizar este medicamento.

Não deve ser administrado a paciente que apresentam: estenose do trato gastrintestinal, impactação fecal, sintomas não diagnosticados de desconforto abdominais, mudança súbita nos hábitos intestinais que persiste por mais de 2 semanas, sangramento retal, ausência de evacuação após uso de laxativo, megacólon, doenças esofágicas ou cardíacas. Pacientes que apresentam obstrução intestinal ou situações que possam levar à obstrução intestinal (íleo), como espasmos intestinais, também não devem utilizar medicamentos contendo *Plantago ovata*.

Plantago também não deve ser administrado à pacientes diabéticos que apresentam dificuldades em ajustar a dose de insulina.

**Este medicamento é contraindicado para menores de 6 anos.**

De acordo com a categoria de risco de fármacos destinados às mulheres grávidas, este fitoterápico apresenta categoria de risco A.

**Este medicamento pode ser utilizado durante a gravidez desde que sob prescrição médica ou do cirurgião-dentista.**

## 5. ADVERTÊNCIA E PRECAUÇÕES

Em caso de hipersensibilidade ao produto, recomenda-se descontinuar o uso e consultar o médico.

Não administrar doses maiores do que as recomendadas. *Plantago ovata* deve ser ingerido com pelo menos 240 mL de água fria para evitar obstrução esofágica ou intestinal, ou ainda, impactação fecal.

Este medicamento deve ser ingerido de 30 minutos à uma hora antes da administração de outras medicações.

Pacientes com insuficiência pancreática exócrina devem evitar o uso do *Plantago ovata*, devido a sua ação inibitória da enzima lipase do pâncreas. Caso ocorra sangramento ou dores abdominais 48h após o tratamento, o uso de *Plantago ovata* deverá ser interrompido e um médico deverá ser consultado. Se a diarreia persistir por mais de 3 a 4 dias, também se deve consultar o médico. Nos casos de diarreia, se faz necessária a ingestão de água e eletrólitos.

De acordo com a categoria de risco de fármacos destinados as mulheres grávidas, este fitoterápico apresenta categoria de risco de fármacos destinados às mulheres grávidas, este fitoterápico apresenta categoria de risco A.

**Este medicamento pode ser utilizado durante a gravidez desde que sob prescrição médica ou do cirurgião-dentista.**

## 6. CUIDADOS DE ARMAZENAMENTO DO MEDICAMENTO

**PLANTOLAXY** deve ser guardado dentro da embalagem original. Conservar em temperatura ambiente (temperatura entre 15 e 30°C). Proteger da umidade.

Nessas condições, o medicamento se manterá próprio para consumo, respeitando o prazo de validade de 24 meses, indicado na embalagem.

**Número de lote e datas de fabricação e validade: vide embalagem.**

**Não use medicamento com o prazo de validade vencido. Guarde-o em sua embalagem original.**

**PLANTOLAXY** é apresentado na forma farmacêutica de envelope, contendo pó de coloração levemente marrom e com odor de laranja. Após dissolvido o conteúdo do envelope em água fria, forma-se uma suspensão oral, para ser na embalagem.

**Antes de usar, observe o aspecto do medicamento. Todo medicamento deve ser mantido fora do alcance de crianças.**

## 7. POSOLOGIA E MODO DE USAR USO ORAL

Utilizar apenas a via oral. Uso deste medicamento por outra via pode causar a inefetividade do medicamento.

**Adultos**: dissolver o conteúdo de 1 envelope (5g) em 240 mL de água fria e tomar de 1 a 3 vezes ao dia.

**Crianças de 6-12 anos**: ingerir metade da dose indicada para adultos, ou seja, dissolver o conteúdo equivalente a meio envelope (2,5 g) em 120mL de água fria e tomar de 1 a 3 vezes ao dia.

Um copo de água fria é recomendado depois da ingestão de **PLANTOLAXY**, fornecendo um melhor efeito do medicamento.

Utilizar apenas via oral. O uso deste medicamento por outra via pode causar a perda do efeito esperado ou mesmo promover danos à saúde.

Administrar **PLANTOLAXY**, preferencialmente, durante as refeições, não devendo ser tomado imediatamente antes de dormir.

O uso continuado por 2 a 3 dias é necessário para se obter o maior benefício laxativo.

O limite diário máximo de ingestão deste medicamento é de 6 envelopes para adultos e de 1,5 envelopes para crianças entre 6 e 12 anos.

Caso haja esquecimento da administração de uma dose deste medicamento, retome a posologia indicada sem a necessidade de suplementação.

## 8. REAÇÕES ADVERSAS

O aumento repentino de fibras na dieta pode causar flatulência, distensão abdominal, inchaço, obstrução intestinal. Caso o produto seja ingerido sem líquido ou, com pouco líquido, pode haver obstrução esofágica.

Se existir dor no peito, vômito ou dificuldade em deglutir e respirar depois da ingestão de *Plantago ovata*, procurar imediatamente um médico.

Em casos raros; podem aparecer reações de hipersensibilidade, como urticária e reações anafiláticas.

**Em caso de eventos adversos, notifique ao Sistema de Notificações em Vigilância Sanitária – Notivisa, disponível em www.anvisa.gov.br/hotsite/notivisa/index.htm, ou para a Vigilância Sanitária Estadual ou Municipal.**

## 9. SUPERDOSE

Em casos de superdosagem, o paciente pode apresentar desconforto abdominal, inchaço, obstrução intestinal.
Ao ingerir dose muito alta do medicamento, recomenda-se descontinuar o uso e consultar o médico.
**Em caso de intoxicação ligue para 0800 722 6001, se você precisar de mais orientações.**

### DIZERES LEGAIS
MS: 1.3841.0059
Farm. Responsável: Tales de Vasconcelos Cortes CRF/BA nº3745
### NATULAB LABORATÓRIO SA
Rua H, nº2, Galpão 03 – Urbis II
Santo Antônio de Jesus – Bahia – CEP – 44.574-150
CNPJ: 02.456.955/0001-83
INDÚSTRIA BRASILEIRA
SAC: 0800 730 7370

---

# PROCTOCAPS®
*Aesculus hippocastanum* L.

## MEDICAMENTO FITOTERÁPICO

**Nomenclatura botânica oficial:** *Aesculus hippocastanum* L.
**Nomenclatura popular:** Castanha da Índia
**Família:** Hippocastanaceae
**Parte da planta utilizada:** sementes

### APRESENTAÇÃO
Cápsulas contendo 250 mg de extrato padronizado de Castanha da Índia, em cartucho com frasco contendo 20 cápsulas.

### USO ORAL USO ADULTO

### COMPOSIÇÃO
Cada cápsula contém:
Extrato seco das sementes de *Aesculus hippocastanum* L .................................................................... 250 mg
(padronizado em 18 mg/100 mg ou 18% de derivados de glicosídeos triterpênicos expressos em escina anidra). Equivalente a 45 mg de derivados de glicosídeos triterpênicos expressos em escina anidra/cápsula).
Excipiente q.s.p. ..................................................... 1 cápsula
Excipientes: dióxido de silício, talco, celulose microcristalina e estearato de magnésio.

## INFORMAÇÕES TÉCNICAS AOS PROFISSIONAIS DE SAÚDE

### 1. INDICAÇÕES
Para o tratamento da insuficiência venosa e fragilidade capilar.

### 2. RESULTADOS DE EFICÁCIA
A administração por via oral de 150 mg/dia de escina durante 6 semanas foi significativamente mais efetiva que o placebo na redução de edema venoso em um estudo com 39 pacientes em estágio 2 de insuficiência venosa crônica[1]. A administração de dose única de 100 mg de escina por via oral reduziu significativamente, em 22%, a filtração transcapilar, em um estudo randomizado, cruzado e controlado com 22 pacientes portadores de insuficiência venosa crônica[2].
Dos 23 estudos realizados em humanos com administração oral de extrato de *A hippocastanum*, incluindo um total de 4.339 pacientes, todos que investigaram sua ação sobre as desordens venosas apresentaram resultados positivos com melhoras no estado do paciente[3].
Meta-análises e revisões de alguns estudos randomizados, duplo-cegos e controlados demonstraram que o extrato das sementes de A. hippocastanum é eficaz no tratamento da insuficiência venosa crônica[4, 5].

### Referências bibliográficas:
1 DIEHM C, VOLLBRECHT D, AMENDT K *et al*: Medical edema protection – clinical benefit in patients with chronic deep vein incompetence: a placebo controlled double blind study. Vasa 1992; 21 (2):188-192.

2 BISLER H, PFEIFER R, KLUKEN N *et al*: Wirkung von Rosskastaniensamenextrakt auf die transkapillaere Filtration bei chronischer venoeser Insuffizienz. Dtsch Med Wochenschr 1986; v. 111, n. 35, p. 1321-1329.

3 BLUMENTHAL, M. *The American Botanical Council* – The ABC Clinical Guide to Herbs. Austin, American Botanical Council; 2003.

4 Siebert U, Brach M, Sroczynski G, *et al*: Int Angiol 21:305-315, 2002.

5 PITTLER MH, ERNST E: Cochrane Database Syst Rev CD 003230, 2002.

### 3. CARACTERÍSTICAS FARMACOLÓGICAS
As sementes de *A. hippocastanum* contêm aproximadamente de 3 a 10% de escina, uma mistura de 30 saponinas triterpênicas às quais são atribuídas atividades antie-

dematogênica, anti-inflamatória e venotônica. Outros constituintes incluem flavonoides (0,2 – 0,3%), esteróis, cumarinas, taninos e óleos essenciais. O medicamento atua através da redução da atividade das enzimas lisossomais, patologicamente aumentadas nos estados de desordens venosas crônicas, inibindo a desagregação do glicocálix (mucopolissacarídeos) na região da parede dos capilares. Através da redução da permeabilidade vascular, a filtração de proteínas de baixo peso molecular, eletrólitos e água no interstício é inibida, proporcionando alívio dos sintomas característicos da insuficiência venosa, como a sensação de dor e de peso nas pernas, edema, câimbras e prurido. A escina é rapidamente absorvida após administração oral, apresenta meia-vida de absorção de aproximadamente uma hora. Entretanto sofre significante metabolismo de primeira passagem, resultando em uma biodisponibilidade de apenas 1,5%.

## 4. CONTRAINDICAÇÕES

Pacientes com histórico de hipersensibilidade e alergia a qualquer um dos componentes da fórmula não devem fazer uso do produto.

Este medicamento é contraindicado para pessoas com hipersensibilidade a escina ou a extratos de *A. hippocastanum* e pacientes com insuficiência renal ou insuficiência hepática.

Há indícios de que a absorção de escina seja maior em crianças, predispondo-as a uma maior toxicidade.

**Este medicamento é contraindicado para uso por crianças.**

## 5. ADVERTÊNCIAS E PRECAUÇÕES

Toxicidade renal e hepática foi relatada com o uso de preparados a base de *A. hippocastanum* em pacientes propensos a esse tipo de desordens.

Embora não existam restrições, pacientes idosos só devem utilizar o medicamento após orientação médica.

De acordo com a categoria de risco de fármacos destinados às mulheres grávidas, este medicamento apresenta categoria de risco C: Não foram realizados estudos em animais e nem em mulheres grávidas; ou então, os estudos em animais revelaram risco, mas não existem estudos disponíveis realizados em mulheres grávidas.

**Este medicamento não deve ser utilizado por mulheres grávidas sem orientação médica ou do cirurgião-dentista.**

## 6. INTERAÇÕES MEDICAMENTOSAS

Este medicamento não deve ser administrado juntamente com anticoagulantes orais, pois pode potencializar seu efeito anticoagulante.

Cerca de 86–94% de escina ligam-se às proteínas plasmáticas, podendo interferir com a distribuição de outras drogas. Um caso de falência renal após administração concomitante de escina e o antibiótico gentamicina foi relatado.

## 7. CUIDADOS DE ARMAZENAMENTO DO MEDICAMENTO

Conservar o produto em sua embalagem original, em temperatura ambiente (entre 15 e 30°C). Proteger da luz e umidade.

Este produto possui prazo de validade de 24 meses a contar da data de fabricação.

**Número de lote e datas de fabricação e validade: vide embalagem.**

**Não use medicamento com o prazo de validade vencido. Guarde-o em sua embalagem original.**

Características físicas e organolépticas do medicamento: cápsula gelatinosa dura contendo pó fino e homogêneo de coloração bege e odor característico.

**Antes de usar, observe o aspecto do medicamento. Todo medicamento deve ser mantido fora do alcance das crianças.**

## 8. POSOLOGIA E MODO DE USAR
## USO ORAL/USO INTERNO

Ingerir 2 cápsulas ao dia, com quantidade suficiente de água para degluti-las, ou a critério médico. (Dose diária: 90 mg de glicosídeos triterpênicos expressos em escina anidra). Utilizar apenas a via oral. O uso deste medicamento por outra via, que não a oral, pode causar a perda do efeito esperado ou mesmo promover danos ao seu usuário.

Duração do tratamento: conforme orientação médica. Limite máximo diário: 2 cápsulas.

**Este medicamento não deve ser partido, aberto ou mastigado.**

## 9. REAÇÕES ADVERSAS

Após ingestão do medicamento pode ocorrer, em casos isolados, pruridos, náuseas e desconforto gástrico. Raramente pode ocorrer irritação da mucosa gástrica e refluxo. Em casos de eventos adversos, notifique ao Sistema de Notificações em Vigilância Sanitária – Notivisa, disponível em http://www.anvisa.gov.br/hotsite/notivisa/index.htm, ou para a Vigilância Sanitária Estadual ou Municipal.

## 10. SUPERDOSE

Se ingerido em altas doses este medicamento pode causar vômitos, diarreia, fraqueza, contrações musculares, dilatação da pupila, falta de coordenação, desordem da visão e da consciência.

Assim como todos os extratos vegetais ricos em saponinas, pode ocorrer irritação da mucosa gástrica e refluxo. Quando grande quantidade de escina é absorvida através da mucosa gastrintestinal irritada ou lesionada, pode ocorrer hemólise, com dano renal associado.

Em caso de superdosagem, suspender a medicação imediatamente. Recomenda-se tratamento de suporte sintomático pelas medidas habituais de apoio e controle das funções vitais.

**Em caso de intoxicação ligue para 0800 722 6001, se você precisar de mais orientações.**

### DIZERES LEGAIS
Reg. M.S.: 1.0689.0001.
Farmacêutica Responsável: Márcia Cruz Valiati
CRF-RS: 5945
**KLEY HERTZ FARMACÊUTICA S. A.**
Rua Comendador Azevedo, 224 – Porto Alegre, RS
CNPJ: 92.695.691/0001-03
Indústria Brasileira
SAC: 0800 7049001

---

# PROMENSIL®
*Trifolium pratense* L.

### MEDICAMENTO FITOTERÁPICO

**Nomenclatura botânica oficial:** *Trifolium pratense* L.
**Nomenclatura popular:** red clover ou trevo vermelho
**Família:** Leguminosae (Fabaceae)
**Parte da planta utilizada:** folhas

### APRESENTAÇÃO
Comprimido revestido – extrato seco de folhas de *Trifolium pratense* L.
Embalagem contendo 30 comprimidos.

### VIA ORAL – USO ADULTO

### COMPOSIÇÃO
Cada comprimido revestido contém:
extrato seco de folhas de *Trifolium pratense* L. ......100 mg*
excipientes q.s.p. ........................................... 1 comprimido.
(celulose microcristalina, tocoferol, fosfato de cálcio monobásico, croscarmelose sódica, dióxido de silício, estearato de magnésio, propilenoglicol, hipromelose, óxido de ferro vermelho, cera de carnaúba e água)

* correspondente a 40 mg de isoflavonas totais.

### INFORMAÇÕES AO PACIENTE
### 1. PARA QUE ESTE MEDICAMENTO É INDICADO?
Promensil® é indicado como suplementação alternativa ou complementar à terapia hormonal da menopausa para diminuição da frequência e intensidade das ondas de calor, ou seja, alívio dos sintomas vasomotores relacionados à menopausa.

### 2. COMO ESTE MEDICAMENTO FUNCIONA?
Promensil® é um fitomedicamento que atua no alívio dos sintomas da menopausa.

### 3. QUANDO NÃO DEVO USAR ESTE MEDICAMENTO?
Você não deve utilizar Promensil® em caso de hipersensibilidade (alergia) a qualquer um dos componentes da fórmula.

**Este medicamento é contraindicado para uso por lactantes (mulheres amamentando).**

**Este medicamento não deve ser utilizado por mulheres grávidas sem orientação médica.**

### 4. O QUE DEVO SABER ANTES DE USAR ESTE MEDICAMENTO?
**Interações medicamentosas**

- O uso concomitante com tamoxifeno pode causar diminuição da eficácia do tamoxifeno, devido à competição pelos receptores estrogênicos gerada pela sua similaridade estrutural com as isoflavonas.

- O uso concomitante com anticoagulantes, agentes trombolíticos e heparina de baixo peso molecular pode causar um aumento de sangramento.

- O uso concomitante com contraceptivos com estrogênio pode causar uma alteração na eficácia contraceptiva, por inibição competitiva da isoflavona.

**Informe seu médico da ocorrência de gravidez na vigência do tratamento ou após seu término. Informe seu médico se está amamentando.**

**Informe ao seu médico ou cirurgião-dentista se você está fazendo uso de algum outro medicamento. Não use medicamento sem o conhecimento do seu médico. Pode ser perigoso para a sua saúde.**

## 5. ONDE, COMO E POR QUANTO TEMPO POSSO GUARDAR ESTE MEDICAMENTO?

**Cuidados de conservação**

Promensil® deve ser conservado em temperatura ambiente (entre 15ºC e 30ºC) em sua embalagem original. Proteger da luz e umidade.

**Número de lote e datas de fabricação e validade: vide embalagem**

Não use medicamento com o prazo de validade vencido. Guarde-o em sua embalagem original.

**Características físicas**

Comprimido revestido – coloração marrom avermelhado.

**Características organolépticas**

Odor característico.

**Antes de usar, observe o aspecto do medicamento. Caso ele esteja no prazo de validade e você observe alguma mudança no aspecto, consulte o farmacêutico para saber se poderá utilizá-lo.**

**Todo medicamento deve ser mantido fora do alcance das crianças.**

## 6. COMO DEVO USAR ESTE MEDICAMENTO?

**Modo de usar**

Os comprimidos devem ser ingeridos inteiros e sem mastigar, às refeições, com quantidade suficiente de água para que sejam deglutidos.

**Posologia**

Tomar um comprimido de 100 mg (40 mg isoflavonas totais) uma vez ao dia, via oral.

Se necessário, a dose pode ser ajustada de acordo com a avaliação médica dos sintomas clínicos.

A dose máxima recomendada é de quatro comprimidos de 100 mg (160 mg isoflavonas totais) ao dia.

**Siga a orientação de seu médico, respeitando sempre os horários, as doses e a duração do tratamento. Não interrompa o tratamento sem o conhecimento do seu médico.**

**Este medicamento não pode ser partido ou mastigado.**

## 7. O QUE DEVO FAZER QUANDO EU ME ESQUECER DE USAR ESTE MEDICAMENTO?

Em caso de esquecimento, você deve fazer uso da medicação na dose habitual no dia seguinte.

**Em caso de dúvidas, procure orientação do farmacêutico ou de seu médico ou do cirurgião-dentista.**

## 8. QUAIS OS MALES QUE ESTE MEDICAMENTO PODE ME CAUSAR?

**Reações adversas**

Reações raras (ocorre entre 0,01% e 0,1% dos pacientes que utilizam este medicamento): alterações gastrointestinais como dor de estômago, enjoos (náuseas) e diarreia; leve sangramento gengival ou nasal ou reações de hipersensibilidade, como manchas elevadas (erupção), vergões com coceira (urticária) e coceira na pele.

**Informe ao seu médico, cirurgião-dentista ou farmacêutico o aparecimento de reações indesejáveis pelo uso do medicamento.**

**Informe também à empresa por meio do seu Serviço de Atendimento ao Cliente (SAC).**

**Informe ao seu médico, cirurgião-dentista ou farmacêutico o aparecimento de reações indesejáveis pelo uso do medicamento. Informe também à empresa através do seu serviço de atendimento.**

## 9. O QUE FAZER SE ALGUÉM USAR UMA QUANTIDADE MAIOR DO QUE A INDICADA DESTE MEDICAMENTO?

Promensil® é um fitomedicamento bem tolerado. Não se dispõe até o momento de dados acerca da superdosagem.

**Em caso de uso de grande quantidade deste medicamento, procure rapidamente socorro médico e leve a embalagem ou bula do medicamento, se possível. Ligue para 0800 722 6001, se você precisar de mais orientações.**

### VENDA SOB PRESCRIÇÃO MÉDICA

### DIZERES LEGAIS

MS: 1.0390.0179

Farm. Resp.: Dra. Marcia Weiss I. Campos CRF – RJ nº 4499

**Fabricado e embalado por: Lipa Pharmaceuticals Limited**

21 Reaghs Farm Road – Minto – NSW 2566 – **Austrália Pharma Care Laboratories Pty. Ltda**

Detentor do registro internacional e da marca. e/ou

**Embalado por: FARMOQUÍMICA S. A.**

Rua Viúva Cláudio, 300 Rio de Janeiro – RJ CEP: 20970-032

CNPJ: 33.349.473/0003 -10

Indústria brasileira

**Importado por: FARMOQUÍMICA S. A.**

Av. José Silva de Azevedo Neto, 200, Bloco 1, 1º andar, salas 101 a 104 e 106 a 108.

Rio de Janeiro – RJ CEP: 22775-056

CNPJ: 33.349.473/0001-58

# PROSTATAL®
*Serenoa repens* (W. Bartram) Small, Arecaceae.

**MEDICAMENTO FITOTERÁPICO**

**PARTE UTILIZADA**
Frutos.
**NOMENCLATURA POPULAR**
Saw palmetto.

**APRESENTAÇÕES**
Cápsula mole – Extrato lipídico esteroidal dos frutos de *Serenoa repens* 160 mg – Embalagem com 30 cápsulas.

**VIA ORAL USO ADULTO**

**COMPOSIÇÃO**
Cada cápsula contém:
extrato lipídico esteroidal de *Serenoa repens* ...... 160 mg*
(padronizado em 90% de ácidos graxos)
veículos q.s.p. ............................................. 1 cápsula.
(óleo mineral)
*equivalente a 144 mg de ácidos graxos por cápsula.

**INFORMAÇÕES AO PACIENTE**
**PARA QUE ESTE MEDICAMENTO É INDICADO?**
PROSTATAL® é indicado para o tratamento de Hiperplasia Benigna da Próstata e dos sintomas associados.

**COMO ESTE MEDICAMENTO FUNCIONA?**
PROSTATAL® atua na redução do crescimento do número de células da próstata. Essa propriedade resulta da inibição da produção e ação do hormônio dihidrotestosterona (DHT) no tecido prostático. A acumulação deste é fator importante para o crescimento e aumento do volume da próstata. Dessa forma, este medicamento é utilizado no tratamento e alívio de sintomas da Hiperplasia Benigna da Próstata (HPB), tais como: diminuição da força do jato de urina, vontade constante de urinar, principalmente à noite, e sensação de esvaziamento incompleto da bexiga.

**QUANDO NÃO DEVO USAR ESTE MEDICAMENTO?**
Pacientes com histórico de hipersensibilidade e alergia a qualquer um dos componentes da fórmula não devem fazer uso do produto.
Este medicamento não é indicado nos casos mais intensos de retenção urinária. Deverá ser feita uma consulta médica prévia a fim de afastar a possibilidade de câncer de próstata.
As infecções e/ou inflamações do trato urinário, além de outras desordens renais, podem apresentar sintomas semelhantes aos da HPB, sendo de grande importância para o paciente uma avaliação médica, antes de utilizar este medicamento fitoterápico.
O uso deste medicamento deve ser acompanhado por consultas médicas periódicas.
**Mulheres, principalmente grávidas ou em amamentação, não devem fazer uso deste fitoterápico.**
**Este medicamento é contraindicado para uso por crianças.**

**O QUE DEVO SABER ANTES DE USAR ESTE MEDICAMENTO?**
**Precauções e advertências**
Em caso de hipersensibilidade ao produto, recomenda-se descontinuar o uso e consultar o médico.
O nível hormonal dos pacientes em tratamento com este medicamento merece atenção especial, face aos efeitos antiandrogênicos e antiestrogênicos relatados pela literatura.
O uso deste medicamento deve ser acompanhado de consulta regular e periódica ao médico.
**Interações medicamentosas**
Hormônios utilizados na Terapia de Reposição Hormonal (TRH) podem exigir reajuste de dose, face os efeitos antiandrogênicos e antiestrogênicos deste fitoterápico.
A revisão da literatura não revela evidências de interações medicamentosas graves com drogas convencionais.
Estudo *in vitro* já demonstrou a potencialização da inibição dos antagonistas do alfa-1-adrenoreceptor, porém a relevância clínica deste não foi confirmada.
**Informe ao seu médico ou cirurgião-dentista se você está fazendo uso de algum outro medicamento.**
**Informe ao profissional de saúde todas as plantas medicinais, fitoterápicos e outros medicamentos que estiver tomando. Interações podem ocorrer entre medicamentos e plantas medicinais e mesmo entre duas plantas medicinais administradas ao mesmo tempo.**
**Não use medicamento sem o conhecimento do seu médico. Pode ser perigoso para a sua saúde.**

**ONDE, COMO E POR QUANTO TEMPO POSSO GUARDAR ESTE MEDICAMENTO?**
**Cuidados de conservação**
PROSTATAL® deve ser conservado em temperatura ambiente (entre 15 e 30ºC) em sua embalagem original. Proteger da luz e da umidade.

**Prazo de validade**
24 meses após a data de fabricação impressa no cartucho.
**Número de lote e datas de fabricação e validade: vide embalagem.**
**Não use medicamento com o prazo de validade vencido. Guarde-o em sua embalagem original.**
**Características físicas**
Cápsulas gelatinosas moles de cor violeta.
**Características organolépticas**
Cheiro (odor) característico e praticamente não apresenta sabor.
**Antes de usar, observe o aspecto do medicamento. Caso ele esteja no prazo de validade e você observe alguma mudança no aspecto, consulte o farmacêutico para saber se poderá utilizá-lo. Todo medicamento deve ser mantido fora do alcance das crianças.**

## COMO DEVO USAR ESTE MEDICAMENTO?
## USO ORAL/USO INTERNO
**Modo de usar**
As cápsulas devem ser ingeridas inteiras e com uma quantidade suficiente de água para que possam ser deglutidas.
**Posologia**
Ingerir uma cápsula, de 12 em 12 horas, ou a critério médico. A dose diária não deve ultrapassar 2 cápsulas ao dia. A duração do tratamento deve ser definida pelo médico. Utilizar apenas a via oral. O uso deste medicamento por outra via, que não a oral, pode causar perda do efeito esperado ou mesmo promover danos ao seu usuário.
**Siga a orientação de seu médico, respeitando sempre os horários, as doses e a duração do tratamento. Não interrompa o tratamento sem o conhecimento do seu médico.**
**Este medicamento não deve ser partido, aberto ou mastigado.**

## O QUE DEVO FAZER QUANDO EU ME ESQUECER DE USAR ESTE MEDICAMENTO?
Caso haja esquecimento da ingestão de uma dose deste medicamento, retomar a posologia prescrita sem a necessidade de suplementação.
**Em caso de dúvidas, procure orientação do farmacêutico ou de seu médico, ou cirurgião-dentista.**

## QUE MALES ESTE MEDICAMENTO PODE CAUSAR?
**Reações adversas**
Náusea, distúrbios estomacais, dor abdominal, prisão de ventre e diarreia. Em casos raros, pode ocorrer aumento da pressão arterial, diminuição do desejo sexual, impotência, retenção urinária e dor de cabeça.
**Informe seu médico, cirurgião-dentista ou farmacêutico do aparecimento de reações indesejáveis pelo uso do medicamento. Informe também à empresa através do seu Serviço de Atendimento ao Consumidor.**

## O QUE FAZER SE ALGUÉM USAR UMA QUANTIDADE MAIOR DO QUE A INDICADA DESTE MEDICAMENTO?
Em caso de superdosagem, suspender o uso e procurar orientação médica de imediato.
**Em caso de uso de grande quantidade deste medicamento, procure rapidamente socorro médico e leve a embalagem ou bula do medicamento, se possível. Ligue para 0800 722 6001 se você precisar de mais orientações.**

**Venda sob prescrição médica.**

**DIZERES LEGAIS**
MS: 1.1860.0097
Farmacêutica resp.: Gislaine B. Gutierrez CRF-PR nº 12423
**Fabricado e Distribuído por:**
HERBARIUM LABORATÓRIO BOTÂNICO S. A.
Av. Santos Dumont, 1100 • CEP 83403-500 Colombo – PR
CNPJ: 78.950.011/0001-20
**Indústria Brasileira.**

_____

# PROSTAT-HPB
*Serenoa repens*

## MEDICAMENTO FITOTERÁPICO

**Nomenclatura botânica oficial:** *Serenoa repens* (W. Bartram) Small
**Nomenclatura popular:** Saw palmetto
**Família:** Arecaceae
**Parte da planta utilizada:** frutos

## APRESENTAÇÃO
Cápsulas gelatinosas moles de 160 mg de extrato lipídico esteroidal de *Serenoa repens* em embalagens com 10 e 30 cápsulas.

## VIA ORAL USO ADULTO

## COMPOSIÇÃO
Cada cápsula contém:

Extrato lipídico esteroidal de *Serenoa repens*\*
(padronizado em 90% de ácidos graxos) ................ 160 mg
\*equivalente a 144 mg de ácido graxos por cápsula.
Excipientes: gelatina, glicerol, corantes vermelho amaranto nº 2 e azul brilhante nº 1, dióxido de titânio, metilparabeno e propilparabeno.

## INFORMAÇÕES AO PACIENTE
### 1. PARA QUE ESTE MEDICAMENTO É INDICADO?
Prostat-HPB é indicado para o tratamento da Hiperplasia Benigna da Próstata (HPB) e dos sintomas associados.

### 2. COMO ESTE MEDICAMENTO FUNCIONA?
Prostat-HPB atua na redução do crescimento das células da próstata. Essa propriedade resulta da inibição da produção e ação do hormônio diidrotestosterona (DHT) no tecido prostático. A acumulação deste, é fator importante para o crescimento e aumento do volume da próstata. Dessa forma, este medicamento é utilizado no tratamento e alívio de sintomas da Hiperplasia Benigna da Próstata (HPB), tais como: diminuição da força do jato de urina, vontade constante de urinar, principalmente à noite, e sensação de esvaziamento incompleto da bexiga.

### 3. QUANDO NÃO DEVO USAR ESTE MEDICAMENTO?
Você não deve tomar Prostat-HPB se tiver histórico de hipersensibilidade (alergia) a qualquer um dos componentes da fórmula.

Este medicamento não é indicado nos casos mais intensos de retenção urinária. Deverá ser feita uma consulta médica prévia para eliminar a possibilidade de câncer de próstata. As infecções e/ou inflamações do trato urinário, além de outras desordens dos rins, podem apresentar sintomas semelhantes aos da HPB, sendo de grande importância procurar um médico antes de utilizar este medicamento fitoterápico.

O uso deste medicamento deve ser acompanhado de consultas médicas periódicas.

**Mulheres, principalmente grávidas ou em amamentação, não devem fazer uso deste fitoterápico.**

**Este medicamento é contraindicado para crianças.**

### O QUE DEVO SABER ANTES DE USAR ESTE MEDICAMENTO?
Em caso de hipersensibilidade ao produto, recomenda-se descontinuar o uso e consultar o médico.

O nível hormonal dos pacientes em tratamento com este medicamento merece atenção especial, face aos efeitos antiandrogênicos e antiestrogênicos relatados pela literatura.

O uso deste medicamento dever ser acompanhado de consulta regular e periódica ao médico.

Hormônios utilizados na Terapia de Reposição Hormonal (TRH) podem exigir reajuste de dose, face os efeitos antiandrogênicos e antiestrogênicos deste fitoterápico. A revisão da literatura não revela evidências de interações medicamentosas graves com drogas convencionais. Estudo *in vitro* já demonstrou a potencialização da inibição dos antagonistas do alfa – 1 – adrenoreceptor, porém a relevância clínica deste não foi confirmada.

**Informe ao seu médico ou cirurgião-dentista se você está fazendo uso de algum outro medicamento.**

**Informe ao profissional de saúde todas as plantas medicinais, fitoterápicos e outros medicamentos que estiver tomando. Interações podem ocorrer entre medicamentos e plantas medicinais e mesmo entre duas plantas medicinais administradas ao mesmo tempo.**

**Não use medicamento sem o conhecimento do seu médico. Pode ser perigoso para a sua saúde.**

### 5. ONDE, COMO E POR QUANTO TEMPO POSSO GUARDAR ESTE MEDICAMENTO?
Você deve conservar Prostat-HBP em temperatura ambiente (entre 15°C e 30°C). Proteger da luz e umidade. Este medicamento tem validade de 24 meses a partir da data de sua fabricação.

**Número de lote e datas de fabricação e validade: vide embalagem.**

**Não use medicamento com prazo de validade vencido. Guarde-o em sua embalagem original.**

As cápsulas gelatinosas de Prostat-HPB são de coloração vinho.

**Antes de usar, observe o aspecto do medicamento.**

**Caso ele esteja no prazo de validade e você observe alguma mudança no aspecto, consulte o farmacêutico para saber se poderá utilizá-lo.**

**Todo medicamento deve ser mantido fora do alcance das crianças.**

### 6. COMO DEVO USAR ESTE MEDICAMENTO?
Uso oral/Uso interno. Você deve tomar as cápsulas com água, preferencialmente às refeições (café da manhã e jantar). Posologia: Ingerir 1 cápsula, 2 vezes ao dia. (A dose máxima recomendada deve estar entre 272 a 304 mg de ácidos graxos). Não exceder a dose diária de 2 cápsulas ao dia. A duração do tratamento deve ser definida pelo médico. Como o produto está indicado para o alívio dos sintomas

urinários causados pela Hiperplasia Benigna da Próstata (HPB), só deve ser interrompido após uma avaliação do profissional de saúde (análise física de exames laboratoriais e de imagens).

Utilizar apenas a via oral. O uso deste medicamento por outra via, que não a oral, pode causar a perda do efeito esperado ou mesmo promover danos ao seu usuário.

**Siga a orientação do seu médico, respeitando sempre os horários, as doses e a duração do tratamento. Não interrompa o tratamento sem o conhecimento do seu médico.**

**Este medicamento não deve ser partido, aberto ou mastigado.**

### 7. O QUE DEVO FAZER QUANDO EU ME ESQUECER DE USAR ESTE MEDICAMENTO?

Você pode tomar a dose deste medicamento assim que se lembrar. E não exceda a dose recomendada para cada dia.

**Em caso de dúvidas, procure orientação do farmacêutico ou de seu médico, ou cirurgião-dentista.**

### 8. QUAIS OS MALES QUE ESTE MEDICAMENTO PODE ME CAUSAR?

Náuseas, distúrbios estomacais, dor abdominal, prisão de ventre e diarreia. Em casos raros, pode ocorrer aumento da pressão arterial, diminuição do desejo sexual, impotência, retenção urinária e dor de cabeça.

**Informe ao seu médico, cirurgião-dentista ou farmacêutico o aparecimento de reações indesejáveis pelo uso do medicamento.**

**Informe também à empresa através do seu serviço de atendimento.**

### 9. O QUE FAZER SE ALGUÉM USAR UMA QUANTIDADE MAIOR DO QUE A INDICADA DESTE MEDICAMENTO?

Em caso de superdosagem, suspender o uso e procurar orientação médica de imediato.

**Em caso de uso de grande quantidade deste medicamento, procure rapidamente socorro médico e leve a embalagem ou a bula do medicamento, se possível. Ligue para 0800 722 6001, se você precisar de mais orientações.**

### DIZERES LEGAIS

Reg. M.S. nº: 1.0155.0230
Farmacêutico Responsável: Regina Helena Vieira de Souza Marques • CRF/SP nº 6394
**Fabricado por: Catalent Indústria e Comércio Ltda.**
Av. Jerome Case, 1277 • Zona Industrial – Sorocaba/SP CEP: 18087-220
**Registrado por: Marjan Indústria e Comércio Ltda.**
Rua Gibraltar, 165 • Santo Amaro – São Paulo/SP CEP: 04755-070
CNPJ: 60.726.692/0001-81
Indústria Brasileira SAC 0800 55 45 45

### VENDA SOB PRESCRIÇÃO MÉDICA

_____

# PROSTEM®

Extrato seco do córtex de *Pygeum africanum*

### MEDICAMENTO FITOTERÁPICO

### NOMENCLATURA POPULAR
**Ameixa africana**
### FAMÍLIA
Rosaceae

### PARTE UTILIZADA
**Córtex**

### APRESENTAÇÕES

Cápsulas gelatinosas moles de 50 mg – cartucho com 30 cápsulas. Cápsulas gelatinosas moles de 100 mg – cartucho com 30 cápsulas.

### VIA ORAL USO ADULTO

### COMPOSIÇÃO

Cada cápsula de PROSTEM® contém:
Extrato seco do córtex de *Pygeum africanum*........50 mg*
Extrato seco do córtex de *Pygeum africanum*... 100 mg**
Excipientes q.s.p. ..................................................... 1 cápsula
Excipientes: óleo de semente de abóbora, simeticone, lecitina de soja, cera de abelhas, gordura vegetal hidrogenada e vitamina E livre q.s.p. ......................................... 1 cápsula
* equivalente a 5 mg de betasitosterol
** equivalente a 10 mg de betasitosterol

### INFORMAÇÕES AO PACIENTE
### 1. PARA QUE ESTE MEDICAMENTO É INDICADO?

Este medicamento é destinado ao tratamento dos sintomas decorrentes do aumento benigno da próstata (aumento da frequência do ato de urinar – polaciúria, dificuldade de urinar – disúria e resíduo vesical pós miccional).

## 2. COMO ESTE MEDICAMENTO FUNCIONA?

PROSTEM® é um medicamento de origem vegetal que inibe a proliferação de células chamadas fibroblastos, hoje considerados como importantes no desenvolvimento do aumento benigno da próstata, promovendo o alívio dos sintomas decorrentes dessa doença. Também possui uma ação anti-inflamatória no tecido da próstata.

## 3. QUANDO NÃO DEVO USAR ESTE MEDICAMENTO?

Você não deve tomar PROSTEM® se tiver alergia ao *Pygeum africanum* ou aos outros componentes da fórmula. **Este medicamento é contraindicado para uso por mulheres.**

## 4. O QUE DEVO SABER ANTES DE USAR ESTE MEDICAMENTO?

Não há restrições ao uso de PROSTEM® em pessoas diabéticas.

As melhorias nas funções e nos sintomas não excluem o acompanhamento do médico.

Não são conhecidas até o presente momento interações medicamentosas.

Não são conhecidas quaisquer restrições ao uso de **PROSTEM®** com alimentos.

**Informe ao seu médico ou cirurgião-dentista se você está fazendo uso de algum outro medicamento. Não use medicamento sem o conhecimento do seu médico. Pode ser perigoso para a sua saúde.**

## 5. ONDE, COMO E POR QUANTO TEMPO POSSO GUARDAR ESTE MEDICAMENTO?

Você deve conservar **PROSTEM®** em temperatura ambiente (entre 15°C e 30°C), protegido da luz e da umidade. **Número de lote e datas de fabricação e validade: vide embalagem.**

**Não use medicamento com o prazo de validade vencido. Guarde-o em sua embalagem original.**

A cápsula de **PROSTEM®** 50 mg é gelatinosa mole, oval, de cor marrom, contendo líquido oleoso, viscoso e cor marrom.

A cápsula de **PROSTEM®** 100 mg é gelatinosa mole, oval, de cor azul opaca, contendo líquido oleoso, viscoso e cor marrom.

**Antes de usar, observe o aspecto do medicamento. Caso ele esteja no prazo de validade e você observe alguma mudança no aspecto, consulte o farmacêutico para saber se poderá utilizá-lo.**

Todo medicamento deve ser mantido fora do alcance das crianças.

## 6. COMO DEVO USAR ESTE MEDICAMENTO?

Você deve tomar as cápsulas por via oral, sem mastigar e com líquido suficiente para engolir.

O esquema posológico aconselhado varia de acordo com a natureza do quadro clínico do paciente.

**PROSTEM®** 50 mg: 1 a 2 cápsulas em média, ao dia, ou a critério médico.

**PROSTEM®** 100 mg: 1 cápsula, ao dia.

A duração do tratamento é de 6 a 8 semanas, ou a critério médico, podendo ser repetido esse ciclo terapêutico após um período de descanso de 4 a 6 semanas ou inclusive antes, no caso em que sejam observados novamente os transtornos miccionais.

Esses ciclos terapêuticos podem ser realizados regularmente, quantas vezes forem necessárias.

**Siga a orientação de seu médico, respeitando sempre os horários, as doses e a duração do tratamento. Não interrompa o tratamento sem o conhecimento do seu médico.**

**Este medicamento não deve ser partido, aberto ou mastigado.**

## 7. O QUE DEVO FAZER QUANDO EU ME ESQUECER DE USAR ESTE MEDICAMENTO?

Você pode tomar a dose seguinte como de costume, isto é, na hora regular e sem dobrar a dose.

**Em caso de dúvidas, procure orientação do farmacêutico ou de seu médico, ou cirurgião-dentista.**

## 8. QUAIS OS MALES QUE ESTE MEDICAMENTO PODE ME CAUSAR?

Informe seu médico o aparecimento de reações desagradáveis, tais como: intolerância gástrica e reações alérgicas cutâneas, as quais ocorrem raramente e normalmente desaparecem com a ingestão do produto às refeições. PROSTEM® é geralmente bem tolerado.

**Informe ao seu médico, cirurgião-dentista ou farmacêutico o aparecimento de reações indesejáveis pelo uso do medicamento. Informe também à empresa através do seu serviço de atendimento.**

## 9. O QUE FAZER SE ALGUÉM USAR UMA QUANTIDADE MAIOR DO QUE A INDICADA DESTE MEDICAMENTO?

Em caso de super dosagem, procure serviço médico imediatamente levando a bula e a caixa do medicamento. As manifestações possíveis estão relacionadas a via digestória e incluem náuseas e dor abdominal que tendem a desaparecer com a descontinuação do uso.

**Em caso de uso de grande quantidade deste medicamento, procure rapidamente socorro médico e leve a embalagem ou bula do medicamento, se possível. Ligue para 0800 722 6001 (CEATOX), se você precisar de mais orientações.**

### DIZERES LEGAIS
M.S. N° 1.0146.0035
Farm. Resp.: Dra. Erika Mayumi Matsumoto CRF-SP 27.346
Fabricado por: Relthy Laboratórios Ltda. – Indaiatuba – SP
Embalado e Registrado por: **LABORATÓRIOS BALDACCI LTDA**
Rua Pedro de Toledo, 520 – Vl. Clementino – São Paulo – SP
CNPJ: 61.150.447/0001-31
Indústria Brasileira

**VENDA SOB PRESCRIÇÃO MÉDICA**

# RECALM®
*Valeriana officinalis*, Valerianaceae

### MEDICAMENTO FITOTERÁPICO

### PARTE UTILIZADA
Raiz.

### NOMENCLATURA POPULAR
Valeriana.

### APRESENTAÇÕES
Cápsula mole – Extrato seco da raiz de *Valeriana officinalis* 215 mg – Embalagem com 1 ou 2 blísters contendo 15 cápsulas cada.

### VIA ORAL
### USO ADULTO

### COMPOSIÇÃO
Cada cápsula contém:
extrato seco de *Valeriana officinalis*...................... 215 mg*;
excipiente q.s.p. ....................................................... 1 cápsula.
(óleo de soja, óleo vegetal parcialmente hidrogenado, lecitina de soja, cera branca e aroma de menta)
*equivalente a 1,72 mg de ácidos sesquiterpênicos expressos em ácido valerênico.

### INFORMAÇÕES AO PACIENTE
### PARA QUE ESTE MEDICAMENTO É INDICADO?
Recalm® é indicado como sedativo moderado, como agente promotor do sono e no tratamento dos distúrbios do sono associados à ansiedade.

### COMO ESTE MEDICAMENTO FUNCIONA?
Recalm® atua no Sistema Nervoso Central (SNC) exercendo um leve efeito calmante, além de auxiliar na regularização dos distúrbios do sono.

### QUANDO NÃO DEVO USAR ESTE MEDICAMENTO?

- Hipersensibilidade (alergia) a qualquer um dos componentes da fórmula. Em caso de hipersensibilidade ao produto, recomenda-se descontinuar o uso e consultar o médico.

- Não há dados disponíveis acerca do uso de valeriana durante a gravidez e lactação. Este medicamento não deve ser usado nessas condições, exceto sob orientação médica. Informe seu médico se ocorrer gravidez ou se iniciar amamentação durante o uso deste medicamento.

- A *V. officinalis* não deve ser administrada para crianças abaixo de três anos.

- Não existem contraindicações ou precauções especiais específicas para pacientes idosos.

- O medicamento a base de *V. officinalis* pode potencializar o efeito de outros medicamentos depressores do SNC. Estudos em animais mostraram um efeito aditivo quando utilizado em combinação com barbitúricos, anestésicos ou benzodiazepínicos e outros fármacos depressores do SNC.

- Recomenda-se evitar o uso deste medicamento juntamente com a ingestão de bebidas alcoólicas pela possível exacerbação dos efeitos sedativos.

- Este medicamento pode causar sonolência, não sendo, portanto, recomendável a sua administração antes de dirigir, operar máquinas ou realizar qualquer atividade de risco que necessite atenção.

- Utilizar apenas a via oral. O uso deste medicamento por outra via, que não a oral, pode causar a perda do efeito esperado ou mesmo promover danos ao usuário.

- Não ingerir doses maiores do que as recomendadas.

## O QUE DEVO SABER ANTES DE USAR ESTE MEDICAMENTO?
### Precauções e advertências

- Em caso de hipersensibilidade ao produto, recomenda-se descontinuar o uso e consultar o médico.

- Não ingerir doses maiores do que as recomendadas.

- De acordo com a categoria de risco de fármacos destinados às mulheres grávidas, este medicamento apresenta categoria de risco

- C. Este medicamento não deve ser utilizado por mulheres grávidas sem orientação médica ou do cirurgião-dentista.

- Não há evidências suficientes de que medicamentos à base de *V. officinalis* afetem a habilidade em operar máquinas ou dirigir, mas como esses dados são insuficientes, deve-se evitar tais atividades durante o tratamento com esses medicamentos.

### Interações medicamentosas

- O medicamento à base de valeriana pode potencializar o efeito de outros medicamentos depressores do SNC. Estudos em animais mostraram um efeito aditivo quando utilizado em combinação com barbitúricos, anestésicos ou benzodiazepínicos e outros fármacos depressores do SNC. O ácido valerênico aumentou o tempo de sono induzido pelo pentobarbital (intraperitoneal (IP) em camundongos), enquanto o extrato aquoso seco alcalino aumentou o tempo de sono com o tiopental (via oral em camundongo) e o extrato etanólico prolongou a anestesia promovida por tiopental (IP em camundongo) devido a sua afinidade aos receptores barbitúricos. Devido à afinidade do extrato de *V. officinalis* e valepotriatos com receptores de GABA e benzodiazepínicos (*in vitro*) e a diminuição nos efeitos causados pela retirada do diazepam.

- •Recomenda-se evitar o uso deste medicamento juntamente com a ingestão de bebidas alcoólicas pela possível exacerbação dos efeitos sedativos.

- •Não foram encontrados dados na literatura consultada sobre interações de preparações de *V. officinalis* com exames laboratoriais e com alimentos.

**Informe seu médico ou cirurgião-dentista se você está fazendo uso de algum outro medicamento.**

**Não use medicamento sem o conhecimento de seu médico. Pode ser perigoso para a sua saúde.**

## ONDE, COMO E POR QUANTO TEMPO POSSO GUARDAR ESTE MEDICAMENTO?

Cuidados de conservação

Recalm® deve ser conservado em temperatura ambiente (entre 15 e 30ºC) em sua embalagem original.

Proteger da luz e da umidade.

Prazo de validade

24 meses após a data de fabricação impressa no cartucho.

**Número de lote e datas de fabricação e validade: vide embalagem. Não use medicamento com o prazo de validade vencido. Guarde-o em sua embalagem original.**

Características físicas

Cápsulas gelatinosas moles de cor verde.

Características organolépticas

Cheiro (odor) característico e praticamente não apresenta sabor.

**Antes de usar, observe o aspecto do medicamento. Caso ele esteja no prazo de validade e você observe alguma mudança no aspecto, consulte o farmacêutico para saber se poderá utilizá-lo.**

**Todo medicamento deve ser mantido fora do alcance das crianças.**

## COMO DEVO USAR ESTE MEDICAMENTO?
### Modo de usar

As cápsulas devem ser ingeridas inteiras e com uma quantidade suficiente de água para que possam ser deglutidas.

Recomenda-se ingerir o medicamento de 30 minutos a duas horas antes de dormir.

**Posologia**

Ingerir uma cápsula, via oral, duas vezes ao dia, de 12 em 12 horas.

**Siga a orientação de seu médico, respeitando sempre os horários, as doses e a duração do tratamento.**

**Não interrompa o tratamento sem o conhecimento de seu médico. Este medicamento não deve ser partido, aberto ou mastigado.**

## O QUE DEVO FAZER QUANDO EU ME ESQUECER DE USAR ESTE MEDICAMENTO?

Caso haja esquecimento da ingestão de uma dose deste medicamento, retomar a posologia prescrita sem a necessidade de suplementação.

**Em caso de dúvidas, procure orientação do farmacêutico ou de seu médico, ou cirurgião-dentista.**

## QUE MALES ESTE MEDICAMENTO PODE CAUSAR?

**Reações adversas**

Os efeitos adversos relatados foram raros e leves, incluindo tontura, indisposição gastrointestinal, alergias de contato, dores de cabeça e midríase (dilatação da pupila).

Com o uso em longo prazo, os seguintes sintomas podem ocorrer: dor de cabeça, agitação, cansaço, insônia, midríase e desordens cardíacas.

O uso crônico de altas doses de *V. officinalis* por muitos anos aumentou a possibilidade de ocorrência de síndrome de abstinência com a retirada abrupta do medicamento.

**Informe seu médico, cirurgião-dentista ou farmacêutico do aparecimento de reações indesejáveis pelo uso do medicamento. Informe também à empresa através do seu Serviço de Atendimento ao Consumidor.**

## O QUE FAZER SE ALGUÉM USAR UMA QUANTIDADE MAIOR DO QUE A INDICADA DESTE MEDICAMENTO?

Altas doses podem provocar sintomas adversos leves como fadiga, cãibras abdominais, tensionamento do tórax, tonturas, tremores e midríase, que desaparecem no período de 24 horas após descontinuação do uso.

**Em caso de uso de grande quantidade deste medicamento, procure rapidamente socorro médico e leve a embalagem ou bula do medicamento, se possível. Ligue para 0800 722 6001 se você precisar de mais orientações.**

**Venda sob prescrição médica.**

**DIZERES LEGAIS**

MS: 1.1860.0032

Farmacêutica resp.: Dra. Anny M. Trentini CRF-PR nº 4081.

**HERBARIUM LABORATÓRIO BOTÂNICO LTDA.**

Av. Santos Dumont, 1111 • Colombo – PR

CNPJ: 78.950.011/0001-20

**Indústria Brasileira.**

---

# REMILEV

*Valeriana officinalis* L./*Humulus lupulus* L.
 (extrato ZE 91019) raízes/estróbilos

## APRESENTAÇÕES

Comprimidos revestidos em blísteres com 10 e 20 unidades

**USO ORAL**
**USO ADULTO**

## COMPOSIÇÃO

Cada comprimido contém 250 mg de extrato seco de *Valeriana officinalis* L. (equivalente a no mínimo 0,375 mg de ácidos valerênicos totais) e 60 mg de extrato seco de *Humulus lupulus* L. (equivalente a no mínimo 0,06 mg de flavonoides totais expressos em rutina).

Excipientes: celulose microcristalina, macrogol, estearato de magnésio, óleo de rícino, dióxido de silício, polissacarídeo de soja, filme de revestimento azul (hipromelose, dióxido de titânio, macrogol, corante FD&C azul nº 2), propilenoglicol e aroma de baunilha.

## INFORMAÇÕES AO PACIENTE

### 1. PARA QUE ESTE MEDICAMENTO É INDICADO?

Remilev é destinado para o tratamento de insônia, tanto para as pessoas com dificuldade para iniciar o sono, como para aquelas que acordam diversas vezes durante a noite. Remilev também é destinado para o tratamento de pessoas que apresentem agitação, nervosismo e irritabilidade.

### 2. COMO ESTE MEDICAMENTO FUNCIONA?

Remilev é um medicamento de origem vegetal, constituído pela combinação do extrato de duas plantas que agem sobre o Sistema Nervoso Central, ajudando no controle do sono e do comportamento. Proporciona a regularização do ritmo, a melhoria da qualidade do sono e a diminuição de sintomas desagradáveis relacionados à ansiedade como agitação e nervosismo.

### 3. QUANDO NÃO DEVO USAR ESTE MEDICAMENTO?

Remilev não deve ser utilizado por pessoas com hipersensibilidade (alergia) aos seus componentes. Também não deve ser utilizado por pessoas que apresentem comprometimento importante do funcionamento dos rins e do fígado.

Este medicamento é contraindicado para uso por pessoas com diminuição do funcionamento dos rins e do fígado.

### 4. O QUE DEVO SABER ANTES DE USAR ESTE MEDICAMENTO?

Remilev é um medicamento que normalmente não causa efeitos colaterais importantes. Mas, devido à sensibilidade de cada pessoa, pode ocorrer sonolência e diminuição da atenção e da capacidade de operar máquinas e veículos. Portanto é recomendado cuidado nessas situações durante seu uso.

A ingestão de bebidas alcoólicas não é recomendada durante o uso deste medicamento.

Pacientes debilitados devem ser cuidadosamente observados após a utilização de medicamentos que possam interferir sobre o sono.

Remilev deve ser utilizado somente por via oral, obedecendo-se à dosagem e ao horário estabelecidos pelo médico. Não aumente as doses recomendadas por conta própria. Se os sintomas não apresentarem melhora, consulte o médico para orientação correta.

Este medicamento não deve ser utilizado por mulheres grávidas sem orientação médica ou do cirurgião-dentista.

Se Remilev for utilizado junto a outros medicamentos que agem no Sistema Nervoso Central e podem causar sonolência como, por exemplo, ansiolíticos ("calmantes", ex.: diazepam, lorazepam, bromazepam, clonazepam, flunitrazepam, midazolam), hipnóticos ("remédios para dormir", ex.: zolpidem, zopiclone), antiepilépticos (ex.: carbamazepina, fenitoína, fenobarbital), seus efeitos podem ser alterados, aumentando a chance de ocorrer sonolência. Por essa razão, recomenda-se sempre obter orientação médica nessa situação.

Informe ao seu médico ou cirurgião-dentista se você está fazendo uso de algum outro medicamento. Não use medicamento sem o conhecimento do seu médico. Pode ser perigoso para a sua saúde.

### 5. ONDE, COMO E POR QUANTO TEMPO POSSO GUARDAR ESTE MEDICAMENTO?

Você deve conservar Remilev em temperatura ambiente (entre 15 e 30ºC), protegido da luz e umidade. Número de lote e datas de fabricação e validade: vide embalagem.

Não use medicamento com o prazo de validade vencido. Guarde-o em sua embalagem original.

Remilev é um comprimido de coloração azul, de formato redondo.

Antes de usar, observe o aspecto do medicamento. Caso você observe alguma mudança no aspecto do medicamento que ainda esteja no prazo de validade, consulte o médico ou o farmacêutico para saber se poderá utilizá-lo.

**TODO MEDICAMENTO DEVE SER MANTIDO FORA DO ALCANCE DAS CRIANÇAS.**

### 6. COMO DEVO USAR ESTE MEDICAMENTO?

Remilev deve ser ingerido por via oral nos horários recomendados pelo médico, junto de um pouco de água.

A dose habitual é de 2 a 3 comprimidos que devem ser tomados cerca de 1 hora antes de deitar. Caso não haja efeito adequado, a dose não deverá ser aumentada sem orientação médica.

Este medicamento é indicado para adultos.

Siga a orientação de seu médico, respeitando sempre os horários, as doses e a duração do tratamento.

Não interrompa o tratamento sem o conhecimento do seu médico. Este medicamento não deve ser partido ou mastigado.

### 7. O QUE DEVO FAZER QUANDO EU ME ESQUECER DE USAR ESTE MEDICAMENTO?

Em caso de esquecimento da dose, este medicamento não deve ser utilizado posteriormente, pois pode haver sonolência caso o tempo de sono não seja suficiente.

Em caso de dúvidas, procure orientação do farmacêutico ou de seu médico, ou cirurgião-dentista.

### 8. QUAIS OS MALES QUE ESTE MEDICAMENTO PODE ME CAUSAR?

Remilev mostrou ser bem tolerado pela grande maioria dos pacientes. Náuseas, desconforto gástrico, tontura e dor de cabeça foram descritos em alguns estudos por pacientes que utilizaram a valeriana isolada, mas a sua intensidade foi considerada leve nesses casos. Embora os estudos com a medicação não tenham demonstrado a ocorrência de sonolência ou diminuição da atenção, tais sintomas eventualmente podem ocorrer em função da variação de sensibilidade individual.

Informe ao seu médico, cirurgião-dentista ou farmacêutico o aparecimento de reações indesejáveis pelo uso do medicamento. Informe também à empresa através do seu serviço de atendimento.

## 9. O QUE FAZER SE ALGUÉM USAR UMA QUANTIDADE MAIOR DO QUE A INDICADA DESTE MEDICAMENTO?

Você deve procurar imediatamente seu médico ou dirigir-se a um pronto-socorro, informando a quantidade ingerida, o horário de ingestão e os sintomas.

**Em caso de uso de grande quantidade deste medicamento, procure rapidamente socorro médico e leve a embalagem ou bula do medicamento, se possível. Em caso de intoxicação ligue para 0800 722 6001, se você precisar de mais orientações sobre como proceder.**

**DIZERES LEGAIS**
MS – 1.0573.0357
Farmacêutica Responsável: Gabriela Mallmann CRF-SP nº 30.138
**Registrado por: Aché Laboratórios Farmacêuticos S. A.**
Av. Brigadeiro Faria Lima, 201 – 20º andar São Paulo – SP
CNPJ: 60.659.463/0029-92
Indústria Brasileira
**Fabricado por:** Max Zeller Söhne AG Romanshorn – Suíça
**Importado e Embalado por: Aché Laboratórios Farmacêuticos S. A.**
Guarulhos – SP

**VENDA SOB PRESCRIÇÃO MÉDICA**

_____

# REMOTIV
*Hypericum perforatum* L.
Extrato ZE 117

## MEDICAMENTO FITOTERÁPICO

## FORMA FARMACÊUTICA E APRESENTAÇÃO:
Comprimidos revestidos em blísteres de 20

## USO ADULTO USO ORAL

## COMPOSIÇÃO:
Cada comprimido revestido contém 250 mg de extrato seco ZE 117 de *Hypericum perforatum* L. Excipientes: celulose microcristalina, lactose, macrogol, estearato de magnésio, propilenoglicol e opadry OY-22963 (composto por hipromelose, dióxido de titânio, macrogol e óxido de ferro).
Correspondência em marcador:
O extrato seco de REMOTIV está padronizado em 0,20% de hipericina total.

## QUANTIDADE DE UNIDADES:
Contém 20 comprimidos revestidos

## INFORMAÇÕES AO PACIENTE:

- **Como este medicamento funciona?**

**REMOTIV** atua no sistema nervoso central de forma a promover uma melhora no perfil de transmissão dos impulsos nervosos. É um medicamento destinado ao tratamento da depressão leve a moderada. Seus efeitos aparecem após 10 a 14 dias de tratamento.

- **Por que este medicamento foi indicado?**

**REMOTIV** foi indicado porque provavelmente seu médico fez um diagnóstico de depressão leve a moderada.

- **Quando não devo usar este medicamento?**

O medicamento é contraindicado a pessoas com alergia ou hipersensibilidade conhecida a qualquer componente de **REMOTIV**.

Este medicamento é contraindicado durante a gravidez e a amamentação. Informe ao seu médico a ocorrência de gravidez na vigência do tratamento ou após o seu término e também se estiver amamentando.

Você também não deve utilizar este medicamento se tem histórico de fotossensibilidade ao Hypericum. Você deve utilizar com cautela se tem histórico de fotossensibilidade a outros medicamentos, evitando expor-se ao sol.

**REMOTIV** só deve ser utilizado em crianças sob orientação médica. Categoria de risco na gravidez C: as informações clínicas acerca do uso de **REMOTIV** durante a gravidez e a lactação são insuficientes.

- **Quando a administração de REMOTIV requer cautela?**

Se você estiver em uso de qualquer outro medicamento deve informar ao seu médico, especialmente se estiver utilizando contraceptivo oral, anticoagulante, outros antidepressivos ou antirretrovirais. Isso porque pode haver interação medicamentosa, podendo prejudicar seu tratamento ou precipitar o aparecimento de reações adversas. Portanto

sempre informe seu médico sobre qualquer medicamento que esteja usando, antes do início, ou durante o tratamento. Não há necessidade de ajuste de doses em pacientes idosos.
**ESTE MEDICAMENTO NÃO DEVE SER UTILIZADO DURANTE A GESTAÇÃO OU AMAMENTAÇÃO SEM ORIENTAÇÃO MÉDICA.**

- **REMOTIV pode ser utilizado por períodos prolongados?**

Sim. **REMOTIV** pode ser usado por períodos prolongados a critério médico (com base na resposta terapêutica), uma vez que o tratamento da depressão requer de semanas a meses de tratamento.

- O que pode ocorrer se utilizar o medicamento por uma via de administração não recomendada?

**REMOTIV** deve ser tomado por via oral. Não há garantia de eficácia se o produto for utilizado por outras vias de administração.

- **REMOTIV pode ser utilizado com outros medicamentos?**

Seu médico deve orientá-lo sobre o uso concomitante com outros medicamentos. Se você estiver em uso de qualquer outro medicamento deve informar ao seu médico, especialmente se estiver utilizando contraceptivo oral, anticoagulante, outros antidepressivos ou antirretrovirais. Isso porque pode haver interação medicamentosa, podendo prejudicar seu tratamento ou precipitar o aparecimento de reações adversas. Portanto sempre informe seu médico sobre qualquer medicamento que esteja usando, antes do início, ou durante o tratamento.

- **Durante o tratamento com REMOTIV pode-se tomar bebidas alcoólicas?**

O uso concomitante de **REMOTIV** com bebidas alcoólicas não potencializa ou modifica os efeitos do medicamento.
**INFORME AO MÉDICO O APARECIMENTO DE REAÇÕES INDESEJÁVEIS.**
**INFORME AO SEU MÉDICO SE VOCÊ ESTÁ FAZENDO USO DE ALGUM OUTRO MEDICAMENTO.**
**NÃO USE MEDICAMENTO SEM O CONHECIMENTO DO SEU MÉDICO. PODE SER PERIGOSO PARA A SUA SAÚDE.**

- **Como devo usar este medicamento?**

Os comprimidos revestidos de **REMOTIV** apresentam-se na cor amarela, de formato redondo.
A dose recomendada é de dois a cinco comprimidos ao dia, divididos em duas tomadas diárias, de preferência uma de manhã e outra à noite, ou conforme orientação médica. Os comprimidos revestidos devem ser ingeridos inteiros, com um pouco de líquido, durante ou após as refeições. Este medicamento é indicado para adultos e crianças maiores de 12 anos.
**SIGA A ORIENTAÇÃO DE SEU MÉDICO, RESPEITANDO SEMPRE OS HORÁRIOS, AS DOSES E A DURAÇÃO DO TRATAMENTO.**
**NÃO INTERROMPA O TRATAMENTO SEM O CONHECIMENTO DO SEU MÉDICO.**
**NÃO USE O MEDICAMENTO COM O PRAZO DE VALIDADE VENCIDO. ANTES DE USAR OBSERVE O ASPECTO DO MEDICAMENTO.**
**ESTE MEDICAMENTO NÃO PODE SER PARTIDO OU MASTIGADO.**

- **Quais os males que este medicamento pode causar?**

As reações adversas mais comuns são distúrbios gastrintestinais, como diarreia, vômitos, náuseas, constipação intestinal e dor de estômago, além de cansaço e nervosismo. Também podem ocorrer boca seca, alterações da pele (coceira na pele, pele vermelha e inchada, descamação, irritação), inchaço, fotossensibilidade (pele mais sensível ao sol), fadiga, formigamento, ansiedade.

Este medicamento pode elevar os níveis sanguíneos do TSH e precipitar o hipotiroidismo.

O tratamento com doses muito altas, acima das doses recomendadas, pode causar fotossensibilização, isto é, reações de sensibilidade da pele à luz solar. Essas reações incluem erupção da pele, coceira e vermelhidão e aparecem 24 horas após a exposição à luz ultravioleta. Nesse caso, o tratamento consiste em evitar a exposição à luz. Informe ao seu médico o aparecimento de reações desagradáveis.

- **O que fazer se alguém usar uma grande quantidade deste medicamento de uma só vez?**

As reações adversas que podem ocorrer na ingestão de grandes quantidades de **REMOTIV** não são conhecidas. Nesse caso, procure imediatamente seu médico ou dirija-se a um Pronto Socorro, informando a quantidade ingerida, horário da ingestão e os sintomas, e evite exposição ao sol por um período de pelo menos uma semana.

- **Onde e como devo guardar este medicamento?**

**REMOTIV** deve ser armazenado em sua embalagem original até sua total utilização. Conservar em temperatura ambiente (temperatura entre 15-30°C), ao abrigo da luz e umidade.
O prazo de validade é de 36 meses a contar da data de sua fabricação indicada na embalagem do produto. Ao utilizar

o medicamento, confira sempre o prazo de validade. Nunca use medicamento com prazo de validade vencido. Além de não obter o efeito desejado, as substâncias podem estar alteradas e causar prejuízo para a sua saúde.

**TODO MEDICAMENTO DEVE SER MANTIDO FORA DO ALCANCE DAS CRIANÇAS**

**INFORMAÇÕES TÉCNICAS AOS PROFISSIONAIS DE SAÚDE CARACTERÍSTICAS FARMACOLÓGICAS:**

**Farmacodinâmica**

Diversos grupos de produtos naturais bioativos foram identificados a partir do Hypericum. Os principais grupos de constituintes bioativos dos extratos

secos de Hypericum são: fenilpropanos (incluindo ácidos clorogênico e caféico), glicosídeos flavonoides (incluindo quercetina, hiperosídeo ou hiperina, rutina e isoquercitrina), biflavonas (amentoflavona), proantocianidinas e taninos, xantonas, floroglicinóis (hiperforina), aminoácidos (GABA) e naftodiantronas (isto é, hipericina). Esses constituintes estão presentes em quantidades diferentes nos extratos de Hypericum e não está totalmente estabelecido quais os constituintes que são responsáveis pelos efeitos terapêuticos dos vários extratos de Hypericum. Embora os efeitos farmacológicos desses diversos constituintes tenham sido descritos, é bem provável que alguns deles não contribuam (ou o façam de forma limitada) para o (s) mecanismo (s) responsável (eis) pelo efeito antidepressivo dos extratos de Hypericum.

No entanto, parece que alguns constituintes dos extratos de Hypericum (cujos candidatos mais prováveis são as naftodiantronas, como a hipericina, os floroglicinóis, como a hiperforina, e determinados flavonoides) possuem propriedades bioquímicas bastante similares às propriedades dos compostos dos antidepressivos clássicos, como os tricíclicos, inibidores de MAO e inibidores seletivos da recaptação de serotonina e/ou noradrenalina. Na verdade, como ocorre com os extratos de Hypericum, a inibição das enzimas catabólicas MAO-A e COMT e a inibição da recaptação neuronal de neurotransmissores aminérgicos, como serotonina, noradrenalina e dopamina, foi comprovada com alguns desses constituintes.

Suspeitava-se inicialmente que a inibição de MAO-A fosse o mecanismo responsável pelas propriedades antidepressivas do extrato de Hypericum, e numerosos autores investigaram os efeitos inibitórios da MAO-A de vários constituintes do Hypericum. Ainda que vários autores tenham afirmado que as naftodiantronas, como a hipericina, os flavonoides, como quercetina e quercitrina, e as xantonas, como a tetraidroxantona, são capazes de inibir a MAO-A, isso ocorre em concentrações muito elevadas para terem relevância terapêutica (com a possível exceção dos flavonoides). Esses achados questionam mais uma vez se a inibição da MAO-A é responsável pelos efeitos antidepressivos do extrato de Hypericum, e em caso positivo, qual componente é responsável por esse efeito.

Comprovou-se que a amentoflavona, porém não a hipericina, liga-se com alta afinidade aos receptores benzodiazepínicos, ampliando o achado inicial de Nielsen *et al*. A afinidade da amentoflavona por esse receptor é cerca de dez vezes maior que a encontrada com o extrato de Hypericum. Outros constituintes do extrato, como quercetina, rutina e hiperosídeo, não mostram a mesma afinidade alta pelos receptores benzodiazepínicos, como a que se obtém com a amentoflavona, sugerindo que o constituinte responsável pela ligação do extrato de Hypericum aos receptores de benzodiazepina é, provavelmente, a amentoflavona.

Recentemente, relatou-se que um floroglicinol, a hiperforina, era capaz de inibir a recaptação de serotonina *in vitro*. Além disso, Müller (1997) relatou que a hiperforina inibe não só a recaptação de serotonina, mas também a de noradrenalina, dopamina, GABA e levo-glutamato. De acordo com Müller, esse fenômeno ocorre em concentrações que não só não se ligam a carreadores de proteínas, mas também são inferiores àquelas em que a hipericina afeta MAO-A/B. Portanto ele formulou uma hipótese, ainda não totalmente confirmada, de que a hiperforina é um constituinte ativo do extrato de Hypericum e, possivelmente, relevante em termos terapêuticos.

Ainda que outros constituintes do extrato, como fenilpropanos, xantonas, proantocianidinas, taninos, óleo essencial e aminoácidos tenham propriedades farmacológicas, não é provável que esses efeitos contribuam de modo significativo para as propriedades antidepressivas do extrato de Hypericum, pois esses efeitos farmacológicos ocorrem apenas em concentrações mais altas, que provavelmente não são atingidas com a administração oral do extrato.

Resumindo, parece justificável concluir que os efeitos terapêuticos do extrato de Hypericum devem-se à combinação de efeitos bioquímicos múltiplos, produzidos, em extensão variável, por diferentes constituintes biologicamente ativos do extrato, como a hipericina, a rutina, a mentoflavona e a hiperforina.

**Farmacocinética**

Como o extrato de Hypericum contém diversos componentes, faz-se necessária a determinação de um marcador para avaliar sua farmacocinética. Esse marcador é a hipericina, uma naftodiantrona que, juntamente com a pseudo-hipericina, é responsável pela maior parte do conteúdo total de hipericina no extrato. A quantidade total de hipericina é padronizada para garantir a fabricação e a qualidade uniformes.

Até recentemente, a hipericina era considerada o princípio ativo do extrato, mas agora, é usada apenas como marcador para caracterizar a qualidade farmacêutica do extrato. Também é útil como meio para avaliar a farmacocinética de preparações como o **REMOTIV**, pois a hipericina torna-se sistemicamente disponível depois da administração de várias formulações contendo extratos de Hypericum. Assim, as investigações farmacocinéticas utilizam a hipericina como a principal substância para caracterizar a biodisponibilidade do Hypericum. A biodisponibilidade após a administração oral é de aproximadamente 14%. As investigações sobre equilíbrio de massa em camundongos, usando a

hipericina marcada com 14C, resultou na detecção de quantidades significantes de radioatividade em todos os órgãos importantes, inclusive o tecido encefálico. A meia-vida de eliminação terminal da hipericina é de aproximadamente 30 a 50 horas, independente da dose ou da via de administração. Os dados sobre doses múltiplas não indicam acúmulo indevido além do estado de equilíbrio. A farmacocinética de absorção e eliminação da hipericina é linear.

Não se verificam alterações na variância populacional de Cmax e AUC da hipericina após a normalização com o peso corporal. Além disso, as concentrações plasmáticas de hipericina em homens, mulheres e idosos não indicam diferenças relevantes das encontradas nos voluntários jovens do sexo masculino.

Um estudo clínico-farmacológico, adequadamente elaborado, analisou a proporcionalidade de dose após a administração de 1 comprimido revestido de 250 mg e 2 comprimidos revestidos de 250 mg de **REMOTIV**. Demonstrou-se o comportamento proporcional à dose de hipericina nos parâmetros AUC e Cmax, depois da administração de um ou dois comprimidos de **REMOTIV**. O comportamento mostrou-se independente da dose para o intervalo entre as mudanças de variáveis, tmax e meia-vida terminal, apoiando ainda mais a linearidade da farmacocinética da hipericina após a administração de **REMOTIV**. As propriedades farmacodinâmicas e farmacocinéticas, assim como a segurança e a tolerabilidade de **REMOTIV**, foram investigadas em um ensaio clínico de Fase I com 12 voluntários sadios que utilizaram o produto por 43 dias. Apesar da meia-vida longa da hipericina, não houve efeito de acúmulo de dose no estudo de steady-state. Sua farmacocinética é linear, com absorção e eliminação tempo-independente.

## RESULTADOS DE EFICÁCIA:
Estudos clínicos com Hypericum

No total, nove estudos da literatura foram considerados como evidência principal de eficácia e segurança do Hypericum no tratamento de sintomas de estados depressivos leves a moderados. Todos esses estudos foram randomizados, duplo-cegos e com um grupo de controle com placebo ou antidepressivo tricíclico. A duração do tratamento foi de 4 a 6 semanas e 1.045 pacientes foram arrolados.

Os resultados desses estudos demonstram que o Hypericum é superior ao placebo no tratamento da depressão leve a moderada. Usando a Escala de Depressão de Hamilton (HAMD) como principal instrumento de análise de eficácia, o Hypericum mostrou-se superior ao placebo em todos os estudos mencionados. É importante salientar que os índices de resposta ao tratamento foram padronizados no decorrer de todos os estudos principais como contagem final da HAMD < 10, ou como diminuição no score total de pelo menos 50% em relação ao basal. O Hypericum também foi superior ao placebo com relação aos índices de resposta em todos os estudos controlados com placebo. Os resultados dos estudos controlados com placebo demonstram que o Hypericum é significativamente superior ao placebo, quando se comparam os escores totais HAMD ou os índices de resposta (com base nas mudanças relativas dos escores HAMD).

Com relação aos estudos controlados com antidepressivos tricíclicos, não houve superioridade clara do Hypericum sobre esses antidepressivos no decorrer de todos os estudos, como ocorreu com o placebo. Na maioria dos estudos, os dois grupos de tratamento foram comparáveis, mas em alguns estudos houve evidência de eficácia superior dos antidepressivos tricíclicos ou uma tendência para esse efeito. A dedução mais importante desses estudos é que poder-se-ia esperar que os antidepressivos tricíclicos fossem significativamente superiores ao Hypericum no tratamento da doença depressiva. Contudo a evidência mostra que o Hypericum é tão eficaz quanto os antidepressivos tricíclicos para a maioria dos pacientes com depressão leve a moderada.

Verificou-se ainda que os efeitos do Hypericum são relativamente reprodutíveis. Os escores HAMD finais, considerando todos os estudos principais, tendem a ficar na faixa de 8-10. Os índices de resposta no decorrer de todos os estudos principais também são estáveis, na faixa de 50-60%.

**Estudos clínicos com REMOTIV**

A eficácia e a segurança de **REMOTIV** foram definitivamente verificadas no tratamento da depressão leve a moderada a partir dos resultados de 4 ensaios clínicos, mostrando superioridade em relação ao placebo e não inferioridade em relação ao antidepressivo tricíclico imipramina e ao inibidor seletivo da recaptação da serotonina, a fluoxetina. **REMOTIV** também demonstrou eficácia e segurança no tratamento da depressão leve a moderada em ensaio clínico com duração de um ano.

O primeiro deles foi desenvolvido por Schrader e col e realizado de acordo com metodologia rigorosa e desenho consistente. Esse estudo utilizou os mesmos critérios aplicados a todos os estudos principais da literatura e pode ser considerado como metodologicamente bem fundamentado. **REMOTIV** foi significativamente superior ao placebo com relação ao escore HAMD total, nos três itens da escala CGI e na autoanálise do paciente em uma escala de analogia visual validada. Os índices de resposta (mesma definição que nos estudos mencionados com Hypericum) foram de 56% para o **REMOTIV** e 15% para o placebo.

Woelk comparou a eficácia e a tolerabilidade do **REMOTIV** 500 mg ao dia com a da imipramina 150 mg ao dia em 324 pacientes com depressão leve a moderada. O estudo foi randomizado, duplo-cego, multicêntrico, com duração de 6 semanas. O desfecho primário foi a melhora dos pacientes segundo Hamilton Depression Scale, e os secundários foram Clinical Global Impression e Patients Global Impression Scale. Os resultados apontaram para a equivalência terapêutica altamente significante (p<0,001) entre os dois tratamentos, com nenhuma diferença estatística entre os grupos. Os participantes do estudo toleraram melhor o **REMOTIV** do que a imipramina.

Schrader comparou a eficácia e a tolerabilidade do **REMOTIV** 500 mg ao dia com a da fluoxetina 20 mg ao dia em 240 pacientes com depressão leve a moderada. O estudo foi randomizado, duplo-cego, multicêntrico, com duração de 6 semanas. O desfecho primário foi a melhora dos pacientes segundo Hamilton Depression Scale, e os secundários foram Clinical Global Impression e Patients Global Impression Scale. O tratamento tanto com **REMOTIV** quanto com a fluoxetina por 6 semanas reduziu significativamente os escores na HAMD em ambos os grupos. Os tratamentos demonstraram equivalência terapêutica entre si em todos os efeitos antidepressivos, porém o percentual de resposta para o **REMOTIV** foi significativamente maior (p=0,005) do que para a fluoxetina (60% *vs* 40%, respectivamente). A tolerabilidade foi bem maior no grupo que recebeu **REMOTIV**, com 72% dos efeitos colaterais verificados no grupo da fluoxetina.

Um estudo de longo termo com **REMOTIV** no tratamento da depressão foi realizado por Woelk e col. O estudo teve a duração de um ano, foi aberto, multicêntrico e não controlado, com a participação de 440 pacientes. A dose utilizada foi de 500 mg ao dia. Os critérios de segurança e tolerabilidade foram os desfechos primários do estudo, sendo o secundário a escala HAMD. Os eventos adversos apresentados pelos pacientes foram essencialmente os mesmos observados nos estudos de curta duração. Não houve eventos adversos maiores ou diferenças em relação à segurança entre pacientes idosos (maiores de 60 anos) e não idosos. Os principais órgãos-alvo para as reações adversas foram a pele e o sistema gastrintestinal.

Os resultados acima são importantes na medida em que demonstram conclusivamente que a eficácia de fármacos é mais claramente demonstrada em estudos com desenhos adequados e controlados. É importante ressaltar que os resultados obtidos com **REMOTIV** são comparáveis aos obtidos da literatura. O escore HAMD final (10) está dentro da faixa observada nos principais estudos. O índice de respostas (56%) também é coerente com o obtido nesses estudos (variação 50-60%). Assim, esse ensaio gerou resultados altamente comparáveis aos da literatura. A adequação do desenho e a consistência da metodologia confirma que o **REMOTIV** (Hypericum) é superior ao placebo no alívio dos sintomas da doença depressiva de grau leve a moderado. A eficácia e a tolerabilidade de **REMOTIV** foram também confirmadas em outro estudo de observação clínica.

Em outro ensaio clínico com **REMOTIV**, Méier e col avaliaram uma população com sintomas depressivos atípicos leves a moderados. Embora o tamanho da amostra fosse grande (n = 170), aproximadamente só a metade dos pacientes foi submetida à escala HAMD. O período de tratamento foi um pouco flexível, de modo que a duração do tratamento é descrita como uma média de dias de tratamento. O ponto fraco desse estudo é que ele não foi duplo-cego e não teve grupo de controle, o que pode ter comprometido a objetividade das avaliações. Contudo os autores realizaram uma análise bastante detalhada dos sintomas de depressão. No total, 837 sintomas de 163 pacientes foram registrados e agrupados em uma lista de 22, que foi, então, utilizada como ferramenta para a análise do progresso dos pacientes. Houve forte indicação de que o tratamento com **REMOTIV** melhorou a média de gravidade dos sintomas depressivos, mas a falta de um grupo de controle torna difícil avaliar a magnitude desse efeito com relação à variabilidade da história natural da depressão.

O estudo mais antigo realizado com **REMOTIV** foi o de König, conduzido em 49 consultórios de clínica geral e coordenado em ambiente acadêmico. A hipótese do estudo era que o grupo ativo atingiria melhora de 40% na principal escala usada (escala de autoavaliação do bem estar – escore Bf-S), enquanto o grupo do placebo atingiria 20% de melhora. Os resultados mostraram que o grupo ativo atingiu a melhora planejada. No entanto, a resposta do grupo placebo foi incomumente alta, quase o dobro da esperada (38,5% de melhora real contra 20% esperados). O autor tentou explicar, na dissertação, os motivos pelos quais a resposta do placebo foi tão alta. Entretanto, da perspectiva metodológica, a resposta atingida pelo grupo de controle é inaceitável no contexto de uma experiência bem controlada e o estudo é mencionado aqui apenas a título de apresentação da totalidade dos estudos realizados. Portanto os resultados desse estudo não permitem uma interpretação significativa.

Tendo em vista a importância das interações medicamentosas com Hypericum, muito discutidas atualmente, dois estudos clínicos com **REMOTIV** foram realizados para investigar a potencial interação com a digoxina e com um contraceptivo oral. O racional para a realização desses estudos é que **REMOTIV** é composto por um extrato com baixíssimas concentrações de hiperforina (menos de 2 mg/dia), o alcaloide responsável pela maioria das interações, atuando através da indução da isoenzima CYP3A4 do citocromo P450.

O efeito de **REMOTIV** na farmacocinética de um contraceptivo oral, composto por etinilestradiol e 3-cetodesogestrel, foi investigado. Dezesseis mulheres saudáveis, usuárias do contraceptivo de baixa dose por pelo menos 3 meses, participaram do estudo. Os dados farmacocinéticos (AUC, Cmax, t1/2) do contraceptivo, assim como as atividades das enzimas CYP2D6, CYP2C19 e CYP3A4, foram medidos no dia anterior e após um período de uso do **REMOTIV** de 14 dias (500 mg/dia). Nenhum dos parâmetros estudados sofreu qualquer alteração significativa ao final do período de uso do produto.

Em outro estudo clínico com 22 voluntários sadios, foi demonstrado que REMOTIV, na dose de 500 mg/dia, não influencia os níveis plasmáticos de digoxina durante um período de 14 dias de comedicação. Nesse estudo, foi utilizado um medicamento-controle positivo, o extrato padronizado de Hypericum LI 160, rico em hiperforina, na dose de 900 mg/dia. Nesse grupo, houve redução de 19% nos níveis séricos de digoxina e de 27% na área sob a curva (AUC).

Outros resultados: Sabe-se que o extrato de Hypericum apresenta excelente tolerabilidade. Contudo a possibilidade de ocorrência de fotossensibilidade com doses bastante elevadas está bem documentada. Esse efeito foi intensamente investigado e comprovou-se que é relacionado com a dose administrada. Um estudo com doses simples e múltiplas, em mais de 60 voluntários sadios, demonstrou que não há expressão desse efeito com doses de até 1800 mg de extrato de Hypericum por dia, o que está bem acima da dose recomendada para a depressão leve a moderada (500 mg). No entanto, existe a possibilidade de fotossensibilização com doses muito altas e isso deve ser refletido quando da prescrição.

Não há efeito sedativo nos testes de tempo de reação, de modo que não há diminuição da capacidade de dirigir veículos nem de operar máquinas. Além disso, não há diminuição da capacidade cognitiva quando o Hypericum é administrado concomitantemente ao álcool.

Os efeitos sobre os potenciais evocados visuais e auditivos, sobre o tempo de aparecimento ou a quantidade da fase REM do sono, e os efeitos sobre as atividades teta e alfa no EEG sugerem que alguns efeitos sobre o SNC são similares aos documentados para os antidepressivos sintéticos, ainda que a sedação não ocorra.

## INDICAÇÕES:

REMOTIV está indicado para o tratamento da depressão leve a moderada.

## CONTRAINDICAÇÕES:

Este medicamento é contraindicado em casos de hipersensibilidade a quaisquer dos componentes de sua formulação. Está também contraindicado em casos de conhecida fotossensibilidade ao Hypericum.

## MODO DE USAR E CUIDADOS DE CONSERVAÇÃO DEPOIS DE ABERTO:

Os comprimidos revestidos de **REMOTIV** devem ser ingeridos inteiros, com um pouco de líquido, durante ou após as refeições. **REMOTIV** deve ser armazenado em sua embalagem original até sua total utilização. Conservar em temperatura ambiente (temperatura entre 15 e 30°C), ao abrigo da luz e umidade.

## POSOLOGIA:

Adultos – A dose recomendada é de dois a cinco comprimidos ao dia, divididos em duas tomadas diárias, de preferência uma de manhã e outra à noite, ou conforme orientação médica. Os comprimidos devem ser ingeridos inteiros, com um pouco de líquido, durante ou após as refeições.

Os efeitos antidepressivos de **REMOTIV** evidenciam-se, em geral, após 10 a 14 dias de tratamento. Recomenda-se o tratamento durante 4 a 6 semanas. A continuidade do tratamento além desse período deverá ser julgada a critério médico, com base na resposta terapêutica.

Este medicamento é indicado para adultos e crianças maiores de 12 anos.

## ADVERTÊNCIAS:

**Embora o extrato seco de *Hypericum perforatum* já venha sendo utilizado em pacientes por muitos anos, não há dados específicos de segurança sobre sua utilização em pacientes com insuficiência renal ou hepática. Portanto REMOTIV deve ser utilizado com cautela nesses pacientes. Doses muito altas do extrato seco de *Hypericum perforatum* podem causar fotossensibilização. Contudo não há relatos de fotossensibilização com o uso das doses recomendadas. Pacientes com história prévia de fotossensibilização a outros fármacos devem evitar se expor ao sol na vigência do tratamento com REMOTIV.**

**O uso concomitante do Hypericum com medicamentos metabolizados pelo citocromo P450 3A4, 1A2 e 2E1 pode resultar em redução dos níveis séricos dessas drogas e subsequente perda da efetividade do tratamento (vide item "Interações medicamentosas"). No entanto, o extrato de REMOTIV é pobre em hiperforina (menos de 2 mg/dia), o alcaloide responsável pela maioria das interações, atuando através da indução da isoenzima CYP3A4 do citocromo P450. Dessa maneira, a chance de interação medicamentosa de REMOTIV com as drogas metabolizadas por essas vias enzimáticas hepáticas é bem menor, quando comparada a outros extratos de Hypericum ricos em hiperforina.**

**Gravidez: Hypericum pertence à categoria de risco C, segundo Briggs e col. As informações clínicas acerca do uso de REMOTIV durante a gravidez e a lactação são insuficientes. O Hypericum demonstrou leve ação ocitócica *in vitro*. Tem sido listada em algumas referências como estimulante uterino e como abortivo.**

**Há sugestão na literatura, ainda não comprovada, de que o Hypericum teria um potencial genotóxico e mutagênico para o esperma humano. REMOTIV só deve ser utilizado em crianças sob orientação médica. REMOTIV não afeta a capacidade de dirigir veículos ou de operar máquinas.**

## USO EM IDOSOS, CRIANÇAS E OUTROS GRUPOS DE RISCO:

**Não há necessidade de ajuste de dose para idosos ou de outras recomendações especiais para esse grupo. Embora o extrato seco de *Hypericum perforatum* já venha sendo utilizado em pacientes por muitos anos, não há dados específicos de segurança sobre sua utilização em pacientes com insuficiência renal ou hepática.**

**Portanto REMOTIV deve ser utilizado com cautela nesses pacientes. REMOTIV só deve ser utilizado em crianças sob orientação médica.**

## INTERAÇÕES MEDICAMENTOSAS:

O uso concomitante do Hypericum com medicamentos metabolizados pelo citocromo P450 3 A4, 1 A2 e 2E1 pode resultar em redução dos níveis séricos dessas drogas e subsequente perda da efetividade do tratamento.

**No entanto, o extrato de REMOTIV é pobre em hiperforina (menos de 2 mg/dia), o alcaloide responsável pela maioria das interações, atuando através da indução da isoenzima CYP3A4 do citocromo P450. Dessa maneira, a chance de interação medicamentosa de REMOTIV com as drogas metabolizadas por essas vias enzimáticas hepáticas é bem menor, quando comparada a outros extratos de Hypericum ricos em hiperforina.**

As possibilidades de interação são as seguintes:

-Redução da eficácia do medicamento concomitante: ansacrina, anticoagulantes orais, barbituratos, benzodiazepínicos, betabloqueadores, bloqueadores dos canais de cálcio, clorzoxazona, clozapina, contraceptivos orais combinados, ciclofosfamida, ciclosporina, debrisoquina, digoxina, estrógenos, etoposídeo, inibidores da HMG CoA redutase, imatinib, irinotecana, paclitaxel, fenitoína, reserpina, tamoxifeno, teofilina. REMOTIV não alterou os níveis plasmáticos da digoxina e de um contraceptivo oral constituído por etinilestradiol e 3-cetodesogestrel em ensaios de biodisponibilidade (vide item "Resultados de Eficácia").

- **Redução dos níveis séricos do medicamento concomitante:** amiodarona, carbamazepina, metadona,

- inibidores de transcriptase reversa não nucleosídica, antirretrovirais inibidores de protease, sirolimus, tracolimus, verapamil.
- **Aumento do risco de síndrome serotoninérgica:** buspirona, fenfluramina, inibidores da MAO, nefazodona, inibidores seletivos da recaptação da serotonina, agonistas serotoninérgicos, trazodona, antidepressivos tricíclicos, venlafaxina.
- **Aumento do risco de fotossensibilidade:** outras drogas sabidamente fotossensibilizantes, ácido aminolevulínico.
- **Alteração da consciência:** *Gingko biloba*, loperamina, analgésicos opioides.
- **Aumento do risco de colapso cardiovascular:** anestésicos.
- **Hipoglicemia:** antidiabéticos.

### REAÇÕES ADVERSAS A MEDICAMENTOS:

- **Cardiovascular:** estudos clínicos demonstram que o Hypericum não altera os intervalos de condução cardíaca, mesmo em tratamentos prolongados, sendo uma droga aparentemente segura em pacientes deprimidos com anormalidades de condução. Há relatos de alguns casos de edema e de crise hipertensiva na vigência do tratamento com Hypericum.
- **Sistema Nervoso Central:** Hypericum parece não provocar distúrbios de coordenação, concentração ou atenção. Em estudos de revisão, 7% dos pacientes apresentaram cefaleia, 5% cansaço e fadiga e 6% agitação. Como os estudos foram realizados em pacientes deprimidos, é difícil atribuir os efeitos apenas ao medicamento. Há descrição na literatura de um caso de neuropatia relacionada ao uso de Hypericum e exposição concomitante ao sol.
- **Efeitos Psiquiátricos:** Há relatos de recidiva de sintomas psicóticos após uso de Hypericum em pacientes com esquizofrenia controlada, assim como relatos de mania e hipomania em pacientes com transtorno bipolar controlado. Há ainda na literatura, um relato de paciente que desenvolveu sintomas de ansiedade generalizada após 3 doses de Hypericum.
- **Endócrino-metabólico:** Foi descrito um caso de hipertermia com o uso concomitante de Hypericum e exposição à luz solar. Em um estudo retrospectivo de caso-controle, 2 pacientes de um grupo de 37 com níveis elevados de TSH, estavam em tratamento com Hypericum.
- **Gastrintestinal:** Estudos de revisão demonstram baixa incidência de anorexia, diarreia, epigastralgia e náusea (0,55% de 3250 pacientes analisados). Em outro estudo, 5% dos pacientes apresentaram sintomas gastrintestinais, 3% boca seca e constipação. Há relatos de elevação das enzimas hepáticas durante o tratamento com Hypericum, que voltaram aos níveis normais após interrupção do tratamento.
- **Geniturinário:** Em um ensaio clínico envolvendo 229 pacientes, 30 relataram polaciúria e 28 anorgasmia.
- **Pele:** Vários estudos relatam casos de fotossensibilidade com o uso de Hypericum, sendo a hipericina considerada o constituinte fototóxico, uma vez que é um pigmento fotodinâmico. Os sintomas descritos são erupção cutânea, prurido e eritema. Há casos de reações de pele, sem relação com a exposição ao sol, que incluem prurido, exantema, inchaço e eritrodermia.

### SUPERDOSE:

Pacientes que ingeriram grandes doses de Hypericum devem ser protegidos da exposição solar e da radiação ultravioleta por pelo menos uma semana. Devem ser submetidos à observação clínica e a exames laboratoriais de rotina. Não há relatos na literatura de casos de sobredose ou de intoxicação humana pelo Hypericum.

### ARMAZENAGEM:

**REMOTIV** deve ser armazenado em sua embalagem original até sua total utilização. Conservar em temperatura ambiente (temperatura entre 15 e 30°C), ao abrigo da luz e umidade.

O prazo de validade é de 36 meses a contar da data de sua fabricação indicada na embalagem do produto.

### DIZERES LEGAIS

MS – 1.0573.0353

Farmacêutico Responsável: Dr. Wilson R. Farias CRF-SP nº 9555

**Produzido por: Max Zeller Söhne** AG – Romanshorn – Suíça

Importado e embalado por Aché Laboratórios Farmacêuticos S. A.

Via Dutra, km 222, 2 – Guarulhos – SP

CNPJ: 60.659.463/0001-91

Indústria Brasileira

### VENDA SOB PRESCRIÇÃO MÉDICA

# RESPIRATUS®
*Hedera helix L. (Araliaceae)*
Extrato seco

## MEDICAMENTO FITOTERÁPICO

**Nomenclatura botânica:** *Hedera helix Linné*
**Família:** *Araliaceae*
**Nomenclatura vulgar:** Hera sempre-verde
**Parte utilizada:** Folhas
**Origem:** Europa
**Origem do extrato:** Alemanha

## APRESENTAÇÃO
Xarope de 7 mg/mL: frasco com 100 mL + copo-medida.

## USO ORAL
## USO ADULTO E PEDIÁTRICO ACIMA DE 2 ANOS

## COMPOSIÇÃO
Cada 1 mL de xarope contém:
Extrato seco de folhas de *Hedera helix* (Hederacoside C – 0,75 mg/mL ± 20%) ..........................................7 mg
veículo q.s.p. ................................................ 1 mL
(ácido cítrico, aromatizante de cereja, álcool etílico, propilenoglicol, benzoato de sódio, goma xantana, sorbitol e água purificada).
Obs.: cada 2,5 mL de xarope contém 962,5 mg do substituto do açúcar sorbitol = 0,08 UB.

## 1. INDICAÇÕES
RESPIRATUS é destinado para o tratamento sintomático de afecções broncopulmonares, com aumento das secreções e/ou broncoespasmos associados. Possui efeito mucolítico, expectorante e broncodilatador; esse efeito facilita a expectoração e melhora a respiração.

## 2. RESULTADOS DE EFICÁCIA
Em um estudo multicêntrico demonstrou-se excelente desfecho clínico, com evolução favorável, não só quando analisado o sintoma tosse, mas também quando analisada a evolução da secreção pulmonar, traduzida pela tríade propedêutica roncos, sibilos e expectoração. Além disso, a tolerabilidade geral ao medicamento foi excelente e a ocorrência de efeitos adversos mínimos. (1) Em pediatria, este fitoterápico demonstrou ter um excelente efeito mucolítico e expectorante, bem como broncodilatador de menor potência e com reduzidos efeitos colaterais; assim como sua eficácia mucolítica e expectorante e a tolerabilidade em crianças com infecção aguda das vias respiratórias superiores. (2).

1. Santoro, Mário Junior. Avaliação de *Hedera helix*\*como expectorante em pacientes com tosse produtiva – estudo multicêntrico com avaliação de 5.850 pacientes. RBM Rev. Bras. Med;62 (1/2):47-52, jan.-fev. 2005.

2. Kiertsman, Bernardo; Zuquim, Sílvio Luiz. O extrato seco de *Hedera helix* no tratamento das infecções de vias aéreas na infância. Pediatr. Mod;44 (4):143-149, jul.-ago. 2008

## 3. CARACTERÍSTICAS FARMACOLÓGICAS
RESPIRATUS contém em sua formulação o extrato seco de folhas de *Hedera helix*, utilizado como meio de extração o etanol a 30% (não presente no produto final) como substância ativa. Os componentes das matérias vegetais da droga (folhas de hera) que fornecem o valor terapêutico da droga são, principalmente, o bisdesmosídeo saponinas, do grupo de glicosídeos triterpenos, cujo principal representante em termos qualitativos é a hederasaponina C (hederacosídeo C). O efeito terapêutico de RESPIRATUS nas doenças das vias aéreas é devido ao glicosídeo saponina, presente no extrato seco, que possui dupla ação: mucolítica e broncodilatadora. Ambas as ações aumentam a expectoração eliminando as secreções que obstruem a via aérea. O efeito mucolítico do extrato deve-se essencialmente à natureza da saponina dos hederaglicosídeos, embora os efeitos parassimpaticolíticos de certos glicosídeos sejam considerados a base das propriedades broncodilatadoras sobre os brônquios inflamados.

## 4. CONTRAINDICAÇÕES
**Este medicamento é contraindicado para uso por pacientes que apresentam intolerância à frutose;** somente o médico, após avaliação do risco/benefício do produto poderá determinar se esse tipo de paciente pode fazer uso do produto. **Este medicamento é contraindicado para uso por pacientes que apresentam hipersensibilidade a qualquer excipiente do produto ou a plantas da família *Araliaceae*.** Embora não existam dados clínicos sobre a exposição de RESPIRATUS na gravidez humana, os estudos com animais prenhas não indicam efeitos nocivos diretos ou indiretos em relação à gravidez, desenvolvimento embrionário ou fetal, parto ou desenvolvimento pós-natal. Apesar disso, como qualquer outro medicamento, RESPIRATUS deve ser administrado com cautela durante a gravidez e lactação. Em pacientes

Idosos (acima de 65 anos de idade), ainda que os estudos clínicos não tenham demonstrado alterações significativas, é sempre recomendável um acompanhamento médico rigoroso a esse grupo de pacientes.

**Este medicamento não deve ser utilizado em crianças menores de 2 anos de idade**, devido ao risco de piora dos sintomas respiratórios através de medicações secretolíticas.

## 5. ADVERTÊNCIAS E PRECAUÇÕES

RESPIRATUS contém em sua fórmula, sorbitol, o qual é metabolizado no organismo em frutose, sendo conveniente avaliar sua indicação a pacientes com intolerância a essa substância. Apesar de não terem sido realizados estudos específicos sobre os efeitos do produto na capacidade de dirigir e operar máquinas, não foi observado, nos outros estudos conduzidos com RESPIRATUS, qualquer alteração que conduza a alguma restrição nos pacientes que tenham atividades relacionadas a dirigir e/ou operar máquinas.

O consumo excessivo ou frequente de ácido cítrico tem sido associado à erosão dos dentes. O ácido cítrico e os citratos também melhoram a absorção intestinal de alumínio em pacientes renais, o que pode levar ao aumento dos níveis séricos prejudiciais de alumínio. Portanto foi sugerido que pacientes com insuficiência renal que tomam compostos de alumínio para controlar a absorção de fosfato não devem receber prescrição de ácido cítrico ou produtos contendo citrato. Tosse persistente ou recorrente em crianças entre os 2-4 anos de idade requer diagnóstico médico antes do tratamento. Quando houver dispneia, febre ou expectoração purulenta, um médico ou farmacêutico deve ser consultado. Recomenda-se precaução em casos de gastrite ou úlcera gástrica.

O uso concomitante com antitussígenos, como o dextrometorfano, não é recomendado sem orientação médica. O uso em crianças entre os 2-4 anos de idade requer supervisão médica.

Se os sintomas persistirem por mais de uma semana de uso de RESPIRATUS, o médico ou farmacêutico devem ser consultados.

**Categoria de risco na gravidez: B.**
**Este medicamento não deve ser utilizado por mulheres grávidas sem orientação médica ou do cirurgião-dentista.**

## 6. INTERAÇÕES MEDICAMENTOSAS

Não são conhecidos efeitos adversos quando o paciente usa simultaneamente RESPIRATUS com outros medicamentos. Por esse motivo, este xarope pode ser utilizado juntamente com outros medicamentos. De qualquer maneira informe o seu médico sobre outros medicamentos que esteja usando.

## 7. CUIDADOS DE ARMAZENAMENTO DO MEDICAMENTO

RESPIRATUS deve ser mantido em temperatura ambiente (entre 15 e 30ºC). Proteger da umidade.

**Prazo de validade:** 24 meses a partir da data de fabricação.
**Número de lote e datas de fabricação e validade: vide embalagem.**

**Não use medicamento com o prazo de validade vencido. Guarde-o em sua embalagem original. Após aberto, válido por 3 meses, se mantido a temperatura ambiente (entre 15 e 30°C).**

**Características físicas e organolépticas**

RESPIRATUS se apresenta na forma de xarope levemente viscoso, marrom, com sabor adocicado e odor de cereja. Contém um extrato de plantas como ingrediente ativo e, portanto, a coloração pode variar ocasionalmente, como todas as preparações feitas a partir de ingredientes naturais. Consequentemente, isso não afeta a eficácia terapêutica da preparação.

**Antes de usar, observe o aspecto do medicamento.**
**Todo medicamento deve ser mantido fora do alcance das crianças.**

## 8. POSOLOGIA E MODO DE USAR
**Via Oral.**

Agite antes de usar.

Crianças de 2 até 7 anos de idade: 2,5 mL, a cada 8 horas.
Crianças acima de 7 anos de idade: 5 mL, a cada 8 horas.
Adultos: 7,5 mL, a cada 8 horas.

O paciente não deve exceder a dose máxima diária (crianças de 2 até 7 anos: 7,5mL; crianças acima de 7 anos: 15mL; adultos: 22mL). Este medicamento deve ser utilizado por um prazo máximo de 7 a 10 dias ou de acordo com a orientação médica. A ampla margem terapêutica de RESPIRATUS permite modificar as doses recomendadas, segundo critério médico.

## 9. REAÇÕES ADVERSAS

É raro observar-se efeitos secundários; em alguns casos foi registrado um efeito laxante fugaz, provavelmente devido à presença de sorbitol em sua fórmula.

**Reações Adversas de frequência desconhecida:**

Distúrbios gastrointestinais: náusea, vômito, diarreia Distúrbios do sistema imunológico: reações anafiláticas Distúrbios respiratórios, torácicos e do mediastino: dispneia Afecções dos tecidos cutâneos e subcutâneos: urticária e erupção cutânea

Se ocorrerem outras reações adversas não mencionadas acima, deve consultar um médico ou farmacêutico.

**Em casos de eventos adversos, notifique ao Sistema de Notificação de Eventos Adversos a Medicamentos (Vigimed), disponível em http://portal.anvisa.gov.br/vigimed, ou para a Vigilância Sanitária Estadual ou Municipal.**

## 10. SUPERDOSE

Caso o paciente apresente sintomas como: náuseas, vômitos, diarreia e agitação, que podem ser devido à ingestão de quantidades muito altas (mais do que 3 vezes a dose diária recomendada) ou se o paciente ingerir uma dose muito grande deste medicamento acidentalmente, deve procurar um médico ou um centro de intoxicação imediatamente. Foi reportado um caso de desenvolvimento de agressividade e diarreia após a ingestão acidental de um extrato de hera correspondente a 1,8 g de substância à base de plantas. O apoio médico imediato é fundamental para adultos e crianças, mesmo se os sinais e sintomas de intoxicação não estiverem presentes.

**Em caso de intoxicação ligue para 0800 722 6001, se você precisar de mais orientações.**

## DIZERES LEGAIS

### VENDA SOB PRESCRIÇÃO MÉDICA

MS – 1.8326.0020
Farm. Resp.: Mauricio R. Marante CRF-SP nº 28.847
Registrado, fabricado e comercializado por: **Sanofi Medley Farmacêutica Ltda.**
Rua Conde Domingos Papaiz, 413 – Suzano – SP
CNPJ: 10.588.595/0010-92
Indústria Brasileira
® Marca Registrada Ou
Fabricado por: **Sanofi Medley Farmacêutica Ltda.**
Rua Estácio de Sá, 1144 – Campinas – SP
Indústria Brasileira

_____

# RESPLIX®

*Hedera helix* L.
**Parte da planta utilizada:** folhas
Xarope

## I- IDENTIFICAÇÃO DO MEDICAMENTO

Forma Farmacêutica e Apresentações:
Xarope 7 mg/mL em embalagem contendo 100 mL ou 200 mL, com copo-medida.

## VIA ORAL
## USO ADULTO E PEDIÁTRICO ACIMA DE 2 ANOS.

### Composição:

Cada mL contém:
Extrato seco de *Hedera helix* L.* ....................................7 mg
(*correspondente à 0,84 mg/mL de hederacosídeo C).
Veículo q.s.p. ................................................................. 1 mL
(sorbitol 70%, goma xantana, benzoato de sódio, ácido cítrico, aroma artificial de mel e água purificada).

## II- INFORMAÇÕES AO PACIENTE

### 1. PARA QUE ESTE MEDICAMENTO É INDICADO?

Resplix® é indicado como expectorante em caso de tosse produtiva.

### 2. COMO ESTE MEDICAMENTO FUNCIONA?

Este medicamento possui efeito mucolítico (diminui a viscosidade das secreções e facilitando a expectoração) e leve ação broncodilatadora (ação relaxante sobre o músculo liso brônquico), efeitos que facilitam a expectoração e melhoram a respiração.

### 3. QUANDO NÃO DEVO USAR ESTE MEDICAMENTO?

Hipersensibilidade (alergia) conhecida ao extrato seco de *Hedera helix* L., a plantas da família Araliaceae ou aos outros componentes da fórmula.

**Resplix® não deve ser utilizado em crianças menores de 2 anos de idade devido ao risco de agravamento de sintomas respiratórios.**

### 4. O QUE DEVO SABER ANTES DE USAR ESTE MEDICAMENTO?

**Advertências e Precauções**

Tosse persistente ou recorrente em crianças entre 2-4 anos de idade requer diagnóstico médico antes tratamento.

Quando dispneia, febre ou expectoração purulenta ocorre, um médico ou um farmacêutico deve ser consultado.

O uso concomitante com antitussígenos como a codeína ou dextrometorfano não é recomendado sem orientação médica.

Recomenda-se precaução em pacientes com gastrite ou a úlcera gástrica.

**Gravidez e lactação**

A segurança durante a gravidez e lactação não foi estabelecida. Na ausência de dados suficientes, o uso durante a gravidez e lactação não é recomendado.

**Efeitos sobre a capacidade de conduzir e utilizar máquinas**

Não foram realizados estudados dos efeitos sobre a capacidade de conduzir e utilizar máquinas.

**Interações com outros medicamentos e outras formas de interação**

Até o presente momento não foram encontrados relatos conforme monografia do fitoterápico *Hedera helix* L.

**Dados de segurança pré-clínica**

α-hederina, ß-hederina e δ-hederina isolado a partir de hera folha não mostrou potencial mutagênico no Teste de Ames utilizando *Salmonella typhimurium* cepa TA 98, com ou sem ativação S9. Os dados sobre a genotoxicidade, carcinogenicidade e testes de toxicidade reprodutiva para folha de hera preparações não estão disponíveis.

**Informe ao seu médico ou cirurgião-dentista se você está fazendo uso de algum outro medicamento.**

**Não use medicamento sem o conhecimento do seu médico. Pode ser perigoso para a sua saúde.**

### 5. ONDE, COMO E POR QUANTO TEMPO POSSO GUARDAR ESTE MEDICAMENTO?

Conservar em temperatura ambiente (entre 15ºC e 30ºC). Proteger da luz e umidade.

**Número de lote e datas de fabricação e validade: vide embalagem.**

**Não use medicamento com o prazo de validade vencido. Guarde-o em sua embalagem original.**

Aspecto Físico: Solução de cor marrom clara, com odor e sabor de mel, isenta de material estranho.

Antes de usar, observe o aspecto do medicamento. Caso ele esteja no prazo de validade e você observe alguma mudança no aspecto, consulte o farmacêutico para saber se poderá utilizá-lo.

**TODO MEDICAMENTO DEVE SER MANTIDO FORA DO ALCANCE DAS CRIANÇAS.**

### 6. COMO DEVO USAR ESTE MEDICAMENTO?

**Posologia**

Crianças de 02 a 05 anos de idade: 2,5 mL duas vezes ao dia.

**O uso em crianças menores de 2 anos de idade é contraindicado (Vide "QUANDO NÃO DEVO USAR ESTE MEDICAMENTO?").**

Crianças de 06 a 12 anos de idade: 5,0 mL duas vezes ao dia.

Adolescentes, adultos e idosos: 7,5 mL duas vezes ao dia.

**Duração do uso**

Se os sintomas persistirem mais de uma semana durante a utilização do medicamento, um médico ou um farmacêutico deve ser consultado.

**Modo de administração**

Via oral.

**Siga a orientação de seu médico, respeitando sempre os horários, as doses e a duração do tratamento.**

**Não interrompa o tratamento sem o conhecimento do seu médico.**

### 7. O QUE DEVO FAZER QUANDO EU ME ESQUECER DE USAR ESTE MEDICAMENTO?

Caso haja esquecimento da ingestão de uma ou mais doses deste medicamento, a posologia indicada deverá ser retomada, não havendo a necessidade de repor as doses esquecidas.

**Em caso de dúvidas, procure orientação do farmacêutico ou de seu médico, ou cirurgião-dentista.**

### 8. QUAIS OS MALES QUE ESTE MEDICAMENTO PODE ME CAUSAR?

Frequentes: reações gastrointestinais (náuseas, vômitos, diarreia) foram relatados.

Pouco frequentes: reações alérgicas (urticária, erupções cutâneas, couperose, dispneia) foram relatados.

Se outras reações adversas não mencionadas acima ocorrer, um médico ou um farmacêutico deve ser consultado.

**Informe ao seu médico ou farmacêutico o aparecimento de reações indesejáveis pelo uso do medicamento. Informe também a empresa através do seu serviço de atendimento.**

### 9. O QUE FAZER SE ALGUÉM USAR UMA QUANTIDADE MAIOR DO QUE A INDICADA DESTE MEDICAMENTO?

Podem ocorrer náuseas, vômitos, diarreia e agitação. Um caso de uma criança de 4 anos que desenvolveu agressividade e diarreia após a ingestão acidental de um extrato de hera correspondente, 1,8 g de substância à base de plantas foi relatado.

**Em caso de uso de grande quantidade deste medicamento, procure rapidamente socorro médico e leve a embalagem ou bula do medicamento, se possível.**

**Em caso de intoxicação ligue para 0800 722 6001, se você precisar de mais orientações sobre como proceder.**

## III- DIZERES LEGAIS
## MEDQUÍMICA INDÚSTRIA FARMACÊUTICA LTDA
Rua Fernando Lamarca, 255
Distrito Industrial – CEP 36.092-030
Juiz de Fora – MG
CNPJ: 17.875.154/0001-20
Indústria Brasileira
MS nº 1.0917.0107
Farm. Resp.: Dr. Jadir Vieira Junior CRF-MG 10.681
SAC: 0800 032 4087
www.medquimica.com sac@lupin.com

**VENDA SOB PRESCRIÇÃO MÉDICA**

---

# RITMONEURAN RTM
*Passiflora incarnata*

## MEDICAMENTO FITOTERÁPICO

## IDENTIFICAÇÃO DO MEDICAMENTO
**Nomenclatura botânica oficial:** *Passiflora incarnata* L.
**Nomenclatura popular:** Passiflora, Flor da paixão, Maracujá.
**Família:** Passifloraceae
**Parte da planta utilizada:** Partes aéreas

## APRESENTAÇÕES
Cápsulas com 182,93 mg de extrato seco de *Passiflora incarnata* em cartuchos contendo 20 cápsulas em blíster ou 20 cápsulas em frasco de vidro.
Solução oral 35 mg/mL de extrato seco de *Passiflora incarnata* em cartuchos contendo 24 flaconetes com 10mL ou frasco de vidro com 100 mL (acompanha copo de medida).

## USO ORAL
## USO ADULTO

## COMPOSIÇÃO
Cada cápsula contém:
Extrato seco de *Passiflora incarnata* ................... 182,93 mg
(Padronizado em 6,4 mg (3,5%) de flavonoides totais expressos em vitexina).
Excipientes q.s.p. ...................................... 1 cápsula
Excipientes: celulose microcristalina, estearato de magnésio, dióxido de silício.

Cada mL da solução contém:
Extrato seco de *Passiflora incarnata* ................... 35,00 mg
(Padronizado em 1,4 mg (4,0%) de flavonoides totais expressos em vitexina).
Excipientes q.s.p. ...................................... 1 mL
Excipientes: sucralose, sorbitol, propilparabeno, metilparabeno, álcool etílico, aroma idêntico ao natural de maracujá e água deionizada. A graduação alcoólica do produto é de 8%.

## INFORMAÇÕES TÉCNICAS AOS PROFISSIONAIS DA SAÚDE
### 1. INDICAÇÕES
Este medicamento é indicado para tratamento de insônia e desordens da ansiedade.

### 2. RESULTADOS DE EFICÁCIA
Um estudo clínico, randomizado e controlado, avaliou o uso do extrato de *P. incarnata* no tratamento de desordens da ansiedade. Foram obtidos resultados semelhantes entre os grupos tratados com o oxazepam (30 mg/dia) e com o medicamento a base de extrato de *P. incarnata* (45 gotas/dia), durante quatro semanas. O último grupo apresentou melhor desempenho e performance no trabalho (AKHONDZADEH *et al.*, 2001)

### 3. CARACTERÍSTICAS FARMACOLÓGICAS
As partes aéreas de *P. incarnata* contém não menos que 1,5% de flavonoides totais expressos em vitexina. Acredita-se que os flavonoides presentes na espécie vegetal sejam os principais responsáveis pelas atividades farmacológicas. Esses constituintes, em sinergismo com os alcaloides também presentes no vegetal, promovem ações depressoras inespecíficas do Sistema Nervoso Central (SNC) contribuindo, assim, para a ação sedativa e tranquilizante. Os dados existentes até hoje não permitem uma conclusão definitiva a respeito da identidade das substâncias ativas e mecanismo de ação. Os estudos farmacodinâmicos disponíveis suportam o uso como sedativo e ansiolítico. O sinergismo entre os componentes da espécie vegetal é relatado como um importante fator responsável para a ação farmacológica.

Além do efeito sedativo, este medicamento atua no tratamento de desordens da ansiedade. O flavonoide Chrysin demonstrou possuir alta afinidade, *in vitro*, aos receptores benzodiazepínicos. Administrado em ratos, o flavonoide reduziu a atividade motora dos animais e, em altas doses, prolongou o efeito hipnótico induzido por pentobarbital. Em outro estudo pré-clínico, também foi demonstrado, *in vitro*, a ligação aos receptores GABA A e B.

Recentemente, estudos apontaram a molécula de benzoflavona tri-substituída como responsável pelos efeitos sedativo e ansiolítico da espécie vegetal. O mecanismo de ação proposto para essa molécula seria a inibição da enzima aromatase, membro da família do citocromo P-450, responsável pela conversão da testosterona a estrógeno. Esse efeito inibitório restabeleceria os níveis normais de testosterona, que, em baixos níveis, seria o causador de sintomas como ansiedade e insônia. No entanto, contínuos estudos tentam elucidar completamente o mecanismo de ação dessa molécula no SNC.

### 4. CONTRAINDICAÇÕES

Pacientes com histórico de hipersensibilidade e alergia a qualquer um dos componentes da fórmula não devem fazer uso do produto.

Mulheres grávidas, ou em fase de amamentação, não devem fazer uso deste medicamento sem orientação médica, face à presença dos alcaloides indólicos como harmana, harmina e seus derivados, na espécie vegetal. Estudos pré-clínicos relatam a atividade de estimulação uterina para esses alcaloides.

Este medicamento não deverá ser utilizado junto a bebidas alcoólicas. Também não deverá ser usado associado a outros medicamentos com efeito sedativo, hipnótico e anti-histamínico.

Crianças menores de 12 anos não devem usar este medicamento sem orientação médica.

**Este medicamento é contraindicado para uso por mulheres grávidas e/ou lactantes sem orientação médica. Este medicamento é contraindicado para uso por crianças menores de 12 anos sem orientação médica.**

### 5. ADVERTÊNCIAS E PRECAUÇÕES

Em casos de hipersensibilidade ao produto, recomenda-se descontinuar o uso e consultar o médico. Não ingerir doses maiores do que as recomendadas.

Este medicamento não deverá ser utilizado junto a bebidas alcoólicas, face à potencialização dos seus efeitos.

Pode ocorrer sonolência durante o tratamento. Nesse caso o paciente não deverá dirigir veículos ou operar máquinas, já que a habilidade e atenção podem ficar reduzidas.

De acordo com a categoria de risco de fármacos destinados às mulheres grávidas, este medicamento apresenta categoria de risco C. Este medicamento não deve ser utilizado por mulheres grávidas sem orientação médica ou do cirurgião-dentista.

### 6. INTERAÇÕES MEDICAMENTOSAS

Este medicamento potencializa os efeitos sedativos do pentobarbital e hexobarbital, aumentando o tempo de sono de pacientes.

Há indícios de que as cumarinas presentes na espécie vegetal apresentam ação anticoagulante potencial e possivelmente interagem com varfarina, porém não há estudos conclusivos a respeito.

O uso deste medicamento junto a drogas inibidoras da monoamino oxidase (isocarboxazida, fenelzina e tranilcipromina) pode provocar efeito aditivo.

### 7. CUIDADOS DE ARMAZENAMENTO DO MEDICAMENTO

Conservar o produto em sua embalagem original e em temperatura ambiente (entre 15 e 30ºC). Proteger da luz e umidade.

Prazo de validade: 24 meses a partir da data de fabricação.

**Número de lote e datas de fabricação e validade: vide embalagem.**

**Não use medicamento com o prazo de validade vencido. Guarde-o em sua embalagem original.**

Características físicas e organolépticas:

Cápsulas: as cápsulas de Ritmoneuran RTM têm coloração bordô/branca.

Solução oral: Ritmoneuran RTM solução oral é um líquido límpido, levemente turvo com coloração caramelo e apresenta aroma idêntico ao natural de maracujá.

**Antes de usar, observe o aspecto do medicamento.**
**Todo medicamento deve ser mantido fora do alcance das crianças**

### 8. POSOLOGIA E MODO DE USAR

Cápsulas: Ingerir 2 cápsulas contendo 6,4 mg do extrato padronizado, 2 a 3 vezes ao dia, ou a critério médico.

Solução oral: Ingerir 10 a 15 mL da solução oral ou 1 flaconete de 10mL, contendo 1,4 mg do extrato padronizado, 2 a 3 vezes ao dia, ou a critério médico.

Limite máximo diário de Ritmoneuran RTM cápsulas: 6 cápsulas, ou seja, 1.097,58 mg de Extrato seco de *Passiflora incarnata*, equivalente a 38,4 mg de flavonoides totais expressos em vitexina.

Limite máximo diário de Ritmoneuran RTM solução oral: 45 mL, ou seja, 1.575 mg de Extrato seco de *Passiflora incarnata*, equivalente a 63 mg de flavonoides totais expressos em vitexina.

**Ritmoneuran RTM cápsulas não deve ser partido, aberto ou mastigado.**

Ritmoneuran RTM solução oral pode ou não ser diluído em água.

## 9. REAÇÕES ADVERSAS
Raramente podem ocorrer náuseas, vômitos, cefaleia e taquicardia.

A revisão da literatura não revela a frequência e intensidade das mesmas. Porém as doses mais elevadas poderão causar estados de sonolência excessiva.

Em casos de eventos adversos, notifique ao Sistema de Notificações em Vigilância Sanitária – Notivisa, disponível em http://www.anvisa.gov.br/hotsite/notivisa/index.htm ou para a Vigilância Sanitária Estadual ou Municipal.

## 10. SUPERDOSE
Alguns dos sintomas de superdosagem são sedação, diminuição da atenção e dos reflexos. Em caso de superdosagem, suspender o uso e procurar orientação médica de imediato. **Em caso de intoxicação ligue para 0800 722 6001, se você precisar de mais orientações.**

### DIZERES LEGAIS
Reg. M.S. nº 1.0689.0163.
Farmacêutica Responsável: Paula Carniel Antonio
CRF-RS 4228
**KLEY HERTZ S. A. Indústria e Comércio**
Rua Comendador Azevedo, 224 – Porto Alegre – RS
C.N.P.J. nº 92.695.691/0001-03
INDÚSTRIA BRASILEIRA
SAC 0800 7049001

# S

# SEAKALM

**PRODUTO TRADICIONAL FITOTERÁPICO**
**Nomenclatura popular:** Maracujá, Passiflora.
**Nomenclatura botânica completa:** *Passiflora incarnata* L.
**Família:** Passifloraceae
**Parte da planta utilizada:** Partes aéreas

**PRODUTO REGISTRADO COM BASE NO USO TRADICIONAL, NÃO SENDO RECOMENDADO SEU USO POR PERÍODO PROLONGADO.**
**Forma farmacêutica:** comprimido revestido
Cada comprimido contém 260 mg de extrato seco de *Passiflora incarnata* L. que correspondem a 9,1 mg de flavonoides totais calculados como vitexina.

### APRESENTAÇÕES
**Linha Farma:**
Cartucho contendo 1, 2 ou 3 blisters de alumínio plástico incolor com 10 comprimidos revestidos cada.
**Linha Hospitalar:**
Caixa contendo 50 ou 100 blisters de alumínio plástico incolor com 10 comprimidos revestidos cada.

### USO ORAL USO ADULTO

### COMPOSIÇÃO
Cada comprimido revestido contém:
Extrato seco de *Passiflora incarnata* L .................... 260 mg
(padronizado em 3,5 % de flavonoides totais calculado como vitexina).
Equivalente a 9,1 mg de flavonoides totais calculado como vitexina/comprimido revestido.
Excipiente*q.s.p .............................................. 1 comprimido
(*croscarmelose sódica, celulose microcristalina, dióxido de silício, lactose, povidona, acetato de vinila, estearato de magnésio, hipromelose, etilcelulose, trietilcitrato, dióxido de titânio, azul brilhante laca de alumínio, amarelo crepúsculo laca de alumínio, água purificada, álcool etílico).

### INFORMAÇÕES AO PACIENTE
### 1. PARA QUE ESTE PRODUTO É INDICADO?
Este produto é indicado para o tratamento da ansiedade leve, como estados de irritabilidade, agitação nervosa, tratamento de insônia e desordens da ansiedade.

## 2. COMO ESTE PRODUTO FUNCIONA?

Atua no sistema nervoso central, produzindo efeito sedativo e prolongando o período de sono.

## 3. QUANDO NÃO DEVO USAR ESTE PRODUTO?

Pacientes com histórico de hipersensibilidade e alergia a qualquer um dos componentes da fórmula não devem fazer uso deste produto.

Este produto não deve ser utilizado junto a bebidas alcoólicas. Também não deve ser associado a outros medicamentos com efeito sedativo, hipnótico e anti-histamínico.

**Mulheres grávidas ou amamentando não devem utilizar este produto, já que não há estudos que possam garantir a segurança nessas situações.**

**Este produto é contraindicado para uso por pacientes com histórico de hipersensibilidade e alergia a qualquer um dos componentes da fórmula.**

**Este produto é contraindicado para menores de 12 anos.**

## 4. O QUE DEVO SABER ANTES DE USAR ESTE PRODUTO?

Em casos de hipersensibilidade ao produto, recomenda-se descontinuar o uso e consultar o médico.

Não ingerir doses maiores do que as recomendadas.

Este produto não deverá ser utilizado junto a bebidas alcoólicas, face à potencialização dos seus efeitos.

Crianças menores de 12 anos não devem usar este produto sem orientação médica.

**Pode ocorrer sonolência durante o tratamento. Nesse caso, o paciente não deverá dirigir veículos ou operar máquinas, já que a habilidade e atenção podem ficar reduzidas.**

Este produto potencializa os efeitos sedativos do pentobarbital e hexobarbital, aumentando o tempo de sono de pacientes.

Há indícios de que as cumarinas presentes na espécie vegetal apresentam ação anticoagulante potencial e possivelmente interagem com varfarina, porém não há estudos conclusivos a respeito.

O uso deste produto junto a drogas inibidoras da monoamino oxidase (isocarboxazida, fenelzina e tranilcipromina) pode provocar efeito aditivo.

Caso os sintomas persistem ou piorem, ou apareçam reações indesejadas não descritas na embalagem ou no folheto informativo, interrompa seu uso e procure orientação do profissional de saúde.

Se você utiliza medicamentos de uso contínuo, busque orientação de profissional de saúde antes de utilizar este produto.

Este produto não deve ser utilizado por período superior ao indicado, ou continuamente, a não ser por orientação de profissionais de saúde.

Informe ao seu profissional de saúde todas as plantas medicinais e fitoterápicos que estiver tomando. Interações podem ocorrer entre produtos e plantas medicinais e mesmo entre duas plantas medicinais quando administradas ao mesmo tempo.

**Atenção: este produto contém os corantes azul brilhante laca de alumínio e amarelo crepúsculo laca de alumínio que podem, eventualmente, causar reações alérgicas.**

## 5. ONDE, COMO E POR QUANTO TEMPO POSSO GUARDAR ESTE PRODUTO?

Conservar o produto em sua embalagem original, protegendo da luz e umidade. Manter em temperatura ambiente (temperatura entre 15 e 30°C).

Nessas condições, o produto se manterá próprio para o consumo, respeitando o prazo de validade de 24 meses a partir da data de fabricação.

**Número de lote e datas de fabricação e validade: vide embalagem. Não use produto com o prazo de validade vencido.**

**Para sua segurança, guarde o produto na embalagem original.**

**Antes de usar, observe o aspecto do produto. Caso ele esteja no prazo de validade e você observe alguma mudança no aspecto, consulte o farmacêutico para saber se poderá utilizá-lo.**

**Este produto deve ser mantido fora do alcance das crianças.**

## 6. COMO DEVO USAR ESTE PRODUTO?
## USO ORAL/USO INTERNO

Ingerir 2 comprimidos revestidos, 2 vezes ao dia (A dose diária é de 36,4 mg de flavonoides totais calculados como vitexina).

O uso contínuo deste produto não deve ultrapassar três meses.

Os produtos tradicionais fitoterápicos não devem ser administrados pelas vias injetável e oftálmica.

**Este produto não deve ser partido, aberto ou mastigado.**

## 7. O QUE DEVO FAZER QUANDO EU ME ESQUECER DE USAR ESTE PRODUTO?

Caso haja esquecimento da ingestão de uma dose deste produto, retome a posologia prescrita sem a necessidade de suplementação.

Em caso de dúvidas, procure orientação de profissional de saúde.

### 8. QUAIS OS MALES QUE ESTE PRODUTO PODE ME CAUSAR?

A frequência de ocorrência dos efeitos indesejáveis não é conhecida. Nas doses recomendadas não são conhecidos efeitos adversos ao produto.

Raramente podem ocorrer reações adversas como náuseas, vômitos, dor de cabeça e taquicardia.

Doses excessivas poderão provocar sedação prolongada e estados de sonolência. Informe ao seu profissional de saúde o aparecimento de reações indesejáveis pelo uso do produto. Informe também à empresa através do seu Serviço de Atendimento ao Consumidor (SAC).

**Em casos de eventos adversos, notifique ao Sistema de Notificação de Eventos Adversos a Medicamentos (Vigimed), disponível em http://portal.anvisa.gov.br/vigimed, ou para a Vigilância Sanitária Estadual ou Municipal.**

### 9. O QUE FAZER SE ALGUÉM USAR UMA QUANTIDADE MAIOR DO QUE A INDICADA DESTE PRODUTO?

Alguns dos sintomas de superdosagem são sedação, diminuição da atenção e dos reflexos.

Em caso de superdosagem, suspender o uso e procurar orientação médica de imediato. Em caso de uso de grande quantidade deste produto, procure rapidamente socorro médico e leve a embalagem ou folheto informativo, se possível.

**Em caso de intoxicação ligue 0800 722 6001, se você precisar de mais orientações sobre como proceder.**

### DIZERES LEGAIS

MS: 1.3841.0039
Farm. Responsável: Tales de Vasconcelos Cortes CRF/BA nº 3745

**NATULAB LABORATÓRIO S. A.**
Rua H, nº 2, Galpão 03 – Urbis II
Santo Antonio de Jesus – Bahia – CEP 44.574-150
CNPJ: 02.456.955/0001-83
INDÚSTRIA BRASILEIRA
SAC: 08007307370

---

# SENE HERBARIUM®

*Senna alexandrina* Mill., Fabaceae

### MEDICAMENTO FITOTERÁPICO

**PARTE UTILIZADA** – Folhas.
**NOMENCLATURA POPULAR** – Sene.

### APRESENTAÇÃO

Cápsula dura – Extrato seco das folhas de Senna alexandrina 100 mg. Embalagem com 45 cápsulas cada.

### VIA ORAL – USO ADULTO

### COMPOSIÇÃO

Cada cápsula contém:
extrato seco de *Senna alexandrina* Mill. padronizado em 10% de derivados hidroxiantracênicos expressos em senosídeo B. ................................................................. 100 mg*;
excipiente q.s.p. ...................................................... 1 cápsula.
(amido)
*equivalente a 10 mg de derivados hidroxiantracênicos expressos em senosídeo B por cápsula.

### INFORMAÇÕES AO PACIENTE
### PARA QUE ESTE MEDICAMENTO É INDICADO?

Sene Herbarium é destinado ao tratamento de prisão de ventre ocasional.

### COMO ESTE MEDICAMENTO FUNCIONA?

Este medicamento possui uma ação laxativa e atua estimulando as contrações no intestino grosso, resultando em um trânsito acelerado do bolo fecal. Com isso, há uma diminuição na absorção de líquidos pelo intestino grosso, o que mantém o conteúdo intestinal com grande volume e pressão.

O tempo estimado para o início da ação deste medicamento é de 8 a 12 horas.

### QUANDO NÃO DEVO USAR ESTE MEDICAMENTO?

- Pacientes com histórico de hipersensibilidade e alergia a qualquer um dos componentes da fórmula não devem fazer uso do produto.

- Não deve ser utilizado em casos de constipação crônica, distúrbios intestinais, tais como obstrução e estenose intestinal, atonia, doenças inflamatórias intestinais (doença de Crohn, colite ulcerativa, colopatias inflamatórias) e dores abdominais, desidratação severa, hemorroidas, apendicite, hipocalemia, estados inflamatórios uterinos, período menstrual, cistite, insuficiência hepática, renal ou cardíaca.

- Assim como para outros laxantes, o sene (*Senna alexandrina*) é contraindicado para pacientes com náuseas, vômito ou quando algum sintoma agudo ou crônico não diagnosticado estiver presente.

Este medicamento é contraindicado para menores de 12 anos.

Este medicamento é contraindicado para uso por lactantes (mulheres amamentando).

## O QUE DEVO SABER ANTES DE USAR ESTE MEDICAMENTO?

### Precauções e advertências

- Em caso de hipersensibilidade ao produto, recomenda-se descontinuar o uso e consultar o médico.
- Em pacientes idosos, o uso contínuo de laxantes pode ocasionar exacerbação da fraqueza e hipotensão ortostática.
- Sangramento retal ou insuficiência de movimentos intestinais, decorrentes do uso prolongado, podem indicar condições graves.

### Interações medicamentosas

- O nível sérico de estrógeno é reduzido quando administrado concomitantemente com sene, devido ao efeito do trânsito intestinal sobre a absorção de estrogênios. Isso deve ser lembrado por mulheres que fazem uso de contraceptivos orais.
- As antraquinonas podem alterar a cor da urina, que pode apresentar-se amarela ou marrom avermelhada, o que desaparece com a suspensão do uso do produto. Essa alteração de coloração na urina pode influenciar em testes de diagnósticos; pode ocorrer um resultado falso positivo para urobilinogênio e para dosagem de estrógeno pelo método de Kober.

**Este medicamento não deve ser utilizado por mulheres grávidas sem orientação médica ou do cirurgião-dentista.**

**Informe ao seu médico ou cirurgião-dentista se você está fazendo uso de algum outro medicamento.**

Informe ao profissional de saúde todas as plantas medicinais, fitoterápicos e outros medicamentos que estiver tomando. Interações podem ocorrer entre medicamentos e plantas medicinais e mesmo entre duas plantas medicinais administradas ao mesmo tempo.

## ONDE, COMO E POR QUANTO TEMPO POSSO GUARDAR ESTE MEDICAMENTO?

### Cuidados de conservação

Sene Herbarium deve ser conservado em temperatura ambiente (entre 15 e 30ºC) em sua embalagem original. Proteger da luz e da umidade.

### Prazo de validade

24 meses após a data de fabricação impressa no cartucho.

**Número de lote e datas de fabricação e validade: vide embalagem.**

**Não use medicamento com o prazo de validade vencido. Guarde-o em sua embalagem original.**

### Características físicas

Cápsulas gelatinosas duras, de cor creme.

### Características organolépticas

Cheiro (odor) característico e praticamente não apresenta sabor.

**Antes de usar, observe o aspecto do medicamento. Caso ele esteja no prazo de validade e você observe alguma mudança no aspecto, consulte o farmacêutico para saber se poderá utilizá-lo.**

**Todo medicamento deve ser mantido fora do alcance das crianças.**

## COMO DEVO USAR ESTE MEDICAMENTO?
## USO ORAL/USO INTERNO

### Modo de usar

As cápsulas devem ser ingeridas inteiras e com uma quantidade suficiente de água para que possam ser deglutidas.

### Posologia

Ingerir duas cápsulas, via oral, à noite, ao deitar-se, ou a critério médico. A dose diária não deve ultrapassar a três cápsulas ao dia.

A utilização de laxantes não deve ultrapassar o período de 1 semana. Pacientes idosos devem, inicialmente, administrar a metade da dose prescrita.

Para tratamento de constipação crônica ou habitual, recomenda-se recorrer a laxantes mecânicos e realizar modificações na dieta e nos hábitos. O uso deste medicamento por mais de 2 semanas requer supervisão médica.

Utilizar apenas a via oral. O uso deste medicamento por outra via, que não a oral, pode causar a perda do efeito esperado ou mesmo promover danos ao seu usuário.

**Siga corretamente o modo de usar. Em caso de dúvidas sobre este medicamento, procure orientação do farmacêutico. Não desaparecendo os sintomas, procure orientação de seu médico ou cirurgião-dentista.**

**Este medicamento não deve ser partido, aberto ou mastigado.**

## O QUE DEVO FAZER QUANDO EU ME ESQUECER DE USAR ESTE MEDICAMENTO?

Caso haja esquecimento da ingestão de uma dose deste medicamento, retomar a posologia prescrita sem a necessidade de suplementação.

Em caso de dúvidas, procure orientação do farmacêutico ou de seu médico, ou cirurgião-dentista.

## QUAIS OS MALES QUE ESTE MEDICAMENTO PODE ME CAUSAR?

**Reações adversas**

O uso do sene pode ocasionar desconforto no trato gastrintestinal, com presença de espasmos e cólicas abdominais. Este caso requer uma diminuição da dose. As antraquinonas podem alterar a cor da urina, que pode apresentar-se amarela ou marrom avermelhada, o que desaparece com a suspensão do uso do produto. A pseudomelanosis coli, uma condição que é caracterizada pelo acúmulo de macrófagos pigmentados no interior da submucosa intestinal, pode ocorrer após o uso prolongado. Essa condição é inofensiva e também desaparece com a descontinuação do uso da droga.

O uso crônico ou superdosagem pode resultar em diarreia, com distúrbios eletrolíticos, principalmente hipocalemia, acidose ou alcalose metabólica, albuminúria e hematúria. A deficiência de potássio pode conduzir a disfunção cardíaca e neuromuscular, lentidão, inibição da motilidade intestinal e má absorção, além de dependência, com possível necessidade de aumento da dose, podendo resultar no agravamento da constipação.

O uso prolongado também está associado à redução na concentração de globulinas séricas, perda de peso e desenvolvimento de caquexia.

Em pacientes idosos, o uso contínuo de laxantes pode ocasionar exacerbação da fraqueza e hipotensão ortostática. O uso a longo prazo pode resultar ainda em tetania, hiperaldosterismo, excreção de aspartilglicosamina e nefrite. Além disso, podem ocorrer alterações anatômicas do cólon e danos aos nervos do tecido entérico.

O uso prolongado e abusivo do sene tem sido associado com deformidade dos dedos, que foi reversível após a descontinuação do uso da droga.

Em casos raros, pode levar a nefropatias, edema e deterioração acelerada dos ossos.

Um caso de hepatite foi relatado após o abuso crônico deste fitoterápico.

**Informe ao seu médico, cirurgião-dentista ou farmacêutico o aparecimento de reações indesejáveis pelo uso do medicamento. Informe também à empresa através do seu serviço de atendimento.**

## O QUE FAZER SE ALGUÉM USAR UMA QUANTIDADE MAIOR DO QUE A INDICADA DESTE MEDICAMENTO?

Os principais sintomas da superdosagem são dores abdominais, espasmos, náusea, cólicas e diarreias severas, com consequente perda excessiva de fluidos e eletrólitos.

Em caso de superdosagem, suspender a medicação imediatamente. Recomenda-se tratamento de suporte sintomático pelas medidas habituais de apoio e controle das funções vitais.

Deve-se manter tratamento de suporte, com a ingestão de grandes quantidades de líquidos. Os eletrólitos, especialmente o potássio, devem ser monitorados, particularmente em idosos e jovens.

**Em caso de uso de grande quantidade deste medicamento, procure rapidamente socorro médico e leve a embalagem ou bula do medicamento, se possível. Ligue para 0800 722 6001, se você precisar de mais orientações sobre como proceder.**

**Siga corretamente o modo de usar, não desaparecendo os sintomas procure orientação médica.**

## DIZERES LEGAIS

MS: 1.1860.0087

Farmacêutica resp.: Gislaine B. Gutierrez CRF-PR nº 12423.

**Fabricado e Distribuído por: HERBARIUM LABORATÓRIO BOTÂNICO S. A.**

Av. Santos Dumont, 1100 • CEP 83403-500 Colombo – PR

CNPJ: 78.950.011/0001-20

**Indústria Brasileira.**

---

# SENEFLORA®

*Senna alexandrina* Mill.

## MEDICAMENTO FITOTERÁPICO

**Nomenclatura botânica oficial:** *Senna alexandrina* Mill.
**Nomenclatura popular:** Sene, sena
**Família:** Fabaceae
**Parte da planta utilizada:** Folhas e frutos

## APRESENTAÇÕES

Comprimidos revestidos com 100 mg de extrato seco de *Senna alexandrina* em cartuchos contendo 2 blísteres com 10 comprimidos revestidos ou 25 blísteres com 4 comprimidos revestidos.

## USO ORAL
## USO ADULTO E PEDIÁTRICO ACIMA DE 12 ANOS

## COMPOSIÇÃO

Cada comprimido revestido contém:

Extrato seco de *Senna alexandrina* ......................... 100 mg
(padronizado em 20 mg (20%) de derivados hidroxiantracênicos expressos em senosídeo B)

Excipientes q.s.p. ......................... 1 comprimido revestido
(excipientes: celulose microcristalina, copovidona, crospovidona, estearato de magnésio, dióxido de silício, talco, álcool polivinílico, macrogol, copolímero de ácido metacrílico e metacrilato de etila, polissorbato 80, bicarbonato de sódio, azul de indigotina 132 laca de alumínio, amarelo de quinolina laca de alumínio, dióxido de titânio, água purificada).

## INFORMAÇÕES TÉCNICAS AOS PROFISSIONAIS DE SAÚDE

### 1. INDICAÇÕES

Este medicamento é destinado ao tratamento de constipação ocasional.

### 2. RESULTADOS DE EFICÁCIA

Um estudo realizado em animais com senosídeos A e B, substâncias que são encontradas na *Senna alexandrina*, demonstrou que após a sua administração (12,5 – 200 mg/kg) em ratos, a defecação normal foi acelerada em 3 – 4h e a excreção de fezes macias foi evidente a partir de 4 – 5h, alcançando seu pico máximo após 5 – 7 horas. Além disso, o tempo de trânsito no intestino grosso foi dose e tempo dependente do tratamento com senosídeos A e B. Uma grande mudança foi observada no tempo de trânsito intestinal. Após duas horas da administração das substâncias, o tempo de trânsito passou de 6h no grupo controle para 90 minutos no grupo tratado. A redução máxima foi observada no grupo tratado após 4h, onde o tempo de trânsito foi reduzido para 30 minutos com uma dose de 50 mg/kg. Estudo clínico foi desenvolvido com vinte e um pacientes. As idades variaram entre 19 e 85 anos, com uma média de 38 anos. O tempo de acompanhamento da constipação foi de 3 a 80 meses, com uma média de 33 meses. Utilizou-se para esse estudo, um extrato padronizado de *S. alexandrina*. A maioria dos pacientes (81%) respondeu com rapidez ao tratamento com uma só drágea do medicamento e, em média, foi necessária menos de uma drágea por dia durante o período de observação que foi de 28 dias para assegurar um ritmo de defecação normal (ORTIZ, 1992). Trinta e quatro pacientes de uma clínica ginecológica, na maioria gestantes, com idades que variavam entre 18 e 62 anos, foram submetidas a tratamento com geleia de pó de folhas de *S. alexandrina*, com administração via oral e por período de três semanas, na posologia de uma colher de chá (5 centímetros cúbicos) à noite, antes de dormir. As pacientes foram avaliadas comparando-se a evolução de variáveis como tempo para defecar, número de evacuações por semana, presença de gases, qualidade das fezes e sensação de esvaziamento total do reto após a evacuação, registrada antes (uma semana de observação) e depois do tratamento. Todas as variáveis evoluíram de modo significativamente favorável. Na avaliação global da eficácia, os resultados foram considerados satisfatórios em 88,2% dos casos na opinião do médico e em 82,3% dos casos na opinião dos pacientes (SÁ, 1994).

### 3. CARACTERÍSTICAS FARMACOLÓGICAS

Devido à sua especificidade, os derivados hidroxiantracênicos são pouco absorvidos no trato gastrintestinal superior. Os senosídeos (compostos hidrossolúveis inativos) são degradados por enzimas bacterianas em reinantronas, metabólito ativo que exerce seu efeito laxativo no cólon. O mecanismo de ação deve-se a dois fatores:

(1) Efeito na motilidade do intestino grosso pelo estímulo das contrações peristálticas e inibição das contrações locais, resultando em uma aceleração do trânsito no cólon, e assim, reduzindo a absorção de líquidos através do lúmen; (2) Influência na absorção e secreção de fluidos e eletrólitos pelo cólon.

Devido ao trânsito acelerado e ao curto tempo de contato do fitoterápico no cólon, há uma redução na absorção de líquidos e eletrólitos através do intestino grosso, com aumento do volume e da pressão do conteúdo intestinal. Isso irá estimular a motilidade do cólon, resultando em contrações propulsivas. Além disso, existe um estímulo da secreção de cloreto ativo, o que aumenta o conteúdo de água e eletrólitos no intestino. O tempo de ação deste medicamento é de 8 a 12 horas, devido ao tempo requerido para o transporte ao cólon e para a metabolização do fitoterápico em compostos ativos. Em doses terapêuticas, os senosídeos não interferem nos horários usuais de defecação e amaciam as fezes significativamente.

A disponibilidade sistêmica das reinantronas (metabólitos ativos) é muito baixa. Em contato com o oxigênio, as reinantronas são oxidadas em rein e senidinas, que podem ser encontradas no sangue, principalmente nas formas de glucoronídios e sulfatos. Após a administração oral de senosídeos, 3 a 6% dos metabólitos são excretados na urina, uma parte é excretada na bile, e a maioria dos senosídeos (cerca de 90%) é excretada nas fezes como polímeros (poliquinonas), juntamente com 2 a 6% de senosídeos não metabolizados, senidinas, reinantronas e rein. Os senosídeos não demonstraram toxicidade quando testados em doses acima de 500 mg/kg em cães, por 4 semanas, e em doses acima de 100 mg/kg em ratos, por 6 meses. Não houve evidência de efeitos embrioletais, teratogênicos ou fetotóxicos em ratos ou coelhos após tratamento oral com senosídeos. Estudos in vivo com extrato padronizado de frutos de sene não revelaram mutagenicidade. Os metabólitos ativos passam em pequena quantidade para o leite materno. Experimentos com animais demonstraram que a taxa de passagem de rein através da placenta é baixa.

### 4. CONTRAINDICAÇÕES

Pacientes com histórico de hipersensibilidade e alergia a qualquer um dos componentes da fórmula não devem fazer uso do produto.

Não deve ser utilizado em casos de constipação crônica, distúrbios intestinais, tais como obstrução e estenose intestinal, atonia, doenças inflamatórias intestinais (doença de Crohn, colite ulcerativa, colopatias inflamatórias) e dores abdominais, desidratação severa, hemorroidas, apendicite, hipocalemia, estados inflamatórios uterinos, períodos de menstruação, cistite, insuficiência hepática, renal ou cardíaca. Assim como para outros laxantes, a *S. alexandrina* é contraindicada para pacientes com náuseas, vômito ou quando algum sintoma agudo ou crônico não diagnosticado estiver presente.

**Este medicamento é contraindicado para menores de 12 anos. Este medicamento é contraindicado para uso por lactantes.**

### 5. ADVERTÊNCIAS E PRECAUÇÕES

Em caso de hipersensibilidade ao produto, recomenda-se descontinuar o uso e consultar o médico. Em pacientes idosos, o uso contínuo de laxantes pode ocasionar exacerbação da fraqueza.

Nos últimos anos, os efeitos mutagênicos de glicosídeos antraquinônicos têm sido comprovados em testes *in vitro*, porém os estudos *in vivo* não confirmam isso para *S. alexandrina*.

Sangramento retal ou insuficiência de movimentos intestinais, decorrentes do uso prolongado, podem indicar condições graves.

Metabólitos ativos, por exemplo, reinantronas, passam para o leite materno em pequenas quantidades. Experiências com animais demonstraram que a passagem de reinantronas através da placenta é baixa.

De acordo com a categoria de risco de fármacos destinados às mulheres grávidas, este fitoterápico apresenta categoria de risco B: Os estudos em animais não demonstraram risco fetal, mas também não há estudos controlados em mulheres grávidas; ou então, os estudos em animais revelaram riscos, mas que não foram confirmados em estudos controlados em mulheres grávidas.

**Este medicamento não deve ser utilizado por mulheres grávidas sem orientação médica ou do cirurgião-dentista.**

### 6. INTERAÇÕES MEDICAMENTOSAS

O tempo diminuído de trânsito intestinal, em virtude da utilização de *S. alexandrina*, pode reduzir a absorção de drogas administradas oralmente, como por exemplo, os estrógenos. Isso deve ser lembrado para mulheres que fazem uso de anticoncepcionais hormonais. A hipocalemia, decorrente da utilização prolongada de *S. alexandrina*, pode potencializar os efeitos dos glicosídeos cardiotônicos (digitálicos, *Strophantus* spp.) e pode potencializar as arritmias ou os efeitos antiarrítmicos, quando do uso concomitante de drogas antiarrítmicas como quinidina. O uso simultâneo de *S. alexandrina* com outras drogas ou ervas que induzem à hipocalemia, como diuréticos tiazidas, adrenocorticosteroides ou raiz de alcaçuz, pode exacerbar o desequilíbrio eletrolítico, resultando em disfunções cardíacas e neuromusculares. Pode haver interação da *S. alexandrina* com a nifedipina e indometacina e outros anti-inflamatórios não hormonais. As antraquinonas podem alterar a cor da urina, que pode apresentar-se amarela ou marrom avermelhada, o que desaparece com a suspensão do uso do produto. Essa alteração de coloração na urina pode influenciar em testes de diagnósticos; pode ocorrer um resultado falso positivo para urobilinogênio e para dosagem de estrógeno pelo método de Kober.

### 7. CUIDADOS DE ARMAZENAMENTO DO MEDICAMENTO

Conservar o produto em sua embalagem original e em temperatura ambiente (entre 15 e 30°C). Proteger da luz e umidade. Prazo de validade: 24 meses.

**Número de lote e datas de fabricação e validade:** vide embalagem.

**Não use medicamento com o prazo de validade vencido. Guarde-o em sua embalagem original.**

**Características físicas e organolépticas do produto:** comprimido de formato oblongo e coloração verde escuro.

**Antes de usar, observe o aspecto do medicamento.**

**Todo medicamento deve ser mantido fora do alcance das crianças.**

## 8. POSOLOGIA E MODO DE USAR
### USO ORAL/USO INTERNO

Ingerir 1 comprimido revestido ao dia, preferencialmente à noite (ao deitar-se), ou a critério médico.

Limite máximo diário: 1 comprimido revestido (100 mg de extrato seco de *Senna alexandrina*, equivalente a 20 mg de derivados hidroxiantracênicos expressos em senosídeo B). A utilização de laxantes não deve ultrapassar o período de 1 (uma) ou 2 (duas) semanas. Pacientes idosos devem, inicialmente, administrar a metade da dose prescrita.

Para tratamento de constipação crônica ou habitual, recomenda-se recorrer a laxantes mecânicos e realizar modificações na dieta e nos hábitos. O uso deste medicamento por mais de 2 semanas requer supervisão médica. Utilizar apenas a via oral. O uso deste medicamento por outra via, que não a oral, pode causar a perda do efeito esperado ou mesmo promover danos ao seu usuário.

**Este medicamento não deve ser partido, aberto ou mastigado.**

## 9. REAÇÕES ADVERSAS

O uso da *S. alexandrina* pode ocasionar desconforto no trato gastrintestinal, com presença de espasmos e cólicas abdominais. Esse caso requer uma diminuição da dose. As antraquinonas podem alterar a cor da urina, que pode apresentar-se amarela ou marrom avermelhada, o que desaparece com a suspensão do uso do produto.

A pseudomelanosis coli, uma condição que é caracterizada pelo acúmulo de macrófagos pigmentados no interior da submucosa intestinal, pode ocorrer após o uso prolongado. Essa condição é inofensiva e também desaparece com a descontinuação do uso da droga.

O uso crônico ou superdosagem pode resultar em diarreia, com distúrbios eletrolíticos, principalmente hipocalemia, acidose ou alcalose metabólica, albuminúria e hematúria. A deficiência de potássio pode conduzir a disfunção cardíaca e neuromuscular, lentidão, inibição da motilidade intestinal e má absorção, além de dependência, com possível necessidade de aumento da dose, podendo resultar no agravamento da constipação.

O uso prolongado também está associado à redução na concentração de globulinas séricas, perda de peso e desenvolvimento de caquexia.

Em pacientes idosos, o uso contínuo de laxantes pode ocasionar exacerbação da fraqueza e hipotensão ortostática.

O uso a longo prazo pode resultar ainda em tetania, hiperaldosterismo, excreção de aspartilglicosamina e nefrite. Além disso, podem ocorrer alterações anatômicas do cólon e danos aos nervos do tecido entérico.

O uso prolongado e abusivo da *S. alexandrina* tem sido associado com deformidade dos dedos, que foi reversível após a descontinuação do uso droga. Em casos raros, pode levar a nefropatias, edema e deterioração acelerada dos ossos.

Um caso de hepatite foi relatado após o abuso crônico deste fitoterápico.

**Em casos de eventos adversos, notifique ao Sistema de Notificação em Vigilância Sanitária (Notivisa), disponível em http://www.anvisa.gov.br/hotsite/notivisa/index.htm, ou para a Vigilância Sanitária Estadual ou Municipal.**

## 10. SUPERDOSE

Os principais sintomas da superdosagem são dores abdominais, espasmos, náusea, cólicas e diarreias severas, com consequente perda excessiva de fluidos e eletrólitos. Em caso de superdosagem, suspender a medicação imediatamente. Recomenda-se tratamento de suporte sintomático pelas medidas habituais de apoio e controle das funções vitais. Deve-se manter tratamento de suporte, com a ingestão de grandes quantidades de líquidos. Os eletrólitos, especialmente o potássio, devem ser monitorados, particularmente em idosos e jovens.

**Em caso de intoxicação ligue para 0800 722 6001, se você precisar de mais orientações sobre como proceder.**

### DIZERES LEGAIS

Reg. M.S.: 1.0689.0196
Farmacêutica Responsável: Márcia Cruz CRF-RS: 5945
**KLEY HERTZ FARMACÊUTICA S. A.**
Rua Com. Azevedo, 224 – Porto Alegre, RS
CNPJ: 92.695.691/0001-03
Indústria Brasileira
**SAC: 0800 7049001**

---

## SERENUS®

*Passiflora incarnata* L. Extrato seco *Crataegus oxyacantha* L. Extrato seco *Salix alba* L. Extrato seco

**MEDICAMENTO FITOTERÁPICO**

**APRESENTAÇÕES:**
Comprimido revestido em embalagem com 10, 20, 40 ou 200 comprimidos.

**USO ORAL.**
**USO ADULTO E USO PEDIÁTRICO ACIMA DE 2 ANOS.**

**Composição:**
Comprimido revestido Serenus®:
Cada comprimido revestido contém:
Extrato seco de *Passiflora incarnata* L ............... 13,334 mg
(equivalente a 0,2 mg flavonoides)
Extrato seco de *Crataegus oxyacantha* L ................. 8,33 mg
(equivalente a 0,15 mg flavonoides)
Extrato seco de *Salix alba* L ........................................ 10 mg
(equivalente a 1,5 mg salicina)
Excipientes: croscarmelose sódica, celulose microcristalina, estearato de magnésio, copolímeros do ácido metacrílico, talco, dióxido de silício, dióxido de titânio, macrogol, citrato de trietila, lactose, oxido de ferro, silicona (silicone amarelo), corante azul e hidróxido de sódio.

**INFORMAÇÕES TÉCNICAS AOS PROFISSIONAIS DE SAÚDE**

**1. INDICAÇÕES**
Serenus® é indicado para ansiedade e distúrbios do sono

**2. RESULTADOS DE EFICÁCIA**
Estudo clínico comparativo (droga versus placebo) randomizado realizado por Poyares D. e cols. (2008) avaliou o desempenho do fitoterápico Serenus® na redução da ansiedade moderada e indução do sono o mais próximo do natural em um total de 72 pacientes, divididos em dois grupos. Foi possível demonstrar que Serenus® reduziu o tempo de vigília em pacientes moderadamente insones, apontando também uma redução na frequência cardíaca e no estado nervoso ou ansiedade.

**Referência bibliográfica**
Poyares D, *et al.* 2008

**3. CARACTERISTICAS FARMACOLÓGICAS**
Propriedades farmacodinâmicas e farmacocinéticas: Serenus ® é composto pelos extratos de 3 plantas medicinais com ação sedativa sobre o SNC (sistema nervoso central).

**Nomenclatura oficial:** *Passiflora incarnata* Linné
**Família:** Passifloraceae.
**Partes usadas:** partes aéreas (frutos, flores, folhas).
**Título:** equivalente a 0,2 mg flavonoides
**Principais constituintes:** alcaloides (armanmo, armina, armolo), flavonoides (orientina, isorientina, vitexina e isovitexina) e sterina (stigmasterina).
A *Passiflora incarnata* L. atua no SNC ao nível de medula espinhal, possivelmente nos receptores das endorfinas naturais, diminuindo os estímulos externos que lá chegam. É eficaz nas insônias e excitabilidade nervosa, induzindo um sono próximo do fisiológico e que não é seguido de depressão e lentidão de reflexos ao despertar, tão comum aos tranquilizantes e hipnóticos de síntese química. Atua também no sistema nervoso parassimpático com uma ação anticolinérgica (antiespasmódica).

**Nomenclatura oficial:** *Crataegus oxyacantha* Linné
**Família:** Rosaceae.
**Partes usadas:** partes aéreas (pseudofrutos, flores, folhas)
**Título:** equivalente a 0,15 mg flavonoides
**Principais constituintes:** ácido cratégico, ácido cratególico, catego-alfa e catego-beta-sapogeninas, ácidos triterpênicos pentacíclicos (ácidos ursólico, oleoanólico, acantólico e neotególico), flavonoides (iperina glico-flavonoide), vitexina-2"- ramnosídio, vitexina, quercetina), ácido clorogênico, ácido caféico, sorbitol e vitamina C.
A *Crataegus oxyacantha* L. tem ação sedativa sobre o SNC. Age também no sistema nervoso parassimpático, podendo aumentar a motilidade intestinal e o número de evacuações. Os efeitos cardiovasculares se fazem por ação bradicardizante e coronário dilatadora, podendo melhorar o rendimento cardíaco.

**Nomenclatura oficial:** *Salix alba* Linné
**Família:** Salicaceae
**Partes utilizadas:** casca.
**Título:** equivalente a 1,5 mg salicina
**Principais componentes:** salicina, saligenina, salicortina, tremulacina, populina, fragilina, sareposídeo, triandrina, vimalina, salidrosídeo, vanilina, siringina, ácidos caféicos, ferúlico, p-coumárico, isoquercitrina, naringina, taninos
Farmacologicamente, a Salix possui ação analgésica, antipirética, antiespasmódica e anti-inflamatória, provavelmente por bloqueio da produção das prostaglandinas. Age também no SNC, permitindo um controle de hiperexcitabilidade nervosa.

**4. CONTRAINDICAÇÕES**
Serenus® é contraindicado para pacientes com hipersensibilidade aos componentes da fórmula.

Este medicamento é contraindicado para menores de 2 anos de idade.

Este medicamento não deve ser utilizado por mulheres grávidas sem orientação médica ou do cirurgião-dentista.

## 5. ADVERTÊNCIAS E PRECAUÇÕES

Evitar a prescrição para pacientes com úlceras gastrointestinais, distúrbios de coagulação, hemorragias ativas ou pacientes em tratamento com derivados do ácido acetilsalicílico, medicações cardiovasculares, anti-histamínicos, hipnóticos, sedativos, inibidores da MAO ou anticoagulantes. Gravidez e lactação – Serenus® não deve ser usado na gravidez e/ou durante a amamentação, pois estudos *in vitro* e in vivo mostraram que o *Crataegus oxyacantha* reduz o tônus e a motilidade uterina. Os alcaloides contidos na Passiflora estimulam a atividade uterina em estudos em animais. Em vista disso, seu uso durante a gravidez e lactação deve ser evitado.

Este medicamento não deve ser utilizado por mulheres grávidas sem orientação médica ou do cirurgião-dentista.

Pediatria – Serenus® não é recomendado para o uso em crianças menores de 2 anos.

Geriatria (idosos) – Não há recomendações específicas para pacientes idosos.

Durante o tratamento o paciente não deve dirigir veículos ou operar máquinas, pois sua habilidade e atenção podem estar prejudicadas.

## 6. INTERAÇÕES MEDICAMENTOSAS

Evitar a ingestão de bebidas alcoólicas durante o tratamento com Serenus®. Pode ocorrer interação com outros medicamentos sedativos e cardiovasculares, pois o Crataegus é incompatível com o uso de digitálicos. Durante o tratamento com Serenus®, evitar a administração conjunta de derivados do ácido acetilsalicílico, anti-histamínicos, hipnóticos, inibidores da MAO ou anticoagulantes.

Interferência em exames laboratoriais: Não são conhecidas interferências em exames laboratoriais com o uso de Serenus®.

## 7. CUIDADOS DE ARMAZENAMENTO DO MEDICAMENTO

Mantenha Serenus® em temperatura ambiente (15 a 30ºC), protegido da luz e da umidade. Prazo de validade: 24 meses a partir da data de fabricação.

**Número de lote e datas de fabricação e validade: vide embalagem.**

**Não use medicamento com o prazo de validade vencido. Guarde-o em sua embalagem original.**

**Características:** comprimido revestido de cor verde, circular biconvexo, liso, contendo núcleo de coloração acinzentada com possíveis pontos escuros.

Antes de usar, observe o aspecto do medicamento.

Todo medicamento deve ser mantido fora do alcance das crianças

## 8. POSOLOGIA E MODO DE USAR

Este medicamento deve ser administrado somente pela via recomendada para evitar riscos desnecessários.

Uso oral. Engolir os comprimidos de Serenus® sem mastigar com um pouco de água.

Devem ser tomados de 1 a 2 comprimidos revestidos 1 ou 2 vezes ao dia, ou conforme critério médico. Não ultrapassar o total de 4 comprimidos ao dia.

Este medicamento não deve ser partido, aberto ou mastigado.

## 9. REAÇÕES ADVERSAS

Desconforto gastrintestinal, não havendo determinação de sua frequência.

Em casos de eventos adversos, notifique ao Sistema de Notificações em Vigilância Sanitária – Notivisa, disponível em www.anvisa.gov.br/hotsite/notivisa/index.htm, ou para a Vigilância Sanitária Estadual ou Municipal.

## 10. SUPERDOSE

Os sintomas de toxicidade aguda em animais que receberam *Crataegus oxyacantha* foram bradicardia e depressão respiratória, podendo levar à parada cardíaca com paralisia respiratória. Excessivas doses de *Passiflora incarnata* podem levar à sedação e potencializar os efeitos de inibidores da MAO. Os sinais de toxicidade associados com *Salix alba* podem ser irritação gástrica e renal, sangramento nas fezes, zumbido, náuseas e vômitos.

Tratamento deve levar em consideração medidas para o controle sintomático.

**Em caso de intoxicação ligue para 0800 722 6001, se você precisar de mais orientações.**

**DIZERES LEGAIS**
Registro MS - 1.0974.0168
Farm. Resp.: Dr. Dante Alario Junior CRF-SP nº 5143
**BIOLAB SANUS Farmacêutica Ltda.**
Av. Paulo Ayres, 280 – Taboão da Serra – SP CEP 06767-220
SAC 0800 724 6522
CNPJ: 49.475.833/0001-06

# SÍLIBOM

Milk thistle, Cardo mariano – *Silybum marianum* (L.) Gaertn

**PRODUTO TRADICIONAL FITOTERÁPICO**

**Nomenclatura popular:** Milk thistle, Cardo mariano
**Nomenclatura botânica oficial:** *Silybum marianum* (L.) Gaertn
**Parte da planta utilizada:** Frutos sem papilho

**PRODUTO REGISTRADO COM BASE NO USO TRADICIONAL, NÃO SENDO RECOMENDADO SEU USO POR PERÍODO PROLONGADO.**

**INFORMAÇÕES QUANTO ÀS APRESENTAÇÕES E COMPOSIÇÃO:**
**APRESENTAÇÃO**
Comprimido Revestido.
Embalagem contendo 30 comprimidos revestidos de 100mg.

**USO ORAL**
**USO ADULTO E PEDIÁTRICO ACIMA DE 12 ANOS**

**COMPOSIÇÃO:**
Cada comprimido revestido contém:
extrato seco de *Silybum marianum* (L.) Gaertn* 100,0mg
*equivalente a 70mg de silimarina expressos em silibinina.
excipientes q.s.p. .......................... 1 comprimido revestido
(amido, fosfato de cálcio dibásico, dióxido de silício, estearato de magnésio, lactose monoidratada, óxido de ferro vermelho, etilcelulose, triacetina, macrogol, ácido oleico, myvacet, hipromelose, hiprolose, dióxido de titânio e amarelo de quinolina, laca de alumínio).

**INFORMAÇÕES AO PACIENTE:**
**1. PARA QUÊ ESTE PRODUTO É INDICADO?**
Indicado como Hepatoprotetor.

**2. COMO ESTE PRODUTO FUNCIONA?**
A Silimarina é o componente ativo, que age como estabilizador das membranas dos hepatócitos (células do fígado), resguardando sua integridade e, assim, a função fisiológica do fígado; protege, experimentalmente, a célula do fígado da influência nociva de substâncias tóxicas endógenas (do próprio organismo) e/ou exógenas (de origem externa).

**3. QUANDO NÃO DEVO USAR ESTE PRODUTO?**
Este produto é contraindicado em pacientes com hipersensibilidade e alergia aos componentes da formulação ou quando obstáculos mecânicos estão presentes no trato biliar. Não foram encontradas até o momento condições que exigissem precauções em sua administração.
**Este produto é contraindicado para menores de 12 anos. Mulheres grávidas ou amamentando não devem utilizar este produto, já que não há estudos que possam garantir a segurança nessas situações.**

**4. O QUE DEVO SABER ANTES DE USAR ESTE PRODUTO?**
Não foram relatadas restrições quanto ao uso do produto em pacientes com mais de 65 anos, no entanto deve-se sempre ter cautela no tratamento desses pacientes, nos quais as funções renais, hepáticas e cardíacas estão alteradas mais frequentemente.
Não há casos relatados que o uso deste produto interfira na capacidade de dirigir veículos e operar máquinas.
**Não há casos relatados que o uso deste produto interaja com outros produtos, como plantas, medicamentos e alimentos.**
**Caso os sintomas persistam ou piorem, ou apareçam reações indesejadas não descritas na embalagem ou no folheto informativo, interrompa seu uso e procure orientação do profissional de saúde.**
**Se você utiliza medicamentos de uso contínuo, busque orientação de profissional de saúde antes de utilizar este produto.**
**Este produto não deve ser utilizado por período superior ao indicado, ou continuamente, a não ser por orientação de profissionais de saúde.**
**Informe ao seu profissional de saúde todas as plantas medicinais e fitoterápicos que estiver tomando. Interações podem ocorrer entre produtos e plantas medicinais e mesmo entre duas plantas medicinais quando administradas ao mesmo tempo.**

**5. ONDE, COMO E POR QUANTO TEMPO POSSO GUARDAR ESTE PRODUTO?**
Conservar em temperatura ambiente (entre 15 e 30°C). Proteger da luz e umidade. Prazo de validade: 24 meses.
**Número de lote e datas de fabricação e validade: vide embalagem.**
Não use produto com o prazo de validade vencido.
Para sua segurança, guarde o produto na embalagem original.

Sílibom apresenta-se como comprimido revestido circular, amarelo claro, isento de manchas, defeitos e odor característico.

**Antes de usar, observe o aspecto do produto. Caso ele esteja no prazo de validade e você observe alguma mudança no aspecto, consulte o farmacêutico para saber se poderá utilizá-lo.**

**Este produto deve ser mantido fora do alcance das crianças.**

### 6. COMO DEVO USAR ESTE PRODUTO?
USO ORAL

Você deve ingerir o produto por via oral.

Os comprimidos revestidos devem ser ingeridos inteiros e sem mastigar com quantidade suficiente de água para que sejam deglutidos.

Dose inicial: 3 a 5 comprimidos revestidos ao dia durante 4 a 6 semanas; obtendo-se melhora, pode-se diminuir a dose para 3 a 4 comprimidos revestidos ao dia.

**Os produtos tradicionais fitoterápicos não devem ser administrados pelas vias injetável e oftálmica.**

**Este produto não deve ser partido, aberto ou mastigado. Siga corretamente o modo de usar. Em caso de dúvidas sobre este produto, procure orientação com seu farmacêutico ou profissional de saúde. Não desaparecendo os sintomas, procure orientação de seu profissional de saúde.**

### 7. O QUE DEVO FAZER QUANDO EU ME ESQUECER DE USAR ESTE PRODUTO?

Caso haja esquecimento da ingestão de uma dose deste produto, retome a posologia prescrita sem a necessidade de suplementação.

**Em caso de dúvidas, procure orientação de profissional de saúde.**

### 8. QUAIS OS MALES QUE ESTE PRODUTO PODE ME CAUSAR?

O produto é bem tolerado, mesmo quando tomado por longo período de tempo.

O emprego de doses elevadas pode causar ligeiro efeito laxativo e diurético. Excepcionalmente, podem ocorrer reações alérgicas cutâneas.

**Informe ao seu profissional de saúde o aparecimento de reações indesejáveis pelo uso do produto. Informe também à empresa por meio do seu Serviço de Atendimento ao Consumidor (SAC). Em casos de eventos adversos, notifique ao Sistema de Notificações em Vigilância Sanitária – Notivisa, disponível em www.anvisa.gov.br/hotsite/notivisa/index.htm, ou para a Vigilância Sanitária Estadual ou Municipal.**

### 9. O QUE FAZER SE ALGUÉM USAR UMA QUANTIDADE MAIOR DO QUE A INDICADA DESTE PRODUTO?

Não foram relatados, até o momento, sintomas relacionados à superdose.

Na eventualidade da ingestão acidental de doses muito acima das preconizadas, procure imediatamente assistência médica.

tome nenhuma medida sem antes consultar um médico. Informe ao médico os medicamentos que utilizou, a dose e os sintomas presentes.

**Em caso de uso de grande quantidade deste produto, procure rapidamente socorro médico e leve a embalagem ou folheto informativo, se possível.**

**Em caso de intoxicação ligue para 0800 722 6001, se você precisar de mais orientações sobre como proceder.**

**Não há casos de superdose relatados.**

### DIZERES LEGAIS

Reg. M.S. nº 1.5584.0407
Farm. Resp.: Rodrigo Molinari Elias CRF-GO nº 3.234
Registrado por: Brainfarma Indústria Química e Farmacêutica S. A.
VPR 3 – Quadra 2-C – Módulo 01-B – DAIA Anápolis – GO – CEP 75132-015
C.N.P.J.: 05.161.069/0001-10
Indústria Brasileira
**Fabricado por: Brainfarma Indústria Química e Farmacêutica S. A.**
VPR 1 – Quadra 2-A – Módulo 4 – DAIA Anápolis – GO – CEP 75132-020

---

## SINTOCALMY
*Passiflora incarnata*
(extrato ACH 06)

**Nomenclatura botânica oficial:** *Passiflora incarnata* L.
**Nomenclatura popular:** Passiflora, Flor da paixão, Maracujá
**Família:** Passifloraceae
**Parte da planta utilizada:** Partes aéreas

### MEDICAMENTO FITOTERÁPICO

**APRESENTAÇÕES:**
Comprimidos revestidos: Caixa contendo 10 e 30 comprimidos revestidos

**USO ORAL**
**USO ADULTO E PEDIÁTRICO ACIMA DE 12 ANOS**

**COMPOSIÇÃO**
Cada comprimido revestido de Sintocalmy contém:
extrato seco ACH06 de *Passiflora incarnata* ..........600 mg
(Padronizado em 42 mg (7%) de flavonoides totais expressos em vitexina).
Excipientes: celulose microcristalina, crospovidona, dióxido de silício, dióxido de titânio, estearato de magnésio, corante amarelo lake blend LB 282 e opadry II (álcool polivinílico, macrogol e talco).

**INFORMAÇÕES AO PACIENTE**
**1. PARA QUE ESTE MEDICAMENTO É INDICADO?**
Sintocalmy é indicado para tratar estados de irritabilidade, agitação nervosa, tratamento de insônia e desordens de ansiedade.

**2. COMO ESTE MEDICAMENTO FUNCIONA?**
Sintocalmy atua no sistema nervoso central produzindo efeito sedativo, prolongando o período de sono.
Seu médico é a pessoa mais adequada para lhe dar maiores informações sobre o tratamento, siga sempre suas orientações. Não devem ser utilizadas doses superiores às recomendadas.

**3. QUANDO NÃO DEVO USAR ESTE MEDICAMENTO?**
Crianças menores de 12 anos não devem usar este medicamento sem orientação médica.
Pacientes com histórico de hipersensibilidade e alergia a qualquer um dos componentes da fórmula não devem fazer uso deste produto.
Este medicamento não deve ser utilizado junto a bebidas alcoólicas. Também não deve ser associado a outros medicamentos com efeito sedativo, hipnótico e anti-histamínico.

**4. O QUE DEVO SABER ANTES DE USAR ESTE MEDICAMENTO?**
Em casos de hipersensibilidade ao produto, recomenda-se descontinuar o uso e consultar o médico. Não ingerir doses maiores do que as recomendadas.
Sintocalmy não deverá ser utilizado junto a bebidas alcoólicas, face à potencialização dos seus efeitos.

Pode ocorrer sonolência durante o tratamento. Nesse caso, o paciente não deverá dirigir veículos ou operar máquinas, já que a habilidade e atenção podem ficar reduzidas.
**Este medicamento não deve ser utilizado por mulheres grávidas sem orientação médica ou do cirurgião-dentista.** Sintocalmy potencializa os efeitos sedativos do pentobarbital e hexobarbital, aumentando o tempo de sono de pacientes. Há indícios de que as cumarinas presentes na espécie vegetal apresentam ação anticoagulante potencial e possivelmente interagem com varfarina, porém não há estudos conclusivos a respeito.
O uso de Sintocalmy junto a drogas inibidoras da monoamino oxidase (isocarboxazida, fenelzina e tranilcipromina) pode provocar efeito aditivo.
**Informe ao seu médico ou cirurgião-dentista se você está fazendo uso de algum outro medicamento.**

**5. ONDE, COMO E POR QUANTO TEMPO POSSO GUARDAR ESTE MEDICAMENTO?**
Conservar em temperatura ambiente (entre 15 e 30°C). Proteger da luz e umidade.
**Número de lote e datas de fabricação e validade: vide embalagem.**
**Não use medicamento com o prazo de validade vencido. Guarde-o em sua embalagem original.**
Sintocalmy é um comprimido revestido de coloração amarela, oblongo, biconvexo e com vinco em uma das faces e liso na outra face.
**Antes de usar, observe o aspecto do medicamento. Caso ele esteja no prazo de validade e você observe alguma mudança no aspecto, consulte o farmacêutico para saber se poderá utilizá-lo.**

**TODO MEDICAMENTO DEVE SER MANTIDO FORA DO ALCANCE DAS CRIANÇAS.**

**6. COMO DEVO USAR ESTE MEDICAMENTO?**
**USO ORAL/USO INTERNO**
Ingerir 1 comprimido ao dia.
O uso contínuo de Sintocalmy não deve ultrapassar três meses.
Os comprimidos revestidos devem ser ingeridos inteiros e sem mastigar com quantidade suficiente de água para que sejam deglutidas.
**Siga corretamente o modo de usar. Em caso de dúvidas sobre este medicamento, procure orientação do farmacêutico. Não desaparecendo os sintomas, procure orientação de seu médico ou cirurgião-dentista.**

**Este medicamento não deve ser partido ou mastigado.**
Assim como todos os medicamentos, informe ao seu profissional de saúde todas as plantas medicinais e fitoterápicos que estiver tomando. Interações podem ocorrer entre medicamentos e plantas medicinais e mesmo entre duas plantas medicinais quando administradas ao mesmo tempo.

**7. O QUE DEVO FAZER QUANDO EU ME ESQUECER DE USAR ESTE MEDICAMENTO?**
Caso haja esquecimento da ingestão de uma dose de Sintocalmy, retome a posologia prescrita sem a necessidade de suplementação.
**Em caso de dúvidas, procure orientação do farmacêutico ou de seu médico, ou cirurgião-dentista.**

**8. QUAIS OS MALES QUE ESTE MEDICAMENTO PODE ME CAUSAR?**
Nas doses recomendadas não são conhecidos efeitos adversos ao Sintocalmy. Raramente podem ocorrer reações adversas como náuseas, vômitos, dor de cabeça e taquicardia. Doses excessivas poderão provocar sedação prolongada e estados de sonolência.
**Informe ao seu médico, cirurgião-dentista ou farmacêutico o aparecimento de reações indesejáveis pelo uso do medicamento. Informe também à empresa através do seu serviço de atendimento.**

**9. O QUE FAZER SE ALGUÉM USAR UMA QUANTIDADE MAIOR DO QUE A INDICADA DESTE MEDICAMENTO?**
Alguns dos sintomas de superdosagem são sedação, diminuição da atenção e dos reflexos.
Em caso de superdosagem, suspender o uso, procurar orientação médica de imediato para que sejam adotadas as medidas habituais de apoio e controle das funções vitais.
**Em caso de uso de grande quantidade deste medicamento, procure rapidamente socorro médico e leve a embalagem ou bula do medicamento, se possível. Em caso de intoxicação ligue para 0800 722 6001, se você precisar de mais orientações sobre como proceder.**

**DIZERES LEGAIS**
MS – 1.0573.0368
Farmacêutica Responsável:
Gabriela Mallmann CRF-SP nº 30.138
**Registrado por:** Aché Laboratórios Farmacêuticos S. A.
Av. Brigadeiro Faria Lima, 201 – 20º andar São Paulo – SP
CNPJ: 60.659.463/0029-92
Indústria Brasileira

**Fabricado por:** Aché Laboratórios Farmacêuticos S. A.
Guarulhos – SP

---

# SONOLIS
*Melissa officinalis* L.
46 mg/mL

**MEDICAMENTO FITOTERÁPICO**

**FORMA FARMACÊUTICA:** Solução Oral
**CONCENTRAÇÃO:** 46,0 mg/mL
**VIA DE ADMINISTRAÇÃO:** Oral
**APRESENTAÇÃO:** Frasco 120 mL

**USO ADULTO**

**COMPOSIÇÃO**
**Cada 1,0 mL da Solução Oral contém:**
Extrato seco de *Melissa officinalis*.............................. 46 mg
(padronizado em no mínimo 5,0 % de derivados hidroxicinâmicos expressos como ácido rosmarínico).
Excipientes: Sorbitol, metilparabeno, propilparabeno, carboximetilcelulose, essência de menta, álcool etílico e água purificada qsp.
Contém 1 (um) copo dosador 2,5; 5,0; 7,5; 10,0 mL

**Nomenclatura Botânica oficial:** *Melissa officinalis* L.
**Nomenclatura Popular:** Melissa
**Família:** Labiatae
**Parte da Planta Utilizada:** Folhas

**INFORMAÇÕES AO PACIENTE**
**PARA QUÊ ESTE MEDICAMENTO É INDICADO?**
O SONOLIS é indicado como carminativo, antiespasmódico e como ansiolítico leve.

**COMO ESTE MEDICAMENTO FUNCIONA?**
SONOLIS é utilizado por via oral como carminativo que reduz gases intestinais, como antiespasmódico em desordens gastrointestinais e como ansiolítico leve.

**QUANDO NÃO DEVO USAR ESTE MEDICAMENTO?**
Pacientes com histórico de hipersensibilidade e alergia a qualquer um dos componentes da fórmula não devem fazer uso do produto.
Este medicamento não deve ser utilizado por crianças sem supervisão médica.
"Este medicamento é contraindicado para crianças."

"Informe ao médico ou cirurgião-dentista o aparecimento de reações indesejáveis."

"Não deve ser utilizado durante a gravidez e a amamentação, exceto sob orientação médica. Informe seu médico ou cirurgião-dentista se ocorrer gravidez ou iniciar a amamentação durante o uso deste medicamento."

## O QUE DEVO SABER ANTES DE USAR ESTE MEDICAMENTO? INTERAÇÕES MEDICAMENTOSAS

Até o momento não foram relatadas interações medicamentosas do uso de *Melissa officinalis* com outros medicamentos.

"Informe ao seu médico ou cirurgião-dentista se você está fazendo o uso de algum outro medicamento." "Não use medicamento sem o conhecimento de seu médico pode ser perigoso para sua saúde."

## ONDE, COMO E POR QUANTO TEMPO DEVO GUARDAR ESTE MEDICAMENTO?

Como todo medicamento o SONOLIS, após aberto, deve ser guardado em sua embalagem original e conservado em local fresco (temperatura 15 a 30 0C) ao abrigo da luz e umidade. Armazenando nessas condições, o medicamento se manterá próprio para consumo durante o seu prazo de validade.

O prazo de validade do SONOLIS é de 24 meses após a data de sua fabricação.

"Número do lote e datas de fabricação e validade: vide embalagem." "Não use medicamento com prazo de validade vencido."

"Para a sua segurança, mantenha o medicamento na sua embalagem original."

O SONOLIS é um medicamento líquido, de cor castanho, aspecto homogêneo, levemente adocicado e odor característico.

O SONOLIS é um medicamento fitoterápico elaborado a partir de extrato seco de *Melissa officinalis* e devido a sua complexidade química pode haver precipitação dos princípios ativos durante o armazenamento. No entanto, esse fato não interfere na atividade esperada do medicamento. Recomenda-se agitar o medicamento antes de usar.

"Antes de usar, observe o aspecto do medicamento."

"Caso você observe alguma mudança no aspecto do medicamento, que ainda esteja no prazo de validade, consulte o médico ou o farmacêutico para saber se poderá utilizá-lo."

"Todo medicamento deve ser mantido fora do alcance das crianças."

## COMO DEVO USAR ESTE MEDICAMENTO?

Usar o medicamento somente por via oral.

## POSOLOGIA:

Adultos: de 10 a 20 mL três vezes ao dia.

"Siga corretamente o modo de usar. Em caso de dúvidas sobre este medicamento, procure orientações do farmacêutico. Não desaparecendo os sintomas procure orientação de seu médico ou cirurgião-dentista." "Informe ao seu médico e/ou cirurgião-dentista o aparecimento de sintomas novos, agravação dos sintomas atuais ou retorno de sintomas antigos."

"O uso inadequado do medicamento pode mascarar ou agravar sintomas."

"Consulte um clínico regularmente. Ele avaliará corretamente a evolução do tratamento. Siga suas orientações."

## QUAIS OS MALES QUE ESTE MEDICAMENTO PODE CAUSAR?

Até o momento não há relato de efeitos adversos nas doses terapêuticas indicadas na posologia. Se ocorrerem reações alérgicas, interrompa o tratamento e se necessário consulte o seu médico.

"Informe ao seu médico, cirurgião-dentista ou farmacêutico o aparecimento de reações indesejáveis pelo uso do medicamento."

"Informe a empresa o aparecimento de reações indesejáveis e problemas com este medicamento, entrando em contato através do Sistema de Atendimento ao Consumidor (SAC)."

## O QUE FAZER SE ALGUÉM USAR UMA QUANTIDADE MAIOR DO QUE A INDICADA DESTE MEDICAMENTO?

Até o presente momento não existem relatos de efeitos tóxicos em altas doses. Em caso de ingestão acidental de altas doses do medicamento, promover o esvaziamento gástrico induzindo o vômito e procurar imediatamente socorro médico.

"Em caso de uso de uma grande quantidade deste medicamento procure socorro médico e leve a embalagem ou a bula do medicamento, se possível."

"Em caso de intoxicação ligue para 0800 722 6001 se você precisar de mais informações sobre como proceder."

## INFORMAÇÕES TÉCNICAS AOS PROFISSIONAIS DA SAÚDE CARACTERÍSTICAS FARMACOLÓGICAS

Estudos em camundongos demonstraram que a inalação do óleo essencial de *Melissa officinalis* apresentou efeito tranquilizante leve (WHO, 1999). Em camundongos, o extrato aquoso de *Melissa officinalis* produziu sedação dose-dependente, induziu sono e potencializou doses sub-hipnóticas e hipnóticas do pentobarbital. Com altas doses, foi observado também efeito analgésico periférico (Soulimani, R. 1991). Nos testes em ratos da linhagem Wistar, *Melissa officinalis* exerceu influência sobre o SNC em evocar a atividade antiagressiva. Os estudos do SNC de ratos demonstraram efeito sedativo, hipnótico e analgésico (Soulimani, R, 1993). Foi avaliado a afinidade do Extrato de *Melissa officinalis* sobre o sítio de ligação GABA (A), benzodiazepínico onde foi demonstrada moderada atividade (Salah, S. M. and Jager, 2005). Ainda, pesquisas tem demonstrado que *Melissa officinalis* apresentou atividade sobre o receptor de acetilcolina no SNC (Perry *et al*, 1999). Estudos farmacológicos *in vitro*, demonstraram a atividade espasmolítica de *Melissa officinalis* em íleo isolado de cobaia. O óleo essencial de *Melissa officinalis* inibiu contrações em íleo de cobaia, duodeno e canal deferente de ratos e em jejuno e aorta de coelho em estudos realizados *in vitro*. O óleo essencial de *Melissa officinalis* também exibiu atividade relaxante do músculo liso traqueal de cobaias e em uma preparação de músculo longitudinal/plexus mioentérico estimulado eletricamente.

## RESULTADO DE EFICÁCIA

Tem sido relatado que *Melissa officinalis* melhora as funções cognitivas e reduz a agitação em pacientes com Doença de Alzheimer de leve a moderada. Ainda foi demonstrado em um estudo de 4 meses, duplo-cego, placebo-controlado de 42 pessoas com Alzheimer que o uso oral de *Melissa officinalis* diminuiu significativamente a tendência delas em se tornar agitadas (Akhondzadeh *et al*, 2006).

*Melissa officinalis* mostrou também efeito sedativo e ansiolítico em dois estudos em pessoas saudáveis (Kennedy *et al*, 2003 e Kennedy *et al*, 2004).

*Melissa officinalis* em avaliação de agitação e de qualidade de vida de 71 pacientes que sofrem de demência grave (Ballard *et al*, 2002). Após quatro semanas de tratamento, os pacientes do grupo tratado mostraram-se menos agitados, mais sociáveis e mais engajados em atividades construtivas, em comparação ao grupo placebo.

## INDICAÇÕES

Este medicamento é indicado como carminativo, antiespasmódico e ansiolítico leve.

## CONTRAINDICAÇÕES

Pacientes com histórico de hipersensibilidade e alergia a qualquer um dos componentes da fórmula não devem fazer uso do produto.

## MODO DE USAR E CUIDADOS DE CONSERVAÇÃO DEPOIS DE ABERTO

Uso oral. Este medicamento pode ser ingerido com ou sem diluição. Após aberto deve ser bem fechado e guardado em sua embalagem original. Conservado em local fresco (temperatura 15 a 30°C) ao abrigo da luz e umidade. Armazenando nessas condições, o medicamento se manterá próprio para consumo durante o seu prazo de validade.

## POSOLOGIA

Adultos: de 10 a 20 mL três vezes ao dia.

## ADVERTÊNCIAS

A segurança do uso de *Melissa officinalis* durante a gestação e no período de amamentação ainda não foi comprovada, assim SONOLIS deve ser evitado por mulheres grávidas ou em amamentação.

"Não deve ser utilizado durante a gravidez e a amamentação, exceto sob orientação médica. Informe seu médico ou cirurgião-dentista se ocorrer gravidez ou iniciar a amamentação durante o uso deste medicamento."

## USO EM CRIANÇAS

Não há estudos suficientes que assegurem o uso deste medicamento em crianças.

## INTERAÇÕES MEDICAMENTOSAS

Até o momento não foram relatadas interações medicamentosas do uso de *Melissa officinalis* com outros medicamentos.

## REAÇÕES ADVERSAS

Até o momento não há relato de efeitos adversos nas doses terapêuticas indicadas na posologia. Se ocorrerem reações alérgicas, interrompa o tratamento e se necessário consulte o seu médico.

## SUPERDOSE

Até o presente momento não existem relatos de efeitos tóxicos em altas doses.

**ARMAZENAGEM**

Este medicamento deve ser armazenado em local fresco (temperatura 15 a 30°C) ao abrigo da luz e umidade.

**DIZERES LEGAIS**

REGISTRO NO MS: 1.5275.0005/001-4
Farmacêutica responsável: Farm. Deise Elisa Cenci Peters
CRF/SC 3075
TAUENS Farmacêutica Ltda.
Av. Exp. José Pedro Coelho, 2413/Tubarão – SC – CEP 88704-530
CNPJ: 04.246.660/0001-08/Indústria Brasileira
Atendimento ao consumidor: Fone: 48 3632 7567
e-mail: sac@tauens.com.br; www.tauens.com.br

"Venda sem Prescrição Médica"

_____

# SONORIPAN
*Valeriana officinalis* L.

## MEDICAMENTO FITOTERÁPICO

**Nomenclatura botânica:** *Valeriana officinalis* L.

**Forma farmacêutica e apresentação**
Comprimidos revestidos – caixa com 30 comprimidos revestidos.

## USO ADULTO/VIA ORAL

**Composição**
Cada comprimido revestido contém:
Extrato seco de *Valeriana officinalis* L. ...................... 50mg
Excipientes q.s.p. .......................... 1 comprimido revestido
Excipientes: cellactose, glicolato amido de sódio, dióxido de silício, estearato de magnésio, copolímero ácido metacrílico, dispersão de copolímero ácido metacrílico, talco, dióxido de titânio, corante l.a. amarelo, trietilcitrato, simeticone, polissorbato e polietilenoglicol.
Cada comprimido revestido contendo 50mg de *Valeriana officinalis* L. apresenta 0,8% de ácido valerênico.

## INFORMAÇÕES AO PACIENTE

**Ação esperada do medicamento**
Alívio dos distúrbios de sono e neurovegetativos.

**Cuidados de armazenamento**
O medicamento deve ser conservado em temperatura ambiente (entre 15°C e 30°C). Proteger da luz e umidade.

**Prazo de validade**
Comprimidos revestidos – 24 meses após a data de fabricação. Não use medicamentos com o prazo de validade vencido.

**Gravidez e lactação**
Não deve ser utilizado sem orientação médica.
Informe ao seu médico a ocorrência de gravidez na vigência do seu tratamento ou após seu término. Informe ao seu médico se estiver amamentando.

**Cuidados de administração**
Siga a orientação de seu médico, respeitando sempre os horários, as doses e a duração do tratamento.

**Interrupção do tratamento**
Não interrompa o tratamento sem o conhecimento de seu médico.

**Reações adversas**
Informe ao seu médico o aparecimento de reações desagradáveis, tais como queimação no peito, diarreia, náusea, alergia na pele e outros. Seu uso prolongado pode causar cefaleia, excitabilidade e insônia, desordens da função cardíaca e midríase.

**TODO MEDICAMENTO DEVE SER MANTIDO FORA DO ALCANCE DAS CRIANÇAS.**

**Ingestão concomitante com outras substâncias**
Deve-se evitar o uso de bebidas alcoólicas durante o tratamento com Sonoripan.
O uso de outros medicamentos com ação sedativa deve ser submetido à orientação médica.

**Contraindicações** Hipersensibilidade ao princípio ativo.

**Precauções**
Evitar o uso prolongado devido à pequena incidência de efeitos colaterais que, porventura, poderá ocorrer.
Não interromper a medicação abruptamente após uso crônico.
Não dirija, nem opere máquinas se apresentar sonolência.
Informe ao seu médico sobre qualquer medicamento que esteja usando, antes do início ou durante o tratamento.

**NÃO TOME REMÉDIO SEM O CONHECIMENTO DO SEU MÉDICO, PODE SER PERIGOSO PARA A SUA SAÚDE.**

## INFORMAÇÕES TÉCNICAS

A *Valeriana officinalis*, pertencente à família Valerianaceae, é originária da Europa e da Ásia, usada terapeuticamente como sedativo. A única espécie de *Valeriana* que apresenta eficácia clínica documentada é a **Valeriana officinalis**. As partes utilizadas da planta são as raízes, os estolhos e os rizomas.

**Características químicas e farmacológicas**

Possui 2 grupos de constituintes:

- Serquiterpenes do óleo volátil (ácido valerênico e derivados)
- Iridoides (valepotriatos como: valtrate, diacevaltrate e 11-acevaltrate) Os valepotriatos exercem um efeito espasmolítico.

O ácido valerênico parece ser o mais importante constituinte da *Valeriana officinalis*, que é a única espécie que contém esse tipo de sesquiterpene.

O extrato de *Valeriana officinalis* possui substâncias ainda não conhecidas, com afinidade pelos receptores GABA-A. O valtrate possui afinidade pelos receptores de barbiturato. Esses dados indicam que o efeito sedativo da *Valeriana officinalis* é exercido através de ações sinérgicas dos diferentes constituintes nos diferentes sítios dos receptores de GABA e barbiturato.

Além disso, a fração orgânica do extrato e diidrovaltrate possuem afinidade pelos receptores periféricos benzodiazepínicos, que estão implicados na síntese e secreção de neurosteroides e neuropeptídios, que modulam o complexo receptor GABA-A.

O extrato de *Valeriana officinalis* inibe a secreção e/ou estimula a liberação do GABA dos terminais nervosos aumentando a concentração extracelular de GABA na fenda sináptica.

Os ensaios clínicos demonstram que Sonoripan aumenta a qualidade do sono e diminui a latência do sono, comparando-se favoravelmente aos benzodiazepínicos, sem apresentar o efeito residual no dia seguinte dos mesmos, proporcionando um despertar tranquilo.

Possui também uma ação hipotensora, podendo ser útil como coadjuvante no tratamento da hipertensão arterial. Além disso, é útil nos estados espásticos da musculatura lisa (colite espástica etc.).

**Indicações**

Sedativo indicado em casos de insônia e distúrbios do sono por estresse e tensão.

**Contraindicações**

Hipersensibilidade aos componentes da fórmula.

**Precauções e advertências**

Evitar o uso prolongado devido à pequena incidência de efeitos colaterais que, porventura, poderá ocorrer.

Não interromper a medicação abruptamente após uso crônico. Se ocorrer sonolência, deve-se evitar dirigir ou operar máquinas.

Não foram ainda realizados estudos científicos durante a gravidez e a lactação, devendo-se evitar o uso de Sonoripan nesse período e utilizá-lo apenas sob estrita orientação médica.

**Interações medicamentosas**

Deve-se evitar o uso de bebidas alcóolicas durante o tratamento com Sonoripan, apesar dos estudos não terem demonstrado interação até o momento.

O uso de outros medicamentos com ação sedativa deverá ser submetido à orientação médica.

**Reações adversas**

Raramente poderão ocorrer dispepsia, queimação retroesternal, diarreia e alergia cutânea. Seu uso contínuo poderá causar cefaleia, excitabilidade e insônia.

**Posologia**

Comprimidos revestidos – adultos:

1 a 2 comprimidos revestidos 3 vezes ao dia por 3 semanas.
1 comprimido revestido 2 vezes ao dia ou a critério médico.

**Superdosagem**

Doses excessivas podem causar bradicardia, arritmias e diminuição da motilidade intestinal. Em caso de acidente, recomenda-se a lavagem gástrica, carvão ativado, sulfato de sódio e medidas de suporte.

**Pacientes idosos**

Não há recomendações específicas para pacientes idosos, desde que observadas as precauções e Contraindicações comuns ao produto.

**ATENÇÃO: ESTE PRODUTO É UM NOVO MEDICAMENTO E EMBORA AS PESQUISAS REALIZADAS TENHAM INDICADO EFICÁCIA E SEGURANÇA QUANDO CORRETAMENTE INDICADO, PODEM OCORRER REAÇÕES ADVERSAS IMPREVISÍVEIS AINDA NÃO DESCRITAS OU CONHECIDAS. EM CASO DE SUSPEITA DE REAÇÃO ADVERSA, O MÉDICO RESPONSÁVEL DEVE SER NOTIFICADO.**

M.S. 1.0155.0221• Farm. Resp: Regina H. V. Souza CRF-SP nº 6394

Marjan Indústria e Comércio Ltda

Rua Gibraltar, 165 – Sto. Amaro/SP • CEP: 04755-070

Tel.: (11) 5642-9888

CNPJ: 60.726.692/0001-81

**VENDA SOB PRESCRIÇÃO MÉDICA**

# SONOTABS®
*Valeriana officinalis* L.

**MEDICAMENTO FITOTERÁPICO**

**IDENTIFICAÇÃO DO MEDICAMENTO**
**Nomenclatura botânica oficial:** *Valeriana officinalis* L.
**Nomenclatura popular:** Valeriana Família: Valerianaceae
**Parte da planta utilizada:** raiz

**APRESENTAÇÃO**
Frasco contendo 20 comprimidos revestidos de 100mg de *Valeriana officinalis* L. cada.

USO ORAL
USO ADULTO

**COMPOSIÇÃO**
Cada comprimido revestido contém:
Extrato seco de raiz de *Valeriana officinalis* L. ......100mg (padronizado em 0,8 mg (0,8%) de ácidos sesquiterpênicos expressos em ácido valerênico). Excipientes: celulose microcristalina, copovidona, crospovidona, dióxido de silício, estearato de magnésio, etilcelulose + triacetina + estearato de magnésio + macrogol + monoglicerídeos acetilados + ácido oleico, dióxido de titânio, álcool isopropílico, hipromelose + triacetina, CI 73015, álcool etílico e água deionizada.

**INFORMAÇÕES AO PACIENTE**
**1. PARA QUE ESTE MEDICAMENTO É INDICADO?**
Usado como sedativo moderado, como agente promotor do sono e no tratamento de distúrbios do sono associados à ansiedade.

**2. COMO ESTE MEDICAMENTO FUNCIONA?**
Atua no Sistema Nervoso Central (SNC) exercendo um leve efeito calmante além de auxiliar na regularização dos distúrbios do sono.

**3. QUANDO NÃO DEVO USAR ESTE MEDICAMENTO?**
Pessoas com hipersensibilidade ao extrato de *V. officinalis* e aos outros componentes da fórmula não devem usar este medicamento. Em caso de hipersensibilidade ao produto, recomenda-se descontinuar o uso e consultar o médico. Não há dados disponíveis acerca do uso de Valeriana durante a gravidez e a lactação. Este medicamento não deve ser usado nessas condições, exceto sob orientação médica. Informe ao seu médico se ocorrer gravidez ou se iniciar amamentação durante o uso deste medicamento.
A *V. officinalis* não deve ser administrada para crianças abaixo de três anos.
Não existem contraindicações ou precauções especiais específicas para pacientes idosos.
O medicamento a base de *V. officinalis* pode potencializar o efeito de outros medicamentos depressores do SNC. Estudos em animais mostraram um efeito aditivo quando utilizado em combinação com barbitúricos, anestésicos ou benzodiazepínicos e outros fármacos depressores do SNC. Recomenda-se evitar o uso deste medicamento juntamente com a ingestão de bebidas alcoólicas pela possível exacerbação dos efeitos sedativos. Este medicamento pode causar sonolência, não sendo, portanto, recomendável a sua administração antes de dirigir, operar máquinas ou realizar qualquer atividade de risco que necessite atenção. Utilizar apenas a via oral. O uso deste medicamento por outra via, que não a oral, pode causar a perda do efeito esperado ou mesmo promover danos ao seu usuário.
**Não ingerir doses maiores do que as recomendadas. Este medicamento é contraindicado para uso por mulheres grávidas e/ou lactantes, exceto sob orientação médica.**

**4. O QUE DEVO SABER ANTES DE USAR ESTE MEDICAMENTO?**
Em caso de hipersensibilidade ao produto, recomenda-se descontinuar o uso.
Não ingerir doses maiores do que as recomendadas. De acordo com a categoria de risco de fármacos destinados às mulheres grávidas, este medicamento apresenta categoria de risco C. Este medicamento não deve ser utilizado por mulheres grávidas sem orientação médica ou do cirurgião-dentista. Não há evidências suficientes de que medicamentos à base de *V. officinalis* afetem a habilidade de operar máquinas ou dirigir, mas como esses dados são insuficientes, deve-se evitar tais atividades durante o tratamento com esses medicamentos. Este medicamento pode potencializar o efeito de outros depressores do SNC. Estudos em animais mostraram que a *V. officinalis* possui efeito aditivo quando utilizado em combinação com barbitúricos, anestésicos ou benzodiazepínicos e outros fármacos depressores do SNC. O ácido valerênico aumentou o tempo de sono induzido pelo pentobarbital (intraperitoneal (IP) em camundongo), enquanto o extrato aquoso seco alcalino aumentou o tempo de sono com o tiopental (via oral em camundongo) e o extrato etanólico prolongou a

anestesia promovida por tiopental (IP em camundongo) devido a sua afinidade aos receptores barbitúricos. Devido à afinidade do extrato de *V. officinalis* e valepotriatos com receptores de GABA e benzodiazepínicos (*in vitro*) e a diminuição nos efeitos causados pela retirada do diazepam por uma dose suficientemente grande de valepotriatos (IP em ratos), extratos de *V. officinalis* contendo valepotriatos podem auxiliar na síndrome de abstinência pela retirada do uso do diazepam. Recomenda-se evitar o uso de *V. officinalis* juntamente com a ingestão de bebidas alcoólicas pela possível exacerbação dos efeitos sedativos. Não foram encontrados dados na literatura consultada sobre interações de preparações de *V. officinalis* com exames laboratoriais e com alimentos.

**Informe ao seu médico ou cirurgião-dentista se você está fazendo uso de algum outro medicamento.**

**Não use medicamento sem o conhecimento do seu médico. Pode ser perigoso para sua saúde.**

### 5. ONDE, COMO E POR QUANTO TEMPO POSSO GUARDAR ESTE MEDICAMENTO?

Conservar o produto em sua embalagem original e em temperatura ambiente (entre 15 e 30°C). Proteger da luz e umidade.

**Número de lote e datas de fabricação e validade: vide embalagem.**

**Não use medicamento com o prazo de validade vencido. Guarde-o em sua embalagem original.**

**Características físicas e organolépticas**

Sonotabs apresenta-se como comprimidos revestidos oblongos de coloração azul claro.

**Antes de usar, observe o aspecto do medicamento.**

**Caso ele esteja no prazo de validade e você observe alguma mudança no aspecto, consulte o farmacêutico para saber se poderá utilizá-lo.**

**Todo medicamento deve ser mantido fora do alcance das crianças.**

### 6. COMO DEVO USAR ESTE MEDICAMENTO?

Medicamento de uso exclusivo por via oral.

Ingerir 2 comprimidos revestidos uma vez ao dia. A menos que haja orientação médica contrária, tomar o medicamento de 30 minutos a 2 horas antes de dormir.

Recomenda-se o uso de Sonotabs® por um período de no mínimo 2 semanas para que se obtenha o efeito terapêutico desejado. Porém a duração do tratamento deve ser sempre estabelecida pelo médico.

Limite máximo diário: 9 comprimidos revestidos (equivalente a 7,2 mg de ácidos sesquiterpênicos expressos em ácido valerênico).

**Siga a orientação de seu médico, respeitando sempre os horários, as doses e a duração do tratamento. Não interrompa o tratamento sem o conhecimento do seu médico.**

**Este medicamento não deve ser partido, aberto ou mastigado.**

### 7. O QUE DEVO FAZER QUANDO EU ME ESQUECER DE USAR ESTE MEDICAMENTO?

Caso haja esquecimento da ingestão de uma dose deste medicamento, retome a posologia prescrita sem a necessidade de suplementação. Estudos clínicos com diferentes extratos secos padronizados de *Valeriana officinalis* demonstraram uma boa tolerância, sem o risco de desenvolver dependência.

**Em caso de dúvidas, procure orientação do farmacêutico ou de seu médico, ou cirurgião-dentista.**

### 8. QUAIS OS MALES QUE ESTE MEDICAMENTO PODE ME CAUSAR?

Os efeitos adversos relatados foram raros e leves, incluindo tontura, indisposição gastrintestinal, alergias de contato, dor de cabeça e midríase (dilatação da pupila).

Com o uso em longo prazo, os seguintes sintomas podem ocorrer: dor de cabeça, cansaço, insônia, midríase e desordens cardíacas.

O uso crônico de altas doses de *V. officinalis* por muitos anos aumentou a possibilidade de ocorrência de síndrome de abstinência com a retirada abrupta do medicamento.

**Informe ao seu médico, cirurgião-dentista ou farmacêutico o aparecimento de reações indesejáveis pelo uso do medicamento. Informe também à empresa através do seu serviço de atendimento.**

### 9. O QUE FAZER SE ALGUÉM USAR UMA QUANTIDADE MAIOR DO QUE A INDICADA DESTE MEDICAMENTO?

Em casos de superdosagem podem ocorrer sintomas adversos leves como fadiga, cãibras abdominais, tensionamento do tórax, tontura, tremores e midríase que desapareceram no período de 24 horas após descontinuação do uso. Em caso de superdosagem, suspender o uso e procurar orientação médica de imediato.

**Em caso de uso de grande quantidade deste medicamento, procure rapidamente socorro médico e leve**

a embalagem ou bula do medicamento, se possível. Ligue para 0800 722 6001, se você precisar de mais orientações.

**DIZERES LEGAIS**
Reg. M.S.: 1.0689.0154
Farmacêutica Responsável: Paula Carniel Antonio
CRF-RS: 4228
**KLEY HERTZ S. A. INDÚSTRIA E COMÉRCIO**
Rua Com. Azevedo, 224 – Porto Alegre, RS
CNPJ: 92.695.691/0001-03
Indústria Brasileira
SAC: 0800 7049001

---

# SOYFEMME
*Glycine max* (L.) extrato seco
Semente

**APRESENTAÇÕES**
Cápsulas gelatinosas. Embalagens com 20 e 30 unidades.

**USO ORAL USO ADULTO**

**COMPOSIÇÃO**
Cada cápsula gelatinosa de Soyfemme contém:
extrato seco de *Glycine max* 40% .......................... 150 mg*
*Contém 60 mg de isoflavonas por cápsula
Excipientes: celulose microcristalina, dióxido de silício, talco e estearato de magnésio.

**INFORMAÇÕES AO PACIENTE**
**1. PARA QUE ESTE MEDICAMENTO É INDICADO?**
Soyfemme é um medicamento fitoterápico, derivado da soja, tendo as isoflavonas como componentes ativos, destinado ao alívio dos sintomas vasomotores (ondas de calor ou fogachos, suores noturnos) do climatério (transição entre as fases reprodutiva e não reprodutiva da vida da mulher), visando melhorar a qualidade de vida e o bem-estar da a mulher nesse período. As isoflavonas da soja apresentam também ação benéfica sobre o metabolismo lipídico, auxiliando na redução dos níveis de colesterol total e na manutenção de um melhor equilíbrio entre as frações do colesterol.

**2. COMO ESTE MEDICAMENTO FUNCIONA?**
Um dos principais componentes de Soyfemme, a isoflavona, é semelhante ao estrógeno natural (que o seu corpo produz). Isto faz com que a isoflavona atue estimulando o receptor para hormônio estrogênico, porém de forma menos potente que o seu hormônio endógeno, produzindo os efeitos benéficos da estimulação estrogênica, porém sem os riscos e a potência do uso do estrogênio através de reposição do estrogênio natural ou sintético.

**3. QUANDO NÃO DEVO USAR ESTE MEDICAMENTO?**
Soyfemme é contraindicado em crianças.

**4. O QUE DEVO SABER ANTES DE USAR ESTE MEDICAMENTO?**
Soyfemme é contraindicado para pacientes com história de hipersensibilidade (alergia) à soja e seus derivados ou aos componentes da fórmula.
Se você tem antecedentes de neoplasias (câncer) de mama ou útero deve ser submetida à avaliação médica antes de iniciar o tratamento além de serem mantidas sob acompanhamento médico periódico.
Você deve evitar o uso de Soyfemme ao mesmo tempo em que usar outros medicamentos que possuam ação estrogênica.
Pode haver interferência na absorção de ferro. Se você estiver com suplementação de ferro, pode ser que a dose precise ser ajustada.
Pode haver interferência sobre a ação de levotiroxina, aumentando seu requerimento, podendo ser necessária a monitorização dos níveis dos hormônios tireoidianos se você estiver utilizando esses dois medicamentos ao mesmo tempo.
Se você estiver em uso de medicamentos anticoagulantes a base de varfarina, a dose deste medicamento pode precisar ser ajustada.
Este medicamento não deve ser utilizado por mulheres grávidas sem orientação médica ou do cirurgião-dentista.
**Informe ao seu médico ou cirurgião-dentista se você está fazendo uso de algum outro medicamento. Não use medicamento sem o conhecimento do seu médico. Pode ser perigoso para a sua saúde.**

**5. ONDE, COMO E POR QUANTO TEMPO POSSO GUARDAR ESTE MEDICAMENTO?**
Conservar em temperatura ambiente (entre 15 e 30ºC). Proteger da luz e umidade.
Soyfemme é uma cápsula de coloração verde com gravação Soyfemme no corpo e na tampa contendo pó fino de coloração creme amarronzada.
Número de lote e datas de fabricação e validade: vide embalagem.

Não use medicamento com o prazo de validade vencido. Guarde-o em sua embalagem original.

Antes de usar, observe o aspecto do medicamento. Caso você observe alguma mudança no aspecto do medicamento que ainda esteja no prazo de validade, consulte o médico ou o farmacêutico para saber se poderá utilizá-lo.

Todo medicamento deve ser mantido fora do alcance das crianças.

### 6. COMO DEVO USAR ESTE MEDICAMENTO?

A dose inicial recomendada é de uma cápsula ao dia, podendo ser aumentada, a critério médico, para duas cápsulas ao dia, divididas em duas doses.

Você deve ingerir as cápsulas inteiras, sem mastigar, com água.

Siga a orientação de seu médico, respeitando sempre os horários, as doses e a duração do tratamento. Não interrompa o tratamento sem o conhecimento do seu médico. **Este medicamento não deve ser aberto ou mastigado.**

### 7. O QUE DEVO FAZER QUANDO EU ME ESQUECER DE USAR ESTE MEDICAMENTO?

Caso você esqueça de tomar o medicamento, aguardar a dose seguinte, ingeri-la e, a seguir, manter o tratamento corretamente, conforme orientado pelo médico.

Em caso de dúvidas, procure orientação do farmacêutico ou de seu médico, ou cirurgião-dentista.

### 8. QUAIS OS MALES QUE ESTE MEDICAMENTO PODE ME CAUSAR?

Você poderá apresentar reações desagradáveis com o uso do medicamento. Informe seu médico o aparecimento dessas reações.

Níveis baixos de estrógenos circulantes e prolongamento do ciclo menstrual foram relatados com o uso de preparações de soja ricas em isoflavonas em mulheres pré-menopausadas.

Dermatite atópica (mancha avermelhada e descamativa no corpo) pode ocorrer, porém anafilaxia (reação alérgica grave) é extremamente rara.

Outras reações adversas podem estar relacionadas ao Soyfemme, tais como aumento do ciclo menstrual e redução dos níveis de estrógeno, com frequência estimada de ocorrência não calculada.

A ocorrência de eventos gastrintestinais é reação muito comum, presente em cerca de 17,9% das pacientes, podendo-se apresentar reações como constipação, diarreia, gastroenterite, flatulência (sensação de gases), náuseas e vômitos, dor abdominal, dispepsia (sensação de mal-estar gástrico), dor epigástrica e outros.

Reação muito comum (ocorre em mais de 10% dos pacientes que utilizam este medicamento): distúrbios gastrintestinais.

Reação muito rara (ocorre em menos de 0,01% dos pacientes que utilizam este medicamento): dermatite atópica e anafilaxia.

Informe ao seu médico, cirurgião-dentista ou farmacêutico o aparecimento de reações indesejáveis pelo uso do medicamento. Informe também à empresa através do seu serviço de atendimento.

### 9. O QUE FAZER SE ALGUÉM USAR UMA QUANTIDADE MAIOR DO QUE A INDICADA DESTE MEDICAMENTO?

**Em caso de uso de grande quantidade deste medicamento, procure rapidamente socorro médico e leve a embalagem ou bula do medicamento, se possível. Em caso de intoxicação ligue para 0800 722 6001, se você precisar de mais orientações.**

**DIZERES LEGAIS**

MS – 1.0573.0280

Farmacêutica Responsável: Gabriela Mallmann CRF-SP nº 30.138

Registrado por: **Aché Laboratórios Farmacêuticos S. A.**
Av. Brigadeiro Faria Lima, 201 – 20º andar São Paulo – SP
CNPJ: 60.659.463/0029-92

Indústria Brasileira

Fabricado por: Aché Laboratórios Farmacêuticos S. A. Guarulhos – SP

**VENDA SOB PRESCRIÇÃO MÉDICA**

---

# STEATON
*Silybum marianum*

**Nomenclatura popular:** milk thistle, cardo mariano
**Nomenclatura botânica completa:** *Silybum marianum* (L.) Gaertn
**Família:** Asteraceae
**Parte da planta utilizada:** frutos sem papilho

**PRODUTO REGISTRADO COM BASE NO USO TRADICIONAL, NÃO SENDO RECOMENDADO SEU USO POR PERÍODO PROLONGADO.**

## INFORMAÇÕES QUANTO ÀS APRESENTAÇÕES E COMPOSIÇÃO

### APRESENTAÇÕES:

Cápsula mole 100 mg: embalagens com 30 e 60 cápsulas
Cápsula mole 200 mg: embalagens com 15, 30 e 60 cápsulas

USO ORAL
USO ADULTO

### COMPOSIÇÃO:

Cada cápsula mole de Steaton 100 mg contém:
Extrato seco de *Silybum marianum* (equivalente a 53,8 mg (53,8%) de silimarina expressos em silibinina) 100 mg
Excipientes: óleo de soja, mistura de glicerídeos ácido graxos saturados (caprílico/cáprico/mirístico/triglicerídeo esteárico), lecitina de soja, polissorbato 80, simeticona e cápsula (gelatina, glicerol, clorofila, amarelo de quinolina, corante verde rápido FCF, dióxido de titânio e água de osmose reversa).

Cada cápsula mole de Steaton 200 mg contém:
Extrato seco de *Silybum marianum* (equivalente a 107,7 mg (53,8%) de silimarina expressos em silibinina) 200 mg
Excipientes: óleo de soja, mistura de glicerídeos ácido graxos saturados (caprílico/cáprico/mirístico/triglicerídeo esteárico), lecitina de soja, polissorbato 80, simeticona e cápsula (gelatina, glicerol, clorofila, corante óxido de ferro preto, corante verde rápido FCF, dióxido de titânio e água de osmose reversa).

### INFORMAÇÕES AO PACIENTE

### 1. PARA QUÊ ESTE PRODUTO É INDICADO?

Steaton é um hepatoprotetor.

### 2. COMO ESTE PRODUTO FUNCIONA?

Os efeitos de Steaton estão relacionados a diversos mecanismos de ação. Devido ao poder de remover radicais livres que agridem os hepatócitos (células do fígado), a silimarina possui acentuadas propriedades antioxidantes, sendo esse o principal mecanismo de ação.

Além disso, estudos demonstram que a silimarina é capaz de estabilizar a membrana das células do fígado e regular sua permeabilidade, impedindo a penetração de toxinas no seu interior e prevenindo a ocorrência de danos celulares.

Por outro lado, a silimarina estimula uma determinada enzima responsável pela síntese de proteínas estruturais e funcionais dessas células, o que resulta em maior capacidade reparadora e regenerativa do fígado.

Outros mecanismos de ação incluem sua atividade antifibrótica (inibe o acúmulo de fibras de colágeno que podem levar à cirrose), e a atividade colagoga (aumenta a excreção de sais biliares através do estímulo produção de sais biliares benéficos ao fígado).

### 3. QUANDO NÃO DEVO USAR ESTE PRODUTO?

Steaton é contraindicado para pessoas com alergia aos componentes da fórmula ou que já tenham apresentado alergia a outras espécies da Família Asteraceae (família de plantas da qual a silimarina é extraída).

Este produto é contraindicado para uso por crianças.

**Mulheres grávidas ou amamentando não devem utilizar este produto, já que não há estudos que possam garantir a segurança nessas situações.**

### 4. O QUE DEVO SABER ANTES DE USAR ESTE PRODUTO?

Não há advertências ou recomendações especiais sobre o uso do produto em idosos.

O uso concomitante da silimarina pode acelerar a eliminação do metronidazol pelo organismo. Portanto essas substâncias não devem ser utilizadas em conjunto, e, caso isto seja necessário, o médico deve considerar o ajuste da dose de metronidazol.

Não há casos relatados que o uso deste produto interfira na capacidade de dirigir veículos e operar máquinas.

**Não há casos relatados que o uso deste produto interaja com outros produtos, como plantas, medicamentos e alimentos.**

Caso os sintomas persistam ou piorem, ou apareçam reações indesejadas não descritas na embalagem ou no folheto informativo, interrompa seu uso e procure orientação do profissional de saúde.

Se os sintomas persistirem por mais de 2 semanas durante o uso do produto, um médico ou um profissional de saúde qualificado deve ser consultado.

Se você utiliza medicamentos de uso contínuo, busque orientação de profissional de saúde antes de utilizar este produto.

Este produto não deve ser utilizado por período superior ao indicado, ou continuamente, a não ser por orientação de profissionais de saúde.

Informe ao seu profissional de saúde todas as plantas medicinais e fitoterápicos que estiver tomando. Interações podem ocorrer entre produtos e plantas medicinais e mesmo entre duas plantas medicinais quando administradas ao mesmo tempo.

## 5. ONDE, COMO E POR QUANTO TEMPO POSSO GUARDAR ESTE PRODUTO?

Conservar em temperatura ambiente (entre 15 e 30ºC). Proteger da luz. Steaton possui prazo de validade de 24 meses, a partir da data de fabricação.

Número de lote e datas de fabricação e validade: vide embalagem. Não use produto com prazo de validade vencido.

**Para sua segurança, guarde o produto na embalagem original.**

Cápsula mole, oval, verde opaco.

Antes de usar, observe o aspecto do produto. Caso ele esteja no prazo de validade e você observe alguma mudança no aspecto, consulte o farmacêutico para saber se poderá utilizá-lo.

**Este produto deve ser mantido fora do alcance das crianças.**

## 6. COMO DEVO USAR ESTE PRODUTO?

Steaton deve ser ingerido por via oral, com um pouco de água. A dose ideal pode variar conforme a gravidade dos sintomas. Recomenda-se, como orientação inicial, o seguinte esquema:

Steaton 100 mg: iniciar o tratamento com 2 cápsulas, 3 vezes ao dia, e reduzir para 1 cápsula, 3 vezes ao dia, após 4 a 8 semanas, como dose de manutenção.

Steaton 200 mg: iniciar o tratamento com 1 cápsula, 3 vezes ao dia, e reduzir para 1 cápsula, 2 vezes ao dia, após 4 a 8 semanas, como dose de manutenção.

Se os sintomas persistirem por mais de 2 semanas durante o uso do produto, um médico ou um profissional de saúde qualificado deve ser consultado.

Os produtos tradicionais fitoterápicos não devem ser administrados pelas vias injetável e oftálmica.

Este produto não deve ser partido, aberto ou mastigado.

**Siga corretamente o modo de usar. Em caso de dúvidas sobre este produto, procure orientação com seu farmacêutico ou profissional de saúde. Não desaparecendo os sintomas, procure orientação de seu profissional de saúde.**

## 7. O QUE DEVO FAZER QUANDO EU ME ESQUECER DE USAR ESTE PRODUTO?

O esquecimento de uma ou mais doses dessa medicação não trará efeitos graves para o paciente, mas dificultará a obtenção dos resultados desejados no controle dos sintomas. No caso de esquecimento de uma ou mais doses deve-se proceder tomando a próxima dose da medicação no horário planejado.

Em caso de dúvidas, procure orientação de profissional de saúde.

## 8. QUAIS OS MALES QUE ESTE PRODUTO PODE ME CAUSAR?

De modo geral, Steaton é bem tolerado. Ocasionalmente podem ocorrer sintomas gastrointestinais leves, tais como boca seca, dor abdominal, dor de estômago, irritação gástrica, diarreia, vômitos e náuseas.

Também podem ocorrer outros sintomas, que incluem cefaleia (dor de cabeça), reações de pele (como por exemplo, dermatite, urticária, prurido, rash e eczema), sudorese, fraqueza, desmaio e anafilaxia.

Informe ao seu profissional de saúde o aparecimento de reações indesejáveis pelo uso do produto. Informe também à empresa através do seu Serviço de Atendimento ao Consumidor (SAC).

Em casos de eventos adversos, notifique ao Sistema de Notificações em Vigilância Sanitária – Notivisa, disponível em www.portal.anvisa.gov.br/notivisa ou para a Vigilância Sanitária Estadual ou Municipal.

## 9. O QUE FAZER SE ALGUÉM USAR UMA QUANTIDADE MAIOR DO QUE A INDICADA DESTE PRODUTO?

Até o momento, não existem relatos de casos de uso do produto em quantidade maior do que o recomendado. Na eventualidade da ingestão acidental de doses muito acima das preconizadas, o paciente deve procurar assistência médica imediatamente.

Em caso de uso de grande quantidade deste produto, procure rapidamente socorro médico e leve a embalagem ou folheto informativo, se possível.

**Em caso de intoxicação ligue para 0800 722 6001, se você precisar de mais orientações sobre como proceder. Não há casos de superdose relatados.**

**DIZERES LEGAIS:**

MS – 1.0573.0520

Farmacêutica Responsável: Gabriela Mallmann CRF-SP nº 30.138

Registrado por: Aché Laboratórios Farmacêuticos S. A.
Av. Brigadeiro Faria Lima, 201 – 20º andar – São Paulo – SP
CNPJ: 60.659.463/0029-92

Indústria Brasileira

Fabricado e Embalado por: Catalent Brasil Ltda.
Indaiatuba – SP

# T

## TANACETO EC
*Tanacetum parthenium*

**Família:** Asteraceae.
**Parte da planta utilizada:** Folhas.

MEDICAMENTO FITOTERÁPICO

APRESENTAÇÕES
Cartucho com frasco plástico branco opaco contendo 50 cápsulas de 500 mg.

USO ORAL
USO ADULTO

COMPOSIÇÃO
Cada cápsula gelatinosa dura contém:
500 mg de extrato seco de folhas de *Tanacetum parthenium*.
Equivalente a 0,4 mg de partenolídeo.
Excipiente: Amido. Quantidade: 50 cápsulas.

### 1. PARA QUE ESTE MEDICAMENTO É INDICADO?
Este medicamento é destinado para profilaxia da enxaqueca.

### 2. COMO ESTE MEDICAMENTO FUNCIONA?
TANACETO EC é indicado como preventivo das crises de enxaqueca, reduzindo a frequência e intensidade das mesmas, uma vez que melhora os sintomas neurovegetativos associados, tais como náuseas, enjoos, vertigens e vômitos.

### 3. QUANDO NÃO DEVO USAR ESTE MEDICAMENTO?
Pessoas com hipersensibilidade aos componentes da fórmula não devem usar este medicamento. Contraindicado lactantes e gestantes, por induzir contrações uterinas.
Não existem contra indicações ou precauções especiais específicas para pacientes idosos.
**Este medicamento é contraindicado para menores de 12 anos de idade.**
**Este medicamento é contraindicado para gestantes.**

### 4. O QUE DEVO SABER ANTES DE USAR ESTE MEDICAMENTO?
Não administrar TANACETO juntamente com drogas anticoagulantes, devido à possível potencialização dos efeitos.
Não deve ser administrado com aminoácidos que contenham grupos sulfidrila como a cisteína e a N-glicina.
**Informe ao seu médico ou cirurgião-dentista se você está fazendo uso de algum outro medicamento. Assim como todos os medicamentos, informe ao seu profissional de saúde todas as plantas medicinais e fitoterápicos que estiver tomando. Interações podem ocorrer entre medicamentos e plantas medicinais e mesmo entre duas plantas medicinais quando administradas ao mesmo tempo.**
**Não use medicamento sem o conhecimento do seu médico. Pode ser perigoso para a sua saúde.**

### 5. ONDE, COMO E POR QUANTO TEMPO POSSO GUARDAR ESTE MEDICAMENTO?
Proteger da luz, calor e umidade. Conservar este medicamento em temperatura ambiente (15 a 30ºC). Este medicamento tem validade de 24 meses a partir da data de sua fabricação.
**Número de lote e datas de fabricação e validade: VIDE EMBALAGEM. Não use medicamento com prazo de validade vencido.**
**Para sua segurança, mantenha o medicamento em sua embalagem original.**
As cápsulas de TANACETO EC (*Tanacetum parthenium*) são de gelatina dura, transparentes, contendo pó de coloração verde claro em seu interior.
**Antes de usar, observe o aspecto do medicamento. Caso você observe alguma mudança no aspecto do medicamento que ainda esteja no prazo de validade, consulte o médico ou o farmacêutico para saber se poderá utilizá-lo.**
**Todo medicamento deve ser mantido fora do alcance das crianças.**

### 6. COMO DEVO USAR ESTE MEDICAMENTO?
Ingerir 1 cápsula ao dia. Não deve ser ultrapassado o limite máximo de 1 cápsula ao dia. Recomenda-se tratamentos descontínuos.
As cápsulas devem ser ingeridas inteiras e sem mastigar com quantidade suficiente de água para que sejam deglutidas.
Siga a orientação de seu médico, respeitando sempre os horários, as doses e a duração do tratamento.
**Não interrompa o tratamento sem o conhecimento de seu médico. Este medicamento não deve ser partido, aberto ou mastigado.**

### 7. O QUE DEVO FAZER QUANDO EU ME ESQUECER DE USAR ESTE MEDICAMENTO?

Caso haja esquecimento da ingestão de uma dose deste medicamento, retome a posologia prescrita sem a necessidade de suplementação.

**Em casos de dúvidas, procure orientação do farmacêutico ou de seu médico, ou cirurgião-dentista.**

### 8. QUAIS OS MALES QUE ESTE MEDICAMENTO PODE ME CAUSAR?

**Reação incomum** (ocorre em 0,1% e 1 % dos pacientes que utilizam este medicamento): irritações na mucosa oral, distúrbios gastrintestinais, azia, dor abdominal e aumento de peso.

**Reação rara** ocorre entre 0,01% e 0,1% dos pacientes que utilizam este medicamento): dermatite de contato, diarreia, flatulência, náuseas e vômitos.

Foi descrita uma "Síndrome pós-tanaceto" em cerca de 10% dos pacientes que interromperam o tratamento abruptamente, com sintomas como nervosismo, cefaleia de tensão, insônia, rigidez nas articulações e cansaço.

**Informe seu médico, cirurgião-dentista ou farmacêutico o aparecimento de reações indesejáveis pelo uso do medicamento.**

**Informe a empresa sobre o aparecimento de reações indesejáveis e problemas com este medicamento, entrando em contato através do Sistema de Atendimento ao Consumidor (SAC).**

### 9. O QUE FAZER SE ALGUÉM USAR UMA QUANTIDADE MAIOR DO QUE A INDICADA DESTE MEDICAMENTO?

Em caso de superdosagem, suspender o uso, procurar orientação médica de imediato para que sejam adotadas as medidas habituais de apoio e controle das funções vitais.

**Em caso de uso de grande quantidade deste medicamento, procure rapidamente socorro médico e leve a embalagem ou bula do medicamento, se possível.**

**Em caso de intoxicação ligue para 0800 722 6001, se você precisar de mais orientações sobre como proceder.**

### DIZERES LEGAIS

MS: 1.1678.0019
Farmacêutico Responsável: Aldo Cândido Dadalt
CRF-PR: 4787
As Ervas Curam Indústria Farmacêutica Ltda Rua Eunice Weaver, 231
Campo Comprido Curitiba – PR – CEP: 81220-080
CNPJ: 79.634.572/0001-82
Indústria Brasileira
SAC 0800 643 3949

**VENDA SOB PRESCRIÇÃO MÉDICA**

---

# TANAKAN

## I) IDENTIFICAÇÃO DO MEDICAMENTO

### MEDICAMENTO FITOTERÁPICO

*Ginkgo biloba*
Extrato seco EGb 761

**Nomenclatura botânica oficial:** *Ginkgo biloba* L.
**Nomenclatura popular:** ginkgo
**Família:** Ginkgoaceae
**Parte da planta utilizada:** folhas

### APRESENTAÇÕES

TANAKAN® (extrato seco de *Ginkgo biloba* – EGb 761) Comprimidos revestidos 80 mg: embalagem com 20 e 30 comprimidos.
TANAKAN® (extrato seco de *Ginkgo biloba* – EGb 761) Comprimidos revestidos 120 mg: embalagem com 20 e 30 comprimidos.

**VIA ORAL**
**USO ADULTO**

### COMPOSIÇÃO

Cada comprimido revestido de 80 mg contém:
Extrato seco de *Ginkgo biloba* L – EGb 761 (35-67:1) ..... 80 mg (padronizado em 17,6 – 21,6 mg (22-27%) de ginkgoflavonoides (determinados como quercetina, kaempferol e isorhamnetina) e 4,0 – 5,6 mg (5 – 7%) de terpenolactonas (ginkgolídeos A, B, C, J e bilobalídeos).
Excipientes: lactose, celulose microcristalina, amido de milho pré-gelatinizado, dióxido de silício, talco, estearato de magnésio, hipromelose, macrogol 400 e 6000, dióxido de titânio e óxido de ferro amarelo.

Cada comprimido revestido de 120 mg contém:
Extrato seco de *Ginkgo biloba* – EGb 761 (35-67: 1) 120mg (padronizado em 26,4 – 32,4 mg (22-27%) de ginkgoflavonoides (determinados como quercetina, kaempferol e isorhamnetina) e 6,0 – 8,4 mg (5 – 7%) de terpenolactonas (ginkgolídeos A, B, C, J e bilobalídeos).

Excipientes: lactose, dióxido de silício coloidal, celulose microcristalina, amido, croscarmelose sódica, estearato de magnésio, hipromelose, macrogol 1500, talco, emulsão antiespumante, dióxido de titânio e óxido de ferro amarelo.

## II) INFORMAÇÕES TÉCNICAS AOS PROFISSIONAIS DE SAÚDE
### 1. INDICAÇÕES

Este medicamento é indicado para distúrbios das funções do Sistema Nervoso Central (SNC): vertigens e zumbidos (tinidos) resultantes de distúrbios circulatórios, distúrbios circulatórios periféricos (claudicação intermitente) e insuficiência vascular cerebral (MILLS & BONES, 2000; 2005).

### 2. RESULTADOS DE EFICÁCIA

De 35 estudos realizados com o *Ginkgo biloba*, incluindo 3541 participantes, 33 encontraram efeitos positivos para o uso nas indicações: doença de Alzheimer, demência, zumbido, doença vascular periférica (claudicação intermitente), asma e depressão (BLUMENTHAL, 2003). Outros dois encontraram resultados negativos, um em demência (VAN DONGEN, 2000) e outro em zumbidos (DREW & DAVIES, 2001).

Dezoito estudos envolvendo um total de 1672 participantes embasaram a utilização de *G. biloba* no tratamento de demência decorrente de insuficiência cardiovascular ou Alzheimer. Destes dezoito estudos, cinco eram randomizados (R), duplo-cegos (DC), controlados por placebo (CP) e multicêntricos (MC), envolvendo 663 participantes; 11 eram R, DC e CP com um total de 898 participantes; e dois eram estudos R, DC, CP, cruzados, envolvendo um total de 111 participantes, focando o tratamento de *G. biloba* para claudicação intermitente com resultados positivos (BLUMENTHAL, 2003).

Uma recente meta-análise avaliou 33 trabalhos sobre a eficácia e a tolerabilidade de *G. biloba* no comprometimento cognitivo e na demência. Foram incluídos ensaios duplo-cegos, controlados e randomizados realizados até junho de 2002. Em geral, não foram observadas diferenças estatisticamente significativas entre o *G. biloba* e o placebo no que diz respeito aos efeitos adversos. Quanto à eficácia, conclui-se que existem benefícios associados ao uso de *G. biloba* em doses inferiores a 200 mg/dia por 12 semanas ($p<0,0001$), ou em doses superiores a 200 mg/dia por 24 semanas ($p=0,02$). Parâmetros cognitivos, de atividades da vida diária e humor também apontam superioridade do *G. biloba* em relação ao placebo nas duas faixas de dosagem (BIRKS, 2002).

### 3. CARACTERÍSTICAS FARMACOLÓGICAS

O extrato de *Ginkgo biloba* é constituído principalmente por ginkgoflavonoides (derivados da quercetina, kaempferol e isorhamnetina) e terpenolactonas (ginkgolídeos e bilobalídeos). Após a administração oral, os ginkgolídeos A, B e bilobalídeos possuem uma alta biodisponibilidade (98-100%; 79-93%; 70%, respectivamente) (BLUMENTHAL, 2003). As suas meias-vidas de eliminação duram respectivamente 4,5h; 10,6h e 3,2h. Esses compostos são excretados inalterados na urina em 70% de ginkgolídeo A, 50% ginkgolídeo B e 30% bilobalídeos (MILLS & BONES, 2000).

O *G. biloba* promove o incremento do suprimento sanguíneo cerebral por meio da vasodilatação e redução da viscosidade sanguínea, além de reduzir a densidade dos radicais livres de oxigênio nos tecidos nervosos. Os ginkgolídeos, especialmente o ginkgolídeo B, inibem o Fator de Ativação Plaquetária (PAF), potencializando os parâmetros hemodinâmicos como o aumento do fluxo sanguíneo, por meio da diminuição da viscosidade sanguínea e da agregação eritrocitária (GARCIA, 1998; MICROMEDEX, 2007).

*G. biloba* reduz a progressão da demência, provavelmente por reduzir a infiltração de neutrófilos e a peroxidação lipídica (OTAMIRI & TAGESSON, 1989), aumentando o fluxo sanguíneo (KOLTRINGER *et al.*, 1989), antagonizando o PAF (WADA *et al.*, 1988) e modificando o metabolismo neuronal (DE FEUDIS, 1991).

A fração de flavonoides é responsável pelo aumento da inibição da recaptação de serotonina (AHLEMEYER & KRIEGELSTEIN, 1998), facilita a transmissão colinérgica e alfa-adrenérgica e estimula a recaptação de colina no hipocampo (BLUMENTHAL, 1987). A ação neuroprotetora está relacionada com a inibição da síntese do óxido nítrico (CALAPAI, 2000).

### 4. CONTRAINDICAÇÕES

**Este medicamento é contraindicado para menores de 12 anos.**

Pacientes com coagulopatias ou em uso de anticoagulantes e antiplaquetários devem ser cuidadosamente monitorados. O uso do medicamento deve ser suspenso pelo menos três dias antes de procedimentos cirúrgicos (GARCIA, 1998; MILLS & BONES, 2005).

Pacientes com histórico de hipersensibilidade e alergia a qualquer um dos componentes da fórmula não devem fazer uso do produto.

## 5. ADVERTÊNCIAS E PRECAUÇÕES

De acordo com a categoria de risco de fármacos destinados às mulheres grávidas, este medicamento apresenta categoria de risco C.

**Este medicamento não deve ser utilizado por mulheres grávidas e em amamentação sem orientação médica ou do cirurgião-dentista.**

## 6. INTERAÇÕES MEDICAMENTOSAS

A associação deste medicamento com anticoagulantes, antiplaquetários, anti-inflamatórios não esteroidais (AINES) e/ou agentes trombolíticos pode aumentar o risco de hemorragias (MICROMEDEX® 2.0, 2014).

Este medicamento pode diminuir a efetividade dos anticonvulsivantes e pode alterar os efeitos da insulina, aumentando a sua depuração (MICROMEDEX® 2.0, 2014).

Pode provocar mudanças no estado mental quando associado à buspirona ou ao *Hypericum perforatum* (MICROMEDEX® 2.0, 2014).

Pode potencializar o efeito dos inibidores da monoaminooxidase e pode aumentar o risco dos efeitos colaterais da nifedipina (MICROMEDEX® 2.0, 2014).

Pode aumentar o risco de aparecimento da síndrome serotoninérgica quando associado aos inibidores da recaptação de serotonina e pode causar hipertensão em uso concomitante com os diuréticos tiazídicos (MICROMEDEX® 2.0, 2014).

A associação deste medicamento com omeprazol pode acarretar diminuição de nível sérico do omeprazol (YIN *et al.*, 2004).

A associação com trazodona pode trazer risco de sedação excessiva (GALLUZZI *et al.*, 2000).

O uso concomitante de *G. biloba* pode aumentar os riscos de eventos adversos causados pela risperidona, como, por exemplo, priapismo (LIN *et al.*, 2007).

A associação com papaverina pode acarretar potencialização de efeitos terapêuticos e adversos (SIKORA *et al.*, 1989).

## 7. CUIDADOS DE ARMAZENAMENTO DO MEDICAMENTO

Conservar este medicamento em temperatura ambiente (temperatura entre 15 e 30ºC) e proteger da luz e umidade. Se armazenado nas condições recomendadas, TANAKAN® (extrato seco de *Ginkgo biloba* – EGb 761) é válido por 24 meses.

**Número de lote e datas de fabricação e validade: vide embalagem.**

**Não use medicamento com o prazo de validade vencido. Guarde-o em sua embalagem original.**

### Características físicas

TANAKAN® (extrato seco de *Ginkgo biloba* – EGb 761) comprimidos revestidos apresentam-se como comprimidos ocre pálidos, com faces biconvexas lisas.

**Antes de usar, observe o aspecto do medicamento. Todo medicamento deve ser mantido fora do alcance das crianças.**

## 8. POSOLOGIA E MODO DE USAR

TANAKAN® (extrato seco de *Ginkgo biloba* – EGb 761) 80 mg: Ingerir 1 comprimido, contendo 80 mg 2 a 3 vezes ao dia, ou a critério médico.

TANAKAN® (extrato seco de *Ginkgo biloba* – EGb 761) 120 mg: Ingerir 1 comprimido, contendo 120 mg 2 vezes ao dia, ou a critério médico.

(A dose diária deve estar entre 26,4 e 64,8 mg de ginkgoflavonoides e 6 e 16,8 mg de terpenolactonas) (HOFFMAN, 2003; EBADI, 2006).

A dose diária recomendada fica a critério médico, após avaliação clínica do paciente. Os comprimidos devem ser ingeridos inteiros, sem mastigar, com quantidade suficiente de água para que sejam deglutidas.

Caso haja esquecimento da ingestão de uma dose deste medicamento, retome a posologia prescrita sem a necessidade de suplementação.

Utilizar apenas a via oral. O uso deste medicamento por outra via, que não a oral, pode causar a perda do efeito esperado ou mesmo promover danos ao seu usuário.

**Este medicamento não deve ser partido, aberto ou mastigado.**

## 9. REAÇÕES ADVERSAS

Podem ocorrer distúrbios gastrointestinais, cefaleia e reações alérgicas cutâneas (hiperemia, edema e prurido) (GARCIA, 1998). Também foram relatados enjoos, palpitações, hemorragias e hipotensão (BLUMENTHAL, 1987). Casos de hemorragia subaracnoide, hematoma subdural, hemorragia intracerebral, hematoma subfrênico, hemorragia vítrea e sangramento pós-operatório foram relatados em pacientes que faziam uso de *G. biloba* isoladamente (MICROMEDEX, 2007; HAUSER *et al.*, 2002; BENJAMIN *et al.*, 2001; FESSENDEN *et al.*, 2001; VALE, 1998; ROWIN & LEWIS, 1776).

**Em casos de eventos adversos, notifique ao Sistema de Notificações em Vigilância Sanitária -Notivisa, disponível em www.anvisa.gov.br/hotsite/notivisa/index.htm, ou para a Vigilância Sanitária Estadual ou Municipal.**

## 10. SUPERDOSE
Em caso de superdosagem, suspender o uso e procurar orientação médica de imediato.

Em caso de intoxicação ligue para 0800 722 6001, se você precisar de mais orientações.

## III) DIZERES LEGAIS
MS: 1.0553.0314

Farm. Resp.: Graziela Fiorini Soares CRF-RJ nº 7475

**Fabricado por: Abbott Laboratórios do Brasil Ltda.**
Rio de Janeiro – RJ INDÚSTRIA BRASILEIRA

**Registrado por: Abbott Laboratórios do Brasil Ltda.**
Rua Michigan, 735 – São Paulo – SP

CNPJ: 56.998.701/0001-16

**ABBOTT CENTER**
Central de Relacionamento com o Cliente 0800 703 1050
www.abbottbrasil.com.br

**VENDA SOB PRESCRIÇÃO MÉDICA**

## REFERÊNCIAS BIBLIOGRÁFICAS

AHLEMEYER, B; KRIEGELSTEIN, J. Neuroprotective effects of *Ginkgo biloba* extract. *American Chemical Society*; 1998, p. 210-20.

BENJAMIN, J; MUIR, T; BRIGGS K *et al*. A case of cerebral haemorrhage-can *Ginkgo biloba* be implicated? Postgrad Med J 2001; v. 77, n. 904, p. 112-3.

BIRKS, J; GRIMLEY, EJ; VAN DONGEN, M. *Ginkgo biloba* for cognitive impairment and dementia [Cochrane Review]. Oxford. In: The Cochrane Library, Issue 4, 2002.

BLUMENTHAL M, BUSSE WR, GOLDBERG A, *et al*. (eds.). *The complete German Commission E Monographs – Therapeutic guide to herbal medicines*. Austin, American Botanical Council; Boston: Integrative Medicine Communication; 1987.

BLUMENTHAL, M. The ABC clinical guide to herbs. 2003.

CALAPAI, G; CRUPI, A, FIRENZUOLI, F. Neuroprotective effects of *Ginkgo biloba* extract in brain ischemia are mediated by inhibition of nitric oxide synthesis. Life Sciences. 2000; 67:2673-83.

DE FEUDIS, FG. *Ginkgo biloba* extract (EGb 761): Pharmacological activities and clinical applications. Editions Scientifiques Elsevier, Paris, France, 1991, p. 68-73.

DREW, S; DAVIES, E. Effectiveness of *Ginkgo biloba* in treating tinnitus: double-blind, placebo controlled trial. BMJ. 2001 Jan 13; 322 (7278):73.

EBADI, M. Pharmacodynamic basis of Herbal Medicine. 2a ed. CRC Press. 2006. 699p. 46

FESSENDEN, JM; WITTENBORN, W; CLARKE, L. *Ginkgo biloba*: A case report of herbal medicine and bleeding postoperatively from a laparoscopic cholescystectomy. Am Surg. 2001; v. 67, n. 1, p. 33-5.

GALLUZZI S, ZANETTI O, TRABUCCHI M, *et al*: Coma in a patient with Alzheimer's disease taking low-dose trazodone and *Ginkgo biloba*. J Neurol Neurosurg Psychiatry 2000; v. 68, n. 5, p. 679-680.

GARCIA, AA. *et al*. Fitoterapia. Vademecum de Prescripción. Plantas Medicinales. 3. ed. Barcelona; 1998.

HAUSER, D; GAYOWSKI, T; SINGH, N. Bleeding complications precipitated by unrecognized *Ginkgo biloba* use after liver transplantation. Transpl Int. 2002; v. 15, n. 7, p. 377-9.

HOFFMAN, D. Medical Herbalism – The science and practice of herbal medicine. 2003.

KOLTRINGER, P; EBER, O; LIND, P. Mikrozirkulation und viskoelastizitaet des vollblutes unter Ginkgo biloba extract. Eine plazebokonntrollierte, randomisierte Douppelblind-Studie. Perfusion.1989; 1:28-30.

LIN YY, CHU SJ, & TSAI SH: Association between priapism and concurrent use of risperidone and *Ginkgo biloba*. Mayo Clin Proc 2007; v. 82, n. 10, p. 1289-1290.

MICROMEDEX® versão 2.0. Disponível em: http://www.micromedexsolutions.com. Acesso em 18 ago. 2014.

MILLS, S; BONES, K. Principles and practice of phytotherapy – modern herbal medicine, 2000.

MILLS, S; BONES, K. The essencial guide to herbal safety, 2005.

OTAMIRI, T; TAGESSON, C. *Ginkgo biloba* extract prevents mucosa damage associated with small intestinal ischaemia. Scand J Gastroenterol. 1989; v. 46, n. 6, p. 666-70.

ROWIN, J; LEWIS, SL. Spontaneous bilateral subdural hematomas associated with chronic *Ginkgo biloba* ingestion (letter). Neurology. 1996; 46 (6):1775-6.

SIKORA R, SOHN M, DEUTZ F-J, *et al: Ginkgo biloba* extract in the therapy of erectile dysfunction. J Urol 1989; 141:188.

VALE, S. Subarachnoid haemorrhage associated with *Ginkgo biloba*. Lancet. 1998; 352 (9121):36.

VAN DONGEN, M. The efficacy of ginkgo for elderly people with dementia and age-associated memory impairment: new results of randomized clinical trial. J Am Geriatr Soc 2000; v. 48, n. 10, p.1183-94.

WADA, K; ISHIGAKI, K; UEDA, K. Studies on the constitution of edible and medicinal plants. Chem Pharm Bull 1988; 36 (5): 1779-82.

YIN OQP, TOMLINSON B, WAYE MMY, *et al*: Pharmacogenetics and herb-drug interactions: experience with *Ginkgo biloba* and omeprazole. Pharmacogenetics 2004; 14 (12):841-850.

---

# TENAG®
*Vitex agnus-castus*

## MEDICAMENTO FITOTERÁPICO

**Nome científico:** *Vitex agnus-castus*
**Família:** Verbenaceae
**Parte da planta utilizada:** fruto Nomenclatura popular: Chaste tree

## APRESENTAÇÕES
Comprimidos revestidos de 40 mg em embalagem com 10 e 20 comprimidos.

## VIA ORAL
## USO ADULTO

## COMPOSIÇÃO
Cada comprimido revestido contém:
Extrato seco de *Vitex agnus-castus* (padronizado em 0,24 mg (0,6%) de aucubina) ................................. 40 mg
Excipientes: celulose microcristalina, lactose monoidratada, estearato de magnésio, amidoglicolato de sódio, dióxido de silício, copolímero de ácido metacrílico e metacrilato de etila, copolímero de ácido metacrílico e metacrilato de metila, talco, dióxido de titânio, corante laca vermelho n°6, polissorbato, citrato de trietila, macrogol e simeticona.

## INFORMAÇÕES TÉCNICAS AOS PACIENTES

## 1. PARA QUE ESTE MEDICAMENTO É INDICADO?
Este medicamento é destinado para o tratamento de irregularidades do ciclo menstrual, tais como: oligomenorreia (poucas menstruações ao ano), polimenorreia (ocorrência de ciclos menstruais com frequência maior que o habitual) e amenorreia secundária (cessação da menstruação); síndrome pré-menstrual, principalmente sintomas como mastalgia (dor nas mamas); hiperprolactinemia (níveis elevados de prolactina no sangue).

## 2. COMO ESTE MEDICAMENTO FUNCIONA?
Tenag® atua no sistema nervoso central e endócrino, normalizando os níveis de prolactina e regularizando o ciclo menstrual.

## 3. QUANDO NÃO DEVO USAR ESTE MEDICAMENTO?
Você não deve tomar Tenag® quando estiver em tratamento com outras terapias endócrinas (reposição hormonal, anticoncepcionais orais, hormônios sexuais) e possuir defeitos metabólicos do FSH.
**Este medicamento é contraindicado para menores de 18 anos.**
**Este medicamento não deve ser utilizado por mulheres grávidas sem orientação médica ou do cirurgião-dentista.**

## 4. O QUE DEVO SABER ANTES DE USAR ESTE MEDICAMENTO?
Assim como todos os medicamentos, informe ao seu médico todas as plantas medicinais e fitoterápicos que estiver tomando. Interações podem ocorrer entre medicamentos e plantas medicinais e mesmo entre duas plantas medicinais quando administradas ao mesmo tempo.
O uso concomitante de *Vitex agnus-castus* com medicamentos comumente usados para tratar a doença de Parkinson (bromocriptina e metoclopramida) pode reduzir a eficácia desses medicamentos. Também não é recomendado o uso concomitante com medicamentos antipsicóticos.
Em caso de hipersensibilidade ao produto, recomenda-se descontinuar o uso.
Não ingerir doses maiores do que as recomendadas.
Não há restrições específicas para o uso do extrato de *Vitex agnus-castus* em idosos e grupos especiais, desde que observadas as contraindicações e advertências comuns ao medicamento.
**Este medicamento não deve ser utilizado por mulheres grávidas sem orientação médica ou do cirurgião-dentista.**

Tenag® não deve ser usado conjuntamente com outras terapias endócrinas (reposição hormonal, contraconceptivos orais, hormônios sexuais). Pode ter seu efeito diminuído pela ingestão de drogas antagonistas dos receptores dopaminérgicos. **Informe ao seu médico ou cirurgião-dentista se você está fazendo uso de algum outro medicamento.**
Não use medicamento sem conhecimento do seu médico. Pode ser perigoso para a saúde.
Este medicamento contém LACTOSE.

## 5. ONDE, COMO E POR QUANTO TEMPO POSSO GUARDAR ESTE MEDICAMENTO?

Você deve conservar Tenag® em temperatura ambiente (entre 15°C e 30°C). Proteger da luz e umidade.
Este medicamento tem validade de 36 meses a partir da data de sua fabricação.
**Número de lote e datas de fabricação e validade: vide embalagem.**
Não use medicamento com prazo de validade vencido. **Guarde-o em sua embalagem original.**
Os comprimidos revestidos de Tenag® são redondos de coloração rosa.
**Antes de usar, observe o aspecto do medicamento. Caso ele esteja no prazo de validade e você observe alguma mudança no aspecto, consulte o farmacêutico para saber se poderá utilizá-lo.**
**Todo medicamento deve ser mantido fora do alcance das crianças.**

## 6. COMO DEVO USAR ESTE MEDICAMENTO?

Você deve tomar os comprimidos com líquido, por via oral. Posologia: 1 comprimido, em jejum, antes do café da manhã. Dose máxima por dia é de 1 comprimido (40 mg). O prazo médio recomendado para a duração do tratamento é de 4 a 6 meses.
Utilizar apenas a via oral. O uso deste medicamento por outra via, que não a oral, pode causar a perda do efeito esperado ou mesmo promover danos ao seu usuário.
**Siga a orientação do seu médico, respeitando sempre os horários, as doses e a duração do tratamento.**
**Não interrompa o tratamento sem o conhecimento do seu médico.**
**Este medicamento não deve ser partido, aberto ou mastigado.**

## 7. O QUE DEVO FAZER QUANDO EU ME ESQUECER DE USAR ESTE MEDICAMENTO?

Você pode tomar a dose deste medicamento assim que se lembrar. Não exceda a dose recomendada para cada dia. **Em caso de dúvidas, procure orientação do farmacêutico ou de seu médico, ou cirurgião-dentista**

## 8. QUAIS OS MALES QUE ESTE MEDICAMENTO PODE ME CAUSAR?

As reações adversas abaixo foram classificadas por ordem de frequência, usando a seguinte convenção:

- Muito comum (maior que 10%);
- Comum (entre 1% e 10%);
- Incomum (entre 0,1% e 1%);
- Rara (entre 0,01% e 0,1%);
- Muito rara (menor que 0,01%).

**Distúrbios Cardiovasculares**
**Raras:** palpitação (aumento da frequência ou da força de contração do coração).
**Distúrbios Dermatológicos**
**Incomuns:** reação alérgica; eczema (condições inflamatórias agudas ou crônicas da pele); urticária (erupção de nódulos na pele acompanhada por coceira); acne, queda de cabelo, prurido (coceira intensa) e erupções cutâneas (manchas na pele).
**Distúrbios Gastrintestinais**
**Incomuns:** náuseas (enjoo), vômito, diarreia; dor de estômago e boca seca.
**Rara:** azia.
**Distúrbios Inespecíficos**
**Raras:** Sangramento nasal; edema (acúmulo de uma quantidade excessiva de líquido aquoso nas células) e ganho de peso.
**Distúrbios Urogenitais**
**Raras:** Sangramento de escape e hipermenorreia (menstruação excessivamente prolongada ou abundante).
**Distúrbios do Sistema Nervoso**
**Comum:** cefaleia (dor de cabeça).
**Raras:** tontura e vertigem (sensação de movimento irregular ou giratório, seja de si próprio ou de objetos externos).
**Informe ao seu médico, cirurgião-dentista ou farmacêutico o aparecimento de reações indesejáveis pelo uso do medicamento. Informe também à empresa através do seu serviço de atendimento.**

## 9. O QUE FAZER SE ALGUÉM USAR UMA QUANTIDADE MAIOR DO QUE A INDICADA DESTE MEDICAMENTO?

Se você tomar uma dose muito grande deste medicamento acidentalmente, deve procurar um médico ou um centro de intoxicação imediatamente. O apoio médico imediato é fundamental para os adultos e crianças, mesmo se os sinais e sintomas de intoxicação não estiverem presentes. **Em caso de uso de grande quantidade deste medicamento, procure rapidamente socorro médico e leve a embalagem ou bula do medicamento, se possível. Ligue para 0800 722 6001, se você precisar de mais orientações.**

### DIZERES LEGAIS

Reg. M.S. nº: 1.0155.0222
Farmacêutica Responsável: Regina Helena Vieira de Souza Marques CRF/SP nº 6394
Marjan Indústria e Comércio Ltda.
Rua Gibraltar, 165 • Santo Amaro – São Paulo/SP
CEP: 04755-070
CNPJ: 60.726.692/0001-81
Indústria Brasileira
SAC 0800 55 45 45

### VENDA SOB PRESCRIÇÃO MÉDICA

---

# THEOGORICO SOBRAL®

### PARTE I – IDENTIFICAÇÃO DO MEDICAMENTO:

### MEDICAMENTO FITOTERÁPICO

**Nome Genérico:** Extrato fluido de *Atropa belladonna* L. a 0,15% de alcaloides totais, em hiosciamina
**Família:** SOLANACEAE
**Partes usadas:** folhas
**Formas farmacêuticas:** Elixir. Uso Oral.

### APRESENTAÇÕES:

Uso adulto. Cartucho c/frasco plástico opaco c/30 mL.
Display c/12 frascos plásticos opaco c/30 mL.
"Proibido o Uso em Crianças menores de 12 anos"
Composição – cada mL (35 gotas) contém:
Extrato Fluido de *Atropa belladonna* L. a 0,15% (eq a 100 mcg de alcaloides totais em hiosciamina) .........0,067 mL
(VEÍCULO: corante caramelo, essência de anis, ácido benzoico, álcool etílico e água deionizada) ... 1 mL q.s.p.

### PARTE II – INFORMAÇÕES AO PACIENTE
### AÇÃO ESPERADA DO MEDICAMENTO OU COMO FUNCIONA ESTE MEDICAMENTO?

Este medicamento funciona para tratamento de espasmos e cólicas no trato gastrintestinal.

### INDICAÇÕES DO MEDICAMENTO OU POR QUE ESTE MEDICAMENTO FOI INDICADO?

Indicado em espasmos e cólicas gastrintestinais e ductos biliares.

### RISCOS DO MEDICAMENTO OU QUANDO NÃO DEVO USAR ESTE MEDICAMENTO?

DEVEM SER AVALIADOS OS RISCOS/BENEFÍCIOS NOS SEGUINTES CASOS:
Perda de memória, em crianças (os efeitos no SNC, podem ser aumentados);
Débito cardíaco, especialmente cardioarritmias, congestiva da deficiência cardíaca, decréscimo da artéria coronária, e estenose mitral (aumento no batimento cardíaco pode ser indesejável);
Síndrome de Down – pode ocorrer aumento anormal da pupila e aceleração dos batimentos cardíacos;
Esofagite, refluxo – decréscimo da motilidade gástrica e esofagiana, e relaxamento do esfíncter baixo esofagiano podem promover a retenção por atraso no esvaziamento gástrico e pode aumentar o refluxo gastresofagiano;
Febre – podem aumentar através da supressão da atividade das glândulas sudoríparas;
Decréscimo obstrutivo do trato gastrintestinal, como em achalasia e estenose piloroduodenal (diminui na motilidade e no tônus) pode ocorrer, resultando na obstrução e retenção gástrica.
Glaucoma – efeitos midriáticos podem causar ligeiro aumento da pressão intraocular; a terapia de glaucoma deve ser ajustada; Hemorragia aguda, com instabilidade no status cardiovascular – o aumento cardíaco pode ser indesejável.
Disfunção hepática – diminui o metabolismo dos anticolinérgicos;
Hérnia hiatal, associado com refluxo esofagiano – os anticolinérgicos podem agravar a condição. Hipertensão – pode ser agravada com anticolinérgicos;
Hipertiroidismo – caracterizado por taquicardia, que pode ser aumentada. Idosos com atonias intestinal ou pacientes debilitados ou íleo paralítico, os anticolinérgicos podem resultar em obstrução.

**PROBLEMAS PULMONARES** crônico, especialmente crianças e recém nascidos, enfermos e pacientes debilitados, redução na secreção bronquial podem levar a:
Miastenia grave – a condição pode ser aumentada por causa da inibição da ação da acetilcolina;
Neuropatia autônoma – a retenção urinária e cicloplegia pode ser agravada (hipertrofia prostática, não obstrutiva; retenção urinária, ou predisposição a uropatia obstrutiva, tal como obstrução do colo da bexiga à hipertrofia prostática, obstrução pilórica);
Deficiência da função renal – decréscimo da excreção pode aumentar os riscos de efeitos colaterais;
Sensibilidade à belladonna – paralisia espasmódica em crianças, pode ser aumentada; taquicardia pode ser aumentada; Toxemia na gravidez – a hipertensão pode ser aumentada;
Colite ulcerativa – altas doses suprimem a motilidade intestinal, possivelmente, causando paralisia do íleo. O uso pode precipitar ou agravar complicações sérias; toxicidade do megacólon;
Xerostomia – o uso prolongado pode ajudar a reduzir o limite do fluxo salivar. Deve-se ter cuidado com pacientes acima de 40 anos por causa do perigo de precipitação de glaucoma não diagnosticado;
Pacientes motorizados – determinar a pressão intraocular é recomendado a intervalos periódicos, pois essa medicação pode aumentar a pressão intraocular por produzir midríases.

**NÃO DEVE SER UTILIZADO DURANTE A GRAVIDEZ E A LACTAÇÃO.**
**PROIBIDO O USO EM CRIANÇAS MENORES DE 12 ANOS.**
**INFORME AO MÉDICO OU CIRURGIÃO-DENTISTA O APARECIMENTO DE REAÇÕES INDESEJÁVEIS.**

**INFORME AO SEU MÉDICO OU CIRURGIÃO-DENTISTA SE VOCÊ ESTÁ FAZENDO USO DE ALGUM OUTRO MEDICAMENTO.**

**MODO DE USAR OU COMO DEVO USAR ESTE MEDICAMENTO:**
As doses abaixo devem ser diluídas em um pouco d'água.

**ASPECTO FÍSICO E CARACTERÍSTICAS ORGANOLÉPTICAS:**
Líquido límpido, amarelo pálido, odor característico de belladona e sabor levemente adocicado de anis.
**DOSAGEM:** Intervalos de utilização: tomar uma dose a cada 08 horas; Duração do tratamento: até cessarem as cólicas.

Dose usual para adultos e adolescentes: Dose mínima oral: 35 gotas (1 ml), 30 minutos a uma hora após as refeições e antes de dormir, a dosagem deve ser ajustada quando necessária e tolerada.
Dose máxima oral: 35 gotas (1 ml), três a quatro vezes ao dia.
Em caso de esquecimento da dose, tomar a próxima dose prevista no horário definido.

**SIGA CORRETAMENTE O MODO DE USAR. NÃO DESAPARECENDO OS SINTOMAS, PROCURE ORIENTAÇÃO MÉDICA OU DE SEU CIRURGIÃO-DENTISTA.**

**NÃO USE O MEDICAMENTO COM PRAZO DE VALIDADE VENCIDO. ANTES DE USAR OBSERVE O ASPECTO DO MEDICAMENTO.**

**REAÇÕES ADVERSAS OU QUAIS OS MALES QUE ESTE MEDICAMENTO PODE CAUSAR?**
Quando anticolinérgicos são passados a pacientes, especialmente crianças, onde a temperatura ambiente é alta, há o risco do rápido aumento da temperatura corporal por causa da supressão da atividade das glândulas sudoríparas;
Crianças e pacientes com síndrome de Down, e crianças com paralisia espasmódica ou perda de memória podem mostrar um aumento na resposta a anticolinérgico, aumentando os riscos dos efeitos colaterais;
Pacientes idosos ou debilitados podem responder a dose usual de anticolinérgicos com excitação, agitação, sonolência ou confusão;
Os efeitos colaterais mais frequentes são: constipação, deficiência renal, secura da boca, nariz, garganta ou pele;
Os efeitos colaterais menos frequentes – redução no fluxo do leite materno; redução da secreção salivar; dificuldade na acomodação dos olhos (visão obscura); efeitos midriáticos (aumento da sensibilidade dos olhos à luz).
Os efeitos colaterais raros: reações alérgicas, confusão, aumento da pressão intraocular (dor nos olhos), hipotensão ortostática, sensibilidade à droga aumentada, sonolência, dificuldade de urinar, perda de memória, náusea e vômito;

**CONDUTA EM CASO DE SUPERDOSE OU O QUE FAZER SE ALGUÉM USAR UMA GRANDE QUANTIDADE DESTE MEDICAMENTO DE UMA SÓ VEZ?**
Doses elevadas levam à excitação do SNC, alucinações e delírio, seguido de exaustão e sono.
O tratamento consiste em lavagem gástrica, aplicação de panos molhados para reduzir a temperatura (evitar antipiréticos), oxigenação, fisostigmina parenteral como

antídoto, diazepan para espasmos e dorpromazina para excitação descontrolada. Em caso de intoxicação por superdose, verifica-se um quadro clínico de tipo anticolinérgico: secura da boca, taquicardia, náuseas, irritação, delírio, perda da consciência. Nesses casos, suspender o medicamento imediatamente. Sintomas – obscura a visão continuada ou mudança na visão de perto desorganizada ou inconstante; confusão; vertigem severa; secura na boca, nariz ou garganta, severa; batimento cardíaco acelerado; febre; alucinações; conversa confusa e indistinta; anormal excitação, nervosismo, impaciência ou irritabilidade; anormal quentura, secura, e rubor da pele.

Tratamento – Para diminuir absorção, fazer lavagem gástrica ou emético de solução a 4% de ácido tânico. Respiração artificial nos casos de depressão respiratória; adequada hidratação e tratamento sintomático quando necessário.

## CUIDADOS DE ARMAZENAMENTO E USO OU ONDE DEVO GUARDAR ESTE MEDICAMENTO?

Conservar o produto a temperatura ambiente (temperatura entre 15ºC e 30ºC), e proteger da luz. O prazo de validade do produto é de 24 meses.

## TODO MEDICAMENTO DEVE SER MANTIDO FORA DO ALCANCE DAS CRIANÇAS.

## PARTE III – INFORMAÇÕES TÉCNICAS AOS PROFISSIONAIS DE SAÚDE:

**CARACTERÍSTICAS FARMACOLÓGICAS:** A *Atropa belladonna* tem um efeito parassimpaticolítico: midriático, vasoconstritor, diminui as secreções salivares, gástricas, nasais, sudorais, e combate as contrações espasmódicas a nível digestivo.

Inibe a ação muscarínica da acetilcolina nas estruturas inervadas pelos nervos pós-gangliônicos colinérgicos tão bem quanto sobre os músculos lisos que respondem à acetilcolina mas necessita inervação colinérgica.

Esses receptores pós-gangliônicos laterais estão presentes nas células efetoras autônomas do músculo liso, cardíaco, sinoatrial e nódulos atrioventricular e glândulas exócrinas. Dependendo da dose, anticolinérgicos podem reduzir a motilidade e atividade secretora do sistema gastrintestinal, o tônus do ureter e da bexiga urinária, e ainda pode ter ligeira ação relaxante no ducto biliar e vesícula biliar. Em geral as menores doses de anticolinérgicos inibe a secreção salivar e bronquial, a sudação, e acomodação; causa dilatação da pupila; aumento dos batimentos cardíacos. Altas doses são requeridas para diminuir a motilidade gastrintestinal e urinário para inibir a secreção do ácido gástrico.

Farmacocinética – os alcaloides da *Atropa belladonna* L. no trato gastrintestinal são rapidamente absorvidos. A absorção total depois de uma dose oral pode alcançar entre 10 ou uns 25%. A vida média da atropina é de aproximadamente 150 minutos, sendo sua maior parte excretada pela urina nas primeiras 12 horas. Somente 15% de uma dose oral de escopolamina se elimina sem sofrer degradação. Se bem que ambas drogas atravessam a barreira hematocefálica.

Absorção – aminas terciárias são rapidamente absorvidas no trato gastrintestinal; além de entrar na circulação através das superfícies da mucosa do corpo.

Distribuição – a exata distribuição dos anticolinérgicos ainda não foi determinada. A belladonna é distribuída no leite materno.

Ligação à proteínas – a atropina apresenta ligação moderada às proteínas.

Biotransformação – hepática, por hidrólise enzimática.

Meia – vida – eliminação da atropina ocorre em 2,5 horas; hiosciamina – 3,5 horas.

Tempo para atingir o pico dos efeitos – belladonna – 1 a 2 horas, duração da ação de 4 horas, eliminação renal (30-50 de atropina e 1 de escopolamina);

**RESULTADOS DA EFICÁCIA:** – de acordo com as referências bibliográficas abaixo:

1-BLUMENTHAL, M. *The complete german commission E monographs* – therapeutic guide to herbal medicines. Boston, American Botanical Council. 1998. 685p. ISBN 0-9655555-0-X

2-BRADLEY, P.R. *British herbal compendium-a handbook of scientific information on widely used plant drugs*. Bournemouth, Reino Unido: British Herbal Medicine Association. 1992. v1. 239p. ISBN 0-903032-09-0

3-GARCIA, A.A. *Vademecum de prescripción-plantas medicinales*. 3. ed. Barcelona, Masson. 1999. 1148p. ISBN 84-458-0703-X

4- PDR for herbal medicines. 2.ed. Montvale, NJ, EUA: Medical Economics Company. 2000. 860p. ISBN 1-56363-361-2

5 – ALONSO, J.R. Tratado de fitomedicina-bases clínicas e farmacológicas. Buenos Aires, Argentina: ISIS Ediciones SRL. 1998. 1039p. ISBN 987-97181-0-0

6- SIMÕES, C.M.O.; SCHENKEL, E.P.; GOSMANN, G.; MELLO, J.C.P. de; MENTZ, L.A.; PETROVICK, P.R. *Farmacognosia-da planta ao medicamento*. 1.ed. Porto Alegre/

Florianópolis: Editora da UFRGS/Editora da UFSC. 1999. 821p. ISBN 85-7025-479-2

7- USP DI – Drug information for the health care profissional, 20 ed., Kentucky, The United states Pharmacopeial convention, Micromedex inc., 2000.

INDICAÇÕES: Indicado em espasmos e cólicas gastrintestinais.

## CONTRAINDICAÇÕES: VIDE BULA DO PACIENTE MODO DE USAR E CUIDADOS DE CONSERVAÇÃO DEPOIS DE ABERTO:

conservar o produto à temperatura ambiente (temperatura entre 15ºC e 30ºC) e proteger da luz. As gotas devem ser dissolvidas em água. A via de administração é oral.
**POSOLOGIA:** As doses abaixo devem ser diluídas em um pouco d'água.
**ASPECTO FÍSICO E CARACTERÍSTICAS ORGANOLÉPTICAS: VIDE BULA DO PACIENTE**
Dose usual para adultos e adolescentes: Oral, 35 gotas – 1 mL (equivalente a 100 mcg de alcaloides totais em hiosciamina) até 105 gotas (equivalente a 300 mcg de alcaloides totais em hiosciamina), 30 minutos a uma hora após as refeições e antes de dormir. A dosagem deve ser ajustada quando necessária e tolerada.

Dose máxima: 35 gotas – 1 mL (equivalente a 300 mcg alcaloides totais em hiosciamina). Em caso de esquecimento da dose, tomar a próxima dose prevista no horário definido.
**ADVERTÊNCIAS:** não administrar em crianças menores de 12 anos de idade. Suspeita de overdose – encaminhar à emergência; Cuidados durante exercícios, ou tempos quentes, e superaquecimento pode resultar na alteração do ritmo cardíaco;
Possível aumento da sensibilidade dos olhos à luz. Cuidado acerca da retirada abrupta da medicação;
Cuidado se ocorrer obscuridade da visão; Possível vertigem ou sonolência, precauções ao dirigir veículos;
Evitar o uso de antiácidos ou medicações antidiarreicas dentro de 2 ou 3 horas após ter tomado essa medicação;
USO EM IDOSOS, CRIANÇAS E OUTROS GRUPOS DE RISCO: Hipersensibilidade e outros problemas relatados: Pacientes sensíveis aos alcaloides da Belladonna ou derivados podem ser hipersensíveis ao produto.
Gravidez – Belladonna atravessa a placenta. Estudos não têm sido feitos em outros animais e humanos. Lactação – anticolinérgicos podem inibir a lactação. É distribuída no leite materno.

Pediatria – crianças e recém-nascidos são especialmente suscetíveis a efeitos tóxicos dos anticolinérgicos. É recomendada a supervisão médica em crianças com paralisia espasmódica ou perda de memória uma vez que um aumento de resposta a anticolinérgicos nesses pacientes e ajustes das doses devem ser frequentemente requeridas.

## PROIBIDO O USO EM CRIANÇAS MENORES DE 12 ANOS.

Geriatria – podem responder a doses usuais de anticolinérgicos com excitação, agitação, sonolência ou confusão. São susceptíveis a efeitos colaterais, tais como constipação, secura da boca, retenção urinária (especialmente em homens). Se esses casos ocorrerem e continuar, ou são graves, descontinuar a medicação. A memória pode diminuir em alguns pacientes debilitados ou geriátricos, especialmente aqueles que já têm problemas de memória, com o uso contínuo de anticolinérgicos dessas drogas bloqueiam a ação da acetilcolina, que é responsável por muitas funções do cérebro, inclusive funções de memória.
Dental – O uso prolongado de anticolinérgico pode diminuir ou inibir o fluxo salivar, desse modo contribuindo ao desenvolvimento de cáries, doença periodontal, candidíase oral e desconforto.

## INTERAÇÕES MEDICAMENTOSAS:

Devido ao decréscimo da motilidade gastrintestinal e retardo no esvaziamento do suco gástrico, a absorção de outras drogas pode ser diminuída durante o concomitante uso com anticolinérgicos.

Alcalinizantes, urinários, tais como antiácidos, contendo cálcio ou magnésio, inibidores da anidrase carbônica, citratos, bicarbonatos de sódio (potencializam os efeitos anticolinérgicos);

Antiácidos e adsorventes – reduzem a absorção dos anticolinérgicos (devem ser espaçados entre 2 ou 3 horas após administração de anticolinérgicos); O uso concomitante de outros anticolinérgicos podem potencializar os seus efeitos. Os pacientes devem ser alertados sobre ocorrências de problemas gastrintestinais, desde a paralisia do íleo.
Antimiastênico – favorecem a redução da motilidade gastrintestinal;
Haloperidol – antipsicótico efetivo de haloperidol pode ser diminuída em pacientes esquizofrênicos;
Cetoconazol – os anticolinérgicos podem aumentar o pH gastrintestinal, possivelmente diminuindo a absorção

gastrintestinal; Metoclopramida – antagoniza os efeitos da motilidade gastrintestinal;

Analgésicos opiáceos – resulta no aumento dos riscos de constipação severa, que pode levar à paralisia do íleo e ou retenção urinária. Cloreto de potássio – especialmente preparações oleosas, podem aumentar as lesões gastrintestinais.

Interage com antidepressivos tricíclicos, amantidina e quinidina com aumento do efeito anticolinérgico.

Teste de secreção ácida gástrica – antagoniza os efeitos de pentagástrica e histamina na avaliação da função secretora do ácido gástrico; a administração de anticolinérgicos não é recomendada durante as 24 horas que antecedem ao teste.

**REAÇÕES ADVERSAS A MEDICAMENTOS: VIDE BULA DO PACIENTE SUPERDOSAGEM: VIDE BULA DO PACIENTE**

**ARMAZENAGEM:** conservar o produto à temperatura ambiente (temperatura entre 15ºC e 30ºC) e proteger da luz.

**PARTE IV – DIZERES LEGAIS**
Registro M.S – N° 10963.0059/001-6 10963.0059/002-4
Farmacêutico Responsável: Dr. Marcos Antônio M. de Carvalho CRF-PI Nº 342
**Fabricado, embalado e distribuído por: Theodoro F. Sobral & Cia Ltda.**
**LABORATÓRIO INDUSTRIAL FARMACÊUTICO SOBRAL**
CNPJ: 06.597.801/0001-62
SAC: 0800-9795040
Rua Bento Leão, 25 Centro – Floriano – PI www.laboratoriosobral.com.br

**VENDA SEM PRESCRIÇÃO MÉDICA**

---

# TINTURA DE JALAPA SOBRAL

## I- IDENTIFICAÇÃO DO MEDICAMENTO
**THEODORO F. SOBRAL & CIA LTDA.**
**TINTURA DE JALAPA SOBRAL®**
**ESPÉCIE VEGETAL:** *Operculina alata* (Ham.) Urban
**PARTE DA PLANTA UTILIZADA:** raiz

**APRESENTAÇÕES:** Frasco plástico âmbar contendo 30, 100, 200, 500 e 1000 mL
**FORMA FARMACÊUTICA: TINTURA**
**VIA DE ADMINISTRAÇÃO: ORAL USO ADULTO**

**COMPOSIÇÃO:**
Cada mL da tintura de Jalapa contém:
Extrato hidroalcoólico de *Operculina alata* (Ham.) (Urban) .................................................................. 0,997 ml*
caramelo q.s.p. ................................................................. 1 mL
*Concentração de Princípios Ativos: Cada mL da Tintura contém 15 a 19 mg de resinas.

## INFORMAÇÕES AO PACIENTE
### 1. PARA QUE ESTE MEDICAMENTO É INDICADO?
A TINTURA DE JALAPA SOBRAL é indicada como laxativo, sendo indicado nos casos de constipação funcional aguda. Este produto não deve ser utilizado por mais de 7 dias consecutivos e, caso os sintomas persistam, o paciente deve procurar imediatamente orientação médica.

### 2. COMO ESTE MEDICAMENTO FUNCIONA?
A TINTURA DE JALAPA SOBRAL tem propriedade laxativa, pois aumenta o peristaltismo, principalmente do intestino delgado, facilitando a evacuação.

### 3. QUANDO NÃO DEVO USAR ESTE MEDICAMENTO?
Contraindicações: Este medicamento não deve ser utilizado em casos de inflamações intestinais, problemas gástricos, pacientes portadores de doença tumoral benigna ou maligna intestinal, pacientes com histórico de cirurgia gastrintestinal ou com histórico de constipação ocasionada pelo uso de outros medicamentos.

**Este medicamento é contraindicado para menores de 18 anos. Este medicamento não deve ser utilizado por mulheres grávidas sem orientação médica ou do cirurgião-dentista.**

### 4. O QUE DEVO SABER ANTES DE USAR ESTE MEDICAMENTO?
Advertências e Precauções: Em caso de alergia ao produto, descontinuar o uso e procurar orientação médica.

Evitar o uso desnecessário do medicamento, bem como a utilização de doses elevadas. Em altas doses pode causar irritação do intestino grosso, vômitos, dores e perda de sangue pelas fezes.

**Este medicamento não deve ser utilizado por mulheres grávidas sem orientação médica ou do cirurgião-dentista.**

Interações medicamentosas: Com calomelanos obtém-se uma potencialização da ação purgativa.

**Informe ao seu médico ou cirurgião-dentista se você está fazendo uso de algum outro medicamento.**

## 5. ONDE E COMO E POR QUANTO TEMPO POSSO GUARDAR ESTE MEDICAMENTO?

A TINTURA DE JALAPA SOBRAL deve ser conservada em temperatura ambiente (entre 15ºC e 30ºC), protegido da luz e umidade. Este medicamento possui a validade de 24 meses a partir da data de fabricação.

**Número de lote e datas de fabricação e validade: vide embalagem. Não use medicamento com o prazo de validade vencido.**

**Para sua segurança, mantenha o medicamento na embalagem original.**

**Características físicas e organolépticas**

Líquido homogêneo opaco, de cor castanho e odor característico.

**Antes de usar, observe o aspecto do medicamento.**

**Caso você observe alguma mudança no aspecto do medicamento que ainda esteja no prazo de validade, consulte o médico ou o farmacêutico para saber se poderá utilizá-lo.**

**Todo medicamento deve ser mantido fora do alcance das crianças.**

## 6. COMO DEVO USAR ESTE MEDICAMENTO?

**Uso oral Modo de Usar**

Para obter uma ação laxativa: tomar 1 colher de sopa ou 15 mL dissolvendo em água açucarada, uma vez ao dia durante 7 dias. Este produto não deve ser utilizado por mais de 7 dias e, caso os sintomas persistam, procurar imediatamente orientação médica.

**Siga corretamente o modo de usar. Em caso de dúvidas sobre este medicamento, procure orientação do farmacêutico. Não desaparecendo os sintomas, procure orientação de seu médico ou cirurgião-dentista.**

## 7. QUAIS OS MALES QUE ESTE MEDICAMENTO PODE ME CAUSAR?

Os efeitos colaterais mais comuns são tonturas, cefaleia e dor abdominal.

Muito comuns (> 10%): tonturas (21,05%), cefaleia (10,52%) e dor abdominal (10,52%)

Comuns (> 1% e 10%): sonolência (5,26%), dor torácica (5,26%) e pirose (5,26%).

**Reação incomum:** enjoo e vômitos

**Reação muito rara:** Dor epigástrica (dor acima do estômago), erupção cutânea (pequenas protuberâncias rosadas), pirose (azia), sudorese e astenia (fraqueza muscular).

**Informe ao seu médico, cirurgião-dentista ou farmacêutico o aparecimento de reações indesejáveis pelo uso do medicamento.**

## 8. O QUE DEVO FAZER QUANDO EU ME ESQUECER DE USAR ESTE MEDICAMENTO?

Caso você esqueça de tomar o medicamento, não duplique a quantidade de medicamento na próxima tomada.

**Em caso de dúvidas, procure orientação do farmacêutico ou de seu médico, ou cirurgião-dentista.**

## 9. O QUE FAZER SE ALGUÉM USAR UMA QUANTIDADE MAIOR DO QUE A INDICADA DESTE MEDICAMENTO?

A utilização de altas doses pode causar irritação do intestino grosso, vômito, dores e perda de sangue nas fezes. Em caso de superdosagem, recomenda-se suspender o uso e procurar imediatamente orientação médica.

## II – INFORMAÇÕES TÉCNICAS AOS PROFISSIONAIS DE SAÚDE

### 1. INDICAÇÕES

A TINTURA DE JALAPA SOBRAL atua como laxativo, sendo indicado nos casos de constipação funcional aguda. Este produto não deve ser utilizado por mais de 7 dias consecutivos e, caso os sintomas persistam, o paciente deve procurar imediatamente orientação médica.

### 2. RESULTADO DE EFICÁCIA

A eficácia foi demonstrada no estudo clínico realizado pela UNIFAC – Unidade de Farmacologia Clínica da Universidade Federal do Ceará "Avaliação da toxicologia clínica e eficácia terapêutica da tintura de jalapa no tratamento da constipação intestinal funcional" (AMARAL DE MORAES, M. E., 2009). O estudo comprovou a eficácia da tintura de jalapa contendo raiz de *Operculina alata* é superior à do placebo no tratamento dos episódios agudos da constipação intestinal funcional, caracterizando, dessa forma, uma alternativa terapêutica importante para essa afecção.

### 3. CARACTERÍSTICAS FARMACOLÓGICAS

Exerce sua ação laxativa especialmente ao nível de intestino delgado, devido à presença de elevado teor de resinas. Na presença da bile no intestino delgado, o glicosídeo se converte em açúcar e aglicona que se desdobra liberando a ácido graxo livre correspondente. Os ácidos graxos livres irritam a mucosa intestinal, aumentando o peristaltismo e facilitando a evacuação.

## 4. CONTRAINDICAÇÕES

Este medicamento é contra indicado para uso por pacientes portadores de inflamações intestinais, problemas gástricos, pacientes portadores de doença tumoral benigna ou maligna intestinal, pacientes com histórico de cirurgia gastrintestinal ou com histórico de constipação ocasionada pelo uso de outros medicamentos. Não é recomendado o uso deste medicamento durante a gravidez ou durante a lactação.

**Este medicamento é contraindicado para menores de 18 anos.**

**De acordo com a categoria de risco de fármacos destinados às mulheres grávidas, este fitoterápico apresenta categoria de risco C. Este medicamento não deve ser utilizado por mulheres grávidas sem orientação médica ou do cirurgião-dentista.**

## 5. ADVERTÊNCIAS E PRECAUÇÕES

### Advertências e Precauções

Em caso de hipersensibilidade ao produto, descontinuar o uso e procurar orientação médica.

Evitar o uso desnecessário do medicamento, bem como a utilização de doses elevadas. Em altas doses pode causar irritação do intestino grosso, vômitos, dores e perda de sangue pelas fezes.

**De acordo com a categoria de risco de fármacos destinados às mulheres grávidas, este fitoterápico apresenta categoria de risco C. Este medicamento não deve ser utilizado por mulheres grávidas sem orientação médica ou do cirurgião-dentista.**

## 6. INTERAÇÕES MEDICAMENTOSAS

Com calomelanos obtém-se uma potencialização da ação laxativa.

## 7. CUIDADOS DE ARMAZENAMENTO DO MEDICAMENTO

A TINTURA DE JALAPA SOBRAL deve ser conservada em temperatura ambiente (entre 15ºC e 30ºC), protegido da luz e umidade.

**Número de lote e datas de fabricação e validade: vide embalagem. Não use medicamento com o prazo de validade vencido. Guarde-o em sua embalagem original. TINTURA DE JALAPA SOBRAL é um líquido homogêneo opaco, de cor castanho e odor característico. Antes de usar, observe o aspecto do medicamento. Todo medicamento deve ser mantido fora do alcance das crianças.**

## 8. POSOLOGIA E MODO DE USAR

### Uso oral

Tomar 1 colher de sopa ou 15 mL dissolvendo em água açucarada, uma vez ao dia, durante 7 dias.

Este produto não deve ser utilizado por mais de 7 dias e, caso os sintomas persistam, procurar imediatamente orientação médica.

Utilizar apenas a via oral. O uso deste medicamento por outra via, que não a recomendada, pode causar a inefetividade do medicamento ou mesmo promover danos à saúde. Caso haja esquecimento da ingestão de uma dose deste medicamento, retomar a posologia sem a necessidade de suplementação.

## 9. REAÇÕES ADVERSAS

As reações adversas mais comuns são tontura, cefaleia e dor abdominal. Reações muito comuns (>10%): Tonturas (21,05%), cefaleia (10,52%) e dor abdominal (10,52%).

Reações comuns (>1% e < 10%): sonolência (5,26%), dor torácica (5,26%) e pirose (5,26%).

Reação incomum: náuseas e vômitos

Reação muito rara: Dor epigástrica, erupção cutânea, pirose, sudorese e astenia.

**Em caso de eventos adversos, notifique ao Sistema de Notificações em Vigilância Sanitária – Notivisa, disponível em www.anvisa.gov.br/hotsite/notivisa/index.htm, ou para a Vigilância Sanitária Estadual ou Municipal.**

## 10. SUPERDOSE

A utilização de altas doses pode causar irritação do intestino grosso, vômito, dores e perda de sangue nas fezes. Em caso de superdosagem, recomenda-se suspender o uso e procurar imediatamente orientação médica.

**Em caso de intoxicação ligue para 0800 722 6001, se você precisar de mais orientações sobre como proceder.**

## DIZERES LEGAIS

Registro M.S.: 1.0963.0056

Farm. Resp.: Dr. Marcos Antonio Mendes de Carvalho CRF/PI-342

Theodoro F. Sobral & Cia Ltda

**LABORATÓRIO INDUSTRIAL FARMACÊUTICO SOBRAL**

Rua Bento Leão, 25 Centro – Floriano-PI – SAC 0800-9795040 www.laboratoriosobral.com.br

CNPJ: 06.597.801/0001-62

**Indústria Brasileira**

# TINTURA DE ESPINHEIRA DIVINA COMPOSTA

**Nome científico:** *Maytenus ilicifolia; Jateorhiza palmata*
**Nome popular:** Espinheira divina; Calumba
**Família:** Celastraceae; Menispermaceae
**Partes das plantas utilizadas:** folhas e raiz

**Medicamento fitoterápico registrado com base no uso tradicional.**

**Não é recomendado o uso por período prolongado enquanto estudos clínicos amplos sobre sua segurança não forem realizados.**

### APRESENTAÇÕES:
Forma farmacêutica: Líquida (Tintura, 0,1g/mL + 0,1g/mL)
Frasco plástico opaco de 100mL.

USO ORAL
USO ADULTO

### COMPOSIÇÃO
Cada 1 mL da tintura contém:
*Maytenus ilicifolia* (folhas) ..............................0,1 g *
*Jateorhiza palmata* (raiz) ..............................0,1 g **
*Corresponde a 3,6 mg............ (0,36%) de taninos totais.
**Corresponde a 0,14 mg (0,014%) de alcaloides quaternários protoberberínicos calculados como palmatina.
Excipientes: (álcool etílico e água purificada).
**Graduação alcoólica final: 60%**

### INFORMAÇÕES AO PACIENTE
### 1. PARA QUE ESTE MEDICAMENTO É INDICADO?
Este medicamento é um auxiliar no tratamento dos sintomas das dispepsias funcionais (desconforto digestivo com sintomas como saciedade, azia, náusea e vômitos) e principalmente na dor de estômago.

### 2. COMO ESTE MEDICAMENTO FUNCIONA?
Este medicamento é composto por duas plantas. A espinheira divina atua como reguladora das funções estomacais e promove a proteção da mucosa gástrica. A calumba possui princípios amargos de propriedade tônica nas dispepsias e afecções do estômago.

### 3. QUANDO NÃO DEVO USAR ESTE MEDICAMENTO?
**Este medicamento é contraindicado para uso por pacientes com histórico de hipersensibilidade e alergia a qualquer um dos componentes da fórmula.**
**Este medicamento é contraindicado para menores de 14 anos.**
Contraindicado durante a amamentação e a gravidez, visto que pode diminuir a secreção de leite e pode provocar contrações uterinas.
Informe seu médico a ocorrência da gravidez na vigência do tratamento ou após seu término. Informar ao médico se está amamentando.
**Este medicamento não deve ser utilizado por mulheres grávidas sem orientação médica ou do cirurgião-dentista.**

### 4. O QUE DEVO SABER ANTES DE USAR ESTE MEDICAMENTO?
**Este medicamento não deve ser utilizado por mulheres grávidas sem orientação médica ou do cirurgião-dentista.**
**Este medicamento contém ÁLCOOL.**
Este medicamento não deve ser usado concomitantemente com Barbitúricos (p.ex. Gardenal). Este medicamento pode alterar o resultado de exames laboratoriais. Assim como todos os medicamentos, informe ao seu médico ou cirurgião-dentista todas as plantas medicinais e fitoterápicos que tiver tomando. Interações podem ocorrer entre medicamentos e plantas medicinais e mesmo entre duas plantas medicinais quando administradas ao mesmo tempo. Ainda não foram registradas interações no uso deste medicamento associado a alimentos ou bebidas alcoólicas. Informe seu médico ou cirurgião-dentista sobre qualquer medicamento que esteja usando antes do início, ou durante o tratamento.
**Informe ao seu médico ou cirurgião-dentista se você está fazendo uso de algum outro medicamento.**

### 5. ONDE, COMO E POR QUANTO TEMPO POSSO GUARDAR ESTE MEDICAMENTO?
Conservar em temperatura ambiente (entre 15 e 30°C). Proteger da luz e umidade. Nessas condições, o medicamento se manterá próprio para o consumo.
**Número de lote e datas de fabricação e validade: vide embalagem.**
**Não use medicamento com o prazo de validade vencido. Guarde-o em embalagem original.**

O medicamento é de cor castanho amarelado, aspecto límpido, odor característico e sabor muito amargo.
**Antes de usar, observe o aspecto do medicamento. Caso ele esteja no prazo de validade e você observe alguma mudança no aspecto, consulte o farmacêutico para saber se poderá utilizá-lo.**
**Todo medicamento deve ser mantido fora do alcance das crianças.**

### 6. COMO DEVO USAR ESTE MEDICAMENTO?

Colocar cerca de 5 mL (1 colher de chá) da tintura em um pouco d'água (50 mL), antes do uso. Essa dose contém 18 mg de taninos totais e 0,7 mg de alcaloides quaternários protoberberínicos.

Tomar 3 vezes ao dia, no intervalo de 8 em 8 horas. Não exceder a dose diária de 120 mL. Tomar o medicamento, no mínimo, 30 minutos antes ou após as refeições.

As orientações e recomendações previstas na bula estão relacionadas à via de administração indicada (via oral). O uso por outras vias pode envolver risco e devem estar sob a responsabilidade do prescritor.

Pacientes idosos ou debilitados podem requerer doses inferiores as dos outros adultos. Nesses casos, o médico deverá ser consultado.

**Siga corretamente o modo de usar. Em caso de dúvidas sobre este medicamento, procure orientação do farmacêutico. Não desaparecendo os sintomas, procure orientação de seu médico ou cirurgião-dentista."**

### 7. O QUE DEVO FAZER QUANDO EU ME ESQUECER DE USAR ESTE MEDICAMENTO?

Caso você esqueça de tomar a dose no horário estabelecido pelo seu médico, tome-a assim que lembrar. Entretanto, se já estiver perto do horário de tomar a próxima dose, pule a dose esquecida e tome a próxima, continuando normalmente o esquema de doses recomendado pelo seu médico.
**Em caso de dúvidas, procure orientação do farmacêutico ou de seu médico, ou cirurgião-dentista.**

### 8. QUAIS OS MALES QUE ESTE MEDICAMENTO PODE ME CAUSAR?

Reação incomum (ocorre entre 0,1% e 1% dos pacientes que utilizam este medicamento): sensação de ardência no esôfago e estômago.

Reação rara (ocorre entre 0,01% e 0,1% dos pacientes que utilizam este medicamento): reações de sensibilidade manifestadas por erupções da pele e prurido. Também podem ocorrer dor de cabeça, diarreias, flatulências, dor abdominal, tontura e tosse. Caso isso ocorra, descontinuar o uso.
**Informe ao seu médico, cirurgião-dentista ou farmacêutico o aparecimento de reações indesejáveis pelo uso do medicamento. Informe também à empresa através do seu serviço de atendimento.**

### 9. O QUE FAZER SE ALGUÉM USAR UMA QUANTIDADE MAIOR DE QUE A INDICADA DESTE MEDICAMENTO?

Em caso de ingestão acima da dose sugerida/prescrita pelo médico, pode ocorrer irritação da mucosa gástrica e intestinal, gerando vômitos, cólicas intestinais e diarreia. Em caso de superdosagem, suspender o uso e procurar orientação médica de imediato para que sejam adotadas as medidas habituais de apoio e controle das funções vitais.
**Em caso de uso de grande quantidade deste medicamento, procure rapidamente socorro médico e leve a embalagem ou bula do medicamento, se possível. Ligue para 0800 722 6001, se você precisar de mais orientações.**

**DIZERES LEGAIS**
VIDORA FARMACÊUTICA LTDA.
Rua Alberto Rangel, 823 – Porto Alegre – RS
CNPJ: 92.762.277/0001-70
M.S. n 1.0473.0038.001-3
Farm. Resp.: Daniel P. Lewgoy CRF- RS n 6583
INDÚSTRIA BRASILEIRA

---

# TORANTE®
*Hedera helix* L.

### MEDICAMENTO FITOTERÁPICO
**Espécie vegetal:** *Hedera helix* Linné (*Araliaceae*)
**Parte utilizada**: Folhas
**Nomenclatura popular:** Hera sempre-verde

**USO ORAL**
Xarope
**USO ADULTO E PEDIÁTRICO ACIMA DE 2 ANOS**

### FORMAS FARMACÊUTICAS E APRESENTAÇÕES

Embalagens com frasco de 100 ou 200 mL contendo 15 mg/mL (equivalente a 1,50 mg de hederacosídeo C), acompanhado de copo dosador.

**Composição:**
Cada mL de xarope contém:
*Hedera helix* L., extrato seco de folhas.....................15 mg*
excipientes q.s.p. ..........................................................1 mL
* equivalente a 1,50 mg de hederacosídeo C.
Excipientes: sorbitol, benzoato de sódio, sorbato de potássio, ácido cítrico, goma xantana, glicerol, aroma natural de cereja, água purificada.

## INFORMAÇÕES TÉCNICAS AOS PROFISSIONAIS DE SAÚDE
### 1. INDICAÇÕES
Torante® (*Hedera helix* L.) é indicado para o tratamento sintomático de afecções broncopulmonares que cursam com aumento de secreções, como nos casos de tosse produtiva. A *Hedera helix* L. possui efeito mucofluidificante diminuindo a viscosidade das secreções e aumentando a atividade de varredura promovida pelos cílios do epitélio brônquico. Esses efeitos facilitam a expectoração e melhoram a respiração.

### 2. RESULTADOS DE EFICÁCIA
Fazio e colaboradores avaliaram a eficácia e a segurança de um xarope de *Hedera helix* L. em 9.657 pacientes portadores de bronquite aguda ou bronquite crônica associadas com hipersecreção de muco e tosse produtiva e frequentemente associada a um quadro infeccioso. Dos pacientes incluídos, 5.181 estavam na faixa pediátrica entre 0 e 14 anos. O objetivo do estudo, prospectivo e multicêntrico, foi determinar a eficácia na supressão ou alívio dos sintomas relacionados à bronquite, bem como o perfil de eventos adversos. Os pacientes incluídos receberam o xarope de *Hedera helix* L. isoladamente ou em associação com outros medicamentos, com base no diagnóstico estabelecido pelo médico investigador. Os sintomas foram documentados na visita basal e na segunda visita, agendada após sete dias. Melhora ou ausência dos sintomas após o tratamento ocorreu em 95,1% dos pacientes: as melhoras da tosse, da expectoração, da dispneia e da dor ocorreram em 93,4%, 92,9%, 91,2% e 90,8% dos pacientes, respectivamente. O conceito de condições clínico comum aplicado ao estudo resultou em muitos pacientes fazendo uso do xarope concomitantemente a antibióticos e antipiréticos. Por essa razão, os resultados foram estratificados para que se pudessem avaliar os resultados da terapia isolada com *Hedera helix* L., que se mostrou tão eficaz quanto as terapias combinadas com antibióticos ou outros medicamentos. A tolerância ao xarope de *Hedera helix* L. foi considerada boa ou muito boa por 96,6% dos pacientes e eventos adversos foram relatados por 2,1% dos pacientes, sendo que 1,2% desses eventos foram relatados em crianças. Apenas 0,5% dos pacientes interromperam o uso do produto devido a eventos adversos. [1]

Buechi e colaboradores avaliaram as alterações na tosse e a tolerabilidade de uma preparação de ervas contendo *Hedera helix* L. como principal componente ativo em 62 pacientes com idade média de 50 anos (16 a 89 anos) portadores de tosse irritativa secundária ao resfriado comum (n= 29), bronquite (n = 20) ou doenças do trato respiratório com formação de muco (n = 15). A duração média do tratamento foi 12 dias (3-23 dias). Os resultados do tratamento foram avaliados com base nas alterações nos escores de sintomas para tosse e expectoração. Na visita final, todos os escores de sintomas melhoraram em relação ao basal e a eficácia foi considerada boa ou muito boa por 86% e 90% dos médicos e dos pacientes, respectivamente. A tolerabilidade foi considerada boa ou muito boa por 97% dos médicos e pacientes. [2]

### 3. CARACTERÍSTICAS FARMACOLÓGICAS
Torante® (*Hedera helix* L.) contém em sua formulação o extrato seco de folhas de *Hedera helix* L., extraído após tratamento com etanol a 30%, (não presente no produto final). O componente do vegetal (folhas de hera) que fornecem o valor terapêutico da droga é, principalmente, o bisdesmosídeo saponina, do grupo de glicosídeos triterpenos, cujo principal representante em termos qualitativos é a hederasaponina C (hederacosídeo C). O efeito terapêutico de Torante® (*Hedera helix* L.) nas doenças das vias aéreas deve-se às saponinas, particularmente a alfa hederina, que possui ação mucolítica.

### 4. CONTRAINDICAÇÕES
Hipersensibilidade à substância ativa ou a qualquer dos componentes da formulação.

Torante® (*Hedera helix* L.) não deve ser utilizado por pacientes portadores de intolerância hereditária à frutose, devido à presença de sorbitol em sua formulação. Somente o médico, após avaliação do risco em relação aos benefícios do produto poderá determinar se esses pacientes podem fazer uso do produto.

**Este medicamento não deve ser utilizado por mulheres grávidas em todas as fases da gestação. Este medicamento não deve ser utilizado em crianças menores de 2 anos de idade.**

## 5. ADVERTÊNCIAS E PRECAUÇÕES

Embora não existam dados clínicos sobre a exposição de Torante® (*Hedera helix* L.) na gravidez humana, os estudos com animais não indicam efeitos nocivos diretos ou indiretos em relação à gestação, desenvolvimento embrionário ou fetal, parto ou desenvolvimento pós-natal. Apesar disto, como qualquer outro medicamento, Torante® (*Hedera helix* L.) deve ser administrado com cautela durante a lactação e **está contraindicado durante a gravidez, pois pode causar metrossístoles (contrações uterinas).**

**Categoria de risco na gravidez: B** –Os estudos em animais não demonstraram risco fetal, mas também não há estudos controlados em mulheres grávidas; ou então, os estudos em animais revelaram riscos, mas que não foram confirmados em estudos controlados em mulheres grávidas.

Recomenda-se cautela em pacientes com gastrite ou úlcera gástrica. Em presença de dispneia, febre ou expectoração purulenta, o médico deverá ser consultado.

O uso concomitante com medicamentos antitussígenos como codeína ou dextrometorfano não é recomendado sem prescrição médica.

**Efeitos na habilidade de dirigir e operar máquinas**

Não foram conduzidos estudos para avaliar os efeitos de Torante® (*Hedera helix* L.) sobre a habilidade de dirigir e operar máquinas.

**Este medicamento não deve ser utilizado por mulheres grávidas durante todas as fases da gestação.**

## 6. INTERAÇÕES MEDICAMENTOSAS

Não são conhecidos efeitos adversos quando o paciente usa simultaneamente Torante® (*Hedera helix* L.) com outros medicamentos. De qualquer maneira, o médico deverá ser informado sobre o uso de medicamentos concomitantemente.

## 7. CUIDADOS DE ARMAZENAMENTO DO MEDICAMENTO

O medicamento deve ser conservado em temperatura ambiente (entre 15ºC e 30ºC). O prazo de validade deste medicamento é de 24 meses.

**Número de lote e datas de fabricação e validade: vide embalagem.**

**Não use medicamento com o prazo de validade vencido. Guarde-o em sua embalagem original.**

Torante® (*Hedera helix* L.) xarope tem a cor amarelo escuro, levemente turvo. Torante® (*Hedera helix* L.) contém um extrato de plantas como ingrediente ativo e, portanto, a coloração pode variar ocasionalmente, como todas as preparações feitas a partir de ingredientes naturais. Isto não afeta a eficácia terapêutica da preparação.

**Antes de usar, observe o aspecto do medicamento. Todo medicamento deve ser mantido fora do alcance das crianças.**

## 8. POSOLOGIA E MODO DE USAR Posologia:

Crianças de 2–5 anos: 2,0 mL, três vezes ao dia, de 8 em 8 horas. Não exceder a dose máxima diária de 6,0 mL do xarope.

Crianças de 6–12 anos: 4,0 mL, três vezes ao dia, de 8 em 8 horas. Não exceder a dose máxima diária de 12,0 mL do xarope.

> 12 anos e adultos: 6,0 mL, três vezes ao dia, de 8 em 8 horas. Não exceder a dose máxima diária de 18,0 mL do xarope.

A ampla margem terapêutica de Torante® (*Hedera helix* L.) permite modificar as doses recomendadas, segundo critério médico. A duração do tratamento depende da gravidade do quadro clínico. O uso por períodos maiores que quatro a cinco dias somente deve ser feito sob supervisão médica.

**Agite antes de usar.**

## 9. REAÇÕES ADVERSAS

Os eventos adversos de Torante® (*Hedera helix* L.) são apresentados em ordem de frequência decrescente a seguir:

**Incomuns, > 1/1.000 e < 1/100 (> 0,1% e < 1%):** diarreia (provavelmente devido à presença de sorbitol na formulação), dor abdominal, dor epigástrica, náuseas e vômitos, dermatite alérgica e outras reações alérgicas.

**Raros, > 1/10.000 e < 1.000 (> 0,01% e < 0,1%):** boca seca e sede, anorexia, eructação, estomatite, ansiedade, tremor, cefaleia, vertigem, taquicardia e sudorese.

**Em casos de eventos adversos, notifique ao Sistema de Notificação de Eventos Adversos a Medicamentos (Vigimed), disponível em http://portal.anvisa.gov.br/vigimed, ou para a Vigilância Sanitária Estadual ou Municipal.**

## 10. SUPERDOSE

A ingestão de doses altas de Torante® (*Hedera helix* L.) (mais que três vezes a dose diária recomendada) pode provocar náuseas, vômitos, diarreia e agitação. Na eventualidade da ingestão de doses muito acima das preconizadas, recomenda-se adotar medidas de suporte e monitorização das funções vitais.

Em caso de intoxicação ligue para 0800 722 6001, se você precisar de mais orientações.

### DIZERES LEGAIS
M.S.: 1.9427.0059
Farm. Resp.: Dra. Camila Aleixo de Lima Cardoso Ditura CRF-SP 43.514
**Fabricado por:** EUROFARMA LABORATÓRIOS S. A.
Rod. Pres. Castello Branco, km 35,6 – Itapevi – SP
**Registrado por:** MOMENTA FARMACÊUTICA LTDA
Rua Enéas Luis Carlos Barbanti, 216 – São Paulo – SP
CNPJ: 14.806.008/0001-54
**Indústria Brasileira**
Central de Relacionamento 0800-703-1550
www.momentafarma.com.br - central@momentafarma.com.br

### Referências bibliográficas
[1] FAZIO S, POUSO J, DOLINSKY D, FERNANDEZ A, HERNANDEZ A, CLAVIER G, HECKER M. Tolerance, safety and efficacy of Hedera helix 1 extract in inflammatory bronchial diseases under clinical practice conditions: A prospective, open, multicentre postmarketing study in 9657 patients. Phytomedicine 2009; 16:17-24.

[2] BÜECHI S, VÖGELIN R, von Eiff M.M, RAMOS M Melzer J. Open Trial to Assess Aspects of Safety and Efficacy of a Combined Herbal Cough Syrup with Ivy and Thyme. Forsch Komplementärmed Klass Naturheilkd 2005;12:328-332

---

# TOUX®
*Hedera helix* L.

### MEDICAMENTO FITOTERÁPICO
**Nomenclatura botânica oficial**: *Hedera helix* L.
**Nomenclatura popular:** Hera sempre-verde
**Família:** Araliaceae
**Parte da planta utilizada**: Folhas

### APRESENTAÇÃO
**Toux**® xarope de 7,0 mg/mL em frasco de plástico âmbar 120 mL + copo dosador.

### USO ORAL
### USO ADULTO E PEDIÁTRICO ACIMA DE 2 ANOS DE IDADE

### COMPOSIÇÃO
Cada mL de xarope contém:
Extrato seco de folhas de *Hedera helix* L. (equivalente a 0,75 mg/mL ± 20% de hederacosídeo C) ................ 7,0 mg
Excipientes: goma xantana, sorbitol, sorbato de potássio, ácido cítrico, hidróxido de sódio, aroma de tutti- frutti e água purificada.

### INFORMAÇÕES TÉCNICAS AOS PROFISSIONAIS DE SAÚDE
#### 1. INDICAÇÕES
Toux® (*Hedera helix* L.) é indicado para o tratamento sintomático da bronquite e como expectorante nos casos de tosse produtiva.

#### 2. RESULTADOS DE EFICÁCIA
Em um estudo aberto e controlado, 50 crianças (2 a 10 anos) diagnosticadas com bronquite aguda (25 pacientes com bronquite obstrutiva e 25 pacientes com bronquite não obstrutiva aguda) foram divididas em dois grupos – um foi tratado com xarope de extrato seco de *Hedera helix* (5-7,5:1, extração com etanol 30% m/m) (n=25) e o outro com acetilcisteína (n=25). O tratamento com *Hedera helix* foi prescrito nas seguintes dosagens: 2-6 anos, 5 mL, 3 vezes ao dia; 7-10 anos, 10mL, 3 vezes ao dia. E o tratamento com acetilcisteína: 2-6 anos, 100-200 mg, 3 vezes ao dia; 7-10 anos, 300-400 mg, 3 vezes ao dia. A duração do tratamento foi entre 7 e 10 dias. Após 5 dias, o melhor resultado foi observado no grupo que recebeu o extrato de *Hedera helix*. Em 10 dias, 15% do grupo que recebeu *Hedera helix* e 28,6% do grupo que recebeu acetilcisteína ainda apresentavam tosse e expectoração. As avaliações de eficácia de *Hedera helix* apresentaram resultados, em 96% dos casos, "muito bom" e "bom", mostrando-se superior aos 79,2% para acetilcisteína. A tolerabilidade do *Hedera helix* foi avaliada por médicos em 40% como "muito boa" e 60% como "boa" (Bolbot et al, 2004).

Outro estudo duplo-cego, randomizado, controlado, comparativo, foi realizado com 99 pacientes adultos (idades entre 25-70 anos) com bronquite leve a moderada, aguda ou bronquite obstrutiva crônica, divididos em dois grupos, dos quais um recebeu, de 3 a 5 vezes ao dia, durante 4 semanas, 20 gotas de extrato de folhas de *Hedera helix* (5-7,5:1, etanol 30% (m/m), 2g de extrato seco/100mL) e o outro recebeu, de 3 a 5 vezes ao dia, um comprimido de ambroxol 30 mg. Os resultados obtidos após 4 semanas demonstram uma tendência maior na redução da frequência da tosse, produção de expectoração e dispneia no grupo que recebeu o extrato das folhas de *Hedera helix*, comparado ao grupo que recebeu ambroxol (Meyer-Wegener *et al.*, 1993).

A comparação analítica do extrato seco das folhas de *Hedera helix* (4-6: 1) extraído com solvente etanol 30% (v/v) – usado em xaropes comerciais – com o extrato seco de folhas de *Hedera helix* (5-7,5: 1) extraído com solvente etanol 30% (m/m), não mostrou nenhuma diferença significativa entre a composição química (qualitativa e quantitativamente com base nas principais saponinas triterpênicas e principais compostos fenólicos) das duas preparações (documentação analítica – Arkopharma) (EMA, 2011).

### Referências:

BOLBOT Y, PROKHOROV E, MOKIA S, YURTSEVA A. Comparing the efficacy and safety of high-concentrate (5- 7.5:1) ivy leaves extract and Acetylcysteine for treatment of children with acute bronchitis. *Drugs of Ukraine* 2004, 11: 1-4.

Meyer-Wegener J, Liebscher K, Hettich M, Kaster HG. Efeu versus Ambroxol bei chronischer Bronchitis. *Zeitschrift für Allgemeinmedizin* 1993, v. 67, n. 3, p. 61-66

Committe on Herbal Medicinal Products (HMPC). Assessment report on *Hedera helix* L., folium. EMA/HMPC/289432/2009, 31 de março de 2011.

## 3. CARACTERÍSTICAS FARMACOLÓGICAS

O efeito secretolítico e o mecanismo de ação do extrato ainda não estão bem estabelecidos na literatura.

## 4. CONTRAINDICAÇÕES

Este medicamento é contraindicado em pacientes com hipersensibilidade à substância ativa ou a plantas da família Araliaceae.

Este medicamento é contraindicado para uso por pacientes que apresentam intolerância à frutose. **Este medicamento não deve ser utilizado por mulheres grávidas ou que possam ficar grávidas durante o tratamento.**

**Este medicamento não deve ser utilizado em crianças menores de 2 anos de idade.**

## 5. ADVERTÊNCIAS E PRECAUÇÕES

**Este medicamento é contraindicado para uso por pacientes que apresentam intolerância à frutose. Este medicamento não deve ser utilizado por mulheres grávidas ou que possam ficar grávidas durante o tratamento.**

**Este medicamento não deve ser utilizado em crianças menores de 2 anos de idade.**

Crianças entre 2 a 4 anos de idade que apresentam tosse persistente ou recorrente devem ser diagnosticadas pelo médico antes do início do tratamento.

Pacientes que apresentarem dispneia, febre ou expectoração purulenta devem procurar um médico ou o farmacêutico. O uso concomitante de antitussígenos não é recomendado sem prescrição médica. Recomenda-se precaução em pacientes com gastrite ou úlcera gástrica.

Não são conhecidos os efeitos adversos quando o paciente usa concomitantemente *Hedera helix* L. com outros medicamentos e ou substâncias. Por esse motivo não há advertências sobre o uso deste produto juntamente com outros medicamentos ou substâncias.

Toux® (*Hedera helix* L.) contém em sua fórmula sorbitol, o qual é transformado no organismo em frutose. Portanto o produto não deve ser utilizado por pacientes que contenham intolerância à frutose, somente o médico, após avaliação do risco em relação aos benefícios do produto poderá determinar se esse tipo de paciente pode fazer uso do produto.

## 6. INTERAÇÕES MEDICAMENTOSAS

Não se conhece as possíveis interações medicamentosas de *Hedera helix* L., com isto, informe ao médico sobre outro medicamento que possa estar utilizando.

## 7. CUIDADOS DE ARMAZENAMENTO DO MEDICAMENTO

**Toux®** deve ser conservado em temperatura ambiente (entre 15 a 30°C), protegido da luz e umidade. Prazo de validade: 24 meses a partir da data de fabricação.

**Após aberto, válido por 3 meses, se conservado em temperatura ambiente (entre 15 e 30°C), protegido da luz e umidade.**

**Número de lote e datas de fabricação e validade: vide embalagem.**

**Não use medicamento com o prazo de validade vencido. Guarde-o em sua embalagem original.**

**Toux® (***Hedera helix* L.) xaroupe apresenta-se como líquido ligeiramente turvo a turvo, de coloração amarela escura a castanha, com leve odor de tutti-frutti. Contém um extrato de plantas como ingrediente ativo e, portanto, a coloração pode variar ocasionalmente, como todas as preparações feitas a partir de ingredientes naturais. Consequentemente, isto não afeta a eficácia terapêutica da preparação.

**Antes de usar, observe o aspecto do medicamento.**

**Todo medicamento deve ser mantido fora do alcance das crianças.**

## 8. POSOLOGIA E MODO DE USAR
## USO ORAL
### Agite antes de usar

Crianças de 2 até 5 anos de idade: 2,5 mL (17,5 mg de extrato seco), 3 vezes ao dia (7,5 mL/dia que equivale a 52,5mg de extrato seco/dia). Não exceder a dose máxima diária de 7,5 mL do xarope.

Crianças de 6 até 12 anos de idade: 5 mL (35 mg de extrato seco), 3 vezes ao dia (15 mL/dia que equivale a 105 mg de extrato seco/dia). Não exceder a dose máxima diária de 15 mL do xarope.

Adolescentes, adultos e idosos: 5-7,5 mL (35-52,5 mg de extrato seco), 3 vezes ao dia (15-22,5 mL/dia que equivale a 105-157,5mg de extrato seco por dia). Não exceder a dose máxima diária de 22,5 mL.

**Siga a orientação de seu médico, respeitando sempre os horários, as doses e a duração do tratamento. Não interrompa o tratamento sem o conhecimento do seu médico.**

## 9. REAÇÕES ADVERSAS

Os eventos adversos de **Toux®** (*Hedera helix* L.) são apresentados a seguir:

**Reação comum (>1/100 e <1/10):** reações gastrointestinais (náusea, vômito, diarreia).

**Reação incomum (>1/1.000 e <1/100):** reações alérgicas (urticária, erupção cutânea, rosáceas e dispneia).

**Em casos de eventos adversos, notifique ao Sistema de Notificação de Eventos Adversos a Medicamentos (Vigimed), disponível em http://portal.anvisa.gov.br/vigimed, ou para a Vigilância Sanitária Estadual ou Municipal.**

## 10. SUPERDOSE

Caso haja sintomas de náuseas, vômitos, diarreia e agitação, que pode ser devido à ingestão de quantidades muito altas ou se ingerir uma dose muito grande deste medicamento acidentalmente, deve procurar um médico ou um centro de intoxicação imediatamente. O apoio médico imediato é fundamental para adultos e crianças, mesmo se os sinais e sintomas de intoxicação não estiverem presentes.

**Em caso de intoxicação ligue para 0800 722 6001, se você precisar de mais orientações.**

## DIZERES LEGAIS

M.S. – 1.0385.0112
Farm. Resp.: Alexandre Madeira de Oliveira CRF/SC nº 3684

LABORATÓRIO FARMACÊUTICO ELOFAR LTDA.
Rua Tereza Cristina, 67 – Florianópolis – Santa Catarina – CEP 88070-790
CNPJ: 83.874.628/0001-43
INDÚSTRIA BRASILEIRA
S. A.C. 0800-600-1344 – sac@elofar.com.br - www.elofar.com.br

**VENDA SOB PRESCRIÇÃO MÉDICA**

_____

# TRIATIV
*Hypericum perforatum*

### IDENTIFICAÇÃO DO MEDICAMENTO
**Nomenclatura Botânica:** *Hypericum perforatum* L.
**Parte da planta utilizada:** partes aéreas
**Nomenclatura popular:** hipérico

**"MEDICAMENTO FITOTERÁPICO REGISTRADO COM BASE NO USO TRADICIONAL".**
**"Não é recomendado o uso por período prolongado enquanto estudos clínicos amplos sobre sua segurança não forem realizados."**

### APRESENTAÇÕES

Comprimidos Revestidos de 300mg – caixa com 4, 8 e 30 comprimidos revestidos.
Cada comprimido revestido contém:
Extrato seco de *Hypericum perforatum* 0,3%...........300mg (padronizado em 0,9 mg de hipericinas totais expressas em hipericina).

Comprimidos Revestidos de 450mg – caixa com 4, 8 e 30 comprimidos revestidos.
Cada comprimido revestido contém:
Extrato seco de *Hypericum perforatum* 0,3%...........450mg (padronizado em 1,35 mg de hipericinas totais expressas em hipericina).

### USO ORAL
### USO ADULTO

### COMPOSIÇÃO
Cada comprimido revestido contém:
Extrato seco de *Hypericum perforatum* 0,3%...........300mg (padronizado em 0,9 mg de hipericinas totais expressas em hipericina).
Cada comprimido revestido contém:

Extrato seco de *Hypericum perforatum* 0,3%...........450mg (padronizado em 1,35 mg de hipericinas totais expressas em hipericina).

Excipientes: celulose microcristalina, celulose + lactose, dióxido de silício, croscarmelose sódica, estearato de magnésio, talco, álcool isopropílico, polietilenoglicol 6000, dióxido de titânio, corante lacca alumínio amarelo nº 06, corante lacca alumínio amarelo nº 10, copolímero básico metacrílico e água de osmose.

## INFORMAÇÕES TÉCNICAS AOS PROFISSIONAIS DE SAÚDE

### 1. INDICAÇÕES

Indicado no tratamento dos estados depressivos leves a moderados.

### 2. RESULTADOS DE EFICÁCIA

Uma metanálise de 23 estudos randomizados, duplo cegos, constituído de 1757 pacientes com depressão de leve a moderada foi conduzida para determinar a efetividade do *Hypericum perforatum*. Concluiu-se que o *Hypericum perforatum* foi significativamente superior ao placebo com poucos efeitos adversos (19,9%) em relação aos antidepressivos padrões (52,8%) (LINDE, 1996).

### 3. CARACTERÍSTICAS FARMACOLÓGICAS

O extrato de *Hypericum perforatum* é obtido a partir das partes aéreas no período da floração e padronizado em 0,3 % de hipericinas. Contém também amentoflavona, xantonas, hiperforina, óleos essenciais e flavonoides como a rutina e hiperosídeo.

Farmacocinética:

A meia vida de eliminação da hipericina oscilou entre 24,8 e 26,5 horas, segundo estudo em 12 voluntários sadios que se submeteram a uma dose de 300 mg de extrato seco de *H. perforatum*.

O complexo de substâncias ativas do produto é liberado e atinge um nível eficaz no organismo com a administração de 600 a 900 mg do extrato padronizado em 0,3% de hipericinas ao dia, sendo que o equilíbrio hemotecidual ocorrerá após quatro dias da administração.

Mecanismo de ação:

Embora inibição da MAO e COMT tenha sido identificada em ensaios *in vitro* com frações de extratos, hipericina e flavonas, os estudos concluem que o efeito antidepressivo de Triativ (extrato de *Hypericum perforatum*) não pode ser explicado por inibição da MAO. Outros possíveis mecanismos de ação incluem a habilidade do extrato de modular a produção de citocinas, a expressão de receptores serotoninérgicos e o eixo hipotálamo-pituitário-adrenal.

### 4. CONTRAINDICAÇÕES

Pacientes com histórico de hipersensibilidade e alergia a qualquer um dos componentes da fórmula não devem fazer uso do produto. De acordo com a categoria de risco de fármacos destinados às mulheres grávidas, este medicamento apresenta categoria de risco C.

Não existem dados disponíveis sobre o uso de Triativ (extrato de *Hypericum perforatum*) na gravidez e na lactação, porém sabe-se que o extrato pode inibir a secreção de prolactina, portanto não se recomenda seu uso em mulheres grávidas e amamentando.

Não usar em episódios de depressão grave.

**"Este medicamento é contra indicado para uso por mulheres grávidas e amamentando" "Este medicamento é contraindicado para menores de seis anos" "Este medicamento não deve ser utilizado por mulheres grávidas sem orientação médica ou do cirurgião-dentista." "Este medicamento não deve ser usado durante a gravidez e amamentação, exceto sob orientação médica"**

### 5. ADVERTÊNCIAS E PRECAUÇÕES

Deve-se evitar a exposição ao sol ou aos raios ultravioletas quando do uso deste medicamento, principalmente sem proteção, devido ao efeito fotossensibilizante de *Hypericum perforatum*.

Não há restrições para o uso de Triativ (extrato de *Hypericum perforatum*) por pessoas que operam veículos e máquinas. A administração do produto deve ser cuidadosa em pacientes utilizando medicações de uso contínuo.

Em casos de hipersensibilidade ao produto, recomenda-se descontinuar o uso e consultar um médico.

De acordo com a categoria de risco de fármacos destinados às mulheres grávidas, este medicamento apresenta categoria de risco C.

Não foram relatadas restrições quanto ao uso do produto em pacientes com mais de 65 anos, no entanto, deve-se sempre ter cautela no tratamento desses pacientes, nos quais as funções renais, hepáticas e cardíacas estão alteradas mais frequentemente.

**"Este medicamento não deve ser utilizado por mulheres grávidas sem orientação médica ou do cirurgião-dentista."**

## 6. INTERAÇÕES MEDICAMENTOSAS

Existe interação de Triativ (extrato de *Hypericum perforatum*) com ciclosporina, anticoagulantes cumarínicos, anticoncepcionais orais, teofilina, digoxina, indinavir e possivelmente outros inibidores de protease e transcriptase reversa, prejudicando os efeitos destes. Isto ocorre devido à indução pelo Triativ (extrato de *Hypericum perforatum*) da via metabólica envolvendo o citocromo P450.

A utilização de Triativ (extrato de *Hypericum perforatum*) concomitante a antidepressivos inibidores da recaptação de serotonina e inibidores da MAO poderá causar síndrome serotoninérgica. Não é recomendado utilizar Triativ (extrato de *Hypericum perforatum*) com drogas fotossensibilizantes como clorpromazina ou tetraciclina. Triativ (extrato de *Hypericum perforatum*) não demonstrou interação com o álcool em estudos farmacológicos, porém sabe-se que o álcool pode piorar o quadro depressivo.

## 7. CUIDADOS DE ARMAZENAMENTO DO MEDICAMENTO

Proteger da luz, calor e umidade, em temperatura ambiente entre 15 e 30ºC. Nessas condições, o medicamento se manterá próprio para o consumo, respeitando o prazo de validade indicado na embalagem. Prazo de validade: 24 meses após a data de fabricação".

Triativ (*Hypericum perforatum*) 300mg encontra-se na forma de comprimidos bicôncavos revestidos de cor amarela.
Triativ (*Hypericum perforatum*) 450mg encontra-se na forma de comprimidos oblongos revestidos de cor amarela.

**"Número de Lote e datas de fabricação e validade: vide embalagem."**

"Não use medicamento com o prazo de validade vencido. Guarde-o em sua embalagem original." "Antes de usar, observe o aspecto do medicamento."

"Todo medicamento deve ser mantido fora do alcance das crianças."

## 8. POSOLOGIA E MODO DE USAR

Ingerir 1 comprimido revestido contendo 300 mg do extrato padronizado 1 a 3 vezes ao dia ou a critério médico. Ingerir 1 comprimido revestido contendo 450 mg do extrato padronizado 1 a 2 vezes ao dia, ou a critério médico. Os comprimidos revestidos devem ser ingeridos inteiros e sem mastigar com quantidade suficiente de água para que sejam deglutidos. Caso haja esquecimento da ingestão de uma dose deste medicamento, retome a posologia prescrita sem a necessidade de suplementação.

**"Este medicamento não deve ser partido, aberto ou mastigado."**

## 9. REAÇÕES ADVERSAS

O uso de medicamentos à base de extratos de *Hypericum perforatum* pode causar reações fotossensibilizantes. Em casos raros, podem aparecer irritações gastrintestinais, reações alérgicas, fadiga e agitação.

Os extratos de *Hypericum perforatum* são geralmente bem tolerados com uma incidência de reações adversas em torno de 0,2% dos casos avaliados em estudos clínicos.

As reações adversas gastrintestinais podem ser minimizadas ao administrar o medicamento após as refeições.

**"Em casos de eventos adversos, notifique ao Sistema de Notificações em Vigilância Sanitária – Notivisa, disponível em www.anvisa.gov.br/hotsite/notivisa/index.htm, ou para a Vigilância Sanitária Estadual ou Municipal."**

## 10. SUPERDOSE

Suspender a medicação imediatamente. Recomenda-se tratamento de suporte sintomático pelas medidas habituais de apoio e controle das funções vitais.

Até o presente momento, não foram discutidos os efeitos de Triativ (extrato de *Hypericum perforatum*) quando administrado em altas doses. Em animais, foi observado aumento da fotossensibilidade. Se ocorrer superdosagem em seres humanos, deve-se proteger a pele dos raios solares ou ultravioleta por duas semanas. Porém, caso ocorra ingestão de doses excessivas, deve-se provocar o esvaziamento gástrico logo após o acidente.

Em doses maciças, foram relatadas desordens do ritmo cardíaco, da visão, depressão, estados de confusão, alucinação e psicose.

**"Em caso de intoxicação ligue para 08007226001, se você precisar de mais orientações".**

### DIZERES LEGAIS

M.S: 1.1861.0073
Responsável Técnico: Amanda Público da Silva CRF: 37.152
**Registrado por: Ativus Farmacêutica Ltda.**
Rua Fonte Mécia, 2050 – Caixa Postal 489 – CEP 13.273-900 – Valinhos/SP
CNPJ: 64.088.172/0001-41
Industria Brasileira
SAC 08007712010
**Comercializado por: Myralis Pharma LTDA EPP**

Avenida Rogélia Gallardo Alonso, 605 – Distrito Industrial
Aguaí-SP – CEP: 13860-000
CNPJ: 04.532.527/0003-80 I.E: 152.093.320.115

"VENDA SOB PRESCRIÇÃO MÉDICA".

## UMCKAN®

*Pelargonium sidoides* Extrato Eps 7630

**Nomenclatura botânica:** *Pelargonium sidoides,* D.C.
**Nomenclatura popular:** Umckaloabo
**Família:** *Geraniaceae*
**Parte utilizada: raízes**

### APRESENTAÇÕES

Solução oral – extrato etanólico das raízes de *Pelargonium sidoides* D.C. Eps 7630 – 825 mg. Frasco com 20 mL: conteúdo suficiente para crianças de 1 a 12 anos*.
Frasco com 50 mL: conteúdo suficiente para adultos e crianças 1 a 12 anos*.
* Vide item "Posologia".

### VIA ORAL
### USO ADULTO E PEDIÁTRICO ACIMA DE 1 ANO

### COMPOSIÇÃO

Cada 1 mL contém:
extrato etanólico* das raízes de *Pelargonium sidoides* (1:9-11) ............................................................. 825 mg;**
excipiente q.s.p. ............................................................. 1 mL.
(glicerol 85%)
** padronizado em 0,66 mg a 2,64 mg de fenóis totais.
cada 5 gotas do produto contêm 0,03 mL de etanol. Cada 1 mL da solução equivale a 21 gotas.
Cada gota contém 0,031 mg a 0,126 mg de fenóis totais.

### INFORMAÇÕES AO PACIENTE
### PARA QUE ESTE MEDICAMENTO É INDICADO?

Umckan® é indicado para infecções do trato respiratório, ouvido, nariz e garganta, tais como rinofaringite (inflamação da garganta), amigdalite (dor, febre e inflamação da garganta), sinusite (seios paranasais infectados ou inflamados) e bronquite (tosse, tosse seca e tosse com catarro).

### COMO ESTE MEDICAMENTO FUNCIONA?

Umckan® é um fitomedicamento que atua nas infecções das vias respiratórias. Os efeitos antimicrobianos e a modulação da resposta imune (defesa do organismo) são considerados suas ações principais.

### QUANDO NÃO DEVO USAR ESTE MEDICAMENTO?

Umckan® não deve ser administrado nas situações a seguir:

- Pacientes com tendência a sangramento.
- Pacientes em uso de anticoagulantes (ex. heparina e varfarina).
- Doença do fígado.
- Doença dos rins.

Hipersensibilidade (alergia) ao *Pelargonium sidoides* ou a qualquer um dos componentes da fórmula.

**Este medicamento é contraindicado para uso por lactantes (mulheres amamentando).**

## O QUE DEVO SABER ANTES DE USAR ESTE MEDICAMENTO?

### Precauções e advertências

Devido à insuficiência de estudos clínicos específicos em crianças menores de um ano de idade, não é recomendado o uso deste produto nessa faixa etária.

### Interações medicamentosas

Não foram relatados casos de interações medicamentosas, mas, devido à presença de pequena quantidade de cumarínicos no fitomedicamento, é possível que ocorra aumento da ação anticoagulante de fármacos como heparina e varfarina, em caso de administração simultânea.

**Este medicamento não deve ser utilizado por mulheres grávidas sem orientação médica. Informe seu médico da ocorrência de gravidez na vigência do tratamento ou após seu término. Informe seu médico se está amamentando.**

**Informe seu médico se você está fazendo uso de algum outro medicamento.**

**Não use medicamento sem o conhecimento de seu médico. Pode ser perigoso para a sua saúde.**

## ONDE, COMO E POR QUANTO TEMPO POSSO GUARDAR ESTE MEDICAMENTO?

### Cuidados de conservação

Umckan® deve ser conservado em temperatura ambiente (entre 15°C e 30°C) em sua embalagem original.

Extratos vegetais líquidos apresentam tendência à turvação, sendo assim, como Umckan® é constituído de extrato vegetal, pode ocorrer pequena variação na sua cor ou sabor, o que não altera a eficácia do produto.

### Prazo de validade

24 meses após a data de fabricação impressa no cartucho.

**Número de lote e datas de fabricação e validade: vide embalagem.**

**Não use medicamento com prazo de validade vencido. Guarde-o em sua embalagem original. Após aberto, válido por três meses.**

### Característica física

Solução oral – líquido marrom claro a marrom avermelhado.

### Característica organoléptica

Odor característico.

**Antes de usar, observe o aspecto do medicamento. Caso ele esteja no prazo de validade e você observe alguma mudança no aspecto, consulte o farmacêutico para saber se poderá utilizá-lo.**

**Todo medicamento deve ser mantido fora do alcance das crianças.**

## COMO DEVO USAR ESTE MEDICAMENTO?

### Modo de usar

- Coloque o frasco na posição vertical com a tampa para cima e gire-a até romper o lacre.

- Vire o frasco com o conta-gotas para baixo e bata levemente com o dedo no fundo do frasco para iniciar o gotejamento. A primeira gota demorará um pouco a sair, mas as demais sairão normalmente.

- Não administre o medicamento diretamente na boca, utilize um recipiente para pingar as gotinhas. Este medicamento deve ser administrado por via oral, com pequena quantidade de líquido, conforme posologia, meia hora antes das refeições.

### Posologia

Infecções agudas

Adultos e crianças acima de 12 anos de idade: tomar 30 gotas, três vezes ao dia. Crianças de seis a 12 anos de idade: tomar 20 gotas, três vezes ao dia.

Crianças de um a cinco anos de idade: tomar 10 gotas, três vezes ao dia.

### Infecções crônicas ou recorrentes

Como tratamento subsequente, com o objetivo de profilaxia da recorrência, no caso de evolução crônica da doença e recorrência frequente, a dose administrada deve ser:

Adultos e crianças maiores de 12 anos: 20 gotas três vezes ao dia.

A duração média do tratamento é de cinco a sete dias, não devendo exceder três semanas.

**Siga a orientação de seu médico, respeitando sempre os horários, as doses e a duração do tratamento.**

**Não interrompa o tratamento sem o conhecimento do seu médico.**

### O QUE DEVO FAZER QUANDO EU ME ESQUECER DE USAR ESTE MEDICAMENTO?

Em caso do esquecimento de uma dose, continue o tratamento conforme prescrição, a partir da próxima dose prevista.

**Em caso de dúvidas, procure orientação do farmacêutico ou do seu médico.**

### QUAIS OS MALES QUE ESTE MEDICAMENTO PODE ME CAUSAR?

#### Reações adversas

Reações raras (ocorre entre 0,01% e 0,1% dos pacientes que utilizam este medicamento): podem ocorrer alterações gastrointestinais como dor de estômago, náuseas e diarreia; leve sangramento gengival ou nasal ou reações de hipersensibilidade (alergia), como erupção cutânea, urticária e coceiras.

Ao surgirem os primeiros sinais de reações de hipersensibilidade (alergia), tais como erupção cutânea, interrompa o uso do medicamento e procure orientação médica.

**Informe seu médico ou farmacêutico do aparecimento de reações indesejáveis pelo uso do medicamento. Informe também à empresa através do seu Serviço de Atendimento ao Cliente (SAC).**

### O QUE FAZER SE ALGUÉM USAR UMA QUANTIDADE MAIOR DO QUE A INDICADA DESTE MEDICAMENTO?

Umckan® é um medicamento fitoterápico bem tolerado. Não existem estudos em caso de superdosagem. Em caso de superdosagem, deve-se procurar imediatamente atendimento médico, para que sejam adotadas medidas habituais de controle das funções vitais.

**Em caso de uso de grande quantidade deste medicamento, procure rapidamente socorro médico e leve a embalagem ou bula do medicamento, se possível. Ligue para 0800 722 6001, se você precisar de mais orientações.**

**Venda sob prescrição médica.**

### DIZERES LEGAIS

MS: 1.0390.0170

Farm. Resp.: Dra. Marcia Weiss I. Campos CRF-RJ nº 4499

**Fabricado por: Dr. Willmar Schwabe GmbH & Co. KG**
**Willmar-Schwabe-Str.4- 76227 Karlsruhe-Alemanha**
**Importado por: FARMOQUÍMICA S. A.**
Av. José Silva de Azevedo Neto, 200, Bloco 1, 1º andar, Barra da Tijuca
Rio de Janeiro – RJ CEP: 22775-056
CNPJ: 33.349.473/0001-58
**Embalado por: FARMOQUÍMICA S. A.**
Rua Viúva Cláudio, 300, Jacaré Rio de Janeiro – RJ
CEP: 20970-032
CNPJ: 33.349.473/0003-10
Indústria brasileira

## UNHA DE GATO ORIENT®

### MEDICAMENTO FITOTERÁPICO

**Nomenclatura botânica oficial:** *Uncaria tomentosa*.
**Nomenclatura popular:** Unha de Gato
**Família:** Rubiaceae
**Parte da planta utilizada:** casca

### APRESENTAÇÃO

Cápsulas de 450mg, embalagens com 45 e 60 unidades.

### USO ORAL/USO ADULTO ACIMA DE 12 ANOS

## COMPOSIÇÃO

Cada cápsula contém:

Extrato Seco de *Uncaria tomentosa*................400mg (padronizado em 4,0 mg (1,0%) de alcaloides oxindólicos pentacíclicos).

Excipientes (amido e dióxido de silício) q.s.p......450mg

## INFORMAÇÕES AO PACIENTE
## PARA QUE ESTE MEDICAMENTO É INDICADO?

A Unha de Gato apresenta propriedades anti-inflamatórias, sendo indicada no tratamento de processos inflamatórios articulares, como osteoartrite e artrite reumatoide.

## COMO ESTE MEDICAMENTO FUNCIONA?

A Unha de Gato apresenta uma potente utilidade em processos do sistema imune. Seu mecanismo de ação se distingue pelas atividades imunoestimulante e anti-inflamatória.

## QUANDO NÃO DEVO USAR ESTE MEDICAMENTO?

Pacientes com histórico de hipersensibilidade e alergia a qualquer um dos componentes da fórmula não devem fazer uso deste produto.

## O QUE DEVO SABER ANTES DE USAR ESTE MEDICAMENTO?

A Unha de Gato é contraindicada em pacientes transplantados, devido a uma maior possibilidade de rejeição. Não é aconselhável o uso de Unha de Gato em pessoas em tratamentos com quimioterápicos, devido ao seu efeito imunoestimulante.

Unha de Gato pode diminuir os hormônios (estrogênio e progesterona) depois do tratamento prolongado, havendo, portanto a necessidade de acompanhamento médico.

Não tome Unha de Gato junto com antiácido, pois pode aumentar a acidez gástrica.

Ingerir Unha de Gato junto aos medicamentos que reduzem a ação do sistema imunológico (ciclosporina, por exemplo) pode diminuir ainda mais as defesas do organismo.

**Mulheres grávidas, ou em fase de amamentação, não deverão fazer uso deste medicamento sem orientação médica.**

**Este medicamento é contraindicado para crianças menores de 12 anos de idade.**

**Informe ao médico ou cirurgião-dentista o aparecimento de reações indesejáveis.**

**Informe ao seu médico ou cirurgião-dentista se você está fazendo uso de algum outro medicamento.**

## ONDE, COMO E POR QUANTO TEMPO POSSO GUARDAR ESTE MEDICAMENTO?

Conservar o medicamento em sua embalagem original, protegendo da luz, calor e umidade. Manter entre 15º e 30ºC. Nessas condições, o medicamento se manterá próprio para o consumo, respeitando o prazo de validade indicado na embalagem.

A Unha de Gato Orient é apresentada em cápsulas duras gelatinosas de forma cilíndrica e com o nome Orient Mix estampado no corpo da cápsula.

O prazo de validade é de 24 meses após a data de fabricação. Número de lote e datas de fabricação e validade: vide embalagem.

Não use o medicamento com prazo de validade vencido. Caso observe mudança no aspecto do medicamento que ainda esteja no prazo de validade, consulte o médico ou o farmacêutico para saber se poderá utilizá-lo.

Todo medicamento deve ser mantido fora do alcance das crianças.

## COMO DEVO USAR ESTE MEDICAMENTO?

Ingerir 1 cápsula, 4 vezes ao dia.

As cápsulas devem ser ingeridas inteiras e sem mastigar com quantidade suficiente de água para que sejam deglutidas.

Intervalos de administração: a cada 6 horas.

Duração de tratamento: à critério médico. Não ultrapassar 2 (dois) meses consecutivos.

**Vias de administração: somente por via oral.**

Limite máximo diário de administração do medicamento: ingerir no máximo 4 cápsulas por dia.

Siga corretamente o modo de usar. Não desaparecendo os sintomas, procure orientação médica ou de seu cirurgião-dentista.

## QUAIS OS MALES QUE ESTE MEDICAMENTO PODE CAUSAR?

Raramente podem ocorrer constipação ou diarreia, sintomas pancreáticos e dispepsias hipersecretoras que desaparecem ao suspender a medicação.

**Informe ao seu médico, cirurgião-dentista ou farmacêutico o aparecimento de reações indesejáveis pelo uso do medicamento. Informe também à empresa através do seu serviço de atendimento.**

## O QUE FAZER SE ALGUÉM USAR UMA QUANTIDADE MAIOR DO QUE A INDICADA DESTE MEDICAMENTO?

Em caso de uso de grande quantidade deste medicamento, procure rapidamente socorro médico e leve a embalagem ou bula do medicamento, se possível. Em caso de intoxicação ligue para 0800 722 6001, se você precisar de mais orientações sobre como proceder.

## DIZERES LEGAIS

Reg. M.S. nº: 1.2397.0026.
Responsável Técnico: Guilherme Ji CRF-RJ: 9545
Estrada da Pedra Negra, 295 – Jacarepaguá. RJ. CEP.: 22.780-120
Orient Mix Fitoterápicos do Brasil Ltda
CNPJ: 73.657.876/0001-89
Indústria Brasileira.

# V

## VALERANCE®
*Valeriana officinalis* L.

### MEDICAMENTO FITOTERÁPICO
**Nomenclatura botânica oficial**: *Valeriana officinalis* L.
**Nomenclatura popular:** Valeriana
**Família:** Valerianaceae
**Parte da planta utilizada**: Raízes

### APRESENTAÇÕES
**Valerance®** comprimido de 160 mg em embalagem com 30 comprimidos revestidos.

### VIA ORAL – USO ADULTO

### COMPOSIÇÃO
**Cada comprimido revestido contém:**
Extrato seco de *Valeriana officinalis* L. ................... 160mg
(equivalente a 1,328 mg de ácidos sesquiterpênicos expressos em ácido valerênico)
**Excipientes:** celulose microcristalina, lactose monoidratada, croscarmelose sódica, copovidona, dióxido de silício, talco, estearato de magnésio, hipromelose, dióxido de titânio, triacetina, etilcelulose, álcool polivinílico, citrato de trietila, monoestearato de glicerila, polimetacrílicocopoliacrilato de etila, óxido de ferro amarelo, laurilsulfato de sódio, bicarbonato de sódio, álcool etílico, água purificada.

### INFORMAÇÕES TÉCNICAS AOS PROFISSIONAIS DE SAÚDE
#### 1. INDICAÇÕES
Usado como sedativo moderado, hipnótico e no tratamento de distúrbios do sono associados à ansiedade.

#### 2. RESULTADOS DE EFICÁCIA
A melhora na qualidade do sono foi demonstrada em um estudo randomizado, controlado por placebo, multicêntrico, envolvendo 121 pacientes. Os pacientes receberam 600 mg de um extrato etanólico a 70% da raiz de *V. officinalis* padronizado em 0,4 a 0,6% de ácido valerênico (n = 61) ou placebo (n = 60) uma hora antes de dormir por 28 noites consecutivas. Os pacientes responderam dois questionários sobre a qualidade do sono, um que media a depressão/escala do humor e outro com avaliação clínica global. 66% dos pacientes que utilizaram a *V. officinalis* tiveram um efeito

terapêutico bom ou muito bom ao final do tratamento, comparado a 29% igualmente positivos do placebo.

## 3. CARACTERÍSTICAS FARMACOLÓGICAS

Em experimentos em animais, foi observada uma ação depressora central, sedativa, ansiolítica, espasmolítica e relaxante muscular. O principal efeito em humanos é reduzir o tempo de indução do sono. Os ácidos valerênicos *in vitro* mostraram uma diminuição na degradação do Ácido Gama Aminobutírico (GABA). Experimentos em animais demonstraram um aumento do GABA na fenda sináptica via inibição da recaptação e aumento na secreção do neurotransmissor, podendo ser esse um dos efeitos responsáveis pela atividade sedativa. Outro mecanismo que pode contribuir para essa atividade é a presença de altos níveis de glutamina no extrato, a qual tem a capacidade de cruzar a barreira hematoencefálica, sendo captada pelo terminal nervoso e convertida em GABA.

Farmacocinética: foram administrados 600 mg de um extrato de *V. officinalis* na forma de dose única oral a seis voluntários sadios e foi medida a concentração de ácido valerênico no soro oito horas após a administração usando LC/MS/MS. As concentrações séricas máximas ocorreram entre uma e duas horas depois da administração, alcançando valores de 0,9 a 2,3 ng/mL. O tempo de meia vida foi de 1,1 ± 0,6 h. A área sob a curva de concentração como medida do ácido valerênico foi variável (4,8 ± 2,96 μg/mL h) e não correlacionada com a idade ou peso do sujeito tratado. Esses resultados apontam para uma recomendação de uso de produtos à base de *V. officinalis* 30 minutos a 2 horas antes de dormir.

## 4. CONTRAINDICAÇÕES

**Este medicamento é contraindicado para menores de 3 anos.**

Pessoas com hipersensibilidade ao extrato de *V. officinalis*, ou de plantas da família Valerianaceae, e aos outros componentes da fórmula não devem usar este medicamento. Este medicamento pode causar sonolência, não sendo, portanto, recomendável a sua administração antes de dirigir, operar máquinas ou realizar qualquer atividade de risco que necessite atenção.

## 5. ADVERTÊNCIAS E PRECAUÇÕES

Em caso de hipersensibilidade ao produto, recomenda-se descontinuar o uso. Não ingerir doses maiores do que as recomendadas.

De acordo com a categoria de risco de fármacos destinados às mulheres grávidas, este medicamento apresenta categoria de risco C.

Não há dados disponíveis sobre o uso de valeriana durante a gravidez e a lactação.

**Este medicamento não deve ser utilizado por mulheres grávidas e em amamentação sem orientação médica ou do cirurgião-dentista.**

Não há evidências suficientes de que medicamentos à base de *V. officinalis* afetem a habilidade de operar máquinas ou dirigir, mas como esses dados são insuficientes, deve-se evitar tais atividades durante o tratamento com esses medicamentos.

**Atenção: este medicamento contém lactose, portanto deve ser usado com cautela em portadores de Diabetes.**

## 6. INTERAÇÕES MEDICAMENTOSAS

Este medicamento pode potencializar o efeito de outros depressores do SNC. Estudos em animais mostraram que *V. officinalis* possui efeito aditivo quando utilizada em combinação com barbitúricos, anestésicos ou benzodiazepínicos e outros fármacos depressores do SNC. O ácido valerênico aumentou o tempo de sono induzido pelo pentobarbital (intraperitoneal (IP) em camundongo), enquanto o extrato aquoso seco alcalino aumentou o tempo de sono com o tiopental (via oral em camundongo) e o extrato etanólico prolongou a anestesia promovida por tiopental (IP em camundongo) devido a sua afinidade aos receptores barbitúricos. Devido à afinidade do extrato de *V. officinalis* e valepotriatos com receptores de GABA e benzodiazepínicos (*in vitro*) e à diminuição nos efeitos causados pela retirada do diazepam por uma dose suficientemente grande de valepotriatos (IP em ratos), extratos de *V. officinalis* contendo valepotriatos podem auxiliar na síndrome de abstinência pela retirada do uso do diazepam. Recomenda-se evitar o uso de *V. officinalis* juntamente com a ingestão de bebidas alcoólicas pela possível exacerbação dos efeitos sedativos.

Não foram encontrados dados na literatura consultada sobre interações de preparações de *V. officinalis* com exames laboratoriais e com alimentos.

## 7. CUIDADOS DE ARMAZENAMENTO DO MEDICAMENTO

Conservar em temperatura ambiente (entre 15 e 30°C), proteger da luz e umidade. Este medicamento tem validade de 24 meses a partir da data de fabricação.

Número de lote e datas de fabricação e validade: vide embalagem.

**Não use medicamento com o prazo de validade vencido. Guarde-o em sua embalagem original.**

Valerance® é constituído de comprimidos revestidos, com coloração amarelo a bege, circular, biconvexo e liso.

**Antes de usar, observe o aspecto do medicamento. Todo medicamento deve ser mantido fora do alcance das crianças.**

## 8. POSOLOGIA E MODO DE USAR
### USO ORAL/USO INTERNO

Ingerir 1 comprimido, 3 vezes ao dia, ou a critério médico. Como promotor do sono, a menos que haja orientação médica contrária, tomar o medicamento de 30 minutos a duas horas antes de dormir. Os comprimidos revestidos devem ser ingeridos inteiros e sem mastigar, com quantidade suficiente de água para que sejam deglutidos. Utilizar apenas a via oral. O uso deste medicamento por outra via, que não a oral, pode causar a perda do efeito esperado ou mesmo promover danos ao seu usuário. A dose diária não deve ultrapassar cinco comprimidos ao dia. A duração do tratamento deve ser definida pelo médico.

**Este medicamento não deve ser partido, aberto ou mastigado.**

## 9. REAÇÕES ADVERSAS

Os efeitos adversos relatados pelos voluntários participantes dos ensaios clínicos e tratados com os diferentes extratos secos padronizados de *V. officinalis* foram raros, leves e similares àqueles apresentados pelos grupos tratados com o placebo. Tais efeitos adversos incluem tontura, indisposição gastrointestinal, alergias de contato, dor de cabeça e midríase.

Com o uso em longo prazo, os seguintes sintomas podem ocorrer: cefaleia, cansaço, insônia, midríase e desordens cardíacas.

O uso crônico de altas doses de *V. officinalis* por muitos anos aumentou a possibilidade de ocorrência de síndrome de abstinência com a retirada abrupta do medicamento.

**Em casos de eventos adversos, notifique ao Sistema de Notificação de Eventos Adversos a Medicamentos (Vigimed), disponível em http://portal.anvisa.gov.br/vigimed, ou para a Vigilância Sanitária Estadual ou Municipal.**

## 10. SUPERDOSE

Em casos de superdosagem podem ocorrer sintomas adversos leves como fadiga, câimbras abdominais, tensionamento do tórax, tontura, tremores e midríase que desapareceram no período de 24 horas após descontinuação do uso.

Altas doses de *V. officinalis* podem causar bradicardias, arritmias e reduzir a motilidade intestinal.

Em caso de superdosagem, suspender o uso e procurar orientação médica de imediato.

**Em caso de intoxicação ligue para 0800 722 6001, se você precisar de mais orientações.**

### DIZERES LEGAIS

MS – 1.0385.0113
Farm. Resp.: Alexandre Madeira de Oliveira – CRF/SC n° 3684
LABORATÓRIO FARMACÊUTICO ELOFAR LTDA.
Rua Tereza Cristina, 67 – Florianópolis – Santa Catarina – CEP 88070-790
CNPJ: 83.874.628/0001-43
Indústria Brasileira
SAC 0800-600-1344 – sac@elofar.com.br - www.elofar.com.br

**VENDA SOB PRESCRIÇÃO MÉDICA.**

---

# VALERIANE
*Valeriana officinalis* extrato

### MEDICAMENTO FITOTERÁPICO

**Nomenclatura botânica oficial:** *Valeriana officinalis*
**Nomenclatura popular:** Valeriana
**Família:** Valerianaceae
**Parte da planta utilizada:** raiz

### FORMA FARMACÊUTICA E APRESENTAÇÃO

Drágea. Embalagem contendo 20 drágeas.

### VIA ORAL
### USO ADULTO E PEDIÁTRICO ACIMA DE 3 ANOS

### COMPOSIÇÃO

Cada drágea contém:
extrato seco de *Valeriana officinalis* L. ................ 50 mg (*)
excipiente q.s.p. ........................................................ 1 drágea

(*) Padronizado em 0,4 mg (0,8%) de ácidos sesquiterpênicos expressos em ácido valerênico.

Excipientes: lactose monoidratada, celulose microcristalina, talco, estearato de magnésio, metilparabeno, goma arábica, goma laca, sacarose, carbonato de cálcio, óxido de magnésio e corante azul brilhante.

"Atenção diabéticos: contém açúcar."

### 1. PARA QUE ESTE MEDICAMENTO É INDICADO?

Usado como sedativo moderado, como agente promotor do sono e no tratamento de distúrbios do sono associados à ansiedade.

### 2. COMO ESTE MEDICAMENTO FUNCIONA?

Atua no Sistema Nervoso Central (SNC) exercendo um leve efeito calmante, além de auxiliar na regularização dos distúrbios do sono.

### 3. QUANDO NÃO DEVO USAR ESTE MEDICAMENTO?

Pessoas com hipersensibilidade ao extrato de *V. officinalis* e aos outros componentes da fórmula não devem usar este medicamento. Em caso de hipersensibilidade ao produto, recomenda-se descontinuar o uso e consultar o médico.

Não há dados disponíveis acerca do uso de Valeriana durante a gravidez e a lactação. Este medicamento não deve ser usado nessas condições, exceto sob orientação médica. Informe ao seu médico se ocorrer gravidez ou se iniciar amamentação durante o uso deste medicamento.

A *V. officinalis* não deve ser administrada para crianças abaixo de três anos.

Não existem contraindicações ou precauções especiais específicas para pacientes idosos.

O medicamento a base de *V. officinalis* pode potencializar o efeito de outros medicamentos depressores do SNC. Estudos em animais mostraram um efeito aditivo quando utilizado em combinação com barbitúricos, anestésicos ou benzodiazepínicos e outros fármacos depressores do SNC. Recomenda-se evitar o uso deste medicamento juntamente com a ingestão de bebidas alcoólicas, pela possível exacerbação dos efeitos sedativos.

Este medicamento pode causar sonolência, não sendo, portanto, recomendável a sua administração antes de dirigir, operar máquinas ou realizar qualquer atividade de risco que necessite atenção. Utilizar apenas a via oral. O uso deste medicamento por outra via, que não a oral, pode causar a perda do efeito esperado ou mesmo promover danos ao seu usuário.

Não ingerir doses maiores do que as recomendadas.

**Este medicamento é contraindicado para uso por menores de 3 anos de idade.**

### 4. O QUE DEVO SABER ANTES DE USAR ESTE MEDICAMENTO?

Em caso de alergia ao produto, recomenda-se descontinuar o uso.

Não ingerir doses maiores do que as recomendadas. De acordo com a categoria de risco de fármacos destinados às mulheres grávidas, este medicamento apresenta categoria de risco C. Este medicamento não deve ser utilizado por mulheres grávidas sem orientação médica ou do cirurgião-dentista.

Não há evidências suficientes de que medicamentos à base de *V. officinalis* afetem a habilidade de operar máquinas ou dirigir, mas como esses dados são insuficientes, deve-se evitar tais atividades durante o tratamento com esses medicamentos.

Este medicamento pode potencializar o efeito de outros depressores do SNC. Estudos em animais mostraram que a *V. officinalis* possui efeito aditivo quando utilizado em combinação com barbitúricos, anestésicos ou benzodiazepínicos e outros fármacos depressores do SNC. O ácido valerênico aumentou o tempo de sono induzido pelo pentobarbital [intraperitoneal (IP) em camundongo], enquanto o extrato aquoso seco alcalino aumentou o tempo de sono com o tiopental (via oral em camundongo) e o extrato etanólico prolongou a anestesia promovida por tiopental (IP em camundongo) devido a sua afinidade aos receptores barbitúricos. Devido à afinidade do extrato de *V. officinalis* e valepotriatos com receptores de GABA e benzodiazepínicos (*in vitro*) e a diminuição nos efeitos causados pela retirada do diazepam por uma dose suficientemente grande de valepotriatos (IP em ratos), extratos de *V. officinalis* contendo valepotriatos podem auxiliar na síndrome de abstinência pela retirada do uso do diazepam. Recomenda-se evitar o uso de *V. officinalis* juntamente com a ingestão de bebidas alcoólicas pela possível exacerbação dos efeitos sedativos.

Não foram encontrados dados na literatura consultada sobre interações de preparações de *V. officinalis* com exames laboratoriais e com alimentos.

**"Este medicamento não deve ser utilizado por mulheres grávidas sem orientação médica ou do cirurgião-dentista."**

**"Informe ao seu médico ou cirurgião-dentista se você está fazendo uso de algum outro medicamento."**

"Não use medicamento sem o conhecimento do seu médico. Pode ser perigoso para a sua saúde."

## 5. ONDE, COMO E POR QUANTO TEMPO POSSO GUARDAR ESTE MEDICAMENTO?

Valeriane® Nikkho deve ser guardado na sua embalagem original. Conservar em temperatura ambiente (entre 15° e 30°C), proteger da luz e umidade. Nessas condições, este medicamento possui prazo de validade de 24 (vinte e quatro) meses, a partir da data de fabricação.

"Número de lote e datas de fabricação e validade: vide embalagem."

Características físicas e organolépticas Valeriane® Nikkho apresenta-se sob a forma de drágea circular, de superfícies lisas e coloração azul.

"Não use medicamento com prazo de validade vencido. Guarde-o em sua embalagem original"

"Antes de usar, observe o aspecto do medicamento. Caso ele esteja no prazo de validade e você observe alguma mudança no aspecto, consulte o farmacêutico para saber se poderá utilizá-lo."

"Todo medicamento deve ser mantido fora do alcance das crianças."

## 6. COMO DEVO USAR ESTE MEDICAMENTO?

As drágeas devem ser ingeridas inteiras e sem mastigar, com quantidade suficiente de água para que sejam deglutidas.

**Posologia:**

Adultos e crianças acima de 12 anos: 1 drágea, quatro vezes ao dia, ou 4 drágeas, antes de deitar, a critério médico.

Crianças de 3 a 12 anos: 1 drágea ao dia, sob estrita orientação médica.

"Siga a orientação de seu médico, respeitando sempre os horários, as doses e a duração do tratamento. Não interrompa o tratamento sem o conhecimento do seu médico."

"Este medicamento não deve ser partido, aberto ou mastigado."

## 7. O QUE DEVO FAZER QUANDO EU ME ESQUECER DE USAR ESTE MEDICAMENTO?

Caso você esqueça de tomar Valeriane® Nikkho no horário receitado pelo seu médico, tome-o assim que se lembrar. Porém, se já estiver próximo ao horário de tomar a dose seguinte, pule a dose esquecida e tome a próxima, continuando normalmente o esquema de doses receitado pelo seu médico. Nesse caso, não tome o medicamento duas vezes para compensar a dose esquecida. O esquecimento da dose pode, entretanto, comprometer a eficácia do tratamento.

"Em caso de dúvidas, procure orientação do farmacêutico ou de seu médico, ou cirurgião-dentista."

## 8. QUAIS OS MALES QUE ESTE MEDICAMENTO PODE ME CAUSAR?

Os efeitos adversos relatados foram raros e leves, incluindo tontura, indisposição gastrintestinal, alergias de contato, dor de cabeça e dilatação da pupila.

Com o uso em longo prazo, os seguintes sintomas podem ocorrer: dor de cabeça, cansaço, insônia, dilatação da pupila e desordens cardíacas.

O uso crônico de altas doses de *V. officinalis* por muitos anos aumentou a possibilidade de ocorrência de síndrome de abstinência com a retirada abrupta do medicamento.

"Informe ao seu médico, cirurgião-dentista ou farmacêutico o aparecimento de reações indesejáveis pelo uso do medicamento. Informe também à empresa através do seu serviço de atendimento."

## 9. O QUE FAZER SE ALGUÉM USAR UMA QUANTIDADE MAIOR DO QUE A INDICADA DESTE MEDICAMENTO?

Em casos de superdosagem podem ocorrer sintomas adversos leves como cansaço, cãibras abdominais, tensionamento do tórax, tontura, tremores e midríase que desapareceram no período de 24 horas após descontinuação do uso.

Em caso de superdosagem, suspender o uso e procurar orientação médica de imediato.

"Em caso de uso de grande quantidade deste medicamento, procure rapidamente socorro médico e leve a embalagem ou bula do medicamento, se possível. Ligue para 0800 722 6001, se você precisar de mais orientações."

### DIZERES LEGAIS

Reg. MS nº 1.5651.0047

Farmacêutica Responsável: Dra. Ana Luísa Coimbra de Almeida CRF/RJ nº 13227

**Fabricado por: ZYDUS NIKKHO FARMACÊUTICA Ltda.**

Rua Jaime Perdigão, 431/445 – Ilha do Governador Rio de Janeiro – RJ – BRASIL

C.N.P.J. 05.254.971/0008-58

INDÚSTRIA BRASILEIRA

Registrado por: ZYDUS NIKKHO FARMACÊUTICA Ltda.
Estrada Governador Chagas Freitas, 340 Ilha do Governador
Rio de Janeiro – RJ – BRASIL
C.N.P.J. 05.254.971/0001-81
Serviço de Atendimento ao Consumidor: 0800 2829911
INDÚSTRIA BRASILEIRA

VENDA SOB PRESCRIÇÃO MÉDICA

---

# VALERIMED
*Valeriana officinalis*

**Nomenclatura botânica oficial:** *Valeriana officinalis* L.
**Nomenclatura popular:** Valeriana
**Família:** Valerianaceae
**Parte da planta utilizada:** raiz

## MEDICAMENTO FITOTERÁPICO
Não é recomendado o uso por período prolongado enquanto estudos clínicos amplos sobre sua segurança não forem realizados.

## APRESENTAÇÃO:
Embalagem contendo 20 comprimidos revestidos

## USO ORAL – USO ADULTO

## COMPOSIÇÃO:
Cada comprimido revestido contém:
Extrato seco de *Valeriana officinalis*..........................50 mg (padronizado em 0,4 mg (0,8%) de ácidos sesquiterpênicos expressos em ácido valerênico) Excipientes: croscarmelose sódica, estearato de magnésio, celulose microcristalina, dióxido de silício, povidona, álcool etílico, água deionizada, dióxido de titânio, advantia prime e corante azul alumínio laca.

## 1. PARA QUE ESTE MEDICAMENTO É INDICADO?
Valerimed é usado como sedativo moderado, como agente promotor do sono e no tratamento de distúrbios do sono associados à ansiedade (OMS, 1999).

## 2. COMO ESTE MEDICAMENTO FUNCIONA?
Valerimed atua no Sistema Nervoso Central (SNC) exercendo um leve efeito calmante (OMS, 1999), além de auxiliar na regularização dos distúrbios do sono (VORBACH *et al.*, 1996; OMS, 1999).

## 3. QUANDO NÃO DEVO USAR ESTE MEDICAMENTO?
Pessoas com hipersensibilidade ao extrato de *V. officinalis* e aos outros componentes da fórmula não devem usar este medicamento. Em caso de hipersensibilidade ao produto, recomenda-se descontinuar o uso e consultar o médico.
Não há dados disponíveis acerca do uso de Valeriana durante a gravidez e a lactação (ES-COP, 1997). Este medicamento não deve ser usado nessas condições, exceto sob orientação médica.
Informe ao seu médico se ocorrer gravidez ou se iniciar amamentação durante o uso deste medicamento.
A *V. officinalis* não deve ser administrada para crianças abaixo de três anos (ESCOP, 1997). Não existem contraindicações ou precauções especiais específicas para pacientes idosos (ESCOP, 1997).
O medicamento a base de *V. officinalis* pode potencializar o efeito de outros medicamentos depressores do SNC. Estudos em animais mostraram um efeito aditivo quando utilizado em combinação com barbitúricos, anestésicos ou benzodiazepínicos e outros fármacos depressores do SNC (PDR, 2000; ALEXANDRE, 2004).
Recomenda-se evitar o uso deste medicamento juntamente com a ingestão de bebidas alcoólicas pela possível exacerbação dos efeitos sedativos (MICROMEDEX, 2003). Este medicamento pode causar sonolência, não sendo, portanto, recomendável a sua administração antes de dirigir, operar máquinas ou realizar qualquer atividade de risco que necessite atenção (ESCOP, 1997; BLUMENTHAL, 2003).
Utilizar apenas a via oral. O uso deste medicamento por outra via, que não a oral, pode causar a perda do efeito esperado ou mesmo promover danos ao seu usuário. Não ingerir doses maiores do que as recomendadas.

## 4. O QUE DEVO SABER ANTES DE USAR ESTE MEDICAMENTO?
Em caso de hipersensibilidade ao produto, recomenda-se descontinuar o uso. Não ingerir doses maiores do que as recomendadas. De acordo com a categoria de risco de fármacos destinados às mulheres grávidas, este medicamento apresenta categoria de risco C. Este medicamento não deve ser utilizado por mulheres grávidas sem orientação médica ou do cirurgião-dentista.
Não há evidências suficientes de que medicamentos à base de *V. officinalis* afetem a habilidade de operar máquinas ou dirigir, mas como esses dados são insuficientes, deve-se evitar tais atividades durante o tratamento com esses medicamentos (BOS *et al.*, 1997; ERNST *et al.*, 2001).

Este medicamento pode potencializar o efeito de outros depressores do SNC. Estudos em animais mostraram que a *V. officinalis* possui efeito aditivo quando utilizado em combinação com barbitúricos, anestésicos ou benzodiazepínicos e outros fármacos depressores do SNC (PDR, 2000 & ALEXANDRE, 2004). O ácido valerênico aumentou o tempo de sono induzido pelo pentobarbital (intraperitoneal (IP) em camundongo), enquanto o extrato aquoso seco alcalino aumentou o tempo de sono com o tiopental (via oral em camundongo) e o extrato etanólico prolongou a anestesia promovida por tiopental (IP em camundongo) devido a sua afinidade aos receptores barbitúricos. Devido à afinidade do extrato de *V. officinalis* e valepotriatos com receptores de GABA e benzodiazepínicos (*in vitro*) e a diminuição nos efeitos causados pela retirada do diazepam por uma dose suficientemente grande de valepotriatos (IP em ratos), extratos de *V. officinalis* contendo valepotriatos podem auxiliar na síndrome de abstinência pela retirada do uso do diazepam (BRINKER, 1998). Recomenda-se evitar o uso de *V. officinalis* juntamente com a ingestão de bebidas alcoólicas pela possível exacerbação dos efeitos sedativos (MICROMEDEX, 2003).

Não foram encontrados dados na literatura consultada sobre interações de preparações de *V. officinalis* com exames laboratoriais e com alimentos.

**Informe ao seu médico ou cirurgião-dentista se você está fazendo uso de algum outro medicamento.**

**Não use medicamento sem o conhecimento do seu médico. Pode ser perigoso para a sua saúde.**

### 5. ONDE, COMO E POR QUANTO TEMPO POSSO GUARDAR ESTE MEDICAMENTO?

Evitar calor excessivo (temperatura superior a 40ºC). Proteger da luz e umidade.

**Número de lote e datas de fabricação e validade: vide embalagem.**

**Não use medicamento com o prazo de validade vencido. Guarde-o em sua embalagem original.**

**Antes de usar, observe o aspecto do medicamento. Caso ele esteja no prazo de validade e você observe alguma mudança no aspecto, consulte o farmacêutico para saber se poderá utilizá-lo.**

**TODO MEDICAMENTO DEVE SER MANTIDO FORA DO ALCANCE DAS CRIANÇAS.**

### 6. COMO DEVO USAR ESTE MEDICAMENTO?
USO ORAL

Ingerir 1 comprimido revestido, 3 vezes ao dia.

Como promotor de sono, a menos que haja orientação médica contrária, tomar o medicamento de 30 minutos a 2 horas antes de dormir.

Valerimed é um comprimido circular de cor azul.

**Siga a orientação de seu médico, respeitando sempre os horários, as doses e a duração do tratamento.**

**Não interrompa o tratamento sem o conhecimento do seu médico. Este medicamento não deve ser partido, aberto ou mastigado.**

### 7. O QUE DEVO FAZER QUANDO EU ME ESQUECER DE USAR ESTE MEDICAMENTO?

Caso esqueça de tomar uma dose deste medicamento, retome a posologia prescrita sem a necessidade de suplementação.

**Em caso de dúvidas, procure orientação do farmacêutico ou de seu médico, ou cirurgião-dentista.**

### 8. QUAIS OS MALES QUE ESTE MEDICAMENTO PODE ME CAUSAR?

Os efeitos adversos relatados foram raros e leves (O`NARA *et al.*, 1998; STEVINSON; ERNST, 2000), incluindo tontura, indisposição gastrintestinal, alergias de contato, dor de cabeça e midríase (dilatação da pupila) (LEATHWOOD *et al.*, 1982; KAMM-KOHL, 1984; VORBACH, 1996).

Com o uso em longo prazo, os seguintes sintomas podem ocorrer: dor de cabeça, cansaço, insônia, midríase e desordens cardíacas (PDR, 2000).

O uso crônico de altas doses de *V. officinalis* por muitos anos aumentou a possibilidade de ocorrência de síndrome de abstinência com a retirada abrupta do medicamento (BLUMENTHAL, 2003).

**Informe ao seu médico, cirurgião-dentista ou farmacêutico o aparecimento de reações indesejáveis pelo uso do medicamento. Informe também à empresa através do seu serviço de atendimento.**

### 9. O QUE FAZER SE ALGUÉM USAR UMA QUANTIDADE MAIOR DO QUE A INDICADA DESTE MEDICAMENTO?

Em casos de superdosagem podem ocorrer sintomas adversos leves como fadiga, câimbras abdominais, tensionamento do tórax, tontura, tremores e midríase que desapareceram no período de 24 horas após descontinuação do uso (ESCOP, 1997).

**Em caso de superdosagem, suspender o uso e procurar orientação médica de imediato. Em caso de uso de grande quantidade deste medicamento, procure**

rapidamente socorro médico e leve a embalagem ou bula do medicamento, se possível. Ligue para 0800 722 6001, se você precisar de mais orientações.

### DIZERES LEGAIS
Reg. MS.: 1.4381.0076 – Farm. Resp.: Charles Ricardo Mafra CRF-MG 10.883
**Fabricado por:** Cimed Ind. de Medicamentos Ltda.
Av. Cel. Armando Rubens Storino, 2750 CEP: 37550-000 – Pouso Alegre/MG
CNPJ: 02.814.497/0002-98
**Registrado por:** Cimed Ind. de Medicamentos Ltda.
Rua: Engenheiro Prudente, 121 – CEP: 01550 – 000 São Paulo/SP
CNPJ: 02.814.497/0001-07
**Indústria Brasileira**

---

# VALESSONE

### MEDICAMENTO FITOTERÁPICO

**Nomenclatura botânica oficial:** *Valeriana officinalis* L.
**Nomenclatura popular:** Valeriana
**Família:** Valerianacea
**Parte da planta utilizada:** Raízes

### FORMA FARMACÊUTICA
Comprimido Revestido

### APRESENTAÇÕES
Linha Hospitalar: Sem apresentação comercializada.

### USO ORAL USO ADULTO

### CONCENTRAÇÃO
225,75 mg de extrato seco de raiz de *Valeriana officinalis* por comprimido revestido (correspondente a 1,806 mg de ácidos sesquiterpênicos (ácido hidroxivalerênico, ácido acetoxivalerênico e ácido valerênico)/comprimido revestido).

### COMPOSIÇÃO
Cada comprimido revestido contém:
Extrato seco de *Valeriana officinalis* (raiz) ........ 225,75 mg
Excipientes: lactose spray-dried, celulose microcristalina PH-200, croscarmelose sódica, dióxido de silício coloidal, estearato de magnésio, maltodextrina, hipromelose, etilcelulose, trietil citrato, dióxido de titânio, amarelo laca de alumínio FD&C nº 10, água purificada e álcool etílico.

### CONCENTRAÇÃO DE PRINCÍPIO ATIVO
O Extrato seco está padronizado em 0,8 % de ácidos sesquiterpênicos (ácido hidroxivalerênico, ácido acetoxivalerênico e ácido valerênico). Cada comprimido revestido contém 1,806 mg de ácidos sesquiterpênicos (ácido hidroxivalerênico, ácido acetoxivalerênico e ácido valerênico).

### INFORMAÇÕES TÉCNICAS AOS PROFISSIONAIS DE SAÚDE
### 1. INDICAÇÕES
Este medicamento deve ser usado como sedativo moderado, hipnótico e no tratamento de distúrbios do sono associados à ansiedade.

### 2. RESULTADOS DE EFICÁCIA
A melhora na qualidade do sono foi demonstrada num estudo randomizado, controlado por placebo, multicêntrico, envolvendo 121 pacientes. Os pacientes receberam 600 mg de um extrato etanólico a 70% da raiz de *Valeriana officinalis* padronizado em 0,4 a 0,6% de ácido valerênico (n = 61) ou placebo (n = 60) uma hora antes de dormir por 28 noites consecutivas. Os pacientes responderam dois questionários sobre a qualidade do sono, um que media a depressão/escala do humor e outro com avaliação clínica global. 66% dos pacientes que utilizaram a *Valeriana officinalis* tiveram um efeito terapêutico bom ou muito bom ao final do tratamento, comparado a 29% igualmente positivos do placebo.

### 3. CARACTERÍSTICAS FARMACOLÓGICAS
Em experimentos em animais, foi observada uma ação depressora central, sedativa, ansiolítica, espasmolítica e relaxante muscular. O principal efeito em humanos é reduzir o tempo de indução do sono. Os ácidos valerênicos *in vitro* mostraram uma diminuição na degradação do Ácido Gama Aminobutírico (GABA). Experimentos em animais demonstraram um aumento do GABA na fenda sináptica via inibição da recaptação e aumento na secreção do neutransmissor, podendo ser esse um dos efeitos responsáveis pela atividade sedativa. Outro mecanismo que pode contribuir para essa atividade é a presença de altos níveis de glutamina no extrato, a qual tem a capacidade de cruzar a barreira hematoencefálica, sendo captada pelo terminal nervoso e convertida a GABA.
**Farmacocinética:** foram administrados 600 mg de um extrato de *Valeriana officinalis* na forma de dose única oral a seis voluntários sadios e foi medida a concentração de ácido valerênico no soro oito horas após a administração

usando LC/MS/MS. As concentrações séricas máximas ocorreram entre uma e duas horas depois da administração, alcançando valores de 0,9 a 2,3 ng/mL. O tempo de meia vida foi de 1,1 ± 0,6h. A área sob a curva de concentração como medida do ácido valerênico foi variável (4,8 ± 2,96 µg/mL h) e não correlacionada com a idade ou peso do sujeito tratado. Esses resultados apontam para uma recomendação de uso de produtos à base de *Valeriana officinalis* 30 minutos a 2 horas antes de dormir.

## 4. CONTRAINDICAÇÕES

O uso deste medicamento é contraindicado para crianças menores de 3 anos de idade. Pessoas com hipersensibilidade ao extrato de *Valeriana officinalis*, ou de plantas da família Valerianaceae, e aos outros componentes da fórmula não devem usar este medicamento. Em caso de hipersensibilidade ao produto, recomenda-se descontinuar o uso e consultar o médico.

**Este medicamento é contraindicado para menores de 12 anos.**

De acordo com a categoria de risco de fármacos destinados às mulheres grávidas, este medicamento apresenta categoria de risco C. **Este medicamento não deve ser utilizado por mulheres grávidas sem orientação médica ou do cirurgião-dentista.**

**Durante o tratamento, o paciente não deve dirigir veículos ou operar máquinas, pois sua habilidade e atenção podem estar prejudicadas.**

## 5. ADVERTÊNCIAS E PRECAUÇÕES

Em caso de hipersensibilidade ao produto, recomenda-se descontinuar o uso. Não administrar doses maiores do que as recomendadas.

Não há evidências suficientes de que medicamentos à base de *V. officinalis* afetem a habilidade de operar máquinas ou dirigir, mas como esses dados são insuficientes, deve-se evitar tais atividades durante o tratamento com esses medicamentos.

Não existem recomendações específicas para o uso deste medicamento em pacientes idosos e outros grupos de risco. Para crianças de 4 a 12 anos, este medicamento deve ser utilizado somente sob supervisão médica.

Não há dados disponíveis acerca do uso de Valeriana durante a gestação e a lactação. Este medicamento não deve ser usado nessas condições, exceto sob orientação médica. Informe ao seu médico se ocorrer gravidez ou se iniciar amamentação durante o uso deste medicamento.

De acordo com a categoria de risco de fármacos destinados às mulheres grávidas, este medicamento apresenta categoria de risco C. **Este medicamento não deve ser utilizado por mulheres grávidas sem orientação médica ou do cirurgião-dentista.**

**Durante o tratamento, o paciente não deve dirigir veículos ou operar máquinas, pois sua habilidade e atenção podem estar prejudicadas.**

## 6. INTERAÇÕES MEDICAMENTOSAS

Este medicamento pode potencializar o efeito de outros depressores do Sistema Nervoso Central. Estudos em animais mostraram que a Valeriana officinalis possui efeito aditivo quando utilizado em combinação com barbitúricos, anestésicos, benzodiazepínicos e outros fármacos depressores do SNC (Sistema Nervoso Central). O ácido valerênico aumentou o tempo de sono induzido pelo pentobarbital (intraperitoneal (IP) em camundongo), enquanto o extrato aquoso seco alcalino aumentou o tempo de sono com o tiopental (via oral em camundongo) e o extrato etanólico prolongou a anestesia promovida por tiopental (intraperitoneal (IP) em camundongo) devido a sua afinidade aos receptores barbitúricos. Devido à afinidade do extrato de *V. officinalis* e valepotriatos com receptores de GABA, benzodiazepínicos (*in vitro*) e a diminuição nos efeitos causados pela retirada do diazepam por uma dose suficientemente grande de valepotriatos (intraperitoneal (IP) em ratos), extratos de *Valeriana officinalis* contendo valepotriatos podem auxiliar na síndrome de abstinência pela retirada do uso do diazepam.

Recomenda-se evitar o uso de *Valeriana officinalis* juntamente com a ingestão de bebidas alcoólicas pela possível exacerbação dos efeitos sedativos.

Não foram encontrados dados na literatura consultada sobre interações de preparações de *V. officinalis* com exames laboratoriais e com alimentos.

## 7. CUIDADOS DE ARMAZENAMENTO DO MEDICAMENTO

Conservar temperatura ambiente (temperatura entre 15 e 30 °C). Proteger da luz e umidade.

Nessas condições, o medicamento se manterá próprio para o consumo, respeitando o prazo de validade de 24 meses indicado na embalagem.

**Número de lote e datas de fabricação e validade: vide embalagem.**

**Não use medicamento com o prazo de validade vencido. Guarde-o em sua embalagem original.**

VALESSONE é apresentado na forma de comprimido revestido circular, sulcado e na cor amarelo.

**Antes de usar, observe o aspecto do medicamento. Todo medicamento deve ser mantido fora do alcance das crianças.**

## 8. POSOLOGIA E MODO DE USAR

Administrar 1 comprimido revestido, 2 vezes ao dia.

Como indutor de sono, recomenda-se ingerir o medicamento de 30 minutos a 2 horas antes de dormir.

Os comprimidos revestidos devem ser ingeridos inteiros e sem mastigar, com quantidade suficiente de água, para que sejam deglutidos.

Ingerir no máximo 4 comprimidos por dia.

Utilizar apenas a via oral. O uso deste medicamento por outra via, que não a oral, pode causar a inefetividade do medicamento ou mesmo promover danos à saúde.

Caso haja esquecimento da administração de uma dose deste medicamento, retome a posologia prescrita sem a necessidade de suplementação.

A duração do tratamento deve ser aquela prescrita pelo médico.

**Este medicamento não deve ser partido, aberto ou mastigado.**

## 9. REAÇÕES ADVERSAS

Os efeitos adversos relatados pelos voluntários participantes dos ensaios clínicos e tratados com os diferentes extratos secos padronizados de *Valeriana officinalis* foram raros, leves e similares àqueles apresentados pelos grupos tratados com o placebo. Tais efeitos adversos incluem tontura, indisposição gastrintestinal, alergias de contato, dor de cabeça e midríase.

Com o uso em longo prazo, os seguintes sintomas podem ocorrer: cefaleia, cansaço, insônia, midríase e desordens cardíacas.

O uso crônico de altas doses de *Valeriana officinalis* por muitos anos aumentou a possibilidade de ocorrência de síndrome de abstinência com a retirada abrupta do medicamento.

**Em casos de eventos adversos, notifique ao Sistema de Notificação de Eventos Adversos a Medicamentos (Vigimed), disponível em http://portal.anvisa.gov.br/vigimed, ou para a Vigilância Sanitária Estadual ou Municipal.**

## 10. SUPERDOSE

Em casos de superdosagem podem ocorrer sintomas adversos leves como fadiga, cãibras abdominais, tensionamento do tórax, tontura, tremores e midríase que desaparecem no período de 24 horas após descontinuação do uso. Altas doses de *V. officinalis* podem causar bradicardia, arritmia e reduzir a motilidade intestinal.

Na eventualidade de ingestão de doses acima das preconizadas, suspender a medicação imediatamente. Recomenda-se tratamento de suporte sintomático pelas medidas habituais de apoio e controle das funções vitais.

**Em caso de intoxicação ligue para 0800 722 6001, se você precisar de mais orientações.**

### DIZERES LEGAIS

MS: 1.3841.0046

Farm. Responsável: Tales Vasconcelos de Cortes CRF/BA nº3745

NATULAB LABORATÓRIO SA

Rua H, nº2, Galpão 03 – Urbis II

Santo Antônio de Jesus – Bahia – CEP – 44.574-150

CNPJ: 02.456.955/0001-83

INDÚSTRIA BRASILEIRA

SAC: 0800 7307370

### VENDA SOB PRESCRIÇÃO MÉDICA

---

# VALSED®

*Valeriana officinalis* L. – DCB: 09928

## I – IDENTIFICAÇÃO DO MEDICAMENTO VALSED®

### MEDICAMENTO FITOTERÁPICO

**Nomenclatura botânica oficial:** *Valeriana officinalis* L. (DCB: 09928)

**Nomenclatura popular:** Valeriana Família: Valerianaceae

**Parte da planta utilizada:** Raízes

### APRESENTAÇÕES

Comprimido revestido – 50mg – Embalagem com 20 comprimidos revestidos.

Comprimido revestido – 100mg – Embalagem com 20 comprimidos revestidos.

### USO ORAL USO ADULTO

### COMPOSIÇÃO VALSED® 50 mg:

Cada comprimido revestido de **VALSED®** contém:

Extrato seco das raízes de *Valeriana officinalis*........50 mg
(equivalente a 0,4 mg de ácidos sesquiterpênicos expressos em ácido valerênico por comprimido)
Excipientes q.s.p. ...........................1 comprimido revestido
(celulose microcristalina, croscarmelose sódica, dióxido de silício, estearato de magnésio, lactose, corante azul brilhante alumínio laca, corante óxido de ferro amarelo, dióxido de titânio, álcool polivinílico, macrogol, talco, simeticona e água purificada).

**VALSED® 100 mg:**
Cada comprimido revestido de VALSED® contém:
Extrato seco das raízes de *Valeriana officinalis*.....100 mg
(equivalente a 0,8 mg de ácidos sesquiterpênicos expressos em ácido valerênico por comprimido) Excipientes q.s.p.
1 comprimido revestido
(celulose microcristalina, croscarmelose sódica, dióxido de silício, estearato de magnésio, lactose, corante azul brilhante alumínio laca, corante óxido de ferro amarelo, dióxido de titânio, álcool polivinílico, macrogol, talco, simeticona e água purificada).

INFORMAÇÕES AO PACIENTE:
**1. PARA QUE ESTE MEDICAMENTO É INDICADO?**
VALSED® é usado como sedativo moderado, como agente promotor do sono e no tratamento de distúrbios do sono associados à ansiedade.

**2. COMO ESTE MEDICAMENTO FUNCIONA?**
VALSED® atua no Sistema Nervoso Central (SNC) exercendo um leve efeito calmante além de auxiliar na regularização dos distúrbios do sono.

**3. QUANDO NÃO DEVO USAR ESTE MEDICAMENTO?**
Este medicamento é contraindicado para uso pediátrico. Pessoas com hipersensibilidade ao extrato de *Valeriana officinalis* e aos outros componentes da fórmula não devem usar este medicamento. Em caso de hipersensibilidade ao produto, recomenda-se descontinuar o uso e consultar o médico. Não existem contraindicações ou precauções especiais específicas para pacientes idosos. Este medicamento pode causar sonolência, não sendo, portanto, recomendável a sua administração antes de dirigir, operar máquinas ou realizar qualquer atividade de risco que necessite atenção. **Este medicamento não deve ser utilizado por mulheres grávidas e em amamentação sem orientação médica ou do cirurgião-dentista.**

**4. O QUE DEVO SABER ANTES DE USAR ESTE MEDICAMENTO?**
Não há dados disponíveis sobre o uso de valeriana durante a gravidez e a lactação. Informe ao seu médico se ocorrer gravidez ou se iniciar amamentação durante o uso deste medicamento. Em caso de hipersensibilidade ao produto, recomenda-se descontinuar o uso. Não ingerir doses maiores do que as recomendadas. Não há evidências suficientes de que medicamentos à base de valeriana afetem a habilidade de operar máquinas ou dirigir, mas como esses dados são insuficientes, deve-se evitar tais atividades durante o tratamento com esses medicamentos. Este medicamento pode potencializar o efeito de outros medicamentos depressores do SNC. Estudos em animais mostraram que a valeriana possui efeito aditivo quando utilizada em combinação com barbitúricos, anestésicos ou benzodiazepínicos e outros fármacos depressores do SNC. O ácido valerênico aumentou o tempo de sono induzido pelo pentobarbital (intraperitoneal (IP) em camundongo), enquanto o extrato aquoso seco alcalino aumentou o tempo de sono com o tiopental (via oral em camundongo) e o extrato etanólico prolongou a anestesia promovida por tiopental (IP em camundongo) devido a sua afinidade aos receptores barbitúricos. Devido à afinidade do extrato de valeriana e valepotriatos com receptores de GABA e benzodiazepínicos (*in vitro*) e a diminuição nos efeitos causados pela retirada do diazepam por uma dose suficientemente grande de valepotriatos (IP em ratos), extratos de valeriana contendo valepotriatos podem auxiliar na síndrome de abstinência pela retirada do uso do diazepam. Recomenda-se evitar o uso de valeriana juntamente com a ingestão de bebidas alcoólicas pela possível exacerbação dos efeitos sedativos. Não foram encontrados dados na literatura consultada sobre interações de preparações de valeriana com exames laboratoriais e com alimentos. Informe ao profissional de saúde todas as plantas medicinais, fitoterápicos e outros medicamentos e plantas medicinais e mesmo entre duas plantas medicinais administradas ao mesmo tempo. **Este medicamento não deve ser utilizado por mulheres grávidas e em amamentação sem orientação médica ou do cirurgião-dentista. Informe ao seu médico ou cirurgião-dentista se você está fazendo uso de algum outro medicamento. Não use medicamento sem o conhecimento do seu médico. Pode ser perigoso para a sua saúde.**

## 5. ONDE, COMO E POR QUANTO TEMPO POSSO GUARDAR ESTE MEDICAMENTO?

**VALSED®** deve ser conservado em temperatura ambiente (entre 15°C e 30°C). Proteger da luz e da umidade. **Número de lote e datas de fabricação e validade: vide embalagem. Não use medicamento com o prazo de validade vencido. Guarde-o em sua embalagem original.** VALSED® se apresenta na forma de comprimido oblongo de coloração verde claro. **Antes de usar, observe o aspecto do medicamento. Caso ele esteja no prazo de validade e você observe alguma mudança no aspecto, consulte o farmacêutico para saber se poderá utilizá-lo. Todo medicamento deve ser mantido fora do alcance das crianças.**

## 6. COMO DEVO USAR ESTE MEDICAMENTO?

USO ORAL/USO INTERNO.

**VALSED®** 50mg: Ingerir 1 a 2 comprimidos, 3 vezes ao dia, ou a critério médico.

**VALSED®** 100mg: Ingerir 1 a 2 comprimidos, de 2 a 3 vezes ao dia, ou a critério médico.

Os comprimidos devem ser ingeridos inteiros e sem mastigar com quantidade suficiente de água para que sejam engolidos. Recomenda-se ingerir o medicamento de 30 minutos a 2 horas antes de dormir. Utilizar apenas por via oral. O uso deste medicamento por outra via, que não a oral, pode causar a perda do efeito esperado ou mesmo promover danos ao seu usuário. Não ingerir doses maiores do que as recomendadas. **Siga a orientação de seu médico, respeitando sempre os horários, as doses e a duração do tratamento. Não interrompa o tratamento sem o conhecimento do seu médico. Este medicamento não deve ser partido ou mastigado.**

## 7. O QUE DEVO FAZER QUANDO EU ME ESQUECER DE USAR ESTE MEDICAMENTO?

Caso haja esquecimento da ingestão de uma dose deste medicamento, retomar a posologia sem a necessidade de suplementação. Utilizar apenas a via oral. Em caso de dúvidas, procure orientação do farmacêutico ou de seu médico, ou cirurgião-dentista.

## 8. QUAIS OS MALES QUE ESTE MEDICAMENTO PODE ME CAUSAR?

Os efeitos adversos relatados foram raros e leves, incluindo tontura, indisposição gastrintestinal, alergias de contato, dor de cabeça e midríase (dilatação da pupila). Com o uso em longo prazo, os seguintes sintomas podem ocorrer: dor de cabeça, cansaço, insônia, midríase e desordens cardíacas. O uso crônico de altas doses de *Valeriana officinalis* por muitos anos aumentou a possibilidade de ocorrência de síndrome de abstinência com a retirada abrupta do medicamento. **Informe ao seu médico, cirurgião-dentista ou farmacêutico o aparecimento de reações indesejáveis pelo uso do medicamento. Informe também à empresa através do seu serviço de atendimento.**

## 9. O QUE FAZER SE ALGUÉM USAR UMA QUANTIDADE MAIOR DO QUE A INDICADA DESTE MEDICAMENTO?

Em casos de superdose podem ocorrer sintomas adversos leves como fadiga, câimbras abdominais, tensionamento do tórax, tontura, tremores e midríase que desapareceram no período de 24 horas após descontinuação do uso. **Em caso de superdose, suspender o uso e procurar orientação médica de imediato. Em caso de uso de grande quantidade deste medicamento, procure rapidamente socorro médico e leve a embalagem ou bula do medicamento, se possível. Ligue para 0800 722 6001, se você precisar de mais orientações.**

## III – DIZERES LEGAIS

Reg. MS.: 1.1560.0195

Farm. Resp.: Dra. Michele Caldeira Landim CRF/GO: 5122

Fabricado por: CIFARMA – Científica Farmacêutica Ltda.

Av. das Indústrias, 3651 – Bicas – CEP: 33040-130

Santa Luzia/MG

CNPJ: 17.562.075/0003-20

Indústria Brasileira

Registrado por: CIFARMA – Científica Farmacêutica Ltda.

Rod. BR 153 km 5,5 – Jardim Guanabara – CEP: 74675-090 Goiânia/GO

CNPJ: 17.562.075/0001-69

Indústria Brasileira

**VENDA SOB PRESCRIÇÃO MÉDICA.**

---

# VALYANNE

*Valeriana officinalis* L.

## MEDICAMENTO FITOTERÁPICO

**Nomenclatura botânica oficial:** *Valeriana officinalis* L.
**Nomenclatura popular:** Valeriana
**Família:** Valerianaceae
**Parte da planta utilizada:** raiz

**Medicamento fitoterápico registrado com base no uso tradicional.**

**Não é recomendado o uso por período prolongado enquanto estudos clínicos amplos sobre sua segurança não forem realizados.**

**FORMA FARMACÊUTICA E APRESENTAÇÕES:**
Comprimido revestido de 50mg ou 215mg: Embalagem contendo 20 comprimidos.

**USO ORAL USO ADULTO**

**COMPOSIÇÃO**
Cada comprimido revestido contém:
Extrato seco de *Valeriana officinalis*........50mg ou 215mg (padronizado em 0,4mg (0,8%) de ácidos sesquiterpênicos expressos em ácido valerênico)
Excipientes: croscarmelose sódica, estearato de magnésio, talco, dióxido de silício, lactose monoidratada, celulose, metacrilato de dimetilaminoetila, metacrilato de butila, metacrilato de metila, dióxido de titânio, macrogol, corante azul brilhante, água purificada e álcool etílico.

**1. INDICAÇÕES**
Usado como sedativo moderado, hipnótico e no tratamento de distúrbios do sono associados à ansiedade (OMS, 1999).

**2. RESULTADOS DE EFICÁCIA**
A melhora na qualidade do sono foi demonstrada num estudo randomizado, controlado por placebo, multicêntrico, envolvendo 121 pacientes. Os pacientes receberam 600mg de um extrato etanólico a 70% da raiz de *V. officinalis* padronizado em 0,4 a 0,6% de ácido valerênico (n = 61) ou placebo (n = 60) uma hora antes de dormir por 28 noites consecutivas. Os pacientes responderam dois questionários sobre a qualidade do sono, um que media a depressão/escala do humor e outro com avaliação clínica global. 66% dos pacientes que utilizaram a *V. officinalis* tiveram um efeito terapêutico bom ou muito bom ao final do tratamento, comparado a 29% igualmente positivos do placebo (PDR, 2000).

**3. CARACTERÍSTICAS FARMACOLÓGICAS**
Em experimentos em animais, foi observada uma ação depressora central, sedativa, ansiolítica, espasmolítica e relaxante muscular. O principal efeito em humanos é reduzir o tempo de indução do sono. Os ácidos valerênicos *in vitro* mostraram uma diminuição na degradação do Ácido Gama Aminobutírico (GABA). Experimentos em animais demonstraram um aumento do GABA na fenda sináptica via inibição da recaptação e aumento na secreção do neurotransmissor, podendo ser esse um dos efeitos responsáveis pela atividade sedativa. Outro mecanismo que pode contribuir para essa atividade é a presença de altos níveis de glutamina no extrato, a qual tem a capacidade de cruzar a barreira hematoencefálica, sendo captada pelo terminal nervoso e convertida em GABA (PDR, 2000).

**Farmacocinética**: foram administrados 600mg de um extrato de *V. officinalis* na forma de dose única oral a seis voluntários sadios e foi medida a concentração de ácido valerênico no soro oito horas após a administração usando LC/MS/MS. As concentrações séricas máximas ocorreram entre uma e duas horas depois da administração, alcançando valores de 0,9 a 2,3ng/mL. O tempo de meia-vida foi de $1,1 \pm 0,6$h. A área sob a curva de concentração como medida do ácido valerênico foi variável ($4,8 \pm 2,96\mu g/mL$ h) e não correlacionada com a idade ou peso do sujeito tratado. Esses resultados apontam para uma recomendação de uso de produtos à base de *V. officinalis* 30 minutos a 2 horas antes de dormir (ANDERSON, *et al*. 2005).

**4. CONTRAINDICAÇÕES**
**Este medicamento é contraindicado para menores de 3 anos.** (ESCOP, 1997)
Pessoas com hipersensibilidade ao extrato de *V. officinalis*, ou de plantas da família Valerianaceae, e aos outros componentes da fórmula não devem usar este medicamento. Este medicamento pode causar sonolência, não sendo, portanto, recomendável a sua administração antes de dirigir, operar máquinas ou realizar qualquer atividade de risco que necessite atenção (ESCOP, 1997; BLUMENTHAL, 2003).

**5. ADVERTÊNCIAS E PRECAUÇÕES**
Em caso de hipersensibilidade ao produto, recomenda-se descontinuar o uso. Não ingerir doses maiores do que as recomendadas.
De acordo com a categoria de risco de fármacos destinados às mulheres grávidas, este medicamento apresenta categoria de risco C.
Não há dados disponíveis sobre o uso de valeriana durante a gravidez e a lactação (ESCOP, 1997).
**Este medicamento não deve ser utilizado por mulheres grávidas sem orientação médica ou do cirurgião-dentista.** Não há evidências suficientes de que medicamentos à base de *V. officinalis* afetem a habilidade de operar máquinas ou dirigir, mas como esses dados são insuficientes,

deve-se evitar tais atividades durante o tratamento com esses medicamentos (BOS *et al.*, 1997; ERNST *et al.*, 2001).

## 6. INTERAÇÕES MEDICAMENTOSAS

Este medicamento pode potencializar o efeito de outros depressores do SNC. Estudos em animais mostraram que a *V. officinalis* possui efeito aditivo quando utilizado em combinação com barbitúricos, anestésicos ou benzodiazepínicos e outros fármacos depressores do SNC (PDR, 2000 & ALEXANDRE, 2004). O ácido valerênico aumentou o tempo de sono induzido pelo pentobarbital (intraperitoneal (IP) em camundongo), enquanto o extrato aquoso seco alcalino aumentou o tempo de sono com o tiopental (via oral em camundongo) e o extrato etanólico prolongou a anestesia promovida por tiopental (IP em camundongo) devido a sua afinidade aos receptores barbitúricos. Devido à afinidade do extrato de *V. officinalis* e valepotriatos com receptores de GABA e benzodiazepínicos (*in vitro*) e à diminuição nos efeitos causados pela retirada do diazepam por uma dose suficientemente grande de valepotriatos (IP em ratos), extratos de *V. officinalis* contendo valepotriatos podem auxiliar na síndrome de abstinência pela retirada do uso do diazepam (BRINKER, 1998).

Recomenda-se evitar o uso de *V. officinalis* juntamente com a ingestão de bebidas alcoólicas pela possível exacerbação dos efeitos sedativos (MICROMEDEX, 2003).

Não foram encontrados dados na literatura consultada sobre interações de preparações de *V. officinalis* com exames laboratoriais e com alimentos.

## 7. CUIDADOS DE ARMAZENAMENTO DO MEDICAMENTO

**Valyanne** deve ser mantido em temperatura ambiente (15ºC a 30ºC).

Este medicamento tem validade de 24 meses a partir da sua data de fabricação.

**Número de lote e data de fabricação e validade: vide embalagem.**

**Não use medicamento com o prazo de validade vencido. Guarde-o em sua embalagem original. Características físicas e organolépticas:**

**Valyanne** apresenta-se na forma de comprimido revestido circular semiabaulado liso e coloração azul.

**Antes de usar, observe o aspecto do medicamento.**

**TODO MEDICAMENTO DEVE SER MANTIDO FORA DO ALCANCE DAS CRIANÇAS.**

## 8. POSOLOGIA E MODO DE USAR USO ORAL/USO INTERNO

Ingerir via oral 1 a 2 comprimidos revestidos contendo 0,4mg do extrato padronizado a 0,8%, 3 vezes ao dia, ou a critério médico. (A dosagem diária deve estar padronizada em valores de 1,0 a 7,5 de ácidos sesquiterpênicos expressos em ácido valerênico).

Os comprimidos revestidos devem ser ingeridos inteiros e sem mastigar com quantidade suficiente de água para que sejam deglutidos. A dose diária recomendada é de 300mg ao dia (2,4mg de ácidos sesquiterpênicos expressos em ácido valerênico). Não há restrições quanto à duração do tratamento.

**Este medicamento não deve ser partido, aberto ou mastigado.**

## 9. REAÇÕES ADVERSAS

Os efeitos adversos relatados pelos voluntários participantes dos ensaios clínicos e tratados com os diferentes extratos secos padronizados de *V. officinalis* foram raros, leves e similares àqueles apresentados pelos grupos tratados com o placebo (O`NARA *et al.*, 1998; STEVINSON & ERNST, 2000). Tais efeitos adversos incluem tontura, indisposição gastrintestinal, alergias de contato, dor de cabeça e midríase (LEATHWOOD *et al.*, 1982; KAMM-KOHL, 1984; LEATHWOOD, 1985; VORBACH, 1996; DONATH *et al.*, 2000). Com o uso em longo prazo, os seguintes sintomas podem ocorrer: cefaleia, cansaço, insônia, midríase e desordens cardíacas (PDR, 2000).

O uso crônico de altas doses de *V. officinalis* por muitos anos aumentou a possibilidade de ocorrência de síndrome de abstinência com a retirada abrupta do medicamento (BLUMENTHAL, 2003).

**Em caso de eventos, notifique ao Sistema de Notificações em Vigilância Sanitária – Notivisa, disponível em www.anvisa.gov.br/hotsite/notivisa/index.htm, ou para a Vigilância Sanitária Estadual ou Municipal.**

## 10. SUPERDOSE

Em casos de superdosagem podem ocorrer sintomas adversos leves como fadiga, câimbras abdominais, tensionamento do tórax, tontura, tremores e midríase que desapareceram no período de 24 horas após descontinuação do uso (ESCOP, 1997). Altas doses de *V. officinalis* podem causar bradicardias, arritmias e reduzir a motilidade intestinal.

Em caso de superdosagem, suspender o uso e procurar orientação médica de imediato.

**Em caso de intoxicação ligue para 0800 722 6001, se você precisar de mais orientações.**

**VENDA SOB PRESCRIÇÃO MÉDICA**

**DIZERES LEGAIS**
Registro M.S. nº 1.5423. 0196
Farm. Resp.: Rafaella C. A. Chimiti CRF-GO n° 4262
GeoLab Indústria Farmacêutica S. A.
CNPJ: 03.485.572/0001-04
VP. 1B QD.08-B MÓDULOS 01 A 08 – DAIA – ANÁPOLIS – GO
www.geolab.com.br
Indústria Brasileira
SAC: 0800 701 6080

**REFERÊNCIAS UTILIZADAS:**

ALEXANDRE, RF. Fitoterapia baseada em evidências: exemplos dos medicamentos fitoterápicos mais vendidos em Santa Catarina. Dissertação apresentada à UFSC. 2004.

ANDERSON, et al. Pharmacocinetics of valerenic acid after administration of valerian in health subjects. *Phytotherapy Research*. 19, 801-3. 2005

BLUMENTHAL, M. American Botanical Council – ABC Clinical Guide. *American Botanical Council*. Austin, 2003. p. 351-64.

BOS, R, WOERDENBAG, HJ, DE SMET, PAGM, *et al.* Valeriana species. *In*: DE SMET, PAGM, KELLER, K, *et al.* (Eds) *Adverse effects of herbal drugs*. Berlin: Springer-Verlag, v. 3, 1997, p. 165-180.

BRINKER, ND. *Herb contraindications and drug interaction*. 2. ed. Ecletic Medical Publications. Oregon. 1998.

DONATH, F, QUISPE, S, DIEFENBACH, K, *et al*. Critical evaluation of the effect of valerian extract on leep structure and sleep quality. *Pharmacopsychiatry*, v. 33, p. 47-53, 2000.

ERNST, E, PITTLER, MH, STEVINSON, C. *et al*. The desktop guide to complementary and alternative medicine. London: Mosby, 2001, p.155-157.

ESCOP, European Scientific Cooperative on Phytotherapy. Monographs on the medicinal uses of plant drugs. Fascículo 4. 1997.

Farmacopeia Europeia. 5. ed. HADLEY, S, PETRY, JJ. Valerian. Complementary and alternative medicine, 15. v. 67, no 08. 2003. 1755-8.

KAMM-KOHL, AV, JANSEN, W, BROCKMANN, P. Moderne baldriab therapie gegen nervosa Storungen im Selium. *Die Medizinische Welt*, v. 35, p. 1450-54, 1984.

LEATHWOOD, P-D, CHAUFFARD, F, HECK, E. *et al*. Aqueous extract of valerian root (*Valerian officinalis* L.) improves sleep quality in man. *Pharmacology*, Biochemistry, and Behavior, v. 17, p.65-71, 1982.

LEATHWOOD, PD, CHAUFFARD, F. Aqueous extract of valerian reduces latency to fall asleep in man. *Planta Medica*, v. 51, p.144-148, 1985.

MAHADY, GB, FONG, HHS, FARNSWORTH, N. R. Botanical dietary supplements: quality, safety and efficacy. *Lisse*: Swets & Zeitlinger, 2001, p. 245-61.

MICROMEDEX.DRUG-REAX®InteractiveDrugInteractions:Valerian. Disponível em: <http://cdrompro.com.br/micromedex/trial.html>. Acesso em: 15 ago. 2003.

O`NARA, M, KIEFER, D, FARREL, K, *et al*. A review of 12 commonly used medicinal herbs. *Archives of Family Medicine*, v. 7, p. 523-36, 1998.

OMS. Valerianae radix. WHO monographs selected medicinal plants. Geneva: WHO, v. 1, 1999, p. 267-76. PDR. PHISICIANS DESK REFERENCE FOR HERBAL MEDICINES. 2a ed. 2000.

ROTBLATT, M, ZIMENT, I. Evidence-based herbal medicine. Philadelphia: Hanley & Belfus, 2002, p. 315-21. STEVINSON, C, ERNST, E. Valerian for insomnia: a systematic review of randomized clinical trials. *Sleep Medicine*, v. 1, p.91-99, 2000.

United States Pharmacopoea. USP. 29a ed. VORBACH, EU, GORTELMEYER, R, BRUNING, J. Therapie von insomnien: wirksamkeit und verträglichkeit eines baldrianpräparats. *Psychopharmakotherapie*, v. 3, p. 109-15, 1996.

## VARICELL PHYTO®
*Aesculus hippocastanum* L.

**MEDICAMENTO FITOTERÁPICO**
**Nomenclatura botânica oficial:** *Aesculus hippocastanum* L.
**Nomenclatura popular:** Castanha-da-Índia
**Família:** Hippocastanaceae
**Parte da planta utilizada:** Sementes

## APRESENTAÇÕES

Forma farmacêutica: Cápsula gelatinosa dura.

Concentração: 500 mg de extrato seco das sementes de *Aesculus hippocastanum* L. por cápsula gelatinosa dura (correspondente a 100 mg (20%) de escina anidra).

Apresentações: Cartuchos contendo blísteres com 20 ou 40 cápsulas gelatinosas duras.

## USO ORAL/USO ADULTO

## COMPOSIÇÃO

Cada cápsula gelatinosa dura contém:

Extrato seco das sementes de *Aesculus hippocastanum* L. .................................................................500 mg *

(* equivalente a 100 mg (20%) de escina anidra).

Excipientes: dióxido de silício, carbonato de cálcio, celulose microcristalina, povidona, croscarmelose sódica, talco e estearato de magnésio.

## INFORMAÇÕES AO PACIENTE

### 1. PARA QUE ESTE MEDICAMENTO É INDICADO?

Para o tratamento de sintomas da insuficiência venosa, como sensação de dor, peso e cansaço nas pernas, inchaço, câimbras e prurido, e fragilidade capilar.

### 2. COMO ESTE MEDICAMENTO FUNCIONA?

Atua aliviando os sintomas característicos da insuficiência venosa, como a sensação de dor e de peso nas pernas, inchaço, câimbras e prurido. Proporciona aumento da resistência vascular periférica e melhora do retorno do fluxo venoso.

### 3. QUANDO NÃO DEVO USAR ESTE MEDICAMENTO?

Pacientes com histórico de hipersensibilidade e alergia a qualquer um dos componentes da fórmula não devem fazer uso do produto. Este medicamento é contraindicado para pessoas com hipersensibilidade a escina ou a extratos de *A. hippocastanum* e pacientes com insuficiência do fígado ou dos rins.

Há indícios de que a absorção de escina seja maior em crianças, predispondo-as a uma maior toxicidade.

**Este medicamento é contraindicado para uso por crianças.**

### 4. O QUE DEVO SABER ANTES DE USAR ESTE MEDICAMENTO?

Toxicidade relacionada aos rins e ao fígado foi relatada com o uso de preparados a base de Castanha-da-Índia (*A. hippocastanum*) em pacientes propensos a esse tipo de desordens. Embora não existam restrições, pacientes idosos só devem utilizar o medicamento após orientação médica. Este medicamento não deve ser administrado juntamente com anticoagulantes orais, pois pode potencializar seu efeito anticoagulante. Este medicamento pode interferir com a distribuição de outras drogas.

**Este medicamento não deve ser utilizado por mulheres grávidas sem orientação médica ou do cirurgião-dentista.**

**Informe ao seu médico ou cirurgião-dentista se você está fazendo uso de algum outro medicamento.**

Informe ao profissional de saúde todas as plantas medicinais, fitoterápicos e outros medicamentos que estiver tomando. Interações podem ocorrer entre medicamentos e plantas medicinais e mesmo entre duas plantas medicinais administradas ao mesmo tempo.

### 5. ONDE, COMO E POR QUANTO TEMPO POSSO GUARDAR ESTE MEDICAMENTO?

Conservar em temperatura ambiente (entre 15 °C e 30 °C). Proteger da luz e umidade.

**Número de lote e datas de fabricação e validade: vide embalagem.**

**Não use medicamento com o prazo de validade vencido. Guarde-o em sua embalagem original.**

**Antes de usar, observe o aspecto do medicamento. Caso ele esteja no prazo de validade e você observe alguma mudança no aspecto, consulte o farmacêutico para saber se poderá utilizá-lo.**

**Todo medicamento deve ser mantido fora do alcance das crianças.**

### 6. COMO DEVO USAR ESTE MEDICAMENTO? USO ORAL/USO INTERNO

Varicell® Phyto deve ser utilizado por via oral na dose de 1 cápsula por dia, ou a critério médico. Não ingerir mais de 1 cápsula por dia.

**Siga corretamente o modo de usar. Em caso de dúvidas sobre este medicamento, procure orientação do farmacêutico. Não desaparecendo os sintomas, procure orientação de seu médico ou cirurgião-dentista.**

**Este medicamento não deve ser partido, aberto ou mastigado.**

### 7. O QUE DEVO FAZER QUANDO EU ME ESQUECER DE USAR ESTE MEDICAMENTO?

Caso haja esquecimento da ingestão de uma dose deste medicamento, retomar a posologia sem a necessidade de suplementação.

Em caso de dúvidas, procure orientação do farmacêutico ou de seu médico, ou cirurgião-dentista.

## 8. QUAIS OS MALES QUE ESTE MEDICAMENTO PODE ME CAUSAR?

Após ingestão do medicamento pode ocorrer, em casos isolados, pruridos, náuseas e desconforto gástrico. Raramente pode ocorrer irritação gástrica e refluxo.

**Informe ao seu médico, cirurgião-dentista ou farmacêutico o aparecimento de reações indesejáveis pelo uso do medicamento. Informe também à empresa através do seu serviço de atendimento.**

## 9. O QUE FAZER SE ALGUÉM USAR UMA QUANTIDADE MAIOR DO QUE A INDICADA DESTE MEDICAMENTO?

Se ingerido em altas doses este medicamento pode causar vômitos, diarreia, fraqueza, contrações musculares, dilatação da pupila, falta de coordenação, desordem da visão e da consciência. Em caso de superdosagem, suspender a medicação imediatamente. Recomenda-se tratamento de suporte sintomático pelas medidas habituais de apoio e controle das funções vitais.

**Em caso de uso de grande quantidade deste medicamento, procure rapidamente socorro médico e leve a embalagem ou bula do medicamento, se possível. Ligue para 0800 722 6001, se você precisar de mais orientações.**

## DIZERES LEGAIS

Registro MS nº:
20 cápsulas: 1.5620.0022.001-6
40 cápsulas: 1.5620.0022.002-4
Farmacêutica Responsável: Dra. Líbia Bentes Machado
CRF-PE nº 2991
**Registrado e Fabricado por: VIDFARMA INDÚSTRIA DE MEDICAMENTOS LTDA.**
Rodovia BR – 232, km 63, s/n – Parque Industrial – Pombos – PE
CNPJ: 03.993.167/0001-99
Indústria Brasileira
SAC – Serviço de Atendimento ao Consumidor
0800.281.1606 – sac@vidfarma.com.br

---

# VARILESS BIONATUS

Castanha da Índia, extrato seco
*Aesculus hippocastanum* L.

## MEDICAMENTO FITOTERÁPICO

**Nomenclatura botânica oficial:** *Aesculus hippocastanum* L.
**Nomenclatura popular:** Castanha da Índia
**Família:** Hippocastanaceae
**Parte da planta utilizada:** sementes

## APRESENTAÇÕES:

Comprimidos revestidos com 170mg de extrato seco de *Aesculus hippocastanum*.
Cartucho com 30, 45 ou 60 comprimidos ou Display com 70 blisteres com 15 comprimidos cada

## USO ORAL USO ADULTO

## COMPOSIÇÃO:

**Cada comprimido contém:**
Extrato seco hidroalcoólico das sementes de *Aesculus hippocastanum*................................................................ 170mg
Padronizado em 18% de glicosídeos triterpênicos expressos em escina anidra.
Equivalente a 30,6mg de derivados triterpênicos expressos em escina anidra.
Excipientes q.s.p. .......................... 1 comprimido revestido
Excipientes: celulose microcristalina, croscarmelose sódica, silicato de magnésio, dióxido de silício coloidal, estearato de magnésio, hidroxipropilmetilcelulose e polietilenoglicol.

## INFORMAÇÕES AO PACIENTE: PARA QUÊ ESTE MEDICAMENTO É INDICADO?

Para o tratamento de sintomas da insuficiência venosa, como sensação de dor e peso nas pernas, inchaço, câimbras, prurido e fragilidade capilar.

## COMO ESTE MEDICAMENTO FUNCIONA?

Atua aliviando os sintomas característicos da insuficiência venosa, como a sensação de dor e de peso nas pernas, inchaço, câimbras e prurido. Proporciona aumento da resistência vascular periférica e melhora do retorno do fluxo venoso.

## QUANDO NÃO DEVO USAR ESTE MEDICAMENTO?

Pacientes com histórico de hipersensibilidade e alergia a qualquer um dos componentes da fórmula não devem fazer uso do produto.
Este medicamento é contraindicado para pessoas com hipersensibilidade a escina ou a extratos de *A. hippocastanum* e pacientes com insuficiência do fígado ou dos rins. Há indícios de que a absorção de escina seja maior em crianças, predispondo-as a uma maior toxicidade.

Este medicamento é contraindicado para uso por crianças.

## O QUE DEVO SABER ANTES DE USAR ESTE MEDICAMENTO?

Toxicidade relacionada aos rins e ao fígado foi relatada com o uso de preparados a base de Castanha da Índia (*A. hippocastanum*) em pacientes propensos a esse tipo de desordens. Embora não existam restrições, pacientes idosos só devem utilizar o medicamento após orientação médica.

Este medicamento não deve ser administrado juntamente com anticoagulantes orais, pois pode potencializar seu efeito anticoagulante.

Este medicamento pode interferir com a distribuição de outras drogas. **Este medicamento não deve ser utilizado por mulheres grávidas sem orientação médica ou do cirurgião-dentista.**

**Informe ao seu médico ou cirurgião-dentista se você está fazendo uso de algum outro medicamento.**

**Informe ao profissional de saúde todas as plantas medicinais, fitoterápicos e outros medicamentos que estiver tomando.**

**Interações podem ocorrer entre medicamentos e plantas medicinais e mesmo entre duas plantas medicinais administradas ao mesmo tempo.**

## ONDE, COMO E POR QUANTO TEMPO POSSO GUARDAR ESTE MEDICAMENTO?

Conservar o medicamento em sua embalagem original, em temperatura ambiente (15ºC a 30ºC) protegendo da umidade.

Nessas condições, o medicamento se manterá próprio para o consumo, respeitando o prazo de validade indicado na embalagem.

**Número de lote e datas de fabricação e validade: vide embalagem. Não use medicamento com o prazo de validade vencido. Guarde-o em sua embalagem original.**
VARILESS é constituído de comprimidos revestidos de coloração castanho claro.

**Antes de usar, observe o aspecto do medicamento. Caso ele esteja dentro do prazo de validade e você observe alguma mudança no aspecto, consulte o farmacêutico para saber se poderá utilizá-lo.**

**Todo medicamento deve ser mantido fora do alcance das crianças.**

## COMO DEVO USAR ESTE MEDICAMENTO? USO ORAL/USO INTERNO

Ingerir 1 comprimido, 2 vezes ao dia, ou a critério médico. Utilizar apenas a via oral. O uso deste medicamento por outra via, que não a oral, pode causar a perda de efeito esperado ou mesmo promover danos a seu usuário.
Não ingerir mais que 3 comprimidos ao dia.

**Siga corretamente o modo de usar. Em caso de dúvidas sobre este medicamento procure orientação do farmacêutico. Não desaparecendo os sintomas procure orientação de seu médico ou cirurgião-dentista.**

**Este medicamento não deve ser partido, aberto ou mastigado.**

## O QUE DEVO FAZER QUANDO EU ME ESQUECER DE USAR ESTE MEDICAMENTO?

Caso haja esquecimento da ingestão de uma dose deste medicamento, retome a posologia prescrita sem a necessidade de suplementação.

**Em caso de dúvidas, procure orientação do farmacêutico ou de seu médico ou cirurgião-dentista.**

## QUAIS OS MALES QUE ESTE MEDICAMENTO PODE ME CAUSAR?

Após a ingestão do medicamento pode ocorrer, em casos isolados, pruridos, náuseas e desconforto gástrico. Raramente pode ocorrer irritação gástrica e refluxo.

**Informe ao seu médico, cirurgião-dentista ou farmacêutico o aparecimento de reações indesejáveis pelo uso do medicamento.**

**Informe também à empresa através do seu serviço de atendimento.**

## O QUE FAZER SE ALGUÉM USAR UMA QUANTIDADE MAIOR DO QUE A INDICADA DESTE MEDICAMENTO?

Se ingerido em altas doses este medicamento pode causar vômitos, diarreia, fraqueza, contrações musculares, dilatação da pupila, falta de coordenação, desordem da visão e da consciência.

Em caso de superdosagem, suspender a medicação imediatamente. Recomenda-se tratamento de suporte sintomático pelas medidas habituais de apoio e controle das funções vitais.

**Em caso de uso de grande quantidade deste medicamento, procure rapidamente socorro médico e leve a embalagem ou bula do medicamento, se possível. Ligue para 0800 722 6001, se você precisar de mais orientações.**

**DIZERES LEGAIS:**
M.S.: 1.2009.0022
Responsável técnica: Dra. Juliana Borges CRF SP: 25.266
**BIONATUS LABORATÓRIO BOTÂNICO LTDA.**
Av. Domingos Falavina, 1041 – Jardim Mugnaini São José do Rio Preto – SP
CEP: 15045-395
CNPJ: 68.032.192/0001-51

---

# VARIVAX

### MEDICAMENTO FITOTERÁPICO
**Nomenclatura botânica oficial:** *Aesculus hippocastanum* L.
**Nomenclatura popular:** Castanha-da-índia
**Família:** Hippocastanaceae
**Parte da planta utilizada:** Sementes

### APRESENTAÇÕES
**Forma farmacêutica:** Comprimido revestido
**VARIVAX 100mg/com (menor concentração)**
Hospitalar: Caixa contendo 50 e 100 blisteres de alumínio plástico incolor com 10 comprimidos revestidos cada.
**VARIVAX 300mg/com (maior concentração)**
Hospitalar: Caixa contendo 50 e 100 blisteres de alumínio plástico incolor com 10 comprimidos revestidos cada.

### USO ORAL USO ADULTO

### COMPOSIÇÃO FORMULA VARIVAX 100mg/com
**Cada comprimido revestido contém:**
Extrato seco de *Aesculus hippocastanum* (sementes) ... 100 mg
Excipiente* ...................................................... 1 comprimido
* (lactose spray-dried, celulose microcristalina PH-200, dióxido de silício coloidal, estearato de magnésio, maltodextrina, hipromelose, etilcelulose, trietil citrato, triacetina, ácido oleico, monoglicerídeo acetilado, macrogol, dióxido de titânio, vermelho 40 laca LDL e amarelo laca 10)

### CONCENTRAÇÃO DE PRINCÍPIOS ATIVOS
O Extrato seco está padronizado em 20% de glicosídeos triterpênicos, calculados como escina anidra. Cada comprimido revestido contém 20 mg de glicosídeos triterpênicos, calculados como escina anidra.

### COMPOSIÇÃO FORMULA VARIVAX 300mg/com
**Cada comprimido revestido contém:**
Extrato seco de *Aesculus hippocastanum* (sementes) ..................................................................... 300 mg
Excipiente* q.s.p. ............................................1 comprimido
* (lactose spray-dried, celulose microcristalina PH-200, dióxido de silício coloidal, estearato de magnésio, crospovidona, maltodextrina, hidroximetilpropilcelulose, polietilenoglicol, dióxido de titânio, vermelho n° 40 laca de alumínio, amarelo n° 10 laca de alumínio e álcool etílico)

### CONCENTRAÇÃO DE PRINCÍPIOS ATIVOS
O Extrato seco está padronizado em 20% de glicosídeos triterpênicos, calculados como escina anidra. Cada comprimido revestido contém 60 mg de glicosídeos triterpênicos, calculados como escina anidra.

### INFORMAÇÕES TÉCNICAS AOS PROFISSIONAIS DE SAÚDE
**1. INDICAÇÕES**
Para o tratamento da insuficiência venosa e fragilidade capilar.

**2. RESULTADOS DE EFICÁCIA**
A administração por via oral de 150 mg/dia de escina durante 6 semanas foi significativamente mais efetiva que o placebo na redução de edema venoso em um estudo com 39 pacientes em estágio 2 de insuficiência venosa crônica.
A administração de dose única de 100 mg de escina por via oral reduziu significativamente, em 22%, a filtração transcapilar, em um estudo randomizado, cruzado e controlado com 22 pacientes portadores de insuficiência venosa crônica.
Dos 23 estudos realizados em humanos com administração oral de extrato de *A. hippocastanum*, incluindo um total de 4.339 pacientes, todos que investigaram sua ação sobre as desordens venosas apresentaram resultados positivos com melhoras no estado do paciente.
Meta-análises e revisões de alguns estudos randomizados, duplo-cegos e controlados demonstraram que o extrato das sementes de *A. hippocastanum* é eficaz no tratamento da insuficiência venosa crônica.

**3. CARACTERÍSTICAS FARMACOLÓGICAS**
As sementes de *A. hippocastanum* contém aproximadamente de 3 a 10% de escina, uma mistura de 30 saponinas triterpênicas às quais são atribuídas atividades antiedematogênica, anti-inflamatória e venotônica. Outros constituintes incluem flavonoides (0,2 – 0,3%), esteróis, cumarinas, taninos e óleos essenciais.
O medicamento atua através da redução da atividade das enzimas lisossomais, patologicamente aumentadas nos estados de desordens venosas crônicas, inibindo a desa-

gregação do glicocálix (mucopolissacarídeos) na região da parede dos capilares. Através da redução da permeabilidade vascular, a filtração de proteínas de baixo peso molecular, eletrólitos e água no interstício é inibida, proporcionando alívio dos sintomas característicos da insuficiência venosa, como a sensação de dor e de peso nas pernas, edema, câimbras e prurido.

A escina é rapidamente absorvida após administração oral, apresenta meia-vida de absorção de aproximadamente uma hora. Entretanto sofre significante metabolismo de primeira passagem, resultando em uma biodisponibilidade de apenas 1,5%.

## 4. CONTRAINDICAÇÕES

Pacientes com histórico de hipersensibilidade e alergia a qualquer um dos componentes da fórmula não devem fazer uso do produto.

Este medicamento é contraindicado para pessoas com hipersensibilidade a escina ou a extratos de *A. hippocastanum* e pacientes com insuficiência renal ou insuficiência hepática.

Há indícios de que a absorção de escina seja maior em crianças, predispondo-as a uma maior toxicidade.

**Este medicamento é contraindicado para uso por crianças.**

## 5. ADVERTÊNCIAS E PRECAUÇÕES

Toxicidade renal e hepática foi relatada com o uso de preparados a base de *A. hippocastanum* em pacientes propensos a esse tipo de desordens.

Este medicamento não deve ser administrado a crianças. Há indícios de que a absorção de escina seja maior em crianças, predispondo-as a uma maior toxicidade.

Embora não existam restrições, pacientes idosos só devem utilizar o medicamento após orientação médica.

De acordo com a categoria de risco de fármacos destinados às mulheres grávidas, este medicamento apresenta categoria de risco C: Não foram realizados estudos em animais e nem em mulheres grávidas; ou então, os estudos em animais revelaram risco, mas não existem estudos disponíveis realizados em mulheres grávidas.

**Este medicamento não deve ser utilizado por mulheres grávidas sem orientação médica ou do cirurgião-dentista.**

## 6. INTERAÇÕES MEDICAMENTOSAS

Este medicamento não deve ser administrado juntamente com anticoagulantes orais, pois pode potencializar seu efeito anticoagulante.

Cerca de 86–94% de escina ligam-se às proteínas plasmáticas, podendo interferir com a distribuição de outras drogas. Um caso de falência renal após administração concomitante de escina e o antibiótico gentamicina foi relatado.

## 7. CUIDADOS DE ARMAZENAMENTO DO MEDICAMENTO

Conservar em temperatura ambiente (temperatura entre 15 e 30°C). Proteger da luz e umidade.

**Número de lote e datas de fabricação e validade: vide embalagem.**

**Não use medicamento com o prazo de validade vencido. Guarde-o em sua embalagem original.**

**Características físicas e organolépticas:**

**VARIVAX 100mg** – comprimido revestido, circular, sulcado, de coloração vermelha.

**VARIVAX 300mg** – Comprimido revestido, oblongo, de coloração vermelha.

**Antes de usar, observe o aspecto do medicamento.**

**Todo medicamento deve ser mantido fora do alcance das crianças.**

## 8. POSOLOGIA E MODO DE USAR VARIVAX 100mg/com

**USO ORAL/USO INTERNO**

Ingerir 1 comprimido revestido de VARIVAX, três vezes ao dia.

VARIVAX 300mg/com

**USO ORAL/USO INTERNO**

Ingerir 1 comprimido revestido de VARIVAX, uma vez ao dia.

Os comprimidos devem ser ingeridos inteiros e com uma quantidade suficiente de água para que possam ser deglutidos.

**Este medicamento não deve ser partido, aberto ou mastigado.**

## 9. REAÇÕES ADVERSAS

Após ingestão do medicamento pode ocorrer, em casos isolados, pruridos, náuseas e desconforto gástrico. Raramente pode ocorrer irritação da mucosa gástrica e refluxo.

**Em casos de eventos adversos, notifique ao Sistema de Notificação de Eventos Adversos a Medicamentos (Vigimed), disponível em http://portal.anvisa.gov.**

br/vigimed, ou para a Vigilância Sanitária Estadual ou Municipal.

## 10. SUPERDOSE

Se ingerido em altas doses este medicamento pode causar vômitos, diarreia, fraqueza, contrações musculares, dilatação da pupila, falta de coordenação, desordem da visão e da consciência.

Assim como todos os extratos vegetais ricos em saponinas, pode ocorrer irritação da mucosa gástrica e refluxo. Quando grande quantidade de escina é absorvida através de mucosa gastrintestinal irritada ou lesionada, pode ocorrer hemólise, com dano renal associado (The essential guide to herbal safety – Mills & Boné e Principles and practice of phytotherapy – Mills & Bone).

Em caso de superdosagem, suspender a medicação imediatamente. Recomenda-se tratamento de suporte sintomático pelas medidas habituais de apoio e controle das funções vitais.

**Em caso de intoxicação ligue para 0800 722 6001, se você precisar de mais orientações**.

## DIZERES LEGAIS

Reg. MS nº 1.3841.0043
Farm. Responsável: Tales de Vasconcelos Cortes CRF/BA nº 3745
NATULAB LABORATÓRIO S. A.
Rua H, nº 2, Galpão 03 – Urbis II
Santo Antonio de Jesus – Bahia – CEP 44.574-150
CNPJ: 02.456.955/0001-83
INDÚSTRIA BRASILEIRA
SAC: 0800 7307370

___

# VECASTEN®
*Melilotus officinalis*

## MEDICAMENTO FITOTERÁPICO

**Nomenclatura botânica oficial:** *Melilotus officinalis* (L.) Pall.
**Nomenclatura popular:** Meliloto
**Família:** Fabáceas (Leguminosas)
**Parte da planta utilizada:** partes aéreas

## APRESENTAÇÃO

Comprimidos revestidos de 26,7 mg em embalagens com 20 e 30 comprimidos.

## VIA ORAL USO ADULTO

## COMPOSIÇÃO

Cada comprimido revestido contém:
Extrato seco de *Melilotus officinalis*........................ 26,7 mg (padronizado entre 4,0 a 5,4 mg de cumarina por comprimido).

Excipientes: celulose microcristalina, lactose monoidratada, amidoglicolato de sódio, dióxido de silício, estearato de magnésio, copolímero de metacrilato de butila, metacrilato de dimetilaminoetila e metacrilato de metila, talco, dióxido de titânio, azul de indigotina, laca de alumínio e macrogol.

## INFORMAÇÕES AO PACIENTE

### 1. PARA QUE ESTE MEDICAMENTO FOI INDICADO?

Este medicamento é destinado ao tratamento dos sintomas relacionados a varizes, tais como: dor, peso nas pernas, câimbras, prurido (coceira) e edema (inchaço). Também está indicado para tratamento da insuficiência venosa crônica (dificuldade de retorno do sangue das pernas para o coração), tromboflebite (coágulo associado à inflamação de veias), congestão linfática (acúmulo de líquido nos vasos linfáticos), síndrome pós-trombótica (conjunto de sinais e sintomas associados a um trombo – coágulo) e hemorroida (dilatação das veias do ânus e reto).

### 2. COMO ESTE MEDICAMENTO FUNCIONA?

Vecasten® diminui o inchaço causado por problemas circulatórios (venosos e linfáticos), por melhorar a circulação através de diferentes mecanismos.

### 3. QUANDO NÃO DEVO USAR ESTE MEDICAMENTO?

Você não deve tomar este medicamento se tiver hipersensibilidade (alergia) a qualquer componente da fórmula. Este medicamento é contraindicado para pacientes com úlceras gástricas ou duodenais (lesões presentes no estômago e intestino) e pacientes em tratamento com anticoagulantes (medicamentos que evitam a formação de coágulos de sangue) ou hemostáticos (medicamentos que interrompem o fluxo sanguíneo). Seu uso deve ser evitado por pacientes com insuficiência hepática (atividade do fígado diminuída) ou com elevação das enzimas hepáticas. Não utilizar em grávidas e lactantes sem avaliação médica do risco/benefício.

**Este medicamento é contraindicado para menores de 18 anos.**

**Este medicamento não deve ser utilizado por mulheres grávidas sem orientação médica ou do cirurgião-dentista.**

## 4. O QUE DEVO SABER ANTES DE UTILIZAR ESTE MEDICAMENTO?

Assim como todos os medicamentos, informe ao seu médico todas as plantas medicinais e fitoterápicos que estiver tomando. Interações podem ocorrer entre medicamentos e plantas medicinais e mesmo entre duas plantas medicinais quando administradas ao mesmo tempo.

Este medicamento deve ser utilizado com cautela por pacientes com função hepática prejudicada ou enzimas hepáticas elevadas.

Este medicamento não está indicado para uso contínuo. Não há restrições específicas para o uso do extrato de *Melilotus officinalis* em idosos, desde que observadas as contraindicações e advertências comuns ao medicamento.

**Este medicamento é contraindicado para menores de 18 anos.**

**Este medicamento não deve ser utilizado por mulheres grávidas sem orientação médica ou do cirurgião-dentista.**

**Este medicamento contém LACTOSE. Interações Vecasten® – medicamentos**

O uso concomitante de *Melilotus officinalis* e anticoagulantes como varfarina, acetominofeno, ácido acetilsalicílico ou bromelaína podem aumentar o risco de sangramento e por isso deve haver cautela na prescrição destes fármacos.

Interações Vecasten® – exames laboratoriais

O extrato de *Melilotus officinalis* pode causar aumento nos níveis das enzimas do fígado indicando dano hepático.

**Interações Vecasten® – doenças:** Teoricamente, o uso de Vecasten® pode exacerbar doenças hepáticas. Assim, o uso do produto nesses casos deve ser evitado.

**Informe ao seu médico ou cirurgião-dentista se você está fazendo uso de algum outro medicamento.**

**Não use medicamento sem conhecimento do seu médico. Pode ser perigoso para a sua saúde.**

## 5. ONDE, COMO E POR QUANTO TEMPO POSSO GUARDAR ESTE MEDICAMENTO?

Você deve conservar Vecasten® em temperatura ambiente (entre 15°C e 30°C). Proteger da luz e umidade.

Este medicamento tem validade de 24 meses após a data de fabricação.

**Número de lote e datas de fabricação e validade: vide embalagem.**

**Não use medicamentos com o prazo de validade vencido. Guarde-o em sua embalagem original.**

Os comprimidos revestidos de Vecasten® são redondos, coloração azul claro.

Antes de usar, observe o aspecto do medicamento. **Caso ele esteja no prazo de validade e você observe alguma mudança no aspecto, consulte o farmacêutico para saber se poderá utilizá-lo.**

**Todo medicamento deve ser mantido fora do alcance das crianças.**

## 6. COMO DEVO USAR ESTE MEDICAMENTO?

Você deve tomar os comprimidos com líquido, por via oral. Posologia: 1 comprimido (26,7 mg) uma vez ao dia, podendo ser administrado até 2 vezes ao dia (53,4 mg). Utilizar apenas a via oral. O uso deste medicamento por outra via, que não a oral, pode causar a perda do efeito esperado ou mesmo promover danos ao usuário.

**Siga a orientação de seu médico, respeitando sempre os horários, as doses e a duração do tratamento.**

**Não interrompa o tratamento sem o conhecimento do seu médico.**

**Este medicamento não deve ser partido, aberto ou mastigado.**

## 7. O QUE DEVO FAZER QUANDO EU ME ESQUECER DE USAR ESTE MEDICAMENTO?

Caso haja esquecimento da ingestão de uma dose deste medicamento, você pode tomar a dose assim que se lembrar. Não exceda a dose recomendada para cada dia. **Em caso de dúvidas, procure orientação do farmacêutico, de seu médico ou cirurgião-dentista.**

## 8. QUAIS OS MALES QUE ESTE MEDICAMENTO PODE ME CAUSAR?

A administração do extrato de *Melilotus officinalis* é geralmente bem tolerada. No entanto, as seguintes reações poderão ser observadas:

Distúrbios Gastrintestinais: intolerâncias digestivas, diarreia e náuseas (enjoo).

Distúrbios Cutâneos: reações alérgicas cutâneas. Distúrbios Geniturinários: aumento do fluxo menstrual. Distúrbios Neurológicos: cefaleia (dor de cabeça).

**Informe ao seu médico, cirurgião-dentista ou farmacêutico o aparecimento de reações indesejáveis pelo uso do medicamento.**

**Informe também a empresa através do seu serviço de atendimento.**

## 9. O QUE FAZER SE ALGUÉM USAR UMA QUANTIDADE MAIOR DO QUE A INDICADA DESTE MEDICAMENTO?

A administração de doses elevadas de *Melilotus officinalis* pode provocar cefaleia (dor de cabeça), estupor, náuseas (enjoo) e dano hepático transitório em pacientes susceptíveis. Se você tomar uma dose muito grande deste medicamento acidentalmente, deve procurar um médico ou um centro de intoxicação imediatamente. O apoio médico imediato é fundamental para adultos e crianças, mesmo se os sinais e sintomas de intoxicação não estiverem presentes. **Em caso de uso de grande quantidade deste medicamento, procure rapidamente socorro médico e leve a embalagem ou a bula do medicamento, se possível. Ligue para 0800 722 6001, se você precisar de mais orientações.**

## DIZERES LEGAIS

Reg. M.S. nº: 1.0155.0228
Farmacêutica Responsável: Regina Helena Vieira de Souza Marques CRF/SP nº 6394
Embalado por: Droxter Indústria, Comércio e Participações Ltda.
Rua Vigário Taques Bittencourt, 258 • Santo Amaro São Paulo/SP • CEP: 04755-060
Registrado por: Marjan Indústria e Comércio Ltda. Rua Gibraltar, 165 • Santo Amaro
São Paulo/SP • CEP: 04755-070
CNPJ: 60.726.692/0001-81
Indústria Brasileira
SAC 0800 55 45 45

## VENDA SOB PRESCRIÇÃO MÉDICA

---

# VENOCELL

*Aesculus hippocastanum* L. – DCB: 09892

### I – IDENTIFICAÇÃO DO MEDICAMENTO VENOCEL

### MEDICAMENTO FITOTERÁPICO

**Nomenclatura botânica oficial:** *Aesculus hippocastanum* L.
**Nomenclatura popular:** Castanha da Índia
**Família:** Hippocastanaceae
**Parte da planta utilizada:** Sementes

### APRESENTAÇÕES

Cápsula dura – 100 mg – Embalagens com 30, 45, 60, 90 ou 480 cápsulas.

### USO ORAL USO ADULTO

### COMPOSIÇÃO

Cada cápsula de VENOCEL contém:
Extrato seco das sementes de *Aesculus hippocastanum* L. ...................................................................100 mg
(padronizado em 20mg ou 20% de derivados de glicosídeos triterpênicos expressos em escina anidra).
Equivalente a 20 mg de derivados de glicosídeos triterpênicos expressos em escina anidra/cápsula.
Excipientes q.s.p.................................................... 1 cápsula
(celulose microcristalina, dióxido de silício, estearato de magnésio, crospovidona, amarelo de quinolina, corante FDC azorubina, corante FDC vermelho 40, dióxido de titânio, metilparabeno, propilparabeno, água purificada e gelatina).

### II – INFORMAÇÕES AO PACIENTE

### 1. PARA QUE ESTE MEDICAMENTO É INDICADO?

Para o tratamento de sintomas da insuficiência venosa, como sensação de dor e peso nas pernas, inchaço, câimbras e prurido, e fragilidade capilar.

### 2. COMO ESTE MEDICAMENTO FUNCIONA?

Atua aliviando os sintomas característicos da insuficiência venosa, como a sensação de dor e peso nas pernas, inchaço, câimbras e prurido. Proporciona aumento da resistência vascular periférica e melhora do retorno do fluxo venoso.

### 3. QUANDO NÃO DEVO USAR ESTE MEDICAMENTO?

Pacientes com histórico de hipersensibilidade e alergia a qualquer um dos componentes da fórmula não devem fazer uso do produto. Este medicamento é contraindicado para pessoas com hipersensibilidade a escina ou a extratos de *A. hippocastanum* e pacientes com insuficiência do fígado ou dos rins. Há indícios de que a absorção de escina seja maior em crianças, predispondo-as a uma maior toxicidade. **Este medicamento é contraindicado para uso por crianças.**

### 4. O QUE DEVO SABER ANTES DE USAR ESTE MEDICAMENTO?

Toxicidade relacionada aos rins e ao fígado foi relatada com o uso de preparados a base de Castanha da Índia (*A. hippocastanum*) em pacientes propensos a esse tipo de desordens. Embora não existam restrições, pacientes idosos só devem utilizar o medicamento após orientação médica. Este medicamento não deve ser administrado juntamente com anticoagulantes orais, pois pode potencializar seu efeito anticoagulante. Este medicamento pode interferir com a distribuição de outras drogas.

**Este medicamento não deve ser utilizado por mulheres grávidas sem orientação médica ou do cirurgião-dentista.**

**Informe ao seu médico ou cirurgião-dentista se você está fazendo uso de algum outro medicamento.**

Informe ao profissional de saúde todas as plantas medicinais, fitoterápicos e outros medicamentos que estiver tomando. Interações podem ocorrer entre medicamentos e plantas medicinais e mesmo entre duas plantas medicinais administradas ao mesmo tempo.

## 5. ONDE, COMO E POR QUANTO TEMPO POSSO GUARDAR ESTE MEDICAMENTO?

VENOCEL deve ser conservado em temperatura ambiente (entre 15°C e 30°C).

**Número de lote e datas de fabricação e validade: vide embalagem. Não use medicamento com o prazo de validade vencido. Guarde-o em sua embalagem original.**

VENOCEL se apresenta na forma de cápsula vermelha opaca, contendo pó bege claro a ligeiramente amarronzado.

**Antes de usar, observe o aspecto do medicamento.** Caso ele esteja no prazo de validade e você observe alguma mudança no aspecto, consulte o farmacêutico para saber se poderá utilizá-lo.

**Todo medicamento deve ser mantido fora do alcance das crianças.**

## 6. COMO DEVO USAR ESTE MEDICAMENTO?
### USO ORAL/USO INTERNO

Ingerir 1 cápsula (20mg ou 20% de derivados de glicosídeos triterpênicos expressos em escina anidra), 2 a 4 vezes ao dia, pela manhã, durante as refeições e ao deitar, ou a critério médico. Não exceda 6 cápsulas (máximo 120 mg de derivados de glicosídeos triterpênicos expressos em escina anidra), em doses fracionadas em um período de 24 horas (1 dia). As cápsulas devem ser ingeridas inteiras e sem mastigar com quantidade suficiente de água para que sejam engolidas. Utilizar apenas a via oral. O uso deste medicamento por outra via, que não a oral, pode causar a perda do efeito esperado ou mesmo promover danos ao seu usuário.

**Siga corretamente o modo de usar. Em caso de dúvidas sobre este medicamento, procure orientação do farmacêutico. Não desaparecendo os sintomas, procure orientação de seu médico ou cirurgião-dentista.**

**Este medicamento não deve ser partido, aberto ou mastigado.**

## 7. O QUE DEVO FAZER QUANDO EU ME ESQUECER DE USAR ESTE MEDICAMENTO?

Caso haja esquecimento da ingestão de uma dose deste medicamento, retomar a posologia sem a necessidade de suplementação.

**Em caso de dúvidas, procure orientação do farmacêutico ou de seu médico, ou cirurgião-dentista.**

## 8. QUAIS OS MALES QUE ESTE MEDICAMENTO PODE ME CAUSAR?

Após ingestão do medicamento pode ocorrer, em casos isolados, pruridos, náuseas e desconforto gástrico. Raramente pode ocorrer irritação gástrica e refluxo.

**Informe ao seu médico, cirurgião-dentista ou farmacêutico o aparecimento de reações indesejáveis pelo uso do medicamento. Informe também à empresa através do seu serviço de atendimento.**

## 9. O QUE FAZER SE ALGUÉM USAR UMA QUANTIDADE MAIOR DO QUE A INDICADA DESTE MEDICAMENTO?

Se ingerido em altas doses este medicamento pode causar vômitos, diarreia, fraqueza, contrações musculares, dilatação da pupila, falta de coordenação, desordem da visão e da consciência. Em caso de superdose, suspender a medicação imediatamente. Recomenda-se tratamento de suporte sintomático pelas medidas habituais de apoio e controle das funções vitais.

**Em caso de uso de grande quantidade deste medicamento, procure rapidamente socorro médico e leve a embalagem ou bula do medicamento, se possível. Ligue para 0800 722 6001, se você precisar de mais orientações.**

## IV – DIZERES LEGAIS
**SIGA CORRETAMENTE O MODO DE USAR, NÃO DESAPARECENDO OS SINTOMAS PREOCURE ORIENTAÇÃO MÉDICA.**

MS 1.1560.0179

Farm. Resp.: Dra. Michele Caldeira Landim CRF/GO: 5122

**Fabricado por: CIFARMA – Científica Farmacêutica Ltda.**
Av. das Indústrias, 3651 – Bicas CEP: 33040-130 Santa Luzia/MG

CNPJ: 17.562.075/0003-20

Indústria Brasileira

**Registrado por: CIFARMA – Científica Farmacêutica Ltda.**
Rod. BR 153 km 5,5 – Jardim Guanabara CEP: 74675-090 – Goiânia/GO
CNPJ: 17.562.075/0001-69
Indústria Brasileira

---

# VENOCUR® FIT

### MEDICAMENTO FITOTERÁPICO
**Nomenclatura botânica oficial:** *Aesculus hippocastanum* L.
**Nomenclatura popular:** Castanha-da-Índia
**Família:** Hippocastanaceae
**Parte da planta utilizada:** Sementes

### APRESENTAÇÕES
Comprimidos revestidos de liberação retardada: 263,2 mg por comprimido: embalagem com 20, 30 ou 60 comprimidos.

### VIA ORAL USO ADULTO

### COMPOSIÇÃO
Cada comprimido revestido de liberação retardada contém:
Extrato seco das sementes de *Aesculus hippocastanum* L. .................................................................. 263,2 mg
(padronizado em 50 mg/comprimido ou 19% de glicosídeos triterpênicos calculados como escina anidra).
Excipientes: fosfato de cálcio dibásico; dióxido de silício (coloidal); copolímero metacrilato de amônio; citrato de trietila; polissorbato 80; povidona; crospovidona; estearato de magnésio; hipromelose; macrogol (4000); óxido de ferro vermelho; óxido de ferro amarelo; dióxido de titânio; talco; vanilina; sacarina sódica; dimeticona; dióxido de silício (alta dispersão); alfa-octadecil-omega-hidroxi-polioxietileno-5; ácido sórbico.

### INFORMAÇÕES AO PACIENTE
### 1. PARA QUE ESTE MEDICAMENTO É INDICADO?
Para o tratamento de sintomas da insuficiência venosa, como sensação de dor e peso nas pernas, inchaço, câimbras e prurido, e fragilidade capilar (BLUMENTHAL, GOLDBERG, BRINCKMANN, 2000; WICHTL, 2004; ESCOP, 1997).

### 2. COMO ESTE MEDICAMENTO FUNCIONA?
VENOCUR® FIT (*Aesculus hippocastanum* L.) atua aliviando os sintomas característicos da insuficiência venosa, como a sensação de dor e de peso nas pernas, inchaço, câimbras e prurido (BLUMENTHAL, GOLDBERG, BRINCKMANN, 2000; WICHTL, 2004).
Proporciona aumento da resistência vascular periférica e melhora do retorno do fluxo venoso.
O tempo médio estimado para início de ação terapêutica é de 1 a 2 semanas.

### 3. QUANDO NÃO DEVO USAR ESTE MEDICAMENTO?
Pacientes com histórico de hipersensibilidade e alergia a qualquer um dos componentes da fórmula não devem fazer uso do produto.
Este medicamento é contraindicado para pessoas com hipersensibilidade a escina ou a extratos de *Aesculus hippocastanum* e pacientes com insuficiência do fígado ou dos rins (MICROMEDEX, 2007).
Há indícios de que a absorção de escina seja maior em crianças, predispondo-as a uma maior toxicidade (FACHINFORMATION, 1995).
**Este medicamento é contraindicado para uso por crianças.**

### 4. O QUE DEVO SABER ANTES DE USAR ESTE MEDICAMENTO?
Toxicidade relacionada aos rins e ao fígado foi relatada com o uso de preparados a base de Castanha-da-Índia (*Aesculus hippocastanum*) em pacientes propensos a esse tipo de desordens (MICROMEDEX, 2007).
Embora não existam restrições, pacientes idosos só devem utilizar o medicamento após orientação médica.
Este medicamento não deve ser administrado juntamente com anticoagulantes orais, pois pode potencializar seu efeito anticoagulante (BLUMENTHAL, 2003).
Este medicamento pode interferir com a distribuição de outras drogas MICROMEDEX, 2007; BLUMENTHAL, 2003).
**Este medicamento não deve ser utilizado por mulheres grávidas sem orientação médica ou do cirurgião-dentista.**
**Informe ao seu médico ou cirurgião-dentista se você está fazendo uso de algum outro medicamento.**
Informe ao profissional de saúde todas as plantas medicinais, fitoterápicos e outros medicamentos que estiver tomando. Interações podem ocorrer entre medicamentos e plantas medicinais e mesmo entre duas plantas medicinais administradas ao mesmo tempo.

### 5. ONDE, COMO E POR QUANTO TEMPO POSSO GUARDAR ESTE MEDICAMENTO?

VENOCUR® FIT (*Aesculus hippocastanum* L.) deve ser conservado em temperatura ambiente (15-30ºC) e protegido da luz e umidade.

**Número de lote e datas de fabricação e validade: vide embalagem.**

**Não use medicamento com prazo de validade vencido.**

**Guarde-o em sua embalagem original.**

**Características físicas:**

VENOCUR® FIT (*Aesculus hippocastanum* L.) apresenta-se como comprimido arredondado, marrom-alaranjado.

**Após aberto, válido por 24 meses.**

**Antes de usar, observe o aspecto do medicamento. Caso ele esteja no prazo de validade e você observe alguma mudança no aspecto, consulte o farmacêutico para saber se poderá utilizá-lo.**

**Todo medicamento deve ser mantido fora do alcance das crianças.**

## 6. COMO DEVO USAR ESTE MEDICAMENTO? USO ORAL/USO INTERNO

Ingerir 1 comprimido de VENOCUR® FIT (*Aesculus hippocastanum* L.) 2 vezes ao dia, com um pouco de líquido pela manhã e à noite (obedecendo ao intervalo de 12 horas entre as 2 doses diárias), antes das refeições ou a critério médico. A dose diária não deve exceder 2 comprimidos.

Cada comprimido revestido de liberação retardada de VENOCUR® FIT contém 50 mg (19%) de glicosídeos triterpênicos calculados como escina anidra.

Utilizar apenas a via oral. O uso deste medicamento por outra via, que não a oral, pode causar a perda do efeito esperado ou mesmo promover danos ao seu usuário.

Após a ingestão do medicamento a dose liberada em 1 hora deve ser menor ou igual a 30% e a dose liberada em 3 horas deve ser maior ou igual a 70%.

A duração do tratamento deve ficar a critério do médico prescritor

**Siga corretamente o modo de usar. Em caso de dúvidas sobre este medicamento, procure orientação do farmacêutico. Não desaparecendo os sintomas, procure orientação de seu médico ou cirurgião-dentista.**

**Este medicamento não deve ser partido, aberto ou mastigado.**

## 7. O QUE DEVO FAZER QUANDO EU ME ESQUECER DE USAR ESTE MEDICAMENTO?

Caso haja esquecimento da ingestão de uma dose deste medicamento, retomar a posologia sem a necessidade de suplementação.

**Em caso de dúvidas, procure orientação do farmacêutico ou de seu médico, ou cirurgião-dentista.**

## 8. QUAIS OS MALES QUE ESTE MEDICAMENTO PODE ME CAUSAR?

Após ingestão do medicamento pode ocorrer, em casos isolados, pruridos, náuseas e desconforto gástrico (BLUMENTHAL, GOLDBERG, BRINCKMANN, 2000; WICHTL, 2004). Raramente pode ocorrer irritação gástrica e refluxo (BLUMENTHAL, 2003).

**Informe ao seu médico, cirurgião-dentista ou farmacêutico o aparecimento de reações indesejáveis pelo uso do medicamento. Informe também à empresa através do seu serviço de atendimento.**

## 9. O QUE FAZER SE ALGUÉM USAR UMA QUANTIDADE MAIOR DO QUE A INDICADA DESTE MEDICAMENTO?

Se ingerido em altas doses este medicamento pode causar vômitos, diarreia, fraqueza, contrações musculares, dilatação da pupila, falta de coordenação, desordem da visão e da consciência (DERMARDEROSIAN, BEUTLER, 2008). Em caso de superdosagem, suspender a medicação imediatamente. Recomenda-se tratamento de suporte sintomático pelas medidas habituais de apoio e controle das funções vitais.

**Em caso de uso de grande quantidade deste medicamento, procure rapidamente socorro médico e leve a embalagem ou bula do medicamento, se possível. Ligue para 0800 722 6001, se você precisar de mais orientações.**

## III) DIZERES LEGAIS

MS: 1.0553.0357

**Farm. Resp.**: Graziela Fiorini Soares CRF-RJ nº 7475

**Registrado por:** Abbott Laboratórios do Brasil Ltda. Rua Michigan, 735

São Paulo – SP

CNPJ: 56.998.701/0001-16

**Importado e embalado por**: Abbott Laboratórios do Brasil Ltda. Rio de Janeiro – RJ

INDÚSTRIA BRASILEIRA

**Fabricado por:** Dr. Willmar Schwabe GmbH & Co. KG Karlsruhe – Alemanha

**ABBOTT CENTER**

Central de Relacionamento com o Cliente 0800 703 1050

www.abbottbrasil.com.br

## REFERÊNCIAS

BISLER H, PFEIFER R, KLUKEN N *et al*: Wirkung von Rosskasteniensamenextrakt auf die transkapillaere Filtration bei chronischer venoeser Insuffizienz. Dtsch Med Wochenschr 1986; v. 111, n. 35, p. 1321-1329.

BLUMENTHAL M, GOLDBERG A, BRINCKMANN J. *Herbal Medicine* - Expanded Commission E Monographs. Austin, American Botanical Council; Boston; 2000.

BLUMENTHAL, M. *The American Botanical Council* – The ABC Clinical Guide to Herbs. Austin, American Botanical Council; 2003.

DERMARDEROSIAN A, BEUTLER J.A. The Review of Natural Products, The most complete source of natural products information. 5. ed.. Wolters Kluwer Health, 2008.

DIEHM C, VOLLBRECHT D, AMENDT K *et al*: Medical edema protection – clinical benefit in patients with chronic deep vein incompetence: a placebo controlled double blind study. Vasa 1992; v. 21, n. 2, p. 188-192.

DWORSCHAK E, ANTAL M, BIRO L *et al*: Medical activities of *Aesculus hippocastaneum* (Horse-Chestnut) saponins, in Waller & Yamasaki (eds): Saponins Used in Traditional and Modern Medicine. Plenum Press, New York, 1996.

ESCOP Monographs. European Scientific Cooperative on Phytotherapy. 1997. Fachinformation: Essaven (R) 50 Mono, Rosskastaniensamen-Trockenextrakt. A Nattermann & Cie GmbH, Koeln, Germany, 1995.

HITZENBERGER G: Die therapeutische Wirksamkeit des Rosskasteniensamenextraktes. Wien Med Wochenschr 1989; 139 (17):385-389.

Micromedex. Acessado em 28/09/2007.

PITTLER MH, ERNST E: Cochrane Database Syst Rev CD 003230, 2002. SIEBERT U, BRACH M, SROCZYNSKI G, *et al*: Int Angiol 21:305-315, 2002.

WICHTL M. *Herbal Drugs and Phytopharmaceuticals* – A Handbook for Practice on a Scientific Basis. 3. ed. Stuttgart, Germany; 2004.

---

# VENOLISE

**PRODUTO TRADICIONAL FITOTERÁPICO**
**Nomenclatura popular:** Yellow sweet clover/ Trevo amarelo
**Nomenclatura botânica oficial:** *Melilotus officinalis* (L.) Pall.
**Família:** Fabaceas (Leguminosas)
**Parte da planta utilizada:** partes aéreas floridas
**Produto registrado base tradicional, não sendo recomendado por período prolongado.**

## INFORMAÇÕES QUANTO ÀS APRESENTRAÇÕES E COMPOSIÇÃO:

**Comprimidos Revestidos de 26,7 mg:** embalagem com 78 e 30 comprimidos.

**USO ORAL**
**USO ADULTO**

## COMPOSIÇÃO

Cada comprimido revestido contém:
Extrato seco de *Melilotus officinalis* (L.) Pall. a 18% .................................................. 26,70 mg
(equivalente a 4,8 mg de cumarina)
Excipientes: celulose microcristalina + lactose monoidratada, estearato de magnésio, amidoglicolato de sódio, dióxido de silício, talco, polissorbato 80, macrogol, dióxido de titânio, azul de indigotina 132 laca de alumínio, copolímero de ácido metacrílico e metacrilato de etila, copolímero de ácido metacrílico e metacrilato de metila, simeticona e citrato de trietila.

## INFORMAÇÕES AO PACIENTE
### 1. PARA QUE ESTE PRODUTO É INDICADO?
Este produto é indicado para o tratamento sintomático dos problemas relacionados a varizes, tais como dor, peso nas pernas, câimbras, coceira e inchaço.

### 2. COMO ESTE PRODUTO FUNCIONA?
Este produto diminui o inchaço causado por problemas linfáticos, por melhorar circulação periférica.

### 3. QUANDO NÃO DEVO USAR ESTE PRODUTO?
Pacientes com histórico de hipersensibilidade e alergia a qualquer um dos componentes da fórmula não devem fazer uso deste produto.

É contraindicado em pacientes com úlcera gástrica ou duodenal e pacientes em tratamento com anticoagulantes ou hemostáticos.

Evitar seu uso em pacientes com insuficiência hepática ou com elevação das enzimas hepáticas. Deve-se observar hepatotoxicidade e monitorar as enzimas hepáticas.

**Mulheres grávidas ou amamentando não devem utilizar este produto, já que não há estudos que possam garantir a segurança nessas situações.**

## 4. O QUE DEVO SABER ANTES DE USAR ESTE PRODUTO?

Deve haver cautela no uso do extrato de *Melilotus officinalis* com ácido acetilsalicílico e anticoagulantes como a varfarina.

Pacientes com histórico de hipersensibilidade e alergia a qualquer um dos componentes da fórmula não devem fazer uso deste produto.

**Não há casos relatados que o uso deste produto interfira na capacidade de dirigir veículos e operar máquinas.**

**Não há casos relatados que o uso deste produto interaja com outros produtos, como plantas, medicamentos e alimentos.**

**Caso os sintomas persistam ou piorem, ou apareçam reações indesejadas não descritas na embalagem ou no folheto informativo, interrompa seu uso e procure orientação do profissional de saúde.**

**Se você utiliza medicamentos de uso contínuo, busque orientação de profissional de saúde antes de utilizar este produto.**

**Este produto não deve ser utilizado por período superior ao indicado, ou continuamente, a não ser por orientação de profissionais de saúde.**

**Informe ao seu profissional de saúde todas as plantas medicinais e fitoterápicos que estiver tomando.**

**Interações podem ocorrer entre produtos e plantas medicinais e mesmo entre duas plantas medicinais quando administradas ao mesmo tempo.**

## 5. ONDE, COMO E POR QUANTO TEMPO POSSO GUARDAR ESTE PRODUTO?

Conservar o produto em temperatura ambiente (entre 15 e 30°C). Proteger da luz e umidade. Nessas condições, o produto se manterá próprio para o consumo, respeitando o prazo de validade indicado na embalagem.

Este produto é válido por 24 meses a partir da data de fabricação.

**VENOLISE** (*Melilotus officinalis* (L.) Pall) se apresenta como um comprimido revestido liso, bicôncavo (redondo), de coloração azul.

**Antes de usar, observe o aspecto do produto. Caso ele esteja no prazo de validade e você observe alguma mudança no aspecto, consulte o farmacêutico para saber se poderá utilizá-lo.**

**Este produto deve ser mantido fora do alcance das crianças.**

## 6. COMO DEVO USAR ESTE PRODUTO?

Os produtos tradicionais fitoterápicos não devem ser administrados pelas vias injetável e oftálmica.

**Comprimido revestido de 26,7 mg:** ingerir via oral 1 comprimido uma vez ao dia.

**Este produto não deve partido, aberto ou mastigado.**

## 7. O QUE DEVO FAZER QUANDO EU ME ESQUECER DE USAR ESTE PRODUTO?

Caso haja esquecimento da ingestão de uma dose deste produto, retome a posologia presente sem a necessidade de suplementação.

## 8. QUAIS OS MALES QUE ESTE PRODUTO PODE ME CAUSAR?

Há relatos de poucos efeitos adversos tais como: queimação epigástrica, cefaleia e diarreia. Nenhum efeito adverso severo foi observado. **A frequência de ocorrência dos efeitos indesejáveis não é conhecida.**

## 9. O QUE FAZER SE ALGUÉM USAR UMA QUANTIDADE MAIOR DE QUE A INDICADA DESTE PRODUTO?

Alguns dos sintomas de superdosagem são cefaleia, náuseas, dano hepático transitório em pacientes susceptíveis. Em caso de superdosagem, devem ser realizados procedimentos gerais de lavagem gástrica, assim como tratamento de suporte.

**Em caso de uso de grande quantidade deste produto, procure rapidamente o pronto socorro médico e leve a embalagem ou folheto informativo, se possível. Em caso de intoxicação ligue para 0800 722 6001, se você precisar de mais orientações sobre como proceder.**

## DIZERES LEGAIS

**Fabricado por:** Myralis Indústria Farmacêutica Ltda. – Valinhos SP

**Indústria Brasileira**

## DIZERES LEGAIS
M.S: 1.1462.0014
Farmacêutica Responsável: Nanci Cristina Lobo CRF – SP: 24.067
**Registrado por:** Myralis Indústria Farmacêutica Ltda.
Rua Rogélia Gallardo Alonso, 650 – Caixa Postal 011
CEP: 13.860-000 – Aguaí/SP
CNPJ: 17.440.261/0001-25
**Indústria Brasileira**

# X

# XAROPE DE GUACO BELFAR

**Família:** Asteraceae
**Parte da planta utilizada:** folhas
**Nomenclatura popular:** Guaco

## APRESENTAÇÕES
**Xarope:** frascos contendo 100mL, 120mL e 200mL.

## USO ORAL
## USO ADULTO E USO PEDIÁTRICO ACIMA DE 2 ANOS

## COMPOSIÇÃO
Cada mL de xarope contém:
Extrato fluido de *Mikania glomerata* Sprengl. (Guaco) ................................................ 0,0583 mL
(padronizado em 0,035mg de cumarina)
Veículo q.s.p.................................................. 1,0 mL
Veículo: (benzoato de sódio, metilparabeno, hidroxietilcelulose, sacarose, água purificada).

## INFORMAÇÕES AO PACIENTE
### 1. PARA QUE ESTE MEDICAMENTO É INDICADO?
Xarope de Guaco é auxiliar para o tratamento de afecções do trato respiratório, como expectorante e broncodilatador.

### 2. COMO ESTE MEDICAMENTO FUNCIONA?
Este medicamento tem como principal componente a cumarina, à qual é atribuída o efeito de dilatação dos brônquios e de auxiliar na eliminação das secreções respiratórias, através da tosse.

### 3. QUANDO NÃO DEVO USAR ESTE MEDICAMENTO?
Pacientes com histórico de hipersensibilidade e alergia a qualquer um dos componentes da fórmula não devem fazer uso do produto.

### 4. O QUE DEVO SABER ANTES DE USAR ESTE MEDICAMENTO?
Pacientes com problemas hepáticos podem apresentar toxicidade com o uso prolongado.
Recomenda-se maior critério na administração de Guaco em pacientes com quadros respiratórios crônicos não diagnosticados, devendo-se afastar a hipótese de tuberculose e câncer.

O Guaco não deve ser empregado simultaneamente com anticoagulantes e produtos contendo *Tabebuia avellanedae* (ipê-roxo).

"**Este medicamento não deve ser utilizado por mulheres grávidas sem orientação médica ou cirurgião-dentista.**"

"**Atenção diabéticos: este medicamento contém SACAROSE.**"

"**Informe ao seu médico ou cirurgião-dentista se você está fazendo o uso de algum outro medicamento.**"

### 5. ONDE, COMO E POR QUANTO TEMPO POSSO GUARDAR ESTE MEDICAMENTO?

Conservar o produto em temperatura ambiente (15 a 30C). Proteger da luz. Xarope de Guaco é um líquido xaroposo castanho claro, com sabor adocicado e odor característico de guaco.

"**Número de lote e datas de fabricação e validade: vide embalagem.**"

"**Não use medicamento com o prazo de validade vencido. Guarde-o em embalagem original.**"

"**Antes de usar, observe o aspecto do medicamento. Caso ele esteja no prazo de validade e você observe alguma mudança no aspecto, consulte o farmacêutico para saber se poderá utilizá-lo.**"

"**Todo medicamento deve ser mantido fora do alcance das crianças.**"

### 6. COMO DEVO USAR ESTE MEDICAMENTO?

O xarope deve ser tomado sem diluir (misturar) em água por via oral.

Salvo a critério médico, recomenda-se:

**Adultos:** Ingerir 10mL, 3 (três) vezes ao dia.

**Crianças acima de 2 anos:** Ingerir 5mL, 3 (três) vezes ao dia.

Em casos de afecções respiratórias agudas, recomenda-se o uso por 7 dias e, em casos crônicos, por 2 semanas.

"**Siga corretamente o modo de usar. Em caso de dúvidas sobre este medicamento, procure orientação do farmacêutico. Não desaparecendo os sintomas, procure orientação de seu médico ou cirurgião-dentista.**"

### 7. O QUE EU DEVO FAZER QUANDO EU ME ESQUECER DE USAR ESTE MEDICAMENTO?

Você deve tomar xarope de guaco conforme as recomendações da bula ou orientação médica. Se você deixou de tomar uma dose, deverá tomar a dose seguinte como de costume, isto é, na hora regular e sem dobrar a dose.

"**Em caso de dúvidas procure orientação do farmacêutico ou de seu médico ou cirurgião-dentista**"

Assim como todos os medicamentos, informe ao seu profissional de saúde todas as plantas medicinais e fitoterápicos que estiver tomando. Interações podem ocorrer entre medicamentos e plantas medicinais e mesmo entre duas plantas medicinais quando administradas ao mesmo tempo.

### 8. QUAIS OS MALES QUE ESTE MEDICAMENTO PODE ME CAUSAR?

Aumento da pressão arterial.

Em raros casos, pessoas hipersensíveis aos componentes Guaco podem apresentar um agravamento na dificuldade para respirar e tossir.

O uso prolongado da ingestão de altas doses de extratos de guaco pode ocasionar aumento da frequência dos batimentos cardíacos, vômitos e quadros diarreicos, que desaparecem com a descontinuação da terapia.

"**Informe ao seu médico, cirurgião-dentista ou farmacêutico o aparecimento de reações indesejáveis pelo uso do medicamento. Informe também à empresa através do seu serviço de atendimento**"

### 9. O QUE FAZER SE ALGUÉM USAR UMA QUANTIDADE MAIOR DE QUE A INDICADA DESTE MEDICAMENTO?

Se você tomar uma dose muito grande deste medicamento acidentalmente, deve procurar um médico ou um centro de intoxicação imediatamente. O apoio médico imediato é fundamental para adultos e crianças, mesmo se os sinais e sintomas de intoxicação não estiverem presentes. Ainda não foram descritos os sintomas de intoxicação do medicamento após uma superdosagem.

"**Em caso de uso de grande quantidade deste medicamento, procure rapidamente socorro médico e leve a embalagem ou bula do medicamento, se possível. Ligue 0800 7226001, se você precisar de mais orientações**"

### DIZERES LEGAIS

MS. 1.0571.0144

Farmacêutico Responsável: Dr. Rander Maia CRF-MG 2546

**BELFAR LTDA.**

**Rua Alair Marques Rodrigues, 516**

**Belo Horizonte – MG**

**CEP 31560-220**

**CNPJ: 18.324.343/0001-77**

**SAC: 0800 0310055**

# XAROPE DE GUACO CIMED®

## PRODUTO TRADICIONAL FITOTERÁPICO
Guaco – *Mikania glomerata* Spreng. e *Mikania laevigata* Schultz. Bip. ex. Baker Folhas
Produto registrado com base no uso tradicional, não sendo recomendado seu uso por período prolongado.

## COMPOSIÇÃO:
Cada mL contém 117,6 mg** de extrato hidroetanólico fluido de *Mikania glomerata* Spreng. e *Mikania laevigata* Schultz. Bip. ex. Baker (equivalente a 0,0831 mg (0 0707%) +/- 15% de cumarina) e veículos* q.s.p.1 mL.
*carmelose sódica, metilparabeno, propilparabeno, sacarina sódica, ciclamato de sódio, sorbitol, aromas naturais de menta e mel e água purificada.
** 80% (94,08 mg) de *M. laevigata*/20% (23,52 mg) de *M. glomerata*.

## APRESENTAÇÕES:
Solução oral 117,6 mg/mL – cartucho com frasco de 120 mL, acompanhado de copo dosador

## USO ORAL
## USO ADULTO E PEDIÁTRICO ACIMA DE 2 ANOS
## INFORMAÇÕES AO PROFISSIONAL DE SAÚDE: PARA QUE ESTE PRODUTO É INDICADO?
Xarope de Guaco Cimed® é indicado como expectorante e broncodilatador, auxiliando no tratamento de afecções do trato respiratório, como tosses persistentes, tosses com expectoração e rouquidão.

## COMO ESTE PRODUTO FUNCIONA?
Xarope de Guaco Cimed® tem como principal componente a cumarina, a qual é atribuído o efeito de dilatação dos brônquios e de auxiliar na eliminação das secreções respiratórias, através da tosse.

## QUANDO NÃO DEVO USAR ESTE PRODUTO?
Não usar este produto em caso de hipersensibilidade aos componentes da fórmula.
Este produto não deve ser utilizado por pacientes com distúrbios de coagulação sanguínea ou doenças crônicas do fígado.
**Este produto é contraindicado para menores de 2 anos de idade.**
Mulheres grávidas ou amamentando não devem utilizar este produto, já que não há estudos que possam garantir a segurança nessas situações.

## O QUE DEVO SABER ANTES DE USAR ESTE PRODUTO?
**Precauções e Advertências:**

- Pacientes com problemas hepáticos podem apresentar toxicidade com uso prolongado.
- Recomenda-se maior critério na administração de guaco em pacientes com quadros respiratórios crônicos não diagnosticados, devendo-se afastar a hipótese de tuberculose e câncer.
- Pacientes com distúrbios de coagulação sanguínea e em mulheres com menstruações abundantes devem evitar o uso.
- Em caso de hipersensibilidade ao produto, recomenda-se descontinuar o uso e consultar o médico.

Não é recomendado utilizar este produto de maneira contínua por um período superior a 21 dias.
**Este produto é contraindicado para menores de 2 anos de idade.**
**Interações com outros produtos:**
O guaco não deve ser empregado simultaneamente a anticoagulantes, pois as cumarinas podem potencializar seus efeitos e antagonizar a vitamina K e produtos contendo *Tabebuia avellanedae*, pois, as saponinas presentes nos extratos podem aumentar a absorção de lapachol, princípio ativo de *Tabebuia avellanedae* (ipê-roxo).
Caso os sintomas persistam ou piorem, ou apareçam reações indesejadas não descritas na embalagem ou no folheto informativo, interrompa seu uso e procure orientação do profissional de saúde.
Este produto não deve ser utilizado por período superior ao indicado, ou continuamente, a não ser por orientação de profissionais de saúde.
Se você utiliza medicamentos de uso contínuo, busque orientação de profissional de saúde antes de utilizar este produto.
Informe ao seu profissional de saúde todas as plantas medicinais e fitoterápicos que estiver tomando. Interações podem ocorrer entre produtos e plantas medicinais e mesmo entre duas plantas medicinais quando administradas ao mesmo tempo.
**Não há casos relatados que o uso deste produto interfira na capacidade de dirigir veículos e operar máquinas.**

## ONDE, COMO E POR QUANTO TEMPO POSSO GUARDAR ESTE PRODUTO?

Mantenha o produto à temperatura ambiente (entre 15 e 30°C), protegido da luz, calor e umidade.

Prazo de validade: 24 meses a partir da data de fabricação.

**Número de lote e datas de fabricação e validade: vide embalagem. Não use produto com o prazo de validade vencido.**

**Para sua segurança, guarde o produto na embalagem original.**

Xarope de Guaco Cimed® é uma solução marrom a esverdeada, límpida, com odor característico.

**Antes de usar, observe o aspecto do produto. Caso ele esteja no prazo de validade e você observe alguma mudança no aspecto, consulte o farmacêutico para saber se poderá utilizá-lo.**

ESTE PRODUTO DEVE SER MANTIDO FORA DO ALCANCE DAS CRIANÇAS.

## COMO DEVO USAR ESTE PRODUTO?

Posologia:

Uso Oral:

- **Adultos**: ingerir 10 mL, de 8 em 8 horas.
- **Crianças acima de 5 anos**: ingerir 5,0 mL, de 8 em 8 horas.
- **Crianças de 2 a 5 anos**: ingerir 3,5 mL, de 12 em 12 horas.

Em casos de afecções respiratórias agudas, recomenda-se o uso por 21 dias e, em casos crônicos, reavaliar junto ao seu médico.

A dose diária não deve ultrapassar 52 mL ao dia.

Os produtos tradicionais fitoterápicos não devem ser administrados pelas vias injetável e oftálmica.

**Siga corretamente o modo de usar. Em caso de dúvidas sobre este produto, procure orientação do farmacêutico ou profissional de saúde. Não desaparecendo os sintomas, procure orientação de seu profissional de saúde.**

## O QUE DEVO FAZER QUANDO EU ME ESQUECER DE USAR ESTE PRODUTO?

Caso haja esquecimento da ingestão de uma dose deste produto, retome a posologia prescrita sem a necessidade de suplementação.

**Em caso de dúvidas, procure orientação do profissional de saúde.**

## QUAIS OS MALES QUE ESTE PRODUTO PODE ME CAUSAR?

O uso prolongado ou a ingestão de altas doses deste produto, podem causar aumento da pressão arterial, taquicardia, vômitos, diarreia e acidentes hemorrágicos.

Em raros casos, pessoas hipersensíveis aos componentes do guaco podem apresentar um agravamento na dificuldade para respirar e tossir.

**A frequência de ocorrência dos efeitos indesejáveis não é conhecida.**

**Informe ao seu profissional de saúde o aparecimento de reações indesejáveis pelo uso do produto. Informe também à empresa através do seu Serviço de Atendimento ao Consumidor (SAC).**

Em casos de eventos adversos, notifique ao Sistema de Notificações em Vigilância Sanitária – Notivisa – disponível em www.anvisa.gov.br/hotsite/notivisa/index.htm, ou para a Vigilância Sanitária Estadual ou Municipal.

## O QUE FAZER SE ALGUÉM USAR UMA QUANTIDADE MAIOR DO QUE A INDICADA DESTE PRODUTO?

O uso prolongado da ingestão de altas doses de extratos de guaco podem ocasionar aumento da frequência dos batimentos cardíacos, vômitos e quadros diarreicos, que desaparecem com a descontinuidade da terapia. Procurar auxílio médico para que sejam adotadas as medidas habituais de apoio e controle das funções vitais.

**Em caso de uso de grande quantidade deste produto, procure rapidamente socorro médico e leve a embalagem ou folheto informativo, se possível.**

**Em caso de intoxicação, ligue para 0800 722 6001, se você precisar de mais orientações sobre como proceder.**

**DIZERES LEGAIS:**

MS – 1.4381.0211.001-6

Farm. Resp.: Charles Ricardo Mafra CRF- MG 10.883

**Fabricado por: CIMED INDUSTRIA DE MEDICAMENTOS**

LTDA. Av. Cel. Armando Rubens Storino, 2750, CEP: 37558-608 Pouso Alegre MG.

CNPJ: 02.814497/0002/98.

**Registrado por: CIMED INDUSTRIA DE MEDICAMENTOS**

LTDA. Rua Engenheiro Prudente, 121 – CEP: 01550-000 São Paulo SP.

CNPJ: 02.814497/0001/07

Indústria Brasileira
® Marca registrada
SAC: 0800-704 46 47

# XAROPE DE GUACO HERBARIUM

*Mikania glomerata* Spreng., Asteraceae.

**MEDICAMENTO FITOTERÁPICO**

**PARTE UTILIZADA**
Folhas.

**NOMENCLATURA POPULAR**
Guaco.

**APRESENTAÇÃO**
Xarope – Extrato hidroalcoólico das folhas de *Mikania glomerata*
0,5 mL/5 mL – Frasco com 120 mL. Acompanha copo dosador.

**VIA ORAL**
**USO ADULTO E PEDIÁTRICO ACIMA DE 2 ANOS.**
**COMPOSIÇÃO**
Cada 5 mL contém:
extrato hidroalcoólico de *Mikania glomerata* ..... 0,5 mL*;
veículos q.s.p .................................................. 5 mL.
(xarope de sacarose e sorbato de potássio)
*equivalente a 0,175 mg de cumarinas. O xarope contém 1% de álcool.

**INFORMAÇÕES AO PACIENTE**
**PARA QUE ESTE MEDICAMENTO É INDICADO?**
Xarope de Guaco Herbarium é indicado como auxiliar no tratamento de afecções do trato respiratório, como tosses persistentes e tosses com expectoração.

**COMO ESTE MEDICAMENTO FUNCIONA?**
Xarope de Guaco Herbarium tem como principal componente a cumarina, à qual é atribuído o efeito de dilatação dos brônquios e de auxiliar na eliminação das secreções respiratórias, através da tosse.

**QUANDO NÃO DEVO USAR ESTE MEDICAMENTO?**
Hipersensibilidade e alergia a qualquer um dos componentes da fórmula.
**Este medicamento não deve ser utilizado em crianças menores de 2 anos de idade.**
**Este medicamento é contraindicado para uso por diabéticos. Este medicamento não deve ser utilizado por mulheres grávidas sem orientação médica.**

**O QUE DEVO SABER ANTES DE USAR ESTE MEDICAMENTO?**
**Precauções e advertências**
Pacientes com problemas hepáticos podem apresentar toxicidade com o uso prolongado.
Recomenda-se maior critério na administração de guaco em pacientes com quadros respiratórios crônicos não diagnosticados, devendo-se afastar a hipótese de tuberculose e câncer.
**Atenção diabéticos: Este medicamento contém açúcar.**
Em caso de hipersensibilidade ao produto, recomenda-se descontinuar o uso e consultar o médico.
**Interações medicamentosas**
O guaco não deve ser empregado simultaneamente a anticoagulantes e produtos contendo *Tabebuia avellanedae* (ipê-roxo).
**Informe seu médico da ocorrência de gravidez na vigência do tratamento ou após seu término.**
**Informe seu médico se está amamentando.**
**Informe seu médico ou cirurgião-dentista se você está fazendo uso de algum outro medicamento.**

**ONDE, COMO E POR QUANTO TEMPO POSSO GUARDAR ESTE MEDICAMENTO?**
**Cuidados de conservação**
Xarope de Guaco Herbarium deve ser conservado em temperatura ambiente (entre 15ºC e 30ºC) em sua embalagem original. Proteger da luz e da umidade.
**Prazo de validade**
24 meses após a data de fabricação impressa no cartucho.
**Número de lote e datas de fabricação e validade: vide embalagem.**
**Não use medicamento com o prazo de validade vencido. Guarde-o em sua embalagem original.**
**Características físicas**
Líquido de cor verde amarelada.
**Características organolépticas**
Cheiro (odor) característico e sabor adocicado lembrando guaco.
**Antes de usar, observe o aspecto do medicamento. Caso ele esteja no prazo de validade e você observe alguma mudança no aspecto, consulte o farmacêutico para saber se poderá utilizá-lo.**

Todo medicamento deve ser mantido fora do alcance das crianças.

## COMO DEVO USAR ESTE MEDICAMENTO?
**Modo de usar**
Agitar o produto antes de usar.
**Posologia**
Adultos: ingerir 5 mL, via oral, três vezes ao dia, de 8 em 8 horas.
Crianças acima de 5 anos: ingerir 2,5 mL, via oral, três vezes ao dia, de 8 em 8 horas.
Crianças de 2 a 5 anos: ingerir 2,5 mL, via oral, duas vezes ao dia, de 12 em 12 horas.
Em casos de afecções respiratórias agudas, recomenda-se o uso por 7 dias e, em casos crônicos, por 2 semanas.
**Siga corretamente o modo de usar. Em caso de dúvidas sobre este medicamento, procure orientação do farmacêutico. Não desaparecendo os sintomas, procure orientação de seu médico ou cirurgião-dentista.**

## O QUE DEVO FAZER QUANDO EU ME ESQUECER DE USAR ESTE MEDICAMENTO?
Caso haja esquecimento da ingestão de uma dose deste medicamento, retome a posologia prescrita sem a necessidade de suplementação.
**Em caso de dúvidas, procure orientação do farmacêutico ou de seu médico, ou cirurgião-dentista.**

## QUE MALES ESTE MEDICAMENTO PODE CAUSAR?
Este medicamento pode causar aumento da pressão arterial. Em raros casos, pessoas hipersensíveis aos componentes do guaco podem apresentar um agravamento na dificuldade para respirar e tossir.
**Informe seu médico, cirurgião-dentista ou farmacêutico do aparecimento de reações indesejáveis pelo uso do medicamento. Informe também à empresa através do seu Serviço de Atendimento ao Consumidor.**

## O QUE FAZER SE ALGUÉM USAR UMA QUANTIDADE MAIOR DO QUE INDICADA DESTE MEDICAMENTO?
O uso prolongado da ingestão de altas doses de extratos de guaco pode ocasionar aumento da frequência dos batimentos cardíacos, vômitos e quadros diarreicos, que desaparecem com a descontinuação da terapia.
**Em caso de uso de grande quantidade deste medicamento, procure rapidamente socorro médico e leve a embalagem ou bula do medicamento, se possível.**

Ligue para 0800 722 6001 se você precisar de mais orientações.
Siga corretamente o modo de usar, não desaparecendo os sintomas procure orientação médica.

## DIZERES LEGAIS
MS: 1.1860.0039
Farmacêutica resp.: Gislaine B. Gutierrez CRF-PR nº 12423
Fabricado e Distribuído por:
**HERBARIUM LABORATÓRIO BOTÂNICO S. A.**
Av. Santos Dumont, 1100 • CEP 83403-500 Colombo – PR
CNPJ: 78.950.011/0001-20
**Indústria Brasileira.**

---

# XAROPE DE GUACO NATULAB

## PRODUTO TRADICIONAL FITOTERÁPICO
**Nomenclatura popular:** Guaco
**Nomenclatura botânica completa:** *Mikania glomerata* Spreng.
**Família:** Asteraceae
**Parte da planta utilizada: Folhas**
**Produto registrado com base no uso tradicional, não sendo recomendado seu uso por período prolongado.**
**Forma farmacêutica:** xarope.

## COMPOSIÇÃO DO XAROPE DE GUACO NATULAB – Concentração de 35 mg de extrato fluído/mL:
Cada mL do xarope contém:
Extrato fluido das folhas de *Mikania glomerata* S. ................................................................... 35mg
(padronizado em 0,075 % de cumarina). Equivalente a 0,02625 mg de cumarina/mL de xarope.
Excipiente*q.s.p. ............................................................. 1 mL
* (Carmelose sódica, sorbato de potássio, sacarina sódica, sorbitol, aroma de menta, aroma de mel e água purificada).

## COMPOSIÇÃO XAROPE DE GUACO NATULAB – Concentração de 117,6 mg de extrato fluído/mL:
Cada mL do xarope contém:
Extrato fluido de das folhas de *Mikania glomerata* S. ................................................................ 117,6mg
(padronizado em 0,075 % de cumarina). Equivalente a 0,0882 mg de cumarina/mL de xarope.
Excipiente*q.s.p. ............................................................. 1 mL

* (Carmelose sódica, metilparabeno, propilparabeno, sucralose, sorbitol, aroma de menta, aroma de mel e água purificada).

**Apresentações:**
**XAROPE DE GUACO NATULAB – Concentração de 35 mg de extrato fluído/mL**
(equivalente a 0,02625 mg de cumarina/mL de xarope):
**Linha Farma:** Frasco pet âmbar contendo 100, 120 ou 150 mL, acompanhado de um copo dosador.
**Linha Hospitalar:** Caixa com 50 frascos pet âmbar contendo 100, 120 ou 150 mL, acompanhados de 50 copos dosadores.
**XAROPE DE GUACO NATULAB – Concentração de 117,6 mg de extrato fluído/mL** (equivalente a 0,0882 mg de cumarina/mL de xarope):
**Linha Farma:** Frasco pet âmbar contendo 100, 120 ou 150 mL, acompanhado de um copo dosador.
**Linha Hospitalar:** Caixa com 50 frascos pet âmbar contendo 100, 120 ou 150 mL, acompanhados de 50 copos dosadores.

USO ORAL
USO ADULTO E PEDIÁTRICO ACIMA DE 2 ANOS.

**INFORMAÇÕES AO PACIENTE**
**1. PARA QUE ESTE PRODUTO É INDICADO?**
Este produto é indicado como Expectorante e Broncodilatador.

**2. COMO ESTE PRODUTO FUNCIONA?**
O produto XAROPE DE GUACO NATULAB é indicado para o tratamento de doenças do trato respiratório, promovendo o relaxamento da musculatura lisa dos brônquios, auxiliando na eliminação das secreções brônquicas e no combate à tosse.

**3. QUANDO NÃO DEVO USAR ESTE PRODUTO?**
Pacientes com histórico de hipersensibilidade e alergia a qualquer um dos componentes da fórmula não devem fazer uso deste produto.
Recomenda-se maior critério na administração deste produto em pacientes com quadros respiratórios crônicos não diagnosticados (afastar a hipótese de tuberculose e câncer).
Este produto é contraindicado para uso por pacientes com histórico de hipersensibilidade e alergia a qualquer um dos componentes da fórmula.
**Este produto é contraindicado para menores de 2 anos.**
**Mulheres grávidas ou amamentando não devem utilizar este produto, já que não há estudos que possam garantir a segurança nessas situações.**
**Este produto não deve ser utilizado em crianças menores de 2 anos de idade.**

**4. O QUE DEVO SABER ANTES DE USAR ESTE PRODUTO?**
Em casos de hipersensibilidade ao produto, recomenda-se descontinuar o uso e consultar o médico.
Não ingerir doses maiores do que as recomendadas.
Produtos contendo guaco não devem ser empregados concomitantemente com anticoagulantes, pois as cumarinas podem potencializar seus efeitos e antagonizar o efeito da vitamina K.
Este produto não deverá ser utilizado junto a bebidas alcoólicas, face à potencialização dos seus efeitos.
Não há casos relatados que o uso deste produto interfira na capacidade de dirigir veículos e operar máquinas.
**Este produto não deve ser utilizado em crianças menores de 2 anos de idade.**
**Não há casos relatados que o uso deste produto interaja com outros produtos, como plantas, medicamentos e alimentos.**
Caso os sintomas persistem ou piorem, ou apareçam reações indesejadas não descritas na embalagem ou no folheto informativo, interrompa seu uso e procure orientação do profissional de saúde.
Se você utiliza medicamentos de uso contínuo, busque orientação de profissional de saúde antes de utilizar este produto.
Este produto não deve ser utilizado por período superior ao indicado, ou continuamente, a não ser por orientação de profissionais de saúde.
Informe ao seu profissional de saúde todas as plantas medicinais e fitoterápicos que estiver tomando. Interações podem ocorrer entre produtos e plantas medicinais e mesmo entre duas plantas medicinais quando administradas ao mesmo tempo.

**5. ONDE, COMO E POR QUANTO TEMPO POSSO GUARDAR ESTE PRODUTO?**
Conservar o produto em sua embalagem original, protegendo da luz, do calor e da umidade. Manter em temperatura ambiente (temperatura entre 15 e 30°C).
Nessas condições, o produto se manterá próprio para o consumo, respeitando o prazo de validade de 24 meses a partir da data de fabricação.

Número de lote e datas de fabricação e validade: vide embalagem. Não use produto com o prazo de validade vencido. **Para sua segurança, guarde o produto na embalagem original.**

Líquido castanho pouco viscoso, com odor de mel mentolado.

Antes de usar, observe o aspecto do produto. Caso ele esteja no prazo de validade e você observe alguma mudança no aspecto, consulte o farmacêutico para saber se poderá utilizá-lo.

**Este produto deve ser mantido fora do alcance das crianças.**

**XAROPE DE GUACO NATULAB – Concentração de 35 mg de extrato fluído/mL**

(equivalente a 0,02625 mg de cumarina/mL de xarope): Frasco 100 mL: **Após aberto, válido por 3 dias.** Frasco 120 mL: **Após aberto, válido por 4 dias.** Frasco 150 mL: **Após aberto, válido por 5 dias.**

**XAROPE DE GUACO NATULAB – Concentração de 117,6 mg de extrato fluído/mL** (equivalente a 0,0882 mg de cumarina/mL de xarope):
Frasco 100 mL: **Após aberto, válido por 7 dias.** Frasco 120 mL: **Após aberto, válido por 8 dias.** Frasco 150 mL: **Após aberto, válido por 10 dias.**

**6. COMO DEVO USAR ESTE PRODUTO?**
**USO ORAL/USO INTERNO**
**XAROPE GUACO NATULAB – Concentração de 35 mg de extrato fluído/mL:**
**Adultos:** ingerir 1 colher de sopa (15 mL – equivalente a uma dose de 0,39375 mg de cumarina) – 3 vezes ao dia.
**Crianças maiores de 2 anos:** ingerir 1 colher de sopa (15 mL – equivalente a uma dose de 0,39375 mg de cumarina) – 2 vezes ao dia.

**XAROPE GUACO NATULAB – Concentração de 117,6 mg de extrato fluído/mL:**
**Adultos:** ingerir 1 colher de sopa (15 mL – equivalente a uma dose de 1,323 mg de cumarina) – 3 vezes ao dia.
**Crianças maiores de 5 anos:** A posologia sugerida é ingerir ½ da dose (7 mL – equivalente a uma dose de 0,617 mg de cumarina) – 3 vezes ao dia.
**Crianças de 2 a 5 anos:** A posologia sugerida é ingerir 1/3 da dose (5 mL – equivalente a uma dose de 0,441 mg de cumarina) – 3 vezes ao dia.
Os produtos tradicionais fitoterápicos não devem ser administrados pelas vias injetável e oftálmica.

**7. O QUE DEVO FAZER QUANDO EU ME ESQUECER DE USAR ESTE PRODUTO?**

Caso haja esquecimento da ingestão de uma dose deste produto, retome a posologia prescrita sem a necessidade de suplementação.

Em caso de dúvidas, procure orientação de profissional de saúde.

**8. QUAIS OS MALES QUE ESTE PRODUTO PODE ME CAUSAR?**

Pode ocorrer aumento da pressão arterial. Pacientes com problemas hepáticos podem apresentar toxicidade com o uso prolongado.

O uso de produtos contendo guaco por pacientes com hipersensibilidade à cumarina, principal componente ativo do guaco, e seus derivados, podem apresentar um agravamento nos quadros de falta de ar e tosse.

A frequência de ocorrência dos efeitos indesejáveis não é conhecida.

Informe ao seu profissional de saúde o aparecimento de reações indesejáveis pelo uso do produto. Informe também à empresa através do seu Serviço de Atendimento ao Consumidor (SAC).

Em casos de eventos adversos, notifique ao Sistema de Notificações em Vigilância Sanitária – Notivisa, disponível em **www.anvisa.gov.br/notivisa** ou para a Vigilância Sanitária Estadual ou Municipal.

**9. O QUE FAZER SE ALGUÉM USAR UMA QUANTIDADE MAIOR DO QUE A INDICADA DESTE PRODUTO?**

A ingestão de altas doses e por tempo prolongado de produtos contendo guaco pode ocasionar aumento da frequência dos batimentos cardíacos, vômitos e quadros diarreicos, que desaparecem com a interrupção do produto.

Em caso de superdosagem, suspender o uso e procurar orientação médica de imediato. **Em caso de uso de grande quantidade deste produto, procure rapidamente socorro médico e leve a embalagem ou folheto informativo, se possível.**

Em caso de intoxicação ligue 0800 722 6001, se você precisar de mais orientações sobre como proceder.

**DIZERES LEGAIS**
MS:1.3841.0032
Farm. Responsável: Tales de Vasconcelos Cortes CRF/BA nº 3745
**NATULAB LABORATÓRIO S. A.**

Rua H, nº 2, Galpão 03 – Urbis II
Santo Antonio de Jesus – Bahia – CEP 44.574-150
CNPJ: 02.456.955/0001-83
INDÚSTRIA BRASILEIRA
SAC: 0800 7307370

---

# XAROPE GUACO MELPOEJO

**Nomenclatura botânica oficial:** *Mikania glomerata* Spreng
**Nomenclatura popular:** Guaco
**Família:** Compositae (Asteraceae)
**Parte da planta utilizada:** folhas

MEDICAMENTO FITOTERÁPICO

APRESENTAÇÕES
Xarope de Extrato Fluido *Mikania glomerata* Spreng (0,1 mL/mL)
Frasco PET âmbar contendo 60mL ou 100mL de medicamento, acompanhado de 1 (um) copo dosador.

VIA ORAL
USO ADULTO E USO PEDIÁTRICO ACIMA DE 2 ANOS

COMPOSIÇÃO
Cada mL de xarope contém:
Extrato fluido de *Mikania glomerata* Sprengl..........0,1mL
(padronizado em 0,54 a 0,66 mg de cumarina/mL).
Excipientes (água purificada, benzoato de sódio, açúcar, álcool etílico*, metilparabeno, essência de proejo, mel de abelha, solução concentrada de bálsamo de tolú....................................................................... q.s.p 1mL
*0,005 mL

INFORMAÇÕES AO PACIENTE
1. PARA QUE ESTE MEDICAMENTO É INDICADO?
XAROPE GUACO MELPOEJO é indicado como broncodilatador e expectorante.

2. COMO ESTE MEDICAMENTO FUNCIONA?
A ação broncodilatadora e expectorante do XAROPE GUACO MELPOEJO são atribuídas ao seu principal constituinte químico, a cumarina, que provoca o relaxamento da musculatura lisa respiratória e a diminuição da secreção brônquica.

3. QUANDO NÃO DEVO USAR ESTE MEDICAMENTO?
XAROPE GUACO MELPOEJO é contraindicado para pacientes com histórico de hipersensibilidade e alergia a qualquer um dos componentes da fórmula. Portadores de hemofilia não devem usar este medicamento.
**Este medicamento é contraindicado para menores de 2 anos.**

4. O QUE DEVO SABER ANTES DE USAR ESTE MEDICAMENTO?
Advertências e precauções
Em caso de hipersensibilidade ao produto, recomenda-se descontinuar o uso e consultar o médico.
Em pacientes com problemas hepáticos o uso prolongado de XAROPE GUACO MELPOEJO pode provocar toxicidade.
Recomenda-se maior critério na administração de guaco em pacientes com quadros respiratórios crônicos não diagnosticados, devendo-se afastar a hipótese de tuberculose e câncer.
**Este medicamento não deve ser utilizado por mulheres grávidas sem orientação médica ou cirurgião-dentista.**
Na ocorrência da gravidez ou se estiver amamentando, consulte o médico antes de fazer o uso deste medicamento.
**Atenção: este medicamento contém Açúcar, portanto deve ser usado com cautela em portadores de Diabetes.**
**Este medicamento não deve ser utilizado em crianças menores de 2 anos de idade.**
XAROPE DE GUACO MELPOEJO não deve ser empregado simultaneamente com anticoagulantes (ex: Heparina Sódica, Varfarina Sódica, Enoxaparina Sódica) e produtos contendo Tabebuia avellanedae (Ipê-roxo).
**Informe ao seu médico ou cirurgião-dentista se você está fazendo o uso de algum outro medicamento.**
**Assim como todos os medicamentos, informe ao seu profissional da saúde todas as plantas medicinais e fitoterápicas que estiver tomando. Interações podem ocorrer entre medicamentos e plantas medicinais e mesmo entre duas plantas medicinais quando administradas ao mesmo tempo.**

5. ONDE, COMO E POR QUANTO TEMPO POSSO GUARDAR ESTE MEDICAMENTO?
XAROPE GUACO MELPOEJO deve ser armazenado em sua embalagem original, em temperatura ambiente (entre 15 e 30ºC), protegido de calor e umidade e ao abrigo da luz. Manter o frasco bem fechado e na posição vertical.
**Número de lote e datas de fabricação e validade: vide embalagem.**

Não use medicamento com o prazo de validade vencido. Guarde-o em embalagem original.

**Após aberto, válido por 2 meses.**

XAROPE GUACELPOEJO é apresentado na forma líquida, de cor amarronzada e sabor adocicado.

**Antes de usar, observe o aspecto do medicamento. Caso ele esteja no prazo de validade e você observe alguma mudança no aspecto, consulte o farmacêutico para saber se poderá utilizá-lo.**

**Todo medicamento deve ser mantido fora do alcance das crianças.**

### 6. COMO DEVO USAR ESTE MEDICAMENTO?

Usar este medicamento somente por VIA ORAL. Utilizar o copo dosador para medir o volume de xarope a ser ingerido. Agite o frasco antes de usar.

Adultos: Ingerir 5mL do xarope, 4 vezes ao dia, em intervalos de 6 em 6 horas.

Crianças de 7 a 12 anos: Ingerir 2,5mL do xarope, 6 vezes ao dia, em intervalos de 4 em 4 horas.

Crianças de 3 a 6 anos: Ingerir 2,5mL do xarope, 4 vezes ao dia, em intervalos de 6 em 6 horas.

Nos casos de doenças respiratórias agudas, recomenda-se o uso do medicamento por 7 (sete) dias consecutivos. Em casos crônicos, usar por 2 (duas) semanas.

Cada mL de XAROPE GUACO MELPOEJO contém 0,054 a 0,066 mg de cumarina.

Limite máximo diário de administração deste medicamento:
Adultos: 20 mL/dia.
Crianças de 7 a 12 anos: 15 mL/dia.
Crianças de 3 a 6 anos: 10 mL/dia.

"Siga corretamente o modo de usar. Em caso de dúvidas sobre este medicamento, procure orientação do farmacêutico. Não desaparecendo os sintomas, procure orientação de seu médico ou cirurgião-dentista."

### 7. O QUE DEVO FAZER QUANDO EU ME ESQUECER DE USAR ESTE MEDICAMENTO?

Caso haja esquecimento da ingestão de uma dose deste medicamento, retomar a posologia sem a necessidade de suplementação.

**Em caso de dúvidas, procure orientação do farmacêutico ou de seu médico, ou cirurgião-dentista.**

### 8. QUAIS OS MALES QUE ESTE MEDICAMENTO PODE ME CAUSAR?

Nas doses terapêuticas descritas na posologia não foram observados efeitos adversos.

**Informe ao seu médico, cirurgião-dentista ou farmacêutico o aparecimento de reações indesejáveis pelo uso do medicamento. Informe também à empresa através do seu serviço de atendimento.**

### 9. O QUE FAZER SE ALGUÉM USAR UMA QUANTIDADE MAIOR DE QUE A INDICADA DESTE MEDICAMENTO?

A ingestão de altas doses de XAROPE GUACO MELPOEJO pode provocar vômito e diarreia. Nessa situação, suspender o uso do medicamento e procurar imediatamente orientação médica.

**Em caso de uso de grande quantidade deste medicamento, procure rapidamente socorro médico e leve a embalagem ou bula do medicamento, se possível. Ligue para 0800 722 6001, se você precisar de mais orientações.**

SIGA CORRETAMENTE O MODO DE USAR, NÃO DESAPARECENDO OS SINTOMAS, PROCURE ORIENTAÇÃO MÉDICA.

**DIZERES LEGAIS**

Reg. Anvisa/MS. 1.0534.0005.002-8
Farm. Resp.: Carmen da Rocha Zancanella CRF-MG: 7475
**Laboratório Melpoejo Ltda.**
Rua Inácio Gama, 723/737, Bairro de Lourdes
CEP: 36070-420 – Juiz de Fora – MG
CNPJ: 21.549.522/0001-17
Indústria Brasileira

# Z

## ZICLAGUE

*Alpinia zerumbet* – Zingiberaceae – partes aéreas

### APRESENTAÇÕES
Spray – 1 mL da solução contém 0,08 mL de óleo essencial, equivalente a 17,5 mg de sabineno.
Frasco de alumínio contendo 30 mL Frasco de alumínio contendo 60 mL
Embalagem contendo 1 frasco.

### VIA TÓPICA
### USO ADULTO E PEDIÁTRICO COMPOSIÇÃO
Cada mL contém:
Óleo essencial de *Alpinia zerumbet*\* syn. *A. speciosa* .................................................................. 0,08 mL
\*Correspondente a 17,5 mg de sabineno padronizado como marcador. Excipientes: óleo vegetal, vitamina E e butil-hidroxitolueno.

### INFORMAÇÕES AO PACIENTE
### 1. PARA QUE ESTE MEDICAMENTO É INDICADO?
**Ziclague** é destinado ao tratamento coadjuvante nos estados de espasticidade muscular.

### 2. COMO ESTE MEDICAMENTO FUNCIONA?
Relaxa a musculatura (diminui o tônus muscular) de modo dose-dependente.

### 3. QUANDO NÃO DEVO USAR ESTE MEDICAMENTO?
Pacientes com histórico de alergia a qualquer um dos componentes da fórmula não devem fazer uso do produto. Pessoas com hipotensão arterial não devem usar **Ziclague**, principalmente se forem espásticos leves.

Não existem dados disponíveis sobre o uso do óleo essencial de *Alpinia zerumbet* na gravidez e na lactação.

### 4. O QUE DEVO SABER ANTES DE USAR ESTE MEDICAMENTO?
Em casos de alergia a algum componente da fórmula, não utilizar o produto.

**Este medicamento não deve ser utilizado em mulheres grávidas sem orientação médica ou do cirurgião-dentista (categoria de risco C).**

**Informe ao seu médico ou cirurgião-dentista se você está fazendo uso de algum outro medicamento. Não use medicamento sem o conhecimento do seu médico. Pode ser perigoso para sua saúde.**

### 5. ONDE, COMO E POR QUANTO TEMPO POSSO GUARDAR ESTE MEDICAMENTO?
Este medicamento deve ser guardado à temperatura entre 15 e 30°C, ao abrigo da luz e umidade, observando o seu prazo de validade.

**Ziclague** tem validade de 24 meses, a partir da sua data de fabricação.

**Número de lote e datas de fabricação e validade: vide embalagem.**

**Não use medicamento com o prazo de validade vencido. Guarde-o em sua embalagem original.**

Produto com coloração marrom a marrom-amarelada e odor aromático.

**Antes de usar, observe o aspecto do medicamento. Caso ele esteja no prazo de validade e você observe alguma mudança no aspecto, consulte o farmacêutico para saber se poderá utilizá-lo.**

**Todo medicamento deve ser mantido fora do alcance das crianças.**

1 jato do "spray" corresponde a 0,2 mL de **Ziclague**, contendo 3,5 mg de sabineno.

| FAIXA ETÁRIA | DOSE POR PESSOA ||
|---|---|---|
| | TETRAPLÉGICO OU TETRAPARÉTICO | HEMIPLÉGICO/HEMIPARÉTICO OU PARAPLÉGICO/PARAPARÉTICO |
| 1 – 3 anos | 1 – 2 jatos | 1 jato |
| 4 – 6 anos | 2 – 3 jatos | 2 jatos |
| 7 – 12 anos | 3 – 4 jatos | 3 jatos |
| > 12 anos e adultos | 5 – 6 jatos | 3 – 4 jatos |

## 6. COMO DEVO USAR ESTE MEDICAMENTO?
ATENÇÃO

- Aplicar sobre a pele, sem friccionar, na altura do músculo espástico a ser trabalhado.
- Aguardar 15 minutos para o início da fisioterapia.
- Deve-se ter atenção à aplicação de **Ziclague** na face, em regiões cervicais anterior e laterais e na região precordial.
- Evitar aspergir em direção aos olhos durante a aplicação.
- Lavar as mãos após o uso ou utilizar luvas para a aplicação do produto.
- A aplicação deste produto somente deverá ser feita por profissional de saúde habilitado.

**Siga a orientação do seu médico, respeitando sempre os horários, as doses e a duração do tratamento. Não interrompa o tratamento sem o conhecimento do seu médico.**

## 7. O QUE DEVO FAZER QUANDO ME ESQUECER DE USAR ESTE MEDICAMENTO?

Caso haja esquecimento de uso de uma dose deste medicamento, retome a posologia prescrita, sem necessidade de suplementação.

**Em caso de dúvidas, procure orientação do farmacêutico, de seu médico ou cirurgião-dentista.**

## 8. QUAIS OS MALES QUE ESTE MEDICAMENTO PODE CAUSAR?

A inalação prolongada de **Ziclague** pode promover um estado de leve sedação.

Informe seu médico, cirurgião-dentista ou farmacêutico sobre o aparecimento de reações indesejáveis pelo uso do medicamento. Informe também à empresa por meio do serviço de atendimento.

Atenção: este produto é um medicamento novo. Embora as pesquisas tenham indicado eficácia e segurança

aceitáveis, mesmo que indicado e utilizado corretamente, podem ocorrer eventos adversos imprevisíveis ou desconhecidos. Nesse caso, informe seu médico ou cirurgião-dentista.

## 9. O QUE FAZER SE ALGUÉM USAR UMA QUANTIDADE MAIOR DO QUE A INDICADA DESTE MEDICAMENTO?

Suspender a medicação imediatamente e lavar a pele com detergente no local onde foi aplicada a medicação. Recomenda-se tratamento de suporte sintomático pelas medidas habituais de apoio e controle das funções vitais.

**Em caso de uso de grande quantidade deste medicamento, procure rapidamente socorro médico e leve a embalagem ou esta bula, se possível. Ligue para 0800 722 6001, caso necessite de mais orientações.**

### DIZERES LEGAIS

M.S. 1.1557.0069.001-7 **Ziclague 30 mL**
M.S. 1.1557.0069.002-5 **Ziclague 60 mL**
**Farm. Resp.:** Marta Melissa Leite Maia – **CRF-PE** 2842
INFAN – INDÚSTRIA QUÍMICA FARMACÊUTICA NACIONAL S. A.
Rodovia BR-232, km 136 – Bairro Agamenon Magalhães – Caruaru – PE CEP: 55.034-640
CNPJ: 08.939.548/0001-03
Indústria Brasileira
www.hebron.com.br
Atendimento ao consumidor: 0800 724 2022 sac@hebron.com.br
Todas as marcas nesta bula são propriedade do grupo de empresas Hebron.

### VENDA SOB PRESCRIÇÃO MÉDICA.